ADOLPHE JOANNE

LES
ENVIRONS DE PARIS

HACHETTE et Cⁱᵉ

ITINÉRAIRE GÉNÉRAL DE LA FRANCE

LES
ENVIRONS DE PARIS

Toutes les mentions et recommandations contenues dans le texte des Guides-Joanne

SONT ENTIÈREMENT GRATUITES.

Paris. — Typ. Georges Chamerot, rue des Saints-Pères, 19. — 5627.

COLLECTION DES GUIDES-JOANNE.

LES ENVIRONS DE PARIS

ILLUSTRÉS

PAR ADOLPHE JOANNE

PRÉSIDENT DU CLUB ALPIN FRANÇAIS

TROISIÈME ÉDITION

CONTENANT

244 VIGNETTES, UNE CARTE DES ENVIRONS DE PARIS

ET SEPT AUTRES CARTES OU PLANS

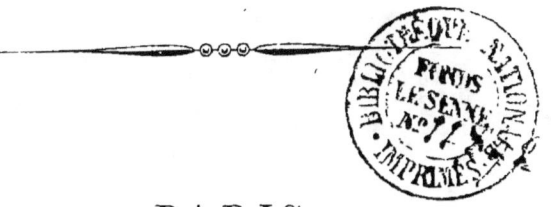

PARIS

LIBRAIRIE HACHETTE ET Cie

BOULEVARD SAINT-GERMAIN, 79

1878

Droits de propriété et de traduction réservés.

TABLE MÉTHODIQUE.

SECTION II.

DE PARIS A VERSAILLES,

par le chemin de fer de la rive gauche.

1re *station*. Ouest-Ceinture	83
2e *station*. Clamart	83
Issy	83
Vanves	85
3e *station*. Meudon	86
Bois de Meudon	88
4e *station*. Bellevue	92
5e *station*. Sèvres	94
6e *station*. Chaville	96
7e *station*. Viroflay	100
	101

SECTION III.

DE PARIS A VERSAILLES ET A SAINT-CLOUD,

par la route de terre.

A. De Paris à Versailles	102
B. De Paris à Saint-Cloud	102
C. De Saint-Cloud à Versailles	102

SECTION IV.

DE SAINT-CLOUD A LA MARCHE, A LA CELLE-SAINT-CLOUD, A BOUGIVAL, AU BUTARD ET A RUEIL PAR GARCHES.

De Paris à Saint-Cloud	1 à 8
Garches	104
La Marche	105
Vaucresson	105

SECTION V.

DE PARIS A RAMBOUILLET ET A MAINTENON.

(Chemin de fer de Bretagne.)

De Paris à Bellevue	82 à 94
1re *station*. Bellevue	94
2e *station*. Versailles	20
De Versailles à Saint-Cyr	106
3e *station*. Saint-Cyr	106
4e *station*. Trappes	108
Excursion à Port-Royal	108

TABLE MÉTHODIQUE.

Table méthodique des matières	V
Liste des gravures et cartes	XVIII
Abréviations	XXIV
Préface	XXV
Moyens de tranport	XXIX
Modèles de promenades	LI
Bibliographie	LIV
Avis important aux touristes	LX

ITINÉRAIRES

CHEMINS DE FER DE L'OUEST.

SECTION I.

DE PARIS A SAINT-CLOUD ET A VERSAILLES,

par le chemin de fer de la rive droite.

1re *station*. Clichy	2
2e *station*. Asnières	2
3e *station*. Courbevoie	4
4e *station*. Puteaux	4
5e *station*. Suresnes	5
Excursion au Mont-Valérien	6
6e *station*. **Saint-Cloud**	8
Montretout	16
7e *station*. Ville-d'Avray	18
Marnes	19
8e *station*. Viroflay	20
Versailles	20
Environs de Versailles	81

VIII   TABLE MÉTHODIQUE.

  Carrières-sous-Bois.. 160
  De Saint-Germain à Versailles.............................. 160
  De Saint-Germain à Poissy................................... 161

SECTION VIII.

DE PARIS A RUEIL, A LA MALMAISON, A BOUGIVAL, A MARLY, ETC.

De Paris à Asnières... 1 à 2
D'Asnières à Rueil... 140 à 143
  La Malmaison... 162
  Saint-Cucufa... 166
  Bougival,... 167
  Louveciennes.. 168
  Marly-le-Roi... 172
  De Marly-le-Roi à Saint-Germain....................... 181
  De Bougival à Versailles, par la Celle et le Butard.... 181

SECTION IX.

DE PARIS A MANTES.

(Chemin de fer du Havre.)

De Paris à Asnières... 1 à 2
1re *station*. Asnières... 2
D'Asnières à Houilles... 183
2e *station*. Houilles... 184
3e *station*. Maisons... 184
4e *station*. Conflans... 187
De Conflans à Pontoise.. 187
5e *station*. Poissy.. 188
De Poissy à Pontoise... 193
6e *station*. Triel... 194
7e *station*. Meulan.. 195
8e *station*. Épone... 196
9e *station*. Mantes-Ville..................................... 198
10e *station*. Mantes-Embranchement...................... 198
  Mantes... 198
  Limay.. 201

SECTION X.

DE PARIS A ERMONT, PAR ARGENTEUIL.

De Paris à Asnières... 1 à 2
1re *station*. Asnières... 2
D'Asnières à Bois-Colombes..................................... 202
2e *station*. Bois-Colombes..................................... 203
3e *station*. Colombes... 203
4e *station*. Argenteuil.. 204
5e *station*. Sannois... 206
  Cormeilles.. 206

TABLE MÉTHODIQUE.

5e *station*. La Verrière........	113
Excursion à Montfort-l'Amaury par Maurepas, le Tremblay et Bazoches........	113 114
Excursion à Chevreuse........	116
6e *station*. Le Perray........	116
7e *station*. **Rambouillet**........	120
8e *station*. Épernon........	122
Gallardon........	123
9e *station*. Maintenon........	

SECTION VI.

DE PARIS A DREUX.

(Chemin de fer de Granville.)

De Paris à Versailles........	82 à 102
De Versailles à Saint-Cyr........	106
De Saint-Cyr à Villepreux-les-Clayes........	128
4e *station*. Villepreux-les-Clayes........	128
5e *station*. Grignon........	128
6e *station*. Villiers-Néaufle........	130
7e *station*. Montfort-l'Amaury........	131
8e *station*. Garancières-la-Queue........	133
9e *station*. Tacoignières........	133
10e *station*. Houdan........	134
11e *station*. Marchezais........	134
12e *station*. **Dreux**........	135

SECTION VII.

DE PARIS A SAINT-GERMAIN.

De Paris à Asnières........	1 à 2
1re *station*. Asnières........	2
D'Asnières à Nanterre........	140
2e *station*. Nanterre........	141
3e *station*. Rueil........	143
4e *station*. Chatou........	144
5e *station*. Le Vésinet........	147
6e *station*. Le Pecq........	148
7e *station*. **Saint-Germain-en-Laye**........	148
Environs de Saint-Germain et de la forêt........	158
Mareil-Marly........	158
Fourqueux........	158
Hennemont........	158
Chambourcy........	159
Achères........	159
Mesnil-le-Roi........	159

TABLE MÉTHODIQUE.

CHEMINS DE FER DU NORD.

SECTION XI.

DE PARIS A CREIL, PAR PONTOISE.

De Paris à Saint-Denis.	207
1re *station*. La Chapelle.	207
Saint-Ouen.	208
2e *station*. Saint-Denis.	209
3e *station*. Épinay.	221
4e *station*. Enghien-les-Bains.	222
Saint-Gratien, Deuil.	226
5e *station*. Ermont.	227
Eaubonne.	227
Montlignon.	227
Saint-Prix.	228
6e *station*. Franconville.	228
7e *station*. Herblay.	228
8e *station*. Pontoise.	229
9e *station*. Saint-Ouen-l'Aumône.	233
10e *station*. Auvers.	235
11e *station*. Valmondois.	236
12e *station*. L'Isle-Adam.	236
13e *station*. Beaumont.	238
14e *station*. Boran.	238
15e *station*. Précy.	239
16e *station*. Saint-Leu d'Esserent.	239
17e *station*. Creil.	241

SECTION XII.

DE PARIS A VALMONDOIS.

De Paris à Ermont.	207 à 227
5e *station*. Ermont.	227
6e *station*. Saint-Leu-Taverny.	242
7e *station*. Taverny.	243
8e *station*. Bessancourt.	244
9e *station*. Méry.	244
10e *station*. Mériel.	244
Excursion à l'abbaye du Val.	244
11e *station*. Valmondois.	246

SECTION XIII.

DE PARIS A MONTMORENCY.

De Paris à Enghien.	207 à 222

X   TABLE MÉTHODIQUE.

D'Enghien à Montmorency.................................... 246
   Montmorency.. 247
     Forêt de Montmorency...................................... 255
     Andilly... 256

SECTION XIV.

DE PARIS A BEAUMONT, PAR MONSOULT.

(Ligne de Paris à Beauvais.)

De Paris à Épinay................................. 207 à 221
D'Épinay à Deuil-Montmagny.. 258
4e *station*. Deuil-Montmagny.................................... 258
5e *station*. Groslay.. 258
6e *station*. Sarcelles-Saint-Brice.............................. 258
     Piscop.. 259
7e *station*. Écouen... 259
8e *station*. Domont... 262
9e *station*. Monsoult... 262
10e *station*. Presles... 263
11e *station*. Nointel... 263
12e *station*. Beaumont.. 263

SECTION XV.

DE PARIS A LUZARCHES.

De Paris à Épinay............................... 227 à 221
D'Épinay à Monsoult............................. 258 à 262
De Monsoult à Luzarches.. 263
10e *station*. Belloy.. 263
11e *station*. Viarmes... 264
12e *station*. Luzarches... 265
   Excursion au château de Champlâtreux......................... 265

SECTION XVI.

DE PARIS A CHANTILLY ET A COMPIÈGNE.

(Chemin de fer de Paris à Cologne.)

De Paris à Saint-Denis............................ 207 à 209
1re *station*. Saint-Denis....................................... 209
De Saint-Denis à Pierrefitte.. 266
2e *station*. Pierrefitte-Stains................................. 266
3e *station*. Villiers-le-Bel.................................... 267
   Excursion à Gonesse... 267
4e *station*. Goussainville...................................... 268
5e *station*. Louvres.. 269

TABLE MÉTHODIQUE. XI

6ᵉ *station*. Survilliers........	270
Excursion à Luzarches........	270
Excursion à Mortefontaine........	273
7ᵉ *station*. Orry-la-Ville........	274
8ᵉ *station*. **Chantilly-Gouvieux**........	287
9ᵉ *station*. **Creil**........	290
10ᵉ *station*. Pont-Sainte-Maxence........	292
11ᵉ *station*. Verberie........	294
12ᵉ *station*. **Compiègne**........	306
Forêt de Compiègne........	
Champlieu, Morienval, Saint-Nicolas-de-Courson, Saint-Jean-au-Bois, Sainte-Périne........	309
De Compiègne à Pierrefonds........	311
De Pierrefonds à Compiègne, par Saint-Pierre et le Mont Saint-Marc........	316
De Pont-Sainte-Maxence à Villers-Cotterets........	319

SECTION XVII.

DE PARIS A CRÉPY-EN-VALOIS, PAR SENLIS.

De Paris à Saint-Denis........	207 à 209
De Saint-Denis à Chantilly........	266 à 274
De Chantilly à Saint-Firmin........	322
9ᵉ *station*. Saint-Firmin........	322
10ᵉ *station*. **Senlis**........	323
Excursions aux environs de Senlis........	328

SECTION XVIII.

DE PARIS A VILLERS-COTTERETS, PAR DAMMARTIN.

De Paris au Bourget........	331
Aubervilliers........	331
1ʳᵉ *station*. Le Bourget-Drancy........	332
2ᵉ *station*. Aulnay-lès-Bondy........	334
3ᵉ *station*. Sévran........	334
4ᵉ *station*. Mitry-Mory........	334
Claye........	335
5ᵉ *station*. Dammartin-Juilly........	336
6ᵉ *station*. Le Plessis-Belleville........	340
Excursion à Ermenonville........	340
7ᵉ *station*. Nanteuil-le-Haudouin........	344
8ᵉ *station*. Ormoy-Villers........	344
9ᵉ *station*. Crépy-en-Valois........	345
De Crépy à Meaux........	346
De Crépy à Villers-Cotterets........	346
10ᵉ *station*. Vaumoise........	347
11ᵉ *station*. **Villers-Cotterets**........	348
Excursion à Longpont........	350
Excursion à la Ferté-Milon........	254

CHEMINS DE FER DE L'EST.

SECTION XIX.

DE PARIS A MEAUX.

De Paris à Pantin	355
1re *station*. Pantin	356
Les Prés-Saint-Gervais, les Lilas, Romainville	356
2e *station*. Noisy-le-Sec	357
3e *station*. Bondy	357
De Bondy à Aulnay	358
4e *station*. Le Raincy-Villemomble	358
Montfermeil, Clichy, Livry	360
5e *station*. Gagny	362
6e *station*. Chelles	362
7e *station*. Lagny	364
De Lagny à Villeneuve-le-Comte	366
8e *station*. Esbly	367
9e *station*. **Meaux**	368

SECTION XX.

DE PARIS A COULOMMIERS.

(Chemin de fer de Belfort, jusqu'à Gretz.)

De Paris à Noisy-le-Sec	355 à 357
De Noisy-le-Sec à Rosny-sous-Bois	375
3e *station*. Rosny-sous-Bois	375
Neuilly-sur-Marne	376
4e *station*. Nogent-sur-Marne	376
Petit-Bry	378
Noisy-le-Grand	378
5e *station*. Villiers-sur-Marne	379
6e *station*. Emerainville	379
7e *station*. Ozouer-la-Ferrière	379
Excursion à Ferrières	379
8e *station*. Gretz-Armainvilliers	383
9e *station*. Tournan	383
10e *station*. Marles	383
Lumigny. — Fontenay-Trésigny	383
11e *station*. Mortcerf	384
12e *station*. Guérard	384

TABLE MÉTHODIQUE.   XIII

13e *station*. Faremoutiers-Pommeuse.............................	385
14e *station*. Mouroux...	386
15e *station*. Coulommiers...	386

SECTION XXI.

DE PARIS A PROVINS.

(Ligne de Paris à Belfort, jusqu'à Longueville.)

De Paris à Noisy-le-Sec..	355 à 357
De Noisy-le-Sec à Gretz..	375 à 383
De Gretz à Villepatour...	389
9e *station*. Villepatour..	389
10e *station*. Ozouer-le-Voulgis................................	389
11e *station*. Verneuil..	390
De Verneuil à Melun, par Champeaux......................	390
12e *station*. Mormant..	391
Rozoy-en-Brie..	391
13e *station*. Grand-Puits...	391
14e *station*. Nangis..	391
15e *station*. Maison-Rouge....................................	391
Donnemarie-en-Montois...........................	391
16e *station*. Longueville..	392
Saint-Loup-de-Naud.................................	392
17e *station*. **Provins**...	393

SECTION XXII.

DE PARIS A BRIE-COMTE-ROBERT PAR VINCENNES.

1re *station*. Reuilly..	399
2e *station*. Bel-Air-Ceinture...................................	399
3e *station*. Saint-Mandé..	400
4e *station*. **Vincennes**..	400
Bois de Vincennes.....................................	408
Montreuil-sous-Bois..................................	417
De Vincennes à Brie-Comte-Robert...........................	417
5e *station*. Fontenay-sous-Bois..............................	417
6e *station*. Nogent-sur-Marne...............................	418
7e *station*. Joinville-le-Pont.................................	418
8e *station*. Saint-Maur-Port-Créteil.......................	419
9e *station*. Le parc de Saint-Maur........................	421
10e *station*. Champigny.......................................	421
11e *station*. **La Varenne-Saint-Maur**...............	423
12e *station*. Sucy-Bonneuil..................................	424
13e *station*. Boissy-Saint-Léger...........................	424
14e *station*. Limeil..	425
15e *station*. Villecresnes....................................	425
16e *station*. Mandres...	425
17e *station*. Santeny-Servon.............................	425
18e *station*. Brie-Comte-Robert........................	425

CHEMINS DE FER DE PARIS A LYON & A LA MÉDITERRANÉE.

SECTION XXIII.

DE PARIS A FONTAINEBLEAU.

(Ligne de Paris à Lyon.)

1re *station*. Bercy	427
2e *station*. Charenton-le-Pont	428
3e *station*. Maisons-Alfort	430
Créteil	432
4e *station*. Villeneuve-Saint-Georges	432
5e *station*. Montgeron	433
Crosne	433
Yerres	434
6e *station*. Brunoy	436
7e *station*. Combs-la-Ville	437
8e *station*. Lieusaint	437
9e *station*. Cesson	438
10e *station*. Melun	438
Excursion à l'abbaye du Lys	442
11e *station*. Bois-le-Roi	444
12e *station*. **Fontainebleau**	444
Château de Fontainebleau	446
Jardins de Fontainebleau	486
Forêt de Fontainebleau	489
Promenades à pied dans le voisinage de Fontainebleau	494
Promenades en voiture	526
Autres sites pittoresques de la forêt de Fontainebleau	529
Excursions	531

SECTION XXIV.

DE PARIS A MALESHERBES, PAR CORBEIL.

(Ligne de Paris à Montargis.)

De Paris à Villeneuve-Saint-Georges	427 à 432
5e *station*. Draveil-Vigneux	536
6e *station*. Juvisy-sur-Orge	536
7e *station*. Ris	537
Champrosay	538
8e *station*. Evry	540
Etiolles. — Soisy	540
9e *station*. **Corbeil**	540
Essonnes	543

TABLE MÉTHODIQUE. XV

De Corbeil à Melun, par Seine-Port........................ 544
10e *station*. Moulin-Galant.................................. 546
11e *station*. Mennecy....................................... 546
12e *station*. Ballancourt.................................... 546
13e *station*. La Ferté...................................... 547
14e *station*. Boutigny...................................... 548
15e *station*. Maisse.. 548
16e *station*. Boigneville................................... 548
17e *station*. **Malesherbes**............................... 550
    Augerville.. 551

CHEMINS DE FER D'ORLÉANS.

SECTION XXV.

DE PARIS A ÉTAMPES.

(Ligne de Paris à Bordeaux.)

1re *station*. Orléans-Ceinture............................. 554
2e *station*. Vitry... 554
    Villejuif... 555
3e *station*. Choisy-le-Roi................................. 555
4e *station*. Ablon... 556
5e *station*. Athis-Mons.................................... 557
6e *station*. Juvisy.. 558
7e *station*. Savigny....................................... 559
8e *station*. Épinay.. 560
    Excursion à Longjumeau................................ 561
9e *station*. Saint-Michel.................................. 563
    Excursion à Longpont, Montlhéry et Marcoussis.......... 563
10e *station*. Brétigny..................................... 569
11e *station*. Marolles..................................... 569
12e *station*. Bouray....................................... 570
13e *station*. Lardy.. 570
14e *station*. Chamarande................................... 570
15e *station*. Étrechy...................................... 570
16e *station*. **Étampes**.................................. 571
    Excursion à Méréville................................. 580

SECTION XXVI.

DE PARIS A DOURDAN.

(Ligne de Paris à Tours, par Vendôme.)

De Paris à Brétigny....................................... 554 à 569
11e *station*. Arpajon...................................... 582

XVI TABLE MÉTHODIQUE.

12e *station*. Breuillet.. 582
13e *station*. Saint-Chéron.. 582
14e *station*. **Dourdan**.. 586

SECTION XXVII.

DE PARIS A SCEAUX

De Paris à la station de ceinture.. 588
1re *station*. Sceaux-Ceinture.. 589
2e *station*. Arcueil.. 589
    Gentilly... 591
    L'Hay, Chevilly.. 592
3e *station*. Bourg-la-Reine.. 594
4e *station*. Fontenay-aux-Roses... 595
5e *station*. **Sceaux**.. 596
    De Sceaux au Plessis-Picquet, à Robinson et à Aulnay............ 600
      A. Au Plessis-Picquet... 600
      B. A Robinson et à Aulnay.. 600
    De Sceaux à Verrières par Chatenay............................... 603
      Chatenay... 604
    De Sceaux à Amblainvilliers, à Igny et à Bièvre, par le buisson de Verrières.. 605

SECTION XXVIII.

DE PARIS A LIMOURS.

De Paris à Bourg-la-Reine.. 588 à 592
De Bourg-la-Reine à Antony... 605
4e *station*. Antony... 606
5e *station*. Massy.. 606
    Verrières.. 607
    De Verrières à Bièvre, par Amblainvilliers et Igny.............. 608
6e *station*. Palaiseau.. 608
    Excursion dans la vallée de la Bièvre........................... 609
    De Palaiseau à Versailles, par Igny, Bièvre, Jouy-en-Josas et Buc.. 609
      Igny... 609
      Bièvre.. 611
      Jouy-en-Josas.. 613
      Buc.. 614
    De Palaiseau à Orsay, à Chevreuse et à Limours................. 614
7e *station*. Orsay.. 614
8e *station*. Gif.. 616

TABLE MÉTHODIQUE. XVII

9e *station*. Saint-Remi	617
Excursion à Chevreuse, à Dampierre et dans les environs	617
Chevreuse	618
Excursion à Dampierre et aux Vaux-de-Cernay	621
Excursion à Cernay-la-Ville, par la route de Rambouillet	628
Excursion à Port-Royal	630
De Chevreuse à Limours	631
10e *station*. Les Troux	631
11e *station*. **Limours**	631
Excursion à Forges et à Briis	632

SECTION XXIX

DE PARIS A FONTENAY-AUX-ROSES, A CHATILLON ET A BAGNEUX.

Châtillon	634
Fontenay-aux-Roses	636
Bagneux	636
De Fontenay-aux-Roses au Plessis-Picquet, à Robinson et à Aulnay	638

SECTION XXX.

BATEAUX A VAPEUR.

Bateaux à vapeur de Paris à Saint-Cloud et à Longchamp	639
Bateaux à vapeur de Paris à Charenton	640
INDEX ALPHABÉTIQUE	641

LISTE DES GRAVURES.

 1. Embarcadère des chemins de fer de l'Ouest, 124, rue Saint-Lazare.. 1
 2. Château d'Asnières... 3
 3. Suresnes et le Mont-Valérien................................... 7
 4. Le château de Saint-Cloud en 1870.............................. 9
 5. Galerie d'Apollon, au château de Saint-Cloud (1870), incendiée par les Prussiens, en 1871................................... 11
 6. Lanterne de Démosthène, en 1870, détruite par les Prussiens.. 13
 7. Parc et grande cascade de Saint-Cloud.......................... 15
 8. Vue à vol d'oiseau du château de Versailles, prise de l'avenue de Paris.. 21
 9. Entrée principale du château sous Louis XIII................... 25
10. L'Orangerie sous Louis XIII..................................... 27
11. Intérieur de l'avant-cour sous Louis XIII....................... 29
12. Château du côté du parc sous Louis XIII........................ 31
13. Cour Royale.. 33
14. Intérieur de la chapelle.. 35
15. Salle de l'Œil-de-Bœuf... 39
16. Chambre à coucher du roi...................................... 41
17. Salle du Conseil... 43
18. Salle de l'Opéra... 49
19. Palais de Versailles, vu du jardin.............................. 55
20. Palais de Versailles, vu de la pièce d'eau des Suisses.......... 57
21. Bassin de Neptune.. 59
22. Vase du bassin de Neptune. — L'eau. — Vase Borghèse...... 61
23. Le Tapis-Vert... 63
24. La Colonnade.. 65
25. La Toilette d'Apollon.. 69
26. Bassin de Flore.. 71
27. Le Grand Trianon.. 73
28. Le Petit Trianon... 75
29. Temple de l'Amour, au Petit Trianon........................... 77
30. Village suisse, au Petit Trianon................................ 79
31. Jardin du Petit Trianon.. 81
32. Embarcadère du chemin de fer de l'Ouest, rive gauche, vue extérieure... 83

LISTE DES GRAVURES.

33. Embarcadère du chemin de fer de l'Ouest, rive gauche, vue intérieure..	85
34. Château d'Issy en 1870...	87
35. Château de Meudon en 1870......................................	91
36. Vallée de la Seine, vue des terrasses de Bellevue...............	95
37. Manufacture de porcelaine de Sèvres.............................	99
38. La pièce d'eau des Suisses et l'Orangerie du château de Versailles, vues du chemin de fer.....................................	107
39. Saint-Cyr...	109
40. Ancienne abbaye de Port-Royal des Champs......................	110
41. Port-Royal des Champs, vue à vol d'oiseau......................	111
42. Donjon de Maurepas...	115
43. Château de Rambouillet...	117
44. Grotte de Rabelais..	119
45. Laiterie de la Reine..	120
46. Chapelle ruinée de Saint-Hilarion...............................	121
47. Carrières d'Épernon...	122
48. Épaule de Gallardon...	123
49. Hanches..	124
50. Château de Maintenon du côté de la cour.......................	125
51. Château de Maintenon du côté du parc..........................	126
52. Aqueduc de Maintenon...	127
53. Ruines du château de Montfort..................................	131
54. Porte fortifiée et église de Montfort-l'Amaury..................	133
55. Chapelle royale de Dreux (extérieur)............................	137
56. Chapelle royale de Dreux (intérieur)............................	139
57. Puits de Sainte-Geneviève à Nanterre...........................	141
58. Portail latéral (nord) de l'église de Rueil......................	145
59. Asile du Vésinet..	147
60. Viaduc de Saint-Germain..	149
61. Château de Saint-Germain, restauré par M. Millet..............	150
62. Pavillon d'Henri IV, à Saint-Germain...........................	153
63. Forêt de Saint-Germain. — Les Loges...........................	157
64. Monument commémoratif de la bataille de Buzenval............	163
65. La Malmaison sous le Consulat.................................	164
66. La Malmaison en 1870..	165
67. Bougival...	167
68. Machine de Marly en 1850......................................	170
69. Machine de Marly d'après une gravure du temps...............	171
70. Intérieur de la machine actuelle de Marly......................	173
71. Port-Marly...	175
72. Plan du château de Marly......................................	177
73. Un des pavillons du château de Marly..........................	179
74. Maisons-Laffitte, vu du pont de la route de terre..............	185
75. Vue générale de Poissy...	189
76. Église paroissiale de Poissy....................................	191
77. Pont de Meulan...	197
78. Église de Mantes...	199
79. Vieille tour, à Argenteuil......................................	205

LISTE DES GRAVURES.

 80. Gare du chemin de fer du Nord 207
 81. Environs de Saint-Denis 209
 82. Église canoniale de Saint-Denis (façade occidentale) 211
 83. Église canoniale de Saint-Denis (côté septentrional) 213
 84. Intérieur de l'église canoniale de Saint-Denis 215
 85. Tombeau de Louis XII et d'Anne de Bretagne 217
 86. Crypte de l'église canoniale de Saint-Denis 219
 87. Lac d'Enghien 223
 88. Pontoise 231
 89. Auvers 235
 90. Beaumont 239
 91. Carrières de Saint-Leu d'Esserent 240
 92. Église de Saint-Leu d'Esserent 241
 93. Église de Montmorency 251
 94. Ancien ermitage de Jean-Jacques Rousseau, à Montmorency 253
 95. Les châtaigniers de Montmorency 255
 96. Château de la Chasse 257
 97. Château d'Écouen 261
 98. Lac de Mortefontaine 273
 99. Chantilly : le petit château 277
100. Champ de course de Chantilly 281
101. Hallali aux étangs de Commelle 283
102. Étangs de Commelle et château de la Reine-Blanche 285
103. Creil 287
104. Ruines de l'abbaye de Saint-Évremont, à Creil 289
105. Église de Pont-Sainte-Maxence 291
106. Verberie 293
107. Compiègne, et la tour de la Pucelle 295
108. Compiègne 297
109. Église Saint-Jacques, à Compiègne 299
110. Château de Compiègne, côté de la ville 301
111. Château de Compiègne, côté du parc 305
112. Vue prise dans la forêt de Compiègne 309
113. Ruines du château de Pierrefonds (vue extérieure), en 1857 313
114. Ruines du château de Pierrefonds (vue intérieure), en 1857 315
115. Château de Pierrefonds restauré 317
116. Église de Rhuis, près de Verberie 319
117. Cathédrale de Senlis 325
118. Ruines de l'abbaye de la Victoire 329
119. Monument commémoratif des combats du Bourget 335
120. Château de Nantouillet 339
121. Tombeau de Jean-Jacques Rousseau, à Ermenonville 341
122. Cabane de Jean-Jacques Rousseau 343
123. Ruines de l'église Saint-Thomas à Crépy-en-Valois 347
124. Église et restes du château de Villers-Cotterets 349
125. Ruines de l'abbaye de Longpont 351
126. Statue de J. Racine, à la Ferté-Milon 353
127. Embarcadère du chemin de fer de Strasbourg 355
128. Embarcadère du chemin de fer de Strasbourg 357

LISTE DES GRAVURES.   XXI

129. Château du Raincy	359
130. L'abbaye de Chelles, d'après une ancienne gravure	363
131. Lagny	365
132. Pont de Chalifert	367
133. Meaux	369
134. Cathédrale de Meaux	371
135. Cabinet de Bossuet	373
136. Viaduc de Nogent-sur-Marne	377
137. Château de Ferrières (à M. de Rothschild)	381
138. La Celle, près de Coulommiers	383
139. Coulommiers	387
140. Provins, vue générale	393
141. Grosse Tour, à Provins	397
142. Vincennes au dix-septième siècle	401
143. Vue générale de Vincennes prise du côté du bois	403
144. Porte d'entrée du château de Vincennes	404
145. Chapelle du château de Vincennes	405
146. Le général Daumésnil, statue érigée à Vincennes, en 1873	407
147. Cascade du lac des Minimes	409
148. Lac des Minimes	411
149. Chalet du bois de Vincennes	413
150. Asile de Vincennes	415
151. Entrée du canal Saint-Maur	419
152. Monument de Champigny	423
153. Embarcadère du chemin de fer de Paris à Lyon (vue extérieure)	427
154. Embarcadère du chemin de fer de Paris à Lyon (vue intérieure)	428
155. Ancien château de Bercy	429
156. Établissement pour le traitement des aliénés, à Charenton-Saint-Maurice	431
157. Viaduc de Brunoy	435
158. Melun	439
159. Château de Vaux-Praslin	443
160. Église d'Avon	444
161. Château de Fontainebleau, vu à vol d'oiseau	445
162. Cour de la Fontaine, sous Louis XIII	447
163. Cour des Adieux ou du Cheval-Blanc	449
164. Château de Fontainebleau (cour des Fontaines), vu de l'étang des Carpes	453
165. Le château, vu du parterre	455
166. Corps de garde	457
167. Porte Dorée	459
168. Porte de la cour Ovale	460
169. Cour Ovale et baptistère de Louis XIII	461
170. Péristyle de la cour Ovale	462
171. Cour Ovale	463
172. Porte Dauphine, dans la cour Ovale	465
173. Cheminée du salon de François Ier	474
174. Salle des Fêtes (galerie d'Henri II)	475
175. Galerie de François Ier	479

XXII LISTE DES GRAVURES.

176. Grand canal 484
177. Le Parterre 485
178. Jardin de Diane 489
179. La forêt de Fontainebleau, vue prise au Gros-Fouteau 491
180. Rocher d'Avon 495
181. Forêt de Fontainebleau, vue prise du Nid de l'Aigle 503
182. Mare aux pigeons Franchard 506
183. Entrée des gorges de Franchard 507
184. Entrée des gorges d'Apremont 511
185. Caverne des brigands 512
186. Bas-Bréau 513
187. Mare aux Ligueurs 517
188. Gorge aux Loups 520
189. Mare aux Fées 521
190. Marlotte 522
191. Montigny 523
192. Le Long Rocher 525
193. Entrée de Barbison, chemin des Vaches 527
194. Thomery 531
195. Moret 533
196. Le Pont Godot 537
197. Le château de Fromont 538
198. Petit-Bourg 539
199. Corbeil 541
200. Porte et église Saint-Spire, à Corbeil 543
201. Maison de Bernardin de Saint-Pierre 544
202. Château de Malesherbes 547
203. Château de M. d'Aboville, près de Malesherbes 549
204. Château d'Augerville 551
205. Embarcadère du chemin de fer d'Orléans 553
206. Le pont des Belles-Fontaines 557
207. Château de Savigny-sur-Orge 558
208. Château de Grand-Vaux 559
209. Viaduc sur l'Yvette, près de Grand-Vaux 560
210. Église de Longjumeau 561
211. Tour de Montlhéry, vue de Linas 566
212. Château de Montlhéry au seizième siècle 567
213. Château de Chamarande avant la coupe de ses futaies 571
214. Étampes : vue générale 572
215. Tour Guinette, à Étampes 573
216. Église Notre-Dame-d'Étampes 575
217. Tour penchée de Saint-Martin, à Étampes 577
218. Hôtel de ville d'Étampes 578
219. Les Portereaux 579
220. Château de Méréville 581
221. Saint-Sulpice de Favières 583
222. Château de Bâville 585
223. Église et château de Dourdan 587
224. Embarcadère du chemin de fer de Sceaux et d'Orsay 589

LISTE DES GRAVURES.   XXIII

225. Aqueduc d'Arcueil... 590
226. Vue prise de l'aqueduc d'Arcueil.................................. 591
227. Bicêtre ou l'hospice de la vieillesse.............................. 593
228. Ancien château de Sceaux... 597
229. Robinson... 601
230. Maison de Chateaubriand, à la vallée aux Loups............. 603
231. Prise d'eau à Rungis... 607
232. Château d'Igny... 610
233. Grottes de Bièvre.. 611
234. Aqueduc de Buc... 615
235. Chevreuse... 619
236. Vallée de Chevreuse... 621
237. Château de Dampierre.. 623
238. Ruines de l'église des Vaux-de-Cernay......................... 626
239. Les Vaux-de-Cernay, d'après une photographie............. 627
240. Vue prise dans la vallée des Vaux-de-Cernay................ 629
241. Cernay... 631
242. Limours.. 633
243. Monument de Bagneux... 635
244. Portail de l'église de Bagneux.................................... 637

CARTES ET PLANS.

1. Carte des environs de Paris à la fin du volume.
2. Versailles et les deux Trianons....................................... 22
3. Plan du rez-de-chaussée du palais de Versailles................ 34
4. Plan du 1er et du 2e étages du palais de Versailles............ 38
5. Carte de la forêt de Compiègne...................................... 306
6. Carte du bois de Vincennes... 408
7. Plan du palais de Fontainebleau..................................... 456
8. Carte de la forêt de Fontainebleau.................................. 492

ABRÉVIATIONS.

alt., altit.......	altitude.	hôt............	hôtel.
arr., arrond.....	arrondissement.	kil.............	kilomètres.
aub............	auberge.	kilog..........	kilogrammes.
c.............	centimes.	mèt............	mètres.
cent...........	centimètres.	millim.........	millimètres.
ch.-l. de c.....	chef-lieu de canton.	min............	minutes.
com............	commune.	mon. hist.......	monument historique.
corresp........	correspondance		
dép., départ.....	département.	N.............	nord.
dilig., dil.......	diligences.	O.............	ouest.
dr.............	droite.	quint..........	quintaux.
E.............	est.	R.............	route.
env............	environ.	s..............	siècle.
fr.............	francs.	S.............	sud.
g.............	gauche.	serv...........	service.
h.............	heures.	v.............	village.
hab............	habitants.	V.............	ville.
ham............	hameau.	V.............	voir.
hect...........	hectares.	voit...........	voitures.
hectol.........	hectolitres.	vol............	volumes.

N. B. — A défaut d'indication contraire, les hauteurs sont évaluées au-dessus du niveau de la mer.

PRÉFACE

DE LA TROISIÈME ÉDITION.

Les environs de Paris offrent dans toutes les directions des promenades aussi agréables qu'intéressantes. Où trouver en effet autour d'une capitale tant de fraîches vallées, de riants coteaux, de gracieuses villas, de jardins dessinés avec un art plus charmant et entretenus avec un soin plus raffiné, des plaines mieux cultivées et aussi fertiles, un climat aussi également tempéré, de plus vastes et de plus belles forêts, des châteaux, des églises, des abbayes, des palais, plus dignes d'être visités pour leur architecture, pour leurs œuvres d'art, pour leurs souvenirs historiques? Et cependant cette région de la France, si appréciée des artistes et des amateurs, reste presque inconnue à la foule. Les Parisiens surtout ignorent l'art de se promener avec profit. Parviennent-ils un jour à s'échapper pour quelques heures de ces affreuses prisons de pierre ou de plâtre dans lesquelles ils achètent trop chèrement le droit d'être enfermés sans air, sans espace et sans lumière, ils se précipitent par bandes vers certains points où de perfides réclames attirent incessamment leur trop naïve curiosité; il s'y entassent pêle-mêle dans des établissements publics, encore moins salubres et moins séduisants que leurs demeures, pour y chercher surtout des distractions banales qui n'ont absolument rien de champêtre et qu'ils se fussent procurées à moins de frais dans l'enceinte même de la grande ville.

C'est pour apprendre aux Parisiens et aux étrangers à se promener dans les environs de Paris que j'avais publié, en 1856, cet itinéraire, corrigé et complété une première fois en 1868, et que je viens de le refaire une troisième fois en 1877. Ma troisième tentative sera-t-elle plus heureuse que les deux premières? Je me plais à l'espérer, car depuis vingt ans les chemins de fer, en s'étendant et en se multipliant, ont singulièrement facilité les promenades et les excursions. Les trains des dimanches et des jours de fêtes, dont les prix devraient être diminués au lieu d'être augmentés, transportent hors des fortifications un nombre de plus en plus considérable de familles entières. Mais, si la foule est grande, l'espace ne manque pas. Promeneurs qui désirez vraiment fortifier votre corps et votre esprit à l'air libre des champs ou des forêts, vous n'avez que l'embarras du choix. Jetez-vous un rapide regard sur la carte, que de lieux et que d'objets divers sollicitent à l'envi votre préférence! — A l'ouest: Fleury, Meudon, Chaville, Viroflay, Marnes, Ville-d'Avray et leurs bois si peu éloignés et si accidentés; Saint-Cloud et son parc; Bellevue, si bien nommée; Sèvres et sa manufacture; la Marche et ses *steeple-chases;* Versailles, ses palais, ses musées, ses jardins et ses eaux; plus loin Rambouillet avec ses allées ombragées et solitaires, ses eaux dormantes, ses bergeries modèles; Dreux avec sa chapelle royale; les canots d'Asnières, les rosières de Nanterre, les tombeaux de Rueil, les souvenirs de la Malmaison et de Saint-Cucufa, les châtaigneraies de Bougival et de la Celle, les points de vue de Louveciennes, les machines, l'aqueduc, les ruines et les ombrages des deux Marly; Saint-Germain, sa terrasse, son château, son musée, sa forêt; Poissy et son église, et, au fond de cette jolie vallée de la basse Seine parsemée de châteaux et de villas, les merveilles architecturales de Notre-Dame de Mantes; — au nord : la basilique royale de Saint-Denis, les thermes et le lac d'Enghien, la forêt de Montmorency, l'ermitage de Jean-Jacques Rousseau; la vallée de l'Oise, de Pontoise à Creil; Écouen et son château : les étangs de Commelle, l'hippodrome de Chantilly; Mortefontaine et Ermenonville, qu'il suffit de nommer; Compiègne, son château, son musée, ses futaies, ses points de vue; Pierrefonds, son lac, ses eaux et son château féodal si admirablement restauré; les ruines de Nantouillet; le collége de Juilly; la forêt de Villers-Cotterets; — à l'est : les bords de la Marne, le Raincy démocratisé; la tombe de Bossuet dans la belle cathédrale de Meaux; le château royal du baron de Rothschild; la vallée de Grand-Morin; la ville de Provins, image encore presque complète d'une cité du moyen âge; Vincennes, son bois transformé en parc, son vieux donjon, ses établissements militaires, ses lacs, ses points de vue et toutes ces villas qui s'élèvent à l'entour de son chemin de fer comme bâties par la baguette d'une fée; enfin le panorama de Chennevières, rival de celui de Saint-Germain, et Brie-Comte-Robert; — au sud : Charenton et le confluent de la Marne et de la Seine; Alfort et son école; la vallée d'Yerres, la plus gracieuse peut-être de toutes les vallées des environs de Paris; Melun et ses monuments historiques; Fontainebleau et toutes les merveilles, et tous les souvenirs de son palais et de sa forêt; Corbeil et ses établissements industriels; les vallées de l'Yvette et de la Juine; — au sud-ouest : les petites alpes de Saint-Chéron; la tour de Montlhéry; Sceaux et son bal populaire sur les derniers débris des jardins de la duchesse du Maine; Robinson et ses châtaigniers-restaurants; Châtenay, où naquit Voltaire; Chevreuse, dont la vallée n'est pas moins célèbre que le duché; le vallon solitaire où fut Port-Royal des Champs; le château princier de Dampierre où le dernier duc de Luynes a si noblement protégé les lettres et les arts; et cette gorge pittoresque des Vaux-de-Cernay, qui doit sa juste renommée autant à ses beautés naturelles qu'aux ruines de son abbaye; enfin Bièvre et ses points de vue, Buc, son aqueduc et ses bois qui ramènent à Versailles par Satory. Et tous ces paysages, toutes ces vallées, toutes ces rivières, toutes ces collines, tous ces monuments, toutes ces œuvres d'art, vous pouvez les voir tour à tour en une journée, grâce aux chemins de fer, sans être obligé de passer une seule nuit hors de ce Paris tour à tour si aimé et si maudit, dans lequel vous avez le bonheur ou le malheur de vivre!...

Cette troisième édition, ai-je besoin de l'ajouter? est un ouvrage presque entièrement nouveau, pour l'ensemble comme pour les détails. Je dois surtout des remerciements à mon principal collaborateur, M. Anthyme Saint-Paul, qui a corrigé et complété toutes les notices archéologiques. Cependant, malgré tous les soins que j'y ai apportés, je me permettrai de réclamer non-seulement l'indulgence des promeneurs que j'aurai l'honneur de guider, mais leurs rectifications et leurs conseils pour une édition future.

Adolphe JOANNE.

Paris, juillet 1877.

MOYENS DE TRANSPORT.

PREMIÈRE PARTIE

CHEMINS DE FER.

I.

CHEMINS DE FER DE L'OUEST.

VOITURES DE FAMILLES. — 1° Service spécial à la gare Montparnasse, destiné à conduire à domicile les voyageurs arrivant par la ligne de Bretagne.

Tarif par course.

De 1 à 2 voyageurs, 2 fr. — Au-dessus de 2 voyageurs (par place), 1 fr.
Transport gratuit de 30 kilog. de bagages.
Au-dessus de 30 kilog., 20 cent. par fraction indivisible de 10 kilog.
Location de la voiture entière, quel que soit le nombre des voyageurs (1 à 7), et lorsqu'il s'agit d'un seul domicile. de 6 heures du matin à minuit, 5 fr.; la nuit, 6 fr.
2° Service spécial destiné à aller prendre en ville les voyageurs qui désireraient se faire conduire avec leurs bagages à l'une des deux gares de la Compagnie, de 1 à 7 voyageurs.

Tarif...... { De 6 heures du matin à minuit............ 5 fr.
{ La nuit.................................. 6 fr.

S'adresser à la gare Montparnasse et à la gare Saint-Lazare.
Ces commandes doivent être faites au moins douze heures à l'avance.

Tarif des courses effectuées dans Paris par les sous-facteurs.

(Gares Saint-Lazare et Montparnasse).

CONDITIONS DU TRANSPORT	1re ZONE		2e ZONE		3e ZONE	
	fr.	c.	fr.	c.	fr.	c.
Pour un homme avec un crochet, portant jusqu'à 30 kil.	1	»	1	25	1	50
Pour un homme avec un crochet, portant au-dessus de 30 kilog. jusqu'à 50 kil............	1	25	1	50	1	75
Pour un homme avec une charrette, portant au-dessus de 50 kilog. jusqu'à 250 kilog............	2	»	2	50	3	»
Pour deux hommes avec une charrette portant au-dessus de 250 kilog. jusqu'à 500 kilog............	2	50	3	»	3	50

NOTA. — Au-dessus de 500 kilog. les colis sont transportés par les fourgons de la Compagnie, aux prix et conditions du tarif de factage (10 fr. les 1,000 kilog.).
Les sous-facteurs doivent toujours être porteurs d'un livre contenant un exemplaire du présent tarif. Les sous-facteurs sont tenus de remettre ce tarif aux voyageurs, sans attendre leur demande.

XXX — MOYENS DE TRANSPORT.

DE PARIS A VERSAILLES (RIVE DROITE).

Embarcadère, rue Saint-Lazare, 124. — Départs toutes les demi-heures, depuis 7 h. du mat. jusqu'à 6 h. du soir, et toutes les heures environ entre 6 h. du soir et minuit 1/2 (V. les *Indicateurs* de semaine). Trains supplémentaires pendant les sessions des Chambres.

kil	STATIONS	BILLETS SIMPLES				ALLER ET RETOUR			
		Semaine		Dim. et Fêt.		Semaine		Dim et Fêt.	
		1re cl.	2e cl.	1re cl.	2e cl.	1re cl.	2e cl.	1re cl.	2e cl.
		fr. c.	fr. c.	fr. c.	fr. c.	fr. c.	fr. c.	fr. c.	fr. c.
4	Clichy-Levallois	» 40	» 25	» 55	» 35	» 80	» 50	1 10	» 70
6	Asnières	» 55	» 35	» 70	» 45	1 10	» 70	1 30	» 80
8	Courbevoie	» 65	» 40	» 85	» 65	1 30	» 80	1 65	1 10
10	Puteaux	» 65	» 40	» 85	» 65	1 30	» 80	1 65	1 10
12	Suresnes	» 65	» 40	» 85	» 65	1 30	» 80	1 65	1 10
15	Saint-Cloud	» 80	» 55	1 10	» 80	1 60	1 10	2 20	1 60
17	Sèvres	» 95	» 65	1 35	1 10	1 90	1 20	2 20	1 65
21	Viroflay (*R. D.*)	1 35	1 10	1 35	1 10	2 70	2 20	2 70	2 20
23	Versailles (*R. D.*)	1 65	1 35	1 65	1 35	3 30	2 70	3 30	2 70

CORRESPONDANCES :

A Courbevoie, pour *Sartrouville* (9 kil. pour 80 c.), par *Bezons* (4 kil. pour 40 et 50 c.) et *Houilles* (6 kil. pour 60 c.);

A Saint-Cloud, pour *Garches* (3 kil. pour 30 et 40 c.) et *Villeneuve-l'Étang* (4 kil. pour 30 et 40 c.);

A Ville-d'Avray, pour *Sèvres* (1,500 mèt. pour 15 et 20 c.), pour le v. de *Ville-d'Avray* (1 kil. pour 25 c.) et *Marnes* (2 kil. pour 25 c.);

A Viroflay, pour *le Grand-Montreuil* (2 kil. pour 25 c.);

A Versailles (r. dr.), pour : — *les Loges* et *Jouy-en-Josas* (6 et 8 kil. pour 60 c.); — *le Chesnay* (3 kil. pour 40 c.); — *Rocquencourt* (4 kil. pour 50 c.); — *Bailly* (7 kil. pour 70 c.); — *Noisy* (8 kil. pour 70 c.); — *Saint-Nom* et *la Bretèche* (12 et 13 kil. pour 1 fr.). — Omnibus pour la ville, 30 c.

DE PARIS A VERSAILLES (RIVE GAUCHE.).

Embarcadère, boulevard Montparnasse, 54. — Départs toutes les heures, de 7 h. 35 du mat. à minuit 35.

kil.	STATIONS	BILLETS SIMPLES				ALLER ET RETOUR			
		Semaine		Dim. et Fêt.		Semaine		Dim. et Fêt.	
		1re cl.	2e cl.	1re cl.	2e cl.	1re cl.	2e cl.	1re cl.	2e cl.
		fr. c.	fr. c.	fr. c.	fr. c.	fr. c.	fr. c.	fr. c.	fr. c.
3	Ouest-Ceinture	» 30	» 20	» 40	» 30	» 40	» 30	» 80	» 60
6	Clamart	» 65	» 40	» 65	» 45	» 65	» 45	1 10	» 75
8	Meudon	» 80	» 55	» 85	» 65	» 85	» 65	1 65	1 10
9	Bellevue	» 80	» 55	» 85	» 65	» 85	» 65	1 65	1 10
10	Sèvres	» 80	» 55	1 10	» 80	1 10	» 80	1 65	1 10
13	Chaville	1 10	» 80	1 35	1 10	1 35	1 10	2 20	1 65
14	Viroflay	1 35	1 10	1 35	1 10	1 35	1 10	2 70	2 20
18	Versailles	1 65	1 35	1 65	1 35	1 65	1 35	3 30	2 70

CORRESPONDANCES :

De la st. de Clamart : — au v. de *Clamart* (1 kil. 600 mèt. pour 15 c. et 25 c.) — à *Bièvre* (9 kil. pour 75 c.), par *le Plessis-Picquet* (4 kil. 500 mèt. pour 50 c.);

De la st. de Meudon au v. de *Meudon* (1 kil. pour 15 et 20 c.);

A Versailles, pour *les Loges* et *Jouy* (5 et 7 kil. pour 60 c.). — Omnibus pour la ville, 30 c.

MOYENS DE TRANSPORT.   XXXI

DE PARIS A MAINTENON.

Embarcadère, boulevard Montparnasse, 44. — 9 trains par jour, en été, dans chaque sens.

kil.	STATIONS	BILLETS SIMPLES			ALLER ET RETOUR		
		1re cl. fr. c.	2e cl. fr. c.	3e cl. fr. c.	1re cl. fr. c	2e cl. fr. c.	3e cl. fr. c.
18	Versailles (Chantiers).........	» »	» »	1 45	4 05	2 95	2 20
22	Saint-Cyr.................	2 65	2 »	1 45	4 05	2 95	2 20
28	Trappes..................	3 45	2 55	1 85	5 15	3 70	2 75
33	La Verrière...............	4 05	3 »	2 25	6 05	4 50	3 30
42	Le Perray................	5 15	3 90	2 85	7 80	5 70	4 15
48	Rambouillet...............	5 90	4 45	3 20	8 90	6 45	4 70
61	Epernon..................	7 50	5 60	4 10	» »	» »	» »
69	Maintenon	8 50	6 35	4 65	» »	» »	» »

CORRESPONDANCES :

A la Verrière, pour : — *Chevreuse* (12 kil.), par *le Mesnil-Saint-Denis* (2 kil.); — *Dampierre* (8 kil.), par *Lévy-Saint-Nom* (5 kil.) et *Maincourt* (6 kil.): — *les Mousseaux* (5 kil. pour 50 c.); — *Maurepas* (3 kil. pour 30 c.); — *Mareil-le-Guyon* (12 kil. pour 90 c.), par *Coignières* (3 kil. pour 30 c.), *le Tremblay* (7 kil. pour 60 c.) et *Bazoches* (9 kil. pour 75 c);

A Rambouillet, pour : — *Dourdan* (25 kil.), par *la Humière* (6 kil.); — *Sonchamp* (9 kil.) et *Saint-Arnoult* (20 kil.). — Omnibus pour la ville, 30 c. le jour et 60 c. la nuit sans bagages, 50 et 75 c. avec bagages;

A Epernon, pour *Gallardon* (9 kil., service libre);

A Maintenon, pour *Gallardon* (11 kil. pour 75 c.). — Omnibus pour la ville, 30 c. le jour, 50 c. la nuit sans bagages, 50 et 75 c. avec bagages.

DE PARIS A DREUX.

Embarcadère, boulevard Montparnasse, 44. — 7 départs par jour.

kil.	STATIONS	BILLETS SIMPLES			ALLER ET RETOUR		
		1re cl. fr. c.	2e cl. fr. c.	3e cl. fr. c.	1re cl. fr. c.	2e cl. fr. c.	3e cl. fr. c.
22	Saint-Cyr................	2 65	2 »	1 45	4 05	2 95	2 20
29	Villepreux-les-Clayes.........	3 55	2 65	1 85	5 35	3 95	2 85
33	Plaisir-Grignon.............	4 05	3 »	2 25	6 05	4 50	3 30
40	Villiers-Neaufle.............	4 95	3 65	2 65	7 35	5 35	3 95
45	Montfort-l'Amaury...........	5 55	4 15	3 »	8 35	6 05	4 40
49	Garancières-la-Queue.........	6 05	4 50	3 30	9 »	6 60	4 80
56	Tacoignières...............	6 85	5 15	3 75	10 30	7 55	5 50
63	Houdan...................	7 75	5 80	4 25	11 65	8 55	6 15
70	Marchezais................	8 60	6 45	4 70	» »	» »	» »
82	Dreux....................	10 10	7 55	5 55	» »	» »	» »

CORRESPONDANCES :

A Grignon-Plaisir pour *l'école de Grignon* (30 c. le jour et 40 c. la nuit sans bagages, 40 et 50 c. avec bagages);

A la st. de Villiers-Néaufle, pour : — *Néaufle-le-Château* (2 kil. pour 30 c.); — *Maule* (11 kil. pour 1 fr.); — *Pontchartrain* (2 kil. pour 40 c.);

A la st. de Montfort, pour *Montfort-l'Amaury* (3 kil. pour 40 c. le jour et la nuit sans bagages, 50 et 60 c. avec bagages);

A la st. de Garancières-la-Queue, pour : — *Orgerus* (6 kil.) par *Garancières* (1,500 mèt.) et *Behoust* (4 kil.):

A Houdan, pour la ville (500 mèt. pour 25 c. le jour et 50 c. la nuit, sans bagages, 40 et 50 c. avec bagages).

XXXII   MOYENS DE TRANSPORT.

DE PARIS A SAINT-GERMAIN.

Embarcadère, rue Saint-Lazare, 124. — Trains à toutes les heures.

	STATIONS	BILLETS SIMPLES				ALLER ET RETOUR			
		Semaine		Dim. et Fêt.		Semaine		Dim. et Fêt.	
		1re cl.	2e cl.	1re cl.	2e cl.	1re cl.	2e cl.	1re cl.	2e cl.
		fr. c.	fr. c.	fr. c.	fr. c.	fr. c.	fr. c.	fr. c.	fr. c.
5	Asnières............	» 55	» 35	» 70	» 45	1 10	» 70	1 30	» 80
12	Nanterre............	» 95	» 65	1 35	1 10	1 90	1 30	2 20	1 65
14	Rueil...............	» 95	» 65	1 35	1 10	1 90	1 30	2 70	2 20
15	Chatou..............	1 20	» 80	1 35	1 10	2 40	1 60	2 70	2 20
17	Le Vésinet..........	1 35	1 10	1 50	1 20	2 70	2 20	3 »	2 40
19	Le Pecq.............	1 65	1 35	1 65	1 35	3 30	2 70	3 30	2 70
21	Saint-Germain.......	1 65	1 35	1 65	1 35	3 30	2 70	3 30	2 70

CORRESPONDANCES :

A la st. de Rueil, pour : — *Carrières-Saint-Denis* et *Montesson* (3 kil. pour 25 et 30 c.); — pour le v. de *Rueil* (1.500 mèt. pour 5, 10 et 15 c.); — *la Malmaison* (2 kil. pour 10, 15 et 20 c.); — *Bougival* (4 kil. pour 35, 40 et 50 c.); — *Port-Marly* (7 kil. pour 50, 55 et 70 c.) et *Marly*. Ce service se fait par des omnibus américains à 3 classes.— On trouve aussi à la st. de Rueil des voitures pour *Louveciennes* (8 kil. pour 50 c.);
A la st. du Pecq, pour le v. du *Pecq* (1,500 mèt. gratis);
A Saint-Germain pour : — *Marly-le-Roi* (4 kil. pour 40 c.); — *Chambourcy* (3 kil. pour 25 et 30 c.); — *Poissy* (5 kil. 1/2 pour 50 c.).

DE PARIS A MANTES.

Embarcadère, rue Saint-Lazare, 124. — 16 trains par jour dans chaque sens.

kil.	STATIONS	BILLETS SIMPLES			ALLER ET RETOUR		
		1re cl.	2e cl.	3e cl.	1re cl.	2e cl.	3e cl.
		fr. c.	fr. c.	fr. c.	fr. c.	fr. c.	fr. c.
9	Colombes................	1 10	» 80	» 60	2 20	1 60	1 20
13	Houilles................	1 55	1 20	» 85	» »	» »	» »
17	Maisons.................	2 05	1 55	1 15	3 30	2 75	2 20
22	Conflans................	2 65	2 »	1 45	3 85	3 30	2 45
27	Poissy..................	3 30	2 45	1 80	4 40	3 55	3 »
35	Triel...................	4 25	3 20	2 35	6 60	4 95	3 85
41	Meulan-les-Mureaux......	5 05	3 75	2 80	8 80	6 30	4 65
49	Epone...................	6 05	4 50	3 30	9 65	7 20	5 25
57	Mantes-Ville............	7 15	5 30	3 90	» »	» »	» »
58	Mantes..................	7 15	5 30	3 90	11 10	8 50	6 25

CORRESPONDANCES :

A la st. de Conflans pour *Conflans* (4 kil. pour 40 c.);
A Poissy pour *Andrésy* (7 kil. pour 50 c.), par *Carrières-sous-Poissy* (2 kil. 1/2 pour 25 c.). — Voit. pour Saint-Germain, en correspondance avec le chemin de fer de Saint-Germain;
A la st. de Triel pour *Vaux* (6 kil. pour 50 c.), par *Triel* (2 kil. pour 20 c.);
A Meulan, pour : — *Avernes* (13 kil. pour 1 fr. 25 c.), par *Séraincourt* (7 kil. pour 50 c.) et *Frémaindiville* (10 kil. pour 1 fr.); — *Drocourt* (15 kil. pour 1 fr. 50 c.), par *Oinville* (6 k. pour 75 c.) et *Brueil* (7 k. 1/2 pour 1 fr.). — Omnibus pour la ville, 25 c.;
A la st. d'Epone, pour *Maule* (8 kil. pour 50 c.), par *Epone* (1 kil. pour 15 c.);
A la st. de Mantes-embranchement, pour *Mantes* (le jour, 25 c. sans bagages, 45 c. avec bagages; la nuit, 30 et 50 c.) et *Limay* (1,500 mèt. pour 50 c., sans bagages, et 70 c. avec bagages.

MOYENS DE TRANSPORT.

XXXIII

SERVICE CIRCULAIRE ENTRE LA GARE DE L'OUEST (SAINT-LAZARE) ET CELLE DU NORD, PAR ERMONT.

1° Départs de la gare Saint-Lazare (toutes les heures).

kil.	STATIONS	BILLETS SIMPLES			ALLER ET RETOUR		
		1re cl. fr. c.	2e cl. fr. c.	3e cl. fr. c.	1re cl. fr. c.	2e cl. fr. c.	3e cl. fr. c.
6	Bois-Colombes	» 70	» 45	» 35	1 30	» 80	» 60
8	Colombes	» 95	» 70	» 55	1 65	1 10	» 90
10	Argenteuil	1 20	» 90	» 65	1 80	1 40	1 10
13	Sannois	1 55	1 20	» 85	2 40	1 80	1 45
15	Ermont	1 85	1 35	» 95	2 80	2 05	1 70
18	Enghien	1 95	1 45	1 10	2 95	2 25	1 85
20	Epinay	1 95	1 45	1 10	2 95	2 25	1 85
23	Saint-Denis	1 95	1 45	1 10	2 95	2 25	1 85
30	Paris (Nord)	1 95	1 45	1 10	» »	» »	» »

2° Départs de la gare du Nord (toutes les heures).

kil.	STATIONS	BILLETS SIMPLES			ALLER ET RETOUR		
		1re cl. fr. c.	2e cl. fr. c.	3e cl. fr. c.	1re cl. fr. c.	2e cl. fr. c.	3e cl. fr. c.
7	Saint-Denis	» 85	» 65	» 40	1 30	» 85	» 70
10	Epinay	1 20	» 90	» 65	1 80	1 40	1 10
12	Enghien	1 45	1 10	» 80	2 25	1 65	1 40
15	Ermont	1 85	1 35	» 95	2 80	2 05	1 70
16	Sannois	1 95	1 45	1 10	2 95	2 25	1 85
19	Argenteuil	1 95	1 45	1 10	2 95	2 25	1 85
22	Colombes	1 95	1 45	1 10	2 95	2 25	1 85
23	Bois-Colombes	1 95	1 45	1 10	2 95	2 25	1 85
24	Asnières	1 95	1 45	1 10	2 95	2 25	1 85
30	Paris (Ouest)	1 95	1 45	1 10	» »	» »	» »

CORRESPONDANCES (SECTION DE PARIS A ERMONT) :

A la st. d'Argenteuil, pour *Argenteuil* (25 c.), et *Cormeilles* (6 kil. pour 60 c.);
A Ermont, pour *Andilly* (7 kil. pour 40 et 50 c.).

DE PARIS A PONTOISE, PAR ARGENTEUIL.

Embarcadère, rue Saint-Lazare, 124. — 11 trains par jour.

kil	STATIONS	BILLETS SIMPLES			ALLER ET RETOUR		
		1re cl. fr. c.	2e cl. fr. c.	3e cl. fr. c.	1re cl. fr. c.	2e cl. fr. c.	3e cl. fr. c.
5	Asnières	(V. p. XXXII).			(V. p. XXXII.)		
6	Bois-Colombes	» 70	» 45	» 35	1 30	» 80	» 60
8	Colombes	» 95	» 70	» 55	1 65	1 10	» 90
10	Argenteuil	1 20	» 90	» 65	1 80	1 40	1 10
13	Sannois	1 55	1 20	» 85	2 40	1 80	1 45
15	Ermont	1 85	1 35	» 95	2 80	2 05	1 70
18	Franconville	2 05	1 55	1 15	3 10	2 40	1 95
21	Herblay	2 45	1 85	1 35	3 70	2 80	2 35
29	Pontoise	3 55	2 65	1 95	5 35	4 05	3 35

Pour les corresp., V. ci-dessus, *Service circulaire*.

ENVIRONS DE PARIS.

XXXIV MOYENS DE TRANSPORT.

II.

CHEMINS DE FER DU NORD.

EMBARCADÈRE UNIQUE : PLACE ROUBAIX.

BUREAUX DES OMNIBUS SPÉCIAUX DANS PARIS.

Bureaux pour messagerie seulement. — Place de la Bourse, 6 ; rue Saint-Martin, 326, rue Bonaparte, 59 ; gare du Nord ; rue Aubry-le-Boucher, 24.

Bureaux pour voyageurs seulement. — Rue de Rivoli, hôtel du Louvre ; rue de Rivoli, 170, hôtel de la place du Palais-Royal ; rue de Rivoli, 202, hôtel Rivoli ; rue de Rivoli, 226, hôtel Windsor ; rue Saint-Honoré, 211, hôtel Saint-James ; rue Saint-Honoré, 223, hôtel de Lille et d'Albion ; rue de l'Arcade, 17, hôtel Bedford, boulevard des Capucines, Grand-Hôtel, rue Montmartre, 56, Grand-Hôtel d'Angleterre.

Tarif des omnibus spéciaux à la descente de la gare.

Omnibus à 7 places en location.
- 1 à 2 person. 3 fr.
- 3 à 4 — 4
- 5 à 7 — 6

Omnibus à 12 places en location.
- 1 à 4 person. 4 fr.
- 5 à 8 — 8
- 9 à 12 — 12

Au détail : 70 c. par voyageur, 30 c. par bagage ; au-dessus de 30 kilogr., 1 c. par kilogr.

Omnibus de famille, commandé pour prendre des voyageurs (sans égard au nombre) pour les conduire de leurs domiciles (en dedans des fortifications) à la gare :
Omnibus à 1 cheval, 6 fr. ; omnibus à 2 chevaux, 10 fr.

Renseignements. — Chevaux de poste : prix par cheval et par homme, 2 fr. ; camion ou fourgon pour transport de bagages, 1 fr. par 100 kil. (minimum 6 fr.). — Les prix des omnibus pour aller en dehors des fortifications se font de gré à gré.

Sous-facteur commandé pour transport de bagages en dehors de la gare avec crochet ou charrette à bras, d'après le tarif ci-dessous :

TARIF.	De 0 à 20 k.	De 21 à 40 k.	De 41 à 70 k.	De 71 à 100 k.	Au-dessus de 100 kil. indiv.
	fr. c.	fr. c.	fr. c.	fr. c.	fr. c.
9e et 10e arrondissements..	» 50	» 75	1 »	1 50	1 » p. 100 kil.
2e, 3e, 18e et 19e arrond.....	» 60	» 80	1 20	1 80	1 20 —
1er, 4e, 8e, 11e, 17e et 20e arr.	» 75	1 »	1 50	2 »	1 50 —
5e, 6e, 7e, 12e et 16e arrond....	1 »	1 25	1 75	2 25	1 75 —
13e, 14e et 15e arrond........	1 25	1 75	2 25	2 50	2 » —

S'adresser au chef du service de l'entreprise à la gare du Nord, à Paris, pour demande d'omnibus, camion, renseignements ou réclamations.

Billets pris à l'avance. — La Compagnie du chemin de fer du Nord délivre à sa gare de Paris, au prix du tarif général, des billets de 1re classe, pris à l'avance par série de 20, pour toutes les stations situées entre Paris et Creil, par Pontoise et par Chantilly.

Ces billets sont en papier et valables pour un seul voyage, soit à l'aller, soit au retour. Ainsi, un billet pris à l'avance pour le trajet entre Paris et Chantilly, par exemple, peut être utilisé soit pour un voyage de Paris à Chantilly, soit pour un voyage de Chantilly à Paris.

Les billets pris à l'avance ne sont valables que pour le trajet qu'ils indiquent ou pour un parcours intermédiaire.

Ils ne sont pas timbrés au départ ; les voyageurs qui en sont munis entrent directement dans les salles d'attente, où se détache le coupon du contrôle qui forme l'angle inférieur de droite desdits billets.

Tout billet pris à l'avance, présenté à une station de départ sans ce coupon de contrôle, est considéré comme nul et retiré des mains du voyageur qui en est porteur.

MOYENS DE TRANSPORT.   XXXV

DE PARIS A PONTOISE ET A CREIL, PAR ÉPINAY.

11 trains jusqu'à Pontoise, 7 jusqu'à Creil.

kil.	STATIONS	BILLETS SIMPLES			ALLER ET RETOUR		
		1re cl. fr. c.	2e cl. fr. c.	3e cl. fr. c.	1re cl. fr. c.	2e cl. fr. c.	3e cl. fr. c.
2	La Chapelle	» 35	» 25	» 20	» »	» »	» »
7	Saint-Denis	» 85	» 65	» 40	1 30	» 85	» 70
10	Épinay	1 20	» 90	» 65	1 80	1 40	1 10
12	Enghien	1 45	1 10	» 80	2 25	1 65	1 40
15	Ermont	1 85	1 35	» 95	2 80	2 05	1 70
18	Franconville	2 05	1 55	1 15	3 10	2 40	1 95
21	Herblay	2 45	1 85	1 35	3 70	2 80	2 35
29	Pontoise	3 55	2 65	1 95	5 35	4 05	3 35
29	Saint-Ouen-l'Aumône	3 55	2 65	1 95	5 35	4 05	3 35
34	Auvers-sur-Oise	4 05	3 »	2 25	6 10	4 55	3 85
37	Valmondois	4 55	3 40	2 50	6 30	4 95	3 90
40	L'Isle-Adam-Parmain	4 75	3 60	2 60	7 20	5 40	4 50
47	Persan-Beaumont	5 55	4 15	3 »	8 35	6 25	5 15
53	Boran	6 15	4 60	3 40	9 20	6 90	5 75
58	Précy	6 25	4 70	3 45	9 40	7 05	5 85
61	Saint-Leu-d'Esserent	6 25	4 70	3 45	9 40	7 05	5 85
68	Creil	6 25	4 70	3 45	» »	» »	» »

CORRESPONDANCES :

A la st. de Saint-Denis, pour *Saint-Denis* (10 c.);
A la st. d'Épinay, pour le v. d'*Épinay* (20 c.);
A la st. d'Enghien, par *Saint-Gratien* (2 kil. pour 25 c.), et *Montmorency* (2 kil. pour 30 c.);
A Ermont, pour *Montlignon* (4 kil. pour 30 c.), *Andilly* (5 kil. pour 50 c.) et *Saint-Prix* (7 kil. pour 50 c.);
A la st. de Franconville, pour *Franconville* (1 kil. pour 10 c.);
A la st. d'Herblay-Montigny, pour *Herblay* (3 kil. pour 15 c.);
A l'Isle-Adam, pour *Nesles* (4 kil. pour 60 c.);
A Beaumont, pour *Viarmes* (7 kil. pour 30 c.).

DE PARIS A VALMONDOIS.

10 trains par jour dans chaque sens. — Changer de voitures à Ermont.

kil.	STATIONS	BILLETS SIMPLES			ALLER ET RETOUR		
		1re cl. fr. c.	2e cl. fr. c.	3e cl. fr. c.	1re cl. fr. c.	2e cl. fr. c.	3e cl. fr. c.
15	Ermont (embr.)	» »	» »	» »	» »	» »	» »
17	Ermont (halte)	2 30	1 70	1 15	3 70	2 75	2 10
20	Saint-Leu	2 45	1 75	1 25	4 »	2 85	2 30
22	Taverny	2 70	2 »	1 40	4 50	3 35	2 60
23	Bessancourt	2 80	2 05	1 50	4 70	3 45	2 80
26	Méry	3 20	2 30	1 70	5 50	3 95	3 20
29	Mériel	3 55	2 65	1 85	6 20	4 65	3 50
31	Valmondois	3 80	2 80	2 05	6 70	4 95	3 90

CORRESPONDANCES :

A Bessancourt, pour *Villiers-Adam* (5 kil. pour 40 c.), par *Frépillon* (2 kil. pour 25 c.).

XXXVI — MOYENS DE TRANSPORT.

DE PARIS A MONTMORENCY.

Trains à toutes les heures. — On change de voitures à Enghien.

1° PAR LA GARE SAINT-LAZARE :

kil.	STATIONS	BILLETS SIMPLES			ALLER ET RETOUR		
		1re cl.	2e cl.	3e cl.	1re cl.	2e cl.	3e cl.
		fr. c.	fr. c.	fr. c.	fr. c.	fr. c.	fr. c.
18	Enghien	1 95	1 45	1 10	2 95	2 25	1 85
21	Soisy	2 20	1 60	» »	3 60	2 65	» »
23	Montmorency	2 50	1 80	1 45	4 05	2 95	2 55

2° PAR LA GARE DU NORD :

kil.	STATIONS	BILLETS SIMPLES			ALLER ET RETOUR		
		1re cl.	2e cl.	3e cl.	1re cl.	2e cl.	3e cl.
		fr. c.	fr. c.	fr. c.	fr. c.	fr. c.	fr. c.
12	Enghien	1 45	1 10	» 80	2 25	1 65	1 40
15	Soisy	1 70	1 25	» »	3 15	2 25	2 »
17	Montmorency	2 »	1 45	1 15	3 35	2 35	2 10

DE PARIS A BEAUMONT PAR MONSOULT.

6 trains par jour. — On ne change pas de voitures à Épinay.

kil.	STATIONS	BILLETS SIMPLES			ALLER ET RETOUR		
		1re cl.	2e cl.	3e cl.	1re cl.	2e cl.	3e cl.
		fr. c.	fr. c.	fr. c.	fr. c.	fr. c.	fr. c.
7	Saint-Denis	» 85	» 65	» 40	1 30	» 85	» 70
10	Épinay	1 20	» 90	» 65	1 80	1 40	1 10
12	Deuil-Montmagny	1 45	1 10	» 80	2 25	1 65	1 40
14	Groslay	1 70	1 30	» 90	2 55	1 95	1 55
15	Sarcelles-Saint-Brice	1 85	1 35	» 95	2 80	2 05	1 70
18	Ecouen-Ezanville	2 20	1 65	1 20	3 10	2 40	1 95
21	Domont	2 55	1 90	1 40	3 70	2 80	2 35
25	Monsoult	3 05	2 30	1 70	4 55	3 40	2 75
32	Presles	3 95	2 95	2 10	5 90	4 45	3 60
34	Nointel	4 15	3 10	2 30	6 10	4 55	3 85
37	Beaumont	4 55	3 40	2 50	6 30	4 95	3 90

CORRESPONDANCES :

A la st. de Sarcelles, pour *Sarcelles* et pour *Saint-Brice* (1 kil. pour 15 c.) ;
A Domont, pour *Moisselles* (2 kil. pour 20 c.) et *Bouffemont* (3 kil. pour 40 c.).

DE PARIS A COMPIÉGNE, PAR CHANTILLY ET CREIL.

22 départs par jour pour Chantilly, 10 pour Compiègne.

kil.	STATIONS	BILLETS SIMPLES			ALLER ET RETOUR		
		1re cl.	2e cl.	3e cl.	1re cl.	2e cl.	3e cl.
		fr. c.	fr. c.	fr. c.	fr. c.	fr. c.	fr. c.
7	Saint-Denis	» 85	» 65	» 40	1 30	» 85	» 70
11	Pierrefitte-Stains	1 35	» 95	» 75	2 05	1 45	1 38
15	Villiers-le-Bel-Gonesse	1 85	1 35	» 95	2 30	2 05	1 70
20	Goussainville	2 45	1 85	1 35	3 70	2 80	2 35
24	Louvres	2 95	2 20	1 65	4 45	3 30	2 85
30	Luzarches-Survilliers	3 65	2 75	2 »	5 55	4 10	3 45
36	Orry-là-Ville	4 45	3 30	2 40	6 70	4 95	4 14
41	Chantilly	5 05	3 75	2 80	7 50	5 70	4 75
51	Creil	6 25	4 70	3 45	9 40	7 05	5 85

MOYENS DE TRANSPORT. XXXVII

CORRESPONDANCES.

A Pierrefitte, pour *Villiers-le-Bel* et *Écouen* (6 et 7 kil. pour 60 c.) ;
A Villiers-le-Bel pour les mêmes localités (service de tramways ; même prix),
et pour *Roissy* (9 kil. pour 70 c.), par *Gonesse* (3 kil. pour 30 c.) ;
A la st. de Goussainville, pour la localité (20 c.), et pour *Mareil-en-France* (7 kil.
pour 70 c.), par *Fontenay-lès-Louvres* (4 kil. au même prix) ;
A Louvres, pour : — *Marly-la-Ville* (4 kil. pour 50 c.) ; — *Moussy-le-Neuf* (10 kil.
pour 1 fr.), par *Villeron* (4 kil. pour 50 c.) et *Vémars* (6 kil. 1/2 pour 75 c.) ;
A la st. de Survilliers, pour *Mortefontaine* (6 kil. 1/2 pour 1 fr.), et *Pontarmé*
(7 kil. pour 1 fr.), par *la Chapelle-en-Serval* (4 kil. pour 50 c.) ;
A Orry-la-Ville, pour *la Morlaye* (5 kil. pour 60 c.), par *Coye* (2 kil. pour 30 c.) ;
A Chantilly, pour la ville (25 c.), et pour *Gouvieux* (3 kil. pour 50 c.) ;
A Pont-Sainte-Maxence, pour *Senlis* (12 kil. pour 1 fr.) ;
A la st. de Verberie, pour la localité (4 kil. pour 50 c.) ;
A Compiègne, pour *Pierrefonds* (14 kil. pour 1 fr. 75 c.; aller et retour, 3 fr.).

DE PARIS A CRÉPY-EN-VALOIS, PAR SENLIS.

4 trains par jour. — Changement de voitures à Chantilly.

	STATIONS	BILLETS SIMPLES			ALLER ET RETOUR		
		1re cl. fr. c.	2e cl. fr. c.	3e cl. fr. c.	1re cl. fr. c.	2e cl. fr. c.	3e cl. fr. c.
lixil.							
111	Chantilly................	5 05	3 75	2 80	»	»	»
816	Vineuil (halte)...........	5 65	4 20	3 10	8 90	6 70	5 50
818	Saint-Firmin.............	5 90	4 45	3 20	8 90	6 70	5 50
154	Senlis...................	6 65	5 »	3 65	10 »	7 50	6 25
161	Barbery.................	7 50	5 60	4 10	11 30	8 40	7 »
868	Auger-Saint-Vincent.......	8 35	6 25	4 60	12 50	9 40	7 85
972	Crépy-en-Valois [1]......	»	»	»	»	»	»

1. Il n'est pas délivré de billets directs de Paris à Crépy par Senlis.

DE PARIS A VILLERS-COTTERETS.

6 départs pour Villers-Cotterets, 8 pour Crépy, 10 pour Dammartin.

	STATIONS	BILLETS SIMPLES			ALLER ET RETOUR		
		1re cl. fr. c.	2e cl. fr. c.	3e cl. fr. c.	1re cl. fr. c.	2e cl. fr. c.	3e cl. fr. c.
.liil.							
00	Le Bourget-Drancy.........	1 20	» 90	» 65	1 80	1 40	1 10
55	Aulnay-lès-Bondy..........	1 85	1 35	» 95	2 80	2 05	1 60
88	Sévran-Livry..............	1 90	1 50	1 10	3 05	2 40	1 85
17	Mitry-Claye...............	3 30	2 45	1 80	4 95	3 70	3 05
55	Dammartin................	4 25	3 20	2 35	6 40	4 85	4 »
63	Le Plessis-Belleville.......	5 25	3 95	2 90	7 90	5 90	4 95
09	Nanteuil..................	6 05	4 50	3 30	9 05	6 75	5 60
06	Ormoy....................	6 85	5 15	3 75	10 30	7 75	6 40
11	Crépy-en-Valois...........	7 50	5 60	4 10	11 30	8 40	7 »
09	Vaumoise.................	8 50	6 35	4 65	12 80	9 55	7 95
88	Villers-Cotterets..........	9 60	7 20	5 25	14 45	10 80	8 95

CORRESPONDANCES :

A Au Bourget, pour *Dugny* (4 kil. pour 25 c.) ;
A Sévran, pour : — *Villeparisis* (7 kil. pour 40 c.), par *Voujours* (4 kil. pour 10 c.) ;
— *Livry* (2 kil. gratuitement) ; — *Le Grand-Tremblay* (7 kil. pour 50 c.) ;
A Mitry, pour : — *Moussy-le-Vieux* (13 kil. pour 85 c.), par *Villeneuve-sous-Dammartin* (11 kil. pour 85 c.) ; — *le Mesnil-Amelot* (7 kil. pour 60 c.), par *Mitry* (3 kil. pour 25 c.) ; — *Thieux* (8 kil. pour 60 c.), par *Compans* (5 kil. pour 40 c.) ; — *Annet*

XXXVIII MOYENS DE TRANSPORT.

(8 kil. pour 50 c.), par *Claye* (5 kil. pour 50 c.); — *Villeroy* (12 kil. pour 80 c.), par *Gressy* (3 kil. pour 30 c.), *Messy* (5 kil. pour 50 c.) et *Charny* (10 kil. pour 80 c.);
A Dammartin, pour : — *Juilly* (3 kil. pour 50 c.); — *Dammartin* (3 kil. 1/2 pour 40 c.); — *Saint-Souplet* (11 kil. pour 70 c.), par *Montgé* (6 kil. pour 50 c.);
Au *Plessis-Belleville*, pour : — *Ermenonville* (6 kil. pour 75 c.); — *Brégy* (11 kil. pour 1 fr.), par *Saint-Pathus* (6 kil. pour 60 c.), et *Oissery* (7 kil. pour 75 c.);
A Nanteuil-le-Haudouin, pour *Acy-en-Multien* (16 kil. pour 1 fr. 50 c.);
A Crépy-en-Valois, pour *Béthisy-Saint-Pierre* (13 kil. pour 1 fr. 50 c.), et pour *Betz* (11 kil. pour 1 fr. 25 c.), par *Lévignen* (5 kil. pour 75 c.);
A Villers-Cotterets, pour *Neuilly-Saint-Front* (21 kil. pour 2 fr. 50 c.), par *la Ferté-Milon* (9 kil. pour 1 fr.)

III.

CHEMINS DE FER DE L'EST.

BUREAUX DANS PARIS.

Bureau succursale n° 1, rue du Bouloi, 9.
Bureau succursale n° 2, boulevard Sébastopol, 34, et rue Quincampoix, 47 et 19.
Bureau succursale n° 3, place de la Bastille (gare du chemin de fer de Vincennes).
Bureau succursale n° 4, place Saint-Sulpice, 6.
Bureau succursale n° 5, rue Basse-du-Rempart, 50 (boulevard des Capucines).

OMNIBUS DE FAMILLE POUR CONDUIRE A DOMICILE.

Paris (anciennes limites), y compris *Montmartre, la Chapelle, la Villette et Belleville.*

De 7 heures du matin à minuit : de 1 à 3 voyageurs, 3 fr.; au-dessus de 3 voyageurs, par place, 1 fr. — De minuit à 7 heures du matin : de 1 à 3 voyageurs, 4 fr.; au-dessus de 3 voyageurs, par place, 1 fr.
(Pour prendre à domicile, par omnibus, de 1 à 5 voyageurs, 5 fr.)

Batignolles, Les Ternes, Ménilmontant et Charonne.

De 7 heures du matin à minuit : de 1 à 3 voyageurs, 4 fr.; au-dessus de 3 voyageurs, par place, 1 fr. — De minuit à 7 heures du matin, de 1 à 3 voyageurs, 5 fr.; au-dessus de 3 voyageurs, par place, 1 fr.
(Pour prendre à domicile, par omnibus, de 1 à 5 voyageurs, 6 fr.)

Neuilly-Paris, Passy, Auteuil, Grenelle, Vaugirard, Ivry-Paris, Bercy.

De 7 heures du matin à minuit : de 1 à 3 voyageurs, 5 fr.; au-dessus de 3 voyageurs, par place, 1 fr. — De minuit à 7 heures du matin : de 1 à 3 voyageurs, 6 fr.; au-dessus de 3 voyageurs, par place, 1 fr.
(Pour prendre à domicile, par omnibus, de 1 à 5 voyageurs, 7 fr.)

Les voyageurs transportés par ces voitures jouiront pour leurs bagages de la franchise suivante :
De 1 à 3 places, 60 kilog.; de 4 à 5 place, 100 kilog.; de 6 à 10 places, 160 kilog. Au-dessus de ces poids, il est perçu 1 c. par kilog.

Les demandes d'omnibus de famille doivent être faites au moins 6 heures à l'avance, à la gare de Paris (bureau central des Omnibus), et dans les bureaux établis par la Compagnie dans Paris : 50, rue Basse-du-Rempart; 9, rue du Bouloi; 34, boulevard Sébastopol; place de la Bourse (omnibus de Vincennes); 6, place Saint-Sulpice; place de la Bastille (gare de Vincennes).

MOYENS DE TRANSPORT. XXXIX

DE PARIS A MEAUX.

(LIGNE DE PARIS A STRASBOURG.)

Embarcadère, à l'extrémité du boulevard de Strasbourg. — 16 trains par jour jusqu'à Meaux, 22 jusqu'à Lagny.

kil.	STATIONS	BILLETS SIMPLES			ALLER ET RETOUR		
		1re cl. fr. c.	2e cl. fr. c.	3e cl. fr. c.	1re cl. fr. c.	2e cl. fr. e.	3e cl. fr. c.
6	Pantin	» 65	» 40	» 20	1 10	» 70	» 35
9	Noisy-le-Sec	1 10	» 80	» 60	1 65	1 20	» 95
11	Bondy	1 10	» 80	» 60	1 75	1 30	1 10
13	Le Raincy-Villem	1 55	1 20	» 85	2 10	1 75	1 45
15	Gagny-Montfermeil	1 85	1 35	» 95	2 75	1 95	1 70
19	Chelles	2 35	1 75	1 25	3 50	2 50	2 10
28	Lagny-Thorigny	3 45	2 55	1 85	5 15	3 70	3 15
37	Esbly	4 40	3 35	2 30	6 80	5 05	4 25
45	Meaux	4 40	3 50	2 30	8 35	6 05	4 40

CORRESPONDANCES :

A Bondy, pour le village (1 kil. pour 15 c.), et *les Pavillons* (2 kil. pour 30 c.);

Au Raincy, pour *Livry* (5 kil. pour 30 c.), et pour *Montfermeil* (5 kil. pour 45 c.; dim. et fêtes, 50 c.);

A Gagny, pour *Clichy* (6 kil. pour 50 c.), et *Coubron* (7 kil. pour 50 c.);

A Chelles, pour : — *Montjay* (11 kil. pour 65 c.; dim. et fêtes, 80 c.), par *Chelles* (2 kil. pour 15 c., si l'on descend au bas du village, et 25 c. si l'on arrive au quartier de l'église), *le Pin* (7 kil. pour 55 c. la sem., et 65 c. le dim.) et *Villevaudé* (9 kil. pour 65 et 80 c.); — *Torcy* (10 kil. pour 80 c.), par *Gournay* (2 kil. pour 30 c.), et *Champs* (5 kil. pour 40 c.);

A Lagny, pour : — *Villeroy* (15 kil. pour 80 c.), par *Annet* (6 kil. pour 55 c.), *Fresnes* (8 kil. pour 55 c.) et *Charny* (12 kil. pour 80 c.); — *Ferrières* (8 kil. pour 75 c.), par *Bussy-Saint-Georges* (5 kil. pour 55 c.); — *Villeneuve-le-Comte* (14 kil. pour 75 c.), par *Chanteloup* (1 kil. pour 45 c.) et *Jossigny* (7 kil. pour 60 c.); — *Chalifert* (7 kil. p. 75 c.), par *Montévrain* (3 kil. pour 50 c.) et *Chessy* (5 kil. pour 50 c.);

A Esbly, pour *Crécy-sur-Morin* (11 kil. pour 1 fr.), par *Couilly* (5 kil. pour 50 c.);

A Meaux, pour : — *la Ferté-Milon* (38 kil. pour 3 fr. 50 c.), par *Varreddes* (7 kil. pour 60 c.), *May-en-Multien* (18 kil. pour 2 fr. 75 c. et 1 fr. 90 c.), et *Mareuil-sur-Ourcq* (30 kil. pour 3 fr. 25 c. et 2 fr. 75 c.); — *Acy-en-Multien* (21 kil. pour 2 fr. 75 c. et 2 fr. 25 c.), par *Puisieux* (15 kil. pour 1 fr. 90 c. et 1 fr. 35 c.); — *Crouy-sur-Ourcq* (23 kil. pour 3 fr. et 2 fr. 20 c.), par *Lizy-sur-Ourcq* (17 kil. pour 1 fr. 25 c.)

DE BONDY A AULNAY.

kil.	STATIONS	1re cl. fr. c.	2e cl. fr. c.	3e cl. fr. c.
3	Raincy-Pavillons	» 40	» 30	» 20
4	Gargan-Livry	» 60	» 45	» 30
5	L'Abbaye	» 70	» 55	» 35
7	Aulnay	» 85	» 65	» 40

DE LAGNY A VILLENEUVE-LE-COMTE.

kil.	STATIONS	1re cl. fr. c.	2e cl. fr. c.	3e cl. fr. c.
4	Montevrain	» 50	» 35	» 25
7	Serri	» 85	» 65	» 45
12	Villeneuve-le-Comte	1 45	1 10	» 80

MOYENS DE TRANSPORT.

DE PARIS A COULOMMIERS.

Embarcadère, à l'extrémité du boulevard de Strasbourg. — Bureau des billets pour la ligne de Belfort, au fond de l'aile gauche ; bifurcation et changement de voitures à Gretz. — 5 trains par jour.

		BILLETS SIMPLES			ALLER ET RETOUR		
	STATIONS	1re cl.	2e cl.	3e cl.	1re cl.	2e cl.	3e cl.
kil.		fr. c.	fr. c.	fr. c.	fr. c.	fr. c.	fr. c.
39	Gretz-Armainvilliers	4 05	3 »	2 10	6 05	4 25	3 60
41	Tournan	4 45	3 30	2 35	6 60	4 70	4 »
49	Marles-la-Houssaye	5 40	4 »	2 90	8 »	5 80	4 95
56	Mortcerf	6 05	4 50	3 20	9 »	6 45	5 50
62	Guérard	6 90	5 15	3 55	10 30	7 15	6 05
65	Faremoutiers-Pom.	7 35	5 50	3 95	11 »	7 90	6 70
69	Mouroux	7 85	5 85	4 20	11 75	8 45	7 15
72	Coulommiers	8 25	6 15	4 45	12 30	8 90	7 50

CORRESPONDANCES :

A la st. de Nogent-sur-Marne (ligne de Belfort), pour la station de la ligne de Vincennes (1,800 mèt. pour 15 c.) ; — *Noisy-le-Grand* (6 kil. pour 40 c. la sem. et 50 c. le dim.), par *Brie-sur-Marne* (2 kil. 1/2 pour 25 et 35 c.) ; le *Perreux-Bellevue* (1.500 mèt. pour 20 et 25 c.);

A Villiers-sur-Marne, pour *le Plessis-Trévise* (4 kil. pour 40 c.) ;

A Emerainville-Pontault, pour *Férolles* (12 kil. pour 1 fr. 10), par Pontault (3 kil. pour 30 c.) et *Lésigny* (9 kil. pour 80 c.) ;

A la st. d'Ozouer, pour le village (3 kil. pour 30 c.) ;

A Gretz-Armainvilliers, pour *Brie-Comte-Robert* (12 kil. pour 90 c.), par *Chevry* (6 kil. pour 45 c.).

A Tournan, pour *Melun* (28 kil. pour 50 c.) ;

A Marles, pour : — *Rosoy-en-Brie* (12 kil. pour 1 fr.), par *Fontenay-Trésigny* (4 kil. pour 40 c.) ; — *Lumigny* (9 kil. pour 75 c.) ;

A Coulommiers, pour *la Ferté-Gaucher* (23 kil. pour 1 fr. 75 c.) et *Rebais* (12 kil. pour 1 fr. 25 c.).

DE PARIS A PROVINS.

Embarcadère, à l'extrémité du boulevard de Strasbourg. — Bureau des billets pour la ligne de Belfort, au fond de l'aile gauche ; bifurcation et changement de voiture à Longueville. — 6 trains par jour.

		BILLETS SIMPLES			ALLER ET RETOUR		
	STATIONS	1re cl.	2e cl.	3e cl.	1re cl.	2e cl.	3e cl.
kil.		fr. c.	fr. c.	fr. c.	fr. c.	fr. c.	fr. c.
6	Pantin	» 65	» 40	» 20	1 10	» 70	» 35
9	Noisy-le-Sec	1 10	» 80	» 60	1 65	1 20	» 95
13	Rosny-sous-Bois	1 35	» 95	» 65	1 95	1 50	1 10
17	Nogent-sur-Marne	1 35	» 95	» 65	2 20	1 65	1 10
21	Villiers-sur-Marne	1 85	1 30	» 90	2 60	1 85	1 55
28	Emerainville	2 75	1 95	1 35	3 95	2 75	2 35
33	Ozouer-la-Ferrière	3 35	2 40	1 75	4 80	3 50	2 95
39	Gretz-Armainvilliers	4 05	3 »	2 10	6 05	4 25	3 60
41	Villepatour-Coubert	4 70	3 45	2 45	6 90	4 95	4 20
49	Ozouer-le-Voulgis	5 30	3 90	2 75	7 80	5 60	4 75
53	Verneuil-Chaumes	5 80	4 25	2 95	8 55	6 15	4 95
59	Mormant	6 50	4 80	3 50	9 65	7 »	5 50
65	Grandpuits	7 30	5 35	3 90	10 75	7 80	6 60
70	Nangis	7 90	5 85	4 20	11 75	8 45	6 60
80	Maison-Rouge	9 10	6 80	4 85	13 60	9 75	7 70
89	Longueville	10 25	7 60	5 50	15 25	11 »	8 80
95	Provins	10 75	8 »	5 75	16 15	11 65	9 20

MOYENS DE TRANSPORT. XLI

CORRESPONDANCES.

A Villepatour, pour *Coubert* (5 kil. pour 50 c.);
A Verneuil, pour : — *Guignes* (3 kil. pour 30 c.) ; — *Champeaux* (8 kil. pour 75 c.), par *Andrezel* (5 kil. pour 55 c.);
A Mormant, pour *Melun* (22 kil. pour 1 fr. 50 c.);
A Nangis, pour *Melun* (28 kil. pour 2 fr.);
A Maison-Rouge, pour *Donnemarie* (8 kil. pour 80 c.).

DE PARIS A BRIE-COMTE-ROBERT.

Embarcadère, place de la Bastille. — Départ tous les quarts d'heure pour Vincennes, toutes les demi-heures pour Joinville-le-Pont ; 7 trains seulement arrivent à Brie-Comte-Robert.

SERVICES D'OMNIBUS DANS PARIS.

1° *De la place de la Bourse à la Bastille* et *vice versâ :* Par les rues Vivienne, Neuve-des-Petits-Champs, de la Vrillière, Croix-des-Petits-Champs, de Marengo, de Rivoli et Saint-Antoine.
2° *Du boulevard des Capucines* (50, rue Basse-du-Rempart) *à la Bastille* et *vice versâ :* Par les boulevards.

Prix des places : intérieur, 30 c.; — banquette, 20 c.

NOTA. — Il est délivré, au bureau de la place de la Bourse, des billets pour les stations du chemin de fer de Vincennes.

kil.	STATIONS	BILLETS SIMPLES				ALLER ET RETOUR			
		Sem.		Dim. et Fêt.		Sem.		Dim. et Fêt.	
		1re cl. fr. c.	2e cl. fr. c.	1re cl. fr. c.	2e cl. fr. c.	1re cl. fr. c.	2e cl. fr. c.	1re cl. fr. c.	2e cl. fr. c.
3	Reuilly	» 25	» 15	» 30	» 20	» »	» »	» »	» »
4	Bel-Air	» 35	» 20	» 40	» 30	» 70	» 40	» 80	» 60
5	Saint-Mandé	» 40	» 30	» 55	» 35	» 80	» 60	1 10	» 70
6	Vincennes	» 55	» 30	» 55	» 40	1 10	» 60	1 10	» 80
8	Fontenay-sous-Bois	» 75	» 55	» 80	» 55	1 50	1 10	1 60	1 10
9	Nogent-sur-Marne	» 75	» 55	» 85	» 65	1 50	1 10	1 70	1 30
11	Joinville-le-Pont	» 85	» 65	» 95	70	1 70	1 30	1 90	1 40
13	S.-Maur-Port-Créteil	1 10	» 75	1 20	» 85	2 20	1 50	2 40	1 70
14	Parc de Saint-Maur	1 10	» 75	1 20	» 85	2 20	1 50	2 40	1 70
16	Champigny	1 10	» 80	1 25	» 95	2 20	1 60	2 50	1 90
17	La Varenne-S.-Maur	1 20	» 85	1 35	1 10	2 40	1 70	2 70	2 20
20	Sucy-Bonneuil	1 45	1 10	1 45	1 10	2 45	1 75	2 75	2 20
22	Boissy-Saint-Léger	1 65	1 25	1 65	1 25	2 50	1 80	2 90	2 30
24	Limeil	1 85	1 25	1 85	1 25	2 55	1 85	2 90	2 30
28	Villecresnes	2 20	1 55	2 20	1 55	3 »	2 »	3 50	2 50
31	Mandres	2 45	1 75	2 45	1 75	3 35	2 35	3 70	2 70
33	Santeny-Servon	2 65	1 85	2 65	1 85	3 65	2 55	4 »	2 90
36	Brie-Comte-Robert	2 95	1 95	2 95	1 95	3 80	2 70	4 40	3 05

CORRESPONDANCES.

A Vincennes, pour *Montreuil-sous-Bois* (2 kil. pour 10 c.; 20 c. pour les voyageurs ne venant pas du chemin de fer);
A Fontenay-sous-Bois, pour la localité (1 kil. pour 10 c.);
A Nogent, st. de la ligne de Brie, pour : — la station de la ligne de Belfort (1,800 mèt. pour 15 c.); — *le Perreux* (2 kil. pour 20 c.; 25 c. le dim.); à *Neuilly* et *Ville-Évrard* (35 et 40 c.);
A Joinville, pour *Saint-Maur* (1 kil. pour 10 c.);
A Saint-Maur, pour *Créteil* (3 kil. pour 20 c.);
A Sucy-Bonneuil, pour *la Queue-en-Brie* (4 kil. pour 25 c.);
A Brie-Comte-Robert, pour : — *Coubert* (8 kil. pour 40 c.), par *Grisy-Suisnes* (4 kil. 1/2 pour 60 c.); — *Chevry* (5 kil. pour 45 c.).

IV.

CHEMINS DE FER DE LYON.

Embarcadère unique : boulevard Mazas, à l'extrémité de la rue de Lyon.

BUREAUX SUCCURSALES A PARIS.

Voyageurs, marchandises. — Rue de Rambuteau, 6 (bureau central) ; rue Coq-Héron, 6 ; rue de Rennes, 45 ; rue Saint-Lazare, 88 ; rue des Petites-Écuries, 11.

On trouve à ces bureaux des omnibus desservant la plupart des trains, et des renseignements y sont donnés pour ce qui concerne les voyageurs et les marchandises. La Compagnie y reçoit les articles de messageries, les finances, les valeurs et les marchandises à petite vitesse, en destination des gares et de toutes les localités desservies par les chemins de fer correspondants, diligences, etc.; elle y reçoit aussi les ordres pour l'enlèvement des marchandises.

Tarif des courses effectuées dans Paris par les sous-facteurs.	1re ZONE (a) fr. c.	2e ZONE (b) fr. c.	3e ZONE (c) fr. c.	4e ZONE (d) fr. c.	5e ZONE (e) fr. c.
Un homme avec un crochet portant jusqu'à 25 kilog.	» 50	» 75	1 »	1 25	1 50
Un homme avec un crochet portant de 25 à 60 kilog.	» 75	1 »	1 25	1 50	1 75
Un homme avec une charrette portant de 60 à 250 kil.	1 25	1 50	2 »	2 50	3 »
Deux hommes avec une charrette portant de 250 à 500 k.	1 50	2 »	3 »	3 50	4 »

Tarif des omnibus réguliers dans Paris.	6 h. matin à minuit. fr. c.	minuit à 6 h. matin fr. c.
Voyageurs. — Par voyageur pris ou amené à un point quelconque situé sur l'itinéraire de l'omnibus	» 30	» 60
Par voyageur conduit à une gare de chemin de fer située au-delà de l'itinéraire	» 60	» 90
Bagages. — Pour 30 kilog. et au-dessous, quel que soit le nombre de colis	» 25	» 50
Au-dessus de 30 kilog. jusqu'à 60 kilog. inclus	» 50	» 75
Au-dessus de 60 kilog. jusqu'à 90 kilog. inclus	» 75	1 »
Au-dessus de 90 kilog. et par fraction indivisible de 30 kil.	» 25	» 25

NOTA. — Ne sont pas soumis aux taxes ci-dessus, les menus objets que le voyageur conserverait avec lui sans gêner ses voisins.

(a) Comprenant les 3e, 4e, 5e, 11e, 12e, 13e et 20e arrondissements ; — (b) comprenant les 1er, 2e, 6e, 10e et 14e arrondissements; — (c) comprenant les 7e, 8e, 9e et 10e arrondissements ; — (d) comprenant les 15e et 18e arrondissements ; — (e) comprenant les 16e et 17e arrondissements.

MOYENS DE TRANSPORT.   XLIII

Tarif des omnibus de famille de la gare à domicile.

Omnibus en location.

	Dans les anciennes limites de l'octroi.		Entre les anc. limites de l'octroi et l'enceinte fortifiée.	
	6 h. mat. à minuit.	minuit à 6 h. m.	6 h. mat. à minuit.	minuit à 6 h. m.
	fr. c.	fr. c.	fr. c.	fr. c.
Voyageurs. — Petits omnibus (7 plac.), par course, pour 1, 2 ou 3 voyageurs..	4 »	5 »	5 »	6 »
Au-dessus de 3 voyageurs, par voyageur en sus....................	» 50	» 50	» 50	» 50
Grands omnibus (12 à 18 places), par course, quel que soit le nombre des places occupées....................	8 »	10 »	10 »	12 »
Bagages. — Petits omnibus : transport gratuit de 150 kilog.				
Grands omnibus : transport gratuit de 300 kilog.				
Au-dessus de ce poids accordé, il sera perçu par fraction de 50 kilog...	» 50	» 50	» 50	50

Du domicile à la gare.
Omnibus en location.

Voyageurs. — Petits omnibus (7 plac.), par course, pour 1, 2, 3 ou 4 voyageurs.	5 »	6 »	6 »	7 »
Au-dessus de 4 voyageurs, par voyageur en sus....................	» 50	» 50	» 50	» 50
Grands omnibus (12 à 18 places), par course, quel que soit le nombre des places occupées....................	8 »	10 »	10 »	12 »
Bagages. — Petits omnibus : transport gratuit de 150 kilog.				
Grands omnibus : transport gratuit de 300 kilog.				
Au-dessus du poids accordé, il sera perçu par fraction indivisible de 50 kil.	» 50	» 50	» 50	» 50

Pour les courses au-delà des fortifications, le prix se traite de gré à gré.

Avis essentiel. — A l'arrivée des omnibus dans la cour de départ de l'embarcadère du chemin de fer, les voyageurs doivent reconnaître leurs bagages et les faire enregistrer, afin d'éviter toute confusion ou perte de colis.

La Compagnie fournit en location les omnibus de famille pour prendre les voyageurs et leurs bagages à domicile ou à la gare.

Les commandes d'omnibus sont reçues : au bureau central des omnibus, rue de Châlons, 2 ; à la gare de Paris, au bureau du contrôle des omnibus et dans les bureaux-succursales indiqués ci-dessus.

Les commandes doivent être faites au moins 12 heures à l'avance.

Les plaintes et réclamations doivent être adressées à l'inspecteur des services extérieurs, rue de Châlons, 2, à Paris.

DE PARIS A FONTAINEBLEAU.

kil.	STATIONS.	BILLETS SIMPLES				ALLER ET RETOUR		
		1re cl. fr. c.	2e cl. fr. c.	3e cl. fr. c.		1re cl. fr. c.	2e cl. fr. c.	3e cl. fr. c.
6	Charenton...............	» 55	»	» 30	Semaine......	» 70	»	» 40
					Dim. ou fêt. lég.	1 10	»	» 60
7	Maisons-Alfort..........	» 65	»	» 40	Semaine......	» 80	»	» 50
					Dim. ou fêt. lég.	1 30	»	» 80
15	Villeneuve-Saint-Georges.	1 85	1 35	» 95	....	2 30	1 75	1 30
18	Montgeron...............	2 20	1 65	1 20	....	2 75	2 05	1 50
22	Brunoy..................	2 65	2 »	1 45	....	3 40	2 50	1 85
26	Combs-la-Ville...........	3 15	2 40	1 75	....	3 95	2 95	2 20
31	Lieusaint................	3 75	2 85	2 05	....	4 70	3 60	2 60
38	Cesson..................	4 65	3 50	2 55	....	5 80	4 40	3 15
45	Melun...................	5 55	4 15	3 »	....	6 90	5 15	3 85
51	Bois-le-Roi..............	6 25	4 70	3 45	....	7 80	5 80	4 25
59	Fontainebleau............	7 25	5 40	4 »	....	9 »	6 80	4 95

MOYENS DE TRANSPORT.

CORRESPONDANCES :

A Maisons-Alfort, pour *Créteil* (3 kil. pour 20 c.; dim. et fêtes, 25 c.);
A Villeneuve-Saint-Georges pour : *Brévannes* (1 kil. pour 50 c.), par *Valenton* (3 kil. 1/2 pour 40 c.), et *Limeil* (3 kil. pour 50 c.);
A Montgeron pour l'*Abbaye* (1 kil. pour 35 c., dim. et fêtes, 50 c.), par *Yerres* (3 kil. pour 35 c.; dim. et fêtes, 50 c.);
A Brunoy pour : *Mandres* (4 kil. pour 30 c.).

DE PARIS A MALESHERBES.

kil.	STATIONS	BILLETS SIMPLES			ALLER ET RETOUR		
		1re cl. fr. c.	2e cl. fr. c.	3e cl. fr. c.	1re cl. fr. c.	2e cl. fr. c.	3e cl. fr. c.
15	Villeneuve-Saint-Georges	1 85	1 35	» 95	2 30	1 75	1 30
18	Draveil	2 20	1 65	1 20	2 75	2 05	1 50
23	Juvisy	2 30	1 75	1 25	3 50	2 50	1 90
26	Ris-Orangis	2 95	2 20	1 65	4 40	3 30	2 45
30	Evry	3 45	2 35	1 75	4 70	3 50	2 60
33	Corbeil-Essonnes	3 55	2 45	1 85	4 95	3 70	2 80
36	Moulin-Galant	4 45	3 30	2 40	5 90	4 50	3 60
41	Mennecy	5 05	3 75	2 80	6 80	5 05	4 05
47	Ballancourt	5 75	4 30	3 15	7 80	5 80	4 25
53	La Ferté-Alais	6 50	4 85	3 55	8 80	6 60	4 80
60	Boutigny	7 35	5 55	4 05	9 90	7 45	5 50
65	Maisse	8 »	5 95	4 40	10 65	8 »	5 80
71	Boigneville	8 70	6 50	4 75	11 65	8 80	6 45
77	Malesherbes	9 45	7 05	5 20	12 65	9 55	7 »

CORRESPONDANCES :

A Draveil, pour *Mainville* (4 kil. pour 40 c.), par *Draveil* (2 kil. 1/2 pour le même prix);
A Corbeil, pour *Ponthierry* (13 kil. pour 1 fr. 25);
A Maisse, pour *Milly* (7 kil. pour 60 c.);
A Malesherbes, pour la localité (1,500 mèt. pour 30 c.).

V.

CHEMINS DE FER D'ORLÉANS.

Embarcadère, quai d'Austerlitz.

BUREAUX DE VOYAGEURS DANS PARIS. — *Bureau central de la Compagnie* : rue Saint-Honoré, 130, et rue Jean-Jacques Rousseau, 18, ancien hôtel des Messageries générales, à Paris. — *Bureau spécial* : rue Notre-Dame-des-Victoires, 28, ancien hôtel des Messageries nationales. — *Bureaux succursales* : rue de Londres, 8; — rue Le Peletier, 5; — rue Notre-Dame-de-Nazareth, 30; — rue de Babylone, 17; — place Saint-Sulpice, 6; — place de la Madeleine, 7.

Renseignements sur les conditions de transport à grande et à petite vitesse. — Voyageurs. — Billets pour le chemin de fer et ses correspondances. — Messagerie, valeurs, finances, recouvrements, abonnement aux journaux. — Marchandises en petite vitesse, ordre d'enlèvement à domicile, aux mêmes prix qu'à la gare, sans autres frais que le camionnage. — Formalités de douane.

Les voyageurs doivent se trouver au bureau des omnibus 55 minutes au moins avant le départ du train par lequel ils partent.

MOYENS DE TRANSPORT.

Tarif des omnibus dans Paris.

	6 h. mat. à minuit. fr. c.	minuit à 6 h. m. fr. c.
Voyageurs. — Par voyageur pris ou amené à un point quelconque situé sur l'itinéraire régulier de l'omnibus.............	» 30	» 60
Par voyageur conduit à domicile, en tant que ce domicile est dans une rue joignant celle que parcourt l'omnibus dans son itinéraire régulier............................	» »	» 80

NOTA. — Les omnibus réguliers desservant les trains arrivant à Paris de 6 h. du matin à minuit, ne transportent pas les voyageurs à domicile.

Bagages. — Pour 30 kil. et au-dessous, quel que soit le nombre de colis............................	» 25	» 50
Au-dessus de 30 kilog. jusqu'à 60 kilog. inclus.............	» 50	» 75
Au-dessus de 60 kilog. jusqu'à 90 kilog. inclus.............	» 75	1 »
Au-dessus de 90 kilog. et par fraction indivisible de 30 kilog.	» 25	» 25

NOTA. — Ne sont pas soumis aux taxes ci-dessus les menus objets que le voyageur conserverait avec lui dans l'omnibus sans gêner ses voisins.
Les omnibus réguliers desservant les trains arrivant à Paris de 6 h. du matin à minuit, ne transportent pas de bagages.

Omnibus de famille
pour prendre ou conduire à domicile.

	Dans les anciennes limites de l'octroi.		Entre les anc. lim. de l'octroi et l'enceinte fortifiée.	
	6 h. mat. à minuit. fr. c.	minuit à 6 h. m. fr. c.	6 h. mat. à minuit. fr. c.	minuit à 6 h. m. fr. c.
Voyageurs. — Omnibus à 7 places et à un cheval, par course, pour 1, 2 ou 3 voyageurs	4 »	5 »	5 »	6 »
Au-dessus de 3 voyageurs, par voyageur en sus............................	» 50	» 50	» 50	» 50
Omnibus à 18 places et à deux chevaux, par course, quel que soit le nombre des places occupées...............	8 »	10 »	10 »	12 »
Bagages. — Les voyageurs, quel que soit leur nombre, transportés par ces omnibus, jouiront pour leurs bagages de la franchise suivante : Pour une voiture à un cheval, 150 kilog. — Pour une voiture à deux chevaux, 300 kil. Au-dessus de ce poids, il sera perçu par fraction indivisible de 50 kilog...........	» 50	» 50	» 50	» 50

NOTA. — Pour les courses au-delà des fortifications le prix se traite de gré à gré.

DE PARIS A ÉTAMPES.

kil.	STATIONS	BILLETS SIMPLES			ALLER ET RETOUR		
		1re cl. fr. c.	2e cl. fr. c.	3e cl. fr. c.	1re cl. fr. c.	2e cl. fr. c.	3e cl. fr. c.
2	Orléans-Ceinture.............	» 70	» 55	» 35	» »	» »	» »
6	Vitry.....................	» 70	» 55	» 35	1 10	» 80	» 50
10	Choisy-le-Roi...............	1 20	» 70	» 60	1 40	1 20	» 80
15	Ablon.....................	1 85	1 35	» 95	2 75	1 95	1 50
17	Athis-Mons................	2 05	1 55	1 15	3 15	2 30	1 75
20	Juvisy....................	2 30	1 75	1 25	3 50	2 50	1 90
22	Savigny-sur-Orge...........	2 65	2 »	1 45	4 05	2 95	2 20
24	Epinay-sur-Orge............	2 95	2 20	1 45	4 40	2 95	2 20
29	Saint-Michel...............	3 55	2 65	1 75	5 35	3 50	2 60
32	Bretigny...................	3 95	2 95	2 10	5 90	4 25	3 15
37	Marolles...................	4 55	3 40	2 30	6 80	4 60	3 40
40	Bouray....................	4 95	3 65	2 65	7 35	5 35	4 05
43	Lardy.....................	5 25	3 95	2 90	7 90	5 80	4 40
46	Chamarande................	5 65	4 20	3 10	8 45	6 25	4 70
49	Etrechy...................	6 05	4 50	3 30	9 »	6 60	4 95
56	Etampes...................	6 85	5 15	3 75	10 30	7 55	5 75

XLVI MOYENS DE TRANSPORT.

CORRESPONDANCES :

A Choisy-le-Roi, pour *Orly* (3 kil. pour 30 c.) ;
A Saint-Michel, pour *Marcoussis* (6 kil. pour 50 c.), par *Montlhéry* (3 kil. pour 30 c.) ;
A Monneville, pour *Méréville* (8 kil. p. 50 c.).

DE PARIS A DOURDAN.

		BILLETS SIMPLES			ALLER ET RETOUR		
kil.	STATIONS	1re cl. fr. c.	2e cl. fr. c.	3e cl. fr. c.	1re cl. fr. c.	2e cl. fr. c.	3e cl. fr. c.
32	Brétigny	3 95	2 95	2 10	5 90	4 25	3 15
37	Arpajon	4 55	3 40	2 50	6 80	4 60	3 40
41	Breuillet	5 05	3 75	2 80	7 45	5 40	4 10
47	Saint-Chéron	5 75	4 30	3 15	8 60	6 40	4 75
56	Dourdan	6 85	5 15	3 75	10 30	7 55	5 75

CORRESPONDANCES :

A Saint-Chéron, pour *Bandeville* (13 kil. pour 1 fr.) ;
A Dourdan, pour *Saint-Arnould* et *Rochefort* (7 kil. pour 40 c.).

DE PARIS A SCEAUX.

Embarcadère, place d'Enfer.

Service des omnibus dans Paris desservant les trains au départ et à l'arrivée.

Station, rue de Londres, 8. — Itinéraire : la rue de la Chaussée-d'Antin, marché Saint-Honoré, place du Carrousel, rues du Bac et de Grenelle-Saint-Germain ; — *bureau*, 6, place Saint-Sulpice ; — rue de Madame, boulevard d'Enfer.

Station, rue Notre-Dame-des-Victoires, 28. — Itinéraire : les rues de la Banque, Croix-des-Petits-Champs ; — *bureau central* de la rue Saint-Honoré, 130 ; — rue de Rivoli, rue du Louvre, quai de l'Ecole, rue Dauphine, rue de l'Odéon, rue de Médicis, boulevard Saint-Michel.

Prix. — Par voyageur, 30 c.; par colis de 30 kilog. et au-dessous, 25 c.; par colis au-dessus de 30 kilog., 50 c.

		BILLETS SIMPLES			ALLER ET RETOUR		
kil.	STATIONS	1re cl. fr. c.	2e cl. fr. c.	3e cl. fr. c.	1re cl. fr. c.	2e cl. fr. c.	3e cl. fr. c.
4	Sceaux-Ceinture	» 55	» 40	» 30	» 80	» 60	» 40
6	Arcueil-Cachan	» 70	» 55	» 35	1 20	» 80	» 60
7	Bourg-la-Reine	» 85	» 65	» 45	1 65	1 20	» 90
9	Fontenay	1 10	» 75	» 55	1 95	1 30	» 90
11	Sceaux	1 20	» 80	» 60	2 20	1 10	1 10

CORRESPONDANCES :

A Sceaux, pour *Robinson* (2 kil. pour 25 c.), et *Châtenay* (3 kil. pour 30 c.).

DE PARIS A LIMOURS.

		BILLETS SIMPLES			ALLER ET RETOUR		
kil.	STATIONS	1re cl. fr. c.	2e cl. fr. c.	3e cl. fr. c.	1re cl. fr. c.	2e cl. fr. c.	3e cl. fr. c.
4	Sceaux-Ceinture	» 55	» 40	» 30	» 80	» 60	» 40
	Arcueil-Cachan	» 70	» 55	» 35	1 20	» 80	» 60
7	Bourg-la-Reine	» 85	» 65	» 45	1 65	1 20	» 90
9	Berny (halte)	1 20	» 90	» 70	2 20	1 40	1 20
11	Antony	1 20	» 90	» 70	2 20	1 40	1 20
14	Massy	1 45	1 20	» 90	2 85	2 20	1 65
17	Palaiseau	2 »	1 45	1 15	3 60	2 40	1 85
20	Lozère (halte)	2 65	2 »	1 45	4 80	3 30	2 60
23	Orsay	2 65	2 »	1 45	4 80	3 30	2 60
26	Gif	3 15	2 40	1 75	5 50	3 85	2 90
31	Saint-Remy-lès-Chevreuse	3 75	2 85	2 05	5 90	4 15	3 15
36	Boullay-les-Troux	4 45	3 30	2 40	6 60	4 60	3 60
40	Limours	4 95	3 65	2 65	7 35	5 35	4 05

MOYENS DE TRANSPORT.   XLVII

CORRESPONDANCES :

A Berny, pour *Rungis* (4 kil. pour 40 c.), par *Fresnes* (2 kil. pour 25 c.);
A Antony, pour *Wissous* (4 kil. pour 50 c.);
A Massy, pour : — *Verrières* (2 kil. pour 25 c.); — *Morangis* (7 kil. pour 70 c.), par *Chilly-Mazarin* (5 kil. pour 60 c.);
A Palaiseau, pour : — *Longjumeau* (5 kil. pour 50 c.), par *Champlan* (3 kil. pour le même prix); — *Igny* (3 kil. pour 30 c.);
A Saint-Remi, pour *Chevreuse* (2 kil. pour 30 c.), et *Dampierre* (6 kil. pour 70 c.);
A Limours, pour : — *Saint-Arnoult* (14 kil. pour 1 fr. 50 c.); par *Bonnelles* (5 kil. pour 85 c.), et *Rochefort* (10 kil. pour 1 fr. 50 c.); — *Bel-Air* (10 kil. pour 1 fr.), par *Forges-les-Bains* (4 kil. pour 70 c.), et *Briis* (6 kil. pour 70 c.).

TARIFS RÉDUITS POUR LES VOYAGEURS VENANT DIRECTEMENT DE PARIS OU S'Y RENDANT DIRECTEMENT : — *Wissous*, 30 c.; — *Verrières*, 15 c.; — *Chilly*, 35 c.; *Morangis*, 45 c.; — *Igny*, *Champlan*, *Longjumeau*, places gratuites; — *Bonnelles*, 60 c.; *Saint-Arnoult* ou *Rochefort*, 1 fr. 25 c.; — *Bel-Air*, 30 c.; *Briis* et *Forges*, places gratuites.

DEUXIÈME PARTIE

TRAMWAYS

1º LIGNE DE PARIS A VERSAILLES.

De Paris (place du Louvre) à :

	SEMAINE		DIM. ET FÊTES	
	Intér. fr. c.	Impér. fr. c.	Intér. fr. c.	Impér. fr. c.
Billancourt	» 40	» 40	» 65	» 65
Sèvres (manufacture)	» 50	» 50	» 75	» 75
Sèvres (ville)	» 50	» 50	» 75	» 75
Chaville	» 65	» 65	» 90	» 90
Viroflay	» 75	» 75	1 »	1 »
Versailles	1 »	1 »	1 25	1 25

Correspondance avec les lignes AD (du Château-d'Eau au pont de l'Alma), AC (de la Petite-Villette aux Champs-Elysées), AF (du Panthéon à la place Courcelles) et avec le tramway de l'Etoile à Montparnasse.

2º LIGNE DE PARIS A SAINT-CLOUD.

De Paris (place du Louvre) à Saint-Cloud : semaine, 50 c.; dimanche, 75 c. — Mêmes correspondances que ci-dessus, et de plus avec V (du Maine au chemin de fer du Nord) et la voie ferrée du Louvre à Vincennes (la correspondance pour cette dernière ligne n'est valable que jusqu'aux fortifications).

3º LIGNE DE PARIS A SURESNES, PAR COURBEVOIE.

De Paris (place de l'Étoile) : — à Courbevoie, 40 et 20 c.; — à Suresnes, 60 et 30 c. — Corespond. avec AB (de la Bourse à Passy) et le tramway de l'Etoile à la Villette.

XLVIII MOYENS DE TRANSPORT.

4° LIGNE DE PARIS A COURBEVOIE.

De Paris (place Saint-Augustin) à Courbevoie, 35 et 30 c. — Corresp. avec B (du Trocadéro à la gare de Strasbourg), AF (du Panthéon à la place Courcelles) et avec le tramway de l'Étoile à la Villette.

5° LIGNE DE PARIS A LEVALLOIS.

De Paris (Place Saint-Augustin) à Neuilly et à Levallois, 10 et 20 c. — Mêmes corresp. que la ligne ci-dessus.

6° DE PARIS A GENNEVILLIERS.

De Paris (place Moncey) à Clichy, 30 et 15 c. ; — à Asnières, 40 et 20 c. ; — à Gennevilliers, 50 et 30 c. — Corresp. avec les lignes G (des Batignolles au jardin des plantes), H (de Clichy à l'Odéon) et les tramways de l'Étoile à la Villette et de la place Moncey à Saint-Denis.

7° LIGNES DE PARIS A SAINT-DENIS.

De Paris (place Moncey) à Saint-Ouen, 30 et 15 c. ; — à Saint-Denis, 50 et 25 c. — Corresp. avec les lignes G (des Batignolles au jardin des Plantes) et H (de Clichy à l'Odéon) et avec le tramway de l'Étoile.
De Paris (la Chapelle) au chemin d'Aubervilliers, 30 et 15 c. ; à Saint-Denis, 50 et 25 c. — Corresp. avec la ligne K (de la Chapelle au Collége de France) et le tramway de la Villette à l'Étoile.

8° LIGNE DE PARIS A AUBERVILLIERS.

De Paris (place du Château-d'eau) à Aubervilliers, 10 et 20 c.

9° LIGNE DE PARIS A PANTIN.

De Paris (place du Château-d'eau) à Pantin, 15 et 25 c.

10° LIGNE DE PARIS A MONTREUIL.

De Paris (place du Trône) à Montreuil : sem., 40 c. ; dim. et fêt. 60 c.

11° LIGNE DE PARIS A VINCENNES.

De Paris (Louvre) à la porte Saint-Mandé, 30 et 15 c. ; — à Vincennes, 40 et 20 c. — Corresp. avec les lignes de tramways du Trône à la Villette et les lignes d'omnibus AE (du cours de Vincennes à la Banque de France), E (de la Bastille à la Madeleine), F (de la Bastille à la place Wagram), P (de Charonne à la barrière Fontainebleau), R (de la barrière de Charenton au faubourg Saint-Honoré).

12° LIGNE DE PARIS A VILLEJUIF.

De Paris (square Cluny) à Villejuif, 50 et 25 c. — Corresp. avec les lignes d'omnibus P (Charonne à la barrière de Fontainebleau), J (Rochechouart à la Glacière), K (Chapelle au Collége de France), L (Villette au square Cluny), Z (Grenelle à la Bastille), AG (Montrouge au Ch. de fer de l'Est).

13° LIGNE DE PARIS A FONTENAY-AUX-ROSES.

De Paris (Saint-Germain-des-Prés) à Montrouge, 40 et 20 c. ; à Châtillon, 50 et 25 c., à Fontenay, 60 et 30 c. — Corresp. avec les lignes d'omnibus AG (de Montrouge au Ch. de fer de l'Est), H (de Clichy à l'Odéon), O (de Ménilmontant à la gare Montparnasse), V (du Maine au Ch. de fer du Nord), AD (du Château-d'Eau au pont de l'Alma), et avec le tramway de Montparnasse à l'Étoile.

MOYENS DE TRANSPORT. XLIX

TROISIÈME PARTIE

OMNIBUS PARTANT DE PARIS

1º *Levallois-Perret :* — Rue du Bouloi, 24. — Départs toutes les heures. — Prix : 30 c. la sem., 50 c. le dim.

2º *Courbevoie, Petit-Colombes, Bezons* : — Rue Paul-Lelong, 10. — 3 départs par jour.— Prix : sem. : Courbevoie, 40 c., Petit-Colombes et Bezons, 90 c, ; dim. : Courbevoie, 60 c.. Petit-Colombes et Bezons. 1 fr. 15 c.

3º *Clamart, Vanves, Issy:* — Cour des Fontaines. — Départs toutes les heures.

4º *Rueil, Nanterre :* — Rue Saint-Honoré, 188. — 3 départs par jour. — En sem.: Courbevoie, Puteaux, Nanterre, Chatou, Croissy, 60 c. ; Rueil, 75 c.; — le dim. : Courbevoie, Puteaux, 70 c.; Nanterre. 75 c. ; Rueil, 80 c.

5º *Pierrefitte, Villiers-le-Bel* : Rue d'Enghien, 4. — De Paris à Pierrefitte, 1 fr.; à Sarcelles, à Villiers-le-Bel et à Ecouen. 1 fr. 25.

6º *Pantin, les Prés-Saint-Gervais :* — Rue Jean-Jacques-Rousseau, 41. — Int., 40 c. ; banquette, 20 c. ; le jeudi et le dim., par la voiture de minuit, 60 c.

7º *Montreuil-sous-Bois :* — Rue Saint-Paul, 38. — Tous les quarts d'heure. — Sem., 40 c. ; dim., 50 c.

8º *Créteil, Bonneuil, Brévannes:* — Rue du Petit-Musc, 35. — 2 départs par jour. — Sem. : Créteil, 60 c. ; Bonneuil. 75 c. ; Brévannes, 1 fr.

9º *Bourg-la-Reine, Sceaux* : — Passage Dauphine. 16.

10º *Bourg-la-Reine, Antony, Longjumeau :* — Rue Jean-Lantier, 6 (place du Châtelet). — Antony : sem. , 75 c. ; dim., 1 fr. ; Bourg-la-Reine, 50 et 60 c. ; Longjumeau, 1 fr. et 1 fr. 20 c. — Aller et retour : 1 fr. 80 c. et 2 fr.

11º *Montrouge, Châtillon, Fontenay :* — Rue Coq-Héron, 3. — Départs toutes les heures. — Montrouge, 40 c.; Châtillon et Fontenay. 50.

12º *Arcueil, Cachan, l'Hay, Chevilly :* — Rue Coq-Héron, 3. — 3 départs par jour pour Arcueil et Cachan, 1 pour Chevilly. — Arcueil, Cachan, 50 c. ; l'Hay, 60 c. ; Chevilly, 75 c.

13º *Choisy - Vitry :* — Avenue Victoria. — Départs toutes les heures. — Vitry, 60 c.; Choisy, 70 c.

QUATRIÈME PARTIE

BATEAUX A VAPEUR

1º LES MOUCHES.

Embarcadère à Charenton, rive droite.

ESCALES :

Alfort (rive g.).
Carrières (rive dr.).
Vitry (rive g.).
Pont National (rive dr.).
Quai de la Gare (rive g.).
Pont de Bercy (rive dr.).
Pont d'Austerlitz (rive g.).
Pont de la Tournelle (rive g.).
Hôtel-de-Ville (rive dr.).
Quai de la Mégisserie (rive dr.).
Pont des Saints-Pères (rive g.).
Pont Royal (rive dr.).
Pont de la Concorde (rive dr.).
Pont des Invalides (rive dr.).
Pont de l'Alma (rive g.).
Pont d'Iéna (rive g.).
Passy (rive dr.).
Grenelle (rive dr.).
Quai de Javel (rive g.).
Auteuil (rive dr.).
Billancourt (rive dr.).
Bas-Meudon (rive g.).
Sèvres (rive g.).
Saint-Cloud (rive g.).
Boulogne (rive dr.).
Suresnes (rive g.).

Prix : — de Charenton au pont National. 15 c. la sem. et 25 c. le dim. ; — du pont

National à Auteuil, mêmes prix ; — d'une escale quelconque de Paris à Saint-Cloud. à Boulogne ou à Suresnes, 30 et 50 c. ; — de Saint-Cloud ou de Boulogne à Suresnes, 15 et 25 c.

2° LES HIRONDELLES.

Départs toutes les demi-heures de la place du Louvre pour Suresnes.

ESCALES :

Pont de la Concorde (rive dr.).
Pont de l'Alma (rive g.).
Passy (rive dr.).
Grenelle (rive g.).
Auteuil (rive dr.).
Le Point-du-Jour (rive dr.).

Billancourt (rive dr.).
Bas-Meudon (rive g.).
Sèvres (rive g.).
Saint-Cloud (rive g.).
Suresnes (rive g.).

Prix : — de la place du Louvre à Suresnes : 50 c. ; — du Point-du-Jour à Suresnes, 25 c.

3° LES ÉTOILES.

Service pendant l'été seulement, du pont Royal (rive g.) à Saint-Cloud (rive g.). — Durée du trajet, 1 h. à la descente. — Escales à la place de la Concorde (rive dr.), à Auteuil (rive dr.), à Meudon (rive g.). — Prix : 25 c.

MODÈLES DE PROMENADES[1].

CHEMINS DE FER DE L'OUEST.

Ligne de Versailles rive droite.

Station de Saint-Cloud. — 1º Par le parc, soit à la station de Bellevue, soit à Ville-d'Avray, et de Ville-d'Avray à Versailles. — 2º Par le parc à Marnes et de Marnes à Bougival ou à Rueil. — 3º A la Marche par Garches, et de la Marche, soit à Ville d'Avray par Marnes, soit à Versailles par les bois, soit à Bougival par la Celle Saint-Cloud, soit enfin à Rueil par Saint-Cucufa.

Station de Ville-d'Avray. — 1º A Versailles par la route ou par les bois. — 2º A la Marche par Marnes, et de la Marche (V. ci-dessus Saint-Cloud), soit à Bougival, soit à Rueil, soit à Saint-Cloud.

Pour Versailles, V. l'*Itinéraire*.

Ligne de Versailles rive gauche.

Station de Clamart. — 1º De la station à la porte du bois et de la porte du bois à la station de Chaville par l'Étang de Villebon. — 2º De la station à Clamart et de Clamart au Plessis-Picquet. Retour par Robinson et Aulnay à la station de Sceaux.

Station de Meudon. — Par les bois, soit à Clamart, soit à Chaville.

Station de Sèvres. — 1º Par les bois à Chaville, Meudon ou Clamart. — 2º A Saint-Cloud par la manufacture. — 3º Marnes par Ville-d'Avray et retour soit à Chaville, soit à Rueil par Saint-Cucufa, soit à Bougival par la Celle Saint-Cloud.

1. Nous ne déterminons pas ici la longueur des promenades, les distances de toutes les localités entre elles étant indiquées dans l'*Itinéraire*. Chaque promeneur réglera lui-même la durée de son excursion selon ses forces, ses habitudes et ses goûts.

Station de Chaville. — 1º A Bellevue, à Meudon ou à Clamart par les bois. — 2º A Marnes par les bois des Fausses-Reposes et les Étangs de Ville-d'Avray.

Station de Viroflay. — A Jouy par les bois, et de Jouy à Versailles par Buc ou à Palaiseau par Bièvre et Igny.

Lignes de Rambouillet et de Dreux.

Station de Trappes. — A Chevreuse par Port-Royal-des-Champs.

Station de la Verrière. — 1º A Dampierre et à Chevreuse par Lévy-Saint-Nom. Retour soit par le chemin de fer de Limours, soit par les Vaux-de-Cernay, à la station du Perray. — 2º A Montfort l'Amaury par Maurepas.

Station du Perray. — A Chevreuse par les Vaux-de-Cernay et Dampierre.

Pour Rambouillet, Maintenon et Dreux, V. l'*Itinéraire*.

Lignes de Saint-Germain, de Mantes et d'Ermont.

Station de Rueil. — 1º A Suresnes par le Mont-Valérien. — 2º A Saint-Cloud par Garches. — 3º A Marnes et à Ville-d'Avray par Saint-Cucufa. — 4º A Bougival par la Malmaison, les Châtaigneraies des Bruyères et la Celle Saint-Cloud.

De Bougival. — 1º A Saint-Cloud par la Celle, Saint-Cucufa et Garches. — 2º A Marnes par la Celle et Vaucresson. — 3º A Versailles par la Celle et le Butard. — 4º A Marly par Louveciennes — 5º A Saint-Germain par Port-Marly.

De Port-Marly. — 1º A Marly et à la forêt de Marly. — 2º A Versailles par Marly et Louveciennes. — 3º à Versailles par Marly, la forêt et la porte de Noisy.

Station de Chatou. — A Bougival par Croissy.

Pour Saint-Germain, V. l'*Itinéraire*.

MOYENS DE TRANSPORT.

National à Auteuil, mêmes prix ; — d'une escale quelconque de Paris à Saint-Cloud, à Boulogne ou à Suresnes, 30 et 50 c. ; — de Saint-Cloud ou de Boulogne à Suresnes, 15 et 25 c.

2° LES HIRONDELLES.

Départs toutes les demi-heures de la place du Louvre pour Suresnes.

ESCALES :

Pont de la Concorde (rive dr.).   Billancourt (rive dr.).
Pont de l'Alma (rive g.).   Bas-Meudon (rive g.).
Passy (rive dr.).   Sèvres (rive g.).
Grenelle (rive g.).   Saint-Cloud (rive g.).
Auteuil (rive dr.).   Suresnes (rive g.).
Le Point-du-Jour (rive dr.).

Prix : — de la place du Louvre à Suresnes : 50 c. ; — du Point-du-Jour à Suresnes, 25 c.

3° LES ÉTOILES.

Service pendant l'été seulement, du pont Royal (rive g.) à Saint-Cloud (rive g.). — Durée du trajet, 1 h. à la descente. — Escales à la place de la Concorde (rive dr.), à Auteuil (rive dr.), à Meudon (rive g.). — Prix : 25 c.

MODÈLES DE PROMENADES[1].

CHEMINS DE FER DE L'OUEST.

Ligne de Versailles rive droite.

Station de Saint-Cloud. — 1° Par le parc, soit à la station de Bellevue, soit à Ville-d'Avray, et de Ville-d'Avray à Versailles. — 2° Par le parc à Marnes et de Marnes à Bougival ou à Rueil. — 3° A la Marche par Garches, et de la Marche, soit à Ville d'Avray par Marnes, soit à Versailles par les bois, soit à Bougival par la Celle Saint-Cloud, soit enfin à Rueil par Saint-Cucufa.

Station de Ville-d'Avray. — 1° A Versailles par la route ou par les bois. — 2° A la Marche par Marnes, et de la Marche (V. ci-dessus Saint-Cloud), soit à Bougival, soit à Rueil, soit à Saint-Cloud.

Pour Versailles, V. l'*Itinéraire*.

Ligne de Versailles rive gauche.

Station de Clamart. — 1° De la station à la porte du bois et de la porte du bois à la station de Chaville par l'Étang de Villebon. — 2° De la station à Clamart et de Clamart au Plessis-Picquet. Retour par Robinson et Aulnay à la station de Sceaux.

Station de Meudon. — Par les bois, soit à Clamart, soit à Chaville.

Station de Sèvres. — 1° Par les bois à Chaville, Meudon ou Clamart. — 2° A Saint-Cloud par la manufacture. — 3° A Marnes par Ville-d'Avray et retour soit à Chaville, soit à Rueil par Saint-Cucufa, soit à Bougival par la Celle Saint-Cloud.

Station de Chaville. — 1° A Bellevue, à Meudon ou à Clamart par les bois. — 2° A Marnes par les bois des Fausses-Reposes et les Étangs de Ville-d'Avray.

Station de Viroflay. — A Jouy par les bois, et de Jouy à Versailles par Buc ou à Palaiseau par Bièvre et Igny.

Lignes de Rambouillet et de Dreux.

Station de Trappes. — A Chevreuse par Port-Royal-des-Champs.

Station de la Verrière. — 1° A Dampierre et à Chevreuse par Lévy-Saint-Nom. Retour soit par le chemin de fer de Limours, soit par les Vaux-de-Cernay, à la station du Perray. — 2° A Montfort l'Amaury par Maurepas.

Station du Perray. — A Chevreuse par les Vaux-de-Cernay et Dampierre.

Pour Rambouillet, Maintenon et Dreux, V. l'*Itinéraire*.

Lignes de Saint-Germain, de Mantes et d'Ermont.

Station de Rueil. — 1° A Suresnes par le Mont-Valérien. — 2° A Saint-Cloud par Garches. — 3° A Marnes et à Ville-d'Avray par Saint-Cucufa. — 4° A Bougival par la Malmaison, les Châtaigneraies des Bruyères et la Celle Saint-Cloud.

De Bougival. — 1° A Saint-Cloud par la Celle, Saint-Cucufa et Garches. — 2° A Marnes par la Celle et Vaucresson. — 3° A Versailles par la Celle et le Butard. — 4° A Marly par Louveciennes — 5° A Saint-Germain par Port-Marly.

De Port-Marly. — 1° A Marly et à la forêt de Marly. — 2° A Versailles par Marly et Louveciennes. — 3° à Versailles par Marly, la forêt et la porte de Noisy.

Station de Chatou. — A Bougival par Croissy.

Pour Saint-Germain, V. l'*Itinéraire*.

---

1. Nous ne déterminons pas ici la longueur des promenades, les distances de toutes les localités entre elles étant indiquées dans l'*Itinéraire*. Chaque promeneur réglera lui-même la durée de son excursion selon ses forces, ses habitudes et ses goûts.

Station de Maisons. — A Saint-Germain par la forêt.

Station de Conflans. — A Conflans et retour par Andrésy et Chanteloup, à Triel.

Station de Poissy. — Au moulin de Villennes. Retour à Saint-Germain par Orgeval et la forêt de Marly.

Station de Triel. — A Andrésy par Chanteloup. Retour par Poissy ou par Conflans.

Station de Sannois. — Par Cormeilles à la station de Franconville ou à celle d'Herblay.

CHEMINS DE FER DU NORD.

Saint-Denis, V. *l'Itinéraire*.

Station d'Enghien. — Enghien et Saint-Gratien.

Station de Montmorency. — 1° A Saint-Brice par l'Ermitage. — 2° A Andilly, monter sur la colline, traverser le plateau, gagner le château de la Chasse et le Pont-d'Enghien, descendre à Montlignon et revenir à la station d'Ermont par Eaubonne ou par Saint-Prix et Saint-Leu-Taverny.

Pour Pontoise, V. *l'Itinéraire*.

Station de l'Isle-Adam. — 1° A la forêt de l'Isle-Adam. — 2° A Nesles ; retour par Valmondois.

Stations de Saint-Leu et de Taverny. — Sur le plateau ; descendre vers le château de la Chasse et le Pont-d'Enghien ; revenir par Montmorency ou par Domont.

Station de Mériel. — A l'abbaye du Val.

Station de Deuil. — Aux buttes Pinçon.

Station de Groslay. — A Montmorency, par l'Ermitage.

Station de Sarcelles. — 1° A Saint-Brice et Piscop. — 2° A Écouen, par le flanc O. de la colline.

Station de Domont. — 1° Au Pont-d'Enghien et au château de la Chasse. — 2° A Chauvry.

Station de Monsoult. — A la forêt de l'Isle-Adam : 1° Par les Bons-Hommes ; 2° Par Maffliers et Nerville. Retour par le Val et Mériel ou par l'Isle-Adam.

Station de Presles. — A la forêt de Carnelle, par Courcelles ; visiter la pierre Turquoise, avec un guide pris à Courcelles.

Station de Boran. — La forêt du Lys ; à a station d'Orry-la-Ville, par la Morlaye et Coye.

Station de Viarmes. — 1° A Beaumont par Noisy-sur-Oise. — 2° A Boran par Royaumont et le Lys.

Station de Luzarches. — 1° Au château de Champlâtreux. — 2° Au bois d'Hérivaux et à la forêt de Coye. — 3° A la station de Survilliers.

Station de Villiers-le-Bel. — Par Villiers-le-Bel à Écouen, d'Écouen à Saint-Brice et de Saint-Brice à Montmorency par l'Ermitage.

Station de Survilliers. — Par Montmélian à Mortefontaine et retour, ou de Mortefontaine au Plessis-Belleville par Ermenonville.

Station d'Orry-la-Ville. — Aux Étangs de Commelle, et retour par la forêt à Chantilly.

Pour Chantilly, Creil, Senlis, Compiègne, Pierrefonds, Dammartin, Vilers-Cotterets, V. *l'Itinéraire*.

Station du Plessis-Belleville. — A Ermenonville et retour à la station du Plessis-Belleville ou retour à la station de Survilliers par Mortefontaine.

CHEMINS DE FER DE L'EST.

Station du Raincy. — A Livry par la forêt de Bondy et retour à Chelles par Montfermeil.

Pour Lagny et Meaux, V. *l'Itinéraire*.

Station d'Ozouer-la-Ferrière. — Aux châteaux Pereire, d'Armainvilliers et de Ferrières. Retour par Lagny.

Station de Saint-Mandé. — Par les lacs de Charenton au rond-point de Gravelle et de ce rond-point à la station de Vincennes par le lac des Minimes, ou à la station de Saint-Mandé par le lac des Minimes et celui de Saint-Mandé.

Station de la Varenne-Saint-Maur. — A Chennevières, pour la vue, et de Chennevières à Champigny.

Station de Boissy-Saint-Léger. — Au château de Grosbois.

Station de Villecresnes. — A Brunoy, ou à Montgeron par Yerres.

Pour Coulommiers, Provins et Brie-Comte-Robert, V. *l'Itinéraire*.

MODÈLES DE PROMENADES.

CHEMINS DE FER DE LYON.

Station de Montgeron. — De Montgeron à Yerres, d'Yerres à Grosbois, par les bois. Retour à Brunoy.

Station de Ris. — De Ris à Corbeil et Essonnes par Soisy-sous-Étiolles et Étiolles.

Pour Melun, Fontainebleau et Corbeil, V. l'*Itinéraire*.

CHEMINS DE FER D'ORLÉANS.

Station d'Épinay. — D'Épinay à Montlhéry par Longpont. — Retour à Saint-Michel.

Pour Étampes, V. l'*Itinéraire*.

Station de Saint-Chéron. — Promenade dans la vallée, V. l'*Itinéraire*.

Station de Fontenay. — A Meudon par le Plessis-Picquet.

Station de Sceaux. — 1° A Robinson et au Plessis-Picquet et de Robinson à Bièvre ou à Verrières, par le bois de Verrières. — 2° A Verrières par Châtenay. Retour par le bois de Verrières et Aulnay.

Station de Massy. — 1° A Meudon par Verrières, le bois de Verrières et le Petit-Bicêtre. — 2° A Bièvre par Verrières, Amblainvilliers, Igny, et retour soit à Sceaux par le bois de Verrières, soit à Versailles par Jouy.

Station de Palaiseau. — A Versailles par Igny, Bièvre, Jouy et Buc.

Station de Saint-Remi. — A Chevreuse et de Chevreuse soit à la Verrière par Dampierre, soit au Perray par Dampierre et les Vaux-de-Cernay, soit à Trappes par Port-Royal. — 2° A Versailles par Chevincourt, Châteaufort, Toussus et Buc.

Pour Limours, V. l'*Itinéraire*.

BIBLIOGRAPHIE.

PRINCIPAUX OUVRAGES CONSULTÉS.

GÉNÉRALITÉS.

Annuaire de l'archéologue français, par Anthyme Saint-Paul. In-18. Avec fig. Paris, Didron, Nilsson, Dumoulin.

A travers les monuments historiques, par A. Saint-Paul. In-8. Paris, Didron et Nilsson, 1877.

Bulletin monumental, ou collection de mémoires sur les monuments historiques de France, dirigé par M. Palustre. In-8. Paris, Derache et Didron; Tours, Bouserez.

Campagne de 1870-1871 : l'armistice et la commune; par le général Vinoy. In-8. Paris, Henri Plon. 1872.

Campagne de 1870-1871 : siège de Paris; par le général Vinoy. In-8. Paris, Henri Plon. 1872.

Congrès archéologique de France. Paris, Derache; Tours, Bouserez.

Congrès scientifique de France. Paris, Derache; Tours, Bouserez.

Dictionnaire géographique, administratif, postal, statistique, archéologique, etc., *des communes de la France*, par Ad. Joanne. 1 vol. grand in-8 de 2.700 pages à 2 colonnes. 2ᵉ édition. Paris, Hachette et Cⁱᵉ.

Dictionnaire raisonné de l'architecture française, du Vᵉ au XVIᵉ s., par Viollet-le-Duc. In-8. Paris, Morel.

Histoire de la ville et de tout le diocèse de Paris, par l'abbé Lebeuf, membre de l'Académie des inscriptions et belles-lettres. *Nouvelle édition*, annotée et continuée jusqu'à nos jours, par Hippolyte Cocheris. In-8. Paris, Durand.

Histoire physique, civile et morale des environs de Paris, depuis les premiers temps historiques jusqu'à nos jours, par Dulaure. 7 vol.

Itinéraire général de la France, par Ad. Joanne. 10 gros vol. in-12. Paris, Hachette et Cⁱᵉ.

La Guerre de sept mois, par M. T. de Saint-Germain. In-18. Paris, Colin. 1871.

La Guerre de France (1870-1871), par Ch. de Mazade. 2 vol. in-8. Paris, Henri Plon. 1875.

La Marine au siège de Paris, par le vice-amiral baron de la Roncière-le-Noury avec atlas. In-8. Paris, Henri Plon. 1872

Notices et observations comparatives sur les églises des environs de Paris, par A. Saint-Paul. Paris, Didron, 1869.

Nouvelle Géographie universelle, par Élisée Reclus. IIᵉ partie, *France*. 1 fort vol. in-8 avec cartes et gravures. Paris Hachette et Cⁱᵉ, 1876.

Souvenirs historiques des résidences royales de France, par J. Vatout. Paris Firmin-Didot.

EURE-ET-LOIR.

Dreux : ses antiquités : chapelle Saint-Louis, par le président Eustache de Rotrou; continué jusqu'à nos jours. Dreux, Lacroix.

Itinéraire descriptif et historique du chemin de fer de l'Ouest : De Paris à la Loupe, par Aug. Moutié. 1 vol. in-8 Paris, Hachette et Cⁱᵉ, 1853.

Pèlerinage à Dreux, dédié à S. M. le roi des Français par Mgr Guillon, évêque de Maroc, aumônier de la reine. Paris Didot, 1846.

BIBLIOGRAPHIE. LV

OISE.

Annuaire commercial, industriel, administratif de l'arrondissement de Compiègne, par Valliez.

Annuaire statistique et administratif du département de l'Oise et du diocèse de Beauvais. Beauvais, Desjardins.

Comité archéologique de Senlis, comptes-rendus et mémoires. Tous les libraires du département.

Compiègne historique et monumental, par Lambert de Ballyhier. In-8. Compiègne, Langlois, 1842.

Compiègne, sa forêt, ses alentours; études et souvenirs historiques et archéologiques, suivis de documents relatifs à la vie du B. Simon, comte de Crespy et d'Amiens; par Edmond Caillette de L'Hervilliers. In-8, 612 p. Compiègne, les principaux libraires; Paris, l'auteur. 1869.

Description du château de Pierrefonds, par M. Viollet-le-Duc. 5ᵉ édition. Paris, A. Morel. 1876.

Étude médicale sur les eaux minérales de Pierrefonds-les-Bains, par le Dʳ Sales-Girons. Paris, Delahaye, 1864.

Études sur quelques monuments mégalithiques de la vallée de l'Oise, par Am. de Caix de Saint-Aymour. In-8, 39 p. et 50 fig. Paris, Hennuyer. 1875.

Excursions archéologiques dans les environs de Compiègne (1869-1874), faites par la Société historique de Compiègne. In-8°, 87 p. Compiègne, imp. Edler. 1875.

Géographie du département de l'Oise, avec une carte coloriée et 10 gravures, par Ad. Joanne. Paris, Hachette et Cⁱᵉ, 1876.

Histoire de Chantilly, depuis le xᵉ *siècle jusqu'à nos jours*, par l'abbé Franquemprez. Senlis, Regnier, 1840.

Histoire de Crépy et de ses dépendances, de ses seigneurs, de ses châteaux et de ses autres monuments, depuis l'époque la plus reculée jusqu'à nos jours; par le Dʳ Bourgeois. 2ᵉ partie. In-8°. 65-140 p. Senlis, imp. Duriez, 1868.

Histoire du palais de Compiègne, chronique du séjour des souverains dans ce palais, par J. Pellassy de l'Ousle, bibliothécaire du palais de Compiègne, etc. In-4°, XLI-375 p. et 77 pl. et vign. Paris, imp. impériale, 1862.

L'Art Khmer, étude historique sur les monuments de l'ancien Cambodge, avec un aperçu général sur l'architecture Khmer et une liste complète des monuments explorés, suivi d'un catalogue raisonné du musée Khmer de Compiègne, orné de gravures et d'une carte. par le comte de Croizier. Paris, Ernest Leroux, 1875.

Le Château de Chantilly pendant la Révolution. Arrestations dans le département de l'Oise en 1793. Emprisonnements à Chantilly. Liste complète des détenus. Documents inédits. Vue de l'ancien château, par A. Sorel. In-8°, VIII-319 p. et grav. Paris, Hachette et Cⁱᵉ, 1872.

Mémoires de la Société académique d'archéologie, sciences et arts du département de l'Oise.

Quelques Recherches historiques sur les origines de Compiègne, par M. le baron de Bicquilley, Compiègne, impr. de V. Edler. 1875.

Répertoire archéologique du département de l'Oise, par E. Woillez. Paris. Impr. impériale, 1862.

Ruines romaines (Les) de Champlieu (Campi locus), près de Pierrefonds, par C. Marchal. Paris, Dentu, 1860.

Senlis et Chantilly, anciens et modernes, par M. Vatin. Senlis, Ch. Duriez, 1847.

SEINE.

Abbaye de Saint-Denis: salle capitulaire, maison et salle du Trésor, par Mᵐᵉ F. d'Ayzac, dignitaire honoraire de la maison impériale de Saint-Denis. Paris, 1859.

Histoire du village de Châtenay-lès-Bagneux et du hameau d'Aulnay, par Ch. Barthélemy, 1847.

Lettre à M. de Caumont sur quelques châ-

teaux du xɪᵉ siècle, par A. de Dion. In-8º 22 p. Caen, Le Blanc-Hardel. 1867.

Mémoire sur la défense de Paris (septembre 1870-janvier 1871), par E. Viollet-le-Duc. In-8 Paris, veuve Morel et Cⁱᵉ. 1871.

Monographie de l'église royale de Saint-Denis, tombeaux et figures historiques, par M. de Guilhermy et Ch. Fichot. Paris. Bance et Morel.

Notice historique et archéologique sur la commune et la paroisse de Châtillon-sous-Bagneux, par Troche. Paris, Dupont, 1850.

Paris et les Allemands, journal d'un témoin : de juillet 1870 à février 1871, par A. Du Mesnil. Paris, Garnier frères, 1872.

Précis de l'histoire de Sceaux, depuis son origine connue jusqu'à nos jours, par M. Sinet. 1843.

Recherches et études sur les sépultures celtiques des environs de Choisy-le-Roi, par Anatole Roujou. In-8º. Paris, Goupy, 1863.

Saint-Denis, sa basilique et son monastère, par Mᵐᵉ Félicie d'Ayzac. Saint-Denis. Moulin, 1867.

SEINE-ET-MARNE.

Almanach historique, topographique et statistique du département de Seine-et-Marne et du diocèse de Meaux. Meaux, Le Blondel.

Bulletin de la Société d'archéologie, sciences, lettres et arts du département de Seine-et-Marne. Meaux, Le Blondel ; Melun, veuve Thuvien ; Coulommiers. Brodard ; Provins, Lettéricheé.

De Paris à Fontainebleau, par Ad. Joanne. 3ᵉ édition, avec 45 gravures. Paris, Hachette et Cⁱᵉ.

Description historique du château de Melun, par Eug. Crisy, 1852.

Études historiques et archéologiques sur la ville de Coulommiers, par A. Dauvergne. Coulommiers, Brodard, 1863.

Excursions archéologiques et historiques au pays de Bierre, par G. Leroy. Melun, Michelin, 1862.

Galerie de la reine, dite de Diane, à Fontainebleau, peinte par Ambroise Dubois, en MDC, sous le règne de Henri IV, publiée par E. Gatteaux et V. Baltard, d'après les dessins de L. P. Baltard et de C. Percier. Texte. In-folio, 8 p., 14 planches. Paris, 1858.

Géographie de Seine-et-Marne. par Ad. Joanne. Paris, Hachette et Cⁱᵉ, 1878.

Géographie physique et historique du département de Seine-et-Marne, à l'usage des écoles, par Th. Lhuillier. Meaux, Le Blondel, 1877.

Guide de l'étranger dans Provins et les environs, par Gotsfried Leboeuf. In-12, 172 p., 4 vues et 1 plan. Provins, Lebeau, 1875.

Histoire de la forêt de Fontainebleau, par Paul Domet. In-18 jésus, III-408 p. Paris, Hachette et Cⁱᵉ, 1873.

Histoire de la ville de Dammartin et aperçu sur les environs, par Victor Offroy. In-8. 199 p. Clermont, Toupet ; Dammartin, Lemarié fils, 1873.

Histoire pittoresque de Crécy-en-Brie et de la Chapelle-sur-Crécy, par le Dʳ Robillard, 1852.

Histoire topographique, politique, physique et statistique du département de Seine-et-Marne, par F. Pascal. Melun, Thomas, 1844.

Indicateur (L') historique et descriptif de Fontainebleau, son palais, sa forêt et ses environs, par Denecourt. Fontainebleau, Lacodre.

L'antique et royale cité de Moret-sur-Loing, par M. l'abbé A. Pougeois. In-8º, 230 p. et 1 pl. gravées. Paris, Pougeois, 1875.

Le Briard, almanach contenant tous les renseignements administratifs, politiques et commerciaux les plus nouveaux, concernant le département de Seine-et-Marne, avec une carte. 1877, 1ʳᵉ année. Coulommiers, Weber-Béguin ; Meaux, L. Descaves ; Melun, veuve Thuvien.

Mémoires d'une forêt. Fontainebleau, par Jules Levallois. In-12, 268 p. Paris, Sandoz et Fischbacher. 1875.

Merveille (La) des rochers de Fontainebleau, ou la Roche du 5 mai, par Denecourt. In-8º. Fontainebleau, 1867.

Monuments (Les) de Seine-et-Marne. Description historique et archéologique, et reproductions des édifices religieux, civils et militaires du département, par Am. Aufauvre et Ch. Fichot. In-folio. Troyes, Coffé, 1858.

Notice historique et descriptive sur la cathédrale de Meaux, par Mgr Allou, évêque de Meaux. 2e édition, augmentée d'une notice sur l'évêché et le séminaire. Meaux, A. Le Blondel. 1871.

Notice sur l'abbaye de Preuilly, par M. Eugène Grésy. In-8°, 63 p. Paris, Lahure, 1857.

Notice sur la grosse tour de Provins, par F. Bourquelot. In-8°. Melun, 1846.

Palais de Fontainebleau (Le), ses origines, son histoire artistique et politique, son état actuel, par J.-J. Champollion-Figeac, bibliothécaire du palais impérial. Paris, Imprimerie impériale, 1866.

Petit Guide de l'étranger dans la ville de Meaux et les environs, contenant 10 gr. et 1 plan de Meaux. In-18, 72 p. Meaux, Le Blondel, 1874.

Provins, ses environs et ses eaux minérales, par feu le Dr A. Naudot. In-12, 147 p. et 3 grav. Provins, Lebeau, 1872.

Travaux-Denecourt, dédiés aux amis de Fontainebleau. Encore une promenade. La plus belle parmi les plus belles ; par C.-F. Denecourt. In-8°. Fontainebleau. 1861.

SEINE-ET-OISE.

Almanach de l'industriel de Saint-Germain-en-Laye. Annuaire des cantons de Saint-Germain, Argenteuil, Marly, Meulan, Poissy, recueilli et mis en ordre par M. Léon de Villette, rédacteur en chef de l'Industriel. Saint-Germain, Picault.

Annuaire administratif et statistique de Seine-et-Oise, publié sous les auspices de l'administration préfectorale. Versailles, Cerf et fils.

Annuaire du Raincy et de ses environs. Le Raincy.

Antiquités gauloises et gallo-romaines de l'arrondissement de Mantes, par A. Cassan. Mantes, Refay, 1835.

Brunoy, par M. Pinard. Brochure in-12.

Brunoy et ses environs. Itinéraire du chemin de fer de Lyon, de Paris à Sens, par A. Jeannest-Saint-Hilaire, maire de Brunoy.

Cartulaire de l'abbaye de Notre-Dame des Vaux-de-Cernoy, par MM. L. Merlet et Aug. Moutié, aux frais de M. le duc de Luynes. Paris.

Château (Le) de la Malmaison : histoire, description, catalogue des objets exposés sous les auspices de S. M. l'Impératrice, par M. de Lescure. Paris, Plon, 1867.

Château (Le) de Montfort-l'Amaury, par M. A. de Dion. In-8°, 12 p. et 2 pl. Rambouillet, Raynal, 1871.

Chevreuse. Recherches historiques, archéologiques et généalogiques ; par A. Moutié, membre de la Société nationale des antiquaires de France. In-8°, 9 p. et 3 pl. Rambouillet, Raynal, 1876.

Dictionnaire des anciens noms des communes du département de Seine-et-Oise, précédé d'une notice sur l'origine des noms de lieux de l'arrondissement de Corbeil ; par Hippolyte Cocheris, conservateur de la Bibliothèque Mazarine. In-8°, 56 p. et une carte. Versailles, imp. Cerf et fils, 1874.

Écouen. La paroisse. Le château. La maison d'éducation, par l'abbé Chevalier, curé d'Écouen. Grand in-18. Versailles, Beaujeune, 1865.

Études sur le comté de Montfort-l'Amaury. La tour de Houdan, par M. A. de Dion. In-8°, 7 p. et fig. Caen, Leblanc-Hardel, 1866.

Excursions dans le département de Seine-et-Oise, par Mme de Gaulle. Paris et Tournai, Casterman.

Géographie départementale de Seine-et-Oise, par A. Pinet et Ad. Guérard. In-18. Versailles, Dagneau, 1856.

Géographie du département de Seine-et-Oise, avec une carte coloriée et 25 gr. par Ad. Joanne. Paris, Hachette et Cie, 1874.

Guide (Le) du pèlerin dans la nouvelle église d'Argenteuil, ou Notice historique sur ce monument qui conserve la sainte tunique de N.-S. J.-C. Suivie des poésies religieuses qui en ont accompagné la construction, la consécration, etc. ; par M. A.-C. Chevalier, ancien chef d'institution. In-12, 82 p. Argenteuil, imp. Worms; Paris, aux bureaux de l'Ami du Clergé, Raveau-Dartois et Cie, 1872.

Guide du visiteur à Grignon. Versailles, 1855.

Histoire, archéologie, biographie du canton de Longjumeau, par M. Pinard. In-8°. Paris, Durand.

Histoire de la ville de Poissy depuis ses origines jusqu'à nos jours, par Octave Noël, membre de la Société de l'histoire de France. Accompagnée d'eaux-fortes gravées par Alphonse Lamotte. In-8°, 321 p. Poissy, imp. Arbieu, Lejay, et Cie; lib. Marchand, 1870.

Histoire de Marcoussis, de ses seigneurs et de son monastère, par V. A. Malte-Brun. In-12. Paris, Aubry, 1867.

Histoire de Pontoise. In-8°. Pontoise, Villemer, 1861.

Histoire du comté de Meulan, par Émile Réaux. 1re partie : Meulan. In-18 jésus. 504 p. et 3 pl. Meulan, Masson, 1873.

Histoire du village de Saint-Chéron, par L. R. Vian, ancien notaire. T. 1. 1re partie : Les institutions religieuses et philanthropiques. 2e partie : Les institutions féodales et les seigneurs. In-8°, XI-616 p. Évreux, imp. Hérissey; Saint-Chéron, 1873.

Histoire et description naturelle de la commune de Meudon, par le Dr Eug. Robert. Paris, Paulin, 1843.

Le Château de Saint-Germain-en-Laye, par Ferd. de Lacombe. 5e édition, ornée de la vue perspective du château restauré et suivie de la description du musée des antiquités nationales. Paris, Dentu, 1875.

L'Église et le château de Dourdan, par M. Joseph Guyot. In-8°. 21 p. Caen, Leblanc-Hardel, 1874.

Les Antiquités et singularités de la ville de Pontoise. Réimpression de l'ouvrage de F. Noël Taillepied, lecteur en théologie des Cordeliers de cette ville. Édition revue et annotée sur les manuscrits des archives de Pontoise, et collationnée sur l'imprimé de 1587, par A. François; précédée d'une notice biographique et bibliographique sur l'auteur, par Henri Le Charpentier, membre de la Société de l'histoire de Paris et de l'Ile-de-France. Orné de 2 pl. et de 2 vues d'après d'anciennes estampes. In-8°, IV-148 p. Paris, Champion; Pontoise, Seyès, 1876.

Monographie historique et archéologique de Villeneuve-Saint-Georges, par F. Martin, 1866.

Musée des antiquités nationales de Saint-Germain-en-Laye. La Céramique, par H.-A. Mazard. In-12, 336 p. et 6 pl. Saint-Germain, Lancelin, 1875.

Notice descriptive de l'église de Montfort-l'Amaury et de ses vitraux. In-8°, 16 p. Versailles, imp. Beau; Montfort, Lévèque, 1861.

Notice descriptive de l'intérieur du palais de Trianon et du musée des voitures de gala. Catalogue des objets d'art et d'ameublement exposés dans les appartements; par Alexandre Monavon, régisseur du palais. In-8°, 48 p. Versailles, imp. Cerf et fils, 1876.

Notice du Musée impérial de Versailles, par Eud. Soulié, conservateur adjoint des musées impériaux, chargé du service du musée de Versailles. Paris, Ch. de Mourgues frères.

Notice historique et pittoresque sur le Raincy, par Ch. Beauquier et J. Tarby. In-8°. Paris, libr. agricole de la Maison rustique, 1865.

Notice historique sur Chatou et ses environs, par L. Bornot. Paris, Bureau, 1852.

Notice historique sur le domaine et le château de Rambouillet, par Aug. Moutié. Rambouillet, Raynal, 1850.

Notice historique sur l'origine de la ville d'Étampes, par E. Dravard. In-8°. Étampes, Fortin, 1855.

Notice sur Chilly-Mazarin, le château, l'église, le village, le maréchal d'Effiat : par M. Patrice Salin. In-4, 6 eaux-fortes par Karl Fichot. Paris, Adrien Le Clere, 1867.

Notice sur l'abbaye royale de Notre-Dame de Royaumont. Versailles, Beau jeune, 1866.

BIBLIOGRAPHIE.

Notice sur la chapelle de Notre-Dame des Anges, située dans la forêt de Bondy, à Clichy-en-l'Aunoy. In-32. Paris. 1863.

Notice sur le château féodal d'Étampes, par M. Léon Marquis. Paris, Dumoulin. 1867.

Palais (Le) de Saint-Cloud, résidence impériale, par Ph. de Saint-Albin et A. Durantin. In-18. Paris, Librairie Centrale. 1861.

Palais (Le) de Trianon : histoire, description; catalogue des objets exposés sous les auspices de S. M. l'Impératrice. par M. de Lescure. Paris, H. Plon. 1867.

Palais de Versailles, histoire généalogique du musée des Croisades, par A. Boudin, Paris, Pilloy, 1862.

Palais et jardins de Versailles et Trianon. Petit in-8° oblong, 48 p. et plans. Nancy, imp. Berger-Levrault ; Paris, publication spéciale de guides, etc., 50, rue Montmartre, 1875.

Promenades au musée de Saint-Germain, par Gabriel de Mortillet. Catalogue illustré de 79 fig. par Arthur Rhoné. In-8°, 188 p. Paris, Reinwald. 1869.

Recherches archéologiques sur les abbayes de l'ancien diocèse de Paris, par M. Hérard, architecte. Paris, Didron, 1853.

Rueil, le château de Richelieu, la Malmaison, par J. Jacquin et J. Duesberg. Paris, Dauvin et Fontaine, 1845.

Saint-Germain-en-Laye pittoresque et ses environs, par de Coulange, peintre. Saint-Germain, imp. Mayer et Paul; l'auteur ; lib. Lévêque.

Stations préhistoriques des plateaux du bassin de la Seine. Plateau de Conflans : le dolmen de Fin-d'Oise; plateau de Marly : la Tour-aux-Païens. Recherches géologiques et préhistoriques aux environs de Saint-Germain-en-Laye (Seine-et-Oise); par Paul Guégan de Lisle. In-8°, 47 p. Versailles, imp. Aubert 1875.

Statistique de l'arrondissement de Mantes, par A. Cassan. Mantes. Forcade.

Tour de la vallée (Le) : histoire et description de Montmorency, Enghien-les-Bains, Napoléon-Saint-Leu, etc., par Lefeuve. Paris, 1868.

AVIS IMPORTANT AUX TOURISTES.

Les renseignements pratiques (hôtels, omnibus, guides, voitures, etc.) disséminés précédemment dans les Guides-Joanne, en tête de l'article consacré à chaque localité, se trouvent maintenant réunis à la fin de chaque volume. Ces renseignements, qui varient quelquefois pendant une saison, seront réimprimés dès que la correction en sera devenue nécessaire. MM. les touristes devront donc les chercher, quand ils en auront besoin, non dans le texte même du Guide, mais dans la table alphabétique, à la fin du volume.

Un astérisque (*) est placé, dans le texte, à côté des noms des localités pour lesquelles il existe, dans la table, des renseignements de cette nature.

Embarcadère des chemins de fer de l'Ouest, 124, rue Saint-Lazare.

CHEMINS DE FER DE L'OUEST

SECTION I

DE PARIS A SAINT-CLOUD ET A VERSAILLES,

PAR LE CHEMIN DE FER DE LA RIVE DROITE.

L'embarcadère des chemins de fer de l'Ouest (rive droite [1]) a la forme d'un triangle coupé à son sommet. Sous les deux corps de bâtiments latéraux règnent des galeries couvertes, bordées de cafés, de restaurants, de cabinets de lecture, etc.

1. *Embarcadère* (rive dr.). A Paris, rue Saint-Lazare, 124. — A Versailles, rue du Plessis. — Les prix des places du chemin de fer et les autres moyens de transport sont indiqués dans l'*Introduction*, tant pour Versailles que pour toutes les localités décrites dans ce volume.

Le bâtiment du fond est précédé d'un escalier qui conduit à un vestibule, d'où d'autres escaliers montent aux salles d'attente. En face sont les bureaux de distribution de billets pour St-Germain, la galerie latérale de dr., qui longe la rue d'Amsterdam, contient ceux des grandes lignes de Rouen, du Havre, de Dieppe, de Fécamp, de Caen, de Cherbourg; à g., dans la grande galerie supérieure, se trouvent ceux de Versailles, d'Auteuil, du bois de Boulogne.

A l'intérieur, l'embarcadère de la rue Saint-Lazare offre un magnifique coup d'œil. On y compte trois grandes halles couvertes, dont la superficie totale dépasse 6,500 mèt. carrés.

Au sortir de cette vaste gare, le chemin de fer passe sous le pont qui a remplacé l'ancienne place de l'Europe, puis, dans un tunnel long de 329 mèt., sous une partie des Batignolles. Un peu au-delà du pont de la rue d'Orléans, à g., près des ateliers de construction et de réparation, se détache l'embranchement du bois de Boulogne et du chemin de ceinture. La station établie sur cet embranchement n'est desservie que par les trains de cette dernière ligne. Quand on a passé sous le pont de la rue Cardinet, on longe, à g., les *ateliers*, qui prennent chaque année des développements plus considérables. Sur la dr. s'étend la belle *gare des marchandises des Batignolles*, bâtie au point de raccordement des deux sections du chemin de fer de ceinture. Après avoir franchi l'enceinte des fortifications, et traversé le chemin de la Révolte, on longe à g. le v. de **Levallois-Perret**, 19,138 hab., dont il n'y a rien à dire. Le v. de *Courcelles* apparaît ensuite dans la même direction ; à dr. se montre Clichy.

Ire STATION. — CLICHY.

4 kil. de la gare Saint-Lazare, 7 kil. 1/2 de Notre-Dame, 16 kil. de Versailles, 1 kil. d'Asnières.

Clichy-la-Garenne, v. de 14,599 hab., possédait une résidence royale sous les Mérovingiens, devint plus tard une dépendance de l'abbaye de Saint-Denis, et eut pour curé, en 1612, saint Vincent de Paul. De nombreuses usines ou fabriques y ont été établies.

Le chemin de fer croise la route de terre de Paris à Argenteuil, avant de traverser la Seine sur un beau pont en fer à 4 voies construit par M. Eugène Flachat.

2e STATION. — ASNIÈRES.

5 kil. de l'embarcadère de la rue Saint-Lazare, 9 kil. 100 mèt. de Notre-Dame, 15 kil. de Versailles, 6 kil. de Nanterre, 7 kil. 300 mèt. de Saint-Denis, 3 kil. 300 mèt. de Courbevoie, 3 kil. 300 mèt. de Neuilly, 3 kil. de Colombes, 5 kil d'Argenteuil, 1 kil. de Clichy, 2 kil. de Gennevilliers.

Asnières*, v. de 6,236 hab., est situé sur la rive g. de la Seine, à dr. de la station. La large rue, ouverte à l'extrémité du couloir auquel aboutit l'escalier du débarcadère, conduit à une avenue menant, à dr., sur le quai et au *pont* qui relie Clichy-la-Garenne à Asnières. Ce pont (péage, 5 c.), peu éloigné de celui du chemin de fer, se compose de 7 arches en bois. Du milieu, on jouit d'une belle vue en amont sur le Mont-Valérien, le bois de Boulogne, l'Arc de triomphe de l'Étoile, une partie de Paris, et les rives de la Seine. On y voit aussi, amarrés au rivage, une multitude de petits canots qui, les dimanches et les jours de fête surtout, sillonnent le fleuve dans tous les sens. Asnières est en effet le port principal du canotage parisien. En aval du pont se montrent les îles *Vaillard* et *Robinson*, et le pont de Saint-Ouen.

En suivant le quai, bordé de nombreuses maisons de campagne, on trouve le parc d'Asnières, qui n'a plus d'entrée sur le quai. Le château, bâti au milieu du parc, a été, selon les traditions locales, la résidence de Mlle de Fontanges et de Mme de Parabère. Le passage suivant de l'*Histoire du diocèse de Paris* semble plus digne de foi : « M. Voyer d'Argenson, dit Lebeuf, a fait couper une saulsaye en 1731, vis-à-vis de la belle maison qu'il a bâtie à Asnières, *à côté de l'église.* » Or, le château d'Asnières est à côté de l'église, et, quels qu'aient été ses fondateurs, c'est une des plus charmantes constructions que le xviiie s. ait élevées aux environs de Paris. Il est malheu-

Château d'Asnières.

reusement dans un état de délabrement complet, et le parc ne reçoit aucun entretien. Seulement, en été, le propriétaire loue le parc à des entrepreneurs de fêtes et de bals publics.

L'*église* date du xviiie s.

Depuis quelques années il s'est construit à Asnières et sur les coteaux voisins un grand nombre de maisons, qualifiées de villas et affectant toutes les formes d'architecture.

A l'extrémité du village, en amont, se trouve le nouveau *pont de Clichy* (3 arches en fonte de 66 mèt.), qui relie Clichy et Gennevilliers, et que traverse une ligne de tramways reliant Gennevilliers au boulevard Malesherbes, à Paris.

Au-delà de la station d'Asnières, le chemin de fer de Versailles décrit une forte courbe à g., en s'éloignant du chemin de fer de Saint-Germain.

3ᵉ STATION. — COURBEVOIE.

8 kil. de la gare de la rue Saint-Lazare, 1 kil. 500 mèt. de Neuilly, 4 kil. 500 mèt. de Paris, 9 kil. 500 mèt. de Notre-Dame, 4 kil. 500 mèt. de Nanterre.

Courbevoie*, ch.-l. de c. de 13,288 hab. (arrond. de Saint-Denis), se compose de deux parties bien distinctes : le *haut Courbevoie*, où se trouve l'église, rotonde du xviiie s., et qu'un pont de 3 arches en fer relie directement à Neuilly, en traversant l'*île de la Grande-Jatte*; et le *bas Courbevoie*, situé au N. de la grande avenue qui fait suite à celle de la Grande-Armée et de Neuilly. Le **pont** qui joint Neuilly et le bas Courbevoie, œuvre du célèbre architecte Perronnet († 1794), a 240 mèt. de long. et se compose de 5 arches surbaissées.

Dans le haut Courbevoie s'élèvent de belles *casernes*, construites par Louis XV, pour le régiment suisse. Ces casernes se composent de trois pavillons principaux d'un aspect imposant, dont l'un, celui qui regarde Paris, est décoré d'un fronton triangulaire. A ces pavillons ont été ajoutées des constructions nouvelles, moins grandioses. L'entrée principale donne sur une large avenue plantée d'arbres, longue de 800 mèt., et conduisant au rond-point de Courbevoie, où aboutissent la grande route de Saint-Germain et quatre autres avenues bordées d'ormes séculaires. Au centre de ce rond-point se trouve le piédestal qui supportait, avant le siège de 1870-1871, la statue en bronze de Napoléon par Seurre, érigée d'abord au sommet de la colonne Vendôme.

L'*hôtel de ville* de Courbevoie, situé à l'extrémité de la rue de l'Hôtel-de-Ville, est un édifice élégant, dont la façade est décorée de colonnes doriques et corinthiennes.

L'*hospice Lembrecht* est destiné aux protestants.

Le 2 avril 1871, les hauteurs de Courbevoie furent le théâtre d'un vif engagement entre les troupes de la République française, commandées par le général Vinoy, et les fédérés parisiens, qui essayaient leur première sortie sur Versailles. Les communards, délogés du rond-point de Courbevoie et des casernes de la ville, furent obligés de se replier et bientôt de fuir en désordre vers Paris, ce qui ne devait pas les empêcher de recommencer le lendemain leur tentative malheureuse. (V. Rueil, section IV.)

4ᵉ STATION. — PUTEAUX.

10 kil. de la gare de la rue Saint-Lazare, 8 kil. de Paris. On compte 1,300 mèt. du pont de Neuilly au pont de Suresnes.

Puteaux* (*Puteoli*) est un v. de 9,594 hab. (Seine), n'offrant aucune importance historique, malgré sa grande ancienneté. Aux xviie et xviiie s., on y voyait un grand nombre de maisons de campagne appartenant à des familles nobles. Presque partout les usines y ont remplacé les villas. Il ne reste que le *château*, construction d'un certain caractère, abandonné ainsi que son parc, et loué en été pour des amusements publics. Les principales fabriques bordent le quai. On remarque surtout les usines pour l'extraction de la matière colorante des bois de teinture ; des usines pour apprêts et teintures de tissus, des fabriques d'impressions, un atelier de construction d'appareils et de machines, etc.

Les habitants de Puteaux cultivent la vigne et des rosiers dont les fleurs, vendues aux parfumeurs de Paris, servent à fabriquer de l'essence de rose.

L'*église* (XVIe s.) présente une voûte en bois qui date de la construction et deux verrières anciennes, dont l'une est à peu près entière. — La *chapelle protestante* est du style pseudo-roman.

En face du quai de Puteaux s'étend l'*île* qui porte le nom du village, et qui cache en partie la vue de Saint-James. Cette île appartient à à M. de Rothschild.

Sur le quai s'élève l'*hôtel de ville*, construit en 1854.

Au-delà de Puteaux, les tranchées s'abaissent, et l'on découvre à g. une vue étendue sur le cours de la Seine, le bois de Boulogne, les coteaux de Saint-Cloud, de Bellevue et de Meudon, et la ville de Paris. Le chemin de fer est à 63 mèt. (40 mèt. au-dessus du niveau de la Seine, qui est à 23 mèt. 42 cent.). A la base des coteaux, sur lesquels la voie s'élève de 20 mèt. de l'avenue de Neuilly à la station de Montretout, s'étendent les villages de Puteaux et de Suresnes. A dr., on est dominé par le Mont-Valérien.

5e STATION. — SURESNES.

12 kil. de la gare de Saint-Lazare, 10 kil. 500 mèt. de Notre-Dame, 2 kil. 500 mèt. du pont de Neuilly, 1 kil. 300 mèt. de Puteaux, 3 kil. du pont de Saint-Cloud, 3 kil. de la porte de Passy, 3 kil. 500 mèt. de Rueil, 3 kil. de Nanterre.

Suresnes *, en latin *Surisnæ*, cédé à Robert, comte de Paris, par Charles le Simple, en 918, n'est célèbre que par les conférences qui décidèrent Henri IV à se faire catholique, en 1593.

Tous les ans, le dimanche le plus rapproché du 21 août, a lieu le *couronnement de la rosière*, cérémonie instituée à la fin du XVIIIe s. par un M. Héliot. Les noms des rosières demeurent affichés dans l'église (dans une chapelle, à g.). Cette *église*, des XVe et XVIe s., ne mérite pas une visite. La voûte est en bois ; le chœur, irrégulier, est plus élevé que la nef.

Le quai est bordé d'usines et de maisons de campagne, dont la plus belle appartient à M. de Rothschild. Le 25 février 1848, elle fut brûlée par une bande de voleurs et d'incendiaires, qui en saccagèrent les magnifiques jardins. Vingt-deux de ces misérables furent pris, et, le 11 novembre, condamnés, les uns à l'emprisonnement, les autres à plusieurs années de travaux forcés. Le château a été reconstruit depuis lors, et restauré après le siège de 1870.

Un barrage éclusé, qui se compose d'un canal et d'une digue, a été construit à Suresnes. Le canal, établi le long de la rive g., a 150 mèt. de longueur et 24 de largeur. La digue, qui a 80 mèt. de longueur sur 19 de largeur, se soude à la muraille du passage éclusé près de sa porte d'aval, et traverse une partie de la rivière. Elle arrive jusqu'à la hauteur de l'île Rothschild, mais son musoir se dresse à 40 ou 50 mèt. de cette île, de façon à laisser une ouverture pour un déversoir.

Suresnes communique avec le bois de Boulogne par un *pont* de 3 arches. Ce village, patrie du célèbre architecte Perronnet, fait encore partie du départ. de la Seine (arrond. de Saint-Denis). Sa population dépasse 6,477 hab., presque tous vignerons et blanchisseurs. A peu de distance de sa dernière villa, on entre dans le départ. de Seine-et-Oise.

Des études ont été commencées,

en 1875, pour la construction d'un chemin de fer de Suresnes à Marly.

Excursion au Mont-Valérien.

Suresnes est situé sur la rive g. de la Seine, à 30 mèt. au-dessus du niveau de la mer et à la base du **Mont-Valérien**, qui le domine de plus de 130 mèt.; car sa hauteur absolue est de 161 mèt. 30 cent. Il suffit de 25 ou 30 min. pour monter du pont de Suresnes à la forteresse qui couronne aujourd'hui cette colline isolée. Le chemin de fer, sur lequel on passe, est à 68 mèt. 8 cent.; la porte d'entrée de la forteresse, à 122 mèt. 8 cent.

Le Mont-Valérien portait autrefois un ermitage où se rendaient de nombreux pèlerins pour en visiter le *calvaire*. Sous Louis XIII, les prêtres de la Croix y fondèrent, de leur côté, un couvent et une église qu'ils voulurent vendre, en 1663, aux Jacobins de Paris. Le chapitre de Notre-Dame y forma opposition; mais les Jacobins purent s'établir au Mont-Valérien.

En 1791, les deux communautés furent supprimées; les prêtres de la Croix, rétablis après le Concordat, furent de nouveau chassés par Napoléon, parce que, disait-on, des évêques se réunissaient chez eux pour comploter contre le gouvernement. Napoléon, destinant le Mont-Valérien à un établissement d'éducation pour les filles des membres de la Légion d'honneur, fit bâtir un édifice orné de colonnes avec un fronton décoré d'un bas-relief; mais son projet n'eut pas de suite. Sous la Restauration, une nouvelle communauté, celle des *Pères de la Foi*, s'établit sur la montagne. M. de Forbin-Janson, depuis évêque de Nancy, se fit construire à côté une maison de campagne, aujourd'hui résidence du commandant du fort.

Les missionnaires furent chassés par la révolution de juillet 1830, et les bâtiments de la congrégation furent détruits en 1841, lors de la construction de la citadelle, excepté l'édifice de Napoléon Ier, qui sert d'habitation aux officiers.

La reddition du Mont-Valérien était comprise parmi les conditions que proposait M. de Bismark à M. Jules Favre, le 20 septembre 1870, au moment où commençait l'investissement de Paris. Le général Trochu, gouverneur de Paris et président du gouvernement de la Défense nationale, résida au Mont-Valérien durant la plus grande partie du siège. L'armistice n'ayant été signé que le 28 janvier 1871, tous les forts entourant la capitale devaient être évacués par leurs garnisons. Le bataillon qui occupait le Mont-Valérien le quitta le 19 mars au matin, au moment même où l'insurrection triomphait à Paris, et l'on ne songeait point à le remplacer. Le général Vinoy, justement inquiet de cet abandon, qui pouvait mettre Versailles à la discrétion des insurgés et enlever aux troupes du gouvernement la clef de Paris, finit par obtenir de M. Thiers, dans la nuit du 19 au 20, la réoccupation de la citadelle par tout un régiment. Fort heureusement, les fédérés s'aperçurent trop tard de l'abandon du Mont-Valérien, et lorsqu'ils voulurent s'en emparer, ils sommèrent vainement la nouvelle garnison, qu'ils sommèrent vainement de se rendre. Les canons du Mont-Valérien décidèrent en grande partie le succès des journées des 2 et 3 avril (*V. Courbevoie et Rueil*).

La forteresse du Mont-Valérien, destinée à servir de lieu de sûreté pour les approvisionnements d'armes et de munitions, a coûté 4,300,000 fr., et peut loger, outre le personnel d'artillerie et le matériel, 1,500 hommes d'infanterie. Elle contient 68 canons en temps de guerre. A l'intérieur s'élèvent deux casernes et une belle salle d'armes, disposées sur trois côtés d'un grand carré servant de champ de manœuvres à la garnison. Dans la partie basse du fort, sont placés les magasins, les ateliers, la salle d'artifices et le corps de garde de la porte d'entrée.

Le cimetière de l'ancien couvent est entièrement compris dans l'enceinte fortifiée. Les concessions de terrains ont été respectées.

Pour asseoir les fortifications nouvelles sur des fondations solides, et pour ôter en outre tout abri à l'assiégeant, il a fallu abandonner et combler les carrières exploitées dans les flancs de la montagne, et dont quelques-unes s'enfonçaient jusqu'au centre de la masse.

Suresnes et le Mont-Valérien.

Les étrangers qui désirent visiter le Mont-Valérien doivent en demander la permission au colonel commandant la place, qui l'accorde *s'il le juge convenable*.

Le Mont-Valérien mérite la visite de tous les étrangers. On y découvre le plus beau panorama des environs de Paris; en effet, on aperçoit la vallée de la Seine, d'un côté, jusqu'à l'embouchure de la Marne; de l'autre, jusqu'à Saint-Germain et jusqu'à Saint-Denis, et, quand le temps est très-clair, jusqu'à Mantes.

Le chemin de fer s'élève de 14 mèt. de Suresnes à Saint-Cloud. A travers les arbres dont il est bordé, on découvre à g. de charmants points de vue : la Seine, ses îles, ses ponts, les coteaux de Saint-Cloud, de Bellevue et de Meudon, le bois de Boulogne, Paris, Montmartre et les hauteurs de Belleville.

6e STATION. — SAINT-CLOUD.

15 kil. de la gare de Saint-Lazare, 11 kil. de Paris par la route de terre, 3 kil. de Suresnes, 6 kil. de Neuilly, 14 kil. de Saint-Denis, 500 mèt. de Boulogne, 1 kil. 500 mèt. de Sèvres (les deux ponts), 3 kil. de Bellevue, 2 kil. de Garches, 4 kil. de l'hospice de la Reconnaissance, 8 kil. 500 mèt. de Rocquencourt, 3 kil. 500 mèt. de Ville-d'Avray, 5 kil. 750 mèt. de Versailles.

Situation. — Édifices publics.

Saint-Cloud*, V. de 8,956 hab., est pittoresquement située sur le penchant d'une colline qui domine la rive gauche de la Seine et que couvrent les hautes futaies du parc, du château aux coteaux de Sèvres. On y arrive, quand on a pris la route de terre, par un pont en pierre, à l'extrémité duquel, sur la *place Royale,* s'ouvrent la grande avenue du bas parc, et l'avenue Royale (à g. de laquelle se trouvent, en contrebas, les casernes) menant au château. A dr. est une large rue, ouverte sous Louis Philippe, et qui, traversant une partie de Saint-Cloud, va, par les hauteurs de Montretout, rejoindre la route de Versailles (*V.* Section III, *C*).

Les rues de Saint-Cloud sont en pente si rapide, qu'il a fallu pratiquer sur plusieurs points des escaliers pour les gravir. Les maisons ont été en grande partie reconstruites depuis l'incendie du 28 janvier 1871. L'*église,* bâtie en 1865 dans le style du XIIe s. par M. Delarue, est surmontée d'une flèche élégante en pierre. A côté s'élève le nouvel *hôtel de ville* (1870-1873). Devant l'église, contre une maison ruinée, se dessine un vieil arc ogival, reste de l'ancienne église collégiale où avait été enterré saint Clodoald. Des fouilles récentes ont fait découvrir la crypte où son tombeau resta déposé pendant 1,200 ans.

Histoire.

Saint-Cloud doit son nom au troisième fils du roi Clodomir, Clodoald, qui, échappé au glaive de ses oncles, s'y retira et y vécut saintement († 560). Auparavant, ce lieu appelé Nogent se perdait dans la forêt de Rouvray. Clodoald, devenu possesseur de Nogent, le légua aux évêques de Paris, qui augmentèrent l'importance du village. Un pont de bois le mit en communication avec Paris ; il fut plus tard entouré de fortifications, et, après avoir résisté aux Anglais en 1346, il fut brûlé par eux après la bataille de Poitiers. Occupé ensuite par les factions qui ensanglantèrent le règne de Charles VI, il se releva de ces désastres ; déjà il renfermait des maisons de plaisance appartenant à la famille royale.

François Ier habita le palais que l'évêque de Paris possédait à Saint-Cloud. Henri II s'y fit bâtir une villa dans le goût italien et remplaça le vieux pont de bois par un pont de pierre de quatorze arches. Catherine de Médicis y donna des fêtes dans une maison appartenant au banquier Gondi, et c'est dans cette maison qu'Henri III fut assassiné par Jacques Clément.

Après la mort d'Henri III, Henri de Navarre s'installa dans la maison du Tillet, l'une des plus belles du bourg, où il

SAINT-CLOUD. — HISTOIRE.

commença à tenter la fortune, manœuvrant adroitement entre les catholiques et les protestants.

La maison de Gondi, après avoir appartenu au contrôleur des finances Hervard, fut achetée en 1658, pour Monsieur, frère de Louis XIV. Elle devint, grâce au duc d'Orléans, un palais dont Le Nôtre dessina les jardins, et dont la brillante Henriette fut quelque temps le plus bel ornement. Tout à coup survint cette nuit » désastreuse, où, dit Bossuet, retentit comme un éclat de tonnerre cette étonnante nouvelle : Madame se meurt ! Madame est morte ! Au premier bruit d'un mal *si étrange*, on accourt à Saint-Cloud de toutes parts ; on trouve tout consterné, excepté le cœur de cette princesse. » Elle mourait, à l'âge de 26 ans, empoisonnée, selon l'opinion qui a prévalu, à l'instigation du chevalier de Lorraine, le favori de Monsieur, qu'elle avait fait exiler. Louis XIV fut heureux d'apprendre que son frère était innocent de ce crime.

Henriette d'Angleterre était morte le 30 juin 1670 ; l'année suivante, de nouvelles fêtes étaient célébrées dans les jardins de Saint-Cloud à l'occasion du

Le château de Saint-Cloud en 1870.

mariage de Monsieur avec la princesse palatine.

Les gazettes du temps ont conservé le souvenir des fêtes magnifiques que Monsieur donna à Saint-Cloud pour Louis XIV. La merveille de ces fêtes était les *cascades*, déjà célèbres du temps de Gondi, et que Monsieur avait fait réparer et embellir par Mansart. Monsieur fit aussi construire une grande galerie à Saint-Cloud, et chargea Mignard de la peindre. Il mourut dans ce palais embelli par ses soins. Sa seconde femme, la princesse palatine, y mourut également. Le régent y reçut le czar Pierre en 1717. En 1752, Louis-Philippe d'Orléans, petit-fils du régent, y donna une fête qui surpassa en magnificence l'éclat de toutes les fêtes précédentes. Le peuple y prit part. Devenu veuf, le duc d'Orléans épousa secrètement Mme la marquise de Montesson, et celle-ci, désirant avoir une habitation plus simple, l'engagea à se défaire de Saint-Cloud. Cette belle résidence fut acquise, en 1785, pour le prix de 6 millions, par la reine Marie-Antoinette, qui le remania et en changea les dispositions. Mais Marie-Antoinette n'habita pas longtemps Saint-Cloud. La Révolution réserva le parc *pour l'agrément des citoyens*, et ne songea point à entretenir le château. La première République succomba à Saint-Cloud, le 18 brumaire, dans un odieux coup d'État. Le Directoire y avait installé le conseil des *Cinq-Cents*. Bonaparte, revenu d'Égypte, s'y présenta, au moment où le président Lemercier donnait communication d'un message annonçant que le Directoire n'existait plus, au moins de fait. Bonaparte prit la parole et protesta de la pureté de ses intentions; mais, vivement interpellé, il se troubla, pâlit, et se retira protégé par sa garde. Peu après, il ordonnait à Murat de faire évacuer la salle par les baïonnettes. On battit la charge, et les soldats envahirent le sanctuaire des lois, comme s'il s'était agi d'emporter une citadelle. Un grand nombre de députés s'échappèrent par les fenêtres. Cette journée du 18 brumaire fit Bonaparte consul. Bientôt le premier consul de la République, réélu pour dix ans, fut proclamé consul à vie. Les demeures royales furent mises à sa disposition, et il choisit, pour sa résidence d'été, le palais de Saint-Cloud, qui avait été le berceau de sa puissance. A la fin de 1801, il fit exécuter avec la plus grande promptitude les changements de distribution et les restaurations nécessaires. La dépense de ce travail s'éleva à 3 millions 141,000 francs.

En mars 1805, le pape Pie VII baptisait en grande pompe, à la chapelle de Saint-Cloud, le fils de Louis Bonaparte; et cinq ans après, le mariage religieux de Napoléon avec Marie-Louise y fut célébré, le 1er avril 1810.

En 1815, lorsque Paris dut se rendre, la capitulation fut signée à Saint-Cloud, le 3 juillet. « Les jardins, envahis par une horde d'étrangers, présentaient l'image d'un camp, et les chevaux du Nord se désaltéraient dans les belles eaux du parc. Un vainqueur brutal s'était couché tout habillé dans le lit de Napoléon : heureux dans son orgueil de déchirer avec ses éperons les draperies impériales! une meute de chiens qui le suivaient partout occupaient et dévastaient le boudoir de l'impératrice, et les livres de la bibliothèque, jetés pêle-mêle sur les parquets, attestaient son respect pour la civilisation. » A cette époque, les beaux ombrages de Saint-Cloud connurent encore l'éclat d'une fête; mais c'était une fête offerte par les envahisseurs de la France, par le prince de Schwartzenberg, aux souverains étrangers.

Louis XVIII, après avoir fait disparaître les tristes vestiges de l'invasion, vint habiter le palais, le 18 juin 1817. En 1818, des écuries furent construites pour les gardes du corps; en 1820, on termina la chapelle commencée par Marie-Antoinette, et Heurtot dessina sur la montagne de Montretout, pour les promenades et l'instruction botanique du duc de Bordeaux, un jardin, décoré, après l'expédition d'Espagne, du nom de *Trocadéro*. Charles X fit élever, sur l'emplacement de la maison des pages et sur celui du couvent des Ursulines, les bâtiments du grand commun pour les employés des différents services de sa maison. Une caserne pour les gardes du corps fut construite aussi dans les jardins du bas parc, au-dessous de l'avenue Royale menant au château.

Ce fut à Saint-Cloud que Charles X signa les fatales ordonnances du 24 juillet 1830, qui devaient entraîner sa chute. Il le quitta le 30 juillet, à 3 heures du matin, et succomba en ce lieu même où Henri IV, le chef de la maison de Bourbon, avait été salué roi.

Louis-Philippe partagea ses étés entre Neuilly, sa résidence de prédilection, et Saint-Cloud, qui lui rappelait les souvenirs de sa jeunesse, et où il vint s'établir avec sa famille le 27 mars 1832. Sous ce prince, le château, le parc et la ville elle-même subirent de grandes modifications. Les distributions intérieures du palais furent changées, les appartements furent restaurés, richement décorés et meublés; des routes nouvelles furent tracées dans le parc; les étangs de Ville-d'Avray, qui fournissent l'eau au parc et au château, furent curés avec soin; la grande cascade fut reconstruite en partie, et une nouvelle source d'eau amenée pour alimenter le bassin des 24 jets d'eau; le chemin de fer de Paris à Versailles obtint la concession du passage à travers le parc, et une route nouvelle, ouverte à la droite du pont, mit Saint-Cloud en communication avec Versailles et les villages des environs.

Napoléon III passa la plus grande partie des étés au château de Saint-Cloud; il y avait fait exécuter quelques travaux et placer, au fond du vestibule, une statue de Sapho, dernière œuvre de Pradier, qui avait été exposée au salon de 1852, couverte d'un crêpe. L'Empereur se trouvait à Saint-Cloud au moment de la déclaration de guerre à la Prusse en 1870. Il n'en partit que le 27 juillet, pour aller prendre à Metz le commandement de « l'armée du Rhin. » Comme Charles X, c'est dans ce château qu'il devait cesser véritablement d'être souverain; le château, à son tour, allait cesser pour jamais de donner

Galerie d'Apollon, au château de Saint-Cloud (1870), incendiée par les Prussiens, en 1871.

abri à une cour française. L'impératrice le quittait précipitamment le 7 août, à la nouvelle du désastre de Wœrth, et, deux mois après, le 13 octobre, un incendie allumé, croit-on, par les Allemands faisait du palais un monceau de ruines.

La ville fut, de son côté, cruellement éprouvée durant la dernière guerre. Le 5 octobre, les Prussiens en expulsaient les habitants, qui trouvaient un refuge à Versailles. Les maisons, demeurées désertes, déjà endommagées par les feux des forts et notamment du Mont-Valérien, brûlaient, le 28 janvier, pendant la négociation de l'armistice, au moment où leurs possesseurs se disposaient à y rentrer. Par ordre supérieur, les Prussiens y avaient mis le feu avec du pétrole. Seule, la nouvelle église échappa à ce terrible incendie.

Aujourd'hui, la ville est presque en entier reconstruite; mais le château demeure complétement ruiné, et il n'est nullement question de le rebâtir. Avec lui ont péri les chefs-d'œuvre de Mignard et surtout la magnifique galerie d'Apollon, les peintures de Le Moyne, de Nocret, de Loir, des marines de Joseph Vernet et un grand nombre d'objets d'art. On retrouve seulement, dans les murailles calcinées de la cour d'honneur, 8 statues en pierre dont quatre ont perdu leurs têtes. Quelques débris de la bibliothèque ont été sauvés par le prince royal de Prusse; des vases, des meubles et des statues ont été emportés en Allemagne par des généraux qui se les étaient mutuellement offerts en présent.

Parc de Saint-Cloud.

Le parc de Saint-Cloud contient 392 hectares (1,146 arpents). Il se divise en parc public et parc réservé. Le parc réservé contient de belles avenues ombragées, et, à l'une de ses extrémités, des hauteurs de la Brosse, on jouit d'un beau point de vue sur les bois de Marnes et de Ville-d'Avray. Il est partagé en deux par le chemin de fer de Paris à Versailles, qui le traverse vers le milieu dans sa largeur (V. p. 18). Des ponts jetés sur la tranchée du chemin de fer permettent de passer d'une des portions du parc dans l'autre. Des parterres, ornés de bassins et de quelques statues demeurées debout ou relevées après 1871, s'étendent devant le château; ils sont ouverts au public, moins le *jardin du Trocadéro* (V. ci-dessus, p. 10), situé sur les hauteurs, au N. du château. « Les eaux qui embellissent les jardins et alimentaient tous les services de l'habitation viennent des étangs de Ville-d'Avray. Elles se réunissent au grand réservoir du parc, à 81 mèt. au-dessus du niveau de la Seine. Leur volume total, en y ajoutant celui de la nouvelle source, tirée des environs de Garches, près de la porte Jaune, peut être évalué à la mesure moyenne de 14 pouces fontainiers [1]. »

Portes du parc. — On entre dans le parc, — du côté de Saint-Cloud : 1° par la grande grille, sur la place Royale (V. p. 8); 2° par une ruelle dite du Château, donnant dans la grande avenue du château (V. p. 8); — à l'extrémité du parc, du côté de Ville-d'Avray, par la porte dite de Ville-d'Avray; — du côté de Sèvres : 1° par la porte de Bellevue, faisant face à la route qui monte à ce village et à la manufacture de Sèvres; 2° un peu plus bas, du côté du pont, par la grille de Sèvres, qui date de 1825.

Direction des promeneurs dans le parc public. — Le parc public se compose de deux parties : le bas parc, qui s'étend le long de la Seine, et qui est ombragé par de hautes futaies, et le haut parc. Si l'on arrive par le pont, on entre par la grille ouverte sur la place Royale. En suivant l'allée d'arbres, bordée à droite de petites boutiques de confiseurs, de jouets d'enfants et de cafés, on se trouve bientôt en vue de la grande cascade. On peut monter à l'allée dite du Tillet, qui divise la cascade, de manière à jouir de plus près de la double perspective de cette riche décoration. Un peu plus loin est le

[1]. Le pouce d'eau fontainier, c'est-à-dire la quantité d'eau qui s'écoule d'un orifice d'un pouce de diamètre, est égal à une dépense de 20 mèt. cubes par 24 heures.

bassin d'où s'élance le grand jet d'eau. De là on peut : 1° suivre les avenues du bas parc jusqu'à la grille de Sèvres, ou des allées ombragées qui montent par une pente douce à l'avenue de Breteuil; 2° prendre en face de soi une allée tournante qui monte, ou gravir à dr. de celle-ci des talus assez raides pour gagner l'entrée de la longue et droite avenue de Breteuil, aux ombrages épais et silencieux. A l'autre extrémité de cette avenue sont situées les ruines du pavillon de Breteuil; et de ces ruines un chemin descend à la porte de Bellevue ; 3° en gravissant les talus dont nous venons de parler et en appuyant un peu à droite, on atteint une des anciennes entrées du château, dont on aperçoit une façade latérale. En avant de cette façade ruinée est un bassin, dit *du Fer-à-*

La lanterne de Démosthène en 1870, détruite par les Prussiens.

Cheval. Si l'on tourne le dos au château, on a devant soi un amphithéâtre de talus gazonnés, et à dr., une route montante qui va à travers le parc à l'Étoile de Ville-d'Avray, dont nous parlons plus bas, et au village de ce nom. Cette route était ouverte aux voitures, avant le règne de Louis-Philippe (*V.* ci-dessus, p. 10). Au-dessus des talus de l'amphithéâtre, une avenue, à peu près parallèle à l'avenue de Breteuil, monte à la terrasse que dominait, avant le 14 octobre 1870, la reproduction du monument choragique de Lysicrate, à Athènes, appelé vulgairement la *lanterne de Démosthène.* Un « *observatoir* » (*sic*) en planches (entrée, 25 c.) s'élève aujourd'hui sur son emplacement, d'où l'on a une vue panoramique très-étendue, sur Paris, le bois de Boulogne, Boulogne, la Seine, les ponts de Sèvres, de Saint-Cloud, de Suresnes, et à l'horizon sur les coteaux de Montmorency. Cinq vertes avenues rayonnent de la terrasse. La première est celle qui vient du château; la dernière, opposée à celle-ci, descend à Sèvres; celle du milieu, la plus longue et la plus belle du parc ouvert au public, mène à Ville-d'Avray. Un poteau indique la porte de *sortie*. Quand on a franchi cette porte, on se trouve au milieu d'un espace libre, dit *Étoile de Ville-d'Avray*, et que traverse la route de voitures de Ville-d'Avray à Saint-Cloud (un pont jeté au-dessus de cette route fait communiquer ensemble les deux parties du parc réservé). On aperçoit à sa g. la porte de Ville-d'Avray. En dehors de la porte, une petite ruelle qu'on trouve à g. conduit en quelques min. à la station de Ville-d'Avray (*V.* p. 18).

Si l'on veut revenir à Saint-Cloud, on peut, au lieu de suivre encore la grande avenue verte à l'entrée de laquelle était la lanterne de Démosthène, prendre sous les arbres, à dr., une allée irrégulière, qui longe le mur à quelque distance. On ne tarde pas à passer devant une large grille fermée, à travers laquelle on aperçoit les coteaux de Bellevue et de Meudon. Elle est située au-dessus de l'issue du tunnel du chemin de fer de Versailles et de la station de Ville-d'Avray. A l'extrémité de cette allée, on arrive à un rond-point. Si l'on continue à marcher, en inclinant un peu à dr., on arrive à une esplanade verte dominant la Seine et le coteau de Bellevue, et, à quelque distance de là, à un pont, dit le *pont Brut*, jeté sur une allée profondément encaissée, et que Louis-Philippe a fait creuser dans le rocher. Cette allée, désignée sous le nom de *Tranche-Montagne*, vient aboutir à une autre allée qui descend au pavillon de Breteuil. Quand on est en face de ce pavillon, on peut, par une allée en pente, à g., redescendre dans le parc inférieur, et revenir au pied de la grande cascade, ou, par l'allée à dr., gagner la porte de Bellevue. Avant d'arriver à cette porte, on passe sous l'arche d'un pont.

Si l'on passe sur ce pont, on entre à g. dans une allée de vieux arbres, qui descend dans le parc inférieur vers la grille de Sèvres. Au-dessous de la terrasse de cette allée, on aperçoit le *jardin fleuriste*, qui, vendu pendant la Révolution, fut racheté sous le Consulat par Napoléon.

Grande cascade. — Cette élégante décoration, où l'architecture et la sculpture s'associent d'une manière si pittoresque aux jeux de l'eau s'élançant en jets variés, ou retombant en nappes d'étage en étage, est une des curiosités les plus célèbres des environs de Paris. Elle se divise en haute et basse cascade. La haute cascade fut construite sur le dessin de l'architecte Lepaute, par ordre du frère de Louis XIV, et perfectionnée par ordre du Régent. Elle a, dit dans sa description Harcouet de Longeville, 108 pieds de face sur autant de pente, jusqu'à l'allée du Tillet, qui y forme un large repos et la sépare de la basse cascade. Cet amphithéâtre architectural, que dominent en arrière de beaux massifs d'arbres, était couronné de figures représentant des fleuves. — La basse cascade, dessinée par *Mansart*, recueille toute l'eau de la cascade supérieure qui passe souterrainement sous l'allée du Tillet, et la distribue, en nappes variées, dans un bassin circulaire au-delà duquel s'étend un canal, d'où jaillissent encore des jets d'eau.

Grand jet d'eau. — Cette autre merveille du parc est située à peu de distance et à g. de la cascade. Le jet d'eau s'élance du milieu d'un bassin autour duquel des arbres forment une salle de verdure. Il s'élève à 42 mèt. au-dessus du niveau du bassin, et s'échappe du tuyau avec une force capable d'enlever, dit-on, un poids de 65 kilogrammes.

Pavillon de Breteuil. — Ce bâtiment, bien situé, à l'extrémité de la grande avenue si paisible et si ombreuse, dite de *Breteuil*) *V.* p. 13), du côté de Sèvres, avait été construit

Le parc et la grande cascade de Saint-Cloud.

à la place du Trianon, au XVIIIᵉ s., par le bailli de Breteuil, chancelier du grand-père du roi Louis-Philippe. Une batterie prussienne s'établit, en 1870, au pied du pavillon, et attira sur lui les feux du fort d'Issy et de l'enceinte, qui l'ont mis à l'état de ruine.

Montretout.

Au-dessus du parc et de la ville de Saint-Cloud s'étend le **parc de Montretout**, occupé par de nombreuses maisons de campagne. A trente pas de la station s'ouvre l'entrée principale, au-delà de la route de Vaucresson et de Roquencourt. Le plateau de Montretout fut, en 1870-1871, un des points principaux de la défense de Paris. La nécessité de conserver et de fortifier cette position avait été unanimement reconnue dès le commencement de nos revers, et l'on s'était hâté, ne pouvant construire un nouveau fort, d'établir une redoute, au N. du parc, à dr. de la route de Saint-Cloud à la Malmaison. Malheureusement, on négligea de relier cet ouvrage au Mont-Valérien, et surtout d'occuper le plateau de la Bergerie ou de Buzenval, qui le domine, et sur lequel les Prussiens, en arrivant, ne manquèrent pas de se retrancher. Dès lors, il ne fut plus possible de garder la redoute, encore inachevée ; elle fut abandonnée et ne revit des soldats français que le 19 janvier 1871.

Ce jour-là eut lieu la bataille de Montretout.

L'attaque de la Malmaison, le 21 octobre, avait été plus près de réussir que Paris l'avait su d'abord, et des journaux, ou des lettres, pris sur l'ennemi, prouvaient que l'alarme avait été grande ce jour-là au quartier général du roi de Prusse. Profitant comme toujours de nos fautes, l'ennemi avait fortifié d'une manière redoutable cette partie de sa contrevallation, assez faible à notre première attaque. Sa ligne d'avant-postes allait de la Malmaison, sur le bord de la Seine, à la redoute de Montretout et à Sèvres ; elle n'était forte qu'à la Jonchère et au ravin de Saint-Cucufa. La seconde ligne, étendue du château de Beauregard au plateau de la Bergerie et de Villeneuve-l'Étang à la Lanterne de Démosthène, était très-forte surtout au haras Lupin et dans le parc de Saint-Cloud. Une troisième ligne allait de Vaucresson à Chaville.

L'armée d'attaque comptait 84,250 hommes divisés en trois colonnes sur un front de bataille de 6 kil. L'aile droite, sous les ordres du général Ducrot, comprenait 27,500 hommes, dont 10 régiments de ligne, 6 bataillons de mobiles et 6 régiments de marche de la garde nationale. Le centre, général de Bellemare, comptait 34,500 hommes, dont 5 régiments de ligne, 17 bataillons de mobiles, 8 régiments de garde nationale. La gauche, général Vinoy, avait 22,250 hommes, dont 4 régiments et 1 bataillon de ligne, 9 bataillons de mobiles, 5 régiments de gardes nationaux.

A 7 h. du matin, la gauche et le centre se mirent en marche et attaquèrent les hauteurs de Montretout. Les Allemands qui occupaient la redoute résistèrent longtemps ; chassés par l'artillerie, ils revinrent à la charge, puis se retirèrent définitivement, nous laissant 70 prisonniers. A l'extrême gauche, Saint-Cloud fut occupé jusqu'à l'église, ainsi que les villas Pozzo di Borgo et Zimmermann, au S. de la redoute et sur la crête de la position. Au centre, nous nous étions emparés de la maison dite du Curé, du point marqué 155 sur la carte de l'État-major, de la partie E. du parc de Buzenval et nous attaquions le château de Craon et la ferme de Buzenval ou de la Bergerie. Des zouaves et des gardes nationaux avaient pénétré même jusque dans le village de Garches, d'où ils tiraillaient contre le parc de Saint-Cloud. Il était 10 h. et la journée avait bien commencé pour nous ; mais il fallait armer sans retard la redoute de Montretout et la crête des hauteurs que nous occupions depuis cette redoute jusqu'en arrière de la Bergerie. Malheureusement la seule route conduisant du Mont-Valérien à la redoute était encombrée par l'artillerie du général de Bellemare qui se rendait à la ferme de la Fouilleuse. Deux heures se passèrent ainsi, et à midi, quand cette route fut libre, il devenait impossible d'armer la redoute sur laquelle l'ennemi venait d'ouvrir un feu violent. De plus, les routes et le terrain, profondément détrempés par e dégel, cédaient sous le poids de l'artillerie, les pièces s'embourbaient et les chevaux, affaiblis par le manque de nourriture, ne pouvaient fournir les efforts nécessaires.

La droite, commandée par le général Ducrot, avait été retardée dans sa marche et n'avait pu prendre part à l'action ouverte avec le jour. Arrivée très-tard à son poste de combat, beaucoup plus éloigné d'ailleurs que ceux du centre et de la gauche, cette partie de nos troupes n'avait pas encore, à une heure, son artillerie, qui atteignait alors la redoute des Gibets. Le général Ducrot, attaquant les hauteurs de la Jonchère et les bois de Saint-Cucufa, trouva une résistance sérieuse sur cette ligne et notamment à la porte de Longboyau ; cependant nos troupes soutenaient le combat avec vigueur, mais l'ennemi qui, surpris par notre attaque du matin, n'avait pu mettre une seule pièce en batterie ni tirer un coup de canon jusqu'à 10 heures, avait depuis ce moment armé successivement les épaulements de sa deuxième ligne de défense ; ses batteries de position et de campagne couvraient de leur feu nos colonnes et nos tirailleurs, qui n'avaient que leurs fusils pour lui répondre. Le général Vinoy se porta de sa personne à la redoute de Montretout et tenta vainement d'y faire installer quatre pièces de 12, qui ne purent être établies qu'à la Briqueterie. Le Mont-Valérien pouvait, avec ses grosses pièces, atteindre plusieurs des batteries ennemies, et notamment 20 pièces de position, qui étaient placées dans l'axe de l'hospice Brezin, sur lequel était arboré le drapeau d'ambulance, mais les projectiles destinés aux canons allemands auraient pu frapper l'hospice, et les Prussiens avaient sans doute compté sur cette protection, dont ils abusaient. Le gouverneur pensa d'ailleurs que le tir du Mont-Valérien, passant par-dessus nos colonnes, pourrait être dangereux pour elles.

Vers 3 h. 30 min., les Allemands augmentèrent encore l'activité de leur feu et s'avancèrent sur toute la ligne, depuis la redoute de Montretout jusqu'à la porte de Longboyau, que notre droite n'avait pu franchir. A Garches, à la Bergerie, à la maison du Curé la lutte était acharnée. Entre ce dernier point et la redoute de Montretout, trois fois nos soldats furent repoussés des crêtes qu'ils occupaient, trois fois ils parvinrent à s'y rétablir. Déjà l'obscurité commençait à couvrir le champ de bataille, nos troupes étaient épuisées de fatigue, mais elles tenaient avec un grand courage ; le feu des Allemands se ralentissait, ils avaient été accueillis, en paraissant sur les crêtes, par les obus de notre artillerie, placée entre la Briqueterie et la ferme de la Fouilleuse, et s'étaient retirés avec de grandes pertes. Cependant le gouverneur, en parcourant nos lignes et recevant les rapports des chefs de corps, pensa qu'il serait dangereux de laisser dans leurs positions nos troupes, qu'un intervalle très-faible séparait de l'ennemi. Il ordonna donc la retraite. Elle commença au moment où l'ennemi rentrait lui-même dans ses lignes. La retraite, qui n'était pas inquiétée, fut cependant assez difficile à cause de l'obscurité profonde, et un bataillon de mobiles de la Loire-Inférieure, fort de 300 hommes, commandant de Lareinty, resta oublié dans la maison Zimmermann. L'ennemi vint l'y cerner le lendemain matin, et nos braves mobiles, n'ayant plus ni munitions ni vivres, furent obligés de se rendre.

La bataille de Montretout fut le dernier effort des défenseurs de Paris. Elle nous coûta environ 3,000 hommes tués ou blessés. Plusieurs bataillons de garde nationale s'y distinguèrent, et, parmi les hommes qui ce jour-là reçurent une mort glorieuse, nous citerons le marquis de Coriolis, engagé volontaire, malgré ses 70 ans, dans une compagnie de marche, les colonels de Rochebrune et de Montbrison, et le peintre Henri Regnault, tué à Buzenval.

Un monument a été érigé, le 26 octobre, dans le cimetière de Saint-Cloud, situé à Montretout, à la mémoire de nos soldats morts dans la bataille du 19 janvier.

[On peut, de Saint-Cloud, aller visiter : la manufacture de Sèvres (1 kil. 1/2); Bellevue (3 kil.); Meudon (4 kil. 1/2; V. ci-dessous, Section II : *chemin de fer de la rive gauche*); Ville-d'Avray, Marnes (3 et 4 kil.; V. ci-dessous). On peut aussi revenir à Paris par Boulogne et le bois de Boulogne ou par Neuilly, en longeant la rive g. de la Seine (6 kil.; V. ci-dessus Puteaux, Suresnes, le Mont-Valérien).

Enfin on peut aller à la Marche, à Garches, à Vaucresson, à l'étang de Saint-Cucufa, à Buzenval, au Butard, à la Celle, à Bougival, à Rueil, à Versailles (V. ci-dessous, Sections III et IV).]

DE SAINT-CLOUD A VERSAILLES,

PAR LE CHEMIN DE FER.

En quittant la station de Montretout, on traverse un petit tunnel, puis une tranchée, au sortir de laquelle on entre dans le parc réservé de Saint-Cloud. A dr. court la route de terre. On la côtoie d'abord, mais on s'en éloigne bientôt pour venir s'enfoncer dans un second tunnel plus long que le premier, car il mesure 494 mèt. 55 cent. Au-dessus de son extrémité supérieure se trouve le mur du parc de Saint-Cloud. A peine en est-on sorti que l'on s'arrête à la station de Ville-d'Avray.

7e STATION. — VILLE-D'AVRAY.

17 kil. de la gare de la rue Saint-Lazare, 14 kil. de Paris par la route de terre (à la station), 15 kil. de Paris à la croisée des routes de Saint-Cloud et de Sèvres, 3 kil. 1/2 de Saint-Cloud, 1 kil. de Marnes, 2 kil. 1/4 de l'hospice Brezin, 6 kil. du château de Versailles, 3 kil. environ du pont de Sèvres.

Ville-d'Avray*, 1,294 hab., est un v. du cant. de Sèvres.

Ville-d'Avray était déjà connu au xiiie s. Après avoir appartenu à divers seigneurs, la terre de ce nom échut, vers le milieu du xive s., à la maison de Dangeau, puis elle passa aux Célestins de Paris. En 1778, Louis XVI en acheta la seigneurie qu'il donna, en l'érigeant en baronnie, à Marc-Antoine Thierry, chevalier et mestre de camp au régiment dauphin, et intendant général du Garde-meuble de la Couronne. Ce nouveau seigneur fit bâtir, au milieu du village, le *château* qui subsiste encore aujourd'hui, moins une salle de spectacle et une chapelle. On lui doit aussi la construction de l'église.

Au-dessous du château est une *fontaine* dont l'eau était réputée la meilleure de tous les environs de Paris. « C'est pour cela, dit Lebeuf, que le roi n'en boit point d'autre. »

Pendant l'été, la population de Ville-d'Avray est presque doublée ; la plupart de ses maisons de campagne se louent à des hommes d'affaires (banquiers, agents de change, avocats, avoués, hommes de lettres), qui y établissent leur famille et qui vont tous les jours à Paris. Les plus petits appartements, même sans jardin, y sont rares et chers. Cette vogue, Ville-d'Avray la doit nonseulement à sa proximité de Paris, mais à son agréable situation dans un joli vallon boisé — un peu humide cependant — et aux belles promenades qui l'entourent de tous côtés.

Au sortir de la station, on tourne à g. et l'on rejoint bientôt l'avenue, bordée de grands arbres et traversée par le chemin de fer, qui conduit de Sèvres à Ville-d'Avray et à Marnes. Pour aller à (750 mèt.) Sèvres, il faut descendre cette avenue. Pour aller à (800 mèt. env.) Ville-d'Avray et à Marnes, il faut la monter. Dans ce trajet on laisse à g. le chemin des Vallières, qui mène au bois et au lac, et, à l'entrée d'une grande propriété, du même côté, celui de la Côte-d'Argent. L'une des maisons — une maison carrée — que l'on aperçoit à dr., a été bâtie et habitée longtemps par De Balzac, qui y a composé un grand nombre de ses ouvrages. Une plaque, revêtue d'une inscription, indique qu'elle a appartenu au célèbre romancier.

Si l'on continue à monter l'avenue, on atteint, en 8 ou 10 min., *l'église*, qui n'offre aucun intérêt architectural, mais renferme : le modèle en plâtre de la statue de *saint Louis*, exécuté par Pradier, pour la ville d'Aigues-Mortes (à dr. de la porte d'entrée) ; un modèle d'une *Vierge en pierre* (le marbre est à Avignon) et celui du *Mariage de la Vierge*, dont on voit le marbre à la Madeleine, par le même artiste. Vis-à-vis du Mariage de la Vierge est le *Baptême du Christ*, modèle de Rude, dont le marbre est également à la Madeleine. Vis-à-vis de la Vierge en pierre est le modèle du *Christ montrant ses plaies*, par Duret. Les originaux des deux figures d'anges qui surmontent les bénitiers de la Madeleine, et qui ont été modelées par A. Moyne, se voient aussi de chaque côté du grand autel dans la conque de l'abside.

Corot, qui a longtemps habité Ville-d'Avray, avait peint pour l'église de ce village un *saint Jérôme*, paysage historique d'un beau style et d'un grand caractère, et, au-dessus des fenêtres des chapelles latérales, dédiées à la sainte Vierge et à saint Nicolas et formant les deux bras de la croix, quatre fresques : *Adam et Ève chassés du paradis terrestre*; *sainte Madeleine pénitente, retirée à la Sainte-Baume*; *le Baptême du Christ* et le *Christ au Jardin des Oliviers*. — En face du saint Jérôme de Corot se voit un tableau de M. Romain Caze, *Jésus au désert adoré par des anges*. Les *Évangélistes* qui décorent les pendentifs de la coupole ont été peints, en 1844, par M. A. Chambellan. Les fresques de M. Richomme (1856) que l'on remarque dans les croisillons représentent le *Repos de la Sainte-Famille* (à dr.), et *Saint Nicolas apparaissant à des marins battus par la tempête* (à g.). Enfin à l'entrée de l'église, au-dessous de la tribune, M. Richomme a peint deux autres fresques : *Jésus portant sa croix* (à dr.), et l'*Entrée de Jésus à Jérusalem* (à g.).

Près de l'église, quatre routes forment un carrefour. Celle qui continue la route de Sèvres monte à Marnes (*V.* ci-dessous) en longeant à dr. le mur du château de Ville-d'Avray ; celle de dr. conduit, par le village proprement dit, à la porte du parc de Saint-Cloud (un sentier plus court que la route y monte directement de la station) ; celle de g. est la route de Versailles (*V.* Section III, *C*).

Les charmants *étangs* de Ville-d'Avray, entourés de jardins anglais, sont, par cette route, à 8 min. de l'église.

Fontenelle a longtemps habité Ville-d'Avray ; une rue du village porte encore son nom. Parmi les personnages célèbres qui y ont aussi séjourné à diverses époques, on cite Ducray-Dumesnil, Arnault, Laya, Pradier, Corot, etc.

MARNES.

16 kil. de Paris, 2 kil. 500 mèt. de Sèvres, 1 kil. de Ville-d'Avray, 4 kil. 1/2 de Saint-Cloud par Ville-d'Avray, 5 kil. 1/4 de Saint-Cloud par l'hospice Brezin, 1 kil. 1/4 de l'hospice Brezin, 6 kil. de Versailles.

Marnes (omnibus à la station de Ville-d'Avray ; 30 cent.), 303 hab., qui doit son nom à la nature de son terrain, a été créé à la fin du XIIe s., par Odon de Sully, évêque de Paris. En 1702, le cardinal de Noailles y réunit le nouveau château de l'Étang, bâti sur une éminence, et le petit château dit *la Villeneuve*. Depuis, de nombreuses maisons de campagne s'y sont bâties. Comme celle de Ville-d'Avray, la population se trouve plus que doublée pendant l'été. Le château, qui a appartenu à M. de Malésieux et à Chamillart, ministre et secrétaire d'État, au commencement du XVIIIe s., a été vendu et démoli ; sur l'emplacement de son beau parc se sont élevées de nombreuses villas.

Le parc réservé de Saint-Cloud a une entrée sur la place du village.

[De l'extrémité de Marnes, où l'on trouve une grille qui donne entrée dans l'ancien parc, on peut aller : soit, à dr., à (1 kil.) la Marche et à l'hospice Brezin (*V.* Section IV), soit, à g., à Versailles, par (6 kil.) le Jardy ou par (5 kil.) les bois des Fausses-Reposes (*V.* Section III, *C*). On peut aussi gagner Saint-Cucufa, la Celle et Bougival par le Butard (*V.* Sections IV et VIII).]

En quittant la station de Ville-d'Avray, le chemin de fer traverse sur une arche la route de Sèvres à Ville-d'Avray, puis, décrivant une forte courbe, vient dominer Sèvres sur la g. Quand les talus des tranchées s'abaissent, on aperçoit à g. la route de terre, au fond du vallon, et le chemin de fer de la rive g., sur le côté opposé ; à dr., s'étendent les bois des Fausses-Reposes. En se retournant, on découvre à l'horizon, entre les coteaux du parc de Saint-Cloud et de Bellevue, les principaux monuments de Paris. Les coteaux boisés de Chaville et de Viroflay, parsemés de maisons de campagne, attirent les regards.

8ᵉ STATION. — VIROFLAY.

21 kil. de la gare de la rue Saint-Lazare.

Viroflay est décrit ci-dessous (*V.* le *chemin de fer de Versailles, rive g.*). — Un peu en deçà de cette station, à 2 kil. environ de Versailles, se détache le raccordement qui relie le chemin de fer de la rive dr. à celui de la rive g. Cet embranchement, long de 1,407 mèt., se compose d'un énorme remblai et d'un viaduc de 256 mèt. de long., haut de 13 mèt., jeté en biais sur la route de terre de Paris à Versailles. Ce **viaduc**, composé de 22 arches de 10 mèt. d'ouverture, dont trois sont supportées par des colonnes doriques, a été construit en 1852, sous la direction de M. Flachat. Au-delà de Viroflay, on s'enfonce dans une tranchée plantée d'arbres qui forment deux jolis rideaux de verdure, et bientôt on entre dans la gare de Versailles, qui se trouve à 118 mèt. au-dessus du niveau de la mer, et à 80 mèt. au-dessus de la gare de Paris.

VERSAILLES.

23 kil. de la gare de la rue Saint-Lazare, 18 kil. de la gare du boulevard Montparnasse, 19 kil. de Paris par la route de terre, 7 kil. de Sèvres par la même route, 8 kil. de Saint-Cloud par le chemin de fer, 8 kil. de Sèvres par le chemin de fer, 4 kil. de Rocquencourt, 7 kil. de Bougival, 5 kil. 1/2 de la Celle, 7 kil. de Marly, 7 kil. de Louveciennes, 13 kil. de Saint-Germain, 11 kil. de Rueil, 4 kil. 1/2 de Saint-Cyr, 16 kil. de Grignon, 32 kil. de Rambouillet par la route de terre, 31 kil. de Rambouillet par le chemin de fer, 4 kil. de Buc, 6 kil. de Jouy-en-Josas, 7 kil. de Velisy, 9 kil. de Bièvres, 15 kil. de Palaiseau, 15 kil. d'Orsay.

Direction.

Quand on arrive à Versailles par le chemin de fer de la rive dr. ou de la rive g., on trouve dans la cour du débarcadère des *omnibus*, des *tramways* qui vont jusqu'au château. Dans les deux débarcadères stationnent des voitures de louage. Veut-on gagner à pied le château, on peut le faire en peu de temps. Au sortir du débarcadère du chemin de fer de la rive g., on se trouve sur *l'avenue de la Mairie*. Si on la suit à dr., on arrive en peu d'instants à la grande *avenue de Paris*, qui, sur la g., mène directement à la place d'Armes et au château. Si, en sortant de la gare, on prend à g. dans l'avenue de la Mairie, on se trouve presque immédiatement dans l'avenue de Sceaux, qui, à dr., vient également aboutir au château. — Le trajet est un peu plus long pour les personnes qui arrivent à Versailles par le chemin de fer de la rive dr. Au sortir de ce débarcadère, on se trouve dans la *rue du Plessis*. Si on la suit à g., on traverse successivement un boulevard (le *boulevard de la Reine*) et la place du *Marché-Neuf*, et on arrive à *l'avenue de Saint-Cloud*, qui, à dr., mène à la place d'Armes et au château. C'est par la place d'Armes qu'il faut aller au château, quand on visite Versailles pour la première fois, afin de jouir du coup d'œil grandiose de la place et des édifices. Mais si l'on connaît déjà Versailles et que l'on veuille gagner plus directement les jardins ou Trianon, il faut, quand on est arrivé au *boulevard de la Reine*, dont nous venons de parler, tourner à dr. sur ce boulevard et le suivre jusqu'à la *rue de Maurepas* (à g.), sur laquelle s'ouvre la *grille dite du Dragon*. Après avoir franchi cette grille, qui fait face à la *rue de la Paroisse*, on se trouve dans la partie des jardins où est le bassin de Neptune (*V.* plus loin pour Trianon).

La ville et ses monuments.

Versailles * (1), ch.-l. du départ. de Seine-et-Oise, siège du Gouver-

1. Pour les renseignements pratiques : hôtels, cafés, voitures, etc. *V.* la table alphabétique, à la fin du volume.

Vue à vol d'oiseau du château de Versailles, prise de l'avenue de Paris.

nement français, V. de 61,686 hab., située sur un plateau isolé, entre des collines couvertes de bois, à 139 mèt. au-dessus du niveau de la mer, jouit d'un air vif et d'un climat sain depuis que les marais du voisinage ont été desséchés, mais elle manque d'eau courante. Elle possède un évêché, des tribunaux de première instance et de commerce, un lycée, etc.

Le château occupe le point le plus élevé de la ville. En avant s'étend la vaste *place d'Armes*, d'où partent trois larges avenues formant éventail. Celle du milieu, l'*avenue de Paris*, arrivant en ligne droite vis-à-vis du château, et ayant environ 94 mèt. de largeur, traverse la ville dans la direction de l'E. à l'O., et la divise en deux parties égales : à g. (en venant de Paris) est le *quartier Saint-Louis*, et, dans la partie la plus rapprochée du château, le vieux Versailles ; à dr., est le *quartier Notre-Dame*, la ville neuve, qui s'est groupée auprès du palais. Les deux autres avenues sont : à dr. l'*avenue de Saint-Cloud*, ainsi nommée parce que cette route conduit du palais de Versailles à Saint-Cloud ; à g., l'*avenue de Sceaux*, qui est beaucoup moins étendue que les deux autres. Dans l'espace qui les sépare de l'avenue de Paris, à leur débouché sur la place d'Armes, s'élèvent les grandes et les petites *écuries*, faisant face au château ; elles ont été converties en casernes pour le génie et l'artillerie. Ces deux bâtiments uniformes, construits sur le dessin de Mansart, de 1679 à 1685, complètent avec les avenues, un magnifique ensemble, servant de perspective au château.

Outre ces trois avenues, plantées de quatre rangs d'arbres, deux boulevards contribuent aussi à donner un aspect grandiose à Versailles. Le *boulevard de la Reine*, tracé en 1775, traverse le quartier Notre-Dame, et s'étend de l'O. à l'E. depuis la plaine de Trianon jusqu'à l'avenue de Picardie, prolongement de l'avenue de Saint-Cloud. Le *boulevard du Roi*, qui coupe le précédent, forme la continuation de la rue des Réservoirs.

Deux *chemins de fer* mettent Versailles en communication avec les deux parties de Paris divisées par la Seine. Ils viennent aboutir à Versailles, à peu près à la même hauteur : l'un, celui de la rive g., près de la mairie, entre l'avenue de Paris et l'avenue de Sceaux ; l'autre, celui de la rive dr., dans une situation un peu moins centrale, au N. de l'avenue de Saint-Cloud. En outre, le chemin de fer américain dessert aujourd'hui l'ancienne route de terre.

Les nombreux visiteurs que ces trois voies ferrées amènent chaque jour donnent à la ville une certaine animation, qui s'accroît sensiblement aux époques où les deux Chambres tiennent leurs séances. L'élément militaire contribue aussi à donner à Versailles de la vie et de l'importance ; de nombreux régiments y tiennent garnison, et Versailles est, après Paris, la ville de France qui possède le plus grand nombre de casernes.

La ville, qui présente un aspect régulier, est partagée en portions symétriques. Les divisions principales sont déterminées par les trois avenues de Paris, de Saint-Cloud et de Sceaux. Deux marchés : le *marché Saint-Louis*, au S., au N., le *marché Notre-Dame* ou *Marché-Neuf* (construit en 1841), sont placés sur une ligne à peu près parallèle. Ils sont traversés : le premier, par la *rue Royale*, se prolongeant par l'avenue de la Mairie, jusqu'à l'avenue de Paris (c'est sur l'avenue de la Mairie qu'est le débarcadère du chemin de fer de la rive gauche) ; le second, par la *rue du Plessis* (sur laquelle se trouve le débarcadère du chemin de la rive droite), aboutissant à l'avenue de Saint-Cloud. A l'O. de ces marchés, et de même sur

Environs de Paris par AD. JOANNE.   VERSAILLES

Ville de Versailles.
1 Église Notre-Dame.
2 —— et Place St Louis.
3 Place et Statue de Hoche.
4 Marché Notre-Dame.
5 —— St Louis (Statue de l'Abbé de l'Épée).
6 Théâtre.
7 Préfecture.
8 Mairie.
9 Palais de Justice.
10 Bibliothèque.
11 Château d'eau.
12 Jeu-de-Paume.
13 Pavillon Royal.
14 Hôtel et Restaur.t du Réservoir.
15 Hôpital militaire (G.d Commun).
16 Casernes.
17 Cour de Marbre.
18 Temple Protestant.
19 Synagogue.
20 Sous Intendance Militaire.

Parc de Versailles.
1 Parterre d'eau.
2 —— du Midi.
3 —— du Nord.
4 la Pyramide.
5 Fontaine du point du jour.
6 —— de Diane.
7 Bassin de Latone.
8 Parterre.
9 Salle de Bal.
10 Bosquet de la Reine.
11 Bassin du miroir.
12 Salle des marronniers.
13 la Colonnade.
14 Bains d'Apollon.
15 le Rond vert.
16 l'Étoile.
17 les Dômes.
18 Encelade.
19 Obélisque.

les Trianons.
A Château du Grand Trianon.
B Petit Trianon.
c Entrée ordinaire du Petit Trianon.
d Grille de la grande entrée.
e Salle des voitures.

1 Salle
2 Logem.
3 Orange
4 Salon
5 Temple
6 le Mo
7 le Bou
8 la mai
9 le Pre
10 la Lais
11 Tour
12 la Fer
13 la Poiss
14 le Vieu

Dressé par A.H. Dufour. — Paris Imp.ie A.d.r. Cassette 6

LES TRIANONS. Plan I.

L. HACHETTE et Cie — Paris.

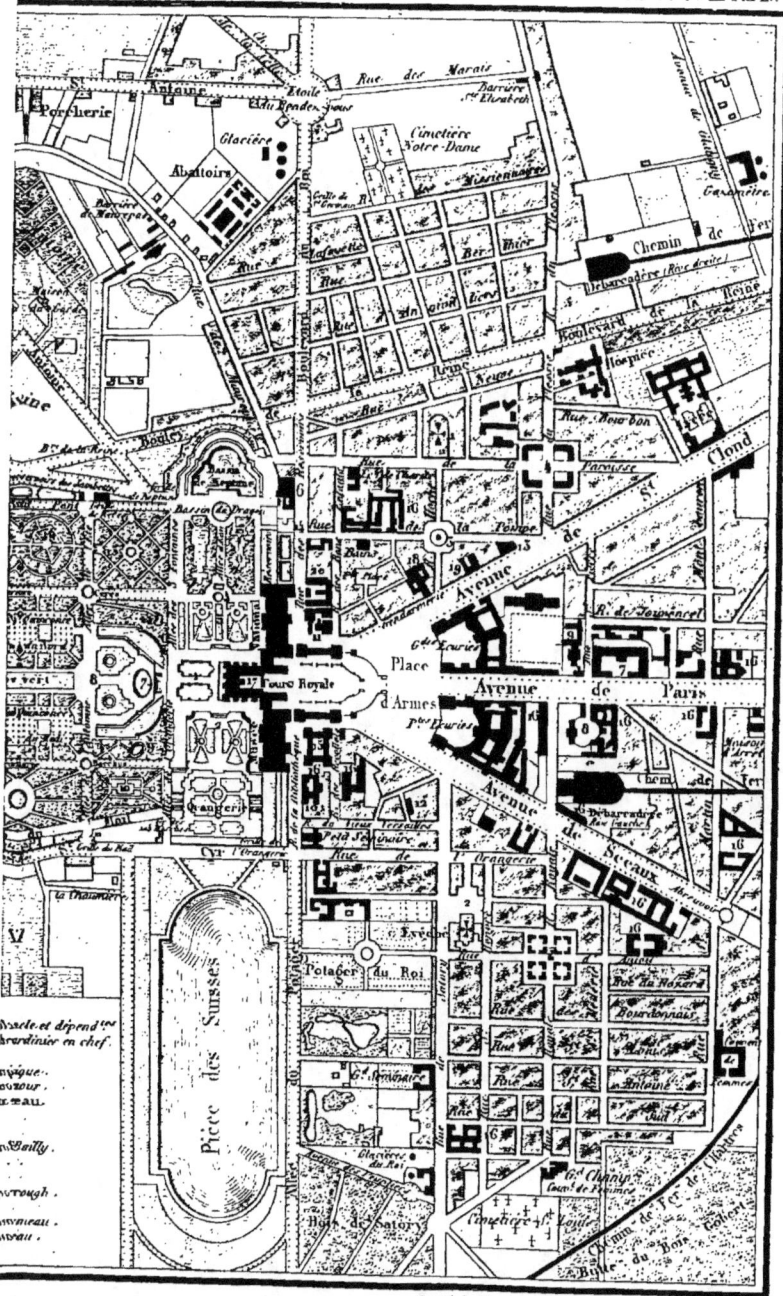

Gravé: le Plan par Gombault, la Lettre par P. Rousset.

une ligne sensiblement parallèle, s'élèvent les deux principales églises de Versailles. L'une, l'église de Saint-Louis, est au S.; sur un de ses côtés s'étend la *rue de Satory*, qui vient aboutir près de la place d'Armes. Au N., la *rue Hoche* (autrefois Dauphine), traversant la place de ce nom, aboutit en face de la seconde église, Notre-Dame. Enfin, deux rues droites et parallèles aux précédentes partent de la cour du château : au S., la *rue de la Bibliothèque* (autrefois de la Surintendance), dont le prolongement est l'allée du Potager, qui longe la pièce d'eau des Suisses; au N., la *rue des Réservoirs*, dont la continuation, nous l'avons vu, est le boulevard du Roi. Cette dernière rue, l'une des plus larges de Versailles, a dû son nom aux réservoirs qui s'y trouvaient anciennement, et non au *réservoir* dit *de l'Opéra*, placé à l'extrémité de l'aile N. du château, et dont le mur de soutènement domine la rue et se voit aussi du côté du parc.

La *place Hoche*, la plus belle de Versailles après la place d'Armes, est coupée à angle droit par les rues Hoche et de la Pompe. Au milieu d'un parterre entouré d'une grille, s'élève la statue en bronze du général **Hoche**, posée sur un piédestal de marbre blanc et portant cette inscription : Hoche, *né à Versailles, le 24 juin 1768, soldat à 16 ans, général en chef à 25, mort à 29, pacificateur de la Vendée*. Cette statue, due au sculpteur Lemaire, a été inaugurée en 1836. — M. Le Roi, ancien bibliothécaire de la ville, nous apprend (*Histoire anecdotique des rues de Versailles*) qu'avant la Révolution la place Hoche était l'un des endroits où se tenaient les *chaises bleues* et les *brouettes*. Avant 1769, il n'y avait point, à Versailles, de voitures de place. Toutes les dames de la cour avaient leurs chaises dorées et armoriées. Une société obtint le privilège d'en établir pour le service public, et les peignit en bleu pour les distinguer de celles des grands seigneurs. Ces chaises exigeaient deux porteurs. Les brouettes étaient des chaises suspendues sur deux roues, mais tirées par un seul homme.

L'**église Saint-Louis** (cathédrale) a été bâtie en 1743, par Mansart de Sagonne, petit-fils du célèbre Hardouin. La façade et les clochers trop bas sont d'un style disgracieux. L'intérieur offre un ensemble assez simple et proportionné, mais lourd. Au-dessus de la porte d'entrée, la voûte, supportant la tribune des orgues, est du plus mauvais goût. Dans la 3e chapelle à dr., un *monument* en marbre blanc, sculpté par *Pradier* (1821), a été érigé par la ville à la mémoire du duc de Berri, né à Versailles. Nous signalerons aussi quelques tableaux curieux de l'ancienne école française : 2e chapelle du collatéral de dr., la Présentation de la Vierge au temple, par *Colier de Vermont* (1755); 2e chapelle à dr. après la sacristie, un saint Louis, en culotte de satin, par *Le Moyne*; 3e chapelle, une Prédication de saint Jean, par *Boucher*, dans le style de ses bergeries. Dans la chapelle de l'abside sont des vitraux composés par *Devéria* et exécutés à la manufacture de Sèvres : l'*Annonciation* et l'*Assomption*. En revenant par l'autre côté de l'église, on remarque : 1re chapelle, après le transsept, saint Pierre sauvé des eaux, par *Boucher*; saint Pierre délivré des liens, par *Deshayes* (1701). Enfin, on peut voir dans la sacristie un immense tableau de *J. Jouvenet* : la Résurrection du fils de la veuve de Naïm. Les fenêtres du chœur et des chapelles latérales ont été garnies, en 1867, de vitraux à médaillons.

L'ancien *orgue* de la cathédrale de Versailles, construit par Clicquot, fut inauguré en 1761. La partie mécanique et instrumentale en a été récemment renouvelée et enrichie de tous les perfectionnements de l'art moderne. C'est aujourd'hui un grand seize-pieds en montre avec pédale de 32 pieds; il possède 46 jeux complets distribués sur 3 claviers et 1 pédalier, 12 pédales de combinaison et 3,131 tuyaux.

L'**église Notre-Dame** a été construite par Hardouin Mansart, de 1684 à 1686. Le portail, formé de deux ordres, dorique et ionique, supportant un fronton, est d'un aspect massif. Le peu d'élévation de la coupole, des voûtes et surtout des tours, qui rappellent l'idée vulgaire de colombiers, ajoute à la lourdeur de l'édifice. La chapelle qui précède la sacristie, à dr., contient un tableau de *Restout*, de 1739, représentant saint Vincent de Paul prêchant. La chaire, sculptée par *Caffieri*, est la même que sous Louis XIV. On voit, dans la 1ʳᵉ chapelle à g., un cénotaphe élevé au comte de Vergennes, ministre sous Louis XVI, un monument (1860) renfermant le cœur de Hoche, un buste de Hardouin Mansart, et une plaque de marbre noir à la mémoire de La Quintinie. Une chapelle en rotonde, avec déambulatoire et coupole, a été construite, en 1867, au chevet de l'église Notre-Dame, dans le style général de l'édifice. L'*Assomption* qu'on y remarque a été peinte par *Michel Corneille*.
— C'est à Notre-Dame que commença, le 4 mai 1789, la procession des États généraux. — Dangeau raconte dans son journal que Louis XIV allait quelquefois communier à la paroisse; il y touchait jusqu'à 1,300 malades. On sait que la foi attribuait aux rois de France la vertu de guérir les écrouelles.

Les édifices consacrés aux cultes dissidents sont: un *temple protestant*, derrière la gendarmerie, rue Hoche, 3; — une *chapelle anglicane*, rue des Bons-Enfants, 11 bis, près de la rue de la Pompe; — et une *synagogue*, avenue de Saint-Cloud, 36.

Le *théâtre* (restauré en 1850) se trouve dans la rue des Réservoirs. Mˡˡᵉ Montansier, qui en obtint le privilège en 1775, en fit l'ouverture en 1777. Un corridor pratiqué du côté du parc, derrière le réservoir, permettait à Louis XVI et à Marie-Antoinette de se rendre dans leur loge sans être vus. — *Théâtre des Variétés*, rue de la Chancellerie, 10.

La **salle du Jeu de Paume** (rue de ce nom, près de la rue de la Chancellerie) a été le berceau à jamais célèbre de la Révolution française (*V.* p. 30). Elle a longtemps servi d'atelier à Horace Vernet, qui y a peint ses plus grandes toiles du Musée historique.

La *bibliothèque de la ville* (rue de la Bibliothèque, autrefois de l'Intendance), ouverte tous les jours, de 10 h. à 3 h., contient plus de 60,000 vol.

Le *Potager du Roi*, situé entre la rue Satory et la pièce d'eau des Suisses, a été dessiné et planté autrefois par le célèbre La Quintinie; il offre un certain intérêt aux amateurs d'horticulture. Un étang profond, qui fut comblé avec les terres enlevées pour creuser la pièce d'eau des Suisses existait jadis en ce lieu. Sur ce fond de sable, on transporta de la terre végétale de la montagne de Satory. M. Dupetit-Thouars, dans sa *Notice sur La Quintinie*, estime à 1,800,000 fr. la dépense qu'a nécessitée la création de ce potager, qui a été clos, sur la rue Satory, d'un mur en pierres de taille dans lequel s'ouvrent de loin en loin, vis-à-vis des rues correspondantes, de larges grilles en fer.

Une **École d'horticulture** a été créée, le 1ᵉʳ octobre 1874, auprès du potager de Versailles, en vertu d'un décret de l'Assemblée nationale. Elle ne reçoit que des élèves externes, âgés de 17 à 27 ans; l'instruction y est gratuite. Les élèves ne sont admis qu'après examen, à moins qu'ils ne soient munis du certificat d'études primaires ou d'apprentissage dans une ferme-école. Aux examens de sortie, ils reçoivent un certificat d'études; et ceux qui obtiennent les premiers numéros peuvent faire un stage d'une année dans de grands établissements horticoles de la France et de l'étranger. Les cours durent trois années.

Parmi les monuments publics de Versailles, nous citerons encore: **l'hôtel de la Présidence**, servant aussi de Préfecture, composé d'un vaste corps de logis, avec pavillon central, et de deux ailes en retour terminées par des pavillons semblables (avenue de Paris; bureaux de la Préfecture, rue Saint-Pierre); — la *mairie* (à côté du débarcadère de la rive gauche); — l'*hospice* (rue du Plessis); — le *lycée* (avenue de Saint-Cloud); — le *palais de justice* (rue Saint-Pierre); — le bâtiment du *Grand-Commun* (rue de la Bibliothèque), immense édifice qui pouvait loger 2,000 personnes attachées au service du château. Sous la pre-

Entrée principale du château sous Louis XIII.

mière République, une manufacture d'armes y fut établie; il sert aujourd'hui d'*hôpital militaire*.

Histoire de la ville et du château.

Versailles ne fut, dans le principe, qu'une dépendance, et, pour ainsi dire, le *grand commun* du château. Le plan de la nouvelle ville que Louis XIV voulait créer autour de son château avait été dressé dès 1670. Des terrains furent donnés aux seigneurs de la cour pour y bâtir des hôtels, et les nouvelles constructions furent encouragées par divers privilèges et exemptions. Elles s'élevèrent principalement au N., dans le quartier dit la Ville-Neuve, et qui se compose des rues des Réservoirs, de la Pompe, de la Paroisse, de la rue et de la place Hoche. L'autre quartier, ou le vieux Versailles, comprenait les rues de la Surintendance, de l'Orangerie, du Vieux-Versailles et de Satory. La population urbaine s'accrut considérablement sous le règne de Louis XV. De nouveaux quartiers s'élevèrent, Une seconde paroisse, celle de *Saint-Louis*, fut formée en 1734 (la première paroisse était celle de *Notre-Dame*; l'évêché ne date que de 1802). Cependant Versailles, malgré ses augmentations, ne suffisait pas à contenir la population si nombreuse qui se pressait autour de la cour. On construisit un nouveau quartier, composé de dix-huit rues alignées et traversé par les boulevards de la Reine et du Roi, sur le terrain occupé, sous Louis XIV, par les prés et le château de Clagny[1], dont l'état d'abandon fit ordonner alors la démolition. L'étang du château, causant des maladies épidémiques, avait été auparavant desséché et converti en prairies. Les faubourgs, réunis à la ville en 1787, formèrent, à l'E., le quartier de *Montreuil* ou la paroisse de *Saint-Symphorien*. La même année, Louis XVI accorda à la ville proprement dite l'établissement d'une municipalité ; et c'est de ce moment seulement qu'elle commença à vivre d'une vie indépendante du palais.

A chaque pas que l'on fait dans cette ville, qui fut, pendant près d'un siècle et demi, le séjour habituel de la cour, on rencontre des monuments et des souvenirs se rattachant à l'un des trois rois qui s'y sont succédé. Dans un grand nombre de maisons et d'établissements particuliers, on pourrait retrouver les hôtels habités autrefois par les grands seigneurs de la cour, tels que l'hôtel de Condé, situé rue des Réservoirs, n° 14, et où mourut la Bruyère ; l'hôtel de Noailles, rue de la Pompe n° 1 ; l'hôtel du maréchal de Richelieu, avenue de Saint-Cloud, n° 38 ; l'hôtel du duc de Saint-Simon, le célèbre auteur des *Mémoires*, même avenue, n° 42, etc.[2]. On consultera avec intérêt, sur l'histoire intime de la ville l'*Histoire anec-dotique des rues de Versailles*, de M. Le Roi.

Le château de Versailles date de Louis XIII. Ce prince, qui venait continuellement chasser dans les bois du voisinage, ennuyé, et sa suite encore plus, d'y avoir couché dans un méchant cabaret de rouliers, ou dans un moulin à vent, excédé de ses longues chasses dans la forêt de Saint-Léger et plus loin encore, s'y fit d'abord construire un pavillon, dont on retrouve l'emplacement à l'angle de la rue de la Pompe et de l'avenue de Saint-Cloud.

Mais Louis XIII voulut bientôt avoir une véritable habitation ; il en confia les plans à Lemercier, en 1627, et en devint, cinq ans plus tard, le vrai *seigneur*, par l'achat qu'il fit de cette terre à François de Gondi, archevêque de Paris, moyennant 66.000 livres.

Le vieux château presque ruiné qui dépendait de ce fief fut abattu. A cette époque, des bois couvraient l'emplacement actuel de la place d'Armes. Une avenue, tracée dans ces bois, en face du château, est devenue, sous Louis XIV, la large avenue de Paris : toutefois les contre-allées n'en ont été rendues praticables qu'en 1774.

Dès l'année 1661, l'architecte Le Vau ajoutait de nouvelles constructions au modeste château de Louis XIII, perdu au milieu des bois. Mais ce ne fut seulement en 1682 que Louis XIV fixa définitivement à Versailles la résidence de la cour. « Avant Louis XIV, dit M. Le Roi dans l'ouvrage déjà cité, le chemin de Paris à Versailles passait par Saint-Cloud et Ville-d'Avray. Mais, lorsque ce monarque eut fixé son séjour à Versailles, il voulut que la route de la capitale à son habitation royale fût digne du palais qu'il venait de créer. Une véritable armée, composée de soldats et d'ouvriers, fut répandue de Paris à Versailles. Des travaux considérables furent exécutés sur les bords de la Seine. On fit de très-hautes levées de terre dans Paris et le long du village d'Auteuil ; un grand nombre de maisons de Sèvres furent abattues ; la butte de Chaville fut aplanie, et une route large et commode vint enfin aboutir à cette grande avenue de Versailles, magnifique entrée de la demeure du grand roi. »

L'architecte Mansart ne put, malgré son insistance, obtenir de Louis XIV la démolition des bâtiments élevés par Louis XIII. Pour agrandir le château, il dut l'entourer, du côté du jardin, d'une

---

1. Louis XIV fit bâtir, en 1674, ce château par Mansart pour Mme de Montespan. Les dépenses s'élevèrent à la somme de 2,861,728 livres tournois. Le musée de Versailles possède un tableau, n° 740 (salle des Résidences royales), représentant le château de Clagny.

2. M. Le Roi a retrouvé dans une maison de la rue Saint-Médéric la *maison du parc aux cerfs*, qui a eu une si honteuse célébrité sous Louis XV. Ce nom lui venait du quartier où elle était située, et qui occupait l'emplacement d'un parc destiné par Louis XIII à élever des cerfs. Louis XV vendit cette *petite maison* à Sévin, premier commis de la guerre, et il en toucha le prix, 40,000 fr. en or, de ses propres mains, dans son cabinet.

enveloppe qui en doublait la profondeur, et établir à l'intérieur quatre petites cours, afin de conserver le jour aux façades masquées par les nouvelles constructions, il joignit les pavillons isolés, élevés en avant, et fit disparaître les arcades qui fermaient la *cour de Marbre*. (*V*. p. 33.)

Du côté du jardin, Mansart avait conservé à la partie centrale une terrasse qui disparut, en 1678, pour faire place à la grande galerie (*V*. p. 41): les ailes du S. et du N., qui furent successivement construites, vinrent se rattacher à cette partie centrale, et firent comparer ce vaste ensemble à un oiseau aux ailes disproportionnées. Ce palais si magnifique manquait non-seulement d'ensemble, mais il était distribué d'une manière très-incommode. C'est pour se soustraire à ces incommodités insupportables des appartements du palais de Versailles que Louis XIV fit bâtir Trianon à l'extrémité du parc; il y trouva un refuge contre Versailles; plus tard, il en chercha un autre mieux approprié à ses goûts au château de Marly.

L'orangerie sous Louis XIII.

Ce fut par les jardins que commencèrent les grands travaux d'agrandissement qui firent de Versailles la plus somptueuse des résidences royales. Le Nôtre en fut chargé; le parc, dessiné par lui, devint le chef-d'œuvre des *jardins français*.

Cependant, quand les allées eurent été plantées, les bassins construits, on s'aperçut, un peu tard, que, grâce à la situation élevée de Versailles, l'eau prise des étangs du voisinage était insuffisante pour alimenter les bassins et les jets d'eau. Afin de remédier à ce manque d'eau, on imagina divers projets : le premier et le plus hardi, proposé par Riquet, auteur du canal de Languedoc, consistait à amener sur les hauteurs de Satory une portion de la Loire, en la prenant près de Briare. Par ordre de Colbert. l'abbé Picard commença en 1674 les études de nivellement. Mais le projet dut être abandonné; on s'aperçut qu'afin d'avoir une pente suffisante pour amener l'eau de la Loire, il faudrait la prendre à la hauteur de la Charité, c'est-à-dire à 50 lieues de Versailles.

Une machine immense, inventée et

construite par le Liégeois Rennequin (*V.* l'article que M. de Prony lui a consacré dans la *Biographie universelle*, tome XXXVII), fut établie à Marly. Elle mettait en jeu 221 pompes et devait faire monter les eaux de la Seine à la hauteur de 154 mèt. sur l'*aqueduc de Marly*, long de 643 mèt., et l'amener à Versailles. Les travaux durèrent 7 ans et coûtèrent 3,674,864 livres[1]. Quand l'eau de la *machine de Marly* arriva à Versailles, en 1683, on ne tarda pas à s'apercevoir qu'elle serait insuffisante; et comme, à cette époque, on venait de construire le château royal de Marly, elle fut réservée au service de cette dernière résidence. En 1741 une partie en fut rendue à Versailles.

Cependant l'eau manquait toujours à Versailles; tous les esprits travaillaient pour trouver le moyen d'en faire venir. Enfin, on entreprit de détourner la rivière de l'Eure et de l'amener à Versailles. Louvois chargea l'académicien Lahire de faire les nivellements. Les travaux furent commencés et poursuivis activement auprès de Maintenon, qui appartenait depuis peu de temps à la veuve de Scarron, destinée à devenir plus tard la femme légitime de Louis XIV.

On creusa un canal de 40,000 mèt. depuis Pontgouin jusqu'à Berchère-la-Mingot; le lit du canal devait avoir 5 mèt. de largeur et 3 mèt. de profondeur; l'aqueduc, qui traverserait la vallée de Maintenon, devait avoir 5,920 mèt. de longueur et 242 arcades. — On lit dans une lettre de Racine à Boileau, à la date du 4 août 1687 : « J'ai fait le voyage de Maintenon et je suis fort content des ouvrages que j'y ai vus; ils sont prodigieux et dignes en vérité de la magnificence du roi. Les arcades qui doivent joindre les deux montagnes vis-à-vis de Maintenon sont presque faites : il y en a 48; elles sont bâties pour l'éternité. Je voudrais qu'on eût autant d'eau à faire passer dessus qu'elles sont capables d'en porter. Il y a là plus de 30,000 hommes qui travaillent. »

A ces indications nous ajouterons un dernier détail :

« Vauban, calculant que toutes les bêtes de somme de la Beauce mises en réquisition n'auraient pas suffi pour charger les matériaux de ce gigantesque monument, matériaux qui n'existaient qu'au loin, avait creusé un canal de 12 kil. et à 9 écluses, d'Épernon à Maintenon, par la vallée de la Guesle, tout exprès pour apporter les masses de pierres de grès. Un autre canal de 33 kil., du Moulin-Neuf, près de Saint-Priest, jusqu'à Maintenon, fut établi pour amener la pierre à chaux. »

On a beaucoup discuté sur le montant des sommes que coûta la tentative faite pour amener la rivière de l'Eure à Versailles. Ces dépenses ont sans doute été fort exagérées par Saint-Simon et par des historiens plus récents, peu favorables à Louis XIV. Un écrivain moderne qui, sur ce point comme sur beaucoup d'autres, a entrepris de justifier à la fois Mme de Maintenon et Louis XIV, croit pouvoir affirmer que, *sans compter les acquisitions de terrains*, les dépenses occasionnées par ces travaux ne s'élevèrent qu'à près de 9 millions. Quoi qu'il en soit, il est juste de faire remarquer que cette somme était encore considérable pour le temps, et qu'elle eût pu d'ailleurs trouver un emploi beaucoup plus utile, lors même que les travaux entrepris n'eussent pas complètement avorté!

Mais ce qui est hors de doute, parce que le fait est attesté par des contemporains très-favorables au roi, entre autres par Mmes de la Fayette et de Sévigné, c'est que ces travaux entraînèrent des malheurs d'un autre genre, et beaucoup plus déplorables qu'une perte d'argent. On imagina d'employer les troupes aux terrassements. En 1684, le chroniqueur de la cour, Dangeau, porte, par jour, le nombre des soldats qui y travaillaient à 22,000 hommes, et celui des chevaux à 6,000. L'année précédente, il porte le nombre des travailleurs à 36,000. « On employait, dit Mme de la Fayette, les troupes à ce prodigieux dessein *pour avancer de quelques années les plaisirs du roi*, et on le faisait avec moins de dépenses et moins de temps qu'on ne l'eût osé l'espérer. La quantité des maladies que causent toujours les remuements des terres mettait les troupes qui étaient campées à Maintenon, où était le fort du travail, hors d'état d'aucun service; mais *cet inconvénient ne paraissait digne d'aucune attention, au sein de la tranquillité dont on jouissait*. » Voici ce que Mme de Sévigné écrit à Bussy-Rabutin, à la date du 12 octobre 1678 : « Le roi veut aller à Versailles, mais il semble que Dieu ne le veuille pas, par l'impossibilité de faire que les bâtiments soient en état de le recevoir et par la mortalité prodigieuse des ouvriers, dont on emporte toutes les

---

1. L'entretien de la machine de Marly, de 1691 à 1792, a coûté 7,242,750 liv.

nuits des chariots pleins de morts. On cache cette triste marche, pour ne pas effrayer les ateliers et ne pas décrier l'air de ce *favori sans mérite*. Vous savez ce bon mot de Versailles. » Ces inutiles tentatives où périssaient des milliers de soldats pour *avancer de quelques années les plaisirs du roi*, durèrent plusieurs années ; « et non-seulement les officiers particuliers, mais les colonels, les brigadiers et ce qu'on y employa d'officiers généraux, n'avaient pas, quels qu'ils fussent, la liberté de s'en absenter un quart d'heure. » La guerre, enfin, interrompit les travaux en 1688. On ne fut peut-être pas fâché d'avoir un prétexte de les abandonner sans honte. Ils n'ont jamais été repris. Sous Louis XV, ces travaux tombèrent dans la propriété du maréchal de Noailles. Mᵐᵉ de Pompadour obtint de lui la permission d'y prendre des matériaux pour la construction de son château de Crécy. D'autres après elle obtinrent des permissions semblables. L'aqueduc de Maintenon, dont on admire encore la jeune ruine, atteignait une longueur

Intérieur de l'avant-cour sous Louis XIII.

d'environ 1,300 mèt. lorsque les travaux furent interrompus. (Consulter l'ouvrage de M. Le Roi : *Des eaux de Versailles considérées dans leur rapport historique et hygiénique*. 1847, 1 vol. in-8.)

Après tant de travaux si tristement avortés, on se réduisit à un plan beaucoup plus modeste, et qui réussit enfin, ou à peu près. On songea à utiliser les eaux des étangs situés sur le plateau qui s'étend de Versailles à Rambouillet; et, « par un vaste système de rigoles et d'aqueducs souterrains présentant un développement de 50 lieues, on parvint à recueillir et à transporter à Versailles, comme cela se fait encore, les eaux de pluie et de fonte de neige qui tombent sur une surface de 8 à 9 lieues de long sur 3 ou 4 de large. » (De Noailles, *Histoire de Mᵐᵉ de Maintenon*. t. II, p. 87.) Le sol des jardins de Versailles est une sorte de parquet recouvrant des voûtes souterraines, qui ont sous le parterre jusqu'à 5 mèt. de hauteur, des aqueducs et des milliers de tuyaux.

Ces jardins, enfin pourvus d'eau, furent peuplés de statues dues au ciseau des plus habiles sculpteurs. Le parc de Versailles se divisa en grand et en petit parc : ce dernier se composait du parc actuel ; l'autre, qui renfermait plusieurs villages, était entouré d'un mur de 9 lieues de longueur.

On a évalué diversement les sommes énormes qui durent s'engloutir à Versailles. On sait seulement d'une manière certaine que Louis XIV, effrayé de tant de dépenses, brûla les mémoires des ouvriers.

En 1683, Versailles devint la résidence presque permanente de la cour. Mais, aux joies et aux fêtes succédèrent des revers. En 1709, Louis XIV envoya à la Monnaie son trône d'argent et les meubles les plus précieux de son palais, pour subvenir aux frais de la guerre. Il mourut à Versailles le 1er septembre 1715, et fut enterré sans pompe à Saint-Denis.

Louis XV ne vint habiter Versailles qu'en 1722. Sous Mme de Pompadour, ce palais ne fut plus qu'un boudoir [1] : sous Mme Dubarry une petite maison. Il subit alors des transformations conformes à la vie cachée que voulait mener le souverain : ses vastes pièces furent converties en petits réduits. Cependant quelques additions y furent faites. En 1753, l'architecte Gabriel y construisit une salle de spectacle, et, vers 1772, le pavillon parallèle à la chapelle, et dont l'architecture fait avec le reste des bâtiments un contraste choquant quand on arrive par la cour d'honneur. Ce pavillon se rattachait à un projet de restauration générale interrompu par la mort de Louis XV.

La ville qui avait vu ces effroyables excès de la royauté devait en voir aussi la première expiation ; et ce fut l'infortuné Louis XVI qui, sans avoir hérité des vices de ses ancêtres, en subit le châtiment. Nous ne pouvons que rappeler ici l'affaire du collier, dont les principales scènes se passèrent dans les bosquets de Versailles, et dont le scandale fut si fatal au prestige du trône.

Pendant l'année 1789, l'histoire de Versailles se confond avec celle de la Révolution. C'est dans le Jeu de Paume de cette ville que l'Assemblée nationale se réfugia et refusa de se dissoudre. A l'intérieur de l'édifice, on lit encore cette inscription :

« Les représentants des communes de France, constitués en Assemblée nationale, le 17 juin 1789, ont prêté ici, le 20 du même mois, le serment qui suit :

« Nous jurons de ne jamais nous séparer, et de nous rassembler partout où les circonstances l'exigeront, jusqu'à ce que la constitution soit établie et affermie sur des fondements solides. »

Au-dessus de cette inscription, on a ajouté celle-ci :

ILS L'AVAIENT JURÉ :
ILS ONT ACCOMPLI LEUR SERMENT.

On peut lire, dans toutes les histoires de la Révolution, le récit des journées des 5 et 6 octobre, où la royale demeure de Versailles ayant été violée par le peuple de Paris, le roi et la reine furent obligés de venir s'installer à Paris avec l'Assemblée nationale. Cette insurrection avait été provoquée, qui l'ignore ? par le banquet donné quelques jours auparavant par les gardes du corps dans la salle de théâtre du château.

Depuis cette époque, Versailles n'est plus la résidence des rois. La Convention fit faire l'inventaire du mobilier, qui fut vendu. Cette ville fut négligée par Napoléon, qui, à Sainte-Hélène, la traitait de *ville bâtarde*, et se reprochait le peu de dépenses d'entretien qu'il y avait faites. Il s'était fait présenter des projets de restauration ; mais, découragé par les difficultés, effrayé des dépenses, « il regretta en le maudissant, dit M. Fontaine, que Louis XIV, dans cet amas d'incohérence, lui eût laissé son faste à utiliser, et la Révolution ses excès à réparer. »

Sous Louis XVIII et Charles X, 6 millions furent consacrés à réparer les façades du château, à restaurer les peintures et les dorures, et à élever un pavillon correspondant à celui qui avait été construit sous Louis XV et dont il a été parlé plus haut.

Louis-Philippe a rendu au palais de Versailles son ancienne splendeur. Il l'a débarrassé des petits logements qui l'obstruaient. « Le palais, dit un historien de Versailles, sous l'ancien régime et depuis, était habité par un nombre considérable de familles, qui avaient divisé en deux ou trois étages la plupart des grandes salles. La *salle de 1830* contenait 27 chambres. Les corridors, autour de ces salles, recevaient les immondices de tous les ménages. On se ferait difficile-

---

1. M. Le Roi a publié, d'après un manuscrit conservé aux archives de la préfecture de Seine-et-Oise, le relevé des *dépenses* de Mme de Pompadour pendant sa faveur : elles s'élèvent au chiffre de 36,924,140 livres.

ment une idée de la saleté, du désordre qui régnaient à Versailles, dans l'ancienne cour. » Il fallut abattre tous ces planchers et ces soupentes, pour retrouver les salles spacieuses qui devaient être rétablies dans leur ancien état. Ces détails sont confirmés par M. Fontaine, architecte.

En 1831, dit M. de Montalivet, la pensée d'établir à Versailles des Invalides militaires fut reproduite et faillit triompher. La résistance énergique du roi, aidée de l'opinion de quelques-uns des ministres, repoussa ce projet. Louis-Philippe résolut alors de sauver pour toujours l'ancienne demeure de son aïeul, et de la mettre par une destination nouvelle hors de l'atteinte des révolutions futures. Le vaste musée de Versailles est l'œuvre personnelle de Louis-Philippe. Lui-même il a discuté le plan de toutes les salles et des galeries, qui contiennent plus de 4,000 tableaux et portraits, et environ 1,000 œuvres de sculpture. Dans ce vaste classement de tous les souvenirs glorieux pour le pays, il ne reculait devant aucun

Château du côté du parc, sous Louis XIII.

acte de l'impartialité la plus hardie. Pour l'unique satisfaction de léguer à l'État cet immense musée, Louis-Philippe a consacré 398 visites à l'indication et à la surveillance des travaux de restauration dirigés par l'architecte du palais, M. Nepveu. Les sommes dépensées par le roi, pour la création qu'il avait conçue et qu'il tenait à réaliser, s'élèvent en bloc à 23,494,000 francs, qui se décomposent ainsi : entretien des bâtiments et du système des eaux, 2,640,000 francs; travaux neufs, 12,419,000 francs; commandes, acquisitions et restaurations de peintures et de sculptures, 6,625,000 francs; acquisitions et restaurations du mobilier, 1,810,000 francs. L'emplacement d'un nouveau musée, consacré à la gloire politique et aux vertus civiles, était désigné dans la partie du palais qui s'étend parallèlement à la grande aile du midi, sur l'un des côtés de la rue de la Surintendance : la révolution de février a mis obstacle à la réalisation de cette pensée.

Versailles éprouva, pendant la guerre de 1870-1871, moins de souffrances matérielles que la plupart des autres villes des environs de Paris, mais elle eut la douleur de servir de quartier-général et comme de capitale aux Prussiens, et de voir profaner le palais de nos rois, devenu notre musée national. Le 19 septembre, les barrières étant fermées et les postes gardés, une capitulation honorable fut signée, mais le lendemain les Allemands la violèrent après l'arrivée de leurs troupes. Les soldats, « n'osant entrer dans les casernes, qu'ils supposent minées, occupent les promenades. En un clin d'œil, la ville du grand Roi est transformée en campement de horde germanique. Des bestiaux, parqués sur la place d'Armes, font entendre des mugissements effarés... Les feux du bivouac s'allument; on abat des bœufs et des moutons sur les avenues, le sang coule dans les ruisseaux. »

M. Édouard Charton était alors préfet de Seine-et-Oise. M. de Brauchitsch, le préfet prussien, essaya vainement de le faire enlever et de le faire interner en Allemagne. Un des premiers soins du nouvel administrateur, à qui tous les fonctionnaires français refusèrent leur concours, fut de couvrir les murs de proclamations annonçant le « maintien de toutes les lois françaises, *en tant que l'état de guerre n'en demandait pas la suppression.* » Il n'en bouleversa pas moins toute l'organisation du département, mit, par exemple, les maires de chaque canton sous l'autorité du maire du chef-lieu et le chargea de la perception de l'impôt. Il fonda un Bulletin officiel auquel non-seulement les municipalités, mais encore les propriétaires de cafés ou de restaurants durent s'abonner.

Une contribution extraordinaire d'un million avait été frappée sur Seine-et-Oise dès l'arrivée des Allemands. Versailles seule était imposée pour 400,000 francs, dont elle n'obtint remise que par l'intervention du prince royal auprès du roi Guillaume. « La politesse, aussi bien que l'intérêt, dit M. G. Desjardins (*Tableau de la guerre des Allemands dans Seine-et-Oise*), exigeait qu'on présentât un remercîment. Le conseil municipal discuta longuement le mode qu'il adopterait pour l'exprimer. Une lettre avait l'inconvénient de laisser entre les mains des Prussiens une pièce dont ils pouvaient abuser ; une députation paraissait trop solennelle. On décida que le maire irait seul. M. Rameau se rendit chez le roi qui, ne pouvant le recevoir, le fit inviter à dîner. Il refusa, en répondant qu'il ne convenait pas à un maire français de s'asseoir à la table d'un ennemi de son pays. » Cela n'empêcha pas la ville et son arrondissement de fournir des réquisitions successives pour une somme totale de 11,500,000 francs.

Le roi Guillaume de Prusse fait son entrée à Versailles le 5 octobre et s'établit aussitôt dans la préfecture. Le lendemain, il somme vainement le commandant de place français de contre-signer une affiche invitant les habitants à assister aux grandes eaux. Dès les premiers jours, le prince royal distribue des croix aux troupes réunies autour de la statue de Louis XIV. C'est au pied de cette même statue que sont rangés les canons pris sur nos armées. Enfin c'est dans la grande galerie des glaces, pleine des plus glorieux souvenirs du « grand siècle », que se consomme l'insulte la plus sanglante dont notre amour-propre national ait eu à souffrir : le 18 janvier 1871, le roi Guillaume ceint le diadème impérial d'Allemagne que lui a décerné, sur la proposition du roi de Bavière, le *Reichstag* prussien.

Du 23 au 28 janvier, M. Jules Favre, muni des pleins pouvoirs du gouvernement de la Défense Nationale, vint tous les soirs traiter de l'armistice avec M. de Bismarck, qui avait choisi pour résidence un hôtel de la rue de Provence. On connaît le résultat de ces négociations. L'Assemblée nationale, élue le 8 février, réunie le 12 à Bordeaux, acceptait, le 1er mars, les préliminaires de paix signés le 26 février à Versailles.

Le 2 mars, l'empereur Guillaume quittait la préfecture ; mais son armée n'abandonna définitivement la ville que le 11. Le 10, l'Assemblée nationale décidait à Bordeaux qu'elle siégerait au château de Versailles, et le 20 elle y tenait sa première séance, au moment où l'insurrection devenait maîtresse de la capitale. Le 2 avril, les troupes de la Commune tentèrent inconsidérément une marche sur Versailles, qui fut arrêtée à Courbevoie. Le lendemain, une nouvelle sortie ne parvint pas à dépasser Rueil. L'armée de la République put tenir son quartier-général à Versailles jusqu'au complet anéantissement de la Commune de Paris, c'est-à-dire jusqu'au 28 mai.

Depuis le 8 mars 1876, le Sénat, créé par la constitution du 25 février 1875, tient, comme l'Assemblée, ses séances au château de Versailles (*V.* ci-dessous).

Le Palais.

Le **palais de Versailles** comprend trois corps de bâtiments principaux : une partie centrale et deux ailes. Du côté des jardins, il offre aux regards une ligne d'une grande étendue (415 mèt. 27 cent., sans compter les façades en retour), sur laquelle s'avance le corps central. Du côté de la grande cour, nommée autrefois *cour des Ministres*, au contraire, non-seulement on ne peut pas en embrasser toute l'étendue, mais, à cause des deux pavillons qui se projettent en avant, il ne présente que des lignes qui fuient et des parties rentrantes : une cour centrale, la *cour Royale*, dans la portion comprise entre les deux ailes (au fond est la petite *cour de Marbre*), et deux petites cours latérales, la *cour des Princes* à g., et

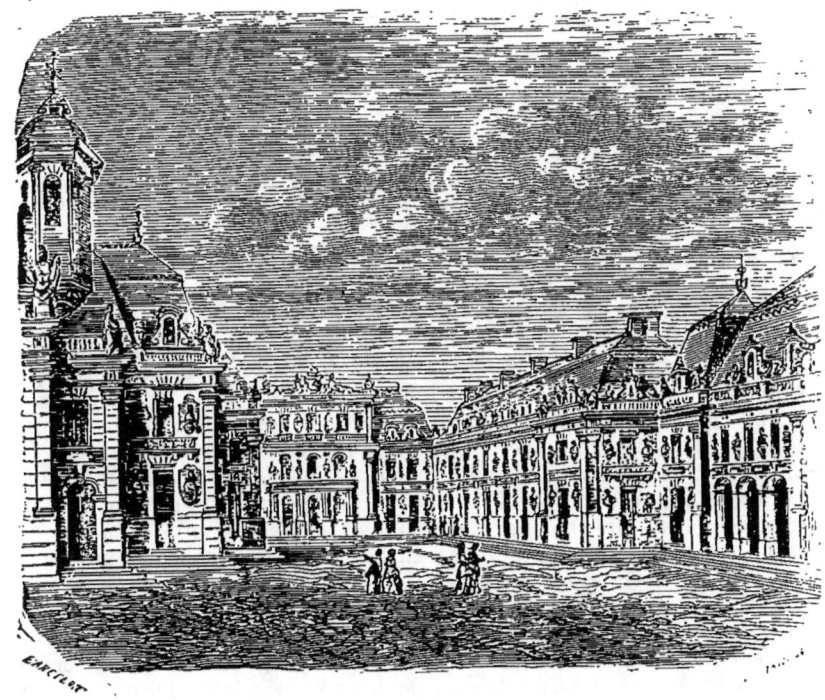

Cour royale.

cour de la Chapelle, à dr. Les architectes Gabriel et Peyre firent, sous Louis XV et sous Louis XVI, des plans pour dissimuler cette mauvaise ordonnance, et donner de ce côté au palais un grand aspect monumental. Les événements ont empêché l'exécution de ce projet.

Cour du palais. — Cette cour, créée par Louis XIV, a subi depuis plusieurs changements. On consultera avec intérêt les tableaux du Musée nos 725 et 726 (dans la grande salle des *Résidences royales*, n° 99 du plan II), qui montrent l'état du château vers 1664 et 1722. La porte de la grille était à l'endroit où est placée aujourd'hui la statue équestre de Louis XIV. Les personnes qui n'avaient pas le privilége d'être admises dans la cour Royale « trouvaient, à l'entrée, des chaises bleues (*V.* ci-dessus, p. 23), qui les transportaient pour six sous jusqu'aux

vestibules des escaliers de marbre. »
Une grille dorée sépare la cour de la place d'Armes. De chaque côté de cette grille est un groupe en pierre : à dr., la France triomphant de l'Empire, par *Marsy*; à g., la France triomphant de l'Espagne, par *Girardon*; plus en arrière, aux deux extrémités de la balustrade, sont deux autres groupes : à dr., la Paix, par *Tuby*; à g., l'Abondance, par *Coysevox*. Seize statues en marbre ornent à dr. et à g. la grande cour; la plupart ont été placées autrefois sur le pont de la Concorde, à Paris; mais leur masse trop considérable surchargeant le pont, elles furent transportées à Versailles. Ces statues sont, à dr. : celle de Richelieu, par *Ramey*; puis celles de Bayard, de Colbert, de Jourdan, de Masséna, de Tourville, de Duguay-Trouin, de Turenne; à g., celle de Suger, par *Stouf*; puis celles de Du Guesclin, de Sully, de Lannes, de Mortier, de Suffren, de Duquesne, et de Condé, par *David* (d'Angers).

Au milieu de la cour, la statue équestre, en bronze, de Louis XIV est de *Petitot* et de *Cartellier*. Le cheval est de ce dernier; il était destiné à une statue de Louis XV.

Des deux côtés s'élèvent deux pavillons modernes qui se projettent en avant, ornés de colonnes corinthiennes; sur leur fronton triangulaire se lit cette inscription : *A toutes les gloires de la France.*

La petite cour carrée du fond, entre les deux pavillons, qui était celle de l'ancien château de Louis XIII, a été nommée, à cause de son dallage en marbre, la cour de Marbre.

Cour de marbre. — Cette cour était de 1 mèt. 75 cent. environ plus élevée que les appartements du rez-de-chaussée. On y montait par des marches. Louis XIV était obligé de la traverser pour aller de ce côté gagner sa voiture. Elle a été abaissée sous Louis-Philippe, et n'est plus élevée que d'une marche au-dessus du sol de la cour précédente.

Elle servit quelquefois à des fêtes données par Louis XIV; en 1674, l'opéra d'*Alceste*, par Lully et Quinault, y fut représenté. Dans la matinée du 6 octobre 1789, ce fut au balcon du premier étage que Louis XVI et Marie-Antoinette se virent forcés de se montrer au peuple qui remplissait la cour. Des cris se firent ensuite entendre, appelant : « La reine seule ! » et elle s'avança seule sur le balcon.

De la grande cour du château on peut gagner les jardins par les passages qui sont au fond, soit de la *cour des Princes*, à g., soit de la *cour de la Chapelle*, à dr (*V.* plan II). C'est ordinairement de ce côté que l'on entre dans le Musée. La salle d'entrée au rez-de-chaussée (sous le vestibule ouvert, qui sert de passage entre la cour de la Chapelle et les jardins) est à dr. Elle sert de vestibule à la chapelle (1, plan II).

La chapelle (plan II). — Il y a eu successivement trois chapelles dans le palais : la première, élevée sous Louis XIII, et qui était près de l'escalier de marbre; la seconde, qui fut bâtie sous Louis XIV, et qui était à la place où se trouvent aujourd'hui le vestibule ouvert à côté de la chapelle actuelle et le salon d'Hercule, au premier étage; enfin, la chapelle actuelle, qui, commencée en 1696, ne fut achevée qu'en 1710; c'est le dernier ouvrage de *Mansart*. « Cette chapelle, dit Saint-Simon, qui a coûté tant de millions, si mal proportionnée, qui semble vouloir écraser le château, n'a été faite ainsi que par artifice. Mansart ne compta ses proportions que des tribunes, parce que le roi ne devait presque jamais y aller en bas, et il fit exprès cet horrible exhaussement par-dessus le château pour forcer, par cette difformité, à élever tout le château d'un étage. Sans la guerre qui arriva, pendant laquelle il mourut, cela serait fait. » Louis XIV assistait tous les matins à la messe et sa musique y chantait toujours un *motet*.

Cette chapelle, richement décorée, ornée de statues et de bas-reliefs, est

Environs de Paris par AD. JOANNE.   PALAIS DE VERSAIL

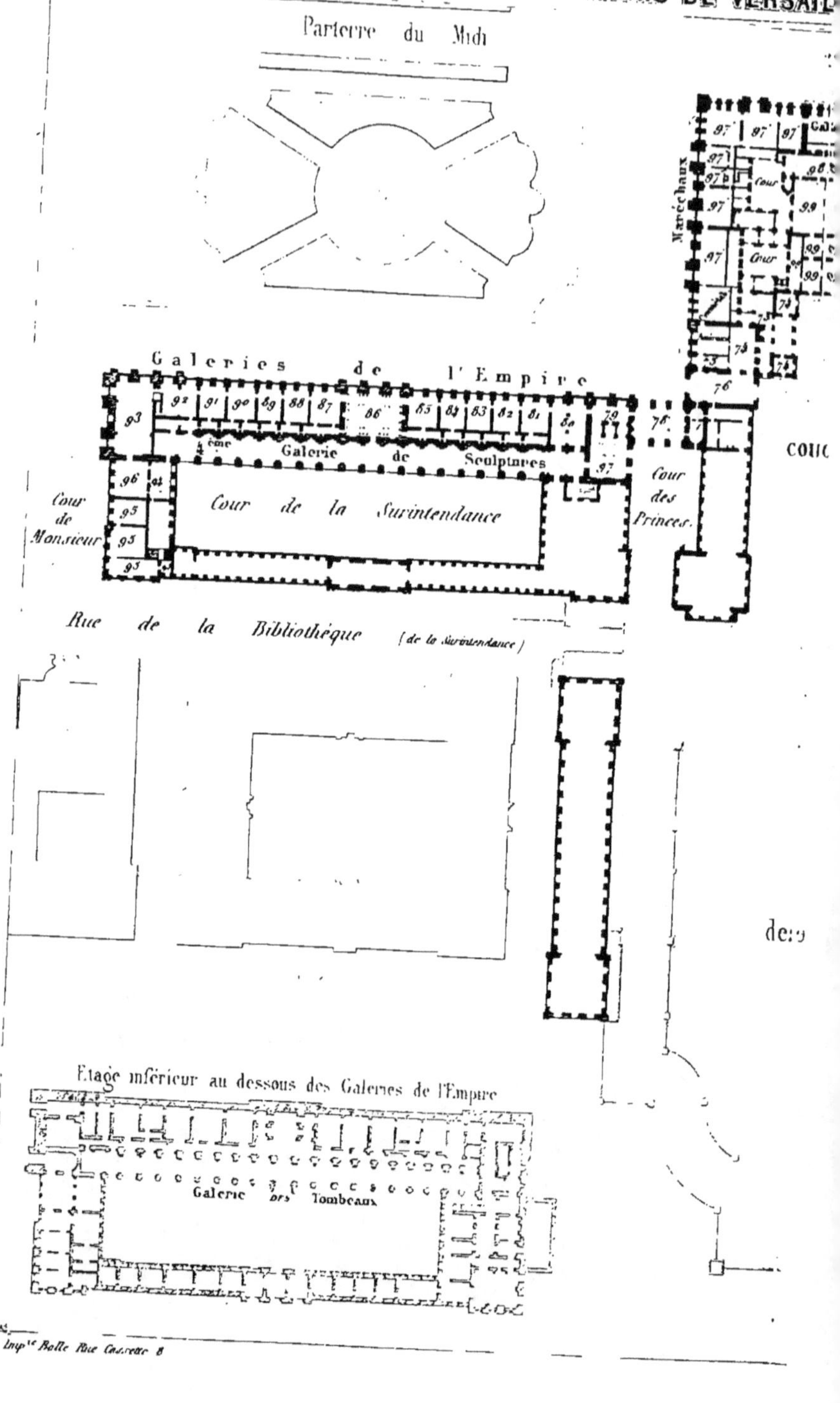

Parterre du Midi

Galeries de l'Empire
Galerie de Sculptures
Cour de Monsieur
Cour de la Surintendance
Cour des Princes

Rue de la Bibliothèque (de la Surintendance)

Étage inférieur au dessous des Galeries de l'Empire
Galerie des Tombeaux

Imp.ᵗᵉ Bolle Rue Cassette 8

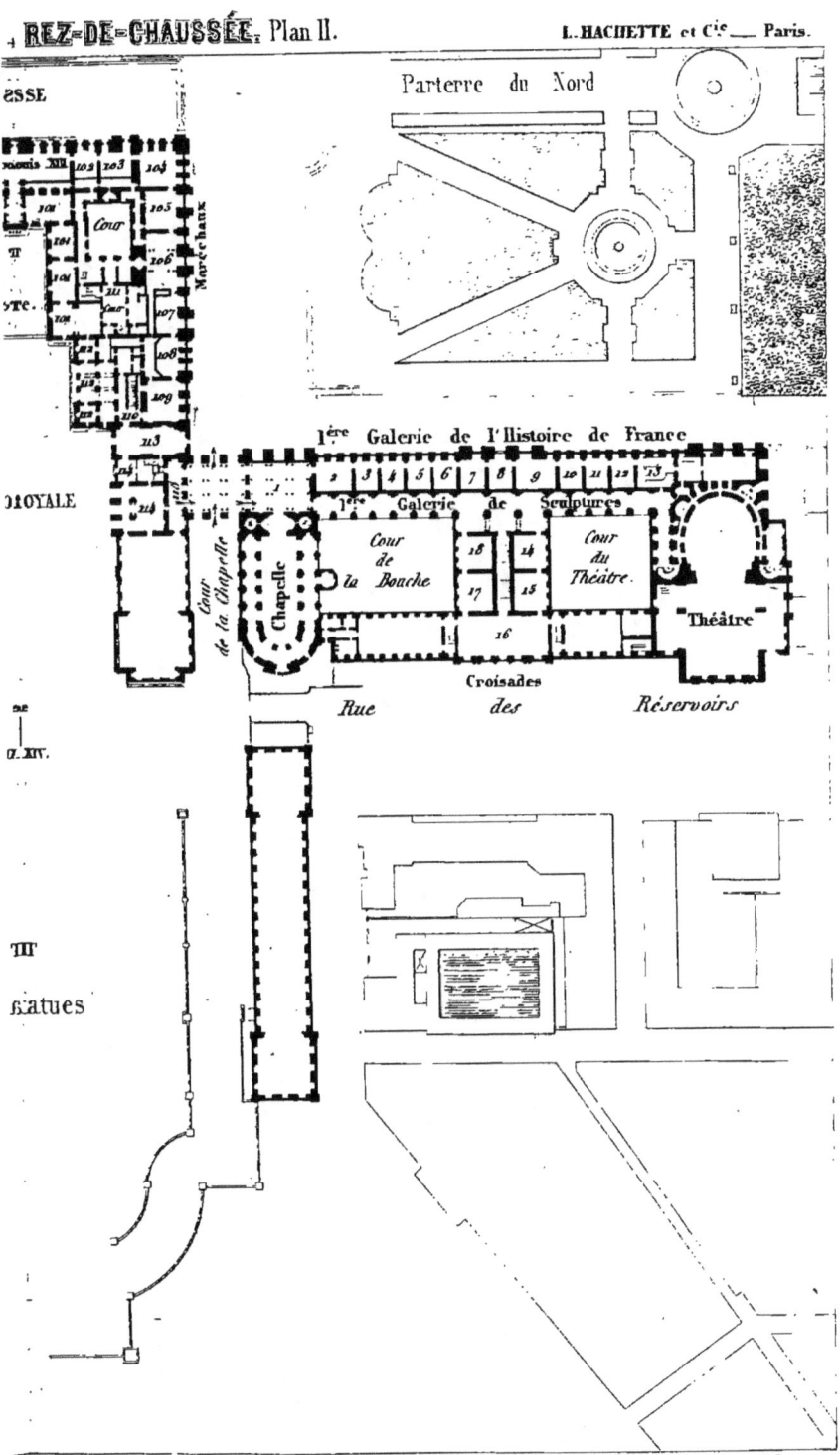

à peu près dans l'état où l'a laissée Louis XVI en quittant Versailles; on peut remarquer, comme une singularité, que la Révolution l'ait respectée. La toiture a été restaurée en 1876.

Le *maitre-autel* est en marbre et en bronze doré. Les chapelles des bas côtés sont ornés de bas-reliefs par *Bouchardon*, *Slodtz*, etc., et de tableaux : la Cène, par *Silvestre*;

Intérieur de la chapelle.

saint Louis soignant les blessés, par *Jouvenet*; les Apôtres des plafonds des travées sont peints à l'huile sur enduit de plâtre, par *Louis* et *Bon Boullongne*. Dans une de ces travées est une sainte Thérèse en extase, par *Santerre*. Dans la chapelle de la Vierge, le plafond et le tableau d'autel sont de *Louis Boullongne*.

Plafond de la voûte. — Au centre, *A. Coypel* a peint le Père Éternel dans sa gloire. Dans la voûte du chevet, *Lafosse* a peint la Résurrection de Jésus-Christ; au-dessus de la tribune du roi, en face du maitre-autel, la Descente du Saint-Esprit est due au pinceau de *Jouvenet*.

Musée.

Le **Musée** de Versailles est ouvert tous les jours de midi à quatre heures, excepté le lundi. L'entrée du musée est sous le vestibule à g. dans la cour de Marbre.

On monte au 1er étage [1] par *l'escalier de Marbre* ou *des Princes*, puis, au 2e étage par l'escalier de la Reine.

DEUXIÈME ÉTAGE.

1re *salle* (à dr. sur le palier). — Tableaux de marine, dont la majeure partie a été exécutée par Gudin. — 1437. *Crépin* (Salon de 1801). Combat de la frégate française *la Bayonnaise* contre la frégate anglaise *l'Embuscade* (1798). — 1407. *Eug. Isabey* (Salon de 1839). Combat du Texel. A dr., petit cabinet renfermant quelques tableaux.

2e *salle*. — Portraits des membres de la famille d'Orléans (la plupart sont de *Winterhalter*).

3e *salle* (porte à g.). — Tableaux de batailles, parmi lesquels on remarque le combat de Montebello, par *Philippoteaux*.

4e *salle*. — Portraits des membres de la famille Bonaparte, par *Gros, Gérard, Lefèvre, David, Flandrin* (Napoléon III), etc.

1er *cabinet*. — Renfermant un seul tableau, la Bataille de l'Alma, par *H. Bellangé*.

2e *cabinet*. — Portraits des membres de la famille Bonaparte.

3e *et* 4e *cabinets*. — Peintures relatives au règne de Louis-Philippe.

5e *cabinet*. — Portraits de généraux.

6e *cabinet*. — Renfermant quelques tableaux.

Revenant sur le palier, on le traverse et on entre dans une petite pièce dite *la Tourelle* (une flèche mobile, attachée au plafond, indique la direction du vent).

Cabinet. — Cette pièce contient une nombreuse collection d'esquisses, des portraits en pied peints par *Gérard*, de 1796 à 1836. — 4938. *Heim*, Andrieux faisant une lecture dans le foyer de la Comédie-Française (1847). — 4937. *Hipp. Lecomte*. Entrevue de Louis XVIII et de la princesse Caroline des Deux-Siciles, dans la forêt de Fontainebleau.

Salle (70). — 4798. *Gérard*. Le duc de Berri. — 4795. Charles X. — 4799. La duchesse de Berri et ses enfants. — 4793. *P. Guérin*. Louis XVIII. — 4794. *Gérard*. Le comte d'Artois (Charles X). — 4797. *Caminade*. La duchesse d'Angoulême. — 4804. *Paul Delaroche*. Le prince de Carignan, à la prise du Trocadéro. — 4803. Le duc d'Angoulême à la prise du Trocadéro. — 4835. Grégoire XVI. — 4830. *Lawrence*. Gérard, peintre. — *Paul Nanteuil*. Halévy.

Salle (69, plan III). — 4789. *David*. Pie VII (répétition du tableau du Louvre). — 4700. *Lethière*. L'impératrice Joséphine (1807). — 4786. *Gros*. Son portrait. — 4706. *Rouget*. Napoléon présentant le roi de Rome aux grands dignitaires de l'Empire. — 4710. *Gros*. Duroc, et 4727, le comte Daru.

De cette salle il faut revenir sur le palier et descendre au 1er étage.

PREMIER ÉTAGE.

On entre à g. en descendant l'escalier dans une antichambre où se trouvent à dr. deux salles ayant fait partie de l'appartement de Mme de Maintenon.

Cet appartement avait été d'abord placé par erreur dans une autre partie du château. C'est M. J.-A. Le Roi qui en a retrouvé le véritable emplacement. Il résulte, de ses recherches et des descriptions du temps, que l'appartement de Mme de Maintenon était formé de trois des salles aujourd'hui consacrées aux campa-

---

1. Nous indiquons seulement ici les salles du musée qui sont ouvertes au public.

gnes de 1793, 1794 et 1795 (*p*, *q* et 58, plan III).

L'appartement de Mme de Maintenon se composait : 1° de *deux antichambres*, aujourd'hui détruites et ne formant plus qu'une seule pièce (*p*, plan III); — 2° d'une grande pièce très-profonde, éclairée par trois fenêtres, qui était sa *chambre à coucher* (*q*, plan III); elle a été partagée en deux pièces lors de l'établissement des galeries historiques; — 3° d'un *grand cabinet*, aujourd'hui salle 58 (plan III); le plancher en était plus élevé que celui de la chambre à coucher et on y montait par cinq marches qui n'existent plus, parce que le sol de cette pièce a été abaissé. Sur l'emplacement de ces marches il y a aujourd'hui un petit couloir pour aller du grand cabinet à la chambre à coucher. Dans la salle 58, le tableau n° 2307 « masque, dit la *Notice du Musée,* une porte qui donnait sur un petit escalier et de là dans l'appartement du duc de Bourgogne. C'est par cette porte que l'on entrait dans le grand cabinet de Mme de Maintenon, sans passer par sa chambre à coucher. » Nous ajouterons ici quelques détails sur la vie intérieure de cette reine quasi plébéienne, détails empruntés à Saint-Simon.

» « Entre la porte de l'antichambre et la cheminée (cette cheminée, située au fond, a été détruite), était le fauteuil du roi adossé à la muraille, une table devant lui et un ployant autour, pour le ministre qui travaillait; de l'autre côté de la cheminée, une niche de damas rouge et un fauteuil où se tenait Mme de Maintenon, avec une petite table devant elle : plus loin, son lit dans un enfoncement; vis-à-vis les pieds du lit, une porte et cinq marches... Pendant le travail, Mme de Maintenon lisait ou travaillait en tapisserie; elle entendait tout ce qui se disait entre le roi et le ministre qui parlaient tout haut ; rarement elle y mêlait son mot... Mais elle était d'accord avec le ministre.

» « Vers les neuf heures du soir, deux femmes de chambre venaient déshabiller Mme de Maintenon. Aussitôt après, son maître d'hôtel et un valet apportaient son couvert, un potage et quelque chose de léger. Dès qu'elle avait achevé de souper, ses femmes la mettaient dans son lit, et tout cela en présence du roi et du ministre... ou des dames familières ; tout cela gagnait dix heures, que le roi allait souper, et, en même temps, on tirait les rideaux de Mme de Maintenon. » Et, dans un autre endroit de ses Mémoires : « Lorsque le roi était averti qu'il était servi, il passait un moment dans une garde-robe, allait après dire un mot à Mme de Maintenon, puis sonnait. Alors, Monseigneur, s'il y était, Monseigneur et Mme la duchesse de Bourgogne, M. le duc de Berri, entraient à la file dans la chambre de Mme de Maintenon, ne faisaient presque que la traverser, et précédaient le roi qui allait se mettre à table. Tous les soirs, Mme la duchesse de Bourgogne jouait, dans le *grand cabinet* de Mme de Maintenon, avec les dames à qui on avait donné l'entrée, et, de là, entrait, tant et si souvent qu'elle voulait, dans la pièce joignante, qui était celle de Mme de Maintenon, où elle était avec le roi, la cheminée entre deux. Monseigneur, après la comédie, montait dans le grand cabinet, où le roi n'entrait point et Mme de Maintenon presque jamais. »

Parmi les tableaux historiques, nous signalerons les suivants :

Salle (*p*; campagnes de 1795 et 1796). — *H. Bellangé.* 2287. Bataille de Loano, et 2288, bataille d'Altenkirchen.

Salle (*q*; campagnes de 1792-1794). — 2297. *Jollivet.* Combat d'Hooglède. — 2299. *Caminade.* Entrée à Anvers. — 2301. *Eug. Lami.* Prise de Maëstricht.

Petit cabinet (ancien cabinet de toilette). — 2298. *Philippoteaux.* Prise d'Ypres.

Revenant dans l'antichambre, on entre dans la salle des Gardes.

Salle des Gardes (56). — Cette salle, située au haut de l'escalier de marbre, était destinée aux gardes composant la maison du roi. Elle contient quelques tableaux. Un tableau curieux (n° 2130) représente le carrousel donné par Louis XIV devant les Tuileries, le 5 juin 1662.

Antichambre du Roi (55). — Cette pièce servit, pendant un certain temps, de salle à manger du roi pour le *grand couvert*; les fils et petits-fils de France avaient seuls le droit d'y prendre place; elle devint ensuite la salle des valets de pied. On y voit une Bataille d'Arbelles, par *Pierre de Cortone*, et, sur la cheminée, une Bataille, de *Parrocel*, ainsi que des tableaux de *Van der Meulen*. Le tableau 2149 : Institution de l'ordre militaire de Saint-Louis, 10 mai 1695, offre un intérêt particulier, parce qu'il représente Louis XIV dans sa chambre à coucher; il a servi, en 1838, de guide pour la restauration de cette chambre.

Salle de l'Œil-de-Bœuf (54). — Cette salle est ainsi appelée de la fenêtre ovale, ou *œil de bœuf*, pratiquée au-dessus de la fenêtre du fond. C'était l'antichambre du roi; c'était là que les courtisans venaient attendre le lever du maître.

Un tableau (peint par *Nocret*), que l'on y voit encore, reste comme l'une des plus curieuses preuves de cette espèce d'idolâtrie dont on entourait Louis XIV, et à laquelle il se prêtait complaisamment. Il y est représenté, ainsi que sa famille, avec les emblèmes des divinités de l'Olympe. Voici les personnages de ce travestissement mythologique : Louis XIV, en *Apollon*; un peu au-dessous : Marie-Thérèse, en *mère des Amours*; debout, derrière le roi : Mlle de Montpensier, en *Diane*; Monsieur, en *étoile du matin* qui va saluer le soleil; à sa gauche : Henriette d'Angleterre, en *Flore*; près de celle-ci : Anne d'Autriche, en *Cybèle*; dans le fond du tableau : les filles du duc d'Orléans, Mme de Guise, Mme de Toscane et Mme de Savoie, sous les figures des trois *Grâces*; Mademoiselle, reine d'Espagne, en *Zéphire*; la reine d'Angleterre, mère de Madame, assise près de Monsieur, tient un trident.

Cet étrange tableau rend presque concevable l'assertion paradoxale de Saint-Simon : « Si le roi n'avait peur du diable, il se serait fait adorer. »

A une extrémité de la pièce est un petit modèle en bronze de la statue équestre de Louis XIV, par *Petitot*, que l'on voit dans la cour du palais.

Un couloir ouvrant sur la salle de l'Œil-de-Bœuf communique avec *l'appartement de la reine* (V. page 46).

Chambre à coucher de Louis XIV (53). — Cette pièce devint la chambre à coucher du roi en 1701. C'est là que se renouvelait la cérémonie du petit lever et du petit coucher, fastidieuse pour tout autre que lui. Frédéric le Grand, roi de Prusse, se faisant énumérer un jour par un Français tous les détails de cette singulière étiquette, s'écriait en éclatant de rire : « Si j'étais roi de France, je nommerais un autre roi pour faire toutes ces choses-là à ma place. »

« A 8 heures, le premier valet de chambre en quartier, qui avait couché seul dans la chambre du roi et qui s'était habillé, l'éveillait. » (Saint-Simon.) Quand le roi quittait Versailles seulement pour quelques jours un valet de chambre y restait et couchait au pied du lit pour le garder.

Louis XIV dînait souvent dans sa chambre.

« Le dîner était presque toujours au *petit couvert*, c'est-à-dire, seul dans sa chambre, sur une table carrée vis-à-vis de la fenêtre du milieu. Il était plus ou moins abondant, car il ordonnait le matin : petit couvert ou très-petit couvert. Mais ce dernier était toujours de beaucoup de plats et de trois services sans le fruit (Louis XIV était gros mangeur). La table entrée, les principaux courtisans entraient, puis tout ce qui était connu, et le premier gentilhomme de la chambre allait avertir le roi. Il le servait si le grand chambellan n'y était pas. J'ai vu, mais fort rarement, Monseigneur et messeigneurs ses fils au petit couvert, debout, sans que jamais le roi leur ait proposé un siège. J'y ai vu assez souvent Monsieur venant de Saint-Cloud voir le roi. Il donnait la serviette et demeurait debout. Un peu après le roi lui demandait s'il ne voulait point s'asseoir; il faisait la révérence, et le roi ordonnait qu'on lui apportât un siège. On mettait un tabouret

Environs de Paris par AD. JOANNE. **PALAIS DE VERSAILLES**

51   Salle des États Généraux.
52   Salle du Conseil.
53   Chambre de Louis XIV.
54   Salle de l'Œil-de-Bœuf.

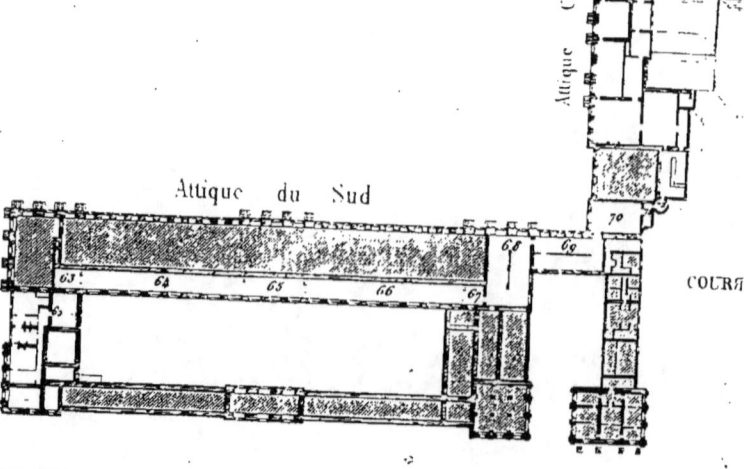

1ER ET 2E ÉTAGES. Plan III.   L. HACHETTE et Cie Paris.

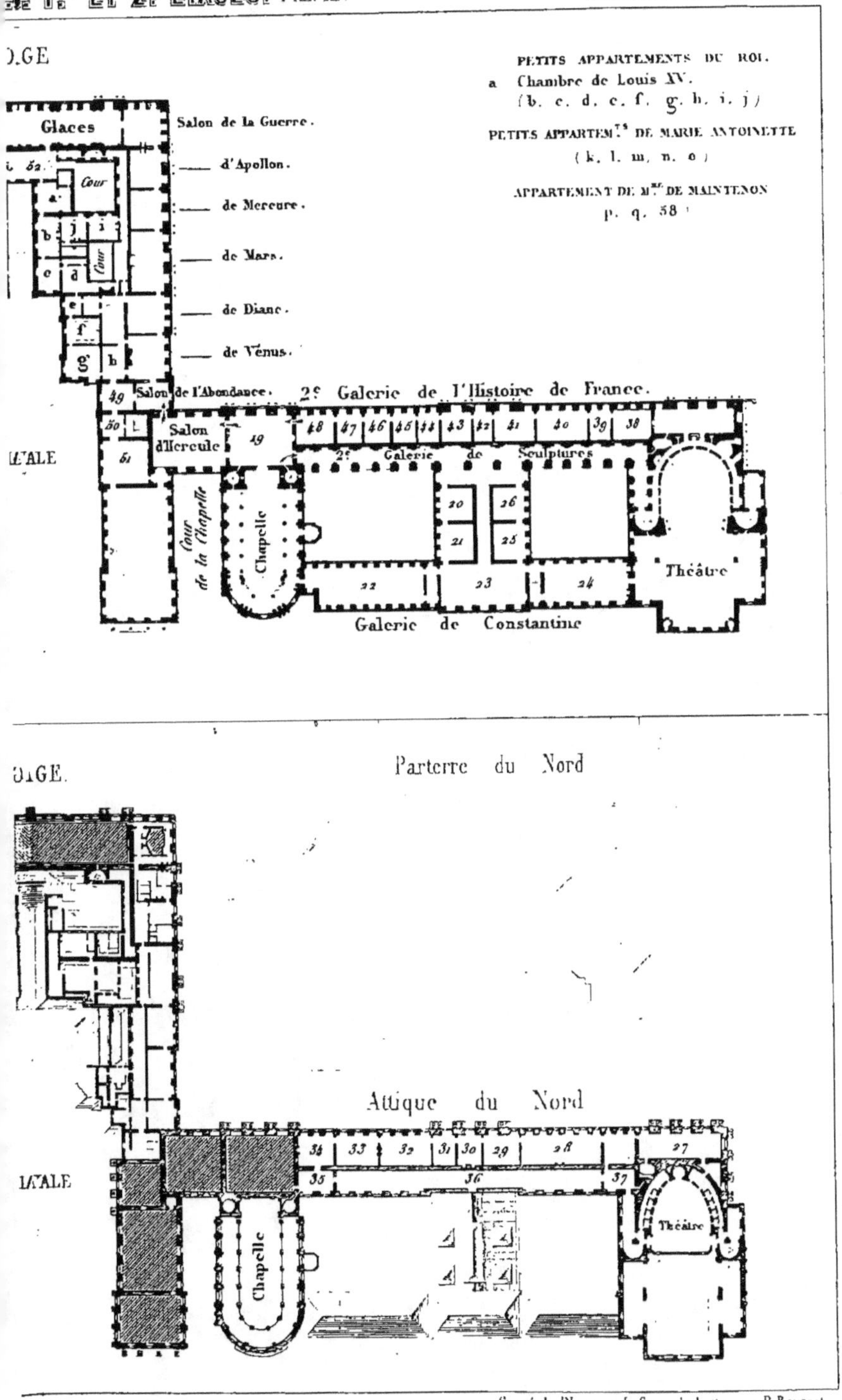

PETITS APPARTEMENTS DU ROI.
a Chambre de Louis XV.
(b. c. d. e. f. g. h. i. j)
PETITS APPARTEM.ts DE MARIE ANTOINETTE
(k, l, m, n, o)
APPARTEMENT DE Mme DE MAINTENON
p. q. 58

derrière lui. Quelques moments après, le roi lui disait : « Mon frère, asseyez-vous donc . » Il faisait la révérence et s'asseyait. D'autres fois le roi demandait un couvert pour Monsieur. Le grand chambellan donnait à boire ou des assiettes à Monsieur, mais Monsieur recevait tout ce service avec une politesse fort marquée. Le roi d'ordinaire parlait peu à son dîner. » (Saint-Simon.) A côté de cette insipide étiquette, qui pesait sur tous les moments de la vie de Louis XIV, rappelons qu'un matin à son petit lever, ayant fait servir son *en cas de nuit*, petite collation qu'on plaçait le soir dans sa chambre, il fit asseoir Molière à sa table, et, ayant ordonné d'introduire les seigneurs de sa cour : « Vous me voyez, dit-il, occupé de faire manger Molière, que mes officiers ne trouvent pas assez bonne compagnie pour eux. » On sait que Molière était un de ses valets de chambre. Le poëte Belloc, en-

Salle de l'Œil-de-Bœuf.

tendant un jour un des autres valets de service refuser de faire le lit du roi avec lui, dit à Molière : « Monsieur de Molière, voulez-vous bien que j'aie l'*honneur* de faire le lit du roi avec vous ? »

Le lit et l'ameublement de cette chambre étaient l'œuvre de Simon Delobel, tapissier, valet de chambre du roi. Delobel employa douze ans pour confectionner ce travail, qui prit rang, dit M. Vatout, parmi les merveilles du temps, et qui était consacré au Triomphe de Vénus. On voit encore sur le dossier : l'Amour endormi sur des fleurs, au milieu des nymphes. Plus tard, quand s'éveillèrent les scrupules religieux, « la courte-pointe Delobel fut échangée contre un couvre-pied brodé par les demoiselles de Saint-Cyr. On y voyait le sacrifice d'Abraham (il forme aujourd'hui le ciel du lit) et le sacrifice d'Iphigénie ; singulier rapprochement qui révèle la double inspiration de Mme de Maintenon et de Racine ! »

Le lit a été retrouvé dans les dépôts de la couronne : le couvre-pied, vendu pendant la Révolution, après avoir traîné quelque temps, en deux morceaux, en Allemagne et en Italie, et avoir été vainement offert à Louis XVIII et à Charles X, fut racheté par Louis-Philippe. La balustrade a été également retrouvée au Garde-Meuble; on n'a eu qu'à la faire redorer. L'étiquette défendait de la franchir sans la permission du roi; on raconte que, en 1714, le premier président de Novion s'étant permis de s'avancer près du lit de Louis XIV, qui était souffrant, le duc d'Aumont, premier gentilhomme de la chambre, le tira par sa robe et lui dit : « Où allez-vous? Sortez. *Des gens comme vous* n'entrent pas dans la balustrade, si le roi ne les appelle pour leur parler. »

De chaque côté du lit on voit aujourd'hui deux tableaux de la Sainte-Famille, des écoles italienne et flamande, que des guides distraits ont le tort d'indiquer quelquefois aux visiteurs comme les tableaux de saint Jean par Raphaël, et de David par le Dominiquin, qui y étaient placés du temps de Louis XIV. Le tableau du Dominiquin le suivait dans ses voyages à Marly, à Saint-Germain et à Fontainebleau. Il fait aujourd'hui partie du musée du Louvre.

A g. du lit on voit encore un portrait de Louis XIV (n° 2167), à l'âge de 66 ans, par *Antoine Benoist*. A dr. du lit est une Annonciation, petit tableau avec un cadre orné de statuettes en bronze, donné en 1863 par M. René Soret.

Le portrait de la reine Anne d'Autriche, par *Mignard*, était déjà dans cette pièce sous Louis XIV. Les autres portraits, placés à l'époque de la restauration du château, représentent des membres de la famille royale. — Sur la fausse cheminée est un buste en marbre, par *Coysevox*, de la duchesse de Bourgogne, prise d'après nature.

Plafond. — Le milieu du plafond n'avait été décoré d'aucune peinture. On y plaça, sous Napoléon Ier, Jupiter foudroyant les crimes, par *Paul Véronèse*. Cette peinture, provenant du palais ducal de Venise, a été transportée au Louvre en 1859, et n'a pas été remplacée. Au-dessus de la corniche sont les quatre Évangélistes, par *Valentin*.

C'est dans cette chambre, dans ce lit, que mourut Louis XIV, après un règne de 72 ans. Lorsque Louis XV revint à Versailles, en 1722, il occupa aussi cette chambre, et la conserva jusqu'en 1738.

Le cérémonial suivi à la mort du roi était le suivant : le premier gentilhomme se présentait à la croisée qui donne sur la cour de marbre, en criant trois fois : *Le roi est mort!* Puis, brisant sa canne et en prenant une autre, il reprenait : *Vive le roi!*

En même temps, on plaçait l'aiguille de l'horloge du palais sur l'heure à laquelle le monarque avait rendu le dernier soupir. Elle y restait immobile jusqu'à la mort de son successeur. Cet usage fut observé pour Louis XV; mais après lui, des sept monarques appelés à régner sur la France, Louis XVI, Louis XVII, Napoléon, Louis XVIII, Charles X, Louis-Philippe, Napoléon III, un seul, Louis XVIII, est mort sur le trône : c'est à sa mort que cette cérémonie fut accomplie pour la dernière fois, en 1824.

Salle du Conseil (52). — Cette salle, sous Louis XIV, était divisée en deux pièces, qui furent réunies sous Louis XV. La plus éloignée de la chambre du roi était le *cabinet des perruques* (Louis XIV changeait de perruque plusieurs fois par jour). Dans ce singulier voisinage, l'autre pièce était le cabinet du roi ou *cabinet du conseil*, ainsi nommé parce que Louis XIV y travaillait avec ses ministres.

C'est dans cette salle où s'étaient décidées tant et de si grandes affaires, que plus tard, en plein conseil, une courtisane, Mme du Barry, venait s'asseoir familièrement sur le bras du fauteuil de Louis XV, et qu'elle jetait un jour au feu un paquet de lettres encore cachetées qu'elle avait prises entre les mains du roi. Ce fut là, le 23 juin 1789, dans l'embrasure de la première croisée, que M. de Brézé vint tout éperdu annoncer à Louis XVI la résistance des députés sommés de se séparer, et la foudroyante réponse de Mirabeau : « Nous sommes ici par la volonté du peuple, et nous n'en sortirons que par la force des baïonnettes ! »

On y voit une pendule curieuse, faite en 1706 par Morand. — Les dessus de porte, peints par *Houasse*, représentent : Minerve naissant armée du cerveau de Jupiter ; Minerve dans l'Olympe ; Minerve sur le Parnasse ; la dispute de Minerve et de Neptune.

Chambre à coucher du roi.

Grande galerie des Glaces. — Louis XIV la fit élever à la place d'une terrasse pavée de marbre, qui formait un renfoncement entre deux pavillons. Elle a 73 mèt. environ de longueur, sur 10 mèt. 40 cent. de largeur, et 13 mèt. de hauteur ; elle est éclairée par 17 fenêtres en arcades cintrées sur les jardins, auxquelles répondent en face 17 arcades feintes remplies de glaces dans toute leur hauteur. Les fenêtres et les arcades sont séparées de chaque côté par 24 pilastres à bases et à chapiteaux dorés. Dans les trumeaux, pendent des trophées de bronze doré. La voûte, en plein cintre, est symétriquement divisée en 7 grands compartiments et 18 petits, entourés de figures allégoriques, soutenant des trophées ou des guirlandes, avec cette surabondance excessive autorisée par l'emploi que les grands maîtres italiens en ont fait dans ce genre d'ouvrages ; témoin le fameux plafond de la chapelle Sixtine, par Michel-Ange. Cette galerie fut composée par *Lebrun*, qui peignit, vers 1679, les grands tableaux sur toile marouflée. Les 23 figures d'enfants posées sur la corniche, ainsi qu'une partie des trophées, sont dues à *Coysevox*. Outre les 7 grands compartiments du plafond, il y en a deux autres aux extrémités de la galerie. Tout ce fastueux travail est exclusivement consacré à la gloire de Louis XIV. Dans les cartouches au-dessous des tableaux sont des inscriptions, généralement attribuées à Boileau et à Racine. — Dans certaines circonstances, comme pour la réception de l'ambassadeur du roi de Perse, Louis XIV faisait transporter le trône dans la grande galerie. Cette galerie fut témoin de bien des fêtes. Une des plus brillantes, sous Louis XIV, eut lieu à l'occasion du mariage du duc de Bourgogne.

« La galerie fut éclairée de quatre mille bougies, pour un bal où les dames parurent toutes en velours noir, étincelantes de pierreries. Les hommes étaient également chargés de diamants. Des filous trouvèrent le moyen de se glisser parmi cette riche assemblée ; ils y volèrent beaucoup de pierreries, et coupèrent un morceau de la robe de la duchesse de Bourgogne, pour enlever une agrafe de diamants. » Louis XIV ayant voulu que la cour fût magnifique, la profusion du luxe fut extraordinaire. Saint-Simon dit que, entre sa femme et lui, il leur en coûta 20,000 livres.

Ce fut aussi dans la galerie des Glaces que le roi de Prusse fut solennellement couronné empereur d'Allemagne, le 18 janvier 1871.

1er tableau, au-dessus de l'entrée du salon de la Guerre : Alliance de l'Allemagne et de l'Espagne avec la Hollande (1672).

2e tableau, au-dessus de l'entrée du salon de la Paix : la Hollande accepte la paix et se détache de l'Allemagne et de l'Espagne (1678).

Plafond. — Voici l'indication des grands tableaux, en commençant du côté du salon de la Guerre :

1er tableau (occupant toute la voûte) : Passage du Rhin (1672). — Cette composition allégorique laisserait à peine deviner quel est le sujet, si l'on n'y découvrait le Rhin, qui, comme dans l'épître de Boileau, *appuyé sur son urne penchante*, se relève épouvanté de tant d'audace et laisse d'effroi tomber son gouvernail. L'abaissement de l'orgueil de la Hollande est marqué par une figure renversée, ayant les ailes à moitié coupées et laissant échapper une couronne. — A l'autre extrémité est figurée la prise de Maëstricht en 1673.

2e tableau (côté des jardins) : Le roi arme sur terre et sur mer (1672). Toutes les divinités s'empressent autour de Louis XIV. Neptune lui amène des vaisseaux ; Mars, des soldats ; Vulcain lui apporte des armes ; Mercure lui présente un bouclier ; Minerve va poser sur sa tête un casque d'or ; Apollon surveille la construction d'une forteresse. Au haut du tableau est la Vigilance, tenant un sablier, et à côté du roi la Prévoyance, avec un livre et un compas, « pour montrer qu'il prend toujours ses mesures justes. »

3e tableau (opposé au précédent) : Le roi donne ses ordres pour attaquer en même temps quatre des plus fortes places de la Hollande. — Ce tableau, moins allégorique que les autres, représente le roi tenant un conseil de guerre avec le duc d'Orléans, Condé et Turenne. Cependant Mars, aux armes fleurdelisées, Minerve, la Victoire, la Prévoyance, la Vigilance, le Secret, etc., n'en continuent pas moins leur stérile cortège, si cher aux artistes du temps.

4e tableau (au milieu de la voûte, dont il occupe toute la largeur) : Le roi gouverne par lui-même (1661). Tout l'Olympe semble s'intéresser à la gloire du jeune monarque, près duquel sont les Grâces, la Prudence, la Valeur et l'Hyménée tenant son flambeau, tandis que la France est paisiblement assise et que divers génies symbolisent les plaisirs de la cour. — A l'autre extrémité du tableau sont figurées l'Allemagne, l'Espagne et la Hollande, avec cette inscription : « L'ancien orgueil des puissances voisines de la France. »

5e tableau (côté des jardins) : Résolution prise de châtier les Hollandais (1671). Le roi trône au milieu de son entourage mythologique.

6e tableau (opposé au précédent) : La Franche-Comté conquise pour la seconde fois (1674). — Toujours des allégories, insaisissables pour qui n'en a pas l'explication. Sans la description faite pour Louis XIV, par

Salle du Conseil.

Rainssan, conservateur des médailles, on serait souvent embarrassé au milieu de ces énigmes. Les villes de la Franche-Comté sont figurées par des femmes en pleurs, que Mars présente au roi. « Un Hercule, symbole de la force et de la vertu héroïque, monte sur un rocher effroyable, où Minerve semble le conduire et sur lequel on voit un lion furieux. Le lion représente l'Espagne, et le rocher la citadelle de Besançon. Les vains efforts que fit l'Allemagne pour empêcher cette conquête sont marqués par un grand aigle effrayé qui crie et qui bat des ailes sur un arbre sec, à l'un des coins du tableau. » N'est-ce pas le cas de dire avec Molière :

Ce style figuré, dont on fait vanité,
Sort du bon caractère et de la vérité.

7e tableau (occupant toute la voûte): Prise de la ville et de la citadelle de

Gand en six jours (1678). Louis XIV est représenté tenant en main la foudre, porté sur un nuage et suivi de la Terreur. — A l'autre extrémité de cette composition, l'artiste a cherché à figurer les mesures des Espagnols rompues par la prise de Gand.

Les 18 médaillons que contient le plafond, outre ces grandes compositions, consacrent le souvenir de quelques autres événements du règne.

Quatre statues en marbre ont remplacé dans les niches les statues antiques; côté des jardins : Mercure et Pâris, par *Jacquot* (1827); en face: Vénus devant Pâris, par *Dupaty;* et Minerve, par *Cartellier* (1822).

Salon de la Guerre. — Ce salon occupe, avec la grande galerie et le salon de la Paix, toute la façade ajoutée du côté des jardins au palais de Louis XIII.

Le *plafond,* représentant la France armée de la foudre et tenant un bouclier sur lequel est l'image de Louis XIV, a été peint, ainsi que les voussures, par *Lebrun.* Une des voussures, en face de la cheminée, représente Bellone. Dans les trois autres cintres sont représentées : l'Allemagne, la Hollande, l'Espagne, épouvantées des victoires de Louis XIV. Ces tableaux, et ceux qui se trouvent dans la galerie des Glaces, *n'ont pas eu peu de part,* dit Saint-Simon, *à irriter et à liguer toute l'Europe contre le roi.* — Au-dessus de la cheminée, on voit Louis XIV à cheval, bas-relief en stuc, par *Coysevox.* — Six bustes d'empereurs romains, dont les têtes sont en porphyre et les draperies en marbres de différentes couleurs, complètent la décoration de ce salon.

Salon d'Apollon. — C'était autrefois la *salle du Trône.* Les trois pitons qui retenaient le dais sont encore en place. C'est là que Louis XIV reçut la soumission du doge de Gênes, ce doge qui répondit aux courtisans qui lui demandaient ce qu'il trouvait de plus extraordinaire à Versailles : « C'est de m'y voir. » C'est là aussi que Louis XIV reçut les ambassadeurs de Siam, les envoyés du dey d'Alger; que Louis XV reçut les envoyés de Mahomet V; et Louis XVI, ceux de Tippoo-Saëb, le dernier nabab du Mysore.

Le *plafond,* peint par *De La'osse,* ainsi que les voussures, représente Apollon accompagné des Saisons. — Parmi les portraits, il faut remarquer, n° 2081, celui de la princesse Palatine, célèbre par les fragments qui ont été publiés de sa correspondance si curieuse et si libre. Ce portrait est peint par *Hyacinthe Rigaud.* On remarque aussi, à cause de sa singulière coiffure (n° 2089), celui de Marie-Louise d'Orléans, fille aînée de Monsieur, mariée à Charles II, roi d'Espagne, « qui révéla à Louis XIV le secret de la couche royale, et mourut par le poison pour n'avoir pas voulu la souiller. »

Salon de Mercure. — C'était une chambre de parade appelée *chambre du lit,* et pour laquelle Delobel avait composé un ameublement merveilleux. Selon la *Notice du Musée,* quand le duc d'Anjou eut été nommé roi d'Espagne, le 16 novembre 1700, Louis XIV fit préparer le grand appartement pour qu'il y tînt sa cour, et Philippe V coucha dans la chambre du lit jusqu'à son départ. Louis XIV habita lui-même cette chambre pendant quelque temps, en juillet 1701. Après sa mort, son cercueil y fut exposé pendant huit jours. D'ordinaire cette chambre servait aux jeux du roi les jours *d'appartement.*

« Ce qu'on appelait *appartement*, dit Saint-Simon, était le concours de toute la cour, depuis 7 heures du soir jusqu'à 10, que le roi se mettait à table, dans le grand appartement, depuis un des salons du bout de la grande galerie jusque vers la tribune de la chapelle. » Voici à ce sujet quelques détails fournis par le *Mercure* de 1682 : « Le roi permet l'entrée de son grand appartement de Versailles le lundi, le mercredi et le jeudi de chaque semaine, pour y jouer à toutes sortes de jeux depuis 6 heures du soir jusqu'à 10. La liberté de parler y est entière; cependant le respect fait que personne ne hausse trop la voix. Le roi, la reine et toute la maison royale descendent de leur grandeur pour jouer avec plusieurs de l'assemblée. Le roi ne veut ici ni qu'on se lève, ni qu'on interrompe le jeu quand il approche. On entend ensuite la symphonie, ou l'on voit danser. On passe à la chambre des liqueurs ou à celle de la collation. Trois grands buffets sont aux côtés d'un salon; celui du milieu est pour les boissons chaudes, comme café, chocolat...; les deux autres sont pour les liqueurs, sorbets... On donne de très-excellent vin à ceux qui en demandent. »

Le *plafond*, représentant Mercure sur un char qui est tiré par deux coqs, et les quatre voussures, sont peints par *J.-B. Champagne*. — Tableaux d'après Lebrun et Van der Meulen. — Portraits de Louis XIII, d'Anne d'Autriche, de Gaston d'Orléans, de Marguerite-Louise d'Orléans, grande-duchesse de Toscane, qui se sépara de Côme III et revint mener en France une vie plus que dissipée, etc...

Salon de Mars. — Cette pièce servit, sous Louis XIV, de salle de jeu, de bal et de concert; elle était alors décorée de six portraits de Titien, de deux tableaux de Paul Véronèse et du tableau de Lebrun : *la Famille de Darius,* aujourd'hui au musée du Louvre.

Plafond. — Au milieu : Mars, sur un char tiré par des loups, par *Audran*. Le compartiment du côté du salon précédent est de *Jouvenet,* celui du côté du salon de Mercure est l'œuvre de *Houasse*.

Dessus de porte : La Justice, la Modération, la Force et la Prudence, par *Simon Vouet,* dans cette manière claire et facile que retint de lui quelque temps Eustache Le Sueur, son élève. — Portraits du temps. — Sacre de Louis XIV, d'après *Lebrun*.

Salon de Diane. — C'était la salle de billard sous Louis XIV. — Le *plafond*, par *Blanchard*, a Diane pour sujet. La principale curiosité de cette salle est le buste en marbre de Louis XIV (2040), fait par *le Bernin*. L'artiste attaqua tout de suite le marbre, sans faire de modèle en terre. Le jet hardi des cheveux et l'aspect flamboyant des draperies attestent la fougue du maître italien, qui avait soixante-huit ans quand il fut appelé en France.

Du salon de Diane, où s'arrête actuellement la visite de cette partie du palais, il faut revenir sur ses pas jusqu'à l'extrémité de la grande galerie des glaces.

Salon de la Paix. — L'intention du roi et des artistes était sans doute, dans l'origine, de faire contraster les allégories pacifiques de cette salle avec celles qui ornent le salon de la Guerre. Mais, dans les tableaux des voussures, qui sont l'œuvre de *Lebrun*, on retrouve en partie le même orgueil insultant pour les étrangers, qui offensa si fort les rois de l'Europe. Un des tableaux, comme dit la description quasi-officielle de Rainssan, représente *la Hollande à genoux, recevant sur son bouclier des flèches qu'un Amour lui apporte avec des branches d'olivier, symbole des provinces que le roi avait conquises sur elle et de la paix qu'il lui a donnée.* Sur les autres voussures sont figurées : l'Espagne, l'Allemagne et l'Europe chrétienne en paix.

Chambre de la Reine. — Trois reines, Marie-Thérèse, Marie Leczinska, Marie-Antoinette, ont couché dans cette chambre. La duchesse de Bourgogne y mourut. Marie-Antoinette y mit au monde Madame, depuis duchesse d'Angoulême, et fut suffoquée par le flot de curieux qui selon l'étiquette autorisée, se précipitèrent alors dans la chambre.

Un souvenir plus émouvant reporte ici l'esprit à cette nuit du 6 octobre 1789, quand, vers six heures du matin, au cri poussé par un garde du corps: « Sauvez la reine ; ses jours sont en danger! » deux femmes de chambre, qui veillaient dans un salon voisin, accoururent auprès de Marie-Antoinette. S'élançant hors de son lit, elle courut, à demi nue, par le couloir (o, plan III) communiquant avec l'Œil-de-Bœuf, se réfugier auprès du roi, qu'elle trouva dans la salle du conseil (52, pl. III), salle voisine de la chambre où il couchait (a, plan III). La porte du passage par lequel se sauva la reine existe encore, à g., au fond de la pièce ; elle est surmontée du portrait de Marie-Antoinette, par Mme *Lebrun*. — On voit encore les pitons qui soutenaient le dais du lit de la reine.

Aux voussures, quatre peintures en grisaille, figurant la Fidélité, l'Abondance, la Charité, la Prudence, sont de *Boucher*. — Au-dessus des portes, côté du salon de la Paix : la Jeunesse et la Vertu présentent deux princesses à la France, par *Natoire*; en face : la Gloire s'empare des enfants du prince ; peinture d'une agréable couleur, par *Detroy* (1734). Parmi les tableaux et les portraits, nous signalerons : 2092. Le Mariage de Louis XIV, par Testelin, d'après *Lebrun*. Le roi et Marie-Thérèse semblent s'épouser de la main gauche. Cette singularité s'explique, parce que cette toile était destinée à être reproduite à l'envers sur une tapisserie des Gobelins ; 2095. Mariage du duc de Bourgogne, par *Antoine Dieu* ; 2096. Marie Leczinska, par *Nattier*.

Salon de la Reine. — Le *cercle de la reine* se tenait dans cette pièce. Son siége était placé sur une estrade, sous un dais, dont on voit encore les pitons d'attache. C'est là que brillèrent les élégantes beautés, les grandes dames de la cour de Louis XIV, avant que Louis XIV allât s'emprisonner dans les appartements de Mme de Maintenon.

Plafond : Mercure protégeant les sciences et les arts, et, dans les voussures, Sapho, Pénélope, Aspasie ; ces peintures sont dues à *Michel Corneille*.

Parmi les tableaux, on remarque les portraits du duc de Bourgogne et du duc de Berry.

Salon du grand couvert de la Reine, ou *antichambre de la Reine*. — Cette salle servait au *grand couvert* de la reine, auquel le public était admis. Marie Leczinska dînait ainsi tous les jours.

Plafond. — Sous Napoléon Ier, on y avait placé une toile de Paul Véronèse, saint Marc couronnant les Vertus théologales. Ce tableau, provenant de la salle des Dix, au palais ducal à Venise, a été remplacé, en 1861, par une répétition du tableau de *Ch. Lebrun*, qui se voit au Louvre : la Famille de Darius aux pieds d'Alexandre. — Dans les *voussures* sont représentées des héroïnes de l'antiquité et des divinités mythologiques.

On remarque aussi dans ce salon : les portraits de Louis XIV, par *Lebrun*, de Mme de Soubise, de Mme de Maintenon, du comte de Toulouse et du comte de Vermandois, « ce fils si beau de Mlle de la Vallière, que les historiens ont voulu faire passer pour le Masque de fer ; » et, entre autres tableaux : 2108. Le duc d'Anjou, déclaré roi d'Espagne, par *Gérard* (salon de 1821), un des meilleurs tableaux de ce peintre ; 2107. Réparation faite par le doge de Gênes, par *Hallé*.

Salon des Gardes de la Reine. — C'est la porte entre la salle précédente et celle-ci qu'entr'ouvrirent les femmes de chambre de Marie-Antoinette, le 6 octobre 1789 au matin, et qu'elles se hâtèrent de fermer au verrou, quand elles eurent entendu le cri de détresse du garde du corps qui la défendait. C'est ici qu'il fut massacré. La foule, armée de piques, s'était introduite dans le château par l'escalier de marbre dont le palier vient aboutir derrière la salle des gardes de la reine.

Noël Coypel a peint au *plafond :* Jupiter entouré de figures allégoriques, et, dans les *voussures :* Ptolémée rendant la liberté aux Juifs ; Alexandre

Sévère faisant distribuer du blé; Trajan et Solon. Il faut remarquer: 2117, le joli portrait de la duchesse de Bourgogne, par *Santerre*. A l'aide de ce portrait et du buste de Coysevox, placé dans la chambre de Louis XIV, on peut retrouver complète la physionomie de cette princesse qui fut les délices de la cour de Louis XIV.

Cette grande pièce fut une salle des gardes; Louis XV et Louis XVI y tinrent des lits de justice.

On laisse ici les souvenirs de la vieille monarchie et l'on entre brusquement dans l'histoire des temps modernes.

Salle du Sacre. — *Plafond.* — Allégorie du 18 brumaire, par *Callet*. — Dessus de portes: le Courage, le Génie, la Générosité, la Constance, ouvrages médiocres de *Gérard*. 2277. Sacre de Napoléon, par *David* (salon de 1808).

Cette toile, haute de 6 mèt. 10 cent., et longue de 9 mèt. 31 cent., contenant 100 portraits, est un des chefs-d'œuvre du grand artiste. Cette scène solennelle est rendue avec intelligence et simplicité, malgré le ridicule du costume et la contrainte imposée par l'étiquette. Plusieurs portraits de femmes semblent traités négligemment. Un critique reprocha à David d'avoir fait Joséphine trop jeune. « Allez le lui dire, » répliqua-t-il vivement. Le peintre avait représenté d'abord, avec une simplicité toute raphaëlesque, le pape Pie VII, les mains posées sur ses genoux. Mais l'Empereur exigea qu'il fût représenté donnant sa bénédiction. « Je ne l'ai pas fait venir, dit-il, de si loin pour ne rien faire. » M. Delécluze, dans son intéressante étude sur David, raconte une curieuse visite faite par Napoléon à l'atelier de l'artiste: « Les personnes de la cour reprochaient au peintre d'avoir fait de l'impératrice l'héroïne du tableau, en représentant plutôt son couronnement que celui de Napoléon. L'objection n'était certainement pas sans fondement... On aurait dû penser que le nouveau souverain avait tout prévu, tout calculé, tout arrangé d'avance avec son premier peintre.... Lorsque toute la cour fut rangée devant le tableau, Napoléon, la tête couverte, se promena pendant plus d'une demi-heure devant cette large toile, en examina tous les détails avec la plus scrupuleuse attention, tandis que David et tous les assistants demeuraient dans l'immobilité et le silence.... Enfin, il prit la parole et dit: « C'est bien, très-bien, « David. Vous avez *deviné* toute ma pen- « sée; *vous m'avez fait chevalier français!* « Je vous sais gré d'avoir transmis aux « siècles à venir la preuve d'affection que « j'ai voulu donner à celle qui partage « avec moi les peines du gouvernement. » Bientôt Napoléon, faisant deux pas vers David, leva son chapeau et, faisant une légère inclination de tête, lui dit d'une voix très-élevée: « David, je vous salue. »

2278. *David.* Distribution des aigles, composition théâtrale. — 2276. *Gros.* Bataille d'Aboukir: cette fougueuse peinture, reléguée dans un grenier à Naples, put être rachetée, en 1824, par l'artiste, grâce à l'entremise de la duchesse d'Orléans (depuis la reine Amélie); elle fut acquise, dit la notice, en 1833, par la liste civile, moyennant 25,000 francs.

Première salle de 1792-1793 (57). — *E. Lami.* 2327. Bataille d'Hondschoote, toile pleine de lumière. — 2328. Bataille de Watignies. — 2323. *Philippoteaux.* Capitulation de la citadelle d'Anvers.

Salle de 1793-1794 (58). — Cette pièce (à g. de la précédente), était le grand cabinet de Mme de Maintenon, dont l'appartement contigu occupait les pièces p et q du plan III (*V.* p. 37). 2316. Bataille de Fleurus, par *Bellangé* (salon de 1836).

Salle de 1792 (59). — Salle des Cent-Suisses, sous Louis XVI. — 2333. La garde nationale de Paris part pour l'armée, par *Léon Cogniet*. — Nombreux portraits de guerriers illustres.

On traverse le palier du grand escalier, où les étrangers trouvent à acheter des photographies, des plans, etc.

Galerie des Batailles. — Cette splendide galerie, d'une étendue presque double de celle de la grande galerie des Glaces, a 120 mèt. de longueur et 13 mèt. de largeur;

elle a été ouverte en 1836, à la place d'une série d'appartements habités sous Louis XIV par Monsieur, frère du roi, le duc et la duchesse de Chartres. Elle est recouverte en fer, éclairée par le haut et décorée avec la plus grande richesse. Le plafond, à voussures, est soutenu aux extrémités et au milieu par des groupes de colonnes. Elle contient plus de 80 bustes des princes du sang royal, des amiraux, connétables, maréchaux de France et autres guerriers célèbres tués en combattant pour la France. Dans l'embrasure des fenêtres, des plaques de bronze portent, en lettres d'or, les noms de tous les personnages militaires qui ont également donné leur vie pour la patrie et l'indication du combat où ils ont péri. Cette longue liste (elle ne comprend pas les officiers d'un grade inférieur à celui de général de brigade) commence à Robert le Fort, comte d'Outre-Maine, mort en 866, et se continue jusqu'à nos jours (elle s'arrête à 1863, Puebla). De grandes toiles sont consacrées à reproduire les souvenirs des principaux faits militaires de notre histoire. Parmi ces tableaux, nous citerons particulièrement, en faisant le tour par la g.: — 2670. *Ary Scheffer*. Bataille de Tolbiac. — 2672. *Le même*. Charlemagne à Paderborn. — *Eug. Delacroix*. Entrée des Croisés à Constantinople (très-beau tableau). — 2674. *Horace Vernet*. Bataille de Bouvines. — 2676. *Eug. Delacroix*. Bataille de Taillebourg (salon de 1837). — 2678. *Larivière*. Bataille de Mons en Pevèle. — 2715. *Gérard*. Entrée d'Henri IV à Paris (salon de 1817), un chef-d'œuvre dont la couleur a malheureusement un peu verdi. — 2721. *Heim*. Bataille de Rocroi. — 2743. *Horace Vernet*. Bataille de Fontenoy (salon de 1836). — 2744. *Aug. Couder*. Bataille de Lawfeld (salon de 1836). — 2747. *Le même*. Prise d'York-Town. — 2756. *Philippoteaux*. Bataille de Rivoli. — 2765. *Gérard*. Bataille d'Austerlitz (salon de 1810) ; même observation que pour le n° 2715. — 2768. *Horace Vernet*. Bataille d'Iéna. — 2772. *Le même*. Bataille de Friedland. — 2776. *Le même*. Bataille de Wagram (salon de 1836). Ces tableaux complètent l'exposition si considérable et si remarquable d'Horace Vernet, à Versailles. Cet artiste, qui dut entreprendre de lointaines excursions pour aller étudier sur les lieux les scènes qu'il devait peindre, « figura pour 843,000 fr., dit M. de Montalivet, dans les acquisitions ou les commandes ordonnées par Louis-Philippe. »

Revenant à la salle du sacre, on passe par une porte sur laquelle un écriteau indique la sortie et on se retrouve sur le palier d'où l'on a commencé la visite du premier étage. On retourne alors jusqu'à la salle de l'Œil-de-Bœuf d'où un escalier (à g.) descend au rez-de-chaussée.

REZ-DE-CHAUSSÉE (PLAN II).

Salles des Maréchaux (97). — Il y a eu jusqu'ici plus de trois cents maréchaux de France. Quatorze salles leur sont consacrées (le public ne peut plus en visiter que six) ; elles sont divisées en deux séries par la galerie de Louis XIII. Il n'a pas été possible, comme on le pense bien, de se procurer les portraits de tous ces guerriers. Des écussons, portant le nom et les titres des absents, complètent ce long catalogue du maréchalat. Le premier maréchal fut créé au XIIe s. (1185).

Galerie de Louis XIII. — Cette galerie est ornée des statues de ce prince et de la reine, sa femme, Anne d'Autriche, et en outre de plusieurs tableaux, parmi lesquels : 1066. Bataille de Rocroy, par *Schnetz* (salon de 1822).

Salle des Rois de France (98). — Cette salle contient la collection des portraits des rois de France, la réduction en bronze de la statue d'Henri IV, par *Lemot*, qui se voit sur le pont Neuf, et le buste en bronze de Louis XII, par *L. de Mugiano*.

Salle des Résidences royales (99). — Cette salle, la seule des quatre salles des résidences royales que le public soit admis à visiter, renferme des vues curieuses des anciens châteaux royaux.

Revenant dans la salle des rois de France, on entre à dr. dans le vestibule de Louis XIII, d'où l'on sort dans la cour de Marbre.

Les parties du palais de Versailles dans lesquelles le public n'est pas admis depuis que le siége du gouvernement est établi à Versailles, sont les suivantes, en commençant par le N. (à dr. du plan).

Première galerie de l'histoire de France (n°s 2 à 13). — 11 salles, dont les 6 pre-

Salle de l'Opéra.

mières formaient, sous Louis XIV, l'appartement du duc du Maine (dans la 1re et la 4e, tableaux d'Ary Scheffer).

Salle de l'Opéra. — Louis XIV, malgré son goût pour les représentations dramatiques, n'avait pas élevé de théâtre dans son palais. *La princesse d'Élide*, de Molière, et l'*Iphigénie*, de Racine, par exemple, furent représentées sur des théâtres improvisés, dans les bosquets du parc (*V.* ci-dessous). Plus tard, ce fut dans les appartements, souvent même sans décors et sans costumes, que furent représentés les chefs-d'œuvre de notre scène. *Athalie*, dit Louis Racine, fut exécutée deux fois, devant Louis XIV et Mme de Maintenon, dans une chambre sans théâtre, par les demoiselles de Saint-Cyr, vêtues de leurs modestes uniformes.

L'architecte Gabriel commença, en 1753, la construction de cette salle, par ordre de Louis XV, pour complaire à Mme de Pompadour, qui aimait beaucoup le spectacle; mais la favorite était morte et remplacée par Mme du Barry quand la salle fut terminée en 1770. Elle fut inaugurée, le 16 mai de la même année, pour le mariage du Dauphin avec Marie-Antoinette. Cette salle devait, dix-neuf ans plus tard, être témoin d'une fête dont les conséquences furent désastreuses pour la monarchie elle-même et pour le château de Versailles.

Le 2 octobre 1789, pendant que la Révolution grondait aux portes du château et que l'Assemblée nationale siégeait à quelques pas de là, les gardes du corps se réunissent dans un banquet aux officiers du régiment de Flandre ; le repas est servi dans la salle de l'Opéra. « Les loges sont remplies de spectateurs de la cour. Les officiers de la garde nationale sont au nombre des convives ; une gaieté très-vive règne pendant le festin, et bientôt les vins la changent en exaltation. On introduit alors les soldats des régiments. Les convives, l'épée nue, portent la santé de la famille royale ; celle de la nation est refusée ou du moins omise ; les trompettes sonnent la charge ; on escalade les loges en poussant des cris ; on entonne ce chant si expressif et si connu : *O Richard ! ô mon roi ! l'univers t'abandonne !* On se promet de mourir pour le roi... » (Thiers, *Révolution française*.) Pour comble d'imprudence, le roi, qui rentrait de la chasse, et la reine, portant dans ses bras le Dauphin, paraissent au milieu du festin, et leur présence vient augmenter encore ce délire, que l'infortunée princesse devait si cruellement expier. La cocarde nationale est arrachée, foulée aux pieds, remplacée par la cocarde blanche, que les gardes du corps continuaient de porter, ou par la cocarde noire, couleur de la maison d'Autriche, en l'honneur de Marie-Antoinette. Les gardes nationaux se retirent stupéfaits. Le bruit de cette fête se répand. Trois jours après, le peuple de Paris se met en marche pour Versailles ; quelques gardes du corps sont massacrés ; le roi et la reine sont contraints de quitter ce palais qu'ils ne devaient plus revoir.

Louis-Philippe fit réparer cette salle, et l'inauguration du théâtre eut lieu le 17 mai 1837.

Le 10 mars 1871, l'Assemblée nationale qui siégeait à Bordeaux, ayant décidé qu'elle siégerait désormais à Versailles, la salle de spectacle du palais fut aménagée à cet effet. Depuis le 8 mars 1876, le Sénat y tient ses séances.

Galerie de sculptures. — Cette galerie renferme les tombeaux et les statues des rois de France et des personnages célèbres depuis Clovis II jusqu'à Louis XIV, moulées pour la plupart sur les tombeaux de Saint-Denis.

Salles des Croisades. — 5 salles renfermant les tableaux consacrés à l'histoire des Croisades. Elles occupent, avec la partie de la galerie de sculpture qui leur sert de vestibule, le rez-de-chaussée de l'ancien pavillon de Noailles et formaient autrefois l'appartement des personnes de la suite du roi, de la reine et des princes. Les plafonds et les frises sont décorés des armoiries des rois, princes, seigneurs et chevaliers qui prirent part aux différentes croisades, ainsi que des grands maîtres et chevaliers des ordres religieux militaires.

Vestibule (115). — *Vestibules de sculptures* (114). — *Arcade du Nord* (113), passage pouvant, au besoin, servir de communication pour les voitures entre la cour royale et les jardins. — *Vestibules de sculptures* (112), contenant les bustes des officiers généraux tués en combattant pour la France. — *Escalier des Ambassadeurs* (110), détruit sous Louis XV et reconstruit sous Louis-Philippe.

Salle des Guerriers célèbres (109). — Cette salle, autrefois coupée en deux et qui servait d'antichambre à Mme de Pompadour, contient les portraits des guerriers qui se sont illustrés par leurs faits d'armes, sans avoir été revêtus des insignes de connétable ou de maréchal.

Salles des Maréchaux (de 102 à 108). — Ces sept salles sont la continuation des salles des Maréchaux que le public visite à l'extrémité opposée de la galerie de Louis XIII. Elles contiennent les portraits des maréchaux depuis le maréchal de la Ferté (1651) jusqu'à nos jours. La salle 102 était dans le principe le cabinet des bains ; elle devint en 1684 une pièce de l'appartement de Mme de Montespan ; les salles 103 et 104 firent partie de l'appartement des bains qui fut habité par les filles de Louis XV. La salle 107 était la chambre à coucher de Mme de Pompadour, et la salle 108 son cabinet.

Salles des Tableaux-Plans (101). — 4 salles contenant les plans d'un grand nombre de combats. La salle, formant l'angle d'un des pavillons du château primitif de Louis XIII, faisait partie de la salle des gardes pour l'appartement particulier du roi, auquel conduisait l'escalier n° III, désigné sous le nom d'*escalier du Roi.* « Louis XV venait de descendre cet escalier et de sortir de cette salle, dit la *Notice du Musée*, pour monter en voiture, lorsqu'il fut frappé par Damiens, le 5 janvier 1757, à six heures du soir. » Peu de temps après, le garde des sceaux Machault, saisissant l'assassin dans la salle des gardes, lui fit tenailler les jambes en présence du chancelier Lamoignon et de Bouillé, ministre des affaires étrangères, par deux gardes du corps armés de pinces rougies au feu, qui s'offrirent à faire ainsi l'office du bourreau. » C'est donc ici que commença cette série d'effroyables tortures auxquelles fut soumis l'assassin.

Au-delà des salles du rez-de-chaussée que le public est admis à visiter, se trouvent trois salles des Résidences royales (99) et une salle des Maréchaux fermées actuellement.

Salle des Connétables. — Dans le principe, le connétable (*comes stabuli*) était le grand-écuyer du souverain. Il y eut, sous l'ancienne monarchie, trente-neuf connétables, depuis le XI⁰ s. jusqu'au XVII⁰ ; le dernier fut Lesdiguières, sous Louis XIII, qui supprima cette charge en 1627. Louis XIV ne la rétablit pas, malgré la promesse qu'il en avait faite à Turenne. Napoléon fit revivre cette dignité pour un de ses frères, Louis, depuis roi de Hollande.

Salle des Amiraux. — Cette collection des portraits des amiraux de France commence en 1270, à Florent de Varennes, amiral sous saint Louis, et finit au duc d'Angoulême, fils de Charles X. Une partie des salles des Amiraux, des Connétables et des Maréchaux formèrent successivement le logement du grand Dauphin, fils de Louis XIV, et, après sa mort, du duc et de la duchesse de Berri, puis du Dauphin, fils de Louis XV, etc.

Trois *vestibules* (75, 76, 77) dont celui du milieu peut servir, au besoin, de passage pour les voitures entre la cour Royale et le parterre du Midi.

Galeries de l'Empire. — Ces salles, jusqu'au vestibule Napoléon, formaient, sous Louis XIV, l'appartement du duc et de la duchesse de Bourbon. Elles renferment des toiles de *Gros, Girodet, David* (Passage du Saint-Bernard), *Carle Vernet,* etc.

Salles des Marines (95). — Ces salles, au nombre de cinq, faisaient partie, sous Louis XVI, du pavillon habité par le comte de Provence (Louis XVIII) et nommé, en conséquence, pavillon de Monsieur ou de Provence.

Galerie des Sculptures, renfermant les statues des personnages et des généraux célèbres, depuis le commencement de la Révolution jusqu'à nos jours.

Galerie et salles des Tombeaux. — La galerie des tombeaux, qui servait autrefois de dégagement et de couloir pour les offices, cuisines et fourrières de l'aile du sud, occupe toute la longueur de cette aile, sur la cour de la Surintendance. Du côté des jardins, elle est bordée de salles obscures qui servent encore de fourrière. Elle renferme un très-grand nombre de statues tombales, moulées en plâtre sur les originaux.

Vestibules renfermant des statues, des bustes, des mausolées, etc.

PREMIER ÉTAGE (PLAN III).

2ᵉ *galerie de l'Histoire de France* (nᵒˢ 39 à 48). — Les tableaux de ces dix salles sont consacrés à diverses scènes de notre histoire, depuis 1797 jusqu'en 1836. — Tableaux de H. Vernet, Gros, Gérard, Gudin, Paul Delaroche, Bellangé, Taunay, etc.

2ᵉ *galerie de Sculptures.* — Cette galerie contient la suite des bustes et statues des rois et des hommes illustres (statues du comte de Beaujolais et du duc d'Orléans par *Pradier ;* statue de Jeanne d'Arc par la princesse *Marie d'Orléans*).

Galerie de Constantine. — 7 salles qui servaient autrefois de logements à des seigneurs de la cour. Elles renferment des tableaux (principalement des tableaux de bataille), parmi lesquels on remarque la Prise de la Smahla, par *H. Vernet* (toile longue de 21 mèt. 39 cent.), la Bataille d'Isly par le même, une vue curieuse de Rome pendant le siège de 1849, par MM. *Th. Jung* et *Gobaut*, des toiles d'Yvon, de Jumel, de Couder, etc.

Salon d'Hercule. — Ce salon, qui sert d'entrée aux grands appartements, fut, jusqu'en 1710, la partie supérieure de l'ancienne chapelle alors établie dans l'espace correspondant en dessous, qui sert aujourd'hui de passage pour se rendre au jardin. Là furent célébrés les mariages du duc de Chartres, du duc du Maine, du duc de Bourgogne ; là retentit la parole de Bossuet, celle de Massillon et celle de Bourdaloue. — Au plafond est l'*Apothéose d'Hercule,* peinte par *Le Moyne.* Cette composition, une des plus vastes connues, a 18 mèt. 50 cent. de longueur sur 17 mèt. de largeur, et contient 142 figures.

Salon de l'Abondance. — Plafond peint par *Houasse,* élève de Lebrun, et representant l'Abondance.

Salons (49 et 50) renfermant des gouaches par *Van Blarenberghe* et des dessins d'anciens costumes militaires français.

Salle des États généraux (51). — Salle richement décorée par *Blondel, Louis Boulanger, Alaux.*

Salon de Vénus. — Dans cette salle étaient placées les tables destinées à la collation, les jours d'*appartement* (V. ci-dessus : *salon de Mercure*). Le plafond, peint par *Houasse*, représente le Triomphe de Vénus. Dans une niche est le groupe des Grâces, par *Pradier*, exposé en 1831.

PETITS APPARTEMENTS.

Ces petits appartements, situés au premier étage, forment deux divisions : l'une, à dr. de la cour Royale, près de la *cour de Marbre*, composée des appartements particuliers du roi ; l'autre, à g. de la même cour, composée de l'appartement particulier de Marie-Antoinette et de celui de Mme de Maintenon.

Côté du Nord. — *Chambre à coucher de Louis XV.* — Ce fut d'abord une salle de billard sous Louis XIV. Ce prince excellait à ce jeu. Ce fut là qu'ayant apprécié la force de Chamillard au jeu de billard, il s'accoutuma peu à peu à lui ; il finit, malheureusement pour la France, par récompenser ce rare talent en nommant ministre celui qui le possédait. Plus tard, cette pièce fut agrandie par la réunion de deux petites pièces attenant à la *cour des Cerfs.* Elle est située entre cette cour et la cour de Marbre. Louis XV en fit sa chambre à coucher et y mourut. Immédiatement après sa mort, « le château resta désert. Tout le monde s'empressa de fuir la contagion qu'aucun intérêt ne donnait le courage de braver. En sortant de la chambre de Louis XV, le duc de Villeguier enjoignit à M. Andouillé, premier chirurgien du roi, d'ouvrir le corps et de l'embaumer. Le premier chirurgien était exposé à en mourir. « Je suis prêt, ré-« pondit Andouillé, mais pendant que j'o-« pérerai, vous tiendrez la tête ; votre « charge vous l'ordonne. » Le duc s'en alla sans mot dire, et le corps ne fut ni ouvert ni embaumé. Quelques serviteurs subalternes et de pauvres ouvriers demeurèrent près de ces restes pestiférés. » (Mme Campan.) Le cercueil fut placé dans un carrosse de chasse, et les gens de l'escorte qui le conduisait à Saint-Denis firent courir le mort du même train qu'il les avait menés si souvent durant sa vie. — « Cette chambre est ornée avec un soin minutieux, dit le comte Alexandre de Laborde, par MM. d'Angoulon et Delbet ; c'est le type de la sculpture ornementale, plus soignée encore et plus élégante sous le règne de Louis XV que sous Louis XIV. »

Salon des Pendules (b). — En 1749, une pendule indiquant les jours, les mois, les années, les phases de la lune, etc., y fu placée. D'autres pendules, dont l'une été prise à Alger en 1830, y ont été éga lement réunies. On voit sur le parque une méridienne qui passe pour avoir été tracée par Louis XVI, et, sur des dessu de table en stuc, les plans figurés des forêts des résidences royales. — Ce salo servait de salle de conseil sous Louis XV

Ancien cabinet des Agates (c). — Ce ca binet, sous Louis XIV, renfermait les pierres précieuses et les bijoux. Il reçu diverses destinations. On prétend qu c'est d'une des fenêtres de ce cabinet qu Louis XV, voyant passer de loin le convo de Mme de Pompadour, prononça ces sin gulières paroles : « La marquise a mau vais temps pour son voyage ! »

Salle des Buffets, sous Louis XVI (d — M. Vatout, dans son Histoire de Ver sailles, indique par erreur cette pièc comme faisant partie de *l'appartement* d *Mme de Maintenon* (V. p. 37), et le peti cabinet qui y tient comme le *confessionn* de Louis XIV. Ce retrait était, selon Blon del, une garde-robe.

Cabinet de la Vaisselle du roi, sou Louis XVI (e). — « Ce cabinet, ainsi qu la bibliothèque et la salle à manger à l suite, occupent l'emplacement de la petit galerie et de ses deux salons, dont le peintures étaient de Pierre Mignar Avant la construction de cette petite g lerie en 1685, cette partie du palais éta habitée par Mme de Montespan. » (*Noti du Musée.*) Cette galerie fut détruite à s tour en 1736, quand on établit des appa ments dans les combles du château.

Bibliothèque de Louis XVI (f). — Selo M. Vatout, ce serait dans cette sall qu'auraient été découverts, sur la dénon ciation de Gamain, l'armoire de fer et l *livre rouge* qu'elle renfermait. Louis-Phi lippe voulait réunir dans cette bibliothè que tous les ouvrages analogues au c ractère historique des galeries de Ver sailles.

Salon des Porcelaines, sous Louis XV (g). — Cette pièce était ainsi nommé parce que les plus beaux produits de manufacture de Sèvres y étaient exposés au 1er janvier.

Ancien escalier des Ambassadeurs (h). Ce magnifique escalier fut détruit e 1750 ; il était décoré de peintures, p Lebrun et Van der Meulen, et de sculp tures, par Coysevox. La salle *h* et l'es calier actuel occupent une partie de so emplacement.

L'escalier actuel a été construit par Louis-Philippe (deux toiles intéressantes de Ch. Parrocel).

Salle à manger (i). — Cette pièce a eu d'abord plusieurs autres destinations.

Cabinet des Chasses (j). — « La croisée de ce cabinet, dit M. Vatout, donne sur une petite cour, qu'on appelle la *cour des Cerfs*; elle est entourée d'un balcon sur lequel, au retour de la chasse, la famille royale se plaçait pour voir faire la curée. Cette grille en fer, à main gauche sur le balcon, servait d'entrée dans l'alcôve de la chambre de Louis XV. C'est par là que Mme du Barry, dont l'appartement était au-dessus, se rendait secrètement auprès du roi. La porte dorée, à dr. en entrant, donne sur un escalier qui conduisait en haut, dans le logement de Mme du Barry. (Il consistait en une suite de petites pièces très-basses, éclairées par des fenêtres en voûte circulaire.) Au deuxième étage de la cour des Cerfs, Louis XV avait fait pratiquer pour lui de petits appartements que Louis XVI, plus tard, fit disposer selon ses goûts. » C'est dans cette partie supérieure du palais qu'il s'occupait de travaux de serrurerie, sous la direction d'un ouvrier nommé Gamain, qui construisit, au commencement de 1792, la fameuse armoire de fer. Quelques jours avant le procès de Louis XVI, Gamain fit au ministre Roland la révélation de cette cachette secrète, révélation que lui-seul pouvait faire. Plus d'un an après la mort de Louis XVI, Gamain adressa à la Convention nationale une pétition dans laquelle, à la suite d'une odieuse accusation de tentatives d'empoisonnement sur sa personne par Louis XVI, il demandait une pension. Une pension viagère de 2,000 livres lui fut effectivement accordée, *à compter du jour de l'empoisonnement!*

Côté du Midi. — *Petits appartements de Marie-Antoinette.* — Ces petits appartements, prenant leur jour par une petite cour intérieure et desservis par un petit escalier, étaient, sous Louis XIV, les dépendances du service intime de Marie-Thérèse. Quand la duchesse de Bourgogne prit possession des appartements de la reine, des additions et des changements furent faits à cette partie du château. Sous Louis XV, Marie Leczinska y ajouta des bains et un cabinet d'étude où elle se livrait à l'innocente distraction de la peinture (V. ci-dessous, le grand Trianon). Marie-Antoinette habita à son tour ces petits appartements. « C'est là, dit M. Vatout, que dans un aimable abandon cette princesse recevait cette société de prédilection qui souleva tant de jalousies : la comtesse Jules de Polignac et sa belle-sœur Diane ; MM. de Guignes, de Coigny, d'Adhémar, de Bezenval, de Polignac, de Vaudreuil, de Guiches, et le prince de Ligne. »

Salon de la Reine (k). — Les boiseries sont de l'époque de Marie-Antoinette.

Bibliothèque verte (l). — Cette pièce était le cabinet de bains de Marie Leczinska.

Bibliothèque blanche (m). — Ce cabinet servait d'atelier de peinture à Marie Leczinska. « Les verrous et les boutons de porte sont au chiffre de *Marie-Antoinette.* »

Petit cabinet (n).

Couloir de communication (o). — C'est par ce couloir de service, établissant une communication avec l'appartement du roi, que Marie-Antoinette se sauva le matin du 6 octobre 1789. Il communique avec la chambre à coucher de la reine (V. page 45).

Appartement de Mme de Maintenon (V. ci-dessus).

Salles des Aquarelles (60). — Ces salles formèrent l'appartement du duc de Bourgogne, puis du cardinal Fleury et du duc de Penthièvre. Elles contiennent, entre autres tableaux, une nombreuse collection d'aquarelles.

3e *galerie de Sculptures.* — Cette galerie servait autrefois de dégagement aux appartements qu'a remplacés la galerie des Batailles.

Salon de 1830. — Louis-Philippe avait consacré cette salle à la révolution de juillet 1830, origine du pouvoir de la dynastie d'Orléans. Le plafond a été peint par Picot.

DEUXIÈME ÉTAGE (PLAN III).

Attique du Nord (27 à 37). — Le second étage de l'aile du Nord comprend une partie de la vaste collection de portraits réunie dans les galeries de Versailles. Ces portraits sont ceux des personnages célèbres depuis le XIIe s. jusqu'au XVIIIe. Un assez grand nombre de ces portraits sont des originaux.

Attique du Sud (63 à 66). — Les salles de l'aile du Sud renferment également une collection de portraits. Cet étage formait autrefois près de cent pièces occupées par diverses personnes attachées à la cour.

Salle de la Chambre des Députés.

La **Chambre des Députés**, que l'on ne peut visiter si l'on n'est muni d'une carte d'entrée (ces cartes, délivrées par les députés, ne donnent droit qu'à l'accès des tribunes, durant les séances), a été disposée, en 1875, dans les anciens bâtiments remaniés de la Surintendance. L'entrée est, pour les représentants, au fond de la cour des Princes, à g., pour le public, sur la rue de la Bibliothèque. La salle des séances a été construite par M. de Jolly, en forme d'hémicycle, avec colonnades abritant les tribunes du public. Sur le mur du fond a été placé au centre le tableau de Couder représentant l'*Ouverture des États généraux* de 1789, et sur les côtés deux statues figurant la *Concorde* et la *Sécurité*.

Les jardins.

Les jardins de Versailles sont le chef-d'œuvre de Le Nôtre (né en 1613 et mort en 1700). Le Nôtre étudia avec Lebrun dans l'atelier de Vouet. Il aurait pu se distinguer comme peintre ; il se contenta d'être architecte et dessinateur de jardins. Le genre solennel introduit par lui dans le paysage servit de modèle et se répandit dans toute l'Europe. Si nous avons peine aujourd'hui à goûter la singulière géométrie qui, rognant et taillant avec une régularité désespérante, faisant de l'architecture et de la sculpture avec la verdure des arbres, les transforme en murailles, en pyramides, etc., on ne peut méconnaître cependant la grandeur de conceptions qui présida au tracé de ces jardins. Rien de libre assurément, rien qui rappelle la luxuriante indépendance de la nature : mais ce genre, qui transporte dans un parc les divisions régulières de l'intérieur d'un palais, offre ici une merveilleuse harmonie avec le faste et les pompes de la cour de Louis XIV : la nature elle-même a dû subir les lois de l'étiquette sévère qui régnait dans le palais [1].

Façade du palais. — Elle présente du côté des jardins un très-long développement (V. ci-dessus, p. 33), et une ligne de 125 fenêtres (23 à la façade centrale ; 17 sur chacune des façades en retour, et 34 à chaque aile) ; ce qui donne 375 fenêtres pour le rez-de-chaussée et les deux étages.

Terrasse au pied du château. — Quatre belles statues en bronze, d'après l'antique, sont adossées au bâtiment du milieu : *Silène, Antinoüs, Apollon* et *Bacchus*.

Aux angles sont deux vases en marbre blanc ; celui du côté du nord, par Coysevox, a des bas-reliefs figurant la victoire des Impériaux sur les Turcs à l'aide des secours de Louis XIV, et la prééminence de la France reconnue par l'Espagne ; celui du sud est sculpté par Tuby. Les bas-reliefs font allusion à la paix d'Aix-la-Chapelle et à celle de Nimègue.

Parterre d'eau (I, plan I). — Il s'étend devant la façade centrale, et il est ainsi nommé parce qu'il présente au lieu de tapis de gazon deux bassins, contournés aux angles, dont la forme a été plusieurs fois changée. Ces bassins sont bordés d'une tablette de marbre blanc sur laquelle reposent de beaux groupes en bronze, fondus par les frères *Keller*, vers 1688 et 1690.

Le *bassin du Nord* (qu'on longe quand on entre dans les jardins par la cour de la chapelle), a aux quatre angles des figures de fleuves : du côté du château, la *Garonne* (1688) et la

---

[1]. Nous indiquerons toutes les statues qui sont distribuées dans le parc. Bien qu'un nombre considérable de ces statues soit dépourvu de tout mérite et que plusieurs autres aient été mutilées par les Prussiens : elles offrent cependant un certain intérêt, comme spécimen du style artistique de l'époque, et elles sont, le plus souvent, des énigmes allégoriques dont il est bon de donner la clef aux étrangers.

Palais de Versailles, vu du jardin.

Dordogne, appuyées sur deux urnes, modelées par Coysevox; à l'autre bout, la *Seine* et la *Marne*, par Le Hongre (cette dernière est du côté sud).

Bassin du Midi. — Du côté du château: la *Loire*, tenant une corne d'abondance, et le *Loiret*, par Regnaudin; à l'autre extrémité, le *Rhône* appuyé sur une rame, et la *Saône*, par Tuby. Sur les longs côtés, sont des groupes en bronze également par Legros, Le Hongre, Van Clève, Magnier, Poultier, Raon, Lespingola, figurant des Nymphes ou des Naïades avec des Amours ou des Zéphyrs, et des groupes d'enfants montés sur des dauphins, ou jouant avec des oiseaux et tenant des couronnes de fleurs, des roseaux, des coquilles. Du milieu de chaque bassin s'élance une gerbe d'environ 10 mèt., qu'entourent seize jets inclinés formant la corbeille.

Devant les deux ailes du palais s'étendent deux parterres: le parterre du Midi et le parterre du Nord.

Parterre du Midi (2, plan I). — Il est au pied de la terrasse de l'aile du midi. On y descend par un escalier de marbre blanc, dont les angles sont ornés de *sphinx* en marbre, montés chacun par un enfant en bronze, de Lerambert; sur les perrons sont des vases, en marbre, par Bertin, et en bronze, par Ballin.

Ce parterre est orné de deux petits bassins, d'où sort une gerbe, et autour desquels sont des plates-bandes à dessins de broderies formés avec du gazon et du buis.

Sur l'angle de la balustrade qui règne le long du parterre, et qui conduit à un des escaliers dont nous allons parler, est une statue de *femme couchée*, dite Cléopâtre, par Van Clève (d'après l'antique). Du haut des terrasses qui supportent le parterre du Midi, on aperçoit la pièce d'eau des Suisses, dominée par le bois de Satory, et au-dessous de soi le parterre de l'Orangerie, à dr. et à g. duquel sont deux magnifiques escaliers, ayant 103 degrés chacun et 20 mèt. de largeur.

Sur la terrasse, à l'extrémité de l'aile du Midi, est une statue en plomb de Napoléon Ier, par *Bosio*. Elle était destinée à être placée dans le char de l'arc de triomphe de la place du Carrousel. — Dans une cour perdue au bas de cette terrasse est la statue en bronze du duc d'Orléans, par *Marochetti*, qui fut érigée, en 1844, dans la cour du Louvre.

L'Orangerie. — L'Orangerie, construite en 1685 par *Mansart*, est, par le caractère mâle et simple qui la distingue, par l'effet grandiose et pittoresque de ses deux rampes d'escaliers, « le plus bel ouvrage d'architecture qui soit à Versailles. » Elle se compose d'une galerie du milieu, de 155 mèt. de longueur sur 12 mèt. 90 de largeur, éclairée par douze fenêtres cintrées qui sont dans l'enfoncement des arcades, et de deux galeries latérales ayant chacune 114 mèt. 43 de longueur. Ces galeries présentent trois avant-corps; celui de la galerie du fond est de huit colonnes d'ordre toscan, et les deux autres ont chacun quatre colonnes.

Devant le bâtiment, et au pourtour d'un bassin, sont rangées, dans la belle saison, près de 1,200 caisses d'orangers et de 300 caisses d'espèces variées.

Le plus vieux des orangers est celui qu'on nomme le *Grand-Bourbon*, parce qu'il fut acquis en 1530 par la confiscation des biens du connétable de Bourbon; on croit qu'il fut semé en 1421; il aurait donc 447 ans.

On lit dans le journal de Dangeau, samedi 7 juin 1687: « Sur les cinq heures, le roi s'alla promener à pied à son Orangerie, où l'on a apporté les beaux orangers de Fontainebleau. »

Sous le bâtiment du milieu, vis-à-vis de la porte centrale, est une statue en marbre de Louis XIV, par *Desjardins*, destinée en 1686 à être dressée sur la place des Victoires à Paris. La tête, mutilée pendant la Révolution, a été refaite en 1816.

Pièce d'eau des Suisses. — La

VERSAILLES. — LES JARDINS.

pièce d'eau des Suisses, que l'on aperçoit du haut de la terrasse du parterre du Midi, est ainsi nommée parce qu'un régiment suisse fut employé à la creuser en 1679; elle a 400 mèt. de longueur sur 140 mèt. de largeur. A l'extrémité, est une statue équestre, qui devait représenter Louis XIV; ce dernier ouvrage du Bernin fut envoyé de Rome; Louis XIV en fut si mécontent qu'il voulut la faire briser. Girardon la retoucha et en fit un *Marcus Curtius*.

Nous allons maintenant visiter, dans une direction opposée à l'Orangerie, un autre des deux parterres qui s'étendent devant les ailes du palais.

Parterre du Nord (3, plan I). — Parallèlement au parterre du Midi, devant l'aile du Nord, s'étend un autre parterre que l'on a à sa droite, quand on entre dans les jardins par la cour de la chapelle. Il est entouré de vases en bronze, par Ballin, Anguier, etc. A dr. et à g. du perron de l'escalier qui descend dans le par-

Le palais de Versailles, vu de la pièce d'eau des Suisses.

terre sont deux statues en marbre d'après l'antique : le *Scythe écorcheur*, vulgairement le *Rémouleur*, par Foggini, et la *Vénus accroupie*, par Coysevox. Dans la partie basse de ce parterre sont les deux *Bassins des Couronnes*, décorés des figures en plomb de Tritons et de Sirènes, par Tuby et Le Hongre. Un peu plus bas que les bassins des Couronnes est la *fontaine de la Pyramide*, dont les sculptures en plomb sont l'œuvre de Girardon. Enfin, au-dessous de celle-ci, est un bassin carré, où l'eau tombe en cascade. On remarque, sur la face principale de ce bassin, un joli bas-relief en plomb bronzé, représentant les *Nymphes au bain*, par Girardon; les autres bas-reliefs sont de Legros et de Le Hongre.

L'allée qui descend de ce bassin carré au grand bassin de Neptune est désignée sous le nom de l'*Allée d'Eau*. Avant de la prendre, nous indiquerons les statues adossées aux bosquets du pourtour du parterre du Nord. Ce sont, à dr. et en commençant du côté du palais : le *Poëme héroïque*, par Drouilly; le *Flegmatique*, par Lespagnandelle; l'*Asie*, par Roger; le *Poëme satirique*, par Buyster; — à dr. et à g. du bassin carré : le

Sanguin, par Jouvenet ; le *Colérique*, par Houzeau ; — et, en continuant au-delà de l'Allée d'Eau : l'*Hiver*, par Girardon ; l'*Été*, par Hutinot ; l'*Amérique*, par Guérin ; l'*Automne*, par Regnaudin.

Allée d'Eau. — Cette allée en pente a été dessinée par Claude Perrault. Sur les bandes de gazon qui la partagent, on remarque vingt-deux groupes, chacun de trois enfants, jeunes garçons et jeunes filles, Amours et Satyres, jouant, dansant, revenant de la chasse, exécutés par Legros, Lerambert, Massou. Ces groupes sont placés chacun au milieu d'un bassin en marbre blanc ; ils soutiennent une cuvette de marbre du Languedoc, du milieu de laquelle s'élève un petit jet d'eau qui retombe en nappe dans le bassin inférieur.

A l'extrémité de l'Allée d'Eau se trouve à dr. l'entrée du bosquet (fermé) de l'*Arc de Triomphe*. On y voit la *France* assise dans un char. Cette figure et celle de l'*Espagne*, appuyée sur un lion, sont de Tuby ; celle de l'*Allemagne*, assise sur un aigle, est de Coysevox. Sur le premier degré de marbre se tord un dragon expirant, symbole de la triple alliance.

A l'issue de l'Allée d'Eau et entre cette allée et le bassin de Neptune, on remarque un bassin rond d'où s'élancent neuf jets d'eau. Cette pièce était appelée autrefois le *bassin du Dragon* : elle avait dû cette désignation aux figures bizarres qui la décoraient ; et la foule continue encore à donner, par erreur, au bassin de Neptune le nom de pièce du Dragon.

Bassin de Neptune. — De tous les bassins du parc, le plus grand et le plus remarquable, tant par le caractère grandiose des sculptures qui le décorent que par l'abondance de ses eaux, est sans contredit le bassin de Neptune. C'est le jeu des eaux de cette merveille d'hydraulique que l'on réserve en dernier lieu comme une sorte de *bouquet*, qui termine magnifiquement la fête féerique des *Grandes eaux*.

Une longue tablette ornée de vingt-deux vases de plomb bronzé, et garnie d'un jet entre chaque vase, règne le long de la façade méridionale de bassin ; ces jets et ceux qui s'élèvent de chaque vase, au nombre de soixante-trois, sont reçus dans un chenal d'où l'eau s'échappe dans de vastes coquilles placées aux angles, et par des mascarons, pour retomber dans la grande pièce.

Sur la tablette inférieure sont trois vastes plateaux, sur lesquels sont placés des groupes de métal. Le groupe central représente *Neptune*, ayant à sa gauche *Amphitrite*, assise dans une grande conque marine, par Adam ainé (1740) ; celui de gauche : *Protée* gardant les troupeaux de Neptune et appuyé sur une licorne, par Bouchardon (1739) ; celui de droite : l'*Océan*, par Le Moyne (1740).

Aux deux extrémités de la tablette circulaire sont placés deux *dragons marins montés chacun par un Amour*. Ces groupes sont de Girardon.

« Louis XIV vit aller pour la première fois, le 17 mai 1685, toutes les fontaines de la pièce de *Neptune* (Dangeau). » Les groupes qui décorent ce bassin ne furent exécutés que sous Louis XV, par Adam l'ainé, Bouchardon et Le Moyne.

Cette pièce d'eau commence, d'ordinaire, à jaillir vers cinq heures, dès que tous les autres bassins ont successivement épuisé leurs gerbes liquides. Il est impossible d'en rendre l'effet magique, quand de tout le pourtour du bassin, quand de toutes les bouches des dieux, des Tritons, des Naïades, des phoques et des chevaux marins, surgissent, bouillonnent, s'entre-croisent des jets d'eau d'une force et d'un volume extraordinaires, qui retombent en cascade écumante dans la pièce d'eau agitée. Le spectacle de cette masse d'eau déchaînée suffirait seul pour attirer la foule à Versailles.

A dr. du bassin de Neptune est la

Bassin de Neptune.

grille du Dragon, qui mène dans Versailles au quartier Notre-Dame. Près de là, dans l'allée circulaire tracée en face du bassin de Neptune, on voit une assez belle statue de *Bérénice* (d'après l'antique), par Lespingola. Sous les massifs, en face du groupe de Neptune et d'Amphitrite, est un groupe dessiné par Lebrun et exécuté à Rome par Guidi, dans le style de décadence qui régnait alors; il représente *la Renommée écrivant l'histoire de Louis XIV*. A l'autre extrémité, du côté de Trianon, dont on aperçoit le palais au bout d'une longue avenue sur laquelle ouvre la grille de Neptune, se dresse une statue de *Faustine* (d'après l'antique), par Frémery.

Après avoir visité cette première partie des jardins qui s'étend immédiatement devant le château, nous allons achever de les parcourir, en nous rapprochant peu à peu de Trianon. Pour cela, nous reviendrons nous placer en avant des deux grands bassins du *parterre d'eau*, au-dessus de l'escalier et des rampes qui descendent dans le parterre de Latone. De là, tournant le dos au palais, nous apercevons une longue perspective : à nos pieds s'étale le *parterre de Latone*; au delà s'ouvre une magnifique avenue bordée de futaies et ayant au milieu un champ de gazon, nommé le *tapis vert*; à l'extrémité de ce tapis vert, se montre le *bassin d'Apollon*, et, en arrière, un *grand canal* qui s'étend jusqu'à l'horizon. Pour procéder avec ordre dans notre promenade, nous visiterons d'abord le *parterre de Latone et le tapis vert*, puis les parties latérales du parc.

Avant de descendre dans le parterre de Latone, jetons un coup d'œil sur deux jolies fontaines, dans des cabinets de verdure, à g. et à dr. de l'escalier.

Les deux fontaines. — La fontaine du côté de l'Orangerie est appelée *fontaine du Point-du-Jour* (5, plan I), du nom d'une statue qui l'avoisine, exécutée par Marsy; et celle du côté de la chapelle, *fontaine de Diane* (6, plan I). — Des deux côtés de la fontaine du Point-du-Jour, sont deux statues de femmes : l'une, à g., figurant l'*Eau*, œuvre char-mante de Legros; l'autre, à dr., le *Printemps*, par Magnier. — En retour de la fontaine, du côté des rampes qui descendent au parterre de Latone, est une autre statue, par G. Marsy, ayant une étoile sur la tête et figurant le *Point du jour*. — Des deux côtés de la fontaine de Diane, sont également deux statues représentant : le *Midi* sous la figure de *Vénus* (à dr.), par G. Marsy, et le *Soir* sous la figure de *Diane* (à g.), par Desjardins. — En retour de la fontaine est une statue par Le Hongre, ayant un aigle à ses pieds et figurant l'*Air*.

Sur l'appui de la bordure supérieure de chacune des fontaines sont des groupes d'animaux en bronze, fondus par les frères Keller (1687). Ils lancent de l'eau dans les bassins et représentent : un tigre terrassant un ours; un limier abattant un cerf, modelés par Houzeau; un lion combattant un sanglier, un lion terrassant un loup, par Van Clève.

Du parterre d'eau, on descend dans celui de Latone par un escalier central, ou par deux rampes douces qui se développent sur les côtés.

Aux angles de l'escalier du milieu sont deux vases, par Dugoullon et Drouilly. Quatre autres vases, placés sur le second perron formant terrasse, ont été faits à Rome, d'après l'antique, par Grimaud et d'autres élèves.

Voici maintenant l'indication des statues qui décorent les rampes.

Rampe de g. ou du S.:

Le poëme lyrique, par Tuby;

Le feu, par Dossier;

Prisonnier barbare (d'après l'antique), par Lespagnandelle;

Vénus Callipyge (d'après l'antique), par Clairion. — La pruderie moderne y a ajusté un bout de draperie d'une manière au moins maladroite;

Silène portant Bacchus enfant (d'après l'antique qui est au Louvre), par Mazière;

VERSAILLES. — LES JARDINS.

Antinoüs (d'après l'antique), par Legros ;
Mercure (d'après l'antique), par Melo ;
Uranie (d'après l'antique), par Carlier ;
Apollon du Belvédère (d'après l'antique), par Mazeline ;
En face de la statue d'Apollon est celle du *Gladiateur mourant* (d'après l'antique), par Mosnier.
Rampe de dr. ou du N.:
Le *Mélancolique*, par La Perdrix ;
Antinoüs (d'après l'antique), par Lacroix ;
Prisonnier barbare (d'après l'antique), par André ;

Vase du bassin de Neptune. — L'eau. — Vase Borghèse.

Faune (d'après l'antique qui est au Louvre), par Hustrelle ;
Bacchus (d'après l'antique), par Granier ;
L'impératrice *Faustine* sous la figure de *Cérès* (d'après l'antique), par Regnaudin ;
L'empereur *Commode* sous la figure d'*Hercule* (d'après l'antique), par Nicolas Coustou ;
Uranie (d'après l'antique), par Frémery ;
En face de la statue de Ganymède est la jolie statue de la *Nymphe à la coquille* (d'après l'antique qui est au Louvre), par Coysevox.
Bassin de Latone. — Le bassin de Latone est au milieu du parterre. Sur le plus élevé des gradins de marbre rouge étagés en pyramide, a été placé le groupe de Balth. Marsy : *Latone* avec ses deux enfants, *Apollon* et *Diane*, qui demande vengeance à Jupiter contre les insultes des

paysans de la Lycie. Çà et là, au pourtour, des grenouilles, des lézards, des tortues, des paysans et paysannes, dont la métamorphose commence, lancent contre la déesse des jets d'eau qui croisent dans tous les sens leurs gerbes brillantes.

N'oublions pas les deux petits *bassins*, dits *des Lézards*, avec des gerbes de 10 mèt. environ, placés plus bas, dans le parterre, et faisant suite aux métamorphoses des paysans de la Lycie.

A droite et à gauche du bassin se trouvent huit vases, dont trois représentent un sacrifice à *Diane*; trois autres, une fête de *Bacchus*, œuvres de Cornu, d'après les vases antiques dits : Borghèse et Médicis. Les deux derniers vases, de Hardy et de Prou, représentent : le premier, le jeune dieu *Mars* sur un char tiré par des loups; le second, *Mars* assis sur des trophées et couronné par des génies.

Des Termes en marbre sont adossés aux bosquets des *quinconces du Midi* et *du Nord*. — Dans la demi-lune en avant du Tapis vert sont placés les groupes suivants :

A g. (côté du S.) : *Castor et Pollux* (d'après l'antique), par Coysevox;

Arria et Pætus (d'après l'antique), par Lespingola;

A dr.: *Papirius et sa mère* (d'après l'antique), par Carlier;

Laocoon et ses fils (d'après l'antique), par Tuby.

Grande allée du Tapis-Vert. — La belle avenue ouverte dans le centre du parc, et qui relie le parterre de Latone au bassin d'Apollon, est remarquable par le long tapis vert qui s'étend au milieu et qui lui a fait donner son nom. Cette immense nappe de gazon sert d'arène à un exercice auquel se livrent, selon une tradition non interrompue, une foule de provinciaux, de parieurs de toutes conditions, qui essayent, un bandeau sur les yeux, d'arriver jusqu'au bout sans avoir dévié et quitté l'herbe pour le sable.

Le Tapis-Vert est bordé d'une double haie de vases et de statues dont voici les noms :

Côté g. (S.) : la *Fidélité* (dessin de Mignard), par Lefèvre;

Vénus sortant du bain, par Legros; statue intéressante, imitée d'un antique qui se trouvait au château de Richelieu;

Faune au chevreau (d'après l'antique), par Flamen;

Didon sur son bûcher, par Poultier;

Amazone (d'après l'antique), par Buirette;

Achille sous l'habit de *Pyrrha*, par Vigier (spécimen de mauvais style, vers 1695).

Côté dr. (N.): La *Fourberie* (dessin de Mignard), par Lecomte;

Junon (antique restauré);

Hercule et Télèphe, par Jouvenet;

Vénus de Médicis (d'après l'antique);

Cyparisse caressant son cerf, par Flamen;

Artémise, par Lefèvre et Desjardins.

A peu près aux deux tiers du Tapis-Vert, à g., on aperçoit le bosquet de la Colonnade (*V.* ci-dessous).

Nous avons cru devoir décrire de suite, après le parterre de Latone, l'allée du Tapis-Vert, qui forme une perspective si importante au centre du parc de Versailles; maintenant, revenant sur nos pas, nous allons décrire les deux grandes divisions du parc du midi et du nord, séparées par le parterre de Latone et le Tapis-Vert. Nous commençons par le côté du sud.

Les *bosquets*, que nous indiquons comme étant *fermés*, sont ouverts les jours de fête seulement; mais les autres jours, on peut les visiter en se faisant accompagner d'un surveillant. (Le poste des surveillants est à l'entrée du Tapis-Vert, à g.)

BOSQUETS DU CÔTÉ GAUCHE (SUD).

Ces bosquets sont divisés dans leur longueur par une allée parallèle au Tapis-Vert, mais double de longueur : *l'allée de Saturne et de Bacchus*, ainsi nommée à cause des figures qui ornent deux bassins situés dans cette allée à la rencontre d'allées transversales. Le premier bassin (du côté de l'Orangerie) est octogone ; le groupe en plomb représente *Bacchus* et de petits Satyres, par les frères Marcy, d'après les dessins de Lebrun. — Le bassin le plus éloigné est rond ; le groupe représente *Saturne* entouré d'enfants, par Girardon (dessin de Lebrun).

Visitons maintenant les divers bosquets de cette partie gauche du parc ; en commençant par ceux du côté de l'Orangerie et en nous avançant successivement vers le grand canal.

Bosquet de la Cascade, dit Salle de bal (fermé). — (9, plan I.) — Ce bosquet, de forme elliptique, présente au fond une cascade composée de gradins en rocailles et en coquillages, et enrichie de vases et de torchères en métal bronzé. Les nappes d'eau qui tombent d'un gradin sur

Le Tapis vert.

un autre forment un charmant coup d'œil, dont l'effet a été quelquefois augmenté en plaçant, dans les cavités qui s'étendent à chaque gradin sous les rocailles, des lumières colorées, par-dessus lesquelles les eaux se jouaient dans leur chute.

Au-dessus de l'amphithéâtre de verdure, en face de la cascade, est un joli groupe en marbre représentant l'*Amour terrassant un Satyre*.

On a appelé ce bosquet *Salle de bal*, parce qu'il a servi à cet usage dans plusieurs grandes fêtes. Un tableau du temps nous montre Mme de Maintenon y conduisant Mademoiselle de Blois, fille du roi et de Mme de Montespan. On lit dans le journal de Dangeau que le grand Dauphin, après avoir été *courre* le loup, son exercice de chasse favori, se plaisait quelquefois à y donner à dîner aux chasseurs.

Bosquet de la Reine (fermé). — (10, plan I.) — Ce bosquet remplace l'ancien *labyrinthe*, supprimé en 1775, et ainsi nommé à cause de l'entrelacement des allées. Au détour de chaque allée se trouvait une fontaine ornée de figures d'animaux en plomb et de bassins en rocaille représentant une fable d'Ésope. Le dessin de ces sculptures avait été fourni par Lebrun, et les vers placés au bas étaient de la composition de Benserade. Ces ornements ont fait place à une décoration plus simple.

Parmi les arbres exotiques de ce bosquet, on remarque surtout un quinconce de tulipiers, décoré par quatre beaux vases en bronze, au milieu desquels est placée une statue de *Vénus de Médicis*, et une belle statue du *Gladiateur combattant*, toutes deux en bronze.

Le bosquet de la Reine est situé au pied d'un des grands escaliers qui descendent à l'Orangerie, parallèlement au mur du parc, vers l'avenue de Saint-Cyr.

C'est dans ce bosquet que se passa, dit-on, vers les dernières années de l'ancienne monarchie, une scène des plus singulières : le cardinal de Rohan, dupe d'intrigants et surtout de son aveugle crédulité, entrevit à la nuit une certaine Oliva, ayant une taille et une toilette pareilles à celles de Marie-Antoinette, et il crut avoir rencontré la reine. Dans l'espérance de rentrer en grâce auprès de cette princesse, mal disposée pour lui à cause de sa conduite politique comme ambassadeur à Vienne, il crut voir dans cette rencontre un mystérieux assentiment à négocier pour elle l'achat du collier de diamants de 1,600,000 f., que le joaillier Bœhmer lui avait fait offrir et qu'elle avait précédemment refusé. C'est ainsi que se noua cette funeste affaire du collier, dont la malveillance s'arma pour répandre d'infâmes calomnies sur la reine, et qui a été justement appelée la première journée de la Révolution.

Nous prenons maintenant l'*allée de l'Automne*, et, nous dirigeant du côté du parterre de Latone, nous passons devant le bassin de Bacchus, et, au-delà, nous entrons, à g., dans le quinconce du Midi.

Quinconce du Midi. — Nous signalerons seulement dans ce vaste espace, ouvert aux promeneurs et ombragé de marronniers, une suite de Termes en marbre exécutés d'après des dessins de Poussin, par Fouquet. Du côté du S. sont les sujets suivants : *Morphée*, un *Moissonneur*, *Flore*, une *Bacchante*; du côté du N. : *Pomone*, *Minerve*, *Hercule*, *Vertumne*. Dans plusieurs de ces Termes, le génie sévère de Poussin se retrouve encore à travers la traduction faite par le sculpteur.

Après avoir traversé le quinconce du Midi, nous arrivons à l'*allée de l'Hiver*, qui s'étend du Tapis-Vert au jardin du Roi (V. plus bas); nous jetons un coup d'œil sur un vase en marbre, dessiné par Mansart, et, passant devant le bassin rond de Saturne, nous voyons au-delà, à g., le bassin du Miroir.

Bassin du Miroir (11, plan I). — Cette pièce d'eau est en face du bosquet du Roi. On remarque autour quelques statues antiques très-bien restaurées : une *Vestale* tenant une patère ; *Apollon* ; *Vénus* ; une autre *Vestale*.

Jardin du Roi. — (A partir du 1er mai, il est ouvert tous les jours, de 2 h. à la nuit.)

Le jardin du Roi, promenade favorite des habitants de Versailles, remplace l'ancien bassin de l'*Ile d'Amour*. Ce bassin ne présentait, depuis longtemps, par suite de l'altération des conduits, qu'une sorte de marais fangeux, lorsque le roi Louis XVIII, pendant le rigoureux hiver de 1816, ordonna d'employer les indigents à des travaux de terrassement pour transformer ce marécage en un jardin d'arbrisseaux, d'arbustes, de gazons et de fleurs de toutes sortes.

Le plan du jardin, tracé par M. Dufour, architecte du roi, fut exécuté en trois mois ; il ne reproduit nullement, comme semble le croire l'opinion générale, le dessin du jardin de la maison d'Hartwell, que Louis XVIII occupait en Angleterre.

VERSAILLES. — LES JARDINS.

De la porte d'entrée on aperçoit, sur le tapis de verdure, une colonne surmontée de la statue de Flore. — A l'extérieur se voient *Hercule Farnèse*, par Cornu, et *Flore Farnèse*, par Raon, statues colossales d'après l'antique.

Rien de plus ravissant dans la belle saison que l'ensemble de fleurs aux couleurs vives et fraîches, co-

La Colonnade.

nuettement encadrées dans la verdure du gazon et servant elles-mêmes de bordures étagées aux massifs des arbustes. Des bancs sont disposés çà et là sous les ombrages pour les promeneurs.

Retournant au bassin de Saturne, nous entrons, à g., dans une avenue droite qui se dirige vers le bassin d'Apollon, et nous prenons, à g., une allée qui conduit au milieu d'une salle dite : la SALLE DES MARRONNIERS, nommée autrefois salle des Antiques, à cause des statues antiques qui l'ornaient ; elle n'a conservé que les suivantes : *Antinoüs* et *Méléagre*, et les bustes (côté du S.) de *Marc-Aurèle*, d'*Othon*, d'*Alexandre*, d'*Apollon*, (côté du N.) d'*Annibal*, d'*Octavien*, de *Sévère*, d'*Antonin*.

Il ne nous reste plus, pour achever le parcours des bosquets du S., qu'à visiter celui de la Colonnade, dont la principale entrée est par l'allée du Tapis vert.

Bosquet de la Colonnade (fermé). — (13, plan I.) — Ce bosquet renferme un péristyle en marbre, de forme circulaire (32 mèt. de diamètre) et d'un riche aspect décoratif; il est composé de 32 colonnes en marbre de différentes couleurs, avec des chapiteaux en marbre blanc. Sur les colonnes viennent s'appuyer une suite d'arcades cintrées, ornées à leurs clefs de masques de Nymphes, de Naïades ou de Sylvains. Dans les tympans sont des bas-reliefs par Mazière, Granier, Le Hongre, Leconte et Coysevox. Sous les arcades sont placées 28 cuvettes en marbre, de chacune desquelles s'élève un jet d'eau qui retombe en cascade dans le chenal inférieur.

Toute cette architecture a été exécutée par Lapierre, d'après les dessins de Hardouin Mansart.

Dans l'arène formée au centre de cette salle de verdure, est un groupe en marbre par Girardon, d'après les dessins de Lebrun, ouvrage plein de mouvement, mais d'un dessin mou. Il représente l'*Enlèvement de Proserpine par Pluton*; les bas-reliefs du piédestal figurent les diverses scènes de cet enlèvement.

Après avoir fait le tour de la Colonnade, reprenant le Tapis-Vert, nous descendons jusqu'au bassin d'Apollon.

En avant de ce bassin s'élargit une demi-lune où des statues de marbre sont adossées aux massifs des bosquets. A g. (côté du S.) : *Ino* se précipitant dans la mer avec son fils *Mélicerte*, pour se soustraire à la fureur de son époux, groupe par Granier d'après Girardon. Viennent ensuite les Termes suivants : *Pan*, par Mazière, d'après Girardon ; le *Printemps*, par Arcis et Mazière ; *Bacchus*, par Raon ; *Pomone*, par Le Hongre, et une statue de *Bacchus*, dont la partie supérieure a été refaite en 1853, par M. Duseigneur. — A g. (côté du N.) : *Aristée et Protée*, d'après Girardon, par Slodtz, 1723, groupe faisant le pendant de celui d'Ino ; et, à la suite, les Termes de *Syrinx*, de *Jupiter* et de *Junon*, par Clairion, de *Vertumne*, par Le Hongre, et une statue antique en marbre de *Silène*, portant Bacchus enfant.

Bassin d'Apollon et Canal. — A l'extrémité de la grande allée du Tapis vert, et dans l'axe du palais, se trouve le *bassin d'Apollon*, le plus grand du parc après celui de Neptune.

Au centre, un groupe en plomb représente *Apollon* sur son char traîné par quatre chevaux et entouré de quatre Tritons sonnant de la conque, et de quatre monstres marins, exécuté par Tuby, d'après les dessins de Lebrun. Le vulgaire dépoétisant la mythologie, a surnommé ce groupe *le Char embourbé*, mais il faut voir comment le Char embourbé se venge, les jours de grandes eaux, de cette dénomination moqueuse, quand il lance vers le ciel ses puissants jets d'eau, l'un de 18 mèt. environ, les deux autres de 15 mèt., qui voilent à demi le dieu du jour sous leurs brillantes vapeurs. L'un des chevaux a été refondu et les autres ont été restaurés en 1737 et 1738, par Le Moyne.

A la suite de ce beau bassin s'étend le **grand canal**, qui a 62 mètres de largeur et 1.558 mèt. de longueur. Sous Louis XIV, cette majestueuse pièce d'eau était couverte de bâtiments de toutes formes, et principalement de gondoles vénitiennes ; elles étaient conduites par de nombreuses troupes de rameurs et de matelots pour lesquels un village avait été bâti dans le voisinage. L roi, le grand Dauphin, les princesses, allaient souvent y prendre le plaisir de la promenade et de la collation. Les fêtes finissaient toujours par quelque feu d'artifice sur le canal ; en 1770, pour le mariage du dauphin, on y avait établi un soleil de feu qui éclairait tout l'horizon, et le canal était parcouru par deux cents chaloupes couvertes de verres de couleur.

Entre le bassin d'Apollon et le commencement du grand canal sont rangées les statues suivantes :

Côté gauche (S.).

- Consul romain (antique) ;
- Empereur romain (antique) ;
- La Foi, statue gracieuse, mais sans style, par Clodion ;
- Leucothoé et Bacchus (antique) ;
- Hercule (antique) ;
- Junon (d'après l'antique).

Côté droit (N.).

- Empereur romain (antique) ;
- Bacchus (antique) ;
- Apollon (d'après l'antique) ;
- La Clarté, figure bizarre, par Baldi.
- Hercule (antique).
- Cléopâtre.

Parvenus à cette extrémité du parc, nous pourrions visiter la partie N. des bosquets, successivement en remontant vers le château ; mais, pour suivre une marche parallèle à celle que nous avons adoptée pour la description des bosquets de la partie S., nous recommencerons notre parcours depuis le parterre de Latone, et, de là, nous rapprochant peu à peu du bassin d'Apollon, quand nous y serons arrivés une seconde fois, notre examen du parc de Versailles étant terminé, nous n'aurons plus qu'à nous rendre aux Trianons.

BOSQUETS DU CÔTÉ DROIT (NORD).

Ces bosquets, ainsi que ceux de l'autre côté, sont divisés dans leur longueur par une allée parallèle au Tapis-Vert, mais double de longueur : l'allée de Flore et de Cérès, ainsi nommée à cause des figures qui ornent deux bassins situés dans cette allée, à la rencontre d'allées transversales. Le premier bassin (du côté du château) est octogonal, et décoré d'un groupe en plomb représentant Cérès entourée d'Amours, par Regnaudin, d'après le dessin de Lebrun. — Le bassin le plus éloigné est rond ; le groupe en plomb représente Flore au milieu d'Amours, par Tuby, d'après le dessin de Lebrun.

Le premier bosquet que nous visiterons de ce côté est celui d'Apollon.

Bosquets des Bains d'Apollon (fermé). — (14, plan I.) — Ce bosquet, adossé au bassin de la Fontaine de Diane, a subi plusieurs changements. Trois ans après la replantation du parc, qui eut lieu en 1775, il fut composé sur un nouveau dessin, par Hubert Robert, qui était alors très à la mode comme dessinateur de jardins irréguliers. Il renferme un immense rocher dans lequel a été pratiquée une grotte décorée du célèbre groupe en marbre d'Apollon et les Nymphes, dû au ciseau de Girardon et de Regnaudin.

A dr. et à g., et à quelque distance de ce groupe principal, sont : deux coursiers d'Apollon abreuvés par des Tritons, ouvrage de Guérin ; et les Tritons, tenant deux coursiers dont l'un mord la croupe de l'autre qui se cabre, par les frères Marsy.

Ces beaux groupes furent d'abord placés dans la fameuse grotte de Thétis, bâtie en 1662 par Pierre de Francine, auprès du château, à la place où se trouve aujourd'hui le vestibule de la chapelle. Elle fut démolie pour faire place aux constructions de l'aile du N. Il est digne de remarque que, dans le groupe d'Apollon, une des Nymphes agenouillée tient une aiguière sur laquelle est sculpté le passage du Rhin. C'est toujours Louis XIV qui est le véritable dieu adoré sous l'image du dieu du soleil.

Le bosquet des Bains d'Apollon est ouvert au public le jour des grandes eaux, et le gracieux agencement des eaux, de la verdure et de la sculpture, qu'il présente, est une des merveilles de ces spectacles féeriques.

En sortant des bains d'Apollon, nous visiterons une salle de verdure qui est désignée sous le nom de Rond-Vert.

Le Rond-Vert. — (15, plan I.) — Ce bosquet a été planté sur l'emplacement du théâtre d'eau, dont les dispositions sont reproduites dans les tableaux 737 et 738 de la salle des Résidences royales (V. page 49). On y voit quatre statues antiques, très-endommagées, *Faune, Pomone, Cérès* et la *Santé*. Le centre de ce bosquet présente une pelouse, rendez-vous ordinaire des bonnes et des enfants.

A l'extrémité du bosquet du Rond-Vert est un petit BASSIN D'ENFANTS, représentés se jouant au milieu des eaux. Ces figures d'enfants sont en plomb et au nombre de huit. De là, traversant l'*allée de l'Été* (qui aboutit au bassin octogone de Cérès), nous entrons en face, dans un bosquet d'égale grandeur, désigné sous le nom de bosquet de l'Étoile.

L'Étoile. — (16, plan I.) — A la place du bosquet de l'Étoile était autrefois la Montagne d'eau (reproduite dans le tableau 736 de la salle 99; V. p. 49). Au pourtour de l'Étoile, sont les statues antiques en marbre de *Mercure*, d'*Uranie*, d'une *Bacchante* et d'*Apollon*; et, dans l'allée circulaire, celles de *Ganymède* (d'après l'antique), par Joly, et de *Minerve*, par Bertin.

Entre l'Étoile et le Tapis-Vert s'étend le quinconce du Nord.

Quinconce du Nord. — Ce vaste espace ombragé, ouvert aux promeneurs, fait le pendant du quinconce du Midi, et il est également décoré de Termes en marbre, exécutés à Rome, comme ceux du quinconce du Midi, d'après les dessins de Poussin. Du côté du S. sont: *Flore; l'Été*, par Théodon (en arrière); *Pan* et *Bacchus*. Du côté du N.: *Faune*; *l'Hiver*, par Legros (en arrière); la *Libéralité* et l'*Abondance*.

A l'extrémité du quinconce du Nord on aperçoit, dans l'allée du Printemps un *vase* en marbre, par Robert. Le bosquet qui s'étend derrière ce vase est celui des Dômes. On y entre du côté du bassin de Flore et du côté du Tapis-Vert.

Bosquet des Dômes (fermé). — (17, plan I.) — Quand les groupes de statues des bains d'Apollon furent enlevés de la grotte de Thétis, on les transporta d'abord dans ce bosquet qui dut ensuite son nom actuel à deux petits pavillons en marbre blanc, — couverts chacun d'un dôme enrichi d'ornements de métal doré — et détruits à cause de leur état de vétusté. Le tableau 734 du musée reproduit cette ancienne disposition.

Au milieu est un bassin entouré d'une balustrade en marbre blanc ainsi qu'une terrasse avec une seconde balustrade. Sur le socle les pilastres sont sculptés une suite de bas-reliefs représentant des trophées d'armes, par Girardon, Guérin et Mazeline.

Ce bassin, au centre duquel est une cuvette en marbre blanc, est dans un état regrettable de délabrement. Nous ne le mentionnons que pour être complet, et à cause des bas-reliefs de Girardon.

Le bosquet est décoré des statues suivantes: *Impératrice romaine*; *Faune dansant* (d'après l'antique); *Bacchus*, par Guill. Coustou; *Diane* par Fremin; *Vénus de Médicis*, (d'après l'antique); *Melpomène* et *Thalie*, statues antiques.

Bassin d'Encelade. — (18, plan I.) — Près du bosquet des Dômes est le bassin d'Encelade. Il doit son nom à la figure d'*Encelade*, dont on aperçoit seulement la tête et le bras santesques, au milieu de fragments de rochers. Le jet d'eau (23 mèt.), qui sort de la bouche du Titan, à demi enseveli sous les débris de l'Etna, est un des plus élevés du jardin. — Derrière le bassin d'Encelade

La toilette d'Apollon.

un dernier bosquet au milieu duquel se trouve le bassin de l'Obélisque.

Bassin de l'Obélisque. — (19, plan I.) — Ce bassin doit son nom à la forme pyramidale que prennent ses eaux jaillissantes.

Les eaux de Versailles.

On a vu plus haut (page 27), dans l'historique que nous avons donné des dispendieuses tentatives faites pour amener des eaux abondantes à Versailles, que, par suite de l'insuffisance de celles qui étaient fournies par la machine de Marly, on avait dû organiser un vaste système de rigoles qui, contournant les hauts plateaux, ramassent les eaux de pluie et de neige fondue, et vont les verser dans les étangs et les réservoirs creusés pour les recevoir. Les principaux étangs sont ceux de Trappes ou de Saint-Quentin, Saclay, Bois-d'Arcy, Saint-Hubert, Perray, etc. Le développement total des rigoles est de 157,652 mèt., sur une largeur moyenne de 20 mèt. environ.

Le système des étangs fournit des *eaux hautes* et des *eaux basses*.

Les eaux hautes, qui sont celles de Trappes, viennent par un aqueduc souterrain de 10,772 mèt. de longueur, et se réunissent, à l'E. de Versailles, dans les bassins de Montboron. Les eaux basses viennent de la plaine de Saclay; elles sont d'abord réunies dans des étangs et traversent ensuite la vallée de Buc au moyen d'un aqueduc (*V*. Section XXVIII). Elles arrivent dans Versailles à un niveau de 13 mèt. plus bas que celles de Montboron. Ces eaux, soit hautes, soit basses, se distribuent : une partie directement dans la ville ou dans le parc; une autre, amenée par des conduits, du bassin de Montboron au château d'eau (11, plan I); une dernière au grand réservoir (*V*. p. 23), et de ces deux réservoirs elles vont alimenter les bassins du parc.

Selon un rapport publié sur les eaux de Versailles, le cube des eaux de tous les étangs, parvenues à leur niveau de déversement, est de 7,971,726 mèt., niveau qu'elles atteignent, du reste, très-rarement. La quantité moyenne est estimée à 5,321,151 mèt. cubes, quantité sur laquelle il s'opère une réduction d'un cinquième par suite des filtrations et de l'évaporation. Sur cette quantité ainsi réduite, la consommation annuelle de la ville absorbe 2,182,46() mèt. cubes. On voit, d'après cela quel est l'excédant disponible pour le jeu des eaux du parc. — D'importantes améliorations ont été apportées, dans ces dernières années, au système des eaux de consommation de la ville de Versailles, au moyen d'un plus grand développement de puissance donné à la machine de Marly (*V*. ci-dessous, Section VIII).

Il faut distinguer dans le jeu des eaux ce qu'on appelle les *petites eaux* et les *grandes eaux*. Les premières jouent souvent, dans la belle saison, tous les quinze jours. Les secondes ne jouent même pas tous les mois. Ces dernières se composent des bassins réservés, tels que la *salle de Bal*, la *Colonnade*, les *bains d'Apollon*, surtout du *bassin de Neptune*. Les *petites eaux* commencent ordinairement à jouer vers trois heures. A quatre heures, commencent les *grandes eaux*; et, à partir de ce moment, outre les jeux nouveaux des bosquets, d'autres bassins, tels que ceux de Latone et d'Apollon, reçoivent un plus grand développement de leurs eaux jaillissantes. C'est alors qu'il faut savoir se diriger dans le parc pour visiter tour à tour ces merveilleux spectacles hydrauliques. Notre itinéraire fournit d'amples renseignements à cet égard. Du reste, la foule se porte d'elle-même et par tradition aux différents bassins, et finit par se rassembler autour du bassin de Neptune, qui joue vers cinq heures. Le spectacle qu'il offre alors est si merveilleux, que, en voyant le peu de temps qu'il dure, on se prend à regretter la permanence qu'il pourrait avoir, si les folles tentatives de Louis XIV pour amener la rivière de l'Eure à Versailles avaient réussi.

Les Trianons.

Direction. — On peut s'y rendre à pied, en une petite demi-heure, depuis les débarcadères des chemins de fer. Si l'on arrive par celui de la rive g., il faut se rendre au château, traverser le parc et, parvenu au bassin d'Apollon, prendre l'allée qui s'ouvre à dr., sortir du parc à g., à l'extrémité de cette allée, d'où l'on n'a que quelques centaines de pas à faire pour gagner la grille de la grande entrée (V. ci-dessous). Si l'on arrive par celui de la rive dr., on doit prendre, comme nous l'indiquons ci-dessus, le *boulevard de la Reine*, le suivre jusqu'à la *barrière de la Reine*, et, au-delà de cette barrière, suivre encore un peu le prolongement qui aboutit obliquement à la grande avenue, bordée de doubles rangs d'arbres, qui,

elle-même, va directement du bassin de Neptune au palais du grand Trianon (A, pl. I).

N. B. A l'extrémité d'une des branches du grand canal, dite *bras de Trianon*, on aperçoit deux rampes d'escalier qui montent au parc (réservé) du grand Trianon; mais ces escaliers sont fermés de grilles, et, si l'on arrivait de ce côté, il faudrait faire un détour sur la dr. pour gagner les entrées des deux Trianons.

Arrivé à l'esplanade sur laquelle s'ouvre la *grille de la grande entrée* (d, pl. I), on franchit cette grille, et on suit la belle avenue qui va du palais du grand Trianon. (Après avoir dépassé la grille, on peut

Bassin de Flore.

gagner de suite le petit Trianon, en prenant à dr., derrière les bâtiments du concierge et du corps de garde, une allée bordée de peupliers.) A l'extrémité de l'avenue, on arrive à une autre esplanade qui précède la cour du palais du grand Trianon. La porte d'entrée est à g., sous l'horloge. 'Le grand Trianon est ouvert au public les mardis, jeudis et dimanches ; mais on visite les appartements qu'accompagné par un gardien. Le musée est visible tous les jours, lundis exceptés, de midi à 4 h. On peut entrer au palais et au musée tous les jours avec une permission du régisseur. — La salle des Voitures, dont l'entrée est près de l'esplanade, à dr., quand on est devant le grand Trianon (V. *e*, plan I), n'est ouverte au public que le jeudi et le dimanche.

Les jardins du petit Trianon sont ouverts tous les jours au public; mais le château ne se visite pas sans une permission du régisseur (au grand Trianon).

HISTOIRE. — Versailles était loin d'être achevé que déjà Louis XIV, après avoir acquis, en 1663, des moines de Sainte-Geneviève, des terres sur la paroisse de Trianon (désigné sous le nom de *Trianum* dans une bulle du XIIe s.), s'y fit bâtir, en 1670, un petit château, ou plutôt un pavillon, pour aller s'y reposer des ennuis du faste et de la représentation. C'était d'abord, dit Saint-Simon, une *maison de porcelaine à aller faire des collations*. Au bout de quelques années, vers 1687, la fantaisie royale voulut, à la place de ce pavillon, avoir un palais. Mansart fut chargé d'en dessiner les plans. Louis XIV, en faisant détruire le premier Trianon pour en construire un nouveau, ne choisit pas judicieusement l'emplacement. C'est sur la terrasse élevée dans l'axe de la branche transversale du grand canal qu'aurait dû être placée la façade principale, présentant de ce côté une magnifique perspective.

Pendant que l'on bâtissait ce château, le roi visitait un jour les travaux avec Louvois qui, à ses autres fonctions, joignait celles de surintendant des bâtiments. Louis XIV crut s'apercevoir qu'une des fenêtres, encore inachevée, était plus étroite que les autres. « Louvois, qui naturellement était brutal, et, de plus, gâté jusqu'à souffrir difficilement d'être repris par son maître, disputa fort et ferme, et maintint que la croisée était bien. Le roi insista, et le lendemain encore, sans que Louvois, qui était entier, brutal et enflé de son autorité, voulût céder. Le roi tourna le dos et s'alla promener ailleurs dans le bâtiment. »

Quelques jours après, le roi retourne à Trianon avec son ministre, fait appeler Le Nôtre, et lui ordonne de mesurer la fenêtre ; commission embarrassante pour Le Nôtre, qui, craignant de déplaire à Louvois ou à Louis XIV, « aurait bien voulu n'être pas là, dit Saint-Simon, et ne bougeait. Enfin le roi le fit aller ; et cependant Louvois toujours à gronder et à maintenir l'égalité de la fenêtre avec audace et peu de mesure. Le Nôtre trouva et dit que le roi avait raison de quelques pouces. Louvois voulut imposer ; mais le roi, à la fin trop impatienté, le fit taire, lui commanda de faire défaire la fenêtre à l'heure même, et, contre sa modération ordinaire, le malmena fort durement. Ce qui outra le plus Louvois, c'est que la scène se passa non-seulement devant les gens de bâtiment, mais en présence de tout ce qui suivait le roi dans ses promenades, seigneurs, courtisans, officiers des gardes, etc. La *vesperie* fut forte et dura assez longtemps, avec les réflexions sur les conséquences de la faute de cette fenêtre, qui, remarquée plus tard, aurait gâté toute cette façade et aurait engagé à l'abattre. Louvois, qui n'était pas accoutumé d'être traité de la sorte, revint chez lui en furie, et comme un homme au désespoir. Ses familiers en furent effrayés, et dans leur inquiétude tournèrent pour tâcher de savoir ce qui était arrivé. A la fin, il le leur conta, dit qu'il était perdu, et que, pour quelques pouces, le roi oubliait tous les services qui lui avaient valu tant de conquêtes ; mais qu'il y mettrait ordre, et qu'il lui susciterait une guerre telle, qu'il lui ferait avoir besoin de lui, et laisser là la truelle. Il ne mit guère à tenir parole. Il enfourna la guerre par l'affaire de la double élection de Cologne, etc., il la confirma en portant les flammes dans le Palatinat... » Si le satirique écrivain tire ici des conséquences exagérées, cependant l'anecdote, qu'il raconte à deux endroits différents de ses Mémoires, n'en est pas moins curieuse et caractéristique.

Louis XIV venait fréquemment avec les princes et princesses de sa famille visiter cette résidence ; et l'on jouissait de toutes ces nouveautés avec une ardeur singulière. Cependant, à partir de 1700, le roi ne coucha plus à Trianon, et, désenchanté de ce palais, il voulut encore se créer une autre habitation moins magnifique, mais plus commode. C'est alors que Mansart construisit pour lui le château de Marly. Les jardins furent replantés en 1776.

Louis XV fit, à l'instigation du duc d'Ayen, créer à côté de Trianon un jardin botanique célèbre par les expériences de Bernard de Jussieu et par ses arbres exotiques rapportés de l'Angleterre. Ce jardin, appelé le *petit Trianon*, était séparé, par une avenue, du grand Trianon. La fantaisie de Louis XV voulut bâtir là un château, diminutif du grand Trianon, comme le château construit par Louis XIV avait été un diminutif de Versailles. Ce château du petit Trianon, construit en 1766 par Gabriel, est composé d'un pavillon formant un carré de 23 mèt. de façade. Louis XVI, lors de son avènement au trône, donna le petit Trianon à Marie-Antoinette ; elle y fit planter des jardins pittoresques, *à l'anglaise* ou naturels, que les Anglais appelaient *jardins chinois*, et dont la mode s'était établie complètement en France vers la fin du règne de Louis XV. Au milieu de ces jardins Mique, l'architecte de la reine, assisté du peintre Robert et inspiré par le duc de Caraman, creusa un lac, traça des rivières, dissémina des maisons rustiques, sorte de décors d'opéra figurant un hameau, et éleva au milieu des bosquets le Temple de l'Amour (5, plan I) et le pavillon des Concerts (4, pl. I), près du grand rocher.

Marie-Antoinette prit ce séjour en affection. Elle venait s'y reposer dans l'intimité et y échanger le faste de Versailles contre d'innocentes mais fort peu naïves imitations de la vie villageoise. « Une

Le grand Trianon.

robe de percale blanche, un fichu de gaze, un chapeau de paille, étaient, dit Mᵐᵉ Campan, la seule parure des princesses. Le plaisir de parcourir les fabriques du hameau, de voir traire les vaches, de pêcher dans le lac, enchantait la reine, et chaque année elle montrait plus d'éloignement pour les fastueux voyages de Marly. » La royauté, précédemment tombée de l'Olympe dans le boudoir, se réfugiait maintenant dans l'idylle et la bergerie : halte douce et paisible à la veille d'une révolution. « L'idée de jouer la comédie, comme on le faisait alors dans toutes les campagnes, suivit celle qu'avait eue la reine de vivre à Trianon, dégagée de toute représentation. Il fut convenu qu'à l'exception du comte d'Artois, aucun jeune homme ne serait admis dans la troupe. La reine riait beaucoup de la voix de M. d'Adhémar, belle anciennement, mais devenue chevrotante ; l'habit de berger, dans le Colin du *Devin du Village*, rendait son âge fort ridicule. Le rôle de Colette fut réellement très-bien joué par la reine... Le 19 août 1785, le *Barbier de Séville* fut joué dans la salle du petit Trianon. La reine remplissait le rôle de Rosine, le comte d'Artois celui de Figaro et M. de Vaudreuil (le meilleur acteur de société qu'il y eût peut-être à Paris) celui d'Almaviva ; Beaumarchais assistait à la représentation. » (Mᵐᵉ Campan.) Et cette représentation avait lieu au moment même où le *Mariage de Figaro* remuait tout Paris et éveillait déjà ces passions révolutionnaires qui devaient éclater quatre ans plus tard, et conduire à échafaud ou en exil les acteurs et les spectateurs du petit Trianon !

« Vers 1797, dit M. Le Roy (*Histoire des rues de Versailles*), un limonadier de Versailles, nommé Langlois, eut l'idée de louer le petit Trianon pour en faire un jardin public. Il y établit un restaurant, donna des fêtes avec illuminations et feux d'artifice. Ce fut dans ce jardin que Garnerin fit ses premières ascensions aérostatiques. » Quant aux meubles, ils furent vendus à l'encan.

Napoléon fit faire des réparations aux deux Trianons et les fit meubler ; il songea un moment à y établir sa résidence d'été, mais il en fut détourné par l'insuffisance et l'incommode distribution des appartements. Le jour de la dissolution de son mariage avec Joséphine, il se retira à Trianon, et l'impératrice à la Malmaison.

Louis XVIII et Charles X ne firent aucun séjour à Trianon ; mais ce dernier s'y arrêta en partant pour l'exil. Louis-Philippe y fit exécuter, par Ch. Nepveu, architecte, des travaux considérables (V. ci-dessous). Le mariage de la princesse Marie avec le duc Alexandre de Wurtemberg y fut célébré en 1837. Le petit Trianon devint ensuite la résidence d'été du duc et de la duchesse d'Orléans. En 1848, Louis-Philippe, fuyant Paris, s'arrêta aussi à Trianon, après avoir quitté Saint-Cloud.

LE GRAND TRIANON.

Ce palais se compose du seul rez-de-chaussée, sans toit apparent et sans caves sous les appartements, avec deux ailes en retour d'équerre qui encadrent la cour. Les proportions de la façade sont élégantes. Au milieu, un vestibule à jour en colonnes de marbre, et dont le dessin est attribué à Robert de Cotte, séparait la cour des parterres et isolait les deux ailes, qui devenaient ainsi en quelque sorte deux habitations distinctes. Ce vestibule fut fermé, en 1810, par des vitrages. « La *grande galerie*, qui paraît avoir été bâtie après coup en prolongation de l'aile droite, au midi sur les parterres, n'était qu'un long corridor isolé sur deux faces, communiquant par son extrémité au grand corps de bâtiment que l'on appelait le *Trianon-sous-Bois*. Cette troisième partie du château, bâtie également après coup (en 1705) lorsque l'on s'aperçut de l'insuffisance des logements, n'avait d'autre abord que par la galerie (outre le manque de dégagements, de communications faciles). On avait tellement peu pensé à satisfaire aux besoins particuliers des différents services sans lesquels toute habitation est impossible, qu'on avait été obligé de construire après coup, au dehors, isolément, sans plan, sans régularité, plusieurs bâtiments pour y placer les domestiques, les chevaux, les voitures, etc. Ces bâtiments, jetés presque au hasard aux alentours des deux Trianons, avaient apporté une sorte de confusion dans les limites des dépendances particulières des deux palais. » (*Les palais des deux Trianons*, 1837.) Après avoir décrit les lacunes et les vices des distributions intérieures du grand Trianon, M. Fontaine, que nous venons de citer, énumère les travaux entrepris par ordre de Louis-Philippe, pour rendre cette résidence habitable. Nous signalerons seulement l'amélioration apportée à la grande galerie, qui, de simple corridor de passage, est devenue une salle à manger, « dont le service est fait de la manière la plus inaperçue au moyen de nouvelles communications souterraines, pratiquées à grands frais dans toute l'étendue des appartements, depuis les cuisines jusqu'à l'extrémité de l'aile du Trianon-sous-Bois. Partout on est parvenu à établir toutes les petites pièces de service, dont aujourd'hui on ne peut se passer, et qui, très-négligées au temps de Louis XIV, semblaient être un besoin presque inconnu. » Ces travaux d'utilité, et qui n'apparaissent pas au dehors, ont été si bien appropriés, que le tout semble aujourd'hui avoir été fait en même temps et par la volonté de Louis XIV.

Nous allons passer rapidement en

Le petit Trianon.

revue les salles du château du grand Trianon, et signaler les principaux objets d'art que l'on y remarque.

Appartements à gauche du grand vestibule. — Un vestibule sert de séparation entre l'aile gauche et le grand vestibule. — La première pièce dans laquelle on entre ensuite est le *Salon de la chapelle*, ainsi nommé à cause de sa destination primitive. On y voit des portraits de Louis XV et de Marie Leczinska, par *J.-B. Vanloo*, et des fleurs peintes par *Monnoyer*. Groupe en marbre, par *Vela*, symbolisant l'union de la France et de l'Italie, offert à l'impératrice Eugénie par les dames de Milan.

Cabinet. — Il a fait partie de la première chambre à coucher de Louis XIV. — Peinture allégorique à l'occasion de la naissance d'une fille du Dauphin, par *Ch. Natoire* (1750). — Portrait de Joseph II, en tapisserie des Gobelins.

Chambre à coucher. — Cette pièce était d'abord réunie avec la précédente. — Fleurs, par *Monnoyer*. — Portrait de Marie-Thérèse, en tapisserie des Gobelins.

Salon des glaces. — Il a vue sur la branche transversale du grand canal du parc de Versailles.

Revenant sur ses pas pour visiter les

appartements de l'aile droite, on traverse le grand vestibule.

Grand vestibule. — Dans le principe, il formait un passage libre et à jour (*V.* ci-dessus, p. 74). On y remarque cinq statues en marbre : le *Tireur d'épines* et la *Joueuse d'osselets* (d'après l'antique); *Atalante* (antique); *Jeune pâtre romain*, par Brun (1821); l'*Amour*, par Lorta (1819).

Appartements à droite du grand vestibule. — *Vestibule,* appelé aussi *salon Rond* ou *salon des Colonnes* (chapelle sous Louis XVI). — On y voit les deux statues suivantes : le *Faune au chevreau* (d'après l'antique); *Olympia abandonnée*, par Étex (1842); (28) un tableau de Jupiter chez les Corybantes, par *Noël Coypel,* et des fleurs, par *Monnoyer* et *Desportes.*

Avant de parcourir les salles qui occupent le prolongement des bâtiments sur le parterre, on peut visiter les pièces de *l'aile droite,* sur la cour d'honneur. Cette aile contenait d'abord la salle de spectacle, qui fut supprimée en 1699. Louis XIV en fit alors son appartement et céda celui de l'aile g. au grand Dauphin.

Salon. — 35. L'Abondance, tableau de réception à l'Académie de peinture, par *Oudry.*

Chambre à coucher. — Seconde chambre à coucher de Louis XIV.

Nous allons maintenant passer en revue les appartements qui se prolongent à dr. du vestibule.

Salle de billard. — Salle de musique sous Louis XIV. — Louis XV, par *L.-M. Vanloo.* Marie Leczinska, par *J.-M. Nattier.* 61. Vénus et Adonis, par *Bon Boullongne.* 62. Naissance d'Adonis. 67. Io changée en vache. 69. Vénus et Adonis, par *Verdier.* 63. Hercule sacrifiant à Jupiter, et, 66. Junon apparaissant à Hercule, par *Noël Coypel.* 64. Mercure et Argus, par *Ant. Coypel.* 70. Clytie changée en tournesol, par *Lafosse.*

Grand salon. — 75. Apollon et Thétis, par *Lafosse.* Fleurs, par *Monnoyer.*

Dans une armoire vitrée on voit des pièces pour un surtout de table, de mauvais goût, donné à Napoléon par Charles IV, roi d'Espagne.

Salon (ancienne chambre à coucher de la duchesse de Bourgogne). — Portraits de Louis XIV, du grand Dauphin, du duc de Bourgogne et du duc d'Anjou, par *Rigaud*; de Louis XV, par *L.-M. Vanloo*; du Dauphin, par *Natoire.* — Au milieu est une grande coupe en malachite que l'on a endommagée sur les bords en cherchant à la cacher, en 1848, quand Louis-Philippe se réfugia à Trianon. Les vases et les dessus de consoles sont aussi en malachite. Ces divers objets furent donnés à Napoléon par Alexandre, après la paix de Tilsitt.

Pour compléter l'examen de cette aile droite, on peut, avant d'entrer dans la grande galerie, visiter la bibliothèque et les petits appartements.

Bibliothèque (ancien salon des Sources). — Quatre tableaux de *Boucher.* 89. L'Hiver, par *Noël-Nicolas Coypel.* 91. David apprenant la mort de Saül, par *Saint-Ours.* Vue d'aqueducs, par *Hubert Robert.*

Petits appartements. — Ils furent habités par Mme de Maintenon, par Stanislas Leczinski et par Louis XV, en 1744. Sous l'Empire, ils formèrent les cabinets de travail et de conseil de Napoléon. — Les quatre Saisons, par *J.-B. Restout* (1767). 98. La Moisson, tableau d'une jolie couleur, par *Oudry.* Bustes de Joséphine, par *Bartolini,* et de Marie-Louise, par *P. Triscornia.*

Grande galerie. — Elle forme un angle droit avec la façade, sur le parterre, des bâtiments que nous venons de parcourir, et elle sert de communication entre cette première partie centrale du château et l'aile dite Trianon-sous-Bois (*V.* ci-dessous, p. 77). Cette galerie est garnie de tableaux modernes peu remarquables. Un seul, le n° 149, mérite d'être particulièrement indiqué, non toutefois pour le mérite de l'exécution, mais à cause de la signature de l'artiste : *Marie* (Leczinska), *reine de France, fecit*, 1753. C'est une copie d'un tableau d'Oudry, qui est au musée du Louvre. Des tables de mosaïque et de marbre, ainsi que des consoles, portent des vases de Sèvres, des figurines de bronze, etc.

Salon des jardins. — 155-157. Le Torrent, la Pêche, la Chasse au vol, par *Crépin*. — Bustes.

Trianon-sous-Bois. — Cette aile forme un dernier angle à l'extrémité des bâtiments du château. Elle fut habitée successivement par le grand Dauphin, par Monsieur, frère de Louis XIV, par le duc de Bourgogne et par la duchesse d'Orléans, veuve de Monsieur.

Chapelle. — Elle a été faite sous Louis-Philippe. — On y remarque : un tableau, par *Pierre Dulin* : Saint Claude ressuscitant un enfant ; la Présentation au Temple, par *Lagrenée* le jeune ; la Mort de la Vierge,

Temple de l'Amour au petit Trianon.

par *Perrin* ; un vitrail exécuté à Sèvres, d'après l'Assomption par *Prud'hon*.

Jardins du grand Trianon. — Devant le péristyle du château s'étend un parterre, dont les deux bassins circulaires sont décorés de groupes d'enfants en plomb, par *Girardon*. — Dans le bassin octogonal du bas parterre se voit un jeune Faune couché sur des raisins, par *G. Marsy*. — Des sept statues qui décoraient autrefois le parterre et le bassin du Miroir, qui en occupe l'extrémité, il n'en reste que trois : à dr., un jeune Romain appuyé sur un tronc d'arbre ; à g., un jeune Romain tenant un glaive ; au milieu, le Rémouleur (d'a-

près l'antique). — Le *bassin du Miroir*, qui forme cascade, est décoré de deux groupes d'enfants et d'Amours en plomb, et de deux Dragons, par *Hardy*.

Au-delà de ce bassin, une *allée verte* s'étend dans toute la largeur des jardins. On y remarque des statues faites de fragments antiques restaurés par les frères *Marsy*.

L'*allée de la Cascade*, qui fait face au pavillon d'angle de Trianon-sous-Bois, conduit à une fontaine ou cascade en marbre blanc et en marbre du Languedoc, exécutée d'après les dessins de *Mansart* (statues de Neptune et d'Amphitrite ; bas-reliefs).

Au N. du parterre, dans la partie

du jardin dite l'*amphithéâtre*, sont placés 25 bustes en marbre des principaux personnages de l'antiquité. Au centre est un bassin rond au milieu duquel s'élèvent quatre statues de nymphes; aux angles, deux vases en plomb par *le Lorrain*. — Entre l'amphithéâtre et la cascade, est une *salle verte* avec bassin. — Dans le *parterre de Trianon-sous-Bois*, nous signalerons un bassin orné d'un Faune jouant avec une panthère, par *Marsy*, et, en face du perron, Silène porté par un Centaure (marbre). — Le *Jardin de l'Empereur*, qui communique avec le Jardin du petit Trianon par un pont construit sous Napoléon Ier, renferme une fontaine surmontée d'un Amour porté par un dauphin, œuvre de *Marsy*, et, dans un bassin, un groupe de *Tuby*: deux Amours tenant une tige de fleur.

Salle des voitures. — Cette salle, située en dehors du grand Trianon, à dr. de l'esplanade qui précède le palais, le long d'une avenue qui conduit au petit Trianon, a été reconstruite en 1851, sur les dessins de M. Questel. On y voit : les chaises à porteurs de Marie Leczinska et de Marie-Antoinette; des traîneaux du temps de Louis XIV (l'un d'eux est orné de peintures de *Watteau*); la voiture du sacre de Charles X, qui a servi pour le baptême du fils de Napoléon III; la voiture de Bonaparte lorsqu'il n'était que Premier Consul (elle n'a pas servi depuis le jour où, après le divorce de l'Empereur, elle conduisit Joséphine à la Malmaison); la voiture du mariage de Napoléon III; plusieurs autres voitures de gala; une *araba* (voiture orientale), donnée par le sultan au prince impérial; enfin des harnais aux armes de Louis XIV, de Louis XV et du nouvel empire.

LE PETIT TRIANON.

Lorsque l'on est devant la grille qui précède la cour d'honneur du petit Trianon, on entre, à g., sous un petit vestibule ouvert; on s'adresse au concierge si l'on a l'autorisation de visiter l'intérieur du château; mais, si l'on veut seulement parcourir les jardins, on traverse la cour; une entrée ouverte qui fait face à la loge du concierge donne accès aux bosquets.

Le palais du petit Trianon forme un simple pavillon carré de peu d'étendue et d'apparence peu royale. Il comprend un rez-de-chaussée, un premier étage et un attique. Les façades sont décorées dans toute leur hauteur de colonnes et de pilastres corinthiens. Les bâtiments des dépendances sont distribués à quelque distance. Des travaux furent exécutés, par ordre de Louis-Philippe, pour faire du petit Trianon une résidence commode et agréable. Dans le jardin, les rochers ont été reconstruits; les chaumières rustiques, ainsi que les eaux, les plantations, ont été rétablies comme par le passé.

Intérieur du château. — Les appartements, décorés simplement, ne contiennent que quelques peintures.

Antichambre. — Des dessus de porte et de glace, par *Natoire*.

Salle à manger. — Le parquet y conserve les traces d'une trappe par laquelle se montaient, toutes dressées, les tables destinées aux *petits soupers* de Louis XV, afin de supprimer le service des valets. — Belles boiseries exécutées sous Marie-Antoinette. Le Bain et la Pêche, par *Pater*. Les quatre Saisons, par *Dejuinne* (1819-1822).

Petit salon. — La cheminée est soutenue par deux cariatides figurant des boucs. Dessus de porte et de glace, par *Natoire* et *Lépicié*.

Salon suivant : quatre Scènes champêtres, ébauches faciles et colorées, par *Pater*.

Au milieu du parterre qui s'étend sur un des côtés du château s'élève le *Pavillon français*, construit sous Louis XV. Ce pavillon servait de salle à manger d'été. Non loin de là est la *salle de spectacle*. « Le plafond, exécuté vers 1779, par *Lagrenée*

Village suisse, au petit Trianon.

le jeune, a été entièrement repeint. » (*Notice du palais de Trianon.*)

Jardin du petit Trianon. — Une fois entré dans le jardin, comme nous l'indiquons ci-dessus, on peut prendre devant soi une allée qui en contourne les bords. A peu de distance, à g., on aperçoit, dans une île, le *temple de l'Amour*, petit édifice rond et ouvert, composé de colonnes corinthiennes, et construit par l'architecte Micque. Au milieu est une statue de l'*Amour qui se taille un arc dans la massue d'Hercule*, par Bouchardon (répétition de la statue qui est au Musée du Louvre). Si l'on continue à suivre pendant quelque temps la même allée, on aperçoit à g. les maisons rustiques qui composent ce qu'on appelle le *Hameau*; on peut voir dans le plan I leur emplacement et leur désignation. Un saule pleureur, près de la tour de Marlborough, a été planté, dit-on, par Marie-Antoinette, l'année même où elle fut forcée de quitter Versailles. Après avoir examiné ces petites fabriques on fait le tour du lac. Nous appelons l'attention sur un phénomène végétal qui se remarque à son extrémité (aux points marqués * sur le plan I), et qui est produit par des racines de cyprès de la Louisiane (cyprès chauve, *Cupressus disticha, toxodium distichum*). Ces racines multiplient des exostoses ou renflements ligneux, qui, dans les marais de la Louisiane, prennent jusqu'à 1 ou 2 mèt. de hauteur, et rendent impraticables les espaces où ils se développent. C'est vers 1764 que furent plantés les principaux arbres qui font aujourd'hui l'ornement du jardin de Trianon. Enrichi depuis 1830 de beaucoup d'espèces nouvelles, il présente une des plus belles collections d'arbres indigènes et exotiques. Des écriteaux, placés sur la plupart de ces arbres, indiquent aux visiteurs les noms des espèces. Un certain nombre n'ont plus aujourd'hui l'intérêt qu'ils tiraient alors de leur rareté; mais plusieurs se font remarquer par leur belle végétation : ainsi les *pins* de l'Amérique du Nord, connus sous le nom de *lord Weymouth*, y passent pour les plus beaux que l'on connaisse en Europe. Nous citerons, parmi les arbres les plus dignes d'être remarqués, un *chêne au kermès*, un beau chêne *planera*, des *chênes rouges d'Amérique*, des *chênes à cupules hérissées*, et, au bord d'une allée peu éloignée de l'étang et du Salon de musique, un *chêne à feuilles de saule*, de 30 mèt. d'élévation.

Après s'être promené dans les jardins, on peut aller voir un autre petit lac, dominé d'un côté par le *Salon de musique* ou *du déjeuner* (4, pl. I), dessiné par l'architecte Micque, et d'un autre côté par des rochers artificiels. Du tertre qui s'étend derrière le Salon de musique, on aperçoit le *Jardin des fleurs*, compris entre les bâtiments du jardinier en chef (2, plan I) et l'*Orangerie* (3, plan I).

Jardin des Fleurs. — Ce jardin, si intéressant pour les amateurs d'horticulture, a été créé, en 1850, par M. Charpentier. On y voit plusieurs arbres remarquables : un magnifique *chêne pyramidal*; un beau chêne-yeuse (*quercus ilex*); un chêne noir (*quercus toza*); un *pin Montezuma*; un jeune pin gigantesque (*pinus Lambertiana*), arbre qui, lorsqu'il a acquis toute sa croissance, atteint 100 mèt. de hauteur. A peu de distance se trouve un arbre de la Californie (*Vellingtonia gigantea*), qui, en Amérique, atteint 150 mèt. Citons encore le *taxodium sempervirens* (Californie); un *chêne à feuilles d'ægylops* (Grèce); un *chêne de Gibraltar*, ou faux liège. Dans une allée située derrière l'Orangerie, on remarque un *chêne-liège* d'un beau développement, arbre très-rare dans nos climats.

Parmi les fleurs qui ont valu son nom à cet agréable jardin, nous citerons particulièrement une riche collection de *rhododendrons*, d'*azalées* et d'autres plantes de terre de bruyère.

ENVIRONS DE VERSAILLES.

En dehors du parc actuel de Versailles et des jardins des Trianons, de chaque côté du grand canal, s'étendent de vastes bosquets plantés de beaux arbres et percés de larges avenues. Ces bosquets, qui faisaient partie du parc primitif, offrent d'agréables promenades et de beaux ombrages.

L'*allée des Matelots*, la première à g. si l'on sort du parc par la grille de la Ménagerie près du bassin d'Apollon, conduit, en croisant la route de Saint-Cyr et le chemin de fer de Bretagne, aux bois de Satory (15 min. environ). — L'*allée de la Reine* et l'*allée des Paons* (la 2º et la 3º du même côté) se dirigent toutes deux vers Saint-Cyr (1 h. ou 1 h. 10 min.) en passant, l'une à l'E., l'autre au

Jardin du petit Trianon.

∴ et à l'O. de la *ferme de la Ménagerie*.

A l'extrémité O. du grand canal, la plus éloignée de Versailles, s'ouvre une large avenue, aboutissant, 200 ou 300 mèt. plus loin, à un vaste rond-point (107 mèt. d'alt.) d'où rayonnent dix routes ouvertes à travers bois, et d'où l'on découvre une très-belle vue sur le canal et le château de Versailles, qui domine au loin (3 kil.) le parc et les jardins. — De ce rond-point, situé près du hameau de *Gally*, on peut gagner, en 10 ou 12 min., l'*allée de Noisy*, qui, partant de l'extrémité du canal la plus rapprochée de Versailles, longe les jardins du grand Trianon et conduit en 45 min. (depuis la grille du bassin d'Apollon) aux villages de Bailly ou de Noisy, sur la lisière S. de la forêt de Marly (*V.* ci-dessous, Section VIII : *De Paris à Bougival, à Louveciennes et à Marly*).

Les bois des Fosses-Reposes, qui s'étendent entre le Grand-Montreuil et Ville-d'Avray, sont décrits à la page 103, et les bois de Meudon et de Chaville aux pages 92 et 100. — Les routes qui conduisent de Versailles au Butard, à Bougival, à Louveciennes, à Marly, à Saint-Germain, seront décrites ci-dessous, Sections VII (*de Paris à Saint-Germain*) et VIII (*de Paris à Bougival, à Louveciennes et à Marly*). — Pour Saint-Cyr et Grignon, *V.* Sections V (*de Paris à Maintenon*) et VI (*de Paris à Dreux*). — Pour Buc, Jouy-en-Josas, Bièvre, etc., *V.* Section XXVIII.

Les **bois de Satory**, traversés par le chemin de fer de l'Ouest, et beaucoup plus longs que larges, sont agréablement accidentés. Si l'on sort de Versailles par la porte de Satory, qui se trouve à l'extrémité de la rue de ce nom, et si l'on gravit la route qui croise à peu de distance le chemin de fer, on ne tarde pas à atteindre (5 min. depuis la porte) le carrefour du bois de Satory, situé au sommet de la colline. De ce carrefour part à dr. la route de Chevreuse, à dr. de laquelle descendent jusqu'à la plaine de Versailles les bois de Satory proprement dits; à g. s'étend le plateau qui sert d'hippodrome et sur lequel des camps ont été plusieurs fois établis et des revues passées.

Une assez vaste étendue de bois, comprise entre ce plateau, Versailles et la route de Versailles à Buc et Jouy, a été transformée en promenade. On y découvre de jolis points de vue. A l'extrémité E. de l'hippodrome, on peut longer, en le dominant sur la *butte du bois Gobert*, le chemin de fer de l'Ouest, ou aller descendre à la *porte du Cerf-Volant* sur la route de Versailles à Buc (V. Section XXVIII). En tournant à dr. quand on a franchi le seuil de cette porte on descendrait à Buc et Jouy; en tournant à g. on regagnerait Versailles.

De l'autre côté de la route de Buc s'étend le *bois des Gonards*, l'une des plus agréables promenades des environs de Versailles. Malheureusement ce bois, entouré de murs, est fermé par les portes dont il n'est pas toujours facile de se procurer clef. Nous devons donc nous borner à en signaler aux amateurs les beaux arbres et les charmantes allées.

SECTION II

DE PARIS A VERSAILLES

PAR LE CHEMIN DE FER DE LA RIVE GAUCHE [1]

Le chemin de fer de Versailles (rive g.), inauguré le 10 septembre 1840, part du boulevard Montparnasse, n° 44 (extrémité supérieure de la rue de Rennes), où l'embarcadère actuel a été construit par M. Victor Lenoir, sous la direction de M. Baude, ingénieur des ponts et chaussées. A g. est le côté du départ, à dr. le côté de l'arrivée. Dans la galerie de g. sont les bureaux où délivrent les billets de place et où l'on déposent les bagages. Le premier étage de g. est occupé par les salles d'attente. A l'entrée se trouve *Bibliothèque des chemins de fer*.

Au sortir de la gare couverte,

---

1. *Embarcadères.* A Paris, boulevard Montparnasse, n° 44; à Versailles, avenue de la Mairie. Pour les prix des places, *V. l'Introduction.*

N. B. En allant de Paris à Versailles par la rive g., il faut prendre de préférence les places de dr. Au retour, les places de g. devront, par conséquent, être **préférées**.

traverse sur deux viaducs le boulevard de Montrouge et la chaussée du Maine, puis on laisse à dr., l'ancien embarcadère de la chaussée du Maine, les ateliers et la gare des marchandises. Enfin, on croise à niveau, dans Plaisance, un certain nombre de rues. Les regards sont attirés au loin par le dôme des Invalides, l'Arc de Triomphe, le mont Valérien, les côteaux de Saint-Cloud, de Sèvres et de Meudon. A dr. aussi s'élève, au-dessus d'un vaste amas de toits, le clocher moderne de Vaugirard. Les rails sont à 65 mèt. d'altit., à peu de distance des fortifications.

1ʳᵉ STATION. — OUEST-CEINTURE.

2 kil. de la gare de Montparnasse, 4 kil. de Clamart.

Cette station est établie près des fortifications, au point de rencontre

Embarcadère du chemin de fer de l'Ouest, rive gauche (vue extérieure).

du chemin de fer de Versailles et du Chemin de Ceinture, qui passe sous le chemin de fer de Versailles, au fond d'une profonde tranchée.

Les fortifications dépassées, la vue s'étend des deux côtés : à g. se montrent Montrouge, le fort de Vanves, les hauteurs de Bagneux, de Châtillon et le fort de Châtillon ; sur la dr., se dresse, au-dessus d'Issy et de Vanves, l'ancien château du prince de Condé, aujourd'hui lycée. Plus loin on découvre à g. Clamart et à dr. le fort d'Issy au pied duquel est établie la station.

2ᵉ STATION. — CLAMART.

6 kil. de la gare de Paris, 1 kil. d'Issy 1 kil. de Vanves, 2 kil. de Meudon — Clamart est à : 1 kil. 600 mèt. de la station, 9 kil. 800 mèt. de Notre-Dame 4 kil. 400 mèt. de Sceaux, 1 ki de Fleury. 2 kil. de Châtillon, de Fontenay et du Plessis-Piquet, 6 kil. de Bièvre

Clamart (omnibus), 3,163 hab., est situé (100 mèt. d'altit.) dans une sorte de petit vallon planté de vignes et d'arbres fruitiers, au pied de collines boisées (nombreuses villas). Un acte de 690 fait mention de ce village

Claumar, pour clos Mard?). L'*église* (xv° s.) a été reconstruite il y a quelques années sur son ancien plan, et restaurée après la dernière invasion allemande. Le portail latéral de g. n'a pas été retouché : il est intéressant et date de la fin du xv° s.

La plupart des habitants de Clamart sont blanchisseurs, fabriquent de la chaux ou du plâtre et exploitent les carrières du voisinage..

Pour visiter la **Redoute du Moulin de Pierre**, qui fut bâtie au commencement du siége de Paris par les troupes françaises, mais qui, occupée par les Prussiens, fut retournée par eux contre le fort d'Issy et lui fit beaucoup de mal, il faut, de la station, gagner soit par l'omnibus de service, soit à pied (10 min.) la rue de Saint-Cloud (à dr. de la route qui mène de la station au village). On suit cette rue bordée de propriétés et, au point culminant (5 min.), on voit à dr. le Moulin de Pierre en ruines, et les restes de la redoute, achevée par les Allemands. La batterie de mortiers de la station de Clamart (batterie que la Commune conserva jusqu'au 5 mai 1871) rendit cette redoute intenable à l'artillerie des Allemands; ils y tenaient cependant un poste qui fut plusieurs fois chassé par nous de sa position. Du Moulin de Pierre on découvre une vue magnifique.

La station de Clamart est située sur les glacis du **fort d'Issy**, dont la garnison (2,600 hommes), durant le dernier siége, eut beaucoup à souffrir du tir convergent des batteries prussiennes du pavillon de Breteuil, du Moulin de Pierre et surtout de la terrasse de Meudon. Les feux de l'enceinte parvinrent cependant à le protéger en détournant les feux de l'ennemi et en causant des dommages considérables aux retranchements prussiens. Durant la Commune, le fort, attaqué vivement par les troupes du Gouvernement, tomba en leur pouvoir, le 8 mai, six jours avant celui de Vanves.

Les environs de Clamart sont fort agréables. Les bois qui séparent ce village de Fleury et de Meudon offrent aux amateurs les promenades les plus accidentées ; leur point culminant est à 164 mèt. On y découvre de jolis points de vue. 30 ou 40 min. suffisent pour les traverser. Leur lisière, du côté de Meudon, forme les limites des départements de la Seine et de Seine-et-Oise. Une route, nouvellement tracée, part de la place de la Mairie, et conduit directement aux bois de Meudon. Une autre route, qui forme la rue principale de Clamart et qui, garnie de trottoirs et plantée d'arbres, offre plus loin de beaux points de vue (la route de Sèvres), relie Clamart à Fleury, à Meudon et aux Moulineaux. Si, la prenant à dr., à peu près au centre du village, on la suit pendant 4 ou 5 min., on trouve alors à g. un chemin qui conduit, entre des villas, à une porte du bois, d'où plusieurs routes montent sur le plateau et conduisent, en passant derrière le haras ou parc de Chalais, (20 min. environ) la mare du bois ou à (30 min.) l'étang de Villebou (*V.* ci-dessous, p. 92).

On peut, à l'endroit où la route de Sèvres se bifurque, laisser à dr. le bras qui descend au Val et aux Moulineaux, et, prenant l'autre bras, traverser *Fleury* (belles villas). A l'extrémité de la rue étroite de ce village (10 min. environ), on entre dans les bois par la *porte de Fleury*. Là, de belles allées se présentent de tous côtés aux promeneurs. Si l'on suit celle qui longe à dr. le mur du parc de Chalais, on passe près de la *fontaine du Roi*, et l'on peut gagner, en 25 min., l'étang de Villebou (*V.* ci-dessous). — En 10 ou 15 min. on va de Fleury à Meudon, en traversant la vallée.

[De Clamart on peut aussi, dans une autre direction, aller à (2 kil.) Châtillon au (2 kil.) Plessis-Piquet, à (3 kil.) Aunay, à (7 kil.) Bièvre (*V.* Sections XXVV, XXVIII et XXIX).

Enfin, de la station de Clamart, on des

CLAMART. — ISSY.

s'end en 15 min. à Issy, dont le château mérite une visite.]

ISSY.

kil. 800 mèt. de Notre-Dame, 3 kil. 100 mèt. de la barrière, 1 kil. 400 mèt. de Vaugirard, 700 mèt. de Vanves, 2 kil. des Moulineaux, 3 kil. de Meudon, 5 kil. de Sèvres.

Issy*, 7,775 hab., est un village mal bâti, mais agréablement situé, au pied et sur les pentes d'un coteau qui domine la rive g. de la Seine.

Issy était sous Childebert une terre royale, dont ce souverain donna une partie à l'église Saint-Vincent de Paris. Plus tard, Hugues Capet en céda une autre portion à Sainte-Geneviève, et enfin le roi Robert se dessaisit du reste en faveur de l'abbaye de Saint-Magloire.

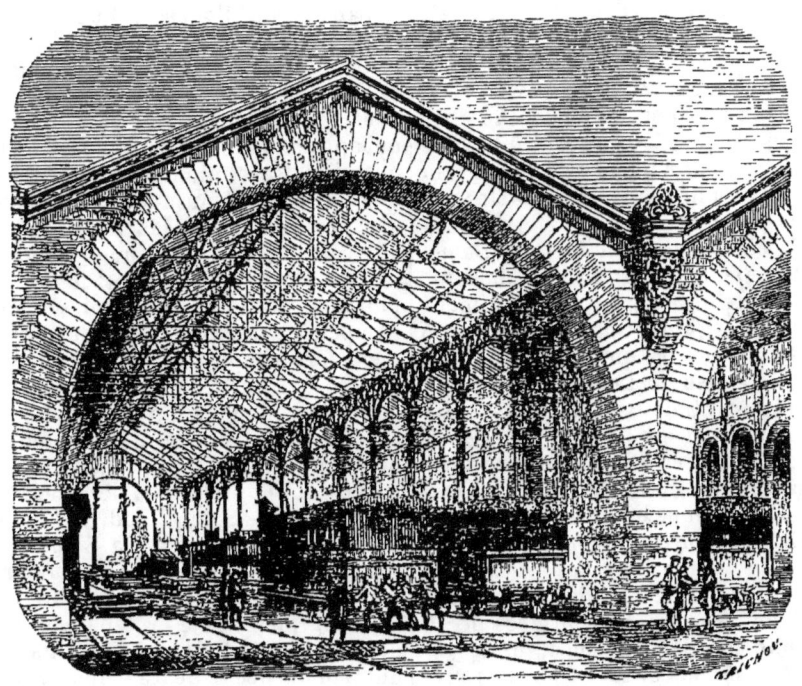

Embarcadère du chemin de fer de l'Ouest, rive gauche (vue intérieure).

Quand Issy eût cessé d'être une propriété royale, les seigneurs et les évêques se complurent à y bâtir des maisons de plaisance. Hugues de Croissy, qui avait été président du parlement, fut arrêté dans la sienne, en 1348, pendant le règne de Philippe de Valois, sous l'accusation de crime de lèse-majesté. Ses biens furent confisqués et donnés aux religieux de Saint-Germain, qui possédaient déjà une partie d'Issy à titre de fief. La reine Marguerite de Valois avait aussi, dans ce village, un château où elle se retira, en 1605, pendant la peste de Paris.

En 1659, le premier opéra français, la *Pastorale*, par le sieur Perrin, de la ville de Lyon, fut représenté à Issy. — En 1695, les quatre docteurs chargés d'examiner les doctrines de Fénelon, relativement au quiétisme, s'y assemblèrent. Bossuet y tint à ce sujet plusieurs conférences, où il témoigna plus de passion que de charité chrétienne. — En 1771, le cardinal de Fleury y mourut.

Quand on vient de Paris, à l'entrée du village, on laisse à g. l'avenue qui conduit au lycée de Vanves. Plus loin, on remarque à dr., dans la Grande-Rue, l'*hospice Devillas* et la *miason de retraite pour les ménages*, qui forment deux établissements distincts. Dans la même direction se trouve la *mairie*. Au-delà, mais à g. de la rue, la succursale du *séminaire de Saint-Sulpice* a été établie sur l'emplacement du château de Marguerite de Valois et de la maison du cardinal de Fleury, dont une aile subsiste encore, en assez mauvais état (poutres et solives peintes au premier étage). Derrière le séminaire s'étend un beau jardin renfermant le petit pavillon dans lequel eurent lieu, sous la présidence de Bossuet, les conférences relatives au quiétisme. Ce jardin communique, par un passage souterrain percé sous une rue, avec un vaste parc (beau point de vue sur Paris) dans lequel s'élève la *chapelle de Notre-Dame-de-Lorette*, qui reproduit exactement, à l'intérieur, l'aspect et les dimensions de la *santa Casa* ou maison de la sainte Vierge, qui se voit dans la grande église de Lorette.

Sur la Grande-Rue est située aussi la succursale de l'*institution Saint-Nicolas*, dirigée à Paris (rue de Vaugirard, 92) par les Frères de la Doctrine chrétienne.

Entre le parc du séminaire et l'église du village, se trouvent la *Solitude*, maison de retraite d'étude qui sert de noviciat aux prêtres de la Société de Saint-Sulpice, et le *séminaire* de la congrégation des prêtres *de Picpus*.

Quand on a atteint l'extrémité du village d'Issy, il faut monter à g. la rue qui conduit au *château*. Ce château, construit par Bullet, a compté parmi ses propriétaires le président Talon, le prince de Conti et la princesse de Chimay. L'intérieur est dans un état de ruine complète depuis la guerre de 1870. Le parc, long de plus d'un kil., a près de 30 hectares; il offre de beaux points de vue habilement ménagés sur Paris, sur Meudon et sur la vallée de la Seine. Il se distingue principalement par la beauté de ses arbres et par l'abondance de ses eaux, qui ont toujours la même abondance, et conservent en toute saison une température basse (7 à 8°).

L'*église* d'Issy, toute moderne, renferme une *Fuite en Égypte*, par Champmartin.

VANVES.

7 kil. 500 mèt. de Paris (Notre-Dame), 1 kil. 700 mèt. de Vaugirard, 3 kil. de Clamart, 2 kil. 500 mèt. de Châtillon.

Vanves ou *Vanvres*, 7,926 hab., touche à Issy. Il n'a rien d'intéressant, mais on voit, entre ce village et Issy, un beau *château* bâti en 1698, sur les dessins de Mansart, et qui appartenait à la maison de Condé quand la Révolution éclata. Ce château fut compris au nombre des maisons royales réservées pour servir aux réjouissances publiques et pour former des établissements d'utilité publique. Dulaure en a laissé une pompeuse description. C'est un bâtiment fort simple; mais, à en juger par ce qui en reste, le parc devait être magnifique. La vaste terrasse au milieu de laquelle il s'élève offre beaux points de vue sur Paris, Issy, les coteaux de Bellevue, de Meudon, de Sèvres, de Saint-Cloud, le Mont-Valérien et la vallée de la Seine.

Le *lycée de Vanves*, établi aujourd'hui dans ce château considérablement agrandi, a été créé par décret du mois d'août 1864 pour les enfants qui commencent leurs études. Ce n'était auparavant qu'une succursale du lycée Louis-le-Grand. Les enfants y jouissent d'un air excellent; ils y prennent un exercice salutaire, tantôt en plein air, tantôt dans des galeries vitrées. La maison est admirablement tenue; les dortoirs surtout méritent d'être visités.

L'*église* de Vanves, consacrée en 1449, a été en grande partie reconstruite dans le style du XVᵉ s. Une inscription placée à g. de la grande porte d'entrée donne la date de sa dédicace. — La *maison de santé* pour les aliénés des deux sexes, située rue du Bois, nº 2, et dirigée par le doceur **Falret**, renferme une chapelle moderne ; un vaste jardin l'entoure.

Le **fort de Vanves** est situé entre ceux d'Issy et de Montrouge, à 1 kil. du premier et à 2 kil. du second. Il souffrit beaucoup du feu des Prussiens en 1870, et fut pris sur la Commune le 14 mai 1871. — Une nouvelle route, percée en 1877 pour porter les rails d'un tramway, relie Vanves à Clamart en passant au pied du fort.

En quittant la station de Clamart, le chemin de fer passe au-dessous du fort d'Issy, puis s'enfonce dans une longue et profonde tranchée. Vers l'extrémité de cette tranchée, on entre dans Seine-et-Oise. On découvre à g. les ham. du *Val* et de *Fleury*, dominés par les bois de Fleury, un petit vallon parsemé de villas, et, sur le versant opposé, Meudon au pied de son beau château. A dr., la vue est plus étendue, plus variée, plus belle. On embrasse d'un seul coup d'œil toute la vallée de la

Le château d'Issy en 1870.

Seine, de Charenton à Montmorency, Paris tout entier, le bois de Boulogne, le Mont-Valérien, Saint-Cloud, Sèvres, Montmartre. A l'entrée du vallon sont les Moulineaux et le bas Meudon.

Ce vallon, c'est celui du **Val-Fleury**. On le traverse sur un viaduc en pierre, construit par M. Payen, composé d'un double rang de sept arches, long de 142 mèt. 70, et haut de 36 mèt. D'énormes remblais viennent y aboutir des deux côtés. Les arches inférieures ont une ouverture de 7 mèt. entre les culées et une hauteur de 7 mèt. sous clef. L'ouverture des arches supérieures est de 10 mèt.; leur hauteur sous clef, de 20 mèt.; les piles qui les séparent ont 3 mèt. d'épaisseur : l'épaisseur des piles du rang inférieur est de 4 mèt. 80. Le fond de la vallée est formé d'un terrain argileux fort mou, couvert de quelques couches calcaires; les fondations ont donc dû être descendues jusqu'au banc de craie, inférieur à celui d'argile. Le volume des maçonneries cachées sous terre se trouve ainsi presque aussi considérable que la partie visible.

La première pierre de ce viaduc, appelé d'abord *pont Hélène*, en l'honneur de Mme la duchesse d'Orléans, a été posée le 1er octobre 1838.

A peine a-t-on franchi le Val-Fleury que l'on s'arrête à la station de Meudon.

3e STATION. — MEUDON.

8 kil. de la gare du boulevard Montparnasse, 2 kil. de Clamart, 1 kil. de Bellevue, 2 kil. de Sèvres, 10 kil. de Versailles. — Le village est à : 1 kil. de la station, 4 kil. de Sèvres, 3 kil. d'Issy, 1 kil. de Fleury, 1 kil. 500 mèt. de l'étang de Villebon, 1 kil. 500 mèt. de Bellevue, 3 kil. 500 mèt. de Chaville, par les bois, 3 kil. 500 mèt. du Petit-Bicêtre, 4 kil. du Plessis-Piquet.

Meudon, 12,037 hab. (omnibus, 20 c.), s'étend en amphithéâtre le long d'un versant du Val-Fleury, et se divise en haut et bas Meudon. Le haut Meudon, la partie la plus importante, s'allonge parallèlement à la terrasse du château, qui le domine et le limite.

Au sortir de la station du chemin de fer, la *rue de l'Arrivée* conduit à l'*avenue Jacqueminot*, belle route en pente douce, bordée de jeunes platanes et qui monte presque en droite ligne des *Moulineaux* (sur la route de Paris à Sèvres) à l'avenue du château, près de la terrasse. En suivant l'avenue Jacqueminot à dr., on atteint en 5 ou 6 min., près de la poste aux lettres, la *rue des Princes* (à g.), qui, traversant le haut Meudon dans toute sa longueur, aboutit à l'entrée des bois, près du haras.

La rue des Princes longe d'abord, à dr., un mur élevé qui soutient les terrasses d'un parc récemment morcelé (une large rue, à peu près parallèle à la rue des Princes, a été tracée à travers cette ancienne propriété du général Jacqueminot, où l'on voit encore de très-beaux arbres, entre autres un cèdre magnifique, et une sorte de grotte en rocaille). Après avoir dépassé une croix de pierre (à dr.) et l'abreuvoir (à g.), on trouve à g. la mairie, puis l'église (12 min. de la station) sur une petite place.

L'*église* de Meudon, construite vers 1570, renferme quelques tableaux : au-dessus du maître-autel, une Résurrection du Christ ; à g., en entrant, une Adoration des Mages, donnée par M. *Ed. Odier*, en 1840, et, dans le chœur, deux tableaux, par *Descamps* (1841), n'ayant d'autre mérite que de rappeler les noms des deux patrons du lieu : saint Martin et saint Blaise. Cette église a eu pour curé Rabelais, qui, malgré la tradition, n'y exerça jamais les fonctions du saint ministère.

De la rue des Princes, plusieurs rues étroites et tortueuses conduisent, sur la g., à Fleury et aux bois de Fleury et de Clamart. A dr., presque en face de la mairie, s'ouvre la *rue Terre-Neuve*, qui, très-escarpée dans sa partie supérieure, aboutit à l'avenue du château, près de la grille d'entrée de la terrasse. Un peu au-delà de l'église, la *rue Royale* monte aussi vers la terrasse du château. Dans le haut de cette rue, à g., commence une rampe ou escalier qui, débouchant vers le milieu de la terrasse, abrège beaucoup la montée. On peut aussi, à l'extrémité de la rue Royale, prendre à dr. une ruelle qui longe la base des énormes murs de soutènement de la terrasse, pour aller rejoindre la rue Terre-Neuve, près de la gendarmerie.

Dès le XIIIe s., on trouve des seigneurs de Meudon (*de Muldonio*). La terre et la seigneurie furent données en 1527, moyennant une rente de 1,200 livres par an, à la duchesse d'Étampes, par son oncle, qui était cardinal, avec l'autorisation de François 1er. En 1552, la duchesse d'Étampes les vendit au cardinal de Lorraine, qui s'y fit construire un château d'après les dessins de Philibert Delorme, sur le point culminant de la colline. Un des princes de Lorraine, héritiers du cardinal, vendit, en

1654, cette propriété, pour le prix de 9,300 livres de rente, à Servien, qui fut surintendant des finances de 1664 à 1669. C'est à Servien qu'est due la terrasse qui domine le village, et d'où l'on jouit d'une si belle vue. Cette terrasse, longue de 260 mèt. et large de 120 mèt., a coûté des sommes considérables. Servien acquit encore pour 36,000 livres les terres qui restaient de la propriété, à Meudon, de l'abbaye de Saint-Germain des Prés. Il agrandit le parc et obtint la permission de l'enclore, bien qu'il fût dans le voisinage des chasses du roi. Du fils de Servien, Meudon passa à Louvois, qui y fit de grandes dépenses.

Ce domaine, assez vaste pour que les extrémités atteignissent Versailles, était digne de devenir un domaine royal. Louis XIV l'acheta, en effet, pour le grand Dauphin, dans le but de l'éloigner de Choisy-le-Roi, que lui avait donné Mlle de Montpensier. Mme Louvois échangea sa terre de Meudon contre celle de Choisy, moyennant 900,000 livres de retour.

Le Dauphin, devenu, malgré lui, propriétaire de cette maison de plaisance, se plut à l'embellir comme Louis XIV embellissait Versailles. De belles avenues y furent ouvertes ; le jardin fut replanté par Le Nôtre ; l'Orangerie prit une importance considérable ; les appartements, richement décorés et meublés reçurent une collection de tableaux par Jouvenet, de la Fosse, Audran, A. Coypel... Enfin, le Dauphin, trouvant le château insuffisant, en fit construire un autre vers 1695, à quelque distance du premier ; c'est celui dont les ruines subsistent aujourd'hui. Louis XIV vint un jour de Versailles visiter cette nouvelle construction ; mais il ne voulut pas y entrer, car, il trouva « que cela ressemblait plutôt à la maison d'un financier qu'à celle d'un grand prince. »

Cette époque fut celle des splendeurs de Meudon. Le Dauphin aimait à y séjourner. « Il remplissait, dit Saint-Simon, les devoirs de fils et de courtisan avec la régularité la plus exacte, mais toujours la même. Tout cela lui faisait trouver Meudon et la liberté qu'il y goûtait délicieux ; et, bien qu'il ne tînt qu'à lui de s'apercevoir souvent que le roi était peiné de ses fréquentes séparations... il n'en fit jamais semblant... Il était fort peu à Versailles, et rompait, par des Meudon de plusieurs jours, les Marly, quand ils s'allongeaient trop. »

Meudon avait alors, comme Versailles, sa favorite, reine non déclarée, et, probablement aussi, unie par un mariage secret au Dauphin, comme Mme de Maintenon l'était à Louis XIV. Mlle Choin, « grosse camarde brune, ayant l'air d'une servante, » gardait à Meudon le ton d'une belle-mère devant le duc et la duchesse de Bourgogne, laquelle lui faisait les mêmes petites caresses qu'à Mme de Maintenon. Menant d'ailleurs une vie modeste, elle refusa l'offre que lui fit Louis XIV d'un appartement à Versailles Le Dauphin, qui était avare, donnait à Mlle Choin 1,600 louis par an, « de la main à la main, sans y ajouter ni s'y méprendre jamais d'une pistole. » Le Dauphin mourut de la petite vérole en 1711 Louis XIV vint s'établir, pendant la maladie, auprès de son fils. Mlle Choin fut reléguée dans sa chambre ; mais Louis XIV fit des reproches à Mme de Maintenon de ce qu'elle n'avait pas été la voir. Elle se montra très-désintéressée, se retira à Paris, et y vécut d'une pension de 12,000 livres que lui fit le roi.

« Meudon et Chaville, qui valaien 40,000 livres de rente, et 1,500,000 livres de meubles ou de pierreries composaient tout ce qui était à partager (dans la succession du Dauphin), » dit Saint-Simon qui raconte avec quelle indécence les principaux bijoux furent vendus, à Marly, dans l'appartement de la duchesse de Bourgogne : « Toute la cour, princes et princesses du sang, hommes et femmes, y entraient à portes ouvertes ; chacun achetait à l'enchère. »

Le duc de Bourgogne, fils du grand Dauphin, ne lui survécut que quelques mois, et ne fit que des apparitions à Meudon. En 1719, le roi Louis XV autorisa l'échange proposé par la duchesse de Berri, fille du régent, du château d'Amboise contre celui de Meudon. Elle en donna le gouvernement au comte de Riom, ce neveu de Lauzun avec lequel elle était secrètement mariée. Ce beau domaine fut réuni à la couronne en 1726. En 1736, Stanislas, roi de Pologne, y fut logé. Pendant la Révolution, l'ancien château fut transformé en une forteresse dont de larges fossés défendaient l'approche, et il devint un atelier de machines de guerre, où des ouvriers travaillaient nuit et jour. On y confectionna l'aérostat utilisé à la bataille de Fleurus. En 1795, un incendie, qui éclata dans les magasins, compromit la solidité des bâtiments et nécessita quelques travaux de restauration.

Mme Roland raconte ainsi, dans ses *Mémoires*, les plaisirs de sa jeunesse :

« A cinq heures du matin, le dimanche, chacun était debout. Un habit léger, frais, très-simple, quelques fleurs, un voile de gaze, annonçaient les projets du jour. Les odes de Rousseau, un volume de Corneille ou autre, faisaient tout mon bagage. Nous partions tous les trois (elle, son père et sa mère). On allait s'embarquer au Pont-Royal, que je voyais de mes fenêtres, sur un petit batelet, qui, dans le silence d'une navigation douce et rapide, nous conduisait au rivage de Bellevue, non loin de la verrerie. Là, par des sentiers escarpés, nous gagnions l'avenue de Meudon... Le dîner se faisait chez l'un des suisses du parc... Aimable Meudon! combien j'ai respiré sous tes ombrages en bénissant l'auteur de mon existence, en désirant ce qui pourrait la compléter un jour, mais avec ce charme d'un désir sans impatience qui ne fait que colorer les nuages de l'avenir des rayons de l'espoir! Combien j'aimais à me reposer sous ces grands arbres, non loin des clairières, où je voyais passer la biche timide et légère! Je me rappelle ces lieux plus sombres où nous passions les moments de la chaleur : là, tandis que mon père, couché sur l'herbe, et ma mère, doucement appuyée sur un amas de feuilles que j'avais préparé, se livraient au sommeil de l'après-dîner, je contemplais la majesté de tes bois silencieux, j'admirais la nature, j'adorais la Providence dont je sentais les bienfaits. »

La réparation de l'ancien château exigeant de grandes dépenses, Napoléon en ordonna la démolition en 1803. Les fûts des colonnes en marbre blanc veiné de rouge de l'arc de triomphe de la place du Carrousel, en proviennent. L'autre château fut réparé et meublé, les jardins furent rétablis. Napoléon, qui élevait des souverains de son choix sur les différents trônes de l'Europe, songea à former une pépinière, une école de rois, et résolut de la fonder à Meudon; mais l'*institut de Meudon* resta à l'idée de projet. Pendant toute la campagne de Russie, Marie-Louise résida à Meudon avec le roi de Rome. Le château a été, depuis, habité tour à tour par don Pedro, roi de Portugal, par sa femme et sa fille, dona Maria; par le duc d'Orléans; par le maréchal Soult; par le prince Jérôme Bonaparte. Habité sous le second empire par le prince Napoléon, il fut incendié par les Allemands à la fin de janvier 1871, durant l'armistice. Pendant le siège de Paris, une batterie prussienne de 24 pièces de canon fut établie sur la terrasse; ses projectiles atteignirent le fort d'Issy et les remparts d'Auteuil.

Plusieurs étangs artificiels du voisinage, alimentés par un vaste système de rigoles, fournissent de l'eau à Meudon. La meilleure eau vient du château qui la tire lui-même de l'étang des Fonceaux (*V*. p. 93), mais la distribution en est limitée. L'étang de Villebon, à l'entrée de la forêt (*V*. p. 92), fournit aussi d'assez bonne eau. L'étang de Chalais, beau bassin enfermé dans le haras, ainsi que l'*étang de Trivaux*, situé à l'entrée de la forêt, à peu de distance du précédent, distribuent leur eau dans une partie de Meudon qui s'appelle, à cause de cela, *le Ruisseau*, et qui renferme de nombreux établissements de blanchissage.

La constitution géologique du sous-sol de Meudon donne lieu à l'exploitation de carrières de pierres de taille, dont les couches ont jusqu'à 24 mèt. d'épaisseur, et de carrières de craie avec laquelle se fabrique le *blanc d'Espagne* ou *de Meudon*, d'un emploi si fréquent pour la peinture en détrempe et pour différents usages. Cette craie, débarrassée, au moyen du lavage, des parties terreuses et du sable qu'elle contient, puis séchée, est livrée au commerce en pains. De la partie superficielle du sol se tirent des *pierres meulières*, employées dans les constructions des égouts et des lieux bas et humides.

Terrasse du château.

La terrasse de Meudon est, avec celles de Saint-Germain et de Saint-Cloud, et le coteau de Chennevières (1re section XXII : *De Paris à Brie-Comte-Robert*), un des points des environs de Paris d'où l'on découvre les plus belles vues. Elle est malheureusement fermée au public. Il faut une permission pour la visiter, et on ne peut s'y promener librement.

On y arrive soit par des rues escarpées du côté du village, soit par l'avenue Jacqueminot depuis la station de Meudon (*V.* ci-dessus), soit par la grande et belle avenue du château qui part de Bellevue et dont les contre-allées sont ombragées par quatre rangées d'épais tilleuls.

De la terrasse, on aperçoit, en face, le village, les collines boisées de Fleury et le Val-Fleury (*V.* ci-dessus, p. 87), fermé, sur la g., par le hardi viaduc du chemin de fer, au-delà duquel la vue s'étend sur la vaste plaine de la Seine, le bois de Boulogne, le magnifique pont-viaduc du chemin de fer de ceinture, et presque tout Paris dominé par la butte Montmartre. Les collines de Montmorency forment l'horizon. Si l'on reporte ses regards sur les bords de la Seine, on voit, à dr. de l'*île Séguin*, l'*île de Billancourt et de Saint-Germain*, qu'un double pont

Château de Meudon en 1870.

relie aux deux rives de la Seine. En parcourant la terrasse, la vue plonge d'abord dans les jardins, dans les cours et sur l'amas peu pittoresque des maisons de Meudon; puis, on domine des bosquets réservés. A l'extrémité, on aperçoit, au-dessous de soi, deux étages de parterres ayant chacun leur bassin et qui s'étendent au-dessous du château, et, plus loin, les pelouses du haras et l'*étang de Chalais*, la partie supérieure du Val-Fleury, et le commencement du bois de Meudon. La terrasse était autrefois plantée de beaux arbres, que le prince Napoléon fit abattre. Les Prussiens y établirent, en 1870, une forte batterie de 24 canons, qui nuisit beaucoup aux forts d'Issy et de Vanves, et porta plusieurs fois son tir sur l'intérieur de l'enceinte de Paris.

L'*ancien parc réservé*, autrefois percé de belles avenues, a été transformé en jardin anglais.

C'est dans cette partie que se

trouve l'*étang de Villebon*, l'un des plus jolis sites de la forêt.

Le bois de Meudon.

Le bois de Meudon se divise en deux portions : l'une à l'O. et au S.-O. du château, jusqu'à Chaville et Vélisy ; l'autre à l'E. et au S.-E. se confondant avec le bois de Fleury. « Le point le plus élevé, dit le docteur Robert, est au pavillon de Trivaux (au S. du bois, à 1,500 mèt. du Petit-Bicêtre, hameau situé sur la route de Versailles à Choisy-le-Roi). Ce point est à 172 mèt. au-dessus du niveau de la mer, ou à 142 mèt. au-dessus de celui de la Seine. La superficie du domaine, y compris le château et ses dépendances, est de 1,387 hectares 82 ares, sur lesquels il y a 1,085 hectares 39 ares en bois. »

Le chêne est l'essence qui domine dans les bois de Meudon. Il y a cependant peu de chênes séculaires remarquables. Les autres arbres sont : le châtaignier, le bouleau, le charme, le tremble, le frêne. Le hêtre pourpre, placé au rendez-vous de chasse du rond de l'Ursine, attire les regards par son feuillage sombre et triste, et sert de point de repère aux promeneurs. Au centre de la *mare Adam* est un cyprès chauve, et autour « l'on voit le tulipier du Japon égaler presque en hauteur les arbres de la forêt, et se couvrir de larges corolles rougeâtres. »

Direction. — Les bois de Meudon sont l'une des promenades favorites des Parisiens. Les versants de Chaville abondent surtout en aspects variés. De plusieurs points, on voit briller à l'horizon les toits métalliques du château de Versailles.

On se rend dans le bois de Meudon de deux côtés principaux, par Meudon ou par Bellevue :

1° De Meudon à l'étang de Villebon.

Si l'on veut arriver au bois par Meudon, il faut suivre jusqu'à son extrémité supérieure la rue des Princes (V. ci-dessus, p. 88). A son issue (20 min. environ depuis la station), on se trouve sur une large route, bordée à dr. par les murs du parc inférieur, à g. par ceux du vaste enclos (parc de Chalais) qui a appartenu au prince Berthier, et qui est encore désigné sous le nom de *haras de Meudon*, quoiqu'il ne conserve plus cette destination. Parvenu à l'angle du mur du parc, on peut prendre, en appuyant à dr., un sentier à mi-côte qui s'engage dans le bois et qui, rejoignant bientôt un chemin d'exploitation, longe la clôture de l'ancien parc réservé jusqu'à l'*étang de Villebon,* que l'on aperçoit derrière les palissades (20 min. depuis la sortie du village). — On peut aussi, au lieu de prendre le sentier à l'angle du parc réservé, continuer de longer le haras jusqu'à une belle allée qui est indiquée par un poteau du restaurant, et qui monte à dr. vers l'étang. Une autre route, très-sablonneuse dans sa partie supérieure, y mène aussi directement, depuis la *mare du Bois* ou *étang de Trivaux,* situé en arrière et un peu à dr. du haras. Ces deux routes se rejoignent à 5 min. de l'étang. On allonge la promenade de 5 min. environ en suivant la première, et de plus de 10 min. en suivant la seconde. Parvenu à leur point de rencontre, il faut négliger les routes à g. et continuer sa marche en appuyant sur la dr.

Les alentours de l'étang de Villebon sont un des points les plus fréquentés du bois de Meudon. Un café-restaurant, qui s'est établi sur le plateau, à g., au-dessus de l'étang (3 min.), sous le nom d'*Ermitage de Villebon*, contribue à y attirer encore un plus grand nombre de visiteurs (des poteaux indicateurs placés à divers endroits du bois, et, en particulier près de l'étang, révèlent cet utile voisinage, que l'on ne soupçonnerait pas autrement). A côté de l'ermitage de Villebon, une ferme, flanquée d'une tourelle carrée et ombragée de beaux cèdres, a remplacé une grange qui appartint à Saint-Germain-des-Prés.

Veut-on, de l'étang de Villebon, se rendre à Bellevue, il faut continuer de suivre le chemin par lequel on est arrivé, en laissant la palissade à dr., au-delà de l'étang. On arrive alors, en 5 min., sur la lisière d'une plaine enclavée dans la forêt, à l'*Étoile de la Patte-d'Oie*, où aboutissent neuf routes. Si l'on prend la troisième à dr. de celle par laquelle on est arrivé, on gagne en 15 min. environ l'extrémité S.-E. de l'*étang des Fonceaux*, d'où l'on aperçoit à dr. le château, à travers une grille du parc. Continuant à suivre la même allée en ligne droite, on ne tarde pas à voir la *porte de Bel-Air* (8 min.), au-delà de laquelle une route descend à la grande avenue qui va de Bellevue au château (10 à 12 min. de la porte de Bel-Air à la station de Bellevue).

En prenant, à la Patte-d'Oie, la quatrième route à dr. de celle par laquelle on est arrivé, on croise (5 min.) le pavé de Versailles à Meudon ; 5 min. après, on arrive à un carrefour où aboutissent six routes et un sentier. Continuant à se diriger en face, on atteint, en 3 ou 4 min., le *pavé des Gardes*, près de la ferme des Bruyères (*V.* ci-dessous). De ce point, on descend, en 15 min. environ, à la station de Bellevue.

Si, de l'Étoile de la Patte-d'Oie, on traverse la plaine dans sa plus grande largeur, en prenant, presque en face de la route qui vient de l'étang de Villebon, un chemin bordé de quelques pommiers, on gagne, en 7 ou 8 min., la partie du bois située du côté de Chaville et à l'entrée de laquelle se trouve la *mare Adam*.

2º De Meudon au Plessis-Picquet, au bois de Verrières et à Bièvres.

Arrivé à la *mare du Bois* (15 à 20 min. de l'église de Meudon, *V.* ci-dessus), on prend une des allées qui montent parallèlement à la grande pelouse située derrière le haras. 5 ou 6 min. suffisent pour atteindre la lisière S. du bois, à 200 mèt. au-delà de laquelle s'élève la *ferme de Trivaux*. On passe près de cette ferme en se dirigeant vers la maison du garde dite *porte de Trivaux*. — Si l'on veut aller au Plessis-Picquet, on suit alors à g. un sentier qui se dirige, à travers champs, vers la route de Paris à Chevreuse, et, croisant cette route (15 min. depuis la sortie du bois), on prend, en face du sentier, le chemin qui descend au Plessis (10 ou 12 min.).

Pour aller au bois de Verrières, il faut, quand on est arrivé à la porte de Trivaux, continuer en droite ligne jusqu'au (8 min.) *Petit-Bicêtre*, hameau situé au point de rencontre des routes de Paris à Chevreuse et de Versailles à Choisy-le-Roi. Une allée droite conduit, en 25 min. environ, du Petit-Bicêtre au carrefour de l'Obélisque, dans le bois de Verrières. — Veut-on aller à Bièvres, on traverse le bois de Verrières ou l'on suit la route de Chevreuse, qui descend dans la vallée en passant près des ruines de l'Abbaye-aux-Bois (3 kil. du Petit-Bicêtre à Bièvres). — Enfin, si, au lieu de prendre la route de Chevreuse, on prend, au Petit-Bicêtre, celle de Choisy-le-Roi, on gagne successivement (1,500 mèt.) Malabry, (4 kil.) Chatenay et (6 kil.) Sceaux (*V.* Section XXVII).

3º De Bellevue à Chaville et à Viroflay.

En partant de Bellevue, pour visiter la partie occidentale des bois de Meudon, on peut gagner le plateau supérieur du bois, soit par l'allée Mélanie, soit par la jolie route bordée de jardins, qui, de la station du chemin de fer, monte au *Pavé des Gardes* (10 min.). 5 min. après, à dr., dans un espace découvert, on trouve quelques maisons, et une fabrique de capsules, en face de laquelle, à g., deux chemins pénètrent dans le bois. Le premier conduit en 2 ou 3 min. à l'étang des Fonceaux (*V.* ci-dessus). En suivant le *pavé des Gardes*, on dépasse bientôt (à dr.) la *ferme des Bruyères* (lait chaud le matin et le soir), et (à g.) l'allée droite qui, s'ouvrant en face de cette ferme, conduit à l'Étoile de la Patte-d'Oie; puis, on atteint, à g. (6 min. de la capsulerie), une porte du bois appelée la *porte Dauphine*. Si l'on prend l'allée droite qui fait face à cette porte, et si, après avoir traversé la route pavée de Versailles à Meudon (à 5 min. sur la dr. se montre le cèdre de l'Étoile du Pavé), on continue à suivre le même chemin, on arrive en 15 min. à la *mare Adam*. En la contournant à dr. et en prenant la seconde allée du même côté, on se trouve, à 400 mèt. plus loin, sur les versants du côté de Chaville ou de Viroflay. Suivant alors à g. une route tournante on atteint, en 2 ou 3 min., une allée qui descend rapidement à dr. vers (8 min.) le *rond d'Ursine*, dont le hêtre pourpre attire de loin l'attention. Du rond d'Ursine, la troisième allée à dr. de celle par laquelle on est arrivé conduit directement au village de Chaville, en traversant, à la sortie du bois, les prairies artificielles où se trouvent les glacières (*V.* ci-dessous, p. 100). On compte 18 à 20 min. du rond d'Ursine à la station de Chaville.

Pour aller à Viroflay, il faut prendre la quatrième allée à dr. Cette allée, longeant l'*étang d'Ursine*, puis l'*étang de l'Écrevisse*, conduit au (20 min. du rond d'Ursine) *chêne de la Vierge*.

Un chemin (à dr.) descend de ce chêne à Viroflay et à la station (3 ou 4 min.). Si l'on continuait de suivre, au-delà du chêne, la route venant du rond d'Ursine, on arriverait, en 12 ou 15 min., à l'entrée de la belle avenue de Paris, qui, longue de plus de 2 kil., conduit à Versailles.

En quittant la station de Meudon, on reste pendant quelque temps dans une tranchée profonde. A peine les parois de cette tranchée s'abaissent-elles, que l'on aperçoit à dr. la *chapelle de Notre-Dame-des-Flammes*, érigée en commémoration de la catastrophe du 8 mai 1842. On traverse à niveau la route des Moulineaux à Chaville, puis, laissant à g. la petite église de Bellevue, on passe sous l'avenue qui monte au château de Meudon.

La station de Bellevue est à 90 mèt. au-dessus du niveau de la mer.

4ᵉ STATION. — BELLEVUE.

9 kil. de la gare de Paris et de la gare de Versailles, 1 kil. des gares de Meudon et de Sèvres, 1 kil. du château de Meudon, du pont de Sèvres et de l'entrée du parc de Saint-Cloud. — 5 min. suffisent pour descendre de la station à la *manufacture de Sèvres*.

Bellevue *, dépendance de Meudon, doit son origine à un caprice de Mᵐᵉ de Pompadour. S'étant éprise de cette position, dans un voyage qu'elle fit à Meudon, elle s'y fit construire un château (1748-1750). Louis XV y vint souvent; il s'y plut tellement, qu'il l'acheta en 1757. Il y signa, du reste, un des actes les plus justes de son règne, celui qui faisait de la noblesse une récompense du courage militaire.

Avant la Révolution, le château de Bellevue appartenait à Mesdames. Les premières éditions des *Environs de Paris*, par Dulaure, en contiennent une description complète. Vendu pendant la Révolution, il a été presque complètement détruit; il n'en reste que le domaine de *Brimborion* (à M. Oppenheim), où nos troupes bâtirent, en 1870, une redoute qu'elles abandonnèrent. La belle propriété qui couvre la plus grande partie du coteau de Bellevue (la butte Coislin), au-dessus du pont de Sèvres et en vue du parc de Saint-Cloud, appartint à Mˡˡᵉ de Coislin, pour qui Louis XV construisit le pavillon d'habitation. Il a été possédé depuis par

La vallée de la Seine, vue des terrasses de Bellevue.

M. Villamil, riche Espagnol, qui y donna l'hospitalité à Thomas Moore. Une des maisons voisines a été habitée par Casimir Delavigne, qui y composa le *Paria*.

Depuis l'établissement du chemin de fer, les villas se sont multipliées comme par enchantement sur le coteau de Bellevue. Elles s'y vendent et s'y louent fort cher.

Parmi les propriétés les plus agréables ou les plus célèbres, nous citerons: *Montalais*, que Scribe avait cédée au maréchal Saint-Arnauld et qui a été dépecée; la *tour de Marlborough*, habitée pendant quelque temps par le général Cavaignac; la *villa Boson*, reconstruite par Amédée Pichot, l'historien de Charles-Édouard et de Charles-Quint. Cette propriété était autrefois l'Orangerie du château de Bellevue. En 1866, A. Pichot en fit décorer un des côtés de très-intéressantes et de très-belles peintures sur briques émaillées par M. Paul Baze (la *Moisson* et la *Vendange* sont de vrais chefs-d'œuvre de composition et de couleur); la *maison des Cerfs*, ainsi nommée d'un cerf qu'y tua Louis XV et dont une inscription rappelle la mort; enfin, sur l'emplacement de la ferme des Capucins, une maisonnette qui fut habitée par Émile Souvestre. — Stahl (Hetzel) réside à Bellevue pendant l'été.

Bellevue possède un *établissement hydrothérapique*, dont la fondation remonte à 1848.

De la terrasse qui s'élève à l'extrémité de l'*avenue Mélanie*, on découvre une vue comparable à celle dont jouissait autrefois le château de Mme de Pompadour. C'est celle que représente notre dessin.

Les rues de Bellevue, bordées pour la plupart de haies, comme celles des villages anglais, ressemblent à des allées de jardin; les bois qui couronnent, au-dessus du chemin de fer, les dernières pentes du coteau offrent aux amateurs de délicieuses promenades, bien qu'ils aient été singulièrement endommagés depuis quelques années par des exploitations de pierres meulières.

En quittant la station de Bellevue, le chemin de fer passe entre deux rangs de jolies villas. Au sortir d'une petite tranchée, on découvre sur la dr. un admirable paysage. Le vallon dans lequel se trouve la ville de Sèvres, les hauteurs de Ville-d'Avray, le parc de Saint-Cloud, le mont Valérien, les coteaux de Montmorency, la Seine, le bois de Boulogne et Paris dominé par Montmartre, apparaissent tour à tour aux regards des voyageurs. Le parc de Saint-Cloud a déjà caché une partie de ce beau tableau, lorsque le convoi s'arrête à la station de Sèvres.

5ᵉ STATION. — SÈVRES.

10 kil. de la gare de Paris, 8 kil. de celle de Versailles. 1 kil. de celle de Bellevue. — Sèvres (le pont) est à: 1 kil. 500 mèt. de Saint-Cloud, 7 kil. 500 mèt. de Neuilly; 2 kil. 500 mèt. des Moulineaux, 10 kil. 300 mèt. de Paris, 6 kil. 500 mèt. de Versailles, 3 kil. du bas Chaville, 3 kil. de Ville-d'Avray. — Mais le pont de Sèvres est à plus de 1 kil. de l'église.

Sèvres* (*villa Savara*), ch.-l. de c., V. de 7,096 hab., est située sur la route de terre de Paris à Versailles, entre les collines qui portent les deux chemins de fer. Elle commence en face de la manufacture de porcelaine et du parc de Saint-Cloud, sur la rive g. de la Seine, à l'extrémité d'un beau *pont* de pierre construit en 1808, coupé en 1815 pour la défense de la rivière, et terminé seulement en 1820, et s'étend des deux côtés de la route jusqu'aux premières maisons du bas Chaville. Le groupe principal de ses maisons se trouve près de l'église et de la mairie, situées immédiatement au-dessous de la station (5 min. environ). La plupart des habitants exercent la profession de blanchisseur. Il y a un siècle environ, la plus

BELLEVUE. — SÈVRES.

grande partie des vins qui se consommaient à Paris arrivaient de Sèvres. Les anciennes carrières des coteaux voisins avaient été disposées en caves. L'une de ces caves, appelée la *cave du Roi*, pouvait contenir au moins 15,000 pièces de vin.

L'*église*, édifice laid et peu intéressant des XIIe, XIIIe et surtout XVIe et XVIIe s., est construite en contre-bas de la grande rue, à g. La chute de l'Empire en a empêché la reconstruction, qui avait été projetée.

L'ancien château seigneurial était un peu plus bas que l'église, vers le S. Au XVIe s., il avait pour seigneur Simon de Livres, qui le prêtait souvent au roi, moyennant le payement de quelques droits, lors des entrées des reines.

En 1815, Sèvres fut le théâtre d'un engagement sérieux entre les Français et les Prussiens. Les Français durent céder au nombre. Après leur retraite, leurs vainqueurs pillèrent la ville. La manufacture de porcelaine fut seule épargnée, grâce au général Zieten.

Sèvres est arrosée par un ruisseau appelé le *ru de Marivel*, qui, descendant de Montreuil et de Chaville, va se jeter dans la Seine.

[Une bonne route de voitures, qui s'ouvre presque en face de l'église, monte de Sèvres à la station de Ville-d'Avray (1,750 mèt.), et, par Ville-d'Avray (1 kil.), à Marnes (3 kil.).

En longeant le chemin de fer (rive g.) pendant 3 ou 4 min., puis en prenant à g. une des routes qui montent dans les bois, on atteint, en 10 min., la capsulerie, et, en 15 min., la porte Dauphine, sur le pavé des Gardes, qui traverse le bois de Meudon et d'où il est facile de gagner l'étang des Ferrons, la mare Adam, ou l'étang de Villebon (*V.* ci-dessus, p. 92). — On peut aussi se rendre à Chaville en moins de 30 min. Il faut pour cela, lorsque l'on est arrivé sur le plateau, incliner vers la dr., en marchant parallèlement au chemin de fer.]

Manufacture de porcelaines.

Cet établissement, placé sous le patronage du gouvernement, fait le plus grand honneur à la France dans la voie si intéressante de l'industrie associée à l'art. Toute une pléiade d'artistes qui lui consacrent leurs talents jouissent d'une juste renommée, et la supériorité de ses produits est reconnue du monde entier.

La *nouvelle manufacture*, construite par M. Laudin, s'élève à l'extrémité du parc de Saint-Cloud, près du pont de Sèvres. — L'*ancienne manufacture* n'a pas encore reçu une destination définitive; d'ailleurs elle est fort délabrée et menace ruine sur plusieurs points.

La manufacture de Sèvres possède une riche collection, fondée par M. Brongniart, comprenant les productions céramiques les plus diverses, depuis les poteries les plus communes jusqu'aux porcelaines les plus recherchées de la Chine et du Japon, des poteries antiques, des majoliques, des faïences de l'Italie et de la France, etc. Ce *musée céramique* réunit, en outre, les modèles des services, des vases d'ornements, des figures et statuettes exécutées à la manufacture depuis son origine.

Le musée céramique et les galeries des produits modernes sont ouvertes tous les jours de midi à 3 heures aux personnes munies de cartes et aux étrangers : on peut visiter les ateliers de fabrication les lundis, jeudis et samedis aux mêmes heures. En outre, le musée et les galeries sont publics tous les dimanches. On obtient très-facilement les cartes d'entrée en adressant une demande soit à l'administration de la manufacture, soit à la direction des beaux-arts.

En 1695, il existait à Saint-Cloud un établissement antérieur de quinze ans à la manufacture royale de Saxe, et dans lequel se fabriquait seulement la porcelaine tendre. Une manufacture se fonda à Chantilly, sous la protection du prince de Condé. M. de Fulvy, intendant des finances, en créa une autre à Vincennes, en 1745. Après la mort de M. de Fulvy, Louis XV reprit sa part dans la compagnie qu'il avait formée; il s'y intéressa pour un quart, et donna à la fabrique le titre de

Manufacture royale. Comme elle était trop à l'étroit à Vincennes, les fermiers généraux lui firent construire exprès, à Sèvres, un vaste bâtiment d'exploitation sur l'emplacement de la maison Lully, dont une dépendance, qui existe encore, sert de château d'eau ; la manufacture y fut transférée en 1756. En 1760, Louis XV remboursa à la compagnie le prix de 1,400.000 fr., prit la manufacture à son compte et lui assigna un fonds de 96,000 livres.

Jusqu'en 1765, on chercha les procédés de fabrication de la porcelaine chinoise, découverts et mis en pratique en Saxe depuis 60 ans ; on acquit même, en 1761, les procédés de fabrication de porcelaine *dure* d'un fabricant de Frankenthal ; mais l'impossibilité de tirer de la Saxe le kaolin (1) et le feldspath mit obstacle à l'établissement de cette industrie en France. Cependant la nécessité de lutter contre l'envahissement des porcelaines allemandes fit faire, sur différents points du territoire français, des recherches qui furent bientôt couronnées de succès, et en 1765, Guettard, dans un mémoire adressé à l'Académie des sciences, signalait *la découverte faite en France de matières semblables à celles dont la porcelaine de Chine est composée*. Il attira ainsi l'attention des savants sur cette question. A la même époque la découverte fortuite d'un autre gîte, bien plus beau et plus abondant que celui reconnu à Alençon par Guettard, mit enfin en possession des véritables matériaux de la porcelaine dure. A Saint-Yrieix, près de Limoges, Mme Darnet, femme d'un pauvre chirurgien, découvrit et montra à son mari une terre onctueuse qui lui parut devoir être bonne pour le savonnage. Cette terre n'était rien autre que le kaolin, et bientôt le savant chimiste Macquer, après avoir reconnu l'excellente qualité de la précieuse matière que le hasard venait de faire trouver, se rendit acquéreur, au nom de la manufacture, des gisements considérables que l'on exploite encore aujourd'hui pour la fabrication de la porcelaine dure.

1. Le *kaolin* provient de la décomposition d'une roche feldspathique. Le feldspath est un silicate d'alumine et de potasse, qui fond sous l'influence d'une haute température. En s'altérant, il perd tout ou partie de sa potasse, et le kaolin qui résulte de cette décomposition forme la partie infusible et opaque de la pâte à porcelaine.

En 1770, la porcelaine *dure* fut fabriquée en grand, et concurremment avec la porcelaine *tendre*, jusque vers 1802, époque à laquelle cessa tout à fait la fabrication de cette dernière. « La Révolution ne suspendit pas la fabrication de la porcelaine à la manufacture de Sèvres. Pendant la période républicaine, cette manufacture fut administrée par l'État. Elle fit ensuite partie des listes civiles de tous les souverains qui ont régné sur la France. » (Notice de 1850.)

M. Alexandre Brongniart fut nommé, en 1801, directeur de la manufacture, qu'il administra jusqu'à sa mort, survenue en 1847. Il eut pour successeur le savant chimiste Ebelmen, mort en 1852, à qui succéda M. Regnault, membre de l'Institut, et M. Robert, tout à la fois artiste et chimiste distingué, directeur depuis 1871.

L'inauguration solennelle de la nouvelle manufacture a eu lieu le 17 novembre 1876.

Les procédés de fabrication méritent au moins quelques détails. La pâte céramique, composée de kaolin, de feldspath, de sable quartzeux et d'un peu de craie, détrempés et réduits à un état d'extrême division, est façonnée par le *tournage*. Pour les pièces rondes, l'ouvrier, plaçant sur le plateau horizontal d'un tour, qu'il met en mouvement, une masse de pâte à l'état liquide, lui imprime avec ses mains la forme voulue. Quand les pièces ébauchées ont acquis assez de fermeté, il les *tournasse*, c'est-à-dire les réduit à l'épaisseur convenable, à l'aide du tour et de lames coupantes. Le *moulage* est un second procédé de fabrication. Toutes les pièces qui ne sont pas rondes doivent être façonnées dans des moules composés de matière absorbante, telle que le plâtre. Un troisième procédé, celui du *coulage*, permet de faire des pièces d'une légèreté extraordinaire. L'emploi en a été repris et beaucoup étendu dans ces dernières années ; il a même été appliqué au façonnage des pièces de grande dimension admirées aux dernières expositions de la manufacture. Les garnitures, les anses, les bas, etc., moulés à part, sont collés à la pièce avec une pâte de même composition, mais plus délayée, nommée *barbotine*. C'est avec cette pâte liquide, appliquée au pinceau, que l'ouvrier modèle en relief sur un fond d'une autre couleur des ornements terminés ensuite à l'ébauchoir. Les pièces achevées et parfaitement sèches sont passées au feu, et acquièrent dans cette première cuisson de la solidité et de la porosité par l'évaporation de l'eau qu'elles contenaient. A cet état de demi-cuisson, la porcelaine prend le nom de *dégourdi*. Pour la couvrir du *vernis* ou *émail* qui doit lui donner l'imperméabilité et le brillant, on la plonge dans un bain liquide, tenant en suspension du feldspath et du sable broyés très-finement. Ainsi couvertes, les pièces sont reportées au four et soumises à une température presque égale à celle des hauts fourneaux, dans des étuis de terre cuite qui les

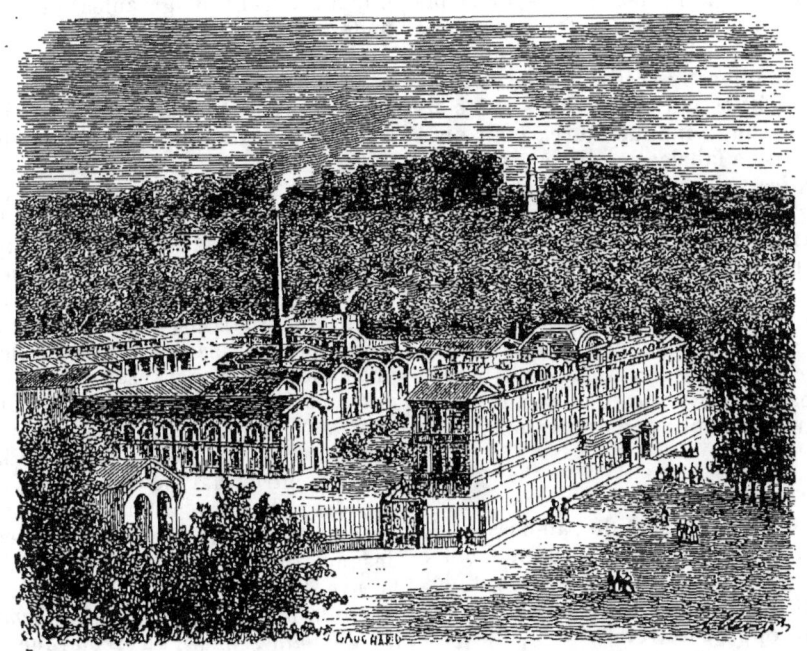

Manufacture de porcelaine de Sèvres.

isolent de la cendre et de la fumée. Le vernis ou émail peut recevoir certaines couleurs métalliques, qui se fondent et s'incorporent avec lui. Mais, à cause de la haute température à laquelle elles doivent être soumises, ces couleurs sont bien limitées. Elles sont fournies par des oxydes de cobalt, de chrome, de fer, de manganèse, d'urane. Si les couleurs des porcelaines dures ou au grand feu sont limitées, au contraire ces couleurs dites *de moufle*, parce qu'elles se parfondent dans de petits fours ayant ce nom, et à une température moins élevée, sont très-multipliées. Elles s'appliquent sur le vernis de la porcelaine cuite, et n'adhèrent avec lui qu'à l'aide de fondants appropriés. — Les procédés de cuisson ont été améliorés, dans ces dernières années, par la substitution de la houille au bois pour l'alimentation des fours. Cette méthode produit une économie de plus des deux tiers sur les frais de la cuisson.

Après avoir pris l'initiative de la rénovation des vitraux peints, qu'encouragea particulièrement le roi Louis-Philippe, la manufacture, appréciant les progrès accomplis par l'industrie privée, qui l'avait suivie dans cette voie, crut devoir, avec l'assentiment du ministre, renoncer à cette branche de la fabrication. On a abandonné également à Sèvres la peinture sur émaux, cette partie de l'industrie artistique de la France qui fit la gloire de Limoges, ainsi que la fabrication de la faïence, après avoir libéralement livré à l'industrie particulière les résultats des recherches faites par les savants et les artistes de la manufacture, mais on a repris la fabrication de la *porcelaine tendre*, qu'une préoccupation trop systématique de M. Brongniart avait fait abandonner, et qui répond à certains besoins de luxe que la porcelaine dure ne saurait satisfaire. Enfin, depuis le mois de juillet 1875, on a installé un atelier-école de *mosaïque*, sous la direction d'un maître mosaïste du Vatican, auquel on a adjoint plusieurs artistes italiens.

En s'éloignant de la station de Sèvres, on aperçoit à dr., au-dessous de la voie, les toits de la manufacture de porcelaine. A g., s'élèvent des coteaux couverts de bois. Sur le versant opposé du vallon au fond duquel s'étend la ville de Sèvres, se montre bientôt le chemin de fer de la rive dr. On traverse une profonde tranchée avant de s'arrêter à la station de Chaville.

6ᵉ STATION. — CHAVILLE.

3 kil. de la gare de Paris, 5 kil. de la gare de Versailles, 3 kil. de la station de Sèvres. — Chaville est à : 3 kil. de Sèvres, 4 kil. 500 mèt. de Versailles, 2 kil. 500 mèt. (par les bois) de l'étang de Villebon, 3 kil. 500 mèt. (par les bois) de Bellevue, 1 kil. de Viroflay, 2 kil. de Vélizy.

Chaville, 2,310 hab., se compose de deux parties séparées par le chemin de fer. A dr. est le *bas Chaville*, sur la route de terre ; à g. se trouve le village proprement dit, situé à 83 mèt. d'alt., au pied de coteaux boisés, à l'entrée d'un petit vallon. Son *église* a été rebâtie au XVIIᵉ s. Son château, construit à grands frais par M. de Louvois, fils du maréchal Le Tellier, fut vendu pendant la Révolution comme propriété nationale et démoli en 1800. Les bois qui le dominent offrent d'agréables promenades.

1° En prenant (à g.) la route ou un sentier qui, immédiatement au sortir de la station, montent à travers bois, on atteint, en moins de 2 min., une allée (à dr.) en pente douce qui, après avoir croisé la route pavée de Versailles à Meudon, descend vers la *maison Porcher* (15 min. de la station). Un peu en avant de cette maison abandonnée, un grand orme signale une *source* d'eau légèrement ferrugineuse, près de laquelle les promeneurs viennent souvent faire des repas champêtres. De ce point, la vue s'étend sur une vaste plaine, traversée par le chemin de fer de la rive g., entre Chaville et Viroflay, et encadrée de bois pittoresques. Les bois des Fausses-Reposes, au pied desquels passe le chemin de fer de la rive dr., forment l'horizon au N. Entre la maison Porcher et la *ferme de Chaville*, que l'on remarque à l'entrée du village de ce nom, s'étendent des prairies artificielles et des champs inondés pendant l'hiver, et au bord desquels ont été établies les *glacières* de Chaville et de Viroflay. Au-delà de la maison Porcher, une belle avenue de peupliers du Canada s'étend le long d'un fond marécageux, souvent à sec pendant l'été. Lorsque l'on est arrivé à l'extrémité de cette avenue (4 min. de la maison Porcher), si l'on prend une des routes qui montent à g., on atteint, en 4 ou 5 min., le *cordon* ou route tournante tracée au bord du plateau supérieur (164 mèt. d'alt.)

du bois de Meudon. De là, en se dirigeant vers l'E. (dans le sens de la largeur du plateau), on peut gagner, en 10 min. environ, le restaurant de Villebon ou l'Étoile de la Patte-d'Oie (*V.* ci-dessus, p. 92). Mais il est plus agréable de suivre le cordon à g. On jouit alors de beaux points de vue sur les versants opposés de la forêt et l'on découvre même à l'horizon les toits du palais de Versailles. Au point où la route tournante s'infléchit sensiblement vers l'E. et s'éloigne de la crête du versant (8 ou 10 min., suivant le chemin que l'on a pris pour y monter), il faut la quitter et prendre à g. un sentier qui conduit, en moins de 5 min., à l'*Étoile du Pavé*, au milieu de laquelle s'élève un beau cèdre. Si l'on prend alors l'allée qui s'ouvre en face, on gagne en 8 min. la porte Dauphine; si l'on prend le sentier à dr. de cette allée, il faut 15 min. environ pour atteindre le pavé des Gardes, en face de la capsulerie, d'où l'on peut gagner la station de Sèvres ou celle de Bellevue (*V.* ci-dessus, p. 93).

2° Les routes qui se présentent à dr., au-delà de la maison Porcher et de l'avenue des peupliers, conduisent en quelques minutes au rond d'Ursine, et de là, par les étangs d'Ursine et de l'Écrevisse, à Viroflay et à Versailles (*V.* ci-dessus, p. 94). — Si l'on veut aller à Vélizy, il faut, à l'extrémité de l'avenue de peupliers, continuer en face, et suivre la même route, qui décrit une courbe du N. au S. par l'E., sans se laisser détourner ni à dr. ni à g. — 30 ou 35 min. suffisent pour aller, par cette route, de la maison Porcher à Vélizy.

3° On peut aussi, de la station de Chaville, gagner en 15 min. les bois des Fausses-Reposes, qui couronnent le sommet du versant opposé de la vallée, et dont les belles allées conduisent, à g., à Versailles, en face, à l'étang de Ville-d'Avray, à dr., à Ville-d'Avray (*V.* ci-dessous, p. 103). Il faut pour cela, en descendant de la station, croiser au bas Chaville, avant leur jonction, les routes des Moulineaux et de Sèvres, puis le chemin de fer de la rive dr.

———

Dès la station de Chaville, on aperçoit à dr. le viaduc qui sert à relier l'un à l'autre les deux chemins de Versailles. On remarque du même côté les prairies où sont parqués les chevaux du haras de Viroflay; à g. une plaine entourée de hauteurs boisées attire les regards.

7e STATION. — VIROFLAY.

14 kil. de la gare de Paris, 4 kil. de la gare de Versailles, 1 kil. de la station de Chaville, 2 kil. de Vélizy, 4 kil. de Jouy-en-Josas.

Viroflay, 1,057 hab., n'a rien de remarquable. On y trouve de jolies maisons de campagne; les bois voisins offrent d'agréables promenades.

[On peut, de la station de Viroflay, se rendre par les bois à l'étang de Villebon en 45 min. env., ou en 1 h. si l'on monte jusqu'à Vélizy (169 mèt.). **Vélizy** est un v de 206 hab., situé à 6 kil. de Versailles, à l'extrémité des bois de Meudon, sur le plateau cultivé que traverse à peu de distance la route pavée de Versailles à Choisy-le-Roi. Son église a été bâtie en 1674, pour remplacer celle d'*Ursine*, détruite à cette époque en même temps que l'ancien village de ce nom, dont l'emplacement trop humide et malsain fut transformé en étang par M. de Louvois.

La plus agréable excursion que l'on puisse faire de Viroflay, c'est d'aller à Versailles par Jouy et Buc; 2 h. suffisent, sans compter les temps d'arrêt. Au sortir de Viroflay, à l'E., on gravit à g., le long d'une carrière de sable, un chemin très-sablonneux; on longe ensuite (à g.) la crête d'un versant boisé avant de sortir du bois sur un plateau cultivé. Après avoir traversé (20 ou 25 min. de Viroflay la route pavée de Versailles à Choisy-le-Roi, on a le choix entre plusieurs chemins : on peut descendre à Jouy par une charmante route de voitures, ou suivre l'une des nombreuses allées qui conduisent également à Jouy par *les Mets*. De Jouy, qui est décrit dans la section XXVIII, il faut aller à Versailles (6 kil.), non par la route de voitures, qui est monotone, mais par Buc et le bois de Satory.]

A peu de distance de la station de Viroflay, on rejoint, près du nouveau champ de course de *Porche-Fontaine* (à g.), le raccordement de la rive dr.; un peu plus loin, on laisse à g. la ligne de l'Ouest proprement dite, qui domine bientôt de plusieurs mètres l'embranchement de Versailles. Sur la dr., on aperçoit la porte de Versailles ; à g., s'étend le *Petit-Montreuil*. On s'enfonce dans des tranchées de pierres et l'on traverse plusieurs tunnels avant de s'arrêter dans l'embarcadère de l'avenue de la Mairie (*V*. le plan, et, pour la direction à suivre, p. 20).

SECTION III

DE PARIS A VERSAILLES ET A SAINT-CLOUD

PAR LA ROUTE DE TERRE

A. DE PARIS A VERSAILLES.

kil. — 11 kil. de Paris à Sèvres, 8 kil. de Sèvres à Versailles. — Pour les voitures publiques, *V. l'Introduction.*

La route directe de Paris à Versailles laisse à dr. Passy et Auteuil, traverse (7 kil.) le *Point-du-Jour*, puis, s'éloignant de la Seine après être sortie de Paris par (7 kil. 1/2) la porte de Saint-Cloud, elle se dirige en ligne droite, entre (9 kil.) Billancourt à g. et Boulogne à dr.[1], vers (10 kil.) le **pont de Sèvres** (7 arches en pierre), sur lequel elle passe ; elle laisse alors à dr. le parc de Saint-Cloud et la nouvelle manufacture de porcelaines, à g. la route de Bellevue et de Meudon, avant de pénétrer dans l'étroit vallon où elle traverse successivement (11 kil.) Sèvres, (14 kil.) Chaville et (15 kil. 1/2) Viroflay (*V.* p. 96 à 101), entre le chemin de fer de la rive dr. et le chemin de fer de la rive g. Elle entre à (19 kil.) Versailles en laissant à dr. Montreuil et aboutit sur la place d'Armes, en face du palais, par l'avenue de Paris (*V*. p. 20).

1. Billancourt, Boulogne et le bois de Boulogne sont décrits dans le *Paris illustré*, par Ad. Joanne. Paris, Hachette et Cie.

B. DE PARIS A SAINT-CLOUD.

11 kil.

La route de terre de Paris à (11 kil.) Saint-Cloud suit la rive dr. de la Seine jusqu'à Auteuil, s'éloigne peu à peu de la rivière, sort des fortifications au Point-du-Jour, où elle laisse à g. la route de Versailles par Billancourt et Sèvres. Elle se dirige ensuite en ligne droite sur le rond-point de Boulogne, à l'entrée du pont de Saint-Cloud. Cette route est desservie par les omnibus du chemin de fer américain qui partent de la place du Louvre (pour les renseignements relatifs aux voitures, *V. l'Introduct.*).

C. DE SAINT-CLOUD A VERSAILLES.

7 à 8 kil.

La route de terre de Saint-Cloud à Versailles est l'une des plus agréables promenades des environs de Paris. Quand on fait ce trajet à pied, il faut gagner la porte de Ville-d'Avray par le parc de Saint-Cloud ; la route de voitures, qui passe par Montretout, et qui traverse le parc en longeant presque constamment le chemin de fer (*V.* p. 18 et suiv.), étant plus longue et moins variée.

Après avoir croisé, près de l'église de Ville-d'Avray, la route de Sèvres à Marnes (*V.* p. 18), on ne tarde pas à atteindre les bois des Fausses-Reposes. A l'entrée de ces bois, dans le petit vallon boisé que traverse la route, se trouvent sur la g. les jolis *étangs de Ville-d'Avray*, qui alimentent les eaux du parc de Saint-Cloud. Ces pièces d'eau, si bien encadrées et entourées depuis quelques années de jardins anglais, ont fourni de nombreux sujets d'étude à nos plus célèbres paysagistes; nous mentionnerons surtout un tableau de Carle Vernet (musée du Louvre) que Charles X avait commandé, en 1825, pour la somme de 8,000 fr. (Une chasse au daim pour la Saint-Hubert, en 1818).

Rien de plus charmant au printemps, en été et surtout en automne, que les **bois des Fausses-Reposes**, traversés par la route. Toutes leurs allées mériteraient d'être parcourues à pied. Il est difficile de s'y égarer (*V.* la carte). D'un côté (dr.), on irait rejoindre (1 kil. env.) Marnes, la Marche, Vaucresson et la route de Saint-Cloud à Rocquencourt (2 kil.); de l'autre (g.), on ne tarderait pas à rencontrer (1 kil. à 1 kil. 500 mèt.) le chemin de fer de la rive dr. et la route de terre de Paris à Versailles. Les allées appelées *Cordon du Nord* (à dr.) et *Cordon du Sud* (à g.) offrent surtout d'agréables paysages.

Un peu au-delà de l'étang de Ville-d'Avray, si l'on continue à suivre la route de voitures, on gravit une petite côte, on laisse ensuite à dr. une route qui conduit par l'ancien prieuré de *Jardy* à Vaucresson (5 kil. du château de Versailles à Vaucresson), et bientôt on descend à Versailles par le Grand-Montreuil et l'avenue de Saint-Cloud (*V.* le plan).

SECTION IV

DE SAINT-CLOUD A LA MARCHE, A LA CELLE-SAINT-CLOUD, A BOUGIVAL, AU BUTARD ET A RUEIL PAR GARCHES

La route de Saint-Cloud à la Marche gravit le coteau de Montretout par une rampe habilement ménagée et bordée de jolies maisons de campagne. Elle s'ouvre sur la dr., au-delà du pont et de la route de Neuilly qui longe la Seine en face de l'avenue du château. De distance en distance on y découvre de belles vues sur le cours de la Seine, le bois de Boulogne et Paris. Au-delà du pont qui traverse le chemin de fer spécial de Saint-Cloud, à 50 mèt. au-dessus du niveau de la Seine, continuant à monter, on passe au-dessus du tunnel du chemin de fer de Versailles, entre un beau *parc*, appartenant à M. Pozzo di Borgo, et le parc de Montretout, dépecé il y a un certain nombre d'années par des spéculateurs qui y ont construit de nombreuses villas. Au-delà de ce nouveau village dont l'importance s'accroît chaque année, on se trouve sur un plateau où la vue est bornée et peu intéressante. La route de Garches et de la Marche laisse à g. la route de Ville-d'Avray pour longer le mur du parc de Saint-Cloud, dans lequel s'ouvre, à 500 mèt. environ, la *porte Jaune*. La porte Jaune est à 2 kil. 1/4 de Saint-Cloud, 13 kil. 1/4 de Paris, 6 kil. 1/2 de Rocquencourt et 3 kilom. 3/4 de Rueil. La route qui vient y aboutir sur la dr. conduit à Rueil en passant près du château de Buzenval (*V.* Sections VII et VIII). Il faut la prendre, puis la quitter à quelques pas pour prendre le chemin de g., si l'on veut aller à Garches,

v. situé à 12 à 15 min. de marche.

Garches, 1,235 hab., est un village fort ancien qui a été complétement détruit durant le siége de Paris. Son église, reconstruite en 1872, est la première qui fut érigée sous l'invocation de saint Louis (1297). Elle fut fondée par l'ancien chapelain de Louis IX, dont la pierre tombale se voyait, avant 1870, parmi les dalles de la nef, avec cette inscription : ..... *Robert de la Marche, clerc jadis le saint roi qui [en l'honneur de Dieu] et s. roi fondi cette eglise.* M. Hérard, qui a conservé par des estampages le souvenir de cette épitaphe, a aussi relevé l'inscription qui mentionne la pose de la première pierre : *En lan de grace M.CC.IXXI, le venredi apres Reminiscere, assist, en lanneur* (sic) *et de monsingneur saint Lois, mestre Robert de Lamarche, clerc nostre seinsneur le roi de France, et Hanri* (sic) *son valet la premiere pierre de lesglise de Garches et la fonda en lan desus dit.* Ce curieux monument épigraphique a aussi été presque entièrement détruit, de même que la belle dalle tumulaire d'un seigneur Guillaume, dont on n'a pu reconnaître la famille.

La population de Garches se compose surtout de vignerons, de blanchisseurs et de maraîchers ; ses rues sont étroites et tortueuses. Le village se divise en deux parties : le *grand* et le *petit Garches*.

20 à 30 min. suffisent pour aller, par les bois, de Garches à l'étang de Saint-Cucufa (*V*. Sections VII et VIII).

N. B. Un chemin plus direct, qui part de la station de Montretout, conduit du chemin de fer à l'étang de Saint-Cucufa. Ce chemin, qui passe entre Garches et le château de Buzenval, offre de beaux points de vue. Nous le recommandons aux amateurs de promenades solitaires. Quand on a atteint l'extrémité du mur de Buzenval, il faut, à l'entrée du bois, prendre la route qui s'ouvre en face ; celle de dr. descend à la Malmaison et à Rueil. Du reste, à la porte du bois où elle aboutit, on jouit d'une très-belle vue, et l'on peut en inclinant à g. gagner Saint-Cucufa.

Une partie des bois situés à l'O. de Garches, sur le plateau, ont été, en 1867, percés de belles avenues et divisés en lots pour la construction de maisons de campagne.

Au-delà de la porte Jaune, la route de la Marche continue à longer le mur du parc de Saint-Cloud. On laisse sur la dr. plusieurs chemins qui conduisent à Garches. Au parc de Saint-Cloud succède, au-delà de la porte de Garches, celui de **Villeneuve-l'Étang**, qui comprend, avec ses prairies et ses bois, près de 70 hectares. Ce château a appartenu depuis le commencement de ce siècle à Mme la duchesse d'Angoulême, au vicomte de Caze et à l'empereur Napoléon III. Un camp avait été, après la guerre de 1870-1871, établi dans le parc. L'administration du Domaine a mis cette belle propriété en vente en 1877.

Vis-à-vis de la *porte de Villeneuve* s'ouvre à dr. la route de Saint-Cucufa, qui, tracée au milieu de plantations d'arbres verts, traverse la partie des bois de Garches sur laquelle ont été ouvertes de nombreuses avenues, croise l'avenue Brezin, le chemin de Vaucresson à Suresnes, l'avenue des Grandes-Fermes, et aboutit au carrefour de Vaucresson (15 min. environ à partir de la porte de Villeneuve).

Au carrefour de Vaucresson convergent six voies outre le chemin ci-dessus désigné. La première, à dr., est l'avenue de la Celle-Saint-Cloud, la seconde l'allée de Saint-Cucufa, la troisième un chemin d'exploitation, la quatrième la route de Saint-Cucufa (20 à 25 min. à pied), la cinquième, qui longe à g. et à l'O. le parc du *haras Lupin*, la route de la Celle-Saint-Cloud, la sixième, qui longe aussi le mur du haras dans la direction du S., le chemin de l'hospice Brezin et de Marnes (30 min env.).

GARCHES. — LA MARCHE. — VAUCRESSON.

incliner sur la dr., à l'extrémité du mur du haras).

N. B. Pour Saint-Cucufa, la Celle et Bougival, *V.* Sections VII et VIII.

A 800 mèt. de la porte de Villeneuve, si l'on continue de suivre la route de la Marche et de Vaucresson, on trouve l'*hospice de la Reconnaissance* ou **hospice Brezin**, créé en 1828 par Michel Brezin, au ham. du *Petit-l'Étang*, en faveur des vieillards âgés de soixante ans au moins, et ayant exercé une profession *à marteau*. Cette condition est expresse. Cet hospice peut contenir 160 pensionnaires, qui tous y sont l'objet de soins attentifs et éclairés. Il est bâti entre Garches et Vaucresson, au pied d'un coteau boisé, et en face de la route qui conduit à Marnes. Les bâtiments forment deux cours : au fond de la seconde cour, entourée de portiques, s'élève l'église, d'un style simple, mais élégant.

L'hospice Brezin est à : 4 kil. de Saint-Cloud, 1 kil. de Vaucresson, 4 kil. 1/2 de Rocquencourt, 1 kil. 1/4 de Marnes, 2 kil. 1/4 de Ville-d'Avray, 3 kil. 3/4 de Sèvres.

En face de l'hospice Brezin s'ouvre, entre deux murs, la route de Marnes. A g. s'étend le mur de Villeneuve-l'Étang, dont la maison du garde est, de ce côté, un joli pavillon moderne (style Renaissance); à dr., on longe celui du **château de la Marche** *, dans le parc duquel ont lieu de nombreux *steeple-chases*[1].

Le parc de la Marche est très-accidenté; il renferme des pièces d'eau et des ruisseaux. Il a de plus été créé, sur un parcours de 5,000 mèt., divers obstacles artificiels. La piste ne laisse donc rien à désirer.

[1]. *N. B.* La Marche étant à 2 kil. 1/4 de Ville-d'Avray, on peut aussi y venir par la route de Ville-d'Avray ou le chemin de fer de la rive dr., qui a une station à Ville-d'Avray (*V.* p. 18). Les équipages suivent d'ordinaire la route qui vient d'être indiquée.

A g. du parc de la Marche, s'étendent, sur un coteau, des bois dont on a, en 1867, retracé les allées principales en décorant leurs abords d'arbres verts. Ces bois offrent d'agréables promenades. Ils communiquent avec ceux des Fausses-Reposes, que traverse la route de Saint-Cloud à Versailles par Ville-d'Avray (*V.* p. 102-103).

Si, laissant à dr. l'hospice Brezin, à g. le parc de la Marche, on continue à se diriger à l'O. en suivant la route, on ne tarde pas à atteindre **Vaucresson**, v. de 362 hab., qui doit sa fondation à Suger, et qui est situé à 1 kil. du Butard, 2 kil. de la Celle-Saint-Cloud (un chemin direct part de la place de l'église 3 kil. de l'étang de Saint-Cucufa), 5 kil. du château de Versailles par la route qui passe devant la ferme de Jardy et qui rejoint, près du Grand-Montreuil, la route de Ville-d'Avray à Versailles, 5 kil. 1/2 de Saint-Cloud, enfin, 3 kilom. 1/2 de Rocquencourt.

Au S. et au N. de Vaucresson s'ouvre une route de voitures qui mène à (5 kil.) Versailles par la ferme du jardin, les bois de Glatigny (le parc de Clagny a été dépecé) à dr., les bois des Fausses-Reposes et le *moulin de Picardie* (180 mèt. d'alt.) à g. Près de ce moulin on rejoint, à g., la route de Saint-Cloud à Versailles par Ville-d'Avray.

A 800 mèt. et à 1 kil. du village de Vaucresson, en suivant la route, on laisse, à dr., des chemins conduisant à (2 kil.) la Celle-Saint-Cloud (*V.* Section VIII) et au (5 min.) Butard (*V.* même Section). A 1 kil. plus loin (à dr., les *bois Plantés*, à g., le *bois des Hubies*, d'où l'on peut gagner en 45 min. Versailles, par Glatigny, on croise la route de Bougival (dr.) à Versailles (g.), décrite dans la Section VIII. Enfin, laissant à dr. le château de Beauregard, celui de Belair et le Chesnay à g., on atteint (1 kil. 200 mèt.) Rocquencourt, situé sur la route de Saint-Germain à Versailles (*V.* Section VII).

SECTION V

DE PARIS A RAMBOUILLET ET A MAINTENON [1]

(CHEMIN DE FER DE BRETAGNE)

Le chemin de fer de Bretagne a été décrit de Paris à Viroflay, p. 83 et suivantes. Nous le reprenons ici au point où, à peu de distance de la station de Viroflay (V. p. 102), il se sépare de la ligne de Versailles (rive g.) pour se diriger, à un niveau beaucoup plus élevé, vers la station de la rue des Chantiers.

En quittant la gare de la rue des Chantiers, on entre dans un souterrain courbe de 700 mèt. de rayon et de 140 mèt. de longueur. A ce tunnel succède une profonde tranchée creusée dans un terrain sablonneux. Les talus, qui s'abaissent et se relèvent tour à tour, continuent d'intercepter la vue jusqu'au-delà des ponts sur lesquels passent les routes qui conduisent à la plaine de Satory. Le dernier de ces ponts dépassé, on aperçoit tout à coup, à travers les arbres, la statue de Marcus Curtius (V. p. 57), la pièce d'eau des Suisses et l'Orangerie; mais bientôt les talus des tranchées et les arbres qui bordent le chemin de fer dérobent aux voyageurs la vue de Satory, qu'ils traversent, et du parc de Versailles, qu'ils laissent sur leur dr. Puis les talus s'abaissent, et ce long rideau de verdure se déchire près de la station de Saint-Cyr. De ce point on découvre, sur la dr., au-delà des bâtiments de l'école, une vaste et fertile vallée qui s'étend jusqu'à la forêt de Marly.

3ᵉ STATION. — SAINT-CYR.

22 kil. de la gare de Paris, 5 kil. de Versailles par le chemin de fer, 4 kil. 1/2 par la route, 2 kil. de Fontenay-le-Fleury.

Saint-Cyr, 2,677 hab., ne fut, jusqu'à Louis XIV, qu'un hameau.

Il y avait près du village un petit château et un couvent de femmes. Le château, selon Dulaure, avait été remplacé par une auberge. Ce fut probablement le couvent que Louis XIV acheta 91,000 livres pour y établir la maison d'éducation fondée par Mme de Maintenon, et à laquelle le château de Noisy ne suffisait plus.

Une religieuse ursuline, nommée Mme de Brinon, se trouvant dans un embarras extrême par suite de la ruine de son couvent, avait imaginé de fonder une pension de jeunes filles. Son entreprise échoua complètement; mais elle parvint à intéresser en sa faveur Mme de Maintenon, qui était alors seconde dame de la Dauphine, et jouissait de la confiance et de la faveur du roi. Mme de Maintenon paya les dettes de Mme de Brinon, loua pour elle une maison à Rueil, et y plaça plusieurs pensionnaires. L'établissement prospéra et s'agrandit. La communauté fut ensuite transférée au château de Noisy, où Mme de Maintenon allait souvent la visiter, et enfin, à Saint-Cyr, où furent construits les bâtiments que l'on voit encore aujourd'hui. Le but de cette fondation fut de donner une éducation convenable à des jeunes filles de familles nobles, mais réduites à l'indigence. Il fallait, pour y entrer, prouver quatre degrés de noblesse du côté paternel. Le nombre des pensionnaires fut fixé à 250, celui des maîtresses, à 40, avec 40 sœurs converses pour le service de la maison. C'était une sorte de communauté religieuse, sur laquelle la fondatrice exerça longtemps une autorité souve-

---

1. *Embarcadère*. Boulevard Montparnasse, n° 44 (V. p. 82). — Bureaux de distribution des billets, salles des bagages et salles d'attente au premier étage, où les voitures montent par une rampe assez forte et les piétons par des escaliers.

N. B. Les trains ne s'arrêtent à Bellevue et à Versailles (les deux premières stations) que pour prendre des voyageurs.

raine. Elle s'y était réservé un petit appartement où elle allait passer tous les moments dont elle pouvait disposer. Elle y fit représenter *Esther* et *Athalie*, que Racine avait composé tout exprès pour ses pensionnaires. Elle s'y retira enfin à la mort de Louis XIV, et n'en sortit jamais pendant les quatre années qu'elle survécut à ce monarque. Elle y mourut de vieillesse en 1719, et y fut inhumée dans la chapelle au milieu du chœur. M. le duc de Noailles, qui avait épousé sa nièce, lui avait érigé un riche tombeau, détruit pendant la Révolution.

A cette époque, la maison royale de Saint-Cyr, où rien n'avait été changé de-

La pièce d'eau des Suisses et l'orangerie du château de Versailles, vues du chemin de fer.

puis la fondation, fut supprimée. Les élèves dispersées, ainsi que les maîtresses ; en 1793, l'édifice fut pillé, et les restes de Mme de Maintenon profanés. Ils furent retrouvés lorsque la maison de Saint-Cyr fut appropriée à sa destination actuelle, recueillis et déposés dans le mur de la chapelle, à la droite et non de l'autel. Un monument fort simple en indique la place. Il est en marbre noir et l'on y lit ces mots :

CY-GÎT MADAME DE MAINTENON.
1635-1719-1836.

L'empereur Napoléon Ier établit à Saint-Cyr l'École militaire. 350 élèves, distribués en deux divisions, y suivent des cours de mathématiques, physique et chimie, dessin d'après la bosse et paysage, langue allemande, fortification permanente et de campagne, topographie, artillerie, histoire et géographie, administration militaire, belles-lettres, escrime et danse. On n'y peut pas entrer avant l'âge de 16 ans, ni après 20 ans révolus. On n'y peut passer plus de trois années. L'école est soumise au régime militaire et à l'autorité suprême du ministre de la guerre, qui a pour représentant un général commandant. Ce général a sous ses ordres un colonel commandant en second, un administrateur, un directeur et un sous-directeur des études, un médecin, deux chirurgiens, un dentiste, un économe, un payeur, un bibliothécaire, un chef de bataillon, un chef d'escadron, huit capitaines, vingt-quatre professeurs, quatorze répétiteurs, un aumônier, un pasteur protestant, quatorze adjudants sous-officiers, un adjudant du génie et huit employés d'administration. Il sort chaque année de cette école environ 250 jeunes officiers, qui sont immédiatement placés dans l'armée.

Les douze corps de bâtiments dont se compose l'école de Saint-Cyr ne sont remarquables que par leur étendue et l'extrême simplicité de leur architecture. Il ne reste plus qu'une partie des anciens jardins, l'autre ayant été transformée en *champ de Mars* pour les exercices et les manœuvres des élèves de l'école actuelle. On peut voir dans la chapelle quelques bons tableaux de Jouvenet, de Lagrenée, de Vien; les statues des Apôtres; et deux figures allégoriques représentant la Force et la Justice.

Au-delà de Saint-Cyr, le chemin de fer traverse le champ de manœuvres de l'école et laisse à dr. le nouveau *fort* de Saint-Cyr, élevé à une altit. de 170 mèt.

4ᵉ STATION. — TRAPPES.

28 kil. de la gare de Paris, 6 kil. de Saint-Cyr, 9 kil. de Néaufle-le-Château, 4 kil. de Port-Royal.

Trappes, 918 hab., est situé près du vaste *étang de Saint-Quentin*, dont les eaux alimentent en partie les bassins et les cascades de Versailles. Il possède une *église* fort ancienne, deux distilleries agricoles, une féculerie et une scierie mécanique à la vapeur.

Excursion à Port-Royal.

A 4 kil. au S. de Trappes s'ouvre une petite vallée solitaire, dominée par de hauts coteaux fortement boisés d'une physionomie singulièrement agreste; c'est là que s'élevait jadis l'abbaye de **Port-Royal-des-Champs**, qui occupe une si grande place dans l'histoire religieuse, philosophique et littéraire du xvıı^e s. — *N. B.* Pour y aller, il faut traverser le bois de Trappes.

Jean Racine a écrit l'histoire de l'abbaye de Port-Royal. « Elle fut fondée, dit-il, en 1204, par un saint évêque de Paris, nommé Eudes de Sully, de la maison des comtes de Champagne, proche parent de Philippe-Auguste... La fondation n'était que pour douze religieuses; ainsi ce monastère ne possédait pas de fort grands biens. Ses principaux bienfaiteurs furent les seigneurs de Montmorency et les comtes de Montfort... Sur la fin du xvıᵉ s., ce monastère, comme beaucoup d'autres, était tombé dans un grand relâchement; la règle de saint Benoît n'y était presque plus connue, la clôture même n'y était plus observée, et l'esprit du siècle en avait entièrement banni la régularité. Marie-Angélique Arnauld, par un usage qui n'était que trop commun en ces temps-là, en fut faite abbesse en 1602, n'ayant pas encore onze ans accomplis.... » Ce fut pourtant cette petite fille qui, six ans plus tard, réforma Port-Royal et plusieurs autres maisons religieuses. « Un capucin, dit Racine, qui était sorti de son couvent par libertinage, et qui allait se faire apostat dans les pays étrangers, passant par hasard à Port-Royal en 1608, fut prié par l'abbesse et par les religieuses de prêcher dans leur église. Il le fit, et ce misérable parla avec tant de force sur le bonheur de la vie religieuse, sur la beauté et la sainteté de la règle de saint Benoît, que la jeune abbesse en fut vivement émue. Elle forma dès lors la résolution, non-seulement de pratiquer cette règle dans toute sa rigueur, mais d'employer même tous ses efforts pour la faire observer à ses religieuses. » Elle eut un plein succès, si bien « qu'en moins de cinq ans la commu-

nauté de biens, le jeûne, l'abstinence de viande, le silence, la veille de la nuit, et enfin toutes les austérités de la règle de saint Benoît furent établies à Port-Royal. »
Ce monastère acquit bientôt une grande réputation de sainteté, et s'accrut dans des proportions considérables. En 1625, il y avait plus de quatre-vingts religieuses. Le local étant insuffisant, humide et malsain, Mᵐᵉ Arnauld, mère de Marie-Angélique, d'Antoine Arnauld, le fameux théologien, d'Arnauld d'Andilly, et de dix-sept autres enfants moins célèbres, acheta au faubourg Saint-Jacques, à Paris, une maison où la communauté vint se réfugier et où elle resta plus de vingt ans.
Ce fut alors que les trois frères Lemaître, dont l'un, Lemaître de Sacy, a traduit la Bible et Térence, — ils étaient petits-fils de Mᵐᵉ Arnauld, et neveux de Marie-Angélique, — allèrent s'établir dans la maison abandonnée de Port-Royal-des-Champs. « Leur exemple y attira encore cinq ou six autres, tant séculiers qu'ecclésiastiques, qui, étant comme eux dégoûtés du monde, se vinrent rendre les com-

Saint-Cyr.

pagnons de leur pénitence Mais ce n'était point une pénitence oisive : pendant que les uns prenaient connaissance du temporel de cette abbaye, et travaillaient à en rétablir les affaires, les autres ne dédaignaient pas de cultiver la terre comme de simples gens de journée; ils réparèrent même une partie des bâtiments qui y tombaient en ruine, et, rehaussant ceux qui étaient trop bas et trop enfoncés, rendirent l'habitation de ce désert beaucoup plus saine et plus commode qu'elle n'était. » Arnauld d'Andilly vivint se joindre à ses trois neveux. Le duc et la duchesse de Luynes, épris des charmes de la vie solitaire, firent bâtir un petit château dans le voisinage de l'abbaye. Un certain nombre de religieuses y étaient revenues. Plusieurs gens du monde, parmi lesquels on cite le duc et la duchesse de Liancourt, et la duchesse de Longueville, obtinrent la permission d'y faire des retraites. D'autres construisirent des habitations auprès de la maison du faubourg Saint-Jacques. Les grands succès obtenus par les religieuses dans l'éducation des jeunes filles accrurent encore la vogue de leur institut. Les solitaires dont nous venons de parler, hommes très-savants pour la plupart, imitèrent cet exemple, et se consacrèrent, de leur côté, à l'instruction des jeunes gens. Une estampe de ce temps-là, dont il reste encore des exemplaires, permet de juger de la disposition des bâtiments, qui s'étaient successivement agrandis. On y voit très-distinctement l'emplacement des deux communautés, attenantes, quoique séparées, et n'ayant de commun que l'église. Les hommes, d'ailleurs, n'y prononçaient point de vœux : c'étaient des solitaires laïques, et non des moines. Parmi eux étaient encore, outre ceux que nous avons nommés, l'éloquent écrivain Nicole, l'helléniste Lancelot, auteur du *Jardin des racines grecques*. Ils eurent des élèves très-distingués, dont Jean Racine, leur historien, fut assurément le plus illustre. Racine avait été amené là tout naturellement. Sa sœur y avait pris le voile, et sa mère s'y était retirée. Pascal y avait également une sœur qui lui fit connaître les Arnauld, et finit par le décider à se joindre à ces savants cénobites, dont il fut le plus vaillant champion contre les jésuites.

Sainte-Beuve cite, dans le cinquième volume de son intéressante histoire de

Ancienne abbaye de Port-Royal des Champs.

Port-Royal, une description faite, en 1693, par un M. Louail :

« On le découvre tout entier en descendant. C'est un monastère d'une assez petite étendue, mais où il y a beaucoup de logement. La cour est étroite et longue, d'occident en orient; l'église, les parloirs et les maisons de tourières et des hôtesses, en font un côté; les écuries, les boutiques de différents ouvriers et les maisons des ecclésiastiques et des hôtes, font l'autre côté. Le cloître et les maisons des religieuses sont derrière l'église. Leur jardin s'étend surtout vers l'orient, et il est traversé d'un petit canal qui le coupe en deux. Il y a, dans la partie du midi, un petit bois fort couvert, qu'on appelle *la Solitude*. Tout cela est entouré de murailles, où il y a d'espace en espace des tours, bâties, à ce qu'on m'a dit, pendant les guerres de Paris, pour défendre la maison contre les insultes des soldats. »

Après avoir décrit l'église, le cloître et la procession du Saint-Sacrement, M. Louail continue en ces termes :

« Je sortis enfin, après none, d'un lieu où j'eusse voulu être toute ma vie. J'en visitai, en m'en allant, tout le dehors. Je montai sur la montagne, à main gauche, pour voir les Granges (c'est le nom de la ferme); j'y vis les anciennes écoles de Port-Royal, la maison de M. d'Andilly et de M. Arnauld, et la solitude de M. de

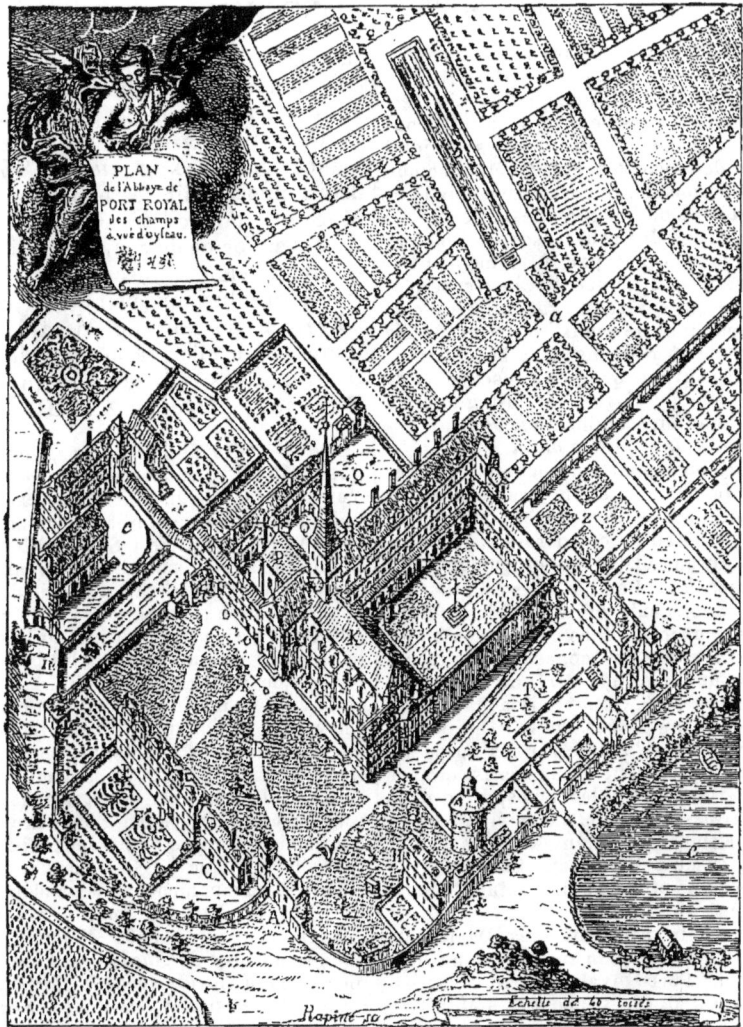

A Entrée de l'abbaye.
B Grande cour du dehors.
C Écuries, forge, menuiserie.
D Logement des messieurs.
E Logement des dames.
F Jardin des messieurs,
G Chambre de Saint-Thibault.
H Maison de M. de Sainte-Marthe.
I Grange.
K L'église, tournée à l'orient ainsi que l'indiquent les signes placés devant le portail.
L Parloirs.
M Cimetière du dehors.
N Galerie de Mme de Longueville.
O Salle des hôtes.
P Tour, parloir de l'abbesse.
Q Cour du dedans de l'abbaye.
R Dortoir des religieuses.
S Cloître et cimetière.
T Basse-cour.
V Infirmerie.
X Cour de l'infirmerie.
Y Moulin.
Z Jardin des simples.
a Grand jardin.
b Canal.
c Hôtel de Longueville.
d Bâtiment de Mlle de Vertus.
e Étang.
f Chaussée.
g Enclos des Granges ; la ferme était sur la hauteur vers le N.

Pontchâteau. Je me promenai dans le bois qui est derrière les Granges, où Monseigneur vient quelquefois chasser. Je retournai vers l'orient, d'où je découvris une grande étendue de pays; je jetai la vue de tous côtés, et m'arrêtai quelque temps à considérer encore une fois l'abbaye, l'hôtel de Longueville, à présent uni aux maisons des religieuses, le château de Vaumurier (bâti par M. le duc de Luynes, père de M. le duc de Chevreuse), et, au-delà, toute la campagne qui a été cultivée par tant de pieux solitaires. Je dis enfin adieu à cette terre de bénédiction; mais le souvenir que j'en conserve, et de la fête que j'y ai vue, me fait goûter la joie d'une fête continuelle: *Reliquæ cogitationum diem festum agent...* »

Il ne nous appartient pas de raconter ci la fameuse querelle des jésuites et des solitaires de Port-Royal, qui se termina par l'exil de ces derniers. Les solitaires furent dispersés, et quelques-uns enfermés à la Bastille. Les religieuses, après avoir subi mille avanies, furent enlevées et mises dans des couvents plus dociles; enfin le monastère de Port-Royal fut démoli par arrêt du Conseil du 27 octobre 1709. On n'y laissa pas pierre sur pierre au-dessus du sol. On poussa la fureur jusqu'à déterrer les corps qui avaient été inhumés dans l'église et dans le cimetière, pour les transporter dans des paroisses plus ou moins éloignées, à Saint-Lambert, à Magny-les-Hameaux et même jusqu'à Palaiseau. La tombe de Racine est aujourd'hui à Saint-Étienne-du-Mont, à Paris.

Devenu la propriété des Dames de Saint-Cyr, puis vendu en 1793 comme bien national, Port-Royal appartint successivement à M. Ch. Talmont et à M. Silvy, ancien avocat, qui en a fait don à la Société de Saint-Antoine, entre les mains de laquelle il est aujourd'hui.

De l'ancienne abbaye, il ne reste que le colombier, grosse tour ronde située dans la cour de la ferme qui a remplacé le monastère, les fondations des anciens bâtiments d'habitation qui ont été retrouvées dans des fouilles, les granges sur la hauteur voisine, les caves de l'hôtel de Longueville attenant à l'abbaye, des tronçons de piliers, de colonnes et de chapiteaux, débris de l'ancienne chapelle, la fontaine de la mère Angélique, et un énorme noyer, qui, suivant les traditions locales, a été le contemporain des solitaires. L'église était un remarquable spécimen de l'architecture cistercienne du commencement du XIIIe siècle. A l'endroit qu'occupait le maître-autel, M. Silvy a fait construire un petit bâtiment en forme de chapelle, qui renferme quelques inscriptions funéraires et plusieurs peintures, entre autres le portrait de Pascal[1]. Les tombes les plus remarquables se trouvent dans l'église de Magny-les-Hameaux (*V.* Section XXVIII).

[De Port-Royal-des-Champs, on peut gagner (6 kil.) Dampierre par la route de Versailles, ou (7 kil.) Chevreuse, soit par une belle route de voitures qui, au-delà du château de Vaumurier (*V.* Section XXVIII), s'embranche, à g., sur celle de Versailles à 3 kil. 1/2 de Port-Royal (avant de déboucher dans la charmante vallée de l'Yvette, elle traverse un défilé boisé de l'aspect le plus pittoresque); soit par les hauteurs boisées de Saint-Lambert (4 kil. 1/2); soit enfin en suivant jusqu'à Saint-Remi-lès-Chevreuse le vallon de Saint-Lambert, qui commence à Port-Royal; on rencontre successivement: *Saint-Lambert-les-Bois*, c. de 232 hab., dont les maisons sont en partie disséminées dans la vallée que domine, sur une petite éminence, une chapelle rustique (église du XVIIIe s.; moulin l'eauvau, ancienne dépendance de Port-Royal); *Milon-la-Chapelle*, 164 hab. (ancien château; dépôt d'étalons); et enfin le hameau de *Rhodon*. Par ce dernier chemin, la distance de Port-Royal à Chevreuse est de 8 à 9 kil. (*V.* Section XXVIII).]

De Trappes à Rambouillet, on ne voit guère qu'une route bordée d'arbres et une plaine bien cultivée, parsemée de fermes et de villages. On voit à dr., en approchant de la Ver-

1. M. Hérard, architecte, auteur d'intéressantes *Études archéologiques* sur les abbayes de l'ancien diocèse de Paris, a publié une monographie de l'abbaye de Port-Royal. Est-il besoin de signaler ici aux promeneurs l'important ouvrage de Sainte-Beuve, dont la troisième édition (7 volumes in-18 à 3 fr. 50 c.) a été mise en vente en 1871, à la librairie Hachette?

rière, la ferme de *la Villedieu*, ancienne maison de Templiers dont les seigneurs de Chevreuse furent les principaux bienfaiteurs. L'ancienne *chapelle*, longue de 28 mèt., est un assez bel édifice à une seule nef, du XIII° s. La Villedieu dépend de la c. d'*Élancourt* (632 hab.), dont le groupe principal, situé à 3 kil. de sa voie, possède une *église* des XII° et XIII° s. D'Élancourt dépend aussi l'*orphelinat de l'Étang*, fondé en 1849 par M. Matignon, curé d'Élancourt, et où sont élevés 300 enfants.

5ᵉ STATION. — LA VERRIÈRE.

23 kil. de Paris, 5 kil. de Trappes, 2 kil. 1/2 du Mesnil-Saint-Denis, 5 kil. de Lévy-Saint-Nom, 8 kil. de Dampierre, 12 kil. de Chevreuse, 2 kil. de Maurepas, 6 kil. du Tremblay, 11 kil. de Montfort-l'Amaury.

La Verrière est un petit village de 73 hab. avec un *château* qui a appartenu au comte de la Valette, que le dévouement de sa femme a rendu célèbre sous la Restauration.

Excursion à Montfort-l'Amaury par Maurepas, le Tremblay et Bazoches.

Des omnibus conduisent 2 fois par jour de la Verrière à (12 kil.) Montfort-l'Amaury (prix, 1 fr. 10 c.), par : — (2 kil.) Maurepas (prix, 30 c.), — (7 kil.) le Tremblay (60 c.), — et (8 kil.) Bazoches (60 c.).

Au sortir de la station de la Verrière, on prend, en tournant à dr., la route de Montfort-l'Amaury, qui croise la route de Chartres, et, en continuant à la suivre, sur un vaste plateau, on ne tarde pas trouver à dr. (20 min. de marche) un chemin communal qui traverse le village de **Maurepas**, 242 hab., et qui, à 10 min. de l'embranchement, passe au pied d'une *tour* cylindrique à moitié détruite (XI° s.), reste d'une forteresse féodale très-redoutée des voyageurs du moyen âge. — A peu de distance on aperçoit, à dr., l'*église* (fonts baptismaux de la première moitié du XVI° s., boiseries curieuses du XVIII°), près de laquelle on remarque les vestiges d'une porte qui formait vraisemblablement l'entrée d'une première enceinte de la forteresse. — Enfin, en contournant une ferme située entre la tour et l'église, on atteint une magnifique châtaigneraie, qui couvre une éminence d'où l'on jouit d'une vue délicieuse et étendue sur Pontchartrain, Néaufle-le-Château, et sur de beaux coteaux boisés. — Un peu après avoir dépassé (à dr.) le chemin communal menant à la tour de Maurepas et le village, on quitte le vaste et monotone plateau de la Verrière ; on passe dans une forêt et, jusqu'à Montfort-l'Amaury, on traverse une riante campagne offrant presque constamment de charmantes perspectives.

Le Tremblay, joli v. de 359 hab., dans une situation très-agréable, possède un beau *château*, entouré d'un vaste parc. Le château, qui renferme plusieurs tableaux remarquables de Philippe de Champaigne, fut longtemps le domaine des Leclerc du Tremblay. Le fameux père Joseph, capucin diplomate, que le cardinal de Richelieu honora d'une si grande confiance, était de cette famille. Le *château* appartient aujourd'hui à M. de Rougé. — A 1 kil. du Tremblay, on rencontre *Bazoches*, 289 hab. L'*église*, précédée d'une petite esplanade plantée de beaux arbres et réparée en 1868, a conservé, du XII° s. une tour et un portail.

Au-dessus du hameau de *Lonjarray* s'élève un promontoire couvert de grès, dit le *rocher Marquant*, d'où l'on jouit d'une belle vue.

A la sortie de Bazoches, on ne tarde pas à découvrir au loin la colline dont Montfort-l'Amaury occupe le versant et que surmontent les restes de l'ancien château. A 3 kil. de distance environ, on aperçoit l'entrée du *château Groussay*, dont on longe le parc (à g.) en arrivant à Montfort (V. ci-dessous, Section VI).

Excursion à Chevreuse.

On se rend de la station de la Verrière à (10 kil.) Chevreuse en passant par (1 kil.) *le Mesnil-Saint-Denis*, 498 hab. (église ogivale; clocher détruit par la foudre en 1709 et rétabli en 1729; étang creusé en 1691; château du XVIIe s.), et par Dampierre. A 1 kil. au S. du Mesnil-Saint-Denis s'élèvent sur un vaste plateau, à l'extrémité d'une belle prairie (à dr.), les restes de l'**abbaye de Notre-Dame de la Roche** ou *Rouche* (mon. hist.), de l'ordre de Saint-Augustin. Ce monastère avait été fondé en 1196 par Guy, sire de Lévis, qui, s'étant croisé contre les Albigeois avec Simon, comte de Montfort-l'Amaury, mérita par ses hauts faits d'armes le titre héréditaire de *maréchal de la Foi* que lui donna le roi Louis VIII, et qui reçut des dépouilles des Albigeois les terres de Florensac et de Mirepoix, en Languedoc. La *chapelle* de l'abbaye, entourée de bâtiments de ferme, appartient à la première moitié du XIIIe s. et forme une croix latine de 28 mèt. de longueur, précédée d'un porche ouvert en ogive et terminée par un sanctuaire en abside, coupé au XVIIIe s. par une cloison, afin de ménager au fond une sacristie. Il est à souhaiter que cet appendice de mauvais goût et délabré, qui nuit beaucoup à l'effet du sanctuaire, disparaisse. Les chapiteaux des piliers de la nef et du transsept sont ornés de sculptures remarquables représentant des têtes d'hommes et d'animaux. Dans le pavé se voient des dalles tumulaires de plusieurs abbés, de chanoines réguliers et de bienfaiteurs de l'abbaye; le chœur contient les tombes à effigies du fondateur Guy I de Lévis, mort en 1230; de Guy II, mort en 1276, dont la statue est maladroitement baptisée du nom de saint Victor, et la tombe, plus richement ornée, de Roger, fils de Jean de Lévis et de Constance de Foix, mort en 1313. Nous mentionnerons encore de très-belles et curieuses **stalles** en bois, du XIIIe ou XIVe s., qui se détériorent par l'effet de l'humidité; une statue de saint Jean-Baptiste; quelques traces de peintures murales (du XVIIe s.); une ouverture circulaire de style roman dans le portail, et une jolie tourelle octogonale engagée dans la muraille de g.

M. le marquis de Lévis-Mirepoix a racheté cette chapelle, et l'on espère que le descendant des maréchaux de la Foi la fera restaurer.

Au côté droit de l'église s'appuie une très-belle salle (XIIIe s.) formant autrefois soit une salle capitulaire, soit un réfectoire. Elle sert aujourd'hui d'habitation au fermier et elle a été divisée en trois compartiments par des cloisons pour ce nouvel usage. Aussi ne peut-on apprécier tout d'abord son étendue et sa disposition primitives. Elle se partageait en deux parties principales séparées en trois travées indiquées par deux colonnes à chapiteaux octogones, supportant les retombées d'une voûte ogivale, s'appuyant en outre à des colonnes semblables engagées dans les murs de clôture. L'une des colonnes des travées reste seule bien apparente. On remarque dans cette salle une ancienne et vaste cheminée ornée de sculptures, de la même époque. On aperçoit également, sur le côté droit de l'église, les traces d'un cloître. Enfin, à dr., à l'entrée de la ferme, s'élève encore la demeure abbatiale, datant du XVIIe s.

15 à 20 min. de marche suffisent pour descendre de la Roche, par une route pittoresque tracée dans les bois à *Lévy-Saint-Nom*, 289 hab., petit village bien situé dans la jolie vallée de l'Yvette, au-dessus de la rive g. de cette rivière. L'*église*, qui date en partie du XIIIe siècle, renferme la pierre sépulcrale d'Emmanuel of Crussol, duc d'Uzès, baron de Lévy ou Lévy, gouverneur de Saintonge et d'Anjou, mort en 1692. On a transporté dans la même église, sur

maître-autel, une très-ancienne statue de la Vierge provenant de Notre-Dame de la Roche. Aux fêtes de l'Annonciation et de la Nativité, les mères des environs viennent faire toucher à cette statue les habits de leurs enfants, sur la tête desquels un prêtre lit l'Evangile de saint Jean qui termine la messe.

Le *château* ne présente que des

Donjon de Maurepas.

débris tapissés de lierre et que recouvre en partie une maison moderne.

[Au-dessous de Lévy-Saint-Nom on traverse l'Yvette, sur la rive dr. de laquelle une jolie route conduit à (8 kil.) Dampierre. Toutefois les piétons devront la laisser de côté, et, au lieu de traverser l'Yvette, prendre un chemin charmant, ombragé, qui passe entre la base d'un coteau boisé (à g.) où l'on remarque de beaux rochers, et (à dr.) la rive g. de l'Yvette, pour aboutir (40 à 45 min. de marche) à la route de Versailles, par laquelle, en tournant à dr., on arrive en quelques min. à Dampierre. Pour la description de Dampierre et de Chevreuse, V. ci-dessous, Section XXVIII : *De Paris à Limours.*]

Au-delà de la Verrière, on dépasse, au milieu d'une plaine riche, mais monotone, la station aujourd'hui supprimée de *l'Artoire*. En face de cette station vient s'embrancher sur la route nationale le chemin de Montfort-l'Amaury.

6ᵉ STATION. — LE PERRAY.

42 kil. de Paris, 9 kil. de la Verrière.

Le Perray, 740 hab., possède un beau château, dit de *Saint-Hubert*, construit pour les rendez-vous de chasse de Louis XV, au bord de l'étang de Pourras.

[En revenant du Perray à la montée de l'Artoire, on trouve sous une arcade du chemin de fer un chemin qui conduit en quelques min. à *Auffargis* ou *Fargis*, 477 hab. Au xvıᵉ s., Auffargis appartenait à a maison d'Angennes, d'où sortirent les comtes d'Auffargis ou de Fargis. Qui ne connaît les intrigues de la comtesse de Fargis, sous le ministère du cardinal de Richelieu? L'église date de 1854. En continuant à descendre la vallée entourée de bois, de rochers et de bruyères et arrosée par le ruisseau dit *des Vaux*, on atteint (6 kil. du Perray), au milieu d'un paysage d'un caractère à la fois sévère et pittoresque, près d'un étang formé par le ruisseau des Vaux, à l'aide d'une digue de retenue, les ruines du monastère des Vaux de Cernay, situé (3 kil.) à l'O. du village de Cernay-la-Ville. (*V.* Section XXVIII.)

Des Vaux-de-Cernay, on peut gagner par une belle route décrite à la section XXII (1 h. 10 m. de marche) Dampierre et y prendre l'omnibus pour la station de la Verrière (ligne de Rambouillet) ou celle de Saint-Rémi (ligne de Limours), situées à peu près à égale distance de Dampierre (6 à 7 kil.).]

On entre dans la *Forêt-Verte*, qui se relie à celle de Rambouillet, puis on traverse les plaines fertiles des *Pâtis*, de *Grange-Colombe* et de *Grenonvilliers*.

7ᵉ STATION. — RAMBOUILLET.

48 kil. de Paris, 6 kil. du Perray, 40 kil. de Chartres.

Rambouillet *, 4,725 hab., ch.-l. d'arr. du départ. de Seine-et-Oise, est situé à 145 mèt. d'alt., dans un petit vallon peu profond, arrosé par un affluent de l'Eure. Pour se rendre au château, il faut suivre la rue Nationale qui s'ouvre à dr., quand, après être descendu de la station (en tournant à g.), on est arrivé sous un pont du chemin de fer.

Rambouillet, bâti dès les premiers temps de la monarchie, au milieu de la vaste forêt d'Yveline, faisait alors partie du domaine royal. Sous les rois de la troisième race il appartenait aux comtes de Montfort; il passa ensuite, par alliance, aux seigneurs de la Roche-Tesson, en Normandie, puis à la famille Bernier qui le donna en échange d'autres terres, en 1368, à Regnauld d'Angennes, écuyer, premier valet tranchant de Charles VI. Celui-ci agrandit sa terre en se faisant successivement acquéreur de tous les fiefs environnants et de la seigneurie des Essarts, dont il était le vassal. Son arrière-petit-fils, Jacques d'Angennes, y reçut, avec une grande partie de sa cour, François Iᵉʳ, qui y mourut le 31 mars 1547. En 1562, Catherine de Médicis, accompagnée de son fils Charles IX, attendit à Rambouillet l'issue de la bataille de Dreux. En 1588, Henri III, fuyant de Paris après la journée des Barricades, y vint prendre gîte et « y coucha tout botté », suivant le *Journal de l'Estoile*. Érigée en marquisat en l'année 1612, la terre de Rambouillet appartenait alors à Charles d'Angennes, dont la femme, Catherine de Vivonne, exerça, sous le nom de marquise de Rambouillet, une si puissante influence sur le mouvement littéraire du xvııᵉ s. Après la mort de Charles, Rambouillet échut au duc de Montausier, mari de la célèbre Julie d'Angennes. La seconde fille de Julie l'apporta en mariage au duc d'Uzès; mais elle mourut sans postérité, et, après la mort du duc, Rambouillet, saisi féodalement sur ses héritiers, fut, par décret du parlement, adjugé au directeur général des finances, Fleuriau d'Armenonville, qui y fit des embellissements considérables; mais il le revendit bientôt au comte de Toulouse, dernier fils légitimé de Louis XIV et de Mᵐᵉ de Montespan, en faveur duquel la terre de Rambouillet, avec les châtellenies, fiefs et seigneuries qui y avaient été ajoutés en grand nombre par ses différents propriétaires, fut érigé en duché-pairie. Louis XIV y vint souvent avec Mᵐᵉ de

Maintenon. Plus tard, Louis XV y fut attiré par la belle comtesse de Toulouse. Enfin le duc de Penthièvre, cédant aux instances réitérées du roi Louis XVI, lui vendit son domaine de Rambouillet.

Louis XVI se prit d'une vive prédilection pour ce domaine, qu'il augmenta et embellit encore. Il y fit élever de vastes bâtiments pour loger sa vénerie et ses équipages de chasse; il construisit la laiterie de la Reine et la ferme modèle dans laquelle il établit, en 1786, une bergerie pour la propagation des bêtes à laine fine en France. Un troupeau de mérinos, acheté à grands frais en Espagne, y fut installé. La bergerie, confiée à des directeurs habiles et protégée depuis par tous les gouvernements, en particulier par celui de Napoléon 1er, a prospéré au-delà de toute espérance.

Louis XVI posséda Rambouillet comme domaine privé jusqu'au jour où la constitution de 1791 l'eut réuni à la liste civile Mais, lorsque la royauté fut abolie, ce domaine fit retour à l'État et fut compris dans l'administration des domaines na-

Château de Rambouillet.

tionaux. Il fut alors démembré : l'État vendit toutes ses dépendances, maisons, terres, et conserva seulement le château, parc et toute la forêt.

Rambouillet, tel que l'avait laissé la Révolution, fut compris dans la liste civile impériale, constituée en 1805. Napoléon y chassait quelquefois et y rendit, juillet 1810, le décret qui réunit la Hollande à son empire. Le 29 mars 1814, Marie-Louise, ayant quitté Paris qui était déjà menacé par les Alliés, passa la nuit à Rambouillet. Elle y fut remplacée le lendemain par l'ex-roi d'Espagne, Joseph Bonaparte. Elle y revint enfin le 12 avril, y séjourna dix jours, avec le roi de Rome, et en repartit pour Vienne, escortée de 2,000 soldats autrichiens. Après Waterloo, Rambouillet servait aussi d'étape à Napoléon 1er, sur la route de l'exil. L'empereur y passa la nuit du 25 au 26 juin 1815 Sous la Restauration, Rambouillet fit partie des listes civiles de Louis XVIII, qui y vint une seule fois, et de Charles X, qui y chassait plus que partout ailleurs. Le 26 juillet 1830, Charles X quitta le château de Saint-Cloud pour venir chasser à Rambouillet. En descendant de voiture au pied de la grosse tour crénelée, il dit d'un ton qui ne lui était pas familier : « Notre prédécesseur François Ier est mort ici après une chasse à courre, et moi, sans doute, je suis destiné à finir comme lui... » Peu de jours après ces paroles prophétiques, la famille royale s'éloignait précipitamment de Saint-Cloud et entrait le 1er août, à neuf heures du soir, à Rambouillet. La maison militaire du roi fut placée au bivouac dans les jardins anglais, les troupes de la garde et l'artillerie dans le parc et sur les hauteurs qui dominent la ville. Mais le lendemain Charles X et le Dauphin signèrent à Rambouillet, l'un son abdication, l'autre sa renonciation au trône en faveur du jeune duc de Bordeaux.

Le 3 août au soir, trois commissaires, députés par le gouvernement provisoire, MM. le maréchal Maison, de Schonen et Odilon-Barrot, furent introduits chez le roi et lui annoncèrent qu'environ 25.000 Parisiens armés marchaient sur Rambouillet pour le contraindre à quitter le royaume. Les commissaires ajoutaient qu'ils avaient peu d'heures d'avance sur les Parisiens et que, par conséquent, il ne fallait pas perdre un instant pour éviter la gravité du péril. A 9 heures, le roi donna l'ordre du départ et se rendit à Cherbourg, où il s'embarqua pour un exil qui devait être éternel.

Après 1830, la Chambre des députés, ayant refusé de comprendre le domaine de Rambouillet dans la liste civile du roi Louis-Philippe, le château et le parc furent *affichés* comme une maison de campagne et loués, pour douze ans, par le baron Schickler. Ils furent ensuite occupés par le comte Duchâtel. A la suite de la révolution de 1848, le château fut loué à un entrepreneur de fêtes, qui le convertit en cabaret et en bal public. Le parc et le jardin, administrés par le régime forestier, virent tomber en ruine leur mur de clôture et abattre sans pitié leurs magnifiques avenues. Sous le second Empire, Rambouillet rentra dans la liste civile ; depuis 1870, il appartient à l'Etat, qui n'en a pas encore fixé la destination.

Le domaine de Rambouillet se divise en trois parties bien distinctes : le château, le parc et les jardins.

Le **château**, qui n'a conservé de sa première construction du XIVe s. qu'une grosse tour à créneaux et à mâchicoulis et quelques salles basses attenantes, a été depuis successivement restauré, agrandi ou mutilé à diverses époques. Les constructions modernes, rangées autour des débris de la vieille forteresse, forment un mélange de bâtiments irréguliers dont la partie principale se compose de deux corps de logis perpendiculaires.. On peut en visiter l'intérieur, aussi peu intéressant d'ailleurs que l'extérieur. On y remarque seulement dans la salle à manger, dans le boudoir, dans le petit salon, de belles boiseries en chêne, exécutées sous Louis XVI par l'ordre du comte de Toulouse.

Le **parc** (ouvert à 7 h. du matin, fermé 1 h. après le coucher du soleil), l'un des plus beaux et des plus grands qui soient en France, contient plus de 1,200 hectares clos de murs, plantés de taillis et de hautes futaies, coupés dans tous les sens par de longues avenues admirablement dessinées. Les terres en sont cultivées par la ferme que Louis XVI fit bâtir. On visitera avec intérêt le *bergeries* du premier troupeau de mérinos introduit en France (une *école de bergers* y est établie depuis 1871), et le lieu appelé l'*île des Roches*, où Catherine de Vivonne donnait des fêtes mythologiques en l'honneur des beaux esprits qui formaient son cortège assidu et qu'elle y amenait de Paris. On y voit encore dans une roche la *grotte de Rabelais*, présenté à Rambouillet par le cardinal du Bellay, parent des d'Angennes.

Les *jardins*, qui s'étendent au S. du château, sont divisés en deux parties : le parterre et le jardin anglais. Le *parterre* renferme : un magnifique quinconce ; de belles avenues de tilleuls ; une salle de tulipiers ; des avenues d'acacias séculaires ; de longues et vertes pelouses ; un champ de roses, de superbes plates-bandes de rhododendrons, et une avenue de cyprès de la Louisiane, unique en Europe. Une immense pièce d'eau, divisée en nombreux canaux par des îles plantées d'arbres et semées de gazon, sépare le parterre du *jardin anglais* dans lequel on entre par deux portes l'une à l'extrémité de la pièce d'eau, à l'O., près de la laiterie ; l'autre au S.-E., près de la grande pièce d'eau voisine du chemin de fer. Le parterre a été dessiné à la française du temps du comte de Toulouse ; dans toute sa partie haute, il est planté d'arbres forestiers de toutes les essences, parmi lesquels se trouvent de nombreuses variétés d'arbres verts semés sous le premier Empire. Le jardin anglais, dessiné sous le duc de Penthièvre et restauré sous Napoléon Ier, abonde en arbres exotiques des plus belles variétés ; les prairies en sont capricieusement sillonnées par des allées sablées qui suivent ou traversent des rivières aux nombreux contours. Ici l'eau se brise en écume en s'échappant d'un rocher artificiel ; là c'est une chaumière dont l'intérieur est tapissé de coquilles produisant le plus merveilleux effet ; plus haut c'est un rustique ermitage, avec sa cha-

Grotte de Rabelais.

pelle, caché sous l'épais ombrage des hêtres, des mélèzes et des pins. On peut y faire de belles études d'arbres et de charmantes promenades.

A l'extrémité N.-O. du jardin anglais, mais en dehors, au pied du monticule sur lequel s'élève la ferme, est la **laiterie de la Reine**, qu'il est facile de visiter. Louis XVI l'avait fait bâtir, orner et meubler pour Marie-Antoinette : le premier consul la fit dépouiller et démeubler pour la laiterie de Joséphine à la Malmaison. L'empereur la fit enfin restaurer pour Marie-Louise. C'est un petit temple bâti en grès et qui ressemble à un tombeau. A l'intérieur, on montre une rotonde décorée d'une vaste table et de consoles de marbre blanc, puis une salle carrée, au fond de laquelle l'eau s'échappe des fissures d'un rocher artificiel, pour tomber dans une vasque rustique où se baigne une nymphe sculptée par Beauvalet. Cette nymphe, que le gardien indique à tort comme représentant Suzanne surprise par les deux vieillards, a remplacé le beau groupe de la *Nymphe à la chèvre*, de Julien, qui est aujourd'hui dans les galeries du Louvre. Dans le pavillon de g. (en entrant), une salle démeublée (le salon de la reine) est décorée de quatre jolies *grisailles*, par Sauvage.

L'**église** de Rambouillet, construite dans un style gothique de convention, d'après les plans de M. de Baudot, en 1868, s'élève sur un plateau, à l'E. de la ville. Malgré l'absence de nervures, élément essentiel de la voûte ogivale, et l'emploi du fer pour plusieurs colonnes, ce monument ne manque ni de grâce ni de caractère. On y voit un ancien tableau attribué à Thévenin (*le Christ en croix*), un autre de Carle Vanloo (*Conversion de saint Hubert*), et un tableau (*saint Lubin*) d'Eugène Tourneux, donné par M. de la Motte. — L'*hôtel de ville* (1787), en face du château, sert de mairie et de halle

Laiterie de la Reine.

aux grains. La salle du conseil renferme deux beaux portraits (le *comte de Toulouse* et le *duc de Penthièvre*) attribués à Boucher. — L'hospice, fondé par la comtesse de Toulouse, en 1734, est un vaste bâtiment, situé aussi à côté du château.

Au-delà de Rambouillet, on laisse à dr. les jardins du château et le village de *Guéville*, et l'on ne tarde pas à apercevoir, du même côté, les ruines du *manoir de Gazeran*, situé dans la com. du même nom (630 hab.); on longe le parc du *château de Voi*sin, puis on entre dans le départ. d'Eure-et-Loir, en même temps que dans la vallée où est bâti *Saint-Hilarion*, v. de 504 hab. (ruines d'une chapelle gothique). On traverse la Droue.

8ᵉ STATION. — ÉPERNON.

61 kil. de Paris, 13 kil. de Rambouillet.

Épernon ⋆, V. de 1,753 hab. (c. de Maintenon), est située à dr. de la station, sur le penchant et au pied d'une colline baignée par la Guesle affluent de l'Eure. Du sommet du plateau (160 mèt. d'alt.), sur les flancs duquel s'étagent en partie ses maisons, on découvre un vaste panorama que terminent au S.-O. les clochers de la cathédrale de Chartres, éloignés de 23 kil. à vol d'oiseau.

Jadis ville forte, Épernon reçut de Simon Ier, seigneur de Montfort, comte d'Évreux, et vers la fin du XIe s., une charte d'affranchissement. Dans le courant du XIIIe s., Laure de Montfort, fille du comte Amaury VI, apporta en dot à Ferdinand de Castille, comte d'Aumale, la baronnie d'Épernon, qui passa successivement de la maison d'Aumale dans celle des comtes de Vendôme et des rois de Navarre.

La seigneurie d'Épernon fut érigée en duché l'an 1581 en faveur de Jean-Louis Nogaret de la Vallette, un des mignons d'Henri III, pour prix de ses indignes complaisances. Ce favori parvint dans la suite à gagner toute la confiance d'Henri IV et se trouvait dans le carrosse du roi quand ce prince fut assassiné. Le duc d'Épernon se rendit odieux par sa

Chapelle ruinée, à Saint-Hilarion.

hauteur et sa violence, qui donnèrent sans doute naissance à ce dicton populaire :

Épernon,
Petite ville sans renom,
Rivière sans poisson,
Justice sans raison.

De son mariage avec Marguerite de Foix, comtesse de Candale, le duc d'Épernon laissa trois fils : le plus célèbre d'entre eux fut le cardinal de la Vallette, archevêque de Toulouse, qui s'engagea dans le parti du cardinal de Richelieu, dont il fut toujours le servile adhérent. Il fut par cette raison désigné dérisoirement sous le nom de cardinal-valet, par opposition au cardinal-ministre. Au commencement du XVIIIe s., le duché d'Épernon, dont la pairie s'était éteinte, fut vendu par le marquis d'Antin, partie au maréchal de Noailles et partie au comte de Toulouse.

Les Prussiens attaquèrent Épernon avec quatre pièces d'artillerie et s'en emparèrent, le 4 octobre 1870, malgré la résistance d'un bataillon de mobiles sous les ordres du commandant Lecomte.

Il ne reste du *château* d'Épernon, dont on fait remonter la construction à Amaury II de Montfort et au milieu du XIe s., que des débris informes.

L'*église*, des XVe et XVIe s., avec traces du XIIe s., n'est remarquable que par les peintures de la voûte en bois de sa nef centrale. — A l'extrémité supérieure de la rue qui monte devant l'église, à g., on voit une *maison* du XVe s., où deux sculptures en bois représentent saint Christophe et saint Michel. Cette maison forme l'angle d'une place triangulaire que borde également, à l'O., un vieux bâtiment du XIIIe s., appelé la *Diane* (*decania*, le doyenné), dont la façade longitudinale est située sur une rue adjacente, parallèle à celle de l'église. En longeant cette façade, on trouve un soupirail ouvert et un escalier par lesquels on peut descendre librement dans les belles caves dites les **pressoirs d'Épernon**. Cette salle souterraine comprend sept travées à trois nefs dont les voûtes à nervures, d'un galbe élégant, reposent sur des colonnes monolithes à chapiteaux largement sculptés. Ces caves appartenaient aux religieuses de Haute-Bruyère, dont le monastère était situé à 4 kil. N.-E. d'Épernon. — Du côté de la ville opposé à la station, au quartier dit *le Prieuré*, s'élève un pignon avec fenêtre romane, reste de la curieuse *église Saint-Thomas*, qui datait du XIe s., et a été détruite en 1867. — Un *monument* a été élevé aux défenseurs d'Épernon en 1870, sur la colline qui domine la ville et où s'exploitent des grès siliceux.

Carrières d'Épernon.

GALLARDON.

9 kil. d'Épernon, 12 kil. de Maintenon (ville).

Gallardon, 1,667 hab., est l'un des points les plus curieux du pays chartrain. On y voit les ruines d'un *donjon* cylindrique élevé au XIe s. par Geoffroi, vicomte de Châteaudun, et que Dunois, après en avoir chassé les Anglais qui s'en étaient emparés sous la conduite de Talbot, fit démanteler en 1442. Ces ruines, connues sous le nom d'*Épaule de Gallardon*, sont situées sur une éminence bordée par l'Ocre, près de son confluent avec la Voise, à 119 mèt. d'alt. — L'*église*, ancien prieuré, offre un mélange des styles roman, ogival et de la Renaissance. Le chœur et les nombreuses aiguilles qui surmontent cet édifice sont un chef-d'œuvre de légèreté. — Près de l'une des entrées de la ville, du côté de Maintenon, est une belle *maison en bois* du xve s.

La voie ferrée laisse à dr., au-delà du *château de Morville*, le village de *Hanches* (831 hab.), dominé par un clocher du xve s., puis entre dans une tranchée assez profonde et coupe bientôt à angle aigu l'énorme môle de l'aqueduc de Maintenon, dont on voit les arcades, à dr.

Épaule de Gallardon.

9e STATION. — MAINTENON.

69 kil. de Paris, 8 kil. d'Épernon, 8 kil. de Nogent-le-Roi (les deux églises).

Maintenon*, ch.-l. de c. de 1,930 hab., situé sur l'Eure, à dr. du chemin de fer, est relié à sa station par une route de 1,500 mèt. qui passe sous les arcades de l'aqueduc. Cette ville doit sa notoriété à son **château**, que Louis XIV acheta en 1674 au marquis de Villeray pour en faire don à Françoise d'Aubigné, créée marquise de Maintenon en 1688. Ce château avait été élevé par Jean Cottereau, trésorier des finances sous

Louis XI, Charles VIII, Louis XII, François Ier, et dont la fille unique, Isabeau, épousa en 1526 Jacques d'Angennes, seigneur de Rambouillet. La maison d'Angennes vendit Maintenon au marquis de Villeray. Lorsqu'elle maria sa nièce au duc d'Ayen, fils du maréchal de Noailles, Mme de Maintenon lui fit don de sa terre, qui depuis est toujours restée dans la famille de Noailles. Les armes de Jean Cottereau (d'argent à trois lézards de sable) sont sculptées sur les deux tourelles en encorbellement qui flanquent la porte d'entrée, autrefois munie d'un pont-levis. Le château actuel est environné de larges fossés d'eaux vives, alimentés par l'Eure et par la Voise.

C'est à Jean Cottereau qu'est due la jolie *chapelle intérieure*, dont les vitraux (diverses scènes de la *Passion*)

Hanches.

brillent d'un vif éclat. Il éleva aussi la grande *chapelle collégiale* qui forme en grande partie le côté N. du château. Mme de Maintenon fit construire l'aile droite du château entre la grosse tour carrée couronnée de mâchicoulis (le donjon) et l'entrée principale flanquée de tourelles; puis l'aile gauche reliée à la chapelle collégiale et la galerie qui en occupe le premier étage. Cette galerie a été somptueusement décorée par M. le duc actuel de Noailles, qui y a fait peindre tous les membres connus de sa famille depuis les Croisades. La dépense de ces constructions s'éleva à 140,000 livres. Une antichambre, où dînait Mme de Maintenon, précède la chambre à coucher, tendue en étoffes du temps, et que M. le duc de Noailles a fait restaurer avec le plus grand soin. Le lit est au fond; la chaise à porteurs de la marquise, son portrait (par Mignard), celui de ses deux petites-nièces et ceux des d'Aubigné complètent l'ameublement.

Les appartements historiques du château sont toujours ouverts complaisamment aux étrangers. Parmi les hôtes illustres qui les ont habités, nous devons citer Racine, qui y séjourna longtemps, lorsque M™e de Maintenon le chargea d'écrire pour les Demoiselles de Saint-Cyr les deux tragédies d'*Esther* et d'*Athalie*. L'une des avenues du parc, où le grand poëte se promenait souvent en composant ses vers, a conservé le nom d'*allée Racine*. Louis XIV ne fut pas non plus le dernier roi de sa race hôte de Maintenon. « Au milieu de la nuit du 3 août 1830, dit M. le duc de Noailles (*Histoire de M™e de Maintenon*), le bruit se répandit tout à coup à Maintenon que Charles X, obligé de fuir sa capitale et résidant depuis trois jours à Rambouillet, allait venir y demander un asile. Aussitôt les ordres furent donnés, les appartements préparés, et, à 2 heures du matin, tout se trouva prêt à

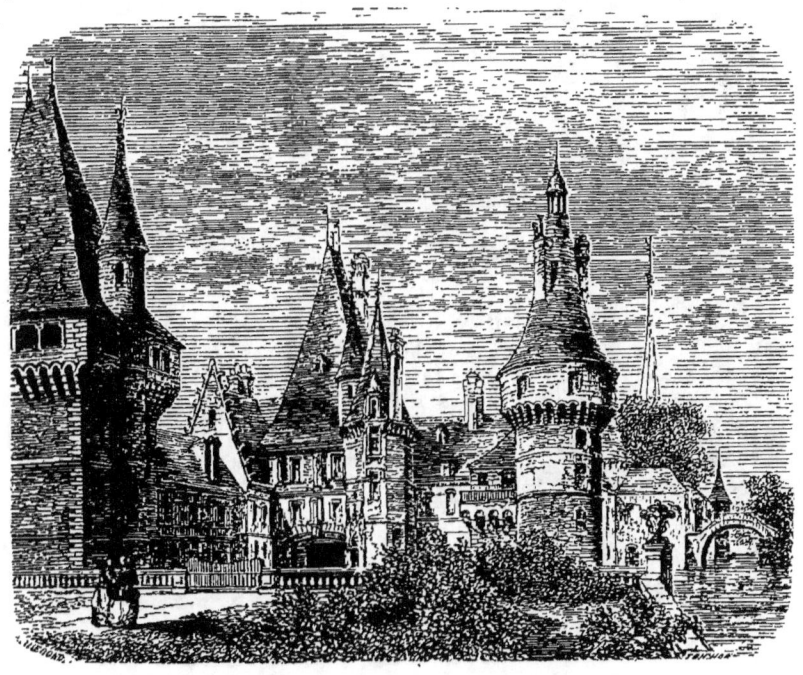

Château de Maintenon du côté de la cour.

recevoir le triste cortège attendu. La nuit était calme et pure, la lune à demi voilée, et le silence n'était interrompu que par les pas de deux régiments de cavalerie qui défilaient sur le pont de la ville, après lesquels défila aussi, sur le même pont, l'artillerie de la garde, mèche allumée. Cette marche guerrière et silencieuse, le bruit sourd des canons, l'aspect des noirs caissons, l'éclat de ces torches au milieu des ténèbres, présentaient l'image trop véritable du convoi de la monarchie.

« A deux heures du matin, les premières voitures arrivèrent, ensuite M. le Dauphin et M™e la Dauphine, M™e la duchesse de Berry, M. le duc de Bordeaux et Mademoiselle, enfin le roi et toute sa suite.... En descendant de voiture, le roi paraissait accablé, sa tête était penchée sur sa poitrine et pliait sous le poids des réflexions. Il monta avec peine l'escalier qu'avait jadis monté Louis XIV, et il fut conduit dans l'appartement de M™e de Maintenon qu'on lui avait destiné; celui qu'avait jadis occupé Louis XIV fait aujourd'hui partie de l'appartement public. Il y resta quelques moments avec sa famille, puis chacun des princes se retira chez lui, et Charles X, demeuré seul avec le maître et la maîtresse du lieu, leur adressa ces paroles : « Je ne veux pas qu'on fasse la guerre civile en France, et qu'on y verse du sang pour moi; je m'éloigne. Mon regret est de n'avoir pas pu la rendre heureuse, car ç'a toujours été mon vœu le plus cher; je voulais sa puissance et sa tranquillité : tout mon désespoir est l'état dans lequel je la laisse. Que va-t-il arriver? Le duc d'Orléans lui-même n'est pas certain d'avoir dans quinze jours la tête sur ses épaules. On m'assure que tout Paris marche contre moi; je ne m'en suis pas fié cependant aux rapports des commissaires; quand ils ont été sortis, j'ai appelé Maison et je lui ai dit : « Je vous demande de me dire, « foi de soldat, si ce qu'ils m'ont dit est « vrai; » il m'a répondu : « Ils ne vous ont « dit que la moitié de la vérité. »

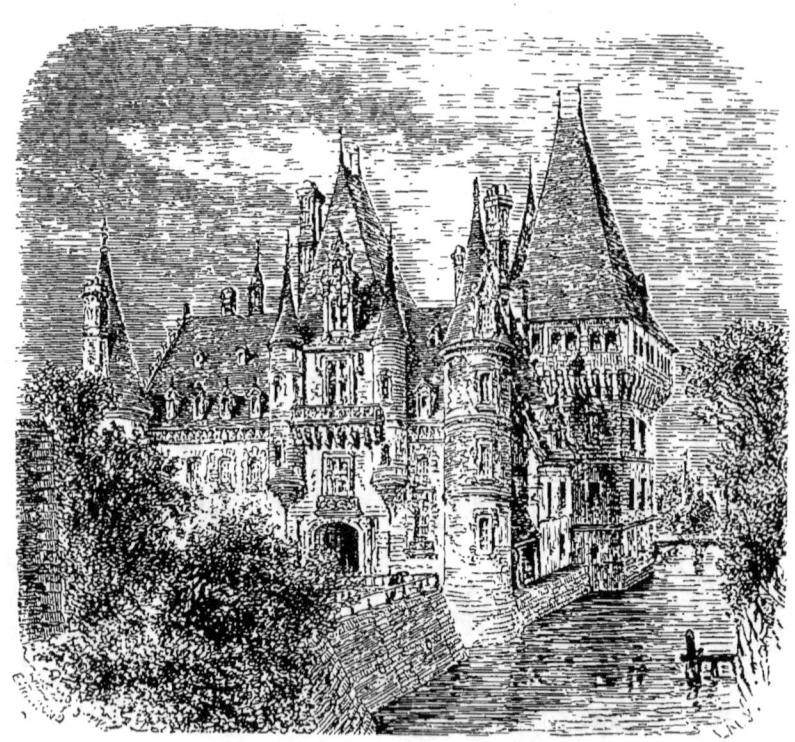

Château de Maintenon du côté du parc.

« La première cour du château se trouvait remplie par les voitures, les chevaux de main et des soldats couchés par terre. Dans la deuxième étaient quelques voitures encore avec la compagnie des Cent-Suisses qui bivouaquait sur le pavé, et dont les officiers déchirèrent et se partagèrent le drapeau. De temps à autre, des détonations lointaines faisaient appréhender une attaque de nuit, mais ces détonations provenaient de quelques soldats qui déchargeaient leurs armes. Enfin le tumulte s'apaisa peu à peu et le silence reprit par degrés l'empire qui lui appartient pendant la nuit... Le lendemain, à 10 0 heures. Charles X entendit la messe dans a la chapelle du château. Ce fut dans cette petite chapelle que l'infortuné monarque offrit à Dieu le sacrifice de la couronne qui lui était si douloureusement arrachée. C'est en effet à Maintenon que Charles X cessa véritablement de régner : c'est là qu'il licencia la garde royale et les Cent-Suisses, ne gardant pour escorte que les gardes du corps qui l'accompagnèrent jusqu'à Cherbourg. Après la messe, les roi remonta un instant dans sa chambre, et, à 11 h., le cortége se remit en route, laissant dans les âmes une impression ineffaçable, et attachant à ces lieux déjà pleins de souvenirs une nouvelle et triste célébrité. »

Le *parc*, qui s'étend derrière le château, est magnifique. Jean Cottereau y avait établi des jardins fruitiers et des potagers; Mme de Maintenon le fit agrandir; Le Nôtre y dessina un parterre, construisit le grand canal passant sous l'aqueduc et planta les deux grandes avenues que l'on y voit encore. Trente ponts jetés sur les canaux, sur la Voise et sur l'Eure, relient entre elles de larges prairies, ombragées çà et là par des massifs et par des arbres de haute futaie. Mais ce qui rend surtout ce parc remarquable, ce sont les ruines du gigantesque aqueduc sur lequel Louis XIV avait entrepris de faire passer les eaux de l'Eure pour les

Aqueduc de Maintenon.

amener dans les jardins de Versailles. (*V.* ci-dessus, p. 28.)

Cet **aqueduc**, destiné à réunir les deux collines entre lesquelles s'étend la vallée de Maintenon, devait être construit en maçonnerie, sur une longueur d'environ 4,600 mèt. Au plus profond de la vallée, il devait s'élever sur trois rangs d'arcades. Le 1er rang, le seul qui ait été construit, se compose de 47 arcades de 13 mèt. d'ouverture chacune sur 15 mèt. 60 cent. de profondeur, et 975 mèt. de longueur totale. La hauteur des arches varie suivant l'inclinaison du sol; les plus hautes atteignent 25 mèt. Les piles sont armées de chaque côté d'un contre-fort de 2 mèt. de saillie sur 8 mèt. de hauteur.

L'*église* de Maintenon date du XVIIIe s. — La *mairie*, moderne, située près du château, est ornée du buste du célèbre auteur dramatique, Collin-d'Harleville, né près de Maintenon en 1755. — La ville est reliée par deux ponts, dont l'un ancien, à son faubourg de *la Rue,* situé sur la rive dr. de l'Eure.

(Pour la description de la ville de Chartres et de la route de Rennes par le Mans, voir l'*Itinéraire général de la France: Bretagne,* par AD. JOANNE. Paris, Hachette et Cie.)

SECTION VI

DE PARIS A DREUX[1]

(CHEMIN DE FER DE GRANVILLE)

La ligne de Paris à Dreux a été décrite, pages 82-102 jusqu'à Versailles, et p. 106 de Versailles à la station de Saint-Cyr. Les trains ne s'arrêtent à Bellevue et à Versailles que pour prendre des voyageurs.

Au-delà de Saint-Cyr, le chemin de fer, après avoir laissé à g. la ligne de Rambouillet, borde les glacis d'une *redoute* reliée au fort de Saint-Cyr (*V.* p. 108), puis, au sortir d'une courte tranchée, passe près de *Fontenay-le-Fleury*, 573 hab., aux environs duquel ont été bâties de belles maisons de campagne. L'*église,* du style de la Renaissance, renferme un tableau de Duval-Lecamus. On laisse à g. *Bois-d'Arcy*, v. de 443 hab., situé près de l'étang de Saint-Quentin.

4ᵉ STATION.—VILLEPREUX-LES-CLAYES

29 kil. de Paris, 12 kil. de Versailles, 7 kil. de Saint-Cyr.

Cette station a dû son nom à deux villages situés, l'un, celui de *Villepreux* (570 hab.), à dr. du chemin de fer (2 kil.), et l'autre, celui des *Clayes* (283 hab.), à 800 mèt. sur la g. L'*église* de Villepreux date du XIIe s. L'ancien *château* de Villepreux a été transformé en filature. Dans les bois d'Arcy, au ham. de la *Chapelle-Saint-Jouan*, se célèbre tous les ans, le lundi de la Pentecôte, une charmante fête champê-

---

1. *Embarcadère*, à Paris, boulevard Montparnasse, n° 44. (*V.* p. 82 et 106.)

tre. Aux Clayes se voient une *église* du XIe s. et un château moderne.

On aperçoit à g. le village de *Plaisir* (1,265 hab.), dont l'église remonte en partie au XIIIe s.; le château date du règne de Louis XIII.

5ᵉ STATION. — GRIGNON.

33 kil. de Paris, 4 kil. de Villepreux.

Grignon *, ham. (300 hab. environ) de la c. de Thiverval, est situé à 2 kil. sur la dr., dans la vallée arrosée par le ruisseau du Gally. Le *château* et le parc, d'une étendue de 290 hectares, occupent le fond et les deux versants du vallon, où se trouvent aussi les jardins, une pièce d'eau de plusieurs hectares, des prairies, des bois d'essences variées, quelques terres labourables et une falunière abondant en coquilles fossiles d'une rare conservation.

Le surplus du domaine, situé sur un plateau, ne comprend que des terres labourables d'une étendue de 176 hectares.

Cette propriété a successivement appartenu à la famille de Brassac, au beau-père du maréchal Ney et au maréchal Bessières. Dans les premiers jours de son mariage, Ney occupa l'appartement du 1er étage qui forme l'angle de la façade et de l'aile dr. du château.

A l'époque où ce château appartenait au maréchal Bessières, Napoléon Ier vint chasser deux ou trois fois dans le parc. Espérant y recevoir plus souvent son souverain, le maréchal fit disposer dans l'aile g. du château un appartement princier que l'empereur n'a jamais occupé, mais dont il remboursa les frais d'installation à la veuve de son compagnon d'armes.

Aujourd'hui Grignon est le siége d'une **école** agronomique théorique et pratique dont la fondation, due à l'initiative de Polonceau père, alors ingénieur en chef à Versailles, a été un des plus grands services rendus à l'agriculture française.

Polonceau conçut le projet de l'école de Grignon longtemps avant la fondation de la ferme modèle de Roville, ainsi que le témoigne une note insérée par M. Cordier dans son ouvrage sur l'agriculture de Flandre, publié en 1823 ; mais ce projet, plus vaste et plus complet que celui de Mathieu de Dombasle, exigeait des conditions plus difficiles à remplir, surtout à cette époque.

Tandis que l'éminent agronome de Roville ne voulait offrir que l'exemple d'une culture perfectionnée et la preuve pratique de ses avantages, Polonceau voulait fonder un établissement où pussent être réunis tous les faits pratiques servant à la fois de base et de démonstration à l'enseignement des sciences applicables à l'agriculture.

Pour acquérir le domaine nécessaire, pour l'exploiter et y créer des écoles de différents degrés, il fallait un capital considérable.

Quand il eut fait apprécier son projet par des hommes qui ont laissé un nom honorable dans la grande propriété, l'agriculture, l'industrie et la finance, tels que les Mortemart, les Darblay, les Ternaux, les Mallet et bien d'autres, Polonceau le présenta au duc de Doudeauville, alors ministre de la maison de Charles X. La portée et l'utilité d'une telle institution frappèrent tellement l'esprit du ministre et celui de Charles X que le roi voulut acheter le domaine et en accorder pendant 40 ans la jouissance gratuite à l'institution. La Société fondatrice s'imposa l'obligation de faire, en retour de cette jouissance, des améliorations foncières pour une somme totale de 300,000 fr., sacrifice qui équivalait à un fermage de 7,200 fr. par an.

En même temps que Polonceau réalisait ces conditions matérielles, il s'occupait de trouver le directeur de l'établissement. Il avait eu d'abord la dessein de le diriger lui-même, comme l'indique M. Cordier ; mais ses amis et la réflexion l'ayant retenu dans sa carrière d'ingénieur, où, déjà connu par d'éminents travaux, il devait s'illustrer encore, il jeta les yeux sur un de ses anciens amis, M. Bella, qui, retiré du service militaire, dirigeait alors en Lorraine, avec beaucoup de soin et de perfection, la verrerie et la ferme d'un de ses parents.

Après avoir visité les écoles d'agriculture d'Allemagne, le nouveau directeur, homme pratique et possédant une rare aptitude à s'approprier des idées utiles, vint prendre possession du domaine de Grignon à la fin du mois de septembre 1826. Les quatre premières années furent consacrées à l'établissement des cultures; et l'organisation des écoles ne commença qu'au mois de juin 1830. Malheureusement les événements politiques ne permirent pas d'émettre la série d'actions qui leur était spécialement destinée, et il fallut se borner à l'établissement de l'École supérieure.

A cette déception financière se joignit une perte personnelle bien sensible. Des dissentiments, dont Polonceau eut le droit d'être blessé, l'éloignèrent de l'administration de Grignon, et, quoiqu'il n'ait jamais refusé depuis à ceux qui l'avaient obligé à se retirer le secours de ses lumières, sa retraite laissait un grand vide.

Cependant M. Bella restait entouré des professeurs que son ami avait choisis, et préparait son fils aîné, par de solides études et par des voyages, à le seconder et à le suppléer un jour ; mais il fallait ou que les bénéfices de l'agriculture et le désintéressement des actionnaires pussent subvenir à certains frais ou que le gouvernement intervînt. Force fut, après quelques années d'efforts, de recourir à ce dernier moyen ; et, grâce à l'appui de M. le duc de Mortemart, le gouvernement prit à sa charge le traitement des professeurs et les frais matériels de l'instruction scientifique.

Dès-lors l'établissement profitait tout à la fois de la générosité de Charles X, qui avait en définitive laissé un revenu de plus de 20,000 fr. pour 7,200 fr. d'améliorations annuelles, des bénéfices que lui laissait la pension des élèves, et de la consommation des produits de la culture. Grâce à ces avantages, le succès fut assuré, et les nombreux élèves qui sont sortis de l'école de Grignon ont répandu sur toute la surface de la France les connaissances théoriques et pratiques qu'ils y avaient puisées.

Le bail concédé par Charles X étant expiré en 1866, la Société fondatrice s'est dissoute et l'école relève aujourd'hui du gouvernement.

L'école de Grignon, la première en Europe pour la force des études, et la plus florissante qu'il y ait en France, compte environ 100 élèves qui payent une pension de 1,200 fr. — La durée des cours est de deux ans et demi. Des examens d'admission ont lieu chaque année. — Douze demi-bourses, dont six pour les anciens élèves des fermes-écoles, sont accordées à chaque division des élèves de l'école. Les études comprennent : l'économie et la législation rurales, l'agriculture, la technologie, l'arboriculture, la sylviculture et la botanique, la zoologie et la zootechnie, le génie rural, la physique et la chimie agricoles, l'hygiène, l'entomologie et la comptabilité.

L'établissement se compose de l'école proprement dite, éclairée au gaz, munie de laboratoires et de diverses collections très-curieuses à visiter, et d'un champ d'expériences, vaste ferme à laquelle sont jointes des bergeries, une vacherie et une porcherie très-importantes.

La chapelle, les dortoirs, le réfectoire, les salles de cours et d'étude sont installés dans l'ancien château du maréchal Bessières, où l'on remarque surtout le grand escalier, le salon d'apparat et l'ancien appartement impérial. En face du château s'élève le pavillon moderne de la Direction; le concierge de l'école y conduit les étrangers, qui y reçoivent l'autorisation de visiter l'établissement. Les visiteurs sont accompagnés d'un surveillant, qui n'accepte aucune rétribution.

Thiverval, c. de 512 hab., dont dépend l'établissement de Grignon, possède une *église* à trois nefs du XIIIe s. (mon. hist.), avec clocher octogonal sur la croisée.

La voie ferrée, laissant à g. *Saint-Germain-de-la-Grange* (138 hab.), décrit une courbe vers le S., traverse une longue et profonde tranchée, et, au-delà de *Villiers-Saint-Frédéric* (358 hab.), bâti sur le penchant d'un coteau couvert de vignes, atteint la station de Villiers-Néaufle, d'où l'on voit au loin la colline de Montfort.

6º STATION. — VILLIERS-NÉAUFLE.

40 kil. de Paris, 7 kil. de Grignon, 1 kil. de Villiers, 1 kil. 1/2 de Néaufle.

La station porte le nom des deux villages de Villiers-Saint-Frédéric et de **Néaufle-le-Château** (1,215 hab.; omnibus, 20 c.), situés à g. à 1 kil. l'un de l'autre. Néaufle, dont les marchés de grains sont très-importants, possédait, au XIe s., un château qui fut défendu avec succès contre Guillaume le Roux. La baronnie de Néaufle, achetée au XVe s. par les ducs de Bretagne, fut réunie par eux au comté de Montfort. La *motte* du donjon se voit près de l'*église* (parties romanes).

On aperçoit, à dr., dans la jolie vallée de la Mauldre, *Néaufle-le-Vieux* (482 hab.), où se voient des bâtiments d'une abbaye de Bénédictins, fondé en 1066 (dans l'église en partie romane, stalles, fonts baptismaux et reliquaire du XIIIe s.; plusieurs salles du XIIIe s.).

A 2 kil. de la station, sur la g., se trouve le beau **château de Pontchartrain** (parc anglais magnifique, embelli par la Mauldre qui y forme deux lacs et plusieurs chutes), construit par Paul Phélypeaux, secrétaire d'État (mort en 1621).

Après avoir croisé la route d'Épone (*V.* ci-dessous, Section IX), et franchi la Mauldre sur une arche, la voie ferrée parcourt une vaste plaine nue sur laquelle se montrent, à dr. *Vicq* (197 hab.; grand cimetière mérovingien), et à g. *Méré* (397 hab.; joli clocher gothique.)

GRIGNON. — NÉAUFLE. — MONTFORT. 131

7ᵉ STATION. — MONTFORT-L'AMAURY.

45 kil. de Paris, 5 kil. de Villiers-Néaufle. — La ville est située à 3 kil. à g. de la station (omnibus).

Montfort-l'Amaury *, ch.-l. de c. de 1,516 hab., conserve les ruines de son **château** (on les voit peu du chemin de fer), qui dominent toute la contrée.

Ce fut dans cette forteresse que résidèrent les puissants seigneurs de Montfort, dont le nom occupe si souvent l'histoire pendant les deux premiers siècles de la dynastie des Capétiens.

Simon Iᵉʳ, seigneur de Montfort, fut le père de la fameuse Bertrade, qui s'enfuit du château de son premier mari, Foulques le Réchin, comte d'Anjou, pour épouser Philippe Iᵉʳ, roi de France, déjà marié comme elle. Ce cas de bigamie double et publique est un des faits les plus cu-

Ruines du château de Montfort.

rieux de l'histoire. Le pape excommunia ces deux criminels couronnés. Ils se moquèrent du pape, et vécurent ensemble pendant seize années. Bertrade, dit M. Henri Martin, « eut l'adresse de réconcilier ses deux maris, et l'impudence d'aller avec le second visiter le premier dans la ville d'Angers... Ce dut être un spectacle assez scandaleux que de les voir tous trois siéger à une même table dans le château, ou sur un même banc d'honneur à l'église. Elle faisait asseoir le roi à ses côtés, et Foulques à ses pieds sur un escabeau. » On connaît ses attentats contre Louis le Gros, dont elle convoitait l'héritage pour son propre fils.

N'ayant pu réussir, elle se fit religieuse de dépit.

Parmi les seigneurs de Montfort, un des plus célèbres fut Simon de Montfort, le héros de la guerre des Albigeois.

Montfort-l'Amaury, dont les rues, escarpées, mais très-pittoresques, s'étagent sur les flancs d'une haute colline, renferme, outre le *château Groussay*, à l'entrée de la ville, plusieurs jolies habitations particulières.

Il ne reste du château de Montfort que les débris du donjon, situés sur un mamelon qui domine la ville. Au-dessous du donjon on voit quelques restes d'une crypte du XI⁰ s. qui se trouvait sous le chœur de la chapelle du *prieuré Saint-Laurent*. Un pan de muraille très-épaisse, enveloppé en partie par la verdure d'un lierre magnifique, est tout ce qui subsiste de ce donjon, qu'avait bâti, au XI⁰ s., Guillaume de Hainaut. En face s'élève une charmante tour d'escalier de forme hexagonale (XV⁰ s.); bâtie en pierres et en briques, elle conserve encore un aspect très-élégant. Une plaque en marbre rappelle l'acquisition faite de ces ruines par la ville de Montfort en 1828. Le mamelon qu'elles occupent forme une agréable promenade garnie de massifs de verdure, de pelouses, de bancs, et coupée de sentiers qui remontent en pente douce jusqu'aux deux tours. De la partie supérieure, on jouit d'une vue très-étendue, d'un côté, sur la vallée de la Mauldre, Néaufle-le-Château, Pontchartrain et Maurepas, et, de l'autre, sur de riantes prairies qui s'étendent jusqu'à la forêt de Rambouillet, dont on rencontre l'extrémité à 20 min. environ de Montfort.

L'**église paroissiale** (mon. hist.), sans transsept, longue de 65 mèt., haute et large de 18, conserve dans sa nef, à g. (6⁰ et 7⁰ travées), un pan du clocher de l'église primitive, donnée en 1072 à l'abbaye de Saint-Magloire, de Paris.

Le chœur est du XV⁰ s., sauf les arcs-boutants ajoutés après coup, au XVI⁰ s.; la nef fut continuée à plusieurs reprises pendant le XVI⁰ s.; le clocher est daté de 1613. La porte méridionale est dans le style de la Renaissance, qui est aussi celui des curieux chapiteaux des murs des bas-côtés. Le déambulatoire, sans chapelle, est orné de clefs pendantes très-variées. Les fenêtres des bas-côtés, ainsi que celles de la nef circulaire derrière le chœur, sont ornées de vitraux reproduisant différents épisodes de l'Ancien et du Nouveau Testament. On y lit les dates de 1574 et de 1578. Sur la plupart de ces verrières, remarquables par la vivacité des couleurs et la composition, se voient les portraits et les armoiries des donateurs. Nous indiquerons enfin, dans le déambulatoire, une porte ogivale avec de délicates sculptures cachées malheureusement par un confessionnal, et le buffet d'orgue, du XVI⁰ s. (mon. hist.).

Le *cimetière*, situé dans une rue s'ouvrant à dr. de la place de l'Église (en la remontant), date de la fin du XV⁰ s. et de la Renaissance; un cloître renfermant plusieurs chapelles commémoratives y entoure sur deux côtés un grand préau; ce cloître se compose d'arcades en plein cintre, reposant sur des piliers carrés à chapiteaux très-simples. La galerie du S.-O., pour laquelle a été employée la brique, paraît la moins ancienne. Parmi les monuments funéraires qui remplissent le préau, on distingue la tombe en marbre blanc de la duchesse de Béthune-Charost, née comtesse de Tourzel.

La **porte** dite **Bardou**, qui fait face à l'église, ne date que des guerres de la Ligue. Ce n'est pas la véritable porte Bardou, qui datait du moyen âge et se trouvait sur un autre point de la ville. Cette dernière porte fut détruite vers 1830; mais il reste encore quelques débris des vieux remparts du XI⁰ s.

Nous mentionnerons encore : dans la petite rue longeant le côté dr. de l'église, une curieuse *maison canoniale* en briques, qui conserve quelques restes de sculptures décoratives; une ancienne tour que couronne une charmante corniche à modillons formée par la disposition des briques.

L'*hospice*, fondé en 1239 par Amaury V, connétable de France (dames de Saint-Paul de Chartres) contient 17 lits.

A 2 kil. S. est la chapelle de *Notre-Dame-du-Chêne*, où se voit une statue de la Vierge fort vénérée.

On laisse à dr. *Boissy-sans-Avoir* (274 hab.), qui doit son nom à une famille à laquelle appartenait Gautier Sans-Avoir, un des chefs de la malheureuse expédition qui précéda immédiatement la première croisade, et à g. *Galluis-la-Queue* (1,017 hab.; église du XVIIe s. dominée par une tour ogivale massive et renfermant des boiseries). Près du *château de* Galluis, bâti par la duchesse du Maine (1740), jaillissent des sources abondantes.

8ᵉ STATION. — GARANCIÈRES-LA-QUEUE.

49 kil. de Paris, 4 kil. de Montfort.

Garancières-la-Queue, 795 hab. (1,500 mèt. N.), est dominé par un

Porte fortifiée et église de Montfort-l'Amaury.

clocher roman. A g. de la station est le ham. de *la Queue*, dépendance de Galluis. — On aperçoit à dr. le *château du Moulinet*, à g. celui de *Millemont* (185 hab.), bâti à l'entrée de la *forêt des Quatre-Piliers*, qui recouvre une colline dont le point culminant atteint 183 mèt. — *Béhoust*, 279 hab. (château et beau parc), et *Orgerus*, 735 hab., se montrent à dr.

9ᵉ STATION. — TACOIGNIÈRES.

56 kil. de Paris, 7 kil. de Garancières, 7 kil. de Houdan.

Tacoignières, 250 hab., à dr. de la station, n'offre rien d'intéressant. La voie ferrée, après avoir laissé à dr. *Richebourg*, 579 hab., où l'on remarque une *motte féodale*, un vaste *château* du XVIᵉ, et une *église* (mon. hist.) du xvᵉ, croise la route de Mantes à Houdan près de *Maulette*, 281 hab., sur la Vesgre. Sur le revers occidental du coteau, au lieu dit la *Butte des Cercueils*, se voit un ancien cimetière du viiᵉ au xᵉ s., où ont été découverts, à plusieurs reprises, des tombeaux en plâtre et des débris d'armures.

10ᵉ STATION. — HOUDAN.

63 kil. de Paris, 7 kil. de Tacoignières, 18 kil. de la station de Montfort-l'Amaury. — La ville est à 500 mèt. de la station (omnibus).

Houdan*, V. de 2,027 hab., reliée à la station par une large avenue récemment ouverte, est situé sur le sommet et le penchant d'une colline peu élevée, baignée au N. par la Vesgre et au S. par l'Opton. Les bords de la Vesgre offrent d'assez riantes promenades.

Houdan, où ont été trouvées des antiquités celtiques, romaines et franques, était au moyen âge une place très-forte, nommée *Hodincum* et *Houdanc*. Les fortifications de la ville ont été détruites; mais le vieux **donjon**, bâti par Amaury III, seigneur de Montfort et comte d'Évreux (1105-1137), se dresse encore au milieu de la ville que domine sa masse imposante. Ce donjon, bâti en meulière avec chaînes en pierres de taille, se compose d'une tour ronde (15 mèt. de diamètre) flanquée de quatre tourelles (4 mèt. de diamètre). Le sommet de la tour, que recouvrait autrefois un toit conique, porte aujourd'hui une balustrade en bois. Les tourelles étaient surmontées de toits pointus. L'entrée primitive était dans la tourelle N., à environ 4 mèt. du sol; la porte qui s'ouvre à l'E. n'est qu'une brèche pratiquée dans le mur. L'intérieur se compose d'un rez-de-chaussée et de deux étages auxquels on accède par des escaliers en pierre, de construction romane. Les murs conservent encore au deuxième étage une épaisseur considérable. Une petite place circulaire indique l'enceinte qui séparait le donjon du château. Le champ de foire, planté d'arbres, s'étend au pied de la tour; il s'y vend chaque semaine pour 40,000 fr. de volailles.

L'**église** (mon. hist.) est un bel édifice gothique, malheureusement inachevé, et dont quelques parties auraient besoin de réparations. Les sculptures du portail sont dans un état de délabrement complet; celles du tympan ont presque disparu. Les panneaux de la porte sont ornés de sculptures assez curieuses. — On remarque à l'intérieur les chapiteaux de la nef, les stalles du chœur, des autels sculptés et quelques débris de vitraux.

Signalons encore une jolie *maison* en bois (rue de Paris, 39) dont la façade principale est ornée de têtes d'hommes et d'animaux, de fleurs, de branches de palmier, etc.

Gambais, 975 hab., où des omnibus de correspondance conduisent de la station de Houdan, est situé à 6 kil. E. de cette ville et possède un vaste *château* du xivᵉ s., précédé d'une avenue de 4 kil., et, dans le village, une enceinte circulaire de 33 mèt. de diamètre, entourée d'un fossé profond de 4 mèt.

La voie ferrée franchit la vallée de la Vesgre sur un remblai haut de 15 mèt., puis s'engage dans une longue tranchée (2 kil.) vers le milieu de laquelle elle sort du départ. de Seine-et-Oise pour entrer dans celui d'Eure-et-Loir. On laisse à g. *Goussainville* (597 hab.), dont le *château*, du xviᵉ s., a été restauré.

11ᵉ STATION. — MARCHEZAIS.

70 kil. de Paris, 7 kil. de Houdan, 12 kil. de Dreux.

Marchezais est un village insignifiant de 90 hab., situé à 500 mèt. à dr. du chemin de fer.

A 2 kil. de la station, sur la g., se trouve *Broué*, 576 hab., dont l'église est en partie romane.

On laisse à dr. *Serville*, 204 hab. (*église* des XIIᵉ et XVᵉ s.). — La voie ferrée descend ensuite dans la charmante vallée de l'Eure, qu'elle franchit près de *Cherisy*, 932 hab. (à g.), sur un viaduc de 5 arches de 4 mèt. A g. se montre un petit château. Après avoir dépassé, au-delà d'un long remblai, une succession presque non interrompue de tranchées, on atteint la station de Dreux (on aperçoit la ville sur la dr.).

12ᵉ STATION. — DREUX

82 kil. de Paris, 12 kil. de Marchezais, 19 kil. de Houdan.

Dreux* est une V. de 7,418 hab., ch.-l. d'arr., située dans la vallée de la Blaise, qui s'y divise en plusieurs bras et se jette dans l'Eure au N.-E. Dominée au N. par un coteau que couronnent la Chapelle royale et les ruines entourées de verdure de l'ancienne forteresse des comtes de Dreux, elle offre, de la station, un aspect assez pittoresque.

On ne connaît pas la date de la fondation de Dreux, mais la plupart des historiens attribuent à cette ville une origine fort ancienne et prétendent qu'elle dut être sous les Romains un poste militaire très-remarquable. « Sous le règne d'Auguste, dit M. Lefèvre, la capitale des *Durocasses* et son territoire étaient le centre de plusieurs voies romaines qui correspondaient aux quatre grandes chaussées que cet empereur « lança », du milieu de la ville de Lyon, aux bords de l'Atlantique, du détroit Gallique et du Rhin. » Les chroniqueurs du XIᵉ s. parlent du château de Dreux, qu'ils traitent de fameux et d'illustre, *famosum et nobile castrum de Drocis*. Il est constant que, dès l'année 1031, il existait un comté de Dreux, et il paraît même que l'on y battait monnaie avant cette époque.

En 1188, Philippe-Auguste vint mettre le siège devant Dreux et en expulsa Henri II, roi d'Angleterre, qui avait livré sa ville au pillage et à l'incendie.

Dreux soutint encore deux nouveaux sièges, le premier en 1412, le deuxième en 1421; mais le plus grand événement qu'elle ait vu s'accomplir sous ses murs est la bataille qui porte son nom. Cette sanglante bataille se livra le 19 décembre 1562, sur le territoire de la commune de *Marville-Moutier-Brûlé*, entre les protestants, commandés par le prince de Condé et l'amiral Coligny, et les catholiques, à la tête desquels marchaient le connétable de Montmorency et le duc de Guise. Les principaux chefs des deux partis se trouvaient en présence, et tout le monde connaît la haine dont ils étaient animés les uns contre les autres; aussi, les deux armées se battirent-elles avec un incroyable acharnement depuis dix heures du matin jusqu'à cinq heures du soir. Huit mille morts restèrent sur le champ de bataille, et, au dire des historiens, la perte fut à peu près égale dans les deux camps; mais la victoire resta aux catholiques. Brantôme prétend que le duc de Guise soupa dans une grange à *Nuisement* et coucha dans le même lit que le prince de Condé, son prisonnier.

Pendant longtemps il se fit tous les ans à Dreux, le 19 décembre, une procession commémorative à laquelle assistaient les magistrats, le corps de ville, les corps de métiers et la plus grande partie des habitants.

Henri IV assiégea Dreux une première fois en 1590 et une deuxième fois en 1593. Les assiégés lui opposèrent pendant dix-huit jours la plus opiniâtre résistance. Une grande partie des fortifications de la ville et du château fut détruite par l'artillerie du roi de Navarre. La misère des habitants de Dreux était extrême; Henri IV en eut pitié et leur donna à chacun un écu avec la liberté de se retirer où ils voudraient. Avec ses murailles, Dreux perdit son importance politique.

Dreux a été la patrie de J. Rotrou, poëte du XVIIᵉ s.; des Métézeau, architectes, dont les plus célèbres sont Thibaud et Louis, auxquels on doit une partie de la galerie du Louvre, et Clément, le constructeur de la digue de la Rochelle sous Richelieu; du général Sénarmont, etc.

L'église Saint-Pierre (mon. hist.) appartient à plusieurs époques. Le portail et le croisillon N., le chœur, les voûtes et les colonnes qui séparent les chapelles des nefs latérales, datent du XIIᵉ ou du XIIIᵉ s. La grande nef, les chapelles des nefs latérales et le pourtour du chœur sont l'œuvre du commencement du XVIᵉ s. La façade occidentale offre : un beau portail creusé en ogive (l'œuvre de l'architecte Clément Métézeau, le trisaïeul du Cl. Métézeau qui dirigea les travaux de construction de la digue de la Rochelle), et flanqué de deux tours inachevées, dont l'une a 36 mèt. de hauteur et l'autre 16 mèt. à peine; une rose centrale et plusieurs charmants détails de statuaire et de sculpture, malheureusement bien mutilés. Le bas-relief du tympan (l'*Entrée du Christ à Jérusalem*) est à peine distinct, mais les culs-de-lampe et les dais qui ornent les niches vides se font remarquer par la délicatesse de leurs sculptures. Le portail du N., autrefois très-orné, a été bien maltraité. C'est à peine s'il subsiste encore quelques débris des bas-reliefs qui le décoraient (le *Jugement dernier*).

A l'intérieur, cette église, longue de 68 mèt. et haute de 17 mèt. env., se compose de trois nefs partagées par six travées jusqu'au transsept, et d'un chœur avec collatéral tournant et chapelles, dont l'une, plus profonde, est dédiée à la sainte Vierge.

Les *verrières*, quoique mutilées, attirent encore l'attention des connaisseurs. La grande nef n'a conservé que quelques restes de la série des Apôtres qui la décorait. On remarque, dans le chœur, plusieurs personnages de grandeur naturelle, entre autres sainte Anne et sainte Hélène, et, dans le croisillon S., la Descente de Croix et le Sacrifice d'Abraham. Les chapelles latérales ont gardé un Crucifiement, quelques traits de la vie de saint Crépin et de saint Crépinien, l'Ascension, le Baptême de Clovis, saint Jean, Notre-Dame de Pitié, saint Blaise, saint Sébastien, quelques fragments de l'histoire de Notre-Dame-de-Lorette, et l'histoire de saint Fiacre. Les vitraux des sept fenêtres de la chapelle de la Vierge, habilement restaurés, représentent des traits de la vie de Jésus et de la Vierge.

« On remarque, dans deux chapelles latérales de la nef, dit M..., au midi et au nord, des peintures murales qui, dans la première, conservent des souvenirs historiques : une longue suite de pèlerins à genoux, les mains jointes et munis de bourdons, et, au-dessous, les noms des habitants de Dreux qui, dans le xviie et le xviiie s., ont fait le pèlerinage de Saint-Jacques-de-Compostelle; puis, sur la muraille en face de l'autel, un cavalier armé de pied en cap, et au-dessous, l'épitaphe de Mercœur de France, mort en 1562.

« Dans la chapelle parallèle, du côté du N., toute la muraille est occupée par une grande peinture, dont le sujet paraît être la *Glorification des élus*. On croit cette peinture de la fin du xve s. »

Nous signalerons aussi aux visiteurs : un bénitier du xiie s., provenant de l'ancienne collégiale de Saint-Étienne; le buffet des orgues, exécuté en 1614, par un menuisier de Dreux, nommé Fortier; les stalles; plusieurs pierres tombales; et deux plaques de marbre (chapelle de Notre-Dame-de-Pitié), érigées, l'une en l'honneur de Nicolas Lecomte, bienfaiteur de l'église, décédé en 1614; l'autre, à la mémoire du général Alexandre-François Hureau de Sénarmont, mort le 25 septembre 1805, et du général Alexandre-Antoine Hureau de Sénarmont, fils du précédent, tué au siège de Cadix, le 26 octobre 1810.

Du **château** de Dreux, qui fut un des principaux boulevards des domaines de la Couronne de France contre les incursions des Anglo-Normands, il subsiste toute la partie N., avec de belles tours, et quelques ruines du donjon, entourées de massifs de verdure et d'un aspect très-pittoresque. Les courtines et une partie des tourillons de la grande enceinte ou place d'armes furent abattus, en 1593, sur l'ordre d'Henri IV; mais l'enceinte de cette antique forteresse, « qui n'offrait, au commencement de ce siècle, que l'image d'un désert inculte et jonché de débris, a bien changé d'aspect; il a suffi, dit M. Lefèvre, d'un souffle royal pour ranimer cette nature morte... »

Dans l'enceinte du château fort s'élevait jadis, sur le plateau de la colline qui domine la ville au N., sous le vocable de saint Étienne, une *église collégiale* qui, selon quelques auteurs, remontait au règne de Childebert. Sur l'emplacement même de cette église a été bâtie la **Chapelle royale**, destinée à la sépulture des membres de la famille d'Orléans. Commencée en 1816, par la duchesse douairière d'Orléans, cette chapelle fut agrandie et achevée par l'aîné de ses fils, le roi Louis-Philippe Ier, qui présida lui-même à tous les travaux (M. Lefranc, architecte). Bien qu'elle offre dans son ensemble et dans ses détails un mélange bizarre

Chapelle royale de Dreux.

de divers styles d'architecture (le gothique, le lombard et le gréco-romain), son aspect général est imposant et pittoresque.

On monte à la Chapelle de Dreux par une route de voitures et par la rue Philidor, qui s'ouvre devant le *palais de justice,* monument moderne sans intérêt. — *N. B.* Pour la visiter, s'adresser au concierge.

Le portail actuel de la façade principale (douze degrés y conduisent) est flanqué de deux gracieuses tourelles octogonales terminées par deux cônes surmontés de fleurons.

« L'arcade du portique est ornée, dit M..., d'une première archivolte dont le sommet disparaît sous les plis du vêtement flottant de l'*Ange de la Résurrection.* Cet ange, abrité par un dais à pinacle que termine une croix, déploie un phylactère sur lequel on lit : *Evigilabunt.* A ses côtés, et se détachant aussi heureusement de la façade, sont deux médaillons qui représentent, l'un, le

Père éternel entre deux têtes d'anges, l'autre, l'*Ecce Homo*, accompagné des attributs de la Passion. D'autres archivoltes secondaires viennent reposer sur le tailloir des chapiteaux de quatre colonnes placées de chaque côté du portique. »

Sous le portique s'ouvrent trois portes; celle du milieu, sculptée par Liénard, représente les Apôtres; les sculptures du tympan représentent *Saint Louis sous le chêne de Vincennes*. Les trois clefs de voûte offrent les emblèmes de la Trinité.

A l'intérieur, la Chapelle royale se compose de l'ancienne rotonde, d'une nef en avant accompagnée de deux chapelles, d'un transsept, d'une abside derrière le maître-autel, de deux nefs latérales demi-circulaires en contre-bas autour du sanctuaire, appelées cryptes, qui viennent se réunir à une chapelle absidale au chevet, et d'un grand caveau circulaire pratiqué au-dessous du sol de la coupole.

Au-dessus de la porte principale, se trouve à l'intérieur un orgue remarquable inauguré en 1845. La voûte est décorée du médaillon de saint Louis. Des deux côtés de cette espèce de vestibule qui précède la rotonde, deux autels, en regard l'un de l'autre, ont été élevés en l'honneur des patronnes de la reine Amélie et de Madame Adélaïde. Les fenêtres sont ornées de beaux vitraux d'après les dessins de M. Larivière, dont le premier, à dr., représente Jésus au jardin des Oliviers; à g., le Christ déposé de la croix dans les bras de sa mère; parallèlement, saint Arnould lavant les pieds des pèlerins; en regard, sainte Adélaïde, reine de Hongrie, distribuant des aumônes.

Le chœur ou rotonde appartient aux constructions primitives exécutées par ordre de la duchesse douairière d'Orléans. Il est richement pavé. A l'entrée se voient deux magnifiques coquilles servant de bénitiers (elles ont été données par le prince de Joinville). On y remarque : 18 stalles en chêne sculpté; des tribunes (style de la Renaissance) présentant un double amphithéâtre et de belles fenêtres géminées surmontées de roses à quatre lobes, dont les magnifiques vitraux représentent en pied saint Louis, sainte Isabelle, saint Germain, saint Remi, sainte Radegonde, sainte Bathilde, saint Philippe, sainte Amélie, saint Ferdinand, sainte Clotilde, saint Denis et sainte Geneviève. Ces vitraux ont été exécutés, d'après les cartons d'Ingres, et pour les ornements qui les encadrent, d'après M. Viollet-le-Duc, sous la direction de M. Robert, directeur de la manufacture de Sèvres.

Dans l'enfoncement des tribunes et entre les colonnes se voient des bas-reliefs représentant l'Adoration des mages, par Chambord, la Résurrection du Sauveur, par Bonnassieux, saint Ferdinand, sainte Amélie, sainte Adélaïde et saint Arnould. Au-dessous de la voûte parsemée de rosaces, de jolis pendentifs représentent les Évangélistes. Le vitrail de la coupole, peint par MM. Roussel, Apoil et André, d'après M. Larivière, représente le mystère de la Pentecôte. Le sanctuaire est orné d'un beau maître-autel élevé de plusieurs degrés et revêtu de marbres précieux.

A côté de l'autel sont ménagés des escaliers conduisant aux cryptes et à la *chapelle de la Vierge* (Notre-Dame-de-Pitié ou des Sept-Douleurs), placée au chevet du monument. On remarque, dans la chapelle de la Vierge, deux niches finement sculptées, et occupées par les statues de saint Ferdinand et de sainte Adélaïde; une série de bas-reliefs (ils revêtent les parois des murailles) modelés par Hubert Lavigne et figurant des scènes du Nouveau Testament; des vitraux représentant la Foi, l'Espérance, la Charité, l'Ange gardien, la Mère de Douleurs; de jolies clefs de voûte; les tombeaux du duc d'Orléans, sculpté par Loison, sur les dessins d'Ary Scheffer, de Mme la princesse Adélaïde, de Mme la duchesse douairière d'Orléans, par Barre fils (le corps de la duchesse y a été déposé le 9 juin 1876), etc.

Au centre s'élève une tombe disposée pour la sépulture commune de Louis-Philippe et de la reine Amélie. « Je demande, a dit Louis-Philippe, dans son testament, quel que soit le lieu de ma mort, que mon corps soit transporté sans pompe à Dreux, afin d'y être enseveli dans le tombeau situé en avant de l'autel de la Sainte-Vierge. » Ce vœu a été réalisé, par les soins des princes d'Orléans, le 9 juin 1876.

Une sorte de crypte supérieure, décorée d'une frise délicatement sculptée, et de niveau avec la chapelle de la Vierge, fait le tour d'une partie de l'édifice. Cette crypte renferme à l'entrée de la chapelle les tombeaux : de Mme la duchesse de Bourbon-Condé, mère du duc d'Enghien, et,

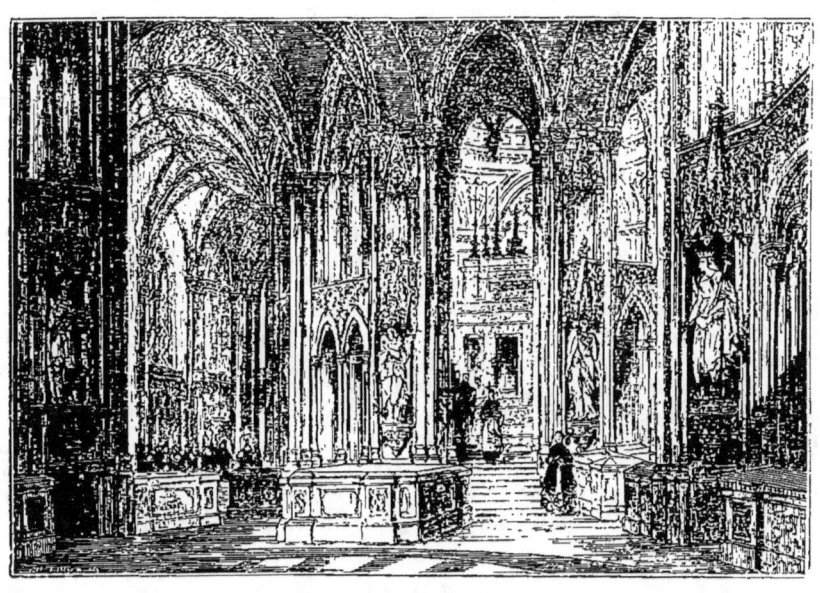

Chapelle royale de Dreux.

vis-à-vis, du duc de Penthièvre, de la princesse Marie, duchesse de Wurtemberg (au-dessus, remarquable statue de la *Résignation*, dernière création de la royale artiste), de Mlle de Montpensier (charmante statuette de Pradier), d'un enfant de Mgr le prince de Joinville, de deux enfants de Mgr le duc d'Aumale, etc. Les autres tombeaux sont inoccupés.

Aux extrémités N. et S. de cette crypte supérieure, des ouvertures à plein cintre et des degrés conduisent aux cryptes inférieures et au grand caveau circulaire situé sous la coupole. En face de l'ouverture du N. commence la série des beaux vitraux diaphanes représentant les principaux traits de l'histoire de saint Louis d'après MM. Rouget, Eugène Delacroix (par Roussel, le Combat de Taillebourg), Wattier, Horace Vernet, Bouton, H. Flandrin, Rouget.

Le grand caveau circulaire contient douze tombeaux dont un renferme les restes mortels du prince de Conti. Au-dessous est le caveau du duc de Penthièvre, violé en 1793.

Les couloirs de dégagement sont éclairés par cinq glaces d'un seul morceau, peintes d'après les cartons de M. Larivière par MM. Apoil, Bonnet, André et Schilt. Ces admirables vitraux, le chef-d'œuvre du genre, ont été exécutés à la manufacture de Sèvres sous la direction de MM. Brongniart et Robert.

Au S.-O. de la Chapelle royale se voit une maison moderne flanquée de tourelles.

Des terrasses de l'ancienne forteresse, on découvre une belle vue sur la ville de Dreux et le cours de la Blaise, et sur une vaste étendue des plaines de la Beauce. Le jardin, bien entretenu, offre une agréable promenade.

L'hôtel de ville, commencé en 1512, terminé en 1537, et auquel travailla Clément Métézeau l'ancien, est un bel édifice du style de la première Renaissance qui conserve encore un grand intérêt architectural, malgré les nombreuses mutilations qu'il a subies. On remarque, à l'extérieur, deux élégantes tourelles, la porte, à la décoration ogivale, et des fenêtres à croisillons de pierre. A l'intérieur se voient : de vastes salles aux voûtes élancées et décorées de gracieux pendentifs ; un magnifique escalier en pierre (142 marches) dont chaque dalle forme marche, rampe et vis ou noyau ; le modèle en plâtre de la cloche du beffroi ; une petite bibliothèque décorée de belles boiseries ; une jolie cheminée sculptée (Renaissance) ; des tableaux représentant l'*Hôtel de Rambouillet* et le *Siège de la Rochelle*, par Debon ; une charmante porte sculptée provenant du château de Crécy ; des armures trouvées sur le champ de bataille d'Ivry, etc. Au haut de l'escalier, dans les greniers, est la cloche du beffroi fondue sous Charles IX ; autour de cette cloche est figurée en relief une procession grotesque dite des *flambarts*, qui anciennement avait lieu à Dreux la veille de la Noël.

Signalons encore : le *collége* ; — la *sous-préfecture*, récemment construite ; — la belle place *Saint-Gilles*, plantée d'arbres ; — la *place Métézeau* qui relie l'hôtel de ville à l'église Saint-Pierre ; — les *halles* ; — d'agréables *promenades* sur les bords de la Blaise ; et le *buste* de Jean Rotrou, érigé en 1867 sur la place La Fayette.

(Pour la suite de la route jusqu'à Granville, V. l'*Itinéraire général de la France : Normandie*, par Ad. Joanne ; Paris, Hachette et Cie.)

SECTION VII

DE PARIS A SAINT-GERMAIN

Le chemin de fer de Paris à Saint-Germain[1], le premier chemin de fer qui ait été construit à Paris, a été concédé le 9 juillet 1835, et inauguré le 21 août 1837 (pour la description de la gare, V. page 1).

1. *Embarcadère*. A Paris, rue Saint-Lazare, 124 ; à Saint-Germain, sur la terrasse en face du château (pour les prix des places, V. l'*Introduction*).

De Paris à Asnières, le chemin de fer a été décrit p. 1 et suivantes.

En quittant la station d'Asnières, on laisse à g. le chemin de fer de Versailles, à dr. celui d'Argenteuil, et l'on décrit une grande courbe sur une plaine parsemée de petites maisons de campagne. Le Mont-Valérien attire l'attention sur la g. Bientôt on entre dans une longue tranchée. On passe sous la route de Courbevoie à Argenteuil et sous la route de Neuilly à Pontoise, avant de laisser à dr. (9 kil. de la gare Saint-Lazare), à la station de Colombes (cette station, distincte de celle de la ligne d'Argenteuil, n'est pas desservie par les trains de la ligne de Saint-Germain), la ligne de Rouen (*V.* Section IX : *De Paris à Mantes*). Sur la g. on remarque des carrières de pierre desservies par un petit chemin de fer. Les talus s'abaissent ; on aperçoit, à dr., Bezons et Carrières-Saint-Denis ; à g., le Mont-Valérien, Nanterre, Rueil et les coteaux de Bougival.

2ᵉ STATION. — NANTERRE.

12 kil. de la gare de Saint-Lazare, 8 kil. de Saint-Germain, 2 kil. de la station de Rueil, 7 kil. de celle d'As-

Puits de Sainte-Geneviève, à Nanterre.

nières, 13 kil. de Paris par la route de terre, 5 kil. 200 mèt. de Courbevoie, 13 kil. 700 mèt. de Saint-Denis, 3 kil. du Mont-Valérien, 2 kil. de Rueil, 4 kil. de Puteaux, 5 kil. du pont de Neuilly.

Nanterre, b. de 3,944 hab., situé à g. de la station, au pied d'un coteau couvert de vignes, est dominé au S. par les vastes bâtiments qui couronnent le Mont-Valérien.

Saint Germain, évêque d'Auxerre, envoyé dans la Grande-Bretagne, et cherchant à gagner un port de mer, passa par Nanterre et « y discerna, dit l'abbé Lebœuf, la fille de Sévère, habitant de ce lieu, parmi la multitude de personnes qui s'étaient assemblées pour le voir avec saint Loup, évêque de Troyes. Il la fit approcher, la mena à l'église, où il récita les prières de nones et de vêpres, et le lendemain, il lui fit déclarer, ainsi qu'elle le lui avait promis la veille, qu'elle désirait embrasser l'institut des vierges chrétiennes. Il l'affermit dans cette résolution, et lui donna une pièce de cuivre où était gravée la figure de la croix, lui disant de la porter à son cou, au lieu de ces colliers que les filles mondaines portaient. » On connaît le rôle que joua plus tard sainte Geneviève, en rassurant les Parisiens effrayés de l'approche d'Attila, en défendant la future capitale de la France contre Clovis et en préparant, de concert avec sainte Clotilde, la conversion de ce prince. Mais ce que l'on sait moins, c'est que, malgré la tradition qui fait de Geneviève une bergère, cette illustre vierge appartint à une des familles les plus notables des environs de Lutèce.

Dans la principale rue du bourg, une inscription indique l'emplacement de la maison dans laquelle naquit, dit-on, la patronne de Paris, et la date de sa naissance (422). Près de l'église s'ouvre le jardin du presbytère, à l'entrée duquel se voit le *puits de sainte Geneviève*. La mère de la sainte, étant menacée de perdre la vue, lui dit d'aller puiser de l'eau à un puits voisin de leur habitation en demandant à Dieu sa guérison, et les prières de la jeune vierge furent exaucées. A dater de cette époque, l'eau de ce puits est employée par de nombreux pèlerins contre diverses maladies. Le 3 janvier 1636, la reine Anne d'Autriche en but, dans l'espoir de devenir mère. Les malades qui désirent emporter de l'eau miraculeuse, trouvent à acheter de petites bouteilles dans le jardin du presbytère. Le curé a fait bâtir à côté du puits une espèce de petite *chapelle* ornée d'une statue de sainte Geneviève. Du jardin, on peut descendre dans un caveau qui servait autrefois, dit-on, de cave à la maison de sainte Geneviève et dans lequel est établi un petit oratoire.

L'*église*, édifice peu intéressant des XIIIe et XIVe s., dont la nef et les bas-côtés sont voûtés en bois, a été remaniée au siècle dernier et menace ruine de toutes parts, malgré quelques travaux récents de consolidation. La chapelle dédiée à sainte Geneviève est ornée d'un nombre considérable d'*ex-voto* en cire (peintures, dessins, etc.). On remarque aussi, dans cette église : un petit monument élevé à la mémoire de Charles le Roy, horloger de Louis XV, mort en 1771, et une ancienne bannière représentant saint Maurice et sainte Geneviève (ils sont aussi figurés sur le vitrail du chœur), dont quelques reliques sont conservées dans la sacristie.

Les *gâteaux* de Nanterre ont dû leur origine aux pèlerinages continuels qui avaient lieu autrefois à la chapelle de Sainte-Geneviève. Il s'en vendait, il y a quelques années, pour 500,000 fr. par an.

Le couronnement d'une *rosière* a lieu tous les ans, le jour de la Pentecôte, avec une grande pompe et au milieu d'un immense concours de curieux accourus de toutes parts, pour assister à cette cérémonie dont l'origine remonte à une époque très reculée.

Le bourg de Nanterre a été fortifié ; on voit encore çà et là quelques débris de ses anciennes murailles, remplacées de nos jours par des boulevards.

De 1875 à 1877 a été construite, près de Nanterre, au lieu dit *la Nouvelle-France*, une vaste *maison de répression* « pouvant contenir 1,500 détenus des deux sexes condamnés à des peines correctionnelles légères, des mendiants libérés, des individus surveillés et des individus en hospitalité. »

De Nanterre on peut monter, en 30 min. au Mont-Valérien (*V.* p. 6).

La route de terre qui relie Nanterre à Rueil (2 kil.) longe la base du Mont-Valérien. On aperçoit : à g., des coteaux couverts de vignes, sur l'un desquels s'élève un moulin à vent pittoresque ; devant soi, le clocher de Rueil, les collines boisées qui dominent Marly et Bougival ; enfin, le gigantesque aqueduc de Marly.

Entre Nanterre et Rueil le chemin de fer passe du départ. de la Seine dans celui de Seine-et-Oise et se rapproche de la Seine.

3ᵉ STATION. — RUEIL.

14 kil. de la rue Saint-Lazare, 6 kil. de Saint-Germain. — Le village est à : 1 kil. de la station, 13 kil. 500 mèt. de Paris, 2 kil. de Nanterre (les deux églises), 1 kil. de la Malmaison, 2 kil. de la Jonchère, 3 kil. 1/2 de Bougival, 8 kil. de Marly, 11 kil. de Versailles, 5 kil. 3/4 de Garches, 7 kil. de Saint-Cloud.

Rueil *, V. de 8,216 hab., est situé au pied d'une colline plantée de vignes, sur la route de Paris à Saint-Germain, à 1 kil. de sa station.

Suivant Grégoire de Tours, Rueil fut un des lieux de plaisance des rois de la première race : il s'appelait alors *Rotolajum*. Childebert Iᵉʳ, fils de Clovis, est le premier des rois francs dont les chroniques constatent le séjour à Rueil. Sous Charles le Chauve la châtellenie de Rueil passa en la possession des moines de Saint-Denis qui la gardèrent pendant de longues années. Rueil, incendié par le prince Noir, en 1346, répara lentement les traces de ce désastre, et ce n'était guère qu'un village sans importance, lorsque Richelieu s'y fit construire un château entouré de fossés profonds et d'un parc immense. Le célèbre P. Joseph mourut dans ce château, le 18 décembre 1638. Richelieu légua à la duchesse d'Aiguillon, sa nièce, la propriété de Rueil, qui excita un moment la convoitise de Louis XIV. Le château fut vendu par un des héritiers de la duchesse d'Aiguillon à un spéculateur qui le dépeça. En 1793, la nation s'empara de ces derniers débris ; plus tard, M. Masséna l'acheta pour le rétablir. Il n'en reste aujourd'hui aucun vestige.

Le 3 avril 1871, les insurgés parisiens se jetèrent sur la route de Rueil, au nombre de 30,000 environ, commandés par Flourens et Duval. Ils furent d'abord ébranlés par l'artillerie du Mont-Valérien, sur le silence de laquelle ils avaient compté, croyant la garnison secrètement dévouée à leur cause. Ils parvinrent cependant à occuper la ville de Rueil et même à s'avancer jusqu'à la Malmaison ; mais, voyant que l'armée de la République opérait pour les envelopper, « ils quittèrent Rueil au plus vite, traversèrent Nanterre à la débandade, puis, n'osant plus passer à portée du Mont-Valérien, dont ils venaient d'éprouver les intentions véritables, il traversèrent la plaine en s'abritant derrière le remblai du chemin de fer, et rentrèrent enfin dans Paris par le pont d'Asnières. » Flourens, surpris dans une maison de Nanterre, fut tué au moment où il se mettait en défense.

Au milieu de la place principale de Rueil, s'élève l'**église**, dont la première pierre fut posée, en 1584, par Antoine Iᵉʳ, roi de Portugal, et ses fils, exilés de leur pays. Entièrement démolie sous le règne de Napoléon III, elle a été rebâtie sur le même plan par M. Lacroix, architecte de l'empereur. La nef, flanquée de bas-côtés, et le chœur, beaux spécimens de la Renaissance, ont été rétablis dans l'état ancien. Le transsept offre le style de la fin du XIVᵉ s., et le clocher, placé au centre, appartient au style roman. Cette belle tour est composée de deux étages : le premier est carré et percé sur chaque face de deux fenêtres séparées par un contrefort ; le second, octogonal, est couronné d'une flèche en ardoises. La façade occidentale, semblable à l'ancienne, qui avait été bâtie par Lemercier, offre les deux ordres dorique et ionique dans ses pilastres superposés. Deux portes latérales s'ouvrent de chaque côté de la nef, près du transsept. Celle du N. porte les dates de 1603 et 1837. Les tombeaux de l'impératrice Joséphine, du comte Tascher de la Pagerie, de la reine Hortense (dans le caveau) et un monument élevé en l'honneur de cette dernière princesse ornent l'église de Rueil. Le *tombeau de Joséphine* (à dr. du maître-autel), tout entier en marbre blanc, est l'œuvre de Gilet et de Dubuc. Il a été élevé en 1825, aux frais d'Eugène et d'Hortense Beauharnais. La *statue* de l'impératrice, en marbre de Carrare, a été sculptée par Cartellier. Joséphine est représentée en costume de cour, agenouillée sur un carreau, près d'un prie-Dieu.

A côté de ce tombeau se voit celui du comte Tascher de la Pagerie. Ce dernier a la forme d'un tombeau antique, au moins telle qu'on l'entendait sous la Restauration ; il n'offre, du reste, rien de remarquable.

Le *monument* élevé par Napoléon III en l'honneur de sa mère, a été placé dans le chœur, à g. du maître-autel. Ce monument, œuvre du sculpteur Bar, ressemble beaucoup au tombeau de l'impératrice Joséphine. Il est aussi en marbre de Carrare. La *statue* de la reine est agenouillée sur un coussin, dans l'attitude de la douleur et de la prière. Elle a perdu son rang et sa couronne et se jette dans les bras de la religion. Son ange gardien (belle statue en marbre blanc) plane au-dessus de sa tête et tient ses mains levées comme pour la bénir. Au-dessous de ce monument s'ouvre un petit *caveau* construit dans le style roman (s'adresser au sacristain, qui demeure au S. de l'église, derrière le chœur ; pourboire) ; on y descend par un escalier pratiqué à g. du maître-autel. C'est là que reposent les restes de la reine Hortense, dans un tombeau formé d'une immense pierre toute couverte de sculptures (abeilles dorées, branches de palmiers, guirlandes de lierre).

Le beau **buffet d'orgues**, richement sculpté, peint et doré, porte cette inscription :

OUVRAGE DU SCULPTEUR FLORENTIN BACCHIO D'AGNOLO, EXÉCUTÉ A LA FIN DU XVe S. POUR L'ÉGLISE SAINTE-MARIE-NOUVELLE DE FLORENCE, ACQUIS EN MDCCCLXIII ET DONNÉ A L'ÉGLISE DE RUEIL PAR L'EMPEREUR NAPOLÉON III.

Signalons, en outre : le bas-relief en bronze doré (le Christ au tombeau) qui orne le devant du maître-autel et qui provient de la chapelle de la Malmaison ; un bon tableau (*l'Assomption*), dans la chapelle de la Vierge et une jolie chaire sculptée ; un *bénitier* du XIIe s. supporté par trois têtes, dont une est coiffée d'une mitre et les deux autres de couronnes.

Rueil possède une belle *caserne* (fronton sculpté) dont la façade monumentale est précédée d'une cour devant laquelle s'étend une place plantée d'arbres.

Pour Saint-Cucufa, Bougival, la Celle-Saint-Cloud, Louveciennes, Port-Marly, la machine de Marly, Marly-le-Roi, etc., V. ci-dessous : *De Paris à Bougival, Marly et Port-Marly*.

A peine s'est-on éloigné de la station de Rueil que l'on aperçoit, à dr., le village de Chatou ; à g., la vue s'étend plus librement sur les charmants coteaux de Bougival, de Louveciennes et de Marly ; on franchit la Seine et une petite île, qui la divise en deux bras, un peu au-dessous du pont de la route de terre.

4e STATION. — CHATOU.

1 kil. de Rueil, 15 kil. de la gare de Paris, 5 kil. de celle de Saint-Germain, 3 kil. du Pecq, 1 kil. 1/2 de Croissy, 2 kil. de Montesson, 2 kil. de Carrières.

Chatou[*] (2,284 hab.), situé sur la rive dr. de la Seine, communique avec la rive g. par un pont de pierre, qui traverse deux bras de la Seine, à l'extrémité d'une grande île.

Le 26 février 1848, le pont du chemin de fer fut incendié en partie par des bandits qui venaient de détruire la station de Rueil, et qui saccagèrent, en outre, la station de Chatou et les bâtiments du chemin de fer atmosphérique. La garde nationale ne fit pas son devoir, malgré l'exemple que lui donna l'adjoint du maire, M. Tranquard. Ces misérables appartenaient tous aux villages traversés autrefois par les grandes routes. C'étaient des cultivateurs et de petits commerçants aisés, qui se vengeaient du préjudice que leur avait causé le chemin de fer. Le gouvernement provisoire s'empressa de faire juger ceux qui avaient été arrêtés le soir même par la garde nationale de Rueil. Les plus coupables furent condamnés à cinq années de travaux forcés ou de réclusion.

Chatou est pour les pêcheurs ce

qu'Asnières est pour les canotiers, leur lieu de prédilection, leur paradis. Il ne s'y prend peut-être pas beaucoup de poissons, mais il s'y jette beaucoup de lignes.

L'*église* de Chatou (chœur du XIII° s.), mutilée pendant le siège de Paris et restaurée, s'élève à l'extrémité du village, au bord de la Seine. Du haut de la tour (XII° s.), ornée de colonnettes et d'arcatures à plein cintre, on découvre une belle vue sur la Seine, Rueil, le Mont-Valérien, Carrières-Saint-Denis et le pont du chemin de fer de Paris à Rouen, près de Bezons. On remarque, à l'inté-

Portail latéral (nord) de l'église de Rueil.

rieur de cette église : deux anges en chêne massif; une ancienne statue de la Vierge; un groupe en carton-pierre (*Notre-Dame-des-Sept-Douleurs*) donné par la reine Amélie, et un monument élevé à la mémoire du duc de Berri.

Le *château*, dit *de la Seigneurie*, construit par Bertin, est entouré d'un beau parc où se voit une grotte dont la voûte est supportée par 18 colonnes et au fond de laquelle jaillissent en cascade les eaux d'une source amenée de plus de 2 kil. De la terrasse qui précède la façade principale du château, on découvre un beau panorama.

Depuis l'établissement du chemin de fer, un grand nombre de maisons de campagne ont été bâties à Chatou, sur de vastes propriétés dépecées. Parmi ces propriétés, on cite surtout celles qui ont appartenu au chancelier Maupeou, à Mme de Crussol, à Casimir Périer, etc. Près du Vésinet, se trouvait *la Faisanderie*, ancien rendez-vous de chasse, qui, avant la Révolution, faisait partie de l'apanage du comte d'Artois.

Une belle allée d'arbres, longeant la Seine qu'elle domine, relie la station de Chatou à **Croissy** (1 kil. env.; omnibus, 20 c.), 1,292 hab., situé sur la rive dr. de la Seine, en face de la Malmaison et des délicieux coteaux de Bougival. La petite *église* de Croissy, à une seule nef, ridiculement peinte, date du XIIIe s. — Parmi les maisons de campagne, on remarque : le *château*, bâti, en 1760 ou 1770, sur l'emplacement d'une habitation plus ancienne ; — *Colifichet*, maison colossale que surmontent, en guise de paratonnerre, deux Cochinchinois gigantesques, et que fit bâtir le marquis d'Aligre ; — le *pavillon Henri IV* ou *pavillon Gabrielle*, qui a appartenu au marquis d'Aligre, etc.

L'abbé de Vertot, qui a été curé de Croissy en 1689, y a composé ses *Révolutions du Portugal*.

Croissy possède une école de charité desservie par des religieuses, et un hôpital qu'il doit à la munificence du marquis d'Aligre ; l'Association rurale du Naz y avait formé un bel établissement pour le lavage des laines de son troupeau de mérinos.

En face de Croissy commence une grande île, longue de près de 5 kil., qui s'étend jusqu'au-dessous de Port-Marly, et qui s'appelle, d'après la carte de l'État-major, l'*Ile de la Chaussée*, l'*Ile Gauthier* et l'*Ile de la Loge*. On lui a donné aussi les noms d'*Ile de Croissy* et d'*Ile d'Aligre*.

Un beau *pont* (péage, 5 c.), inauguré en 1864, et situé à 15 min. de l'église de Croissy, relie Chatou et Croissy à Bougival. Une île le divise en deux parties. Ce pont aboutit à la rue qui monte à l'église de Bougival, et à l'angle de laquelle a été établie la station du chemin de fer américain.

A 2 kil. de Chatou, en remontant la Seine, se trouve, sur les pentes d'une colline escarpée, le v. de **Carrières-Saint-Denis**, 1,193 hab., qui fut fondé du temps de Suger, si, par le mot latin de sa chronique, *Quadraria*, il faut entendre la localité qui nous occupe. On y remarque encore les restes (confondus avec les maisons du village) d'un *château fort* construit au XIIIe s. par les abbés de Saint-Denis, et où Philippe le Bel et Philippe de Valois rendirent plusieurs ordonnances. L'*église* (1700) renferme un curieux **retable**, bien conservé, du XIIe s. (le plus ancien que l'on connaisse), taillé dans trois morceaux de pierre de liais, et représentant, au centre, la Vierge avec l'Enfant Jésus ; à g., l'Annonciation ; à dr., le Baptême du Sauveur (*V.* le tome VIII du *Dictionnaire d'architecture* de M. Viollet-le-Duc, p. 36 et 37).

Les *vignobles* voisins de Carrières s'appellent la *Petite Bourgogne*.

[Carrières est à 2 kil. 1/2 de Houilles et à 3 kil. 1/2 de Bezons. (Pour ces deux villages, *V.* ci-dessous.)]

Montesson (des omnibus y conduisent pour 25 et 30 c. de la station de Rueil) est à 2 kil. de Chatou, 2 kil. de Carrières, 4 kil. du Pecq, 5 kil. de Sartrouville. C'est un v. de 1,579 hab., dont l'*église* (1440) renferme un beau *Christ*. La seigneurie a appartenu à la nourrice de Louis XIV, Mme Ancelin ; son chiffre se voit encore sur la porte de la cour de sa maison, remarquable par un balcon en fer.

On entre dans l'ancien **bois du Vésinet**, qui a été vendu par lots.

Ce bois, appelé jadis *forêt d'Échauffour*, était un reste de l'ancienne forêt qui couvrait l'Ile-de-France. Il avait, au XVIIe s., un mauvais renom et passait pour dangereux.

5ᵉ STATION. — LE VÉSINET.

17 kil. de la gare de Paris, 2 kil. de Chatou, 3 kil. de Saint-Germain, 2 kil. 1/2 de Montesson, 8 kil. de Bezons, 1 kil. du Pecq.

Le Vésinet, 1,463 hab., a complétement changé d'aspect depuis quelques années. La Société qui en a acheté le bois y a percé des rues que bordent de nombreuses constructions. L'*église* a été bâtie, à dr. de la station, comme Saint-Eugène de Paris, en fonte et en béton aggloméré (style ogival de fantaisie), et décorée en 1877. Devant la façade s'élève une *fontaine* surmontée d'une statue.

A g. du chemin de fer, à 200 mèt. en deçà de la station, s'ouvre une belle *avenue* longue de 800 mèt., bordée de maisons de campagne et aboutissant à la grille de l'**asile des femmes convalescentes**. Construit en pierres et en briques, par M. Eug. Laval, cet asile se compose d'un

Asile du Vésinet.

vaste bâtiment central, dont les deux ailes sont reliées par des galeries qui forment deux carrés. Le corps de logis principal renferme, au rez-de-chaussée, un vaste réfectoire; au premier, une chapelle et un promenoir; dans l'aile g. sont les pensionnaires. L'aile dr. est affectée aux offices, au logement du personnel administratif, etc. Ce vaste établissement est précédé d'une cour avec jardins et bosquets servant de promenoir aux convalescents.

Une *Société* dite *d'Éducation paternelle* s'est organisée en 1875, au capital de 10 millions, pour établir, dans la partie du bois située entre le Vésinet et Montesson, à 600 mèt. de la station du Vésinet, une « ville écolière. » Cette immense institution comprendrait : 1° de vastes bâtiments destinés à l'étude des sciences et des lettres; 2° une salle de gymnastique, accompagnée d'un manège, d'une salle d'escrime, d'ateliers, de bains et de douches; 3° des jardins pour l'éducation agricole et horticole; 4° de nombreuses « villas écolières » disséminées autour des constructions centrales, et destinées à loger, sous la direction d'un « tuteur, » des « familles » de 15 à 20 élèves chacune. Le but de cette fondation serait ainsi de soustraire les enfants aux inconvénients de l'internat. L'école projetée occuperait une surface d'environ 10 hectares et demi, villas non comprises.

L'*hippodrome* du Vésinet est situé à 1 kil. de l'église (prendre, derrière le chevet, la rue Monseigneur-Mabile, puis son prolongement, la rue du Pont-de-Chatou). La pelouse est établie autour du *Grand-Lac*, au milieu duquel se trouve une île convertie en jardin.

Un *orphelinat* dit *d'Alsace-Lorraine* a été inauguré au Vésinet en décembre 1875.

On peut faire d'agréables promenades dans le bois du Vésinet. L'une des plus fréquentées, après le *Grand-Lac*, est celle du *lac Supérieur*, à dr. de la route de Chatou à Saint-Germain (de larges avenues y conduisent); au bord de ce lac, à l'ombre d'un bouquet d'arbres, se donnent des concerts pendant l'été.

6e STATION. — LE PECQ.

18 kil. de Paris, 1 kil. du Vésinet, 2 kil. de Saint-Germain.— Le village est à 1,200 mèt. de la station, 1 kil. à peine de Saint-Germain, 1 kil. des Tanneries (V. ci-dessous), 2 kil. de Port-Marly.

Le Pecq, 1,569 hab., s'étend sur la pente d'une colline, entre la Seine et Saint-Germain, auquel il se rattache et dont il semble être un faubourg. Le Pecq existait déjà au viie s., sous le nom d'*Aupec* (*Alpicum*, *Alpecum*). En 704, Childebert III donna cette terre à l'abbaye de Fontenelle ou de Saint-Wandrille, qui, au ixe s., en retirait annuellement 350 muids de vin. Il reste encore une partie de ce vignoble, épargnée par les défrichements et les constructions. L'*église* a été reconstruite au xviiie s.

Les rues du Pecq sont tortueuses, escarpées et mal bâties; cependant on y voit de jolies maisons de campagne. Un pont de bois, construit en 1665, renouvelé en 1775, franchissait la Seine vis-à-vis du village; le point où il aboutissait sur l'autre rive est encore signalé par un orme magnifique, dit *orme de Sully*. Ce pont, sur lequel les Prussiens franchirent la Seine en 1815, quelques heures après que Napoléon eut quitté la Malmaison, fut enlevé par les glaces le 28 janvier 1830; il a été remplacé par le beau *pont* de 7 arches construit en aval, vis-à-vis de la route de Paris à Saint-Germain par Chatou, qui traverse la forêt du Vésinet.

La voie ferrée franchit la Seine sur un double *pont*, dont les deux parties sont séparées par un remblai de 16 mèt. élevé sur l'*île de la Corbière*. Au-delà de ce pont commence un *viaduc* courbe, présentant une rampe inclinée de 35 millim. par mèt., et composé de 20 arches, dont la plus haute est à 23 mèt. 50 c. au-dessus du sol. Un énorme remblai, qui succède au viaduc, conduit à un *souterrain* de 305 mèt. passant sous la terrasse de Saint-Germain.

Quand le convoi s'est arrêté dans la gare de Saint-Germain, les voyageurs doivent gravir un escalier qui monte sur la place du Château. Au sortir du bâtiment où se distribuent les billets pour le départ, on trouve des voitures et des omnibus. Si l'on veut aller dans la ville, on laisse le château à g. Désire-t-on au contraire visiter d'abord la terrasse et la forêt, il faut tourner le dos à la ville et laisser le château à dr.

SAINT-GERMAIN-EN-LAYE.

20 kil. de la gare de la rue Saint-Lazare, 2 kil. de la station du Pecq, 3 kil. du bois du Vésinet. 23 kil. de Paris par la route de terre, 5 kil. 1/2 de Chatou, 13 kil. de Versailles, 2 kil. de Port-Marly, 4 kil. de Marly-le-Roi, 3 kil. de Fourqueux, 3 kil. de Mareil, 4 kil. 1/2 de Chambourcy, 5 kil. 1/2 de Poissy,

Viaduc de Saint-Germain.

7 kil. de Maisons, 3 kil. de Carrières, 5 kil. du Mesnil, 11 kil. de Conflans, 20 kil. de Pontoise.

Situation. — Histoire.

Saint-Germain*, ch.-l. de c. (arr. de Versailles), V. de 17,499 hab., est située sur un coteau de la rive g. de la Seine, à 84 mèt. d'alt. (le fleuve est à 25). De beaux quartiers neufs se sont élevés entre le château et le pavillon d'Henri IV, ainsi que sur la lisière de la forêt. La *rue* principale, dite *de Paris*, part du rond-point, appelé *place Royale*, auquel aboutissent, d'un côté, l'ancienne route de Paris à Saint-Germain et les rampes qui montent du Pecq, et de l'autre, l'*avenue du Boulingrin*, qui vient du *Parterre*.

Aux premiers âges de notre histoire, tout ce territoire était couvert par une antique forêt, dans laquelle quelques moines portèrent les premiers la hache. Mais on ne dut s'établir que lentement sur un sol privé d'eau. Sous Charlemagne, l'abbaye de Saint-Germain des Prés y possédait trois lieues de tour. Au commencement du XIe s., le roi Robert fit construire, sur un emplacement voisin de celui du château actuel, un monastère et une église sous l'invocation de saint Germain. Vers 1021, il éleva un pavillon sur l'emplacement actuel des Loges. La forêt où ces bâtiments étaient situés portait le nom de *Lida*, *Ledia*, *Leia*, et en langue vulgaire *Lée* ou *Laye*, dont l'étymologie est obscure. Au XIIe s., Louis le Gros se fit bâtir un château fort dans le voisinage du monastère. Les rois de France, et saint Louis entre autres, y séjournèrent fréquemment. Le château et le monastère furent en partie incendiés par le prince Noir. Vers 1367, Charles V fit « réédifier notablement le chastel Saint-Germain-en-Laye », qui fut pris, en 1438, par les Anglais, sous la conduite d'un religieux de Nanterre qui avait fait fabriquer de fausses clefs. Le château de Charles V ne pouvait satisfaire aux besoins et aux mœurs du XVIe s. François Ier, trouvant « le lieu plaisant, *feit abattre le viel bâtiment* » (Du Cerceau), en conservant toutefois la Sainte-Chapelle de saint Louis et le donjon, et reconstruisit le tout pour y loger la cour brillante dont il s'entoura. Les bâtiments de l'ancien prieuré devinrent des dépendances du château. Il fit aussi bâtir le château de *la Muette* dans le nord de la forêt. La plupart de ses enfants naquirent à Saint-Germain.

La première année du règne d'Henri II, un duel célèbre entre François Vivonne de la Châtaigneraie et Guy-Chabot de Jarnac, eut lieu, le 10 juillet 1547, en présence de toute la cour, en avant et à l'E. du château.

Le vieux château de François Ier offrait encore l'aspect d'une forteresse. Henri II voulut avoir une résidence royale plus moderne et fit commencer le *château neuf*, sur le bord de la colline, au-dessus de la Seine, vers laquelle les jardins descendaient en terrasses soutenues par de coûteuses maçonneries. Sous ces terrasses avaient été ménagées des grottes garnies de coquillages et de figures se jouant au milieu des eaux, qui furent une des merveilles du temps. Les travaux ne furent sérieusement continués que sous Henri IV, qui les termina. Il habita exclusivement ce château, ainsi que son successeur.

Sous Henri IV et sous Louis XIII, Saint-Germain commença, grâce aux séjours de la cour, à devenir une ville. Le château fut délaissé pendant quelque temps par Anne d'Autriche et par son fils, qui s'y étaient retirés pendant les troubles de la Fronde, puis habité par Henriette, veuve de Charles Ier d'Angleterre.

A partir de 1661, Louis XIV fit de fréquents séjours au château de Saint-Germain et dépensa 6,455,562 livres pour l'embellir à sa façon. Il résida au château vieux, l'état de délabrement du château neuf l'ayant rendu inhabitable. Vers 1680, Saint-Germain fut abandonné pour Versailles; et cette ville devint un lieu de retraite pour les anciens serviteurs de la cour et pour des rentiers. Louis XIV revint cependant plusieurs fois à Saint-Germain et fit commencer au château vieux de nouveaux pavillons, qui, heureusement, ne furent pas terminés. Après la révolution d'Angleterre de 1688, le roi Jacques II trouva dans le vieux château une noble hospitalité, offerte par Louis XIV. Jacques II y mourut en 1701, et Marie d'Este, sa seconde femme, en 1718.

Le palais de Saint-Germain, délaissé par Louis XV et Louis XVI, servit d'école de cavalerie sous l'Empire, de caserne sous la Restauration, et, plus tard, de pénitencier; Napoléon III en fit un musée.

Château de Saint-Germain, restauré par M. Millet.

Édifices publics.

L'église date de 1825. Le portique, soutenu par six colonnes doriques, porte un fronton dont le tympan a été sculpté par Ramey fils. Autour de la nef et du chœur règne une ordonnance de vingt colonnes ioniques. La chaire fut donnée par Louis XIV en 1681. Dans la première chapelle de droite est un mausolée, élevé, aux frais de la reine Victoria, à la mémoire de Jacques II. On remarque surtout, à l'intérieur, des peintures à fresque par M. Amaury Duval. — L'*hôpital* renferme 220 lits, dont 45 pour militaires. De beaux *quartiers de cavalerie* bordent la route de Paris.

Le **château** a subi une restauration complète, dirigée par M. Eug. Millet, et qui coûtera 5 à 6 millions. L'habile architecte a rétabli le château comme il était sous François Ier. S'il a conservé la grosse tour de Charles V, il a fait démolir les pavillons d'angle construits sous Louis XIV et terminés vers 1680. La belle *chapelle* de Saint-Louis, plus ancienne que la Sainte-Chapelle de Paris (1240 envir.) et remarquable par la disposition de ses fenêtres carrées, a été remise, de 1868 à 1877, dans son état primitif. M. Millet a retrouvé la belle rose que le génie militaire avait fait boucher avec des moellons. Le château restauré de Saint-Germain renferme un musée d'antiquités nationales (*V*. ci-dessous).

M. Millet a rétabli dans sa forme primitive l'ancien parterre, qui n'était plus dans l'axe du château, et a fait disparaître l'espèce de petite terrasse qui, de la place du château, empêchait de voir l'extrémité de la grande terrasse.

Le **château neuf**, construit par Henri IV, n'était éloigné du château vieux que d'environ 400 mèt. Des écrivains du temps nous ont conservé la description de ses merveilles, de ses terrasses, de ses grottes, de ses statues, de ses jeux hydrauliques, etc. Il n'en reste plus aujourd'hui que quelques murs de terrasse et le *pavillon Henri IV* (mon. hist.), qui était autrefois la chapelle et où fut ondoyé Louis XIV (il forme actuellement une des salles du restaurant tenu par M. Barbotte) ; c'est là que M. Thiers est mort subitement le 3 septembre 1877.

Le **musée de Saint-Germain** n'est pas seulement destiné à recueillir des objets gallo-romains ; il renferme, classés chronologiquement, les types des objets d'art et d'industrie que chaque époque a produits depuis les temps préhistoriques les plus reculés jusqu'aux Carlovingiens, et sera le musée des antiquités nationales, authentiquement constatées. Il a été organisé et classé, pour les temps préhistoriques, par M. G. de Mortillet, et pour les temps historiques, par M. Al. Bertrand.

Les galeries du musée actuellement ouvertes sont visibles les dimanches, mardis et jeudis, de 11 h. 1/2 à 5 h. en été, jusqu'à 4 h. du mois d'avril au mois de septembre. Les mercredis, vendredis et samedis sont réservés à l'étude. On n'est admis ces jours-là qu'avec une carte délivrée par l'administration. Les salles sont ouvertes, pour l'étude, à 10 h. 1/2. Le lundi, le musée reste fermé.

Rez-de-chaussée. — Le rez-de-chaussée renferme les salles consacrées aux grands moulages, aux reconstitutions de machines de guerre romaines et aux grosses pièces de diverses époques qui n'ont pu trouver place ailleurs.

Vestibule (non restauré). — A dr., cabinet des gardiens de service. Entrée du musée par une petite porte à g., les jours de pluie ; quand il fait beau temps, on entre par la cour.

Salle 1. — Moulages des médaillons et de deux des grands bas-reliefs de l'*Arc de Constantin*, originairement *de Trajan* (sacrifices à divers dieux ; scènes de chasse ; Parthenaspates reconnu roi des Parthes par Trajan ; retour de Trajan de la guerre de Dacie). — Moulages de deux stèles étrusques provenant du cimetière de la Certosa, près de Bologne.

Salle II. — Suite des grands bas-reliefs de l'Arc de Constantin (Trajan chez les Daces; il ordonne la continuation de la voie Appienne; apprend que Décébale a voulu le faire assassiner; fait distribuer des vivres au peuple; supplié par le roi d'Arménie de lui rendre sa couronne; haranguant les cohortes; offrant en sacrifice un bœuf, un porc et une brebis, etc.). — Moulage de la statue d'Auguste trouvée dans la villa de Livie, en 1863. — Modèles de catapultes et d'une machine de guerre appelée *onagre*. — Tombeau protoétrusque de Golasecca, près des bords du Tessin (original). — Tombe gallo-germanique d'Alsace (original). — Polissoir de l'époque de la pierre (original). — Pirogue creusée dans un tronc de chêne, trouvée dans la Seine (original). — Pompe romaine (original), etc.

Salle III (au-delà de l'escalier). — Moulages d'un trophée militaire et d'un trophée de marine de l'*Arc d'Orange*.

Salle IV. — Grands trophées, bas-reliefs et inscription de l'Arc d'Orange (moulages). — Mosaïque romaine d'Autun (original).

Fossés. — De cette salle, un couloir et un escalier permettent de descendre dans les fossés, promenade contenant, au pied

Pavillon d'Henri IV, à Saint-Germain.

de la tour de Charles V, le dolmen, ou allée couverte, de Conflans-Sainte-Honorine. — Dans les murs d'enceinte, au milieu de la verdure, des arcades contiennent des inscriptions et sculptures, parmi lesquelles on remarque tout ce qui reste du monument de la Turbie (tour d'Auguste), près de Monaco.

Statue colossale d'Apollon provenant des ruines gallo-romaines d'Entrains (Nièvre). — Sarcophages.

On revient par les salles IV et III au Grand escalier, ancien escalier d'honneur du temps de François Ier (architecture très-élégante). — Pierres sépulcrales portant des inscriptions latines. — Autel (original) à Bélus, avec une double inscription latine et grecque, rappelant la prédiction, faite à une dame romaine, qu'elle deviendrait impératrice.

Entre-sol. — L'entre-sol est consacré à tout ce qui concerne l'épigraphie et la statuaire.

Salles I, II, V. — Ces salles, les deux premières à dr., la dernière à g. de l'escalier, renferment de nombreux documents, moulages et originaux, destinés à reconstituer la mythologie et l'état civil gaulois. — Autels à la déesse Lahé, au dieu Sex Arbor, au dieu Léhérenn, au dieu Edelat, etc. — Moulage de la statue d'un Gaulois, malheureusement très-mutilée. — Bas-reliefs de l'oppidum d'Entremont, près d'Aix (Bouches-du-Rhône), paraissant être les plus anciens spécimens de l'art gaulois. — Pierres tombales relatives à divers corps d'état et représentant, l'une un fabricant de cuirs, l'autre un architecte, celle-ci un verrier, celle-là un débitant de boissons, etc. — Moulages des autels gaulois trouvés en 1711 dans les fouilles faites à Notre-Dame et qui sont conservés au musée de Cluny. — Moulages de toutes les inscriptions gauloises connues. — Séries de bornes milliaires. — Belle reproduction galvanoplastique des tables de Claude dont l'original se trouve au musée de Lyon. — Nombreuse série de stèles et inscriptions originaux), provenant de Vaison (Vaucluse). — Curieux tricéphale, trouvé dans le département de la Marne (original). — Autel chrétien du IVe s. (original).

Salle III. — Histoire naturelle archéologique. — Roches employées à l'âge de la pierre. — Taille actuelle du silex (pierre à fusil). — Plantes et animaux des diverses époques archéologiques.

Salle IV. — Dans la tour de Charles V, réunion provisoire d'une série d'objets de l'époque mérovingienne ; fibules très-variées, anneaux de suspensions, boucles d'oreilles, styles, colliers, et, comme armes (boucles de ceinturons du plus beau travail), curieux spécimens d'angons, de franciques et de scramasax.

1er étage. — Les trois premières salles du 1er étage, à dr. de l'escalier, définitivement installées, sont, à proprement parler, le commencement du musée.

Salle I. — Cette salle, dont la cheminée est ornée des bustes de MM. Boucher de Perthes et Lartet, est consacrée aux quatre subdivisions que M. de Mortillet a établies dans la période paléolithique ou âge de la pierre simplement taillée ; elle contient même des échantillons de tout ce que l'on connaît de l'époque tertiaire. — La première moitié est consacrée aux objets retirés des alluvions quaternaires, ou se rapportant à cette époque géologique. — Au centre de la salle, une grande vitrine contient les échantillons les plus remarquables de la faune contemporaine de l'homme quaternaire. — Sur cette vitrine est posée une magnifique tête de cerf mégacéros (à grandes cornes), dont les bois n'ont pas moins de 2 mèt. 60 c. d'envergure. — L'autre moitié contient des découvertes faites dans les cavernes. Plusieurs vitrines renferment de remarquables dessins sur bois de renne. — Le fond de la salle est occupé par une grande vitrine où sont exposés de magnifiques échantillons de l'âge de la pierre polie du Danemark. Au-dessus de cette vitrine se trouve une belle *carte* murale des temps paléolithiques, en Gaule.

Salle II. — Cette salle, dont la cheminée porte le buste de M. Henri Christy, est consacrée à la période néolithique ou de la pierre polie. On y voit des reproductions modelées, au vingtième de leur grandeur, de quelques-uns de nos menhirs, dolmens et allées couvertes. — Quelques objets trouvés dans ces monuments primitifs sont aussi exposés dans la vitrine centrale. — Dans la vitrine du fond se trouve développée méthodiquement toute l'industrie de cette époque et dans la vitrine, contre la cheminée, des collections montrent qu'en Italie, en Grèce, en Égypte, l'industrie de la pierre a précédé toutes les civilisations.

Salle III. — Reproduction au vingtième du tumulus de Gavr'Inis, dont tous les montants, couverts de sculptures, ont été reproduits par le moulage et garnissent le pourtour de la salle. — Dans le coin, à dr., près de la fenêtre, sont les objets en pierre de la dernière époque, déjà contemporains de l'arrivée du bronze.

Une *salle d'étude*, qui s'ouvre dans la salle III, renferme une bibliothèque de près de 6,000 volumes et brochures.

Salle de Mars, ou grande *salle des Fêtes* (non restaurée), avec une très-remarquable cheminée, destinée à contenir plus tard tous les termes de comparaison (archéologie préhistorique étrangère et ethnographie). — Moulages des sculptures du mausolée de Saint-Remy (Bouches-du-Rhône). — Collection (la plus belle qui existe) de *céramique romaine* (2,000 pièces). — Collection de clefs et de serrurerie romaine. — Collection de fibules gallo-romaines. — Diverses sépultures romaines. — Collection ethnographique (pièces intéressantes). — Légionnaire romain, armé du pilum (reconstitution de grandeur naturelle ; statue par Frémiet ; costume par de Reffye). — Deux statuettes, en bronze, de gladiateurs, par Guillemin (1872).

De la salle de Mars, on rentre dans la salle de Gavr'Inis, à l'angle de laquelle un escalier tournant conduit au 2e étage.

Salle de la Conquête (à g. de l'escalier d'honneur). — Beaux plans en relief : d'Alise-Sainte-Reine, dans la Côte-d'Or (exécuté par M. Abel Maitre) ; des travaux de défense du camp de César devant Alésia ; du pont jeté sur le Rhin par les soldats de César, etc. — Collection d'armes et de monnaies trouvées à Alise-Sainte-Reine (Côte-d'Or). — Reconstitution du pilum et du javelot romain. — Chaussure de soldat romain, trouvée sur les bords du Rhin. — Plans de camps romains et de travaux d'attaque (*Uxellodunum*, *Avaricum*).

Salle de l'Épigraphie. — Cette salle est plutôt un couloir, contenant, dans un meuble spécial, une belle collection des inscriptions romaines de la Gaule, relevées par le général Creuly.

2ᵉ étage. — Salle des Lacustres. — Cette salle, la première qu'on rencontre en montant par le petit escalier tournant, est la suite naturelle et chronologique de Gavr'Inis. Elle contient les habitations lacustres de l'âge de la pierre. Là on trouve, à côté d'instruments en pierre, des étoffes en écorce et en lin, et des échantillons de nos principales céréales déjà connues de ces antiques populations. — Excellente *carte de la Gaule* depuis les temps les plus reculés jusqu'à la conquête romaine. Cette carte, qui a été publiée par la Commission des Gaules, indique tous les endroits où ont été découverts des dolmens, des menhirs, etc.

A g. de cette salle est la salle du Trésor, autrefois la salle des Archives.

Salle du Trésor. — Cette salle contient les monnaies gauloises, les bijoux d'or et d'argent, les statuettes de bronze et la verrerie de l'époque romaine. — *Enseigne gauloise* (à g. en entrant) formée d'un *sanglier* de bronze au sommet d'une hampe. — Série de bijoux d'or américains provenant de la Colombie et renfermés dans une vitrine au-dessus de laquelle se voient les ex-voto en argent trouvés à Vichy. Statuettes gallo-romaines, parmi lesquelles on remarque une belle série du *Dis pater*, dieu supérieur portant le costume gaulois. — Beau vase d'Alise en argent ciselé. — *Monnaies :* La série de monnaies gauloises est la plus belle après celle de la Bibliothèque nationale de Paris. La série de monnaies romaines ne comprend que les monnaies d'empereurs romains frappées en Gaule ou rappelant un fait se rapportant au pays. La troisième série est celle des monnaies mérovingiennes. — Deux tableaux représentent : l'un, le camp de César près d'Aps, l'autre (par Pinguilly l'Haridon), un questeur romain requérant le passage d'une rivière.

Salle du Bronze (au-delà de la salle des Lacustres). — Cette salle renferme des objets en bronze, dont quelques-uns d'un travail très-remarquable, et une belle série des stations lacustres du lac du Bourget, dont on voit la reproduction peinte au-dessus de la vitrine. — La vitrine centrale est consacrée entièrement à une seule découverte (types de l'âge du bronze) faite à Larnaud (Jura). — Très-belles séries de bronzes hongrois et de vases de Golasecca (Italie).

Salle des Tumulus. — Elle succède à celle du Bronze et contient encore une partie de l'industrie de cet âge. Pourtant, elle est plus spécialement consacrée à la première époque du fer. — Nombreux tumulus, entre autres celui de Magny-Lambert ; casque trouvé dans la Seine ; casque et cuirasse trouvés dans la Saône ; série de vases étrusques ; deux grandes trompettes que les Danois rapportent à l'époque du bronze.

Salle Gauloise (à g. de l'escalier d'honneur). — Elle contient la civilisation gauloise d'avant la conquête, dont les principaux éléments sont tirés des cimetières gaulois du département de la Marne. — Des épées de fer, des torques dont plusieurs en or, quatre cents vases donnent une idée complète de la civilisation de cette époque. On remarque aussi les débris de plusieurs chars gaulois, une reproduction de forme gauloise, et la réduction d'un mur gaulois construit suivant la méthode décrite par César (en pierre sèche, consolidé par un clayonnage en poutres), et retrouvé presque intact à Murcens (Lot). Une tombe de grandeur naturelle fait voir quelle était la disposition du squelette et des objets dans les sépultures de cette période.

De cette salle, on descend par le grand escalier. Entre le 2ᵉ et le 1ᵉʳ étage se trouve une loge où deux cavaliers, en bronze, par Frémiet, représentent un cavalier romain et un cavalier gaulois, armés de toutes pièces.

Si l'on veut étudier le musée dans l'ordre chronologique, il faut commencer par les premières salles, nᵒˢ I, II et III, monter le petit escalier tournant, suivre les salles des Lacustres, du Bronze, des Tumulus, passer par la salle Gauloise, redescendre à la salle de la Conquête, visiter ensuite la salle de Mars, la salle du Trésor, parcourir l'entre-sol et finir par la salle mérovingienne de la tour de Charles V, à l'entre-sol.

Le **parterre**, qui a trois grilles sur la ville et deux sur la forêt, a été replanté en partie en 1676, sur les dessins de Le Nôtre, modifié en 1750 et réduit, en 1847, pour l'établissement de la gare du chemin de fer. En revanche, 3 hect. de la forêt, convertis en jardin anglais, y ont été ajoutés. Des quinconces de tilleuls, encadrés par quatre avenues de marronniers, offrent d'agréables ombrages. En outre, l'avenue principale, que continue l'avenue des Loges, a été rétablie par M. Millet. Près de la terrasse s'élève une statue en pierre de *Vercingétorix*, copie réduite de celle d'Alise-Sainte-Reine.

La **terrasse** de Saint-Germain est une des plus magnifiques promenades qui existent en Europe pour l'étendue du parcours et du point de vue. Elle fut construite par Le Nôtre en 1672. Elle a 2,400 mèt. de longueur et 30 mèt. de largeur. Soutenue par un mur élevé, avec cordon et tablette de pierre, elle s'étend depuis le pavillon Henri IV jusqu'à un large bastion sur lequel s'ouvre la *grille Royale,* qui mène dans la forêt. Elle a été plantée d'une ligne de tilleuls en 1745. On y découvre un vaste panorama depuis le château de Maisons, sur la g., jusqu'à l'aqueduc de Marly sur les hauteurs de Louveciennes, à dr.

Au-dessous de la terrasse, non loin du pavillon Henri IV, on aperçoit le *monument funéraire* du compositeur Félicien David, situé dans le nouveau cimetière du Pecq. Ce monument, élevé par souscription, est l'œuvre de MM. Eug. Millet et Michel Chapu. L'escalier qui descend au Pecq y conduit en quelques minutes.

La forêt. — Les Loges.

La **forêt** de Saint-Germain s'étend sur un espace entouré, comme une sorte de presqu'île, à l'E., au N. et à l'O., par un des méandres de la Seine, qui ne la laisse ouverte que dans la portion comprise entre Saint-Germain et Poissy. Sa superficie est de près de 4,400 hect. Ses routes et ses allées sont régulièrement percées. On évalue leur longueur à 380 lieues. François Ier contribua à l'embellissement de cette forêt. Louis XIV l'agrandit et la fit percer de nouvelles routes de chasse. En 1737, on démolit les murs dont François Ier avait entouré un parc réservé autour du château, et les matériaux servirent à la construction du mur du clôture qui longe la terrasse. On acheva, en 1806, de clore la forêt, du côté de Poissy et de Conflans. La place de capitaine des chasses de Saint-Germain fut toujours occupée par des personnes de la première qualité : des Montmorency, des Saint-Simon, des Richelieu ; par le maréchal de Noailles, avec survivance pour le duc d'Ayen, son fils, etc. On comprend ainsi comment il se fait qu'on retrouve ces noms sur divers points de la forêt.

Parmi les routes principales de la forêt, nous signalerons d'abord celle de Saint-Germain à Poissy, et la belle avenue qui, faisant face au château, va en ligne droite aux Loges. Un peu avant d'arriver aux Loges, une autre belle route (la route de Pontoise) se détache de cette avenue à dr., et, par *l'étoile du chêne Saint-Fiacre*, gagne le *Pavillon* et la *croix de Noailles;* de là, elle se continue à travers la forêt dans le sens de sa longueur, en passant à la *croix de Saint-Simon*, posée en 1745, à la *station* du chemin de fer dite d'Achères, et à la *croix du Maine*, érigée en 1709 en l'honneur du fils légitimé de Louis XIV. Une autre grande *route* (de Poissy à Maisons) traverse la forêt diagonalement dans le sens de sa largeur, en passant à *l'étoile des Amazones*, à la *croix de Berry* et à la *croix de Noailles*. Enfin, nous indiquerons une avenue, la plus droite et la plus longue de la forêt, qui la traverse dans toute sa longueur et conduit de Saint-Germain au pavillon de la Muette. Elle part de *l'étoile des Neuf routes*. On s'y rendra plus facilement aujourd'hui en entrant dans la forêt par la grille du jardin anglais, et en prenant l'allée qui, s'ouvrant en face, mène à *l'étoile du*

Houx. De là on traverse successivement les *étoiles de la Porte verte*, du *Feï*, de la *Patte d'oie*, de la *croix de Berry*, déjà nommée, du *Lude*, du *Chêne capitaine*, le chemin de fer de Rouen, et on atteint l'étoile où est situé le pavillon de la Muette. Cette route se prolonge encore au delà pour aller aboutir au mur de clôture, non loin de la Seine, du côté de Confians.

Les promenades, du reste, se renferment ordinairement dans la limite du chemin de fer de Rouen, et plus communément dans un rayon bien plus restreint encore : dans la partie de la forêt bornée par l'avenue des Loges à l'O., la croix de Noailles au N., le château du Val et la terrasse à l'E. La portion comprise entre l'avenue des Loges et la route de Poissy est moins fréquentée.

Forêt de Saint-Germain. — Les Loges.

Les arbres les plus communs dans la forêt sont : les chênes, les charmes, les ormes et les châtaigniers. En général, ils ne restent sains que jusqu'à 70 ou 90 ans. On ne trouve donc pas ici de ces vieilles futaies qui sont une des beautés de Fontainebleau. Quelques arbres isolés, placés la plupart à des étoiles, ont seuls une apparence séculaire : parmi les plus beaux, citons le chêne situé devant le bâtiment des *Loges*, ceux de l'étoile du Tronchet, de l'étoile de Notre-Dame de Bon-Secours, et le *Gros Chêne*, au coin d'une avenue entre la porte de Chambourcy et la route de Poissy.

Les points les plus remarquables de la forêt sont : le *château du Val*, à dr. de la Grille royale, à l'extrémité de la Terrasse. Cette belle habitation, d'abord simple pavillon de chasse sous Henri IV, rebâtie par Louis XIV sur un nouveau plan, appartient à Mme Fould ; — le *Pavillon de la Muette*, au-delà du chemin de fer de Mantes ; — la *Faisanderie*, à peu de distance de la croix de Saint-Simon ; — enfin (3 kil. N. du château) **les Loges**, ensemble de bâtiments consacrés à une maison d'éducation pour les filles des membres de la Légion d'honneur (succursale de la maison de Saint-Denis, soumise au même régime que la succursale d'Écouen). Cette maison, située au milieu de la forêt et à laquelle aboutit la belle avenue à quatre rangées d'arbres qui part du château, fut une habitation royale au moyen âge. Un seigneur de la cour d'Henri IV s'y retira sous Louis XIII, s'y fit ermite, puis céda son ermitage aux Augustines déchaussées. La **fête des Loges** se célèbre le premier dimanche du mois de septembre. Cette fête, la plus populaire et la plus tumultueuse des environs des Paris, dure trois jours; elle a lieu sur la pelouse qui s'étend devant le bâtiment des Loges.

ENVIRONS DE SAINT-GERMAIN ET DE LA FORÊT

MAREIL-MARLY.

3 kil. du Pecq, 3 kil. de Saint-Germain, 1 kil. de Fourqueux, 2 kil. 1/2 de Marly-le-Roi, 1 kil. 3/4 de l'Étang-la-Ville.

Si l'on monte dans Saint-Germain la rue de Paris jusqu'à l'endroit où la rue du Vieux-Marché lui succède, et si, après avoir pris, à g., *la rue de Mareil*, on tourne à dr. à l'extrémité de cette rue, on descend dans les *fonds de Saint-Germain*, occupés par des jardins maraîchers et des tanneries. En suivant le pavé, on se trouve sur la route de Fourqueux (*V.* plus bas), d'où l'on peut gagner Mareil. Pour aller à ce village, on peut aussi, en partant de Saint-Germain, prendre, à g., au bout de la rue de Mareil, la rue de l'Hôpital, puis, à dr., celle de Sainte-Radegonde et suivre la route qui y mène directement.

Mareil-Marly, 364 hab., est agréablement situé sur le haut d'un plateau, d'où l'on découvre de beaux points de vue, et dont les versants sont couverts de vignobles déjà cités dans la donation de Childebert III (*V.* p. 148). Son *église* (mon. hist.), construite dans le style le plus pur (deux charmants portails et curieuse rose) des XIIe et XIIIe s., a été complétée, en 1876, par une flèche en pierre, analogue à celle de Bougival (*V.* Section VI).

FOURQUEUX.

On va de Saint-Germain à Fourqueux (3 kil.) en 20 min. à pied, depuis l'extrémité de la rue de Mareil. Fourqueux est à 1 kil. de Mareil, et à 1 kil. 1/2 d'Hennemont.

Fourqueux, 359 hab., possédait un château (XVIIe s.) qui a été en grande partie démoli. André Chénier et Lebrun y avaient composé, dit-on, un grand nombre de poésies. Au bout de la longue rue de Fourqueux, s'ouvre une des portes de la forêt de Marly. L'*église*, dominée par un clocher du XVIIIe s. avec pyramide en pierre, date intérieurement du XIIIe s.

Si de la place de la mairie de Fourqueux on prend à dr. un chemin qui descend et longe le mur de l'ancien parc, puis, si l'on contourne l'*enclos du Désert*, on ne tardera pas, en gravissant les petites collines qui s'élèvent de l'autre côté du vallon, à apercevoir Hennemont sur le plateau.

HENNEMONT.

2 kil. 1/2 du château de Saint-Germain, 1 kil. 1/2 de Fourqueux.

Hennemont, situé à 109 mèt., domine les riantes vallées du Petit-Désert, de Saint-Léger et de Fillancourt, les forêts de Saint-Germain et de Marly, et toutes les hauteurs que l'œil peut atteindre à 8 lieues à la ronde. Philippe le Bel donna, en 1289, Hennemont à Pétronille de

Géry, qui, à son tour, en fit présent aux religieux du Val-des-Écoliers. Ceux-ci y établirent un prieuré, lequel, détruit par les Anglais, relevé ensuite, a été aliéné à l'époque de la Révolution. Un grand parc s'étend, sur le haut de la colline, dans une belle situation. Un château a été construit sur cette propriété, par M. Baron, notaire à Paris.

CHAMBOURCY.

14 kil. 1/2 de Saint-Germain, 3 kil. de Fourqueux, 3 kil. de Poissy.

Si, après avoir dépassé l'enclos du Désert (*V.* plus haut), laissant à g. dans le lointain le hameau de *Montaigu*, et à dr., en arrière, Hennemont, dont nous venons de parler, on s'élève par un sentier à mi-côte sur une colline où l'on rejoint la route d'Hennemont à Chambourcy, on a, du haut de ce plateau, une vue étendue, d'un côté, sur les bois de Marly, de l'autre, sur la forêt de Saint-Germain, les coteaux de Montmorency dans le lointain, et, plus en avant à g., les hauteurs de Chanteloup. On ne tarde pas à apercevoir les premières maisons de **Chambourcy**.

Ce village, de 771 hab., nommé autrefois Broucy (*Bruciacum*), remonte au moins au IXe s. Il est formé d'une longue rue, bordée en partie des murs de ses maisons de campagne. Son *église*, sans caractère, passe pour posséder les reliques de sainte Clotilde (la châsse est exposée à la chapelle de g.), dont la fête, célébrée le 1er juillet, attire un immense concours de fidèles. Le territoire est fertile; on y cultive avec succès les légumes et les fruits. Ses belles châtaigneraies sont visitées par un grand nombre de paysagistes.

Prend-on la première rue à dr., après l'église (en venant d'Hennemont), le sentier qui en descend aboutit à la grande route de Mantes, désignée vulgairement sous le nom de route de *Quarante-Sous*. On peut revenir par cette route à Saint-Germain. On peut aussi, en la traversant et en prenant le sentier en face, gagner la porte de la forêt de Saint-Germain, dite *porte de Chambourcy* (10 min. de marche du village). L'allée qui, dans la forêt, fait face à cette porte, mène directement à la route peu éloignée de Saint-Germain à Poissy.

A 1,500 mèt. S.-O. de Chambourcy est situé *Aigremont*, 179 hab. Le nouveau *fort* qui se construit à 3 kil. plus loin porte le nom de ce dernier village.

ACHÈRES.

8 kil. de Saint-Germain, 6 kil. de Maisons, 2 kil. d'Andrésy, 4 kil. 1/2 de Poissy, 4 kil. 1/2 de Conflans.

Achères, 715 hab., est situé à l'O., dans une plaine bordée d'un côté par la forêt de Saint-Germain, de l'autre par la Seine (dans la portion qui s'étend entre le confluent de l'Oise et Poissy). Son *église*, du XIIIe s., a été plusieurs fois restaurée. De Saint-Germain on gagne Achères par l'avenue des Loges, et par une autre allée, qui, s'ouvrant derrière le bâtiment des Loges, va en ligne droite de l'étoile de Saint-Joseph à la porte d'Achères, après avoir croisé le chemin de fer de Paris à Rouen.

MESNIL-LE-ROI.

5 kil. de Saint-Germain, 2 kil. de Maisons.

Mesnil-le-Roi, 720 hab., communément appelé *le Mesnil*, confine aussi, mais à l'E., à la forêt de Saint-Germain. L'*église* fut bâtie en 1587 par un seigneur du village. La plus belle propriété est un parc qui longe la forêt et que M. Hope possédait à l'époque de sa mort. On peut rentrer par la *porte du Mesnil* et revenir par la forêt à Saint-Germain, ou bien suivre la route qui va du Mesnil au village de Carrières. A moitié chemin, entre les villages, sont les bâtiments de *Vaulx*, qui servaient de dépôt pour les équipages de François Ier, quand il habitait le château de la Muette. C'est aujourd'hui une maison de campagne. Un sentier qui remonte de cette localité vers la forêt aboutit à la *porte du buisson Richard*.

CARRIÈRES-SOUS-BOIS.

3 kil. de Saint-Germain, 2 kil. du Mesnil.

Carrières-sous-Bois, long village situé à l'extrémité de la terrasse de Saint-Germain, est habité par des cultivateurs et des ouvriers carriers. On y voit un grand nombre d'ouvertures de carrières fournissant de la pierre à bâtir, et qui s'étendent très-loin sous la forêt. La longue rue tortueuse de ce village vient aboutir à la forêt, près du château du Val (*V.* p. 157). Au-delà de la porte de Carrières, on trouve à g. la *grille Royale,* qui ouvre la terrasse.

(Poissy et Maisons sont décrits ci-dessous, Section IX.)

DE SAINT-GERMAIN A VERSAILLES.

13 kil.

La route de Saint-Germain à Versailles descend la côte de Saint-Germain à l'*Ermitage*, où elle laisse à dr. la route de Saint-Nom par Mareil et Fourqueux. Dans cette première partie du trajet on découvre de jolis points de vue sur le vallon de l'Etang-la-Ville, à l'entrée duquel le château de Grand-Champ attire surtout l'attention, et sur le coteau de vignobles que couronne le village de Mareil. Aux *Tanneries*, en face de la route du Pecq, on laisse à dr. le chemin qui monte par Monte-Cristo à Marly-le-Roi (*V.* ci-dessous); on passe ensuite devant Monte-Cristo, puis à Port-Marly (*V.* p. 172) avant de quitter la route de Paris et de s'éloigner vers la Seine pour gravir au S. une colline d'où l'on découvre une belle vue.

A peu de distance de Port-Marly, la route se bifurque. L'un de ses bras, celui de g., décrit une courbe pour aller longer Voisins et Louveciennes; l'autre, qui est plus direct, passe au bas de Marly-le-Roi, puis au *Cœur-Volant*. Ces deux bras se rejoignent à l'extrémité de l'aqueduc de Marly, en face de la grille Royale, à 166 mèt. au-dessus du niveau de la mer, à 1 kil. 1/2 de Marly-le-Roi, 1 kil. 1/4 de Rocquencourt, 1 kil. de Louveciennes, 7 kil. 1/2 de Versailles[1], 5 kil. 1/2 de Saint-Germain. Monte-Cristo, Marly-le-Roi, Voisins, Louveciennes, etc., sont décrits ci-dessous, Section VIII.

A peine a-t-on dépassé l'ancienne grille Royale, qu'on longe à dr. les *Réservoirs* (un mur les cache à la vue) qui, remplis par l'aqueduc de Marly-le-Roi, alimentent d'eau potable la ville de Versailles et Marly-le-Roi. Ces réservoirs ont 10 mèt. environ de profondeur; leur superficie n'est pas égale. Le plus grand est celui de Marly. Ceux de Versailles, les plus rapprochés de la route, n'ont pas la même étendue. Le plus grand, qui est le plus voisin de la porte d'entrée, a été reconstruit en 1856.

La large route, bordée de grands arbres, atteint son point culminant (176 mèt.) avant de descendre à **Rocquencourt**, v. de 257 hab., dont le magnifique *château,* construit en 1786 par Mme de Provence et jadis possédé par la famille Fould, appartient aujourd'hui à M. Furtado. Rocquencourt a dû son nom à une maison de campagne d'un nommé Roccon (*Rocconis curtis*), l'un des patrices du royaume sous Thierry III, en 678. Ses seigneurs, qui avaient succédé à l'abbaye de Saint-Denis, étaient connus dès le XIIe s.

Le haras de Rocquencourt est une

[1]. Le poteau commet une erreur quand il indique 6 kil., ou du moins il veut parler de l'entrée de Versailles (Étoile du Rendez-Vous).

industrie privée dirigée actuellement par M. Auvray.

Il n'y a pas d'église dans la commune, qui est réunie au Chesnay pour le culte.

Le 1er juillet 1815, le général Excelmans détruisit à Rocquencourt deux régiments prussiens qu'il avait attirés dans une embuscade.

A Rocquencourt, on croise l'ancienne route de Paris à Mantes, déjà indiquée de Saint-Cloud à Vaucresson par Garches et la Marche (*V.* p. 105), et qui traverse la route de la Celle-Saint-Cloud et du Butard à Versailles (*V.* p. 183). A l'O., c'est-à-dire dans la direction opposée, cette route conduit à Saint-Nom (7 kil. 1/2) par *Bailly* (372 hab.), *Noisy-le-Roi* (635 hab.) et *la Tuilerie*, en longeant à dr. les murs de la forêt de Marly, dans lesquels s'ouvrent quelques portes.

Bailly et Noisy-le-Roi sont entourés de jolies maisons de campagne. Ils avaient autrefois des châteaux seigneuriaux, qui ont été remplacés par des habitations modernes. Bailly, dont l'*église* date de 1610 (chœur bâti par Mme de Maintenon ; tableau ancien, *la Cène*) et dont le château appartient à M. Maréchal, possède une féculerie et une distillerie ; il est à 3 kil. de Rocquencourt, 1 kil. de Noisy, 3 kil. de Marly-le-Roi, 5 kil. du château de Versailles.

Le château de Noisy-le-Roi appartient à M. Delafontaine. L'*église* date de 1700 environ. A l'entrée de la forêt de Marly, on voit les restes de l'ancien château, qu'habitait Mme de Maintenon lorsqu'elle conçut le projet de révocation de l'édit de Nantes. Le nouveau *fort* de Noisy-le-Roi, qui date de 1877, est situé à 500 mèt. N. du village, à la lisière de la forêt de Marly. Cet ouvrage de défense est aussi appelé *fort de Marly*.

A 2 kil. S.-O. de Noisy est situé *Rennemoulin*, petite commune de 49 hab., d'où l'on peut se rendre. soit à la station de Villepreux (4 kil). par le village de ce nom, soit à celle de Saint-Cyr (5 kil.), par (2 kil. 1/2) Fontenay-le-Fleury (*V.* Section VI, p. 128).

[Les écriteaux placés à Rocquencourt portent les indications suivantes : le Cœur-Volant, 2 kil. 1/4. — Saint-Germain, 7 kil. 3/4. — Saint-Nom, 7 kil. 1/2. — Vaucresson, 3 kil. 1/2. — Bailly, 3 kil. — Le Chesnay, 1 kil. 3/4. — Versailles, 3 kil. 1/4 (l'Etoile du Rendez-Vous).]

Quand on a dépassé Rocquencourt, on laisse à g. le Chesnay (*V.* ci-dessus). Arrivé à la porte Saint-Antoine (le garde vend des rafraîchissements), on a le choix entre trois chemins si l'on est à pied. Les voitures suivent le boulevard Saint-Antoine et prennent le boulevard du Roi, qui les conduit à l'Étoile du Rendez-Vous, où vient aboutir la route de Bougival (*V.* p. 182-183) ; les piétons peuvent prendre, outre cette route, l'une ou l'autre des deux avenues Saint-Antoine (*V.* le plan de Versailles, n° I). L'une de ces avenues, celle qui continue l'avenue du Chesnay, va aboutir à l'extrémité du grand canal, près du bassin d'Apollon ; l'autre, traversant la plaine Saint-Antoine, mène à la grille de Neptune, située à 1,200 mèt. environ de Saint-Antoine-du-Buisson.

DE SAINT-GERMAIN A POISSY.

5 kil. 1/2.

•

La route, desservie par des omnibus correspondant avec le chemin de fer de Saint-Germain, traverse de l'E. à l'O. la plus grande partie de la ville de Saint-Germain, puis la forêt, au sortir de laquelle on descend à Poissy, dont on aperçoit la belle église paroissiale, dominée par ses deux clochers.

Pour la description de Poissy *V.* ci-dessous, Section IX.

SECTION VIII

DE PARIS A RUEIL, A LA MALMAISON, A BOUGIVAL, A MARLY, ETC.

De Paris à la station de Rueil, *V.* ci-dessus, p. 140-144.

DE RUEIL A LA MALMAISON, A SAINT-CUCUFA, A LA CELLE-SAINT-CLOUD, A BOUGIVAL, A LOUVECIENNES, A PORT-MARLY ET A MARLY, ETC.

Au lieu de suivre la route, trop souvent poudreuse et très-peu intéressante, que parcourt l'omnibus américain, les piétons peuvent gagner Bougival en prenant un charmant sentier qui longe la Seine. Cette agréable promenade ne saurait être trop recommandée.

La rue de Marly, qui s'ouvre vis-à-vis du portail de l'église de Rueil, et ses prolongements le boulevard de la Malmaison et la rue Marie-Christine (prendre à g. à l'extrémité de cette dernière rue), conduisent à la Malmaison. Dans ce trajet, on laisse à g. (à l'angle de la route qui monte à g. par Buzenval à Garches, à dr. à Saint-Cucufa), une propriété appelée *le Boispréau*, dont M. Rodrigues a fait rebâtir la maison d'habitation et replanter le parc. Sous le Consulat, cette propriété appartenait à une vieille demoiselle. Joséphine désirait l'acheter; mais la vieille demoiselle refusa de la vendre, malgré les instances de l'impératrice et même de l'empereur.

La route de Garches conduit de Rueil à la porte Jaune (*V.* p. 130), qui en est à 5 kil. 3/4. Elle manque d'ombrage, mais elle offre des points de vue étendus. Elle laisse à g. la *ferme Fouilleuse*, jadis possédée par Napoléon III, aujourd'hui propriété nationale, et à dr. le château de Buzenval (à M. le duc de Cadore), près duquel eut lieu, le 19 janvier 1871, un des épisodes les plus brillants de la bataille de Montretout, le combat dit de Buzenval, où le peintre Henri Regnault perdit la vie. Un monument a été érigé, en 1872, aux soldats tombés près du château de Buzenval.

De la propriété du Boispréau, 5 min. suffisent pour gagner le **château de la Malmaison**.

Le château de la Malmaison avait, depuis sa fondation, changé bien souvent de propriétaires et était devenu une des plus belles villas des environs de Paris, lorsqu'il fut vendu, en 1792, comme propriété nationale. M. Lecouteux de Canteleu, qui fut depuis sénateur, l'acheta à cette époque; mais, en 1798, il le vendit à Joséphine Beauharnais, qui l'agrandit en l'embellissant. Bonaparte, encore premier consul, venait se délasser à la Malmaison avec une société choisie. Quand il fut devenu empereur, il l'habita plus rarement. Après le divorce, Joséphine conserva la Malmaison, qui demeura sa résidence et dont elle aimait à orner les jardins de toutes sortes de fleurs. En 1814, elle y reçut la visite des souverains alliés. Le 26 mai, elle y fit une promenade en bateau avec l'empereur Alexandre, sur l'étang de Saint-Cucufa. Le soir même une angine gangréneuse se déclara, et trois jours après elle rendait le dernier soupir.

Quand Napoléon eut abdiqué, après avoir perdu la bataille de Waterloo, il se retira à la Malmaison, qui, depuis la mort de Joséphine, appartenait à ses enfants, Eugène et Hortense. Il y revit religieusement maintenus dans l'état où il les avait laissés avant son divorce, les appartements et le parc où s'étaient écoulées en partie les premières années de sa grandeur. Le 25 juin, il adressa à son armée une proclamation que Fouché refusa d'insérer au *Moniteur*. Alors il chargea le duc de Rovigo d'aller activer à Paris l'envoi des passe-ports et des ordres nécessaires à son départ; mais sa pensée variait à chaque instant. « Tantôt, dit M. Ach. de Vaulabelle, il démontrait la nécessité, pour la France et pour lui, de retirer son abdication, de ressaisir son épée; puis on l'entendait faire des plans de retraite et s'arranger une existence de profonde solitude et de repos... » Le 29, il se vit forcé de prendre un parti: les Prussiens s'avançaient sur la rive gauche de la Seine, entre Argenteuil et Chatou. A cinq heures et demie, le général Becker se présenta. « Sire, tout est prêt, » dit-il à Napoléon. L'empereur venait de revêtir un costu-

Monument commémoratif de la bataille de Buzenval.

me de ville (un habit marron); il prit un chapeau rond posé sur un secrétaire, et, précédé du général, traversa le vestibule pour entrer dans le jardin. Son attitude semblait calme. En revanche, les soldats placés sur son passage pleuraient. Arrivé dans le parc, il s'arrêta, pressa dans ses bras la reine Hortense, et embrassa chacune des personnes présentes. Toutes éclataient en sanglots. Lui-même, en ce moment, était profondément ému, et ce n'était qu'au prix de visibles efforts que sa contenance et sa voix restaient fermes. Après avoir fait quelques pas pour s'éloigner, il s'arrêta encore, et recommanda à tous le courage et l'union; puis, attachant un long regard sur sa demeure qu'il quittait pour jamais, sur cette fille d'adoption, sur ces quelques soldats, humbles et fidèles compagnons qu'il ne devait plus revoir, il adressa, de la tête et de la main, un éternel adieu, et s'enonça, à pas rapides, dans une des allées du parc, où l'attendait sa voiture. »

Quelques jours après, les Anglais et les Prussiens pillaient et saccageaient la Malmaison.

Sous la Restauration, le prince Eugène fit revendre les terres que Joséphine avait ajoutées à l'ancien parc de M. Lecouteux. Les arbustes, les plantes rares, la galerie de tableaux, furent vendus ou transportés à Munich. En 1826, un banquier suédois acquit le château et le parc, qu'il conserva jusqu'à sa mort (1842) et qui, après avoir appartenu à la reine Christine, furent rachetés par Napoléon III.

En 1867, à l'occasion de l'Exposition universelle, l'impératrice Eugénie fit exposer dans le château des objets qui avaient appartenu à Napoléon et à sa famille, ou qui avaient orné les appartements, sous le Consulat.

Le 21 octobre 1870, durant le siège de Paris, le général Ducrot fit une grande reconnaissance dans la direction de la Malmaison et de Bougival. Nos troupes comptaient environ 6,000 hommes d'infanterie, un escadron et 30 pièces d'artillerie, avec une réserve de 4,600 fan-

La Malmaison sous le Consulat.

assins, deux escadrons et 46 pièces. A 1 h. nos pièces étaient en batterie ; pendant 3/4 d'heure elles dirigèrent leur feu sur Buzenval, la Malmaison, la Jonchère et Bougival, puis l'infanterie se porta en avant, tourna la Malmaison, franchit le ravin de Saint-Cucufa et gravit les pentes de la Jonchère. Une partie de nos troupes entra dans le parc de Buzenval et dans les bois de Saint-Cucufa, tandis qu'une autre colonne occupait Montretout et les hauteurs de Garches. Mais ces positions durent être bientôt abandonnées ; à la Jonchère nos soldats furent arrêtés par la fusillade partant de maisons crénelées et des bois voisins ; près de la porte de Longboyau, une batterie perditt son capitaine, dix canonniers, quinzes chevaux et deux pièces ; sur un autre point, quatre compagnies de zouaves, rejetées dans une sorte d'impasse et presque cernées, furent dégagées par un bataillon de mobiles de Seine-et-Marne. Vers 5 h., le général Ducrot ordonna la retraite.

Le mouvement offensif du 21 octobre échoua faute de dispositions prises pour soutenir les colonnes engagées et profiter immédiatement du commencement de succès qu'elles avaient obtenu. La ligne d'investissement était faible sur ce point, et l'ennemi put croire un moment que nous allions arriver à Versailles. Les équipages

La Malmaison en 1870.

du roi de Prusse et d'une partie de l'état-major avaient même, dit-on, commencé à évacuer le quartier général. Les Allemands profitèrent de la leçon, et bientôt ce côté des environs de Paris devint une de leurs positions les plus fortes.

Le château de la Malmaison, endommagé par les projectiles dans la journée du 21 octobre, pillé par les Prussiens, est aujourd'hui converti en caserne et n'offre, ainsi que son parc, presque plus d'intérêt. Il appartenait en dernier lieu au Domaine, qui l'a mis en vente en mars 1877.

Les promeneurs désireux de visiter **l'étang et le bois de Saint-Cucufa** ont le choix entre trois chemins; ils peuvent : — 1° suivre au sortir de Rueil la route de Garches (rue de Versailles), et, à 15 min. de la route de Saint-Germain ou du bureau de l'omnibus américain, ils laisseront cette route à g. (ne pas prendre le premier chemin qui descend à dr.) pour longer le mur de l'ancien parc de la Malmaison, dont ils s'éloigneront pour se diriger au S. (jolie vue) sur le versant oriental du petit vallon qui renferme l'étang de Saint-Cucufa. A 15 minutes de la bifurcation ci-dessus indiquée, ils atteindront la porte du bois, d'où 7 à 8 min. leur suffiront pour monter jusqu'à l'étang; — 2° suivre la route de Garches jusqu'à la route qui conduit à dr. à la *porte de Longboyau* (maison de garde), d'où une bonne route de voitures mène à l'étang; — 3° quitter le chemin de fer américain à la montée de la Jonchère, et prendre le premier chemin qu'ils trouveront à g., le long du mur du parc de la Malmaison. Ce chemin, qui suit les sinuosités du parc, conduit en 30 min. environ à l'étang de Saint-Cucufa.

[De l'étang de Saint-Cucufa, deux belles routes neuves mènent, en 30 ou 40 min., celle de dr., au Butard (*V.* ci-dessous), celle de g., au château de Villeneuve (*V.* p. 104). On peut aller en 15 ou 20 min., par les bois, à la Celle (*V.* ci-dessous); en 30 min., à Garches; en 1 h., à Saint-Cloud (*V.* p. 103 et 104).]

Revenons maintenant sur la route de Paris à Saint-Germain, à l'extrémité du parc de la Malmaison, c'est-à-dire à la montée de la Jonchère. Si, laissant à g. le chemin de Saint-Cucufa, on suit la belle route qui gravit la colline, en longeant à dr. la belle propriété de **la Jonchère**, qui a appartenu à Louis Bonaparte, au comte Bertrand, au fournisseur Ouvrard, au tailleur Staub, etc., on monte en 30 min. à la Celle-Saint-Cloud par la belle route des Bruyères, récemment établie. A mi-côte environ, on laisse à g. *l'avenue de la Jonchère*, et un peu plus loin *l'avenue de l'Étang* que croisent à peu de distance les *avenues des Châtaigniers* et *de l'Impératrice-Joséphine*. Toute la partie du bois comprise entre la route des Bruyères et l'enclos de Saint-Cucufa a été percée d'avenues dont les treillages seront peut-être un jour remplacés par les grilles de jolies villas.

Au-delà de l'avenue de l'Étang, on longe à g. la belle propriété des *Bruyères*, acquise et créée par Napoléon III et appartenant à sa veuve. Le vallon de châtaigniers que l'on traverse est une des plus charmantes curiosités des environs de Paris. On aperçoit à g. un pavillon mauresque (délicieux point de vue). Un peu plus loin, presque en face de la charmante Villa-la-Celle, au-delà du chemin de la Celle-Saint-Cloud, s'ouvre une petite porte qui conduit au pavillon du garde, auquel on peut demander la permission de se promener dans la propriété.

Sur la dr. de la route des Bruyères s'étendent encore quelques belles châtaigneraies. On atteint en 20 min. environ l'embranchement de la Celle qui s'ouvre à dr., et dont le poteau porte les indications suivantes : 2 kil. le Butard; 3 kil. 200 mèt. Vaucresson; 4 kil. le Chesnay; 500 mèt. la Celle

[Si l'on continuait à monter la route des Bruyères en longeant le treillage de l'ancien parc impérial, on verrait à dr. une jolie propriété appelée *la Villa-la-Celle*, puis on ne tarderait pas à atteindre un plateau boisé sur lequel des avenues ont été tracées, des places créées, des grilles posées il y a déjà plusieurs années. Il n'y manque plus que des maisons et des habitants. En traversant ces bois on peut se rendre non-seulement, comme le poteau l'indique, au Butard, à Vaucresson et à Versailles, mais à Saint-Cucufa et à Garches (V. p. 166).

Pour la Celle-Saint-Cloud, V. ci-dessous, p. 181.

Bougival.

Au-delà du chemin de la Jonchère, qu'on laisse à g., commence la commune de Bougival.

BOUGIVAL.

17 kil. de Paris par la route, 3 kil. de Rueil. 6 kil. de Saint-Germain, 2 kil. de Louveciennes, 2 kil. 1/4 de Port-Marly, 4 kil. de Marly-le-Roi, 1 kil. 3/4 de la Celle, 7 kil. de Versailles.

Bougival*, b. de 2,086 hab., est situé sur la route de Paris à Saint-Germain, en partie le long de la rive g. de la Seine, en face de l'île de la

Bougival doit son nom aux cavités qu'y forme l'exploitation de ses carrières de craie ou de pierre tendre : *boi* et *boy* signifiant, dit Lebœuf, des cavités. Sa partie la plus ancienne est le hameau de *la Chaussée*, qui s'appelait autrefois *Charlevanne*. Il en est question dans un diplôme de Louis le Débonnaire. Du reste, son histoire n'offre aucun intérêt. En 1683, ses seigneurs vendirent leur terre à Louis XIV.

Il y a quarante ans, Bougival était peu fréquenté des Parisiens; quelques paysagistes, attirés par la beauté des bords de la Seine et des environs, commencèrent à le faire connaître. Une petite colonie de peintres vint, pendant la belle saison, s'y établir dans une auberge qu'elle faillit rendre célèbre, l'auberge de M. Souvent, sur le quai; elle y trouva non-seulement un abri, mais un atelier et une nourriture saine et abondante, à des prix alors très-modérés. La salle basse de ce restaurant a été décorée de beaux paysages par Corot, Français, Desjobert, Anastasi, Jules Héraut et Ternaute. Aux artistes succédèrent les canotiers, et maintenant le chemin de fer amène chaque dimanche à Bougival un grand nombre de promeneurs.

Bougival possède des carrières de craie et des fabriques de chaux hydraulique et de blanc d'Espagne.

L'**église** (mon. hist.) s'élève, à l'extrémité méridionale du village, dans une position pittoresque, sur une colline exposée à l'O. On y arrive, de ce côté, par des escaliers. La façade est moderne; de la nef (xiiie s.), une seule travée est intacte, avec son triforium et ses œils-de-bœuf. Le chœur est aussi du xiiie s.; mais le beau clocher central, de style roman, remonte, avec sa flèche en pierre et ses clochetons, à la seconde moitié du xiie s. Les fonts baptismaux sont du xvie s.

L'inventeur de la machine de Marly, Rennequin Sualem, mourut à Bougival, dans la plus profonde misère, le 29 juillet 1708, et fut inhumé dans l'église, ainsi que le constate une inscription.

Mlle de Valois, fille légitimée de Louis XIV, fut élevée dans un pavillon sur l'emplacement duquel a été bâtie la maison de M. Biesta. Une logette d'où la jeune princesse pouvait contempler à son aise la belle vallée de la Seine existe encore sur le quai, sous le nom de *Pavillon de Blois*. Odilon Barrot, le docteur Ségalas, Mme Jameson, Mme Staub et M. Seydoux ont possédé à Bougival de jolies maisons de campagne. L'immense et pittoresque parc de M. Seydoux est celui que créa avec tant de sollicitude le vénérable Boissy-d'Anglas et qui fait le sujet principal de son petit poëme intitulé : *Bougival* (voir ses œuvres diverses en 6 vol. in-12).

Un beau *pont*, inauguré en 1864, et jeté sur les deux bras de la Seine, relie Bougival à Croissy et à Chatou (*V.* p. 144 et 146).

LOUVECIENNES.

19 kil. 1/2 de Paris, 2 kil. de Bougival, 1 kil. de la grille Royale, 2 kil. de Marly-le-Roi (les deux églises), 3 kil. 1/2 de Rocquencourt, 1 kil. 1/4 de la machine de Marly, 2 kil. 1/2 de Port-Marly, 2 kil. 1/2 de la Celle-Saint-Cloud.

La première route que l'on trouve à dr., quand on s'éloigne de la Seine pour entrer dans la vallée de Bougival, monte à Louveciennes. La pente en était trop raide pour les voitures. Une autre route, d'un accès plus facile, a été ouverte près de l'église de Bougival. Elles se rejoignent à mi-côte. Ombragée çà et là de noyers, dominée à g. par un petit coteau planté de vignes, la route domine à dr. les parcs des propriétés qui bordent la rive g. de la Seine. Les arbres interceptent trop souvent la vue. Si l'on veut aller directement au centre de Louveciennes, il faut abandonner la route départementale qui mène au hameau de Voisin, laisser à g. l'embranchement qui conduit au hameau de Maubuisson et prendre sur la g. un chemin intermédiaire. Du reste, des poteaux indiquent le chemin aux promeneurs. On atteint en 8 ou 10 min. la place principale du village, sur laquelle se trouvent réunies l'église et la mairie.

Louveciennes, 970 hab., bâti à 125 mèt. d'alt., sur le penchant d'un coteau de la rive g. de la Seine, est un des plus charmants séjours des environs de Paris. L'air y est sain ; de nombreuses sources l'arrosent ; on y découvre des points de vue magnifiques sur la vallée de la Seine et le vallon de Bougival ; tous les chemins qui y aboutissent sont de délicieuses promenades. Au N., on peut descendre au bord de la Seine ; au S., le *bois Brûlé* offre d'agréables ombrages ; à l'O., se dresse l'aqueduc de Marly ; à l'E., s'étendent les belles châtaigneraies de la Celle-Saint-Cloud. Aussi Louveciennes possède-t-il de nombreuses maisons de campagne.

L'*église*, bâtie au xiii° s., reconstruite en partie depuis, a conservé intacts son joli chœur et la curieuse rose terminale de son chevet. L'autel consacré à sainte Geneviève est orné d'un tableau (*Sainte Geneviève*) peint par Mme Lebrun. — Un édifice moderne assez considérable, construit sur la place à côté de l'église, contient la mairie et les deux écoles.

Les belles propriétés sont nombreuses à Louveciennes. On y remarque surtout : 1° au sommet de la colline, près de la tour de l'aqueduc, le *château* qui a appartenu dans l'origine à Mme la princesse de Conti ; 2° sur la place de l'Église, la jolie propriété qui a compté parmi ses possesseurs le maréchal Magnan ; 3° le *pavillon Du Barry*, construit sous Louis XV par l'architecte Ledoux pour la favorite du roi, défiguré par des restaurations ; 4° l'ancienne propriété de Pierre Laffitte, dont le pavillon Du Barry faisait autrefois partie et qui offre de magnifiques ombrages ; 5° le *château de Prunay*, situé à mi-côte, entre la machine de Marly et Port-Marly.

C'est près de *Voisins* (15 ou 20 min. de la machine de Marly) que commence l'**aqueduc de Marly**, qui attire de si loin les regards des promeneurs, au sommet de la colline boisée qu'il couronne. Cet aqueduc, construit sous Louis XIV, pour porter à Versailles l'eau de la Seine, se compose de 36 arches ; il a 643 mèt. de longueur et 23 mèt. d'élévation. Il est construit en pierre brute.

De Bougival on peut, en longeant la Seine, gagner en 10 min. à pied **Marly-la-Machine** *, petit hameau situé sur la rive g. du fleuve, où fut établie, sous le règne de Louis XIV, une machine qui passa longtemps pour un chef-d'œuvre de mécanique. Cette machine avait été inventée par un charpentier de Liége, nommé Rennequin Sualem, qui ne savait pas lire, et exécutée sous l'inspection du chevalier Deville, aussi Liégois, qui s'en attribua le mérite et qui en recueillit la récompense.

La machine de Marly devait faire monter les eaux de la Seine sur l'aqueduc de Marly. « 14 roues d'environ 12 mèt. de diamètre faisaient mouvoir 221 pompes aspirantes et foulantes étagées sur le flanc du coteau. Les pompes inférieures, au nombre de 64, envoyaient les eaux par 5 conduites dans des puisards situés à 50 mèt. environ au-dessus de la Seine. Là, elles étaient reprises par 79 autres pompes qui les portaient à 50 mèt. plus haut, dans un autre puisard, d'où elles étaient élevées par une troisième série de 78 pompes à 155 mèt. au-dessus du niveau de la Seine, au sommet de la tour élevée à l'origine de l'aqueduc de Marly à plus de 1,200 mèt. du bord de la rivière. Les pompes des deux étages supérieurs recevaient le mouvement au moyen de tringles disposées suivant la pente du coteau et reliées, par des boulons, à des supports oscillants, dits varlets, fixés au sol. »

Cette machine, qui avait coûté plus de 8 millions, commença à fonctionner en 1682. Comme son produit décroissait à mesure que les frais d'entretien augmentaient (en 1803, elle n'élevait plus que 210 mèt. cubes d'eau par jour après en avoir élevé 5,000 à l'origine), un charpentier, nommé Brunet, fit monter d'un seul jet les eaux au sommet de la tour de Marly, en adaptant à une roue quatre nouvelles pompes, dont le produit passait dans un réservoir d'air, afin d'obtenir un mouvement régulier d'ascension dans la conduite. Ce système doubla la quantité d'eau amenée à Versailles, mais ne fut point appliqué aux 13 autres roues.

De 1817 à 1858, un système analogue à celui de Brunet fut appliqué à deux des anciennes roues, ce qui suffit pour assurer le service lorsque les eaux de la Seine se trouvaient à un niveau convenable.

Une machine à vapeur, terminée en 1826, se mettait en marche lorsque la machine était arrêtée; mais son emploi trop contenu fit songer, dès 1852, à un nouveau système, qui fut proposé par M. Regnault, membre de l'Académie des sciences, et mis à exécution en 1858. Nous emprunterons la description de cette nouvelle machine à M. Marzy (*L'Hydraulique*, Bibliothèque des merveilles).

« L'établissement de Marly est situé

Machine de Marly en 1850.

en lit de rivière, à l'extrémité d'un long barrage, obtenu en réunissant les nombreux îlots existants entre Bezons et Marly. Ce barrage, qui forme une retenue de 8 kil. de développement, était muni, à son extrémité, de vannes destinées à mettre en mouvement les quatorze roues de l'ancienne machine. Aujourd'hui ce barrage est également utilisé pour le service de la navigation, au moyen d'une écluse à sas, établie à une faible distance en avant du bâtiment des roues hydrauliques.

« Ce bâtiment est disposé de manière à recevoir six roues; jusqu'à ce jour cinq seulement sont installées. Le mur qui forme sa face S.-E. est la dernière branche du barrage : il est percé de six ouvertures munies de vannes correspondant aux emplacements des six roues. A une petite distance est établie une solide estacade en charpente et à claire-voie destinée à éloigner des vannes motrices les glaces et les corps flottants; il en résulte pour l'enceinte mouillée, voisine de ces vannes, un calme relatif très-favorable à la conservation des machines et à la régularité de leur marche.

Ancienne machine de Marly, d'après une gravure du temps.

« Vers la droite de la rivière et en amont, se trouvent un grand déversoir et de grandes vannes de décharge qui donnent écoulement à la masse d'eau considérable que les moteurs hydrauliques n'utilisent pas.

« De la chambre des roues partent deux conduites ascensionnelles, établies primitivement pour la machine à vapeur, et qui montent à découvert, appuyées sur le sol, jusqu'à l'aqueduc de Marly.

« Les nouvelles roues ont 12 mèt. de diamètre sur une épaisseur de 4 mèt. 50 cent.; elles sont exactement emboîtées dans des coursiers en maçonnerie, de sorte que l'eau ne peut se déverser latéralement et agit par son poids sur les aubes. Avec une largeur de roue aussi considérable, les vannes ont naturellement un grand poids; l'emploi de la tôle a permis de réduire, dans une notable proportion, le poids des vannes, tout en leur conservant une force suffisante pour résister à l'effort qu'elles ont à supporter.

« Chaque roue commande quatre pompes horizontales à piston plongeur et à simple effet. Le diamètre intérieur de chaque corps de pompe est de 39 cent. et l'épaisseur de 3.

« L'arbre de chaque roue hydraulique est muni à ses extrémités de deux fortes manivelles, calées à angle droit. Sur le bouton de chacune d'elles sont ajustées les têtes de deux bielles, de sorte que le mouvement est communiqué directement aux pistons de quatre pompes à la fois. A l'une des extrémités du corps de pompe, on a ménagé une tubulure sur laquelle est fixé le tuyau destiné à amener l'eau; c'est à cet endroit que se trouve placé le clapet d'aspiration. Quand le piston refoule, ce clapet redescend naturellement, et, venant s'appuyer sur son siège, rend la fermeture hermétique. Les clapets d'évacuation s'ouvrent alors pour laisser l'eau, primitivement aspirée, s'échapper par la conduite de refoulement.

« Les conduites de refoulement communiquent avec deux grands réservoirs en fonte, qui ont pour but de régulariser la pression de l'eau par la pression plus ou moins grande de l'air qu'ils contiennent. Cet air est refoulé par les pompes mêmes, au moyen d'un petit appareil très-simple, appliqué sur les couvercles des boîtes à clapet d'aspiration. A chaque aspiration du piston, l'air s'introduit par un petit tube, muni d'un robinet que l'on ferme lorsque la quantité d'air refoulé est suffisante.

« L'air, refoulé par toutes les pompes, est amené à l'intérieur des grands réservoirs, où il acquiert une pression de 16 à 17 atmosphères, c'est-à-dire une pression supérieure à celle de l'eau dans la conduite générale.

« La quantité élevée par chaque roue varie entre 1.500 et 2,400 mèt. par jour. L'effet utile moyen des trois premières roues installées, en tenant compte du chômage résultant des fêtes, hautes eaux, glaces et réparations des machines, est représenté par un volume de 560 mèt. cubes d'eau montée au réservoir des deux portes par chaque jour de l'année. »

Peu de temps après avoir dépassé (à g.) le *château de Prunay*, on atteint, en suivant la rive g. de la Seine, le v. de **Port-Marly** (531 hab.), situé à 1,500 mèt. environ de la machine de Marly, 2 kil. 1/2 de Louveciennes, 2 kil. 1/4 de Bougival, 1 kil. 1/2 de Saint-Germain, 2 kil. de Marly-le-Roi. Port-Marly n'a de remarquable que sa situation. Une partie de ses habitants exploite des carrières de plâtre, et fabrique du blanc de Marly ou de la chaux.

Sur le côté g. de la route, entre le Bas-Prunay et Port-Marly, on remarque le joli *château des Lions*. Ce château a été construit par Barjac, valet de chambre du cardinal de Fleury. On y voit encore de très-belles peintures murales du temps.

La route de Port-Marly à Marly-le-Roi (route de Saint-Germain à Versailles) se bifurque à 800 mèt. de Port-Marly, qu'il quitte près de l'*abreuvoir*, pour monter à dr., par une avenue plantée le long de l'ancien mur du parc royal, jusqu'à l'extrémité supérieure du village.

MARLY-LE-ROI.

21 kil. 1/2 de Paris, par la route de Saint-Germain. 4 kil. 1/4 de Bougival, 2 kil. de Port-Marly, 2 kil. de Louveciennes, 4 kil. 1/2 de Saint-Germain, 4 kil. 1/2 du Pecq, 1 kil. 1/2 de l'Etang-la-Ville, 2 kil. de Mareil, 3 kil. de Fourqueux, 1 kil. de Rocquencourt, 8 kil. de Ver-

Intérieur de la machine actuelle de Marly.

sailles, 3 kil. 1/2 de Bailly, 3 kil. 1/2 de Noisy-le-Roi, 8 kil. de Saint-Cyr.

Marly-le-Roi *, ch.-l. de c. de 1,250 hab., agréablement situé à plus de 120 mèt. d'alt., est entouré de charmantes maisons de campagne (château de Mme la baronne Dupuytren; château de *Montmorency*, à M. Victorien Sardou; château de l'abbé Sieyès, à M. Guérin). On y jouit de beaux points de vue, mais il offre un aspect désert et mélancolique. Il ne mériterait pas une visite, s'il ne se trouvait à l'une des portes de la belle forêt à laquelle il donne son nom, et s'il ne devait une célébrité historique à son château royal aujourd'hui détruit.

On peut du reste se rendre de Paris à Marly-le-Roi par plusieurs chemins. — Le plus direct quand on vient de Paris est la route de Saint-Germain (V. *Moyens de transport*, en tête du volume).

Si l'on veut faire une agréable promenade, on doit quitter la voiture du chemin de fer de Rueil soit à Bougival, soit à la machine de Marly, et monter à l'aqueduc de Marly (30 min. par Louveciennes, 20 min. par Voisins). A l'extrémité méridionale de l'aqueduc (10 à 15 min.) s'ouvre la grille Royale du parc.

Le chemin de Saint-Germain est indiqué ci-dessous, p. 181.

Marly est un bourg fort ancien, car il se trouve mentionné, à en croire certains historiens, dans une charte du roi Thierry III, datée de 678. On l'appelait alors *Marlacum*. Le premier de ses seigneurs dont l'histoire nous ait conservé le souvenir est un nommé Hervé *de Marleio*, qui assista, en 1067, à la dédicace de Saint-Martin-des-Champs, près de Paris. Le fils de cet Hervé, appelé Bouchard, fut le père de Mathieu de Montmorency, seigneur de Marly vers 1150. Le dernier des Montmorency étant mort en 1356 sans postérité, la seigneurie passa aux chevaliers de Lévis. En 1660, Pierre de Hodu, conseiller au Parlement, la fit ériger en comté. En 1693, Louis XIV, qui l'avait acquise par échange contre Néaufle-le-Château et ses dépendances de Louis Phélypeaux, comte de Pontchartrain, l'incorpora au domaine de Versailles, et y construisit un château royal.

Il y avait autrefois deux paroisses sur le territoire de Marly-le-Roi, appelées, l'une, Marly-le-Châtel, l'autre, Marly-le-Bourg. Ces deux paroisses furent réunies en une seule, et, comme l'*église* de Marly-le-Châtel, qui devait être conservée, tombait de vétusté, Louis XIV la fit rebâtir sur le même emplacement, dans le style de celle de Notre-Dame de Versailles. Cette église renferme d'anciens tableaux sur bois, dont l'un (l'*Ensevelissement*) porte la date de 1512.

A l'O. du bourg, à la base du coteau de Port-Marly, s'élève une maison de campagne dite **Monte-Cristo**, que Alexandre Dumas père avait fait construire à grands frais (elle lui coûta plus de 250,000 fr.) et qui appartient à M. Lejeune. Chaque fenêtre a un cadre de pierre moulé sur des sculptures de Jean Goujon; au-dessus est un médaillon contenant un portrait (Dante, Corneille, Virgile, Lamartine, Chateaubriand, Victor Hugo, etc.) et soutenu par deux licornes fantastiques dues au ciseau de Choiselat. La pièce la plus curieuse du château est une salle moresque sur le modèle des murs à caissons de l'Alhambra. Elle a été sculptée par des ouvriers maures qu'Alexandre Dumas avait ramenés d'Algérie.

Le **palais**, ou, comme on disait au temps de Louis XIV, l'*ermitage* de Marly n'était point, à vrai dire, un château ni un palais; c'était un groupe de douze petits pavillons faisant escorte à un pavillon central de plus grande dimension, et figurant ainsi le soleil entouré des douze signes du zodiaque. Les plans en avaient été faits par J.-H. Mansart. Les petits pavillons, rangés six par six, à dr. et à g. du parterre, étaient reliés entre eux et rattachés au grand pavillon, par des berceaux de tilleuls. Les jardins étaient magnifiques: on y voyait notamment une rivière tombant sur 63 marches de marbre blanc et formant une cascade à lar-

Port-Marly.

ges nappes, admirable par le volume et le bruit de ses eaux. Peu fréquenté par Louis XV, à peu près abandonné par Louis XVI, Marly fut vendu pendant la Révolution ; on en retira préalablement les statues qui, presque toutes, décorent aujourd'hui le jardin des Tuileries. Les groupes de chevaux, placés, à Paris, à l'entrée des Champs-Élysées, œuvre de Coustou, proviennent de l'abreuvoir de Marly. Le château fut alors détruit ; il n'en reste plus aujourd'hui que des ruines informes, couvertes de lierre, une partie des beaux ombrages du parc et l'abreuvoir (mon. hist.), où se rendaient toutes les eaux des jardins.

Saint-Simon raconte ainsi ce que Louis XIV voulait faire de Marly et ce qu'il en fit :

« Le roi, lassé du beau et de la foule, se persuada qu'il voulait quelquefois du petit et de la solitude. Il chercha autour de Versailles de quoi satisfaire ce nouveau goût ; il visita plusieurs endroits, il parcourut les coteaux qui dominent Saint-Germain et cette vaste plaine qui est au bas. On le pressa de s'arrêter à Luciennes ; mais il répondit que cette heureuse situation le ruinerait, qu'il voulait un lieu qui ne lui permît pas de songer à y rien faire.

« Il trouva derrière Luciennes un vallon étroit, profond, à bords escarpés, inaccessible par les marécages, sans aucune vue, enfermé de collines de toutes parts, extrêmement à l'étroit, avec un méchant village sur le penchant d'une de ses collines, qui s'appelait Marly. Cette clôture, sans vue ni moyen d'en avoir, fit tout son mérite ; l'étroit du vallon où l'on ne pouvait s'étendre y ajouta beaucoup : il crut choisir un ministre, un favori, un général d'armée.

« L'ermitage fut fait : ce n'était que pour y coucher trois nuits, du mercredi au samedi, deux ou trois fois l'année, avec une douzaine de courtisans en charge, les plus indispensables ; peu à peu l'ermitage fut augmenté. D'accroissement en accroissement, les collines furent taillées pour faire place et y bâtir, et celles du bout légèrement emportées pour donner au moins une échappée de vue fort imparfaite. Enfin, en bâtiments, en jardins, en eaux, en aqueducs, en ce qui est si curieux sous le nom de *machine de Marly*, en parc, en forêts ornées et renfermées, en statues, en meubles précieux, en grands arbres, qu'on y a apportés sans cesse de Compiègne, et de bien plus loin, dont les trois quarts mouraient, et qu'on remplaçait aussitôt, en allées obscures subitement changées en d'immenses pièces d'eau où l'on se promenait en gondole, ou remises en forêts à n'y pas voir le jour dès le moment qu'on les plantait, en bassins changés cent fois, en cascades de même, en figures successives et toutes différentes, en séjours de carpes ornés de dorures et de peintures les plus exquises, à peine achevés, rechangés, et rétablis autrement par les mêmes maîtres une infinité de fois ; que si on ajoute les dépenses de ces continuels voyages qui devinrent enfin égaux aux séjours de Versailles, souvent presque aussi nombreux, et, tout à la fin de la vie du roi, le séjour le plus ordinaire, on ne dira pas trop sur Marly en comptant par milliards. »

« Le roi, dit l'abbé de Choisy, nommait ceux qui devaient le suivre à Marly, et le valet de chambre Bontemps les logeait deux à deux dans chaque pavillon. On y trouvait tout ce qui était nécessaire à la toilette des femmes et même des hommes ; et quand les femmes étaient nommées, les maris y allaient sans demander. Mme de Maintenon y faisait grande figure : le roi passait toutes les soirées chez elle. »

Le roi désirait que tous les courtisans demandassent à l'accompagner à Marly, et voulait pouvoir n'accorder qu'à quelques-uns d'entre eux cette distinction qui était un de ses grands moyens de gouverner les hommes.

L'honneur d'être des Marly, comme on disait alors, était la plus grande faveur qu'un courtisan pût attendre de Louis XIV : c'était faire partie de l'intimité, comme être logé à Versailles c'était faire partie de la cour. Racine, dans ses dernières années, ayant renoncé aux vanités du monde pour se consacrer tout à Dieu, tenait encore à celle-là. Il poussait cependant la délicatesse si loin, que, non content de n'aller plus à la comédie, il ne voulait pas que son fils, qui était gentilhomme du roi et qui avait vingt ans, y allât.

On allait à Marly le mercredi, et on y restait jusqu'au samedi. C'était une règle invariable ; le roi passait régulièrement les dimanches à Versailles, où était sa paroisse ; il se livrait le lundi et le mardi à l'admiration de la foule des courtisans badauds. Le mercredi il partait pour son Ermitage, où il emmenait les invités dans ses carrosses. On ne pouvait monter dans les carrosses du roi que quand on avait un certain rang.

Le roi ne voulait pas qu'on s'ennuyât

à Marly; et il poussa si loin ce désir, que vingt-six heures après la mort de son frère, enlevé par l'apoplexie en sortant de Marly, où il avait eu avec son aîné une scène très-violente, il se prit à faire des jeux lui-même pour divertir la duchesse de Bourgogne, et ordonna au duc de Bourgogne d'ouvrir le brelan. Le jeu était presque continuel à Marly ; on jouait à la grande table en commun, ou à de petites tables séparées, qu'on enveloppait de paravents de manière à faire de petits

Plan du château de Marly.

cabinets dans la grande pièce. Le bal demeura aussi un des plaisirs les plus vifs que le roi pût se donner, alors même qu'il cessa d'y remplir un rôle. Le plus grand amusement qu'on pût y ajouter, avec les collations, c'étaient des boutiques où les dames prenaient toutes sortes de costumes étrangers, chinois, japonais, etc., et vendaient sous ce déguisement des choses infinies, dit Saint-Simon, et très-recherchées par « la beauté et la singularité ». La musique et la comédie étaient plus ordinaires.

Mme de Maintenon fut la dominatrice de Marly. Son appartement était celui qui avait été destiné à la reine, et que peut-être Marie-Thérèse habita. Dans les commencements, elle dînait à table, au milieu des dames, dans le salon carré qui séparait son appartement de celui du roi. Mais bientôt elle se fit servir chez elle une table particulière, où quelques dames, ses familières, peu nombreuses et presque toujours les mêmes, dînaient avec elle. Saint-Simon, qui donne tous ces détails, ajoute : « Au sortir de dîner, le roi rentrait chez Mme de Maintenon, se mettait dans un fauteuil près d'elle, dans sa niche qui était un canapé fermé de trois côtés, les princesses du sang sur des tabourets auprès d'eux, et dans l'éloignement les dames privilégiées. On était près de plusieurs cabarets de thé et de café ; en prenait qui voulait. Le roi demeurait là plus ou moins, selon que la conversation des princesses l'amusait ou qu'il avait affaire ; puis il passait devant toutes les dames, allait chez lui, et toutes sortaient. excepté quelques familières de Mme de Maintenon. Dans l'après-dînée, personne n'entrait où étaient le roi et Mme de Maintenon, que Mme la duchesse de Bourgogne et le ministre qui venait travailler. La porte était fermée, et les dames qui étaient dans l'autre pièce n'y voyaient le roi que passer pour souper, et elles l'y suivaient ; après souper, elles le suivaient chez lui avec les princesses, comme à Versailles. » Ainsi l'antichambre de Mme de Maintenon était le salon où l'ambition retenait les femmes les plus nobles de France.

Les bois qui entourent, en les dominant, les ruines mélancoliques du célèbre château de Marly forment ce qu'on appelle le *parc de Marly*. Ils ont un aspect presque aussi triste ; mais depuis quelques années l'administration y a percé des allées nouvelles, placé un certain nombre d'écriteaux, et établi à dr. et à g. du château deux *belvédères* (de Saint-Germain et de Marly), d'où l'on découvre une vue étendue. On peut y faire d'agréables promenades. Les principales allées semblent fermées par des treillages placés pour la conservation du gibier ; mais ces treillages sont percés de portes qu'il est permis d'ouvrir, sous la condition de les refermer.

La *grille Royale* s'ouvre sur la route de Saint-Germain à Versailles, à l'extrémité de l'aqueduc de Marly et au point de bifurcation des deux routes. C'est aujourd'hui une simple porte de bois ; mais deux pilastres, entourés de maçonnerie moderne, supportent deux vases d'un assez beau style. Cette porte franchie, on se trouve dans une immense enceinte circulaire dont les murs, que le lierre ronge, soutiennent la forêt de toutes parts. « Il semble voir, a dit un écrivain anonyme, un vaste cirque creusé et fortifié au milieu des bois, où l'œuvre des hommes est venue s'ajouter audacieusement à celles de la nature. Des piliers, çà et là abattus, laissent deviner des portiques qui ont dû orner cette entrée ; à leur suite, par les trouées que le temps a faites, la vue plonge, à dr. et à g. dans des substructions plus grandes qui se perdent sous l'ombre épaisse des arbres. En face de la porte par laquelle on a pénétré, on découvre une perspective plus surprenante encore : la route s'enfonce dans un gouffre, où de tous les points de l'horizon la forêt paraît s'abaisser : ces grands arbres, qui, au milieu même de leur liberté sauvage, témoignent, par une certaine régularité à moitié effacée, qu'ils ont été jadis pliés par la hache, semblent se pencher les uns sur les autres du haut des gradins d'un amphithéâtre gigantesque, et s'incliner tous vers la puissance qui avait forcé la nature, comme les nations, à subir son commandement.

« On a hâte de pénétrer au fond de cet abîme de verdure, où tient tout le grand paysage, fait de main d'homme, dont on est environné. On descend entre deux murs qui portent les chênes et les ormes séculaires : on arrive à une seconde enceinte circulaire que l'on est tenté de prendre pour les débris d'un palais, aux grandes ondulations du tapis de verdure qui en cache les décombres. Le peu d'ouverture que la perspective a en cet endroit vous avertit de descendre encore ; et, après avoir traversé des salles de verdure abandonnées au hasard, vous arrivez à un amas plus grand, du haut duquel le regard embrasse un vaste horizon. Les ruines sur lesquelles vous êtes placé affectent sensiblement la forme circulaire; et, aussi loin que l'œil puisse atteindre, au-delà des pentes que vous dominez, au-delà des plaines qu'arrose la Seine dérobée au pied du coteau, les montagnes, suivant les prolongements de la colline de Saint-Germain, arrondissent encore leurs lignes délicates qui fuient vers les bois de Montmorency. Cette fois vous avez sous les pieds le palais célèbre où Louis XIV a caché, au milieu des fêtes, la douleur des revers de sa vieillesse; et, dans toutes ces lignes qui semblent répéter à plaisir la même courbe harmonieuse, déjà se trahit le plan

Un des pavillons du château de Marly.

original qui avait fait de Marly les délices du roi, lorsque, dégoûté de la pompe théâtrale et trop découverte de Versailles, il cherchait, au fond d'un abri mieux défendu, des plaisirs moins bruyants.

« On descend du tertre formé par les débris du palais de Louis XIV; au-delà des salles de verdure qui font le pendant de celles qu'on a déjà traversées, on aperçoit, à moitié debout, à moitié couchés sur l'herbe, les restes des bâtiments qui correspondaient avec ceux de la seconde enceinte circulaire par où on a passé. Derrière le palais, sur la colline échancrée, on voit, recouverts par la mousse, les nombreux degrés sur lesquels devait tomber toute une rivière d'eau. De part et d'autre, des routes creusées sous les racines des arbres, et bordées de grands murs pour soutenir les terres, ouvrent des échappées sur la forêt, assujettie à un plan où se répète toujours la ligne ronde. Mais c'est devant le palais même qu'il faut s'avancer pour retrouver les plus beaux endroits des jardins.

« On va en descendant toujours d'une terrasse à l'autre; chaque terrasse portait autrefois un parterre, sur les flancs duquel se détachait, à dr. et à g., une allée qui faisait tout le tour du jardin disposé en amphithéâtre.

« Le premier parterre que le château couronnait montre encore ses arbres surprenants, arrondis autrefois en berceaux, dont leur base a conservé le pli, épanouis, au-dessus de ces anciennes voûtes, en troncs nouveaux, libres et vigoureux, qui semblent comme une seconde forêt entée sur la première.

« Le second parterre laisse apercevoir distinctement les deux bassins latéraux dont il était orné. Au milieu des grands ormes qui autrefois couvraient de leur ombrage des conques élégantes chargées de bronze et de marbre, l'eau, dont on n'a pu détruire tous les conduits, sourd naturellement de la terre, qui a gardé la forme des anciennes constructions; à l'endroit où le jet d'eau s'élançait vers le dôme de ces bosquets, des joncs sortent en gerbe épaisse: les nénufars s'y mêlent et achèvent de couvrir cette mer tranquille, qui n'est agitée, de temps à autre, que par les mains des blanchisseuses du village.

« Le troisième et le quatrième parterre offrent encore les restes des vastes bassins qui en occupaient la plus grande partie; les formes en sont nettement dessinées aux yeux par l'abaissement du terrain, et aussi par la verdure plus fraîche des plantes, qui poussent plus vives aux lieux autrefois engraissés par les eaux. »

La **forêt de Marly** était naguère une des plus belles des environs de Paris. La liste civile y fit, sous le dernier Empire, des coupes importantes; toutefois elle mérite encore, malgré ces mutilations, la visite des amateurs. Ils y trouveront des arbres séculaires, de pittoresques accidents de terrain, des solitudes profondes. Elle a une contenance de 2,254 hect.; sa forme est très-irrégulière; sa plus grande longueur, de Sainte-Jamme à Rocquencourt, c'est-à-dire du S.-E. au N.-O., est de 10 kil.; sa plus grande largeur, de la porte de Saint-Nom au Désert de Retz, de plus de 4 kil. Elle a été réunie, tout récemment, du côté de la porte Dauphine, à la forêt de Saint-Germain.

La forêt de Marly renfermait autrefois plusieurs châteaux; les emplacements de ceux de *Montjoie*, près de la porte de Joyenval, et de *Retz*, près de la porte du Désert de Retz, sont encore indiqués par de larges fossés et des mouvements de terrain.

L'entrée de la forêt de Marly la plus agréable et la plus commode pour les promeneurs qui viennent de Paris est la porte de l'Étang-la-Ville, située à 4 kil. de Saint-Germain. Pour s'y rendre, il faut descendre de Saint-Germain à l'Ermitage et s'engager dans le vallon qui s'ouvre entre Mareil-Marly à dr., et Marly-le-Roi à g. En montant ce joli vallon, on laisse à g. le château de *Grandchamp*, les ham. de *Demonval* et de *la Montagne* avant d'atteindre l'**Étang-la-Ville**, 378 hab. L'*église*, des XIe, XIIIe et XVe s., offre une voûte curieuse du XVe s., dont les nervures sont sculptées en branches d'arbre. La voûte de la chapelle seigneuriale repose sur quatre beaux culs-de-lampe figurant les Évangélistes. La propriété située au S. de l'Étang-la-Ville, appelée *Vauberderie*, fut possédée autrefois par la duchesse de Richelieu.

Si de Fourqueux (V. p. 158) on entreprenait le tour de la forêt, on trouverait d'abord *Joyenval*, belle propriété où les restes d'un rond-point du XIIIe s. (mon. hist.), des débris de sculptures, une pierre tombale et un oratoire moderne dédié à sainte Clotilde, marquent l'emplacement d'une abbaye de Prémontrés, fondée en 1221 par Barthélemy de Roye, chancelier de Philippe Auguste, et sa femme, Pétronille, fille de Simon III, comte de Montfort; puis le *Désert de Retz*, maison de campagne, bâtie par M. de Monville, fermier général, et dont le jardin, vanté par Delille, avait, au siècle dernier, assez de réputation pour attirer la cour et la ville. On y remarque surtout une sorte de pavillon (XVIIIᵉ s.) en forme de colonne colossale, tronquée, avec cannelures dans lesquelles s'ouvrent les fenêtres. Cette propriété a appartenu à Bayard, l'auteur dramatique, et à Frédéric Passy, l'économiste. Le Désert et Joyenval sont au N. de la forêt. A l'O. est *Sainte-Jamme* (avec un nouveau *fort*), qui dépend de **Feucherolles**, 635 hab. L'*église* de Feucherolles (mon. hist.), des XIᵉ, XIIᵉ, XIIIᵉ et XVIᵉ s., est remarquable par sa flèche romane. En revenant au S.-E., on rencontre les ham. du *Val-Martin* et de *la Bretèche*, avant d'atteindre **Saint-Nom-la-Bretèche** (10 kil. 1/2 de Saint-Germain), 736 hab., dont la terre a été un marquisat, et dont le château, contigu à la forêt de Marly, est situé à la Bretèche. En allant de Saint-Nom à (7 kil. 1/2) Rocquencourt (*V.* p. 160), on traverse le hameau de la Tuilerie, les villages de Noisy et de Bailly (*V.* p. 161). Le nouveau *fort* dit quelquefois *de Marly* se trouve à l'extrémité de la forêt, au-dessus de Noisy.

DE MARLY-LE-ROI A SAINT-GERMAIN.

Un bon chemin, très-agréable pour les piétons, conduit de Marly à Saint-Germain (45 min. environ). Ce chemin se dirigeant au S. suit la crête du coteau qui domine à dr. le petit vallon de Port-Marly, à g. celui de l'Étang-la-Ville; on y découvre de charmants points de vue. Il aboutit (3 kil.) sur la route de Paris à Saint-Germain près de Monte-Cristo. On peut de là, ou gagner le Pecq à dr. (1 kil.), ou monter à Saint-Germain (1 kil. 1/2), soit par la route de voitures, soit par des escaliers conduisant à une rue qui mène au château.

DE BOUGIVAL A VERSAILLES,

PAR LA CELLE ET LE BUTARD.

7 kil. par la route, 8 à 9 kil. par le Butard et les bois.

Presque en face de l'église de Bougival s'ouvre une route nouvelle qui conduit à Louveciennes par une pente douce (*V.* ci-dessus, p. 168). Si l'on continue à remonter la grande rue de Bougival, on doit, quand on veut aller à la Celle, prendre la première route qui s'offre à g. De cette route, bordée de maisons de campagne, on découvre de charmants points de vue sur la vallée de Bougival, l'aqueduc de Marly et la vallée de la Seine. A dr., de l'autre côté du vallon, on aperçoit *Saint-Michel*, hameau entouré de vignes, et formant, avec la Chaussée et Bougival, la commune de Bougival. Au fond apparaît le château de Beauregard, et bientôt on commence à découvrir devant soi le beau parc et le château de la Celle.

La Celle-Saint-Cloud, v. de 560 hab., situé à 1 kil. 3/4 de Bougival, 5 kil. 1/4 de Versailles, 18 kil. 1/2 de Paris, 6 kil. 1/2 de Saint-Cloud, 2 kil. de Louveciennes, 4 kil. de Marly, 6 kil. de Saint-Germain, appartient, comme Bougival, au canton de Marly-le-Roi. Son nom vient de *cella*, habitation. Il occupe une agréable position, sur le versant E. du vallon à l'entrée duquel se trouve Bougival. Les bois qui l'entourent de trois côtés offrent de nombreuses et charmantes promenades; mais, à part le château, il n'a rien d'intéressant. Son *église* (XVIIᵉ s.) est couronnée d'un campanile en ardoises assez pittoresque.

La Celle-Saint-Cloud, déjà fortifié au IXᵉ s., résista bravement, en 846, aux Normands qui l'assiégeaient, mais il eût succombé si Charles le Chauve n'en eût acheté la délivrance. Plus tard, il fut possédé par l'abbaye de Saint-Germain-des-Prés, qui y établit un hospice pour ses convalescents, par Joachim Saudras en 1616, et en 1683 par Louis XIV, qui l'enferma dans son parc de Versailles.

Quand la crainte des Normands empêchait les habitants de l'Ile-de-France de suivre les bords de la Seine, s'ils voulaient communiquer entre eux, et de s'y établir, un marché aux bœufs fut installé à la Celle-Saint-Cloud. Ce fut ce marché que saint Louis transféra à Poissy.

Le château de la Celle appartint, en 1686, à Bachelier, un des valets de chambre du roi, en 1748; à Mme de Pompadour, et, deux ans après, à un fermier général, nommé Roussel, qui acheva les constructions, commencées depuis plus de cent ans. Collé y composa sa *Partie de chasse d'Henri IV*. En 1776, M. Parat de Chalandry, qui l'avait acquis du duc de la Vauguyon, fit remplacer le jardin français par un jardin anglais dont le célèbre Morel avait tracé les dessins. Respecté par la Révolution, il fut acheté par M. Morel de Vindé, pair de France, qui en fut possesseur pendant quelques années.

La partie la plus intéressante des bois qui entourent la Celle est la Châtaigneraie dont nous avons déjà parlé ci-dessus (*V*. p. 166), et qui fut possédée par Napoléon III. Si l'on veut gagner le parc des Bruyères, il faut suivre l'avenue qui s'ouvre à g. de l'entrée du village et qui fait perspective au château.

[Du parc des Bruyères on peut descendre à la Jonchère et à la Malmaison (*V*. p. 166) ou monter sur le plateau boisé, d'où l'on a le choix entre plusieurs directions : — à g. Saint-Cucufa (20 min.), — en face ou à l'E. le haras Lupin, Garches, Villeneuve-l'Étang et Saint-Cloud (*V*. p. 104 et 105); — à dr. le Butard, Vaucresson et Versailles (*V*. p. 183).]

Si l'on va de la Celle à Versailles par la route, au-delà du village on passe devant la grande grille du château; puis, longeant le mur à dr., on descend au fond d'un petit vallon arrosé par un petit ruisseau. Plus loin on laisse à dr. une route qui descend à Bougival, et qui mène en 20 min. à Louveciennes, par le hameau des *Gressets*. On se trouve alors entre deux murs qui ont remplacé de beaux arbres. A dr., c'est le parc de Beauregard; à g., c'est l'ancien haras de M. Pescatore. La route que l'on monte ensuite offre, quand on se retourne, de beaux points de vue sur le vallon de Bougival et la vallée de la Seine. Sur la g. on aperçoit le Butard au milieu des arbres (*V*. ci-dessous), et bientôt on croise la route de Saint-Cloud à Rocquencourt par Vaucresson. On est alors à 2 kil. de la Celle, 3 kil. de Versailles, 1 kil. de Rocquencourt, 7 kil. de Saint-Cloud.

A dr. s'élève, derrière une belle grille, un joli pavillon de garde nouvellement construit : c'est l'une des entrées du parc de **Beauregard**. L'ancien château de ce nom, bâti par le P. la Chaise, le célèbre confesseur de Louis XIV, a compté parmi ses propriétaires le cardinal de Fürstenberg, Anisson Duperron, le marquis de Lamberville, le duc de Fitz James. Le comte d'Artois l'avait loué pour y faire élever ses fils, les ducs d'Angoulême et de Berry. Mme Trelawney (mistress Howard) l'a rebâti en 1855; il est aujourd'hui possédé par M. de Hirsch. D'après une tradition, il aurait été le rendez-vous des artistes célèbres du siècle de Louis XIV. Lully et Quinault y auraient fait exécuter leurs chefs-d'œuvre.

Après avoir croisé la route qui conduit, sur la dr., à Rocquencourt (*V*. ci-dessous), sur la g., par Vaucresson et la Marche, à Saint-Cloud (*V*. p. 161), on descend au Petit-Chesnay en laissant à dr. le Grand-Chesnay, situé à 650 mèt. de la route. Dans ce trajet on aperçoit devant soi la ville et le château de Versailles.

Le Chesnay ou **Chenai**, 1,849 hab., se compose du *Chesnay* proprement dit, du *Petit-Chesnay*, de *Glatigny* et de *Saint-Antoine*, contigu aux barrières de la ville de Versailles. L'église, réédifiée et agrandie en 1858 et 1859, par les bienfaits de M. Gallois, contient un beau tableau donné par la famille Fould de Rocquencourt. Le Petit-Chesnay est à 2 kil. 1/4 de Versailles et à 4 kil. 1/4 de Bougival; 8 min. après l'avoir quitté, on atteint l'*Etoile du Rendez-Vous*, où vient aboutir aussi la route de Saint-Germain. Le poteau placé à ce carrefour porte les indications suivantes: Rocquencourt, 2 kil. 3/4; Saint-Germain, 11 kil. 1/2; la Celle, 4 kil.; Bougival, 5 kil. 1/2. A peu de distance de l'Étoile du Rendez-Vous, s'ouvre la grille de Saint-Germain. On entre à Versailles par le boulevard du Roi.

Quand on veut aller à pied, de la Celle à Versailles, il faut passer par **le Butard**, au lieu de prendre la route qui vient d'être décrite. 20 ou 30 min. suffisent à un marcheur ordinaire pour gagner à travers bois ce pavillon de chasse, qui, construit par Louis XV et racheté par Louis XVIII, appartient aujourd'hui à l'État. Il domine une colline boisée; au devant s'étend une belle plate-forme gazonnée, ombragée de beaux arbres, et bordée d'un côté par diverses constructions.

Du Butard on peut aller, en 30 min., à l'étang de Saint-Cucufa (*V.* p. 166). en 15 min. à Vaucresson (*V.* p. 105), et en 45 min. ou 1 h. à Versailles. Si l'on veut gagner Versailles, il faut se diriger au S. et traverser d'abord la route qui conduit, sur la dr., à Rocquencourt, sur la g., à Vaucresson, puis les *bois des Hubies* et *des Fonds-Maréchaux*. On débouche dans la plaine de Versailles près du *château de Glatigny*, et l'on entre à Versailles par la barrière Sainte-Élisabeth, où vient aboutir la rue de Béthune, qui continue la rue du Plessis.

Dans le cas où l'on ne voudrait pas aller à Versailles, on pourrait, des bois des Fonds-Maréchaux, gagner Ville-d'Avray (1 h. au moins du Butard) par les bois des Fausses-Reposes.

SECTION IX

DE PARIS A MANTES[1]

(CHEMIN DE FER DU HAVRE)

Le chemin de fer de Paris à Mantes emprunte, jusqu'à une distance de 8,700 mèt., les voies du chemin de fer de Saint-Germain. La séparation des deux lignes a lieu à la station de Colombes, éloignée de 2 kil. 1/2 de la station du même nom sur la ligne d'Argenteuil (Section X). La station du chemin de fer du Havre, où les trains s'arrêtent pour prendre des voyageurs seulement, est à 2 kil. du village, de Courbevoie et de Bezons.

[1] 58 kil. — Pour la durée du trajet et le prix des places. *V. Moyens de transport*, en tête du volume. — Embarcadère, à Paris, rue Saint-Lazare, 124, et rue d'Amsterdam. 9.

On découvre ensuite, à g., le Mont-Valérien et son fort, le clocher de Nanterre, Rueil, les coteaux de la Jonchère et de Bougival, l'aqueduc de Marly, les bois du Vésinet, la terrasse et la forêt de Saint-Germain, et, plus près, Croissy, Chatou et la Seine. Les coteaux d'Argenteuil, de Sannois et de Franconville attirent les regards sur la dr. On franchit la Seine sur un *pont* de neuf arches de 30 mèt. d'ouverture, qui forme les limites des départements de la Seine et de Seine-et-Oise. Une île divise le pont en deux parties. Du pont, on jouit, en aval et en amont, de jolis points de vue. A 2,000 mèt., sur la g., est le village de Carrières-Saint-Denis (*V.*

p. 146). A 1,800 mèt. en amont, on aperçoit le *pont* de Bezons (sept arches).

Bezons, 1,350 hab., est situé sur la rive dr. de la Seine, à 4 kil. de Courbevoie, 3 kil. d'Argenteuil et 2 kil. de Houilles. En face du pont s'élevait un *château*, construit par le maréchal de Bezons, qui prit Landau en 1713, et fut conseiller de régence sous Louis XV. Le parc, dessiné par Le Nôtre, a été coupé et le château démoli. L'*église* date du xve s.

2º STATION. — HOUILLES.

13 kil. de la gare de Paris, 3 kil. de Sartrouville, 2 kil. 1/2 de Carrières-Saint-Denis.

Houilles, 1,256 hab., n'offre de remarquable que son clocher bâti de 1648 à 1651.

Quand on sort de la tranchée dans laquelle le chemin de fer traverse la plaine de Houilles, l'attention est attirée à dr. par le clocher de **Sartrouville**, v. de 1,697 hab., situé sur la rive dr. de la Seine, presque en face de Maisons, à 1,500 mèt. de ce village, 3 kil. de Houilles et 6 kil. 1/2 d'Argenteuil. De sa partie la plus élevée on découvre de beaux points de vue; son *église* (mon. hist.) est agréablement située à l'extrémité orientale du village. Elle se compose de trois nefs du xiiie s. non voûtées et précédées d'une façade moderne de style roman, d'un transsept bas et voûté (xiie s.), d'un chœur peu intéressant et d'un petit clocher octogonal qui s'élève au centre de la croix. On remarque, aux piliers qui le supportent, deux chapiteaux qui représentent des guerriers combattant et des chimères. Les fenêtres à plein cintre qui éclairent le seul étage du clocher sont très-mutilées; celle qui regarde l'Orient a été refaite à une époque déjà ancienne, peut-être lorsqu'on éleva, vers la fin du xve s., la flèche en pierre qui couronne l'édifice.

A g. du chemin de fer, on aperçoit la forêt de Saint-Germain, le bois du Vésinet, le coteau du Pecq, le château et la terrasse de Saint-Germain; à dr., la Seine traversée par un beau pont de pierre, le château de Maisons, avec son moulin pittoresque, et un grand nombre de villas étagées en amphithéâtre sur la colline, dans laquelle on pénètre au fond d'une tranchée, après avoir franchi les deux bras de la Seine et l'île de *la Commune*.

2º STATION. — MAISONS.

17 kil. de la gare de Paris, 1,500 mèt de Sartrouville, 4 kil. de Houilles, 2 kil. du Mesnil, 5 kil. de Conflans.

Maisons-Laffitte*, v. de 3,330 hab., est très-agréablement situé sur la rive g. de la Seine, près de la forêt de Saint-Germain. Quand on a traversé le pont sous lequel passe le chemin de fer, on suit la route de Paris, plantée de deux belles rangées d'arbres. De chaque côté s'élèvent des maisons neuves, parmi lesquelles on remarque une jolie petite salle d'asile. Cette avenue aboutit à l'entrée du parc, où l'on pénètre par deux portes s'ouvrant sur des avenues que sépare une belle et large pelouse et que bordent de jolies habitations. Bientôt on atteint un petit jardin orné d'un bassin d'où jaillit un jet d'eau, et de là on découvre un beau paysage. On aperçoit, à dr., le château précédé d'une vaste pelouse, et de magnifiques avenues décorées çà et là de statues en marbre blanc; à g., une autre avenue qui va se perdre au loin dans la forêt; en face, une avenue semblable aux précédentes et ombragée comme elles d'arbres séculaires.

Le village de Maisons, en partie assez ancien, ne prit un peu d'importance que lorsque le surintendant des finances, René de Longueil, y eut fait bâtir, par François Mansart, le magnifique château dont nous venons de parler. Laffitte, le célèbre banquier, est le créateur du village moderne, car Maisons forme deux

Maisons-Laffite, vu du pont de la route de terre.

villages qui, quoique fondus en un seul, se distinguent facilement par l'aspect et l'architecture de leurs maisons. Laffitte vendit une partie du parc et des dépendances du château pour y établir la petite colonie qui forme aujourd'hui un village portant le nom de son fondateur. De nos jours, Maisons-Laffitte est devenu l'un des séjours favoris de la finance et de la bourgeoisie parisiennes.

Le château de Maisons appartint pendant plus d'un siècle à la famille de son fondateur. En 1658, la terre dont il faisait partie fut érigée en marquisat. Le 18 avril 1671, le jour du décès de Philippe, duc d'Anjou, le roi et toute la cour vinrent l'habiter. Louis XV eut un moment, en 1747, le désir de l'acheter pour Mme de Pompadour, mais il changea d'avis. Du marquis de Soyecourt, qui en était devenu possesseur, cette belle résidence passa au président de Maisons. Voltaire y séjourna souvent, et faillit y mourir de la petite vérole. Voici un fragment d'une des lettres qu'il écrivit à M. de Breteuil sur sa maladie et sur le château de Maisons : « On m'annonça que le curé du village, qui s'intéressait à ma santé, et qui ne craignait pas la petite vérole, demandait s'il pouvait me voir sans m'incommoder ; je le fis entrer aussitôt, je me confessai et fis mon testament, qui, comme vous le croyez bien, ne fut pas long. Après cela, j'attendis la mort avec assez de tranquillité, non toutefois sans regretter de n'avoir pas mis la dernière main à mon poëme (la Henriade) et à Marianne, ni sans être un peu fâché de quitter mes amis de si bonne heure... Enfin, je fus en état d'être transporté à Paris le 1er décembre. Voici, monsieur, un moment bien funeste : à peine suis-je à deux cents pas du château, qu'une partie de la chambre où j'avais été tombe tout enflammée. Les chambres voisines, les appartements qui étaient au-dessous, les meubles précieux dont ils étaient ornés, tout fut consumé par le feu ; la perte monta à près de cent mille livres, et sans le secours des pompiers, qu'on envoya chercher à Paris, un des plus beaux édifices du royaume allait être entièrement détruit. »

En 1778, le château de Maisons avait été acquis par le comte d'Artois, qui y reçut souvent la famille royale. Le roi, la reine et les princes y avaient chacun un appartement. Vendu, à la Révolution comme propriété nationale, le château a depuis compté parmi ses propriétaires le duc de Montebello et le banquier Jacques Laffitte.

Le **château de Maisons**, chef-d'œuvre de Mansart, est précédé d'une vaste cour d'honneur à laquelle donne accès une magnifique grille reliant deux pavillons en pierre d'un style monumental. On lit sur la façade du pavillon de dr., mais du côté du château : *Præcipua rerum ad famam dirigenda*, et sur celle du pavillon de g. : *Suum cuique decus posteritas rependet*. On remarque : les deux rangées de bustes qui s'étendent à l'E. et à l'O. du château ; une grande et belle terrasse sur la Seine ; un splendide verger ; une grande ferme avec toutes ses dépendances ; de vastes pelouses ; de larges avenues et de charmants massifs dont quelques-uns sont ornés de statues en marbre blanc ou en plâtre.

En 1811, un pont en charpente avait été jeté sur la Seine à Maisons. Ce pont a été remplacé, en décembre 1855, par un beau **pont** en pierre de 5 arches, dont la construction fait honneur à M. Tarbé de Vauxclairs, ingénieur en chef, et à M. Billaudel, ingénieur des ponts et chaussées. Les arches du nouveau pont ont 28 mèt. d'ouverture. Sur la rive dr. se trouve le château de *la Vaudoire*.

Talma, qui aimait beaucoup Maisons, a laissé son nom à une des auberges du pays.

De la station de Maisons à celle de Conflans, on reste presque constamment dans une tranchée qui ne laisse voir que la cime des arbres de la forêt de Saint-Germain. Cette partie de la forêt était le lieu de prédilection de Charles X pour les chasses aux cerfs. Un peu avant d'atteindre la station de Conflans, on peut voir, à dr., à l'extrémité d'une belle avenue, le *château de la Muette*, charmant pavillon (bâti par François Ier), un des principaux rendez-vous de chasse de la forêt.

4ᵉ STATION. — CONFLANS.

5 kil. de Maisons et de Poissy, 22 kil. de la gare de Paris, 4 kil. des Loges, 7 kil. 1/2 de Saint-Germain. — Le village est à : 4 kil. de la station, 3 kil. d'Andrésy, 3 kil. d'Éragny, 6 kil. 1/2 de Pontoise, 5 kil. de Pierrelaye, 5 kil. d'Herblay, 7 kil. de la Frette par la rive dr. de la Seine, 2 kil. par l'embouchure de l'Oise, 12 kil. de Saint-Germain.

Conflans-Sainte-Honorine (omnibus), v. de 1,822 hab., situé à 4 kil. du chemin de fer, sur une colline de la rive dr. de la Seine, à 1,500 mèt. au-dessus de l'embouchure de l'Oise, est complétement caché par la forêt. Un *pont suspendu*, auquel vient aboutir la route qui part de la station, le met en communication avec la rive g. du fleuve. Ce pont, construit sous la direction de M. Séguin, se compose de trois travées. La travée du milieu a 76 mèt. d'ouverture ; les deux autres ont chacune 33 mèt.

Conflans doit son nom au confluent près duquel il se trouve, et son surnom à la châsse de sainte Honorine, qui y fut apportée (898), sous le règne de Charles le Simple, par un habitant de Graville, pour y être mise à l'abri des incursions des Normands. Il était fort ancien et possédait alors des fortifications. Ces reliques furent d'abord déposées dans une petite chapelle ; mais, au milieu du XIᵉ s., les seigneurs de Beaumont-sur-Oise, qui étaient en même temps les seigneurs de Conflans, bâtirent une église en leur honneur, puis fondèrent un prieuré qui a subsisté jusqu'à la Révolution. Les reliques de sainte Honorine ont, de tout temps, attiré un grand nombre de pèlerins à Conflans ; le jour de l'Ascension, elles sont portées en procession.

Sur la colline où s'élevait jadis le prieuré, on voit encore les ruines d'une vieille tour de forme carrée, qui s'appelait le *Vieux-Château* ou la *Baronnie*. Une autre tour, nommée le *Château-Neuf* ou tout simplement la *Tour*, a été complétement détruite.

Conflans possède un beau *château* et de nombreuses maisons de campagne. Son territoire est en grande partie cultivé en vignes. Ses habitants exploitent, en outre, avec un assez grand profit, des carrières de pierre de taille (pierres très-tendres, très-belles, pour monuments et sculptures) et de moellons.

L'*église* date de diverses époques. Son clocher paraît remonter au XIIᵉ s. ; la nef et les bas côtés sont du style ogival ; mais les voûtes ont été refaites en berceau. Le portail (XVIᵉ s.) est précédé d'un porche en ruines. On remarque dans l'église un beau tableau (saint François d'Assise) attribué à Zurbaran.

On découvre une belle vue de la terrasse de l'église, sur laquelle s'élève la *maison des sœurs*, qui domine tout le village.

Une *allée couverte* celtique, qui existait près de Conflans avant 1866, a été transportée dans les fossés du château de Saint-Germain, où l'on peut la voir, à g. du pont-levis.

On peut aller en 30 min. de Conflans à Andrésy, en traversant l'Oise sur un pont suspendu, d'une seule arche de 75 mèt. d'ouverture, jeté, il y a quelques années, au-dessus de l'embouchure de cette rivière. Andrésy est décrit ci-dessous.

DE CONFLANS A PONTOISE.

Un chemin de fer en construction doit relier Conflans à Pontoise. Cet embranchement (13 kil.), après avoir quitté, à 500 mèt. de la station actuelle de Conflans, la ligne de Rouen, laisse à g. Achères (*V.* p. 159), et traverse la Seine à une centaine de mètres de son confluent avec l'Oise. A l'issue du pont sera établie la nouvelle station de Conflans, à plus de 1 kil. du bourg. — A 4 kil. de Conflans une station desservira d'*Éragny*, v. de 412 hab., situé, par la route de terre, à 3 kil. 1/2 de Conflans, à 3 kil. de Saint-Ouen-l'Aumône, et dominant la rive g. de l'Oise. Cette rivière forme à l'O., entre Conflans et Éragny, une longue presqu'île où se trouvent les hameaux de *Neuville* et de *Ham*. — Enfin, après avoir laissé à g. l'église de Saint-Ouen-l'Aumône, la ligne de Conflans rejoindra le chemin de fer de Pontoise à l'entrée du pont qui précède la gare de cette ville.

Au sortir de la longue et profonde tranchée qui suit la station de Conflans, on aperçoit, à dr., le petit clocher d'Achères. Les regards sont attirés, plus loin, par les clochers d'Andrésy et de Chanteloup (*V.* ci-dessous, p. 194). On découvre sur la dr. le pont de Poissy.

5ᵉ STATION. — POISSY.

5 kil. de Conflans, 27 kil. de Paris, 8 kil. de Triel (6 kil. par la route de terre), 6 kil. de Saint-Germain, 7 kil. d'Andrésy, 6 kil. de Chanteloup, 2 kil. de Carrières-sous-Poissy, 4 kil. de Villennes, 19 kil. de Versailles, 3 kil. de Chambourcy, 5 kil. d'Orgeval, 4 kil. d'Achères.

Poissy*, ch.-l. de c., V. de 5,047 hab., située sur la rive g. de la Seine, et en très-grande partie à g. du chemin de fer, est reliée à la rive dr. du fleuve par un *pont* de pierre du moyen âge, élargi de nos jours. Ce pont avait jadis 37 arches d'une égale grandeur; il n'en compte aujourd'hui que 24, dont 18 en pierre, très-inégales, 5 en bois et 1 en fonte, qui s'appuie d'un côté sur la rive dr. de la Seine; cette dernière est de beaucoup plus large que les autres, afin de donner passage aux bateaux. Il a été construit par Louis IX; un des moulins (reconstruits), que l'on voit adossés à peu près au milieu du pont, s'appelle encore le *moulin de la reine Blanche*. Pendant les guerres de la Ligue, le duc de Mayenne, qui était maître de la ville, fit sauter trois arches pour empêcher l'armée royale de franchir la Seine. Les arches en pierres sont protégées de chaque côté par d'énormes contre-forts.

Poissy, *Pinciacum, Pisiacum, Poissiacum*, devait avoir une certaine importance au IXᵉ s., puisque Charles le Chauve y tint, en 868, une assemblée des prélats et des grands de son royaume. Quelques savants ont émis l'opinion que le bon ro Robert et la méchante reine Constance avaient chacun un palais à *Pinciacum*. Le fait est douteux. Ce qui paraît positif, c'est que, en 1367, Charles V fit démolir les restes d'une résidence royale qu'avaient occupée la plupart de ses prédécesseurs et où naquit saint Louis. Ce roi avait une affection toute particulière pour sa ville natale, et se plaisait à signer *Louis de Poissy*.

Il reste quelques débris des anciennes murailles de Poissy, qui ne l'empêchèrent pas cependant d'être prise toutes les fois qu'elle fut assiégée. Passons rapidement sur ces souvenirs locaux, pour rappeler le principal fait historique auquel son nom reste attaché. En 1560, à l'époque où Catherine de Médicis, conseillée par L'Hôpital, se faisait reprocher son apostasie par Montmorency et par le peuple, et entrait de plain-pied dans le calvinisme, a dit un historien contemporain, croyant faire acte de haute politique et rendre plus solide la couronne de ses enfants, elle s'imagina qu'elle parviendrait à concilier les deux opinions, et elle convoqua à Poissy les protestants et les catholiques, pour y discuter librement et solennellement leurs croyances. Cette conférence, connue dans l'histoire sous le nom de *colloque de Poissy*, s'ouvrit le 9 septembre 1561, dans le réfectoire de l'abbaye. Le légat du pape, 16 cardinaux, 40 évêques et un grand nombre de théologiens y représentaient le catholicisme. Le protestantisme y comptait trente ou quarante défenseurs. Calvin avait envoyé à sa place Théodore de Bèze. Toute la cour assistait à ce tournoi théologique. La discussion fut d'abord courtoise; Théodore de Bèze exposa nettement sa profession de foi : mais, lorsqu'il vint à dire « que le Christ, dans l'Eucharistie, est autant éloigné du pain et de l'eau comme la terre l'est du ciel, » tous les évêques se levèrent en criant au blasphème; ils accusèrent le gouvernement « de vouloir innover la religion et non apaiser les troubles ». Le général des jésuites, Lainès, qui accom-

Poissy : vue générale.

pagnait le légat, protesta contre le scandale que donnait la reine en établissant des conférences religieuses quand le souverain pontife avait indiqué un concile général. Le colloque dégénéra en disputes violentes, et, le 25 novembre, on fut obligé de le clore.

L'aspect de la ville actuelle n'a rien d'agréable. Les rues étroites et tortueuses sont bordées de maisons vulgaires; sans son église et les jolies promenades qui l'entourent, Poissy ne mériterait pas une visite.

L'église (mon. hist.), dédiée à saint Louis et autrefois desservie par un chapitre, serait un des édifices les plus précieux de la France entière, si l'on adoptait l'opinion de Félix de Verneilh (*La Première des églises gothiques*) et de M. A. Saint-Paul (*Origine du style ogival*), qui voient dans ce monument les germes immédiats du style ogival, les commencements les mieux caractérisés de la transition de la voûte romane à la voûte sur nervures. Malheureusement, la date précise de la collégiale de Poissy est inconnue; les caractères des profils et de la sculpture permettent seulement de la fixer d'une manière approximative entre les années 1120 et 1135. Les trois nefs, remaniées au XVe ou au XVIe s., sont précédées d'une tour occidentale carrée, construite en avant de la nef centrale suivant les données admises au XIe s. et au commencement du XIIe s. dans l'Ile-de-France. A sa partie supérieure, cette tour se rétrécit considérablement pour porter un étage octogonal que couronne une flèche en pierre. Au S. de la nef ont été appliqués, au XVIe s., un rang de chapelles gothiques et un beau porche, dont les sculptures ont été indignement mutilées. Les chapelles du N. sont du XVe s., ainsi qu'une partie des grandes voûtes et tous les arcs-boutants extérieurs.

Le chœur est la partie la plus intéressante. Il comprend : une travée semblable à celles de la nef, mais conservée ou rétablie dans son état primitif, et dont les bas-côtés sont doublés chacun d'un compartiment quadrangulaire donnant accès à une absidiole; sur cette travée, un beau clocher octogonal; une abside centrale dont les parties supérieures sont tout à fait modernes; un déambulatoire; une chapelle terminale, refaite aussi de nos jours. Les bas-côtés et le déambulatoire ont des voûtes d'arêtes romaines, mais construites en moellons piqués, genre de structure qui tendait à remplacer, au commencement du XIIe s., l'ancien système de remplissage à bain de mortier, et qui, par les difficultés de son application, ne contribua pas peu à hâter l'adoption de la nervure. Déjà, à Poissy, dans le déambulatoire, le constructeur a dû imaginer les combinaisons les plus recherchées pour faire tenir les voûtes par leurs simples arêtes; dans les absidioles latérales, il a renoncé résolument aux expédients précaires, et il a usé de la nervure; seulement, ne connaissant pas encore la force de résistance de l'élément nouveau, il l'a soulagé le plus possible en donnant à la voûte des petits hémicycles le galbe d'une coupole. Le compartiment quadrangulaire qui précède chaque absidiole et forme avec elles une sorte de faux transsept, est aussi voûté à nervures; enfin la grande voûte présente elle-même des arcs croisés, d'un profil vigoureux, mais encore gauchement portés par leurs chapiteaux. « Tout cela, dit M. de Verneilh, n'a ni le mérite de la beauté, ni celui de la simplicité et de l'économie. De pareils tâtonnements accusent une période de transition antérieure à l'édification de Saint-Denis (l'église bâtie par Suger); ils préparent et expliquent les progrès réalisés par ce dernier édifice; ils offrent vraiment tous les degrés intermédiaires entre la voûte romane munie seulement d'arcs-doubleaux et de formerets, telle qu'on la voit à Vézelay, et la voûte gothique, telle qu'elle se montre à Saint-Denis. » Il est à remarquer que l'ogive ne se montre, à l'intérieur de toute l'église, dans aucune des parties primitives, et que la cathédrale de Sens, au xii₀ s., présentait la plus grande analogie de plan avec Saint-Louis de Poissy.

La grande nef présente un triforium composé, à chaque travée, d'une arcade géminée à l'intérieur,

Église de Poissy.

et, sur l'extérieur, d'un petit oculus percé entre deux meurtrières à plein cintre. Ce triforium ne se prolonge pas à l'abside, dont la partie supérieure, refaite de nos jours dans le style de Notre-Dame de Paris, est éclairée par trois jolies roses à meneaux. Les chapiteaux des grosses colonnes de l'abside présentent de belles sculptures.

Le clocher central, d'une conservation admirable, est à huit pans inégaux ; les quatre pans principaux sont percés de fenêtres géminées ;

une fenêtre simple s'ouvre sur chacun des pans obliques; le tout est couronné d'une flèche en ardoises.

L'église de Poissy renferme : un bel autel en bois sculpté dans la chapelle de la Vierge, située derrière le maître-autel et presque entièrement pavée de curieuses pierres tombales ornées de figures et de dessins; dans le bas-côté de droite, près du chœur, une belle chapelle neuve, avec dalle tumulaire de 1639 et charmant autel en pierre, orné de sculptures et surmonté d'un joli tabernacle également en pierre; un groupe en pierre (8 figures de grandeur naturelle) représentant l'*Ensevelissement du Christ*, dans la chapelle des fonts, située à l'extrémité du collatéral g. (pierre tombale à l'entrée); de magnifiques boiseries dans la 4ᵉ chapelle de ce même collatéral; enfin, dans la 6ᵉ chapelle, dont l'entrée offre deux vieilles statues et une pierre tombale de Hénaut, mort en 1630, de vieilles boiseries et surtout les derniers débris des *fonts baptismaux* sur lesquels saint Louis a été baptisé. La superstition populaire a attaché pendant longtemps à la poussière provenant de la raclure de ces fonts la vertu de guérir la fièvre quand on l'avalait dans un verre d'eau. Aussi ont-ils été tellement raclés qu'il ne reste plus qu'un fragment de la cuve.

Près de l'église paroissiale de Poissy, ancienne collégiale, s'élevait encore, en 1802, une église bien plus grande et bien plus belle, que la plupart des auteurs ont confondue avec elle. Cette église, dont il ne reste presque aucun vestige, était celle de l'abbaye des Dominicaines, commencée par Philippe le Bel et achevée par Philippe de Valois, sur une partie de l'emplacement de l'ancien château royal. On assurait même, ce qui n'est nullement prouvé, que le maître-autel avait été élevé à l'endroit où se trouvait le lit de la reine Blanche lorsqu'elle donna le jour à saint Louis. Cette église renfermait, entre autres tombeaux, ceux de Philippe le Bel, de la reine Constance, d'Agnès de Méranie. Le trésor, fort riche, possédait la mâchoire supérieure de saint Louis.

En 1687, en faisant réparer le chœur des religieuses, on découvrit, dans un petit caveau, une urne d'étain, posée sur des barres de fer, et dans laquelle deux petits plats d'argent étaient enveloppés d'une étoffe d'or et rouge, avec cette inscription sur une lame de plomb :

CY DEDEN EST LE CVER DV ROI PHYLIPPE
QVI FVNDA CESTE EGLISE
QVI TREPASSA A FONTAINEBLEAV
LA VEILLE DE SAINT-ANDRÉ.
M.CCC.XIV.

L'église de l'abbaye de Poissy avait été vendue avec les bâtiments de l'abbaye pendant la Révolution. En 1802, le propriétaire offrit à la ville de la lui revendre. Le conseil municipal ayant refusé de l'acheter sur l'avis du curé, elle fut adjugée à des démolisseurs qui n'en ont presque rien laissé. On voit pourtant encore, au fond de ce qu'on nomme *l'enclos de l'abbaye*, une longue muraille d'enceinte, à moitié ruinée, dont la base, doublée au xvIᵉ s., offre çà et là des débris provenant d'un édifice du xIVᵉ s.

Ce fut dans le réfectoire des Dominicaines de Poissy, « le plus beau qui soit en aucun monastère, » dit un manuscrit, que se tint le fameux *colloque* de 1561.

Près de l'église paroissiale se voit un ancien bâtiment du xIVᵉ s., flanqué de deux tours rondes, qui fit aussi partie de l'abbaye royale.

Signalons encore à Poissy : l'*hôpital* civil et militaire; la *maison centrale de détention*, qui renferme environ 1,000 détenus (ateliers de serrurerie, gravure, bijouterie, peignes, tissage, crayons) dont la peine dépasse une année; une *caserne d'infanterie*; la vaste *place de l'ancien*

POISSY. — ANDRÉSY.

marché aux bestiaux, en partie plantée d'arbres et au milieu de laquelle s'élève une fontaine monumentale en fonte avec statue, vasques et bassins (1849); la *place du Petit Marché*, ornée d'une fontaine publique, dont le couronnement représente un énorme crocodile avalant un poisson; la *promenade* située sur la rive g. de la Seine, près du pont : la jolie *maison de campagne* que M. Meissonnier, le peintre, a fait construire dans l'enclos de l'abbaye, et de nombreuses villas.

DE POISSY A PONTOISE.

20 kil. — Omnibus jusqu'à Andrésy.

Pour aller de Poissy à Pontoise, il faut suivre d'abord la route de Rouen et traverser la Seine sur le pont décrit ci-dessus (*V.* p. 188). De ce pont, on embrasse d'un coup d'œil, en amont, Achères, Andrésy, Carrières, Chanteloup et de hauts coteaux couverts de vignes (on peut, quand le temps est parfaitement clair, apercevoir Paris, du haut de la colline sur le penchant de laquelle s'étagent les maisons de Chanteloup dont le clocher attire de loin les regards). A 1,500 mèt. de Poissy, on quitte la route de Rouen pour prendre celle de Chanteloup qu'on laisse ensuite à g., près d'un petit calvaire ombragé par de jeunes ormeaux, et l'on entre à (3 kil.) **Carrières-sous-Poissy**, 612 hab., v. bâti sur le penchant d'un coteau de la rive dr. de la Seine. Le *château* de Carrières ne se fait guère remarquer que par sa position pittoresque. La terrasse, qui précède la façade du côté de la Seine, est ombragée par un énorme sapin que l'on distingue très-bien du chemin de fer.

7 kil. **Andrésy**, v. de 942 hab., est situé au confluent de la Seine et de l'Oise que traverse un beau *pont* suspendu de 75 mèt. d'ouverture, au pied d'un coteau percé de grottes artificielles et couvert de vignes.

Ce village, appelé autrefois *Anderetia*, reçut, sous les derniers empereurs romains, une flotte destinée à contenir les peuples voisins et dont le chef, résidant à Paris, était désigné sous le nom de *præfectus classis Anderetianorum*. Chilpéric II rendit à Andrésy une ordonnance qui a donné à penser que les rois de la première race y possédaient un château. Du reste, des débris de portes et de tours prouvent qu'au moyen âge ce lieu a été fortifié. En 1592, il s'y tint des conférences pour la conversion d'Henri IV.

Andrésy n'est plus qu'un petit village; mais, de la belle promenade qui longe la Seine, on découvre de charmants paysages, et les coteaux qui s'élèvent à l'O. offrent l'une des plus belles vues des environs de Paris.

L'*église* s'élève au N. du village, sur le quai. Un porche ogival, orné autrefois de sculptures, précède la porte principale, de chaque côté de laquelle s'élevaient cinq colonnes élégantes; à g., on a eu l'ingénieuse idée de couper trois de ces colonnes au-dessous des chapiteaux, pour mettre à leur place la porte du clocher. La porte franchie, on descend dix marches. L'intérieur se compose d'une nef et de deux bas côtés; mais toute la partie g. de la nef et le bas-côté g., beaucoup plus large que le bas-côté dr., ont été reconstruits, en même temps que trois côtés de la tour, à une époque comparativement moderne. Les seules parties vraiment intéressantes de cette église sont le côté dr. de la nef et le bas-côté dr., qui paraissent dater du xiiie s. Les galeries du premier étage sont assez bien conservées.

Une des nombreuses maisons de campagne d'Andrésy a appartenu à Mme la comtesse de Mersan, gouvernante des enfants de France.

[On peut aller en 30 min. à pied d'Andrésy à Conflans-Sainte-Honorine (*V.* ci-dessus) et en 40 min. à Triel, par Chanteloup (*V.* ci-dessous).

A l'O., les promenades sont fort agréables. Nous recommandons surtout celle que nous allons indiquer et qui ne demande pas plus de 2 h. (aller et retour, sans y comprendre les repos). Si l'on suit la rive g. de la Seine, dont le lit est parsemé d'îles verdoyantes, on laisse à g., au pied de coteaux boisés, trois jolis châteaux récemment restaurés, *Villiers, Migneaux* et *Hacqueville*, dont les beaux parcs ne sont pas ouverts aux promeneurs. En 40 min., on atteint *Villennes*, 430 hab., où l'on voit, près de l'église, un magnifique cornouiller. Du bord de la Seine, 15 ou 20 min. suffisent pour monter au moulin de Villennes (charmant point de vue), appelé moulin de *Beaulieu* (la hauteur qui le domine est à 128 mèt.). A g., vers la Seine, Triel, Vaux, dominés par leurs coteaux boisés; en face, Chanteloup, Andrésy, le confluent de la Seine et de l'Oise, Conflans; à dr., Poissy, la forêt de Saint-Germain, le Mont-Valérien, Saint-Germain, l'aqueduc de Marly; derrière la forêt de Marly, Chambourcy. Orgeval, etc. Près du moulin, en ruine, est la ferme de Marolles. Si l'on ne veut pas revenir par le même chemin, on peut gagner la route de Quarante-Sous (*V.* p. 159) et redescendre à Poissy entre les parcs de Migneaux et de Villiers, ou se rendre directement à Saint-Germain (1 h. 30 min. ou 1 h. 45 min. à pied).]

En continuant de suivre la route de Pontoise, on ne tarde pas à atteindre le confluent de la Seine et de l'Oise.

9 kil. de Poissy. *Maurecourt,* 426 hab. (dans l'église, belles boiseries provenant de Pontoise); — plus loin, en remontant l'Oise, on trouve les ham. de *Glatigny* et de *Vincourt*.

12 kil. *Jouy-le-Moustier,* 697 hab., dont l'*église* (mon. hist.), bâtie du xie au xiiie s., a conservé son triforium et ses œils-de-bœuf, disposés comme à Arcueil, Bagneux, Bougival, etc. La tour centrale et sa pyramide sont romanes.

14 kil. *Vauréal,* 406 hab., renferme une *église* ogivale et un assez beau *château,* construit sur l'emplacement d'un château des princes de Conti, démoli sous la Restauration. — On arrive à (20 kil. de Poissy) Pontoise après avoir quitté l'Oise et laissé à dr. le v. de *Cergy,* 926 hab., dont l'*église* (xve s.) offre un portail remarquable.

Le chemin de fer du Havre suit la rive g. de la Seine en s'éloignant de Poissy; il passe au-dessous des châteaux de Villiers, de Migneaux, d'Hacqueville, puis à Villennes et enfin à *Médan,* 177 hab., où l'on remarque un château avec terrasse et une *église* du xviie s., dont la cuve baptismale, suivant une fausse tradition, aurait servi au baptême de Charles le Chauve.

6ᵉ STATION. — TRIEL.

8 kil. de Poissy par le chemin de fer, 35 kil. de Paris. — Le bourg est à 2 kil. de la station, 6 kil. de Poissy par la route de terre, 2 kil. de Chanteloup, 5 kil. d'Andrésy, 12 kil. de Saint-Germain.

Triel* (omnibus), b. de 2,266 hab., bâti sur la rive dr. de la Seine, est relié à la station par un pont suspendu de 3 arches. Il possède plusieurs villas. L'**église** (mon. hist.), construite sur une terrasse, a été bâtie à diverses époques. La nef est du xiiie s. avancé; le chœur, de la Renaissance. Toutes les parties anciennes sont tellement délabrées qu'il devient difficile de les restaurer. On remarque à l'intérieur les chapelles latérales du S., du style gothique fleuri, qui prennent jour sur la terrasse, les débris du porche (xve s.), au fond duquel se voit encore une porte en bois sculpté de la Renaissance, et surtout la voûte en berceau qui traverse le chœur, donnant passage à une rue. A l'intérieur, le raccordement de la nef et du chœur est également intéressant par sa bizarrerie. L'axe du chœur étant porté à 3 ou 4 mèt. à g. de celui de la nef et de la croisée, on a dû couper la travée du xiiie s. la plus voisine, de manière à faire porter sur l'une des nervures le mur qui sert à ménager le raccordement. Sous le chœur, élevé de 9 grandes marches au-dessus de la nef, règne une crypte où l'on accède par la rue qui coupe transversalement l'église. Le plus complet des vitraux du chœur date de 1544.

Les collines qui dominent la rive dr. de la Seine renferment des carrières de plâtre et de pierres.

Vaux, 1,164 hab., à 4 kil. en aval de Triel, possède une *église* du XIIIe s.

On peut aller en 1 h. (5 kil.) de Triel à Andrésy, par *Pisse-Fontaine* et **Chanteloup**, v. de 696 hab. Si l'on veut faire une agréable promenade, il faut prendre la rue qui passe derrière le chœur de l'église et monter, à travers les vignes et les carrières de plâtre, par le ham. d'*Éverchemont*, jusqu'aux *bois de l'Hautil* (20 min. de Triel). Avant d'entrer dans ces bois on découvre, en se retournant, de charmants points de vue sur Triel, la vallée de la Seine, Verneuil, Vernouillet et les coteaux boisés d'Orgeval. Sur la g. s'étendent les *bois des Deux-Amants*. Quand on a atteint le plateau de *l'Hautil*, il faut incliner sur la dr. et venir traverser, près d'un groupe de maisons, la route de Poissy à Boisemont, par Chanteloup. De l'autre côté de cette route s'étendent les *bois de la Barbonnerie*, à travers lesquels on peut gagner, en inclinant un peu sur la dr., le *château* solitaire *du Fay*, que M. le comte Lepic a fait reconstruire. En côtoyant les murs du parc de ce château, on descend à Andrésy (5 kil. de Triel). Les chemins de dr. mènent à Chanteloup. Dans cette descente, on découvre une des plus belles vues des environs de Paris. On a sur la dr. Poissy, sur la g. Pontoise, et en face de soi, au-delà de la forêt de Saint-Germain, entre le Mont-Valérien et Montmartre, les principaux monuments de Paris.

D'Andrésy on peut gagner soit Conflans, soit Poissy (*V.* ci-dessus).

A 1 kil. à g. de la station de Triel, à **Vernouillet**, 773 hab., on peut visiter une petite *église* (mon. hist.), dont le clocher roman attire l'attention par sa curieuse flèche en pierre, ajoutée probablement à la fin du XIIe s., avec ses lucarnes et ses clochetons. Il ne restait des clochetons que les colonnes appliquées à la flèche; ils ont été rétablis en 1877. Le transsept a deux portes opposées, dont l'une, celle du S., est romane et assez remarquable. La nef est aussi de style roman pur, sauf les nervures de la grande voûte; une travée a été coupée de nos jours pour recevoir une façade sans caractère; on voit à l'intérieur un gros chapiteau historié. Le chœur, de la seconde moitié du XIIe s., est terminé par un mur droit, qui ne manque pas de caractère à l'extérieur. Le croisillon N. renferme une statue de saint Étienne (XVIe s.).

A 1 kil. de la station et à 1,500 mèt. de Vernouillet, est situé **Verneuil**, 600 hab., dont l'église est du XIIIe s., et dont le *château* appartient à la famille de Talleyrand-Périgord. — A l'O. s'étendent les *bois de Verneuil*.

Au-delà de la station de Triel, on aperçoit, sur la rive dr. de la Seine, *Évecquemont*, 306 hab. (*église* des XIVe et XVIe s.), dont les nombreuses maisons de campagne jouissent de points de vue magnifiques.

7ᵉ STATION. — MEULAN.

6 kil. de Triel, 8 kil. d'Épone, 17 kil. de Mantes, 41 kil. de la gare de Paris. — La ville est à 1,500 mèt. de sa station.

Meulan*, ch.-l. de c. de 2,340 hab., est situé en partie sur la rive dr. de la Seine, en partie sur un coteau couvert de vignes et en partie sur une île nommée *le Fort*. Cette île est reliée aux deux rives par d'anciens *ponts* de pierre. A côté de la station est le v. des *Mureaux*, 1,230 hab. (beau château de *Bécheville*; manufacture de brosses à peindre), dont l'*église*, moderne, renferme six curieuses colonnes du XIIIe s.; quatre de ces colonnes soutiennent, à l'entrée du chœur, une sorte d'arc de triomphe à trois ouvertures, d'une disposition fort originale. L'arc central est en plein cintre ; les cintres latéraux ont une courbe rampante et forment arcs-boutants.

Meulan était au moyen âge le chef-lieu d'un comté appartenant aux comtes de Vexin, et qui fut réuni (1203) par Philippe Auguste à la couronne de France. Meulan, qui était fortifiée, opposa, pendant les guerres civiles, une résistance opiniâtre aux troupes du duc de Mayenne, qui furent forcées de lever le siège. En 1638, Louis XIII ordonna qu'on établît à Meulan une communauté de religieuses de l'Annonciade, en faveur de Charlotte du Puy de Jésus-Maria, dont les prières venaient, disait-on, de faire cesser la longue stérilité d'Anne d'Autriche. Ce couvent a fait place à de jolies maisons bourgeoises.

Meulan a été habité par Chateaubriand, qui y a écrit, dit-on, une partie de ses *Mémoires*.

Meulan possède deux églises : **Notre-Dame**, dans la basse ville, beau vaisseau des xive et xve s., malheureusement délabré et converti en halle, sauf la tour moderne, qui sert de beffroi ; et **Saint-Nicolas**, sur le coteau, sans caractère à l'extérieur, totalement remaniée en 1790, mais très-intéressante à l'intérieur par ses bas-côtés et son déambulatoire du xiie s., où l'on remarque, à une clef de voûte, un des plus anciens écussons qui existent (les armoiries en sont effacées). — Près de Notre-Dame, une *maison* du xive s. offre encore deux belles fenêtres à meneaux et une porte à colonnettes. — Dans le jardin de l'hôtel de ville, on remarque un curieux autel gallo-romain, trouvé près de Maule, et ayant dû servir aux sacrifices purificatoires. — Dans l'île subsistent quelques restes de la *chapelle Saint-Jacques* (xve s.) et du *château*, dont Du Guesclin renversa le donjon, défendu par les partisans de Charles le Mauvais.

La route de terre de Meulan à Mantes (15 kil.) laisse successivement à dr. (1 kil.) *Hardricourt*, 239 hab. (*clocher* roman, mon. hist., avec flèche en pierre) ; (3 kil.) *Mézy*, 375 hab. (église du xvie s.) ; (5 kil.) *Juziers*, 824 hab., dont l'**église** (mon. hist.), ancien prieuré de Saint-Père de Chartres, située au bord de la route, date du xie s. pour la nef et du xiie s. pour l'abside (deux rangs d'arcatures, dont un servant de triforium) ; (9 kil.) *Gargenville*, 637 hab., dont l'église romane est tombée en 1874, faute d'entretien, et (10 kil.) *Issou*, 291 hab. (église en partie du xiie s.).

[Des omnibus conduisent à : (6 kil.) *Ainville* (527 hab.; fabriques de bijouterie en acier poli et en cuivre doré, de brosses à peindre et de papier) ; — (7 kil.) *Seraincourt* (510 hab.; tombelles) ; — (7 kil.) *Brueil* (277 hab.) ; — (15 kil.) *Drocourt* (231 hab.) ; — (10 kil.) *Frémainville* (388 hab.) — et (13 kil.) *Avernes* (519 hab.).]

En sortant de Meulan, on remarque, à g., un *château* entouré d'arbres magnifiques ; il appartient à M. le comte Daru. Plus loin, de grands arbres cachent en partie une belle résidence située au pied d'un coteau. La voie ferrée traverse ensuite le bois de la Garenne, qui s'étend jusqu'à la station d'Épone, et dont les arbres laissent apercevoir à g. le v. de *Flins-sur-Seine* (841 hab.; beau château avec parc et pièces d'eau) et *Aubergenville*, 479 hab. (*château* et vaste parc *d'Acosta*). A dr. se montre la ferme de *la Garenne*, près de laquelle est un beau *dolmen*. On franchit la Mauldre.

8e STATION. — ÉPONE.

8 kil. de Meulan. 9 kil. de Mantes.
49 kil. de Paris.

Épone. 846 hab. (omnibus), bâti en amphithéâtre à 1 kil. S. de sa station, possède un beau *château* ayant appartenu aux Créqui, et une *église*, dont le beau clocher octogonal roman, à deux étages, est surmonté d'une flèche en pierre, res-

MEULAN. — ÉPONE. — MAULE.

taurée. Outre la porte occidentale, qui date de la fin du XIIᵉ s., on remarque à l'intérieur de l'église deux vieilles portes murées, l'une du XIᵉ s. (tympan appareillé en losanges), sous la tour, et l'autre, du commencement du XIIᵉ s., avec zigzags, dents de loup, rosaces et chapiteaux sculptés (l'un est historié). Deux belles dalles tumulaires de la Renaissance ont été appliquées au mur de l'unique bas-côté, à g. Le chœur, moderne, imite assez bien le style de la fin du XIIᵉ s.

Des omnibus, remontant la vallée de la Mauldre, relient la station d'Épone à celle de (21 kil.) Villiers-Néaufle (*V.* Section VI), par (8 kil.) **Maule**', b. de 1,350 hab., dont l'église (mon. hist.), bâtie de 1070 à

Pont de Meulan.

1118, augmentée d'une belle tour à statues en 1547, mal restaurée de nos jours, renferme une crypte du XIᵉ s. et présente un faux triforium, de curieux remaniements du XVᵉ s. et une belle chapelle de cette dernière époque, servant de sacristie. Le *château* de Maule, situé au bas de la ville, sur la Mauldre, date de Louis XIII. Il est construit en pierres et briques, et accompagné d'un gros colombier. La baronnie de Maule fut érigée en marquisat en 1667.

Quand on a quitté la station d'Épone, on dépasse à g. *Mézières*, 869 hab. (*église* des XIIIᵉ et XVIᵉ s., dont la charpente porte la date de 1521); à dr., sur la rive dr. de la Seine, se montre *Porcheville*, 222 hab. Du même côté, les clochers de Mantes, et un instant celui de Limay, attirent l'attention, quand ils ne sont pas cachés par les tranchées. On franchit la Vaucouleurs, qui arrose, à 1 kil. en amont de la voie, *Mantes-la-Ville*, 932 hab.

9ᵉ STATION. — MANTES-VILLE.

56 kil. de Paris, 1 kil. de la gare-embranchement de Mantes.

Cette station, où s'arrêtent quelques trains omnibus, est un peu plus rapprochée de la ville de Mantes (500 mèt.) que la gare, mais elle n'est jamais desservie par les omnibus.

10ᵉ STATION. — MANTES-EMBRANCHEMENT.

8 kil. d'Épone, 57 kil. de Paris.

La gare de Mantes-Embranchement, qui renferme un buffet, est située au point où se séparent les lignes de Paris à Rouen et de Paris à Cherbourg, à 800 mèt. du cœur de la ville de Mantes; mais elle est seule desservie par tous les trains et par les omnibus de correspondance.

MANTES.

Mantes *, ch.-l. d'arrond. de Seine-et-Oise, V. de 5,697 hab., est agréablement bâtie, en amphithéâtre, sur la rive g. de la Seine, en face du bourg de Limay, auquel elle est reliée par deux beaux *ponts* modernes (le premier, bâti par Perronnet en 1765, avait été détruit en 1870), chacun de 3 arches, séparés par une île. En amont du second pont, entre l'île et Limay, se voit un *pont* très-intéressant des XIIᵉ et XVᵉ s., qui ne sert plus à la circulation.

Les documents relatifs à l'histoire de Mantes ne sont pas antérieurs au IXᵉ s. En 865, les Normands, sous la conduite de Bioern Côte-de-Fer, traversent la ville et la pillent. A la suite du traité de Saint-Clair-sur-Epte (912), elle devient une ville frontière, fait partie du Vexin français et forme le chef-lieu d'un comté, le Mantois, dépendance du domaine royal. Dès le commencement du XIᵉ s., elle s'administre elle-même; en 1110, elle obtient une charte de commune. Guillaume le Conquérant réclama cette province de Philippe Iᵉʳ; mais, la réponse du roi de France ayant été une raillerie sur l'embonpoint de Guillaume, ce dernier, plein de ressentiment, s'empara de Mantes, et la livra aux flammes en 1087. Comme il chevauchait orgueilleusement par la ville, dit un vieil historien, son cheval, ayant mis les pieds dans un fossé, s'abattit, et le blessa au ventre en le faisant tomber sur l'arçon de sa selle. On le transporta à Rouen, où il languit pendant quelque temps. Afin d'obtenir la rémission de ses péchés, il légua une forte somme d'argent pour la reconstruction de l'église de Notre-Dame de Mantes livrée au pillage et aux flammes par ses soldats, et mourut quelques jours après des suites de sa blessure. Philippe Auguste appelait Mantes sa fille bien aimée; il en fit son arsenal, y mourut en 1223, et demanda, dit-on, en mourant, que son cœur fût déposé au pied du grand autel de Notre-Dame.

En 1346, Édouard III, après avoir débarqué au cap de la Hogue, pour s'emparer de la Normandie, s'avança jusqu'à Mantes, et la saccagea, quelques jours avant la bataille de Crécy. — En 1364, Du Guesclin la fit rentrer sous la domination des rois de France, mais elle ne tarda pas à retomber au pouvoir des Anglais. Reprise en 1449 par les Français, elle n'a pas cessé depuis lors de leur appartenir.

« Le 24 février 1354, dit M. Lalanne, il fut signé à Mantes entre le roi Jean et Charles le Mauvais, roi de Navarre, un traité par lequel le premier pardonna à celui-ci le meurtre du connétable Charles d'Espagne, qu'il avait fait assassiner le 8 janvier précédent, et de plus, en échange de l'abandon de ses prétentions sur les comtés de Champagne et de Brie, lui cédait le Cotentin, le comté de Beaumont-le-Roger et les seigneuries de Breteuil et de Conches. » (*Dict. histor. de la France.*)

Henri IV allait souvent à Mantes rendre visite à Gabrielle, qui habitait une maison de la Grande-Rue. — Pendant les guerres de la Ligue, Mantes reçut plusieurs fois le duc de Mayenne; mais elle fut surprise par Henri IV, qui y fit une entrée triomphante (1590).

En 1609, Henri IV revint à Mantes avec la reine Marie de Médicis; deux ans après la mort de Louis XIII, Anne d'Autriche y passa quelques jours avec Louis XIV enfant, le duc d'Anjou et Mazarin. Louis XIV logea, dit-on, dans une maison de la *rue au Pois*. Le cardinal Mazarin logea au château, qui fut détruit en 1721 par ordre du régent, le duc d'Orléans, son dernier possesseur. Cette démolition et les dégâts occasionnés par les guerres, dont Mantes avait eu si longtemps à souffrir, donnèrent aux habitants l'espace nécessaire pour la reconstruction de leur ville qui, s'étant peu à peu relevée de ses ruines, mérita d'être appelée *Mantes la Jolie*.

Le legs fait par Guillaume le Conquérant servit à l'édification de la collégiale de Mantes; mais cette belle **église** (mon. hist.) fut rebâtie presque en entier à la fin du XIIe s., en même temps que Notre-Dame de Paris, avec laquelle elle présente la plus frappante analogie. Malgré les remaniements nombreux qu'elle a subis à la fin du XIIIe s. et au siècle suivant, Notre-Dame de Mantes a conservé de ses dispositions primitives plus de

Eglise de Mantes.

traces que son prototype; et son frontispice, élevé sous le règne de Philippe Auguste, peut donner l'idée de ce qu'eût été la célèbre façade de la cathédrale parisienne, si l'achèvement de celle-ci n'eut été retardé jusqu'à 1235 ou 1240. A ce point de vue spécial, et outre sa valeur artistique très-considérable, l'église de Mantes mérite d'être soigneusement étudiée par les archéologues.

La façade occupe la partie la plus élevée d'une place inclinée très-irrégulière et assez mal entretenue. Des trois grandes portes, deux, la principale et celle de g., remontent seules au XIIe s.; elles ont eu jadis des statues; la sculpture de leurs encadrements et les bas-reliefs de leurs tympans sont d'un style admirable. La porte de dr., qu'il serait urgent de restaurer, fut reconstruite en

1300 avec statues et grand pignon à jour ; le tympan est surmonté d'un gable à jour très-délicat, qui a été copié au portail S. de la cathédrale de Rouen. Au-dessus des trois portes sont percées sept arcades égales, dont quatre éclairent le premier étage des deux tours. Plus haut s'ouvre une large fenêtre dans chaque tour et, au centre, une charmante rose à douze divisions dont les colonnettes ont leurs chapiteaux appuyés à l'œil central et leurs bases posées sur le cercle d'encadrement. Une galerie assez bizarre, mais très-élégante, bâtie par M. Durand à la place d'un mur plein qui tombait en ruines, règne sur toute la largeur de la façade, au point où les tours se séparent de la masse. Les arcades en sont supportées par deux étages de colonnettes, dont les chapiteaux intermédiaires, au lieu d'être reliés entre eux, sont rattachés directement aux clochers par des linteaux. Cette ordonnance est de la plus grande hardiesse. Les tours, au-dessus des galeries, n'ont plus qu'un étage, fort long, totalement reconstruit par M. Durand pour la tour du S., et fortement remanié pour celle du N. Les couronnements en plate-forme sont dépassés par les pyramides en pierre des tourelles d'escalier, dont la hauteur totale est de 66 mèt. Du haut des tours (s'adresser au sacristain ; pourboire), lorsque le temps est clair, la vue s'étend jusqu'au Mont-Valérien.

« La collégiale de Mantes n'a pas de transsept ; primitivement elle était aussi dépourvue de chapelles rayonnantes et présentait, comme Notre-Dame de Paris, un simple déambulatoire. Les cinq chapelles à pans coupés qui entourent l'abside ne sont que du milieu du XIVe s. ; la plus ancienne est celle de l'axe, décorée extérieurement de gables simulés au-dessous des balustrades ; les quatre autres ont leurs gables saillants et dépassant en partie les corniches. Au-dessus des bas-côtés règnent des tri-bunes, largement éclairées et que couvraient des voûtes transversales en berceau brisé reposant, entre les travées, sur de forts linteaux. De grands œils-de-bœuf y tenaient lieu de fenêtres. Cette singulière ordonnance, qui fut peut-être celle de Notre-Dame de Paris au XIIe s., subit quelques modifications au XIIIe s., au moment où l'on remaniait aussi l'œuvre de Maurice et d'Eudes de Sully ; mais il s'en est conservé, à Mantes, de nombreuses traces, surtout au chœur. » (A. Saint-Paul.)

Les grandes voûtes sont sexpartites. Les bas-côtés de la nef sont demeurés en partie intacts. Parmi les additions du XIVe s., M. Viollet-le-Duc cite, comme un des meilleurs spécimens de l'époque, la grande chapelle de Navarre, qui flanque le côté S. de la partie rectangulaire du chœur, et dont les voûtes reposent sur un pilier central. Les vitraux de la chapelle de la Vierge, fabriqués par M. Lusson, imitent parfaitement le XIIIe s.

Il y a quelques années, des ouvriers, occupés aux réparations de l'église de Mantes, mirent à jour un petit caveau connu seulement par la tradition, dans lequel on trouva deux boîtes de plomb assez semblables à celles qui sont destinées, encore aujourd'hui, à renfermer le cœur et les entrailles des hauts personnages. On a supposé que le cœur et les entrailles de Philippe Auguste étaient renfermés dans ces boîtes, la tradition affirmant (aucun document historique ne la confirme : Guillaume de Nangis dit positivement que ce roi fut enterré à Saint-Denis le lendemain de sa mort) que le vainqueur de Bouvines repose dans le chœur de l'église de Mantes.

La collégiale de Mantes est en restauration depuis vingt-cinq ans, sous l'habile direction de M. Alphonse Durand, architecte diocésain.

Dernier débris d'une église détruite à la Révolution, la **tour Saint-Maclou** (mon. hist.), que l'on aperçoit en sortant de l'église Notre-Dame, domine toute la ville. Commencée en 1340 avec les deniers provenant du halage des bateaux qui passaient sous le pont de la ville les dimanches et jours de fête, elle ne fut achevée qu'à l'époque de la Renaissance, comme l'indique le caractère général de son architecture. Elle était ornée de nombreuses statues, dont les niches délicatement sculptées existent encore.

Le *théâtre* (XVIIIe s.), situé sur la place de l'Église, offrait autrefois, sur sa façade, des sculptures qui ont en partie disparu; les bâtiments affectés au théâtre et au café de la Comédie dépendaient jadis de l'Hôtel-Dieu. — L'*hôtel de ville* est un ancien édifice restauré au XVIIe s. — Le *tribunal* occupe les bâtiments de l'ancien *Auditoire royal* (XVe s.), où se tenait la juridiction de Mantes, sous l'ancien régime; il contient de grandes et belles salles. La porte d'entrée est surmontée de sculptures mutilées, parmi lesquelles on distingue les deux écus de France et de Milan. L'écusson mi-parti de France et de Bretagne surmonte la première fenêtre, les armes de la ville de Mantes se voient au-dessus de la troisième. Une niche vide, placée au-dessus de la porte, renfermait la statue de saint Yves de Tréguier, patron des avocats et des procureurs. Au-dessus de la tête du saint étaient gravés trois vers latins, tirés d'une hymne qui se chantait en son honneur, et que M. Louis Énault a traduits ainsi:

> Saint-Yves était Breton,
> Avocat et pas fripon,
> Chose incroyable.... assure-t-on.

Cette porte donne accès à un bel escalier en pierre datant de Charles VIII, et sous lequel sont des caveaux qui servaient autrefois de prison.

Entre la porte de l'hôtel de ville et celle du tribunal, à l'extrémité de la place du Marché, se voit une belle fontaine du style de la Renaissance. Elle est formée de deux vasques superposées, d'où l'eau jaillit dans un bassin hexagonal. Les piliers sont décorés de figures et d'arabesques mutilées pour la plupart, mais parmi lesquelles on distingue très-bien un pélican abreuvant ses petits de son sang.

L'*hôpital général*, situé près du chemin de fer, dans le voisinage de la première station, a été commencé en 1668 et terminé en 1854 par M. Durand. La petite chapelle de cet établissement, bâtie au fond d'un jardin, renferme quelques vieux tableaux, dont l'un, représentant la *Résurrection*, porte la date de 1694.

LIMAY.

Limay (omnibus), ch.-l. de c. de 1,333 hab., s'élève en face de Mantes, au pied d'une colline, sur la rive dr. de la Seine.

L'*église* de Limay (mon. hist.) comprend deux nefs presque égales, des XIIIe et XVe s., avec une chapelle romane à deux travées (sur le flanc méridional) qui supporte un bel et curieux clocher du XIIe s., couronné de lucarnes, de clochetons et d'une flèche en pierre assez bien conservée. On remarque, à l'intérieur de l'église, des objets d'art de diverses provenances et notamment: une cuve baptismale du XIIIe s., richement sculptée; le tombeau de Jean le Chenut, grand-écuyer du roi Charles V, et de son épouse; un sarcophage avec inscription hébraïque regardée comme l'épitaphe d'un rabbin; divers débris des XIVe et XVe s. provenant du couvent des Célestins; un dais du XIIe s. (ce dais, renversé, sert aujourd'hui de support à une statue); des vitraux modernes, dont l'un provenant de la manufacture de Sèvres, a été peint par M. Apoil, né à Mantes. — La *mairie* a été construite par M. Durand, dans le style du XIIIe s. — Au sommet du coteau qui domine Limay, le *château des Célestins*, ancien couvent, fondé en 1376, par Charles V, et dont Regnard a célébré le bon vin dans son *Voyage de Normandie*, jouit d'une belle vue. Ce fut dans l'acte de fondation de ce monastère que Charles V apposa pour la première fois les armoiries royales réduites à trois fleurs de lis, « en l'honneur de la Trinité », comme la charte l'exprime elle-même.

———

Un petit chemin, tracé un peu au-dessous du château des Célestins, conduit à l'*Ermitage Saint-Sauveur* (environ 4 kil. de Mantes), taillé en entier dans un rocher dominant la Seine. On y voit : une modeste chapelle qui attire de nombreux pèlerins, un petit jardin, et la demeure de l'ermite, creusée dans la pierre vive. Au bas de la côte se trouve le *château des Moussets*. On descend de l'Ermitage sur le bord de la Seine, que l'on peut franchir sur un bac, pour aller au v. de **Gassicourt**, 343 hab. (3 kil. de Mantes par le chemin vicinal, et 5 kil. environ si l'on passe par l'Ermitage Saint-Sauveur), situé sur la rive g. du fleuve, à l'extrémité d'une vaste prairie qui sert d'hippodrome à la ville de Mantes. L'*église* de Gassicourt, en partie des xie et xiiie s., appartenait autrefois à un prieuré de Cluny que Bossuet conserva toute sa vie. La tour (mon. hist.), est percée, sur chaque face, de trois ouvertures romanes. La porte d'entrée offre des têtes grimaçantes, des rangs de zigzags et d'étoiles. On remarque à l'intérieur : de grandes fenêtres ogivales, dont deux, celles du chœur, conservent des débris de vitraux donnés par Blanche de Castille ; une curieuse statue de Vierge, en bois, représentant la reine, d'après la tradition, tandis que Jésus offrirait le portrait de saint Louis, enfant ; de magnifiques restes de peintures murales ; des bas-reliefs ; et surtout les charmantes boiseries et les stalles du chœur, dont les panneaux et culs-de-lampe représentent des personnages grotesques, des scènes comiques, etc. La chapelle Saint-Éloi renferme un joli lavabo sculpté et un bas-relief très-ancien (la *Descente de Croix*). La nef est en partie pavée de pierres tombales. Le bassin du bénitier mérite aussi d'être signalé.

On revient à Mantes, ou plutôt à l'embarcadère, par un chemin qui offre de jolis points de vue sur les collines de la rive dr. de la Seine, que couronne, en face de Gassicourt, un moulin à vent semblable à un donjon.

———

Pour la description des lignes de Rouen et de Cherbourg au-delà de Mantes, *V.* la *Normandie*.

SECTION X

DE PARIS A ERMONT,

PAR ARGENTEUIL [1]

Asnières (la 1re station) a été décrit p. 2 et 4.

A Asnières, le chemin de fer d'Argenteuil, se séparant de celui de Saint-Germain, qu'il laisse à g., se dirige au N.-O. à travers une plaine qui, depuis quelques années,

[1] *Embarcadère*. A Paris, rue Saint-Lazare, 124 ; à Ermont, à 700 mèt. au S.-E. du village.

N. B. Un service circulaire est établi entre la gare de l'Ouest (Saint-Lazare) et la gare du Nord, par Ermont, Argenteuil et Saint-Denis. (*V.* l'*Introduction*.)

s'est couverte d'un nombre considérable de petites maisons de campagne. Sur la dr., les coteaux de Montmorency et de Sannois attirent surtout l'attention.

Dans la grande presqu'île comprise entre le chemin de fer et la Seine qui, d'Asnières à Argenteuil, décrit une vaste courbe, se trouvent Gennevilliers et *Villeneuve-la-Garenne*, hameau réuni à l'île Saint-Denis par un pont et habité presque exclusivement par des pêcheurs. **Gennevilliers** (3 kil. de la station d'Asnières), v. de 1,897 hab., plusieurs fois ravagé sous les règnes de Charles V, Charles VI et Charles VII, fut en partie détruit lors de la grande inondation de 1740. Le maréchal de Richelieu y a possédé une maison de campagne, du côté de la plaine de Colombes, où il fit construire, en 1752, une *glacière* couronnée d'un belvédère sous la forme d'un petit temple rond.

L'*église* de Gennevilliers, peu intéressante, date du xviie s.

Depuis 1868, les terres de la presqu'île de Gennevilliers reçoivent en partie les eaux des égouts de Paris, qui ont donné à ce sol aride une grande fécondité. En 1873, cet essai de fertilisation, si bien réussi, a été étendu à 200 hectares sur cette commune qui en renferme 1,500 ; l'administration municipale de Paris se propose d'ajouter encore au territoire ainsi irrigué près de 6,000 hectares pris à Gennevilliers, dans les parties basses de la forêt de Saint-Germain, à Poissy, à Nanterre, à Bezons et à Sartrouville. Ces mesures ont été, de la part des communes intéressées, l'objet de vives réclamations ; on a craint notamment que la santé publique n'en ressentît de graves atteintes. M. le docteur Jeannel, membre de la Société centrale d'horticulture, a répondu à cette objection ; mais l'opposition des municipalités semble devoir empêcher pour quelque temps la réalisation complète des projets de l'édilité parisienne.

2e STATION. — BOIS-COLOMBES.

1 kil. d'Asnières, 7 kil. de la gare de Paris, 1 kil. de Colombes, 8 kil. d'Ermont.

Cette station est destinée à desservir les nombreuses maisons de campagne situées entre Asnières et Colombes.

3e STATION. — COLOMBES.

2 kil. d'Asnières, 8 kil. de la gare de Paris, 7 kil. d'Ermont, 3 kil d'Argenteuil. — Le village est à 3 kil. de Gennevilliers, 3 kil. de Courbevoie, 8 kil. de Saint-Denis, 3 kil. de Bezons (par la route), 6 kil. de Nanterre.

Colombes, v. de 5,133 hab., situé à 1 kil. de la rive g. de la Seine, entre Argenteuil et Bezons, au milieu d'une plaine bien cultivée, est mentionné dans des titres du xiiie s. La veuve du roi Charles Ier, Henriette de France, fille d'Henri IV, y mourut en 1669. — L'*église* conserve quelques parties anciennes (clocher roman du xiie s.). — Colombes possédait autrefois deux châteaux, dont le plus grand a été détruit en 1793. L'autre forme deux maisons de campagne.

C'est à Colombes que Rollin a composé son *Histoire ancienne*.

Une route conduit de Colombes, en 20 min. (2 kil.), au pont d'Argenteuil ; elle croise le chemin de fer et vient se réunir à la route de Paris à Argenteuil par Asnières et Monceaux. Si, avant de franchir la Seine, on en descend la rive g., on atteint, en 20 min., une île en face de laquelle, près de son extrémité inférieure, s'élevait, au siècle dernier, une maison de campagne devenue célèbre sous le nom de **Moulin-Joli**, appartenant à Watelet, et dont une femme aimable faisait gracieusement les honneurs. Le Moulin-Joli était, dans la belle saison, le rendez-vous des littérateurs et des étrangers de distinction.

Le chemin de fer franchit la Seine,

qui sépare le départ. de la Seine de celui de Seine-et-Oise, sur un très-beau *pont* construit, d'après le système tubulaire, sous la direction de Jullien, directeur de la Compagnie de l'Ouest, par MM. Martin, ingénieur en chef, Léonard, ingénieur ordinaire des ponts et chaussées, et Castor, entrepreneur, qui déjà s'était distingué dans l'exécution du pont de Kehl.

4e STATION. — ARGENTEUIL.

3 kil. de Colombes (2 kil. par la route de terre), 11 kil. de la gare de Paris (Ouest), 19 kil. de la gare de Paris (Nord), 5 kil. d'Asnières, 4 kil. de Gennevilliers, 5 kil. de Courbevoie, 4 kil. de Bezons, 5 kil. d'Enghien, 3 kil. de Sannois, 6 kil. de Corneilles.

Argenteuil*, ch.-l. de c. de 8,389 hab., situé sur la rive dr. du fleuve, est relié à la rive g. de la Seine par un pont de 7 arches, avec cintres en bois s'appuyant sur des piles en pierre. A g. du pont, s'étend une promenade couverte d'arbres, nommée le *champ de Mars* ou l'*Ile*, parce que le terrain en était autrefois séparé d'Argenteuil par un petit bras qui a été comblé. C'est là que se célèbre la *fête* du pays, le jeudi de l'Ascension et le lundi de la Pentecôte.

Les nombreux vignobles d'Argenteuil enrichissent une partie de la population : toutefois ses bénéfices proviennent, non de la qualité, mais de la quantité du vin produit. Ce vin est bon à boire au bout d'un an ; au-delà de ce temps, il prend, dit-on dans le pays, un petit goût *vieillard*. Les asperges et les figues sont aussi cultivées sur le territoire.

Les carrières de plâtre d'Argenteuil emploient environ 600 ouvriers. Une certaine quantité de ce plâtre est cuite sur place ; mais la plus grande partie est enlevée à l'état de roche, soit directement par les voitures, soit disposée sur les bords de la Seine en amont du pont, et embarquée dans des bateaux qui remontent et descendent la Seine. Argenteuil possède en outre des fabriques de produits chimiques, de chaux hydraulique, etc., et une *École préparatoire des arts et métiers*.

Un riche seigneur fonda à Argenteuil, au viie s., un monastère de filles, qui dépendit de l'abbaye de Saint-Denis, et dont la célèbre Héloïse fut prieure au commencement du xiie s. Ce monastère a disparu.

Argenteuil eut beaucoup à souffrir à l'époque des guerres des Armagnacs et des Bourguignons. En 1411, le parti d'Orléans dévasta le village et le prieuré. Les habitants obtinrent, en 1544, de François Ier, l'autorisation de clore le bourg de murailles. Ces faibles fortifications, qui n'empêchèrent pas les huguenots de s'établir dans la ville vingt ans après, ont été transformées en promenades.

Charlemagne donna au monastère, dont sa fille Théodrade était abbesse, la *Tunique sans couture* du Sauveur, qu'il avait reçue de l'impératrice Irène et dont l'église d'Argenteuil a hérité. Cette **église** a été reconstruite dans le style roman par M. Ballu. La façade, qui manque de largeur, est surmontée d'un beau clocher (60 mèt.) couronné d'une flèche en pierre. Le transsept est éclairé par deux belles roses. Au croisillon de dr. s'élève l'autel privilégié, surmonté de la châsse où est renfermée la sainte Tunique. Cette châsse, d'un travail curieux, dans le style du xiie s., a été exécutée par M. Cahier, orfèvre, d'après le dessin du R. P. Arthur Martin. Les deux verrières de la chapelle représentent : *l'Hémorroïsse touchant le bas de la tunique de Jésus-Christ*, et *les Vêtements du Sauveur mis au sort*. Un tableau de M. Bouterweck, exposé au Salon de 1852, a pour sujet *Charlemagne déposant la sainte Tunique entre les mains de Théodrade*. Grégoire XVI a accordé, en 1845, une indulgence plénière à tous les fidèles qui visitent l'église d'Argenteuil le lundi de la Pentecôte, ou l'un des jours de l'octave. Il y a aussi une procession le jour de l'Ascension. Enfin, tous les jours on sonne les cloches à 1 heure, en commémoration de l'heure à laquelle la sainte Tunique fut apportée par Charlemagne.

Au N.-O. du bourg (400 mèt. du boulevard) s'élève une tour cylindrique appelée le *Moulin de la Grande-Tour*; elle parait avoir été entourée d'une petite enceinte.

Entre Argenteuil et Bezons, se trouve le *château du Marais*. Cette ancienne maison de campagne des prieurs de Saint-Denis a appartenu pendant la Révolution à Mirabeau; elle a été embellie par le ministre de la marine Decrès, et elle a depuis été possédée par le comte Jules de Rességuier.

Une *allée couverte* a été mise au jour, en 1867, sur le territoire d'Argenteuil. M. Lequay, membre de la Société parisienne d'histoire et d'ar-

Vieille tour, à Argenteuil.

chéologie, y a trouvé des ossements de castor, des armes et des ustensiles de silex. Les gros quartiers de pierre qui couvraient la grotte ont été enlevés, pour être replacés sur deux murs parallèles destinés à les soutenir. Cet intéressant monument est situé à quelques mètres de la rive dr. de la Seine, à 2 kil. en amont d'Argenteuil, et à une distance égale du village d'Épinay. Pour y arriver, il faut suivre le chemin de halage, puis, à 200 mèt. env.

au-delà d'une usine à plâtre (si l'on vient d'Argenteuil), monter au sommet de la berge par un escalier grossièrement tracé, et faire ensuite quelques pas sur la dr.

Une route, incessamment parcourue par des voitures qui charrient du plâtre, mène d'Argenteuil à (30 min. env.) Sannois. En approchant de Sannois, elle passe entre deux hautes collines surmontées de moulins à vent : à dr. le *moulin d'Orgemont*; à g. les *moulins de Trouil-*

let. De ces hauteurs, trop rarement parcourues, on jouit d'une des vues les plus admirables qu'on puisse trouver aux environs de Paris. La colline de g. présente une profonde tranchée formée par l'exploitation du plâtre. Au-delà de cette colline on tourne à g. et l'on entre dans la Grande-Rue de Sannois.

5e STATION. — SANNOIS.

3 kil. d'Argenteuil, 14 kil. de Paris (Ouest), 16 kil. de Paris (Nord), 2 kil. d'Ermont. — Le village est à : 2 kil. d'Ermont, de Franconville, de Saint-Gratien; 4 kil. d'Enghien.

Sannois, 2,489 hab., est situé sur le versant N. d'une colline qui présente une profonde tranchée formée par l'exploitation du plâtre. L'*église* (fin du XVIe s.) n'a aucune valeur architecturale. Du village on monte en quelques minutes au sommet de la colline que couronnent les *moulins de Trouillet* (166 mèt. d'élévation ; auberge), d'où l'on jouit d'une très-belle vue sur toute la vallée, parsemée de villages, de champs et de bois, qui s'étend de Sannois et de Franconville jusqu'à la chaîne de collines boisées, à l'extrémité de laquelle s'élève le village de Montmorency.

Mme d'Houdetot a possédé un château à Sannois.

On peut, en suivant vers l'O. la crête de la colline, gagner en 40 min., à pied, Cormeilles, par un agréable sentier qui traverse un petit bois. Cette charmante promenade ne saurait être trop recommandée.

CORMEILLES.

Cormeilles est à : 4 kil. de Sannois, 5 kil. de Bezons, 2 kil. de Franconville, 6 kil. d'Argenteuil, 2 kil. de la Frette, 1 kil. 1/2 de Montigny.

Cormeilles-en-Parisis, 1,548 hab., est très-agréablement situé au midi, sur le versant et au centre de la petite chaîne de collines qui s'étend de Sannois à Montigny.

Tout le territoire compris entre Cormeilles et Argenteuil est occupé par des vignes. Sur la route qui relie ces deux villages on est souvent exposé aux émanations de l'engrais dont se servent les vignerons pour fumer leurs propriétés et dont l'abus a dû détériorer la qualité du vin, assez renommé autrefois pour qu'on ait pu, comme le dit l'abbé Lebœuf, soutenir dans une thèse publique de l'école de médecine de Paris, que les vins d'Argenteuil devaient avoir la préférence sur les vins de Bourgogne et de Champagne.

Le célèbre Guy Patin avait à Cormeilles une maison de campagne, et les allées de son jardin s'étendaient jusque sur la montagne. Il parle dans ses lettres de la pureté de l'air qu'on y respire et de la vue étendue qu'on y embrasse. Pour jouir de ce beau panorama, il faut monter au haut de la colline (170 mèt.), sur laquelle a été construit un nouveau *fort*.

L'*église* de Cormeilles (XIIIe et XVe s.), voûtée en charpente, est surmontée d'une tour pseudo-gothique.

Les hauteurs voisines étaient couvertes de jolies maisons de campagne ; la construction du nouveau *fort de Cormeilles* en a fait disparaître quelques-unes.

Au-delà de Sannois, le chemin de fer croise la route de terre de Saint-Denis à Pontoise et laisse sur la dr. le raccordement entre les deux voies de Paris à Ermont par Argenteuil et de Paris à Ermont par Saint-Denis.

Ermont, la 6e station, à 15 kil. de Paris (Ouest), 15 kil. également de Paris (Nord), est décrit ci-dessous, Section XI : *De Paris à Creil, par Pontoise*.

Gare des chemins de fer du Nord.

CHEMINS DE FER DU NORD

SECTION XI

DE PARIS A CREIL, PAR PONTOISE

L'embarcadère des chemins de fer du Nord [1], construit par M. Hittorf, occupe un quadrilatère d'environ 160 mèt. de longueur sur 90 mèt. de largeur, et représentant 32,000 mèt. de superficie. Remarquable par le luxe et l'originalité de son architecture, il est décoré de nombreuses statues élevées, les unes au sommet de l'édifice, les autres au-dessous des grands arcs qui le divisent. Les premières personnifient la ville de Paris et huit villes étrangères : Londres, Vienne, Berlin, Cologne, Bruxelles, Saint-Pétersbourg, Amsterdam et Francfort. Au-dessous sont représentées les principales villes du nord de la France. D'autres sculptures, un buste de Mercure sur la clef du grand arc, les têtes de Jupiter et de Neptune, exécutées en médaillons, complètent la décoration de la façade, dans laquelle se trouvent nettement indiquées les cinq divisions principales de l'intérieur de l'édifice.

Au milieu s'étend la nef; à g. sont les salles de départ, puis la salle des pas perdus ; à dr., les salles d'arrivée et de vastes remises couvertes. La nef n'a pas moins de 70 mèt. de largeur; des colonnes en fonte supportant un comble en fer la subdivisent en une nef centrale de 35 mèt. et deux bas-côtés de 17 mèt. 50 cent.

Presque au sortir de la gare, après

[1]. Paris, place Roubaix. — Pour la durée du trajet, le nombre des trains et le prix des places, V. l'*Introduction*.

avoir laissé à g. l'hôpital La Riboisière, construit de 1846 à 1853; on passe dans une tranchée sous le *boulevard de la Chapelle*, puis sous les rues *Jessaint, Doudeauville, Marcadet*. Au-delà s'étendent sur la g. les *ateliers* et les *magasins du chemin de fer*. On longe à peu près parallèlement la Grande-Rue de *la Chapelle* (à dr.) et la chaussée de *Clignancourt* (à g.), qui côtoie le flanc oriental des buttes *Montmartre*. Les trains de Pontoise s'arrêtent presque tous à la gare de **la Chapelle** (la première station), pour prendre les voyageurs venus par le chemin de fer de ceinture. Passant ensuite au-dessus du *chemin de fer de ceinture*, on sort de l'enceinte des fortifications pour entrer dans la plaine Saint-Denis.

A peu de distance des fortifications, on laisse à g. un embranchement de 3 kil. desservant le port de Saint-Ouen; un peu plus loin, le chemin de fer se bifurque : la ligne qui se détache sur la dr. conduit à Soissons (*V.* Section XVIII); le tronçon principal se dirige vers le N., en longeant jusqu'à Saint-Denis les voies établies pour les trains du service circulaire (*V.* ci-dessus).

La **plaine Saint-Denis**, que l'on traverse, est la partie la plus basse d'un terrain d'environ 30 kil. de longueur, limité par Sannois et Frépillon à l'O., Maffliers au N., Louvres à l'E., et Paris au S. Le sol en est particulièrement propre à la culture des grains et des légumes; mais, depuis l'extension des limites de Paris, de nouvelles usines s'y établissent chaque jour.

Au temps des Romains, la plaine Saint-Denis, couverte de broussailles, était traversée par une voie qui conduisait de Paris à Senlis. Sur cette voie ont passé bien des armées ou des bandes d'envahisseurs : Francs, au ve s.; Normands, au ixe; Allemands d'Othon II, au xe (ils arrivèrent jusqu'à Montmartre, en 980); Anglais, au xive et au xve; Russes, Anglais, Prussiens coalisés, en 1814 et en 1815; Allemands encore en 1870 et 1871.

Les partis catholique et protestant s'y rencontrèrent, au xvie s., et s'y livrèrent, le 10 novembre 1567, une sanglante bataille, où le connétable de Montmorency, vainqueur, fut blessé à mort.

Là, durant le moyen âge, venaient en grande pompe les écoliers de Paris accompagnant leur recteur, quand ce dignitaire allait à la foire du Lendit prélever, par privilège du roi, le parchemin nécessaire aux travaux de l'Université. Depuis Charles le Chauve, qui l'institua, cette foire se tint entre Saint-Denis et Montmartre; en 1552, elle fut transférée à Saint-Denis, et bientôt après la promenade solennelle du recteur cessa d'être célébrée.

Le Lendit attirait une foule assez souvent désordonnée; les écoliers ne se faisaient pas faute, on le pense bien, de rendre cette réunion aussi turbulente que possible; mais l'histoire a conservé aussi le souvenir d'autres scandales qui eurent lieu dans la plaine Saint-Denis, au siècle dernier. Les obsèques de Louis XIV, les funérailles d'Henriette de France, fille de Louis XV (1752), et celles de Louis XV lui-même (mai 1774), furent l'occasion de scènes bruyantes. Le peuple, sur le passage du cortège funèbre, dansait et chantait avec une joie haineuse; l'escorte était aussi indécente : des mousquetaires jetaient en riant au milieu du public leurs torches usées ou allumées, non sans quolibets et sans insultes des deux parts.

SAINT-OUEN.

9 kil. de Notre-Dame de Paris, 2 kil. des fortifications, 3 kil. de Saint-Denis, 3 kil. de Clichy, 3 kil. de Gennevilliers.

Saint-Ouen, 8,091 hab., à 1 kil. à g. de la voie, possède un port important sur la Seine et une gare qui expédie les marchandises à Paris par deux chemins de fer spéciaux se reliant le premier au grand tronçon commun des lignes du Nord, le second au chemin de fer de ceinture. Les **docks Saint-Ouen** appartiennent à une compagnie anonyme, dont le siège social est établi à Paris, rue de Ménars. Le bassin a 200 mèt. de longueur, 25,000 mèt. de superficie; le canal, perpendiculaire à la Seine, a 600 mèt. de longueur sur 50 de largeur. Une écluse, longue de 60 mèt. et large de 12 mèt., fait communiquer ce port avec la Seine.

On remarque aussi à Saint-Ouen une *pompe à feu* destinée à élever de l'eau de Seine, qui de là est conduite à Paris (6,000 mèt. cub. d'eau par jour).

Le **château** (entouré d'un beau parc), d'où Louis XVIII adressa aux Français, le 2 mai 1814, une déclaration préalable où il posait les bases de la charte constitutionnelle, a été reconstruit avec magnificence de 1817 à 1823. Ce domaine, acheté en 1745, par Mme de Pompadour, appartient aujourd'hui à Mme la princesse de Craon.

Ce fut dans le château primitif, résidence royale, que Jean le Bon institua l'ordre de l'Étoile.

En face du bourg s'étend l'*île de Saint-Ouen*, que deux ponts relient aux rives de la Seine. Une route conduisant à Gennevilliers fait suite au pont de la rive g.

La voie ferrée, parallèle à la route

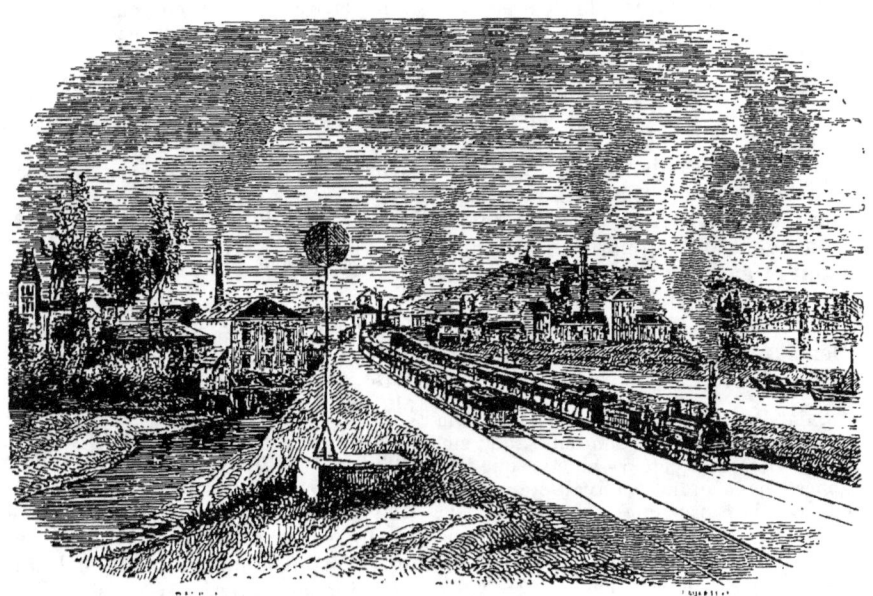

Environs de Saint-Denis.

de terre de Paris à Saint-Denis, atteint, à peu de distance de cette dernière ville, le **canal Saint-Denis**. Ce canal, partant de la gare circulaire établie sur le canal de l'Ourcq, à 700 mèt. du bassin de la Villette, aboutit à la Seine au hameau de la Briche. Sa longueur est de 6,647 mèt. Il met la Seine, par le canal Saint-Martin, en communication avec elle-même, et abrège ainsi de 16 kil. le trajet du pont d'Austerlitz à la Briche (30 kil. par la Seine, 14 kil. par les canaux).

2e STATION. — SAINT-DENIS.

7 kil. 200 mèt. de la gare de Paris, 5 kil. de la Chapelle, 7 kil. de Montmartre, 6 kil. 500 mèt. de la Villette, 9 kil. 600 mèt. de Notre-Dame, 5 kil. de la station d'Enghien, 4 kil. 200 mèt. d'Aubervilliers, 3 kil. de Saint-Ouen, 6 kil. de Clichy, 4 kil. de Gennevilliers, 8 kil. de Colombes, 3 kil. d'Épinay, 4 kil. de Pierrefitte, 4 kil. de Stains, 7 kil. du Bourget, 3 kil. de Villetaneuse.

Saint-Denis ✱, ch.-l. d'arrond. du départ. de la Seine, V. de 31,993 hab., doit une certaine importance

militaire à sa situation dans la zone de défense de Paris et aux fortifications qui la couvrent du N. à l'E., en formant une espèce de demi-cercle dont les saillants s'appuient à la Seine et au canal; l'ensemble de ces fortifications est complété par deux forts, dont l'un, le fort de la Briche, touche au chemin de fer du Nord.
— Son importance industrielle, considérable au moyen âge, était bien déchue dans les deux derniers siècles et dans les quarante premières années du nôtre; mais elle s'est relevée depuis et s'accroît constamment; des fabriques aussi nombreuses que variées, chassées de Paris par l'élévation des loyers et par la cherté des denrées alimentaires, viennent s'établir à Saint-Denis, où le prix de la main d'œuvre est encore moins élevé. Deux ruisseaux, le Crould et le Rouillon, sont, ainsi que le canal Saint-Denis, d'une grande utilité pour les industriels de la ville.

On s'occupe (1877) de créer à Saint-Denis un vaste *port de commerce* sur le fleuve.

Saint-Denis, dans l'origine simple villa nommée *Catulliacum* (Chateuil), doit son importance à la célèbre abbaye que Dagobert fonda au lieu où avait été enterré l'apôtre de Paris (que les historiens du moyen âge, suivis par quelques écrivains modernes, confondent avec saint Denis l'Aréopagite, converti par saint Paul à Athènes). Ce prince voulut être lui-même enseveli dans la magnifique église qu'il avait fait élever, et la plupart de ses successeurs imitèrent son exemple.

Le monastère fondé par Dagobert, réformé par Odilon, de Cluny, fut, au moyen âge, un asile où se formèrent des savants, des artistes et même des hommes versés dans l'administration et la politique. Suger, le célèbre ministre de Louis VI et de Louis VII, en fut la principale gloire. Mais les richesses prodiguées par la piété des rois à l'église qui devait recevoir leurs restes attirèrent plusieurs fois sur la ville et sur l'abbaye de Saint-Denis la dévastation et le pillage. Saint-Denis, en effet, eut beaucoup à souffrir, en 1358, des troupes de Charles le Mauvais, en 1411 des Bourguignons et des Flamands de Jean-sans-Peur, en 1430 des Anglais, en 1567 des Huguenots. Henri IV s'empara, en 1590, de la ville, qui s'était donnée aux Ligueurs, et fit son abjuration dans l'église trois ans après. Louis XIV retira à l'abbaye une partie de ses revenus et ne lui laissa que le titre de prieuré (il n'aimait pas l'église de Saint-Denis, qui lui inspirait des idées lugubres), et la ville était déjà fort déchue quand la Révolution éclata. Le prieuré lui-même fut supprimé (1792); les sépultures royales furent violées (1793). Un décret impérial de 1806 rendit l'église au culte; quatre ans plus tard, les bâtiments du monastère furent affectés à une maison d'éducation pour les sœurs, les filles et les nièces des membres de la Légion d'honneur.

Louis XVIII est le dernier roi qui ait été enterré à Saint-Denis. Napoléon III a reconstitué le chapitre établi par Napoléon Ier. Ce chapitre se compose de chanoines évêques et de chanoines du second ordre.

Saint-Denis fut vivement bombardé par les Allemands en janvier 1871, les jours qui précédèrent immédiatement l'armistice.

Au sortir de la gare, on aperçoit devant soi la nouvelle *église paroissiale*, construite, de 1864 à 1867, par M. Viollet-le-Duc, dans un style qui ne manque ni de grâce ni d'ampleur, et rappelle particulièrement le XIIIe s.; seulement les voûtes, au lieu d'être à nervures, ce qui est le caractère le plus essentiel de l'art ogival, sont simplement en calotte. Le clocher, élevé au-dessus d'un porche extérieur, est surmonté d'un toit aigu en pavillon. Derrière l'autel principal se trouve une chapelle octogonale à nervures, du plus charmant effet à l'intérieur. Plusieurs escaliers descendent dans une crypte qui s'étend jusqu'au transsept et sert aux catéchismes.

L'**église canoniale** (mon. hist.) n'est plus la basilique bâtie par Dagobert. Le majestueux édifice qui subsiste aujourd'hui ne date que des XIIe et XIIIe s.

L'église de Saint-Denis fut reconstruite une première fois par Pépin le Bref et une seconde fois peut-être au IXe s. Enfin, au milieu du XIIe s., Suger fit jeter, sous

Église canoniale de Saint-Denis (façade occidentale).

sa propre direction, les fondements d'un édifice qui devait surpasser en magnificence tous ceux qui l'avaient précédé. Il commença par la façade, construisit l'abside et ensuite la nef, qu'il ne put sans doute terminer. Ses derniers travaux imprimèrent aux progrès de l'art une telle impulsion, que l'abbé Suger pourrait être considéré comme le créateur principal de l'architecture ogivale (*V.* le *Dictionnaire raisonné* de M. Viollet-le-Duc, t. IX, p. 201). Mais, son œuvre donnant des inquiétudes à cause du peu de solidité des fondations (et aussi à cause de certains défauts provenant du peu d'expérience qu'on avait du style gothique, au milieu du XIIe s.), l'abbé Eudes Clément entreprit, vers 1230, la reconstruction des parties supérieures du chœur, du transsept, de la nef, et remplaça par une flèche en pierre la flèche en charpente de la tour septentrionale de la façade, qu'un incendie, causé par la foudre, avait renversée en 1219. Tous ces travaux ne furent terminés que sous le règne de Philippe le Hardi. Au XIVe s., des chapelles furent établies entre les contre-forts du bas-côté N. de la nef, et, depuis cette époque jusqu'à la Révolution, aucun changement ne vint modifier les parties principales de l'église.

« Depuis Dagobert, dit M. Viollet-le-Duc, les rois français étaient ensevelis dans l'église abbatiale (des sarcophages mérovingiens et carlovingiens ont été trouvés en assez grand nombre au-dessous du pavé de la basilique de Dagobert). On comprend que ces changements avaient dû dégrader et peut-être détruire entièrement la plupart des monuments élevés sur les sépultures royales, en admettant que ces sépultures fussent surmontées de tombeaux. Quoi qu'il en fût, saint Louis voulut donner aux sépultures de ses prédécesseurs un aspect monumental : il fit donc élever d'abord, à la droite du maître-autel, au bas du sanctuaire, un mausolée au roi Dagobert, sous lequel furent placés les restes de ce prince, ainsi que les ossements de la reine Nanthilde, sa femme, et de son fils Sigebert. Puis, des deux côtés du chœur des religieux, c'est-à-dire dans le transsept, en prolongement des piliers de la nef, Louis IX éleva des tombeaux avec effigies aux princes et princesses dont voici les noms : Pépin et Berthe sa femme, Louis et Carloman, Clovis II et Charles Martel, Eudes et Hugues Capet, Robert le Pieux et Constance d'Arles, Henri Ier et Louis VI, Constance de Castille, seconde femme de Louis VII, et Philippe, fils aîné de Louis VI, Carloman, roi d'Austrasie, et Hermentrude, première femme de Charles le Chauve. Quant au tombeau de ce prince, qui datait des premières années du XIIIe s., il était en bronze et placé au milieu du chœur des reliques. Depuis lors, tous les rois de France jusqu'à Henri II eurent leur monument à Saint-Denis. »

Les mutilations successives qui ont fait de la basilique de Saint-Denis un des édifices les plus malheureux, en quelque sorte, que nous ait laissés le moyen âge, commencèrent au XVIIIe s. et furent d'abord l'œuvre des derniers prieurs. De 1701 à 1786, les bâtiments monastiques, dont quelques-uns remontaient à Suger, furent reconstruits dans le goût le plus vulgaire, sur les plans de Robert de Cotte. Le même architecte mutila le portail du croisillon S. en voulant le raccorder aux nouvelles constructions ; il jeta bas, en outre, le magnifique trumeau et toutes les statues de la grande porte, qui gênaient le passage du dais pendant les processions. En 1775, l'avant-dernier prieur eut la fantaisie de débarrasser le chœur et la nef de tous les tombeaux qui les « obstruaient, » et il en manifestait le dessein à l'intendant général des bâtiments (qui approuva) en termes tels, qu'il était fort à craindre de voir ce déplacement s'accompagner d'une destruction presque complète. La Révolution vint empêcher l'exécution de cet acte insensé ; elle ne fut pas aussi désastreuse pour l'église que l'eût été le vandalisme des religieux ; néanmoins ses fureurs n'épargnèrent ni l'abbaye ni les sépultures royales. Le 12 octobre 1793, commença la profanation des tombeaux ; les statues et les bas-reliefs qui les couvraient, les vitraux qui garnissaient les fenêtres, un grand nombre d'objets mobiliers furent réunis confusément, en 1795, dans le croisillon S. de l'église.

« Cependant, dès l'année 1795, Alexandre Lenoir avait réclamé, au nom de la commission des arts, pour le musée des monuments français dont la formation avait été arrêtée par le gouvernement, tous les débris de Saint-Denis. Les statues qui existaient encore, des fragments d'autels, de pavages, de mosaïques, les monuments entiers de Dagobert, de Louis XII, de François Ier et d'Henri II furent donc transportés, morceau par morceau, au musée des Petits-Augustins, dans des fourgons d'artillerie. »

Malheureusement, des tombeaux en bronze avaient été envoyés à la fonte, des

Église canoniale de Saint-Denis (côté septentrional).

statues avaient été mutilées, des vitraux brisés et de nombreux objets perdus. Napoléon 1er « prétendit rendre à la basilique son ancienne splendeur. L'empereur voulait consacrer cette église aux dynasties qui s'étaient succédé sur le trône de France, et en faire la sépulture impériale. Il ne pensait pas à replacer tous les monuments transportés au musée des monuments français, auquel d'ailleurs il portait un intérêt très-vif, mais il eût voulu signaler le passage de tant de princes dans la vieille église par une série de statues, d'épitaphes, etc. Dans ce but, des travaux furent commencés. Ils ne répondirent pas à l'attente de l'empereur, qui, visitant au commencement de 1813 les ouvrages déjà faits, manifesta son mécontentement avec une telle vivacité, que l'architecte en mourut, dit-on, de chagrin. »

La Restauration rendit les objets déposés au musée des Petits-Augustins. « Saint-Denis, ajoute M. Viollet-le-Duc, reçut alors, non-seulement les tombeaux authentiques, mais un grand nombre d'autres monuments provenant des abbayes de Royaumont, de Maubuisson, des Jacobins, des Célestins de Paris, etc. De ces réunions on composa, dans les crytes, le plus singulier mélange. Voulant présenter une suite non interrompue de rois et de princes du sang par ordre chronologique, des statues furent baptisées à nouveau ; d'un tombeau on en fit deux ou trois.... Aucun des monuments de Saint-Denis ne reprit sa place ; d'ailleurs, le seuil de l'église avait été exhaussé sans aucun motif raisonnable, et, de 1816 à 1848, 7,300,000 fr. furent employés à mutiler la vieille église, à jeter le désordre dans tous les tombeaux, à la couvrir intérieurement de décorations en style gothique d'opéra-comique, et, en fin de compte, à la mettre à deux doigts de sa ruine complète. » En outre la flèche, foudroyée en 1837, fut si mal reconstruite, et avec des matériaux si pesants, qu'il fallut démolir toute la tour septentrionale jusqu'à la hauteur du toit de la nef.

Les immenses travaux entrepris sous la direction de l'illustre architecte que nous venons de citer plusieurs fois ont réparé les dégâts causés par les dévastations et les restaurations antérieures, et rendu aux parties intérieures de la basilique leur aspect primitif. Les tombeaux des princes des dynasties royales qui n'ont pas été détruits en 1793 ont tous repris leurs anciennes places dans l'église supérieure.

Le bombardement de Saint-Denis par les Prussiens, du 23 au 26 janvier 1871, causa dans la basilique beaucoup de dégâts, qui ont été presque tous réparés.

La façade occidentale n'est restée qu'en petite partie ce qu'elle était du temps de l'abbé Suger. Lorsqu'elle fut construite, de 1137 à 1140, le style roman avait encore le pas sur le style ogival, qui se formait à peine, et ce frontispice s'en ressent. Les sculptures et les vantaux des trois portails sont modernes et rappellent d'une manière très-insuffisante l'architecture du XIIe s. Le tympan de la porte de g. ne possédait pas de bas-relief dans l'origine : Suger, « contre le nouvel usage, » et voulant faire une concession de plus aux traditions romanes, y avait placé une mosaïque provenant de l'église carlovingienne. Les parapets qui terminent la façade remontent aussi au XIIe s. (la façade de la cathédrale de Sens en présente de semblables); mais leurs créneaux ont été rétablis ou refaits au XVe s. La rose, convertie prosaïquement en cadran d'horloge, est du XIIIe s., ainsi que le pignon de la nef et ses rosaces, qui se montrent au second plan, derrière la plate-forme. La tour de dr. est pleinement romane, hormis sa balustrade ; celle de g., autrefois très-populaire, et dont la hauteur dépassait 86 mèt., était à ogives ; sa flèche avait été refaite au XIIIe s.

Sous une des trois arcades qui surmontent la porte centrale, une inscription moderne en vers, copiée sur une inscription ancienne, rappelle que l'abbé Suger, avec les biens de l'abbaye, construisit l'église de Saint-Denis, et qu'elle fut consacrée en 1140 :

AD DECVS ECCLESIÆ QVÆ FOVIT ET EXTVLIT ILLVM,
SVGGERVS STVDVIT AD DECVS ECCLESIÆ.
DEQVE TVO TIBI PARTICIPANS, MARTYR DIONYSI.

Intérieur de l'église canoniale de Saint-Denis.

ORAT VT EXORES FORE PARTICIPEM PA-
RADISI.
ANNVS MILLENVS ET CENTENVS QUADRA-
GENVS
ANNVS ERAT VERBI QVANDO SACRATA FVIT.

Les trois premières travées de la nef, formant porche, sont un des premiers essais du style ogival. On y remarque, aux murs latéraux, des restes de la basilique bâtie par Pépin le Bref. La nef proprement dite comprend sept travées et date, ainsi que la plus grande partie des croisillons et du chœur, du règne de saint Louis. Le style ogival y est tout au moins aussi avancé que dans la cathédrale d'Amiens. La galerie du triforium est partout à jour et vitrée. La première travée du chœur se rétrécit considérablement pour se raccorder aux travées suivantes, moins larges parce qu'elles sont établies sur les fondations de la basilique de Suger. Le rond-point et ses sept chapelles en hémicycle sont considérés par MM. Viollet-le-Duc, F. de Verneilh et A. Saint-Paul comme le premier essai complet de l'art ogival. Cette partie fut consacrée le 11 juin 1144, cinq ou six ans avant la fondation de la cathédrale de Noyon, dont l'abside ressemble beaucoup à celle de Saint-Denis.

Les croisillons, flanqués de collatéraux, ont de belles façades du XIIIe s., accompagnées chacune de deux tours inachevées. L'église était ainsi destinée à porter six tours, sans compter une aiguille centrale en plomb, analogue à celle de Notre-Dame de Paris. La porte du croisillon N. (moins les archivoltes) et ses statues remontent à Suger. La rose qui la surmonte et la rose correspondante, au croisillon S., comptent parmi les meilleures productions du style ogival primitif.

Dans la nef, à la 6e chapelle de g. et, à dr., à la 7e travée, commence la série des **tombeaux** des rois de France et des autres princes qui ont été inhumés à Saint-Denis. Ces tombeaux sont trop nombreux pour que nous entreprenions de les décrire tous. Tous, d'ailleurs, ont été rétablis à peu près tels qu'ils étaient avant la Révolution.

1° CÔTÉ NORD DE L'ÉGLISE.

6e *chapelle* (8e *travée*). *Charles*, duc d'*Alençon*, et *Marie d'Espagne*, sa femme. *Léon de Lusignan*, roi d'Arménie.

9e *travée* (2e collatéral). *Catherine de Courtenay. Louis de France*, comte d'Artois, et *Marguerite*, sa femme. Contre le pilier qui sépare la 9e travée de la 10e et le 2e collatéral du 1er, statue de *Marie de Bourbon*, abbesse de Poissy. En face, près du pilier adossé au mur, *Charles de France*, comte de Valois. — Entre la 9e et la 10e *travée*. *Blanche*, femme de Philippe VI, et *Blanche de France*, sa fille.

10e *travée* (2e collatéral). *Charles d'Anjou*, roi de Sicile. *Louis et Philippe d'Alençon. Blanche de France*, fille de saint Louis. — 10e *travée* (grande nef). *Louis*, fils de saint Louis. *Philippe*, frère de saint Louis.

Transsept. En entrant par le 2° collatéral : **tombeau de Louis XII et d'Anne de Bretagne.** Le roi et la reine sont représentés deux fois : nus et morts, sur le sarcophage ; vivants et agenouillés, sur la plate-forme du tombeau. On y voit, entre autres bas-reliefs : l'entrée de Louis XII à Milan, le 6 octobre 1499 ; le passage des montagnes de Gênes, en avril 1507; la bataille d'Agnadel, gagnée sur les Vénitiens le 14 mai 1509. Ce magnifique tombeau a passé longtemps pour avoir été exécuté à Venise par Paul Ponce ; il paraît certain aujourd'hui qu'il a été fait à Tours, sous la direction d'un Français, Jean Juste, et terminé dans cette ville en 1591.

Tombeau d'Henri II et de Catherine de Médicis (dans le même croisillon). — Chef-d'œuvre admirable de Germain Pilon. Construit d'un beau marbre blanc, ce tombeau est orné de douze colonnes composites élevées sur un soubassement en forme de piédestal. Quatre ravissantes statues de bronze, qui représentent les quatre Vertus cardinales, et qui passent pour être chacune l'image d'une des maîtresses d'Henri II, sont placées aux angles. Au milieu gisent, morts et nus, Henri II et Catherine de Médicis en marbre. Au-dessus de l'entablement, tous deux sont représentés une seconde fois vivants et à genoux, en bronze. Ils avaient autrefois, devant leurs mains, des prie-Dieu en bronze qui ont disparu.

Au-delà du transsept et dans l'axe de l'édifice, se trouve le *maître-autel*, aux côtés duquel deux petits escaliers donnent accès vers l'abside ou *chœur des reliques*. On arrive également à cette partie de l'église par deux belles rampes de 16 marches.

1re *travée du chœur:* Philippe VI et Jean II. Philippe V, Charles IV et Jeanne d'Evreux. Blanche de France.

2e *travée* (chœur des reliques). Statues drapées *d'Henri II et de Catherine de Médicis. Marie de Bourbon.*

Dans le 1er bas-côté du N. et à g. du grand autel se trouvent d'autres tombeaux : *Robert d'Artois et Constance*, sa femme. *Louis le Hutin et Jean*, son fils. *Henri Ier. Louis VI. Jeanne de Navarre*, fille de Louis X. *Clovis Ier. Childebert Ier. Carloman. Hermentrude*, femme de Charles le Chauve. *Philippe*, fils de Philippe IV. *Constance de Castille*, femm de Louis VII.

Tombeau de Louis XII et d'Anne de Bretagne.

2e CÔTÉ SUD DE L'ÉGLISE.

9e *travée* (2e collatéral). **Tombeau de Louis d'Orléans et de Valentine de Milan.** — Bel ouvrage de la Renaissance autrefois placé dans l'église des Célestins de Paris. Le soubassement, carré, est orné de statues d'apôtres et de martyrs. Sur le soubassement sont couchées les statues de Charles, duc d'Orléans, et de Philippe d'Orléans, comte de Vertus. Du milieu du soubassement s'élève un pédicule qui supporte un sarcophage surmonté des statues de Louis et de Valentine. Entre les deux collatéraux, *Charles*, comte *d'Étampes*.

10e *travée* (2e collatéral). *Vase* renfermant le cœur de François 1er. Entre les deux collatéraux, Marguerite de Flandre. Entre la 10e travée et le transsept (2e collatéral), **tombeau de François Ier et de Claude de France.** — Ce monument, l'un des plus splendides de la Renaissance, a été commencé en 1552, sous la direction de Philibert Delorme. La partie sculpturale est l'œuvre de Pierre Bontemps, d'Ambroise Perret, de Jacques Chantrel, de Pierre Bigoigne, de Bastile Galles et de Jean de Bourgy. Les bas-reliefs représentent les principaux faits militaires de François Ier : Marignan, Cérisoles, etc. Les figures agenouillées sur la plateforme sont celles de François Ier et de Claude de France, sa femme, du dauphin François et de Charles d'Orléans. leurs fils, de Charlotte de France, leur fille.

Dans le 1er collatéral et dans le transsept : *Louis III et Carloman. Isabelle d'Aragon. Philippe III. Philippe IV. Clovis II. Charles Martel. Béatrix de Bourbon. Renée d'Orléans.*

1re *travée du chœur* (2e collatéral auquel s'ajoute une chapelle du xve s. qui déborde sur le transsept) : *Charles V et sa femme. Du Guesclin. Charles VI et Isabeau de Bavière. Ex-voto* provenant de l'abbaye de Royaumont et offert à Notre-Dame par les sergents d'armes du roi. après la bataille de Bouvines. A dr. du maître-autel, **tombeau de Dagobert.** La statue de ce roi, représenté mains jointes et couché, est moderne. Le reste du monument date du xiiie s. Les bas-reliefs montrent saint Denis révélant en songe à un anachorète nommé Jean que l'âme de Dagobert est tourmentée par les démons. Des diables, de la laideur la plus hideuse, ont fait entrer dans une barque et maltraitent cette pauvre âme, qui est figurée par un enfant nu portant une couronne. Saint Denis, saint Martin et saint Maurice viennent au secours du roi et mettent les diables en fuite. L'âme délivrée s'élève vers le ciel, soutenue sur un drap que saint Denis et saint Martin tiennent chacun par un bout. Malgré les nombreuses dégradations qu'il a subies, ce tombeau passe, à juste titre, pour un des monuments les plus curieux du moyen âge. comme œuvre d'art et à cause du caractère allégorique de son ornementation. Debout, des deux côtés du tombeau, sont les statues de Sigebert, fils de Dagobert, et de la reine Nanthilde. La première est moderne. La statue de Nanthilde est un des plus beaux spécimens de l'art au xiiie s. « La figure est d'une beauté sérieuse. Plongée dans la méditation. la reine tient un livre de sa main droite, et, de l'autre, tord un lacet qui pend de son cou. La tête est légèrement inclinée. Un nuage de tristesse contracte son sourcil et pèse sur ses paupières : sa pensée semble en communication avec la tombe qui est à ses pieds. Sur les traits et dans le maintien règne un caractère d'ascétisme, et l'émaciation des formes, sans altérer la beauté, atteste la prédominance de l'esprit sur la chair. Le jeu de la chevelure est flexible ; les plis de la robe et du manteau ont beaucoup de liberté..... » (Ch. Magnin.)

2e *travée du chœur* (entre la grande nef et le collatéral) : *tombeau de Frédégonde.* dalle tumulaire du viie s. provenant de l'abbaye de Saint-Germain des Prés de Paris.

Les chapelles du chœur sont dédiées : celles de g., à Notre-Dame-la-Blanche, à saint Eustache, à saint Firmin, à sainte Osmane, à saint Pérégrin ; — celle du centre, à la Vierge ; — celles de dr. (en redescendant) : à saint Cucufa, à saint Eugène, à saint Louis (sacristie haute), à saint Hilaire, à saint Romain, à saint Benoît, à saint Jean-Baptiste. Cette dernière est aussi appelée chapelle des Charles. Deux seulement des chapelles absidales ont conservé leurs anciens **vitraux** intacts ; trois sont du temps de Suger, et ils offrent, avec la figure de cet abbé, les légendes explicatives qu'il avait fournies pour les sujets, tous tirés de la vie de Moïse ou de l'Apocalypse. Ces vitraux brillent de teintes exquises, et les couleurs sont dans un état de conservation incroyable.

La **crypte**, qui s'étend sous le chœur des reliques, date en partie de Charlemagne ou tout au moins du xie s., en partie (les chapelles) du temps de Suger ; mais elle a subi, à diverses époques, de nombreux remaniements.

Un caveau central, éclairé et aéré par diverses ouvertures que M. Viollet-le-Duc y a fait pratiquer, ne reçoit pas la visite du public. Au bas de l'escalier qui y conduit se trouve, placé sur un tréteau de fer, le cercueil de Louis XVIII ; c'est là que les rois, suivant l'antique cérémonial, devaient attendre leur successeur, avant d'être descendus, pour toujours, dans la grande salle funéraire, qui s'ouvre à quelques pas plus loin au fond d'une étroite galerie. Cette salle renferme des cercueils contenant les restes de Louis XVI, de Marie-Antoinette, de Mesdames Victoire et Adélaïde de France, du duc de Berry, assassiné en 1820, et de deux de ses enfants, morts peu de temps après leur naissance.

Diverses œuvres d'art de plusieurs époques sont encore renfermées dans le déambulatoire et les chapelles de la crypte, notamment deux sarcophages mérovingiens, des pierres tombales (XIIIᵉ et XIVᵉ s.) de princes de la famille royale, les magnifiques statues en marbre de Louis XIV, de Louis XVI (par Gaulle), de Marie Leczinska, de Marie-Antoinette (par Petitot), des bustes d'Henri IV, de Marie de Médicis, de Louis XVIII (par Valois), et quatre statues colossales, également en marbre (la *Religion*, la *Force*, la *France*, la *Ville*

Crypte de l'église canoniale de Saint-Denis.

de Paris), par Dupaty et Cortot, qui devaient orner le tombeau du duc de Berry.

Dans une autre partie de la crypte, se présente, fermé par une grille de fer, le caveau des Condés où repose le prince Louis-Henri-Joseph, mort le 27 août 1830 (*V.* ci-dessous, Saint-Leu-Taverny).

Il fut question, durant les dernières années du règne de Louis XVI, d'ériger dans la crypte une rotonde sépulcrale destinée à former le mausolée spécial de la dynastie des Bourbons. La Révolution empêcha seule l'exécution de ce malencontreux projet, qui eût occasionné des mutilations considérables.

Nous terminerons la description de l'église canoniale de Saint-Denis en donnant les principales dimensions de ce célèbre édifice :

Façade : largeur, y compris les contre-forts des faces latérales. 33ᵐ 50
Longueur dans œuvre. 108 16

Largeur la plus grande.	37	00
Elévation sous clef de voûte. . .	28	92
Hauteur des plus grandes fenêtres.	10	52
Longueur totale de la nef. . . .	65	57
Largeur de la nef centrale . . .	11	65
Largeur des bas-côtés.	4	95
Hauteur de la tour du midi. . .	58	13

Ancien trésor de Saint-Denis. — D'immenses richesses s'étaient accumulées pendant des siècles dans la basilique des Trois-Martyrs, car les rois y avaient presque tous déposé quelque tribut de leur munificence. Outre de nombreuses reliques, l'église possédait : des croix d'or données par Charles le Chauve et par Philippe-Auguste ; des vases d'agate, de cristal de roche et de porphyre ; quinze reliquaires d'or et de vermeil ; des châsses enrichies de pierreries ; des statues d'argent, etc. On y gardait de plus une foule d'objets historiques, qui formaient à côté du trésor religieux un véritable musée. C'étaient les mitres et les crosses des anciens abbés de Saint-Denis ; les insignes royaux qui avaient figuré soit aux sacres, soit aux funérailles des rois et des reines ; une couronne, un sceptre, une épée et des éperons que la tradition attribuait à Charlemagne, la chaise romaine en bronze connue sous le nom de fauteuil de Dagobert ; l'oriflamme ; la main de justice de saint Louis ; l'épée de Jeanne d'Arc, etc. — Les cartulaires de l'abbaye étaient aussi conservés avec soin en même temps que des registres d'annales. C'est d'après ceux-ci que le bénédictin Jean Chartier composa, dans la première moitié du xve s., les *Grandes chroniques de Saint-Denis*, trois fois imprimées depuis. La première édition est de 1476. Mêlée de beaucoup de fables, cette compilation est cependant pleine d'intérêt pour l'histoire de l'ancienne monarchie, surtout relativement aux princes de la troisième race.

Dans la nuit du 11 au 12 septembre 1793, en présence du commissaire du district et de la municipalité de Saint-Denis, les châsses, les reliques, etc., furent placées dans de grandes caisses de bois, et le tout partit, le 13, dans des chariots, pour être conduit à la Convention, avec un nombreux cortége de garde nationale et d'habitants de la ville. La plupart des objets précieux qui composaient le trésor furent dispersés ou fondus. Ce qui restait de manuscrits dérobés à tous les anciens pillages fut transporté à la Bibliothèque nationale.

Les objets d'art sauvés de la destruction ont été réunis dans une salle dépendant de la sacristie (celle-ci, construite sous Napoléon Ier, offre d'assez mauvais tableaux relatifs à l'histoire de France) ; on y remarque particulièrement un devant d'autel en cuivre repoussé, du xiie s., deux croix émaillées du temps de saint Louis, d'anciens ostensoirs, les couronnes des rois Louis XIV, Louis XV et Louis XVI, une petite châsse du xiie s., etc., etc. — Les châsses des trois patrons de la basilique, saint Denis, saint Rustique et saint Eleuthère, sont modernes et placées au-dessus de l'autel des reliques.

La **maison d'éducation de la Légion d'honneur**, qui occupe les bâtiments de l'ancienne abbaye, est placée sous la surveillance du grand chancelier de la Légion d'honneur. Ce dignitaire présente les élèves à la nomination du chef de l'Etat. 400 places gratuites sont réservées aux filles légitimes des membres de la Légion d'honneur sans fortune, ayant au moins le grade de capitaine ou une position civile correspondant à ce grade. 50 places d'élèves, aux frais des familles, sont données aux filles, petites-filles, sœurs, nièces ou cousines des membres de l'ordre. Les élèves sont admises de 9 à 11 ans, en commençant par celles qui sont le plus près d'atteindre la limite d'âge. Il ne peut être accordé qu'une seule place gratuite par famille. Toute jeune fille, au moment de son admission, doit être en état de subir un examen constatant qu'elle sait lire et écrire, et qu'elle possède, outre les éléments du catéchisme, les premières notions d'histoire sainte et de grammaire. Avant l'entrée d'une élève gratuite ou pensionnaire, les parents payent la somme de 300 fr., représentant la valeur du trousseau qui lui est fourni. Le prix de la pension d'une élève aux frais des familles est de 900 fr., payables par trimestre et d'avance. La sortie des élèves est fixée à 18 ans. La maison de Saint-Denis est régie par une surintendante, qui a sous ses ordres 6 dignitaires, 15 dames de première classe, 30 dames de deuxième classe, 20 dames novices et 20 postulantes. Les dames portent, mais dans l'intérieur de l'établissement seulement, une distinction honorifique, qui consiste en une croix à quatre branches en or et en émail. La surintendante porte cette décoration attachée au grand ruban de la Légion d'honneur ; les dignitaires la portent en sautoir ; les dames de première classe portent la décoration à l'épaule gauche, avec le ruban d'officier de la Légion d'honneur ; et les dames de deuxième classe avec le ruban de chevalier. La décoration est en argent pour les dames novices. Les postulantes portent seulement à l'épaule gauche le ruban de chevalier de la Légion d'honneur.

Industrie et commerce.

Saint-Denis possède de nombreuses fabriques d'impressions sur étoffes, de cordes, de plomb laminé, de gélatine, d'amidon, de bougies, de chandelles, de carton, de salpêtre, de soude, de cuirs, de cordages, de produits chimiques. Cette ville renferme, en outre, des blanchisseries de toiles, des lavoirs de laine, des moulins à pulvériser les bois de teintures, des tanneries, des brasseries, des moulins à farine, des pépinières, un atelier pour la construction des machines. Elle fait un commerce actif en farines, vins, vinaigre, bois et laines. Des foires s'y tiennent le premier et le deuxième mercredi après la Saint-Barnabé, le premier mercredi de novembre et le samedi suivant ; celle du Lendit (*V.* p. 209) est très-importante pour la vente des moutons.

Saint-Denis communique, par deux ponts suspendus, avec la rive g. de la Seine et avec l'île **Saint-Denis** (1,000 hab. env.), dont l'étendue est d'un kil. Au IXe s., cette île était défendue par une forteresse qui incommodait cruellement les moines de l'abbaye ; mais, en 1008, le seigneur de ce château, Bouchard le Barbu, fit un accord avec le roi pour quitter l'île et recevoir, en dédommagement, Montmorency. Telle est l'origine du nom que prirent les *premiers barons chrétiens*. En 1373, Charles V donna l'île Saint-Denis aux religieux.

Au-delà de Saint-Denis, le chemin de fer se bifurque en deux lignes, qui se rejoignent un peu en deçà de Creil. Celle de dr. est parcourue par les trains qui desservent les villes du Nord ; celle de g., fréquentée seulement par les voyageurs qui vont à Dieppe par Pontoise, ou qui, vers le N., ne doivent pas dépasser Creil, le canal Saint-Denis, le Rouillon, le fort la Briche. Dans ce trajet, la Seine apparaît un moment sur la g. ; à dr., l'attention est attirée par les établissements industriels de Saint-Denis. Plus loin on remarque sur la dr. *Villetaneuse* (490 hab.), et, sur la g., Épinay, avant de s'arrêter à la station de ce nom.

3e STATION. — ÉPINAY.

10 kil. de la gare de Paris, 3 kil. de Saint-Denis, — Le village est à : 1 kil. 200 mèt. de la station, 2 kil. d'Enghien, 5 kil. d'Argenteuil, 13 kil. de Paris par la route de terre.

Épinay, 1,526 hab. (Seine), est agréablement situé sur la rive dr. de la Seine et traversé par la route de Paris au Havre. Il a vu naître le maréchal Maison. Dagobert y avait, dit-on, un château. Après avoir appartenu aux Montmorency, il fut possédé par l'abbaye de Saint-Denis jusqu'au commencement du XVe s. En 1741, la seigneurie fut achetée par un fermier général, M. de la Live de Bellegarde, qui y maria sa fille au comte d'Houdetot. Ses plus belles maisons de campagne ont eu pour propriétaires le comte de Lacépède, M. de Sommariva, Mme de Montmorency-Luxembourg, duchesse de Beaumont, etc. Elles ont bien souvent depuis changé de propriétaires. L'*église* a été bâtie par le duc de Bourbon, prince de Condé (1743).

Au-delà de la station d'Épinay, on voit la ligne de Beaumont (Section XIV) se détacher sur la g., passer bientôt sous celle de Pontoise et s'éloigner vers la dr. Sur la dr., on découvre les coteaux de Montmorency, sur la g. ceux de Sannois. On sort du département de la Seine pour entrer dans celui de Seine-et-Oise et on passe entre les hameaux de la Barre (dr.) et Ormesson (g.), avant d'entrer dans une longue tranchée qui se continue jusqu'à Enghien.

4e STATION. — ENGHIEN-LES-BAINS.

12 kil. de la gare de Paris, 5 kil. de la station de Saint-Denis, 2 kil. d'Épinay, 800 mèt. de la Barre et d'Ormesson, 2 kil. 1/2 de Deuil, 2 kil. de Montmorency par la route de terre, 3 kil. par le chemin de fer, 2 kil. de Soisy, 2 kil. de Saint-Gratien, 4 kil. de Sannois, 5 kil. d'Argenteuil par la route de terre.

Si, au sortir de la station, on tourne à g., on trouve à peu de distance une route qui, traversant à g. le chemin de fer, monte à Montmorency, et qui, à dr., conduit au lac d'Enghien, en formant une rue bien bâtie, bordée d'hôtels et de maisons à louer. C'est cette rue qui, avec les maisons de campagne situées autour du lac et au-delà du chemin de fer s'appelle le village d'Enghien-les-Bains.

Enghien-les-Bains *, 11,422 hab., situé au N.-O. de Paris, au pied des collines sur lesquelles s'élève la ville de Montmorency, est une création toute récente.

Il y a une centaine d'années on ne voyait en ce lieu qu'un moulin; mais un savant physicien du XVIIIe s., l'oratorien Cotte, qui fut curé de Montmorency en 1773, porta le premier son attention sur le ruisseau d'eau sulfureuse qui s'écoulait près du moulin, et adressa, en 1776, une lettre à ce sujet à l'Académie des sciences; découverte d'autant plus intéressante que les eaux sulfureuses, recommandées comme agent thérapeutique, se trouvent à une grande distance de Paris. Fourcroy publia, en 1788, l'analyse chimique des eaux d'Enghien. Mais plusieurs années d'abandon devaient séparer ces commencements de notoriété de l'année 1821, où M. Péligot, administrateur en chef de l'hôpital Saint-Louis, devint le véritable créateur d'Enghien, en mettant sa fortune dans l'entreprise qu'il fonda pour y appeler les malades. La caisse hypothécaire, créancière de M. Péligot, lui succéda dans l'établissement, et en resta propriétaire jusqu'en 1849.

Alibert, inspecteur des eaux d'Enghien, les recommanda à Louis XVIII, qui en fit usage pendant les dernières années de sa vie. Enghien ne tarda pas à devenir à la mode; des maisons de campagne s'y élevèrent; le monde élégant en fit un but de promenade. En 1851, Enghien fut érigé en commune; l'établissement des bains, plusieurs fois agrandi, vient d'être reconstruit; un nouvel établissement, fondé par M. Coquil en 1863, a été réuni au premier, et des maisons de campagne dans tous les styles s'élèvent des deux côtés du chemin de fer.

L'eau d'Enghien est la plus importante, et comme le type des eaux sulfureuses qu'on exploite dans le bassin de Paris. Elle émerge par cinq sources principales, dont le volume total est considérable, mais susceptible de grandes variations; ainsi MM. de Puisaye et Leconte l'ont vu, le 28 septembre 1852, de 26,915 litres, et le 27 février 1853, de 61,824 litres.

Le lac d'Enghien.

Lorsqu'on vide, pour en faire la pêche, l'étang à l'extrémité duquel sont les sources, elles cessent de couler, et recommencent à donner de l'eau quand l'étang se remplit.

Cette eau est très-riche en soufre; limpide au sortir de terre, elle se trouble à l'air et dépose un sédiment blanc qui contient du soufre. Elle a une saveur amère un peu crue et sulfureuse; elle dégage à sa source une forte odeur d'acide sulfhydrique.

Le soufre s'y présente à l'état d'acide sulfhydrique libre, suivant Fourcroy, Delaporte, MM. de Puisaye et Leconte. MM. Frémy et O. Henry pensent qu'une partie de cet acide est combinée.

Température. Variable entre 10° et 14°.

Analyse par MM. de Puisaye et Leconte, pour un litre d'eau.

SUBSTANCES CONTENUES DANS L'EAU.	SOURCES.				
	Cotte. gr.	Deyeux. gr.	Péligot. gr.	Bouland. gr.	La Pêcherie. gr.
Azote........................	0,0195	0,0212	0,0232	0,0226	0,0447
Acide carbonique libre....	0,1195	0,1176	0,1395	0,1213	0,1815
— sulfhydrique libre...	0,0255	0,0294	0,0156	0,0247	0,0462
	0,1645	0,1682	0,1783	0,1686	0,2424
Carbonate de potasse.....	»	»	»	»	0,0167
— de soude.......	»	»	»	»	0,0677
— de chaux......	0,2178	0,1811	0,1895	0,2282	0,2977
— de magnésie...	0,0167	0,0582	0,0074	0,0583	0,0872
Sulfate de potasse........	0,0089	0,0063	0,0091	0,0104	»
— de soude..........	0,0503	»	0,0127	0,0319	»
— de chaux..........	0,3190	0,3452	0,2769	0,3582	0,1761
— de magnésie......	0,0905	0,0130	0,0918	0,0222	»
— d'alumine.........	0,0390	0,0330	0,0333	0,0454	0,0220
Chlorure de sodium.......	0,0392	0,0321	0,0365	0,0609	0,0430
— de magnésie.....	»	0,0772	»	»	»
Acide silicique............	0,0287	0,0151	0,0179	0,0383	0,0509
Oxyde de fer..............	Traces.	Traces.	Traces.	Traces.	Traces.
Matière organique azotée..	Indét.	Indét.	Indét.	Indét.	Indét.
	0,8101	0,7002	0,7351	0,8538	0,7613

La température et les éléments de l'eau d'Enghien ne permettent ni de la comparer ni de la substituer, dans beaucoup de cas, aux eaux sulfureuses des Pyrénées. Elle est froide, et non thermale; elle est calcaire et ne contient pas ou presque pas de soude et point de barégine; enfin elle n'est point gazeuse. Cette absence de certains éléments constitutifs des eaux pyrénéennes, défavorable à l'eau d'Enghien sous plusieurs rapports, permet de la conserver en bouteilles, et, par conséquent, de la transporter mieux que ses rivales du Midi.

Emploi. Boisson, bains et douches. — On boit l'eau d'Enghien à la dose d'un à trois verres, soit le matin, à jeun, soit répartis dans la journée. Chez quelques malades, elle pèse à l'estomac, ce qui nécessite dans son usage certaines modifications.

Médecin inspecteur : M. de Puisaye.

Propriétés thérapeutiques. Ce

eaux sont excitantes ; elles réussissent chez les malades à constitution lymphatique et dans certains cas de scrofules. On s'en trouve bien aussi dans le rhumatisme, dans les maladies des articulations, dans certains catarrhes ; mais c'est surtout contre les affections des organes de la respiration et contre les maladies de la peau qu'elles sont employées avec succès.

Le *grand établissement des bains* a été reconstruit en 1866 : les nouveaux bâtiments, qui ont la forme d'un rectangle, se composent d'un rez-de-chaussée et d'un premier étage. L'établissement possède 80 baignoires à trois robinets, des cabinets de douches à deux appareils et précédés chacun d'un vestiaire, des appareils pour bain d'eau pulvérisée, des appareils les plus récents pour le service hydrothérapique, des piscines, des cabinets de sudations, etc., et un vaste promenoir couvert.

Le *nouvel établissement* contient 40 cabinets et 50 baignoires.

L'*église* d'Enghien a été élevée de 1857 à 1867 au moyen d'un legs considérable de M. de Mora. Elle est de style roman, et elle a deux bas-côtés donnant sur la nef par des arcades en arc bombé. Le clocher se voit de loin ; à la base de la flèche sont accroupis quatre animaux fantastiques.

Le **lac d'Enghien** est d'une longueur d'environ 1,000 mèt. du S. au N., d'une largeur moyenne de 500 mèt.; sa superficie mesure 35 hectares. Sa profondeur varie de 1 à 4 mèt. au temps des basses eaux. Le niveau s'élève de 70 cent. pendant les crues extraordinaires. Le pourtour est garni par un revêtement en pierres de taille de 300 mèt. de longueur, par des bordages en madriers de chêne, et le surplus se trouve bordé de fascinage. Le lac est alimenté par les ruisseaux de Soisy, d'Eaubonne, d'Ermont, par plusieurs sources voisines et par les eaux de puits artésiens forés dans les environs ; le trop-plein se déverse dans un canal qui faisait tourner les roues du *moulin de la Galette*. Dans de semblables conditions, le lac d'Enghien ne peut pas mériter les reproches d'insalubrité adressés jadis avec raison au sol marécageux qui s'étendait à une certaine distance de ses bords, et dont pouvaient s'exhaler des miasmes paludéens nuisibles. Mais ces marais ont presque entièrement disparu sous les propriétés particulières dont le cordon sanitaire s'étend de jour en jour. — Le lac d'Enghien est peuplé de carpes, de tanches, de perches, de brochets, etc. Les propriétaires riverains ont le droit de pêche et de bateau. Outre la location du droit de pêche faite à un nombre considérable d'amateurs, il se fait tous les trois ans une pêche générale dont le produit s'élève, dit-on, à 12,000 fr.

A l'extrémité N. du lac on remarque un château d'apparence gothique, flanqué de tourelles. De l'autre côté du chemin de fer s'étend le *bois Jacques* (*V. Soisy*, Section XIII), dont les allées régulières servent de promenades aux baigneurs d'Enghien. A l'O., du côté de Saint-Gratien, se trouvent un embarcadère et un petit golfe séparé du lac par un pont sur lequel passe la route qui longe les maisons de campagne de la rive dr. A l'extrémité S.-E., par lequel se déverse le trop-plein des eaux, est une belle chaussée sur laquelle sont l'ancien moulin de la Galette et quelques constructions modernes. Sur cette chaussée s'ouvre, en vue du lac, le *parc d'Enghien*, acquis par la direction des bains. Les baigneurs en ont la jouissance. A l'extrémité de cette avenue, qui forme le prolongement de la Grande-Rue d'Enghien, une route mène à (5 kil.) Argenteuil, après avoir croisé celle de Saint-Denis à Pontoise ; à dr. commence la route qui longe les maisons de campagne de la rive dr. Si l'on suit cette route, ou plutôt cette rue bordée de villas et de jardins, et si, parvenu à son extrémité, on tourne à g., on arrive bientôt à Saint-Gratien. On peut aller aussi à Saint-Gratien en prenant, en face du grand établissement, l'*avenue de Ceinture*, qui traverse une partie du lac sur une belle chaussée.

SAINT-GRATIEN.

1.500 mèt. d'Enghien, 4 kil. 1/2 d'Argenteuil, 2 kil. de la station d'Ermont.

Saint-Gratien, 1,212 hab., se compose de deux parties distinctes : le village proprement dit, où se trouve l'église, et le quartier neuf.

L'*église*, bâtie en 1859 dans le style gothique, renferme les restes de Catinat avec une statue du maréchal par M. de Nieuwerkerke, et un Christ en ivoire, donné par Fénelon à Catinat. Dans cette dernière moitié de Saint-Gratien, on remarque la maison de campagne acquise en 1853 par la princesse Mathilde, et bâtie il y a un demi-siècle par le comte de Lucay, préfet du palais sous l'Empire. Entre le lac et l'entrée du village se trouve le *château* qui a appartenu au marquis de Custine, auteur de *la Russie en* 1839, et fils du général de Custine, guillotiné à la Révolution. Un nom illustre, celui de Catinat, est associé à celui du village de Saint-Gratien, comme celui de J.-J. Rousseau à Montmorency. Ce héros, simple et modeste, qui mérita et gagna tous ses grades et devint maréchal de France, ce général, chéri de ses soldats, qui l'appelaient *le père la Pensée,* tombé en disgrâce, se retira dans sa terre de Saint-Gratien, et y vécut en sage, s'occupant de jardinage. Il y mourut à l'âge de 75 ans, le 25 février 1712. Cette résidence, dont la contenance est à peine de 2 hectares aujourd'hui, avait alors un parc de 250 hectares, et le lac d'Enghien en faisait partie. Le bisaïeul de Catinat du côté maternel, Jean Poille, conseiller au parlement sous Charles IX et Henri III, avait acquis ce domaine, déjà connu au XIIIe s.

De Saint-Gratien, on peut gagner en 20 min. la station de Sannois (Section X).

DEUIL.

1,500 mèt. de la station d'Enghien, 1,200 mèt. de la Barre, 1,500 mèt. de Montmagny et de Montmorency.

Deuil est desservi, depuis le mois d'avril 1877, par une station de la ligne de Beaumont (*V.* Section XIV); mais on y va très-souvent de la station d'Enghien (25 min.) — **Deuil** renferme 1,932 hab., la plupart cultivateurs. Cette commune fournissait déjà du vin aux moines de Saint-Denis, sous le règne de Charles le Chauve. Son petit lac du Marchais sert actuellement de lavoir public; selon les légendes peu authentiques, saint Eugène y aurait été noyé. L'*église* de Deuil (mon. hist.) date des XIe, XIIIe et XVe s. La façade est de 1852; le clocher a été restauré.

Un peu en arrière de Deuil se trouve **la Barre**, qui est en quelque sorte un faubourg. Le château a été démoli sous le règne de Louis-Philippe. Le *château de la Chevrette*, rendez-vous des gens de lettres du XVIIIe s., « a du moins gardé quelque chose d'avant 89 : grille, saut-de-loup, avenue et pavillon. » Mais le corps de bâtiment principal a été démoli. Mme d'Épinay y faisait habituellement sa résidence, tandis que son mari séjournait de préférence au château d'Épinay. J.-J. Rousseau, autour duquel se groupent les souvenirs de la vallée, vint souvent à la Chevrette visiter sa bienfaitrice, jusqu'au moment où il se brouilla avec elle.

A la station d'Enghien, on laisse à dr. l'embranchement qui conduit à Montmorency (*V.* Section XIII).

Après avoir quitté la station d'Enghien, on passe entre deux rangs de villas modernes, et l'on découvre de gracieux paysages, Montmorency à dr., le lac d'Enghien à g.; plus loin se dressent les coteaux d'Orgemont et de Sannois. On traverse un petit bois, puis une tranchée, avant d'apercevoir, sur la g., Sannois, sur la dr., Eaubonne et Ermont.

5ᵉ STATION. — ERMONT.

15 kil. de Paris, 3 kil. d'Enghien. — Le village est à : 1 kil. de la gare, 1,500 mèt. d'Eaubonne, 2 kil. de Sannois, 2 kil. de Franconville, 3 kil. de Saint-Leu-Taverny, 5 kil. d'Argenteuil.

Ermont, 1,065 hab., où vient aboutir le chemin de fer d'Argenteuil (Section X), et d'où part la ligne de Taverny-Valmondois (Sect. XII), est situé à la dr. du chemin de fer. Hilduin, abbé de Saint-Denis, le donna en 835 à son monastère. L'*église* date des xiiᵉ, xiiiᵉ et xviiᵉ s. C'est à la gare d'Ermont qu'il faut s'arrêter si l'on veut aller visiter Eaubonne, Saint-Prix, Montlignon, etc.

EAUBONNE.

1,500 mèt. de la station, 1 kil. d'Ermont, 1 kil. de Soisy, 3 kil. 1/2 de Montmorency, 1 kil. 1/2 de Margency, 2 kil. de Montlignon, 3 kil. de Saint-Prix.

Si l'on part de la station, on passe entre de nombreuses maisons de campagne avant d'atteindre

Eaubonne, 530 hab., dépendance, comme Ermont, du cant. de Montmorency.

Le nom de ce village ramène encore les souvenirs au xviiiᵉ s.; il fait songer à Mᵐᵉ d'Houdetot, à Saint-Lambert et à J.-J. Rousseau. Sous Louis XV, le financier Mézières acheta la terre seigneuriale et fit bâtir par l'architecte Ledoux trois châteaux. Une de ces propriétés, à l'entrée du village, du côté de Soisy et du bois Jacques, devint l'habitation du poëte Saint-Lambert, dont la vie fut liée à celle de Voltaire par Mᵐᵉ du Châtelet, comme elle devait l'être plus tard à celle de Rousseau par Mᵐᵉ d'Houdetot. Mᵐᵉ d'Houdetot, avant de se fixer à Sannois, habitait une maison voisine de celle de Saint-Lambert; cette maison, située dans le parc du château de Meaux, est aujourd'hui un pavillon de jardinier.

« Il y a, dit Jean-Jacques Rousseau, près d'une lieue de l'Ermitage à Eaubonne; dans mes fréquents voyages, il m'est arrivé quelquefois d'y coucher. Un soir, après avoir soupé tête à tête, nous allâmes nous promener au jardin par un très-beau clair de lune. Au fond de ce jardin était un joli bosquet, orné d'une cascade, dont je lui avais donné l'idée... Ce fut dans ce bosquet qu'assis avec elle sur un banc de gazon, sous un acacia tout chargé de fleurs, je trouvai, pour rendre les mouvements de mon cœur, un langage vraiment digne d'eux. Dans un transport involontaire, elle s'écria : « Non ! jamais homme ne fut si aimable, et jamais amant n'aima comme vous ! Mais votre ami Saint-Lambert nous écoute, et mon cœur ne saurait aimer deux fois. » La maison de campagne où Saint-Lambert donnait des dîners « aussi délicats qu'excellents », fut habitée après lui par le comte Regnault de Saint-Jean-d'Angély ; puis elle a passé à divers propriétaires, qui l'ont remise à neuf et agrandie ; il y reste, dit-on, des consoles, des chaises, une causeuse, qui ont appartenu à l'auteur du poëme des *Saisons*.

En allant d'Eaubonne à Montlignon, on laisse à g. le *bois du Luat* (château) et à dr., au-delà du parc Bury, **Margency** (195 hab.), qui se rattache à Montlignon par ses parcs et ses villas. La terre de *Montgarny*, la plus considérable, est possédée par M. Alfred Leroux, ancien président du Corps législatif.

MONTLIGNON.

3 kil. d'Ermont, 2 kil. d'Eaubonne. 1 kil. 3/4 de Saint-Prix, 2,800 mèt. de Saint-Leu, 3 kil. 1/2 de Domont, 2 kil. 1/2 du château de la Chasse, 1 kil. d'Andilly, 4 kil. de Montmorency.

Montlignon, 652 hab., possède de très-belles maisons de campagne et de magnifiques pépinières.

En continuant à suivre la route de Domont on atteint en 20 min. un carrefour d'où l'on peut gagner à g., en 10 min., le château de la Chasse, à dr., en 30 min., Andilly (*V*. Section XIII, p. 256).

SAINT-PRIX.

5 kil. de la gare d'Ermont par l'omnibus de correspondance, 1 kil. 1/2 de Saint-Leu-Taverny. 1 kil. 3/4 de Montlignon, 2 kil. 1/2 du château de la Chasse, 5 kil. 1/2 de Montmorency.

Saint-Prix, joli v. de 474 hab., est pittoresquement situé sur une colline dominée par le haut plateau que recouvre la forêt de Montmorency. Il s'est appelé, pendant la Révolution, *Bellevue-la-Forêt*. Son *église*, qui possède de belles boiseries (style Louis XIV), date de la fin du xie s. Sedaine y eut une maison de campagne. Le nom primitif était, au xiie s., Tor ou Tour (*Turnum*). Cette terre ayant été donnée par les sires de Montmorency à une abbaye de Pontoise, les religieux dotèrent le village de Tor de reliques de saint Prix, évêque de Clermont ; ces reliques attirèrent de nombreux pèlerins et contribuèrent à faire changer le nom de Tor en celui de Saint-Prix. Le premier s'est néanmoins conservé dans le *château de la Tour*, récemment reconstruit avec un haut belvédère qu'on aperçoit de très-loin. La maison seigneuriale se trouvait au bas de la colline, sur la terre de *Rubelle*, dont le nom a survécu. Le château de Saint-Prix fut démoli en 1810 par ordre de Louis Bonaparte, qui en était devenu propriétaire.

[20 min. suffisent pour se rendre de Saint-Prix à Saint-Leu-Taverny (*V.* p. 242). On peut aussi aller à Montmorency par Montlignon (*V.* ci-dessus) et Andilly (*V.* plus loin).]

Au-delà de la gare d'Ermont, après avoir laissé à g. la ligne d'Argenteuil et à dr. celle de Taverny, on remarque, sur la g., Sannois (*V.* p. 206), situé à 2 kil. Dans un pli de la colline se montre l'Ermitage. Sur la dr. Saint-Prix attire les regards au-delà d'Ermont, à la base des coteaux de la forêt de Montmorency.

6e STATION. — FRANCONVILLE.

18 kil. de Paris, 3 kil. d'Ermont. — Franconville est à : 1 kil. de la station, 2 kil. d'Ermont, 2 kil. 1/2 de Sannois, 2 kil. de Cormeilles, 3 kil. de Montigny.

Franconville, 1,300 hab., est bâti au pied du versant septentrional d'une colline qui borne de ce côté la vallée. L'abbé Suger fut un de ses seigneurs suzerains. « Le revenu de cette localité défrayait le vestiaire des religieux de Saint-Denis. » Le comte de Tressan avait dans ce village une maison de campagne, située à l'entrée de la ruelle qui conduit à Ermont. Il y mourut en 1783, âgé de 78 ans, des suites d'une chute de voiture (il revenait de Saint-Leu, où il avait porté à la duchesse d'Orléans des couplets qu'il avait composés pour sa fête). On cite encore *la Maison-Rouge*, qui appartint à Cassini, et les jardins anglais, remplis de curiosités pittoresques et de monuments, qu'y possédait, avant la Révolution, le comte d'Albon, dernier roi d'Yvetot.

[De Franconville on peut gagner, en 20 ou 30 min., Cormeilles, par des hauteurs boisées d'où l'on découvre de belles vues (*V.* p. 206).]

Au-delà de la station de Franconville, s'étend une des parties les plus fertiles et les plus riches de la vallée de Montmorency. Sur la g., s'élèvent les coteaux boisés qui dominent Franconville. A dr., on découvre le village du *Plessis-Bouchard*, 244 hab., et, plus loin, celui de Saint-Leu-Taverny ; on traverse une tranchée creusée dans le *bois de Boissy*, avant de s'arrêter à la station d'Herblay.

7e STATION. — HERBLAY.

21 kil. de Paris, 3 kil. de Franconville. — Le village est à : 3 kil. de la station, 1 kil. 1/2 de Montigny, 2 kil. de la Frette, 3 kil. de Cormeilles, 6 kil. de

Conflans-Saint-Honorine, 9 kil. de Pontoise.

Herblay, 1,699 hab., renferme des vignobles et des arbres à fruits, des carrières de plâtre et de pierre exploitées. De la berge élevée qui domine la Seine et sur laquelle est située l'église, on jouit d'une vue magnifique. L'*église* est assez intéressante. La nef et ses bas-côtés, dépourvus de voûtes, remontent au xiie s.; les arcades de g. sont en plein cintre. Le transsept, dissimulé à l'extérieur et surmonté d'une jolie tour carrée sans flèche, est de la fin du xiie s. Les trois absides appartiennent au xve s.

Entre Herblay et Cormeilles, à 1,500 mèt. environ de l'un ou de l'autre de ces deux villages, au-delà de la route du Havre, se trouve le village de **Montigny-lès-Cormeilles** (577 hab.). « Au ixe s., lorsque Louis, abbé de Saint-Denis, fit la destination de certaines terres pour la communauté des religieux, Montigny fut une de celles qu'il désigna pour leur boisson. L'acte est de l'an 862... » L'éminence, couronnée par le vieux moulin qui sépare Montigny de Cormeilles, est à 170 mèt. d'alt. Elle est couronnée par un nouveau *fort* (V. Cormeilles, p. 206).

Enfin, à 1,600 mèt. de Montigny, à 3 kil. de Sartrouville, sur la rive droite de la Seine, est le petit port de *la Frette* (439 hab.), où sont embarquées les pierres extraites des carrières du voisinage. L'église de la Frette possède un *Christ* en bois du xive s.

La station d'Herblay dépassée, on traverse le *bois des Bruyères*, puis une plaine cultivée qui n'offre aucun aspect pittoresque. Sur la dr. on aperçoit à peu de distance *Pierrelaye* (959 hab.), dont le château, jadis seigneurial, a appartenu au prince de Carignan. Au N.-E., s'étend le *bois Poile*, que le *bois de Rosière* relie au *bois de Maubuisson*. Au S.-E., au-delà de la route de terre, est le *bois des Courlins*. Après avoir traversé une tranchée assez profonde, les trains de Creil qui ne correspondent pas avec ceux de Dieppe laissent à dr. la ligne de Creil, pour suivre l'embranchement qui a été conduit jusque dans la ville même de Pontoise. Cet embranchement longe, à dr., Saint-Ouen-l'Aumône (V. ci-dessous), passe entre ce village et le faubourg de l'Aumône, rejoint la ligne de Conflans (V. p. 188), traverse l'Oise en aval du pont de la route de terre, et atteint la gare établie à l'entrée de la ville, à peu de distance de l'église Notre-Dame.

8e STATION. — PONTOISE.

30 kil. de Paris, 9 kil. d'Herblay, 8 kil. d'Hérouville, 19 kil. de Saint-Germain, 2 kil. 1/2 d'Osny, 6 kil. d'Auvers, 7 kil. de Méry, 3 kil. 1/2 d'Ennery, 5 kil. 1/2 de Vauréal, 3 kil. de Cergy, 7 kil. de Conflans-Sainte-Honorine, 20 kil. de Poissy, par Andrésy

Pontoise *, ch.-l. d'arr., V. de 6,216 hab., est bâtie en amphithéâtre sur la rive dr. de l'Oise, qu'un pont en pierre relie à la rive g. C'est de ce pont qu'il faut voir la ville. Les deux rives et les îles de l'Oise sont agréablement ombragées ; sur la dr., s'élève le coteau boisé et peuplé de l'Ermitage ; en face, les maisons s'étagent en amphithéâtre au pied des rochers et des terrasses du vieux château ; à g., on remarque surtout les beaux bâtiments de l'hôpital. Mais l'intérieur de la ville ne présente que des rues escarpées, tortueuses et bordées de maisons sans caractère.

Pontoise existait déjà du temps des Gaulois sous le nom de *Briva Isaræ* (pont de l'Oise), dont le nom actuel n'est que la traduction. Les Romains établirent dans le pays des forges dédiées à Vulcain, d'où la contrée prit son nom de Vexin (*pagus Vulcanius*).

Pontoise, détruite par les Normands au ixe s., fut réunie à la Normandie en 1032, acquise, en 1064, par Philippe Ier, qui y battit monnaie, accorda des priviléges à l'abbaye de Saint-Martin et donna celle de Saint-Mellon à l'archevêque de Rouen. Rendue au duc de Normandie, elle fut de nouveau conquise par Philippe-Auguste et érigée en commune vers 1188. Saint Louis habita souvent Pontoise dans les premières années de son mariage; il y tomba malade à la fin de 1244, et y fit le vœu de se croiser, s'il guérissait, promesse qu'il ne tarda pas à accomplir.

Au XIVe s., Charles le Mauvais, prétendant que Philippe de Valois lui avait cédé ses droits sur Pontoise, essaya vainement, à deux reprises, de s'emparer de cette ville; mais, au siècle suivant, le 29 juillet 1419, les Anglais la prirent et la saccagèrent. Si, en 1423, ils en furent chassés, ils y entrèrent en 1436, grâce à un stratagème de Talbot, leur général, qui, voyant la terre couverte de neige, fit habiller ses soldats de toiles blanches, et arriva ainsi avec eux, sans être aperçu, jusqu'au pied des remparts, qu'il n'eut pas de peine à escalader. Enfin, en 1441, après un siège de trois mois, elle fut emportée d'assaut par Charles VII.

Livrée au comte de Charolais pendant la ligue du Bien public, Pontoise resta en son pouvoir jusqu'au traité de paix de Conflans. En 1498, elle fut donnée pour fief et pour douaire à Jeanne de France, que Louis XII avait répudiée. Après la mort de François II, les vingt-six députés des états généraux, qui avaient d'abord été convoqués à Orléans, vinrent siéger à Pontoise (1561), dans le couvent des Cordeliers. En 1589, Henri III s'empara de Pontoise avant de marcher sur Paris; mais D'Alincourt, qui en était gouverneur pour le duc de Mayenne, la reprit bientôt, et elle ne fit sa soumission qu'en 1594.

Pendant la Fronde, Louis XIV et Mazarin se retirèrent à Pontoise; ils y constituèrent même, le 6 août 1652, avec les quelques magistrats restés fidèles à leur cause, un fantôme de parlement. En 1670, Bossuet fut sacré aux Cordeliers. Enfin, en 1720 et en 1753, le parlement fut transféré à Pontoise, à cause de sa turbulence. Les voyageurs qui revenaient de cette ville pendant l'exil du parlement étaient assiégés de questions insidieuses et l'embarras de leurs réponses leur donnait un certain air niais. De là peut-être le proverbe: *Avoir l'air de revenir de Pontoise*, que l'on applique à ceux dont les réponses sont troublées ou confuses.

Henri III avait détaché de la couronne le domaine de Pontoise pour composer l'apanage du duc d'Anjou, son frère, qui l'avait engagé à un sieur Nicolas Aubelin. Il avait ensuite passé en un grand nombre de mains, lorsque, en 1745, Louis XV reconnut qu'il appartenait au prince de Conti en toute jouissance et propriété, à la suite d'un échange par lequel ce prince cédait à sa Majesté plusieurs autres terres et seigneuries.

Jusqu'à la Révolution, Pontoise resta une ville monastique: elle possédait un grand nombre d'églises et de couvents dont l'abbé Trou a écrit l'histoire, et dont trois seulement ont survécu: Saint-Maclou, Notre-Dame et le couvent des Carmélites. Aujourd'hui, l'ancienne capitale du Vexin français est un ch.-l. d'arrond. de 6,287 hab.

Pontoise a vu naître: Philippe le Hardi, duc de Bourgogne, l'alchimiste Nicolas Flamel, Tronçon-Ducoudray, l'un des défenseurs de Marie-Antoinette, le général Leclerc, beau-frère de Napoléon, l'orientaliste De Guignes, les architectes Lemercier et Fontaine.

L'église Saint-Maclou (mon. hist.), construite au XIIe s., a été complètement remaniée aux XVe et XVIe s. Le chœur et le transsept appartiennent seuls à l'édifice primitif, encore leurs ouvertures ont-elles été presque toutes refaites au XVe s., ainsi que la voûte de l'abside. Le rond-point et ses cinq chapelles sont un des plus remarquables exemples du style romano-ogival de la région parisienne. Le mur terminal du croisillon S., que l'on aperçoit très-bien de la gare, a été reconstruit de nos jours. La nef date du XVIe s.; on y voit pourtant, sous les grandes voûtes, des traces du XIIIe s. Elle est flanquée, à dr., d'un bas-côté dans le style de la Renaissance, à g., de deux collatéraux qui s'élargissent en s'approchant du chœur et des chapelles. La partie de la façade qui correspond à la nef centrale et au premier bas-côté de g. date de la fin du XVe s. Le portail principal, surmonté d'une rose flamboyante, est dépouillé de ses statues. Aux contre-forts qui l'encadrent sont suspendus deux larges dais; un troisième, semblable, se voit à g. de la porte latérale qui donne entrée dans le premier bas-côté de g., et qui est percée sous une belle tour à trois étages, avec longues fenêtres ogivales. L'amortissement de ce clocher se compose d'une calotte hémisphérique surmontée d'une lanterne. Quatre clochetons, semblables à la lanterne supérieure, sont reliés avec elle par des arcs-boutants. La porte du bas-côté de dr. et l'étage qui la surmonte sont de la Renaissance, de même que les deux fenêtres de la façade qui éclairent la chapelle de la Passion, à g. Deux autres portes (XVI° s.) sont percées dans les murs latéraux du transsept.

La *chapelle de la Passion* (à g. de l'entrée principale) est éclairée par quatre fenêtres ornées de beaux vitraux anciens. Les sujets représentés dans ces vitraux sont : le *Triom-*

| Pontoise.

phe de l'Église (Jésus-Christ traîné sur un char par les quatre Animaux symboliques et escorté d'un pape, d'un cardinal et de deux évêques); l'*Ascension*; *Une femme essuyant avec un linge la face de Jésus-Christ*; le *Crucifiement*. On remarque surtout, dans l'intérieur de la chapelle, un groupe de huit belles **statues** de pierre, représentant l'*Ensevelissement du Christ*. Cette œuvre de sculpture, abritée par un riche entablement porté sur des colonnes doriques, date du XVI° s.; au-dessus, six *statues* moins grandes et peut-être moins anciennes figurent la *Résurrection* : tout à côté de ce dernier ouvrage se voient encore trois personnages marchant à la suite l'un de l'autre : le premier et le dernier portent un objet qui ressemble à un ciboire.

D'autres débris de vitraux se voient dans les chapelles du N. L'église Saint-Maclou possède, en outre, plusieurs pierres tombales, de jolies boiseries, une belle *Descente de croix* (par Jouvenet), provenant de l'ancienne chapelle des Jésuites ; deux curieuses statues en pierre (la sainte Vierge et Madeleine) ; un orgue estimé et de nombreuses reliques.

Notre-Dame, située près de la Viosne, dans le quartier de la porte de Rouen, date de la fin du XVI° s. Elle est très-basse et n'offre en elle-même aucun intérêt. Mais elle possède le *tombeau de saint Gautier*, monument du XII° s. (1146), décoré de quatre-feuilles sur chacune de ses faces, et surmonté de la statue couchée du saint abbé. A dr. de la façade se trouve la chapelle de la Vierge, ornée de trois statues (style du XV° s.). A l'entrée de cette chapelle se lit, gravée en lettres d'or, la formule du vœu que fit la ville de Pontoise aux pieds de la madone, le 8 septembre 1638. Ce vœu (faire brûler tous les ans trois *flambeaux de cire* du poids de vingt livres en l'honneur de la Vierge, si elle délivrait Pontoise de la peste) a été renouvelé en 1738 et en 1838.

Depuis longtemps les murs d'enceinte de Pontoise ont fait place à des routes et à des jardins. Il ne reste que quelques débris du vieux château qui, embelli par Richelieu et négligé par le cardinal de Bouillon, fut démoli en 1740.

L'*hôtel-Dieu*, fondé par saint Louis, a été rebâti de 1823 à 1827 par Fontaine. La chapelle renferme un beau tableau de Philippe de Champagne, représentant la *Guérison du paralytique*. On y remarque aussi un petit vitrage peint, d'un beau coloris et d'une grande finesse de dessin.

Le *couvent des Carmélites* avait déjà servi de manufacture d'armes et de filature de coton, et il était question d'y établir une salle de spectacle, lorsque, en 1821, les Carmélites en obtinrent la cession en échange de la *maison Verville*, qui devint la sous-préfecture, et dont les jardins sont aujourd'hui le *jardin public*, vaste promenade d'où l'on découvre de beaux points de vue.

Pontoise est alimentée d'eau par une machine à vapeur. Le réservoir est à 55 mèt. au-dessus de l'Oise. L'établissement de cette machine et des fontaines a coûté 80,000 fr.

Pontoise fait un commerce considérable de grains et de farines (8 à 10 millions par an), ainsi que de quelques autres céréales (de 4 à 5 millions). » Il serait difficile, dit M. l'abbé Trou [1], de rencontrer une ville mieux servie par la nature pour ces genres de commerce. Sa rivière la met en communication avec le monde entier, et sa petite rivière de Viosne fait tourner, dans l'enceinte seule de ses murs, quinze à vingt moulins ou usines pour réduire les blés en farines... C'est sur cette rivière de Viosne que sont établies les deux grandes et belles usines de MM. Truffaut et Hamot, dont le mécanisme est si admirable... On remarque encore sur notre sol, ajoute M. l'abbé Trou, deux autres usines, dont la plus importante est une fabrique de sucre de betteraves, l'autre une fabrique d'acide sulfurique... »

Les marchés du samedi sont très-fréquentés.

Le veau de Pontoise a joui longtemps d'une réputation méritée.

Pontoise a conservé sa *foire de la Saint-Martin*. Cette foire, la plus considérable et la plus curieuse de toutes celles qui se tiennent dans les environs de Paris, dure trois jours, les 11, 12 et 13 novembre.

Les bords de l'Oise offrent d'agréables promenades.

Des coteaux de l'*Ermitage* (N.-E.), on découvre de belles vues. Ces coteaux (15 min. de la ville) doivent leur nom à un ermitage qu'y avait fondé, au XV° s., Jean Dupin. On peut aussi remonter la vallée de la Viosne jusqu'à Osny. C'est une promenade de 2 h. environ (aller et retour). On part par la route d'en haut, qui s'ouvre derrière le jardin public (2,648

---

[1]. *Recherches historiques, archéologiques et biographiques sur la ville de Pontoise*, 1 vol. in-8. Pontoise, 1841.

mèt. d'Osny) et qui suit le versant N. de la vallée. Avant de descendre à Osny, on laisse à g. le *château de Busagny*, qui appartient à Mme de Nicolaï. **Osny** est un village de 506 hab., agréablement situé dans la vallée de la Viosne, qui y fait tourner plusieurs moulins. *Son église* offre quelques parties du XIIIe s. A l'entrée du chœur, on remarque de curieux chapiteaux malheureusement mutilés. Osny est côtoyé par le chemin de fer de Paris à Dieppe, mais il n'a pas de station. D'Osny on revient à Pontoise par la rive dr. de la Viosne.

Pour le trajet de Pontoise à Conflans et à Poissy, *V.* Section IX, p. 187 et 193-194 ; — pour celui de Pontoise à Gisors et à Dieppe, *V. l'Itinéraire général de la France : Normandie*, par Ad. Joanne.

Quand on sort de Pontoise par le chemin de fer, on revient sur ses pas, on traverse l'Oise et l'on rejoint la ligne de Creil, en laissant à g. les ruines de l'abbaye de Maubuisson (*V.* ci-dessous). Les trains du Nord correspondant avec ceux de l'Ouest n'arrivent pas à Pontoise et vont directement d'Herblay à la station de Saint-Ouen-l'Aumône, où les voyageurs allant à Pontoise ou à Dieppe doivent changer de voitures.

9e STATION. — SAINT-OUEN-L'AUMONE.

29 kil. de la gare de Paris (31 kil. si l'on tient compte de l'embranchement de Pontoise). — Le village est à : 1 kil. 1/2 de la station, 1 kil. de Pontoise.

Saint-Ouen-l'Aumône est un v. de 2,056 hab., dont le beau *château* est entouré d'un parc dessiné par Le Nôtre. Saint-Ouen avait d'abord été bâti sur la rive g. de l'Oise, le long de la chaussée de Jules César, en face de l'abbaye de Saint-Martin. Quand le pont de bois de Pontoise eut été remplacé par le pont de pierre, le village changea de position et vint se grouper sur la route qui conduisait au nouveau pont, laissant isolée son *église* (mon. hist.), construite vers la fin du XIe s. Cet édifice, remanié au moyen âge, restauré de nos jours, se compose d'une nef, d'un chœur et de deux collatéraux. On y distingue trois styles d'architecture. La partie la plus ancienne et la plus intéressante est le petit portail, dont l'ornementation et la forme indiquent une construction du XIe s. On remarque à l'intérieur une Vierge en bois donnée par la reine Blanche à l'abbaye de Maubuisson. Cette statue, qui s'ouvre en deux parties, renfermait des reliques.

Saint-Ouen-l'Aumône doit son nom à saint Ouen, archevêque de Rouen, qui était mort à Clichy en 683 et dont le corps fut déposé momentanément dans le village bâti en face de Pontoise. Son surnom lui a été donné lors des grandes charités que saint Louis y fit aux pauvres après y avoir fondé une léproserie.

C'est dans la commune de Saint-Ouen, entre le village et la station, que se trouvent les bâtiments de l'**abbaye de Maubuisson.**

Fondée en 1236 par Blanche de Castille pour des religieuses de Cîteaux, l'abbaye de Maubuisson s'appela d'abord *Notre-Dame la Royale ;* mais le nom de Maubuisson, qui était celui d'un fief voisin, a prévalu. L'église, dédiée le 26 juin 1241, contenait, ainsi que le cloître et la salle du Chapitre, un grand nombre de tombeaux importants. Parmi ces tombeaux on remarquait ceux de la fondatrice, de Bonne de Luxembourg, de Charles le Bel, d'un frère de saint Louis, de Jean de Brienne, dit le prince d'Acre, de Jeanne de France, fille de Charles le Bel et de Blanche de Bourgogne, de Catherine de France, fille de Charles V, de Jeanne, fille de Charles VI, de Gabrielle d'Estrées.

L'abbaye de Maubuisson n'est que trop célèbre par les scandales qu'y donnèrent, sous Louis le Hutin, les trois princesses Marguerite, reine de France, Blanche et Jeanne de Bourgogne. Elle rappelle aussi le souvenir d'Angélique d'Estrées, sœur de Gabrielle, et sa conduite licencieuse tant qu'elle fut abbesse.

L'église de Maubuisson a été détruite pendant la Révolution, ainsi que l'abbaye. Il n'en reste que quelques rares débris de piliers à fleur de terre, et au midi un pan de muraille du chevet, engagé dans le bâtiment qui était autrefois le logement de l'aumônier. Ces constructions servent aujourd'hui de remise, de bûcher, d'étable et de laiterie. Des bâtiments claustraux, on retrouve la sacristie, la salle du Chapitre, celle des archives, le dortoir des novices et le bâtiment des latrines. « Ces ruines, dit M. Hérard[1], forment un ensemble extrêmement remarquable, soit par l'importance des constructions, soit par les détails d'architecture. Parmi ces salles, nous citerons celle du Chapitre, magnifique reste de l'art au XIIIe s. Elle est divisée en trois travées par deux colonnes monostyles avec base et chapiteaux d'une grande perfection; les nervures ogivales retombent dans les angles et près des murs sur des consoles à pans... Le dortoir des novices, la plus grande de toutes les salles existantes, est divisé en quatre travées par trois colonnes avec nervures et par des colonnes semblables à celle de la salle des archives...

« Au midi et un peu en dehors du monastère, on voit les caves de l'édifice qui portait le nom de manoir de Saint-Louis. Un large escalier descend dans les caves. Elles ont deux travées en largeur et trois en longueur. Dans l'un des angles existe un autre escalier qui conduit à d'anciennes carrières de pierres à bâtir. Ces constructions du XIIIe s. sont d'un effet très-pittoresque.

« A quelques pas du manoir de Saint-Louis et dans le périmètre des bâtiments claustraux, aujourd'hui démolis, il existe encore un escalier qui donne accès dans une chapelle souterraine bâtie et voûtée avec nervures en ogive.

« A la suite est une galerie creusée dans la masse calcaire et soutenue çà et là par des arcs en ogive. La lumière, qui arrive par la cheminée placée à l'entrée de la galerie, éclaire à peine ces souterrains. Ils ont servi de sépulture aux religieuses, et produisent sur le visiteur une profonde impression. »

La ferme de Maubuisson touchait au monastère. Il n'en reste qu'un seul bâtiment du XIIIe s., belle et vaste **grange** (mon. hist.), un des types les plus connus de ce genre de construction; elle pouvait contenir 100,000 gerbes. Deux files de colonnes monocylindriques la partageaient en trois nefs. La nef de l'E. a été démolie. A l'intérieur est adossée, au pignon du N., une tourelle à pans, avec escalier conduisant au comble.

Le parc de Maubuisson se dirige du S. au N.; il est clos par une haute et ancienne muraille qui de ce côté se termine carrément; là, s'élèvent à ses angles deux tourelles dont la construction paraît être du XIVe s.

En quittant la station de Saint-Ouen, on remarque à dr., sur une éminence, l'ancien château d'*Épluches*, dont il ne reste qu'une aile, et à g., sur la rive dr. de l'Oise, le hameau de *Valhermay*, situé à l'entrée d'un petit vallon latéral. On laisse ensuite à g. le ham. d'Épluches, avant de franchir l'Oise sur un pont de 3 arches, d'où l'on découvre de jolis points de vue. Le chemin de fer suit alors le contour que forme la rivière à la base de petits coteaux couverts de hameaux qu'entourent ou que dominent de beaux vergers (*Chaponval, Saint-Nicolas, le Gré, les Remys*), et qui sont percés de nombreuses carrières dont on n'aperçoit que les ouvertures. Sur la dr., d'épais rideaux d'arbres dérobent le plus souvent à la vue la rive g. de l'Oise, le long de laquelle s'étendent les ham. de *Vaux* et de *la Bonne-Ville*. Avant de s'arrêter à la station, on passe devant le château d'Auvers.

---

1. *Études archéologiques sur les abbayes de l'ancien diocèse de Paris.*

10ᵉ STATION. — AUVERS.

34 kil. de la gare de Paris, 6 kil. 500 mèt. de la gare de Pontoise, 1 kil. de Méry, 3 kil. de Mériel par Méry, 5 kil. de Villiers-Adam, 5 kil. d'Hérouville, 2 kil. 400 mèt. de Butry, 3 kil de Frépillon.

Auvers, 1,720 hab., possède une église (mon. hist.) des XIIᵉ et XIIIᵉ s., avec triforium et arcs-boutants, restaurée en 1876. La chapelle de la Vierge, à dr. du chœur, a été reconstruite à la fin du XVIᵉ s. Sur l'un des piliers qui fait face à cette chapelle se lit l'épitaphe de Jean-François de Berbisy, seigneur du lieu, issu de la famille de saint Bernard. La partie la plus ancienne de cette église est l'absidiole romane placée à g. du chœur.

C'est probablement à *Auvers* et

Auvers.

non à *Paris* qu'est né François Villon, dont Boileau a fait l'éloge dans ces vers :

Villon sut le premier, dans ces siècles
[grossiers,
Débrouiller l'art confus de nos vieux ro-
[manciers.

M. A. Campaux, dans son savant travail sur ce poëte, a rappelé une variante de son épitaphe trouvée dans un manuscrit; la voici :

Je suis François dont ce me poise,
Nommé Corbueil en mon surnom,
Natif d'*Auvers*, emprès Ponthoise,
Et du commun nommé Willon.

La principale industrie des habitants d'Auvers est l'exploitation des nombreuses carrières de pierres qui entourent le village.

De la station d'Auvers à la gare de Creil, le chemin de fer suit la rive dr. de l'Oise. De gracieux paysages se succèdent sans interruption aux regards. On laisse à g. le ham. de *Butry*. Sur la rive g. de l'Oise on aperçoit le village de Méry, Mériel, puis le *château de Stors*.

11ᵉ STATION. — VALMONDOIS.

37 kil. de la gare de Paris, par Herblay, 31 kil. par Taverny, 3 kil. de la station d'Auvers et de celle de l'Isle-Adam. — Le village est à 1 kil. de la station et à 5 kil. de Nesles.

Le station de Valmondois a été établie, en 1876, pour servir de tête de ligne au chemin de fer de Taverny (Section X). **Valmondois**, 375 hab., à 1 kil. à g., n'offre d'intéressant que le chœur (xiiiᵉ s.) de son église. De ce village, on peut se rendre agréablement à Nesles (*V.* ci-dessous) par la vallée du Sausseron.

12ᵉ STATION. — L'ISLE-ADAM.

40 kil. de la gare de Paris, 3 kil. de Valmondois, 4 kil. 1/2 de Mériel, 10 kil. de Pontoise, 6 kil. de Beaumont, 6 kil. de Presles, 7 kil. 1/2 de Jouy-le-Comte, 4 kil. de Nesles.

L'Isle-Adam *, ch.-l. de c. de 2,660 hab., est agréablement situé sur la rive g. de l'Oise, en face du ham. de *Parmain*, qui en dépend. Trois anciens ponts jetés sur les deux îles qu'y forme l'Oise le mettent en communication avec la station du chemin de fer, établie sur la rive dr.

La plus grande de ces îles était occupée autrefois par un château du prince de Conti. Sur la façade était sculpté un arbre agité avec cette inscription :

EXAGITAT FRONDES IMMOTO STIPITE VENTUS.

Louis XV avait exigé que le prince de Conti rendît visite à Mᵐᵉ de Pompadour : forcé de faire cette honteuse démarche, le prince entre chez la favorite et s'assied sur son lit en lui disant : « Tiens, vous avez un bien beau lit pour une femme comme vous. » Dès lors la favorite ne cessa de poursuivre le prince de sa haine ; et c'est pour expliquer cette persécution qu'il fit sculpter l'arbre et graver la devise.

La Révolution a renversé le château ; il n'en reste plus qu'une belle terrasse entourée d'une balustrade en pierre et ombragée d'arbres séculaires. Une villa, dont les jardins sont entretenus avec un soin remarquable, l'a remplacé.

L'Isle-Adam a dû son nom à cette île, sur laquelle le connétable Adam se fit bâtir, en 1069, un château fort. D'importantes améliorations y ont été réalisées sous le dernier Empire.

A l'angle des routes de Stors et de la forêt s'élève l'**église** (mon. hist.), consacrée en 1499, achevée au xviᵉ s. et restaurée de nos jours sous l'habile direction de M. le curé Grimot. Le portail, construit en 1537 sur les dessins de Bullant, présente quatre statues symboliques et, dans l'archivolte, des sculptures représentant les Vertus et les Vices. Les vantaux, modernes, ont été exécutés d'après les dessins de M. Roguet.

L'intérieur de l'église se compose de 3 nefs. Au transsept, deux arcs simulant des tribunes relient la nef au chœur avec autant de hardiesse que d'élégance. L'abside est éclairée par dix fenêtres ornées de verrières qui racontent les différents épisodes de la vie de saint Martin de Tours, patron de l'église. L'apôtre des Gaules y est splendidement représenté coupant son manteau pour le donner au pauvre ; à la messe qu'il célèbre assistent, dans le recueillement de la prière et sous l'inspiration de leurs saints patrons, les grands seigneurs qui ont été les bienfaiteurs temporels de l'Isle-Adam : Philippe et Louis de Villiers-Adam, Anne de Montmorency et François de Bourbon, prince de Conti. Les autres fenêtres de l'église sont également ornées de verrières. Tous ces vitraux, d'une fort belle exécution, sortent des ateliers de M. Gsell.

Des stalles (commencement du xviᵉ s.) offrent des sculptures très-variées et parfaitement traitées : toutes les miséricordes présentent un sujet différent ; on y remarque le forgeron, le potier, le sculpteur, le barbier. Sur l'une d'elle le fabliau d'Aristote est singulièrement exprimé : au lieu d'Alexandre, d'Aristote et de l'Indienne, on voit un moine, une religieuse et un enfant de chœur. Ces stalles proviennent de Saint-Martial de Bordeaux.

La grille en fer forgé qui ferme le chœur a été exécutée sur les dessins de Roguet. La chapelle latérale de g. renferme un beau retable en bois sculpté représentant la Passion ; il provient d'une église de Normandie et date du xve s. Au même bas-côté g. s'ouvre la chapelle où fut inhumé le prince de Conti.

Le monument du prince de Conti a été détruit pendant la Révolution ; il n'en reste qu'un médaillon en marbre et une pyramide, au pied de laquelle a été mis un modèle en plâtre (de Moitte) représentant une femme dans l'attitude de la douleur.

La chaire à prêcher est une œuvre allemande exécutée en 1560, restaurée en 1860. Les quatre grands Prophètes sont placés à la base ; le Sauveur, les Évangélistes, saint Pierre et saint Paul ornent la cuve, les quatre grands Docteurs de l'Église sont assis sur l'abat-voix, et l'ange du Jugement pose à peine sur l'édicule qui surmonte ce monument. La rampe circulaire est formée de panneaux richement incrustés de bois de couleur ; ils sont séparés par plusieurs cariatides qui représentent les vertus cardinales et théologales ; enfin on lit sur la rampe et sur la cuve les textes de l'Écriture sainte qui ont rapport à la parole de Dieu. On remarque encore dans l'église de l'Isle-Adam un tableau de Jouvenet et une copie d'un tableau de Carrache par Mignard.

A côté de l'église sont le presbytère (curieuse collection archéologique, réunie par M. Grimot) et la mairie, jolies constructions modernes, bâties sous l'administration du maire Dambry, dont le buste orne un petit square devant l'hôtel de ville.

Les environs de l'Isle-Adam abondent en agréables promenades. Au S., on peut aller visiter (3 kil.) le beau château de Stors et (4 kil.) les ruines de l'abbaye du Val (*V.* ci-dessous, Section XII). A l'O., dans la vallée du Sausseron, on trouve à 4 kil. le v. de **Nesles** (825 hab.), qui possède une curieuse **église** du commencement du xiie s. (mon. hist.) avec un clocher roman couronné d'une pyramide en pierre. Entre Nesles et *Hédouville* (294 hab.) est située la *ferme de Launay*, où le poëte Santeuil avait fait construire une tour carrée à trois étages, composés chacun d'une chambre, qu'il habitait successivement, persuadé que, plus il s'élevait, plus il était inspiré. Au N., au-delà du hameau de *Nogent*, est le *château de Cassan*, reconstruit de nos jours avec magnificence. Le *parc* de ce château, un des premiers parcs dessinés à l'anglaise, avait rang après le petit Trianon et Ermenonville. Il touche au *bois de Cassan*, au milieu duquel (3 kil.) seize allées viennent aboutir à un carrefour appelé la *Table*, parce qu'on y avait dressé une vaste table de pierre, récemment endommagée par la chute d'un arbre et réparée depuis. Enfin, à l'E., au N. et au S.-E., s'étend la **forêt de l'Isle-Adam**, dont la contenance est de 1,635 hectares et qui n'a pas moins de 9 kil. dans sa plus grande longueur, de Monsoult ou de Baillet à l'extrémité du bois de Cassan. Cette forêt, percée de nombreuses routes, renferme de beaux chênes. Son point culminant, qui domine Nerville, est à 189 mèt. Si l'on en faisait le tour en partant de l'Isle-Adam dans la direction du S., on trouverait : Stors (*V.* ci-dessus) ; — l'abbaye et la ferme du Val (*V.* p. 245) ; — Baillet, Monsoult et Maffliers (*V.* Section XIV) ; — enfin Nerville, ham. dépendant de Presles (Section XIV).

Au-delà de la station de l'Isle-Adam, le chemin de fer, qui continue à longer la rive de l'Oise, laisse à g. *Jouy-le-Comte*, 775 hab., dont l'*église* a un chœur du xiiᵉ s., assez curieux, avec un clocher du xiiiᵉ s., et *Champagne*, 660 hab., dont on voit parfaitement l'**église** (mon. hist.) du xiiiᵉ s., avec beau clocher de la même époque, joli porche latéral du xviᵉ s. (Vierge du xiiiᵉ s.), et arc triomphal du xvᵉ s. M. Hérard a restauré cet édifice, de 1875 à 1877. Sur la dr., les collines qui couronnent les forêts de l'Isle-Adam et de Carnelle attirent l'attention.

13ᵉ STATION. — BEAUMONT.

46 kil. de la gare de Paris, 6 kil. de l'Isle-Adam. — La ville est à 1 kil. de la station, 2 kil. de Persan, 4 kil. de Chambly, 3 kil. de Presles. 1 kil. 500 mèt. de Mours, 3 kil. 1/2 de Noisy, 6 kil. d'Asnières-sur-Oise, 7 kil. de Viarmes.

Beaumont-sur-Oise *, V. de 2,392 hab. (cant. de l'Isle-Adam), avait autrefois des remparts qui furent démantelés en 1422 par le duc de Bourgogne. Leurs débris ont été transformés en une promenade publique, plantée d'arbres, et d'où l'on découvre une vue étendue. Avant la Révolution, Beaumont était un comté-pairie, appartenant au prince de Conti, le siège d'un bailliage royal et d'une maîtrise particulière des eaux et forêts. De toutes les communautés religieuses qu'elle possédait encore au xviiiᵉ s., il ne lui reste que son *hôtel-Dieu*, renfermant aujourd'hui 28 lits. Son **église** (mon. hist.), à laquelle on arrive par un escalier de 54 marches, date du xiiᵉ s. (la tour est du xviᵉ s.). On remarque à l'extérieur les sculptures du portail, malheureusement mutilées. L'intérieur se compose d'une nef et de quatre bas-côtés, analogues de style à Notre-Dame de Paris, et offrant de magnifiques chapiteaux à crochets. Au-dessus des bas-côtés les plus rapprochés de la grande nef s'élèvent de larges tribunes avec colonnettes élégantes. La maîtresse voûte manque; elle n'a jamais dû être exécutée; les tailloirs des nervures, qui ont été placés au niveau de la corniche supérieure des tribunes, montrent que la grande nef n'était pas destinée à atteindre une hauteur considérable; le chœur, relativement mesquin, bien que pareillement du xiiiᵉ s., indique aussi que les projets primitifs, conçus sur des données trop vastes, furent considérablement restreints pendant la durée des travaux. Des travaux considérables de restauration ont été exécutés dans cette église vers 1863. Du sommet de la tour, la vue est fort belle.

Persan, v. de 1,240 hab., situé à g. de la station de Beaumont, n'offre absolument aucun intérêt.

Pour la forêt de Carnelle, située au S.-E. de Beaumont, V. Section XIV.

C'est à la station de Beaumont que la nouvelle ligne de Paris à Beauvais (Section XIV), croise le chemin de fer de Pontoise à Creil. La première station sur cette ligne, en allant de Beaumont à Beauvais, est celle de (4 kil.) **Chambly**, b. de 1,426 hab. (Oise), dont l'**église** (mon. hist.), de la fin du xiiiᵉ s., a été restaurée de 1874 à 1877, par M. Hérard.

Quand on a quitté la station de Beaumont, on remarque sur la dr. les gracieuses collines que couronne la forêt de Carnelle, et qui bientôt s'abaissent en s'éloignant. A g. s'étend une vaste plaine, dont l'aspect rappelle la Beauce. On traverse le v. de *Bruyères* (335 hab.; *église* du xiiᵉ s.), sur le territoire duquel le chancelier Maupeou a possédé un château fort aujourd'hui détruit. On sort du départ. de Seine-et-Oise pour entrer dans le départ. de l'Oise, et on se rapproche de la rivière

14ᵉ STATION. — BORAN.

53 kil. de la gare de Paris, 7 kil. de Beaumont. 2 kil. du Lys.

Boran, 766 hab., est situé sur la rive dr. de l'Oise, et signalé d'assez loin par sa belle *flèche* en pierre (50 mèt.) du xvᵉ s. (l'église, de la même époque, présente un chœur fort original et un beau vitrail de 1535). Son château, restauré, s'aperçoit au N. du village. Les ham. de *Morency* et de *Saint-Martin des Nonnettes* font partie de la commune. Quelques archéologues pensent que Boran a remplacé la station romaine de *Lithanobriga*.

Un pont suspendu a remplacé l'ancien bac de Boran ; il faut traverser ce pont et la forêt du Lys pour aller visiter, sur la rive g. de la rivière, l'abbaye de Royaumont (4 kil. de Boran) : *V.* Section XV.

Au-delà de Boran, les collines bordent la rive dr. de l'Oise. Le chemin de fer longe la rivière, de l'autre côté de laquelle s'étend une vaste plaine agréablement boisée.

15ᵉ STATION. — PRÉCY.

58 kil. de la gare de Paris,
5 kil de Boran.

Précy, 917 hab., est situé, comme

Beaumont.

Boran, sur la rive dr. de l'Oise. Il possède une *église* du XIIᵉ s. et de jolies maisons de campagne. Son ancien bac a été aussi remplacé par un pont suspendu d'une seule travée.

Les collines de la rive dr. de l'Oise s'abaissent et s'éloignent ; celles de la rive g., au contraire, se rapprochent et s'élèvent. On y remarque les entrées de nombreuses carrières de pierres. On laisse à g. les v. de *Villers-Sous-Saint-Leu*, 226 hab., dont l'*église* est du XIIIᵉ s., et de *Boissy*, avant d'atteindre la station de Saint-Leu.

16ᵉ STATION. — SAINT-LEU-D'ESSERENT.

61 kil. de la gare de Paris, 3 kil. de Précy, 5 kil. de Chantilly, 4 kil. de Thiverny, 5 kil. de Montataire.

Saint-Leu-d'Esserent est un b. de 1,502 hab., situé sur les pentes d'un coteau qui borde la rive dr. de l'Oise. Ce coteau et celui qui lui fait face sur la rive opposée sont percés de **carrières de pierres**, dont l'exploitation occupe une partie des habitants. La pierre qui en est extraite est connue dans le commerce sous le nom de *pierre de Saint-Leu*. Quelques-unes de ces carrières ont plusieurs kilomètres de profondeur ; on les visitera avec intérêt. Les ouvertures que l'on aperçoit sur les coteaux de la rive g. de l'Oise donnent à cette région une physionomie particulière.

Toutefois, la principale curiosité de Saint-Leu est son **église**, qui s'élève, au-delà de la station du chemin de fer, sur une grande et belle terrasse plantée d'arbres. Cette église a été classée parmi les mon. hist., mais des restaurations récentes en ont compromis la solidité.

L'église de Saint-Leu n'a pas de transsept ; elle comprend : un porche extérieur surmonté d'une belle salle et dominé à dr. par une tour romane avec flèche en pierre ; une triple nef

Carrières de Saint-Leu-d'Esserent.

de dix travées, du style ogival de la fin du XIIe s., et un rond-point de la même époque, avec cinq absidioles peu profondes. Deux tours s'élèvent sur la neuvième travée. Un triforium, haut et large, qui forme dans le chœur de véritables tribunes, règne autour de l'édifice, sous les fenêtres supérieures. Les colonnes monocylindriques du rond-point sont d'une hardiesse admirable et presque effrayante. Tous les chapiteaux des piliers sont d'un magnifique style.

Des absidioles qui rayonnent autour du chœur, la première de gauche est à peine prononcée, gênée qu'elle était par les constructions du prieuré adjacent. Sur la chapelle de l'axe est enté un premier étage donnant sur les tribunes.

La longueur totale de l'église de Saint-Leu-d'Esserent est de 71 mèt., la hauteur des voûtes, de 27 mèt.. La flèche de la façade atteint 50 mèt. d'élévation.

Le prieuré de Saint-Leu fut fondé

en 1081 par Hugues, comte de Dammartin, et donné dès son origine à l'abbaye de Cluny. Il en reste, au N. de l'église, d'assez curieux débris, notamment quelques arcades du cloître et une porte fortifiée, en ogive.

Ce fut à Saint-Leu ou dans ses environs que commença, en 1358, la grande insurrection de la Jacquerie. « Le 28 mai, dit un chroniqueur, plusieurs menues gens de Saint-Leu de Cérent, de Nointel, de Cramoisi et de quelques autres villages du Beauvoisis, s'assemblèrent et s'entre-dirent que tous les nobles de France, chevaliers et écuyers, honnissaient et trahissaient le royaume, et que ce serait grand bien que de les détruire tous... Et chacun d'eux dit : « Il est vrai, il est vrai ! Honni « soit celui par qui il demeurera (il y « aura retard), que tous les gentils- « hommes en soient détruits. » Ils élurent pour chef un très-rusé paysan,

Église de Saint-Leu-d'Esserent.

nommé Guillaume Callet, du village de Merlot (Mello), et s'en allèrent sans nulles armures hors que bâtons ferrés et couteaux, en la maison d'un chevalier qui demeurait près de là, forcèrent le château et tuèrent la châtelaine, ses femmes et ses enfants. A ce signal tous les paysans de la contrée prirent leurs couteaux, leurs coignées, leurs socs de charrue, coupèrent des bâtons dans les bois et coururent sus aux nobles. »

A 3 kil. de Saint-Leu, le chemin de fer rejoint la ligne de Louvres et Chantilly (Section XVI).

17ᵉ STATION. — CREIL.

68 kil. de la gare de Paris, par Pontoise
7 kil. de la station de Saint-Leu.

Creil est décrit ci-dessous, Section XVI : *De Paris à Chantilly et à Compiègne.*

SECTION XII

DE PARIS A VALMONDOIS[1]

C'est d'Ermont (p. 227), la 5ᵉ station, à 15 kil. de Paris, que la ligne de Valmondois, inaugurée en 1876, se détache de la ligne de Pontoise. Elle passe bientôt à l'extrémité E. du village d'Ermont, où est établie une halte (tous les trains s'y arrêtent), et monte insensiblement vers Saint-Leu.

6ᵉ STATION. — SAINT-LEU-TAVERNY.

20 kil. de la gare de Paris, 5 kil. de celle d'Ermont, 1,500 mèt. de Saint-Prix, 2 kil. de Taverny (les deux villages se rejoignent).

Saint-Leu-Taverny a 1,630 hab. On peut lui assigner au moins sept siècles d'antiquité. Il a appartenu pendant un certain temps aux Montmorency. Pendant la Révolution, il prit le nom de *Claire-Fontaine*; sous le dernier Empire, il s'appela *Napoléon-Saint-Leu*, en vertu d'un décret du 10 juin 1852.

Saint-Leu-Taverny, renommé autrefois par ses châteaux, résidences des princes d'Orléans, de la reine Hortense et du dernier prince de Condé, est aujourd'hui particulièrement célèbre par ses *tombeaux*.

A l'issue et au N. du village, à dr. du chemin qui monte à la forêt, se trouve le *tombeau* du prince de Condé. Une avenue de cyprès fermée par une grille le précède. On connaît la fin tragique du prince de Condé (28 août 1830), trouvé mort et pendu à l'espagnolette de la croisée de sa chambre, et le procès qui suivit cette catastrophe. Le triste monument érigé au dernier des Condé consiste en une colonne élevée sur un socle, porté lui-même sur trois marches; deux anges sont debout adossés à la colonne. Des inscriptions rappellent les noms des princes de la famille; la croix placée au haut de la colonne est à l'endroit même où le corps du prince fut trouvé.

Les autres tombeaux de Saint-Leu, ceux de quelques membres de la famille Bonaparte, occupent les caveaux de la nouvelle *église* de Saint-Leu, commencée en 1852 et qui manque de caractère. Le tympan de la grande porte représente Jésus-Christ entre saint Leu (*Lupus*) et saint Gilles (*Ægidius*); celui de la porte latérale, la Vierge consolatrice des affligés. Ces peintures, exécutées sur faïence émaillée, sont dues au pinceau de M. Sébastien Cornu. Au fond de l'abside s'élève le **monument**, en marbre blanc, **du roi Louis**, œuvre de M. Petitot. (Pour le visiter, se faire accompagner du gardien, qui demeure rue du Plessis, 6, à l'entrée du bourg du côté d'Ermont.) Sur les côtés du monument se voient deux statues représentant la *Foi* et la *Charité*. Au-dessus, les peintures murales de l'abside représentent saint Napoléon entouré de saint Charles et de saint Louis (saint Napoléon et mieux *Neopolus* souffrit à Alexandrie, sous Dioclétien). A dr. de l'autel sont l'ancienne chapelle et le tombeau de Mᵐᵉ de Broc, qui, en 1813, périt dans la cascade de Grésy, près d'Aix-les-Bains, en Savoie, sous les yeux de la reine Hortense. La maréchale Ney y repose aussi, près de sa sœur. Le caveau pratiqué sous l'église contient les quatre tombes :

---

[1]. Embarcadère, à Paris, place Roubaix. — Pour les indications relatives à la durée du trajet et au prix des places, V. l'*Introduction*.

de Charles Bonaparte, père de Napoléon Ier; de Louis Bonaparte, et de deux de ses fils. La reine Hortense est enterrée à Rueil (*V*. p. 146). Dans un coin, à l'extérieur de l'église, on voit une ancienne pierre sépulcrale du curé Mangot, fondateur de l'église de 1690.

Il y avait, au siècle dernier, deux châteaux à Saint-Leu. L'un, à l'entrée du village du côté de Paris, avait été acquis par le duc d'Orléans; ses enfants y séjournèrent avec leur institutrice, Mme de Genlis L'autre château, situé sur la hauteur, avait été habité par le connétable Mathieu de Montmorency. Les deux châteaux furent réunis par Louis, troisième frère du premier consul. Le château du connétable fut démoli; celui de la famille d'Orléans devint un palais; des rivières, des pièces d'eau embellirent le parc. Louis abdiqua en 1810. Il prit le titre de comte de Saint-Leu et de grand-duc de Berg; il lui fut assigné un revenu de deux millions, dont 500,000 fr. sur les bois de Saint-Leu et de Montmorency. La séparation de corps fut prononcée entre le roi et la reine de Hollande, la reine Hortense garda ses deux fils. Grâce à l'empereur Alexandre, la Restauration érigea son apanage en *duché de Saint-Leu*. Elle fit une visite à Louis XVIII pour le remercier. Louis XVIII vint à son tour la visiter à sa résidence de Saint-Leu. A son retour de l'île d'Elbe, Napoléon, dit-on, accueillit d'abord sa belle-sœur froidement. A la seconde Restauration, le prince de Condé racheta le château de Saint-Leu. Par son testament il nomma le duc d'Aumale son héritier, et il laissait entre autres legs à Mme de Feuchères les châteaux et parcs de Saint-Leu, de Boissy, la forêt de Montmorency, le domaine de Mortefontaine, etc. Le château de Saint-Leu, bientôt vendu par Mme de Feuchères, fut démoli en 1835. Le parc a été morcelé, les pièces d'eau ont disparu. Sur le pilier de dr., en avant de l'allée de cyprès qui mène à la colonne, on lisait ces mots, aujourd'hui presque effacés : *rue des Vandales*. Est-ce un souvenir de ces destructions ?

On peut aller de Saint-Leu à Taverny, soit par le chemin de fer, soit par la rue, longue de 2 kil., qui est commune à ces deux villages, soit enfin, et avec plus d'agrément, en montant sur la crête boisée qui domine à la fois Saint-Leu et Taverny, et d'où l'on peut descendre à l'église de Taverny, bâtie sur une terrasse. De cette colline, dont l'altitude est de 175 mèt., on jouit d'une vue magnifique sur les vallées de la Seine et de l'Oise.

7e STATION. — TAVERNY.

22 kil. de la gare de Paris, 7 kil. de celle d'Ermont, 2 kil. de Saint-Leu, 6 kil. de Franconville, 1 kil. de Bessancourt.

Taverny (1,582 hab.) existait déjà en 754. Quelques princes de la famille royale de France y séjournèrent au XIVe s. L'**église** (mon. hist.), du commencement du XIIIe s., est l'une des plus remarquables des environs de Paris et présente un style large et assez original. Elle est pittoresquement située sur une terrasse ménagée près du sommet de la colline sur le versant de laquelle s'étend le village. L'intérieur présente des proportions très-élégantes. L'abside principale, qui s'ouvre immédiatement sur l'intertranssept, est flanquée de deux absides secondaires, appuyées aux croisillons. La façade occidentale est du commencement du XIIIe s., le croisillon du N. est aussi percé d'une belle porte de la fin du XIIIe s., à trumeau et tympan orné de rosaces. Les fenêtres supérieures de la nef sont du XVe s. On remarque à l'intérieur : le magnifique retable de l'autel (Renaissance); au croisillon de dr., une sculpture en bois (martyre de saint Barthélemy); le tombeau de Mathieu de Montmorency (au-dessous de la chaire), et les pierres tombales de deux enfants de Charles de Montmorency.

La Tuyolle est une jolie maison de plaisance située près de la forêt dans la partie haute du village. Auprès se trouve la chapelle de l'*Ecce-Homo*, reconstruite à la fin du XVIIIe s.

8ᵉ STATION. — BESSANCOURT.

23 kil. de la gare de Paris, 8 kil. de celle d'Ermont. 1 kil. de Taverny, 3 kil de Saint-Leu-Taverny, 3 kil. 1/2 de Bethemont, 2 kil. de Frépillon.

Bessancourt, 802 hab., remonte à une assez haute antiquité; la terre de ce nom fut acquise en 1240 par la reine Blanche, et appartint plus tard à l'abbesse de Maubuisson. L'*église* date du XIIIᵉ et surtout du XVᵉ s. Un porche rustique abrite la grande porte. On cite particulièrement parmi les maisons de plaisance de ce village le *Château-Madame*. L'abbesse de Maubuisson y avait une maison de campagne.

Bessancourt est situé au milieu de cultures variées, dans une échancrure et à l'extrémité des collines, regardant le S., qui commencent à Montmorency, et que domine la forêt de ce nom. Du haut du plateau, au N. de Bessancourt, la vue embrasse un vaste et beau panorama.

Au-delà de Bessancourt, le chemin de fer s'est creusé de profondes tranchées qui s'abaissent pour laisser voir, à dr., le v. de *Frépillon*, 397 hab., et le ham. de *Sognolles*.

9ᵉ STATION. — MÉRY.

26 kil. de la gare de Paris, 11 kil. de celle d'Ermont, 3 kil. de Taverny. — Le village est à : 1 kil. de sa station, 1,500 mèt. de Mériel, 1,500 mèt. d'Auvers.

Méry-sur-Oise, 1,390 hab., est situé à 800 mèt. de l'Oise. Son *église* date des XIIIᵉ, XVIᵉ et XVIIIᵉ s. Derrière l'église se trouve le *château*, construit vers la fin du XIVᵉ s. par le seigneur de Méry, Pierre d'Orgemont, chancelier de France, dont quelques descendants furent inhumés dans l'église. La terre fut érigée en marquisat l'an 1695. Le château actuel appartient à M. de Lamoignon; le parc et les jardins sont, dit-on, remarquablement entretenus. Le fameux banquier Samuel Bernard, devenu seigneur de ce château, y reçut la visite de Louis XIV; comme la saison était avancée, l'opulent seigneur fit brûler dans les cheminées du bois d'acajou. En voyant ce luxe de chauffage, le grand Roi dit courtoisement à son hôte : « Sais-tu bien, Samuel, qu'il ne me serait pas possible d'en faire autant dans mes palais ? »

C'est sur le territoire de Méry que doit être établi le grand cimetière parisien projeté sous le second Empire.

On ne voit point Méry de sa station. Quand on l'a dépassée, une tranchée cache le village, et c'est seulement du haut remblai jeté dans le vallon de la Font-de-Four qu'on peut l'apercevoir en se retournant, à g. Devant soi, du même côté, on remarque bientôt les maisons de Mériel. La vue est assez belle sur la vallée de l'Oise.

10ᵉ STATION. — MÉRIEL.

29 kil. de la gare de Paris, 14 kil. de celle d'Ermont. 3 kil. de la station de Méry, 2 kil. de celle de Valmondois. 1 kil. du v. de Méry, 1.500 mèt. de l'abbaye du Val, 4 kil. de Villiers-Adam.

Mériel, 353 hab., domine la rive g. de l'Oise. Son église a conservé une petite porte du XIIIᵉ s., et a reçu quelques dépouilles de l'abbaye du Val. On y voit un lutrin (XVIIIᵉ s.), une chaire à prêcher (fin du XVᵉ s.), quatre stalles et quatre grandes dalles de marbre comprises dans le carrelage du chœur. L'une de ces tombes est celle de Charles Villiers de l'Isle-Adam, évêque de Beauvais († 1535).

Excursion à l'abbaye du Val.

L'abbaye du Val, située à 1,500 mèt. E. de la station de Mériel, lui est directement reliée par un chemin bordé de carrières.

L'abbaye cistercienne du Val fut fondée en 1125. « Ce fut alors, dit l'abbé Lebeuf, qu'une colonie de religieux, tirée de l'abbaye de la Cour-Dieu, diocèse d'Orléans, vint habiter dans le lieu dit Vieux-Moutier, qui est à l'extrémité de la gorge des montagnes qu'on voit en ce lieu, jusqu'à ce qu'Ansel de l'Isle-Adam les plaçât, en 1136, dans son propre fonds. » Pendant sa longue et brillante existence, cette abbaye reçut la visite de plusieurs rois. Philippe de Valois y logea en 1333 et 1344, Charles V en 1366..... En 1587, Henri III la donna à Jean de la Barrière, qui en devint le 46e abbé, pour l'unir au monastère des Feuillants, de Paris, réunion qui ne devint définitive qu'en 1646. Toutefois, quoique les revenus appartinssent dès lors à ses nouveaux propriétaires, l'église et les biens réguliers furent entretenus, et un certain nombre de religieux, sous la conduite d'un prieur, continuèrent à desservir l'abbaye. La maison des Feuillants se contenta d'accommoder l'église aux usages de l'ordre.

Supprimée en 1791, l'abbaye du Val et ses dépendances furent vendues aux enchères, en deux lots. Plus tard, M. le comte Regnault de Saint-Jean-d'Angély réunit ces deux lots et fit exécuter d'importants travaux dans les bâtiments et dans le parc, sous la direction de M. Alexandre Lenoir, fondateur du Musée des monuments français. Il y donna ensuite des fêtes brillantes. En 1824, une nouvelle vente amena de nouveaux partages. En 1845, tous les bâtiments, encore complets, furent vendus 40,000 fr. à un maître maçon nommé Puteau; mais les frais de main-d'œuvre et de transport augmentèrent tellement le prix de ces *matériaux de démolition*, que l'entrepreneur-acquéreur renonça bientôt à leur exploitation pour retourner aux carrières naturelles des environs de Paris. Néanmoins, il ne regarda l'expérience comme décisive qu'après avoir fait démolir trois des côtés du cloître, le palais abbatial et ses tourelles, ainsi que le bâtiment attenant et le grand comble du dortoir.

Les derniers débris de l'abbaye du Val ont été l'objet, sous le second Empire, de grands remaniements.

Parmi les bâtiments conservés, M. Hérard (*Recherches archéologiques sur les abbayes de l'ancien diocèse de Paris*) cite celui qui était situé à l'E. de l'ancien cloître, et qui se compose d'un rez-de-chaussée avec premier étage. Au rez-de-chaussée, il existe plusieurs salles voûtées en ogives avec nervures soutenues par des colonnes isolées, enterrées aujourd'hui de près de 80 centimètres, dont les bases et les chapiteaux sont à feuilles. Parmi ces salles, les plus remarquables sont : celle du Chapitre et le réfectoire. Leur construction remonte à la seconde moitié du XIIe s. Au premier étage est l'ancien dortoir (fin du XIIe s.), vaste salle voûtée en ogives et divisée en deux travées par neuf colonnes avec bases et chapiteaux à double rangée de feuilles. L'église était contiguë au pignon méridional de ce dortoir. Sur le côté occidental avait été construite une tourelle octogonale contenant une cage d'escalier. Quatre seulement des baies (pignon N.) sont restées telles qu'elles étaient autrefois : toutes les autres ont été modifiées et agrandies. Une seule des baies supérieures s'est conservée dans son état primitif. A l'angle S.-E. s'ouvre une petite salle dont la destination est demeurée inconnue. Ce remarquable dortoir, vraiment digne d'une visite, a servi longtemps à une fabrique.

Lors de la construction d'un chemin ouvert il y a peu d'années, M. Hérard a retrouvé les murs de l'abside et quelques piliers formant le bas-côté méridional de l'église. Ces fragments sont aujourd'hui dégagés des matériaux qui les avaient recouverts.

Le bâtiment situé à l'O. du cloître, et parallèle à celui qui vient d'être décrit, est double en profondeur ; il se compose de plusieurs salles basses voûtées en ogive et dont quelques-unes ont été restaurées au XVIe s. Il contient un escalier à noyau du XIIIe s., et un vestibule reconstruit au XVIIe s. Le second étage a été récemment reconstruit.

Ces deux bâtiments étaient réunis autrefois par un autre bâtiment parallèle à l'église, construit au XVIIe s., et dont il ne reste que la galerie formant le côté N. du cloître.

Vis-à-vis de la ferme était le palais abbatial, élevé au xve s., et flanqué de deux élégantes tourelles; on ne retrouve de ce bâtiment que les substructions.

On peut encore visiter, au rez-de-chaussée du bâtiment contigu au palais abbatial, le lavoir des religieux, sur le cours du Vieux-Moutier; au premier étage, une galerie du xve s.; sous la route, une galerie mettant en communication le lavoir avec le cellier et la glacière, bâtis au xiiie s., dans les excavations d'où furent extraits les matériaux des premières constructions de l'abbaye; vers l'abside de l'ancienne église, une construction souterraine du xiiie s.; quelques voûtes à nervures remontant aux premiers temps du monastère, dans le bâtiment des hôtes.

A l'abbaye du Val, comme à celles de Maubuisson et des Vaux-de-Cernay, l'église, le cloître et la salle du Chapitre renfermaient de nombreuses sépultures.

Le *moulin* dit *d'En-Haut*, situé sur le cours du Vieux-Moutier, est à peu de distance de l'abbaye; on y arrive par un chemin profondément raviné. Les bâtiments, élevés au xve s. et parfaitement conservés, offrent encore des parties sculptées avec une remarquable délicatesse.

Enfin, à l'extrémité supérieure de l'enclos actuel, à peu de distance d'une belle carrière dont l'entrée forme un paysage pittoresque, la source du Vieux-Moutier jaillit aujourd'hui au fond d'un petit bosquet d'arbres verts.

Le *parc*, qui dominait au N.-E. l'abbaye du Val, a été défriché : des champs remplacent aujourd'hui les beaux ombrages des temps passés. A l'entrée s'élève une ferme récemment construite, la *Ferme du Parc*.

[45 min. suffisent pour aller de l'abbaye du Val à l'Isle-Adam, soit que l'on gagne directement Stors, où l'on rejoint la route de Pontoise, soit que l'on côtoie le mur de la ferme dont nous venons de parler pour aller traverser la partie occidentale de la forêt de l'Isle-Adam. A 1 kil. de l'Isle-Adam, — que l'on suive l'un ou l'autre de ces deux chemins, — on passe près du *Moulin de Vioray*, dont l'étang, entouré d'arbres, mérite un détour de quelques minutes.]

Au-delà de Mériel, le chemin de fer traverse l'Oise sur un pont en tôle de 3 travées, qui sert en même temps à la route de terre, puis rejoint la ligne de Pontoise.

IIe STATION. — VALMONDOIS.

31 kil. de la gare de Paris, par Taverny,
2 kil. de Mériel.

Valmondois est décrit ci-dessus, Section XI : *De Paris à Creil, par Pontoise*.

SECTION XIII

DE PARIS A MONTMORENCY [1]

C'est à la station d'Enghien (*V.* ci-dessus, p. 222) que se détache l'embranchement qui conduit à Montmorency, et, bien que la distance réelle entre Montmorency et Enghien ne soit que de 2 kil., la

---

1. *Embarcadères.* Place Roubaix (gare du Nord); rue Saint-Lazare (gare de Ouest). — Pour la durée du trajet et le prix des places, *V.* l'*Introduction*. — On peut aussi aller à Montmorency par le chemin de fer de Monsoult (Section XIV), en descendant soit à la station de Deuil, soit à celle de Groslay

SOISY. — MONTMORENCY.

voie ferrée, décrivant pour monter sur la colline des contours sinueux, a une longueur de plus de 3 kil.

Quand on a quitté la station d'Enghien et tourné à dr. en laissant à g. la ligne principale, on traverse la route de Saint-Denis à Eaubonne, et l'on se rapproche de **Soisy-sous-Montmorency**, 777 hab. (2 kil. d'Enghien, 1,700 mèt. de Montmorency, 2 kil. d'Andilly, 1 kil. d'Eaubonne). Une halte est établie à 1 kil. E. du village. L'*église* de Soisy possède des *stalles* de la fin du XVIe s. avec des miséricordes curieusement sculptées. Le *château* (XVIIIe s.), derrière l'église, appartient au prince d'Achéry. Après avoir laissé Soisy à g., le chemin de fer s'élève rapidement, et atteint près de 120 mèt. d'alt. quand il arrive à la gare de Montmorency (au N.-O. et à 500 mèt. de la ville).

MONTMORENCY.

La station est à 3 kil. d'Enghien par le chemin de fer, 15 kil. de la gare de Paris (Nord), 21 kil. de la gare de Paris (Ouest), 25 kil. de Pontoise. — La ville est (par les routes de terre) à 2 kil. d'Enghien, 8 kil. de Saint-Denis, 18 kil. de Paris, 1 kil. 1/2 de Groslay, 2 kil. de Montmagny, 1 kil. de Deuil, 3 kil. de Saint-Brice, 1 kil. 1/2 de Soisy, 3 kil. d'Andilly, 3 kil. de Margency; 3 kil. 1/2 de Montlignon, 6 kil. de Saint-Prix.

Direction.

Au sortir de la gare, on voit s'ouvrir devant soi l'*avenue Émilie*, qui, bordée de villas modernes et croisée, à angle droit, par deux autres avenues, conduit directement à la place du Marché (5 min.).

Si l'on veut aller de la gare visiter l'Ermitage et la Châtaigneraie, on trouve à sa g., en sortant de la gare, le *boulevard de l'Ermitage*, qui y conduit directement; 6 à 8 minutes suffisent pour gagner la Châtaigneraie.

On peut monter directement de la gare au sommet de la colline par une route neuve (*avenue de la Gendarmerie*) et par des escaliers qui aboutissent à une propriété récemment bâtie. On y jouit d'une très-belle vue. Du plateau où un plan incliné avec rails a été établi pour l'exploitation des pierres meulières, des briques et du bois, on peut redescendre à l'Ermitage en quelques minutes par la route de Domont, ou gagner les bois à dr. et à g.

Désire-t-on, au contraire, aller à Andilly (3 kil.), il faut au sortir de la gare descendre un peu, tourner à dr., croiser la voie ferrée, puis une route, en laissant une fontaine à dr., pour prendre la route qui monte en face et qui longe la base des collines en serpentant le long du bois. Durant le trajet, on découvre des panoramas splendides. Le *chemin des Laitières* est plus court, mais moins agréable.

Situation. — Aspect général.

Montmorency *, ch.-l. de cant. de l'arrond. de Pontoise, est une V. de 3,394 hab., située à l'extrémité S.-E. des collines couvertes par la forêt à laquelle elle a donné son nom. De sa position élevée elle domine la vallée qui s'étend entre ces collines et les hauteurs de Sannois et de Cormeilles. La vue y embrasse un grand horizon, borné au loin par le Mont-Valérien. Sa situation pittoresque, le voisinage de sa magnifique forêt, les souvenirs qui se rattachent à Jean-Jacques Rousseau, les cerises de son territoire, et la dentelle commune qui s'y fabrique ont valu à Montmorency une juste célébrité et de nombreuses visites. Les rues y sont escarpées et tortueuses dans la partie ancienne, mais autour de ce centre s'étendent de jour en jour des quartiers neufs et bien alignés, tout bordés de charmantes maisons de campagne. De plus, Montmorency jouit d'un air vif et pur. Le choléra, qui a ravagé les environs, n'y a point paru. Enfin, si par sa position élevée elle était exposée à manquer souvent d'eau pendant les grandes chaleurs, une compagnie l'a dotée récemment, ainsi que les villages voisins, d'une abondante distribution d'eau de Seine, qui y est amenée au moyen de pompes mises en mouvement par une machine à vapeur établie à Épinay.

Un réservoir couvert se trouve à mi-côte, un peu au-dessous de Montmorency ; et un grand bassin monumental, entouré d'une grille, a été construit (au bord d'une route qui va jusqu'à Domont) sur la colline de sable des Champeaux, qui domine Montmorency, et du haut de laquelle on jouit d'une belle vue. De là l'eau redescend pour se distribuer dans différentes directions. Une petite fontaine a été placée sur la petite place de la Mairie ; une autre sur la grande place du Marché.

Une place grande, mais irrégulière, au milieu de laquelle s'élève un bâtiment supporté par des arcades et contenant un café et une petite salle de spectacle, est le forum de ce Tibur parisien ; c'est là que s'arrêtent les omnibus et les voitures, là que se réunissent les promeneurs ; c'est de là que partent les joyeuses cavalcades, et c'est là encore que s'empressent d'accourir, par habitude du joug, les fidèles et honnêtes montures, qui, lasses d'être surmenées et rouées de coups, ont eu le bonheur de désarçonner leurs cavaliers novices au fond de la forêt.

D'ailleurs, après les plaisirs et les courbatures de la journée, les promeneurs viennent ici refaire leurs forces et ranimer leur entrain, à cet *hôtel du Cheval-Blanc*, de joyeuse mémoire, dont les murs ont abrité tant de festins bruyants et de plaisirs profanes. Toute la folle jeunesse du siècle a passé par là. Des princes, des têtes couronnées, des diplomates, des poëtes de toutes les époques, ont tour à tour été les hôtes dissipés de cette maison, dont quatre générations de *Leduc* se sont transmis la direction depuis sa fondation en 1739. « Leduc, deuxième du nom, était le grand agent-voyer du prince de Bourbon-Condé. » Il n'est pas jusqu'à l'enseigne de l'hôtel qui n'ait sa célébrité. Vers 1792, une bande de jeunes gens avaient passé une quinzaine de jours dans cette *auberge*, comme on disait alors ; la carte à payer montait à un chiffre élevé ; il y eut débat et rabais sur le prix. Comme appoint, deux jeunes artistes à peu près ignorés alors, Isabey et Gérard, peignirent la double enseigne du Cheval-Blanc. Le baron Gérard a repeint la sienne en 1815. Montmorency et l'hôtel du Cheval-Blanc eurent une brillante période il y a une cinquantaine d'années, alors que « feu Labattut, lord Seymour, Roger de Beauvoir, Charles de Boignes, Bertrand, etc., vers la fin de la Restauration, faisaient leur rendez-vous de plaisir accoutumé de cette hôtellerie privilégiée.... Un jeune homme, Gustave Froment, qui, lui aussi, est mort en cavalier désarçonné, dit M. Lefeuve, était contemporain de Labattut. Un jour il demanda à la bonne un immense chaudron, qu'il remplit d'eau-de-vie et de rhum, et un pain de sucre entier pour faire un punch. Survient le père Leduc au moment où tout s'enflammait : « Que faites-vous ? leur dit-il, vous allez brûler ma maison. » — « Mettez-la sur la carte, » répond Gustave Froment, en continuant ses apprêts homériques. »

Histoire.

On a voulu faire remonter aux premiers temps de la monarchie française l'origine de l'illustre famille des Montmorency ; mais ce n'est qu'au xe s. qu'ils paraissent d'une manière certaine dans les titres qui sont parvenus jusqu'à nous. Le premier dont il soit fait mention est un chevalier Burchard ou Bouchard le Barbu, qui occupait dans l'île Saint-Denis un petit fort que le roi Robert l'obligea à rebâtir dans un autre endroit, à cause des déprédations qu'il commettait sur les terres de l'abbé de Saint-Denis. Ce premier castel fut détruit par l'empereur Othon. Bouchard IV, seigneur de Montmorency, d'Écouen, de Saint-Brice, d'Épinay, etc., attaqué par Louis le Gros, dut faire sa soumission et renoncer à ses brigandages.

La famille des Montmorency qui s'est divisée en plusieurs branches, est une des plus anciennes de la noblesse française, non qu'il faille admettre comme parfaitement établis les titres que ses membres se donnent de *premiers barons chrétiens* et de *premiers barons de France*. Elle s'est illustrée par les armes, par ses alliances et par ses services; elle a fourni six connétables, plusieurs maréchaux et amiraux. Parmi les plus célèbres, il faut citer Mathieu II et Anne de Montmorency. Le premier, surnommé le grand connétable, vécut sous Philippe-Auguste, Louis VIII et saint Louis. Il était allié à tous les souverains de l'Europe. Le second, Anne de Montmorency, caractère austère, homme de guerre intrépide, fut aussi connétable. Il partagea la captivité de François Ier à Madrid, chassa plus tard les Impériaux de la Provence, tomba en disgrâce à la fin du règne de François Ier et se retira en exil dans son château de Chantilly. Henri II le rappela près de lui. Il sévit d'une manière impitoyable contre les provinces révoltées à l'occasion de la gabelle et contre les huguenots. Il mourut à l'âge de 74 ans, en 1567, d'une blessure mortelle reçue à la bataille de Saint-Denis. Catherine de Médicis voulait le faire enterrer à Saint-Denis, mais il avait dans son testament désigné Montmorency comme le lieu de sa sépulture.

Son petit-fils, Henri II de Montmorency, joignait à une brillante valeur une belle figure et des manières affables. Il fut entraîné dans une conspiration contre Richelieu et fit soulever le Languedoc, au profit de ce Gaston d'Orléans dont la lâcheté compromit tant de gens de cœur qui se dévouèrent à ses intérêts. Blessé et pris dans un combat, il eut la tête tranchée à Toulouse, le 30 octobre 1632, à l'âge de 38 ans, malgré les efforts faits, pour obtenir sa grâce, par sa sœur la princesse de Condé, mère du grand Condé, par les princes et les grands du royaume. Avec lui finit la première branche ducale des Montmorency. Comme il mourut sans enfants, ses biens passèrent à sa sœur. Sa veuve lui fit élever le magnifique tombeau en marbre qu'on voit encore à Moulins.

A cette famille des Montmorency, qui a fourni plusieurs branches, appartenait le comte de Bouteville, décapité sous le règne de Louis XIII, pour s'être, au mépris des lois nouvelles, battu en duel sur la place Royale. Son fils s'est rendu célèbre, du temps de Louis XIV, sous le nom de maréchal duc de Luxembourg. C'est de lui que le prince d'Orange disait : « Je ne pourrai donc pas battre ce bossu-là. — Bossu! qu'en sait-il? il ne m'a jamais vu par derrière. » Il avait épousé l'héritière de la maison de Luxembourg, petite-fille elle-même d'un Montmorency, et il joignit à son nom et à ses armes les armes et le nom de Luxembourg. Nous citerons encore un neveu de ce dernier, le maréchal de Luxembourg, qui donna l'hospitalité à Jean-Jacques Rousseau dans son parc de Montmorency. Sa femme en secondes noces, Mlle de Villeroi, qui fut si célèbre par sa beauté sous le nom de duchesse de Boufflers, traita l'auteur de l'*Émile* avec la même bienveillance. Devenue veuve du duc de Boufflers, elle épousa le maréchal de Luxembourg. Elle avait alors 43 ans.

L'histoire de Montmorency a eu peu de retentissement. Cette petite ville est désignée dans les chartes sous le nom de *Mons Morenciacus*. Les villages dont se composait sous Philippe le Bel la seigneurie de Montmorency étaient au nombre de quatorze : « Sosoi, Groloi, Montmeignie, Andrelli, Migafin, Montlignon, Métiger, Tour, Yeaubone, Ermon, Sarnoi, Franconville, Saint-Gratien et Espineil. » On voit les changements que l'orthographe de ces noms a subis. En 1358, Montmorency eut beaucoup à souffrir des horreurs de la Jacquerie. Les Anglais, unis aux Jacques, détruisirent le château, qui n'a pas été rebâti depuis. Mais les habitants relevèrent leurs murailles. La ville avait sept portes flanquées de tours. Ce qui en restait a été détruit sous la Restauration. Elle a eu plusieurs églises, une maison de Templiers, des couvents. « La maison des Oratoriens était considérable, on y a compté quatre-vingts religieux, dont quelques-uns ont acquis de la célébrité, tels que M. Daunou. » Au temps de la Ligue, Montmorency eut encore à subir de nouveaux désastres. Il fut pillé, son église profanée, ainsi que le tombeau du connétable Anne.

En 1551, Henri II unit à la baronnie de Montmorency les terres d'Écouen, de Chantilly, etc., et érigea le tout en duché-pairie pour le connétable Anne de Montmorency. Cette terre fut confisquée sur le duc Henri II, décapité à Toulouse, donnée au prince de Condé qui avait épousé la sœur d'Henri II, et érigée de nouveau en duché-pairie en 1633, à la réserve de Chantilly, en faveur du prince de Condé. En 1689, Louis XIV changea le nom de Montmorency en celui d'Enghien. (C'est le nom de la première baronnie du comté d'Hainaut, ayant appartenu au roi de Navarre, Antoine de Bourbon, qui l'avait donnée à son frère Louis de Bourbon, prince de Condé.)

Les princes de Condé, bien que seigneurs de Montmorency, n'y avaient point de château. Le maréchal de Luxembourg, après son mariage avec la veuve du duc de Boufflers (V. plus haut), quitta Grosbois, résidence de sa famille, et vint s'établir à Montmorency. Il y acquit l'usufruit du château qu'y avait bâti un frère du financier Crozat, qui s'est fait un nom par le beau cabinet de tableaux, d'estampes et de médailles qu'il avait formé. Cette demeure avait été d'abord la maison de plaisance du peintre Lebrun, qui l'avait décorée de ses peintures et de celles de ses élèves. Le parc avait des terrasses, des bassins, des cascades, des grottes, des boulingrins, dans le goût des jardins mis à la mode par Le Nôtre. La propriété fut vendue à la Révolution. En 1813, le ministre Aldini l'acheta et y dépensa 500,000 fr. en embellissements; il l'habita deux mois seulement et y donna à dîner à l'Empereur et à l'Impératrice. En 1814, les alliés dévastèrent le parc et le château. Ce beau domaine, comprenant 65 arpents et où avaient été, dit-on, dépensés six millions, fut offert à Louis XVIII, puis au duc de Montmorency; ni l'un ni l'autre n'en accepta la charge. Peu de temps après un chaudronnier l'acquit au prix de 103,000 fr. et démolit le château. Il n'en reste que l'ancienne orangerie. On voit encore, près de l'abreuvoir, une petite porte qui a protégé la fuite nocturne de Jean-Jacques Rousseau, décrété de prise de corps. « La grille d'entrée de la villa que possédait M. Constant Prévost (géologue, membre de l'Institut, mort en 1856), date également du temps du maréchal; cette villa occupe le terrain sur lequel s'élevait le château. »

La Convention nationale donna à la ville de Montmorency le nom d'*Émile*. Un décret de 1813 lui rendit son nom. La Restauration lui substitua de nouveau celui d'Enghien; une ordonnance de 1832 a restitué le nom de Montmorency.

Édifices publics. — Villas.

L'**église** de Montmorency (mon. hist.), pittoresquement située sur le bord d'un escarpement, au S. de la ville, date du commencement du XVIe s., et ne fut terminée qu'en 1563. On retrouve encore çà et là des traces de l'ancien mot grec ΑΠΛΑΝΩΣ, donnant à entendre que les seigneurs de Montmorency ne se sont jamais écartés de leur devoir. Les voûtes sont à nervures compliquées, les fenêtres, de forme ogivale, et les arcades, entre les piliers, à plein cintre. La façade occidentale, d'un style postérieur au reste de l'église, est dépourvue d'intérêt. Cette église était avant la Révolution décorée de mausolées et d'une suite de beaux vitraux qui ont été en grande partie détruits. Parmi les tombeaux des Montmorency, on remarquait particulièrement celui d'Anne le connétable, élevé au milieu de la nef sur les dessins de Jean Bullant. Il était composé de dix colonnes de marbre portant une coupole. Il fut transporté au musée des Petits-Augustins. Aujourd'hui, il ne reste plus que quelques tombes des membres de cette famille dans les caveaux souterrains de l'église. Les vitraux représentaient plusieurs personnages de la famille des Montmorency et de la maison des Coligny-Châtillon, avec leurs armoiries. Toute la partie du côté de la ville avait été détruite. De l'autre côté, ils ont été en partie conservés, et tous ont été restaurés. Au fond de l'église, à dr., près d'une chapelle, où sont, dit-on, des reliques de saint Martin, on remarquera avec intérêt une tête de saint Louis, offrant une finesse de sentiment rare dans ce genre de peinture. — Dans une chapelle funéraire, au fond du collatéral N., on voit, exécutées en pierre, les figures couchées, sous la garde d'un ange, des généraux Kniaziewicz († 1842) et Niemcewiez, poète et militaire († 1841), qui ont habité longtemps l'un et l'autre Montmorency. On lit sur une table en marbre au mur du bas-côté N.: « Les Polonais qui, après la lutte héroïque de 1831 et sa fin désastreuse, se sont réfugiés en France, ont fondé dans cette église, à perpétuité, pour sanctifier les douleurs de leur patrie, des messes pour divers compatriotes... »

L'*Hôtel-Dieu*, desservi par des sœurs de la Sagesse, contient 12 lits.

dont 6 sont réservés à des vieillards.

Parmi les principales maisons de campagne de Montmorency, il faut citer : la propriété de M. Rey de Foresta, avec un château construit en 1788 par un premier commis de la marine ; la maison que fit bâtir M. le duc de Valmy, en vue de Soisy, sur la pente de la colline, dans un quartier de Montmorency que les habitants appellent *les Basserons*, et qui s'enrichit chaque jour de nouvelles maisons de plaisance ; enfin, l'habitation que Mlle Rachel créa sur le pavé de Paris du côté de Groslay. Du reste, surtout depuis l'établissement du chemin de fer, les villas se multiplient comme par enchantement aux abords de Montmorency.

L'**Ermitage**, qu'habita *Jean-Jacques Rousseau*, a dû son nom à un ermite nommé Leroy, qui s'y bâtit,

Église de Montmorency.

en 1659, un logement et une chapelle et qui y vécut 39 ans.

L'Ermitage, après avoir appartenu à différents propriétaires, fut acquis, en 1735, par le beau-père de Mme d'Épinay. Mme d'Épinay, voulant empêcher Jean-Jacques d'aller se fixer à Genève, mue d'ailleurs par un sentiment de bienveillance auquel se joignait le désir de s'associer, en l'obligeant, à la gloire d'un homme célèbre, fit reconstruire secrètement cette vieille masure et la transforma en une petite maison très-logeable, qu'elle lui offrit d'habiter. « Elle est située, lui écrit-elle, dans la plus belle vue. Il y a cinq chambres : une cuisine, une cave, un potager d'un arpent, une source d'eau vive, et la forêt pour jardin. Vous êtes le maître, mon bon ami, de disposer de cette habitation, si vous vous déterminez à rester en France. » Rousseau lui répond de son ton bourru : « Je ne refuse pas d'écouter ce que vous avez à me dire, pourvu que vous vous souveniez que je ne suis pas à vendre, et que mes sentiments, au-dessus maintenant de tout le prix qu'on y peut mettre, se trouveraient bientôt au-dessous de celui qu'on y aurait mis. » Rousseau raconte cette affaire au livre VIII de ses *Confessions* : « Mon ours, voilà votre asile, fait-il dire à sa bienfaitrice ; c'est vous qui l'avez choisi, c'est l'amitié qui vous l'offre. » Rousseau, quittant l'appartement qu'il occupait à Paris dans un hôtel garni de la rue Grenelle-Saint-Honoré, vint s'y installer le 9 avril 1756, bien qu'il fît froid et qu'il y eût encore de la neige. Dans cette paisible retraite, il s'essaya à quelques travaux, et bientôt il commença la *Nouvelle Héloïse*. Les douces émotions que lui faisaient éprouver ces sites paisibles et champêtres se reflètent dans plusieurs de ses pages les plus touchantes, parce qu'elles sont les plus vraies. Il ne les a peut-être peintes nulle part plus éloquemment que dans ce passage de sa troisième lettre à M. de Malesherbes :

« Quel temps croiriez-vous, monsieur, que je me rappelle le plus souvent et le plus volontiers dans mes rêves ? Ce ne sont pas les plaisirs de ma jeunesse ; ils furent trop rares, trop mêlés d'amertume..... Ce sont ceux de ma retraite, ce sont mes promenades solitaires, ce sont ces jours rapides, mais délicieux, que j'ai passés tout entiers avec moi seul, avec ma bonne et simple gouvernante, avec mon chien bien-aimé, avec ma vieille chatte, avec les oiseaux de la campagne et les biches de la forêt, avec la nature entière et son inconcevable auteur. En me levant avant le soleil, pour aller voir, contempler son lever dans mon jardin ; quand je voyais commencer une belle journée, mon premier souhait était que ni lettres ni visites n'en vinssent troubler le charme... Je me hâtais de dîner pour échapper aux importuns..... Avant une heure, même les jours les plus ardents, je partais par le grand soleil avec le fidèle Achate, pressant le pas dans la crainte que quelqu'un ne vînt s'emparer de moi avant que j'eusse pu m'esquiver ; mais, quand une fois j'avais pu doubler un certain coin, avec quel pétillement de joie je commençais à respirer en me sentant sauvé, en me disant : « Me voilà « maître de moi pour le reste de ce jour ! » J'allais alors d'un pas plus tranquille chercher quelque lieu sauvage dans la forêt... quelque asile où je pusse croire avoir pénétré le premier, et où nul tiers importun ne vînt s'interposer entre la nature et moi. C'était là qu'elle semblait déployer à mes yeux une magnificence toujours nouvelle. L'or des genêts et la pourpre des bruyères frappait mes yeux d'un luxe qui touchait mon cœur ; la ma-jesté des arbres qui me couvraient de leur ombrage ; la délicatesse des arbustes qui m'environnaient ; l'étonnante variété des arbres et des fleurs que je foulais aux pieds, tenaient mon esprit dans une alternative continuelle d'observation et d'admiration : le concours de tant d'objets intéressants qui se disputaient mon attention, m'attirant sans cesse de l'un à l'autre, favorisait mon humeur rêveuse et paresseuse et me faisait souvent redire en moi-même : « Non ! Salomon, dans « toute sa gloire, ne fût jamais vêtu « comme l'un d'eux. » (S. Matthieu, chap. v.)

« Mon imagination ne laissait pas longtemps déserte la terre ainsi parée. Je la peuplais d'êtres selon mon cœur... Bientôt de la surface de la terre j'élevais mes idées à tous les êtres de la nature, au système universel des choses ; à l'être incompréhensible qui embrasse tout. Alors, l'esprit perdu dans cette immensité, je ne pensais pas, je ne raisonnais pas, je ne philosophais pas ; je me sentais, avec une sorte de volupté, accablé du poids de cet univers ; je me livrais avec ravissement à la confusion de ces grandes idées ; j'aimais à me perdre en imagination dans l'espace ; mon cœur resserré dans les bornes des êtres s'y trouvait trop à l'étroit ; j'étouffais dans l'univers, j'aurais voulu m'élancer dans l'infini.

« Ainsi s'écoulaient, dans un délire continuel, les journées les plus charmantes que jamais créature humaine ait passées : et, quand le coucher du soleil me faisait songer à la retraite, étonné de la rapidité du temps, je croyais n'avoir pas mis à profit ma journée...

« Je revenais à petits pas, la tête un peu fatiguée, mais le cœur content ; je me reposais agréablement au retour, en me livrant à l'impression des objets, mais sans penser, sans imaginer, sans rien faire autre chose que sentir le calme et le bonheur de ma situation. Je trouvais mon couvert mis sur la terrasse ; je soupais de grand appétit dans mon petit foyer domestique..... Ma gaieté durant toute la soirée témoignait que j'avais vécu seul durant tout le jour... Enfin, après avoir fait quelques tours dans mon jardin, ou chanté quelque air sur mon épinette, je trouvais dans mon lit un repos de corps et d'âme cent fois plus doux que le sommeil lui-même. »

Pendant une année, J.-J. Rousseau alla souvent visiter Mme d'Épinay. Mais bientôt elle cessa d'être l'unique maîtresse de ses pensées. Il ressentit alors, on le sait, une véritable passion pour la comtesse d'Houdetot, belle-sœur de Mme d'Épinay. La vanité blessée de Mme d'Épinay changea sa bienveillance en haine. Des lettres anonymes, des commérages augmentèrent l'aigreur de part et d'autre; Mme d'Épinay se rendit à Genève, où Rousseau refusa de l'accompagner, pour des motifs qu'il explique dans ses *Confessions*. Alors, quittant l'Ermitage, il vint à Montmorency s'établir dans une maison désignée sous le nom du petit Mont-Louis (*V*. p. 254). L'Ermitage étant devenu, à la Révolution, propriété nationale, fut loué à l'architecte Bérard, puis à Regnaud de Saint-Jean-d'Angély. Celui-ci, proscrit par les Jacobins, le céda à Robespierre, qui y passa la nuit du 6 au 7 thermidor, trois jours avant que sa tête tombât sur l'échafaud. Vendu en l'an v, il passa à différents propriétaires. Enfin Grétry en fit l'acquisition en l'an vi, moyennant 10,000 fr. Une volumineuse publication intitulée : *Itinéraire historique, biographique et topographique de la vallée d'Enghien-Montmorency*, où il est peu question de Montmorency, mais longuement des malheurs domestiques et des procès de l'auteur, M. Flamand-Grétry, neveu par alliance du célèbre compositeur, donne les

Ancien ermitage de Jean-Jacques Rousseau, à Montmorency.

détails suivants : « Pendant que Gretry fut propriétaire de l'Ermitage, il n'y fit aucune réparation essentielle, mais il fit construire tout à côté, pour se procurer un voisinage, un petit chalet. L'Ermitage (en 1814) fut mis en vente à la chambre des notaires, mais personne ne se présenta. S'il s'était présenté à l'adjudication un homme de lettres ou un artiste digne de succéder à Grétry, je n'aurais sûrement pas couvert son enchère. Lorsque j'acquis l'Ermitage, il était dans un état de ruine complet. Je le fis relever entièrement sans rien déranger à l'ordre extérieur. Je consacrai dans le jardin, à la mémoire de Grétry, un monument en marbre blanc, surmonté de son buste, au bas d'une petite pièce d'eau alimentée par deux ruisseaux. Je vendis le chalet, dont on fit une charmante habitation. Du vivant de Grétry, il avait été d'abord habité par Boïeldieu, puis par le petit-fils de Franklin pendant trois ans, et ensuite par M. Viennet. »

L'habitation de l'Ermitage, agrandie et renouvelée dans ces dernières années, a perdu son aspect primitif. La chambre de Rousseau est devenue une salle de billard. Le petit mobilier très-modeste qu'on y voyait il y a quelques années, composé de deux lits, d'une petite table de travail, d'un fauteuil, de deux cylindres de verre destinés à abriter du vent la lumière, quand Jean-Jacques travaillait le soir dans son jardin, a été enlevé en 1853. Il reste, dit-on, un rosier et un laurier plantés par lui, et des tilleuls d'une allée. Ce laurier est à gauche d'une pierre brute provenant d'un monument érigé en 1791, à l'entrée du bois d'Andilly, et portant cette inscription : *Ici Jean-Jacques Rousseau aimait à se reposer.* De l'autre côté de la cascade est un autre laurier planté par Grétry.

Quelques débris du mobilier de l'Ermitage, que la mémoire d'un des plus illustres écrivains de la France aurait dû protéger, mais qui a été dispersé, pendant des mutations trop fréquentes de la petite propriété, avaient été recueillis, et sont réunis, dit-on, dans une petite chambre au rez-de-chaussée du *restaurant de l'Ermitage* (à l'enseigne des Trois-Mousquetaires). Cet hôtel, qui offre un abri aux promeneurs et des écuries pour reposer leurs montures, est situé à côté des célèbres **châtaigniers** sous lesquels a lieu le bal champêtre tous les dimanches dans la belle saison. Des balançoires, des jeux divers y sont réunis pour l'agrément des visiteurs dans le jardin du *Casino* (promenade libre la journée ; 50 c. d'entrée le soir pour un cavalier, 25 c. pour une dame). A quelques pas se trouve un autre restaurant tenu par *M. Homo* et ayant pour enseigne : *A la châtaigneraie de l'Ermitage.* Ces beaux arbres forment ici de magnifiques propylées à la forêt. Mais la sauvagerie agreste de ce lieu, tel que le connut Jean-Jacques, a disparu. Des villas servent aujourd'hui, de ce côté, de lisière au bois. Les horizons verdoyants seuls n'ont pas changé, et, quand les promeneurs y laissent égarer leurs regards, ils retrouvent presque intacts les paysages dont la vue causait de si douces émotions au grand écrivain qui, le premier dans notre langue, sut parler avec éloquence de la nature.

La rue qui passe devant l'Ermitage conduit à (1,200 mèt.) Groslay (Section XIV). Celle sur laquelle s'élèvent les hôtels des Mousquetaires et de la Châtaigneraie mène à (2 kil. 500 mèt.) Saint-Brice (Section XIV).

Mont-Louis (au numéro 12 de la rue J.-J.-Rousseau) rappelle aussi le souvenir de Rousseau.

Après les misérables querelles qui s'étaient élevées entre Mme d'Épinay et Rousseau, Jean-Jacques reçut de son ancienne amie une lettre datée de Genève, dans laquelle se trouvaient ces mots : « Puisque vous vouliez quitter l'Ermitage, et que vous le deviez, je suis étonnée que vos amis vous aient retenu. Pour moi, je ne consulte point les miens sur mes devoirs. » Devant un congé si nettement signifié, Rousseau quitta l'Ermitage le 15 décembre 1757, et alla s'établir dans une petite maison située au bout d'un jardin, et faisant partie des anciennes dépendances du château. Le propriétaire lui laissa la libre direction des arrangements et des réparations. « Au rez-de-chaussée, dit Rousseau, étaient la cuisine et la chambre de Thérèse. Le donjon me servait de cabinet... La terrasse, plus élevée que celle du château, et sur laquelle j'avais apprivoisé une foule d'oiseaux, me servait de salle de compagnie pour recevoir M. et Mme de Luxembourg, M. le duc de Villeroi, M. le prince de Tingry, Mme la duchesse de Montmorency, Mme la duchesse de Boufflers, Mme la comtesse de Boufflers et beaucoup d'autres personnes de ce rang, qui, du château, ne dédaignaient pas de faire, par une montée fatigante, le pèlerinage de Mont-Louis. » Et ailleurs : « Pendant un hiver assez rude, j'allai tous les jours passer deux heures le matin et autant l'après-midi dans un donjon tout ouvert... qui terminait une allée en terrasse... Ce fut dans ce lieu, pour lors glacé, que, sans abri contre le vent et la neige, et sans autre feu que celui de mon cœur, je composai, dans l'espace de trois semaines, ma lettre à d'Alembert sur les spectacles. » (*Confessions*, livre X.) C'est à Mont-Louis, habité par lui pendant quatre ans, que J.-J. Rousseau termina *la Nouvelle Héloïse* et qu'il écrivit l'*Émile* et le *Contrat social*.

Cette maison de Mont-Louis avait été

MONTMORENCY. — MONT-LOUIS. — LA FORÊT.

acquise, après diverses vicissitudes, par le peintre de paysages Bidault. Elle a appartenu depuis à M. Boniface, rédacteur du *Constitutionnel*. Rousseau quitta Mont-Louis le 9 juin 1762, pour se réfugier en Suisse. On peut voir, à la fin du livre XI des *Confessions*, comment la maréchale de Luxembourg lui envoya au milieu de la nuit une lettre du prince de Conti, annonçant que, malgré ses efforts, une prise de corps allait être décrétée contre lui, par suite de la publication de l'*Émile* et du *Contrat social*.

La forêt.

La forêt de Montmorency s'étend du S.-E. au N.-O., depuis Montmorency jusqu'à Bessancourt, couvrant tantôt de hauts plateaux riches en meulières, tantôt les pentes des collines, et descendant jusqu'au fond des fraîches vallées qu'elles dominent. Sur plusieurs points, les bancs de sable y sont d'une richesse remarquable, comme à *la Sa-*

Les châtaigniers de Montmorency.

blière, au-dessus de Montmorency. Ces bancs de sable sont les analogues géologiques des grès de Fontainebleau, mais ils s'y montrent rarement à cet état particulier d'agrégation. Cependant une carrière de grès est exploitée au milieu de la forêt, au-dessus de Sainte-Radegonde.

La forêt de Montmorency a une contenance de 2,000 hectares. Elle forme un des bouquets de cette vaste ligne de bois qui s'étend presque sans interruption sur la rive g. de l'Oise. Elle est divisée entre plusieurs propriétaires. La plupart des routes (la rareté de poteaux indicateurs y est d'ailleurs très-regrettable) laissent à désirer sous le rapport de l'entretien, et deviennent impraticables après les fortes pluies. Du reste, même aux beaux jours, c'est le plus souvent à cheval ou à âne que les promeneurs la parcourent. Ils se dirigent, en partant de la place du Marché, dans deux directions opposées : les uns, du côté de la *Châtaigneraie* et de l'*Ermitage*; les autres, du côté d'Andilly. Ces derniers (*V.* ci-dessus, p. 247, *Direction*) tournent l'angle de l'hôtel du Cheval-Blanc, pour prendre la route qui s'offre à eux sur leur dr. et qui, après avoir franchi le chemin de fer (un peu au-dessous de la gare), descend jusqu'à la *fontaine René* (de là le chemin de dr., le long du mur en retour du parc, mène du côté de *la Sablière*). Au-delà de la fontaine René, si l'on veut aller à (3 kil.) Andilly par la plus agréable promenade des environs de Paris, il faut prendre la route qui monte en face pour longer la base de la colline en décrivant des courbes gracieuses, et d'où l'on découvre les plus charmants points de vue. Arrivé en face d'une grille qui attire l'attention à l'angle du mur d'un parc, on peut gravir le chemin creux à dr. et gagner le plateau (Champeaux d'Andilly, 170 mèt. d'alt.). — *N. B.* Il vaut mieux monter seulement sur le plateau à l'extrémité du village en longeant la Grande-Sablière à g. — Si, au contraire, on continue à suivre le chemin qui vient de Montmorency, on entre dans le village.

ANDILLY.

3 kil. de Montmorency, 1 kil. de Margency, 1 kil. de Montlignon, 3 kil. de Domont, 3 kil. 1/2 de Piscop, 3 kil. 1/2 du château de la Chasse.

Andilly est un v. de 507 hab. Quand on y arrive du côté de Montmorency, la rue par laquelle on entre est bordée des deux côtés de murs ou de belles maisons de campagne, dont les ombrages confinent à dr. à la forêt, et dont la déclivité du terrain permet en certains points aux passants d'apercevoir les jardins. Au bout de cette double haie de maisons et de jardins, en tournant à g., on descend dans le village proprement dit. On aperçoit une place carrée ornée d'un beau tilleul ; près de là s'élèvent la mairie et l'*église*, dédiée en 1567, rebâtie en 1719 et en 1877. A l'intérieur, on voit (au-dessus de l'autel) une copie du tableau du Louvre, d'après Paul Véronèse : *les Disciples d'Emmaüs*, et une autre d'après le *Christ en Croix* de Prud'hon.

La plus ancienne charte où soit cité le nom d'un seigneur d'Andilly date de 1125. La terre d'Andilly (la partie basse) fut acquise à la fin du xvie s., par l'avocat Arnauld, qui eut vingt-deux enfants. L'aîné, connu sous le nom d'Arnauld d'Andilly, et qui fut père du ministre de Pomponne, réunit le haut et le bas Andilly. Puis il vendit 50,000 écus ce domaine seigneurial, et se retira à Port-Royal, que devait peupler sa famille, et dont un de ses frères, le grand Arnauld, fut une des lumières et le grand controversiste.

D'Andilly on peut aller en 45 min. au château de la Chasse. Deux routes montent au N. d'Andilly sur le plateau nommé *les Champeaux d'Andilly*, et élevé de 170 mèt. environ au-dessus de la mer. Du haut de la colline, on embrasse un panorama très-étendu ; les premiers plans sont la vallée, le lac d'Enghien et Montmorency. Les coteaux de Montmartre, du Mont-Valérien, de Saint-Germain, de Sannois et de Franconville prennent une importance qu'on ne soupçonnerait pas et qui étonne au premier aspect. On se croirait dans une région vraiment montagneuse. On est alors au-dessus d'un banc puissant de sable rougeâtre, dont les tranchées et les ravines s'aperçoivent de très-loin. Le terrain présente ici de nombreuses excavations que la végétation envahit et qui sont le résultat d'anciennes exploitations de meulières.

A l'angle de la colline est une maison (à g. en montant) désignée sous le nom de *Bel-Air* et qui attire de très-loin les regards. Si, tournant le dos à la vue panoramique, on s'avance sur le plateau dans une direction opposée, on voit devant soi une grande plaine cultivée, entourée de bois, et que coupent obliquement deux chemins bordés de cerisiers. Vers l'extrémité du chemin de dr., on distingue au loin, au milieu des arbres, *la Maison-Blanche*, habitation de garde, située à moitié route entre Montmorency et le château de la Chasse, et qui sert de point de repère à ceux qui traversent la forêt par cette partie supérieure. Les promeneurs qui viennent par Andilly devront prendre la seconde allée de cerisiers, à g., en laissant la tuilerie à dr., et la suivre jusqu'à l'extrémité, où finissent les champs (15 min. env. d'Andilly). Là, le chemin s'engage dans le bois, et bientôt on aperçoit à g. une maison à moitié cachée par les arbres, habitée longtemps par le père et la mère Gerbe. Les promeneurs étaient sûrs jadis d'y trouver d'excellent lait, des œufs, du pain, du vin, un abri en cas d'orage, et, de plus, des

Château de la Chasse.

renseignements sur leur chemin ; mais la mère Gerbe est morte, et son mari a été assassiné, puis brûlé dans sa demeure isolée, sans que la justice soit parvenue à découvrir ses assassins.

Si l'on veut aller au château de la Chasse, il faut suivre le même sentier qui descend au fond d'une vallée ombragée (le *Trou-de-Tonnerre*), à g., qui vient aboutir (8 à 10 min.) sur la grande route de Montlignon à Moisselles, au carrefour du *Pont-d'Enghien*, un des rendez-vous des cavalcades. Dans la belle saison, les promeneurs peuvent faire, dans un des restaurants qui s'y sont établis, un repas plus ou moins champêtre.

Du carrefour, un des rares poteaux de la forêt indique les différentes directions. (On peut de ce poteau gagner Montlignon en 15 min. (*V.* p. 227), Saint-Prix en 30 min. ou Ermont par Eaubonne en 1 h. environ.) Un écriteau, placé à l'entrée d'une allée à dr., indique la route du **château de la Chasse**; la distance est de 10 min. Ce château, situé au centre de la forêt, est encore entouré de fossés et flanqué de quatre tours rondes, dont deux, ainsi que les courtines, ont conservé les traces de leurs fenêtres du xiv⁰ s. Deux étangs s'étendent à dr. et à g.

A 5 min. et au N.-O. du château de la Chasse, est une combe déserte, qui a dû son nom de *Sainte-Radegonde* à un couvent de femmes qui y existait jadis. Pendant la Révolution, les ruines du château de la Chasse servirent de refuge au naturaliste Bosc et à la Réveillère-Lepaux. La petite vallée de Sainte-Radegonde est ordinairement le terme des excursions des promeneurs venus de Montmorency. Le reste de la forêt est plutôt visité par ceux qui partent de Saint-Leu-Taverny, de Bessancourt, de Béthemont, etc. (*V.* ci-dessus, Section XII), ou par les voyageurs venus du chemin de fer de Monsoult (*V.* ci-dessous, Section XIV).

SECTION XIV

DE PARIS A BEAUMONT, PAR MONSOULT

(LIGNE DE PARIS A BEAUVAIS [1])

C'est à Épinay, la 3ᵉ station, que le nouveau chemin de fer de Beaumont se sépare de la ligne de Pontoise qu'il laisse à g. pour se diriger vers la lisière orientale de la forêt de Montmorency. A dr. se montrent *Villetaneuse*, 490 hab., et la butte Pinçon, qui sépare Montmagny de Pierrefitte (*V.* ci-dessous, p. 266).

4ᵉ STATION. — DEUIL-MONTMAGNY.

12 kil. de la gare de Paris, 2 kil. de la station d'Épinay, 1 kil. du village de Deuil, 1,500 mèt. du v. de Montmagny.

Deuil a été décrit ci-dessus, Section XI, p. 226. — **Montmagny**, 662 hab., n'offre rien de remarquable. Son *église* ne date que du xviii⁰ s.

5ᵉ STATION. — GROSLAY.

13 kil. 1/2 de la gare de Paris, 1,500 mèt. de la station de Montmagny. — L'église du village est à 800 mèt. de la station.

1. Embarcadère, à Paris, place Roubaix. — Pour la durée du trajet et le prix des places, V. l'*Introduction*.

et à 2 kil. de celles de Montmorency et de Saint-Brice.

Groslay, 1,030 hab., possède de belles maisons de campagne, et une *église* du xiii⁰ s., et de la Renaissance, dont les anciens vitraux du xvi⁰ s. sont remarquables.

De Groslay, par un chemin qui s'ouvre à 200 mèt. S. de l'église, on peut gagner, en 15 min., l'ermitage de J.-J. Rousseau (*V.* p. 251).

Au-delà de la station de Groslay, on passe sous la route nationale de Paris à Calais.

6ᵉ STATION. — SARCELLES-SAINT-BRICE.

15 kil. 1/2 de la gare de Paris, 2 kil. de la station de Groslay. — Saint-Brice est à 1 kil. O. de la station, 2 kil. de Groslay et de Piscop, 3 kil. de Montmorency, 3 kil. de la ville d'Écouen. — Sarcelles est à 1 kil. E. de la station, 2 kil. de Villiers-le-Bel, 3 kil. 1/2 d'Écouen.

Sarcelles, 1,682 hab., existait déjà au viii⁰ s. Cette terre, érigée en marquisat vers 1681, appartenait au XVIII⁰ s. à la maison de Hautefort; l'ancien domaine seigneurial contenait les villas de Giraudon et de Méraville. Cette dernière propriété, qui appartenait à Volney, a été vendue par lots. L'*église* de Sarcelles (mon. hist.) mérite une visite. La façade, de la Renaissance, a été fortement endommagée durant le siége de Paris et restaurée en 1876. La nef, dont les voûtes sont renforcées de nervures compliquées, date de la fin du XV⁰ s. et offre une belle porte latérale. Le chœur, ogival (fin du XII⁰ s.), est surmonté d'un clocher roman avec une flèche en pierre (XII⁰ s.).

Saint-Brice, 812 hab., à 1 kil. O. de la station, possède un grand nombre de maisons de campagne. Celle qui appartient à M. Guy a été possédée par l'actrice Colomba Riggieri, que ses galanteries rendirent célèbre au XVIII⁰ s. et dont on y voit le portrait par Boucher. Bossuet a possédé à Saint-Brice une maison qu'il donna à Mlle de Mauléon. L'*église* est moderne; mais le clocher remonte à la fin du XII⁰ s.

PISCOP.

4 kil. de Montmorency, 3 kil. d'Andilly, 1 kil. 3/4 de Saint-Brice, 2 kil. de Domont, 3 kil. d'Ecouen.

Piscop, 326 hab., se trouve sur le versant oriental de la forêt de Montmorency, à près de 2 kil. N.-O. de Saint-Brice. Il a de charmantes maisons de campagne. On y remarque deux châteaux : le *château Vert* et le *château Rouge*.

A 1,500 mèt. de Piscop, au-delà de la route de Paris à Calais, tout près de la station d'Ecouen, se trouve le *château Luat*. En y allant, on laisse à g. le hameau de *Poncel* (château et villas).

Le chemin de fer longe, à dr., la Rosne, ruisseau venu de Moisselles et qui va se jeter dans le Rouillon à Arnouville. Du même côté, la voie est dominée par la colline d'Ecouen.

7ᵉ STATION. — ÉCOUEN.

18 kil. de la gare de Paris, 2 kil. 1/2 de la station de Saint-Brice. — Le bourg est à 1 kil. de sa station, à 1,200 mèt. de Villiers-le-Bel.

Écouen *, ch.-l. de c. de 1,259 hab., est situé sur une colline isolée de 155 mèt. d'altit., d'où la vue est fort belle et s'étend, au N.-E., jusqu'aux tours de Senlis.

Ecouen (*Iscuina*), donné par Dagobert aux moines de Saint-Denis, passa, au XI⁰ s., aux barons de Montmorency, qui y créèrent une forteresse. Vers 1540, le connétable Anne fit démolir ce château et chargea Jean Bullant de le remplacer par une construction dans le goût de la Renaissance. Trois avant-corps, d'intentions variées, occupèrent le milieu de trois des côtés de la cour ; le plus somptueux offrit, dans deux niches latérales, d'admirables statues de captifs sculptées en marbre blanc par Michel-Ange ; une loge en arcade, d'un effet grandiose, fut ouverte sur la terrasse ; de riches emblêmes caractérisèrent la demeure du guerrier. Comme ce guerrier était aussi le descendant des *premiers barons chrétiens*, la chapelle fut traitée avec un soin spécial : Bullant lui-même sculpta les figures des bas-reliefs en pierre de liais qui décorèrent un magnifique autel orné de quatre colonnes de marbre. Le Primatice fournit les dessins de deux vitraux (la *Nativité*, la *Circoncision* de Jésus-Christ) ; dans deux autres, on vit l'image du connétable figuré à genoux et de grandeur naturelle au milieu de ses enfants. Un groupe, aussi de grandeur naturelle, en albâtre de Lagny, exécuté par Bullant, représentait l'*Éducation de la Vierge*. Un *Christ mort*, de Rosso, deux autres tableaux de maîtres avec des sujets de batailles et des faïences de Bernard de Palissy complétaient ce riche ensemble. Dans la petite galerie, sur les vitraux, peints en camaïeu d'après les dessins de Raphaël, se déroulait l'histoire de Psyché. Le pavé de la cour fut fait d'une mosaïque représentant un labyrinthe ; celui de la grande galerie était formé de faïences précieuses : tous deux ont disparu, mais on a conservé celui de la chapelle, qui offre des sujets tirés de l'Écriture sainte.

Telle était cette demeure, digne rivale du château de Chantilly (*V.* Section XVI),

Le connétable s'y retira au commencement de 1541, lorsque, perdant la faveur de François I•ʳ, il crut devoir quitter la cour. Sur la porte principale du château, il fit graver les premiers mots d'une ode d'Horace :

« ÆQUAM MEMENTO REBUS IN ARDUIS
« SERVARE MENTEM... »

L'usage était alors de prononcer le latin de telle sorte que *æquam* avait à peu près le même son que le mot *Écouen*; l'inscription offrait donc un jeu de mots de mauvais goût, il est vrai, mais autorisé par la mode de l'époque.

Six ans plus tard, à l'avénement d'Henri II, le connétable, qui, depuis longtemps, était lié avec le nouveau monarque, remonta au faîte des grandeurs. Sous Charles IX, il forma avec le duc de Guise et le maréchal de Saint-André un triumvirat redoutable aux calvinistes. C'est au château d'Écouen que le roi Henri II signa l'édit fameux de 1559, qui prononçait la peine de mort contre les luthériens. En 1567, le connétable gagna la bataille de Saint-Denis, mais il y fut blessé à mort.

Son petit-fils, le maréchal Henri, révolté contre Louis XIII, et vaincu à Castelnaudary par Schomberg, fut décapité à Toulouse (30 octobre 1632). Avant de mourir, il eut le caprice assez bizarre de faire don à l'homme qui le tuait, au cardinal de Richelieu, des deux statues de Michel-Ange, placées au château d'Écouen. Comme il ne laissait pas d'enfants, ses biens échurent à Charlotte, sa sœur, épouse d'Henri II de Bourbon, prince de Condé. La maison de Condé les conserva jusqu'à la Révolution.

A cette époque, le château d'Écouen était fort délabré : une partie des bâtiments menaçait ruine, et l'architecte des Condés avait fait abattre la grande galerie, n'ayant pu trouver dix mille francs dans la caisse du prince pour des réparations indispensables. Un jour que l'on avait voulu nettoyer les vitraux en camaïeu, l'opération fut conduite si brutalement qu'elle enleva les demi-teintes, de manière à laisser en beaucoup d'endroits le verre à nu. Devenu propriété nationale, le château servit d'abord de lieu de réunion aux patriotes du voisinage ; on lisait encore, il y a une trentaine d'années, au-dessus de la porte d'une des salles : *Section Marat*, et sur une autre : *Section Couthon*. L'autel et les vitraux furent enlevés et déposés au Musée des monuments français, avec le *Christ* de Rosso, maintenant au Louvre (*École italienne*, nᵒ 368). Au commencement de l'Empire, les vélites de la garde logèrent pendant quelque temps au château ; mais ensuite, en 1807, on y établit un des pensionnats impériaux pour les filles, sœurs ou nièces de membres de la Légion d'honneur. La surintendance d'Écouen fut donnée à Mᵐᵉ Campan.

Dès qu'elle entra en charge, la surintendante obtint que le château fût restauré : on releva la galerie abattue, en appropriant cette construction aux besoins nouveaux du service ; on refit en outre une porte extérieure, décorée de deux colonnes d'ordre dorique ; on réclama au musée des Augustins l'autel et les vitraux (quelques-uns de ces vitraux sont de J. Cousin) de la chapelle ; on organisa des parloirs ; quatre dortoirs furent disposés avec luxe, chaque salle portant le nom d'une princesse de la famille impériale (Julie, Zénaïde, Charlotte et Catherine).

Trois années après, Mᵐᵉ Campan, quoique protégée par l'empereur Alexandre, ne put trouver grâce devant Louis XVIII : elle perdit ce poste qui lui avait valu, sous le gouvernement déchu, une faveur trop intime et trop marquée pour qu'on en voulût voir les causes dans ses seuls talents d'institutrice. Le pensionnat d'Écouen fut supprimé, et l'on en transféra les élèves à la maison de Saint-Denis (19 juillet 1814). Au mois de mars précédent, ces jeunes filles avaient couru quelques dangers. On lit, en effet, dans une des lettres de Mᵐᵉ Campan à la reine de Hollande : « Je viens d'écrire au grand chancelier que nos paysans sont inquiets de maraudeurs, de brigands épars, formés par de mauvais sujets qui s'arment en prenant les fusils de gens tués... Je les crains presque à l'égal des Cosaques. » Une autre lettre dit : « Nous avons été bien près de recevoir les Cosaques, qui ont pillé Sarcelles ; heureusement que j'avais envoyé une lettre au général Sacken par le capitaine inspecteur de nos bois. Il m'a ramené trois hommes de l'armée russe et une sauvegarde écrite en cette langue. Je l'ai fait copier et coller sur nos portes. Nous n'avons pas vu un seul Cosaque... J'ai sauvé beaucoup de dames effrayées, qui ont été recueillies dans le château. » Alexandre vint, peu après, visiter la maison d'Écouen, où la surintendante lui fit faire par les élèves une réception enthousiaste et peu convenable : non-seulement l'invasion des Alliés causait à la France autant d'humiliations que de pertes réelles, mais la guerre rendait orphelines plusieurs des jeunes filles d'Écouen.

Après le second retour de Louis XVIII, le prince de Condé, revenant en France, fut réintégré dans les biens qu'il avait perdus par son émigration. A la mort du dernier des Condés (27 août 1830), l'héritage qu'il laissa passa en grande partie à son filleul le duc d'Aumale, quatrième fils de Louis-Philippe. D'après le testament du vieux prince, Écouen devait servir de maison d'éducation pour des enfants et petits-enfants de Vendéens royalistes, « ayant combattu pour le trône et l'autel »; mais ce legs fut annulé.

Actuellement, le **château d'Écouen** (mon. hist.) est de nouveau un pensionnat où sont admises gratuitement des filles de soldats et d'officiers (jusqu'au grade de capitaine) faisant partie de l'ordre de la Légion d'honneur. Des places d'élèves aux frais des familles peuvent être données aux filles, petites-filles, nièces

Château d'Écouen.

ou cousines des légionnaires. Le prix de la pension est de 600 fr., payables par trimestre et d'avance; une somme de 200 fr. doit être versée au moment de l'entrée de l'élève, pour prix du trousseau qui lui est fourni. La grande chancellerie fait les frais du trousseau des élèves gratuites. Les conditions d'âge, de santé, d'aptitude pour l'admission et la sortie sont les mêmes que pour la maison de Saint-Denis (V. ci-dessus, p. 220). La succursale d'Écouen est desservie par la congrégation religieuse connue sous le nom de Congrégation de la Mère de Dieu.

L'entrée du château et celle de la *terrasse* sont interdites au public.

Sur le sommet de la colline, derrière le château, un nouveau *fort* a été construit en 1876 et 1877.

L'*église* d'Écouen (mon. hist.) se compose d'un beau chœur du XVIᵉ s. (style ogival), doublé d'un bas-côté, et d'une nef de 1737. Le clocher offre le style civil de la Renaissance. Dans les magnifiques vitraux, attribués à J. Cousin, qui ornent les longues fenêtres du chœur et celles de son collatéral, se lit encore le mot grec ἀπλανῶς, devise du connétable.

A 4 kil. N. d'Écouen (par la route nationale) est situé **le Mesnil-Aubry**, 370 hab., dont l'*église* (mon. hist.), bel édifice de la Renaissance, offre un magnifique mur latéral du xve, et conserve d'anciens vitraux.

De la station d'Écouen à celle de Domont, le chemin de fer laisse à dr. *Ézanville*, 150 hab.

8ᵉ STATION. — DOMONT.

20 kil. 1/2 de la gare de Paris, 2 kil. 1/2 de la station d'Écouen. — Le village est à 1 kil. S.-O. de sa station.

Domont (1,208 hab.) possède une petite *église* (mon. hist.) dont l'abside romano-ogivale appartient au style le plus pur du xiie s. La nef a été reconstruite en 1868. On y voit de curieuses pierres tombales des xiiie, xive et xvie s.

La propriété appelée *la Chancellerie*, parce qu'elle fut la chancellerie de l'ancien château, appartient à M. Glandaz.

En suivant la rue de Paris, qui se détache à l'E. de la grande place de Domont, et en prenant ensuite le chemin qui s'offre sur la dr., on arrive en 25 min. à Piscop (*V.* p. 259), par le ham. de *Blémur* (château).

Les collines qui bordent de ce côté la forêt de Montmorency sont très-sablonneuses. Le plateau présente une grande exploitation de meulières. Du bord du plateau, on a une belle vue sur la plaine et sur les hauteurs boisées d'Écouen, à l'E.

A 3 kil. N.-O. de Domont est situé le v. de *Bouffemont*, 347 hab., d'où l'on peut faire d'agréables excursions au N. de la forêt de Montmorency et arriver à pied à la station de (13 kil. de Domont) *Méry* (*V.* Section XII), par (6 kil.) *Chauvry*, 309 hab., (7 kil. 1/2) *Béthemont*, 190 hab., villages que domine au S. un agréable plateau de 182 mèt. d'altit., parallèle à celui de Taverny, et par (11 kil.) *Frépillon*, 397 hab. A 2 kil. N.-O. de Béthemont est situé *Villiers-Adam*, 420 hab., dont l'*église* date des xie et xiiie s. — On pourrait, de Béthemont, rejoindre aussi, en 45 min., la station de Bessancourt (11 kil. 1/2 de Domont) : *V.* Section XII.

De Domont à Montsoult, le chemin de fer laisse à dr. *Moisselles*, 365 hab., à g. Bouffemont, puis *Baillet*, 221 hab., dont l'*église* renferme les tombeaux de deux marquis d'O (xviie s.).

9ᵉ STATION. — MONSOULT.

25 kil. de la gare de Paris. 4 kil. 1/2 de Domont. — Le v. est à 1 kil. de sa station, 1 kil. de Maffliers, 1 kil. de Baillet.

Monsoult, 334 hab., n'a d'ancien que son *église* gothique, consacrée en 1543 et à laquelle de nombreux remaniements ont fait perdre son caractère. — Ce village n'est éloigné que de 1 kil. de **Maffliers**, 417 hab. Le chœur de l'église de Maffliers a été construit en 1556 par Philibert Delorme ; la nef date de 1839. La chapelle de dr. contient une statue de la sainte Vierge, visitée par de nombreux pèlerins, et le tombeau, avec statue en marbre, d'un baron de Maffliers mort en 1611. Le château est moderne. On en vante beaucoup le parc. La maison des *Bons-Hommes*, enclavée dans la forêt de l'Isle-Adam, dépend de Maffliers ; c'était, avant la Révolution, un couvent du tiers ordre de Saint-François.

Attainville, 346 hab., à 2,500 mèt. S.-E. de la station de Monsoult, possède une *église* du xvie s.

Au-delà de Monsoult, le chemin de fer de Paris à Beauvais laisse à dr. la ligne de Luzarches (Section XV) et passe entre la forêt de Carnelle, à dr., et celle de l'Isle-Adam, à g., laissant de ce côté Maffliers et le ham. de *Nerville*, agréablement situé. On suit le vallon du ru de Presles, où se trouve le v. de même nom.

10ᵉ STATION. — PRESLES.

33 kil. de la gare de Paris, 8 kil. de celle de Monsoult, 2 kil. de Nointel.

Presles, 1,203 hab., renferme de jolies habitations entourées de charmants jardins. Son *église* date des XIIIᵉ, XVIᵉ et XVIIIᵉ s. Ce village est la patrie de l'écrivain Raoul de Presles († 1383), auteur, pour Charles V, d'une traduction de la *Cité de Dieu*, d'un *Discours sur l'Oriflamme*, et d'un *Traité de la puissance séculière et ecclésiastique*.

A l'E. de Presles, entre le chemin de fer de Beauvais et celui de Luzarches, s'étend la **forêt de Carnelle**, dont le nom est présumé celtique, et qui renferme une allée couverte, dite la **Pierre-Turquoise** (mon. hist.), situé sur une de ses parties les plus élevées, à 3 kil. de la station. L'allée couverte de Carnelle a 11 mèt. 50 cent. de hauteur sur 3 mèt. de largeur. M. l'abbé Grimot, curé de l'Isle-Adam, a trouvé les vestiges d'une enceinte de petites pierres levées qui l'entourait et d'une allée qui y conduisait.

On peut faire d'agréables promenades dans la forêt de Carnelle, dont l'étendue est de 1,000 hectares, et où se trouvent quelques beaux chênes. Le point le plus élevé, le *Poteau de Carnelle*, atteint 209 mèt. d'altit.

11ᵉ STATION. — NOINTEL.

35 kil. de Paris, 2 kil. de Presles.

Nointel, 232 hab., renferme une église peu intéressante du XIIIᵉ s. — Le chemin de fer laisse à g. *Mours*, 120 hab., avant de franchir l'Oise et de rejoindre, sur la rive dr., la ligne de Pontoise à Creil.

12ᵉ STATION. — BEAUMONT.

38 kil. de la gare de Paris, 5 kil. de la station de Presles.

Beaumont, situé sur le chemin de fer de Paris à Creil par Pontoise, est décrit ci-dessus, Section XI. — Pour la suite du chemin de fer de Beauvais, V. l'*Itinéraire général de la France : Nord*.

SECTION XV

DE PARIS A LUZARCHES [1]

Le chemin de fer de Paris à Luzarches, inauguré en 1877, se détache, à Monsoult, la 9ᵉ station, de la ligne de Beauvais par Beaumont. Il prend d'abord insensiblement la direction du N. laissant à dr. *Villaines*, 95 hab. (église du XIVᵉ s.), et Belloy.

10ᵉ STATION. — BELLOY.

30 kil. de la gare de Paris, 5 kil. de celle de Monsoult, 1,500 mèt. de Saint-Martin-du-Tertre. — Le village est à 1 kil. de sa station, à 2 kil. de Villaines, à 3 kil. de Villiers-le-Sec, à 2 kil. d'Épinay-Champlâtreux, à 4 kil. du château de Champlâtreux.

Belloy, 750 hab., mérite une visite pour son *église* du XIVᵉ s. (mon. hist.), dont le remarquable portail a été rebâti sous Henri II dans le style de la Renaissance. — *Villiers-le-Sec*, 209 hab., à 3 kil. S.-E. de Belloy, possède une petite église gothique. — Épinay et le château de

---

[1]. Embarcadère à Paris, place Roubaix.

Champlâtreux sont décrits ci-dessous, p. 265.

La station de Belloy dessert aussi *Saint-Martin-du-Tertre*, v. de 700 hab., qui doit son nom à la hauteur où il est en partie situé. Ce village fut fondé en 1134 par Mathieu II de Montmorency; au dernier siècle, il appartenait au seigneur de *Franconville-sous-Bois*, dont le château, situé à 1 kil. O. de Saint-Martin, a été somptueusement reconstruit en 1877, par M. le duc de Massa. Le dolmen de Pierre-Turquoise est situé à 2 kil. seulement du château de Franconville. Ce monument et la forêt de Carnelle, où il se trouve, sont décrits ci-dessus, Section XIV.

IIᵉ STATION. — VIARMES.

32 kil. de la gare de Paris, 5 kil. de celle de Luzarches, 2 kil. de la station de Belloy, 3 kil. 1/2 de Royaumont. — Le village est à 1 kil. de sa station, 1 kil. d'Asnières-sur-Oise, 3 kil. de Noisy, 2 kil. 1/2 de Royaumont, 7 kil. de Beaumont, 4 kil. de Bruyères, 6 kil. de Boran.

Viarmes*, 1,207 hab., jadis seigneurie importante, possède un beau *château* du xviiiᵉ s., servant de mairie, d'école, de presbytère, et une *église* peu intéressante des xiiᵉ, xiiiᵉ et xviᵉ s., renfermant l'ancien maitre-autel de l'abbaye de Royaumont. C'est sur le territoire même de Viarmes, à 2 kil. 1/2 au N. du village, à dr. de la route de Précy, que sont les restes de ce célèbre monastère.

L'abbaye de Royaumont date du xiiiᵉ s.; elle a été fondée en 1228 par le roi saint Louis, qui aimait beaucoup cette jolie vallée. Les moines de Cîteaux l'ont habitée jusqu'en 1791. Elle a compté à sa tête de saints personnages, des hommes marquants dans la politique, des archevêques, des prélats distingués, et de l'an 1650 à l'an 1728, toute une dynastie d'abbés tirés de la puissante maison de Lorraine.

« La Révolution, qui dispersa les moines de Royaumont, dit M. Hérard (1866), n'a pas détruit le monastère. Si la magnifique basilique n'existe plus, le reste de l'abbaye qui avait servi, depuis soixante-douze ans, à des usages industriels, subsiste en entier; les Oblats viennent de l'acquérir. Ils conserveront les magnifiques cloîtres de Royaumont, son réfectoire, admirable morceau gothique, dont la salle de la bibliohèque actuelle des Arts-et-Métiers (rue Saint-Martin, à Paris) peut donner l'idée, la maison des hôtes, les cellules où saint Louis avait sa chambre, la bibliothèque, la maison du prieur, la chaire ou saint Louis faisait monter l'encyclopédiste du xiiiᵉ s., Vincent de Beauvais), etc.

« L'église de Royaumont, *une des plus belles du Royaume*, ainsi que le témoignent encore ses superbes ruines, était l'œuvre de Pierre de Montreuil; elle était justement célèbre par son architecture, par ses proportions grandioses, par ses sculptures et par ses mausolées. L'inauguration solennelle eut lieu en 1235, en présence de saint Louis et de la jeune reine Marguerite de Provence.

« Jusqu'en 1791, on vit à Royaumont le mausolée de Louis de France, un des fils de saint Louis, mort à l'âge de seize ans. — Ce chef-d'œuvre de l'art du xiiiᵉ s., remarquablement restauré par M. Viollet-le-Duc, est aujourd'hui à Saint-Denis. — Un bas-relief avait disparu lors de la translation qui avait eu lieu au musée des Augustins, en 1791 ; mais on l'a retrouvé appliqué au monument d'Héloïse et d'Abeilard au Père-Lachaise. »

L'abbaye, convenablement restaurée, appartient aujourd'hui aux Sœurs de la Sainte-Famille, qui y ont établi leur noviciat et un orphelinat. On peut pénétrer dans le cloître, mais on obtient difficilement la permission de visiter le réfectoire, converti en chapelle.

Une route de 7 kil., dominant agréablement la rive gauche de l'Oise, conduit de Viarmes à Beaumont (V. Section XII), par (1 kil.) **Asnières**, 1,019 hab., où se voient les restes modernisés du *château* féodal et une *église* des XIIe et XIIIe s., avec clocher octogonal, et par (2 kil. plus loin) *Noisy*, 360 hab.

De Viarmes à Luzarches, la voie ferrée laisse à g. *Seugy*, 261 hab. En arrivant à Luzarches, on aperçoit à dr. les restes du château et du prieuré de Saint-Côme.

12e STATION. — LUZARCHES.

37 kil. de la gare de Paris, 5 kil. de la station de Viarmes, 9 kil. de celle de Survilliers, 2 kil. de Chaumontel, 4 kil. de la Morlaye, 2 kil. de la forêt de Coye, 3 kil. du château de Champlâtreux.

Luzarches *, ch.-l. de c. de 1,366 hab., est agréablement situé sur la route de poste de Paris à Amiens, au milieu d'une campagne fertile. Près de cette petite ville coule un ruisseau qui se jette dans l'Isieux, l'un des affluents de l'Oise.

Il y avait, du temps des Mérovingiens, sur l'emplacement actuel de Luzarches, une villa, nommée *Lusareca* ou *Lusarca*, dans laquelle furent tenus des plaids royaux, en 680 et 692. Charlemagne y possédait des domaines qu'il donna, en 775, aux religieux de Saint-Denis, en même temps qu'une église placée sous l'invocation de saint Côme et de saint Damien. Au commencement du XIIe s., un chevalier, Jean de Beaumont, étant passé par Rome au retour de la croisade, en rapporta des ossements que l'on disait être ceux de saint Côme et de son frère. Une nouvelle église fut élevée en l'honneur de saint Côme : l'ancienne fut réservée à saint Damien. La nouvelle église, érigée en prieuré, fut bâtie dans l'enceinte d'un château seigneurial ruiné à une époque inconnue.

Il reste de ce *château* une partie des murs, notamment une belle porte à herse et mâchicoulis, et de la chapelle quelques ogives et des débris de sculpture enchâssés au-dessus de la porte actuelle de l'enclos. L'*église Saint-Damien* (mon. hist.) sert aujourd'hui de paroisse ; les trois absides seulement et le premier étage du clocher datent du XIIe s. ; le reste a été refait dans le style de la Renaissance au XVIe s., avec une belle façade.

Luzarches possède un hospice et un asile pour les orphelines de l'arrondissement de Pontoise, fondé par l'abbé Soret.

Parmi les châteaux des environs de Luzarches on remarque ceux de *Chauvigny* (1 kil. S.-E.), *Roquemont* (1 kil. O.), et *Hérivaux* (4 kil. E.), bâti sur l'emplacement de l'ancienne abbaye de ce nom (chanoines réguliers de la congrégation de France), fondée au XIIe s., vendue et démolie à la Révolution.

Excursion au château de Champlâtreux.

A 3 kil. S. de Luzarches, sur la route de Paris à Amiens, s'élève à 139 mèt. le **château de Champlâtreux**, construit dans un style sévère et simple. Jusqu'en 1733, ce domaine de la famille parlementaire des Molé avait eu peu d'importance ; mais le fils aîné de cette maison, étant alors devenu puissamment riche par son mariage avec une des filles du banquier Samuel Bernard, consacra des sommes considérables à la construction d'un château, dont Chevotet donna les plans, et agrandit le parc par de nombreuses acquisitions. Champlâtreux fut confisqué au profit de l'État, en 1794, après l'exécution du président Matthieu-François Molé, qui avait épousé une des filles de l'illustre Malesherbes, le défenseur de Louis XVI ; mais le comte Matthieu-Louis, fils du dernier président, recouvra son patrimoine, et se plut à embellir encore la résidence de ses ancêtres ; en 1839, il y reçut la visite du roi Louis-Philippe, dont il était alors le ministre. Le château de Champlâtreux appartient aujourd'hui à M. le duc d'Ayen.

Épinay, 128 hab., à 1 kil. O. de Champlâtreux, n'offre rien d'intéressant. L'église de la paroisse s'élève près du château et ne date que du dernier siècle.

SECTION XVI

DE PARIS A CHANTILLY ET A COMPIÈGNE [1]

C'est à Saint-Denis, la 1re station [2] (*V.* p. 209) que la ligne de Creil à Chantilly, ouverte en mai 1859, se sépare de celle de Pontoise.

La bifurcation a lieu au-delà du canal Saint-Denis, que la ligne commune franchit sur un pont biais. Après avoir décrit une courbe à dr. du *fort de la Briche*, voisin du hameau de *la Briche* (*Britachia*, bretèche, redoute en bois, dans le latin du moyen âge), la ligne de Chantilly croise les routes de Pontoise et de Calais en laissant à g. le château de Villetaneuse, et s'élève, par une pente insensible, vers le plateau qui sépare le bassin de la Marne de la vallée de l'Oise.

2e STATION. — PIERREFITTE-STAINS.

11 kil. de Paris, 4 kil. de Saint-Denis. — Pierrefite est à : 1 kil. à l'O. de la station, 1 kil. 1/2 de Villetaneuse, 5 kil. 1/2 de Montmorency par (4 kil.) Groslay ; 1 kil. 1/2 de Montmagny, 3 kil. de Sarcelles. Stains est à : 1,300 mèt. à l'E. de la station, 4 kil. de Saint-Denis, 5 kil. du Bourget, 6 kil. 1/2 de Gonesse.

Pierrefitte, 1,157 hab., situé à g. du chemin de fer, sur la route de terre de Paris à Calais, n'offre rien de curieux.

Ce village doit sans doute son nom à quelque menhir (*petra fixa*) situé jadis

1. *Embarcadère*, à Paris, place Roubaix. — Pour le prix des places, V. l'*Introduction*.
2. Les trains de Creil ne s'arrêtent pas à la gare de la Chapelle et ne font halte à Saint-Denis que pour y prendre des voyageurs.

sur son territoire. Ce village est mentionné, en 862, comme fournissant par contribution une partie du vin que buvaient les moines de Saint-Denis, seigneurs de ce domaine. Il fut ravagé et en partie brûlé par les Anglais sous Charles VI et Charles VII. Un bourgeois de Paris, Renault Féron, qui y possédait des biens, en fut dépouillé par Henri V, pour sa fidélité au roi légitime.

Pierrefitte a donné le jour à Pierre Petit, mort en 1708, presque centenaire, dans les fonctions de premier chirurgien de l'Hôtel-Dieu de Paris, où il avait commencé à servir comme aide à l'âge de treize ans.

En suivant la route de Calais, on trouve à 100 mèt. au-delà du village, sur la g., un chemin qui mène en 15 ou 20 min. sur la **butte Pinçon**, qui devint un poste prussien très-important durant le siége de Paris. Cette colline, élevée de 101 mèt., dont le plateau a 1 kil. de longueur du N. au S., sur environ 60 mèt. de largeur moyenne, domine la plaine en tous sens, et présente un magnifique panorama ; avant l'investissement, on y avait commencé quelques travaux dont il ne reste rien. Un sentier suit le milieu du plateau d'un bout à l'autre. Excepté vers son extrémité S., occupée par un bois, la butte est couverte de belles cultures maraîchères pour la plupart, on y rencontre aussi quelques vignes et des céréales ; plusieurs sentiers la traversent dans sa largeur et descendent à Montmagny, Villetaneuse et Pierrefitte. Près du versant S., on remarque un joli bois de bouleaux, châtaigniers et chênes, dont une partie a été rasée par les Allemands pour démasquer leurs postes et faciliter leurs mouvements. A l'entrée de ce bois est un cabaret. A peu de distance du cabaret, dans le bois, à g. du sentier, quelques terrassements soutenus par des gabions servaient, dit-on, à l'ennemi pour le tir à la cible. Plus à l'E., on voit encore les traces d'une batterie ; deux autres étaient placées, l'une au-dessus et près de l'escarpement des carrières qui entourent la butte au S., l'autre sur le versant O. Le sentier traverse du N. au S. le taillis qui côtoie une carrière et descend à la route de Villetaneuse, que bordent des moulins à plâtre.

Stains, 1,448 hab. (1,500 mèt. E. de la station), tire son nom des marécages (*stagna*) qui l'avoisinaient et qui ont été desséchés. Son *église* date, à l'intérieur, de la première Renaissance. La famille de Harlay posséda, au XVIIe s., le château de Stains. Acheté en 1810 par Jérôme-Napoléon, ce château appartient aujourd'hui à la famille de Vatry.

Au-delà de Stains se trouvent, dans le vallon du Crould (3 kil.), *Dugny*, 489 hab. (Seine), et *Garges*, 360 hab. (Seine-et-Oise), caché par le monticule (80 mèt. d'altit.) qui porte le nouveau *fort* de ce nom.

Au-delà de Pierrefitte le chemin de fer entre dans le départ. de Seine-et-Oise, puis laisse à dr. (2 kil.) *Arnouville* (549 hab. ; beau parc), et à g. (2 kil.) Sarcelles, décrit ci-dessus, Section XIV.

3e STATION. — VILLIERS-LE-BEL.

15 kil. de Paris, 4 kil. de Pierrefitte, 2 kil. d'Arnouville, 3 kil. de Gonesse. — Le village est à 3 kil. de sa station, à 1,200 mèt. d'Écouen, à 2 kil. de la station et du village de Sarcelles.

Villiers-le-Bel*, 1,735 hab., situé à g. (2 kil. 1/2), sur le premier plan d'une colline, était, au XIIe s., le fief d'une famille de chevaliers du nom de Lebel, vassaux de l'abbaye de Saint-Denis. Au XVIe s., cette seigneurie fut possédée par une branche de la maison de Montmorency ; à l'époque de la Révolution, elle appartenait aux Condés.

L'*église*, commencée, dit-on, dans les premières années du XIIe s., par Radulph le Bel, fut alors donnée à l'abbaye de Saint-Victor, de Paris. Toutefois les parties les plus anciennes de l'édifice actuel (le transsept à l'intérieur, le mur du bas côté S. et la façade occidentale) datent seulement du XIIIe. Le reste est du XVIe s., et certaines parties, notamment les arcs-boutants, offrent le style de la Renaissance. Le long du mur du bas-côté N., à mi-hauteur, règne intérieurement une frise de même style dont on ne s'explique pas l'existence. Les orgues furent données à l'église en 1664 ; mais un des claviers, le positif, date de 1789. L'ancien bourdon du clocher pesait 7,000 livres ; en 1818, il se détacha de sa barre, effondra la voûte, brisa la chaire et tua trois ouvriers.

Excursion à Gonesse.

Gonesse, 2,526 hab., à 3 kil. E. de la station de Villiers-le-Bel (omnibus), sur la rive dr. du Crould, est un ch.-l. de c. dont la juridiction s'étend au S.-E. jusqu'au-delà de la Marne, sur des communes dont la plus éloignée, Noisy-le-Grand, est à une distance de 26 kil.

Gonesse appartenait en propre à Hugues Capet. Philippe Auguste y naquit en 1165. François Ier, voulant un jour tourner en dérision les longs protocoles de titres que Charles Quint joignait avec emphase à ses manifestes diplomatiques, se qualifia simplement, dans une réplique moqueuse, de « seigneur de Vanvres et de Gonesse. »

Au XIVe s., les pelleteries et draperies de Gonesse avaient à Paris une halle spéciale, très-achalandée par la cour et les riches bourgeois. Au XVIe et au XVIIe s., les boulangers de Gonesse envoyaient tous les jours à Paris une quantité de pains blancs très-renommés, dont on attribuait la saveur à l'emploi des eaux du Crould.

L'**église** (mon. hist.), restaurée en 1866, et de nouveau en 1872, après des dégâts causés par le siége de Paris, est un édifice assez original de la fin du xiie s. Elle se compose de trois nefs précédées de trois belles portes (celle de dr. est la plus mutilée), et d'une abside avec tribunes et déambulatoire, sans chapelles. Les huit travées de la nef devaient recevoir une voûte sexpartite, dont le projet fut abandonné dès le xiiie s., car on se contenta, à cette époque, d'établir un triforium à jour, qui ne pouvait nullement supporter une voûte en pierre. Les voûtes du chœur sont soutenues par des arcs-boutants. Le clocher (xie et xiiie s.) est situé au S. du chœur. Au-dessous de cette tour, à l'intérieur, est un tableau sur bois du xvie s. Les sculptures et les peintures du buffet d'orgues datent de la Renaissance (1508 et fin du xvie s.).

Les omnibus qui desservent Gonesse vont jusqu'à (9 kil. de la station) *Roissy*, 826 hab., dont le château, presque entièrement détruit, appartint au banquier Law, puis à la famille Riquet de Caraman.

4e STATION. — GOUSSAINVILLE.

20 kil. de Paris, 5 kil. de Villiers-le-Bel, — Le village est à : 1 kil. de la station, 2 kil. du Thillay, 4 kil. de Gonesse.

Goussainville, 546 hab., situé à dr. du chemin de fer, renferme une source d'eau minérale peu importante et une belle *église* de la Renaissance. Un nombre assez considérable de femmes s'y occupent de la fabrication des dentelles de fil et de coton.

Le Thillay, 555 hab., à 2 kil. S. de Goussainville, à la source du Crould, possède un château du xviiie s. et une importante minoterie. L'*église*, peu intéressante, est de la fin du xvie s. — *Vaudherland*, 56 hab., à 1 kil. E. du Thillay, ne mérite pas une visite. — *Bouqueval*, 126 hab., à 3 kil., et *le Plessis-Gassot*, 75 hab., à 4 kil. 1/2 de la station de Goussainville, à l'O., ne possèdent également aucune curiosité. Bouqueval a été en partie détruit durant le dernier siége de Paris.

Des voitures de correspondance conduisent de la station de Goussainville à (7 kil.) Mareil-en-France, par (4 kil.) Fontenay-lès-Louvres. — **Fontenay**, 512 hab., est signalé de loin par la flèche effilée, en ardoises, de sa curieuse *église*, injustement négligée par la Commission des monuments historiques. La porte occidentale de cet édifice rappelle d'une manière frappante, par ses proportions et les sculptures de son tympan, les portes latérales de la façade de Notre-Dame, à Senlis. Le tympan, empâté dans une couche épaisse de badigeon, a été mis à jour en 1875, ses ornements sont d'un grand caractère ; au xvie s., une main qui n'était certes pas celle d'un archéologue y a écrit en chiffres arabes la date menteuse de 1309, qui ne peut se rapporter à aucune partie de l'église. Deux arcades aveugles accompagnent la porte ; cette disposition est assez rare aux environs de Paris. Les trois nefs sont dépourvues de voûtes et couvertes d'un toit unique qui cache extérieurement les fenêtres de la grande nef. Jadis la toiture des bas-côtés se composait d'une suite de pignons entre lesquels s'ouvraient ces fenêtres, percées à cheval sur l'axe des piliers. Une disposition semblable a existé à Fosses, près de la station de Survilliers (V. ci-dessous), à Saint-Gervais de Pontpoint, à Terny, près Soissons, et dans plusieurs autres petites églises de l'Ile-de-France, de la Champagne et de la Picardie datant du xiie s. Le chœur de l'église de Fontenay fut construit, comme la nef, à la fin du xiie s., mais il a été complètement remanié et voûté au milieu du xiiie s.; le mur supérieur de l'abside et celui du déambulatoire, comprenant chacun trois pans coupés, ne sont que du xvie s. (Renaissance). Le clocher, comme ceux de Gonesse et de Louvres, date du commencement du XII⁰ s. pour l'étage inférieur, du XIII⁰ s. pour l'étage supérieur, mouvementé par de belles gargouilles. Les *stalles* du chœur offrent d'intéressantes sculptures du XV⁰ s.

Mareil-en-France, 457 hab., appartint autrefois aux ducs de Gesvres, dont le beau *château* sert de ferme. L'*église* (1581) renferme un riche lutrin. — A 1,500 mèt. N.-E. se trouve *Jagny*, 213 hab.

Châtenay, 69 hab., à 1,500 mèt. N. de Fontenay, n'a rien de remarquable, non plus que *Puiseux*, v. de 189 hab., situé à 1,500 mèt. de Châtenay, 2 kil. 1/2 de Fontenay et à 2 kil. de Marly-la-Ville.

On continue de s'élever par des rampes de 5 millimèt., sur des remblais dont les matériaux proviennent de tranchées très-profondes pratiquées de distance en distance.

5ᵉ STATION. — LOUVRES.

24 kil. de Paris, 4 kil. de Goussainville, 4 kil. de Marly-la-Ville, 4 kil. de Villeron, 6 kil. 1/2 de Vémars, 10 kil. de Moussy-le-Neuf. — Le village est à 1 kil. de la station.

Louvres, 1,011 hab., qui se trouve situé à dr. de la voie ferrée, sur la route de Paris à Calais, est un bourg autrefois fortifié, déjà mentionné dans les actes de la vie de saint Rieul (III⁰ s.). Avant la Révolution, il possédait deux *églises* formant une seule paroisse et séparées par un simple couloir : l'une était consacrée à saint Rieul, l'autre à saint Justin, qui subit le martyre en ce lieu. De la première il ne reste que le *clocher* (mon. hist.), et quelques beaux débris romans à sa base. Le dernier étage du clocher a été refait au milieu du XIII⁰ s. Le second, qui sert au culte, a conservé une porte occidentale du XI⁰ s., surmontée d'une fenêtre de la même époque, des détails du XII⁰ au XIII⁰, à l'intérieur, un riche portail du XV⁰ s., mutilé; mais l'ensemble appartient au commencement du XVI⁰ s. et l'on y voit poindre la Renaissance.

En face de la mairie de Louvres, sur la rue de Paris, s'ouvre un portail du XIII⁰ s., au galbe élégant, ancienne entrée d'une *léproserie*.

Marly-la-Ville, 774 hab., à 4 kil. N. de la station de Louvres, possède un *château* moderne, dont l'entrée extérieure est flanquée de tourelles sans caractère (XVI⁰ ou XVII⁰ s.), et une *église* (mon. hist.) du XIII⁰ s., avec triforium, œils-de-bœuf (comme à Bougival, Arcueil, etc.) et arcs-boutants. Marly est desservi par des omnibus; d'autres voitures, partant aussi de la station de Louvres, conduisent, vers l'E. et le N.-E., à (10 kil.) *Moussy-le-Neuf*, 514 hab. (*église* du XIII⁰ s. servant de grange), par (4 kil.) *Villeron*, 224 hab., et (6 kil. 1/2) *Vémars*, 460 hab. (*église* des XIII⁰, XIV⁰ et XVI⁰ s.). Entre Louvres et Villeron, à 3 kil. de la station, la ferme de *Vaulerent* compte parmi ses dépendances une *grange* voûtée du XIV⁰ s.

On peut aller du village de Louvres à (15 kil.) Dammartin, en traversant (4 kil.) *Chennevières-en-France*, 179 hab. (*château* à tourelles, restauré; *église* du XV⁰ s.); (10 kil.) *Moussy-le-Vieux*, 300 hab., dont l'église renferme un vieux tombeau à statues ; et (13 kil. 1/2) Longpérier; — ou bien, plus au S., par (4 kil. 1/2) *Épiais*, 88 hab. (église des XIV⁰ et XVI⁰ s.); (5 kil. 1/2) *Mauregard*, 158 hab., et (11 kil.) *Villeneuve-sous-Dammartin*, 397 hab., dont l'église renferme le tombeau d'un évêque (XVI⁰ s.). — Au *Mesnil-Amelot*, 556 hab., à 2 kil. S. de Mauregard, on peut visiter, dans une église du XVI⁰ s., de curieuses boiseries. — Les deux Moussy, Longpérier, Mauregard, le Mesnil et Villeneuve dépendent du canton de Dammartin (Seine-et-Marne). La ville de Dammartin est décrite ci-dessous, Section XVIII.

Au-delà de la station de Louvres, les rampes du chemin de fer atteignent leur point culminant à peu de distance du point où le chemin de fer arrive en vue de Survilliers (120 mèt. env. d'altit.). Il a fallu, pour établir cette dernière rampe, remuer et employer aux terrassements plus d'un million de mètres cubes de matériaux. Entre les remblais s'étendent de longues et profondes tranchées.

6e STATION. — SURVILLIERS.

30 kil. de Paris, 6 kil. de Louvres, 9 kil. de Luzarches, 3 kil. de Fosses, 4 kil. de Marly-la-Ville. — Survilliers est à 4 kil. de Vémars, 1,500 mèt. de sa station, 3 kil. de Montmélian, 3 kil. 1/2 de Plailly, 5 kil. de Mortefontaine, 14 kil. d'Ermenonville.

Survilliers, 543 hab., est situé à 1,500 mèt. E. de sa station, au-delà de la grande route de Paris à Senlis. Le **château** fut, sous le premier Empire, la propriété de Joseph Bonaparte. Lorsque, après les événements de juin 1815, l'ex-roi de Naples se fut échappé de France et eut gagné l'Amérique, il y prit le nom de comte de Survilliers, qu'il a porté jusqu'à sa mort (28 juillet 1844). Le château appartient aujourd'hui à M. Bouchard. Le parc est transformé presque entièrement en terre d'exploitation. — A l'extrémité du village, au tournant de la route, on aperçoit, isolée, contiguë aux champs, la petite et intéressante *église* du village, rebâtie en partie au XVIe s. Une inscription à demi effacée, que l'on voit à l'intérieur, à dr. de la grande porte, indique que cette église fut dotée par un seigneur Guillaume de Meaux, en 1354. La même date est inscrite aussi dans le clocher, dont la flèche est flanquée de quatre tourelles. Le portail, ouvré d'une guirlande, la nef et les collatéraux sont en bon état de conservation.

Excursion à Luzarches.

La route de la station à Luzarches, longue de 9 kil., dessert : —
(3 kil.) *Fosses*, 226 hab., dont la petite *église* des XIIe, XIIIe et XVe s., est curieuse pour les fenêtres percées sur l'axe des piliers de la nef (*V.* Fontenay-lès-Louvres, p. 268) et renferme un édicule en maçonnerie, en forme d'immense châsse (XVe s.), servant d'armoire à reliques ; — (4 kil. 1/2) *Bellefontaine*, 220 hab. (beau *château* moderne), — et laisse successivement à g. *le Plessis-Luzarches*, 153 hab., et *Lossy*, 184 hab.

Luzarches est décrit ci-dessus, Section XV, p. 265.

Excursion à Mortefontaine.

7 kil. de la station.

Pour aller de Survilliers à Mortefontaine. il faut se diriger d'abord sur Plailly. En arrivant à ce village, on aperçoit à g. un grand mur de clôture qui renferme les restes du *château de Bertranfosse* (corps de bâtiment, converti en grange, quatre jolies tourelles en encorbellement et quelques ornements du XVIe s.). **Plailly** a 886 hab. On traverse ce village dont l'*église* (mon. hist.), restaurée, a la forme d'un T, et date du XIIe s., mais avec d'importantes additions des trois siècles suivants. La flèche du clocher, à jour, dentelée. est environnée à sa base de quatre tourelles couvertes de pierres taillées en écailles. Elle appartient à un type fréquent aux environs de Senlis et qui s'est perpétué depuis le XIIIe s. jusqu'à la fin du XVIe.

A g. de l'église un chemin vicinal, qui conduit à Ver (*V.* ci-dessous), distant de 8 kil., et à (2 kil. plus loin) Ermenonville, gravit une colline en pente douce jusqu'à un lavoir. Là, quittant ce chemin vicinal, on peut s'engager à dr. dans un chemin dégradé par les pluies, et qui est appelé le *chemin vert*. Si, après l'avoir monté l'espace de 300 mèt. env., on tourne à g., entre des champs et un bois, à 100 mèt. plus loin on rencontre le prolongement de ce même bois, et presque à l'entrée, un carrefour. En marchant droit devant soi au-delà du carrefour, on aperçoit, à dix pas sur la dr., un petit chemin très-escarpé qui monte au milieu des taillis. Gravit-on ce chemin pendant 10 min., on arrive à une esplanade, d'où l'on découvre une des plus jolies vues des environs de Paris. Sur ce plateau s'élèvent encore de faibles débris du *château de Montmélian*, à g., duquel on remarque le clocher d'une *chapelle*. — Ce qui subsiste du château faisait partie d'un bâtiment intérieur et consiste en une maçonnerie rectangulaire de 20 mèt. de face sur 10 mèt. de profondeur, avec une tourelle cylindrique; les murs, de 2 mèt. d'épaisseur, sont percés de fenêtres en plein cintre du XIIe s. Une cheminée (XVe s.), dont il ne reste plus que l'âtre et le manteau, est suspendue à 7 ou 8 mètres du sol. Le sol sous cette ruine et aux environs est miné par des souterrains, dont l'entrée est maintenant obstruée, de même que l'orifice d'un de ces puits appelés oubliettes. — Des vestiges gallo-romains ont été trouvés sur le plateau de Montmélian. Une ancienne tradition prétend qu'au IIIe s. saint Rieul aurait renversé, en ce lieu, un autel de Mercure. Une église, fondée au temps de Pépin et qui dépendait de l'abbaye de Saint-Denis, n'a laissé aucune trace. Les moines partageaient la seigneurie du village, alors assez considérable (ce n'est plus qu'un hameau dépendant de Plailly), avec un baron séculier. Elle passa aux seigneurs de Plailly, qui eurent en outre la châtellenie de Mortefontaine. — Au N.-E. des ruines, à l'endroit où s'élevait probablement une tour du manoir et qui forme aujourd'hui esplanade, Mlle de Mauroy a fait construire une élégante chapelle, avec une flèche en fer, consacrée, sous le titre de Notre-Dame, le 24 mai 1864, et où a été introduit, avec permission de Pie IX, le culte spécial de sainte Élisabeth, mère de saint Jean-Baptiste. — Les promeneurs capables de supporter la fatigue d'une courte ascension devront d'abord visiter Montmélian, pour le panorama qu'ils y découvriront. Au N., ils apercevront à quelque distance les bois de Mortefontaine; au loin, Senlis; et, vers l'E., Ermenonville.

A 1,500 mèt. de Plailly, se trouve Mortefontaine. On y voit bientôt à dr. la grille du château; mais, avant d'entrer dans le parc, on devra dépasser l'angle du mur pour aller, à l'*hôtel de la Providence*, faire préparer le déjeuner. On peut aussi y demander un guide pour visiter le parc : ordinairement un jeune garçon du pays. De plus, soit que l'on ait le projet de retourner en voiture à la station de Survilliers, soit que l'on veuille aller à Ermenonville, il faut s'entendre avec un loueur de voitures.

Mortefontaine ou **Morfontaine** (391 hab.) possède un *parc* célèbre par ses eaux, ses points de vue, son étendue. Créé, en 1770, par un riche président du parlement de Paris, Le Pelletier, ce parc fut acheté, en 1790, par Durney, banquier de la cour de France. Joseph Bonaparte en devint propriétaire à la fin de la Révolution. Il consacra, comme Le Pelletier et Durney, des sommes immenses à l'embellissement de ce domaine, qui fut acheté en 1827 par le prince de Condé, et passa, en 1830, à Mme de Feuchères, puis à sa nièce, Mme Corbin, qui le possède aujourd'hui. C'est au château de Morfontaine que les envoyés des États-Unis signèrent, le 3 octobre 1803, un traité avec les consuls de la République française, au sujet du commerce maritime et du droit des neutres, traité déjà convenu le 30 septembre. Joseph Bonaparte déploya un grand faste pour cette réception.

On entre par la grille située à peu de distance de l'hôtel de la Providence. On inscrit son nom chez le concierge, en demandant au propriétaire, qui l'accorde aussitôt, la permission de visiter le parc. La route de Fontaine-les-Cornus divise la propriété en deux parties, le *petit parc* et le *grand parc*. Ce dernier est le seul que les étrangers puissent parcourir entièrement. Avant d'y arriver, on suit d'abord une allée qui traverse dans sa largeur le petit parc. On laisse à droite la maison d'habitation, puis bientôt, descendant sur la gauche une allée qui aboutit à un chemin creux, on arrive à l'entrée du souterrain qui donne accès dans le grand parc. A peine entré dans ce parc, si l'on incline un peu à gauche, on découvre, du haut des pentes de gazon, les pièces d'eau encadrées de vertes prairies et de bois. Le centre du tableau est formé par une maison pittoresque, nommée le *Pavillon de Vallière*, qui occupe, dit-on, l'emplacement d'un ancien manoir fortifié. Sur la même ligne, mais dans un horizon reculé, se montre la *Butte des Gens d'Armes*, plateau sablonneux situé au-dessus du village de Thiers (*V.* ci-dessous), entre la forêt d'Ermenonville (à dr.) et les bois de Pontarmé (à g.), sur la lisière de la forêt de Chantilly. Plus loin encore, au-delà de Thiers, apparaît le clocher de Senlis. Descendant la pente, on visite successivement le *lac Colbert*, le *lac de Vallière*, le *lac de l'Épine* ou *Grand-Lac*, alimenté par les eaux de la Thève, jolie rivière qui va se jeter dans l'Oise, en vue des ruines de l'abbaye de Royaumont (*V.* p. 264). Les moines de Châlis, abbaye voisine d'Ermenonville, étaient, par donation de Louis VII, propriétaires des prairies actuellement comprises dans le *grand parc*; ils y firent creuser des viviers, transformés plus tard en lacs d'agrément. Dans la partie N. du *lac de l'Épine*, on trouve l'*île Molton*, que bordent des rochers de grès. Du haut de cette île, on distingue, dans la direction du S., Montmélian (*V.* p. 271).

Revenant à la grille, on peut, en descendant la rue qui lui fait face, se rendre à une autre partie du domaine appelée *la Garenne de la Grange* : on prend dans cette rue la première à dr. et on la suit jusqu'à ce que l'on rencontre à g. une vieille porte pleine, qui donne accès dans la Garenne. Dans cette direction, le paysage est plus abrupt, plus accidenté, entrecoupé de collines rocailleuses. Dans le lointain se trouvent vers le N. : *la Chapelle-en-Serval* (475 hab.), où s'élevait, dit-on, une villa mérovingienne, et dont le territoire renferme de nombreux débris d'antiquités ; *Thiers* (292 hab.), avec son *château*, du XIIe s., qui présente encore neuf tours de 11 mèt. de diamètre, et des murailles hautes de 9 mèt., appareillées en grès. Le plateau sablonneux qui domine le village de Thiers, la *Butte des Gens d'Armes*, ferme l'horizon de ce côté. Au N.-E., sur la rive g. de la Thève, se trouve *Pontarmé* (484 hab.), dont le château, rasé en 1531, a été remplacé par une ferme où subsiste une porte à mâchicoulis. Lorsque le temps est clair, on aperçoit au loin, vers le N., les clochers de Senlis (10 kil.).

On peut aller en 2 h., à pied par les bois, de Mortefontaine à Ermenonville (*V.* Section XVIII); la route de voitures est un peu plus longue que le chemin de piétons.

———

A quelques mètres au-delà de la station de Survilliers, le chemin de fer passe du départ. de Seine-et-Oise dans celui de l'Oise. A 2 kil. plus loin environ, il décrit une grande courbe du N. au N.-O. pour se diriger vers Chantilly en laissant à dr. (2 kil.) la Chapelle-en-Serval. On aperçoit au loin le clocher de Senlis avant de s'engager dans la forêt de Coye, contiguë à celle de Chantilly, et qui borde, au N. de Luzarches, la rive g. de la Thève. On entre ainsi dans le canton boisé qui s'appelait autrefois la forêt de Servais (*Sylvacum*), et, par corruption, le *Serval*.

La forêt de Coye est, comme toutes les masses boisées situées entre Luzarches et Compiègne, un district naturel de l'ancien Serval.

7ᵉ STATION. — ORRY-LA-VILLE [1].

6 kil. de Survilliers, 36 kil. de Paris, 5 kil. de Chantilly.

Orry-la-Ville, 847 hab. (2 kil. S.-E. de la station), est situé dans une éclaircie, près de la lisière orientale de la forêt de Coye. Il tire son surnom d'une *villa* des rois mérovingiens, dont les principaux bâtiments s'élevaient sur le territoire d'une commune limitrophe, la Chapelle-en-Serval (3 kil. à l'E. de la station). L'*église* d'Orry date en grande partie de 1126, et renferme une *Passion* en bois doré, à vantaux peints, du XVIᵉ s.

On continue, au-delà d'Orry-la-Ville, de traverser en biais la *forêt de Coye*, ainsi nommée d'un village (1,122 hab.) bâti sur la g., à 3 kil. d'Orry-la-Ville, et dont on peut aper-

Lac de Mortefontaine.

cevoir un instant le clocher. Il y subsiste des vestiges d'un château qui dépendait de celui de Chantilly. Le territoire que le chemin de fer commence à traverser est plein de souvenirs des époques gallo-romaine et mérovingienne. Il se peut que Coye

1. Il faut descendre à la station d'Orry si l'on veut aller visiter les étangs de Commelle, situés à 20 min. au N. Pour ne pas s'égarer dans le bois on peut longer le chemin de fer. Des étangs, 1 h. de marche suffit pour gagner la Pelouse de Chantilly.

ait été la *domus Cautia* que les archéologues placent ordinairement près de Compiègne. Coye est situé dans la vallée de la Thève, que l'on franchit bientôt sur un **viaduc** de 15 arches, ouvrage digne des Romains, et qui fait le plus grand honneur à M. Mansion, ingénieur chargé des travaux d'art sur cette partie de la ligne. Ce viaduc, de 330 mèt. de longueur sur 40 mèt. de hauteur, traverse un terrain tourbeux où il a fallu d'abord établir des pilotis; puis, pour ne pas surcharger ces pilotis, maçonner en creux les piles, qui sont voûtées à l'intérieur. A mesure que l'on approche de la Thève, la vue se dégage à dr. et à g.; du haut du pont, elle est fort belle. En amont s'étendent les étangs de Commelle (*V.* p. 284). En aval, les regards atteignent jusqu'aux coteaux de l'Oise; on découvre : l'usine et la maison de campagne de feu Andryane, qui partagea, au Spielberg, la captivité de Silvio Pellico et survécut à son ami jusqu'en 1862; (3 kil.) le village de *la Morlaye*, 554 hab., qui possède encore un vieux château flanqué de tours, et qui tire son nom de *Morlacum*, villa royale des Mérovingiens, aujourd'hui disparue; enfin la forêt du Lys (*le Lys* est un hameau élevé sur les débris d'un manoir, près de Boran), entre la forêt de Chantilly et l'Oise.

Au-delà de la Thève, on entre dans la forêt de Chantilly. Avant d'atteindre la station, on croise la route de terre.

8ᵉ STATION. — CHANTILLY-GOUVIEUX.

kil. de Paris, 5 kil. d'Orry-la-Ville, 13 kil. de Senlis.

La petite gare de Chantilly est construite avec élégance sur la lisière de la forêt, à 500 mèt. de la pelouse. Aux abords et sur les quais de cette gare, sont ordinairement entassées, pour être expédiées dans toutes les directions, d'énormes quantités de pierres provenant des carrières voisines.

C'est de Chantilly que se détache, sur la dr., l'embranchement de Senlis (*V.* ci-dessous, Section XVII).

Chantilly*, V. de 3,478 hab., a pour limites : au S., la lisière de la forêt qui porte son nom ; au N., la vallée de la Nonette.

Le chemin d'accès de la gare débouche sur la route de Paris, en face d'un chemin de piétons, interdit aux chevaux et qui conduit directement, à travers la forêt, à la pelouse et au château. Si l'on veut voir la ville, il faut prendre à g. la route de Paris, bordée d'un côté par la forêt, de l'autre par quelques maisons de campagne, parmi lesquelles on remarque, près de la gare, celle de M. le comte d'Hédouville. Un peu plus loin, au-delà d'un petit *temple protestant*, construit en 1867 dans le style pseudo-ogival, sont les écuries de MM. A. Schickler, Delamarre et P. Aumont.

La route de Paris aboutit à une petite place plantée d'arbres et à la *Grande-Rue*, qui lui est perpendiculaire. C'est dans cette rue que se trouvent les hôtels et les restaurants, peu fréquentés en temps ordinaire, mais qui, à l'époque des courses, reçoivent une foule d'hôtes bruyants et animés. A l'extrémité O., à côté d'une grande maison où se tiennent chaque dimanche les réunions du culte évangélique français, s'élève l'*hospice* créé par Charlotte de Montmorency, mère du grand Condé, définitivement fondé et doté par le petit-fils de ce prince, reconstitué par Louis-Joseph de Bourbon prince de Condé, augmenté par le duc d'Aumale. La pharmacie de l'hospice mérite aussi une visite : on y trouve une collection de vases de pharmacie très-admirés des amateurs de porcelaines.

A l'extrémité E. de l'hospice, on remarque, près de l'église, une construction inachevée, la *Porte-Saint-Denis*, attenante aux bâtiments des écuries. Sous cette porte, dont les baies en arc surbaissé sont accostées de pilastres composites, passe la route de Montgrésin (6 kil. 1/2) et de Louvres (10 kil.), qui conduit au château.

Chantilly était autrefois le Versailles des Condé : leur séjour y répandait le mouvement et la richesse. « Le connétable Anne et Louis de Bourbon y sont partout, et ces deux ombres, dit M. Cousin, couvriront et protégeront à jamais Chantilly, tant qu'il restera parmi nous quelque piété patriotique, quelque orgueil national. »

Des établissements industriels assez nombreux s'étaient formés à Chantilly et dans la vallée voisine, de 1820 à 1830, mais depuis ils avaient presque tous disparu ; enfin une industrie jadis importante, celle des dentelles, que l'on fabriquait dans les villages des environs par petits morceaux et qu'assemblaient ensuite des ouvrières spéciales de Chantilly, n'offrait plus de salaires suffisants. Sous l'influence de diverses causes, une véritable langueur s'était donc emparée de cette jolie ville. Aujourd'hui, néanmoins, on y trouve encore une fabrique de boutons, une fabrique d'aiguilles pour machines à coudre, un atelier d'effilochage de soie, de laine et de coton, une filature de laine, une fabrique de sangles, une passementerie, deux ateliers d'impressions sur étoffes et trois serrureries mécaniques. C'est toujours bien, d'ailleurs, le même endroit qui faisait dire à Mercier : « Je ne connais rien de plus beau aux environs de la capitale.... Je n'ai encore rien trouvé de comparable à Chantilly. Trente voyages dans ce lieu enchanté n'ont pas encore épuisé mon admiration. C'est le plus beau mariage qu'aient jamais fait l'art et la nature. »

Histoire.

Au Xe s., plusieurs chartes mentionnent déjà Chantilly, qui passa, dans le XIe s., aux comtes de Senlis. Guillaume de Senlis céda, en 1360, cette terre au sire d'Esquerie, « qui, la même année, en fit présent à Jean de Laval, seigneur d'Attichy. Le 28 mai 1386, Gui de Laval la vendit à Pierre d'Orgemont. » Vers la fin du XVe s., Jean II de Montmorency, par son mariage avec Marguerite d'Orgemont, devint possesseur de ce domaine. On voit, au N. du château actuel, la base des tours d'un manoir élevé au XIIe ou au XIIIe s., reconstruit au XIVe, et si admiré encore au XVIe s., pour la force et pour l'agrément, qu'en 1579, Androuet du Cerceau s'est plu à le représenter dans les sept planches du second volume des *Plus excellents bâtiments de France*. Jean II de Montmorency avait eu, d'une première femme, un fils qui a donné lieu au dicton populaire :

C'est ce chien de Jean de Nivelle
Qui s'en va quand on l'appelle.

Le jeune homme, brouillé avec son père et avec Louis XI, s'était réfugié en Flandre, près du duc de Bourgogne, qui le pourvut de la seigneurie de Nivelle. Sommé de paraître devant le Parlement de Paris, il ne tint aucun compte de cet ordre. Guillaume, fils de Jean II et de Marguerite, hérita de Chantilly. Ce fut un brillant serviteur de la couronne pendant les règnes de Louis XI, de Louis XII et de François Ier. Il eut pour successeur Anne, le fameux connétable, dont les affections se partagèrent entre Écouen (*V.* p. 259) et Chantilly, qu'il fit ériger en châtellenie, en 1522. Le connétable, se trouvant à l'étroit dans la vieille forteresse féodale, fit bâtir par Jean Bullant le château actuel. Il l'avait joint de telle sorte à l'ancien que, du premier étage de l'un, on communiquait avec la tour de l'autre. L'enceinte primitive fut reculée ; des parterres furent dessinés ; de longues allées s'ouvrirent sur la forêt. L'empereur Charles-Quint, les rois Charles IX et Henri IV ont été, à Chantilly, les hôtes des Montmorency.

C'est au temps du connétable Henri Ier qu'arriva, suivant la chronique populaire, une mystérieuse catastrophe, ainsi rapportée par Michelet :

« Mme de Montmorency était une jeune femme très-jolie et très-sage, mais qui n'était pas de naissance à épouser le connétable de France. Pour y parvenir, elle avait fait, disait-on, un pacte avec le diable. Un jour qu'elle siégeait à Chantilly (1598) au milieu de ses dames, on lui dit qu'un gentilhomme demandait à lui parler. Émue, elle demanda comment il était.

« — D'assez bonne mine, lui dit-on, mais de teint et de poil noirs. »

« Elle pâlit et dit :

« — Qu'il s'en aille, revienne une autre fois. »

« Mais l'homme noir insista et dit :

« — J'irai la chercher. »

Alors, les larmes aux yeux, elle dit adieu à ses amies et s'en alla comme à la mort. Peu après, effectivement, elle mourut, chose effroyable, le visage sens devant derrière et le cou tordu. »

La possession de Chantilly passa, en

1632, sous réserve du bon plaisir du roi pour l'avenir, à Charlotte, sœur du dernier maréchal de Montmorency, épouse d'Henri II, prince de Condé, celui qui, voulant soustraire sa femme à l'amour d'Henri IV, l'avait emmenée d'abord à Bruxelles, et, toujours inquiétée, s'était enfui ensuite avec elle jusqu'à Milan. Il n'avait reparu en France qu'après la mort d'Henri IV. Charlotte fut mère du grand Condé, du prince de Conti et de la duchesse de Longueville.

La célébrité de Chantilly date surtout du grand Condé. Revenu d'Espagne après la Fronde, ce prince, qui avait obtenu en toute propriété la capitainerie de Hallate, fit dessiner les jardins par le Nôtre et consacra de fortes sommes à l'aménagement « de ces eaux jaillissantes qui ne se taisaient ni jour ni nuit. »

Les merveilles de ce parc, qui faisaient l'étonnement et l'admiration de tous, eurent leur chantre naïf et intarissable dans le poëte latiniste Santeuil, client du maître, qu'il a célébré, dans les *Cantiliaca*, avec une emphase pareille au gongorisme français de l'époque de Louis XIII.

Au mois d'avril 1671, Condé reçut la visite de Louis XIV et dépensa 200,000 écus dans des fêtes immortalisées par la lettre de Mme de Sévigné, qui raconte le retard de la marée, la douleur et la mort de Vatel.

« Le roi arriva le jeudi au soir ; la promenade, la collation dans un lieu tapissé de jonquilles, tout cela fut à souhait. On soupa, il y eut quelques tables où le rôti manqua... Cela saisit Vatel, il dit plusieurs fois : « Je suis perdu d'honneur ; « voici un affront que je ne supporterai « pas. » Il dit à Gourville : « *La tête me* « *tourne*, il y a douze nuits que je n'ai « dormi ; aidez-moi à donner des or- « dres... » Le prince alla jusque dans la chambre de Vatel, et lui dit : « Vatel, tout « va bien, rien n'était si beau que le sou- « per du roi. » Il répondit : « Monsei- « gneur, votre bonté m'achève ; je sais « que le rôti a manqué à deux tables (sur « vingt-cinq). — Point du tout, dit le « prince, ne vous fâchez pas ; tout va « bien. » Minuit vint ; le feu d'artifice ne réussit pas, il fut couvert d'un nuage ; il coûtait 16,000 fr. A quatre heures du matin, Vatel s'en va partout ; il trouve tout endormi, il rencontre un petit pourvoyeur qui lui apportait seulement deux charges de marée ; il attend quelque temps ; sa tête s'échauffait, il crut qu'il n'aurait point d'autre marée ; il trouva Gourville, il lui dit : « Monsieur, je ne survivrai « point à cet affront-ci. » Gourville se moqua de lui. Vatel monta à sa chambre, mit son épée contre la porte et se la passa au travers du cœur ; mais ce ne fut qu'au troisième coup... La marée cependant arrive de tous côtés ; on cherche Vatel pour la distribuer ; on monte à sa chambre ; on heurte, on enfonce sa porte, on le trouve noyé dans son sang ; on court à M. le Prince, qui fut au désespoir... Cependant Gourville tâcha de réparer la perte de Vatel ; elle fut réparée ; on dîna très-bien, on fit la collation, on soupa, on se promena, on joua, on fut à la chasse ; tout était parfumé de *jonquilles*, tout était enchanté. » Pendant la chasse, au clair de lune, la forêt fut subitement éclairée par des milliers de lanternes. Louis XIV, qui s'occupait à créer les merveilles de Versailles, enchanté de ce séjour, demanda au prince de lui céder Chantilly, le laissant maître d'en fixer le prix : « Il est à Votre Majesté, dit Condé, pour le prix qu'elle déterminera elle-même ; je ne lui demande qu'une grâce, c'est de m'en faire le concierge. — Je vous entends, mon cousin, répliqua le roi : Chantilly ne sera jamais à moi. » Le prince de Condé passa ses dernières années dans cette noble retraite, où il aimait à s'entourer des beaux esprits du siècle. Aux Voiture, aux Sarrasin, à la troupe des poètes de l'hôtel Rambouillet, qui se réunissaient à Chantilly pendant sa jeunesse, succédaient alors les Boileau, les Racine, les Bourdaloue, les Bossuet... Ce dernier a, dans l'oraison funèbre du prince, consacré le souvenir de ces nobles entretiens : « On voyait, dit-il, le grand Condé à Chantilly, comme à la tête de ses armées, toujours grand dans l'action et dans le repos. On le voyait s'entretenir avec ses amis dans ces superbes allées, au bruit de ces eaux jaillissantes qui ne se taisaient ni jour ni nuit. »

Condé mourut à Fontainebleau en 1686. Son fils, Henri-Jules de Bourbon, embellit aussi Chantilly. On lui doit la construction de l'église (V. p. 279) et le parc de *Sylvie* (V. p. 282). « Chantilly, dit Saint-Simon, était ses délices. Il s'y promenait suivi de plusieurs secrétaires qui écrivaient à mesure ce qui lui passait par l'esprit pour raccommoder et embellir. Il y dépensa des sommes prodigieuses, mais qui ont été des bagatelles en comparaison des trésors que son petit-fils y a enterrés et des merveilles qu'il y a faites. » Ce fut ce prince de Condé qui fit au secrétaire du

Chantilly : le petit château.

cabinet du roi, nommé Rose, un mauvais tour, raconté par Saint-Simon, pour le dégoûter d'une propriété qu'il possédait près de Chantilly et qu'il ne voulait pas céder au prince. « Il lui fit jeter trois ou quatre cents renards ou renardeaux, qu'il fit prendre de tous côtés, par-dessus les murailles de son parc. On peut se représenter quel désordre y fit cette compagnie. » Rose alla demander justice à Louis XIV et l'obtint.

Les dépenses somptueuses des princes de Condé, le nombreux domestique attaché à leur service, la multitude d'ouvriers qu'ils employaient, contribuaient à augmenter la population de Chantilly. Le grand-père du grand Condé n'avait pour tout bien que 12,000 livres de rente, à ce que rapporte Saint-Simon, quand il épousa la fille du connétable de Montmorency. Le grand Condé, son fils, recueillit par sa femme la riche succession de la maison de Maillé. Le frère du grand Condé, à son tour, épousa une des plus riches héritières de l'Europe, et sa fortune s'éleva à 1.800,000 livres de rente. Saint-Simon raconte ses galanteries pour les dames. Dans ses dernières années il manifesta quelque égarement; parfois il se mettait à aboyer comme un chien... la passion pour la chasse, si prononcée chez les princes de Condé, dégénérait chez lui en folie.

Le petit-fils de celui-ci, Louis-Henri de Bourbon, qui fut ministre au commencement du règne de Louis XV, eut 2,400,000 livres de rente, et gagna beaucoup d'argent à la banque de Law. Il séjourna continuellement à Chantilly, où il avait un train royal. C'est ce prince qui fit construire les magnifiques écuries. Il y donna de grandes fêtes pour recevoir Louis XV, la duchesse de Berry... il eut pour maîtresse la marquise de Prie, scandaleuse héritière des mœurs licencieuses de la régence. Fleury, qui lui succéda au ministère, les fit exiler tous les deux. Une chronique détaillée de Chantilly y retrouverait l'amour de moitié dans toutes les fêtes. « Mlles de Charolais, de Sens et de Clermont ont tour à tour, ou toutes ensemble, habité Chantilly. Ce fut à Chantilly, le jour même d'une fête donnée en son honneur, que Mlle de Clermont apprit au bal la mort du comte de Melun, à qui elle était unie par un mariage secret, et qui avait été tué par un cerf. Elle était d'un caractère si indolent, que la duchesse de Bourbon, sa mère, demanda naïvement, en entendant raconter cet accident : « Cela a-t-il causé quelque émotion à ma fille ? » (Voir la *Nouvelle* de Mme de Genlis.)

L'avant-dernier prince de Condé, avant la Révolution qui l'entraîna à émigrer, fit construire, à quelque distance du château, le château d'Enghien, qui fut élevé très-rapidement, et il créa au milieu des bois de Sylvie le *hameau*, composé de petites maisons d'aspect champêtre à l'extérieur, dans le faux goût pastoral qui faisait, vers le même temps, bâtir le hameau du Petit-Trianon.

Les visites de plusieurs souverains étrangers à Chantilly, du roi de Danemark, de l'empereur Joseph II, du roi de Suède, furent l'occasion de fêtes magnifiques. Le comte du Nord, depuis Paul Ier, y reçut du prince de Condé une splendide hospitalité, qu'il devait lui rendre plus tard à Saint-Pétersbourg pendant l'émigration.

Un jour, le prince de Condé fit servir un repas dans la rotonde centrale des écuries, richement décorée et brillamment éclairée. Des musiciens exécutaient des symphonies dans les galeries hautes ; et des tentures masquaient les chevaux, jusqu'au moment où elles furent enlevées et où l'on put les apercevoir à dr. et à g. attachés devant leurs mangeoires dans cette singulière salle de festin.

La Révolution étendit d'une manière fatale ses destructions à Chantilly. Le vieux château fut démoli par la bande noire. Le petit château échappa heureusement au même sort, parce que les acquéreurs, n'ayant pas rempli à temps les clauses de la vente, se virent dépossédés sous l'Empire. Dès lors, le château d'Enghien et les écuries furent mis à la disposition du ministre de la guerre, qui les fit occuper par une garnison de cavalerie.

Le jardin des Plantes de Paris s'enrichit du curieux cabinet d'histoire naturelle et de la bibliothèque de Chantilly. Tout le territoire appartenait à la maison de Condé ; les habitants n'y étaient établis qu'en vertu de concessions. Au morcellement que vint opérer la Révolution, ils acquirent des terrains et purent ainsi étendre leurs jardins sur la pelouse, du côté des réservoirs et de la route de Paris.

Sous le régime impérial, la forêt de Chantilly fut donnée à la reine Hortense. A la Restauration, le prince de Condé rentra en possession du domaine délabré de ses pères. Il y reçut la visite de l'empereur Alexandre ; et, la pluie pénétrant à travers la galerie, il fallut apporter des parapluies. Il mourut en 1818. Son fils vécut retiré, tantôt à Saint-Leu, tantôt à Chantilly, se livrant à l'unique occupation de la chasse; le voisinage de plusieurs forêts, de Pontarmé, de Hallatte, de Compiègne, offrait un vaste champ aux courses des chasseurs. Le duc de Bourbon fit déblayer les alentours du château d'un immense amas de décombres, puis assainir et nettoyer les canaux remplis de vase et couverts de roseaux; il racheta et restaura le hameau et quelques parterres; enfin il éleva une petite construction de style gothique dans le beau site des étangs de Commelle (V. p. 281).

Quelques jours après la révolution de 1830, le prince de Condé périssait d'une manière lamentable (V. Saint-Leu, p. 242), le dernier de sa race, puisque son fils unique, le duc d'Enghien, avait été mis à mort sous l'Empire dans les fossés du château de Vincennes. Par son testament il nommait le duc d'Aumale son légataire universel, et il laissait à Mme Sophie Dawes, baronne de Feuchères, une somme de deux millions et plusieurs châteaux, forêts et domaines.

Vers 1840, le duc d'Aumale entreprit de rétablir l'ancienne splendeur de Chantilly, il commença des travaux dispendieux et ne put les achever: un décret du 22 janvier 1852, rendu par le prince Louis-Napoléon contre la famille d'Orléans, interrompit cette œuvre de résurrection. Le domaine de Chantilly dut être vendu: les banquiers anglais Coutts et Cie le payèrent 11 millions. Il ne fut rendu à ses possesseurs légitimes que par un décret de l'Assemblée nationale, en 1872.

L'église. — Le château.

L'*église* de Chantilly, contiguë aux écuries, fut construite en 1692, dans le style des églises de Versailles, qui furent élevées vers la même époque. L'intérieur présente un bel appareil de pierres; la décoration est formée de pilastres corinthiens. A g. est une peinture monumentale exécutée par MM. Benouville et Lenepveu (1841). A dr., un monument funéraire contient les cœurs des princes de Condé, qui étaient, avant la Révolution, conservés dans l'église Saint-Paul à Paris. Le cœur du dernier des Condé, mort à Sydney en Australie, a été récemment placé à côté de ceux de ses ancêtres. Les vitraux du chœur représentent l'*Histoire de la Vierge;* une autre verrière attire aussi l'attention, dans le collatéral g., près des fonts baptismaux.

Avant d'aller au château, on visite habituellement les **écuries**, dont les bâtiments et l'entrée sont situés à l'extrémité et à dr. de la Grande-Rue. On y pénètre d'ordinaire par la rotonde centrale, ornée à l'intérieur de sculptures représentant des trophées de chasse, de grande dimension. Au-dessus d'une fontaine se lit cette inscription: « Louis-Henri de Bourbon, prince de Condé, fit construire cette écurie et les bâtiments qui en dépendent, commencés en 1701 et finis en 1784. »

« On a dit du duc de Bourbon, qui a bâti ces superbes écuries, édifice supérieur au château qu'il habitait, que sûrement ce prince croyait à la métempsycose. C'est un brutal bon mot. » (MERCIER.) Leur façade regarde la pelouse qui s'étend devant le château; la partie centrale présente un dôme massif; les ailes, qui peuvent loger 176 chevaux, se terminent chacune par un pavillon. A l'une des extrémités est le manège découvert, de forme ronde, entouré de grandes arcades et orné, comme les écuries, de trophées et d'attributs de chasse. Au-dessus de l'entablement règne une balustrade d'où l'on a de beaux points de vue sur le château, le parc et la forêt.

La *Pelouse* est une vaste esplanade de gazon, dont le sous-sol a fourni les pierres employées pour la construction des écuries et pourrait encore être exploité. Les courses ont lieu sur la partie de cette pelouse qui s'étend devant le petit château (V. p. 280). Dans l'autre partie et derrière les maisons de la Grande-Rue, sont les deux *réservoirs*, qui alimentent le bourg et le château.

Au sortir des écuries, si l'on veut aller au château, on traverse la Pelouse en se dirigeant à g. Près du chemin est un beau massif de six vieux tilleuls. En face du Châtelet s'ouvre une grande avenue, à l'entrée de laquelle sont deux lions de pierre, et qui, labourée, hersée plusieurs fois par an, sert pour l'entraînement des chevaux de course. Cette avenue traverse la forêt en ligne droite dans la direction de Coye (*V.* p. 285). Elle fut percée par Anne de Montmorency; aussi l'a-t-on nommée la *Route du Connétable.* A dr. et à g. de cette entrée, s'étendent des bassins remplis d'eau et peuplés de vieilles carpes, moins vénérables cependant que les célèbres carpes de Fontainebleau. Le bassin de g. entoure les deux châteaux.

Le *Châtelet,* ou *petit château,* bâti au XVI° s., est composé d'un rez-de-chaussée et d'un seul étage; il ne doit pas être confondu avec le *pavillon d'Enghien,* construit un peu plus à l'E. par l'avant-dernier prince de Condé pour le logement des hôtes et des officiers de service, et dont les bâtiments, plus considérables, présentent trente-six fenêtres de face sur quatre de côté.

Le **château** proprement dit, que le duc d'Aumale fait reconstruire sur ses anciennes fondations, mais avec les changements que réclament les habitudes modernes, renfermera, lorsqu'il sera terminé, la magnifique bibliothèque du prince, sa collection de tableaux et d'objets d'art [1]. Les plans des nouvelles constructions, dont la silhouette rappellera seule le vieux manoir dessiné par Du Cerceau, ont été faits par M. Daumet.

La statue équestre du connétable sera rétablie sur la place qui domine les fontaines célébrées par Bossuet. En face de ces fontaines se dresseront les statues du grand Condé, de la Bruyère, de Bossuet, de Le Nôtre et de Molière.

Entre le château de Chantilly et le château d'Enghien, une rampe douce, faisant face à la grille d'entrée, conduit au *parc* ouvert au public les jeudis et dimanches, de midi à 4 h. Parvenu sur la terrasse, on en redescend dans les *jardins* par un escalier monumental. En face, une branche du canal de la Nonette s'avance au milieu du parterre, et, plus loin, à côté du v. de *Vineuil* (692 hab.), on aperçoit une pelouse et une grande avenue qui mène, à travers bois, aux sables d'*Apremont.* A gauche s'étend le *jardin anglais,* avec un petit temple où s'abrite une statue de Vénus Callipyge; à dr. sont le *hameau* et le *parc de Sylvie.* Ce parc (entre le hameau et la forêt) fut formé par Henri-Jules, fils du grand Condé; le hameau, par Louis-Joseph, vers 1780. Le nom de Sylvie est celui sous lequel avait été célébrée, dans des vers de Théophile de Viau, la duchesse de Montmorency, Marie-Félix des Ursins. Théophile, condamné au feu (août 1623) à cause des écrits licencieux qui lui étaient attribués, trouva au château de Chantilly un asile de quelques semaines; voulant remercier le maréchal-duc, qui l'avait sauvé des premières recherches, il composa, sous le titre

---

1. Parmi les tableaux de la galerie de M. le duc d'Aumale à Chantilly, nous devons signaler particulièrement : la Vierge de la maison d'Orléans, par *Raphaël;* — le Songe de Vénus, par *Annibal Carrache;* — *Poussin.* Le Massacre des Innocents; Thésée retrouvant les armes de son père; — *Decamps.* Corps de garde turc, Souvenirs d'Orient, etc., etc.; — *P. Delaroche.* Assassinat du duc de Guise; — *Ingres.* Stratonice; Françoise de Rimini. — La collection artistique renferme des émaux, des antiques, des manuscrits précieux, des verrières représentant la fable de Psyché, d'après les cartons de Raphaël, etc.— La bibliothèque se compose : 1° des archives de la maison de Condé; 2° de la célèbre bibliothèque de M. Cigongne; 3° d'ouvrages achetés par le prince lui-même depuis vingt ans. Parmi les livres les plus rares y figurent les chansons de Laborde avec les dessins originaux de Moreau le jeune, etc., et les heures manuscrites du duc de Berry dans les miniatures desquelles on trouve reproduits tous les anciens châteaux royaux.

Champ de courses de Chantilly.

de *Maison de Sylvie*, dix odes pour la dame du lieu. A côté de sentiments vrais, le poëte, selon son usage, a mis de plaisantes extravagances, comme celle-ci :

> Je penchais mes yeux sur le bord
> D'un lit où la naïade dort :
> Et regardant pêcher Sylvie,
> Je voyais battre les poissons
> A qui plus tôt perdrait la vie
> En l'honneur de ses hameçons.

Le *hameau*, complétement restauré (il était presque tombé en ruines sous le second Empire), est formé de quelques maisonnettes d'un extérieur rustique, dans le goût du Petit-Trianon. Pour y arriver, on longe à droite le petit *canal des Truites*, sur la lisière du bois de Sylvie. On suit à gauche le *canal des Morfondus*, qui enferme le hameau et que l'on traverse sur un pont fermé par une grille. Le gardien particulier du hameau conduit alors les visiteurs et leur en montre les curiosités : salle à manger, salon, billard, etc. En somme, le principal intérêt consiste à juger, sur échantillon, du goût que la mode avait introduit, un peu avant 1789, dans les décorations d'agrément d'un riche domaine. Le parc de Sylvie est fermé ; il sert de réserve pour le gibier.

La tête du canal est marquée par une *cascade* artificielle que forme l'eau de la Nonette ; le canal a une longueur de 3,000 mèt. sur une largeur de près de 80 mèt.

Les courses.

Dès l'année 1832, le duc d'Orléans avait accepté le patronage des courses que la Société d'encouragement se proposait d'établir à Chantilly. En 1834, l'hippodrome fut dessiné et les courses s'organisèrent. Il y a maintenant trois réunions de courses à Chantilly : la première, au printemps, commence dans la seconde semaine du mois de mai ; les deux dernières ont lieu en automne, l'une vers la fin du mois de septembre, le dimanche qui précède les courses de Paris ; l'autre en octobre, le dimanche qui suit ces mêmes courses. En mai, le premier jour, qui est un dimanche, et le second jour, qui est un jeudi, sont consacrés aux courses ordinaires. Le dimanche suivant, on dispute le grand prix du Jockey-Club. C'est, avec le grand prix de Paris, la course la plus importante de l'année.

L'*hippodrome*, qui a 2,000 mèt. de circuit, est de forme ellipsoïde. Il occupe environ la moitié de l'étendue de la Pelouse ; d'un côté il est encadré par les épais rideaux de la forêt, à laquelle il est adossé, et de l'autre par une rangée de maisons dont les fenêtres le regardent ; au levant se trouvent les écuries historiques et la demeure des Condés. Les constructions destinées au public sont d'une architecture élégante, légère et coquette. Le terrain, presque plat, permet aux spectateurs de bien suivre les courses du regard ; le sol, peu végétal, formé de tuf à peine recouvert d'une couche légère de terre et de gazon, offre aux chevaux l'avantage d'une consistance solide que n'altère presque pas une pluie ordinaire, tant est rapide l'absorption des eaux.

L'intérieur de l'hippodrome s'ouvre aux voitures de toutes sortes pour 10 fr., et aux cavaliers pour 5 fr. Le prix d'entrée du pesage est de 20 fr., comme à Paris ; celui des pavillons et des tribunes est de 5 fr. ; les piétons payent 1 fr. le droit d'entrer sur la pelouse.

Chantilly intéresse à d'autres titres les amateurs du sport. Plusieurs des meilleurs éleveurs de chevaux pur sang en France y ont en effet leurs établissements. Les principales écuries sont celles de MM. de Berteux, A. Schickler, H. Delamarre, et celles d'entraîneurs publics : F. Kent, Gibson, Casidy, Page, Stripp, etc. L'écurie de M. de Beauregard, dirigée par Ch. Prat, et celle de M. Staub (haras de Lonray), sont à la Morlaye (p. 274). Presque tous les jockeys

Hallali aux étangs de Commelle.

qui montent dans les courses françaises ont leur résidence à Chantilly : ce sont Carver, Mills, Keslop, Lavis, Handley, Flint, Edwards, etc.

C'est donc à Chantilly qu'il faut aller si l'on veut prendre une idée complète des détails pratiques et de la science de l'entraînement dans son état actuel. L'allée des Lions ou du Connétable est, comme nous l'avons dit (*V.* p. 280), le terrain où se font ces exercices préparatoires.

Un équipage appartenant à M. le duc d'Aumale chasse le cerf, pendant la saison, dans la forêt de Chantilly.

Forêt. — Promenades.

La *forêt de Chantilly*, d'une contenance de 2,449 hectares, se relie, au sud, avec le bois d'Hérivaux, et, à l'est, avec la *forêt de Pontarmé* ou *de Senlis*, qui comprend 1,185 hectares. Ces forêts s'étendent sur un sol sablonneux mêlé d'argile : de longues routes régulières et des allées ou *layons* les traversent en divers sens. Sous le duc de Bourbon, elles contenaient une grande quantité d'animaux ; mais le nombre en est bien réduit aujourd'hui. Le rendez-vous de chasse était le plus souvent un rond-point, sur la belle route pavée entre le château de Chantilly et Montgrésin, désigné sous le nom de *Table-Ronde*, à cause d'une table en pierre d'un seul morceau de 2 mèt. 70 cent., qui y est dressée. On aperçoit de là dans le lointain, au bout de la route, le bâtiment du manége à l'angle des écuries (4 kil.). Le jour de la Saint-Hubert, au mois de novembre, on y dressait un pavillon, et c'est là qu'en présence du prince et de la foule on dépeçait le cerf, qu'on avait eu le soin d'amener et de prendre aux étangs de Commelle. Douze routes partent de ce carrefour ; deux conduisent aux étangs de Commelle (1 et 2 kil.).

Les *étangs de Commelle* et le *château de la Reine-Blanche* (5 à 6 kil.) sont dans la forêt de Chantilly le but de promenade des étrangers, qui, le plus souvent, s'y rendent en voiture. La *route du Connétable,* située vis-à-vis du château et à l'entrée de laquelle sont deux lions en pierre, y conduit assez directement. Mais elle est fatigante à suivre à pied, parce qu'elle est labourée et hersée plusieurs fois par an, afin d'y exercer les chevaux de course. Si l'on suit cette route, il faut aller jusqu'à l'écriteau du *carrefour du Petit-Couvert,* placé sous un gros chêne trapu à dr., et prendre à g. la troisième allée ou *layon* aboutissant à ce carrefour ; elle mène en quelques minutes aux anciens étangs de *la Troublerie,* aujourd'hui tout couverts de végétation ; on descend dans la petite vallée dont ils occupent le fond et qui est barrée par le beau viaduc du chemin de fer. Après l'avoir traversée pour prendre en face une allée ombragée qu'on suit à g., on ne tarde pas à arriver au château de la Reine-Blanche, qu'on aperçoit de loin parmi les arbres. — *N. B.* La voie la plus courte est la route qui longe le chemin de fer (4 kil. ou 45 min. à pied).

Les **étangs de Commelle**, au nombre de quatre, sont séparés par des chaussées qui laissent écouler l'eau de l'un à l'autre. La petite rivière de la Thève, qui prend sa source près de Mortefontaine et va se jeter dans l'Oise près de Royaumont, les alimente. Le brochet, dont l'espèce est indestructible, y consomme une quantité de poissons considérable. La vallée retirée où sont les étangs de Commelle offre un aspect pittoresque. Au pied des coteaux qui bordent les étangs, la végétation est très-puissante. On peut y admirer de très-beaux hêtres aux racines d'un prodigieux développement.

Le **château de la Loge** ou de la **Reine-Blanche** est un petit édifice flanqué de tourelles, construit en 1826 par le duc de Bourbon, dans le style ogival, sur une construction plus ancienne et un moulin, qu'il avait achetés d'Andryane. Selon d'anciennes traditions, la reine Blanche, mère de saint Louis, avait en ce lieu, en 1227, un petit château qui probablement se rattachait à l'abbaye de Royaumont, bâtie par saint Louis à la même époque. Il venait souvent passer un mois entier avec sa mère chez les religieux. Ce petit manoir, réparé en 1333, fut ensuite négligé pendant plusieurs siècles. Un moulin s'établit plus tard sur ses ruines. Le château de la Loge vient d'être complétement restauré. Il sert de rendez-vous de chasse.

Les étangs de Commelle, situés sur la limite de la forêt de Chantilly, la séparent des *bois de Coye* et *d'Orry*, qui se rattachent eux-mêmes au *bois d'Hérivaux*. A l'extrémité E.

Étangs de Commelle et château de la Reine-Blanche.

des étangs[1], tout près d'une maison de garde, reste du prieuré de Commelle, s'élève une pyramide de 12 mèt. de hauteur, qui fut bâtie au XIIIe siècle pour servir de *lanterne des morts*. Pour retourner à Chantilly, il est plus agréable de longer les étangs sur la rive g. c'est-à-dire à la dr. des promeneurs. Parvenu (15 à 20 min.) à la troisième chaussée, on repassera sur l'autre rive, et, suivant en face de soi une allée directe, on arrivera, en 10 ou 15 min., au *carrefour de la Table*, dont il est parlé plus haut (p. 284), et de là, par une belle route, à travers la forêt (de Chantilly à Montgrésin), on regagnera (45 à 50 min.) la pelouse du château. Avant d'arriver à la pelouse, on longe à dr. le parc de Sylvie. Vis-à-vis d'une de ses grilles s'ouvre la *route de Sylvie*, qui con-

1. Des étangs de Commelle on peut gagner en 20 min. la station d'Orry-la-Ville (*V.* p. 273).

duit dans la forêt au carrefour du même nom. Un autre poteau indique la *route de la Fille-Morte*, allant au carrefour du Connétable. Selon la tradition, un prince de Condé chassant y trouva un jour une fille adossée contre un arbre avec un fagot qu'elle venait de faire dans la forêt, et qui était encore debout, quoiqu'elle eût été frappée à mort par la foudre. Au débouché de la grand'route, sur la pelouse, on remarque à dr. un hêtre magnifique, dont les branches sont curieusement soudées.

Le village de **Gouvieux**, 1,913 hab., dont la station de Chantilly porte aussi le nom, en est éloigné de 3 kil. (à l'O.). Il renferme plusieurs usines. De nombreuses antiquités (armes, vases, médailles, cercueils de pierre, etc.) ont été découvertes dans le voisinage, sur l'emplacement d'un ancien *camp romain*.

Au-delà de Chantilly, le chemin de fer traverse la vallée de la Nonette sur un point nommé le *Parc-Charlot*, puis laisse à dr. l'embranchement de Senlis (*V.* ci-dessous, Section XVII). Là, de même que dans la Thève, il a fallu établir un **viaduc** sur un sol mouvant. 2,200 pilotis, en chêne, hauts de 10 mèt., ont été enfoncés dans la tourbe, pour soutenir 36 arches, évidées intérieurement, et mesurant 440 mèt. de longueur sur 21 mèt. de hauteur. Plus loin, les ingénieurs ont dû creuser dans le roc une tranchée d'au moins 4 kil., d'où ont été extraits plus de 500,000 mèt. cubes de pierre de taille, qui ont servi, sur la ligne même du Nord, à construire des viaducs, des ponts, des gares, et notamment le nouvel embarcadère à Paris. Le territoire que coupe cette tranchée est celui des célèbres *carrières de Saint-Maximin*, d'où furent tirés au moyen âge les matériaux de beaucoup de monuments de Paris, entre autres ceux de l'hôtel de ville. En certains endroits le chemin de fer, resserré entre deux parois à pic de 30 ou 40 mèt. d'élévation, franchit sur des ponts les galeries souterraines des anciennes carrières.

A 5 kil. de Chantilly, la voie franchit l'Oise après avoir laissé sur la dr. le village de *Saint-Maximin*, 1,130 hab., et, à g., le ham. de *Trossy*.

Le *pont* jeté sur l'Oise, et par lequel la nouvelle ligne de Paris à Creil va rejoindre l'ancienne, est formé de 3 arches de 30 mèt. d'ouverture et d'un très-bel aspect. En le traversant, on aperçoit en aval l'église pittoresque de Saint-Leu-d'Esserent (*V.* Section XI). La construction de ce pont, qui fait le plus grand honneur à M. Mansion, a présenté d'immenses difficultés.

La nouvelle ligne rejoint l'ancienne sur la rive dr. de l'Oise, à 3 kil. environ en deçà de Creil; les deux lignes conservent néanmoins leurs voies distinctes, afin de ne pas compliquer le service. Elles franchissent le Thérain près de son confluent avec l'Oise.

A dr. se montre, au-delà de l'Oise, le hameau des *Hayes*, derrière lequel apparaissent les premiers massifs de la *forêt de Hallatte*, qui confine vers le N. à la forêt de Compiègne. Sur la g., dans la vallée du Thérain, on découvre le village de *Tiverny*, 282 hab. (*église* dont le portail est roman et le chœur du XVIe s.). Plus loin, du même côté, les importantes usines et le gros bourg de **Montataire**, 4,604 hab., attirent aussi l'attention. Ces usines, exploitées par une Société dont le siège est établi à Paris, rue Béranger, 21, comprennent des forges, des fonderies et des laminoirs pour fers, tôles, fer-blanc, cuivre, zinc; des scieries hydrauliques pour bois de placage, etc. Au moyen âge, Montataire était ceint de murailles; le **château**, flanqué de tourelles, a été rebâti au commencement du xvᵉ s. Il appartient à M. le baron de Condé, qui l'a fait restaurer très-habilement. De la terrasse on a une vue magnifique et fort étendue sur la vallée de l'Oise, celle du Thérain et les diverses lignes de chemin de fer qui aboutissent à Creil. Suivant la tradition locale, César, en entrant dans le Beauvaisis, se serait arrêté à Montataire pour admirer la vue que l'on découvre de cet endroit et qui est, en effet, extrêmement belle. Pierre l'Ermite aurait commencé à prêcher la première croisade dans l'église de Montataire. Cette *église* (mon. hist.) appartient à trois époques : le portail de la façade et le portail latéral de dr. sont romans ; dans la nef, des chapiteaux historiés remontent au xiiᵉ s., ainsi qu'une cheminée qui servait à faire chauffer l'eau

Creil.

du baptême, lorsque ce sacrement était administré par immersion. Le chœur et le clocher datent du xiiiᵉ s., ce dernier est couronné de quatre échauguettes, restes d'un ancien système de défense. Au xviᵉ s., Odet de Châtillon, évêque de Beauvais, célébra son mariage dans cette église, peu après avoir jeté bas sa mitre pour adopter les doctrines de la Réforme.

En arrivant à la gare couverte de Creil, on rejoint le chemin de fer de Beauvais.

9ᵉ STATION. — CREIL.

10 kil. de Chantilly, 51 kil. de Paris. 33 kil. de Compiègne.

Creil*, ch.-l. de c. de 4,998 hab., situé sur la rive g. de l'Oise, communique avec la rive dr. par un pont dont le milieu repose sur une île. Cette petite ville est le point de raccordement de cinq lignes de chemin de fer, venant : deux de Paris ; une de l'Allemagne par Saint-Quentin et Compiègne ; la quatrième de la Belgique, par Douai et Valenciennes ou par Lille et Roubaix, et de l'Angleterre par Amiens et Boulogne, ou par Arras et Calais; la cinquième, enfin, de Beauvais.

Creil, qui fait un commerce considérable de grains, de farines et de bestiaux, possède en outre des carrières exploitées et un certain nombre d'établissements industriels, entre autres une *manufacture de faïence*, façon anglaise, dont les produits annuels sont évalués à plus d'un million.

Au temps où Dagobert Ier y possédait, assure-t-on, un château royal, Creil s'appelait *Credulium*, et ce nom se trouve encore dans les chroniques du IXe s. Creil fut à cette époque prise et dévastée par les Normands. En 1358, cette ville est occupée par le roi de Navarre; en 1435, après six semaines de siège, par les Anglais, dont elle devient la place d'armes, et qui en sont chassés par Charles VII, en 1441. En 1567, les calvinistes y pillent les églises.

La seigneurie de Creil, distraite du domaine royal par saint Louis, au profit de son fils Robert, dont la fille l'apporta en dot à Jean de Luxembourg, roi de Bohême, fit retour à la couronne sous Charles V, et désormais n'en fut plus séparée.

L'*île* renferme quelques débris d'un *château* commencé en 1370 par Charles V, et achevé seulement à la fin du XVe s. ou même plus tard. Un pont que protégeait un fortin y donnait accès; l'édifice, flanqué de nombreuses tours, offrait en avant-corps des pavillons d'habitation. Charles VI, pendant sa longue maladie, fut habituellement gardé dans ce château, abandonné dans la suite, et démoli un peu avant 1789. L'île présente encore vers l'E. un édifice mutilé, presque croulant, l'ancienne **église canoniale de Saint-Évremond** (mon. hist.), type très-pur du style ogival rudimentaire; elle sert aujourd'hui de magasin à la manufacture de faïence; mais on obtient facilement la permission d'en visiter l'intérieur. Près de là, derrière la *mairie*, subsistent les débris d'une tour ronde à créneaux.

L'*église paroissiale* se fait remarquer de loin par sa tour carrée, dont la flèche en pierre date de 1551. Près de l'entrée, à dr., on aperçoit les vestiges d'une cheminée qui, comme celle de l'église de Montataire (V. ci-dessus, p. 287), servait autrefois à faire chauffer l'eau nécessaire au baptême par immersion. La plus grande partie de l'édifice offre le style des XIIe, XIIIe et XVe s. L'intérieur est d'une bizarre irrégularité.

Presque au sortir de la gare de Creil, et après avoir croisé la route de terre de Paris à Amiens, le chemin de fer se bifurque. Le bras de g. remonte, jusqu'au-delà de Clermont, la vallée de la Brèche, petit cours d'eau qui coule à dr. de la voie dans des prairies ombragées d'arbres. Le bras de dr. est celui que nous suivons. A g., près de l'embranchement, se montre **Nogent-les-Vierges** (1,407 hab.), où Clovis campa, dit-on, et où les rois de la première race avaient, suivant Lebeuf, un palais dans lequel Thierry III fut surpris en 673 par Ébroïn, révolté contre lui. On remarque à Nogent-les-Vierges, sur la route de Creil, l'ancienne *maison de campagne* de M. Houbigant, dont la façade principale est formée d'importants débris (arcades, médaillons sculptés, etc) du château de Sarcus, bâti au XVIe s. dans le village du même nom (arrondissement de Beauvais, canton de Grandvilliers) et démoli en 1834. M. Houbigant, mort il y a quelques années, a légué à la *Société Académique de l'Oise* une riche collection d'antiquités celtiques, romaines et du moyen âge, trouvées dans le départ. de l'Oise. Une grotte sépulcrale, contenant près de 200 squelettes, a été découverte, en 1816, à 600 mèt. de Nogent, au lieu dit *le Retiro*, et M. Houbigant a reconnu dans un marais voisin du village une voie romaine

NOGENT-LES-VIERGES.

appelée *la Chaussée*, et se dirigeant de Beauvais à Saint-Gobain.

L'église de Nogent (mon. hist.) est située à 1 kil. du village, dans le hameau de *Royaumont*, à dr. du chemin de fer d'Amiens, à g. de celui de Compiègne. Précédée d'un porche ogival, elle est surmontée d'une tour romane, à trois étages, dont les colonnes sont sculptées ou plutôt gravées sur toute leur hauteur. La nef, également romane, renferme des bas-reliefs du XVe et du XVIIe s.; le chœur, reconstruit par saint Louis, est éclairé par sept fenêtres, dont cinq sont garnies de vitraux modernes, exécutés par M. Lévêque, de Beauvais, sur les dessins de M. A. Lavigne. Au-dessus du maître-autel, sur l'appui de la fenêtre centrale,

Ruines de l'abbaye de Saint-Évremont, à Creil.

deux châsses dorées contiennent les reliques des saintes Maure et Brigide, filles jumelles d'Ella, roi d'Écosse et de Northumberland, qui, voyageant en pèlerines avec leur frère Hypadius, furent assassinées, vers la fin du Ve s., à Balagny-sur-Thérain, village situé à 6 kil. à l'O. de Nogent, près du chemin de fer de Creil à Beauvais. Ces deux saintes furent ensevelies d'abord dans le cimetière de Nogent, puis dans une crypte fort ancienne, qui s'étend sous la sacristie de l'église. Leurs reliques, qui donnèrent lieu à un pèlerinage très-fréquenté pendant tout le moyen âge, sont encore portées processionnellement, chaque année, jusqu'à Creil, le jour de l'Ascension, en mémoire d'une donation de terre faite aux trois communes de Nogent, de Creil et de Montataire, par la reine Béatrix de Bourbon. Une chapelle de g. renferme le *tombeau* en marbre noir (statue en marbre blanc) *de messire Jehan Bardeau*, seigneur de Nogent (1632), par le célèbre sculpteur Michel Bourdin. A côté s'ouvre la *chapelle funéraire* du maréchal Gérard, ornée d'un petit vitrail. — Au lieu dit *la Croix des Vierges*, une colonne du xive s., dont les sculptures sont en partie effacées, marque l'endroit où s'arrêtèrent spontanément les bœufs qui traînaient le char de la reine Bathilde, attirée en 645 à Nogent, par le bruit des miracles des vierges écossaises. Devant la colonne est un autel massif orné d'écussons gravés. Les armoiries en sont aujourd'hui indéchiffrables.

L'église de **Villers-Saint-Paul** (mon. hist.) est à 1,650 mèt. de l'église de Nogent et à 2,650 mèt. de la route d'Amiens. Pour y aller, il faut traverser la Brèche et passer devant le château, qui a compté parmi ses possesseurs M. de Sartines, le joaillier de la couronne, Aubert, Randon de la Tour, qui le fit reconstruire, Saint-Just, l'auteur du *Calife de Bagdad*, le vicomte de Ségur, et enfin le maréchal Gérard, qui y est mort en 1855; il appartient aujourd'hui à la famille du maréchal. L'église, située à plus de 500 mèt. de ce château, renferme le tombeau de Gérard. La nef et les bas-côtés de cette église sont romans; mais sur leurs épaisses colonnes, ornées de curieux chapiteaux, viennent s'appuyer des ogives. Des sculptures variées, mais malheureusement mutilées, décorent le joli porche de la façade; le chœur, ou plutôt une seconde église, bâtie contre la première, est du style ogival. La tour, également ogivale, est flanquée de quatre tourelles rondes que surmontent quatre clochetons.

On peut, de Villers-Saint-Paul (551 hab.), monter sur les hauteurs qui le dominent et d'où l'on découvre de beaux points de vue. Le chemin qui traverse le marais pour longer ensuite le chemin de fer de Compiègne est un peu plus court que la route. On peut le prendre pour revenir à Creil (3 kil. environ).

Dès que l'on a quitté la station de Creil, on laisse à g. le chemin de fer qui conduit, par Liancourt, Clermont, Breteuil et Amiens, à Boulogne, à Calais, à Dunkerque, à Lille et à Bruxelles, pour longer au N.-E. la rive dr. de l'Oise, dont on continue à remonter la vallée. On aperçoit à g., entre les clochers de Nogent-les-Vierges et de Villers-Saint-Paul, le parc du château de Villers. On laisse ensuite du même côté le village de *Rieux* (210 hab.), qui possède une *église* des xiie et xiiie s., remaniée, puis celui de *Brenouille*, 186 hab., dont l'*église* date des mêmes époques. Sur la dr., au delà de l'Oise, apparaissent, à une certaine distance, de beaux coteaux boisés (la forêt de Hallatte).

10e STATION.—PONT-SAINTE-MAXENCE.

11 kil. de Creil, 62 kil. de la gare de Paris, 22 kil. de Compiègne.

Pont-Sainte-Maxence*, ch.-l. de c. de 2,349 hab., situé sur la rive g. de l'Oise, doit une partie de son nom au pont qui traverse cette rivière, et l'autre à une Irlandaise nommée Maxence, qui, selon la tradition, y souffrit le martyre vers la fin du iiie s. Son *pont* actuel (1774-1785), œuvre de l'architecte Perronnet, se compose de trois arches, ayant chacune 80 mèt. d'ouverture.

Pont-Sainte-Maxence est une ville fort ancienne, car Charles le Chauve la donna à l'abbaye de Saint-Denis. En 1194, Philippe-Auguste la réunit à la couronne. Les Anglais s'en emparèrent en 1359; elle fut prise en 1434 sur Guilbon de Ferrières, qui en était capitaine. Elle eut encore à souffrir pendant les guerres de la Ligue. Aujourd'hui c'est une ville industrielle (atelier de constructions mécaniques, grosse quincaillerie, sparterie, lisses mécaniques, fécule) et commerçante (grains, cuirs, tourbe, laine, vins). Il s'y tient de forts marchés tous les vendredis.

L'*église paroissiale*, du xve et surtout du xviie s., est belle, sans avoir rien de particulièrement remarquable. Quelques pierres tombales sont assez curieuses. — Suivant certains historiens, les ducs de Bourgogne ont eu à Pont un palais nommé l'Yraine; quels qu'aient été ses anciens possesseurs, l'édifice désigné sous ce nom est en ruine : il n'en reste qu'une façade à meneaux croisés accompagnés latéralement de colonnettes dans le style du xive s.; la porte est ogivale. — L'ancien *hôtel*

Église de Pont-Sainte-Maxence.

de ville ou *Maison du Roi*, du xve s., est au n° 40 de la *rue de Cavillé*. Les maisons n° 9 et n° 14 de cette rue sont, en outre, signalées comme étant de la même époque. Dans la *rue de la Ville*, une tour date du xve et du xvie s., et six maisons ont gardé l'aspect architectural qu'elles avaient au xvie s.

De Pont-Sainte-Maxence on peut se rendre à pied ou en voiture particulière à Verberie et de là à Villers-Cotterets par la vallée de l'Authonne. Ce trajet est surtout recommandé aux amateurs de belles rivières et aux archéologues; ces derniers y trouveront presque à chaque pas les souvenirs les plus cu-

En quittant la station de Pont-Sainte-Maxence, on laisse à dr., entre le chemin de fer et l'Oise, le village de *Sarron*, 403 hab., dont l'*église* est, en majeure partie, du xie ou du xiie s. Sur le territoire de Sarron se trouve le *château de Plessis* ou *Plessier-Longueau*, ou, depuis 1760, *Plessis-Villette*, habité longtemps par la marquise de Villette (Mlle de Varicourt), que Voltaire a immortalisée sous le nom de *belle et bonne*. Le cœur de Voltaire y était conservé dans le socle d'une statue de l'auteur de *Zaïre*; il a été offert à la Bibliothèque nationale et placé dans la base de la statue de Voltaire par Houdon, au milieu d'une salle renfermant toutes les éditions de Voltaire.

S'éloignant de l'Oise pour remonter plus à l'O., on passe près de *Chevrières*, 839 hab. (dans l'église, vitraux de 1545), et de *Longueil-Sainte-Marie*, 928 h., situés sur la g. Le second de ces villages a conservé quelques restes d'un donjon démantelé par Charles VII, en 1431. Sous la montagne existe une crypte voûtée en plein cintre, du xe s.; elle a été bouchée en 1690. Les souterrains de cette espèce servaient, d'après l'opinion la plus commune, de refuge en cas d'invasion ennemie. Il s'en trouve plusieurs dans le département de l'Oise.

IIe STATION. — VERBERIE.

72 kil. de Paris. 10 kil. de Pont-Sainte-Maxence. — Le bourg est à 4 kil. de sa station, 3 kil. de Rhuis, 1 kil. de Saint-Vaast-de-Longmont.

Verberie est éloigné de 4 kil. de sa station (omnibus); la route qui l'y relie n'offre aucun intérêt, et les touristes aiment mieux se rendre à pied dans cette ville en partant de Pont-Sainte-Maxence (*V.* ci-dessous, p. 319).

Pour se rendre de la station à Verberie il faut traverser *le Bois d'Ajeux*, dépendance de Longueil. En 1740, des débris de mosaïque et d'objets précieux y ont été découverts sur l'emplacement d'une villa carlovingienne. Ce hameau possédait anciennement un château et une église. La *ferme de l'Abbaye* de Saint-Corneille, de Compiègne, occupa ensuite l'emplacement de la forteresse, dont on voit encore quelques murailles, des fossés, des sculptures et les assises d'une tour.

Verberie*, b. de 1,402 hab. (cant. de Pont-Sainte-Maxence), est situé sur la rive g. de l'Oise, à 500 mèt. en aval de l'embouchure de l'Authonne.

[Verberie était, sous la dynastie mérovingienne, une des douze agglomérations principales que l'on comptait dans le royaume de Soissons. Les rois francs y habitèrent fréquemment un palais, construit au milieu d'un vaste *prædium* du fisc. Ce palais des Clotaire et des Chilpéric, élevé entre l'église actuelle et le fief d'*Aramont,* hameau situé sur l'Oise, fut témoin des derniers moments de Charles Martel. Son fils Pépin y convoqua une assemblée générale de la nation, connue sous le nom de premier concile de Verberie, en l'an 752. Entièrement reconstruit par ordre de Charlemagne (808), le palais comprenait de nombreux bâtiments, parmi lesquels un immense corps de logis où se tinrent plusieurs conciles (853, 863, 869). Là encore, en 829, Pépin et Louis soulevèrent les comtes et les soldats francs contre leur père l'empereur Louis Ier (le Débonnaire). Charles le Chauve y signa, en 869, un traité avec le chef normand Bioern. En 856, il y avait célébré les noces de sa fille Judith avec Ethelwulf, roi d'Angleterre. Les jardins s'étendaient le long de l'Oise, parallèlement au palais, jusqu'au parc. Les Normands prirent et saccagèrent plusieurs fois ce domaine royal, dont, après leur éloignement, les diverses parties devinrent des fiefs héréditaires, le corps du logis restant seul sous la dépendance directe du roi. Le prince y plaçait un officier qui porta successivement les noms de comte, de juge, d'économe, de châtelain. Les principales attributions judiciaires de ce gardien du palais furent transférées par le roi Robert au châtelain de Béthisy-Saint-Pierre, un simple prévôt ou *vintre* (*vindictor*) demeurant dès lors à Verberie. Philippe le Bel, Philippe le Long, le roi Jean et son fils Charles V, vinrent parfois habiter ce manoir; ils y ont rendu plusieurs ordonnances.

En 1309, Verberie se composait de quatre quartiers : le Château, la Ville, le Bourget et le Bourg. Les églises Saint-Vaast, Saint-Germain (qui n'existent plus) et Saint-Pierre, paroisse actuelle, ne suffisant pas sans doute pour le culte, Pierre Coquerel, de Verberie, secrétaire de Philippe de Valois, fonda au Haut-Court une chapelle sous l'invocation de Notre-Dame. Près de cette chapelle on voit un reste de la maison de ce chevalier.

Une partie de la ville et du palais fut incendiée au XIVe s. par les Anglais et les Navarrais. Charles V fit réparer le palais en y ajoutant quelques constructions. En 1414, Charles VI y séjourna près d'un mois. En 1429, le comte de Huntingdon, malgré la résistance d'une troupe de paysans et de bourgeois retranchés dans le cimetière, sous la conduite de Jean de Dours, habitant de Verberie, s'empara de la ville, reprise bientôt

Verberie.

après par le maréchal de Boussac : elle se trouva désignée dans le nombre des forteresses dont Charles VII prescrivit l'entière démolition en 1431. Sous François Ier, elle fut entourée de nouvelles murailles. Au commencement du XVIIIe s., cinq portes donnaient accès dans son enceinte. En 1815, les armées prussienne et anglaise y commirent de grands dégâts. Actuellement tous ces désastres sont réparés; Verberie prospère par son industrie. On y remarque, outre son port sur l'Oise, une fabrique de brosses, une tuilerie, une briqueterie, une scierie mécanique, une fabrique de sirop de glucose, des moulins à blé et à huile.

Parmi nos vieux dictons, il en est un : *les tombereaux* ou *sautriaux de Verberie*, qui fait allusion à l'usage où étaient les enfants de cette ville de se laisser rouler du haut de la montagne voisine pour amuser les passants. Depuis un temps immémorial, une troupe de sautriaux de Verberie étaient inscrits sur l'état des Menus plaisirs du roi.

L'*église* de Verberie (mon. hist.) se compose d'une nef du XVe au XVIe s., de deux croisillons, l'un du XVe s., à g., l'autre, plus grand, du XIIe s., à dr., et d'un chœur du

XIII° s. La jolie Vierge que supporte le trumeau du portail est du XV° s. Le buffet d'orgues offre le style de la première Renaissance. — L'*hôtel de France* occupe en partie la chapelle (1338) de *Notre-Dame-du-Mont*.

A la *ferme du château*, sur le port de Verberie, s'ouvre un souterrain qui paraît avoir eu la même destination que celui de Longueil-Sainte-Marie (*V*. ci-dessus, p. 292).

Aucun vestige ne s'est conservé du palais que Charlemagne avait élevé à Verberie ; aucun n'existe non plus de l'enceinte urbaine du XVI° s. Les matériaux des constructions royales ont servi en grande partie à bâtir les plus anciennes maisons de la ville. Dès le règne de François I°r, ils avaient été abandonnés aux habitants.

Sur la rive g. de l'Oise, près du pont suspendu, la maison dite *le Port-Salut* porte la date de 1654 : il y avait là, au XIII° s., une habitation donnée par la reine Blanche à un habitant de Verberie nommé Jourdain, en récompense d'un voyage à Jérusalem fait à pied avec cette condition : avancer de trois pas, reculer de deux.

A 1 kil. S. de Verberie, à *Saint-Vaast-de-Longmont*, 198 hab., on peut visiter une curieuse petite *église* (mon. hist.) du XII° s., dont le portail roman offre quatre rangs d'énormes pointes de diamant, et dont le clocher, avec colonnes sculptées sur toute leur hauteur, comme à Nogent-les-Vierges (*V*. ci-dessus, p. 289), a conservé sa flèche primitive. A 500 mèt. S.-E. de cette église, sur la montagne de *Longmont*, un arbre isolé, dit l'*Ormelet de Verberie*, indique encore l'endroit où se rendait la justice et où s'acquittaient les redevances féodales.

A peu de distance de la station de Verberie, on laisse à g., près de la voie, le v. de *Rivecourt*, 259 hab., dont l'é se fut la chapelle d'un prieuré ; le curieux portail de cette église est divisé en deux baies, entourées d'une profusion de pampres, d'animaux, de têtes, d'ornements de toute espèce. L'intérieur de l'édifice avait été peint à fresque au XVI° s.

Le chemin de fer se rapproche de l'Oise, qu'il longe jusqu'à Compiègne, en dépassant successivement : à g. *le Meux* (767 hab.) ; *Armancourt* (181 hab.), situé à la base et sur la pente d'un coteau boisé ; *Jaux* (817 hab.) ; enfin l'*enette* (925 hab.), dont on voit du chemin de fer la flèche du XV° s., haute de 40 mèt., dominant une *église* des XIII° et XVI° s. Durant ce trajet, l'Oise coule à dr., tantôt visible, tantôt masquée par des bouquets de bois.

12° STATION. — COMPIÈGNE.

84 kil. de Paris, 12 kil. de Verberie, 33 kil. de Creil, 2 kil. de Venette, 5 kil. de Choisy-au-Bac, 8 kil. de la Croix-Saint-Ouen, 12 kil. de Saint-Pierre, 13 kil. de Champlieu, 14 kil. de Pierrefonds, 14 kil. de Morienval.

Situation. — Aspect général.

Compiègne, ch.-l. d'arrond. du départ. de l'Oise, V. de 12,281 hab., est située sur la rive g. de l'Oise et reliée à la rive dr., où se trouve la gare, par un pont en pierre de trois arches, bâti sous Louis XV et surmonté de quatre obélisques. A l'issue de ce pont, on voit à g., le long de la rivière, la promenade du *Cours*, plantée de beaux arbres. A cet endroit, il y eut, jusqu'à la fin du XVII° s., une île séparée de Compiègne par un petit bras de rivière qui a été comblé. A l'extrémité du pont, on prend la grande *rue de Solférino*, percée en face, pour gagner à peu de distance la *place de l'Hôtel-de-Ville*. Au-delà se trouve, à g., l'église Saint-Jacques, et, aussi à g., un peu plus loin, la *place du Château*.

L'Oise baigne les murs de Compiègne sans entrer dans la ville, dont une partie occupe une éminence. Quelques rues anciennes sont tortueuses et mal bâties; mais les derniers percements ont donné une physionomie régulière à plusieurs quartiers. Compiègne présente généralement peu d'animation. Cependant la navigation de l'Oise et des canaux qui s'y rattachent met cette ville en rapport, d'un côté, avec Paris et la Seine; de l'autre, avec le N. et l'E. de la France. Il passe chaque année, sous le pont de l'Oise, plusieurs milliers de bateaux dont la charge en combustibles, produits agricoles, matériaux de construction, etc., s'élève à plus de 1,100,000 tonnes. Le chemin de fer et les *trains de plaisir* y amènent dans la belle saison un concours assez considérable de visiteurs. Outre ses souvenirs historiques et sa belle forêt, Compiègne leur offre quelques monuments dignes d'intérêt.

Compiègne et la tour de la Pucelle.

Histoire.

Compiègne (*Compendium*), où les Romains avaient établi un poste fortifié, était déjà, sous la première et la seconde race, une villa royale. Pépin le Bref y reçut en présent de l'empereur Constantin Copronyme le premier orgue qu'on ait vu en France.

Une assemblée de nobles et d'évêques, tenue à Compiègne en 833, déposa Louis le Débonnaire.

Charles le Chauve fit construire l'abbaye de Saint-Corneille, à laquelle il donna l'orgue envoyé à Pépin le Bref, et réparer un ancien château, auquel il assigna pour dépendance tout le territoire compris entre la porte de Pierrefonds et le confluent de l'Aisne et de l'Oise. Il édifia, en outre, sur les bords de l'Oise, près du faubourg Saint-Germain, un second château.

Charles le Simple releva (917) l'abbaye de Saint-Corneille, que les Normands avaient brûlée.

Louis le Bègue fut couronné à Compiègne en 877, et y mourut en 879. Louis V le Fainéant y finit aussi ses jours, en 987.

En 1153 Compiègne obtint une charte.

De nombreux conciles furent tenus à Compiègne, notamment en 1085, 1270, 1301, 1303, 1329.

Saint Louis donna (1260) aux Jacobins l'emplacement du château riverain de l'Oise et l'île voisine, réunie maintenant à la ville. Les religieux fondèrent, aux frais du roi, un hôtel-Dieu et une église. Saint Louis établit de plus à Compiègne un couvent de Cordeliers et bâtit sur l'Oise un pont de sept arches.

Pendant les troubles du xvᵉ s., Compiègne fut prise en 1413 par Jean Sans-Peur, reprise par les royalistes en 1414, perdue de nouveau et reconquise par eux. La place tomba ensuite au pouvoir des Anglais, mais se rendit bientôt après à Charles VII. En 1430, Jeanne d'Arc s'y enferma pour la défendre contre les troupes combinées d'Angleterre et de Bourgogne ; elle tenta une sortie le 24 mai, et fut repoussée ; victime de l'ineptie ou de la trahison du gouverneur de la ville, Guillaume de Flavy, qui fit refermer les portes devant elle, peut-être de son propre courage, elle tomba au pouvoir des assiégeants, à l'extrémité du pont de Saint-Louis, près de la place du Petit-Margny. Un archer picard, qui l'avait faite prisonnière, la vendit aussitôt à Jean de Luxembourg.

Louis XI, Charles VIII, Louis XII ont séjourné à Compiègne ; François Iᵉʳ, en 1526, y fit une promotion de chevaliers de Saint-Michel ; plus tard, il y reçut magnifiquement son rival Charles-Quint.

En 1624, un traité signé à Compiègne assura l'alliance de Louis XIII avec la république des Provinces-Unies. En 1631, Marie de Médicis, enfermée au château de Compiègne, trompa la surveillance de ses gardiens et s'enfuit, condamnée dès lors à cette existence vagabonde, qui devait finir, le 3 juillet 1642, dans un grenier de Cologne. En 1635, le grand chancelier de Suède, Oxenstiern, vint signer à Compiègne le traité qui décida l'intervention directe de la France dans la guerre de Trente ans.

Pendant les troubles de la Fronde, en mai et en juillet 1649, Anne d'Autriche tint sa cour à Compiègne ; elle reçut dans cette ville, en 1656, la reine de Suède, Christine, qui étonna tout le monde par son costume grotesque, sa désinvolture cavalière et son laugage de soldat impertinent (V. *Fontainebleau*, Section XXIII).

En 1698, Louis XIV ordonna la formation d'un camp sous Compiègne ; 60,000 hommes y furent rassemblés pour donner à Mᵐᵉ de Maintenon le spectacle des opérations d'une armée. Une page immortelle des *Mémoires* de Saint-Simon a consacré le souvenir de la galanterie du roi. En 1769, Mᵐᵉ du Barry se trouva de même l'héroïne d'une splendide fête donnée par Louis XV. Elle fut logée dans un petit château bâti pour Mᵐᵉ de Pompadour, à dr. de la route de Soissons, en sortant par la Porte-Chapelle.

En 1770, le roi reçut à Compiègne l'archiduchesse d'Autriche, Marie-Antoinette, fiancée au jeune Dauphin (Louis XVI). En mai 1808, le château, restauré, reçut le roi détrôné d'Espagne, Charles IV, Louise-Marie-Thérèse de Parme, sa femme, et leur favori, le prince de la Paix. Le 27 mars 1810, Napoléon amena au château de Compiègne Marie-Louise arrivant d'Allemagne, et qu'il venait de voir pour la première fois au village de Courcelles.

Le 30 juillet 1814, Louis XVIII et Alexandre de Russie se rencontrèrent à Compiègne, où étaient accourus de Paris les maréchaux, les députés du Corps législatif et une foule de fonctionnaires supérieurs. Charles X aimait à chasser dans la forêt de Compiègne. Le roi des Belges épousa, en 1832, au château de Compiègne, une des filles de Louis-Philippe, la princesse Louise. De 1852 à 1870, Compiègne fut le théâtre de nombreuses fêtes impériales. Enfin, en **1874**, diverses collections y ont été établies.

Édifices religieux.

L'église Saint-Antoine (mon. hist.) fut fondée à la fin du xiiᵉ s. Il ne subsiste de cette construction que quelques parties du transsept et trois ou quatre piliers vers la croisée ; tout le reste de l'édifice date du xvɪᵉ s. et a été conçu dans le style ogival. La longueur totale est de 64 mèt. ; la largeur, de 18 mèt. ; la hauteur des voûtes, à partir du sol, de 21 mèt. Le portail, du style flamboyant, est encadré par deux tourelles élégantes ; le chœur, en hémicycle, est flanqué de trois absides renfermant des chapelles. A g., en entrant, on voit un curieux baptistère du xɪᵉ et du xɪɪᵉ s., en pierre noire, qui provient de Saint-Corneille. Saint-Antoine, devenue pendant la Révolution un magasin à fourrages, fut très-endommagée ; on en regrette surtout les vitraux, qui ont été remplacés, dans une fenêtre,

COMPIÈGNE. — ÉDIFICES RELIGIEUX. 297

par une verrière tirée de l'église de Gilocourt.

Saint-Jacques (mon. hist.), commencée vers 1200 ou 1210, est, malgré sa date, d'un style froid et sec ; plusieurs parties de la nef, toutes les chapelles et la façade sont du xv° s. Le clocher (39 mèt.), commencé en 1461, est terminé par une coupole de la Renaissance. On remarque, à l'intérieur de l'église, un bénitier du xii° s. Les ornements, les dorures du chœur, les revêtements de marbre, ont été exécutés de 1766 à 1776. Cette église contient entre autres tableaux : une *Assomption*, par Brenet, 1774 ; un *Christ au tombeau*, d'après le Titien (musée du Louvre), copie faite, dit-on, par Philippe de Champaigne ; une répétition des *Pèlerins d'Emmaüs*, de Paul Véronèse (musée du Louvre) ; une composition allégorique à l'occasion d'une maladie de Louis XIV (école de Mignard).

Compiègne.

La *chapelle Saint-Nicolas* (rue de ce nom), attenant à l'Hôtel-Dieu, conserve un autel et un retable de la première moitié du xvii° s., en chêne sculpté, d'une exécution très-hardie et très-riche ; les figures ont beaucoup d'expression et les détails sont pleins de finesse. Les boiseries sculptées du chœur des religieuses sont également remarquables (xvii° s.)

L'*église Saint-Germain*, dans le faubourg de ce nom, fort petite et sans caractère, renferme un joli banc d'œuvre de 1587, ayant appartenu à l'église Saint-Jacques, et une Vierge en pierre du xiv° s., d'une belle exécution.

L'abbaye de Saint-Corneille, où Charles le Chauve avait établi cent canonicats, fut affiliée, au temps de Suger, à l'ordre de Saint Benoît. C'était alors un riche monastère, souvent menacé par la cupidité des seigneurs voisins, et qui, pour se défendre, acheta le secours d'autres seigneurs : les comtes de Champagne, ensuite ceux de Roucy furent ses avoués, c'est-à-dire ses hommes d'armes attitrés. De plus, l'abbé inféoda quelques possessions à huit barons. Outre leurs services armés, ces *huit fieffés de Saint-Corneille* devaient, à certains jours de cérémonie, se montrer au chœur avec des dalmatiques, qui étaient sur leurs épaules comme la livrée de l'église. La mense de l'abbaye fut réunie au Val-de-Grâce de Paris en 1656, et dès lors la communauté ne compta ordinairement que quinze religieux. Depuis la Révolution, l'église a fait place à la *rue Saint-Corneille;* il reste seulement, enclavée dans les bâtiments de la manutention militaire et des bureaux du génie, une grande partie du cloître qui avoisinait l'église, des colonnes accouplées du xive s., des souterrains, un puits fort curieux, — qui présentait à une profondeur de 10 mèt. une voûte sphérique de près de 4 mèt. de diamètre avec quatre niches formant des autels au N., au S., à l'E. et à l'O., — enfin, sur la *Place du Marché-aux-Herbes*, les restes d'une arcade ogivale et de contre-forts, de 1539. Voilà tout ce qui rappelle l'antique et opulente abbaye ; mais nous en possédons deux descriptions intéressantes, l'une dans le *Monasticon Gallicanum ordinis sancti Benedicti*, de dom Germain ; l'autre de Tavernier et Née (1792), dans le *Voyage pittoresque de la France*, par une société de gens de lettres.

L'ancienne *église* romane *des Minimes* a été restaurée pour servir de gymnase ; mais on distingue fort bien les parties anciennes. — L'*église des Jacobins*, construite en 1254 par saint Louis, avait été démolie en 1728 ; ses débris n'offraient rien de curieux ; mais, vers 1840, des ouvriers qui déblayaient le terrain exhumèrent deux magnifiques *statues tombales* en pierre de liais, de grandeur naturelle et d'une exécution remarquable. La première représente un gouverneur de Compiègne armé à la manière du xve s. ; il porte le hoqueton, le haubert ; ses mains sont jointes, et ses pieds s'appuient sur un lion. La seconde représente sa jeune femme coiffée du chaperon et vêtue de la cotte-hardie ; elle a aussi les mains jointes, et ses pieds reposent sur deux petits chiens qui se disputent un os. Ces sculptures, d'un fini admirable, sont conservées dans le jardin de M. de Bicquilley, à Compiègne. On peut voir aussi, dans l'escalier du palais, un *sarcophage* en marbre blanc, de l'époque mérovingienne, orné de têtes de génies funèbres, et qui provient, dit-on, de l'abbaye de Saint-Corneille.

L'établissement du *Temple*, ou du moins ce qui en reste, est employé aujourd'hui comme magasin (rue Vivenel) ; le donjon de la commanderie existait encore en 1734.

Les protestants anglais se sont fait bâtir, sur le boulevard des Avenues, une jolie *chapelle*, dans le style anglo-normand du xiiie s.

Édifices civils.

L'**hôtel de ville** (mon. hist.) a été construit de 1502 à 1510, restauré et augmenté d'une aile (à dr.), de 1868 à 1876. La façade, dont le dessin (p. 335) montre l'ordonnance, mesure 24 mèt. de longueur ; le beffroi a 47 mèt. 30 cent. de hauteur. Les niches abritaient autrefois les statues de la Vierge, de l'ange Gabriel, de saint Denis, de Charlemagne, de saint Louis, du cardinal Pierre d'Ailly, né à Compiègne en 1350, surnommé *l'aigle de France et le marteau des hérétiques*. Dans la grande arcade du premier étage, qui renfermait la Vierge et l'ange (l'*Annonciation*), a été placée, en 1869, la statue équestre de Louis XII, par Jacquemart. A côté de l'hôtel de ville, on aperçoit la porte (Renaissance), reconstruite, de l'*ancien arsenal*.

Quatre salles de l'hôtel de ville contiennent le **musée** formé par M. Vivenel, architecte, et donné à Compiègne le 20 mars 1843. Ces collections, ouvertes au public le dimanche et le jeudi, de deux à cinq heures,

COMPIÈGNE. — ÉDIFICES CIVILS.

et tous les jours aux étrangers, occupent une partie du rez-de-chaussée et du premier étage.

1° TABLEAUX : — 1-3. *Panini.* Un paysage; l'Arc de Constantin à Rome; la Vierge et l'Enfant Jésus. — 5. *Solimena.* Portrait d'homme. — 11. *Stella* (?). Saint en prière, peinture sur marbre. — 13. *Murillo.* Deux petits mendiants jouant aux boules. — 15. *Ph. de Champaigne*, Portrait de Descartes. — 16. *Th. Rombouts.* Une kermesse. — 20-23. *Michel Wollegemuth* (1435-1519). Quatre volets en bois où sont figurés le Portement de la croix, la Flagellation, le Christ montrant ses plaies et jugeant les âmes. Au revers de deux volets sont peintes la Circoncision et la Multiplication des pains. — 26. *Anastasi.* Un lavoir aux environs de Naples. — 28. *L. Boulanger.* La Mort de Bailly. — 33. *Jean Cousin* (1501-1589). Sujet allégorique. — 38. *Paul Flandrin.* Sous bois. — 46-49. *D. Papety.* Un rêve de bonheur, le meilleur ouvrage de l'artiste, avec le suivant. Portrait d'Antoine

Église Saint-Jacques, à Compiègne.

Vivenel (1799-1862), fondateur du musée, Amphitrite. Les Colombes. — 64. Saint Nicolas (XIV° ou XV° s.).

2° DESSINS de *Bronzino*, de *Fr. Mola*, de *Raphaël*(?), de *Rembrandt*, de *Van der Meulen*, d'*Albert Dürer*, de *François Boucher*, de *Jacques Callot*, de *Greuze*, de *Lesueur*, etc.

3° OBJETS ANTIQUES, DU MOYEN AGE ET DU XVI° s. : — 208, 216. Deux torses, d'un travail grec. — 223. Buste de Lucilla, fille de Marc-Aurèle et femme de Lucius Verus. — 224. Buste de Julia Paula, femme d'Héliogabale. 225. — Buste de Justinien. — 228. Buste de l'empereur Claude — Inscriptions grecques et romaines, antiquités égyptiennes; vases, statuettes en bois, retable en albâtre et meubles du moyen âge; armes, armures, bijoux.

4° OBJETS MODERNES : — Sculpture. bustes, pierres gravées, faïences, émaux et verreries. Collection ethnographique.

L'hôtel de ville renferme aussi la *bibliothèque* publique (10,000 volumes), à laquelle sont jointes des collections de gravures, d'autographes et d'histoire naturelle.

La salle du Conseil et celle des

Mariages sont ornées de tapisseries de Flandre et d'Aubusson.

L'**hôtel-Dieu** a conservé un ancien bâtiment de 1257 (rue Jeanne d'Arc) et une belle salle souterraine. La sacristie date de la fin du xve s., la chapelle (rue Saint-Nicolas), du xviie s. (*V.* ci-dessus).

Le **collége**, agrandi en 1877, occupe les bâtiments élevés par les Jésuites pour y recevoir leurs pensionnaires. Les Jésuites étaient venus à Compiègne dès 1556.

Une partie des **fortifications** de Compiègne subsiste encore ; elles datent de 1430. Les murs flanqués de tours rondes, en grand appareil, servent de limites à des propriétés particulières. Les remparts se développaient sur une étendue de 2,601 mèt. Des pierres de ce rempart, assez difficile à retrouver aujourd'hui, offrent les armes de Compiègne, celles de Navarre, celles du marquis d'Humières, gouverneur en 1616. La seule porte demeurée debout est la **porte Chapelle** (mon. hist.), que le connétable de Montmorency fit construire, en 1552, par Philibert Delorme. Cette porte présente encore les chiffres d'Henri II et de Diane de Poitiers, les armes du connétable et celles de la ville ; la galerie qui la suit et qui passe sous la terrasse du château est voûtée sur une longueur de 55 à 56 mètres. Elle a été restaurée en 1876 par M. Laffolye. — Une grosse tour (xiie s.), plus ancienne que les remparts, la *tour de Charles-le-Chauve* ou *de Jeanne-d'Arc*, qui dominait l'hôtel-Dieu, s'est écroulée en partie le 4 avril 1868.

Avant le second Empire, il existait à Compiègne un grand nombre de **maisons** curieuses des xve et xvie s. On n'en compte plus aujourd'hui que cinq ou six, dont la plus remarquable est située rue de Solférino, 16. Sur la place du Change, n°s 4 et 6, se voient quelques restes de *l'hôtel des Rats* (primitivement hôtel d'Arras), qu'habitèrent Henri IV et Gabrielle d'Estrées en 1591.

La jolie *sous-préfecture*, située près du Jeu de paume, et la *maison d'arrêt* de Compiègne ont été construites sous Napoléon III.

Le château.

Les rois de France ayant possédé dès les premiers temps de la monarchie un château à Compiègne, il y a eu successivement dans cette ville quatre résidences royales : 1° un château mérovingien, au milieu de la ville, sur l'emplacement, dit-on, d'une ancienne construction romaine ; 2° le château construit par Charles le Chauve sur les bords de l'Oise ; 3° le château de Charles V, désigné dans le plan manuscrit de Compiègne (1509) sous le nom de « Louvre », et qui était situé sur l'emplacement du palais actuel ; 4° enfin le palais même, qui est dû à Louis XV et dont les plans sont l'œuvre de l'architecte Gabriel. « La position du château élevé par Gabriel était, dit M. Fontaine, indiquée par celle des constructions anciennes sur lesquelles il a fallu l'asseoir ; l'étendue était fixée par l'enceinte de la ville, à laquelle le vieux château avait été adossé. Si les sommes qu'il a fallu dépenser pour rendre commode un amas de vieilles bâtisses avaient été employées à l'érection d'un édifice entièrement neuf, le château de Compiègne, aujourd'hui peu remarqué, serait cité comme le modèle des résidences de France. Le château de Compiègne était entièrement achevé quand Louis XVI en prit possession. En 1780, le roi fit remanier l'appartement de la reine. Pendant la Révolution, ce château devint un prytanée, puis, sous le Consulat, il renferma une école des arts et métiers, transférée plus tard à Châlons. En 1806, on en commença la restauration ; en 1808, Charles IV y fut installé ; le palais, le parc et la forêt de Compiègne devinrent une sorte d'apanage de ce roi à qui Napoléon enlevait le trône d'Espagne. Charles IV ne séjourna que quelques mois à Compiègne ; il en partit pour aller résider à Marseille. En 1810, Napoléon fit encore réparer le château, que l'on meubla somptueusement pour recevoir Marie-Louise. Une vaste galerie, destinée aux grandes réceptions, fut ornée de colonnes en stuc et de lambris dorés. Girodet peignit plusieurs sujets pour les plafonds. Des eaux furent amenées de l'Oise au moyen d'une machine. Le jardin fut replanté et décoré de statues. Pendant un long séjour à Com-

Château de Compiègne, côté de la ville.

piègne, pour rappeler à l'impératrice une treille sous laquelle Marie-Louise s'était souvent promenée au château de Schœnbrunn, Napoléon fit rapidement élever dans le parc ce long berceau qui a 1,400 mèt. de longueur, et qui, commençant au pied de la terrasse, devant le château, forme, jusqu'à l'entrée de la forêt, un abri de feuillage et de fleurs que l'on peut parcourir en voiture. Louis-Philippe agrandit la chapelle, à laquelle il ajouta des tribunes, et construisit une salle de spectacle sur l'emplacement de la salle du jeu de paume. D'autres changements intérieurs ont eu lieu, sous le second Empire, dans la disposition des appartements, qui ont été décorés et meublés de nouveau. Enfin, en 1874, il y a été installé un musée d'antiquités cambodgiennes.

Le château de Compiègne présente deux façades : l'une de 193 mèt. sur la terrasse du parc, n'ayant qu'un seul étage élevé sur rez-de-chaussée, avec 49 fenêtres de face, et l'autre du côté de la ville, sur la *place du Château*, ayant deux étages sur rez-de-chaussée et offrant une disposition architectonique analogue à celle du Palais-Royal à Paris, du côté du Louvre, c'est-à-dire une galerie de 43 mèt., à jour et à colonnes, servant de fermeture à une cour d'honneur ; au fond de la cour, une façade ayant, au milieu, un fronton porté par quatre colonnes, et, sur les côtés, deux ailes de 18 fenêtres chacune, que termine sur la place une façade de 5 fenêtres, également couronnée par un fronton. La place forme un carré planté de gazon et entouré de tilleuls.

REZ-DE-CHAUSSÉE.

Les appartements du château sont visibles tous les jours, de 10 h. à 4 h. pour les étrangers ; ils sont ouverts au public les mardis, jeudis, samedis et dimanches, aux mêmes heures. Nous suivrons, en les décrivant, l'ordre dans lequel les gardiens les font visiter (cet ordre est souvent modifié). On traverse la cour d'honneur et l'on entre au fond, par la porte du milieu, au rez-de-chaussée, dans un **vestibule** orné des statues de D'Aguesseau (par *Berruer*) et de L'Hospital (par *Gois*).

C'est dans le vestibule qu'a été installé le **musée Khmer**. Cette collection lapidaire a été formée des monuments rapportés d'Indo-Chine, en 1874, par la mission que dirigeait le lieutenant de vaisseau Delaporte.

La nouvelle collection se compose de 80 pièces de sculpture et d'architecture, dont les principales sont : un groupe de deux géants supportant un corps de dragon, un géant isolé appuyé sur une massue, diverses statues entières ou fragments de statues de divinités hindoues, de rois et de femmes ; un éléphant, deux lions, des dragons, plusieurs statuettes et petits groupes en pierre et en bronze ; un fronton et des entablements ornés de bas-reliefs, des fragments de piliers, pilastres, stèles, colonnettes, balustres, frises, etc. Le musée contient en outre des moulages de sculptures diverses, quelques inscriptions, une carte des ruines connues du pays Khmer, et une collection de photographies. Cet ensemble a été augmenté, en 1875, de nombreux moulages de bas-reliefs et de pièces originales recueillies par M. le capitaine d'infanterie de marine Filor et par M. le conducteur Faraut. On remarque surtout, parmi ces moulages, le fameux bas-relief de la Mort du roi des singes, provenant du temple d'Angkor-Wat. « Le roi des singes, une flèche enfoncée dans la poitrine, est étendu sur un lit ; il dicte ses dernières volontés ; il est entouré de ses courtisans dont la physionomie représente un mélange de colère et de tristesse et dont les expressions et les attitudes sont rendues avec une grande vérité et une extrême justesse. Cette scène, tirée des combats de Rana et de Ravana, peut être considérée comme un des plus beaux morceaux d'ornementation cambodgienne. »

Le musée Khmer, le premier qui

ait été fondé en Europe, contient des pièces d'art remarquables et des documents nombreux pour l'étude de la civilisation des anciens Cambodgiens, civilisation oubliée aujourd'hui et qui jadis a couvert l'Indo-Chine d'immenses et splendides monuments (1).

Du vestibule, on monte, par l'**escalier d'honneur** (deux statues d'après l'antique, sarcophage romain ayant servi de baptistère à Saint-Corneille, deux amphores gallo-romaines), à la salle des Gardes.

PREMIER ÉTAGE.

Salle des Gardes. — Attributs guerriers et bas-reliefs (les Batailles d'Alexandre), sculptés par *Nicolas Beauvallet*. — Dix panoplies reproduisant des armes prises dans diverses collections de l'Europe. — Petit **musée gallo-romain**, composé d'objets trouvés dans la forêt, avec plans archéologiques de cette forêt, d'un village découvert au Mont-Berny, et des ruines de Champlieu. — Deux magnifiques vases en porphyre. — A dr. de la salle des Gardes s'ouvre la

Salle des Huissiers. — Sur la cheminée, Louis XIV à cheval, peinture. — Chevreuil se désaltérant, dessus de porte. — Tableaux : Chevreuil mort gardé par des chiens, par *Desportes*; Chasse de Louis XV dans la forêt de Fontainebleau; Chasse au sanglier, par *Oudry*.

De la salle des Huissiers, on passe dans les anciens appartements de l'empereur Napoléon III, occupant

1. On trouvera dans la brochure intitulée : *L'art Khmer*, par M. le comte de Croizier (à Compiègne, chez Dubois, place de l'Hôtel-de-Ville), outre le catalogue de la collection du palais de Compiègne, une notice détaillée sur l'architecture et la sculpture des Khmers et une relation circonstanciée de l'expédition de M. le lieutenant Delaporte. On peut se procurer, chez le concierge du palais, un livret (50 c.) indiquant les monuments cambodgiens et les tableaux exposés dans les appartements.

la partie centrale du corps de logis qui donne sur le parc. Ces appartements donnent de plain-pied sur la terrasse.

Premier salon. — Six Muses, dessus de porte en grisaille, par *Sauvage*. — Tapisseries des Gobelins, d'après *C.-A. Coypel* et *Desportes*.

Salle à manger. — Vases de Sèvres; deux tapisseries des Gobelins; les Éléments, dessus de porte.

Chambre à coucher. — Beaux vases de Sèvres; les Saisons, dessus de porte.

Petite salle à manger. — Dessus de porte en grisaille, par *Sauvage*.

Salon des aides de camp. — Ameublement en tapisserie de Beauvais (Fables de La Fontaine). — Grandes cartes de la forêt, du XVIIIe s.

Salon de famille : cette salle, une des plus richement meublées, occupe le pavillon central de l'aile du parc. — Tapisseries de Beauvais. — Les Saisons, dessus de porte en grisaille.

Salle du Conseil. — Ameublement style Louis XV. — Superbe table en mosaïque de Florence. — Grisailles au-dessus des portes : Henri IV, Louis XIII, Louis XIV, Louis XV. — Tapisseries des Gobelins, d'après *Callet* (le Printemps, l'Automne) et *Suvée* (l'Été).

Chambre à coucher de l'Empereur. — Au plafond, la Guerre, la Justice, la Force, l'Éloquence, peintures de *Girodet*, encadrées par des grisailles où sont figurées les Arts, la Justice, le Commerce et la Force.

Bibliothèque. — C'était aussi le cabinet de travail de Napoléon III. — Au plafond, peint par *Girodet*, Minerve, Apollon et Mercure, entourés de figures allégoriques en grisaille. La frise présente, en petits médaillons, les portraits des principaux écrivains français.

Les anciens appartements de l'ex-impératrice et de l'ex-prince impérial suivent ceux de l'empereur.

Salon de musique. — Deux tapisseries des Gobelins d'après des pièces exécutées dans les Indes et données à Louis XIV par un prince d'Orange. — Sultanes dans le sérail, deux tapisseries des Gobelins, d'après *Vanloo*. — Armoires et bureau en laque provenant du palais d'été de l'empereur de la Chine.

Chambre à coucher. — Plafond : l'Aurore, par *Girodet*. — Dessus de portes : Génies, par Dubois. — Quatre panneaux : les Saisons, par *Girodet*. — Deux autres panneaux du même artiste ont été souillés par les Prussiens, en 1870, et enlevés.

Boudoir. — Vase de Sèvres sur un piédestal garni de camées.

Salon des Fleurs. — Beau meuble en palissandre.

Salon de repos (fermé). — Peintures de *Girodet* : Le Départ d'un guerrier; le Combat; la Victoire; le Retour.

Salle dite *des Stucs*.

Galerie des Fêtes. — Cette magnifique salle, décorée avec luxe dans le style du premier Empire, et dont la voûte est supportée par vingt colonnes dorées d'ordre de Pæstum, n'a pas moins de 45 mèt. de longueur sur 13 de largeur. Onze fenêtres l'éclairent sur chacun de ses côtés. — Peintures de *Girodet*. — Statues de Napoléon 1er et de Letizia Bonaparte, par *Canova*. — Bas-reliefs allégoriques.

La salle qui précède la galerie des Fêtes, celles qui la suivent et la galerie elle-même renferment, depuis 1874, un **musée de tableaux** composé d'environ 200 toiles, jusque-là reléguées dans les combles du Louvre. Voici les principales :

2, 3. *Nicolas Bertin*. Psyché abandonnée par l'Amour. Jupiter et Danaé. — 4. *Bon Boullongne*. Vénus et Adonis. — 5. *Brascassat*. Paysage et animaux. — 8-38. Série de compositions intéressantes, dont quelques-unes sont spirituelles d'invention et chaudement colorées. Ces peintures représentent diverses scènes de l'histoire de don Quichotte, dans la composition desquelles *Charles Coypel*, le précurseur de Smirke et de Leslie, a fait preuve d'une imagination facile. Un petit nombre de tableaux sont traités par d'autres artistes, inférieurs en talent à Ch. Coypel. Ces différentes scènes ont été gravées in-fol. et forment, d'une manière plus complète encore, une collection in-4° gravée en 1733 et 1734 par différents artistes : Surague, Cochin, Joullain. Le tableau représentant le Chevalier des Miroirs vaincu par don Quichotte, a été exécuté par Jacquand. — 39. *N. Coypel*. Mercure rendant à Apollon son arc et ses flèches. De la collection de Louis XIV. — 40-44. *Noël-Nicolas Coypel*, fils du précédent. Sujets mythologiques. — 54. *Granet*. Sodoma porté à l'hôpital. — 55. *Gros*. Portrait équestre du général Bonaparte. — 62. *De Lafosse*. Sainte Famille. — 63. *Lagrenée*. La Fin du combat. — 65-69. *Lancret*. Sujets tirés des Contes de La Fontaine. — 70. *Lebrun* et *Van der Meulen*. Portrait équestre de Louis XIV. — 73. *Le Moyne*. Hercule assommant Cacus. — 78-87. *Natoire*. Sujets tirés de la vie de don Quichotte ; ces peintures sont plus grises et moins spirituelles que celles de Ch. Coypel (*V. ci-dessus*). Ces tableaux, qui étaient destinés à être reproduits en tapisserie, ornent actuellement la galerie de communication qui conduit au théâtre. — 88-89. *Le même*. Agar ; Flore. — 92-99. *J.-B. Oudry*. Animaux et paysages ; sujets tirés de La Fontaine. — 102. *Restout*. Aréthuse poursuivie par Alphée. — 114-119. *Cl.-J. Vernet*. Paysages. — 136. *Allegri* (le Corrège). Nymphe. — 142. *A. Carroche*. Portrait. — 144. *Castiglione*. Une caravane. — 148, 149. *Luca Giordano*. La Présentation de Jésus au temple ; Allégorie à la gloire des arts. — 171. *J. Massys*. David et Bethsabée. — 173. *Rubens*. Jeune homme. — 178, 179. *Van der Meulen*. Bataille de Cassel ; Prise de Saint-Omer. — 188. *Callow* (école anglaise). Port du Havre.

Chapelle. — Les vitraux du fond ont été exécutés à Sèvres, d'après une composition de *Ziégler*. On y a placé : une Sainte Famille, attribuée à *Léonard de Vinci* ; Jésus chez Simon le Pharisien, par *Paul Véronèse* ; une autre Sainte Famille de l'école de *Raphaël* ; une Adoration des bergers, par *le Parmesan*, etc.

Les petits appartements ne peuvent être visités qu'avec une permission particulière ; ils contiennent aussi quelques tableaux.

La *salle de spectacle* avait été bâ-

Château de Compiègne, côté du parc.

tie par Louis-Philippe à l'extrémité nord-ouest du palais. Napoléon III, la trouvant insuffisante, fit commencer, en 1868, les travaux d'une nouvelle salle, qui n'ont pas été complètement terminés. Cette salle est séparée du château par la rue d'Ulm (un viaduc à la hauteur du premier étage les met en communication). Les bâtiments qui l'entourent servent aujourd'hui de logements aux employés du palais.

Le parc.

En sortant du château par la cour d'honneur, il faut, pour aller au **parc**, tourner à g. et suivre une belle avenue d'arbres, jusqu'à une grille ouverte devant laquelle est un factionnaire. Entré dans le parc, on ne tardera pas à apercevoir, à g., la seconde façade du palais. De la terrasse élevée qui s'étend au-devant, on a une belle vue sur les pelouses, encadrées, à dr. et à g., dans des massifs d'arbres. La perspective se prolonge jusqu'à l'horizon, par une longue avenue verdoyante percée en 1810 sur l'ordre de Napoléon, et qui s'enfonce dans la forêt pour gravir les Beaux-Monts (*V.* p. 318). Au bord de la terrasse, devant le château, on remarque plusieurs statues : — à dr., en sortant du palais : Mucius Scœvola, par *Gruyère*; Cérès, Flore, d'après l'antique; un lion; le Génie du Mal, par *Droz*; Caïn maudit, par *Jouffroy* (Rome, 1827); — à g. : Ulysse reconnu par son chien, par *Barré* fils; Flore, d'après l'antique; Hygie; un lion; Mnémosyne (deux fois); Argus endormi par Mercure, par *Debay* père.

D'autres statues sont placées dans les massifs : — à dr. de la terrasse : *Venus genitrix*, d'après l'antique; Léda, par *Schœnewerk*; Aconce (personnage mythologique), par *Mansion*; Diane, d'après l'antique; Philoctète, par *Épercieux*; — à g.: Femme drapée, d'après l'antique; Plautille; Vénus du Capitole, par *Chinard*; Chloé, par *Vasselot*; un Pâtre se désaltérant, marbre de Carrare; la Mort du Cerf, groupe en bronze, par *J. Debay*; — en avant de la grande pelouse, Philoctète blessé, par *Dupaty*.

On voit sur la balustrade de la terrasse des figures de sphinx en syénite.

Si l'on suit la terrasse devant l'aile g. du château, on arrive à une grille ouverte, et, au-delà, à un terre-plein au-dessous duquel passe une route, la galerie voûtée de la porte Chapelle (*V.* ci-dessus, p. 300). De là une belle allée bien ombragée, à quatre rangées d'arbres, avec pelouse au milieu, descend au *Cours*, plantation d'arbres qui borde la rivière. On y découvre la plaine, les coteaux qui l'entourent, et, le long de cette allée, qui descend vers l'Oise, les fossés du château de Charles V et les restes de tourelles qui les défendaient. Si, revenant sur ses pas vers le milieu de la façade, on prend la rampe descendant au parc, on trouve immédiatement à g. un escalier qui conduit à l'entrée du fameux **berceau en fer** (*V.* ci-dessus, p. 302), dont une partie a été abattue par Napoléon III. Il est couvert de plantes grimpantes. A l'entrée du berceau est un groupe de *Tiolier* : la Force domptée par l'Amour. Le berceau en fer est interrompu par une allée d'arbres qui lui fait suite; il reprend ensuite et se prolonge jusqu'à l'entrée de la forêt; mais la partie du parc qu'il traverse dans ce dernier parcours est interdite au public.

FORÊT DE COMPIÈGNE.

La forêt de Compiègne s'étend à l'E., jusqu'à l'Aisne et jusqu'à Attichy; au S.-E. et au S.-O., jusqu'à la rivière d'Authonne et l'Oise. Elle confine, sauf les clairières résultant du défrichement : au Sud, aux forêts de Hallatte et de Chantilly; vers l'O., à celles de Retz et de Villers-

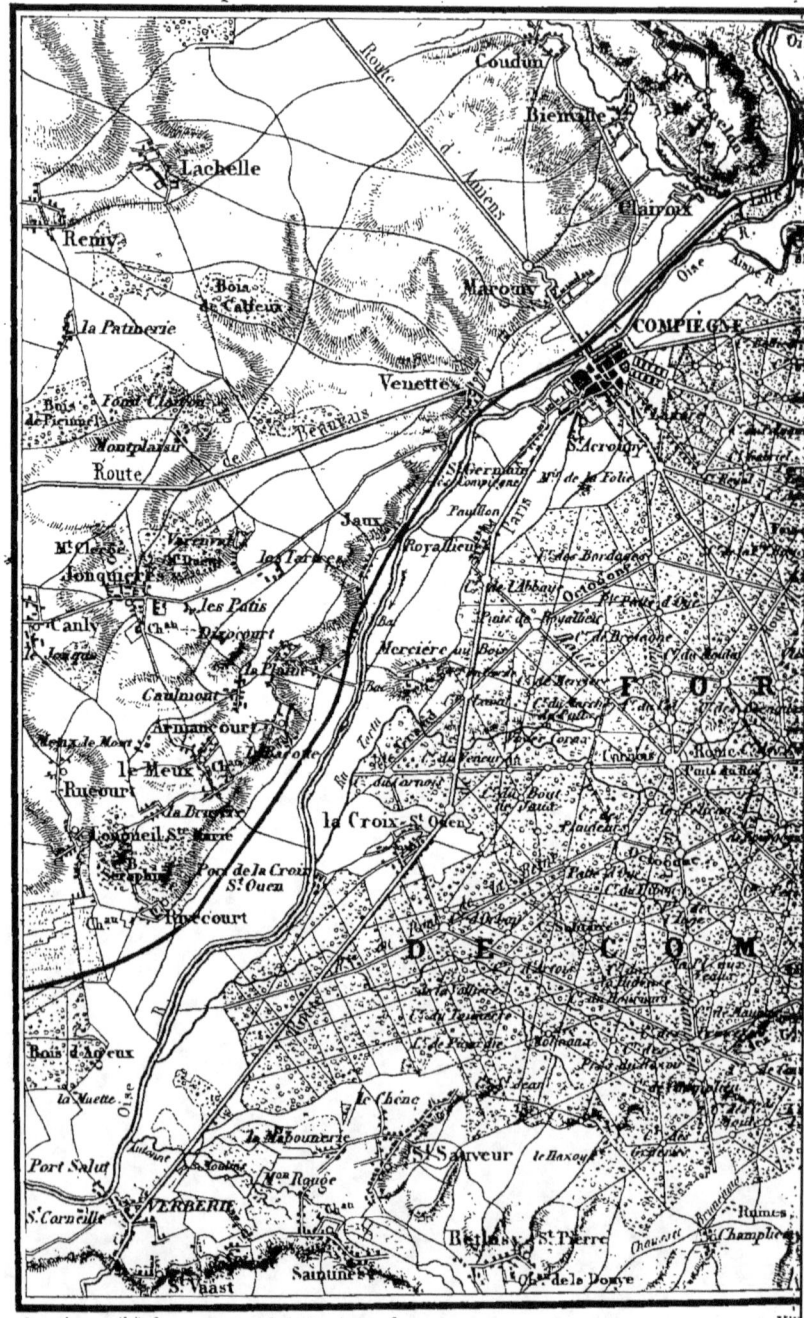

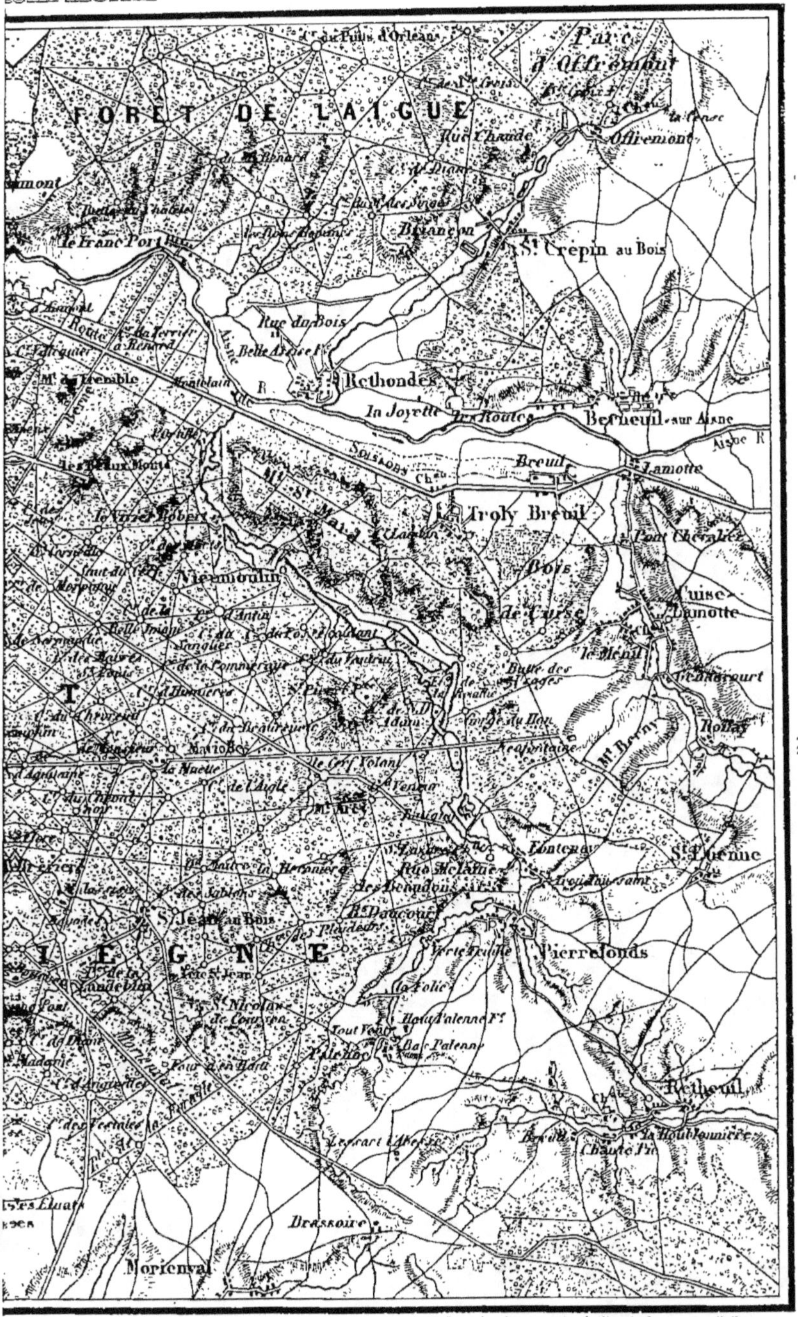

Cotterets ; au N.-E., à la forêt de Laigue, située au-delà de l'Aisne.

Les druides furent sans doute les premiers qui pénétrèrent sous ces antiques ombrages, pour y cacher leurs mystères religieux. Au *bois de Cuise*, ravins voisins de Cuise-Lamotte, et au lieu dit le *Champ de Bataille*, ont été découvertes des haches en silex opaque, presque blanc, et en pierre granitoïde de couleur verte, qui ressemblent beaucoup aux instruments indiens employés dans les sacrifices. Plus tard, les soldats de César traversèrent cette forêt, y portèrent la hache, y tracèrent des routes militaires et construisirent des forts. On trouve sur une multitude de points de la forêt de Compiègne des traces irrécusables de l'occupation romaine. Vingt-cinq localités différentes ont fourni des objets d'art, des vestiges de constructions (surtout au *mont Berny*, près de Pierrefonds, au *mont Chipray*, dans le voisinage de la *Croix-Saint-Ouen*, et au *Quartier de la Buissonnet*, sur la route de Soissons), des médailles, etc. Nos premiers rois occupèrent ce vaste domaine après les Romains. Au moyen âge les moines vinrent en partager la possession avec les hauts barons et la Couronne, pendant que des serfs à demi nus l'exploitaient au profit de ces maîtres divers, en y perpétuant le confus souvenir de sombres mystères et les rêves d'une imagination crédule. A la *Fosse Dupuis* (excavation ovalaire, distante de Compiègne de 3 kil.), la tradition gauloise leur enseignait que des esprits apparaissent ; à la *Table-Ronde* (triage des *Rossignols*, point de jonction des routes du Crucifix, des Amazones, des Dames et de la Forte-Haie), fosse profonde, figurant un cercle et qui contenait alors deux petits tertres, les *juges des esprits* venaient siéger, disait-on, comme les barons qui se rassemblaient aux assises du seigneur. Ces légendes remplissaient les bois de terreur ; aussi, lorsque Philippe Auguste, âgé de quatorze ans et chassant dans la forêt, s'y égara, rencontré par un charbonnier de haute taille, il crut voir un être surnaturel et s'évanouit. L'homme ramena l'enfant au château, mais le jeune prince, revenant à lui, avait la pensée tellement obsédée de cette vision que Louis VII, son père, crut devoir aller au tombeau de saint Thomas de Cantorbéry pour demander la guérison de son fils. Arioste, recueillant chez nos romanciers les fantastiques merveilles de la forêt de Compiègne, y a placé le siège des chevaliers de la Table-Ronde. Cette forêt, à l'époque où Clotaire y venait chasser, portait le nom de *forêt de Cuise*, à cause d'une maison royale désignée successivement sous les noms de *Domus Cotia*, *Cota*, *Causia*, *Coysia*, *Cusia*, et elle le garda jusqu'en 1346, époque à laquelle Philippe VI divisa les forêts du Valois en trois maîtrises, afin d'en régler l'exploitation. Depuis, le nom de forêt de Compiègne prévalut peu à peu. Les ruines de cette maison *Cotia* ont été découvertes, lors du défrichement de la plantation qui se trouve derrière Saint-Jean-au-Bois (V. p. 310), sur le chemin de *Saint-Nicolas*, à peu de distance du *carrefour du Bocage*. Les rois francs avaient la passion de la chasse : parmi les forêts de leurs États, la forêt de Cuise était une de celles où, au printemps et à l'automne, ils aimaient surtout à se donner ce plaisir. Leur résidence était alors dans une de leurs *villas* de cette forêt : à Verberie ; au Chesne, près de Chelles ; à Choisy-en-Laigue ; à Morienval ; à Venette (dont le nom, en basse latinité désigne une maison de chasse). Alcuin a décrit, vers la fin du VIIIe s., une de ces grandes chasses royales. L'auteur représente le souverain environné d'une escorte brillante, composée de ducs et de comtes ; la reine et les femmes de la reine, montées sur des chevaux richement caparaçonnés, suivaient hardiment la course des chasseurs. Avant cette époque, en 715, la forêt de Cuise avait été témoin d'une grande bataille entre les Austrasiens et les Neustriens. Ceux-ci remportèrent une victoire qui ne les empêcha pas d'être soumis peu après par Charles Martel.

Avant François Ier, les seules grandes voies de communication étaient les routes de Paris à Soissons, de Compiègne à Crépy, de la Croix à Pierrefonds, et la *chaussée de Brunehaut* (voie romaine, garnie de bornes milliaires au temps de Caracalla, comme l'atteste l'inscription retrouvée en 1712, sur une de ces bornes, près de Vic-sur-Aisne). Cette chaussée décrivait un demi-cercle dans la forêt, en venant de Soissons, puis en passant par Pierrefonds, Champlieu, Béthisy-Saint-Martin, Raray, au-dessus de Verberie, et de là en allant à Senlis. François Ier fit percer les huit grandes routes qui aboutissent au *Puits du Roi* (routes du Moulin, partant de Compiègne ; de Royal-Lieu, du Carnois, du Pont-la-Reine, de Champlieu, de Morienval, de la Mariole et de Berne). Louis XIV fit tracer la route dite le *Grand Octogone*, qui, à une distance de 3 kil., se déroule autour du *Puits du Roi*. Il réunit les 8 routes par 54 petites. Louis XV fit ouvrir 229 routes nouvelles, y compris celle du *Petit Octogone*. A l'intérieur de celui-ci, on a encore inscrit les huit pans d'un tracé secondaire nommé l'*Octogonet*, placé au centre de cette disposition. Le carrefour du Puits du Roi est un excellent rendez-vous de chasse.

La forêt de Compiègne a 94,328 mèt. de circonférence. Sa contenance est de 14,509 hectares, savoir 13,974 hectares de bois, 152 hectares de terre, 212 hectares de friches et de terrains vagues, 25 hectares 88 ares d'eaux, 68 hectares de chemins et de fossés, etc. — Sa contenance n'était que de 11,948 hectares en 1564. — Le fonds exploité est estimé 20 millions ; la superficie, 40 millions. En 1804 et 1805, le revenu n'en était que de 3 à 400,000 fr.; il est évalué aujourd'hui à 650,000 fr. nets. Les travaux nécessités par l'exploitation et la plantation des bois, et qui occupent environ 800 ouvriers, les frais de garde et d'entretien, etc., se montent à 200,000 fr. environ. La forêt produit près de 100,000 stères de bois par an ; mais elle n'est pas encore parfaitement aménagée. On exploite, soit en taillis, soit en futaie pleine. Les principales essences sont le hêtre, le chêne et le charme. On trouve quelques restes de vieilles futaies dans plusieurs cantons : aux Grands-Monts, au mont de Saint-Mard, à la Forte-Haie, aux Rossignols, des hêtres de 200 ans ; de 250 ans, au carrefour du Puits des Chasseurs ; au carrefour de la Michelette, des chênes de 150 à 200 ans ; de 180, à celui de la Bréviaire, etc. Le plus gros chêne de la forêt se trouve près du *carrefour de la Ruine*, à 1 kil. N.-O. de Saint-Jean (*V.* ci-dessous, p. 310).

278 *carrefours* et 354 *routes* forment, dans la forêt de Compiègne, une longueur de 1,350,000 mèt. La plus longue de ces routes, celle de la Mariole, partant du Puits du Roi et aboutissant à Neufontaine, a 10,541 mèt.

Le nombre des *ruisseaux* s'élève à 27 ; celui des *mares*, à 16.

Plusieurs *villages* et *hameaux* sont enclavés dans la forêt : les villages du Vieux-Moulin, de Saint-Jean-au-Bois ; les hameaux de Four-d'en-Haut, la Bréviaire, l'Ortille, Malassise, Saint-Nicolas-de-Courson, Vaudrampont, Vivier-Frère-Robert. On compte, en outre, diverses *habitations de gardes* (autour de quelques-unes sont groupées plusieurs autres maisons). Ces habitations sont la Bassequeue, les Clavières, la Croix du Saint-Signe, la Faisanderie, la Forte-Haie, les Grands-Monts, le Hazoy, Landeblin, la Muette, Saint-Corneille, Sainte-Périne, Saint-Pierre, les Vineux, le Vivier-Corax. L'existence de plusieurs de ces hameaux remonte à une époque lointaine, et, si les traditions en avaient été conservées, l'histoire de telle habitation isolée dans la forêt présenterait, depuis les premiers pionniers, bien des aventures curieuses et d'un caractère dramatique. Le promeneur retrouve aujourd'hui ces localités comme des accidents pittoresques au milieu de la verte étendue de la forêt, et quelques-unes comme des buts d'excursions intéressantes. « Il aimera, dit M. de Ballyhier, à gravir les hautes collines ou les monts qui dominent la forêt ; il ira au mont Saint-Mard, où il découvrira une partie du cours de l'Aisne, Clairoix, Choisy-au-Bac, Francport et une partie de la forêt de Laigue ; il verra à ses pieds, au milieu de ces tranquilles solitudes, le hameau de Vivier-Frère-Robert et la ferme de l'Ortille. Il voudra atteindre au sommet du mont Saint-Pierre, situé dans un des cantons de la forêt les plus riches en végétation. » A côté de ces belles perspectives du paysage, des ruines, semées çà et là, appellent son attention par l'intérêt des souvenirs.

On peut consacrer plusieurs journées à visiter avec détail la forêt de Compiègne ; mais, en supposant que l'on ait seulement deux jours disponibles, nous en indiquerons le meilleur emploi. Le premier jour sera consacré à Champlieu et à Morienval ; le second aura pour but une promenade à Pierrefonds avec retour par le mont de Saint-Mard, les Beaux-Monts et le mont du Tremble [1].

Vue prise dans la forêt de Compiègne.

CHAMPLIEU. — MORIENVAL. SAINT-NICOLAS-DE-COURSON. — SAINT-JEAN-AU-BOIS. — SAINTE-PÉRINE.

Pour se rendre à Champlieu et à Morienval, on sort de Compiègne par une rue située au S.-O., et qui porte le nom assez bizarre de *rue Saint-Accroupy* ; on se dirige ensuite vers la belle *route macadamisée de Champlieu*, que l'on parcourt d'abord jusqu'au *carrefour du Puits-du Roi*, où l'on croise la *route de la Mariole* et celle de Morienval. De là

[1]. Des poteaux placés aux carrefours et à l'entrée des routes servent à diriger les promeneurs. Sur ces poteaux indicateurs, une marque rouge fait face à Compiègne. Grâce à cet utile renseignement, on n'est jamais exposé à s'égarer dans la forêt.

on gagne directement Champlieu. Le trajet de Champlieu à Compiègne (13 kil.) demande environ une heure un quart avec un bon cheval.

Champlieu, hameau de la commune d'Orrouy (*V.* ci-dessous, p. 321), est remarquable par son *église* ruinée du XIIe s., les nombreux cercueils de pierre qui l'entourent, et surtout par ses antiquités romaines. Ce sont d'abord les restes d'un **camp romain**, situé en rectangle dans une plaine élevée. Des fouilles ont mis au jour, en 1860 : un **théâtre** antique (mon. hist.), dont les murs, flanqués de contre-forts, ont encore une certaine élévation ; des *thermes,* avec leurs hypocaustes et les bases de leurs colonnes ; un **temple** (mon. hist.), dont les ruines offrent des fûts de colonnes sculptés, encore en place, de nombreux débris de bas-reliefs, et une magnifique vasque monolithe. Des fragments d'architecture ont, en outre, été déposés dans la cabane du gardien, contre le mur du théâtre. — De Champlieu, en se dirigeant vers l'E., on peut gagner Morienval (8 kil.).

Morienval, 975 hab., doit sa notoriété tout archéologique à son **église** (mon. hist.), remarquable extérieurement par ses trois belles tours romanes, placées, la plus grosse, sur la façade occidentale, les deux autres aux côtés du chœur. Ces dernières ont conservé leurs toitures en pierre. Saint-Germain-des-Prés de Paris et Saint-Benoît-sur-Loire offraient autrefois des types d'une ordonnance semblable. La nef, remaniée au XVIIe s., est curieuse par ses chapiteaux du XIe s. L'abside, malgré son architecture grossière, n'est pas moins intéressante. Ses piliers et les voûtes de l'étroit couloir qui l'entoure sont un des spécimens les plus anciens et les plus rudimentaires de l'art ogival. L'abside centrale n'est que du XVe ou du XVIe s. L'église de Morienval menace ruine, malgré les réparations qui y ont déjà été faites. Parmi les monuments tumulaires qu'elle renferme, on remarque la dalle de l'abbesse Agnès de Viry (XIIIe s.) et la statue de Florent de Hangest, membre aussi de la famille de Viry († 1191). Les stalles sont du XVIe s. Au S. de l'église, on voit les restes (XIIIe s.) des bâtiments de l'abbaye, sous lesquels règnent des cryptes.

Il y avait originairement deux monastères à Morienval, fondés tous deux par Dagobert, qui avait en ce lieu une maison de plaisance. L'un de ces monastères, habité par des Bénédictins, disparut longtemps avant la Révolution ; l'autre, celui dont faisait partie l'église actuelle, reçut des religieuses, qui, en 1744, se retirèrent à Royal-Lieu.

De Morienval à Compiègne, la distance est de 14 kil., que l'on parcourt en 2 h. 1/2, si l'on veut aller directement ; mais, au lieu de suivre la grande route, nous inclinerons vers l'E., par la *route de la Fortelle,* et, remontant par le *Four d'en haut,* nous visiterons successivement plusieurs localités historiques : Saint-Nicolas-de-Courson, Saint-Jean-au-Bois, la Bréviaire, Sainte-Périne.

Saint-Nicolas-de-Courson (5 kil. N. de Morienval, 12 kil. de Compiègne) est un hameau situé au fond d'une gorge retirée, où s'élevait un *prieuré,* ravagé par les Normands, rétabli au XIIe s., et dont il ne reste qu'un pignon ogival. Le territoire de Saint-Nicolas-de-Courson recèle de nombreux débris d'antiquité appartenant à plusieurs époques.

Saint-Jean-au-Bois, 396 hab., à 10 kil. de Compiègne (2 kil. de Saint-Nicolas-de-Courson), se trouve dans une région de beaux arbres, conservés avec soin pour l'intérêt pittoresque de la forêt. Les chênes, au lieu d'être élancés et d'une belle venue comme ailleurs, sont trapus et noueux. L'un de ces chênes, que l'on montre aux promeneurs comme *le plus gros arbre* de la forêt, a 6 mèt. de tour. Saint-Jean-au-Bois en est éloigné de 850 mèt. En franchissant une porte, percée entre deux tours du xviie s., on arrive en vue de l'**église** (mon. hist.), vaisseau assez élevé, dont la restauration a été entreprise. C'était l'église d'un prieuré dont quelques bâtiments (xiiie s.) servent actuellement de ferme. Construite en forme de croix latine, sans bas-côtés ni abside, elle date du xiie s. et offre la plupart des caractères du style ogival primitif. La nef comprend 3 travées ; l'intertransept est recouvert d'une voûte sexpartite, et les croisillons se trouvent ainsi divisés en deux travées dans le sens de la longueur de l'église. Les fenêtres conservent quelques restes de grisailles. Le chœur, voûté de la même manière que la croisée, est garni de boiseries. A g. de la porte d'entrée de l'église (croisillon N.), à l'extérieur, est un tombeau gothique qui renfermait les restes de la reine Adélaïde (?).

Saint-Jean-au-Bois occupe, selon plusieurs auteurs, l'emplacement de l'antique *villa* de Cuise (selon d'autres, elle se trouvait à Choisy-au-Bac), d'où est venu le nom donné anciennement au canton forestier qui commençait vers Orry-la-Ville (*V.* p. 273) ; du moins on a retrouvé en arrière de Saint-Jean, et dans la direction de Saint-Nicolas-de-Courson, les fondations d'un domaine rural des rois mérovingiens et carlovingiens.

Dans le xiie s., Philippe Ier donna le palais de Cuise et les dépendances au châtelain de Béthisy, sous condition que celui-ci appliquerait les revenus à entretenir des prébendiers et un doyen dans la chapelle attenant au château de Béthisy. Les chanoines eux-mêmes finirent par avoir la pleine propriété du domaine de Cuise, qu'ils cédèrent à la reine Adélaïde, mère de Louis VII. Cette princesse releva l'église de Saint-Jean-au-Bois et y établit des Bénédictines. L'ancienne villa mérovingienne s'appela dès lors le *vieux palais* *d'Adélaïde*. En 1634, les religieuses quittèrent le monastère de Saint-Jean pour aller habiter une demeure plus sûre. « Elles l'échangèrent avec les religieux du Val des Écoliers de Royal-Lieu. Bien leur en prit, car les soldats de l'armée de Turenne pillèrent la maison et détruisirent une partie des édifices, avec ce qui restait du vieux palais de Cuise. » Un château, dépendant de l'ancienne maison royale et situé à **la Bréviaire** (3 kil. de Saint-Jean), a disparu aussi depuis longtemps.

Sainte-Périne, comme la Bréviaire, était une dépendance de Saint-Jean. Pour s'y rendre de Saint-Jean (2 kil. 1/2), on se dirige vers *Malassise*, un des hameaux enclavés dans la forêt ; et de là, en appuyant à g., on atteint, à 500 mèt. plus loin, l'habitation de Sainte-Périne, située au bord d'un petit lac, où souvent le cerf est amené dans les chasses. Sainte-Périne était un monastère qui devint une succursale de l'abbaye de Saint-Jean-au-Bois.

Les religieuses de Sainte-Périne furent transférées successivement à Compiègne, puis à la Villette, près de Paris, et se réunirent à la communauté des filles de Sainte-Geneviève, de Chaillot, qui, dès lors, prit le titre d'abbaye royale des chanoinesses de Sainte-Périne.

DE COMPIÈGNE A PIERREFONDS.

14 kil. — Services de voitures 2 fois par jour. — Chemin de fer projeté.

Pierrefonds est le but le plus ordinaire des voyageurs qui visitent la forêt de Compiègne. — Une belle route macadamisée conduit de Compiègne à Pierrefonds (14 kil. ; env. 1 h. 15 min., en voiture) ; elle sort par le carrefour Royal, puis elle laisse à dr. la *Faisanderie*, et à g. le hameau de Saint-Corneille. On peut se détourner de la grande route pour visiter ce lieu historique ; cette excursion prend 30 min. à peine.

Le prieuré de Saint-Corneille-au-Bois dépendait de l'abbaye Saint-Corneille de Compiègne. Son église avait été bâtie en 1164, mais il ne reste de cette construction primitive qu'une arcade ogivale, une fenêtre en plein cintre et quelques chapiteaux. Dans la charpente, se voient encore des sculptures du xvie s. Les bâtiments du prieuré ont été remplacés par une habitation de garde. Cette habitation, placée au milieu des futaies de la forêt, au pied des collines ombragées des Beaux-Monts, plaît par sa situation isolée et paisible. Elle rappelle en outre un récit du milieu du xive s., que les chroniques nous ont conservé.

A cette époque où la contrée avoisinante, qu'avaient déjà épuisée les malheurs de la guerre et les fureurs de la Jacquerie, continuait à être ravagée par les bandes d'Anglais et d'aventuriers qui rançonnaient les campagnes, « les habitants du village de Saint-Corneille, et quelques-uns des villages voisins, s'étaient retranchés dans un petit fort, attenant au prieuré de Saint-Corneille, sous le commandement d'un fermier nommé Guillaume L'Aloue, homme résolu et aimé dans le pays. Guillaume avait avec lui son valet de ferme, qu'on appelait le *Grand-Ferré*, espèce de géant d'une taille et d'une force prodigieuses, du reste aussi humble de cœur que simple d'esprit. Les aventuriers de la garnison de Creil envoyèrent un détachement pour prendre le fort de Saint-Corneille: les bandits entrèrent par surprise et commencèrent par massacrer L'Aloue; à cette vue, le Grand-Ferré prend une lourde hache, et, suivi des plus hardis paysans, il se jette sur les Anglais; à chaque coup, il abattait un bras ou fendait une tête, et ses compagnons, l'imitant de leur mieux, frappaient sur les Anglais comme s'ils eussent battu le blé dans l'aire. Le Grand-Ferré en assomma plus de quarante à lui tout seul; les autres s'enfuirent. Un second détachement étant venu pour venger le premier, les paysans, enhardis par leur victoire, sortirent au-devant des ennemis en pleine campagne et tuèrent tous ceux qu'ils purent attraper. Cependant le Grand-Ferré s'était fort échauffé dans ce second combat; il but beaucoup d'eau froide et fut pris de la fièvre; il retourna dans son village et s'alita. Les gens de Creil apprirent bientôt sa maladie, et dépêchèrent douze soldats pour le tuer: mais le Grand-Ferré, averti par sa femme, eut le temps d'empoigner sa bonne hache et de sortir dans la cour: « Ah! larrons! « cria-t-il aux Anglais, vous croyez me « prendre dans mon lit; mais vous ne me « tenez pas encore! » Il s'adossa au mur, leva sa hache cinq fois et abattit cinq Anglais, morts sur la place. Les sept autres se sauvèrent à toutes jambes. Il se remit au lit et but encore de l'eau froide. La fièvre redoubla; il reçut les sacrements, et mourut regretté de tout le pays. Ses exploits en avaient fait un héros populaire. » (Henri MARTIN, *Histoire de France*, t. V.)

Reprenant la route de Pierrefonds, on passe successivement au *carrefour de la Belle-Image* et au *carrefour de Beaurevoir*, dont une des voies, à g., conduirait vers le mont Saint-Pierre (*V.* p. 316). En approchant de Pierrefonds, la route côtoie, à l'extrémité de la vallée arrosée par le *ru de Berne* (*V.* p. 318), des collines boisées qui masquent la vue du château. On l'aperçoit seulement, avec ses tours nouvellement restaurées, lorsque l'on entre presque dans le village.

Pierrefonds[*], v. de 1,760 hab., (canton d'Attichy), est situé à 14 kil. de Compiègne, à l'extrémité orientale de la forêt, qui le sépare de cette ville, au pied d'une colline boisée que couronnent les tours de son château, et dont un charmant petit lac de 1,000 mèt. de circuit baigne la base. Il se relie au ham. de *Fontenoy*, remarquable par ses cascades.

Après avoir traversé le pont sous lequel s'écoule le trop plein des eaux du lac, on passe devant l'établissement des bains. L'*église* (mon. hist.) s'élève près de là, à dr. Cette église fut fondée sous l'invocation de saint Sulpice par Nivelon Ier, sire de Pierrefonds. La crypte, cruciforme, date de 1060. Le chœur et les chapelles sont de 1206, avec des restes romans; la nef et le portail, du style flamboyant. Enfin le clocher, très-élégant, est de 1552. Plusieurs pierres funéraires, notamment celle de Gautier Bardin, bailli de Vermandois, et quelques vitraux datent du xive s. Les fonts baptismaux, en marbre blanc, sont ornés de jolies sculptures.

Au S. de l'église, il reste, des bâtiments du prieuré de Pierrefonds, quelques arcades, et des caves voûtées en plein cintre, d'où l'on communiquait, dit-on, avec le château primitif de Pierrefonds, maintenant détruit et qui, s'élevant à 300 mèt. du château actuel, occupait, sur le plateau qui domine l'église, l'emplacement de la *ferme du Rocher*.

Pour aller visiter le château, on prend à g., et l'on passe devant l'hô-

Ruines du château de Pierrefonds (vue extérieure), en 1857.

tel des Ruines. Un peu au-dessus, on arrive au pied de l'escarpement du château ; deux chemins se présentent qui conduisent tous les deux sur la plate-forme, en contournant les bases de la forteresse : le premier est escarpé et taillé dans le roc : le second, d'une pente aisée, fait un plus long détour, mais aboutit seul à la porte principale.

Pierrefonds était, dès le ixe s., la résidence de seigneurs puissants, dont la juridiction était fort étendue. « Presque tous les villages situés sur les rives de l'Oise étaient devenus en quelque sorte leurs tributaires... Ils avaient dans leur dépendance, au xiie s., un grand nombre de territoires au-delà de Soissons, et même le village du Bourget, près de Paris. Le concours des vassaux qui venaient discuter leurs intérêts à leur tribunal était continuel. Le chemin qui conduit de la Croix-Saint-Ouen à Pierrefonds, à travers la forêt, porte encore le nom de *chemin des Plaideurs*... »

Les seigneurs de Pierrefonds avaient

droit de justice haute et basse; un juge-gruyer exerçait la police dans leurs bois, et ce juge avait sous ses ordres de nombreux sergents. La ligne directe des premiers seigneurs de Pierrefonds s'étant éteinte, les rois de France parvinrent à se rendre possesseurs de cette forteresse et à s'y faire représenter par des officiers de la Couronne. Philippe Auguste renouvela l'ancienne charte des bourgeois de Pierrefonds et fit cession d'une grande partie des bâtiments du château, qui tombait de vétusté, aux Bénédictins de Saint-Sulpice et de Saint-Mesmes, desservants de l'église. Ces religieux finirent par les posséder tous et les convertirent en ferme.

Le premier château de Pierrefonds avait été bâti au XIe s. Louis, duc d'Orléans, habile constructeur de forteresses, devenu seigneur de Pierrefonds, éleva, vers 1400, sur une autre assiette mieux choisie, le château actuel, qui dès lors fut cité comme une merveille. C'est, dit un historien du XVe s., « un chastel moult bel et puissamment édifié, moult fort défensable et rempli de toutes choses appartenantes à la guerre. »

En 1411, Bosquiaux, commandant du château, défendit Pierrefonds, au nom du fils du duc d'Orléans, contre les Bourguignons, qu'il repoussa; plus tard, il le rendit moyennant 2,000 écus d'or comptant. A la paix, en 1413, le comte de Saint-Pol, auquel le château avait été remis en garde, dut le restituer au duc d'Orléans; mais, celui-ci ayant refusé de lui rembourser aucune indemnité, au moment de rendre la place, Saint-Pol y alluma un incendie qui consuma une partie de la toiture et endommagea quelques tours. Bosquiaux reprit son commandement. Après divers exploits, ce capitaine dut céder Pierrefonds aux Anglais, qui lui permirent de se retirer dans le château délabré de Choisy-sur-Aisne. L'année suivante, il y fut assiégé par le duc de Bedford, et s'y défendit jusqu'à l'extrémité; il fut pris et mené à Paris, où ses ennemis le firent décapiter et ensuite écarteler. Le château de Pierrefonds, rendu à Charles VII en 1429, puis réparé par Louis XII, tomba en 1588 au pouvoir des Ligueurs: le commandement en fut donné en garde par les Seize à un sieur de Rieux, personnage assez important pour avoir eu part aux souvenirs acrimonieux des auteurs de la Satire Ménippée. Il était à la tête d'une bande d'aventuriers avec lesquels il s'élançait de temps à autre sur les troupes royalistes. Par ordre d'Henri IV, le duc d'Épernon assiégea, en 1591, le château de Pierrefonds et se retira sans l'avoir forcé. L'année suivante, le maréchal de Biron vint avec un train de grosse artillerie et tira 800 coups de canon contre les épaisses murailles de cette forteresse sans être plus heureux; foudroyé par le feu des canons de Rieux, il se vit également contraint de se retirer. En 1593, Rieux faillit enlever Henri IV un jour que le roi était venu, mal accompagné, voir à Compiègne Gabrielle d'Estrées. Rieux, surpris lui-même par un détachement de la garnison de Compiègne, dans une embuscade où il attendait, pour les piller, deux voitures publiques, fut pendu à Compiègne et remplacé, au nom de la Ligue, par un nouveau gouverneur qui vendit le château à Henri IV. Sous Louis XIII, la défense du château de Pierrefonds avait été confiée par le parti des *Mécontents* à un capitaine du nom de Villeneuve qui, manquant de vivres, se mit, comme précédemment Rieux, à rançonner le pays, à piller les coches de Normandie, de Flandre et de Picardie. Des plaintes arrivèrent de tous côtés au conseil du jeune souverain. Il envoya le comte d'Angoulême, gouverneur de Compiègne, assiéger Pierrefonds. Le comte, à la tête d'une petite armée, ouvrit le feu d'une manière si habile, qu'une partie du donjon ne tarda pas à s'écrouler. Villeneuve, qui jusque-là se confiait à la solidité des murs, s'effraya de cette chute inattendue et battit la chamade. Ordre fut envoyé au comte d'Angoulême, l'année suivante, de renverser une forteresse trop souvent occupée par des rebelles. Mais la solidité et l'épaisseur des matériaux opposèrent une telle résistance, qu'il fallut se contenter d'enlever les toitures et d'entailler çà et là les murs et les tours (1622). Ces ruines, qui, au moment de la Révolution, appartenaient à la maison d'Orléans, furent vendues en l'an XII pour la somme de 8,100 fr. Napoléon les fit racheter, en 1813, pour 12,750 fr. Elles appartiennent encore au Domaine.

Depuis le commencement de l'année 1858, sur l'ordre de Napoléon III, la restauration du château de Pierrefonds a été entreprise. Les travaux, conduits d'abord avec lenteur, ont été poussés très-activement de 1865 à 1869 et de 1872 à 1877. La grosse maçonnerie est terminée. Il ne reste qu'à décorer quelques salles dans leur style primitif et à rétablir les lices.

PIERREFONDS.

Le **château de Pierrefonds** (l'enceinte principale) forme un quadrilatère irrégulier de 6,270 mèt. de surface, présentant au milieu et aux angles de chaque front de grosses tours de défense, et séparé au S. par un fossé du plateau dont il occupe l'extrémité. Cette partie S., pour le dire dès maintenant, est la partie faible, en ce que les approches en sont faciles pour battre la place avec le canon et la réduire par des feux convergents. Au N., à l'E. et à l'O., le château domine au contraire des escarpements assez prononcés au bas desquels s'étend le bourg de Pierrefonds. Deux portes donnent entrée du dehors dans la baille ou basse-cour, au S., qui renferme des communs. L'une de ces portes, accessible seulement pour des personnes à pied, est située au S.;

Ruines du château de Pierrefonds (vue intérieure), en 1857.

l'autre, principale, et s'ouvrant au S.-E., conduit à une lice qui se replie sur elle-même autour d'une muraille au pied des défenses du flanc E. Arrivé dans la basse-cour, on doit franchir une porte sous un ouvrage avancé, puis un pont de bois soutenu par deux piles, pour atteindre les ponts-levis d'une porte et d'une poterne. Là on est dominé à dr. par une des grosses tours du donjon, et à g. par une tour de guet.

Le donjon, à trois étages sur rez-de-chaussée, présente la figure d'un trapèze. La grosse tour demi-cylindrique dont nous venons de parler, la tour cylindrique qui flanque l'angle voisin, et une tour carrée retirée dans l'enceinte, dépendent du donjon, auquel on accède par un beau perron, surmonté de la tourelle d'escalier.

Au milieu du front oriental, une des tours renferme les deux étages d'une chapelle très-originale et d'un fort beau style, signalée au loin par le groupe de Saint-Michel, en cuivre repoussé, qui couronne sa toiture ; les côtés N. et O. étaient occupés par de vastes corps de logis, et la tour du S.-O., près de la salle où se rendait la justice, renferme les oubliettes, dont M. Viollet-le-Duc lui-même reconnaît ici l'existence.

Les parapets des remparts présentent deux étages de défenses, et le sommet des tours est garni de deux ou trois rangs de créneaux.

Sur le front antérieur du château, deux statues de grandeur naturelle figurent l'*Annonciation* ; neuf autres statues, qui ornent les tours, représentent les *neuf Preux*. Les *neuf Preuses* étaient sculptées sur la cheminée de la grande salle.

Napoléon III avait établi à Pierrefonds sa magnifique collection d'armes ; elle lui fut partiellement restituée en 1871 et sa famille la possède aujourd'hui.

Pierrefonds possède une **source d'eau minérale** hydrosulfatée, hydrosulfurique calcaire, dont la température est de 9°50 à 10° centigrades. Cette eau sort de terre avec une certaine abondance par plusieurs orifices, à l'extrémité d'un petit lac. Très-limpide à son point d'immergence, elle a une odeur et une saveur sulfureuses ; elle devient lactescente à l'air, en se décomposant et laissant précipiter du soufre. On la réchauffe artificiellement pour les bains et les douches ; cette opération, habilement conduite, ne lui fait presque rien perdre de ses principes.

L'eau de Pierrefonds s'emploie en boisson, bains, douches, vapeurs fumigatoires, inhalations respiratoires. Elle réussit principalement dans les affections de la peau ou des muqueuses, dans les engorgements abdominaux, les rhumatismes, les maladies de l'appareil respiratoire, et notamment dans le catarrhe chronique du larynx et des bronches.

L'analyse faite par M. O. Henry pour *un litre d'eau* de Pierrefonds a donné les résultats suivants :

Azote....................	traces.
Acide sulfhydrique libre......	0^r,0022
— carbonique libre	indét.
Bicarbonate de chaux.......	
— de magnésie............	0 , 2400
Sulfure de calcium..........	0 , 0156
Sulfate de chaux...........	
— de soude...............	0 , 0200
Chlorure de sodium.........	
— de magnésium...........	0 , 0220
Sel de potasse.............	
Acide silicique et alumine.	0 , 0300
Fer, matière organique.....	
	0^r,3298

Médecin inspecteur, M. Sales-Girons.

Au N.-E. de Pierrefonds s'étend le **mont Berny**, sur lequel des fouilles récentes ont fait découvrir les restes très-curieux d'un petit *oppidum* gaulois.

DE PIERREFONDS A COMPIÈGNE PAR SAINT-PIERRE ET LE MONT SAINT-MARD.

En quittant Pierrefonds, au lieu de retourner à Compiègne par la grande route, il est plus intéressant de suivre une ligne courbe qui passe à l'E. par le Mont de Saint-Pierre, le Mont de Saint-Mard, les Beaux-Monts et le Mont du Tremble.

Le hameau de **Saint-Pierre** est situé à 8 kil. de Compiègne et à 4 kil. de Pierrefonds. On y visite les ruines d'une *église* consistant en une tourelle d'escalier et cinq fenêtres du XIVe s. ; des lierres épais s'y suspendent d'une manière pittoresque. Quelques têtes d'anges d'une époque plus moderne ornent la paroi d'un mur en retour. On trouve aussi différents restes de sculptures dans la cour de la ferme. Une plaque de marbre rappelle une visite faite par Louis-Philippe et sa famille, lors du mariage du roi des Belges. La position élevée, la vue étendue, les eaux vives de ce petit plateau cultivé, y attirèrent les Romains, qui y établirent trois forts. De là le nom, donné plus tard au prieuré, de *Saint-Pierre-en-*

Château de Pierrefonds, restauré.

Castres (*Castra*). La propriété de ce domaine fut transmise par Charles le Chauve aux Bénédictins de Saint-Crépin-le-Grand, de Soissons, que remplacèrent, en 1308, des moines Célestins protégés des rois de France. Au moment où la Révolution vint le fermer, ce couvent, riche de 30,000 fr. de rente, n'était plus renommé que pour son hospitalité. « Le pavillon que l'on voit aujourd'hui, dit M. de Ballyhier, appartenait au corps de logis destiné jadis à recevoir les visiteurs. Au pied du pavillon coule la *fontaine* dite *des Miracles* : elle passait pour guérir la stérilité. Lorsque la Révolution éclata, il ne restait plus à Saint-Pierre que deux religieux. Le domaine de Saint-Pierre fut vendu 38,000 fr. en assignats, et plus tard réuni aux biens de la couronne moyennant la somme de 106,000 fr. »

De Saint-Pierre, on peut gagner le *carrefour de Notre-Dame-Adam*, puis le *carrefour des Étangs de la Rouillie*, et de là, au N.-O., le village du *Vieux-Moulin*, où l'on traverse la vallée du ru ou ruisseau de Berne. On commence alors à gravir le **mont Saint-Mard** par une belle route de voitures, ouverte depuis une dizaine d'années, et qui, sur les pentes de la colline, est bordée de belles futaies. Parvenu sur le plateau, on suit à g. la route circulaire, et l'on s'arrête aux divers points de vue qui ont été agréablement ménagés (des poteaux indicateurs font connaître aux promeneurs les noms des diverses localités du panorama). Premier point de vue (25 min. de Vivier-Frère-Robert) : on voit d'ici se dérouler une immense étendue de forêts, dont les plans se superposent et forment des zones diversement nuancées, qui s'éteignent dans les vapeurs de l'horizon. On aperçoit à ses pieds le hameau de Vivier-Frère-Robert; à g., à l'horizon, la montagne de Verberie; au milieu, la forêt de Hallatte; à dr., la Faisanderie et l'échancrure formée dans les futaies des Beaux-Monts, à l'extrémité de la grande avenue que Napoléon y fit percer en 1810. — Deuxième point de vue : dans la direction du village de Choisy, au-dessus du confluent de l'Aisne et de l'Oise. Ce point de vue est moins intéressant que les autres. Les bois traversés sur le plateau par la route tournante, que l'on continue de suivre, sont jeunes et maigres, et contrastent avec les belles futaies du pied de la montagne. — Troisième point de vue : ferme du moulin de l'Ortille, les Beaux-Monts, le mont du Tremble, le parc de Séchelles, le Mont-Gannelon, la forêt de Laigue, au-dessus de Choisy. — Quatrième point de vue : beau panorama sur la vallée de l'Aisne. Vue de face : Rethondes, village important, sur la rive dr. de l'Aisne; la forêt de Laigue, sur les collines qui le dominent; Noyon. Offemont, Saint-Crépin-au-Bois. Vue de g. : Francport, hameau sur la rive dr. de l'Aisne; entre Rethondes et Francport, le château des Bons-Hommes, appartenant au marquis de Laigue, le bois de Belle-Assise. Vue de dr. : Éverse, Verneuil, Attichy, Vic-sur-Aisne, et la vallée de l'Aisne, s'étendant à l'horizon jusqu'à Soissons, que l'on peut apercevoir par un ciel clair. — Cinquième point de vue : borné, mais bien ménagé dans l'axe de la vallée et de la rivière de l'Aisne, du côté du pont de Francport. — Sixième point de vue : château de Saint-Claire (au-delà de l'Aisne), appartenant à M. le duc de Coigny; et, en-deçà de la rivière, au pied du mont Saint-Mard, le village de Trosly, sur la route de Soissons.

Du mont Saint-Mard, on descend vers le hameau de *Vivier-Frère-Robert*, situé dans une jolie et fraîche vallée entre le mont Saint-Mard et le revers boisé des **Beaux-Monts**. De là on atteint, dans la direction de Compiègne, la *route de Berne*, et, tournant à dr., on suit cette route jusqu'au **mont du Tremble**, d'où l'on revient sur ses pas par cette même route de Berne pour gagner la magnifique avenue qui fait face au château.

Dans la partie O. de la forêt, le village de la *Croix-Saint-Ouen*, 1,375 hab. (6 kil. de Compiègne, 5 kil. de Verberie), où se voit une vieille croix sculptée, et les abords de l'Oise, dont la rive g. est dominée par des collines, seraient aussi un agréable but d'excursion.

Église de Rhuis, près de Verberie.

DE PONT-SAINTE-MAXENCE A VILLERS-COTTERETS.

42 kil.

La route de Pont-Sainte-Maxence à Villers-Cotterets suit, jusqu'à Verberie, la rive g. de l'Oise, d'où la vue est fort belle, et que bordent de curieux édifices du moyen âge. A peine sorti de Pont, on trouve déjà, sur la g., deux tours rondes du XIVe s., restes du *château de Fécamp*, construit et habité par Philippe le Bel. Cette demeure royale était renfermée dans l'enclos de l'*abbaye du Moncel*, fondée pour des Clarisses par le même prince, en 1309. Il en reste, à dr. de la route, un beau corps de logis du xiv⁰ s., avec fenêtres en ogive et croix de pierre, et une annexe dite la *Cour basse*, bâtiments de ferme parmi lesquels est la maison qu'habita le jurisconsulte et poëte Philippe de Beaumanoir, quelque temps confident du roi de France († 1296). — Un peu plus loin, au ham. de *Saint-Paterne*, on remarque une maison du xiii⁰ s., appelée, on ne sait pourquoi, la *maison de Saint-Symphorien*.

2 kil. 500 mèt. (de Pont-Sainte-Maxence). **Pontpoint**, 923 hab., possédait naguère deux églises : l'une, *Saint-Gervais* (mon. hist.), est un assez curieux édifice des xi⁰, xii⁰ et xiii⁰ s., dont le clocher roman est terminé par un toit obtus, en pierre. Les fenêtres de la nef centrale sont percées sur l'axe des piliers. L'autre église, *Saint-Pierre*, située au ham. du même nom, à 1 kil. plus à l'E., à dr. de la route de Verberie, n'est plus qu'une ruine depuis 1830 environ; ses restes offrent encore d'assez curieux spécimens des xii⁰ et xiii⁰ s. De Pontpoint dépendent aussi *Notre-Dame-du-Praël*, oratoire du xiv⁰ s., et le *château de Sonneville*, manoir dont on voit à dr., au bord de la route, la chapelle romane.

7 kil. 1/2. *Rhuis*, l'antique *Ratomagus* (?), v. de 139 hab., près duquel existaient, vers 1764, six pierres druidiques; il n'en reste plus qu'une seule, debout au milieu de la vallée, à 600 mèt. du village, au lieu dit *les Fortes Terres*. Dans le voisinage reposent, dit-on, des corps de dimension gigantesque. Des haches en silex y ont été trouvées. L'*église* (mon. hist.) de Rhuis est du xi⁰ s. A l'abside, une corniche porte des animaux bizarres et des figures grimaçantes. Cette église conserve de nombreuses reliques visitées annuellement par une grande foule de pèlerins; elle possède, en outre, un retable du commencement du xvi⁰ s., dont les sculptures figurent la *Passion*.

Roberval, 293 hab., à 2 kil. S. de Rhuis, possède une *église* des xi⁰, xii⁰ et xvi⁰ s., avec de curieux vitraux. A mi-chemin s'élève un beau *château* du xviii⁰ s.

8 kil. 1 2. A g. de la route, *ferme de Saint-Germain*, ornée de pilastres toscans (xvii⁰ s.).

10 kil. Verberie (*V.* ci-dessus, p. 292). — A Verberie, la route de Villers-Cotterets quitte la vallée de l'Oise pour remonter celle de l'Authonne.

L'embouchure de l'Authonne est à 1 kil. N. de Verberie. « Cette petite rivière est, comparativement à l'étendue de son bassin, un des cours d'eau les plus remarquables de la France entière. Elle reçoit tant de fontaines, et des fontaines si abondantes, que, au fort de l'été, dans les années les plus sèches, elle porte encore près de 2,200 litres d'eau par seconde à l'Oise, c'est-à-dire un volume d'eau que ne roulent pas à cette époque bien des rivières de 100, 150 et 200 kil. (l'Authonne n'en a que 35); et ces eaux sont d'une limpidité, d'une fraîcheur admirables. » (*Géographie de l'Oise*, par Adolphe Joanne, p. 10.)

A la sortie de Verberie, la route, suivant la rive g. de l'Authonne, est dominée à dr. par les hauteurs de Longmont; à g. s'étend une large plaine que couvre en partie la forêt de Compiègne.

14 kil. *Saintines*, 560 hab. L'*église*, en contre-bas de la route, à g., date du xv⁰ s., sauf la travée qui supporte le clocher et sa flèche en pierre du xii⁰ s. L'intérieur renferme un curieux rétable à volets, sculpté, peint et doré, du xv⁰ s., et quatre belles statues polychromes de la même époque. Le *château*, moderne, a conservé un donjon carré peu élevé, construit en 1513 et couronné de mâchicoulis.

A 2 kil. N.-E. de Saintines, le v. de *Saint-Sauveur*, 843 hab., attire l'attention par sa belle *église* de la Renaissance (ancien vitrail) et son clocher du xvii⁰ s., couronné par une flèche en pierre assez disgracieuse.

Au-delà de Saintines, la vallée de l'Authonne se ferme des deux côtés. Quand on a traversé la rivière pour en longer la rive dr., on voit s'ouvrir à dr. un vallon latéral au fond duquel se montrent le v. de *Néry*, 571 hab., et son curieux *clocher* roman, avec flèche du XVIe s. De Néry dépend le **manoir de Huleux** (3 kil. S.-O. du village), construction de la Renaissance où l'influence italienne est évidente (belles cheminées).

17 kil. *Béthisy-Saint-Pierre*, 1,587 hab., à g. de la route. On y remarque les restes d'un *château* fondé en 1030 par la reine Constance, et un autre *château*, dit *de la Douye* (XIVe et XVIe s.). L'*église*, des XIIe, XIIIe et XVIe s., renferme quelques chapiteaux historiés, des fonts baptismaux datés, en chiffres arabes, de 1493, et des boiseries du XVe s. Une longue inscription extérieure, de 1526, est relative à la construction du clocher, belle tour haute, avec sa flèche dentelée, de 48 mèt. Béthisy-Saint-Pierre possède un couvent de Bénédictins prêcheurs.

17 kil. 1/2. A dr., *Béthisy-Saint-Martin*, 825 hab., dont l'*église*, des XIIe, XIIIe, XIVe et XVe s., est dominée par une flèche du XIIIe s.

En face de Béthisy-Saint-Martin se détache de la route, à g., une « chaussée Brunehaut » qui monte vers (3 kil.) Champlieu (V. ci-dessus, *Forêt de Compiègne*).

20 kil. A dr., embouchure du ruisseau de Baybel, dont la vallée est dominée, à 3 kil. de la route, par le v. de *Glaignes*, 303 hab. (*église* assez curieuse, du XIIe s.; restes d'un *château* du XVe s.).

21 kil. *Orrouy*, 540 hab. L'*église*, des XIIe et XVIe s., mérite d'être visitée pour ses sculptures romanes et ses vitraux de la Renaissance. Près du moulin d'Orrouy, à dr. de la route, s'élève la pierre *Marie-Colette*, menhir haut de 4 mèt. — Champlieu est à 2 kil. N.-O. d'Orrouy et dépend de ce village (V. ci-dessus). Le gardien des ruines habite Orrouy.

23 kil. On croise la route de Crépy à Compiègne, sur laquelle se trouvent, à dr., *Béthancourt*, 227 hab. (église des XIIe, XVIe et XVIIIe s.), à g. *Gilocourt*, 318 hab. Ce dernier v. possède une *église* des XIIIe et XVIe s.

26 kil. *Hélincourt*, ham. de Morienval. Avant de franchir, entre Hélincourt et Fresnoy, le ruisseau de Morienval, on trouve à g. un chemin de 1 kil. conduisant à ce village (V. ci-dessus, p. 310).

On franchit, à Hélincourt, le ruisseau de Morienval.

26 kil. 1/2. *Fresnoy-la-Rivière*, 526 hab. L'*église*, de la fin du XVe s., renferme d'anciens vitraux.

29 kil. *Pontdron* (église du XIIe s.), dépendance de Bonneuil.

[On peut, de Pontdron, prendre à g. une vallée latérale et aller à Villers-Cotterets par la lisière de la forêt de ce nom. La distance est à peu près la même que par la vallée de l'Authonne, mais le trajet est beaucoup moins intéressant. On traverse (4 kil. de Pontdron) *Bonneuil-en-Valois*, 306 hab. (église des XVe et XVIe s.; maisons du XVe s.), — (7 kil.) *Éméville*, 183 hab., — et (10 kil.) *Haramont*, v. de 451 hab. (Aisne), dont l'*église*, des XIIe et XIIIe s., a un double chœur et renferme un tableau attribué à Jouvenet.]

A dr., dominant une vallée latérale, se montre *Feigneux*, 310 hab. (église des XIe, XIIe et XVIe s., avec vitraux de cette dernière époque).

31 kil. *Berval*, ham. de Bonneuil (église du XIIe s.).

A dr., une vallée qui se bifurque sert de passage à deux ruisseaux venus de Russy et de Vaumoise (V. ci-dessous, Section XVIII).

33 kil. *Lieu-Restauré*, ferme occupant les ruines d'une abbaye de Prémontrés. La nef de l'église (mon. hist.), encore debout, est un bon spécimen du style ogival flamboyant, malgré sa date de 1540. La rose en est parfaitement conservée. Elle sert de grange et on ne peut la visiter intérieurement qu'avant l'époque des moissons.

35 kil. A g., au sommet d'une

côte, *Vez*, 307 hab., dont M. Viollet-le-Duc a fait connaître le **château** (mon. hist.), curieuse construction féodale, avec donjon pentagonal (encore habité), due, comme Pierrefonds et une partie des châteaux de Coucy et de Montépilloy, à Louis d'Orléans, frère de Charles VI. A l'intérieur de l'enceinte sont les ruines bien caractérisées d'un château du XIIe et du XIIIe s., parmi lesquelles se reconnaît l'ancienne chapelle. On obtient facilement la permission de visiter le château de Vez, en se faisant accompagner par le concierge.

37 kil. La vallée se bifurque. L'Authonne coule dans le bras de dr., qui se recourbe à l'E. entre Vauciennes et Coyolles (*V*. Section XVIII) : le bras de g. se dirige vers Haramont : tous les deux séparent le départ. de l'Oise de celui de l'Aisne. De là on monte rapidement à

38 kil. *Largny*, 314 hab. L'*église*, de la fin du XIIe s., rappelle par son style Saint-Martin de Laon et la nef de l'église de Bruyères, dans le département de l'Aisne. Le clocher, du commencement du XIIIe s., présente un couronnement à double égout bien caractérisé. A l'intérieur, on remarque une longue sculpture sur bois du XVe s. représentant les *Apôtres*, un dais d'autel du XVIe s., provenant de Lieu-Restauré et des fonts baptismaux du XVe s.

42 kil. Villers-Cotterets (*V*. Section XVIII).

SECTION XVII

DE PARIS A CRÉPY-EN-VALOIS, PAR SENLIS [1]

On suit d'abord la grande ligne du Nord jusqu'à Chantilly, la 8e station (*V*. ci-dessus, p. 274). De cette dernière station un embranchement à une seule voie conduit à Crépy. La distance de Paris à Chantilly est de 41 kil.; celle de Chantilly à Senlis, de 11 kil.; celle de Senlis à Crépy, de 19 kil.

Après avoir quitté Chantilly, on franchit la Nonette sur le beau viaduc décrit p. 286, avant de quitter la ligne de Creil, de traverser le *bois de Saint-Maximin* et de s'arrêter à la halte de *Vineuil*, ham. dépendant de Saint-Firmin (habitations creusées dans les carrières).

9e STATION. — SAINT-FIRMIN.

47 kil. de Paris, 6 kil. de Chantilly, 5 kil. de Senlis.

Saint-Firmin, v. de 1,022 hab., sur la Nonette, possède une *église*

[1]. *Embarcadère*. Gare du Nord, place Roubaix.

dont une partie seulement date du XVe s., et qui pour le reste est moderne. Elle renferme de beaux vitraux de la Renaissance, où l'on voit les écussons du cardinal de Boisy, de Guillaume Gouffier, son père, et de Philippe de Montmorency. Saint-Firmin possède un beau *parc* dépendant du domaine de Chantilly. Le 23 novembre 1763, l'auteur de *Manon Lescaut*, l'abbé Prévost, alors âgé de soixante-sept ans, se promenait seul dans la forêt de Chantilly lorsqu'il fut frappé d'apoplexie. Des paysans portent ce corps, privé de mouvement, chez le curé de Saint-Firmin. La justice, informée, ordonne une autopsie, pour établir la cause de la mort; un chirurgien, que l'on appelle, pratique sur le champ une large ouverture et découvre les entrailles. En ce moment Prévost se ranime et pousse un cri terrible, mais il ne recouvre ses sens que pour expirer bientôt après.

En face de Saint-Firmin, se trouve

Avilly, sur la Nonette. A peu de distance se présente sur la rive g. de la Nonette, *Saint-Léonard* (543 hab.; cressonnières importantes), dont l'*église* a conservé un chœur de la fin du XIIe s. Sur la rive dr. de la Nonette, se montre, presque en face de Saint-Léonard, *Courteuil*, v. de 267 hab. La façade de l'*église* est du XVIe s. Un peu au-delà de Courteuil, on atteint *Saint-Nicolas-d'Acy*, ham. de 96 hab., et bientôt après Senlis.

10e STATION. — SENLIS.

11 kil. de Chantilly, 5 kil. de Saint-Firmin, 52 kil. de Paris, 9 kil. de la Chapelle-en-Serval, 11 kil. de Creil par la route de terre.

Senlis *, V. de 6,092 hab., ch.-l. d'arrond. du départ. de l'Oise, est située entre les forêts de Hallatte, de Chantilly et d'Ermenonville, et un peu au N. de la petite rivière de la Nonette. Ses rues sont généralement étroites et tortueuses. Cependant elle possède une belle rue droite, la rue *Neuve-de-Paris*, habitée principalement par les rentiers.

Histoire.

Senlis doit son origine à *Sylvanectum*, bourgade gallo-romaine, appelée antérieurement *Augustomagus*. Les Romains établirent dans le pays avoisinant une colonie militaire transplantée de la Belgique première. Deux chaussées conduisaient de Senlis, l'une à Soissons, l'autre à Amiens; une troisième se dirigeait sur Lutèce. Régulus vint à Sylvanectum prêcher la foi chrétienne vers la fin du IIIe s.; on l'honore sous le nom de saint Rieul, comme premier évêque de Senlis.

Les rois de la première et de la seconde race résidèrent à Senlis. Charlemagne chassait quelquefois dans ses environs. Lors du démembrement de l'empire, la ville de Senlis dépendit des comtes de Vermandois. Annexée ensuite au domaine royal, elle obtint (1173) une charte de commune, dont les franchises furent successivement restreintes par l'autorité souveraine. A cette époque, elle était le fief de la branche collatérale, issue des anciens comtes de Vermandois, que l'on appelait les Bouteillers (de Senlis), parce qu'ils avaient eu longtemps la charge de grand bouteiller de France. Cette famille s'éteignit au XIVe s. Un bailli royal fut alors placé à Senlis; sa juridiction s'étendait sur Pierrefonds et Compiègne.

L'évêque de Senlis le plus célèbre au moyen âge fut Guérin ou Warin, élu en 1214. Il avait été chevalier de Saint-Jean et se souvenait encore des occupations militaires de sa jeunesse lorsqu'il conduisit les communiers de Senlis à la bataille de Bouvines. Philippe Auguste lui dut en partie les dispositions qui assurèrent la victoire. Pendant le combat, Guérin portait une masse d'armes et non une épée, « parce que, disait-il, l'Église défend bien de *percer* avec le glaive; mais elle n'interdit pas d'*assommer* avec une massue. »

Les Jacques révoltés trouvèrent bon accueil dans la ville, en 1358. Les nobles y étant entrés à leur tour pour tirer vengeance de cet appui donné à l'insurrection furent repoussés par les bourgeois, qui surent se protéger courageusement eux-mêmes dans cette conjoncture. Au commencement du XVe s., Senlis tint pendant dix ans pour le parti bourguignon et anglais; mais ses habitants finirent par chasser la garnison étrangère. Au temps de la Ligue, elle fut assiégée par le duc d'Aumale et délivrée par le duc de Longueville et Lanoue, qui firent éprouver une rude défaite à l'armée des Ligueurs. Depuis lors Senlis n'a plus joué de rôle important dans l'histoire. « Les nombreuses manufactures, dit un de ses historiens, qui faisaient sa principale industrie et qui étaient exploitées sous Henri IV par 200 maîtres, sous les ordres desquels travaillaient 4,000 ouvriers, ont successivement disparu du pays; il ne reste plus de toute cette animation qu'une cité aux habitués réglées et tranquilles. »

L'évêché de Senlis, suffragant de l'archevêché de Reims, ne rapportait que vingt mille livres au titulaire; le diocèse était un des moins étendus du Nord de la France; sa suppression, ordonnée par la Constitution civile du clergé, fut maintenue par le Concordat.

Deux congrès archéologiques ont été tenus à Senlis, l'un les 31 juillet et 1er août 1866, l'autre du 28 mai au 3 juin 1877.

Monuments antiques.

Senlis a conservé une **enceinte gallo-romaine**, la plus complète qui subsiste en France, après celles de

Saint-Lizier (Ariége) et de Bourges. « Élevés en moyenne de 7 mètres, épais de 4, fortement assis sur sept ou huit lits de grosses pierres d'appareil smillées et assemblées à sec, composées d'un enrochement de moellons à bain de chaux et de mortier revêtu sur les deux faces de pierres cubiques ou rectangulaires, divisés dans leur hauteur par des lits transversaux de larges tuiles saillantes dessinant, de quatre pieds en quatre pieds, leurs lignes horizontales et parallèles, ces remparts forment un ovale dont le grand diamètre, de l'E. à l'O., mesure 312 mèt. de longueur, et dont le diamètre transversal, du N. au S., a 242 mèt. Ils présentent un développement total de 840 mèt., et renferment une superficie de 6 hect. 38 ares, déterminée par une série de lignes brisées dont les angles étaient couverts de 28 tours espacées, en moyenne, de 27 mètres. Seize de ces tours subsistent encore : saillantes en demi-cercle en dehors du mur, saillantes aussi, mais carrément, en dedans de l'enceinte, elles sont pleines et massives jusqu'à la hauteur du mur dans lequel elles sont prises ; elles présentent ensuite une chambre percée de trois baies : l'une ouvrant au dehors et les autres donnant issue dans le chemin de ronde du rempart..... Ouverte aujourd'hui en cinq endroits, la cité romaine n'avait à l'origine que deux portes. Le prétoire ou palais du gouverneur romain, placé au point le plus élevé de la cité, » touchait à l'emplacement d'un **château** qu'habitèrent les rois de France, depuis Clovis jusqu'à Henri IV, et dont il reste de curieuses ruines (XIe, XIIIe et XVIe s.), soigneusement entretenues, et dont le propriétaire actuel fait gracieusement les honneurs. Un bâtiment du XIIIe s. (belle charpente) faisait partie d'un prieuré dédié à saint Maurice. L'entrée ancienne du château, ogive du moyen âge, se trouve à l'extrémité de la rue du Châtel; mais c'est à un portail moderne, donnant sur la petite place Saint-Maurice, que l'on doit frapper aujourd'hui. De la rue du Chat-Haret, on voit très-bien les tours et les courtines romaines du château royal.

En 1863, des fouilles exécutées par les soins du Comité archéologique ont fait découvrir, à l'O. de la ville, les substructions de l'*amphithéâtre* (elles sont encore visibles), qui mesurait dans œuvre 42 mèt. sur le grand axe et 32 mèt. sur le petit.

Monuments.

L'ancienne **cathédrale** (mon. hist.), dédiée à **Notre-Dame**, est un magnifique édifice des XIIe, XIIIe et XVIe s., que l'on commença, en 1155, sur de vastes proportions, pour suivre le mouvement artistique provoqué par la naissance du style ogival (*V.* Saint-Denis, p. 209). Les ressources du diocèse, qui était loin d'égaler en étendue le territoire de l'arrondissement actuel, se trouvant par suite fort restreintes, le roi Louis VII fit à l'évêque de larges dons, et adressa aux prélats français des lettres en faveur des envoyés chargés par le chapitre de porter dans les diocèses étrangers les reliques de saint Rieul et de solliciter des offrandes. Le pape, de son côté, accorda des indulgences étendues aux fidèles qui auraient contribué à l'œuvre de Notre-Dame. Par ces moyens, on éleva le chœur et la nef, mais on fut obligé de resteindre la longueur de cette dernière et de se passer momentanément de transsept. En 1191, l'église fut consacrée. Au XIIIe s., on termina l'un des clochers de la façade, laissant l'autre incomplet, on bâtit quelques chapelles de la partie droite du chœur, et l'on commença le transsept. Les chapelles de la nef, et quelques-unes du chœur, datent des XIVe et XVe s. En 1502, la foudre incendia les combles, endommagea toutes les parties supérieures et compromit la solidité du

Cathédrale de Senlis.

clocher. Il fallut reconstruire toutes les grandes voûtes, les fenêtres hautes, réparer la façade. Ces travaux furent exécutés avec un certain luxe; lorsqu'ils furent achevés, en 1532, le chapitre se trouva en état d'ajouter à la basilique un transsept encore plus somptueux, avec portails, statues et galeries, terminé en 1556. Ce transsept avait été déjà commencé au XIII⁰ s. jusqu'aux tribunes. Quelques mutilations ont eu lieu durant la dernière Révolution, une restauration récente les a fait disparaître en partie.

La cathédrale de Senlis, longue de 65 mètres, haute de 30 sous clef (de 25 seulement, au XII⁰ s.), a une nef que la situation du transsept rend sensiblement plus courte que le chœur. La façade occidentale est percée de trois portes : celle du centre avait seule un trumeau, des statues et des bas-reliefs. Le trumeau n'existe plus ; les têtes des huit grandes statues sont modernes (ces statues, assez bizarres, ne sont pas toutes expliquées ; on y reconnaît seulement d'une manière incontestable Abraham sacrifiant son fils Isaac, Jacob, saint Jean-Baptiste et Siméon) ; mais les 40 statuettes des voussures sont à peu près intactes, ainsi que les sculptures du tympan, où sont figurés la *Mort*, l'*Ensevelissement* et le *Couronnement de la Vierge*. Les portes latérales ont leurs tympans percés chacun de trois arcatures inégales ; cette disposition a été imitée dans quelques églises des environs, notamment à Fontenay-lès-Louvres (*V.* p. 268). Le reste de la façade a été remanié au XVI⁰ s. ; le clocher de g. fut alors couronné d'une balustrade et d'un toit aigu.

Le **clocher** de dr. est une merveille du XIII⁰ s. Haut de 78 mèt. au-dessus du sol, il comprend, au-dessus de l'étage du beffroi, un tambour octogonal très-élancé, flanqué de clochetons à jour qui s'inclinent sur ses côtés obliques, et une flèche portant huit lucarnes. Cet ensemble produit une silhouette originale ; mais les lucarnes, prenant trop de hauteur, font paraître la flèche trop courte.

Les portails latéraux offrent dans toute sa délicatesse le style ogival flamboyant. Celui du S., le plus riche, a conservé quelques-unes des statues qui ornaient ses jambages et les groupes sculptés qui remplaçaient les statuettes des voussures. Sur chaque porte s'étend une galerie ou *loggia*, surmontée elle-même d'un passage à balustrade qui permet de circuler au bas de la grande fenêtre.

Le chœur est, au dehors, de la plus grande simplicité. L'architecture du XII⁰ s. n'apparaît extérieurement que dans les chapelles et au mur des tribunes de l'abside ; toutes les autres parties visibles ne sont que du XVI⁰ s.

A l'intérieur, les piliers et les arcs longitudinaux, les bas-côtés et les tribunes de la nef et du chœur font partie de la construction du XII⁰ s. La nef se compose de cinq travées dont la première forme vestibule sous les clochers et dont la dernière appartient latéralement aux croisillons, qui ont aussi des bas-côtés. Aux trois dernières travées les collatéraux sont doublés de deux longues chapelles ; celle de g. a pour clef de voûte une large couronne autour de laquelle quatre anges sculptés étendent leurs ailes. Des nervures ramifiées soutiennent la grande voûte du transsept. La nef transversale a des tribunes du XVI⁰ s. La partie rectangulaire du chœur est composée de six travées, dont la première lui est commune avec les croisillons. Les chapelles sont des XIII⁰ et XIV⁰ s. L'une d'elles, à l'angle du croisillon S., a une voûte en couronne ; la seconde travée du collatéral, du même côté, présente une clef pendante. L'abside est entourée d'un déambulatoire et de cinq chapelles dont quatre, très-peu profondes, remontent au XII⁰ s. La chapelle de l'axe, qui imite assez bien le XIIIᵉ s., n'est qu'une addition moderne ; les sculptures des gros chapiteaux de l'abside ont été refaites en plâtre.

On remarque, disposées dans la sacristie, des colonnes à chapiteaux cubiques qui datent au moins du Xᵉ s. Dans la chapelle de Saint-Rieul, une plaque de marbre noir, incrustée dans une espèce d'obélisque et que surmonte un médaillon en cuivre, porte l'épitaphe de M. de Roquelaure, dernier évêque de Senlis, élu en 1774, mort le 23 avril 1818, à l'âge de 97 ans. Dans le mur du collatéral g. est encastré un beau bas-relief en marbre du XVIIᵉ s. (l'*Ensevelissement du Christ*).

Contre le portail du N. se voit une *salle capitulaire* du XIVᵉ s., dont la voûte est curieuse.

L'*évêché*, au S.-E. de la cathédrale, date du XIIᵉ s., ainsi que sa chapelle ; mais il a perdu presque tout caractère. Le Comité archéologique de Senlis y a recueilli plusieurs antiquités et un curieux cénotaphe du XVIIᵉ s., orné d'un bas-relief en marbre blanc, qui représente une femme succombant au milieu de l'opération césarienne ; son enfant porte une palme avec ces mots : *Meruisti ; mors et amor tanto potuerunt funere jungi*.

Saint-Frambourg (mon. hist.), ancienne collégiale, mérite une visite après la cathédrale. Elle ne sert plus au culte, mais on peut facilement la visiter en frappant à la porte cochère qui s'ouvre au nº 6 de la rue Saint-Frambourg. Cette église, que l'on reconstruisit en 1177 pour la remettre au goût de l'époque, est un monument régulier, homogène, sans bas-côté ni transsept, « qui pourrait bien, d'après M. A. Saint-Paul (*Annuaire de l'archéologue français*, 1ʳᵉ année, p. 34), être le prototype des Saintes-Chapelles des XIIIᵉ et XIVᵉ s. » Les proportions en sont fort belles. La porte occidentale, qui manque de largeur, était jadis surmontée d'une grande rose dont les meneaux ne furent peut-être jamais exécutés et que remplit aujourd'hui un mur du XIIIᵉ ou du XIVᵉ s., percé de trois fenêtres. La nef compte quatre doubles travées à nervures sexpartites ; l'abside est circulaire et offre sept larges fenêtres sans meneaux, semblables d'ailleurs à celles de la nef. Les clefs de voûte offrent une ornementation délicatement sculptée.

Saint-Pierre (mon. hist.), ancienne église paroissiale, est aujourd'hui renfermée dans une caserne de cavalerie où il est permis de la visiter (pas de pourboire). Elle date presque en entier du XVIᵉ siècle, et le style ogival flamboyant y a épuisé toutes les ressources de son élégante ornementation. Une partie du chœur est du XIIIᵉ s. Sur la travée de la nef qui avoisine le transsept s'élèvent latéralement deux tours ; celle de g. (XIIᵉ et XIVᵉ s.), couronnée d'une flèche en pierre de 1431, est toutefois moins haute que la tour correspondante, construite de 1588 à 1592, dans le style avancé de la Renaissance, et qui n'a qu'une coupole.

L'*église des Carmes* (rue Vieille-de-Paris), fondée en 1303, reconstruite presque en entier au XVIᵉ s., dépend aussi d'une caserne. — *Saint-Aignan* (XIVᵉ et XVIᵉ s.), où l'on remarque les restes d'un clocher roman, sert de théâtre. — La *chapelle* de l'ancien hôpital *de la Charité* ne date que du XVIIIᵉ s.

A l'extrémité S.-E. de la ville s'élève le **collège** ecclésiastique **de Saint-Vincent**, qui occupe les bâtiments en partie reconstruits de l'ancienne abbaye de ce nom, fondée par la reine Anne de Russie, en 1065. L'ancienne église de ce monastère subsiste encore, avec ses voûtes à nervures, refaites en 1130 et restaurées de nos jours. Le clocher, aussi du XIIᵉ s., se fait remarquer par l'élégance de son étage supérieur. Les bâtiments claustraux sont en grande partie du XVIIᵉ s.

L'*hôtel de ville*, reconstruit en 1495, a conservé un escalier enfermé dans une tourelle et des fenêtres de grande dimension à moulures et meneaux prismatiques; les portes sont en arc Tudor. Au centre de la façade, un buste moderne représente Henri IV.

Plusieurs *maisons anciennes* sont intéressantes comme spécimens d'architecture privée; il convient de signaler particulièrement : Vieille rue de Paris, n° 53, une maison à arcade surbaissée, avec tourelle polygonale (XVIe s.), sculptures, animaux ; — à l'extrémité de la rue du Châtel, contre la porte féodale du château, une construction du XVIIe s., qui a conservé dans la façade l'enseigne sculptée de l'auberge des *Trois Pots*; — même rue, n° 20, dans une fabrique de chicorée, une porte à ogive trilobée et une salle voûtée avec épine de colonnes ; — au parvis de la cathédrale, une maison dite de Raoul de Vermandois (escalier dans une tourelle du XVIe s.); — rue du Carrefour-Saint-Rieul, n° 2, une autre maison, également en bois, du XIVe s.; — rue Sainte-Geneviève, n° 8, une maison du XIIIe s.; — même rue, n° 6, une maison en briques avec chaînes de pierre, du XVIe s., etc. Sous plusieurs maisons de la ville s'étendent encore de très-belles *caves voûtées* du XIIIe s., et plus bas encore d'anciennes carrières.

La ville de Senlis possède une *bibliothèque* de 13,000 volumes, riche en documents historiques classés sous le titre de *Collectanea Sylvanectensia*, et en recueils manuscrits de pièces relatives à l'ancien diocèse. On remarque particulièrement une précieuse série de comptes de ville, dont les plus anciens remontent au XIIIe s., inscrits au moyen d'un style sur une légère couche de cire noire étendue sur des tablettes de bois. — M. Voillemier possède à Senlis une collection numismatique offrant de nombreuses monnaies royales des premiers temps de la monarchie.

ENVIRONS DE SENLIS.

Quand on a visité Senlis, on peut faire trois excursions intéressantes aux environs de cette ville : l'une à l'E., aux ruines de Montépilloy; l'autre au S.-E., à l'ancienne abbaye de la Victoire et au château de Mont-l'Évêque, la troisième, également au S.-E., à Ermenonville.

Ruines de Montépilloy. — Si l'on prend à la gare de Senlis un des trains qui conduisent à Crépy, on arrive bientôt à la station de (7 kil.) Barbery, d'où l'on monte en 20 à 25 min. à **Montépilloy**, *Mons Speculatorum,* ainsi nommé parce que les guetteurs pouvaient observer de là une grande partie du Valois et du comté de Senlis. Le château de Montépilloy, bâti au XIIe s., reconstruit en partie par Louis, duc d'Orléans, vers 1400, appartint d'abord à la maison des Bouteillers de Senlis. En 1358, les efforts de la Jacquerie échouèrent devant ses murailles ; il fut démantelé à la fin du XVIe s.

L'enceinte, heptagonale, peut encore se déterminer au moyen des fossés, larges de 15 mèt.; transversalement, elle mesurait 75 à 80 mèt. Un donjon rectangulaire, qui formait la partie principale du château, se rattache au corps de l'édifice par une tour carrée saillante et à mâchicoulis. Au centre de la forteresse s'élevait un autre donjon, de forme cylindrique (XIIe s.), remanié par le duc d'Orléans, très-bien appareillé, avec meurtrières et petites fenêtres carrées, mâchicoulis, gargouilles ; il n'en reste qu'un pan de mur haut de 45 mèt., que l'on aperçoit d'une grande distance.

Ruines de l'abbaye de la Victoire (2 kil. env. au S.-E. de la ville). — On suit la route de Mont-l'Évêque sur une longueur de 1 kil., on prend ensuite à dr. un chemin empierré qui conduit à l'*illemétrie,* où se trouve un beau moulin; on prend à g. et, après 5 ou 6 min., on se trouve devant la grille d'un parc. On sonne à une petite porte à dr., où l'on obtient la permission de visiter une charmante propriété, appartenant à M. Boula de Coulombiers, et au milieu de laquelle, près de la maison d'habitation, s'élèvent les ruines de l'abbaye, qui, sous leur revêtement de lierre et de verdure, sont devenues comme un accident pittoresque et un élégant décor de ce parc si bien entretenu.

On peut monter au sommet de la tourelle restée debout (120 marches) et sur la plate-forme ruinée qui la couronne, pour jouir d'une vue agréable sur le parc, les étangs, et la campagne environnante.

L'abbaye de la Victoire fut fondée par Philippe Auguste, en commémoration de la bataille de Bouvines. L'architecte fut un religieux

Ruines de l'abbaye de la Victoire.

nommé Menand. Louis XI a plusieurs fois résidé dans cette abbaye; il s'était même construit tout auprès un château que les religieux firent démolir en 1599. Il y signa, le 9 octobre 1475, un traité de paix avec le duc François II de Bretagne. En 1783, l'archevêque de Reims prononça la suppression de l'abbaye de la Victoire, et M. de Roquelaure, à qui le domaine en était dévolu, comme évêque de Senlis, ordonna de démolir la majeure partie des bâtiments. Les beaux restes de l'église, qui avait été réédifiée de 1472 à 1519, font vivement regretter cette destruction.

Ces restes consistent en trois travées qui devaient former le bas-côté extrême au S. du chœur, entre le transsept et les chapelles absidales. Dans l'embrasure d'une fenêtre ont été déposés les fragments d'un tombeau et trois belles statues, du xve s. D'autres débris sculptés, de toutes les époques, sont réunis contre les piliers; on y remarque un sujet biblique assez rarement traité au moyen âge : La coupe de Joseph mise dans le sac de Benjamin. Ce groupe est en plâtre et a dû faire partie des voussures de la grande porte. Contre le mur du croisillon, dont fait partie la tourelle, se voient des arcades et des colonnes du commencement du xiiie s., d'un bon style ogival, restes de la basilique primitive.

A *Mont-l'Évêque*, 435 hab., dans le voisinage de l'abbaye de la Victoire (3 kil. 1/2 de Senlis), on peut également visiter un *château* de construction ancienne, qui servait de maison de campagne aux évêques de Senlis. Il appartient à M. de Pontalba. Ce château est entouré d'un beau parc qu'arrose la rivière de la Nonette. L'*église* paroissiale est grande et en partie moderne; mais le transsept appartient aux premiers temps du xiiie s.; le chœur est du xve s.; le clocher de 1634.

Ermenonville. — On peut aller de Senlis à Ermenonville en suivant d'abord la route de Mont-l'Évêque, puis on prend à dr. la route d'Ermenonville, et l'on s'avance à travers la forêt, laissant à g. le village de Châlis, jusqu'au village et au château d'Ermenonville (13 kil.). — On peut de là regagner Paris, par la voiture d'Ermenonville qui conduit (6 kil.) à la station du Plessis-Belleville (*V.* ci-dessous, Section XVIII : *Ermenonville*).

DE SENLIS A CRÉPY.

Au-delà de la gare de Senlis, le chemin de fer de Crépy, tracé dans une plaine accidentée que domine Montépilloy, laisse à g. *Chamant*, 480 hab., dans la jolie vallée de l'Aunette. Le *château* de Chamant a appartenu à la famille de Saint-Simon et à Lucien Bonaparte. L'*église* de Chamant, des xiie, xive et xvie s., présente une flèche gothique de cette dernière période; on y voit le tombeau d'Eléonore Boyer, première femme de Lucien Bonaparte.

11e STATION. — BARBERY.

58 kil. de la gare de Paris, 6 kil. de celle de Senlis, 1 kil. 1/2 de Montépilloy. — Le village est à 1 kil. à g. de sa station.

Barbery, 433 h., n'a d'intéressant que le chœur et le transsept de son *église*, consacrés en 1586 par le célèbre ligueur Guillaume Rose, évêque de Senlis. — *Ognon*, 128 hab., à 3 kil. N.-O. de Barbery, possède un *château* du xviiie s., qui appartient à M. de Caix de Saint-Aymour, directeur du *Musée archéologique* et de l'*Annuaire des sciences historiques*. On peut y visiter une intéressante collection d'antiquités locales. Le parc, fort curieux, est tel que Le Nôtre le fit tracer, avec ses *gloriettes* ou pavillons en pierre, ses escaliers, ses balustrades et ses magnifiques ombrages. Près d'Ognon, à la lisière de la forêt de Hallatte, M. de Saint-Aymour a découvert, en 1871, de curieux restes d'un *temple* romain.

Pour Montépilloy, que l'on visite de la station de Barbery, *V.* ci-dessus, p. 328.

Le chemin de fer passe au pied de la colline de Montépilloy et laisse à g. le ham. de *Bray* (église en partie du xiiie s.; restes d'un prieuré des xiiie et xive s.) et le v. de *Rully*, 638 hab., dont l'*église*, des xiie et xive s., est assez intéressante dans ses détails. A dr., au pied de collines boisées, se montrent *Ducy* et son église moderne, *Fresnoy-le-Luat*, 369 hab., que domine une jolie flèche dentelée du xve s., flanquant une *église* de diverses époques.

12e STATION. — AUGER-SAINT-VINCENT.

67 kil. de la gare de Paris, 9 kil. de Barbery, 7 kil. de Crépy-en-Valois.

Auger-Saint-Vincent, 410 hab., renferme une *église* assez intéressante des xiiᵉ, xiiiᵉ et xviᵉ s., avec quelques vitraux de 1534. — A 2 kil. E. se trouve *le Parc-aux-Dames*, ancien monastère converti en ferme et dont il reste la chapelle (xvᵉ s.).

A 4 kil. de la station d'Auger, la ligne de Senlis rejoint celle de Paris à Soissons.

13ᵉ STATION. — CRÉPY-EN-VALOIS.

74 kil. de la gare de Paris par Chantilly. 7 kil. d'Auger-Saint-Vincent.

Crépy est décrit ci-dessous, Section XVIII : *De Paris à Villers-Cotterets*.

SECTION XVIII

DE PARIS A VILLERS-COTTERETS

PAR DAMMARTIN [1]

Au-delà des fortifications, on laisse à g. la ligne de Boulogne et Calais pour prendre à dr. la ligne de Soissons, qui se dirige au N.-E., croise la route et le canal de Saint-Denis, et tourne à l'E. A g., se montrent Saint-Denis et le *fort de l'Est*, qui souffrit assez peu durant le siège de 1870-1871, malgré les pluies d'obus que lui envoyèrent les batteries prussiennes de la butte Pinçon et du Bourget ; à dr. s'élève l'église d'Aubervilliers. Plus loin, en arrière de ce village, s'étendent la Villette et Pantin, que dominent Belleville et Romainville.

On traverse le terrain où Blücher, le 30 mars 1814, disposant de 9,000 hommes, les déploya, vers 10 heures, pour attaquer Paris par le front du Nord. L'année suivante, après la bataille de Waterloo, dans la nuit du 27 au 30 juin, le même général, déjà maître de Saint-Denis, envoya huit bataillons et huit escadrons pousser une première tentative sur Paris. Un seul bataillon français défendait Aubervilliers : cette faible troupe se replia en bon ordre sur des remparts de terre élevés en avant du faubourg de la Villette. L'action dégénéra en une fusillade insignifiante de plusieurs heures ; mais la ferme contenance de nos soldats, dit le colonel Charras, et une reconnaissance soigneusement faite de la ligne de nos retranchements avaient convaincu Blücher que, même avec le secours des Anglo-Hollandais, il serait impossible de la forcer. La trahison de Bouché et de Davoust fit tomber les armes des mains des Français.

AUBERVILLIERS.

6 kil. de la place du Château-d'Eau (d'où part la ligne des tramways), 7 kil. 1/2 de Notre-Dame, 2 kil. 1/2 de Saint-Denis.

Aubervilliers, 12,195 h., est une V. qui dépend du canton de Saint-Denis ; son territoire s'est augmenté, en 1860, de la portion de l'ancienne commune de la Chapelle qui n'avait pas été annexée à Paris.

En 1212, il existait à Aubervilliers (*Alberti villare* en 1060) une chapelle dédiée à saint Christophe. Philippe VI et Blanche d'Évreux ayant fait un pèlerinage à un autel de *Notre-Dame des Miracles* ou *des Vertus*, la foule y vint après ces princes. Aubervilliers, détruit pendant la lutte entre les Armagnacs et les Bourguignons, se releva peu à peu, grâce aux aumônes qu'y répandait le prodigieux concours des pèlerins. On vantait, d'ailleurs, la salubrité de l'air qui y régnait, comme le prouve un ancien dicton : « *Bourgeoise d'Aubervilliers, les joues lui passent le nez.* » En 1476 et 1478, Louis XI s'y rendit à son tour. Enfin Henri IV eut

---

1. *Embarcadère*. Gare du Nord, place Roubaix (*V.* p. 207).

son quartier-général à Aubervilliers, quand il assiégeait Paris.

L'*église* d'Aubervilliers a été rebâtie en partie sous Henri II, dans le style ogival mêlé à quelques détails de la Renaissance ; le clocher, assez lourd, date de 1541 : on y voit les traces du croissant de Diane de Poitiers.

A g. du chemin de fer, quand on a dépassé Aubervilliers, se montre *la Cour-Neuve* (859 hab.), où une fontaine est encore appelée *Fontaine de Saint-Lucien*, du nom de l'ancien patron du village. Deux batteries furent installées à la Cour-Neuve, en 1870-1871, pour défendre les avant-postes français.

La voie ferrée passe au-dessus de la route de Bobigny, situé à dr., puis franchit, sur un pont, la route de Pantin à Gonesse avant d'atteindre la station du Bourget-Drancy. A g. est le Bourget ; à dr. Drancy.

Ire STATION. — LE BOURGET-DRANCY.

10 kil. de la gare de Paris. — Le Bourget est à 10 kil. de Paris (Notre-Dame) par la route de terre, 800 mèt. de la station, 6 kil. de Saint-Denis, 3 kil. 1/2 de la Cour-Neuve. — Drancy est à 1.500 mèt. de la station, 2 kil. 1/2 de Bobigny.

Le Bourget (1,072 hab.), situé sur la limite N.-E. du départ. de la Seine, à g. du chemin de fer, est arrosé par le ruisseau de la Mollette, qui, avant d'entrer dans ce village, se nomme le Moleret ; c'est un affluent du Crould. Le Bourget est peu intéressant par lui-même. Il est habité presque uniquement par des cultivateurs et des industriels. Les usines desservies par la Mollette forment sur quelques points des tableaux d'un caractère plus original qu'agréable. On est surpris de trouver deux ou trois propriétés assez importantes dans un site aussi peu séduisant. Comme les autres villages de la plaine des Vertus, le Bourget est isolé et, à plus d'un kilomètre dans toutes les directions, on n'aperçoit qu'une plaine fertile, admirablement cultivée, mais très-monotone. La vue est cependant belle de l'E. à l'O.

Le Bourget est traversé par la route nationale de Paris à Creil, qui franchit la Morée, à 2 kil. N.-E. du village, sur le *Pont-Iblon*. — A 2 kil. S. du Bourget, à dr. du chemin de fer, se trouve **Drancy**, 456 hab., dont la station du Bourget porte aussi le nom.

Le 20 juin 1815, Napoléon, battu l'avant-veille à Waterloo, s'arrêta deux heures au Bourget, pour ne pas rentrer de jour à Paris.

Le Bourget, Drancy et le Pont-Iblon ont joué un rôle important durant le dernier siège de Paris.

Le Bourget fut, dès le commencement du siége, un des postes avancés des Allemands. Ils s'y étaient déjà fortement retranchés, lorsque les troupes françaises songèrent à les en déloger. Déjà, le 23 septembre, une reconnaissance avait chassé de Drancy des tirailleurs prussiens, mais rien de sérieux ne fut tenté contre le Bourget avant la fin d'octobre.

Le 28 octobre, à 4 heures du matin, les francs-tireurs de la Presse, commandant Rolland, surprirent le Bourget et arrivèrent presque sans obstacle jusqu'à l'église. Là ils trouvèrent une résistance sérieuse, et le général de Bellemare, qui commandait à Saint-Denis, leur envoya du renfort ; à 11 heures, il arriva de sa personne avec deux bataillons, mais déjà les troupes françaises étaient maîtresses du village. Vers midi, les batteries prussiennes du Pont-Iblon, formant un total de 18 pièces, ouvrirent le feu sur le Bourget et l'ennemi reçut des renforts de Gonesse, mais nos troupes n'en continuèrent pas moins à se fortifier dans leur position. Notre droite avait été soutenue dès 8 heures du matin par un corps qui s'était établi à Drancy en barricadant les rues et crénelant les maisons. A 3 heures, le feu cessa et l'ennemi se retira vers Gonesse, laissant ses pièces en batterie au Pont-Iblon. Entre 7 et 8 heures, 3,000 Allemands essayèrent de surprendre nos troupes en se donnant pour Français, mais, reçus à bout portant par le 14e bataillon des mobiles de la Seine, ils se retirèrent à la première décharge.

Le 29, à 7 heures, 15 à 20,000 Prussiens étaient dans la plaine ; appuyés par l'artillerie de Pont-Iblon, ils couvrirent le

Bourget de leurs feux. Le général de Bellemare manquait d'artillerie et en demandait vainement au quartier général. Cependant l'ennemi cessa le feu vers 4 heures et se retira sans avoir pu nous déloger ; mais, le 30, il revint avec des forces plus considérables. 30 pièces de canons étaient échelonnées vers le Pont-Iblon, leur première ligne à demi-portée du Bourget ; 20,000 hommes d'infanterie s'étendaient de Dugny et du Blanc-Mesnil à la forêt de Bondy, 3,000 chevaux étaient massés entre Bonneuil et la route de Lille. Les forts de l'Est avaient envoyé un bataillon d'infanterie de marine en renfort à Drancy et un autre à Bobigny ; une compagnie de fusiliers marins traînant des obusiers de montagne, était venue de Noisy à Drancy ; deux autres compagnies de la même arme arrivaient de Romainville à Bobigny. A 8 heures, les Allemands ouvrirent une forte canonnade contre les barricades construites par le bataillon de mobiles, sous les ordres du commandant Baroche, mort bravement à son poste, et resté seul pour défendre le Bourget, malgré l'ordre d'évacuation. A 9 heures, un premier assaut des Allemands fut repoussé ; mais une seconde colonne d'attaque, lancée vers 9 h. 1/2, emporta la barricade dont tous les défenseurs furent tués ou faits prisonniers. A 10 heures, l'ennemi se prépare à attaquer Drancy, se masse derrière le ruisseau du Moleret et met en batterie 15 pièces de canon à 1,500 mèt. du village. Nous y avions le 8ᵉ mobiles de la Seine, le 1ᵉʳ de la Seine-Inférieure, cent éclaireurs Poulizac, une compagnie d'infanterie de marine et une de marins fusiliers, mais seulement 6 obusiers de montagne comme artillerie. Cette faible troupe, commandée par le capitaine de frégate Salmon, bien retranchée dans le village et le parc Ladoucette, tint courageusement sous le feu des 15 pièces du Moleret et de 8 autres du Pont-Iblon. Les tirailleurs allemands criblaient nos avancées de leurs balles sans gagner du terrain ; mais, en présence des grandes masses ennemies qui couvraient la plaine et pouvaient pendant la nuit enlever la position avec ses défenseurs, le vice-amiral de la Roncière, après avoir consulté le gouverneur, crut devoir ordonner la retraite, qui fut bravement soutenue par le 8ᵉ mobiles de la Seine et l'infanterie de marine. A la nuit, le commandant Léger, du 8ᵉ mobiles, rentra dans Drancy et y reprit le matériel que, faute de moyens de transport, on avait dû abandonner.

Le 16 décembre, il fut décidé qu'une nouvelle attaque serait tentée sur le Bourget et qu'on tâcherait d'enlever la ligne de défense en arrière de ce village, dans la direction du Blanc-Mesnil. La deuxième armée était chargée de cette opération, que devait soutenir une diversion faite par la troisième armée sur Neuilly-sur-Marne, Ville-Évrard et Gagny. L'artillerie des forts et d'Avron appuierait ces mouvements.

Le 21, à 8 heures, une vive cannonade des forts commença l'attaque. Un bataillon de marins et le 138ᵉ de ligne, sous les ordres du capitaine de frégate Lamothe-Tenet, entrèrent dans le Bourget par sa partie ouest, tandis que la brigade Lavoignet l'attaquait au sud. A 9 h. 1/2, la partie O. du village était à nous ; mais au S., nos troupes étaient arrêtées par des barricades et des murs crénelés. Le lieutenant de vaisseau Peltereau tourna le village avec une compagnie de marins, et prit à revers les barricades ; mais des renforts nombreux arrivèrent à l'ennemi, et son artillerie, placée à Dugny, Garges et Pont-Iblon, couvrit de projectiles les maisons où nous étions retranchés. Pendant plus de deux heures, nos troupes conservèrent leurs positions sans pouvoir avancer au-delà. Malheureusement le feu d'une de nos batteries, dirigé contre les barricades auxquelles se heurtait la brigade Lavoignet, atteignait en même temps celles de nos troupes qui occupaient une partie du village ; une autre batterie établie à Drancy, et qui devait tirer à droite du Bourget, apercevant des Prussiens dans le village, leur envoya des obus dont plusieurs vinrent tomber au milieu de nos troupes ; enfin, plusieurs projectiles leur arrivèrent aussi du fort d'Aubervilliers. A 11 h. 1/2, le commandant Lamothe-Tenet, se voyant décimé par notre feu en même temps que par celui de l'ennemi, se retira dans un pli de terrain, vers la Courneuve. La brigade Lavoignet tint sous le feu jusqu'à 2 h. 1/2, puis reçut l'ordre de se retirer. Quant au lieutenant de vaisseau Peltereau, isolé au milieu des Allemands, il succomba avec ses braves marins, dont six échappèrent seuls à la mort. Pendant l'affaire du Bourget, plusieurs bataillons des mobiles de la Seine et deux bataillons de marche de la garde nationale de Saint-Denis avaient fait des diversions sur Stains et Épinay.

Un *monument* a été élevé (1872), au Bourget, au N. du village, en l'honneur des victimes des journées du 28 et du 29 octobre, et du 21 décembre.

Quand on a quitté la station du Bourget et laissé à dr. Drancy, on franchit le Moleret, qui sépare la Seine de Seine-et-Oise. A 2 kil. sur la g. se montre *le Blanc-Mesnil*, 128 hab. Une *redoute* doit être construite entre ce village et le chemin de fer.

2e STATION. — AULNAY-LÈS-BONDY.

15 kil. de la gare de Paris, 5 kil. du Bourget. — Le village est à 1 kil. de sa station, 3 kil. du Blanc-Mesnil, 2 kil. 1/2 de Sévran.

Aulnay-lès-Bondy, 627 hab., renferme une *église* des XIIe et XVIIe s. C'était un fief qui fut érigé en marquisat au commencement du XVIIIe s.

Un embranchement de chemin de fer relie, depuis 1872, la station d'Aulnay à celle de Bondy, sur la ligne de Paris à Strasbourg, en traversant la forêt de Bondy (*V.* ci-dessous, Section XIX). Après avoir dépassé la bifurcation, la ligne de Soissons vient longer la rive dr. du canal de l'Ourcq. La plaine que l'on parcourt est couverte par le prolongement de la forêt de Bondy, où dominent les trembles.

3e STATION. — SÉVRAN.

18 kil. de la gare de Paris, 3 kil. de la station d'Aulnay, 3 kil. 1/2 de Villepinte, 2 kil. 1/2 de Livry, 3 kil. 1/2 de Vaujours.

Sévran, 365 hab., possède une **poudrerie nationale**, créée en 1869. — A 3 kil. 1/2 au N. du village est situé *Villepinte*, 271 hab., dont l'église est ornée de belles boiseries du temps de Louis XV. — *Le Grand-Tremblay*, 735 hab., à 2 kil. 1/2 au N.-E. de Villepinte et à 4 kil. O. de Mitry, conserve une *église* dont le chœur, bel ouvrage du XVIe s., de style ogival, est orné de verrières dues à M. Lusson.

Pour Livry et la forêt de Bondy, situés au S. de Sévran, *V.* ci-dessous, Section XIX.

Au-delà de la station de Sévran, le chemin de fer suit, à dr., le canal de l'Ourcq, puis, après avoir longé à dr. un riant coteau, s'engage dans un petit bois. Derrière ce bois se cache *Vaujours* (1,102 hab.), dont le *château* appartint à la famille de Maistre. Près du château de Vaujours, est un gouffre appelé *Fourgoyeuse*, qui absorbe en un instant toutes les eaux, ordinairement très-abondantes, de la vallée.

L'*asile-école Fénelon*, créé à Vaujours par Debeau, ancien curé de la paroisse, est destiné à l'éducation et au patronage des jeunes garçons pauvres (400 environ).

Quand on est sorti du *bois de Saint-Denis*, on passe du départ. de Seine-et-Oise dans celui de Seine-et-Marne et l'on s'éloigne du canal de l'Ourcq, au-delà duquel se cachent, à dr., *Villeparisis*, 849 hab., et son *château* du XVIIe s.

4e STATION. — MITRY-MORY.

27 kil. de Paris, 9 kil. de Sévran, 6 kil. de Claye. — Mitry est à 2 kil. à g. de la station.

Mory (105 hab.), qu'on laisse à g. en allant à Mitry, n'est qu'une dépendance de ce dernier village. **Mitry**, 1,820 hab., possède une *église* du commencement du XVIe s., dont le clocher et une partie du chœur offrent le mélange du style ogival et de la Renaissance. Le chœur, sans abside, est flanqué au N. et au S., outre les bas-côtés, d'une chapelle à trois travées. Celle de g. offre sur une clef dont le centre, défiguré, paraît avoir représenté une tortue ou un escargot, le mot grec ΒΡΑΔΥ-ΤΗΣ (la lenteur), quatre fois répété sur une banderole. Les pleins de la voûte sont ornés de serpents et d'escargots. Au-dessus de l'autel qui termine le bas-côté de dr. est un bon tableau représentant le *Rosaire*.

SÉVRAN. — CLAYE. 335

La plaine qui environne Mitry fut le théâtre de plusieurs combats entre les Armagnacs et les Bourguignons. Entre les belles maisons de campagne du territoire de Mitry, on distingue le *château de Bois-le-Vicomte* (3 kil. S.-O.), bâti par le cardinal de Richelieu, qui l'avait entouré de larges fossés défendus par des bastions.

CLAYE.

6 kil. de la station de Mitry, 1,500 mèt. de Souilly, 3 kil. d'Annet. 9 kil. de Lagny.

Claye, 1,667 hab., ch.-l. de cant., où se fabriquent des pains d'épice et (au hameau des *Voisins*) des toiles peintes, est situé, au S.-E. de la station, sur le penchant d'un coteau entre la Beuvronne et le canal de

Monument commémoratif des combats du Bourget.

l'Ourcq. Pour y aller, on laisse à g. *Gressy*, v. de 65 hab., on franchit le canal de l'Ourcq et on traverse Souilly.

Claye (*Cloia*, dans une charte du XIIIᵉ s.) avait avant le XIIᵉ s. un petit prieuré et un manoir appartenant à la maison de Châtillon. Le village et le château furent saccagés en 1591. Après l'édit de Nantes, Claye fut accordé aux protestants pour leurs prêches, et les ministres y tinrent plusieurs assemblées. Vers 1670, le roi y défendit l'exercice du culte réformé. A Révolution, le duc de Polignac était propriétaire du château, maintenant détruit. Marie-Antoinette vint souvent y visiter la duchesse, son amie.

A 3 kil. de la station de Mitry-Mory, on laisse à g., tout près de la voie, *Compans-la-Ville*, 204 hab. (beau château construit de 1864 à 1867, dans le style Louis XIII), sur la rive dr. de la Biberonne. On découvre ensuite dans le lointain, à dr., Nantouillet (*V.* ci-dessous), puis au-delà de la Biberonne, à g., on atteint l'extrémité du village de

Thieux, 388 hab., où existe une source d'eau minérale sulfureuse, qui, d'après un rapport de l'Académie de médecine, a les mêmes propriétés curatives que les meilleures eaux sulfurées de la chaîne des Pyrénées.

Après avoir croisé la route de Juilly, situé à 1,000 mèt. de la voie, sur la dr., on aperçoit à g. (4 kil.) les maisons de *Villeneuve-sous-Dammartin*, 404 hab. Sur la dr., en avant de la voie, commence à se montrer le village de *Montgé*, 606 hab., qui reste encore en vue au-delà de la station suivante ; à g., sur le versant d'une colline boisée, les regards sont attirés par un beau parc, et, quand on approche de la station de Dammartin-Juilly, on remarque d'abord, à g., l'église de *Saint-Mard*, 444 hab., en partie du xiiie s.; puis, au-delà, Dammartin, avec ses maisons en amphithéâtre et ses deux clochers.

5e STATION. — DAMMARTIN-JUILLY.

35 kil. de Paris, 8 kil. de Mitry, 3 kil. de Juilly. — Saint-Mard se voit à 500 mèt. à g. de la station, et Dammartin, plus loin, à 3 kil. 1/2.

Dammartin-en-Goële *, ch.-l. de c., V. de 1,780 hab., située sur une éminence, à 140 mèt. d'altit., faisait autrefois partie d'une région de l'Ile-de-France qui confinait au Parisis, et qui était appelée *la Goële*.

Dammartin est mentionné dès le xie s. avec le titre de comté. Charles VII confisqua ce comté, puis en fit présent à Marguerite de Nanteuil, qui l'apporta en mariage à Antoine de Chabannes. Celui-ci était un de ces aventuriers qui servaient sous la bannière du roi contre les Anglais, mais s'appelaient eux-mêmes, sans façon, « les Écorcheurs, » tant ils pressuraient durement le peuple des campagnes. Plus tard, Antoine, enrichi par les exactions de la guerre, augmenta encore ses biens en prenant part aux dépouilles de l'argentier du roi, Jacques Cœur, dont il s'était fait l'accusateur. Sous Louis XI, il entra d'abord dans la Ligue du Bien Public, fut ensuite mis à la Bastille, s'évada et reprit de nouveau la campagne. Mais bientôt le monarque, se l'étant attaché, le nomma grand maître de son hôtel et l'employa à toute œuvre « comme le meilleur homme de guerre, le plus habile et le moins scrupuleux des politiques de son temps. » (Sismondi.) Soupçonné d'intrigues avec Maximilien d'Autriche, il fut congédié, mais par une lettre flatteuse, et garda ses traitements (25,200 livres de rente). A 75 ans, il retrouva la faveur de la cour et fut investi des gouvernements que Mme de Beaujeu enlevait au duc d'Orléans. Il mourut deux ans après (1488), gouverneur de Paris, et fut enterré dans l'église collégiale de Dammartin. Dans le temps où Chabannes était prisonnier, Marguerite de Nanteuil tomba dans une extrême misère. La chronique a conservé le souvenir d'un laboureur de Dammartin, Antoine Lefort, qui recueillit et nourrit la comtesse mendiante. — Le comté de Dammartin fut vendu, en 1554, au connétable de Montmorency, confisqué, en 1632, sur le maréchal Henri II de Montmorency, et donné, en 1643, au prince de Condé, avec la seigneurie de Longpérier, à l'O. de Dammartin.

Dammartin possède deux églises. L'*église* paroissiale *Saint-Jean*, que l'on rencontre la première en venant de la station par la grande route, date des xiiie, xve et xvie s. Elle a la forme d'une croix grecque. La nef, sans bas-côtés, n'a qu'une travée. Le portail, du xve s., à trumeau et tympan orné de bas-reliefs (vie de saint Jean-Baptiste), s'ouvre dans le croisillon méridional. L'abside est flanquée de bas-côtés qui ne forment pas déambulatoire.

L'*église Notre-Dame* fut érigée en collégiale par les soins d'Antoine de Chabannes. Elle date de 1480; mais les colonnes et les nervures du chœur sont du xiiie s.; l'intérieur est partagé en deux nefs égales par une rangée de colonnes qui s'arrête à l'entrée de l'abside. Un élégant bouquet de nervures, se détachant du dernier pilier, va soutenir la voûte du chœur, qui est à cinq pans inégaux. Le portail principal, qui s'ouvre dans la nef de dr., a été mutilé : le tympan et le trumeau cen-

DAMMARTIN. — JUILLY.

tral n'existent plus. Une seconde porte plus petite donne accès dans la nef de g. ; le seuil en est pavé de pierres tombales des xv° et xvi° s. Entre les deux derniers piliers qui soutiennent la voûte se trouve le *tombeau* d'Antoine de Chabannes, orné de ses armoiries et surmonté de sa statue en costume de guerre, avec un aigle sous les pieds. L'inscription rapporte qu'il mourut le jour de Noël 1488. Sur l'un des longs côtés du monument, une inscription moderne indique la sépulture de Pierre-Simon Lemire, chanoine, qui racheta l'église après la Terreur et la rendit au culte. Sur l'autel est une *Assomption*, peinte par Delobel.

L'ancien *château* des comtes de Dammartin était énorme ; Richelieu en fit sauter une partie ; mais les murs principaux, résistant à l'emploi de la mine, se crevassèrent sans tomber ; ce qui donna lieu à un dicton assez gaulois : « *C'est le château de Dammartin ; il crève de rire.* » Pendant près de deux siècles, les matériaux de l'édifice servirent à élever les maisons de la ville ; enfin l'amas de décombres, dont il ne reste que quelques massifs de briques, a fait place à une promenade pittoresque d'où la vue est splendide. Dans les fossés du château sont établis des jeux de tir.

Un peu avant la Révolution, Dammartin ne comptait que 350 habitants ; mais les marchés de grains qui se tenaient (ils s'y tiennent encore) le jeudi étaient très-fréquentés.

A 3 kil. au S. de la station et à dr. du chemin de fer, se trouve **Juilly**, 1,025 hab., qui possède un **collége** célèbre, fondé par les Oratoriens en 1638, dans une abbaye de l'ordre de Saint-Victor. Il reçut de Louis XIII le titre d'Académie royale. A la Révolution, plusieurs personnages influents, qui avaient été élèves de ce collége, le soutinrent utilement : il ne fut fermé que très-peu de temps. Dès 1796, quelques-uns des membres de l'ancienne congrégation le rouvrirent et continuèrent à y enseigner jusque dans leur extrême vieillesse. Cette maison a été ensuite dirigée par M. l'abbé de Scorbiac et M. de Salinis (mort archevêque d'Auch), après eux par MM. Carl et Maricourt, avec l'assistance de l'abbé Bautain, vicaire général de Paris. Elle appartient maintenant à d'anciens élèves du collége réunis en société et qui l'ont rendu, en 1867, aux Oratoriens (M. l'abbé Brûlé, supérieur). Le nombre des élèves pensionnaires de Juilly varie annuellement de 200 à 250. On compte parmi ses anciens élèves : le duc Pasquier, De Bonald, l'amiral Duperré, Berryer et Bethmont. Fouché y remplit les fonctions de maître d'études vers 1775.

La chapelle renferme le cœur d'Henri d'Albret, roi de Navarre, légué par l'évêque Dangu, abbé de Juilly et son aumônier, et une statue en marbre du cardinal de Bérulle, qui introduisit en France (1611) l'ordre de l'Oratoire. Cette œuvre d'art, d'une vérité singulière, est un présent de Fouché. Le parc (18 hectares) contient une pièce d'eau de 2 hectares, propre aux exercices de la natation, alimentée par le Rû du Rossignol, — une fontaine qui jaillit, selon la légende, à la suite d'une prière de sainte Geneviève, — et un marronnier gigantesque contemporain, assure-t-on, de l'époque où cette espèce d'arbres fut introduite en France (vers 1550).

Les renseignements suivants sont extraits du prospectus.

L'enseignement, à Juilly, est ou ordinaire ou supérieur. L'enseignement ordinaire comprend :

1° Les études classiques, d'après le plan des lycées, pour les élèves qui se préparent au baccalauréat ès lettres et au baccalauréat ès sciences ;

2° Des études spéciales pour les élèves qui ne s'occupent pas de langues anciennes, et surtout pour les étrangers qui désirent entrer à l'École centrale, ou fréquenter comme externes les Écoles Polytechnique, des Ponts et Chaussées et des Mines.

L'enseignement supérieur comprend :

1° Un cours de hautes études pour les jeunes gens qui, déjà bacheliers, voudraient encore se livrer à des travaux plus approfondis de littérature, de philosophie, de sciences ou d'histoire. La grande bibliothèque, composée d'environ 20,000 volumes, est à leur disposition ;

2° Un cours particulier de mathématiques et de sciences physiques pour les jeunes gens qui se destinent aux différentes Écoles du Gouvernement.

Ce double enseignement est donné par des professeurs de choix, la plupart laïques, qui, vivant dans la maison, peuvent plus facilement consacrer tout leur temps à l'avancement des élèves.

En outre, Juilly, dont la situation offre les ressources inappréciables du grand air et de la solitude, est assez près de Paris pour qu'on puisse demander à cette grande ville les secours qu'elle seule peut offrir. Aussi des professeurs éminents dans les lettres, les sciences et les arts, viennent-ils souvent y contrôler l'enseignement ordinaire, et donner au besoin l'enseignement supérieur.

Enfin les élèves du collège trouvent toutes facilités pour cultiver les langues anglaise, allemande, espagnole et italienne ; la peinture, le dessin linéaire et d'imitation ; la musique vocale et instrumentale ; l'escrime, la gymnastique, la natation et l'équitation.

Le prix de la pension, pour les minimes, est de 800 fr., ou au-dessous, suivant l'âge.

A partir de la huitième, le prix de la pension est de 1,000 fr. pour les élèves qui reçoivent l'enseignement ordinaire ;

De 1,100 fr. pour les élèves qui suivent le cours spécial de mathématiques, ou celui des hautes études de littérature.

On ajoute 100 fr. pour diverses dépenses.

Le prix de la pension pour les élèves admis en chambre est de 2,000 fr.

Les élèves ont une sortie régulière d'un jour par mois. Ceux d'entre eux qui se sont distingués par le travail et la conduite peuvent, en outre, avoir une sortie exceptionnelle.

Les jours de visite sont les jeudis et les dimanches. Les parents peuvent, s'ils le désirent, déjeuner avec leurs enfants, dans le réfectoire des étrangers, qui est mis à leur disposition.

Pour avoir des renseignements, on peut s'adresser à *Juilly* et à l'Oratoire, 11, rue du Regard, à Paris. — Le Directeur reçoit, à l'Oratoire, tous les mardis, d'une heure à quatre.

Juilly possède la maison mère des sœurs de Saint-Louis, ordre fondé en 1840, et qui a pour but principal de former des religieuses institutrices.

L'*église* de Juilly est un édifice moderne imitant assez mal le style du XIIIe s.

Nantouillet, 229 hab., à 1 kil. 1/2 au S. de Juilly, possède, outre une *église* de la Renaissance, le **château** (mon. hist.) que se fit bâtir le cardinal Duprat, chancelier de François Ier et où il mourut en 1535. Il reste encore de ce château une enceinte entourée d'un fossé profond à contrescarpe perreyée et flanquée à chaque angle d'une tour cylindrique. La tour qui flanque l'angle S.-O. est la mieux conservée. A côté de cette tour se trouve l'entrée du château, composée de deux portes inégales et fermée autrefois par un pont-levis. On lit, sur le cintre de la grande arcade, ces mots :

VIRTVTI FORTVNA.... IT.

Dans une niche au-dessus de la grande arcade s'abrite une statue mutilée que l'on croit être un *Jupiter* ; mais rien n'indique que cette statue, taillée dans une pierre semblable à celle dont est bâti le château, ait été apportée d'Italie par le cardinal. Trois côtés de la cour intérieure sont encadrés par des bâtiments : chaque corps de logis a son entrée particulière, richement sculptée. Le bâtiment du fond contient une *salle des gardes* (à g., au rez-de-chaussée), dont la vaste cheminée offre les armes de Duprat et des médaillons peints, à sujets mythologiques, où se lisent ces mots : JOVI GENITORI ET PROTECTORI.... Le perron (donnant sur le jardin ; le fossé n'existe pas de ce côté) est entouré de colonnes délicates qui supportent une tourelle. Partout, dans la décoration extérieure, sont sculptés la salamandre de François Ier et les écussons et les trèfles de Duprat.

Une ferme occupe les bâtiments du château, ouverts à tous les visiteurs.

Après avoir quitté la station de Dammartin, on aperçoit assez loin, sur la dr., *Marchémoret* (126 hab.), sur un plateau, à 149 mèt. d'altit., et plus près le *château* moderne de

Château de Nantouillet.

Saint-Thibaud, d'apparence féodale. On longe ensuite à g. le v. de *Rouvres* (199 hab.), qui n'a rien d'intéressant. — A 4 kil. à l'E. de Rouvres (3 kil. au N. de Dammartin), le v. d'*Othis* (230 hab.) possède une église (mon. hist.) de la Renaissance, dont le portail élégant est flanqué d'une haute tour. — Plus loin, après avoir quitté le départ. de Seine-et-Marne pour celui de l'Oise, on aperçoit sur la g. la flèche gothique de l'*église* (mon. hist.) qui domine le village d'*Ève* (318 hab. : *ève* est l'ancienne forme française du mot *eau*). A dr., assez près de la voie, *Lagny-le-Sec* (345 hab.) laisse voir le chœur ogival de son église. Lagny n'est qu'à 1 kil. du Plessis-Belleville, que l'on distingue bientôt sur la dr., à 1 kil. de la voie.

6ᵉ STATION.— LE PLESSIS-BELLEVILLE.

43 kil. de Paris, 8 kil. de Dammartin, 4 kil. d'Ève, 5 kil. d'Ermenonville, 5 kil. de Montagny-Sainte-Félicité.

Le Plessis-Belleville (285 hab.), à 117 mèt. d'alt., possédait un magnifique château, construit par Guénégaud en 1663, et rasé vers 1812.

Excursion à Ermenonville.

Cette excursion qui était, il y a un demi-siècle, un des rêves du Parisien, mérite encore qu'on lui consacre une journée. En quittant la station du Plessis, on suit au N.-O. une route qui se dirige sur le village et la forêt d'Ermenonville, à égale distance de Montagny et de Ver (3 kil.). *Montagny-Sainte-Félicité*, 443 hab., à dr., possède une **église**, d'origine romane, qui fut reconstruite en 1600. La flèche octogonale du clocher, conçue, malgré sa date, dans le style ogival flamboyant, et haute de 65 mèt., est remarquable par sa légèreté. *Ver*, 627 hab., à g., avait, dit-on, sur son territoire, le *Vernum Palatium*, où les rois des deux premières races faisaient halte, lorsqu'ils allaient de Paris à Compiègne.

Ermenonville*, v. de 409 hab., est situé sur la Launette, à 13 kil. de Senlis. Son *église* date en grande partie de 1534 ; cependant le chœur est de 1222, l'autel principal de 1622. Les voûtes sont à clefs pendantes. Le caveau des anciens seigneurs de ce village est placé sous le chœur.

Ermenonville, à la fin du xe s., appartenait au seigneur de Chantilly ; vendu en 1386 à Pierre d'Orgemont, ce domaine devint bientôt après la propriété de la branche aînée des Montmorency. Il fut habité pendant quelque temps par Gabrielle d'Estrées. Henri IV l'érigea en baronnie en faveur de Dominique de Vic, à la jambe de bois, qui avait défendu Saint-Denis contre les Ligueurs. En 1763, la terre d'Ermenonville passa au marquis de Girardin, qui en transforma le sol ingrat, le désert de sable et les marais en un parc délicieux. Abandonnant le style symétrique et solennel introduit par Le Nôtre, il voulut créer un jardin-paysage, à la manière anglaise modifiée d'après la théorie qu'il exposa dans son livre : *De la composition des paysages ou des moyens d'embellir la nature*. C'était, si l'on veut, dans l'art de dessiner les jardins, un retour à l'imitation de la nature, mais avec une malheureuse intention de l'*orner*, en y mêlant de fausses ruines, de fausses chaumières, de faux temples, de faux autels, de faux tombeaux, de petits vers français, italiens. Au détour d'une allée étroite et sinueuse, le promeneur, supposé « sensible et philosophe, » devait avoir le plus vif plaisir à découvrir ainsi sur une pierre revêtue de mousse les restes d'une inscription ingénieuse ou sublime et « propre à le faire rêver. » Avec un pareil système et le goût des petits vers français, italiens, etc., M. de Girardin donnait à quelques parties de son beau paysage un style d'opéra comique, où la *nature* était tout à fait sacrifiée à la recherche de l'effet théâtral.

Jean-Jacques Rousseau, âgé de 66 ans, le corps affaibli et la tête plus malade encore que le corps, accepta, en avril 1778 la retraite que lui offrirent M. et Mᵐᵉ de Girardin à Ermenonville, et il habita pendant six semaines, jusqu'au jour de sa mort, un pavillon voisin du château, pavillon qui n'existe plus aujourd'hui. Pendant le court séjour qu'il fit à Ermenonville, Rousseau semblait oublier la noire tristesse qui l'obsédait depuis plusieurs années. Pour témoigner sa reconnaissance à ses hôtes, il donnait quelques leçons de chant et de botanique à leurs enfants. Le 3 juillet 1778, sa mort subite fit courir des bruits de suicide, qui ont trouvé des échos complaisants : mais, selon le rapport des médecins, il y aurait eu un épanchement de sérosité dans le cerveau. Le corps fut mis dans un cercueil en plomb, enfermé dans une envoloppe de bois de chêne, et enterré le soir, par un beau clair de lune, dans l'*île des Peupliers,* si souvent célébrée depuis. Une loi du 16 avril 1794 ordonna la translation des restes de Rousseau au Panthéon. Cette cérémonie eut lieu le 11 octobre de la même année, malgré l'opposition de M. de Girardin et les pétitions adressées par les habitants à l'Assemblée. En 1815, le souvenir de Jean-Jacques Rousseau protégea Ermenonville. Le général Blücher défendit qu'aucun détachement des troupes prussiennes fût cantonné dans le village. Beaucoup d'officiers allemands, admirateurs enthousiastes de l'*Émile* et surtout de la *Nouvelle Héloïse,* vinrent, comme en pèlerinage, saluer le tombeau du grand écrivain.

Ermenonville a reçu la visite d'un grand nombre de personnages célèbres :

Tombeau de J.-J. Rousseau, à Ermenonville.

de l'empereur Joseph II, en 1777 ; du roi de Suède, Gustave III, en 1783 ; de Marie-Antoinette ; de Bonaparte, premier consul.

L'entrée ordinaire du *parc* est au bout de la principale rue du village. On suit la chaussée, en passant devant le château, qu'on laisse à dr., puis on se dirige vers un bâtiment situé en face, au bout de la route, et où demeure le concierge, qui donne aux promeneurs un guide pour les accompagner. Il faut environ deux heures pour faire le tour du parc, qui est divisé en trois parties : le *Grand parc,* le *Petit parc* et le *Désert.* On commence la promenade par le grand parc. Un peu au-delà de la porte d'entrée, on passe sous une *grotte,* à l'issue de laquelle on voit se précipiter les eaux d'une *cascade* qui fait face au château. Un escalier pratiqué entre les rochers conduit au sommet de la grotte. On est alors sur les bords du lac, à l'extrémité duquel se trouve l'île des Peupliers. On en côtoie la rive g., après avoir passé au-dessus du déversoir des eaux formant la cascade, et on le suit jusque vis-à-vis de l'*île des Peupliers*, où l'on aperçoit du bord, le **tombeau de J.-J. Rousseau**. Cette île a près de 40 mèt. de longueur sur 15 de largeur. Le tombeau est dans le style antique ; P. Robert en donna les dessins ; les sculptures sont de J.-P. Lesueur. Sur la face qui regarde le sud, le bas-relief représente une femme assise au pied d'un palmier ; elle soutient d'une main son fils qu'elle allaite, et de l'autre tient le livre de l'*Émile*. Derrière est un groupe de femmes qui déposent des fleurs et des fruits sur l'autel de la Nature. Dans un coin un enfant jette dans le feu des maillots, des corps de baleine ; d'autres enfants élèvent au bout d'une pique un bonnet, image de la liberté. Dans une couronne, au milieu du fronton, se lit la devise que Rousseau s'était choisie : *Vitam impendere vero*, et sur l'autre face : « Ici repose l'homme de la nature et de la vérité. » Dans une autre île du lac, avait été placée la pierre sépulcrale du peintre George-Frédéric Meyer, qui mourut à Ermenonville en 1779.

Vis-à-vis de l'île des Peupliers, on traverse à dr. la petite rivière de la Launette, qui passe ensuite à Senlis et à Chantilly et va se perdre dans l'Oise. Si l'on se dirige alors à g., on arrive bientôt à une partie du parc où étaient situés l'*Ermitage* et la *tombe de l'Inconnu*, celle d'un Werther anonyme qui vint se tuer en cet endroit ; si, au contraire, on incline à dr., on monte à travers bois jusqu'au *temple de la Philosophie*, édifice circulaire, à colonnes, qui domine le paysage. Le sentier qui passe au pied du temple de la Philosophie communique, sans clô-ture, avec ceux de la forêt, de sorte que, si l'on vient à pied du côté du village de Ver, on peut entrer par là dans le parc et arriver librement devant le château.

Continuant de suivre les *allées* boisées du parc, on arrive à la route de Senlis, que l'on traverse, et le guide, ouvrant une porte, introduit le visiteur dans le Désert.

Un sol inculte, des genêts, des bruyères, des fonds de sable, des rochers couronnés de pins, une grande étendue d'eau, des genévriers, des forêts, des collines à l'horizon, tel est l'aspect que présente cette partie du parc d'Ermenonville, nommée le *Désert*, d'où l'on aperçoit l'ancienne abbaye de Châlis, et qui, récemment réuni au domaine remplaçant le monastère, demeure néanmoins accessible à tous les visiteurs. Sur la crête d'un monticule de sable et de grès, est située une chaumière en ruine, que l'on appelle la *cabane de J.-J. Rousseau*. Il aimait à venir s'y reposer après avoir herborisé, et il y passait des journées entières. Au pied de cette cabane, sur le bord du lac, est un amas de rochers dans lequel on s'est plu à rappeler le théâtre d'une des scènes les plus vantées de la *Nouvelle Héloïse* (Partie IV, lettre XVII). C'est le site qui a été désigné sous le nom de *Monument des anciennes amours*, et qui est censé représenter les rochers de Meillerie.

On achève le tour du lac. A l'issue du Désert, on traverse le chemin de Châlis ; et, par une porte en face, le guide introduit le visiteur dans le petit parc réservé. On en parcourt les bocages et les prairies arrosées par des sources et de petites rivières, et l'on se rapproche du château, dont le pied de ce côté se baigne dans des fossés remplis d'eau. Un bac, qui n'existe plus aujourd'hui, permettait de passer dans une île, où s'élève la *tour Gabrielle* (l'armure du capitaine de Vic y fut conservée jusqu'en 1817). Plus loin, en se rapprochant du village, et au-delà de la rivière, M. de Girardin avait fait construire une maisonnette pour servir d'habitation à J.-J. Rousseau. Achevée seulement deux mois après la mort du philosophe, cette maison fut occupée par Thérèse, qui, comme on sait, ne vécut pas en veuve inconsolable et ne tarda pas à prendre un nouveau mari.

Au lieu de visiter le petit parc réservé, on fera mieux de suivre le chemin qui mène à *Chális* (2 kil.), ham. dépendant de *Fontaine-les-Cornus*, 313 hab. On y trouvera les ruines (mon. hist.) d'une **abbaye** fondée par Louis le Gros en 1136, et qui devint rapidement un des monastères les plus considérables de l'ordre de Citeaux. De l'église (fin du XIIe s.), qui avait 100 mèt. de longueur et des croisillons terminés en

Cabane de J.-J. Rousseau.

pentagone, il reste un pan de muraille avec arcades ogivales et une partie du croisillon N. Près de là se trouve la charmante *chapelle de l'abbé* (XIIIe s.), où se voient quelques belles fresques attribuées au Primatice. Selon la tradition, le Tasse aurait composé une partie de son poëme de *la Jérusalem délivrée* pendant un séjour qu'il fit à l'abbaye de Chális.

Sur la g., quand on a quitté la station du Plessis-Belleville, on aperçoit, au milieu de la plaine, le clocher élancé de Montagny-Sainte-Félicité (*V.* ci-dessus, p. 340), et même, pour un court instant, les ruines de Montépilloy (p. 328); on laisse à dr. *Silly-le-Long*, 608 hab. On entre ensuite dans une tranchée, au sortir de laquelle on traverse une plaine presque nue, d'où l'on découvre, sur la dr., le clocher de Nanteuil-le-Haudouin,

.7e STATION. — NANTEUIL-LE-HAUDOUIN.

49 kil de Paris, 6 kil. du Plessis. — Nanteuil est à 1 kil. de la station, à dr. du chemin de fer.

Nanteuil-le-Haudouin* est un ch.-l. de c. de 1,506 hab., situé dans la vallée de la Nonette. — L'*église* présente une façade du XIIIe s., flanquée de deux tourelles polygonales que surmonte un clocher moderne en charpente. La porte latérale du S., petite et peu ornée, est du XVe s.; le reste de l'église date du XIIIe s.; mais des remaniements des XVe et XVIe s. ont altéré le style primitif. Le chœur a cependant conservé la disposition originale de ses arcs longitudinaux, qui sont, à chaque travée, subdivisés en deux ogives que supporte une colonne. On remarque plusieurs fragments de pierres tombales du XIVe s.

L'origine de Nanteuil remonte peut-être à l'époque gauloise. Son surnom lui vient de Hilduin ou Haudouin, fils d'un comte de Ponthieu, qui possédait, en 965, ce bourg, enclavé dans des bois que l'on appelait la forêt de Brie. Précédemment Nanteuil avait été illustré par un autre de ses seigneurs, Walbert, qui fit présent de ce domaine à l'abbaye de Luxeuil, où il entra lui-même comme moine et où il mourut en odeur de sainteté en l'an 665. Quelques miracles de saint Walbert ont été célèbres dans toute la Brie ; on raconte qu'il ressuscita une oie et consola ainsi son fermier à qui un valet l'avait volée pour la rôtir en secret. Les moines de Luxeuil établirent une de leurs abbayes à Nanteuil, après la mort du saint, en l'honneur duquel s'établit un pèlerinage. A ce sujet on remarque que les pèlerins invoquaient saint Walbert, non pas dans l'église de Saint-Georges, ancien patron du lieu, ou dans celle de l'abbaye, ou dans une des deux chapelles du bourg, mais près d'une fontaine. Là se tenaient également les assises du juge de Nanteuil.

Ce bourg fut possédé successivement par les comtes de Ponthieu, les comtes de Crépy, — parmi lesquels Philippe, IIe du nom, rapporta de Jérusalem à Nanteuil le corps de saint Babylas. — les comtes de Pacy, de Broyes, de Guise, par le maréchal de Schomberg, les ducs d'Estrées, les princes de Condé. En 1416, Louis de Pacy fut surpris dans son château et dépouillé complètement par les Bourguignons, qui mirent Nanteuil à sac. Le ravage fut tel que pendant trente années les terres environnantes restèrent sans laboureurs. Henri de Lenoncourt, de la maison de Broyes, obtint l'érection de la châtellenie de Nanteuil en un comté, qui comprenait 54 fiefs. François Ier accorda cette faveur (1543) parce qu'il séjournait souvent à Nanteuil en se rendant à Villers-Cotterets. Le duc de Guise résidait, avec un grand faste, à Nanteuil, d'où il communiquait, pour ses intrigues politiques, avec Chantilly, séjour préféré du connétable de Montmorency. Le château, alors magnifique, s'embellit encore au temps des Schomberg et des d'Estrées. En 1789, il appartenait au prince de Condé, qui le perdit par son émigration. Il a été démoli en 1795.

Nanteuil possède des cressonnières artificielles, des fabriques de sabots, de chandelles, de passementerie, de gants et une taillanderie.

Au-delà de la vallée de la Nonette, la vue est souvent interceptée par les parois d'une tranchée ou par des rideaux d'arbres qui cachent : à g., *Droiselles*, dépendance de *Versigny* 395 hab., dans la vallée de la Nonette ; à dr., *Péroy-lès-Gombries*, 391 hab. et *Boissy-Fresnoy*, 502 hab.; à g. *Rozières*, 148 hab., sur une colline, à 150 mèt. d'alt., d'où l'on jouit d'une vue étendue sur l'ancien Valois.

8e STATION. — ORMOY-VILLERS.

56 kil. de Paris, 7 kil. de Nanteuil, 3 kil. 1/2 d'Auger-Saint-Vincent.

Ormoy-Villers (299 hab.) possède une *église* des XVe et XVIe s. — Au *bois de la Terrière*, s'élève une pierre celtique appelée la *pierre du Coq*, de 7 mèt. de hauteur sur 13 de circonférence à la base.

La voie ferrée laisse à g. de la plaine plusieurs hameaux et à dr. *Rouville*, 143 hab., sur le territoire duquel se voient deux monuments mégalithiques. On rejoint la ligne de Senlis en vue de ce dernier village.

9ᵉ STATION. — CRÉPY-EN-VALOIS.

61 kil. de Paris, 5 kil. d'Ormoy, 22 kil. de Senlis.

Crépy-en-Valois*, ch.-l. de c., V. de 2,867 hab., centre d'un commerce de grains important, bâtie à l'entrée d'un vallon secondaire dépendant de la vallée du ruisseau de Sainte-Marie, est environné d'un cours planté d'arbres et de promenades agréables.

Il existe sous la ville un grand nombre de souterrains, qui ont dû être des carrières, et dont quelques-uns ont été plus tard voûtés en ogive. Des antiquaires prétendent que ces *cryptæ* auraient donné leur nom au bourg; mais il est plus probable que le nom de Crépy vient de *crispeium*, croupe, promontoire.

Crépy a été, au moyen âge, le siége d'une cour brillante, qui, longtemps, égala ou surpassa celle du roi, par son luxe et sa magnificence. C'était alors la capitale du Valois, dont les seigneurs portaient le nom de comtes de Crépy. Ils appartenaient à une branche cadette des comtes de Vermandois. Le roi Philippe le Hardi donna le Valois à l'un de ses fils, Charles, père de Philippe, roi de France, en 1328. En 1344, Philippe VI donna le comté de Valois, en même temps que le duché d'Orléans, à son 5ᵉ fils, appelé comme lui Philippe, et qui eut pour successeur Louis, frère de Charles VI. Le Valois fut érigé en duché au profit de ce dernier (1406), dont le fils fut le roi Louis XII. François Iᵉʳ, avant de monter sur le trône, posséda le duché de Valois. Il en disposa, ainsi que plusieurs de ses successeurs, mais sans qu'il en résultât un établissement durable. Gaston d'Orléans, frère de Louis XIII, et Philippe d'Orléans, frère de Louis XIV, en furent tour à tour investis : la maison du dernier est restée en jouissance de cet apanage jusqu'à la Révolution.

Ce pays avait été occupé, avant l'ère chrétienne, par les Sylvanectes, qui paraissent avoir été une tribu avancée des Belges, et dont le culte druidique est attesté par plusieurs *dolmens* et *menhirs*. D'anciennes voies romaines le traversèrent de plusieurs côtés. Il était couvert de forêts épaisses, qui procurèrent le plaisir de la chasse à nos anciens rois. Saint Rufin, saint Valère et saint Rieul passent pour y avoir été les premiers apôtres et les premiers martyrs. Vers 960, un comte d'Amiens, Gautier le Blanc, devenu, par mariage, comte de Crépy, éleva ou rétablit le château de ce nom, et fonda une abbaye en l'honneur de saint Arnould, à la place d'un couvent de moines qui le scandalisaient. La construction de l'église de Saint-Arnould dura plus de soixante ans. Raoul Iᵉʳ de Crépy, un des fils de Gautier, fut père d'un Raoul II, qui, à la mort du roi Henri Iᵉʳ, épousa la veuve de ce prince, Anne de Russie. Raoul, pour contracter ce mariage, avait répudié sa femme, qui se plaignit à Rome et le fit excommunier ; mais il n'en tint aucun compte et n'en fit pas moins de grandes conquêtes aux dépens de ses voisins. Son fils Simon combattit hardiment le roi de France Philippe Iᵉʳ, puis, touché de la grâce, quitta sa femme, dès la première nuit des noces : elle se fit religieuse ; lui, moine, dans le Jura. Six de ses chevaliers, convertis par sa prédication, le suivirent dans son couvent. En 1077, le Valois fut uni au Vermandois, et tous deux appartinrent au frère de Philippe Iᵉʳ, Hugues le Grand, qui mourut à la première croisade. Cette province avait de très-anciennes coutumes locales, qui, avec celles du Vermandois, furent, dit-on, rédigées avant la fin du XIIᵉ s.

Gautier le Blanc avait tracé l'enceinte qui environne encore la ville de Crépy. On appela faubourg un autre groupe de maisons qui furent construites hors de l'enceinte, surveillées par un *villicus*. Plus tard on distingua cinq *quartiers* sur le territoire de Crépy : celui du donjon, à l'O., celui du château, le bourg, la ville et le fief des Bordes. Les seigneurs de Nanteuil possédaient le donjon : il y avait un châtelain. Au XIIIᵉ s., Crépy était déjà en possession d'une charte communale, et sa banlieue contenait plusieurs fiefs opulents. Le nombre des habitants de l'ancienne ville était d'environ 8,000.

Pendant la guerre de Cent ans, le Valois fut le théâtre de si terribles ravages que beaucoup de nobles mêmes étaient réduits à la famine. Les murailles de Crépy restèrent en ruines de 1358 à 1392. Louis d'Orléans les fit relever. Elles ne furent achevées qu'en 1431, mais ne purent arrêter les Anglais, qui prirent la ville, la pillèrent et détruisirent, dit-on, plus de 1,500 maisons. Le château ne put pas non plus leur résister ; la garnison fut massacrée et la forteresse incendiée.

En 1544, fut signé à Crépy un traité éphémère entre Charles Quint et François Ier. A la Révolution, on comptait à Crépy trois paroisses : Sainte-Agathe, Saint-Denis et Saint-Thomas ; deux collégiales de chanoines : Saint-Aubin et Saint-Thomas ; un couvent de Clunistes réformés, sous le nom de Saint-Arnould, et un autre de Capucins ; une communauté d'Ursulines ; un collège.

En mars 1814, un parti prussien attaqua la ville et fut repoussé par 800 soldats français que les habitants soutinrent bravement.

Du *château* de Crépy, fondé au commencement du XIe s. par Gautier II, pour remplacer un autre château qu'il avait bâti lui-même et donné ensuite à des moines bénédictins, il reste un passage fortifié, remanié plus tard, et deux tours cylindriques dont la hauteur actuelle est de 10 mèt. — Les anciennes *portes* de la ville ne datent que du XVIIIe s.

Saint-Denis, l'église paroissiale, remonte, dans ses parties les plus anciennes, les cinq dernières travées de la nef, au temps de Gauthier II (commencement du XIe s.) ; pour la travée de façade et les bas-côtés de la nef à l'époque de transition ; pour le chœur, au XVe s. La façade, du XIIe s., était flanquée autrefois de deux tours dont l'une, la seule qui subsiste, a été refaite ainsi que le portail, de 1844 à 1852, sous la direction de M. Aymard Verdier. La flèche en pierre qui la surmonte est décorée dans le style du XIIIe s. La nef centrale n'a point de voûtes en pierre ; celles des collatéraux ont été remaniées au XVe s.

Saint-Thomas (mon. hist.), ancienne collégiale commencée vers 1180 par Philippe d'Alsace, comte de Crépy, n'a plus que sa façade du XIIIe s., flanquée autrefois de deux tours, dont une seule subsiste, avec sa flèche en pierre du XIVe s. La porte occidentale a été mutilée ; elle était, d'ailleurs, moins ornée que celle qui s'ouvrait à la seconde travée de la nef, au S. ; à son trumeau était adossée une statue de saint Thomas de Cantorbéry.

On remarque à Crépy beaucoup d'autres débris du moyen âge, notamment une *maison* du XIVe s., plusieurs des XVe et XVIe s., et des ruines de chapelles (XIIe, XIVe et XVe s.).

DE CRÉPY A MEAUX.

Pour aller de Crépy à Meaux, il faut d'abord suivre la route de Mareuil-sur-Ourcq, qui traverse (5 kil.) *Lévignen*, 350 hab. (*église* du XIIe s. et de la Renaissance), et que l'on quitte à (11 kil.) *Betz*, ch.-l. de c. de 541 hab., pour prendre à dr. celle de (17 kil.) *Acy-en-Multien*, 708 hab., signalée de loin par la flèche en pierre, haute de 50 mèt., de son *église* (mon. hist.) des XIIe, XVe et XVIe s. La route d'Acy se prolonge par (20 kil.) *Rosoy-en-Multien*, 264 hab. (église avec curieux clocher roman), jusqu'à (24 kil.) *May-en-Multien*, 893 hab. (église des XIIe et XVIe s. ; château ruiné). — De May, on suit la route nationale, qui laisse à 3 kil. sur la g. *Lizy-sur-Ourcq*, ch.-l. de c. de 1,666 hab. (restes d'un château de la Renaissance), franchit la Thérouanne et trois fois le canal de l'Ourcq, et dessert (35 kil.) *Varreddes*, 1,028 hab., situé, ainsi que May et Lizy, dans Seine-et-Marne.

On entre à (42 kil.) Meaux par le faubourg Saint-Nicolas (*V.* Section XIX).

Les voitures d'Acy à Meaux ne suivent pas la grande route, mais, se dirigeant aussitôt vers le S., traversent : (6 kil.) *Puisieux*, 360 hab., (9 kil.) *Douy-la-Ramée*, 201 hab., (11 kil.) *Marcilly*, 344 hab., et (13 kil.) *Barcy*, 274 hab., et entrent à (21 kil. d'Acy, 38 kil. de Crépy) Meaux, par le faubourg Saint-Remi.

DE CRÉPY A VILLERS-COTTERETS.

A 4 kil. de Crépy, on longe à g. la butte boisée de *Montigny*, dont le point culminant atteint 155 mèt. On traverse ensuite le bois de *Tillet*, dépendant de la *forêt de Retz*, et qui tantôt encadre la voie ferrée, tantôt s'entr'ouvre pour laisser voir, à travers des éclaircies, des collines verdoyantes.

Sur la g., se trouve *Russy-Montigny* (249 hab.) ; à dr., la route de Nanteuil à Villers-Cotterets traverse *Gondreville* (175 hab.), où l'on remarque, près de l'église, des restes d'une forteresse qui recouvrait, d'après M. Emmanuel Woillez, des souterrains très-étendus.

Ruines de Saint-Thomas, à Crépy-en-Valois.

10ᵉ STATION. — VAUMOISE.

69 kil. de Paris, 8 kil. de Crépy.

Vaumoise (270 hab.) possède une *église* en partie romane (chœur et transsept), en partie moderne (nef), dont la tour a été bâtie dans le style ogival.

Les bois qui environnent le chemin de fer, au sortir de la station de Vaumoise, cachent, à dr., le ham. de *Chavres*, dont l'église conserve un portail du xiiᵉ s. Le reste de l'église date des xiᵉ, xvᵉ et xviᵉ s. Chavres était autrefois assez considérable ; il fut détruit presque entièrement par les troupes espagnoles en 1652. Des carrières de pierres de taille sont exploitées dans ce village. A 1 kil. de la voie, on apercoit *Vauciennes*, v. de 566 hab. dont l'*église* date des xiiᵉ et xiiiᵉ s. Quelques vitraux sont de 1653. Au-delà de Vauciennes, la dernière commune du départ. de l'Oise, on entre dans le départ. de l'Aisne. — Des bois de haute futaie environnent la voie. — On laisse à g. *Coyolles*, 268 hab. A l'issue d'une tranchée, des maisons se montrent à dr. et à g. C'est *Pisseleux*, 179 hab. Le ruisseau qui coule près de Pisseleux disparaît sous terre, à 2 kil. de sa source, dans un gouffre large de 3 mèt. et forme, à 1 kil. plus loin, l'*étang de Coyolles*. Pisseleux (autrefois Piste-leux, *repaire de loups*), dont on connaît les seigneurs depuis 1178, possède le *château de Noue*, dont l'enceinte, du xvᵉ ou du xviᵉ s., assez bien conservée, forme un carré de 100 mèt. de côté; ses murs, peu élevés, sont surmontés d'un chemin de ronde avec meurtrières. De distance en distance, de petites tourelles sont construites tant en encorbellement que sur un pilier. La porte forme un petit donjon avec arceaux, fenêtre à croisillon de pierre et pilastres. Près du château, une *ferme* voisine passe pour avoir été le premier château de Noue.

VILLERS-COTTERETS.

78 kil. de Paris, 9 kil. de Vaumoise, 9 kil. de la Ferté-Milon, 32 kil. de Verberie.

Villers-Cotterets *, ch.-l. de c. du dép. de l'Aisne, compte 3,119 hab.

Villers-Cotterets (*Villare ad Collum* ou *ad Caudam Retziæ*) paraît tirer son surnom de la forêt voisine, qui s'appelait autrefois *forêt de Retz*. Au viiᵉ s., il s'y établit un prieuré qui devint ensuite l'abbaye de Saint-Remi. Devenu la propriété de Notre-Dame de Soissons, qui le reçut de Charles le Chauve, ce domaine ecclésiastique fut exploité, au nom de la communauté bénédictine de Notre-Dame, par des moines d'une classe particulière, que le peuple appelait les *rendus* et qui s'occupaient d'agriculture et de commerce. Chaque *rendu* avait sous ses ordres quelques familles de serfs cultivateurs. Notre-Dame de Soissons possédait le tiers du territoire de Villers; le reste était morcelé entre plusieurs seigneuries. Charles de France, comte de Valois, avait à Villers-Cotterets une cense nommée la *malemaison*; il la transforma en un château de plaisance, qu'il préférait à ses autres domaines. Son fils, le roi Philippe IV, affectionna de même cette résidence. Au temps de Charles V, Charles VI et Charles VII, les Bourguignons et les Anglais ruinèrent le château et dévastèrent tout le territoire de Villers-Cotterets. François Iᵉʳ fit bâtir, à quelque distance du premier, un nouveau château qui fut admiré comme une des plus élégantes résidences de France. Le roi commença à l'occuper en 1535; il y fit ensuite de fréquents voyages et y rendit plusieurs ordonnances importantes, notamment celle qui prescrivit, en 1539, qu'à l'avenir les actes publics et les jugements seraient rendus et rédigés en français et que les curés tiendraient, avec l'assistance de notaires, des registres de baptême. Sous les règnes suivants, la cour habita souvent ce château, qui devint ensuite la propriété des ducs d'Orléans. Le duc Louis-Philippe, de 1750 à 1770, consacra près de trois millions à l'embellissement de Villers-Cotterets; la dépense la plus utile fut le creusement des rus de Thimet, d'Authonne et de Savières pour les rendre flottables.

Les ménétriers de Villers-Cotterets avaient un chef qui portait, par nomination du duc, le titre de « lieutenant général des violons du duché de Valois. »

« Le 27 juin 1815, le maréchal Grouchy, en retraite devant les Prussiens, était arrivé fort tard à Villers-Cotterets. Avant le point du jour, le 28, il leva ses bivacs, et se dirigea, par Nanteuil, sur Dammartin. Cependant son extrême arrière-garde était encore à Villers-Cotterets, quand Pirch l'attaqua et l'en chassa. On avait si mal éclairé le pays, que ce général venait d'enlever, tout près de la ville, une batterie d'artillerie légère: son attaque était une véritable surprise. Au bruit du combat, Grouchy revint au galop et fit soutenir son arrière-garde. Pirch s'était déployé, la gauche au château, la droite à Longpré. La canonnade s'ouvrit, et il essayait en vain de déboucher de Villers-Cotterets, lorsque sa gauche fut subitement prise à dos. En exécutant l'ordre qui lui avait été donné la veille de se porter sur la Ferté-Milon, Vandamme avait porté sa droite sur la chaussée de

Soissons à Villers-Cotterets; et c'était lui qui attaquait les Prussiens. Une division d'infanterie aborda la ville, pendant qu'une brigade de cavalerie la tournait. Les Prussiens furent culbutés et rejetés sur Bonneuil, où ils s'engagèrent sur la route de Compiègne à Crépy. Après ce coup de vigueur, Grouchy continua sa retraite vers Nanteuil et Dammartin. » (Charras, *Hist. de la campagne de* 1815.)

L'*église* de Villers-Cotterets, bâtie au XIIe et au XVIe s. — Le *château* a été défiguré par la grande *restauration* et les *embellissements* de 1750. Le corps de logis principal offre une façade de 40 mèt. de longueur, décorée de niches et de sculptures. A l'intérieur, qu'on ne peut pas visiter, nous signalerons surtout un magnifique escalier et la chapelle, ornée d'une frise admirable. « Après avoir retenti des joyeusetés de Rabelais et

Église et restes du château de Villers-Cotterets.

des accents de Marot, après avoir été le théâtre des fêtes que François Ier offrit à Charles Quint, ce château est occupé par un dépôt de mendicité du département de la Seine. » (LAVALLÉE.)

L'ancienne *abbaye de Saint-Remi* a été transformée en maisons particulières. La *prison* est une construction du XVIe s. Sur la place du Marché s'élève une assez belle *fontaine* alimentée par une source qui se trouve dans la forêt. Le reste des eaux de la ville est amené par plusieurs canaux et aqueducs, d'une distance de plus de 20 kil.

Alexandre Dumas père est né à Villers-Cotterets, le 24 juillet 1802, dans la rue de Lormet. — Un écrivain, peu connu aujourd'hui, mais célèbre au commencement de ce siècle, Demoustier, auteur de *Lettres sur la mythologie*, naquit dans la même ville, en 1760.

La **forêt de Villers-Cotterets** forme une espèce de **V** dont la pointe est à l'E.; elle enclôt le territoire de Villers-Cotterets au N., à l'E. et au S. En s'engageant sur la route de Soissons, on rencontre, à moins de 3 kil., le *rond de Chartres*; de là prenant à dr., puis à g., on arrive au *rond d'Orléans*, d'où (à 2 kil. 1/2) on atteint le *carrefour du Château-Fée*. Là, dit la légende, un docteur de l'Université de Paris, qui voyageait avec un serviteur et qui s'était égaré la nuit dans la forêt, rencontra un manoir fantastique dont le seigneur lui offrit l'hospitalité de très bonne grâce; on lui mit en main une coupe richement ornée et on lui versa du vin; mais, avant de boire, le docteur fit le signe de la croix au-dessus de la coupe. Tout s'évanouit aussitôt, excepté le précieux hanap, qui lui resta et qu'il vendit pour une grosse somme d'argent. Un autre carrefour, situé à g. de la route de Soissons, le *Carrefour des Fées* ou *Belle-Vue*, est à 255 mèt. d'altitude.

Le village de *Dampleux*, autrefois Damleu (saint Leu en est le patron), qui compte 268 hab., est situé à égale distance du chemin de fer de Soissons et de celui de Port-aux-Perches, à 5 kil. et à l'E. de la Ville. On s'y rendait autrefois en pèlerinage pour se guérir de la peur.

Le petit *chemin de fer industriel de Villers-Cotterets au Port-aux-Perches* (il ne transporte pas de voyageurs), concédé le 6 juin 1836, racheté par la Compagnie du Nord, le 21 juin 1857, a 9 kil. de parcours. Il a deux stations dans la forêt, pour le chargement des bois. A 4 kil. de Villers-Cotterets, il tourne du S.-E. au S., laissant à g. *Oigny* (304 hab.), village situé sur un plateau élevé où s'exploitent des carrières de pierre de taille. Il rencontre ensuite, à 2 kil. plus loin, *Silly-la-Poterie*, 169 hab., dont le sol est maigre et infertile. Enfin, il arrive au *Port-aux-Perches* (dépendance de Silly-la-Poterie), où il communique avec l'Ourcq, qui commence en cet endroit à être navigable. L'Ourcq naît au S. de Ronchères dans la forêt de Bièze, passe à la Fère-en-Tardenois, reçoit le ruisseau de Coincy et la Savière, arrose la Ferté-Milon, Mareuil où commence le canal de l'Ourcq, se grossit de la Grivette, puis du Clignon, entre dans le départ. de Seine-et-Marne, et se jette dans la Marne au-dessous de Lizy, après un parcours de 80 kil. — Pour le canal. V. Section XIX : *Meaux*.

Excursion à Longpont.

Les archéologues feront bien de reprendre, à Villers-Cotterets, le chemin de fer pour se rendre à la station suivante, *Longpont*, v. de 243 hab. (90 kil. de Paris, 12 kil. de Villers-Cotterets). Il faut 10 min. pour aller de la station au village, où l'on visite, dans un beau parc, les ruines intéressantes d'une **abbaye** de Citeaux, fondée en 1131, par Raoul IV, comte de Crépy, pour expier certains crimes qui lui avaient attiré l'excommunication. Les bâtiments claustraux ne furent achevés que vers 1226. L'église, en forme de croix latine, avait 105 mèt. de longueur, 27 mèt. de largeur et 28 mèt. de hauteur sous voûte. Elle fut consacrée le 24 octobre 1227, en présence de saint Louis et de sa mère. Elle est dans un triste état de ruine; il ne reste plus de l'abside et des sept chapelles du rond-point que les bases des murs et des colonnes. Ces débris néanmoins sont soigneusement entretenus. Un triforium simulé régnait au-dessous des grandes fenêtres, et trois grandes roses étaient percées dans les trois pignons. Nous donnons le dessin de la façade occidentale, au midi de laquelle se voit l'ancien bâtiment des hôtes (XIIIe s.), dont une partie est consacrée au culte et sert d'église à la paroisse. Dans cette chapelle sont conservées deux *châsses* ou coffrets du XIIIe s., avec émaux et filigranes, renfermant les reliques du B. Jean de Montmirail, religieux de Longpont († 1217), et le chef de saint Denis l'Aréopagite (?). On y voit aussi deux tableaux sur bois, à compartiments, du XIVᵉ s. (*Vie de la Vierge* et *Scènes de la Passion*), un *Arbre de Jessé*, sculpture en ivoire du XIIIᵉ s., un petit bas-relief de même matière (le *Baiser de Judas*), et divers objets d'art. Le bâtiment des hôtes forme une aile du château de M. de Montesquiou, construction monastique du XVIIᵉ s., où l'on retrouve encore quelques voûtes anciennes et qui renferme une belle collection d'objets d'art provenant en partie de l'abbaye [1].

Une *porte fortifiée* de l'abbaye existe encore (XIIIᵉ s.); munie jadis

Ruines de l'abbaye de Longpont.

d'une herse, elle est toujours surmontée de ses quatre tourelles, qui lui donnent un aspect très-original.

Excursion à la Ferté-Milon.

De la station de Villers-Cotterets à la Ferté-Milon, la distance est de 9 kil. (omnibus 3 fois par jour).

[1]. On trouvera un catalogue de ces objets et une description plus détaillée de l'abbaye dans une *Notice* de M. l'abbé Poquet, qui se vend, au prix de 1 fr. 50, chez le concierge du château. On peut se procurer aussi à Longpont des photo-

Au sortir de la station de Villers-Cotterets, on tourne à dr. et l'on trouve aussitôt, à côté de la station même, l'excellente route de Villers-Cotterets à Meaux (42 kil.), qui s'engage, à 1 kil., dans une des ailes de

graphies des ruines. On obtient facilement l'autorisation de tout visiter et de se promener dans le parc. Avant d'entrer, on fera bien, si l'on se propose de déjeûner à Longpont, de commander d'avance son repas à l'une des deux auberges du village (près de la porte fortifiée), qui généralement sont peu approvisionnées.

la forêt de Villers-Cotterets, superbe de ce côté. Pendant 35 min., on chemine entre deux admirables massifs de hautes futaies. La route est généralement solitaire ; à certaines heures du jour on n'y rencontre de loin en loin que des cantonniers ou des bûcherons. Une maison de garde, récemment construite, est la seule habitation que l'on trouve dans cette traversée de la forêt. A 14 kil. environ au-delà de cette maison, une vaste éclaircie laisse apercevoir des deux côtés un espace cultivé et, dans le lointain, à dr., la ferme de *Bourgfontaine*, écart du village de Pisseleux, et qui n'a presque rien conservé d'une chartreuse de même nom, une des plus spacieuses de l'ancienne France, car elle comptait encore 21 frères profès, avec 65,000 livres de revenus, à la Révolution. Charles de Valois en avait commencé (1316) la construction, qui ne fut terminée que dix ans après par Philippe son fils. Ce prince, devenu roi (1328), y passa des semaines entières et voulut, en mourant, que son cœur y fût transporté. Les calvinistes s'étant emparés de Soissons, en 1567, se mirent à battre la campagne : beaucoup d'habitants des villages, fuyant devant les coureurs huguenots, s'étaient réfugiés à Bourgfontaine, comme dans une forteresse. Mais, après avoir repoussé une première troupe d'assaillants, les moines et les hôtes de la chartreuse furent vaincus. L'ennemi en tua un grand nombre et commit de grands ravages. — A g. se montre une autre maison isolée, dépendant du village d'Oigny (*V.* p. 350), qui se cache un peu plus loin et du même côté derrière les arbres de la forêt : c'est la *ferme de Baizemont*, dont l'emplacement fut occupé, en 1157, par une petite communauté de Frères qui cédèrent plus tard ce domaine aux chartreux de Bourgfontaine. — On rentre ensuite dans la forêt, et on y parcourt environ 1 kil. Les arbres s'écartent alors à dr. et à g., laissant voir à g. *le Bourg*, simple hameau, qui, avant d'être cédé aux chartreux, avait eu, du XIIᵉ au XVᵉ s. ses seigneurs particuliers ; puis un moulin et la ferme de *Charcy*, autrefois terre seigneuriale. Laissant à dr. *Précy-à-Mont*, on descend sur la Ferté, dont on commence à voir devant soi le faubourg, et à g. les maisons étagées au-dessous des ruines du château fort. La grande rue du faubourg conduit jusqu'en face du château neuf, dont on aperçoit les grands bâtiments au bout d'une avenue ; elle fait alors un coude, continue en ligne droite, traverse l'Ourcq, passe devant la mairie, monte quelques instants, et va tourner au pied du vieux château pour se diriger vers Meaux. On doit la quitter pour monter au S.-O., par une petite rue escarpée, et l'on trouve à g. l'église de Notre-Dame ; à dr., le chemin des ruines du château.

LA FERTÉ-MILON.

9 kil. de Villers-Cotterets, 4 kil. du Port-aux-Perches, 12 kil. de Neuilly-Saint-Front.

La Ferté-Milon*, V. de 1,823 hab., fait partie du canton de Neuilly-Saint-Front, arrond. de Château-Thierry, départ. de l'Aisne. Située en amphithéâtre sur un coteau (113 mèt. d'altit.), elle est baignée par l'Ourcq, qui serpente gracieusement à travers les prairies. La Ferté-Milon peut se diviser en trois parties : le château, la ville et le faubourg (*la Chaussée*). La ville est séparée par l'Ourcq de la Chaussée, qui doit son nom à une voie romaine venant de Soissons.

L'église de Notre-Dame (XIIᵉ et surtout XVIᵉ s.) était autrefois consacrée à saint Vulgis, disciple de saint Remi. Son clocher est surmonté de tourelles. Les voûtes sont ogivales à pendentifs. Le chœur, du XVIᵉ s. (Renaissance), a conservé une belle verrière (le *Serpent d'ai-*

rain); mais la nef de dr. en présente une plus belle encore du XVIe s. (*Passion et Résurrection*), et celle de g. en a une autre, un peu plus ancienne peut-être et tout à fait intacte, qui représente saint Hubert : celle-ci est d'une richesse et d'une harmonie de couleurs tout à fait re-

Statue de J. Racine, à la Ferté-Milon.

marquables; la composition et le dessin ont aussi un grand mérite. Près du vitrail de saint Hubert se voient les restes d'une verrière du XIVe s.

L'*église Saint-Nicolas,* dans le faubourg, date du XVIe s. et conserve également de magnifiques vitraux.

Le **château** (mon. hist.), dont les restes se dégradent chaque jour, complétait le système de défense du pays de Valois, au temps du duc d'Orléans, frère de Charles VI. (Pour le visiter, ainsi que les souterrains, s'adresser au *Café des Ruines*.)

Il est question d'un fort existant à la Ferté vers 880, époque où les religieux de Sainte-Geneviève de Paris auraient transporté dans ce château les reliques de leur patronne pour les mettre en sûreté contre les Normands. Ces moines étaient propriétaires du village de *Marizy* (6 kil. N.-E.), à l'occasion duquel il est fait mention du plus ancien seigneur connu de la Ferté-Milon, qui était appelée alors la Ferté-sur-Ourcq. Ce seigneur, nommé Theudou, fut contraint, en 1035, de rendre à ces religieux les revenus de Marizy, qu'il percevait indûment. Vers le milieu du XIIe s., le surnom de Milon commence à paraître, mais on ignore qui l'a donné. A cette époque, le château était déjà flanqué de grosses tours et avait reçu un donjon; on y voyait en outre une chapelle dédiée à saint Sébastien, devenu patron des hommes de guerre dans cette partie de la France, depuis que ses reliques avaient été apportées à l'abbaye de Saint-Médard, de Soissons, en 826. Les seigneurs étaient les mêmes que ceux de Crécy. Sous Philippe-Auguste, la Ferté fut unie, avec tout le Valois, à la Couronne. Louis d'Orléans, frère de Charles VI, devenu duc de Valois, rasa l'ancien château et fit élever celui dont on voit les restes. Ce château, sous le règne de Charles VII, fut pris deux fois par les Bourguignons, et réparé sous Louis XI, en même temps qu'une partie des maisons de la ville.

Vers 1540 commencèrent, dans le Valois, des assemblées fréquentes de *sabbatiers;* la Ferté eut de nombreux *chevaucheurs de ramons*, c'est-à-dire des sorciers et sorcières qui, au sabbat, tenaient un balai (un *ramon*) entre leurs jambes. Pendant les guerres de religion, la Ferté fut investie plusieurs fois par les Huguenots, qui ne purent la prendre. Un aventurier, à la tête de quelques brigands, fut plus habile et s'empara du château; mais les habitants de la Ferté surprirent cette troupe, qui fut, jusqu'au dernier homme, passée au fil de l'épée. Les Ligueurs occupèrent le château en 1589, et, commandés par Antoine de Saint-Chamant, s'y défendirent si bien que, en 1594, Henri IV, après les avoir assiégés en vain, finit, de guerre lasse, par acheter le gouverneur et sa garnison; mais il fit démanteler la place. Enfin c'est à la Ferté-Milon que s'est passée une aventure d'où est venu un dicton populaire. Henri II de Bourbon, père du grand Condé, était seigneur de Muret, en Valois. Voulant affermer une de ses propriétés, il se rendit incognito chez un notaire de la Ferté, nommé Arnould Cocault. Le prince, reçu par la femme du tabellion, demande à parler au maître du logis, apprend que celui-ci est à table, insiste pour être introduit en sa présence : « Faut ben qu'Arnould daîne, » répond sèchement la ménagère. Le prince dut attendre, à la porte de l'étude, le bon plaisir de Cocault et ne se fâcha point : « Faut ben qu'Arnould daîne, » répéta-t-il en riant, lorsque ensuite, ayant décliné ses qualités, il vit le notaire épouvanté. On conserve à la Ferté-Milon le bail, à la date du 11 avril 1611, qui fut rédigé ce jour-là par ordre de Condé.

A en juger par le front principal, le seul debout, le château de la Ferté-Milon devait être plus colossal encore que celui de Pierrefonds. Peut-être n'a-t-il jamais été achevé. Cette façade se compose de quatre énormes tours : l'une carrée, c'était la tour du roi ou le donjon; les trois autres cylindriques, avec un éperon triangulaire qui en augmente la saillie. Un des neuf Preux était sculpté sur chaque tour; au-dessus de la porte, un grand bas-relief mutilé représente un sujet religieux. Dans la ville haute se voient aussi des tours du XIIIe s., restes des murs de la cité.

Le *château neuf*, construit par les propriétaires du vieux fort, les ducs d'Orléans, se fait surtout remarquer par ses dépendances. La rivière d'Ourcq arrose les prairies du parc.

La Ferté est la patrie de Jean Racine, dont la *statue*, adossée à la mairie, est due à David (d'Angers).

De Villers-Cotterets, les archéologues et les touristes peuvent se rendre aussi, en 5 ou 6 heures, à pied, à Verberie par la vallée de l'Authonne (*V.* Section XVI, p. 320-322).

Embarcadère du chemin de fer de Strasbourg.

CHEMINS DE FER DE L'EST

SECTION XIX

DE PARIS A MEAUX [1]

L'embarcadère des chemins de fer de l'Est, construit d'après les plans de M. Duquesney, s'élève à l'extrémité septentrionale du boulevard de Strasbourg. Sa forme est celle d'un rectangle long de 150 mèt. et large de 30 mèt. Sur chacun des grands côtés s'étend une galerie à deux étages, terminée à chaque extrémité, sur la façade, par un pavillon. Un péristyle à colonnes relie les deux pavillons bâtis en avant-corps. Une horloge élégante surmonte ce péristyle et sert d'appui à deux gracieuses statues : la Seine et le Rhin. Au-dessus d'une belle rosace en fer et en verre, la ville de Strasbourg est représentée assise dans une chaise curule.

C'est sous le vestibule que s'ouvrent à g. les salles d'attente, qui s'étendent, le long du quai du départ, sur une partie du côté g. Elles ont une superficie totale de 485 mèt. Presque en face de la *Bibliothèque*

[1] *Embarcadère,* à l'extrémité du boulevard de Strasbourg. Pour les prix des places, V. l'*Introduction*.

des chemins de fer, dans le vestibule, se distribuent les billets; au milieu se déposent et s'enregistrent les bagages; le côté dr. tout entier est réservé à l'arrivée. Le long du bâtiment qui renferme la salle des bagages a été établie une large marquise, sous laquelle les omnibus et les voitures peuvent charger à couvert les voyageurs et les bagages.

La *gare des voyageurs* occupe une superficie de 5 hect. 60 ares. Pour se rendre de cette gare à celle de *la Villette*, qui comprend les ateliers, les remises et la *gare des marchandises* proprement dite (29 hect. 46 ares), on passe sous la rue La Fayette et le boulevard des Vertus.

Au sortir de la gare des marchandises, on remarque : à dr., les entrepôts, les usines et l'église de la Villette, les buttes Chaumont, et, au-dessus des buttes Chaumont, les deux tours de l'église de Belleville, les nouveaux *abattoirs* de la ville de Paris, et à g. de nombreux établissements industriels. Puis on franchit successivement le chemin de fer de ceinture, le canal Saint-Denis, la route de Paris à Maubeuge, et les fortifications. On voit à g. (1 kil.) le *fort d'Aubervilliers*; à dr., Pantin, les Prés-Saint-Gervais et le *fort de Romainville*.

1ʳᵉ STATION. — PANTIN.

6 kil. de la gare de Paris, 3 kil. de Noisy-le-Sec, 7 kil. de Notre-Dame de Paris, 1 kil. des Prés-Saint-Gervais, 1 kil. 1/2 des Lilas, 5 kil. de Bondy, 7 kil. 500 mèt. de Saint-Denis, 2 kil. de Romainville.

Pantin, 12,337 hab., est un ch.-l. de c. du départ. de la Seine, qui n'a rien de remarquable que ses carrières, dominées par le fort de Romainville. L'église, moderne, renferme un beau tableau de Glaize (1853) : *Élisabeth de Hongrie*.

La Guimard eut à Pantin une maison de plaisance où Marmontel lui adressa une épître qui jouit d'une certaine vogue au xviiiᵉ s.

LES PRÉS-SAINT-GERVAIS. — LES LILAS. ROMAINVILLE.

Les Prés-Saint-Gervais, v. de 4,136 hab., à 6 kil. de Notre-Dame de Paris, 1 kil. des fortifications et 1,500 mèt. de Pantin, sont un des rendez-vous de plaisir de la population parisienne les jours de fête, mais n'offrent d'intéressant qu'une *maison* (aujourd'hui à M. Marlier, rue Plâtrière, 20, près de la mairie) longtemps habitée par Gabrielle d'Estrées, et qui servit de rendez-vous de chasse à Henri IV. On remarque à l'intérieur deux beaux plafonds peints par Dupuis et des dessus de cheminées de la même époque. Une rue porte le nom de Charles Nodier, qui vint souvent dans ce village.

Des Prés, on arrive en 15 min. aux **Lilas**, nouvelle commune de 3,699 hab., qui doit son nom aux nombreuses haies de lilas qui s'étendaient naguère sur son territoire, et qui ont fait place à des chemins et à des habitations. Avant la guerre de 1870, tout le plateau situé entre le *fort de Romainville*, qui domine les Lilas au N.-E., et le v. de Bagnolet, à 1 kil. S., conservait néanmoins de beaux bois, qui ont été rasés. La rue qui conduit au fort porte le nom d'*Avenue du Château*. La seconde maison qu'on trouve à dr. en la remontant appartient à la fille de Paul de Kock, après avoir été possédée et longtemps habitée par l'aimable romancier. — Pour Bagnolet, V. ci-dessous, Section XXII.

Romainville, 2,044 hab., dont les bois furent longtemps à la mode, est situé à 1 kil. E. des Lilas et à 1,500 mèt. S.-O. du village de Noisy-le-Sec, sur des hauteurs d'où la vue embrasse toute la plaine de Saint-Denis. Les restes du *château* (xviiiᵉ s.), qui a appartenu à la famille de Noailles, sont aujourd'hui habités par M. Gauvin, le propriétaire des importantes plâtrières de Romainville.

PANTIN. — LES PRÉS-SAINT-GERVAIS. — BONDY.   357

Laissant à g. *Bobigny*, 889 hab., on croise le canal de l'Ourcq, la route de Paris à Metz, et la route de Saint-Denis à Romainville, situé à dr., sur la colline, au-delà du fort de ce nom.

2ᵉ STATION. — NOISY-LE-SEC.

9 kil. de la gare de Paris. 3 kil. de Pantin, 11 kil. de Saint-Denis, 2 kil. de Bobigny, 2 kil. de Bondy, 1 kil. 1/2 de Romainville, 3 kil. de Rosny.

Noisy-le-Sec, v. de 2,934 hab., bâti au pied du coteau de Romainville, possède une *église* du xvɪᵉ s. et de nombreuses maisons de campagne. Il eut pour seigneurs Enguerrand de Marigny, qui fut pendu au gibet de Montfaucon, dressé par lui-même, et le cardinal Jean la Balue, inventeur de ces cages de fer dans l'une desquelles Louis XI le fit enfermer, au château de Loches, pour le punir de ses trahisons.

« Noisy-le-Sec, dit Lebeuf, d'après les *Mémoires de l'Estoile,* fut un des

Embarcadère du chemin de fer de Strasbourg.

lieux où le roi Charles IX permit l'exercice de la religion protestante. »

On laisse à dr. la ligne de Belfort, qui est décrite ci-dessous (Sections XX et XXI) jusqu'à la station de Longueville-Provins.

3ᵉ STATION. — BONDY.

2 kil. de Noisy-le-Sec, 11 kil. de Paris. Bondy est à 1 kil. de la station, 4 kil. de Villemomble, 3 kil. de Bobigny, 5 kil. de Livry, 5 kil. de Pantin, 11 kil. de Saint-Denis.

Bondy, 1,677 hab., est situé dans une plaine fertile, près du canal de l'Ourcq, sur la route de terre de Paris à Metz, et à l'entrée de la forêt à laquelle il a donné son nom. Cette forêt, vaste autrefois, de 2,018 hect., mais aujourd'hui morcelée en partie, était regardée jadis comme un repaire de bandits ; elle n'est aujourd'hui fréquentée que par des promeneurs, qui doivent avoir soin toutefois d'éviter le voisinage d'un vaste établissement que la ville de Paris y a fondé pour recevoir les matières transportées chaque nuit au dépotoir de la Villette.

Deux légendes bien connues se rattachent à l'histoire de la forêt de Bondy : le meurtre de Chilpéric II, par Bodilon, et le combat du chien de Montargis contre l'assassin de son maître, Aubry de Montdidier.

Le *château* actuel de Bondy est entouré d'un très-beau parc.

DE BONDY A AULNAY.

7 kil. — Chemin de fer. — 6 convois par jour.

Le chemin de fer d'Aulnay laisse à dr. à 1 kil. de Bondy, la ligne de Strasbourg, pour se diriger au N.-E., puis au N., à travers la forêt de Bondy, qui a été partiellement morcelée en une foule de propriétés.

3 kil. **Raincy-Pavillons.** Cette station, établie sur la route de terre de Bondy au Raincy, en un endroit appelé *le Village*, dessert les nombreuses villas ou pavillons formant la partie O. du Raincy. L'avenue qui s'ouvre en face de la gare conduit au centre du village; en suivant à dr. le boulevard de l'Ouest, qui la croise tout près du chemin de fer, on arriverait en 10 min. environ à la gare du Raincy-Villemomble (*V.* ci-dessous).

3 kil. 700 mèt. **Gargan-Livry.** La station est bâtie près de carrières de plâtre, auxquelles la relie un petit embranchement, et à 400 ou 500 mèt. de la route de Bondy à Livry. Mais le village de Livry est à 3 kil. N.-E. et plus rapproché de la station de Sévran.

En croisant la route de Bondy à Livry, on passe du départ. de la Seine dans celui de Seine-et-Oise.

5 kil. **L'Abbaye**, station ainsi nommée de l'ancienne abbaye de Livry, dont les restes se trouvent à 2 kil. S.-E. (*V.* ci-dessous).

A 300 ou 400 mèt. à g. de la station, est le canal de l'Ourcq, sur le bord duquel a été établi le *dépotoir de Bondy*, dont les miasmes interdisent aux promeneurs l'accès de la partie de la forêt située à l'O. du canal.

Le chemin de fer, après avoir franchi le canal de l'Ourcq, se raccorde avec la ligne de Paris à Villers-Cotterets (Section XVIII).

7 kil. Aulnay-lès-Bondy (*V.* p. 334).

Au-delà de la gare de Bondy, les talus s'abaissent.

4ᵉ STATION. — LE RAINCY-VILLE MOMBLE.

13 kil. de la gare de Paris, 2 kil. de Bondy.

Le Raincy*, 2,341 hab., mériterait le titre de bourg si ses habitations étaient moins disséminées. C'est un vaste ensemble de villas qu'entourent des jardins généralement plantés de beaux arbres qui faisaient jadis partie de la forêt de Bondy ou du parc du château du Raincy, démoli sous Louis-Philippe.

Ce magnifique château, qui avait remplacé, au XVIIᵉ s., une abbaye de Bénédictins, fut construit par Jacques Bordier, conseiller du roi, auquel il coûta, dit-on, 4,500,000 livres. Le duc d'Orléans l'acheta en 1750 et en transforma le jardin en parc anglais. Pendant la Révolution, le Raincy fut destiné, en vertu d'un décret, *à servir, ainsi que les maisons royales, aux jouissances du peuple, et à former des établissements utiles à l'agriculture et aux arts*. Acheté successivement par M. Auguin de Livry, par M. Perrin, entrepreneur des jeux, par le célèbre fournisseur Ouvrard, cette belle propriété revint au duc d'Orléans, lors de la Restauration. En 1848, elle fut saccagée; les décrets des 22 janvier et 27 mars 1852 la firent rentrer dans le domaine de l'État; elle a été enfin acquise par une société financière qui est parvenue à y créer un village.

L'*église*, sans architecture et sans style, ne se distingue que par son clocher des maisons de campagne qui l'environnent ; elle est agréablement située au bord d'un étang ombragé d'arbres. — Les ruines du château de Jacques Bordier se trouvent sur les bords de la route du Raincy à Livry; on les voit à dr., avant d'arriver à l'église; mais elles n'offrent qu'une masse informe où se distinguent à peine quelques traces de voûtes. — Sur la partie de l'avenue du Raincy comprise entre le rond-point du Raincy et celui de Montfermeil, se voient deux beaux tilleuls dans une propriété particulière (à g.).

Villemomble, 1,180 hab. (Seine), est située à dr. (600 mèt.) de la station du Raincy au pied du **plateau d'Avron**, qui joua un rôle important dans la défense de Paris, en 1870-1871.

Le plateau d'Avron s'étend de l'E. à l'O. sur une longueur d'environ 2 kil.; il mesure environ 1 kil. dans sa plus grande largeur. Un bois, dont il reste encore quelques massifs, en occupait le centre et formait le parc de la grande propriété

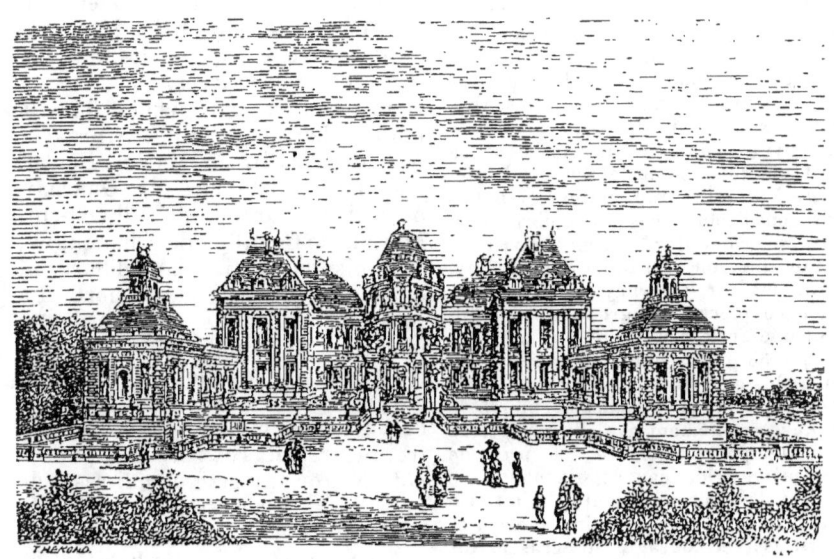

Ancien château du Raincy.

de *Beauséjour*, située sur la partie la plus large du plateau. A l'E. du bois s'étendait la *grande pelouse*, espace couvert de taillis. Dans un but de spéculation, la partie E. du plateau fut mise en vente par lots, quelques années avant la guerre; de grandes allées donnent accès à ces îlots, et un certain nombre de maisons à l'aspect de guinguettes s'élevaient là comme dans le parc du Raincy ; lors de l'investissement, ces maisons durent être abandonnées par les habitants. Le 28 novembre au soir, 3,000 marins, conduits par le général Saisset, occupèrent le plateau d'Avron, où campa la division d'Hugues ; on commença aussitôt l'exécution de travaux destinés à protéger nos soldats contre le feu de l'ennemi, et des batteries furent élevées au S., à l'E. et au N. sur la crête du plateau. Il s'agissait d'abord de protéger le mouvement offensif que le général Ducrot devait tenter, le 29 et le 30, sur la vallée de la Marne, et qui aboutit, le 2 décembre, à un abandon déplorable de toutes les positions conquises.

Ces travaux ne furent achevés qu'avec beaucoup de difficultés : les terres étaient gelées et la nature du sol ne permettait pas de pénétrer à une profondeur suffisante. Sous une couche de terre fort mince, on rencontrait un banc de pierre que la pioche ne pouvait entamer. Les épaulements des batteries étaient fort peu avancés, le 30 novembre, ainsi que les tranchées et le réduit. On avait en outre dégarni presque entièrement le plateau des taillis qui le couvraient précédemment et dérobaient à la vue de l'ennemi les mouvements des troupes. Quarante-trois pièces d'artillerie y prirent enfin leur place et rendirent les plus grands services lors de l'attaque des positions prussiennes. Mais, lorsque les Allemands eurent réoccupé les hauteurs voisines, le plateau d'Avron, dont la mise en état de défense avait été singulièrement contrariée par la rigueur de la température, ne présenta bientôt que des abris tout à fait insuffisants contre le feu de l'ennemi, soit pour nos pièces, soit pour nos soldats. Il inquiéta pourtant l'ennemi et gêna ses mouvements pendant le jour, en contre-battant ses ouvrages; mais la nuit son feu devenait trop incertain pour être utile. On pouvait d'ailleurs s'apercevoir que les Allemands exécutaient de grands travaux et construisaient des batteries dont on aurait bientôt à subir le feu. Le 27 décembre à 8 heures du matin, ces batteries furent démasquées, au nombre de 14, et leurs projectiles vinrent couvrir le plateau d'Avron. Du Raincy, de Gagny, de Chelles, de Gournay, de Noisy-le-Grand, 60 pièces de gros calibre lançaient une grêle d'obus, et nous n'avions plus que 36 pièces pour répondre à l'ennemi; plusieurs de nos batteries étaient prises de front et d'écharpe, enfin, 5 de nos pièces seulement avaient une portée suffisante pour atteindre, à près de 5,000 mètres, les canons allemands de Noisy et de Gournay. Bientôt la batterie de marine armée de ces cinq pièces, et qui luttait avec courage, fut écrasée. Nos troupes, blotties dans les tranchées, dont plusieurs étaient enfilées ou prises à revers, montraient la plus grande fermeté. On avait augmenté leur nombre dans la pensée que l'ennemi tenterait peut-être un assaut pendant la nuit, mais il n'en fut rien. La journée suivante se passa de même, seulement notre artillerie cessa complètement un feu inutile; les pièces furent mises à l'abri derrière les épaulements. L'occupation d'Avron avait eu pour principal objet la protection que notre artillerie pouvait, de ce point, donner aux opérations du 30 novembre. Il n'était plus nécessaire de nous maintenir dans cette position intenable pour nous alors, comme elle le fut ensuite pour l'ennemi, sous le feu de nos forts. Elle fut évacuée dans la nuit du 28 au 29. Tout le matériel fut rapporté dans les forts, excepté deux pièces, qu'on alla chercher la nuit suivante.

En arrivant par la route de Villemomble, on traverse le plateau dans sa largeur et, parvenu à une maison qui a pour enseigne « *A la buvette du plateau d'Avron,* » on prend à g. un sentier qui conduit à l'emplacement d'une batterie; revenant alors à la buvette et prenant la route à dr. on arrive après quelques détours à une ligne de tranchées et de batteries qui contourne l'extrémité E. du plateau. De ce point la vue s'étend sur la vallée de la Marne. Du N. au S., on découvre le parc du Raincy, Gagny et ses carrières, la Maison-Blanche et son parc isolés dans la plaine, l'asile de Ville-Évrard (*V.* p. 376), Neuilly-sur-Marne, Bry et, au-delà, les hauteurs de Gournay, de Noisy-le-Grand, de Villiers-sur-Marne, de Cœuilly, de Champigny, et trois ou quatre plans d'horizon, enfin à l'O. Nogent et son fort. La plus grande partie des taillis et beaucoup de grands arbres ont disparu; on se l'explique en pensant que, dans cette position, nos troupes eurent longtemps à supporter un froid extrême. En revenant par le côté N., on traverse ce qui reste de bois. Une heure suffit à visiter le plateau d'Avron.

En quittant la partie habitée de ce plateau, on prend le chemin de dr. qui traverse, l'espace de 1 kil., des champs cultivés; vers l'extrémité O. une ligne de tranchées en demi-cercle, appuyée au chemin, reliait les ouvrages du plateau au fort de Rosny et aux tranchées venant de Bondy.

On descend en laissant à g. une profonde carrière, et on gagne Rosny (*V.* Section XX).

MONTFERMEIL. — CLICHY. — LIVRY.

Pour aller à Montfermeil, il faut suivre l'avenue qui s'ouvre en face de la gare du Raincy, jusqu'au rond-point de la Mairie. Là se détache à dr. l'avenue du Raincy qui laisse à g. l'église paroissiale et un vaste bâtiment à ailes, servant de ferme, appelé *Orangerie de Louis-Philippe*. Parvenu au rond-point de Montfermeil (bassin avec jet d'eau), d'où l'on jouit d'une vue étendue sur les plaines de Saint-Denis, on prend à g. l'allée de Montfermeil, en laissant à dr. la route qui conduit à la station de Gagny, éloignée de 3 kil., en passant par le village du même nom. On aperçoit à peu de distance, sur le bord de cette route, une belle maison de campagne (*Maison-Rouge*) bâtie dans le style des châteaux du temps de Louis XIII.

Sur Montfermeil, à 5 min. environ du rond-point, se détache à g. un sentier qui, bientôt se transformant en un chemin carrossable, conduit directement à Notre-Dame-des-Anges (*V.* ci-dessous), située à son extrémité à g.

Montfermeil, 1,003 hab., doit sa célébrité à un roman de Paul de Kock, qui a pris une de ses laitières pour héroïne; on y voit de belles maisons de campagne, et les bois qui l'avoisinent offrent de charmantes promenades. Son *château*, qu'entoure un vaste parc, appartient à M. le marquis de Nicolaï. — Une belle route, presque toujours ombragée, conduit de Montfermeil à Chelles (*V.* ci-dessous). La distance est de 3 kil.

2 kil. à peine séparent Montfermeil de *Clichy-en-l'Aunois* ou *sous-Bois*, v. de 182 hab., situé sur une colline d'où l'on a une vue étendue. On y voit de jolies maisons de campagne et un élégant château moderne.

En prenant à g. (en venant de Montfermeil) la rue qui passe devant l'église, on arrive en 10 min. à la chapelle de **Notre-Dame-des-Anges**, but de nombreux pèlerinages du 8 au 18 septembre, et dont une légende raconte ainsi l'origine :

« En 1212, trois marchands angevins, passant dans la forêt de Bondy, y furent attaqués par des brigands qui les dévalisèrent et les attachèrent à trois chênes; ces marchands y restèrent un jour et une nuit sans secours. Se voyant en danger de mourir en ce lieu, ils s'adressèrent à la Sainte Vierge qui, écoutant leur prière, leur envoya un ange qui les délivra. En reconnaissance de ce miracle, ils lui élevèrent une chapelle en l'endroit même. Des guérisons et des miracles y sont arrivés en grand nombre. Cette chapelle, détruite au moment de la Révolution, fut réédifiée le 8 septembre 1808. » On y a ajouté il y a quelques années un chœur en rotonde.

Après avoir longé au sortir de Clichy, le château (à dr.), la route décrit une longue courbe et va passer devant un grand bâtiment aux murs blanchâtres qui avoisinent quelques maisons d'aspect misérable : ce sont les restes ou plutôt l'emplacement de l'ancienne **abbaye de Livry**, fondée au XIIe s., et qui compta parmi ses moines Abelly, le confesseur peu écouté de Catherine de Médicis. Les religieuses de la Vierge-Fidèle, qui tenaient dans ce bâtiment un pensionnat et un orphelinat sous le patronage de Notre-Dame de Livry, l'ont abandonné récemment, et l'abbaye serait destinée à tomber dans l'oubli, sans le souvenir de Mme de Sévigné. Mme de Sévigné aimait le séjour de Livry, pendant que l'abbé de Coulanges, qui en était commendataire, y résidait; elle y écrivit un grand nombre de ses lettres.

Au-delà de l'abbaye, on laisse à g. la route du Raincy (3 kil.), qui va passer près d'un étang dépendant jadis du monastère, puis on rejoint, au ham. de *la Barrière*, la route de Bondy à Livry. Ce dernier village est à 1 kil. à dr.

Livry, 1,792 hab., était au XIIe s. un fief appartenant à un seigneur qui soutint un siège contre Louis VII. Le roi, blessé pendant l'attaque, fit démolir le manoir du rebelle. Mais celui-ci obtint la permission de relever ses tours, et le bourg de Livry fut même ceint de murailles. Au printemps de 1610, Henri IV, assailli du pressentiment de sa fin prochaine, vint passer huit jours, seul, à Livry, dans une petite maison de son capitaine des gardes.

La terre de Livry fut érigée en marquisat en 1689, au profit de Louis Auguin, premier maître d'hôtel du roi. Le château, dessiné par Levau, appartint, sous la Restauration, au comte de Damas, pair de France. Louis XVIII y coucha, le 11 avril 1814, la veille de son entrée à Paris.

Des voitures publiques relient Livry à (2 kil.) la station de Sévran (*V.* Section XVIII).

En-deçà de Gagny, on entre dans le département de Seine-et-Oise.

5ᵉ STATION. — GAGNY.

15 kil. de la gare de Paris, 1 kil. 1/2 du Raincy. — Gagny est à 500 mèt. de la station, 3 kil. de Montfermeil, 1 kil. de la porte du Raincy appelée porte de Chelles.

Gagny, 1,735 hab., possède de belles maisons de campagne et une *église* reconstruite de 1875 à 1877 dans le style roman.

Une route, longue de 3 kil., conduit de Gagny à Montfermeil (p. 361).

Après avoir laissé Gagny à g., on laisse à dr. le château de *la Maison-Blanche*, puis *le Chesnay*. Mais déjà on est entré dans une longue tranchée perreyée. Au milieu de cette tranchée, on pénètre dans le département de Seine-et-Marne, puis, quand les talus cessent d'intercepter la vue, on domine, du haut d'un remblai élevé, de vastes prairies bordées de peupliers.

6ᵉ STATION. — CHELLES.

19 kil. de la gare de Paris, 4 kil. de Gagny. — Chelles est à 1 kil. de la station, 3 kil. de Gournay, 3 kil. de Montfermeil.

Chelles, 2,150 hab., est situé près de la Marne, à g. du chemin de fer. Ses environs présentent d'agréables promenades.

Chelles était, au VIᵉ s., une *villa royale* à laquelle les crimes de Frédégonde donnèrent une triste célébrité. De nos jours encore, dans une prairie voisine du chemin de fer, à 30 ou 40 pas de la route allant au village, à dr., on voit une base de colonne, avec fût, du XIᵉ s. (mon. hist.) dite d'abord *Pierre de Chilpéric*, et depuis, *Croix de Saint-Bauteur*. C'est, d'après la tradition, un monument expiatoire élevé sur le lieu où Landry, poussé par Frédégonde dont il était l'amant, tua Chilpéric Iᵉʳ (584). Le palais de Chelles, tour à tour habité et délaissé par les rois de la première et de la seconde race, tomba en ruine sous les Capétiens.

Dans le voisinage de la demeure royale s'élevait une abbaye fondée par sainte Clotilde, au commencement du VIᵉ s., et rebâtie au VIIᵉ par la reine sainte Bathilde, qui y mourut religieuse en 680. L'abbaye de Chelles eut souvent pour abbesses des femmes du plus haut rang, entre autres Hégilwige, mère de l'impératrice Judith de Bavière, et Gisèle, sœur de Charlemagne, qui y fut inhumée. Après avoir subi une foule de vicissitudes, elle fut prise et ravagée par les Anglais en 1358, détruite en partie par la foudre au commencement du XVᵉ s., pillée de nouveau par les Anglais en 1429, presque entièrement renversée, en 1559, par un horrible ouragan, et encore une fois restaurée et dirigée, comme à son origine, par des princesses et même par une fille de roi, Marie-Henriette de Bourbon, fille naturelle d'Henri IV. Elle eut enfin pour abbesse, en 1719, une fille du Régent, Louise-Adélaïde de Chartres, âgée de quatorze ans, laquelle, au dire de sa grand'mère, Élisabeth-Charlotte, avait de vrais goûts de garçon.

Chelles est probablement la patrie de Jean, dit de Chelles, architecte du XIIIᵉ s., qui construisit à Notre-Dame de Paris les deux façades latérales.

Il ne reste rien du monastère,

L'abbaye de Chelles, d'après une ancienne gravure

complétement démoli par les spéculateurs qui l'achetèrent, en 1790, et qui durent tirer bon parti de ses matériaux dans un pays où la pierre est rare ou mauvaise. Sur le parapet d'un ponceau, vers le centre du village, on voit encore un obélisque armorié de 1739, qui a été placé par les soins d'une des dernières abbesses.

L'*église paroissiale*, dont le chœur (xvᵉ et xvIIIᵉ s.) présente à dr. quelques colonnes du xIIIᵉ s., renferme un beau Christ en bois, quelques stalles (xvIIIᵉ s.) provenant de l'abbaye, et de nombreuses châsses, où sont renfermés, entre autres reliques, les corps de sainte Bathilde, de sainte Bertille, de sainte Radegonde, de saint Genès, archevêque de Lyon, et le chef de saint Éloi, évêque de Noyon. Deux chaussures de sainte Bathilde sont aussi conservées dans le trésor de l'église.

De nombreux sarcophages et d'autres antiquités ont été découverts dans les environs de Chelles, au lieu dit le *Camp des Sarrasins*.

Un *fort* a été construit, en 1877, sur la colline qui domine Chelles et où les Prussiens avaient établi une des batteries qui rendirent intenable pour nos soldats les positions du plateau d'Avron (*V*. p. 359).

A peine a-t-on quitté la station de Chelles qu'on aperçoit, à g., le monument de Chilpéric. Plus loin, du même côté, se montrent des carrières de plâtre, reliées à la ligne de Strasbourg par un chemin de fer. Des arbres cachent ensuite, toujours à g., le v. de *Brou* (129 hab.). Des champs succèdent aux prairies et aux bois de peupliers. On traverse une longue tranchée au sortir de laquelle on longe la rive dr. de la Marne, puis on voit à g. *Pomponne* 431 hab. (château du xvIIIᵉ s.; église du xIIIᵉ s.)

7ᵉ STATION. — LAGNY.

28 kil. de Paris, 9 kil. de Chelles, 2 kil. de Pomponne, 6 kil. d'Annet, 3 kil. de Montévrain, 13 kil. de Villeneuve-le-Comte.

La station de Lagny est située dans le faubourg de *Thorigny*, qui forme une commune distincte de 853 hab., et dont l'église, malgré l'apparence ogivale qu'elle offre de loin, n'a aucun caractère. Au sortir de la gare, on trouve devant soi la *rue du Pont-de-Fer*, qui conduit à l'ancien pont, refait de nos jours en pierre et en fonte, et à laquelle fait suite, à **Lagny** * même, la *rue du Chemin-de-Fer*. En la quittant, on croise une large voie qui, sous le nom de *rue du Pont-Neuf*, conduit, à dr., à la grand'route et au nouveau *pont*, en pierre, et, à g., sous le nom de *rue de Saint-Denis*, aboutit aux routes de Meaux et de Villeneuve-le-Comte et envoie sur la g. un embranchement, la *rue du Chariot-d'Or*, qui dessert la gare spéciale du chemin de fer de Villeneuve. — La *rue des Marchés*, prolongement de celle du Chemin-de-Fer, monte à la *place de la Fontaine*, à l'entrée de laquelle on trouve à g. une porte voûtée en ogive conduisant à l'hôtel de ville et à dr. la *rue Saint-Fursy*, sur laquelle donne l'église ruinée du même nom. A la place de la Fontaine communiquent, à g., celle *de l'Hôtel-de-Ville* (mairie et église), et, du côté opposée à la rue des Marchés, la *place du Marché-au-Blé*.

Lagny, dont les Normands avaient pillé et détruit le monastère rétabli depuis, fut fortifié dans le cours du xIIIᵉ s. Un concile s'y était tenu en 1142. Il tomba, en 1358, au pouvoir des Anglais, qui le brûlèrent; sous Charles VII, il soutint deux sièges en 1431 et en 1432, et força chaque fois les Anglais à la retraite. Une querelle, survenue entre les moines et l'abbé, nommé Jacques Brouillard, attira au bourg un nouveau siège pendant lequel les habitants se distinguèrent par leur valeur.

Pierre d'Orgemont, chancelier de Charles V, est né à Lagny.

Lagny, dont la population est aujourd'hui de 4,000 hab., fait un commerce considérable de grains, de farines, de fromages de Brie, de plâtre, de bois et de vins. Ses principales industries sont la fabrication du plâtre, des brosses fines à tableaux, de la chamoiserie et des maroquineries, l'apprêt des peaux de chevreau pour chaussures, la mégisserie, la corroierie. On y trouve aussi des pépinières, des scieries mécaniques, deux marbreries et une imprimerie assez importante, dite imprimerie de Lagny. La population de cette ville est de 1,000 habitants.

Saint-Pierre (mon. hist.) est l'ancienne église du monastère que fonda, au viie s. saint Fursy, mort près de Doullens vers 650. Cette église fut rebâtie après les invasions normandes et de nouveau au milieu du

Lagny.

xiie s. On voit encore des fragments de cette dernière époque : colonnes, arcades et chapiteaux, contre la paroi intérieure du mur de façade. Le monument actuel n'est que le chœur d'une immense basilique commencée au xiiie s. et demeurée inachevée. Ce chœur lui-même est incomplet ; l'étage des fenêtres supérieures est, relativement aux proportions de l'ensemble, bas et mesquin. Avant les récentes restaurations, cette partie n'offrait aucun caractère ; elle imite aujourd'hui assez bien le xive s. En plan, l'église de Lagny offre quatre collatéraux, dont deux se rejoignent derrière l'abside et y desservent trois chapelles profondes séparées par deux absidioles formant dans le déambulatoire de simples renfoncements. Une disposition à peu près analogue se remarque à la cathédrale de Chartres et au chœur ruiné de l'église de Saint-Gilles. Les piliers qui séparent les collatéraux et ceux qui supportent la grande voûte sont cylindriques et flanqués de quatre colonnes. Leurs chapiteaux à doubles rangs de crochets accusent une influence champenoise. Le triforium est à jour et orné, comme toutes les fenêtres de l'église, de vitraux modernes à bon marché. Au-dessus des premiers piliers de la grande voûte, qui sont plus gros que les autres, on remarque extérieurement des faisceaux de colonnes qui devaient former les angles orientaux de la croisée. Le transsept existait en grande partie, mais inachevé, au xviie s., d'après une gravure du *Monasticon gallicanum.*

Au mur latéral dr. est l'inscription tumulaire d'un abbé du xiie s.

Les anciens bâtiments de l'abbaye, reconstruits en pierre et en briques sous Louis XIV, servent d'hôtel de ville et de gendarmerie.

Saint-Furcy, jadis église paroissiale, belle ruine du xve s., est occupée par des écuries et des logements.

La *fontaine* est une des curiosités de Lagny. Elle se compose d'un large bassin circulaire d'où émergent deux colonnes fort courtes, l'une avec chapiteau orné de feuillages. A ces chapiteaux sont attachés plusieurs masques de plomb, dont deux du xiiie s., comme tout le reste du monument.

De Lagny, on peut faire une excursion à (8 kil.) Ferrières. On prend, au S. de Lagny, un chemin tracé sur les hauteurs qui dominent la rive g. de la Marne. Après avoir traversé un petit plateau, on redescend dans un vallon où on laisse à dr. *Gouvernes*, 413 hab. (*église du* xiiie s., dont le triforium est formé d'œils-de-bœuf), et, à g. le *château Deuil.* — A mi-côte du versant opposé de ce vallon se trouve *Guermantes* (3 kil.), 184 hab. A l'O., entre Guermantes et *Bussy-Saint-Martin*, 228 hab. (*église* du xiiie s. ; *château de Rentilly*, du xviie s., entouré d'un beau parc), s'élève un beau *château* en pierres et en briques, de la fin du xviie s., dont le parc a été, dit-on, dessiné par Le Nôtre. On longe le parc, au-delà duquel on aperçoit, à dr. (5 kil.), *Bussy-Saint-Georges*, v. de 540 hab., qui a conservé une tour cylindrique, du xvie s., en pierres et en briques. Le chemin redescend ensuite à l'entrée de Ferrières, près de l'église (*V.* Section XX, p. 379).

DE LAGNY A VILLENEUVE-LE-COMTE.

12 kil., par le chemin de fer.

L'embarcadère du chemin de fer de Villeneuve-le-Comte est situé à l'E. de Lagny, près du port de *Saint-Denis*, auquel il est relié par un embranchement. La ligne de Villeneuve appartient à une compagnie locale. Montant sur le plateau, elle laisse à g. *Montévrain*, v. de 484 hab. (église en partie du xie s.), derrière lequel se montre *Chessy*, 324 hab. (Bien qu'il n'y ait pas de station à Montévrain, les convois s'y arrêtent quand il y a des voyageurs à prendre ou à laisser.) On voit ensuite à g. *Chanteloup*, 186 hab., le *château des Fontenelles* et *Jossigny*, 483 hab.

7 kil. **Serris**, 286 hab., à 500 mèt. sur la g. — On laisse bientôt du même côté *Bailly-Romainvillers*, 307 hab., où se voient les ruines d'un *château* en briques, du xve s.

12 kil. **Villeneuve-le-Comte**, b. de 902 hab., fondé ou rebâti au commencement du xiiie s. Son **église** (mon. hist.), qui date de cette époque, offre un beau portail avec de curieuses sculptures, malheureusement mutilées. On voit à l'intérieur des pierres tombales, dont les dessins sont exposés dans la chapelle de g., avec une copie de plusieurs documents se rapportant à l'église actuelle et qui prouvent qu'elle était presque terminée en 1217.

Villeneuve est à 7 kil. de la station de Mortcerf (Section XX), par la forêt de Crécy.

———

Le chemin de fer de Meaux, longeant la rive dr. de la Marne, traverse *Dampmart*, 711 hab. La voie

VILLENEUVE-LE-COMTE. — CRÉCY.

s'engage ensuite dans une tranchée assez haute, puis décrit une forte courbe avant d'atteindre le coteau de *Chalifert* (260 hab.), dans le flanc duquel apparaissent les ouvertures de deux souterrains : l'un, à dr., par lequel débouche le canal de Chalifert; l'autre, à g., celui où l'on pénètre après avoir traversé la Marne sur le beau *pont* de Chalifert.

Au sortir du *tunnel*, long de 168 mèt., mais qui a été l'un des ouvrages de la ligne les plus difficiles à exécuter, on entre dans un riant bassin. La Marne, qui a fait un coude, serpente sur la g. ; à dr. se montrent *Coupvray*, 463 hab., et son *château*.

8ᵉ STATION. — ESBLY.

37 kil. de Paris. 9 kil. de Lagny, 10 kil. de Crécy.

Esbly, 419 hab., est situé sur le

Pont de Chalifert.

Grand-Morin, au milieu d'un territoire produisant un vin fort estimé des gens du pays et qui a fait donner le surnom de *Petite Bourgogne* aux coteaux sur lesquels il se récolte.

La voiture qui conduit à (10 kil.) Crécy longe la rive g. du Grand-Morin, en laissant à dr. Coupvray, *Montry*, 411 hab., et son beau *château de la Haute-Maison*, où M. Jules Favre et le comte de Bismark eurent, le 19 septembre 1870, une entrevue que continuèrent le même jour et le lendemain les conférences de Ferrières (*V.* Section XX, *Ferrières*). Au-delà de *Saint-Germain-lès-Couilly*, 528 hab., le chemin de fer passe sur la rive dr., à (4 kil.) Couilly, v. de 569 hab., dont l'église conserve des parties romanes.

Crécy*, ch.-l. de c. de 976 hab., sur le Grand-Morin, est une ville très-ancienne, qui était autrefois fortifiée de doubles remparts flanqués de cinquante-six tours, dont deux sont encore conservées, mais n'offrent aucun caractère. L'*hôtel de ville* est dominé par un beffroi moderne élevé sur la base d'une troisième tour, qui servit longtemps de prison. — Une belle *promenade*, plantée de quatre rangées d'arbres, s'étend au N. de la ville.

A 1 kil. E. du bourg est situé le v. de *la Chapelle-sur-Crécy*, 957 hab., dont l'**église** (mon. hist.) est un élégant édifice du XIIIe s., de style franco-champenois, remanié au XVe s. A l'intérieur, un groupe en pierre du XVIe s. (la *Trinité*).

La Marne franchie, la voie ferrée court entre la Marne et le canal latéral de Chalifert à dr., et le canal de l'Ourcq à g.

Au-delà de *Villenoy*, on laisse à g. une belle sucrerie.

MEAUX.

45 kil. de Paris, 8 kil. d'Esbly.

Meaux*, V. de 11,202 hab., ch.-l. d'arrond. du départ. de Seine-et-Marne et siège d'un évêché, est divisée par la Marne en deux parties inégales et contournée au N. par le canal de l'Ourcq. Un pont de pierre et deux passerelles (péage) font communiquer les deux rives.

Ancien chef-lieu des *Meldi*, petit peuple gaulois, cette ville prit le nom de *Meldæ*, d'où est venu celui de Meaux. Après la conquête romaine, elle devint, sous les empereurs, le chef-lieu d'une cité et fut administrée par un comte ressortissant d'un *præses* qui résidait à Sens. Plus tard, capitale de la Brie, elle dépendit du royaume d'Austrasie, jusqu'au commencement du VIIe s., époque à laquelle Clotaire II réunit toute la monarchie sous un même sceptre. Bâtie alors dans le lieu qu'occupent les faubourgs de Chage et de Saint-Faron, elle fut détruite, au IXe s., par les Normands, et reconstruite sur son emplacement actuel. Elle appartint successivement aux comtes de Vermandois et aux comtes de Champagne. Après la réunion de la Brie et de la Champagne à la Couronne, elle eut ses vicomtes particuliers. Le comte Henri lui donna, en 1179, une charte communale. Jeanne de Bar, en 1435, l'apporta en dot au comte de Saint-Pol, connétable de France, livré perfidement par le duc de Bourgogne à Louis XI, qui lui fit trancher la tête en place de Grève. Parmi les vicomtes de Meaux figure Maximilien de Béthune, duc de Sully, ministre et ami d'Henri IV.

Pendant l'insurrection de la Jacquerie, 9,000 *Jacques* et un corps de troupes parisiennes, qui avaient été introduits à Meaux par Soulas, maire de la ville, y furent défaits et massacrés par le comte de Foix, le captal de Buch et le seigneur de Hangest. Les vainqueurs pillèrent la cathédrale, incendièrent le château, les maisons des chanoines et celles des bourgeois ; quinze jours après, le feu continuait encore ses ravages. Deux fois, dans le XVe s., la ville de Meaux fut prise par les Anglais et reprise par le comte de Richemont. La Réforme, à son début, y trouva de nombreux partisans. « Dès l'année 1520, dit en effet M. J. Bastide dans son résumé des *Guerres de la Réforme*, il s'était formé à Meaux une petite société de lettres, dont le goût était blessé par la grossièreté des moines, et la raison disposée à critiquer les doctrines religieuses qui avaient enfanté tant d'abus. Faber d'Étaples, professeur de théologie, et l'évêque Guillaume Briçonnet étaient les chefs de cette société. » Aussi, Meaux fut pendant toute la période des guerres de la Réforme un des centres les plus actifs de propagation des doctrines nouvelles, qui, du reste, y trouvèrent également des adversaires acharnés. Pendant cinquante ans, ce fut une succession continuelle de violences, de pillages, d'exécutions couronnées par la plus horrible de toutes, la Saint-Barthélemy. Meaux fut la première des villes au pouvoir de la Ligue qui ouvrit ses portes à Henri IV, en 1594. Elle vit, en 1652, ses environs ravagés par l'armée de Lorraine, qui marchait sur Paris. Pendant la campagne de 1814, les alliés y furent tour à tour vainqueurs et vaincus. Ils la traversèrent plusieurs fois en 1815 et l'écrasèrent de réquisitions.

On compte, jusque vers le milieu du XIIIe s., sept conciles à Meaux ; Frédéric, empereur d'Allemagne, fut excommunié dans le dernier, qui se réunit en 1240.

Quatre hommes célèbres, à des titres bien différents, administrèrent le diocèse de Meaux : Durand de Saint-Pourçain (1326-1334), théologien et philosophe ; Guillaume Briçonnet (1516-1534), un des protecteurs des réformés ; Antoine Duprat (1534-1535), le ministre de François Ier, et Bossuet, dit l'*Aigle de Meaux* (1681-1704).

MEAUX.

A la sortie même de la gare, on se trouve sur une charmante *promenade*, ornée de pelouses, de corbeilles de fleurs et de plantations d'arbres. Limitée au S.-O. par la Marne, cette promenade, remarquablement entretenue, se continue vers le N. par un beau boulevard qui contourne la ville, passe sous les jardins du palais épiscopal, et, après avoir traversé à l'E. la place Henri IV, vient aboutir à la Marne. En suivant l'allée qui, du chemin d'accès de la gare, coupe la promenade en diagonale, on atteint bientôt la place de l'Hôtel-de-Ville. Là, une rue s'ouvrant sur le côté g. de la place, et où se trouve la sous-préfecture, conduit dans la *Grande rue*, en face de la cathédrale.

La **cathédrale** (mon. hist.), dédiée à saint Étienne, se présente en façade sur une place comprise entre le palais épiscopal et la Grande rue,

Meaux.

au côté g. de laquelle se développe l'aile méridionale. Ses parties les plus anciennes remontent au XIIe s. ou au commencement du XIIIe. Depuis cette époque, la construction s'est continuée jusqu'au XVIe s., en passant par la période du style gothique flamboyant, dont la riche ornementation domine dans tout le monument, qui a malheureusement perdu une partie de ses sculptures extérieures. La façade offre trois *portails* à voussures profondes, dépouillés de leurs statues; le portail central et celui de dr. sont terminés par un gable délicatement découpé, et s'élevant jusqu'à la hauteur du premier étage. Le portail de g., dont la voussure extérieure est à contre-courbes, est moins élevé que les deux autres. Une inscription du XVe s., taillée dans le massif qui sépare le portail du milieu de celui de dr., apprend que les statues des portails représentaient les saints évêques de Meaux. Une rose à compartiments flamboyants, inscrite dans une grande ogive, remplit, au-dessus du portail du milieu. la partie centrale de la façade. L'ogive contenant la rose est couronnée par une balustrade au-dessus de laquelle s'élève le pignon triangulaire de la nef. Dans ce pignon a été placée une horloge, dont le cadran produit un effet très-disgracieux. La tour du N., seule exécutée, a 70 mèt. de hauteur. Les premiers étages offrent, jusqu'à la naissance du pignon, une décoration uniforme très-riche; les deux étages supérieurs sont percés, le premier de deux fenêtres ogivales trilobées, et le second de deux autres ouvertures en ogives fermées par des auvents. De la plateforme de cette tour (310 marches), on aperçoit, à 45 kil. de distance, lorsque le temps est clair, les hauteurs de Montmartre et du Mont-Valérien. Le portail de dr. devait être également surmonté d'une tour que remplace pauvrement un massif d'ardoises désigné sous le nom de *Tour Noire*.

En redescendant la Grande rue, on a sur la g. le flanc méridional de la cathédrale, le seul que l'on puisse voir dans son ensemble, le flanc N., non moins remarquable, étant en grande partie caché par des constructions parasites. La porte latérale a conservé ses statues et les bas-reliefs du tympan : mais tous les personnages en ont été décapités

A l'intérieur, l'édifice (84 mèt. 35 cent. de long., 41 mèt. de larg. et 31 mèt. 50 c. de haut. sous voûte) présente un ensemble harmonieux.

La nef, formée de cinq travées, est flanquée de doubles bas-côtés. Les arcades longitudinales sont surmontées d'un triforium de différents styles, qui s'étend également autour du transsept. Le chœur, la partie la plus remarquable de l'église, comprend trois travées rectangulaires et une abside entourée de cinq chapelles rayonnantes; entre chaque travée, et formant la clôture du chœur, sur les bas-côtés, se trouve un double étage d'arcades ogivales, simples au premier rang, géminées au second rang, et supportées de chaque côté par quatre piliers trapus cantonnés de colonnes engagées. Ce système de séparation du chœur et des bas-côtés prolongés est d'un très-beau caractère; il devait continuer l'ordonnance de la nef, où de grandes tribunes furent partiellement exécutées, mais ne furent jamais terminées, et ont disparu dès la fin du XIII° s. Là encore, malheureusement, des aménagements fâcheux cachent presque complètement cette belle combinaison architecturale; à l'intérieur du chœur, les boiseries, auxquelles sont adossés les bancs des chanoines, en dérobent presque entièrement la vue, et, dans le côté latéral à dr., toute la clôture est enfouie dans une épaisse muraille de plâtre; on ne peut en apprécier l'effet que dans le côté latéral de g., où elle est restée complètement dégagée.

Les *chapelles latérales* de Saint-Étienne sont des XIV° et XV° s. Ce sont : — dans le bas-côté de dr., à la hauteur du chœur, la *chapelle de la Vierge* (reconstruite complètement en 1877), décorée de colonnes cannelées que surmonte un fronton d'une lourdeur extrême, et la *chapelle de Sainte-Geneviève*, qui renferme la dalle tumulaire de Guillaume de Saint-Remi, chanoine et docteur (XIV° s.). Il est représenté expliquant les psaumes à un auditoire qui se presse autour de lui; — un peu plus bas, la nef, la *chapelle* fondée par *Jean Rose* au XIV° s.; elle renferme sa tombe et celle de sa femme; tous deux sont représentés par un relief, légèrement indiqué au trait sur un des côtés de la chapelle; les vêtements sont en marbre noir, et la tête, les mains et les pieds, ainsi que deux anges groupés aux angles de la pierre sépulcrale, en marbre blanc; — la *chapelle Saint-Martin*, ornée de panneaux peints sur bois par

Senelle, et représentant différentes scènes de la vie du saint. A la hauteur de la chapelle Saint-Martin se trouve la *tombe* de Valentin Pidoux († 1738), grand vicaire de Bossuet; un peu plus bas est celle de Jean Phelipeaux († 1708), aussi grand-vicaire de Bossuet; — dans le bas-côté de g., la *chapelle des fonts baptismaux* (statues de la Vierge et de sainte Élisabeth figurant la *Visitation*; grand tableau de l'*Adoration des Mages*, attribué à Ph. de Champaigne) : — une *chapelle* renfermant la *tombe* du chantre Jean de Marcilly, son fondateur, et une *Annonciation*

Cathédrale de Meaux.

du XVIII° s.; — et enfin, à la hauteur du chœur, une *chapelle* du XVIII° s., d'une disposition assez élégante ; elle est dédiée à *saint Éloi*, et offre pour principale décoration un tableau représentant la mort de ce saint.

Le *buffet d'orgues*, construit en 1627, repose sur une magnifique arcade, décorée de compartiments cintrés trilobés, avec frise de feuillage et balustrade à compartiments flamboyants : hardiment jetée d'un côté de la nef à l'autre, elle forme ainsi à l'entrée de l'église une sorte de vestibule intérieur.

Parmi les autres détails secondaires, mais très-intéressants, que renferme encore la cathédrale de

Meaux, nous citerons : — la charmante petite porte du xve s., connue sous le nom de *porte Maugarni*, qui s'ouvrait sur le cloître des chanoines, à g. de la partie du bas-côté N. correspondant au chœur; — contre la clôture du chœur, du même côté, la *statue* en marbre blanc de *Philippe de Castille*, fils de Philippe de Castille, seigneur de Chenoise, et de Catherine de Ligny, mort à Briare en 1627 (il est revêtu de son armure et agenouillé); — les *vitraux* de la fenêtre du croisillon S., enfin la *chaire*, très-simple d'ailleurs, mais refaite avec les panneaux de celle où s'était fait entendre la voix éloquente de Bossuet.

Le grand évêque, on le sait, a été inhumé dans la cathédrale de Meaux; de plus, un *monument* commémoratif y a été élevé à sa mémoire dans le collatéral de dr. (il en a été enlevé en 1876, et sa place définitive n'est pas encore fixée), entre les autels de la Vierge et de Sainte-Geneviève. Ce monument se compose d'une statue de l'illustre prélat, posée sur un grand socle en marbre de couleur; Bossuet est représenté assis, revêtu des habits pontificaux, et la main droite étendue vers le chœur, comme par un mouvement oratoire. Ce monument, érigé en 1822, est dû au sculpteur Rutxiel. La tombe du grand orateur chrétien est indiquée par une plaque de marbre noir, sur laquelle une inscription latine en lettres d'or rappelle les hautes dignités et l'éloquence de l'évêque de Meaux. Elle est encadrée entre les dalles du chœur, à g. du trône épiscopal, à l'entrée même du sanctuaire.

Bossuet avait été inhumé en 1704; mais, au moment où les travaux de restauration, dont la cathédrale est l'objet, allaient commencer, en 1854, Mgr Allou, évêque de Meaux, voulut profiter de cette circonstance pour rechercher le cercueil de Bossuet. Après quelques fouilles opérées dans le sanctuaire et dans le chœur, on reconnut aux armes du prélat et à une inscription tracée sur une plaque de cuivre, le cercueil en plomb, long de 1 mètre 78 centimètres, renfermant les précieux restes. Mgr Allou voulait s'arrêter là; mais, cédant aux instances qui lui étaient adressées, et peut-être à son propre désir, bien naturel d'ailleurs, il fit découvrir la tête. « Le couvercle enlevé, dit un des spectateurs de cette étrange cérémonie, n'offrit d'abord qu'un amas confus de plâtre et de son qu'on enleva avec des précautions infinies. Bientôt, sous une quadruple enveloppe de toile épaisse et forte, on voit se dessiner vaguement les formes du visage!... Enfin l'opération est terminée... Voici Bossuet tel que la mort l'a fait après un siècle et demi! La fermeture hermétique du cercueil, l'embaumement dont il a été l'objet, ont préservé ce visage des ravages ordinaires : il n'a rien de repoussant. La vie est bien loin, sans doute, mais ce n'est pas toute la mort. » Le cercueil, dont le couvercle en plomb avait été remplacé momentanément par une glace, resta pendant deux jours exposé aux hommages empressés des fidèles. Le 16 novembre 1854, il fut replacé dans le caveau qu'il occupait depuis 150 ans, et au-dessus fut alors scellée l'ancienne plaque de marbre noir, déplacée en 1721.

Une porte qui s'ouvre dans le bas-côté septentrional met l'église en communication, par un passage conduisant au palais épiscopal, avec la sacristie et la salle capitulaire. Ces constructions accessoires qui ne présentent, du reste, rien de bien curieux, ont le grave inconvénient, comme nous l'avons dit, de cacher en grande partie l'extrémité du transsept, au N.

Le **palais épiscopal** (mon. hist.), abrité, en quelque sorte, par la cathédrale, qui le domine de son aile septentrionale, a son entrée, par une grille fort simple, sur la place de la Cathédrale, au côté g. de la façade. Cet édifice, placé entre une cour d'honneur, du côté de la cathédrale, et un beau jardin donnant sur l'un des principaux boulevards de Meaux, présente sur la cour une façade d'un style sévère, un peu nu, et coupée au milieu par une sorte de grand pavillon en saillie où s'ouvre la porte principale. Il est composé de parties de dates différentes, et dont quelques-unes, très-intéressantes, ont vraisemblablement servi autrefois d'habitations aux chanoines. Les appartements de l'évêque, situés au premier étage, sur le jardin, ont, ainsi que l'aile g. du même côté, la physionomie régulière et un peu froide que présentent les grands hôtels du XVIIe s.; mais ils reposent sur des constructions d'une origine bien antérieure. Ce sont d'abord d'anciennes salles basses à voûtes en ogives dont les arêtes vont retomber sur un pilier central isolé. Aujourd'hui ces salles sont occupées par les cuisines, les resserres et une orangerie. Si l'on passe de là dans le jardin, on voit se dessiner sur une portion de la façade, au rez-de-chaussée, une suite d'arcades ogivales dont les retombées viennent s'appuyer sur d'élégantes colonnes à chapiteaux finement sculptés. Ces arcades, évidemment ouvertes autrefois, devaient se prolonger sur toute l'étendue du bâtiment et éclairer par leurs larges baies un cloître ou une galerie. Quelle qu'ait été leur destination, elles sont encore d'un charmant effet, et il serait à souhaiter qu'on pût leur rendre toute leur valeur en les dégageant de la bâtisse qui remplit leur cadre. Le *jardin*, faisant suite à la demeure épiscopale et dessiné, dit-on, par Le Nôtre, se termine au N. par une vaste et belle *terrasse*, établie sur une portion des anciens remparts (on y voit des traces d'appareil romain), d'où elle domine le boulevard Jean-Rose. On y découvre une jolie vue : à g., sur les coteaux qui s'élèvent au N.-O. de Meaux et sur le chemin de fer; en face de soi, sur le boulevard et sur de jolies maisons de plaisance; en se retournant, on embrasse du regard, dans tout son développement, l'aile septentrionale de la cathédrale. A l'extrémité de cette terrasse, au S.-E., sur le terre-plein d'un ancien bastion, s'élève un petit *pavillon* que Bossuet avait fait construire et dont la salle principale formait un cabinet de travail. « Une tradition, dit M. A. Carro, rapporte du moins qu'il allait, avec un valet de chambre, se confiner là pour huit jours, quinze jours même, comme dans une retraite inviolable. » Le salon où venait ainsi se recueillir l'évêque de Meaux est revêtu de boiseries brunes et garni

Cabinet de Bossuet.

de deux ou trois fauteuils dont le style, il faut bien l'avouer, rappelle plutôt le XVIIIe s. que le XVIIe. A la suite de ce bâtiment, qui n'a, du reste, aucun caractère architectural, s'étend une étroite allée d'ifs où Bossuet aimait, dit-on, à se promener, et qu'il aurait parcourue avec le grand Condé, ajoute la tradition, dans une visite que lui fit ce prince. Nous mentionnerons encore, dans le palais épiscopal, l'élégante *chapelle particulière* de l'évêque, au premier étage, et nous terminerons en signalant, au moins à titre d'innovation singulière, le plan incliné en briques qui remplace l'escalier et monte jusqu'aux étages supérieurs de l'édifice. Il est à présumer que ce moyen d'accès bizarre a été établi pour épargner, autant que possible, la peine de monter aux jambes affaiblies de quelque prélat, peut-être de Bossuet lui-même, dans ses dernières années.

Le *bâtiment* dit *de la maîtrise* (mon. hist.), édifice de forme massive, situé au côté N. du chevet de la cathédrale, rue Notre-Dame, s'appuie à de hauts contre-forts, et porte une tourelle à chacun de ses quatre angles. Celles du N.-E. et du S.-O. sont seules à peu près conservées; il ne reste plus que la partie inférieure des tourelles du S. La façade occidentale présente un grand arc surbaissé d'un dessin très-élégant, sous lequel s'ouvre une porte donnant accès dans une salle basse. Il supportait autrefois un bel escalier qui conduisait au premier étage, aujourd'hui remplacé par un escalier à simple balustrade en bois. Il est probable que ce curieux bâtiment a été construit au XIIIe s. pour servir d'Officialité.

Nous indiquerons encore spécialement, parmi les dépendances de l'évêché: — 1° les substructions gallo-romaines que l'on remarque à la base même de la vieille muraille qui soutient la terrasse du jardin épiscopal; — 2° une ancienne porte donnant sur la Marne et d'où l'on a une vue pittoresque sur les deux grands établissements de meunerie qui s'avancent à dr. et à g. jusqu'au milieu de la rivière. Cette porte, qui est évidemment un reste des fortifications du moyen âge, se trouve à l'une des extrémités de la rue de la Juiverie, aboutissant par son autre extrémité à la Grande rue en face de la cathédrale; — 3° le terre-plein en *terrasse* sur lequel s'élèvent aujourd'hui le palais de justice et ses dépendances, que l'on aperçoit à dr. quand on entre dans la ville en venant du chemin de fer. Cette lourde terrasse, maintenue par une épaisse muraille, indique l'emplacement du château fort de Meaux.

Parmi les édifices modernes, nous mentionnerons: — l'*hôtel de ville*, construit vers 1840 et renfermant la bibliothèque publique (20,000 vol.). Sur le perron qui règne au devant de l'édifice, a été placé un mortier en fer, à demi rongé par le temps, et pris sur les Anglais au XVe s., lorsqu'ils vinrent assiéger Meaux; — le *séminaire*, vaste bâtiment du XVIIe s., dont le chemin de fer effleure l'angle à la sortie de la gare (curieuses archives renfermant des autographes de Bossuet) et dont dépend la curieuse église de *Saint-Remi* (XVe et XVIe s.), qui présente sur son portail de la Renaissance la date menteuse de 1536; — et enfin, au N.-E. de la ville, l'*hôtel-Dieu*, qui se recommande par son excellente distribution: il forme un parallélogramme entourant une cour intérieure, et environné lui-même par un jardin. L'ancien hôtel-Dieu, qui s'élevait à dr. de la Grande rue, en face de la cathédrale, a été remplacé par des maisons particulières, et il n'en reste plus qu'une salle, transformée en magasin de spiritueux. — Le *palais de justice* est installé dans l'ancien château des comtes de Champagne, dont il reste des murs, une tour et une salle du XIIIe s.

L'*église* paroissiale *Saint-Nicolas*, les anciens bâtiments de l'*église des Cordeliers* (abside du XIIIe s.), du *couvent des Bénédictines*, affectés à des services militaires, ne méritent pas une visite; mais on parcourra certainement avec plaisir la riante promenade et les beaux boulevards qui enveloppent Meaux dans leurs lignes de verdure. — Dans le quartier du Marché (rive g. de la Marne), une nouvelle *église*, du style roman, a été consacrée en 1864.

Le sol du chemin de fer étant plus élevé que celui de la ville, on a, à dr. en entrant dans la gare et en la quittant, une vue assez complète des

Meaux, notamment des moulins sur la Marne, des promenades, du séminaire et de la cathédrale, dont la courbe décrite par la voie permet de voir très-distinctement la façade et l'aile septentrionale.

Il se tient à Meaux, le samedi de chaque semaine, un *marché* considérable de grains. De nombreux moulins à blé, mus par la Marne, et dont six occupent tout un côté du pont de pierre, y fabriquent annuellement 140,000 quintaux métriques de farine pour l'approvisionnement de Paris. Il s'y vend, chaque année, en moyenne, 3,200,000 kilog. de fromage de Brie. On trouve encore à Meaux des fabriques de conserves alimentaires, des fonderies, des scieries mécaniques et une importante fabrique de sucre (à Villenoy).

Le **canal de l'Ourcq**, qui, en-deçà de sa prise d'eau à Mareuil, vient longer au N. la ville de Meaux, a été ouvert après diverses tentatives malheureuses en vertu d'un arrêté du 13 août 1802 en faveur de la ville de Paris. Il ne fut livré qu'en 1826 et inauguré qu'en 1839. Son développement total est de 109 kil. 063, ainsi divisés : 1° rivière d'Ourcq canalisée du Port-aux-Perches à Mareuil, 11,127 mèt. ; 2° canal de l'Ourcq depuis Mareuil jusques et y compris le bassin de la Villette, 96,736 mèt. ; 3° dérivation navigable du Clignon, 1,200 mèt. — La pente totale, depuis le Port-aux-Perches jusqu'au bassin de la Villette, est de 15 mèt. 50 cent., dont 6 mèt. 62 cent. sur la partie canalisée et 8 mèt. 88 cent. sur le canal proprement dit. La pente de 6 mèt. 62 cent. est rachetée par 5 écluses de 5 mèt. de largeur et de 63 mèt. de longueur ; celle de 8 mèt. 88 cent. par 8 écluses de 3 mèt. 20 cent. sur 58 mèt. 80 cent. — Le tirant d'eau normal est de 1 mèt. 60 cent. : mais on ne navigue guère qu'à l'enfoncement de 1 mèt. 40 cent. La charge ordinaire des bateaux est de 50 tonnes ; celle des bateaux accélérés de 30 à 40 tonnes. Pour les bateaux ordinaires, la traction a lieu à bras d'hommes, ou au fil de l'eau à la descente, et par chevaux à la remonte. Les bateaux accélérés sont halés à la descente comme à la remonte. La durée du trajet du Port-aux-Perches à la Villette est de trois jours à la descente et de cinq à la remonte.

Deux autres canaux, celui de Cornillon et celui de Chalifert, sont plus spécialement utilisés par la ville de Meaux. — Le *canal de Cornillon*, dont la longueur est de 425 mèt., abrége de près de 800 mèt. la navigation sur la Marne. On évalue à plus de 40,000 tonnes le bois qu'il transporte annuellement. — Le *canal de Chalifert* a été entrepris en vertu de la loi du 17 juillet 1837. De Meaux, son point de départ, à Chalifert, où il rejoint la Marne, il abrége de 16,962 mèt. la distance à parcourir par les bateaux.

SECTION XX

DE PARIS A COULOMMIERS

(CHEMIN DE FER DE BELFORT, JUSQU'A GRETZ [1])

A Noisy-le-Sec (2ᵉ station, *V.* p. 357), la ligne de Belfort se sépare de la ligne de Meaux (Strasbourg) pour se diriger vers le S. On laisse d'abord à dr. le ham. de *Merlan*, dépendance de Noisy ; un peu plus loin on voit, sur la g., Villemomble (p. 359).

La voie passe entre le plateau d'Avron, à g., et le v. de Rosny, à dr.

3ᵉ STATION. — ROSNY-SOUS-BOIS.

13 kil. de Paris, 4 kil. de Noisy-le-Sec, 3 kil. de Montreuil-sous-Bois, 5 kil. de Vincennes, 5 kil. de Neuilly-sur-Marne

---

1. *Embarcadère*, à la gare de Strasbourg. Il y a une entrée spéciale pour les voyageurs allant vers Belfort ; elle se trouve tout au fond de l'aile g.

(par la grande route), 3 kil. 1/2 de Fontenay-sous-Bois, 2 kil. 1/2 de Villemomble.

Rosny-sous-Bois, 1,684 hab., est dominé par le *fort* qui porte son nom et au S. duquel se trouve le *château Montreau*.

De Rosny, on peut monter en 15 min. au sommet du plateau d'Avron, une des positions qui furent le plus vivement disputées entre les Français et les Allemands durant le dernier siège de Paris, et d'où la vue est fort belle (*V.* Section XIX, p. 359). Au pied de la partie S.-E. du plateau, appelée *la Pelouse*, s'étend le village de Neuilly-sur-Marne, où l'on descendrait en 30 ou 35 min.

NEUILLY-SUR-MARNE.

4 kil. de Rosny, 4 kil. de Nogent-sur-Marne, 4 kil. de Gagny, 2 kil. de Noisy-le-Grand.

Neuilly-sur-Marne, 2,560 hab. (Seine-et-Oise), s'étend, le long de la rive dr. de la Marne, sur la grande route de Paris à Strasbourg par Lagny et Coulommiers. A 1,800 mèt. à l'E. de Neuilly se trouve **Ville-Évrard**, un ancien fief qui relevait du roi, à cause de la tour et seigneurie de Gournay-sur-Marne. Le *château*, qui avait été démoli au XVIIIe s., puis reconstruit, a été augmenté de vastes bâtiments et d'une église pour servir d'asile à des aliénés.

Neuilly possède des fabriques de limes, de papiers peints et de plâtre. Foulques, le prédicateur de la quatrième croisade, fut curé de Neuilly-sur-Marne et y fut enterré en 1201, dans l'*église* qu'il avait fait bâtir. Ce curieux édifice (mon. hist.) existe encore, moins les parties supérieures de la tour. Au tympan du portail était peint le *Couronnement de la Vierge*.

Sur la rive g. de la Marne, en amont de Neuilly, est situé Noisy-le-Grand (*V.* ci-dessous, p. 378); les deux villages communiquent par un bac.

Au-delà de la station de Rosny, le chemin de fer passe au pied du fort, qu'il laisse à dr. Du même côté se montrent ensuite la *redoute de Fontenay*, qui domine le village du même nom, le *fort de Nogent*, et le joli hameau de *Plaisance*.

4e STATION. — NOGENT-SUR-MARNE.

17 kil. de la gare de Paris, 4 kil de Rosny. — Nogent-sur-Marne est à 11 kil. 1 2 de Paris, 2 kil. de Fontenay, 4 kil. de Vincennes, 2 kil. 1/2 du Petit-Bry, 5 kil. 1/2 de Noisy-le-Grand, 4 kil. [de Neuilly-sur-Marne, 3 kil. de Joinville-le-Pont.

Nogent-sur-Marne* est un village de 6,264 hab. qui s'étend, sur une longueur de 1,600 mèt., entre ses deux stations du chemin de fer de Belfort et de la ligne de Brie-Comte-Robert, sur un coteau qui domine la rive dr. de la Marne et que couvrent de belles maisons de campagne.

Nogent-sur-Marne existait déjà au VIIe s. Sous les Carlovingiens, le pays dont ce centre de population faisait partie fut divisé en plusieurs fiefs. Il y eut le fief de *Plaisance*, le fief des *Moineaux*, le fief du *Perreux*, etc. Aujourd'hui encore, on voit au bas de Nogent, à g. de la route de Bry-sur-Marne, un château qui s'appelle le château de *Perreux*; le parc en a été récemment dépecé. Plaisance n'est plus qu'un quartier de Nogent, et le château, après avoir été la demeure des rois capétiens, a fait place depuis longtemps à des maisons particulières. Le coteau de Nogent s'appelait *Beauté*, sans doute à cause du magnifique panorama qu'on y découvre. On voit de là une partie du bois de Vincennes, la presqu'île de Saint-Maur presque tout entière, Bonneuil, Sucy, Chennevières, Champigny, Brie-Marne, Noisy-le-Grand. Le premier objet qui attire l'attention, quand on regarde la vallée, est le *Moulin de Beauté*, qui portait déjà ce nom au XIIe s. Au-dessus du moulin, Charles V avait fait bâtir un château, *qui estoit*, dit Christine de Pisan, *un moult notable manoir*. Il affectionnait ce séjour, et y reçut, en 1378, l'empereur Charles IV son oncle, et y mourut le 16 septembre 1380. Charles VII en fit don à sa maîtresse Agnès Sorel, à laquelle il donna le titre de Dame de Beauté. Elle

Viaduc de Nogent-sur-Marne.

en fut chassée en 1145 par le Dauphin. En 1465, Charles de France, duc de Berry, frère de Louis XI, et en révolte ouverte contre ce monarque, vint s'y loger, et y reçut les députés de la ville de Paris, conduits par l'évêque. Ce château, que posséda aussi Diane de Poitiers, a été démoli au XVIIIe s.

L'une des propriétés de Nogent fut habitée au XVIIIe s. par l'amie de Fontenelle, la marquise de Saint-Lambert. Une autre appartenait en 1721 à l'intendant des Menus-Plaisirs, Lefèvre. Le 18 juillet de cette même année, mourait dans la maison de ce Lefèvre, à l'âge de 37 ans, le peintre Watteau.

L'*église* de Nogent, des XIIe, XIIIe et XVe s., est dominée par un clocher latéral roman avec flèche en pierre du XIIIe s. Devant la façade, qui est moderne, a été érigé un *buste* à Watteau.

Nogent a donné son nom à un *fort* qui le domine au N., et qui, du reste, est plus rapproché de Fontenay. De la route stratégique, on découvre de beaux points de vue sur le bois de Vincennes et sur la vallée de la Marne.

PETIT-BRY.

2 kil. 1/2 de Nogent (station de la ligne de Belfort), 4 kil. de Nogent (station de la ligne de Vincennes), 2 kil. de Villiers-sur-Marne, 3 kil. de Noisy-le-Grand, 3 kil. de Champigny, 5 kil. de Joinville.

Petit-Bry ou *Brie-sur-Marne,* 917 hab., est situé sur la rive g. de la Marne, à 2 kil. 1/2 de Nogent; on y arrive de Nogent par un pont suspendu (péage).

Le *château* de Petit-Bry, entouré d'un beau parc de 30 arpents, après avoir appartenu au baron Louis, ministre des finances sous la Restauration, est aujourd'hui la propriété de M. Devinck, le chocolatier, député sous l'Empire.

Daguerre, l'un des inventeurs du diorama et de la photographie, avait une maison à Petit-Bry. Il fit, pour l'église de ce village, un grand tableau qui représente l'intérieur d'une église gothique. Les lignes, ainsi que les teintes, y ont été si habilement calculées, que le spectateur, quand il est placé au point de vue, croit voir un chœur immense derrière le maître-autel, qui prend l'apparence d'un autel à la romaine. On peut visiter ce tableau, quand l'église est fermée, en s'adressant au presbytère (pourboire).

Daguerre mourut à Brie-sur-Marne le 10 août 1851. Ses amis, ses confrères de la *Société libre des Beaux-Arts,* dont il faisait partie, lui ont érigé, par souscription, un monument dans le cimetière du village.

NOISY-LE-GRAND.

3 kil. de Brie-sur-Marne, 2 kil. de Neuilly, 3 kil. de Villiers-sur-Marne.

Noisy-le-Grand, 1,248 hab. (Seine-et-Oise), fait partie du canton de Gonesse, dont le chef-lieu est éloigné de 25 kil. au N.-O. Ce village s'élève en face de Neuilly (bac) et un peu en amont, sur une colline qui domine la rive g. de la Marne, et d'où l'on jouit d'une vue superbe. On y trouve plusieurs maisons de campagne dont la situation est très-agréable. Ce fut dans l'une de ces maisons de campagne que le comte de Beauharnais épousa Joséphine Tascher de la Pagerie. L'*église*, des XIIe et XIIIe s., a été horriblement replâtrée. Le clocher roman, percé sur chaque face de belles arcades, ne manque pas de caractère. On voit encore les premières assises de la flèche en pierre qui devait le surmonter.

C'est à Noisy (*Nocetum*) que Frédégonde fit assassiner, en 580, Clovis, le fils de Chilpéric.

———

Au sortir de la gare, le chemin de fer traverse la vallée de la Marne sur un beau **viaduc**, long de plus de 800 mèt., bâti en meulière et en granit blanc d'Alsace, composé de 34 arches, dont 30 ont 15 mèt. d'ouverture. Les quatre autres, qui en occupent à peu près le centre, et qui sont jetées sur la Marne, — très-large en cet endroit, à cause d'une île qui la sépare en deux bras, — sont beaucoup plus larges et mesurent 50 mèt. de hauteur sous clef. L'auteur de ce gigantesque ouvrage est M. Pluyette, ingénieur civil.

Après avoir dépassé le viaduc de Nogent (*V.* ci-dessus), et laissé à dr. Champigny (*V.* Section XXII), on entre dans le départ. de Seine-et-Oise.

5ᵉ STATION. — VILLIERS-SUR-MARNE.

21 kil. de Paris, 4 kil. de Nogent.

Villiers-sur-Marne, 990 hab. (cant. de Boissy-Saint-Léger), est situé à g. de la station. On aperçoit à dr. les massifs d'arbres qui dérobent à la vue le *château de Cœuilly*, entouré d'un vaste parc, où les Prussiens s'étaient fortement retranchés en 1870, puis le *château Lalande*.

Le chemin de fer, abordant la partie du plateau de la Brie, spécialement désignée sous le nom de *Brie française*, s'engage dans une tranchée de 440 mèt. et entre ensuite dans le départ. de Seine-et-Marne.

6ᵉ STATION. — ÉMERAINVILLE.

28 kil. de la gare de Paris, 7 kil. de Villiers.

Émerainville, v. de 212 hab., est situé à g. et à 600 mèt. de la station. Le village que l'on voit à dr. de la station, *Combault*, dépendance d'Émerainville, n'a rien d'intéressant.

Après avoir laissé à dr. *Roissy* (409 hab.), on entre dans la *forêt d'Armainvilliers*, qui offre à dr. et à g. de belles et profondes avenues.

7ᵉ STATION. — OZOUER-LA-FERRIÈRE.

33 kil. de Paris, 5 kil. d'Émerainville. — Le village est à 3 kil. de sa station, 4 kil. 1/2 de Chevry, 5 kil. de Férolles, 4 kil. 1/2 de Lésigny, 9 kil. de Brie-Comte-Robert, 7 kil. de Pont-Carré.

Ozouer-la-Ferrière ou **les-Ferrières** est un v. de 665 hab., à 2 kil. 1/2 S. de la station, sur la route de terre de Paris à Coulommiers par Tournan. — La station d'Ozouer est, en réalité, la station de Ferrières, où la splendide propriété de M. de Rothschild attire surtout les curieux.

FERRIÈRES.

5 kil. 1/2 de la station d'Ozouer, 8 kil. de Lagny.

Une belle route, s'ouvrant à g. du chemin de fer, à la sortie de la station, traverse, sur une longueur de 4 kil. environ, la *forêt d'Armainvilliers*. Les bois s'éloignent ensuite à dr. et à g., et l'on atteint *Pont-Carré*, 502 hab. — Une belle route, longeant en partie un bois, mène de Pont-Carré à (2 kil. 1/2) **Ferrières**, v. de 802 hab., dans un vallon entouré de bois de trois côtés.

Ferrières possède une **église** du XIIIᵉ s. (mon. hist.) qui, pour ses belles proportions, a été souvent proposée comme modèle aux architectes. Elle se compose de trois nefs terminées par trois absides; des œils-de-bœuf, percés au-dessus d'un triforium simulé, éclairent la nef centrale. Sur le mur du bas-côté N. est encastré un ancien bas-relief, et au fond de ce même collatéral se trouvent des fonts baptismaux du XIIIᵉ s. et une cloche de 1600. Une belle *pierre tombale* du XIVᵉ s. se voit au milieu de cette charmante église, qui a été restaurée en 1868.

Ferrières, qui était en 1366 un fief dépendant de la maison de Montmorency, passa dans les mains de divers seigneurs, parmi lesquels nous citerons le secrétaire des commandements de Gaston, duc d'Orléans, Léonard de Goulas, dont le tombeau se voit dans l'église. Vers la fin du XVIIᵉ s., la terre de Ferrières fut achetée par le procureur général de la Briffe et érigée en marquisat. Confisquée pendant la Révolution, elle fut acquise de l'État par Fouché, qui y vint souvent résider. A sa mort, la propriété fut mise en vente et achetée 2,600,000 fr. par le baron de Rothschild. Depuis cette époque, des embellissements et des acquisitions successives en ont fait un des plus beaux domaines de France. Enfin, dans ces dernières années, l'opulent propriétaire a complété ces améliorations en faisant abattre l'ancien château pour le remplacer par un édifice dont la splendeur rivalise avec celle des plus riches habitations princières.

Ce fut dans ce palais que vinrent s'installer d'abord, durant le siége de 1870, le roi Guillaume et son chancelier ; ce fut là que se continuèrent, entre M. Jules Favre et le prince de Bismarck, le 19 et le 20 septembre, les conférences commencées au château de la Haute-Maison, près Montry (V. ci-dessus, Section XIX). Ces entretiens, qui malheureusement furent inutiles, sont ainsi racontés dans un rapport adressé le 21 septembre, par M. Favre lui-même, à ses collègues du Gouvernement :

« Voulant remplir ma mission jusqu'au bout, je devais revenir sur plusieurs des questions que nous avions traitées, et conclure. Aussi, en abordant le comte vers neuf heures et demi du soir, je lui fis observer que les renseignements que j'étais venu chercher auprès de lui étant destinés à être communiqués à mon gouvernement et au public, je résumerais, en terminant, notre conversation, pour n'en publier que ce qui serait bien arrêté entre nous. « Ne prenez pas cette peine, « me répondit-il ; je vous la livre tout « entière, je ne vois aucun inconvénient « à sa divulgation. » Nous reprîmes alors la discussion, qui se prolongea jusqu'à minuit. J'insistai particulièrement sur la nécessité de convoquer une Assemblée. Le comte parut se laisser peu à peu convaincre et revint à l'armistice. Je demandai quinze jours. Nous discutâmes les conditions. Il ne s'en expliqua que d'une manière très-incomplète, se réservant de consulter le roi. En conséquence, il m'ajourna au lendemain onze heures.

« Je n'ai plus qu'un mot à dire ; car, en reproduisant ce douloureux récit, mon cœur s'est agité de toutes les émotions qui l'ont torturé pendant ces trois mortelles journées, et j'ai hâte de finir. J'étais au château de Ferrières à onze heures. Le comte sortit de chez le roi à midi moins le quart, et j'entendis de lui les conditions qu'il mettait à l'armistice ; elles étaient consignées dans un texte écrit en langue allemande et dont il m'a donné communication verbale.

« Il demandait pour gage l'occupation de Strasbourg, de Toul et de Phalsbourg, et comme sur sa demande j'avais dit la veille que l'Assemblée devait être réunie à Paris, il voulait, dans ce cas, avoir un fort dominant la ville... celui du Mont-Valérien, par exemple...

« Je l'ai interrompu pour lui dire : « Il « est bien plus simple de nous demander « Paris. Comment voulez-vous admettre « qu'une assemblée française délibère « sous votre canon ? J'ai eu l'honneur de « vous dire que je transmettrais fidèle- « ment notre entretien au gouvernement ; « je ne sais vraiment si j'oserais lui dire « que vous m'avez fait une telle propo- « sition. »

« Cherchons une autre combinaison, » m'a-t-il répondu. Je lui ai parlé de la réunion de l'Assemblée à Tours, en ne prenant aucun gage du côté de Paris.

« Il m'a proposé d'en parler au roi, et, revenant sur l'occupation de Strasbourg, il a ajouté : « La ville va tomber entre « nos mains, ce n'est plus qu'une affaire « de calcul d'ingénieurs. Aussi je vous « demande que la garnison se rende pri- « sonnière de guerre. »

« A ces mots j'ai bondi de douleur, et, me levant, je me suis écrié : « Vous ou- « bliez que vous parlez à un Français, « monsieur le comte : sacrifier une gar- « nison héroïque qui fait notre admira- « tion et celle du monde serait une lâ- « cheté, et je ne vous promets pas de dire « que vous m'avez posé une telle condi- « tion. »

« Le comte m'a répondu qu'il n'avait pas l'intention de me blesser, qu'il se conformait aux lois de la guerre ; qu'au surplus, si le roi y consentait, cet article pourrait être modifié.

« Il est rentré au bout d'un quart d'heure. Le roi acceptait la combinaison de Tours, mais insistait pour que la garnison de Strasbourg fût prisonnière.

« J'étais à bout de forces et craignis un instant de défaillir. Je me retournais pour dévorer les larmes qui m'étouffaient, et, m'excusant de cette faiblesse involontaire, je prenais congé par ces simples paroles :

« Je me suis trompé, monsieur le « comte, en venant ici ; je ne m'en repens « pas, j'ai assez souffert pour m'excuser « à mes propres yeux ; d'ailleurs je n'ai « cédé qu'au sentiment de mon devoir. « Je reporterai à mon gouvernement tout « ce que vous m'avez dit, et s'il juge à « propos de me renvoyer près de vous, « quelque cruelle que soit cette démarche,

Château de Ferrières (à M. de Rothschild).

« j'aurai l'honneur de revenir. Je vous
« suis reconnaissant de la bienveillance
« que vous m'avez témoignée, mais je
« crains qu'il n'y ait plus qu'à laisser les
« événements s'accomplir. La population
« de Paris est courageuse et résolue aux
« derniers sacrifices; son héroïsme peut
« changer le cours des événements. Si
« vous avez l'honneur de la vaincre, vous
« ne la soumettrez pas. La nation tout
« entière est dans les mêmes sentiments.
« Tant que nous trouverons en elle un
« élément de résistance, nous vous combattrons.
« C'est une lutte indéfinie entre
« deux peuples qui devraient se tendre
« la main. J'avais espéré une autre solution.
« Je pars bien malheureux et néanmoins
« plein d'espoir. »

« Je n'ajoute rien à ce récit, trop éloquent par lui-même. Il me permet de conclure et de vous dire quelle est à mon sens la portée de ces entrevues. Je cherchais la paix, j'ai rencontré une volonté inflexible de conquête et de guerre. Je demandais la possibilité d'interroger la France représentée par une Assemblée librement élue; on m'a répondu en me montrant les fourches caudines sous lesquelles elle doit préalablement passer. Je ne récrimine point. Je me borne à constater les faits, à les signaler à mon pays et à l'Europe..... »

Le **château de Ferrières** a été construit sur les plans de l'architecte anglais Paxton, dans le style de la dernière époque de la Renaissance italienne. Il forme un carré, appuyé à chacun de ses angles à des pavillons, ajoutés postérieurement, sous la direction de M. Eugène Lami, conformément au style général de la construction. Des galeries ouvertes rattachent sur les côtés les pavillons entre eux. Du côté du parc, auquel on descend par des rampes élégantes, s'étend, en face du château, une vaste *pièce d'eau*. Le *parc*, renfermant de magnifiques serres, planté de beaux arbres, décoré d'arbustes et de massifs de fleurs, coupé de vastes pelouses, est le seul paysage que l'on découvre du château.

Outre les salons de réception, les galeries et les appartements particuliers réservés aux membres de la famille, le château renferme quatre-vingts appartements complets destinés aux visiteurs, et de plus les nombreux logements nécessaires aux personnes du service de la maison et des écuries. Celles-ci peuvent contenir 80 chevaux.

L'entrée présente un vaste porche, remarquable par des torchères en faïence italienne; un escalier à double rampe conduit dans les appartements de réception, dont la pièce la plus curieuse est une vaste **salle** de 40 mèt. de côté, occupant le centre du bâtiment dans toute sa hauteur, et qu'éclaire, à 20 mèt. du sol, un plafond vitré. Dans cette salle, splendidement décorée, sont réunies une bibliothèque de 8,000 vol., des collections de pierres fines et de médailles, d'antiquités, d'objets d'art, des toiles du plus grand prix, etc. A la partie supérieure règne une large *galerie* ornée de tapisseries des Gobelins, et à laquelle on arrive par un escalier en pierre, à rampe d'ébène, décoré sur les côtés de peintures de Snyders.

Nous citerons encore, parmi les salles les plus remarquables: — un grand *salon*, dans le style Louis XVI, donnant sur une *galerie extérieure* à colonnades, ornée de fresques et de bustes. Ce salon est précédé d'une riche *salle d'attente*, tapissée de tentures en cuir, à personnages représentant le *Triomphe de Mardochée;* — une *grande salle à manger*, ornée de belles boiseries; — une petite *salle à manger*, dite *de famille;* — un *fumoir*, avec une fresque circulaire, peinte par M. Eug. Lami (*le Carnaval de Venise*).

N. B. — Pour visiter l'intérieur de cette somptueuse demeure, il faut se munir d'une autorisation de M. de Rothschild.

Sous le rapport agricole, la visite du parc et des nombreuses fermes, admirablement cultivées, qui se rattachent au domaine de Ferrières, offre le plus sérieux intérêt.

On peut se rendre également à

FERRIÈRES. — TOURNAN.

Ferrières par la station de Lagny (*V.* ci-dessus, p. 366).

A peu de distance de la station d'Ozouer-la-Ferrière, et après avoir croisé la route de Lagny à Melun, on aperçoit, à dr., le magnifique parc du *château* bâti par M. Péreire, dans le style Louis XIV.

8ᵉ STATION. — GRETZ-ARMAINVILLIERS.

39 kil. de la gare de Paris, 6 kil. d'Ozouer. — Gretz est à 1 kil. de la station, 180 mèt. de Tournan, 6 kil. de Chevry.

Gretz-Armainvilliers, 594 hab., possède les restes d'une tour du xiiᵉ s.

Au-delà de Gretz, on laisse à dr. la ligne de Belfort (*V.* Section XXI, jusqu'à Longueville), puis Gretz dans l'angle formé par la bifurcation des deux lignes. Sur la g. on découvre, au-delà de la route de terre de Coulommiers, le *château* et le *parc d'Armainvilliers* (à M. de la Rochefoucauld - Doudeauville), situés à la lisière de la forêt d'Armainvilliers, près du grand étang du même nom.

9ᵉ STATION. — TOURNAN.

41 kil. de la gare de Paris, 2 kil. de Gretz.

Tournan * est un ch.-l. de cant. de 1682 hab., situé à g. du chemin de fer, dans un petit vallon qui a formé un ruisseau descendant des bois qui relient au N. la forêt d'Armainvilliers à celle de Crécy. Ce ruisseau va se perdre au S. dans un gouffre, près de Presles (*V.* p. 405).

Tournan paraît avoir dépendu, à une époque très-reculée, de l'abbaye de Faremoutiers, dont il renfermait une annexe. Le monastère, détruit par les Normands au ixᵉ s., fut remplacé par un chapitre ; puis, au xiᵉ s., par un prieuré de Bénédictins. Tournan fut également le siège d'une seigneurie qui relevait immédiatement des évêques de Paris.

L'*église* paroissiale, ancienne église du prieuré, date du xiiiᵉ ou du xivᵉ s.
— A la *mairie*, se voient quelques vestiges d'un château.

A 1 kil. au S. de Tournan, à dr. du chemin de fer, d'où l'on peut apercevoir l'extrémité du parc, arrosé par le ruisseau de Tournan, se trouve le *château* moderne *du Combreux*.

On traverse un plateau bordé à g. par les forêts d'Armainvilliers et de Crécy, et, après avoir laissé à dr. le *château des Boulayes*, à g. *les Chapelles-Bourbons*, v. de 88 hab., on franchit deux fois l'Yères.

10ᵉ STATION. — MARLES.

50 kil. de Paris, 9 kil. de Tournan.— Le village est à 1 kil. de la station, 3 kil. de Fontenay, 6 kil. de Lumigny.

Marles, 461 hab., à dr. et à 1 kil. de la station, possède une *église* du xvᵉ s. Dans une auberge voisine de cette église, se voient quelques traces de l'ancien château, où Henri IV séjourna quelquefois.

LUMIGNY. — FONTENAY-TRÉSIGNY.

Lumigny, 6 kil. à l'E. de Marles, possédait un *château* ancien d'une construction très-irrégulière, où Charles IX, accompagné de sa mère et des maréchaux de Montmorency et d'Anville, tint, quelque temps seulement avant la Saint-Barthélemy, une conférence mystérieuse avec plusieurs chefs protestants, auxquels il renouvela des assurances mensongères de pacification. Ce château, précédé d'une magnifique avenue, était entouré au N. d'un vaste et magnifique parc, au milieu duquel s'élève, à 45 mèt. au-dessus de la plaine, une colline isolée, portant à son sommet une vieille *tour* d'où l'on découvre les environs jusqu'à 25 kil. de distance. Il appartenait, avant la Révolution, à Helvétius qui y composa, dit-on, son livre *de l'Esprit*. Le château actuel, qui est moderne, est aujourd'hui la propriété de l'un des descendants du philosophe, M. le marquis de Mun.

A 3 kil. S. de Marles, **Fontenay-Trésigny** (1246 hab.), sur l'Yères, possède une *église* du XIIIe s., remarquable par son clocher, ses fonts baptismaux du XVIe s. et ses vitraux. On voit encore à Fontenay les restes d'un *château royal* du XVIe s., et, au hameau du *Vivier* (3 kil. S.), les restes d'une autre **habitation royale** du XIVe s. (mon. hist.), parmi lesquels on remarque des pans de murs fortifiés et une chapelle à deux étages, d'ailleurs fort simple.

On décrit une forte courbe dans la direction du N.-E., avant d'apercevoir à g. **la Houssaye**, v. de 598 hab., où l'on remarque un magnifique **château**, flanqué de pavillons avec tourelles, et dont la construction date du XVIe s. Ce château est entouré de fossés et possède un grand et beau parc avec pièces d'eau. Après avoir appartenu aux maisons de Montmorency, de Monceaux, de Cothegon, ce château était passé, après la Révolution, dans les mains du maréchal Augereau, qui y reçut, en 1807, l'empereur Napoléon. À la mort du maréchal, il fut vendu par ses héritiers. En face du parc, de l'autre côté de la route de Meaux à Melun, se voit, près du hameau de *Limodin*, une agréable habitation appartenant à M. Jules Bastide, ministre des affaires étrangères en 1848; elle remplace une ancienne maison où est né le poète Jodelle (XVIe s.).

Au-delà de la Houssaye, on pénètre dans la *forêt de Crécy*, dont on croise l'une des plus belles avenues.

11e STATION. — MORTCERF.

56 kil. de Paris, 6 kil. de Marles, 6 kil. 1/2 de Faremoutiers, par la route de terre.

Mortcerf, 800 hab., est situé à dr., sur le versant d'un petit coteau faisant face à la forêt de Crécy. Le hameau voisin du *Bec-d'Oiseau* renferme quelques restes d'un ancien *château fort* qui domine un petit château moderne.

Au-delà de la forêt de Crécy, à 7 kil. de la station, se trouve Villeneuve-le-Comte, desservi par un petit chemin de fer partant de Lagny (*V.* Section XIX, p. 366).

Le chemin de fer, s'éloignant de la forêt de Crécy, laisse à g. le château de *Plessis-Sainte-Avoye*, traverse une profonde tranchée et pénètre, à *Dammartin-sous-Tigeaux*, v. de 478 hab. (à g.), dans la vallée du Grand-Morin, et que l'on aperçoit de loin. On remarque dans ce village une ancienne habitation seigneuriale avec parc. La vallée du Grand-Morin offre d'agréables paysages. Dans le fond, s'étendent des prés frais et verts, où des lignes de hauts peupliers indiquent le cours sinueux de la rivière; sur les deux rives et sur les coteaux couverts de vignes et de vergers qui s'élèvent au N. au-delà de la rivière, on aperçoit plusieurs villages, des fermes, des usines.

12e STATION. — GUÉRARD.

62 kil. de Paris, 6 kil. de Mortcerf.

Guérard, 1,481 hab., ancien bourg fortifié, est situé à 1,500 mèt. à g. du chemin de fer, au fond d'une riante presqu'île formée par le Grand-Morin. De la station, un bon chemin bordé d'arbres conduit directement, en 20 min., à Guérard, que signale un haut clocher en ardoises, s'élevant au milieu des arbres. Presque en face de Guérard, sur la rive dr. du Grand-Morin, se trouve le beau *château de Rouilly-le-Bas*, dont le parc, tracé avec goût, domine en partie la rivière.

On dépasse bientôt, à dr., *la Celle-sur-Morin*, v. de 881 hab., situé sur le versant d'un coteau au pied duquel le Grand-Morin (à g.) contourne une presqu'île symétrique à celle où est situé Guérard. Dans le fond de la vallée, immédiatement à

g. et au-dessus du chemin de fer, on voit quelques débris de l'*église* abbatiale de la Celle, encore considérables en 1855. L'origine de cette abbaye remonte à un oratoire fondé au XIe s. dans ce lieu alors désert et couvert de forêts, par saint Blandin. Un extrême relâchement de mœurs s'étant introduit bientôt dans ce monastère, il fut attribué aux religieux de Marmoutiers à titre de prieuré. Au XVIIe s. il fut occupé par des religieux anglais réfugiés en France et plus tard par une communauté de missionnaires. L'église de la Celle, dont les restes attestaient une grande élégance architecturale, datait du XIIIe s.

A moins de 1 kil. à g. du chemin de fer et des restes de l'église de la Celle, a été établie sur la rive g. de la rivière, au hameau de *Courtalin*,

La Celle, près de Coulommiers.

une grande fabrique de couverts en maillechort.

13e STATION. — FAREMOUTIERS-POMMEUSE.

65 kil. de Paris, 3 kil. de Guérard. — Les deux localités dont la station porte les noms sont situées, la première à dr., à 1 kil. du chemin de fer, la seconde à g., dans la vallée, un peu au-delà de la station.

Faremoutiers, 860 hab., que l'on n'aperçoit pas du chemin de fer, s'élève sur un coteau (136 mèt. d'altitude) baigné à l'E. par l'Aubetin, au-dessus même du confluent de cette petite rivière avec le Grand-Morin. Faremoutiers s'est formé à côté d'une riche abbaye de femmes, fondée au VIIe s. par sainte Fare, fille d'Agneric, l'un des principaux officiers de la cour de Théodebert, roi d'Austrasie. La renommée de sainteté de ce monastère y attirant de nombreux pèlerins, les habitations s'augmentèrent, et le hameau devint, au moyen âge, une petite ville, entourée de fortifications dont il ne reste plus de traces. Quant à l'abbaye, supprimée en 1789, elle a été complètement détruite pour faire place à une habitation moderne, entourée d'un parc d'où l'on jouit de jolis points de vue sur la vallée. Les caves hautes et voûtées de l'ancienne maison abbatiale sont cependant encore conservées.

Pommeuse, v. de 1,030 hab., est situé à 2 kil. au-delà de la station, près du confluent de l'Aubetin et du Grand-Morin, au milieu de prairies. L'ancien *château*, du XVIe s., était entouré de fossés alimentés par les eaux du Grand-Morin ; il a été remplacé par une maison moderne. La partie la plus charmante de la vallée du Grand-Morin est celle qui s'étend de Dammartin à Pommeuse. Il existe, près de Pommeuse, quelques vestiges d'une *voie romaine*.

Après avoir dépassé la station, on franchit l'Aubetin et l'on aperçoit bientôt à g. Pommeuse. On traverse ensuite une longue tranchée.

14e STATION. — MOUROUX.

69 kil. de Paris. 4 kil. de Faremoutiers, 3 kil. de Coulommiers.

Mouroux, v. de 1,606 hab., est situé à g., dans un petit vallon latéral. Il possède des moulins importants. L'*église*, construite en grande partie au XIIIe s., renferme un retable orné d'un *Baptême de Clovis*, d'une assez bonne exécution.

Dans l'intervalle de plusieurs tranchées, on jouit à g. d'une jolie vue sur la vallée du Grand-Morin.

COULOMMIERS.

72 kil. de Paris. 3 kil. de Mouroux, 12 kil. de Rebais, 23 kil. de la Ferté-Gaucher, 20 kil. de Béton-Bazoches.

Coulommiers *, ch.-l. d'arr. du départ. de Seine-et-Marne, v. de 5,240 hab., est situé sur le Grand-Morin, qui l'arrose au S. par son bras principal et par des dérivations établies très-anciennement.

Coulommiers, qui renferme cependant quelques rues fort régulières, a, en général, une physionomie assez insignifiante. A la sortie de la gare, on tourne à g. et l'on entre dans un large faubourg, où l'on traverse le Morin ; à dr. s'ouvre une belle place, dont l'hôtel de ville occupe l'un des côtés. Ce faubourg, en pénétrant dans la ville, se bifurque en deux rues ; celle de g. aboutit à la route de Coulommiers à la Ferté-sous-Jouarre ; celle de dr., dans laquelle se montrent, à g. l'église Saint-Denis, à dr. le nouveau palais de justice. s'arrête à l'entrée de la route de Rebais. Là se présente, à g., une promenade plantée sous les murs, flanqués de tours rondes, des anciennes fortifications. Ce boulevard, après avoir contourné la ville, au N. de laquelle il forme un jardin public orné de pelouses et d'allées de marronniers, s'arrête en terrasse au-dessus du Grand-Morin. Enfin, à la sortie de la gare et avant de franchir la rivière, on trouve, à dr., une rue conduisant à une presqu'île qui renferme, au S.-E. de Coulommiers, l'ancienne église des Capucins et les restes d'un château de plaisance, construit, au commencement du XVIIe s., par la veuve du duc de Longueville, dame de Coulommiers.

Coulommiers, désigné, dans d'anciens titres, sous le nom de *Columbarius, Colomier* et *Columier*, se composait, au IXe s., de quelques habitations groupées autour d'un château fort, élevé sur la rive dr. du Grand-Morin. Plus tard et à une époque sur laquelle les historiens ne sont pas absolument fixés, s'élevèrent dans la ville naissante les deux églises de Saint-Denis et de Sainte-Foi. En tout cas, le premier acte authentique concernant Coulommiers ne date que du XIe s. On pense que c'est vers ce temps que le comte de Champagne Étienne II fonda le prieuré de Sainte-Foi, auquel fut rattachée l'église de ce nom, et qui dépendait lui-même de l'abbaye de Conques, diocèse de Rodez.

Les comtes de Champagne, qui furent les premiers seigneurs de Coulommiers, agrandirent et fortifièrent le château, où ils résidèrent assez fréquemment. En 1231, Thibaut IV accorda aux habitants des franchises communales. Après avoir beaucoup souffert pendant les guerres du commencement du XVe s., la ville fut prise, pillée et en partie brûlée par les

Coulommiers

ligueurs, en 1593. — Coulommiers est la patrie de Valentin, peintre de talent, mort à trente-deux ans, en 1634.

L'*église* paroissiale *de Saint-Denis* a été reconstruite au XIIIe s., mais la tour massive et penchée (elle menace ruine) à laquelle s'appuie le portail ne date que du XVIe s. A l'intérieur, l'église comprend une nef principale, deux nefs latérales sur lesquelles s'ouvrent plusieurs chapelles avec voûtes à nervures, et un chœur, terminé par une abside. La nef principale n'a qu'une voûte en bois dont les entraits sont peints et revêtus d'arabesques. La voûte en pierre du chœur, moins élevée que celle de la nef, est également peinte, ainsi que les colonnes qui la soutiennent. Ces dernières portent différentes dates en chiffres dorés. Autour du sanctuaire, éclairé par de grandes fenêtres ogivales, avec vitraux de couleur, sont placées des châsses très-ornées, renfermant, entre autres, les reliques de sainte Foi, de saint Fiacre, de saint Éloi et de saint Denis. Le maître-autel, en pierre, supporté par des colonnettes à chapiteaux feuillus, est une œuvre moderne très-réussie. La nouvelle chapelle de la Vierge ne se distingue que par le mauvais goût de sa construction et de sa décoration.

L'*église des Capucins,* depuis longtemps enlevée au culte, se trouvait près du château, dans la presqu'île qui s'étend au S.-O. de Coulommiers. Elle a été commencée en 1617 et terminée en 1680. Elle sert de magasin à fourrages. Du reste elle n'offre aucun intérêt. On ne peut guère pénétrer que dans le chœur et dans une sorte de chapelle basse, singulièrement ornée de colonnes en terre cuite et de paysages, modelés en relief, également en terre cuite et grossièrement enluminés. Sur la dr. de l'église, se voient encore une partie des bâtiments conventuels, datant du XVIIe s.

Les constructions abbatiales de *Sainte-Foi,* qui s'étendaient derrière le nouveau palais de justice, sur la rive dr. du Grand-Morin, vers l'emplacement actuel de la prison cellulaire, ont entièrement disparu, sauf un grand bâtiment sans aucun intérêt, aujourd'hui affecté à des logements particuliers, et qui ne paraît pas remonter au-delà du XVIIe s.

Le *palais de justice*, terminé en 1865, n'a de monumental que son entrée formant péristyle et décorée de six colonnes.

Le **château** de Coulommiers, construit au XVIIe s. par Catherine de Gonzague, veuve du duc de Longueville, était situé à l'extrémité orientale de la presqu'île, en dehors de la ville. Les larges fossés qui l'entouraient de tous côtés existent encore en partie. Il était vanté pour l'élégance de son architecture et pour ses beaux parterres, ornés de statues. Mme de la Fayette y fait allusion dans sa *Princesse de Clèves*. Louis XIII et Anne d'Autriche le visitèrent en 1631, mais il fut délaissé à la mort de celle qui l'avait élevé. En 1737, l'un des derniers seigneurs de Coulommiers, Louis d'Albret, duc de Chevreuse, effrayé des dépenses que nécessiteraient la réparation et l'entretien de ce château, le fit à peu près démolir. Ses derniers restes sont indignement mutilés. On y voit cependant encore, dans l'ancienne cour plantée depuis d'arbres, qui s'y sont admirablement développés, des débris de colonnes, de sculptures, et notamment, à l'entrée même du parc, les restes d'un pavillon orné d'une guirlande sculptée et d'Amours en ronde bosse. Il est difficile de voir une propriété plus négligée que celle qui renferme ces débris, destinés à disparaître dans un avenir peu éloigné.

Nous nous bornerons à mentionner l'*hôtel de ville*, qui n'offre rien de remarquable, et la *prison cellulaire.* — Coulommiers renferme, surtout dans le quartier voisin du Grand-Morin, quelques maisons élégantes avec jardins.

Sur une des hauteurs qui dominent la ville, du côté de Montanglaust, se trouve l'ancienne *commanderie de l'Hôpital*, aujourd'hui transformée en ferme et appartenant à M. Decauville, le principal fabricant des célèbres fromages de Coulommiers. Une partie des bâtiments sont encore debout, avec leur aspect primitif. On remarque en particulier : des souterrains voûtés du XIIIe s., des tourelles renfermant des escaliers en pierre; une grande chapelle (commencement du XIIIe s.) contenant des tombes anciennes, etc.

Le *château de Montanglaust*, qui domine Coulommiers au N.-O., jouit d'une belle vue sur la ville et sur la jolie vallée du Grand-Morin.

Il existe à Coulommiers, dont le commerce principal consiste en céréales, fourrages, fruits, laines, et en fromages dits de Brie, des tanneries importantes, des moulins, également importants, des tuileries et des briqueteries.

SECTION XXI

DE PARIS A PROVINS

(LIGNE DE PARIS A BELFORT, JUSQU'A LONGUEVILLE [1])

Au-delà de Gretz, la 8e station (*V.* ci-dessus, Section XX), on laisse l'embranchement de Coulommiers, qui se détache à g., et l'on traverse une plaine monotone coupée à g. par un petit vallon où se montre le v. de *Presles*, 584 hab. Au moulin de *Villegenart*, au N.-E. de Presles, les eaux d'une petite rivière venant de Tournan se perdent dans un gouffre. — On remarque, un peu avant la station de Villepatour, les hautes toitures d'un *château* qui a appartenu à l'amiral de Mackau.

9e STATION. — VILLEPATOUR.

44 kil. de Paris, 5 kil. de Gretz, 3 kil. de Presles, 5 kil. de Coubert.

Villepatour n'est qu'un ham. de 39 hab., situé à g. de la station et dépendant de la commune de Presles. — **Coubert**, 569 hab., éloigné de 5 kil. vers le S.-O., renferme une *église* du XIIIe s., où l'on remarque une belle croix processionnelle du XVe s. Samuel Bernard, le célèbre financier du XVIIe s., avait fait construire à Coubert un château entouré d'un vaste parc.

A la sortie d'une tranchée ouverte à l'extrémité S.-E. de la forêt d'Armainvilliers, qui se prolonge jusqu'au-delà de Villepatour, sous les noms de *Bois l'Échelle* et de *Bois de la Grange*, on laisse à g. (1 kil. 1/2) *Liverdy*, v. de 462 hab., où se trouvent plusieurs étangs et gouffres profonds qui absorbent les eaux ; et à 2 kil. sur la dr., *Courquetaine*, 242 hab., qui possédait autrefois un beau *château*, dont il ne reste que deux pavillons.

10e STATION. — OZOUER-LE-VOULGIS.

49 kil. de Paris, 5 kil. de Villepatour, 4 kil. 1/2 de Chaumes.

Ozouer-le-Voulgis, 874 hab. (*église* du XIIe s.), est situé à 1 kil. à dr. de la voie, sur le penchant d'une colline qui s'élève près de la rive dr. de l'Yères.

Au-delà d'un petit bois, la voie ferrée franchit l'Yères sur un *viaduc* d'une seule arche de 30 mètres d'ou-

---

1. *Embarcadère*, à Paris, à l'extrémité du boulevard de Strasbourg. — Pour les prix des places, *V.* l'*Introduction*.

verture, puis s'engage dans une profonde tranchée de 2,300 mèt., ouverte dans un terrain mêlé de roches et de pierres meulières. On croise la route de Meaux à Melun par Crécy, route que Napoléon Ier suivit, en 1814, pour aller battre les Autrichiens à Guignes, à Mormant et à Montereau, après avoir défait les Prussiens sur les bords de la Marne quelques jours auparavant.

IIe STATION. — VERNEUIL.

53 kil. de Paris. 4 kil. d'Ozouer, 3 kil. de Chaumes.

Verneuil, 350 hab., à dr. du chemin de fer, possède un beau *château* moderne, qui a remplacé le château de *Vernouillet*. — On voit dans l'église de *Chaumes* (v. de 1,793 hab., au N. de Verneuil) un beau tableau de Philippe de Champaigne. Chaumes est à 5 kil. de Fontenay (*V.* p. 384).

DE VERNEUIL A MELUN,

PAR CHAMPEAUX.

23 kil.

Au sortir de la station, on suit la route de Melun à Dammartin jusqu'au v. de *Guignes* (964 hab.), situé sur le penchant d'un coteau dominant l'Avon. A côté de l'*église* de Guignes, bel édifice du XVIIIe s., on tourne à g.; 2 kil. plus loin, on prend à dr. la route qui conduit d'abord à *Andrezel*, 330 hab., puis à *Champeaux*, v. de 530 hab., qui possède une **église** remarquable (mon. hist.) de la fin du XIIe s. Cette église appartenait, dès le XIIIe s., à un collège de chanoines qui avait remplacé une abbaye. Longue de 64 mèt., elle a la forme d'une croix. La façade, fort simple, est flanquée d'une tour. Les voûtes sont sexpartites; le chœur, terminé par un chevet rectangulaire, renferme de belles stalles du XVIe s. (Renaissance), et des pierres tombales du XIIIe s. et des siècles suivants. Il subsiste encore quelques vitraux des XVe et XVIe s. et des restes de grisailles du XIIIe s.

On remarque encore à Champeaux, à 1 kil. au S. du village, le *château de l'Aulnoy*, entièrement construit en grès et entouré de beaux jardins.

Champeaux a vu naître Guillaume de Champeaux, qui fut le maître et ensuite l'adversaire d'Abélard.

Près de l'église de Champeaux, on prend une route qui se dirige vers le S.-O.; en la suivant, on laisse à dr. *Fouju*, 260 hab., et à g. *Blandy*, v. de 619 hab., situé sur un coteau qui borde la rive g. de la Varvanne. Blandy, éloigné de 1 kil. de la route, possède de superbes ruines d'un château féodal des XIIIe, XIVe et XVe s. Ce **château** forme une enceinte hexagonale flanquée de cinq belles tours rondes, dont l'une, haute de 33 mèt., était le donjon. La porte d'entrée est percée sous un bâtiment voûté. A l'intérieur de l'enceinte on remarque, parmi les constructions de diverses époques, une *crypte* ou cave, qui remonte au XIIe s. L'*église*, qui touche presque au château, date en partie du XIIIe s. et se fait remarquer par ses vastes proportions.

A 3 kil. 1/2 de Blandy, en reprenant la route, on trouve *Moizenay-le-Grand*, 750 hab., dont l'*église* est surmontée d'une flèche en pierre sensiblement inclinée vers le S. A 1,500 mèt. plus loin, après avoir longé à g. le parc de Vaux-Praslin, on se trouve devant la façade de la demeure somptueuse de Fouquet, décrite ci-dessous (*V.* Section XXIII). On laisse 1 kil. 1/2 à g. le v. de *Maincy*, 993 hab., dont dépend le château de Vaux-Praslin, et, après avoir longé quelque temps la rive dr. de l'Ancueil, on arrive à Melun (*V.* Section XXIII).

Au-delà de la station de Verneuil, on laisse à g., à 2 kil. environ de la voie. *Beauvoir*, 215 hab., dont le *château*, entouré de fossés remplis d'eau vive, est précédé d'une grande avenue, près de laquelle se voient les traces d'une voie romaine. Plus loin, du même côté, se montre *Aubepierre*, v. de 376 hab.

12e STATION. — MORMANT.

59 kil. de Paris, 6 kil. de Verneuil, 11 kil. de Rozoy-en-Brie.

Mormant est un ch.-l. de c. de 1,380 hab., où les maréchaux Victor et Oudinot battirent les Autrichiens, en 1814. Près de ce bourg, dont on voit au loin la jolie flèche de l'*église*, se trouve le *château de Bressoy*, entouré d'eau et précédé d'une magnifique avenue.

ROZOY-EN-BRIE.

Rozoy-en-Brie *, ch.-l. de c. de 1,593 hab., situé à 11 kil. de Mormant, et à 9 kil. de Marles (route de Coulommiers), possède une belle *église* du XIIIe s. (mon. hist.), à trois nefs, triforium et voûtes sexpartites, et des restes de ses remparts.

Le chemin de fer dépasse à g. *Ozouer-le-Repos*, 290 hab., où le duc de Lauzun et Mlle de Montpensier eurent une résidence au XVIIe s.

13e STATION. — GRAND-PUITS.

65 kil. de Paris, 6 kil. de Mormant.

Grand-Puits, 322 hab. (à dr. de la voie), conserve quelques ruines d'un *château* du XIIe s.

On croise la route de Paris à Provins, près de *Bailly-Carrois*, 282 hab. (source qui se perd sous terre), dont le clocher se montre à g.

14e STATION. — NANGIS.

70 kil. de Paris, 5 kil. de Grand-Puits.

Nangis*, ch.-l. de c. de 2,578 hab., situé à dr. de la voie, fut, en 1814, le théâtre de l'un des combats heureux livrés par l'armée française aux Autrichiens, à la suite du mouvement par lequel Napoléon passa de la vallée de la Marne dans celle de la Seine.

L'**église** de Nangis, du XIIIe s. (mon. hist.), est dédiée à saint Martin ; le chœur, entouré de hautes arcades ogivales et surmonté d'un beau triforium, a été entouré d'un déambulatoire au XVe s. On y voit des restes de peintures murales représentant des membres de la famille seigneuriale. — Non loin de l'église, une tour en grès bien conservée, servant de maison de Dépôt, et un corps de logis (XVe et XVIIe s.) occupé par l'hôtel de ville forment les restes de l'ancien *château* des comtes de Nangis. — Nangis offre en outre quelques jolies *promenades*.

Cette petite ville est la patrie du chroniqueur Guillaume de Nangis (XIIIe s.).

On laisse à dr. *Rampillon*, 662 hab., et son *église* (mon. hist.) du XIIIe s., puis à g. *Vanvillé*, 169 hab.

15e STATION. — MAISON-ROUGE.

80 kil. de Paris, 8 kil. de Donnemarie. — Le village est à 2,500 mèt. de sa station.

Maison-Rouge est un v. de 563 hab., situé à la rencontre de la route nationale de Paris à Besançon par Provins et de celle de Bray-sur-Seine à Coulommiers, appelée, au S. de Maison-Rouge, *chemin Perré*, parce qu'elle suit le tracé d'une voie romaine.

DONNEMARIE-EN-MONTOIS.

8 kil. de la station de Maison-Rouge ; omnibus.

La station de Maison-Rouge est surtout établie pour desservir la ville de **Donnemarie-en-Montois**, ch.-l. de c. de 1,031 hab., où l'on remarque une gracieuse *église* des XIIe et XIIIe s. (mon. hist.), et au S. duquel (4 kil.) se voient les restes de l'*abbaye de Preuilly* ou *Prully*, fondée en 1116, pour des Cisterciens, par Thibault de Champagne.

Au-delà de la station de Maison-Rouge, le chemin de fer traverse le chemin Perré, laissant à g. *Landoy*, naguère chef-lieu de la commune de Maison-Rouge, à dr. *Lizines*, v. de 140 hab., qui a conservé une tourelle de son ancien château, et, à g., Saint-Loup-de-Naud (*V.* ci-dessous); on traverse ensuite plusieurs tranchées et un *souterrain* de 105 mèt. de longueur. On franchit ensuite la vallée de la Voulzie sur un *viaduc* légèrement courbe, long de 486 mèt. haut de 20 mèt. et composé de 42 arches de 9 mèt. d'ouverture. Ce bel ouvrage d'art, exécuté par M. Siben, ingénieur des ponts et chaussées, a présenté de grandes difficultés en raison de la nature tourbeuse du terrain; les piles reposent sur des pilotis.

16ᵉ STATION. — LONGUEVILLE.

89 kil. de Paris, 6 kil. de Provins.

Longueville n'est qu'un ham. de 230 hab. env., dépendant de *Lourps*, v. de 332 hab.

SAINT-LOUP-DE-NAUD.

5 kil. des stations de Maison-Rouge et de Longueville, 7 kil. de Provins.

Bien que Saint-Loup soit à égale distance des stations de Maison-Rouge et de Longueville, c'est en partant de cette dernière qu'il faut aller la visiter; on y trouve une route directe et bien ombragée, qui suit le fond d'un ravin. On fera bien aussi de ne point partir de Provins : on aurait à traverser un plateau exposé, en été, à toutes les ardeurs du soleil.

Saint-Loup-de-Naud, 740 hab., doit son origine à un prieuré bénédictin fondé en l'honneur de saint Loup, évêque de Sens. Il reste de ce monastère une très-curieuse **église** (mon. hist.) du XIIᵉ s., ainsi appréciée et décrite par M. A. Saint-Paul (*A travers les monuments historiques*, Iʳᵉ partie) :

« Ce qui constitue l'intérêt spécial de l'église de Saint-Loup, c'est qu'elle semble avoir été construite à l'époque où s'élaborait et allait naître le style ogival, mais en dehors du véritable foyer de la transition, sous la direction d'un maître de l'œuvre qui, ne trouvant par lui-même aucune nouveauté, mettait en usage celles dont la connaissance lui arrivait durant les travaux. Elle comprend trois nefs précédées d'un porche carré en saillie, deux croisillons et trois absides séparées du transsept par une travée. Le tout, dans son appareil et dans ses détails, est homogène; c'est la variété des voûtes qui dénote la recherche et le tâtonnement. L'église fut commencée par la partie orientale. Les trois absides sont voûtées en coupole et du roman le plus pur. Les fenêtres de l'abside centrale pénètrent dans la conque; mais elles paraissent avoir été retouchées et agrandies; on ne peut donc en tirer aucun argument sûr pour montrer une tendance de l'architecte à rapprocher ses ouvertures du sommet de la voûte, tendance qu'il serait très-intéressant de constater, parce qu'elle est un acheminement vers l'application de la voûte nervée aux absides. La travée du chœur est couverte en berceau plein cintre pour la partie centrale et, pour les bas-côtés, en arêtes romaines avec nervures ajoutées au XIVᵉ s. Ce renfort mis après coup semble indiquer que l'architecte, peu habitué aux voûtes d'arêtes romaines, n'avait pas su donner de la solidité à celles qu'il construisait les premières dans l'église de Saint-Loup. Aussi abandonna-t-il ce système dans le transsept : il jeta sur les croisillons des berceaux et sur la croisée une coupole ronde sur trompes, la coupole romane la plus rapprochée de Paris, très-probablement. Il revint aux arêtes lorsqu'il fit les bas-côtés de la nef, et même, encouragé peut-être par quelque tentative heureuse venue à sa connaissance, il s'enhardit jusqu'à voûter en arêtes la dernière travée de la nef principale. La bonne conservation de ces parties montre qu'il avait réussi au point de vue de la solidité; pourtant, épouvanté de sa propre hardiesse, il reprend le simple berceau dans la partie haute de la travée voisine. Bientôt, toujours perplexe et toujours disposé à profiter de tout ce qui lui semble un progrès, il voit quelque part la nervure franchement employée, ou bien entend parler des essais tentés à Poissy et à Saint-Denis; le voilà disposant les quatre travées qui lui restent à bâtir de manière à avoir deux compartiments carrés pour la grande nef et bandant sur ces carrés des nervures rudimentaires, sans renoncer ni au plein cintre, seul employé dans le corps de l'édifice, ni aux remplissages à bain de mortier. Enfin, il apprend que l'ogive est employée ailleurs sans trop de scrupule; il l'accepte pour son porche et pour la porte de l'église.

« Outre ces tâtonnements du maître de l'œuvre, il est intéressant de constater que la nervure a paru à Saint-Loup avant l'arc brisé; il en est de même à Poissy et c'est la nervure d'abord que la Normandie a empruntée à l'Ile-de-France.....

« L'église de Saint-Loup-de-Naud offre donc le plus grand intérêt, à supposer même que les hypothèses ci-dessus exprimées ne soient pas absolument exactes. Il y a certainement d'excellentes observations à faire dans cet édifice, touchant les circonstances qui ont accompagné la création du style ogival. Saint-Loup, de plus, offre un morceau d'architecture sculptée digne d'une sérieuse attention : sa porte principale présente sept statues, des statuettes, des bas-reliefs, et aussi des chapiteaux historiés, les derniers peut-être qui aient été faits à l'époque romane. »

L'abside a conservé intérieurement une curieuse peinture contemporaine de l'église. « Au centre de la conque, Jésus-Christ, d'une taille beaucoup plus grande que les autres personnages figurés auprès de lui, siége majestueusement dans une auréole en amande, bénit de la main droite et tient de la main gauche un livre ouvert du côté du spectateur, avec quatre mots écrits en gros caractères : SALVS POPVLI EGO SVM. C'est pour ainsi dire l'apothéose de l'Évangile. Autour du Christ, les Évangélistes, indiqués par leurs symboles, et les Apôtres, les uns et les autres messagers de la bonne nouvelle ; au-dessous, au niveau des fenêtres, les quatre fleuves du Paradis terrestre, regardés aussi, dans l'antiquité chrétienne et au moyen âge, comme les emblèmes des Évangélistes. »

———

C'est à Longueville que se trouve, à l'entrée d'une grande tranchée, le point de bifurcation de l'embranchement de Provins (à g.)[1]. Cet embranchement remonte la rive g. de la Voulzie. Sur le flanc des coteaux, à g., se montre *Sainte-Colombe*, v. de 645 hab.

PROVINS.

95 kil. de Paris, 6 kil. de Longueville, 7 kil. de Saint-Loup-de-Naud (par un chemin peu agréable), 18 kil. de Nogent-sur-Seine par la route de terre.

Provins*, ch.-l. d'arr. du départ. de Seine-et-Marne, V. de 7,593 hab., sur le Durtain et la Voulzie, se divise en deux parties : l'ancienne cité ou ville haute, et la ville neuve, au pied de la colline.

Quelques historiens ont voulu voir dans Provins l'*Agendicum* des *Commentaires* de César et ont cru que les fortifications de cette ville étaient d'origine antique; F. Bourquelot, dans son *Histoire de Provins*,

1. Pour la description de la ligne de Belfort au-delà de Longueville, V. l'*Itinéraire général de la France : Vosges et Ardennes*, par AD. JOANNE.

réfute cette opinion. Provins ne figure dans l'histoire qu'au ixᵉ s. Le *pagus Provinensis* est nommé dans un capitulaire de l'an 802. A la fin du ixᵉ s., Provins appartenait aux comtes de Vermandois. Plus tard, cette ville entra dans le comté de Champagne, dont elle suivit la fortune jusqu'à sa réunion à la Couronne, au xivᵉ s.

En 1318, Provins fut désolé par la *peste noire*. L'année suivante, il eut à souffrir de la famine. Les guerres contre les Anglais achevèrent de ruiner cette malheureuse ville, qui fut prise et reprise plusieurs fois. En 1432, les Anglais, qui s'en étaient emparés, augmentèrent, pour garder leur conquête, les fortifications et entourèrent la base de la Grosse-Tour, ou tour aux Prisonniers (improprement appelée tour de César), du massif en maçonnerie que l'on y voit encore, et qui s'appelle le *Pâté aux Anglais*. L'année suivante, les Français reprirent Provins. Lors des guerres de religion, la ville resta au pouvoir des catholiques. En 1589, elle embrassa le parti de la Ligue et ne se rendit à Henri IV que trois ans plus tard, à la suite d'un siège que le roi vint conduire en personne et qui ne dura pas moins de treize jours. Elle fut alors de nouveau pillée, rançonnée, et ne s'est jamais relevée entièrement de ce désastre.

Provins a vu naître : saint Thibaut (xiᵉ s.); Jean Desmarest, avocat général au parlement de Paris, l'un des négociateurs du traité de Brétigny et qui fut décapité en 1381, et le naturaliste Lelorgne de Savigny.

Provins a conservé la plus grande partie de sa vieille enceinte fortifiée. Cette enceinte (5 kil. environ de développement) a presque la forme d'une ellipse, dont le grand axe est dirigé à peu près de l'E. à l'O.; elle a 120 hect. environ de superficie. La partie la plus curieuse et la mieux conservée est celle qui entoure la ville haute à l'extrémité O. (V. ci-dessous). De belles allées ombragées font le tour des remparts, mais à l'intérieur.

Comme c'est la ville haute qui renferme la plupart des monuments de Provins les plus intéressants par leur antiquité, le voyageur fera bien d'y monter d'abord. La *rue Saint-Thibault* conduit de la ville basse sur la *place du Châtel*, d'où l'on peut aller visiter la tour aux Prisonniers, l'église Saint-Quiriace, le palais des comtes de Champagne, la Grange aux Dîmes, et, un peu plus loin, la porte Saint-Jean, par laquelle on peut sortir pour jouir de la vue des murailles et des tours de l'ancienne capitale de la Brie. En gravissant la rue Saint-Thibault, on trouve à g. l'*hôtel-Dieu*, qui offre une porte et les restes d'une salle du xiiiᵉ s., et renferme quelques objets du moyen âge.

La Grosse-Tour, appelée aussi *tour le Roi, tour de César,* ou *tour aux Prisonniers* (mon. hist.), est un des donjons les plus curieux qu'il nous reste du xiiᵉ s. M. Viollet-le-Duc l'a analysé dans son *Dictionnaire raisonné* (t. V, p. 64-69), et M. de Caumont le décrit ainsi dans son *Abécédaire d'architecture civile et militaire* :

« La tour, carrée à l'extérieur jusqu'au milieu du premier étage, devient octogonale à cette hauteur; quatre tourelles, qui s'élèvent aux angles comme des contre-forts, se séparent de la masse pour s'y rattacher plus haut par des arcs-boutants. Une galerie ou chemin de ronde, qui probablement était couvert dans l'origine, fait le tour de l'octogone en passant derrière les tourelles. De là, on monte à l'étage supérieur par quatre escaliers pratiqués dans l'épaisseur du mur. Cette portion du donjon a été refaite, en grande partie, et les seize ouvertures qui existent au-dessous de la toiture ne paraissent pas antérieures au xviᵉ s. Il faut aussi distraire du donjon du xiiᵉ s. le soubassement ou retroussis cylindrique en maçonnerie, qui garnit la motte sur laquelle le donjon est fondé. On sait que cette construction est due à Thomas Guérard, capitaine anglais, qui fit exécuter divers travaux aux fortifications de Provins après la prise de cette ville par les Anglais en 1432 : aussi appelle-t-on ce sou-

Provins : vue générale.

bassement du donjon le *pâté des Anglais*. D'après les recherches de Bourquelot, il est question de la tour de Provins dans une charte du comte Henri donnée l'an 1176, et tout porte à croire que la tour dont il s'agit est bien le donjon actuel. Ce qu'il importe de faire remarquer, c'est que le donjon, passant du carré à l'octogone et flanqué de tours cylindriques, offre une imitation de certaines tours d'église de la même époque et une disposition nouvelle ou insolite pour les forteresses. La disposition intérieure de la tour est aussi très-curieuse : les deux salles qui subsistent intactes sont voûtées ; celle du premier étage renferme une grande cheminée dont le tuyau rond se perd dans la maçonnerie. »

La tour de César sert aujourd'hui de clocher à l'église Saint-Quiriace, dont elle est voisine. Il faut, pour la visiter, s'adresser au sonneur, qui habite une maisonnette à l'intérieur de l'enceinte circulaire. L'unique cloche qu'elle renferme date du xve siècle.

L'**église Saint-Quiriace** (mon. hist.), ancienne collégiale, fut commencée en 1160. Son architecture extérieure est gâtée par un dôme affreux, élevé sur la croisée de 1830 à 1840. A l'intérieur, la nef, à deux travées, est moins longue que le chœur, suivant l'usage observé pour un grand nombre d'églises canoniales, dit-on, mais plus probablement parce que l'église n'a pu être achevée : la façade, en effet, n'est qu'un mur provisoire, pauvrement construit au xve s. Mais les deux portes de croisillons, aujourd'hui murées, sont d'un style charmant (xiiie s.). Le chœur a été construit du xiie au xiiie s.; l'ogive s'y mêle au plein cintre par des transitions assez habilement ménagées. On remarque surtout la disposition du chevet, carré et flanqué de trois chapelles, au niveau des bas-côtés, polygonal à la partie supérieure. Sous les trois chapelles règne une crypte dont la partie centrale est moderne. Dans les arcatures du chœur, on remarque diverses pierres tombales et notamment celle d'un membre de la famille de Bournonville, et l'épitaphe, refaite au xviiie s., de Raymond Reynaud, abbé de Jouy et évêque de Meaux († 1160). Dans le trésor, nous signalerons les ornements pontificaux de saint Edme, archevêque de Cantorbéry.

Le *palais des comtes de Champagne* était voisin de Saint-Quiriace; il en reste des débris (xiie s.) occupés par le *collége communal*. Ce sont : une partie de la chapelle, des murs à contre-forts, des arceaux, des fenêtres, des caves magnifiques, etc.

Sur la place du Châtel, une inscription indique la *maison* où naquit le naturaliste Lelorgne de Savigny (1777). — La même place offre plusieurs maisons anciennes, les restes de l'*église Saint-Thibault* (fragments d'une porte romane) et un petit piédestal en pierre, à arcatures en ogives, qui porte une croix. Près de cette croix est situé un ancien puits, et entre les deux, une pierre cubique qui servait de billot dans les exécutions capitales.

De la place du Châtel, en prenant la rue Couverte, puis, à g., la rue Saint-Jean, on arrive à la **Grange aux Dimes**, curieuse construction du xiiie s. (mon. hist.), divisée en deux parties, l'une souterraine, l'autre au niveau du sol. Deux escaliers, l'un intérieur, l'autre extérieur, conduisent au premier étage, dont l'unique salle renferme des cheminées et des fenêtres remarquables. La vaste salle du rez-de-chaussée est soutenue par deux rangs de piliers avec des chapiteaux à feuillages; 14 de ces piliers sont engagés dans les murailles. La salle souterraine, où l'on descend par un large escalier, est toute semblable à la précédente (s'adresser dans la maison qui est en face, de l'autre côté de la rue).

La *porte Saint-Jean*, médiocrement conservée, est défendue par deux tours. Si l'on passe le pont établi à cet endroit sur un large fossé, on arrive à la *promenade* tracée autour des anciennes **fortifications** (mon. hist.). Les murailles de ces fortifications sont défendues par des tours généralement rondes. La neuvième de ces tours s'appelle la *tour aux Engins*, sans doute parce qu'elle servait autrefois d'arsenal. Là, l'enceinte se détourne brusquement à angle droit, et l'on rencontre encore cinq tours avant d'arriver à la *porte de Jouy*.

On peut rentrer par cette porte

Grosse-Tour, à Provins.

dans la ville haute, et l'on trouve bientôt, à g., le *caveau du Saint-Esprit*, seul débris de l'ancien hôpital de ce nom. Ce caveau est une grande salle, longue d'environ 40 mèt., et large de 13 ou 14 mét. Ses voûtes ogivales reposent sur 20 piliers carrés, disposés sur deux rangs, et sur 28 pilastres engagés dans les murailles. — Près du caveau est le *Puits-Salé*, que l'on suppose donner entrée dans d'autres souterrains. — On trouve du reste dans la ville haute de nombreuses caves qu'on peut se faire indiquer par le gardien de la tour de César.

A peu de distance de la porte de Jouy, si l'on reprend la ligne des fortifications, le terrain s'abaisse rapidement, et aussi le mur d'enceinte, toujours flanqué de tours énormes. On arrive alors à un endroit dit le *Trou au Chat*, au-delà duquel on gagne le fond de la vallée, et l'on franchit une petite rivière, un ruisseau pour mieux dire, qui entre dans la ville basse. C'est le Dutrain. A partir de ce point la vieille muraille a été mise presque au niveau du sol. La promenade continue de suivre, tantôt extérieurement, tantôt intérieurement, l'enceinte, dont on ne voit plus que la base. A g., sur la colline de Sainte-Catherine, se dresse l'hôpital général. On aperçoit bientôt, toujours à g., un petit édifice moderne, orné de quatre colonnes toscanes, que surmonte un fronton triangulaire. C'est l'établissement des eaux ferrugineuses de Provins (*V.* ci-dessous).

Sur la dr., l'œil embrasse à la fois la ville haute et la ville basse, dont on est séparé par des prairies et par des jardins. C'est de cette belle promenade, bordée de grands ormes et connue sous le nom du *Rempart* ou des *Remparts*, que l'on voit Provins sous son aspect le plus pittoresque, et que l'on se fait une plus juste idée de ce que cette ville fut jadis et de ce qu'elle est aujourd'hui.

En rentrant dans la ville par la *porte de Culoison*, on atteint bientôt l'**église Saint-Ayoul** (mon. hist.). Cette église, mutilée de toutes façons et dont les parties sont de divers styles (transsept et tour du XIᵉ s.; nefs des XIIIᵉ, XIVᵉ et XVIᵉ s.), est séparée par un mur de refend de son ancien chevet (XIIIᵉ et XVᵉ s.), qui sert aujourd'hui de magasin à fourrages. La porte principale est ornée de statues mutilées. Au fond du chœur, on remarque, au-dessus du maître-autel, un beau *retable* à colonnes cannelées, orné de sculptures en bois représentant des scènes de la Bible. Ce retable, œuvre de Nicolas Blasset, dont la tombe se voit dans la chapelle de g., sert de cadre à un tableau du peintre Stella (*Jésus parmi les Docteurs*). Nous signalerons, en outre, trois statues (XVIᵉ s.) en marbre blanc, qui décorent l'autel des fonts baptismaux.

La *tour de Notre-Dame-du-Val* (XVIᵉ s.), autrefois dépendante de l'ancienne église de ce nom, qui n'existe plus, renferme les cloches de Saint-Ayoul.

L'**église Sainte-Croix** se compose de quatre nefs, avec transsept. Les deux nefs intérieures sont évidemment du XIIIᵉ s., la nef extrême du côté N. et le petit portail qui y correspond, le bas-côté S., le chœur et les chapelles qui l'entourent sont du XVIᵉ s. On remarque à l'intérieur : les voûtes en bois de la grande nef, du chœur et du transsept, qui ont conservé des restes de peintures; un *bénitier* fort curieux du XIVᵉ s., dont les bas-reliefs représentent d'une manière très-originale les instruments de la Passion; des restes de vitraux du XVIᵉ s. dont les sujets sont bizarrement exécutés; un *baptistère* de la même époque, orné d'un bas-relief mutilé représentant le baptême du fils d'un grand seigneur; une *Descente de Croix*, copiée de Jouvenet; enfin un tableau attribué à Lesueur et représentant *saint Bruno ressuscitant un mort*.

L'**hôpital général** (130 lits), dans une position magnifique, sur le mont Sainte-Catherine, en face de Provins, occupe l'emplacement d'un couvent de Clarisses (XIIIᵉ s.), dont il reste un *cloître* (mon. hist.), malheureusement incomplet (deux galeries sur quatre). On y remarque des arceaux en ogive et des chapiteaux élégants sur des colonnes destinées à soutenir une toiture en bois. Nous signalerons aussi l'ancienne salle capitulaire et quelques autres parties de l'édifice qui, sans être fort anciennes, sont probablement antérieures à la transformation du couvent en hôpital. Dans l'église, on voit un petit monument en pierre, surmonté d'un dôme en cuivre et destiné à contenir le cœur du comte

Thibault V. Il est décoré de curieuses sculptures.

L'*hôtel Vauluisant,* situé dans la rue des Capucins, est une maison particulière du xiiie s., très-bien conservée. La voûte ogivale du rez-de-chaussée repose sur des piliers et des pilastres. — Presque en face s'élève une façade de maison encore plus remarquable, avec quatre charmantes fenêtres de la fin du xiiie s. — On remarque, en outre, en divers endroits de la ville, quelques restes mutilés d'anciennes maisons.

Devant le *tribunal,* construit en 1877, s'étend une place ornée d'une fontaine en fonte et que bordent les ruines d'une église avec porte du xiiie s. — Une belle salle de spectacle a été élevée en 1875, rue Victor-Garnier.

La *bibliothèque publique,* qui occupe l'étage supérieur de la mairie, renferme plus de 10,000 vol., parmi lesquels nous signalerons un riche exemplaire du grand ouvrage sur l'Égypte, publié sous le premier Empire, aux frais de l'État. Cet exemplaire a été donné par Lelorgne de Savigny, en 1844. La bibliothèque possède, en outre, une belle collection de manuscrits et de chartes relatifs à la ville, entre autres, la charte des priviléges du chapitre de Saint-Quiriace, renfermée dans un étui en cuir gravé et peint.

Provins possède une *source minérale* froide (7^0 à 8^0), carbonatée, calcaire, ferrugineuse-gazeuse, débitant 336 hectol. d'eau en 24 heures. Cette eau s'emploie en boisson et en bains, dans un petit *établissement;* elle agit comme toutes les eaux ferrugineuses froides.

SECTION XXII

DE PARIS A BRIE-COMTE-ROBERT

PAR VINCENNES [1]

Le chemin de fer de Brie-Comte-Robert fut commencé en 1856 et inauguré pendant l'été de 1857 jusqu'à la Varenne-Saint-Maur, en 1875 jusqu'à Brie. Au sortir de l'embarcadère, il longe, en les dominant (à dr.) la rue de Lyon et l'avenue Daumesnil, qui le sépare de la prison Mazas, de la gare des chemins de fer de Lyon et de la mairie du xiie arrondissement. Aussitôt après avoir quitté l'avenue Daumesnil, les trains s'arrêtent à la station de **Reuilly** (la 1re), établie, en 1877, à 2 kil. de la place de la Bastille, près de la place Daumesnil. — Au-delà de Reuilly, le chemin de fer passe, par quatre tunnels que séparent des tranchées, sous la rue de Reuilly, sous la rue et sous l'avenue de Picpus, et sous la rue Michel-Bizot.

On arrive ainsi à **Bel-Air-Ceinture** (la 2e station : 4 kil. de la gare de la Bastille) [1], puis on passe sous la ligne de ceinture et l'on sort de l'enceinte de Paris par la poterne de Montempoivre, que précède un tunnel et que suivent une profonde tranchée et un nouveau tunnel.

[1]. *Embarcadère,* place de la Bastille. — Pour les prix des places, *V. l'Introduction;* pour les autres moyens de transport (tramways et omnibus), *V.* aussi l'*Introduction,* et ci-dessous, p. 408.

[1]. Si on longe à dr., au sortir de la station de Bel-Air, les fortifications, en les laissant à g., on gagne en quelques minutes la porte de Picpus, au-delà de laquelle s'étend sur la dr. le joli lac de Charenton (*V.* ci-dessous).

3e STATION. — SAINT-MANDÉ.

5 kil. de la Bastille, 1 kil. de Vincennes, 3 kil. de Charenton.

Saint-Mandé*, 6,388 hab., village peu intéressant, mais fort ancien, était autrefois plus rapproché de Vincennes; mais Philippe le Hardi, voulant agrandir le parc de son château, rasa le hameau et ordonna à ses habitants de le rebâtir au lieu où il est aujourd'hui.

Le cimetière de Saint-Mandé contient la *statue*, en bronze, d'*Armand Carrel*, mort des suites d'un duel qu'il avait eu, le 22 juillet 1836, avec M. Émile de Girardin. Cette statue est une des belles œuvres de David d'Angers.

En 1830, M. Boulard, tapissier de la cour, fonda à Saint-Mandé l'*asile Saint-Michel* pour douze pauvres septuagénaires à la nomination des douze bureaux de bienfaisance de Paris. De plus d'un million, légué par le fondateur, il n'est resté, déduction faite des bâtiments et du mobilier, qu'un revenu annuel de 81,000 fr.

Près de l'asile Saint-Michel s'élève l'*hôpital Lenoir-Jousserand*, fondé par l'Assistance publique de Paris, en 1877, au moyen d'un legs de 3 millions fait par la veuve Lenoir-Jousserand (vieillards malades ou infirmes).

Le joli lac de Saint-Mandé est à 2 minutes de la station. De ce lac (*V.* ci-dessous), on peut gagner en 10 min. le château de Vincennes, en 15 ou 20 min. le lac de Charenton, en 45 min. (le long de la rivière) le plateau de la Gravelle (*V.* ci-dessous et le plan).

Le chemin de fer, encaissé dans une tranchée d'où il ne sort qu'au delà de Nogent, laisse à dr. l'hôpital militaire de Vincennes (*V.* ci-dessous) et le magasin aux fourrages, et passe sous la route de Paris à Vincennes.

4e STATION. — VINCENNES.

6 kil. de l'embarcadère de la Bastille, 1 kil. de Saint-Mandé, 4 kil. 1/2 de Charenton, 2 kil. de Montreuil, 2 kil. de Fontenay, 4 kil. de Joinville, par la route de terre.

Vincennes*, 17,064 hab., ch.-l. de c. de l'arr. de Sceaux, n'offre par lui-même aucun intérêt.

L'étymologie du nom de Vincennes est restée douteuse. Ce qui paraît certain, c'est qu'en 847 le bois de Vincennes s'appelait *Vilcenna*. Ce bois avait renfermé autrefois un collège consacré au dieu Sylvain. Les anciens rois de France venaient souvent chasser à Vincennes, mais Louis VII (1164) eut le premier l'idée d'y construire une demeure royale. Il établit aussi dans le voisinage des religieux de Grammont, remplacés depuis par des *Bonshommes* ou *Ermites*.

Saint Louis aimait beaucoup Vincennes; il y venait souvent et se plaisait, comme tout le monde le sait, à rendre la justice sous un chêne du bois. Ce fut au couvent des frères mineurs de Vincennes qu'il reçut la *sainte Couronne*, que lui avait cédée Baudouin, empereur de Constantinople. Ce fut aussi de Vincennes qu'il partit pour ses deux croisades.

En 1315, Enguerrand de Marigny y comparut devant les juges qui le condamnèrent à être pendu à Montfaucon.

Louis X mourut à Vincennes en 1316, Philippe V en 1322, Charles IV en 1328. Charles V y naquit en 1337; il y passa la plus grande partie de sa vie; il y rendit ses plus célèbres ordonnances et arrêtés, entre autres l'édit de la régence et de la tutelle des rois de France, dont la majorité fut fixée à 14 ans. La reine Isabeau de Bavière se retira au château de Vincennes pour s'y livrer à toutes sortes de désordres.

En 1422, Henri V, ce roi d'Angleterre qui s'était fait déclarer héritier de la couronne de France, mourut à Vincennes, sept semaines avant Charles VI. Le château, plusieurs fois repris sur les Anglais, ne leur fut définitivement enlevé qu'en 1434. Louis XI en fit une prison d'État; mais ses successeurs continuèrent à l'habiter temporairement, bien qu'il eût cessé d'être une de leurs résidences habituelles. Charles IX y mourut le 30 mai 1574. Henri III y vint souvent. Après la Journée des Barricades, les li-

Vincennes au dix-septième siècle.

gueurs s'emparèrent du château et ne le rendirent à Henri IV qu'en 1594, après l'entrée du roi dans Paris.

Mazarin mourut à Vincennes, le 3 mars 1661.

Louis XIII et Louis XIV étaient venus quelquefois à Vincennes pour chasser dans le bois, mais ils n'y avaient fait que de courts séjours. Louis XV y passa quelques jours au commencement de son règne, suivant l'ordre qu'en avait donné Louis XIV mourant.

En 1784, après l'*Essai* de Mirabeau *sur les lettres de cachet*, Vincennes cessa d'être une prison d'État. En 1791, les habitants du faubourg Saint-Antoine marchèrent sur le donjon de Vincennes pour le jeter bas. L'œuvre de destruction était commencée, quand La Fayette arriva à la tête de forces suffisantes pour y mettre obstacle. Il faillit plusieurs fois être assassiné dans cette expédition.

Le 20 mars 1804, le duc d'Enghien, le dernier des Condé, enlevé violemment cinq jours auparavant du territoire de la Confédération germanique, fut jugé à Vincennes par une commission militaire, condamné à mort et exécuté la nuit même. On le fusilla dans les fossés du château, et on l'ensevelit au lieu même où il était tombé. Ses restes, exhumés le 20 mars 1816, par ordre de Louis XVIII, furent d'abord déposés dans une chambre du château, puis renfermés dans le monument élevé à sa mémoire dans la chapelle.

Sous le règne de Louis-Philippe, Vincennes donna son nom aux bataillons de chasseurs à pied, formés par le duc d'Orléans, et si renommés pour la justesse de leur tir.

Aujourd'hui Vincennes est une forteresse, une caserne, un arsenal et une école d'artillerie; c'est là que se font la plupart des expériences relatives au perfectionnement des armes à feu.

Le fort de Vincennes n'a pas eu à souffrir du dernier siège de Paris ; « sa position dominante avait permis d'y établir un observatoire qui signalait les nombreux mouvements de convois ou de troupes opérés par l'ennemi sur les coteaux faisant face au fort. » Mais ce fut à Vincennes que la Commune de Paris reçut le dernier coup, là véritablement qu'elle prit fin. Le fort avait été livré, dès le commencement de l'insurrection, à la première sommation faite par une troupe de gardes nationaux. Après le désastre éprouvé par les fédérés dans le faubourg Saint-Antoine et au cimetière du Père-Lachaise, un commissaire fut envoyé le 28 mai aux quatre cents insurgés qui occupaient le château et que commandait un sieur Faltot, avec le grade de lieutenant-colonel. La garnison paraissant peu disposée à soutenir la lutte, les pourparlers aboutirent à une reddition pure et simple, et, le 29, les troupes du gouvernement rentrèrent dans le fort, où furent trouvés cachés plusieurs des adhérents les plus compromis de la Commune.

En 1183, Philippe-Auguste rebâtit le **château** de Louis VII, qui fut reconstruit de nouveau par Philippe de Valois et continué sous ses successeurs. En 1560, Catherine de Médicis fit jeter les fondations des pavillons du roi et de la reine, situés à dr. et à g. de la cour, au-delà du donjon. Ces pavillons furent terminés en 1614. En 1662, Louis XIV réunit les deux extrémités de ces pavillons par deux galeries couvertes, dont l'une a été démolie en 1843 et dont l'autre est cachée actuellement par des casemates. Le château de Vincennes formait alors, comme aujourd'hui, un rectangle de 382 mèt. de longueur sur 224 de largeur; mais il était flanqué de neuf tours adjacentes au mur d'enceinte. Toutes ces tours avaient 34 mèt. 60 cent. de hauteur, sauf la tour principale, qui avait 34 mèt. 56 cent. Rasées au niveau du mur d'enceinte, de 1808 à 1811, elles servent aujourd'hui de bastions.

Au milieu du xviiie s., le château de Vincennes avait de nouveau cessé d'être une résidence royale. On y avait établi tour à tour (1745) une *fabrique de porcelaine*, transférée à Sèvres en 1750; une *école militaire* (1751), transférée à Paris en 1756, et enfin (1757) une *manufacture d'armes*. En 1788, il fut compris parmi les châteaux royaux qui devaient être vendus, mais il ne trouva pas d'acquéreur. En 1808, Napoléon ordonna les travaux nécessaires pour pouvoir y garder un approvisionnement de poudre, de projectiles, d'armes et de matériel.

Vue générale de Vincennes, prise du côté du bois

L'année 1812 vit construire le redan en maçonnerie percé de créneaux qui couvre l'entrée du château. En 1819, la salle d'armes fut bâtie. Enfin, de 1832 à 1844, le roi Louis-Philippe fit construire un grand nombre de casemates, et il annexa du côté de l'E. un fort entièrement neuf. Les constructions, complétées de 1848 à 1852, comprennent des magasins, un manége, un hangar et environ dix corps de bâtiments pour

Porte d'entrée du château de Vincennes.

le casernement des hommes et des chevaux.

Quand on a franchi la porte d'entrée du château de Vincennes[1], on passe entre une double ligne de bâtiments affectés à divers services, avant d'atteindre la grande cour dans laquelle s'élèvent : à g., la salle d'armes, la chapelle, le pavillon de la reine ; à dr., le donjon et le pavillon du roi.

1. Pour visiter le château, visible le samedi, de midi à 4 h., il faut être muni d'une permission délivrée par la direction de l'artillerie, à Paris, ou par le commandant de l'artillerie de Vincennes.

La *salle d'armes* de Vincennes, construite en 1819, se divise en deux parties : le rez-de-chaussée, réservé au matériel d'artillerie ; la salle d'armes proprement dite, au premier étage. La décoration en est vraiment belle. Elle renferme une quantité d'armes suffisante pour 120,000 hommes. Le second étage est affecté à la sellerie.

Entre la salle d'armes et la chapelle est l'entrée du fort neuf.

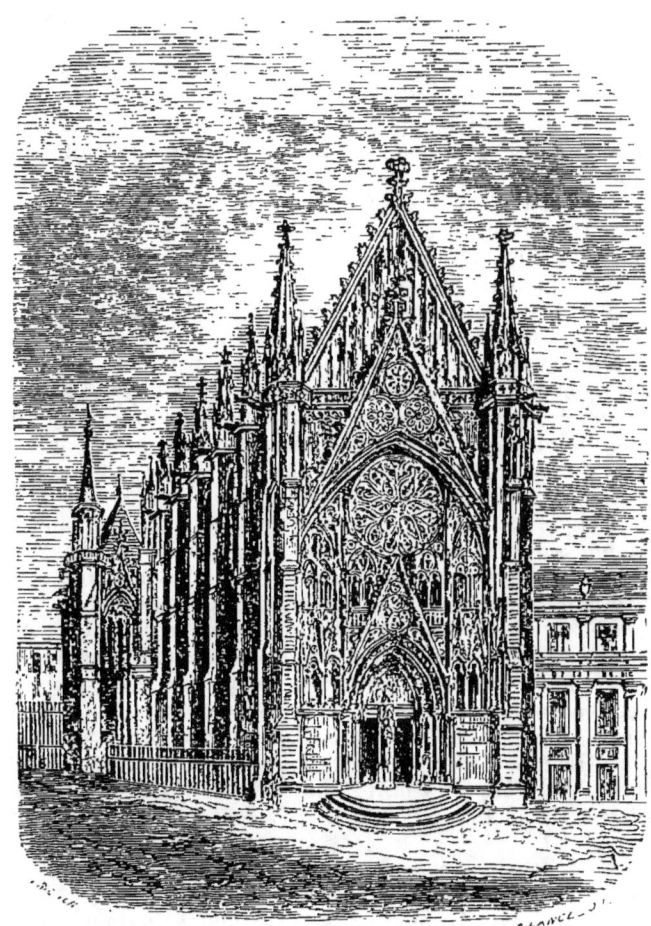

Chapelle du château de Vincennes.

La **chapelle** actuelle — il y en eut deux autres, construites par saint Louis (1248) et Philippe de Valois (1337) — fut fondée, en 1379, par Charles V, continuée par Charles VI et par François Ier, achevée, en 1552, par Henri II. Le 18 août de cette année, Henri II y entendit la première messe sur un trône qui n'a été détruit qu'en 1792. En 1557, on y transféra l'ordre de Saint-Michel ; en 1694, on y annexa la chapelle du Vivier en Brie (*V.* Section XX, p. 384). Le chapitre fut supprimé en 1784.

Convertie en un magasin après la révolution de Juillet, puis rendue au culte en 1842, la chapelle de Vincennes a été complètement restaurée il y a quelques années. On admire surtout la légèreté et l'élégance de ses voûtes. Sept de ses vitraux sont de Jean Cousin (la rose est neuve). Ils représentent : les cinq du chœur, des sujets tirés de l'Apocalypse, et les deux de l'extrémité de la nef, les *quatre Saisons* et le *Jugement dernier*. Dans ce dernier, le peintre a représenté Diane de Poitiers, qu'on distingue à sa nudité et au ruban bleu qui entoure ses cheveux blonds.

En 1816, on avait élevé dans la chapelle (à g., à l'entrée du chœur) un monument à la mémoire du duc d'Enghien. Ce monument, enlevé de cette place après les événements de décembre 1851, est aujourd'hui dans l'ancienne sacristie (à g. du chœur), pièce trop basse et trop étroite pour le contenir. C'est du reste une œuvre fort médiocre du sculpteur Deseine. Il se compose de quatre figures en marbre : au second plan, le duc s'appuie sur la Religion; au premier plan, une femme éplorée représente la France en face du Crime armé d'un poignard et de serpents.

Le *pavillon du roi* a été transformé en caserne depuis 1793; le *pavillon de la reine* est affecté à divers services. Dans les bâtiments du château ont été aussi installées, en 1875, une *École d'administration* destinée au recrutement de divers bureaux militaires, et l'*École* de la 19ᵉ brigade d'artillerie.

Le **donjon** est généralement visité après la salle d'armes et la chapelle. On découvre de la plate-forme un superbe panorama.

Ce donjon, entouré autrefois d'un fossé indépendant de celui du château, est une grande tour carrée avec une tourelle en saillie à chaque angle. Cette tour a 52 mèt. de hauteur. Ses murs ont 3 mèt. d'épaisseur. Un escalier en spirale, de 237 marches, conduit à la plate-forme. Dans la tourelle S.-E. se trouve un autre escalier en spirale, plus large, et qui ne règne que du premier au deuxième étage; on le nomme l'escalier royal.

Le donjon a cinq étages. Le rez-de-chaussée, où étaient les cuisines, se compose d'une grande salle carrée, de 10 mèt. de côté (elle a été divisée). Sa voûte, élevée de 7 mèt. 15 c., est soutenue sous clef par un fort pilier. Dans chaque tourelle est une chambre de forme octogonale. Quand Vincennes était une résidence royale, le roi occupait le premier étage; la reine et les enfants, le deuxième; les frères et proches parents du roi, le troisième; les officiers de service et les domestiques étaient logés aux quatrième et cinquième; les grands officiers de la couronne, dans les tours de l'enceinte.

L'histoire des prisonniers renfermés dans le donjon de Vincennes remplirait un volume; nous ne pouvons pas même mentionner leurs noms, nous citerons seulement les plus célèbres : Enguerrand de Marigny, le roi de Navarre, qui fut depuis Henri IV, et le duc d'Alençon; le colonel d'Ornano, le duc et le chevalier de Vendôme, tous trois fils naturels d'Henri IV; le duc de Beaufort, surnommé le *roi des halles*; les princes de Condé, de Conti, et le duc de Longueville, chefs de la Fronde; le cardinal de Retz; le surintendant Fouquet; Mᵐᵉ Guyon; Latude; Diderot; le comte de Mirabeau, qui y composa le *Mémoire à mon père*, l'*Essai sur les lettres de cachet et les prisons d'État*, et les *Lettres à Sophie*; le duc d'Enghien; les complices de Georges Cadoudal; les ministres de Charles X, MM. de Polignac, de Peyronnet, Guernon-Ranville et de Chantelauze; en 1848, MM. Raspail, Barbès, etc.

Aujourd'hui les anciennes prisons du château sont transformées en magasins pour l'artillerie de la place. On les montre rarement aux étrangers. Du reste, elles n'ont rien de bien curieux. On y voit, au rez-de-

Le général Daumesnil, statue érigée à Vincennes, en 1873.

chaussée, une porte (la seconde) qui provient, dit-on, de la tour du Temple, où elle fermait la chambre de Louis XVI. La salle dans laquelle elle donne accès passe pour avoir été la salle de la question. Mirabeau fut, dit-on, enfermé dans l'oratoire du second étage, restauré il y a quelques années.

A l'entrée de Vincennes et à l'O. du donjon, se trouve l'**hôpital militaire** (642 lits), inauguré le 1er juin 1858. C'est un vaste rectangle de 60,000 mèt. carrés, dont 4,350 sont occupés par les bâtiments. Presque en face s'élève une petite *chapelle* (1858). Une inscription rappelle que cette chapelle a été construite à la suite d'un vœu fait par l'impératrice Eugénie pour obtenir la naissance d'un fils.

Le 26 mai 1873 a été érigée, sur la place de l'Hôtel-de-Ville, une *statue du général Daumesnil*, exécutée par M. Louis Rochet. Daumesnil, amputé de la jambe gauche à Wagram, défendit le fort de Vincennes en 1814 et 1815. Il refusa de le rendre, malgré les menaces et les promesses d'argent qui lui furent faites par les Alliés.

LE BOIS DE VINCENNES.

Pour se rendre au bois de Vincennes, les promeneurs ont le choix non-seulement entre divers modes de locomotion, mais entre divers points d'arrêt.

Les modes de locomotion sont : le chemin de fer de la Bastille à Brie-Comte-Robert, le chemin de fer de Paris à Lyon pour la station de Charenton, le chemin de fer de ceinture pour la station de Bel-Air, l'omnibus R, de Saint-Philippe-du-Roule à la barrière de Charenton, le tramway du Louvre à Vincennes, le tramway à vapeur de la Bastille à Saint-Mandé.

Les tramways n'ont qu'un seul point d'arrêt : le tramway du Louvre, en face du Château; celui de la Bastille, à Saint-Mandé; le chemin de fer de Lyon n'a qu'une station, celle de Charenton ; mais le chemin de fer de la Varenne a six stations où les promeneurs peuvent descendre pour explorer les diverses parties du bois.

La station de Bel-Air est la plus rapprochée du lac de Charenton et de l'Asile de Vincennes. C'est à la station de Saint-Mandé qu'il faut descendre si l'on veut visiter le lac de Saint-Mandé et la partie du bois qui sépare ce lac du lac de Charenton et de Gravelle. La station de Vincennes dessert la ville et le château. Les stations de Fontenay et de Nogent sont à égale distance du lac des Minimes. Enfin la station de Joinville est la plus rapprochée de la ferme de la Faisanderie et du pavillon de Gravelle (*V*. le plan).

Si l'on ne veut pas faire la dépense d'une voiture particulière (2 fr. 50 c. l'heure pour les voitures à 2 places; 2 fr. 75, celles à 4 places) pour explorer, dans toutes ses parties, le bois de Vincennes, on peut se faire conduire aux barrières ou portes de Picpus et de Bel-Air, les plus rapprochées des lacs de Charenton et de Saint-Mandé.

Les itinéraires suivants sont recommandés aux personnes qui prendront une voiture à l'heure ou qui préféreront aller à pied (*V*. le plan).

1° Porte de Picpus (les promeneurs s'y rendront soit en voiture, soit par le tramway de la Bastille à Saint-Mandé, soit par le chemin de fer, station de Bel-Air), — lac de Charenton, — promenade dans les îles, — Asile des convalescents, — point de vue de Gravelle, — par la route de Gravelle aux Minimes, — tour du lac, — retour par le château et le lac de Saint-Mandé.

2° Station de Nogent, — lac des Minimes, — par la route de Gravelle au pavillon de Gravelle, — Asile des convalescents, lac de Charenton, — lac de Saint-Mandé, — château, — retour par la station de Vincennes.

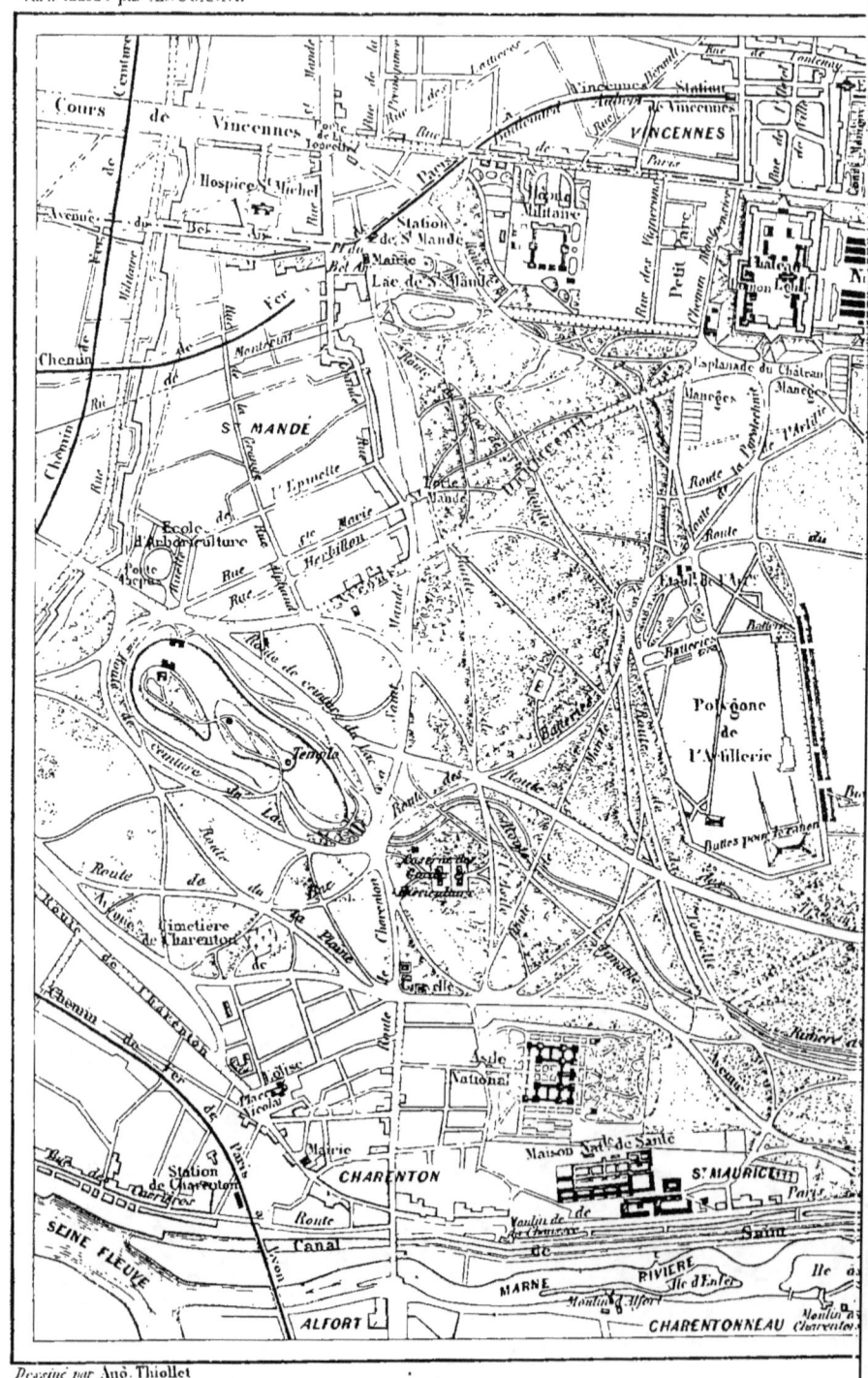

ICENNES.

L. HACHETTE et Cⁱᵉ Editeurs. Paris

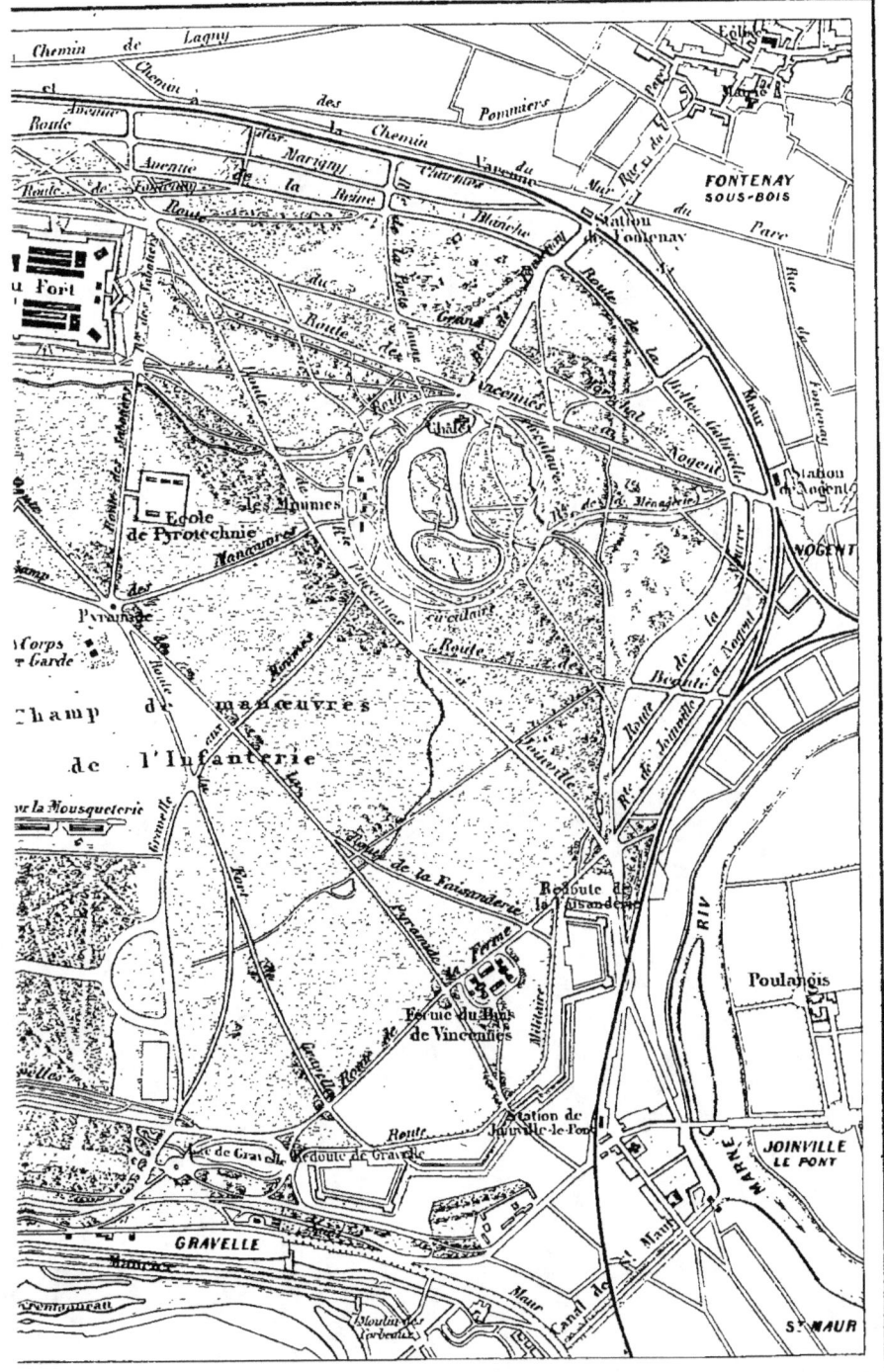

Gravé par F. Lefèvre, la Lettre par Varinot et Marquis

Cascade du lac des Minimes.

En 1162, le bois de Vincennes n'était entouré que de petits fossés. Louis VII le fit clore de murs du côté de Paris, et bâtit à l'entrée, pour y loger un garde, la *tourelle* de Saint-Mandé. En 1183, Philippe-Auguste continua la construction de la clôture, car il renferma dans ce bois des cerfs, des daims et des chevreuils que lui avait envoyés Henri II, d'Angleterre. Saint Louis éleva plus tard les murs qui longent la Marne. Le bois s'agrandit à diverses reprises. L'enceinte actuelle ne date que de 1671.

En 1731, Louis XV fit abattre, puis replanter le bois de Vincennes, pour en *rendre les promenades plus agréables aux habitants de Paris*. On éleva, à cette occasion, la pyramide située sur l'ancienne route de Saint-Maur, et qui portait une inscription commémorative.

Depuis le commencement de ce siècle, le bois de Vincennes a été diminué de près de moitié par le génie militaire, par le chemin de fer et surtout par la ville de Paris, à laquelle il appartient actuellement et qui en a aliéné une partie. En 1816, on y établit, en face du château, un polygone reporté plus au S.-E. en 1839. On y construisit, en 1839, une nouvelle salle d'artifices (l'ancienne, située derrière le donjon, ayant sauté en 1837), et un corps de garde dans le champ de manœuvres, qui s'étend au S. du château; en 1844, des salles d'artifices, entre le château et Saint-Mandé (ces salles ont été entièrement détruites, le 11 juillet 1871, par une explosion que causa l'accumulation des munitions hors de service provenant du désarmement de Paris après la Commune); de 1841 à 1844, le nouveau fort; en 1846, les deux redoutes de la Faisanderie et de Gravelle, au S.-E. du champ de manœuvres. Une grande partie du bois, comprise entre le champ de manœuvres et le château, a été abattue à son tour; enfin le chemin de fer de Brie-Comte-Robert s'est creusé des tranchées entre Saint-Mandé et Vincennes, et entre Vincennes et Joinville-le-Pont.

Le bois de Vincennes n'offrait donc plus aux Parisiens les promenades agréables qu'ils devaient à Louis XV, lorsque Napoléon III résolut d'y faire exécuter des travaux analogues à ceux qui ont transformé le bois de Boulogne. Ces travaux ont été exécutés, depuis 1857, sous la direction de M. Vicaire, administrateur général des forêts et domaines de la couronne, par M. Bassompierre, ingénieur principal de la Compagnie des chemins de fer de l'Est. En moins d'un an et demi, des rivières serpentèrent, des lacs furent creusés, au milieu de ces terrains arides où ne se voyait pas auparavant la plus petite flaque d'eau. Des chaussées macadamisées remplacèrent les routes royales et départementales qui traversaient le bois; d'autres routes, moins droites que les anciennes, furent ouvertes à travers les fourrés, dont les arbres magnifiques, habilement dégagés, forment de toutes parts d'agréables perspectives. Toutes ces routes sont bordées de larges trottoirs. Elles sont aussi pourvues de conduites d'eau, avec bouches de sortie, qui permettent d'arroser à la lance, ainsi qu'on le fait au bois de Boulogne. Plus de 40 kil. d'allées tracées à l'anglaise, de 4 à 8 mèt. de largeur, ont été ouvertes pour les voitures et les cavaliers. La nature sablonneuse du sol a dispensé de les empierrer. Près de 15 kil. de sentiers de 2 mèt., à l'usage des piétons, ont été établis sous bois, de manière à favoriser la circulation le long des routes principales, ou à établir des raccourcis.

Malgré tous ces embellissements, le **bois de Vincennes** a conservé assez intact, jusqu'à présent, la physionomie d'un bois pour continuer d'en porter le nom. Il n'est pas encore devenu un parc, comme l'ancien bois de Boulogne. Les bouquets d'arbres exotiques y sont plus rares et la végétation y conserve partout un caractère pittoresque et sauvage qui ne manque pas de charme. Malheureusement le bois est séparé en deux parties distinctes par le champ de manœuvres, vaste plaine, aride et nue, qu'il faut traverser sur une longueur de plus d'un kil. au moins, si l'on veut visiter le bois en entier.

Nous signalerons d'abord les principales curiosités de la partie orientale du bois, la plus intéressante des deux.

La *rue de Paris*, qui passe devant la porte d'entrée du château, y conduit directement. On laisse, à g., le *cours Marigny* et le bal d'Idalie; à dr., le nouveau fort, à l'extrémité duquel on se trouve sur un carrefour. La *route des Sabotiers* rentre dans Vincennes, à g., et longe à dr.

le côté oriental du fort; celle du *Grand-Maréchal,* en face, conduit, à travers bois, à la porte de Nogent; les *routes de Nogent* et *de Joinville,* qui se séparent un peu plus loin à dr., aboutissent aux portes du même nom. On peut prendre indifféremment l'une ou l'autre de ces deux dernières routes pour se rendre aux Minimes (2 kil. environ de la porte du château). On passe alors devant une jolie *villa,* qu'on laisse à g. Les **Minimes** étaient autrefois un enclos circulaire, de 600 mèt. de diamètre, et de 18 hect. de superficie, où Louis VII établit, en 1164, des religieux de Grammont, remplacés sous Louis XI par des Bons-Hommes ou Ermites, auxquels Henri III substitua, en 1584, des Minimes. Ceux-ci furent supprimés par un arrêt du conseil d'État du 17 mars 1784.

En 1857, les Minimes formaient encore un parc réservé, ou garenne, entouré de murs et planté d'arbres verts. Ce fut sur ce point que l'on commença les travaux d'embellissement du bois. On y creusa un lac de 8 hect. de superficie, contenant trois îles, en partie boisées et d'une contenance totale de 6 hect. 200,000 mèt. cubes de terre, extraits de ce vaste bassin, furent employés aux remblais du chemin de fer de Brie-Comte-Robert, entre Nogent et Joinville. L'activité des travaux était telle qu'on n'enlevait pas moins de 800 mèt. cubes de déblais par jour. Ces déblais étaient transportés à l'aide d'un chemin de fer provisoire, établi dans une allée du bois.

Lac des Minimes.

Un pont conduit actuellement dans l'île du N. ou *de Porte-Jaune,* la plus petite des trois. Elle renferme un chalet dans lequel est installé un café-restaurant. Les deux autres *îles* communiquent entre elles, mais on ne peut y parvenir qu'en bateau. A l'O. du lac, au bord d'une pelouse plantée de beaux marronniers et d'où se découvre tout le champ de manœuvres, la pyramide de Louis XV (600 mèt.) — près de cette pyramide est la nouvelle salle d'artifices qui a remplacé celle détruite par une explosion en 1871 — et le polygone de l'artillerie, se trouvent deux *pavillons* élégants, construits sur l'emplacement de bâtiments qu'habitait autrefois le garde général du bois.

On peut faire le tour du lac des Minimes en 30 min. par le chemin de piétons qui en longe les rives; et en 40 min. par l'ancienne allée circulaire qui a été conservée. Des bateaux sont mis à la disposition des personnes qui désirent se promener dans le lac (1 fr. par heure et par personne).

Le lac des Minimes est alimenté par deux *cascades*; la première, fort petite, est située à son extrémité supérieure, près de l'île de Porte-Jaune, et formée par un ruisseau dont on peut remonter le cours à travers bois : ce ruisseau, appelé *ruisseau de Nogent*, à l'E., a 900 mèt. environ de longueur. Il longe à peu de distance la *route de la Ménagerie*, et traverse l'une des belles *pelouses* qui s'étendent de la porte de Fontenay à celle de Joinville-le-Pont. Ce ruisseau forme l'écoulement d'une *mare* située près de la station de Nogent, à peu près au point de rencontre des routes de Nogent et de la Ménagerie.

La deuxième *cascade*, beaucoup plus importante que la première, vient se déverser dans le lac au midi de la première, elle est alimentée par le *ruisseau des Minimes*, qui coule au S., dans la plus belle partie du bois. Ce ruisseau a près de 1,200 mèt. de longueur et entoure plusieurs petites îles boisées d'un grand effet. Son point d'émergence se trouve, au-delà de la route de Vincennes à Joinville, près de la redoute de la Faisanderie. La source de ce ruisseau n'est pas naturelle, mais artificielle. L'eau est amenée en cet endroit par des conduites souterraines en tôle bitumée, dont le point de départ est au lac de Gravelle (*V.* ci-dessous), et qui, après avoir donné naissance au ruisseau des Minimes, se continuent jusqu'à la mare de Nogent, pour y former le ruisseau du même nom.

La source du ruisseau des Minimes marque de ce côté la fin du bois. A l'O. et au S. s'étendent le champ de manœuvres et la plaine de Gravelle, réunis pour former le *camp de Saint-Maur*, où les troupes de l'armée d'Orient bivaquèrent, en 1856, jusqu'au jour de leur entrée triomphale à Paris. A l'E., la route de Joinville à Nogent conduit au *fond de Beauté* (500 mèt.), tracé probablement sur l'emplacement qu'occupait autrefois (dans la partie du bois appelée le Faux parc) un château nommé *château de Beauté* (*V.* Nogent-sur-Marne, p. 376). Près du fond de Beauté, on découvre de beaux points de vue sur la vallée de la Marne.

Au S. la *route militaire* conduit aux redoutes, après avoir laissé à dr. la *route de la Ferme*. La **ferme de la Faisanderie** occupe l'emplacement d'une ancienne faisanderie, détruite en 1844, lors de l'établissement du champ de manœuvres. Cette ferme, située à 500 mèt. de la source du ruisseau des Minimes, à 1 kil. 1/2 de la Pyramide, à 2 kil. 1/2 de l'esplanade qui s'étend derrière le château, à plus de 3 kil. du donjon, a été établie pour l'expérimentation des méthodes nouvelles d'agriculture et de tout ce qui intéresse l'exploitation agricole. Un petit kiosque a été élevé à côté de la Ferme pour les personnes qui, sans la visiter, désirent y boire du lait chaud.

Les *redoutes de la Faisanderie* et *de Gravelle*, reliées par une communication fortifiée, sont destinées à remplir la lacune qui existait entre les forts de Nogent et de Charenton, éloignés entre eux de plus de 5 kil., et à défendre la presqu'île de Saint-Maur, notamment la tête du pont de Joinville. Leurs deux grandes faces, parallèles à la Marne, sont flanquées de tours et bastionnets à mur crénelé. L'intérieur renferme une caserne à l'épreuve de la bombe et deux magasins à poudre. Leur entrée est fermée par un pont-levis.

A la redoute de la Faisanderie est établie une *école normale de gymnastique* pour les sous-officiers et soldats de l'armée.

A 100 mèt. environ de la redoute de Gravelle, à l'O., se trouve le **lac de Gravelle**. C'est un vaste réservoir qui reçoit toutes les eaux destinées à l'alimentation des ruisseaux et des lacs du bois. « Pour obtenir l'eau nécessaire au bois de Vincennes, on a eu recours à la portion de force motrice non utilisée par MM. Darblay dans leur usine de Saint-Maur, à la chute de 3 mèt. 50 cent. du canal créé par Napoléon 1er. Cette portion de force met en mouvement deux turbines à double effet du système dit *géminé* de M. Fourneyron, qui font mouvoir, chacune séparément, deux corps de pompes. Celles-ci refoulent l'eau dans une grosse conduite en fonte de 35 cent. de diamètre, qui jette son débit dans le réservoir bitumé de Gravelle, établi sur le point culminant du bois de

Chalet du bois de Vincennes.

Vincennes, à près de 40 mèt. au-dessus du niveau de la Marne, à 14 mèt. au-dessus du lac des Minimes et à 25 mèt. au-dessus du lac de Saint-Mandé. Le débit de la conduite est de 5 à 6,000 mètres cubes d'eau par 24 heures. Le réservoir de Gravelle contient 20,000 mèt. cubes environ ; il a été bétonné à cause de la mauvaise nature du sol et des carrières exploitées au dessous. Le béton a 10 cent. d'épaisseur et une chape en mortier de 3 cent. » Du lac de Gravelle part, à l'E., la conduite qui va donner naissance au ruisseau des Minimes et de Nogent, après avoir fourni de l'eau, en passant, à la ferme de la Faisanderie. A l'O. s'écoule le *ruisseau de Saint-Mandé*.

Avant de suivre les capricieux détours de ce ruisseau et de rentrer dans le bois, on peut gagner en 2 ou 3 min. le *rond-point* de Gravelle, où l'on jouit d'un magnifique point de vue sur le cours de la Marne, les îles nombreuses qu'elle forme près de Gravelle, la vallée de la Seine, le confluent des deux rivières, le champ de manœuvres et les différentes parties du bois.

Du *pavillon Robert*, qui couronne le plateau de Gravelle, la vue s'étend de l'O. à l'E. dans un espace de 52 kil., et du N. au S. dans un espace de 48 kil., soit plus de 100 lieues carrées. On voit : **Maisons-Alfort**, la Seine, le chemin de fer d'Orléans, **Choisy-le-Roi**, la **Vieille-Poste**, **Thiais**, le fort de Charenton, **Vitry**, l'École vétérinaire d'Alfort, le fort d'Ivry, **Ivry, Villejuif, Saint-Maurice, Alfort**, le pont de Charenton, **Charenton**, le chemin de fer de Lyon, le Port-à-l'Anglais, **Bicêtre**, le fort de Bicêtre, **Fontenay-aux-Roses**, le château ruiné et le bois de Meudon, **Bellevue, Belleville, Romainville, Charonne, Vincennes**, le fort de Vincennes, **Montreuil-sous-Bois, Bagnolet**, le fort de Noisy, **Fontenay-sous-Bois**, le fort de Nogent, **Nogent-sur-Marne, Chelles**, le fort de la Faisanderie, le viaduc du chemin de fer de Belfort sur la Marne, **Noisy-le-Grand, Petit-Bry, Champs, Brou**, le fort de Gravelle, le chemin de fer de Belfort, **Villiers-sur-Marne, Joinville-le-Pont, Saint-Maur, Chennevières, Gravelle**, le chemin de fer de la Varenne, la **Varenne-Saint-Maur**, la **Varenne-Saint-Hilaire**, la Marne, **Sucy**, le château du Piple, **Boissy-Saint-Léger, Créteil, Limeil, Valenton, Villeneuve-Saint-Georges, Mainville**, la forêt de Sénart, le chemin de fer de Corbeil, **Vigneux, Draveil, Grigny, Ablon, Athis-Mons, Villeneuve-le-Roi**.

Dans la plaine de Gravelle, entre la redoute de la Faisanderie, la ferme de la Faisanderie et la redoute de Gravelle, s'étend l'ancien hippodrome de Vincennes ; les courses ayant été supprimées, il sert maintenant de champ de manœuvres.

Le ruisseau de Saint-Mandé alimente le lac du même nom, près de la porte de Bel-Air, au N., après un parcours de 3 kil. 1/2. Pour gagner ce lac, on peut prendre les sentiers qui bordent le ruisseau, la *route de la Tourelle* ou l'*avenue de Gravelle*.

Les bords du ruisseau sont très agréables. Après avoir traversé une longue pelouse, on croise, à 1,200 mèt. du lac de Gravelle, la route de la Tourelle, en un point où le ruisseau de Saint-Mandé se bifurque pour envoyer à l'O. l'eau nécessaire au lac de Charenton. A partir de ce point, la route de la Tourelle et le ruisseau se côtoient, à peu près jusqu'à l'extrémité du polygone de l'artillerie, qu'ils longent à l'O. Le ruisseau passe ensuite à g. des salles d'artifices, que la route va contourner à dr., enfin tous deux se rejoignent à 200 mèt. env. à l'E. du lac. Un écoulement du lac des Minimes, qui passe sous le champ de manœuvres, près de l'esplanade du château, se réunit au ruisseau de Saint-Mandé, un peu en-deçà du lac.

L'avenue de Gravelle, qui s'étend entre le rond-point de ce nom et la Marne, passe, à l'O., à côté des jardins de la maison de santé de Charenton-Saint-Maurice et de l'Asile de Vincennes, pour les ouvriers convalescents (*V.* ci-dessous). Ces deux établissements se cachent derrière des bouquets d'arbres. Si l'on veut aller au lac de Saint-Mandé, il faut quitter l'avenue de Gravelle près de l'Asile et prendre soit la *route Aimable*, soit la *route de l'Asile* qui, passant devant la porte de Saint-Mandé, mènent à l'extrémité occidentale du lac.

Le lac de Saint-Mandé a été établi dans une dépression de terrain traversée autrefois par un égout venant de Montreuil et formant en cet endroit une sorte de cloaque dont les émanations pestilentielles éloignaient tous les promeneurs. La création du lac permet aujourd'hui d'aller visiter cette partie du bois, l'une des plus belles au point de vue de la végétation. Une *île* boisée occupe le milieu de la pièce d'eau.

La superficie totale du bois de Vincennes, en y comprenant le champ

Asile de Vincennes.

de manœuvres, le polygone d'artillerie, le tir national et les dépendances, était encore, il y a peu de temps, de 1,069 hectares; les murs de clôture avaient un périmètre de 16,632 mèt. Cette belle promenade a été considérablement augmentée par l'annexion d'un immense plateau qui s'étendait à l'O. entre Saint-Mandé, les fortifications de Paris, le chemin de fer de Lyon, Charenton et le bois actuel. Ce plateau dépendait autrefois presque entièrement du château de Bercy; il a été acheté en partie par la ville de Paris et converti en jardin anglais. Un lac de 20 hectares de superficie, le **lac de Charenton**, ou **Daumesnil**, renfermant deux îles, y a été creusé; on y arrive par l'avenue Daumesnil et la porte de Picpus.

Près de la porte de Picpus, un batelier (10 c.) passe les promeneurs dans la première île, qui renferme un chalet et qui communique avec la seconde par un pont. La seconde île contient un café-concert et un pavillon du style grec, qui domine une belle grotte de rochers d'où l'on découvre une jolie vue. Un pont permet d'en sortir près du pavillon.

On peut pêcher dans les lacs Daumesnil, des Minimes et de Saint-Mandé, moyennant 10 fr. par personne et par ligne.

De grandes avenues relient cette nouvelle partie du bois avec les points principaux du bois actuel : Gravelle, l'asile de Vincennes, Joinville, Saint-Mandé, l'esplanade du château, etc. Enfin, c'est sur ce plateau, près de la porte de Picpus, que la Société d'Arboriculture de Paris a établi ses jardins.

L'**Asile de Vincennes** pour les ouvriers malades ou convalescents est situé près de l'hospice de Charenton, à l'extrémité S. du bois et à 1 kil. de l'extrémité du lac de Charenton. On s'y rend par les omnibus de Charenton (lettre R). Fondé en 1855, par Napoléon III, construit sur les plans de M. Laval, architecte, et inauguré en 1867, il se compose d'un bâtiment principal dominé par un pavillon central en avant-corps (chapelle au rez-de-chaussée) et flanqué de deux ailes. Une bibliothèque de 4,000 vol., des salles de chant et de jeu, des promenoirs et un parc situé derrière l'établissement sont mis à la disposition des pensionnaires. Le service est fait par les religieuses Augustines. — Visite des malades : les dimanches, lundis et jeudis, de midi à 4 h. — Entrée publique pour les étrangers, les mardis, mercredis, vendredis et samedis, de midi à 4 h.

L'Asile de Vincennes, qui contient 500 lits, reçoit temporairement, pendant leur convalescence : 1° les ouvriers atteints de blessures ou de maladies en travaillant sur des chantiers de travaux publics, dans le département de la Seine ; 2° les convalescents envoyés par les hôpitaux de Paris et de la banlieue ; 3° ceux qui sont envoyés par les bureaux de bienfaisance ; 4° les ouvriers faisant partie d'une société de secours mutuels ayant pris un abonnement à l'Asile ; 5° les ouvriers appartenant à des établissements abonnés ; 6° enfin, moyennant un prix de journée, les ouvriers ne rentrant dans aucune de ces catégories.

Les chambres des convalescents, situées au premier et au second étage, renferment chacune trois lits. Elles sont toutes tournées vers le midi.

Les convalescents auxquels leurs forces le permettent peuvent être employés aux travaux de la maison. Ils reçoivent, dans ce cas, une rétribution qui varie de 20 à 50 cent. par jour, et un supplément de 25 centilitres de vin à leurs repas.

Le prix des journées à l'Asile est fixé à 50 cent. pour les sociétés de secours mutuels, à 75 cent. pour les ateliers abonnés, à 1 fr. pour les ouvriers libres, venant directement de leur domicile.

Chaque jour des omnibus spéciaux

vont chercher les convalescents dans les hôpitaux de Paris ou même à domicile pour les transporter à l'Asile, d'où ils les ramènent aussi après leur entière guérison.

MONTREUIL-SOUS-BOIS.

Pour aller de Vincennes à Montreuil, l'omnibus tourne à g. au sortir de la station et sort de Vincennes par *la Pisotte*. **Montreuil-sous-Bois**, 12,295 hab. (2 kil. de Vincennes, 3 kil. des fortifications, 1 kil. de Bagnolet), est renommé par ses pêches, ses poires, ses cerises, ses fraises, ses vignes en espaliers, ses légumes et ses fleurs. La culture du pêcher, la plus importante, occupe 240 hectares et produit, chaque année, 12 à 15 millions de pêches. L'*église* (mon. hist.) est un bâtiment rectangulaire divisé en trois nefs et huit travées. Les travées du chœur datent de la fin du xiie s.; les arcades des bas-côtés, reposant sur des colonnes monocylindriques (magnifiques chapiteaux), sont surmontées de galeries semblables à celles de N.-D. de Paris; le clerestory est éclairé par de simples œils-de-bœuf. Les quatre travées de la nef, flanquées de chapelles latérales, sont des xve et xvie s. La façade est percée de trois portes et d'une rose centrale. La porte principale, malgré son arc en talon, offre des moulures toriques. Le tympan est occupé par un quatre-feuilles dont chaque lobe est à son tour subtrilobé. La rose qui le surmonte est formée de six cercles de pierre entourant un septième cercle central et encadrés par une archivolte ornée de feuillages.

Montreuil possède des carrières de plâtre, des fabriques de cuirs vernis, d'importantes fabriques de porcelaines, etc.

Montreuil est à 3 kil. de Rosny (*V*. Section XX, p. 375), situé à l'E., et à 2 kil. de **Bagnolet**, 2,597 hab. (1 kil. des fortifications, 2 kil. de Romainville), situé à l'O. Ce village « est un véritable jardin couvert de fleurs; c'est là qu'un ancien mousquetaire, nommé Girardet, obtenait par la culture de si belles pêches que Louis XIV lui fit l'honneur de visiter son jardin. Plus tard le duc d'Orléans, régent du royaume, embarrassé dans ses chasses par les vignes de Bagnolet, ordonna de les arracher : les paysans, encouragés par leur vénérable curé René Loyau, dispersèrent les gens du prince et obtinrent de conserver leurs vignobles. Cette aventure s'est appelée la Révolte des vignes. » (*Lectures courantes,* par Caumont.)

L'*église* de Bagnolet, des xve, xvie et xviiie s., n'offre d'autre particularité intéressante que les croissants de Diane de Poitiers, sculptés sur une frise. — Du *château de Malassis*, qu'habita le Régent, il ne reste qu'un pavillon, dans l'impasse du Château.

Une route, partant de l'extrémité de Montreuil, conduit à Fontenay (3 kil.). En la parcourant, on jouit, à dr., d'une vue étendue sur le bois et le château de Vincennes.

DE VINCENNES A BRIE-COMTE-ROBERT.

La station de Vincennes se trouve à l'entrée d'un tunnel, long de 350 mèt. environ, et qui, passant sous la ville, se termine près de l'église. La tranchée qui lui succède empêche de voir le château et le bois, que l'on côtoie, à dr.

5e STATION. — FONTENAY-SOUS-BOIS.

8 kil. de l'embarcadère, 2 kil. de Vincennes, 11 kil. de Notre-Dame, par la route de terre, 3 kil. 500 mèt. de Montreuil-sous-Bois.

Fontenay-sous-Bois, 5,378 hab., où de grands industriels parisiens se sont bâti de belles villas, est agréablement situé au N.-E. du bois de Vincennes, qu'il domine. Il ne possède de remarquable que son *église* (mon. hist.), nouvellement restaurée et remontant aux xve et xvie s. La façade est moderne. Le chevet, rectangulaire, offre un beau vitrail représentant les Vertus théologales.

Fontenay est dominé, à l'E., par le fort de Nogent.

La station de Fontenay est à 6 min. du lac des Minimes (*V.* p. 411).

Le chemin de fer s'infléchit vers le S.-E., toujours enfermé dans une tranchée, et continue de longer le bois.

6ᵉ STATION. — NOGENT-SUR-MARNE.

9 kil. de l'embarcadère de la Bastille, 1 kil. de Vincennes.

La station de Nogent-sur-Marne (ligne de la Varenne) est reliée à la station de la ligne de Belfort (*V.* plus haut) par un embranchement de 2 kil.

Nogent-sur-Marne a été décrit Section XX, p. 376.

La station de Nogent est à 10 min. du lac des Minimes (*V.* p. 411).

Près de la station se détache une route qui, laissant à g. le fort de Nogent, et à dr. le village, traverse la ligne de Paris à Mulhouse et conduit à Neuilly-sur-Marne (5 kil.; *V.* p. 376).

Le chemin de fer se dirige vers le S., sort du bois de Vincennes en même temps que de la tranchée, et laisse à dr. les redoutes qui bornent le champ de manœuvres, au S.-E., et derrière lesquelles se trouve la ferme de la Faisanderie (*V.* ci-dessus, p. 412). On jouit, à g., d'une vue assez étendue sur l'autre rive de la Marne.

7ᵉ STATION. — JOINVILLE-LE-PONT.

11 kil. de Paris. — Le village est, par les routes de terre, à 3 kil. 700 mèt. de Vincennes, 4 kil. de Charenton, 11 kil. 300 mèt. de Paris, 2 kil. de la porte de Nogent, 3 kil. de Fontenay-sous-Bois, 1 kil. de Gravelle, 1 kil. de Saint-Maur, 2 kil. de Port-de-Créteil, 3 kil. 500 mèt. de Champigny.

Joinville, 2,380 hab., situé à g. de la station, n'était, il y a cent ans, qu'une dépendance de la commune de Saint-Maur, et se nommait *la Branche-Saint-Maur*. Elle fut érigée en commune en 1790, et, pour effacer le souvenir de son ancienne dépendance, elle obtint plus tard de Louis-Philippe de porter le nom de son troisième fils, le prince de Joinville.

La station de Joinville est à 15 min. du rond-point de Gravelle et à 5 min. de la ferme de la Faisanderie (*V.* p. 412).

Joinville est relié à la rive g. de la Marne par un pont de pierre. Un espace vide, orné de gazon et planté d'arbres, sépare la commune en deux parties. Ces arbres et ce gazon couvrent la voûte sous laquelle passe le canal Saint-Maur.

Le **canal Saint-Maur**, ou *de Joinville*, prend son origine à l'E. et à 240 mèt. au-dessous du pont de Joinville, traverse le coteau par un souterrain de 600 mèt. de longueur, et se termine à la sortie de ce souterrain par un vaste bassin de 314 mèt. de longueur. « Ce canal, dit M. Ernest Grangez dans son *Précis historique et statistique des voies navigables de la France*, rachète 13 kil. de rivière. Il a été exécuté aux frais de l'État, moyennant une dépense approximative de 3 millions. Il a été livré à la navigation le 10 oct. 1825. La longueur du canal, comprise dans le départ. de la Seine, est, entre ses deux embouchures dans la Marne, de 1,115 mèt. La pente est en étiage de 4ᵐ,30; elle est rachetée par une écluse d'un seul sas à talus perreyés. La longueur de ce sas est de 84ᵐ,25, sa largeur est de 7ᵐ,80; sa chute a 3ᵐ,75, ce qui donne 0ᵐ,55 pour la pente que prennent les eaux dans leur trajet. Mais, par suite des concessions de chutes d'eau faites à l'industrie et de consommations abusives, cette vitesse est notablement dépassée et portée ordinairement au double. »

La clef de voûte du souterrain est à 8ᵐ,25 au-dessus du plan d'eau d'étiage.

La traction des bateaux s'opère comme sur la rivière, au moyen de chevaux. Un chemin de halage de 3 mèt. de largeur borde sous la voûte un des côtés du canal. On peut donc traverser à pied le souterrain dans toute sa longueur.

En débouchant du pont de Joinville sur la plaine de la rive g., on trouve à sa g. **le Poulangis**, maison de campagne qui a appartenu à Chapsal, le grammairien. Un assez grand parc s'étend par derrière jusqu'à la rivière. — A g. sont les derniers débris de l'ancien domaine du *Tremblay*.

A 1 kil. du pont, la route se bifurque : le bras de dr. conduit à (2 kil.) Champigny (*V.* ci-dessous) ; celui de g. mène à (3 kil.) Brie-sur-Marne et à (5 kil.) Villiers-sur-Marne (*V.* p. 378 et 379).

Au-delà de Joinville, le chemin de fer entre dans une tranchée, passe sur le souterrain du canal Saint-Maur et descend par une rampe assez sensible. A la tranchée succède un remblai, du haut duquel la vue plonge, au-delà de la Marne, jusqu'à Créteil, dont on aperçoit le clocher.

Entrée du canal Saint-Maur.

8ᵉ STATION. — SAINT-MAUR-PORT-CRÉTEIL.

13 kil. de la gare de la Bastille, 2 kil. de Joinville. Saint-Maur est, par la route de terre, à 11 kil. 800 mèt. de Paris, 1 kil. de Joinville-le-Pont, 4 kil. 500 mèt. de Charenton-le-Pont, 1 kil. de Port-de-Créteil, 2 kil. 500 mèt. de Créteil, 2 kil. 1/2 d'Adamville, 3 kil. 1/2 de la Varenne-Saint-Maur, 5 kil. de Chennevières.

Saint-Maur-les-Fossés, 7,438 hab., est agréablement situé sur la rive dr. de la Marne, à moins de 800 mèt. de la rive g.: car, après avoir passé devant Saint-Maur, la Marne contourne une vaste presqu'île et revient presque au même point.

Le nom de *Castra Bagaudarum* a été assez souvent donné par les écrivains à la presqu'île de Saint-Maur. Sous Dioclétien, des paysans de la Gaule, réduits à la plus affreuse misère par les vices de l'organisation administrative des iiiᵉ et IVe s., s'étant révoltés, se donnèrent le nom de Bagaudes, venu, dit-on, du mot celtique *Bagad*, bande insurgée. Battus par le César Maximien et poursuivis par les troupes romaines, ils cherchèrent un asile dans la presqu'île formée par la Marne. Après un long siége, ils y furent forcés, et périrent tous, l'an 286.

Plus tard, en 450, une foule de malheureux, fuyant devant Attila, se réfugièrent sur les bords de la Marne. Ils y furent égorgés par les Huns.

Pour consacrer ces souvenirs, un diacre de l'église de Paris, Blidégisile, obtint, dans le VIIe s., du roi Clovis II, la concession de toute la presqu'île, et y fonda un monastère, dont saint Babolein fut le premier abbé. Ce monastère, déjà en ruines au IXe s., fut reconstruit, en 818, par Begon, comte de Paris, qui s'en fit le protecteur.

L'abbaye, appelée d'abord *des Fossés*, fut mise sous la réforme de Cluny pendant le règne d'Hugues Capet, et transformée en collégiale en 1533. Les reliques de saint Maur, disciple de saint Benoît, se trouvaient dans le monastère.

Ce fut à Saint-Maur-les-Fossés que Louis XI signa, en 1465, le traité qui mit fin à la *ligue du Bien-Public*.

Parmi les premiers chanoines de Saint-Maur, on ne peut oublier Rabelais, qui resta longtemps attaché, en qualité de médecin, au cardinal du Bellay, évêque de Paris. Il vint s'installer à Saint-Maur, en habit de bénédictin, vers 1537 ou 1538. Il dit de cette résidence, dans une lettre au cardinal de Châtillon, que c'est un « paradis de salubrité, aménité, sérénité, commodité, délices et tous honnêtes plaisirs d'agriculture et de vie champêtre ». Et, quand il fit paraître son troisième livre, qui est le deuxième du *Pantagruel*, il le signa : *François Rabelais, docteur en médecine, et calloier des îles Hyères*. Les îles Hyères désignaient assez clairement la presqu'île de la Marne où il séjournait alors.

Le cardinal du Bellay avait fait abattre le logis abbatial, et construire, à la place, par Philibert Delorme, un élégant palais, d'architecture italienne, qui devint son séjour favori. Eustache du Bellay, son successeur, le vendit, avec les terres qui en dépendaient, à Catherine de Médicis, qui l'agrandit par des constructions nouvelles. Ce palais servit souvent de maison de plaisance à Charles IX et à Henri III. Il devint, en 1598, la propriété de Charlotte-Catherine de la Trémouille veuve du prince Henri de Condé, l'aïeul du héros de Rocroi. Jusqu'à la Révolution il continua d'appartenir aux princes de Condé, qui en firent, par des embellissements successifs, une habitation magnifique. Le parc, qui dominait la Marne et sa pittoresque vallée, était un des plus beaux que l'on pût voir. Il ne reste plus rien aujourd'hui de ces grands travaux, ni du château lui-même, dont l'entretien aurait anéanti les revenus d'un simple particulier.

La fête de saint Maur se célébrait le 21 juin. Ce jour-là, on exposait ses reliques, et on disait en son honneur une messe solennelle. Les moines l'avaient longtemps célébrée au point du jour. Les chanoines, renchérissant sur leurs devanciers, la célébrèrent à minuit. Cette messe donnait souvent lieu à des manifestations bruyantes et ridicules; elle fut interdite par M. de Vintimille, archevêque de Paris.

Il n'existe plus aujourd'hui aucun vestige de l'église abbatiale, si longtemps célèbre. Elle fut démolie vers le milieu du siècle dernier, après que le chapitre de Saint-Maur eut été transféré à Paris, et réuni à celui de Saint-Louis du Louvre. Il n'y a plus aujourd'hui à Saint-Maur d'autre édifice religieux que la petite *église* paroissiale, située sur la place d'Armes, à côté de la mairie. Le chœur est du XIIIe s., la tour du XIIe s.; la nef n'offre aucun caractère.

Port-de-Créteil, situé à 1 kil. de Saint-Maur, était autrefois un hameau bâti au bord de la Marne, au S. de Saint-Maur, et presque vis-à-vis du village de Créteil, qui s'élève de l'autre côté de la rivière. On passait d'une rive à l'autre au moyen d'un bac. Le bac a été remplacé par un pont. L'espace qui séparait Port-de-Créteil de Saint-Maur s'étant peu à peu couvert de jolies maisons de campagne, ces deux villages se touchent aujourd'hui.

A quelques pas de Port-de-Créteil, était autrefois un petit bois, qui porte, sur les anciens plans, et encore aujourd'hui sur la carte de l'Etat-Major, le nom de *bois Guimier*. Il n'en reste plus que quelques bouquets d'arbres. Le propriétaire de ce bois, après en avoir abattu la plus grande partie, y a tracé des rues qu'il a baptisées du nom de ses enfants, — il y a la rue Léon, la rue Lucie, la rue Joséphine, etc., — puis il a divisé et vendu par lots le terrain traversé par ces rues nouvelles. Au centre il a dessiné une place, et, sur cette place, il a bâti une petite église. Sa spéculation lui a parfaitement réussi. Un grand nombre de jolies maisonnettes garnissent déjà ces rues nouvelles, et le commerce, attiré par la présence des consommateurs, y a fondé quelques établissements. C'est un village tout neuf, qui est sorti de terre en quelques années, village propre, élégant, coquet, tiré au cordeau, situé à 2 kil. 1/2 de Saint-Maur. Le fondateur, qui est un M. Adam, l'a nommé **Adamville**.

Une allée de peupliers sépare Adamville de la Varenne (*V.* ci-dessous).

De Saint-Maur à la station du Parc, on jouit d'une vue assez étendue. Des deux côtés de la voie, se groupent de nombreuses maisons de campagne.

9ᵉ STATION. — LE PARC DE SAINT-MAUR.

15 kil. de la Bastille, 1 kil. de Champigny.

Cette station dessert les nombreuses villas bâties sur ce parc. — Après l'avoir quittée, le chemin de fer, qui s'était déjà recourbé vers la g., reprend la direction de l'E., encaissé par des tranchées ou bordé d'arbres touffus.

10ᵉ STATION. — CHAMPIGNY.

16 kil. de la gare de Paris. — Le village est à 700 mèt. de la station, 14 kil. de Paris par la route de terre, 3 kil. 1/2 de Villiers-sur-Marne, 4 kil. de Joinville et de Saint-Maur, 3 kil. de Chennevières, 4 kil. d'Ormesson, 6 kil. de la Queue-en-Brie.

Champigny, 2,190 hab., est très-ancien, et posséda un château fort qui fut pris par les Armagnacs en 1418. Il est situé sur la rive g. de la Marne et relié par un pont (péage) au hameau de *Champignolles*, où se trouve la station.

Champigny fut, le 30 novembre et le 2 décembre 1870, le théâtre principal de deux batailles livrées aux Allemands par l'armée de Paris.

La grande sortie de Paris avait été décidée pour le 29 novembre. La deuxième armée, sous les ordres du général Ducrot, devait attaquer l'ennemi sur une ligne étendue de Mesly à Bry-sur-Marne. Le général Vinoy devait faire une diversion sur la rive gauche, de l'Hay à Choisy-le-Roi; une autre diversion serait dirigée sur la presqu'île de Gennevilliers et le village d'Épinay par le vice-amiral de la Roncière, qui commandait à Saint-Denis un corps de 25,000 hommes. 150,000 hommes et 400 pièces de canon devaient agir dans cette journée.

Le 28 au soir, les équipages de quatre ponts, destinés à être jetés sur la Marne, furent remorqués par les canonnières de la flottille jusqu'à Joinville, mais, arrivés là, il fut impossible de les faire remonter plus haut. Ce n'était pas, comme on le dit officiellement, une crue de la rivière qui rendit cette manœuvre impraticable; la Marne avait au contraire un peu baissé depuis la veille, et l'obstacle que l'on rencontrait aurait dû être connu depuis longtemps; au moment de l'investissement on avait fait sauter une partie du pont de Joinville, dont les débris, obstruant et rétrécissant le chenal, y causaient un courant si rapide qu'il ne fut pas possible de le remonter; après avoir fait jusqu'à 1 h. du matin des efforts inutiles, on avertit le gouverneur qu'on ne pourrait pas être prêt dans la matinée. Des contre-ordres furent alors envoyés dans toutes les directions, ils arrivèrent à temps à Saint-Denis, mais la dépêche destinée aux troupes du S. et expédiée seulement à 7 h. 30 du matin, parvint aux Hautes-Bruyères à 8 h. 35, c'est-à-dire quand depuis deux heures au moins l'action était engagée de ce côté.

Pendant la journée du 29, on fit passer en amont de Joinville les équipages de pont en les halant le long de la rive. Le pont de pierre de Joinville fut réparé de manière à devenir praticable à l'infanterie et on jeta en amont trois ponts de bateaux appuyés à l'île Fanac, devant la redoute de la Faisanderie, et deux appuyés à l'île de Beauté.

Le 30, à 7 h. du matin, l'armée du général Ducrot passa la Marne; en même temps l'artillerie d'Avron, de Rosny, de Nogent, de la Faisanderie, de Gravelle et des wagons blindés, dirigeait un feu roulant sur l'ennemi qui occupait les hauteurs de Villiers-sur-Marne et de Champigny. A notre droite, le fort de Charenton, Maisons-Alfort, Créteil battaient Montmesly et le carrefour Pompadour. A 9 h. 1/2 l'action était engagée sur toute la ligne. Nos troupes, avec le général Ducrot à leur tête, s'avancent sous un feu violent d'artillerie et de mousqueterie; elles gravissent les pentes de Champigny et de Villiers. A 10 h. 1/2, sur l'ordre du général, deux ponts sont établis en aval de Bry-sur-Marne, que l'ennemi occupait et d'où il dirigeait un feu très-vif sur nos travailleurs. A 11 h., nous occupions Champigny et nos soldats continuaient à s'avancer sur Villiers et sur Cœuilly. Leur marche était rendue fort difficile par les obstacles, tranchées ou abattis, que les Allemands avaient multipliés sur tous les points qui pouvaient donner passage à nos colonnes. Le parc de Cœuilly, d'une grande étendue, formait un corps de place que l'ennemi avait fortifié en soutenant le mur de clôture par une banquette de terre sur laquelle ses tirailleurs étaient à couvert. Attaqué à 400 mèt. par des pièces de campagne, ce mur fut à peine entamé, tandis qu'en une demi-heure les tirailleurs qu'il abritait eurent fait taire nos canons en tuant ou blessant une grande partie des hommes et des chevaux. En même temps un retour offensif de l'ennemi arrêtait puis refoulait notre gauche, mais le terrain fut regagné grâce à notre artillerie de campagne qui, sous les ordres du général Frébault, combattit avec avantage celle des Allemands, et à la bravoure du général Ducrot, qui, chargeant à la tête de ses colonnes, joignit plusieurs fois l'ennemi corps à corps. Sur la fin du jour, nous avions repris les pentes de Champigny et les abords de Villiers.

Au moment où le centre et la gauche attaquaient Champigny et Villiers, vers 10 h., la division Susbielle marchait à l'assaut de Montmesly.

Pendant la journée du 1ᵉʳ décembre, on s'attendait à un retour offensif des Allemands, dont on voyait de tous côtés de nombreuses colonnes se diriger vers le champ de bataille. Ils concentraient en effet leurs forces, mais sans nous attaquer. Nos troupes se fortifièrent dans leurs cantonnements. Elles avaient bivouaqué sans allumer de feux, sur la terre et la neige durcies par un froid intense qui, dans la nuit du 30 novembre au 1ᵉʳ décembre, avait succédé au dégel.

Le 2, au point du jour, l'ennemi se précipita sur toute la ligne de nos avant-postes. De Villiers, de Cœuilly, de Chennevières, les Allemands descendaient sur nous en masses formidables. En quelques heures, nos soldats, repoussés de toutes parts, avaient perdu les positions conquises au prix de tant d'efforts et se voyaient menacés d'être jetés dans la Marne. Mais bientôt, revenant à la charge et soutenue par les redoutes et l'artillerie de campagne, qui couvrait les Allemands de projectiles, notre infanterie força l'ennemi de reculer à son tour. Vers 2 heures, il nous céda peu à peu le terrain et se retira dans ses lignes, tandis que, reprenant nos positions de la veille, nous rentrions dans Champigny.

Ces deux journées avaient causé sans doute à l'ennemi des pertes considérables; nos troupes avaient montré une solidité à toute épreuve, et, malgré les souffrances qu'une température rigoureuse ajoutait à leur fatigue, elles ne témoignaient aucun découragement. Mais l'attaque de nos lignes dans la journée du 2 faisait voir combien la situation était critique. Cœuilly, Villiers et toutes les hauteurs étaient au pouvoir de l'ennemi. On ne jugea pas qu'il fût possible de l'en chasser, et l'immobilité devenait à chaque instant plus compromettante. Le gouverneur se décida, en conséquence, à la retraite. Dans la journée du 3, nos troupes repassèrent la Marne, sans que l'ennemi parût s'en apercevoir, et vinrent camper devant le fort de Vincennes. Ce mouvement, qui dut combler les Allemands de joie, eut sur le moral de nos soldats un effet désastreux. Nous avions d'ailleurs éprouvé des pertes cruelles dans ces deux batailles. Les généraux Renault et Ladreyt de la Charrière, les colonels de Grancey (mobiles de la Côte-d'Or), de Vignerol, Guyot (génie), Franchetti (éclaireurs de la Seine), étaient tués ou blessés mortellement; dans l'armée, la marine, la mobile, la garde nationale, un grand nombre d'officiers et de soldats avaient donné leur sang : le régiment des mobiles de la Vendée, pour ne citer que ce corps, sur

CHAMPIGNY. — LA VARENNE. — CHENNEVIÈRES.

un effectif de 3.500 hommes, en avait perdu plus de 1,000, tués, blessés ou disparus. Son colonel, ses trois chefs de bataillon, étaient tués ou blessés, et il était commandé par un capitaine.

Un beau *monument* a été érigé, en 1877, aux victimes des journées du 30 novembre et du 2 décembre 1870; une vaste crypte renferme, d'un côté les restes des soldats français, de l'autre ceux des soldats allemands.

L'*église* de Champigny, des XIIIe et XVIe s., n'est pas remarquable à l'extérieur; mais l'intérieur offre un élégant triforium surmonté d'œils-de-bœuf qui remplacent les fenêtres supérieures (cette disposition originale, mais simple et gracieuse, se retrouve dans beaucoup d'églises de village bâties dans la région de Paris de 1175 à 1230 environ).

Le chemin de fer, tournant sur la dr., se dirige vers le S. On voit à g., sur la hauteur, au-delà de la Marne, le village de Chennevières.

IIe STATION. — LA VARENNE-SAINT-MAUR.

17 kil. de la Bastille, 1 kil. de Chennevières, 2 kil. d'Ormesson, 3 kil. de Sucy-en-Brie.

La **Varenne-Saint-Maur**, qui

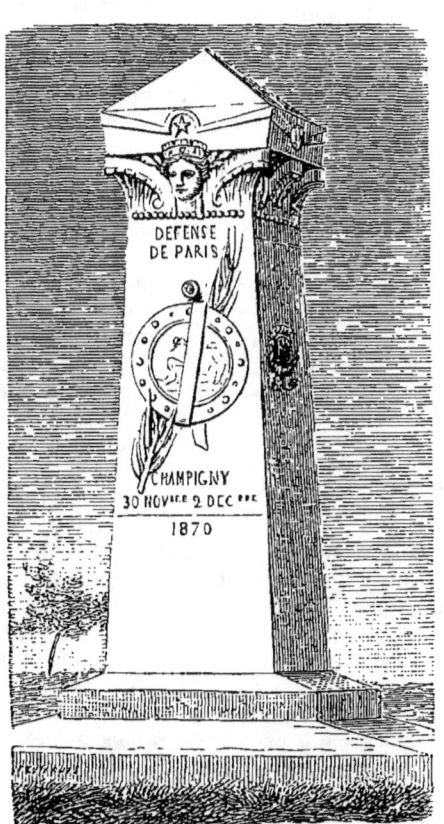

Monument de Champigny.

comprend, avec Adamville (*V.* ci-dessus) et *Saint-Hilaire*, groupe de maisons qui lui fait suite, au S., plus de 2,000 hab., dépend de la commune de Saint-Maur. On n'y trouve que des maisons de campagne. Au moyen âge, la Varenne était un hameau peuplé de cultivateurs, qui furent longtemps serfs de l'abbaye de Saint-Maur. Une église avait été bâtie dans le voisinage, sous l'invocation de saint Hilaire. Au siècle dernier, le duc Louis de Bourbon la fit abattre pour agrandir son parc, puis il la remplaça par un autre, qui fut construite un peu plus loin. Il n'en reste plus aucun vestige.

En 1858, un monument tumulaire remarquable, présumé celtique, fut trouvé à la Varenne et transporté au musée de Cluny, à Paris.

Un beau pont de 3 arches, en fonte (péage, 5 cent.), construit en 1866, relie la Varenne avec **Chennevières**, 815 hab. (Seine-et-Oise), situé sur la rive g. de la Marne, au sommet d'une pente assez escarpée. Chennevières possède une *église* en partie du XIIIe s., dont la façade a été reconstruite dans le premier style ogival; mais il est surtout remarquable par la vue splendide dont on y jouit sur

Saint-Maur, Joinville, Vincennes, Paris et ses monuments, panorama supérieur à celui de la terrasse de Saint-Germain.

Au S.-O. de Chennevières on trouve, à l'extrémité d'une belle avenue, le **château d'Ormesson** (mon. hist.), édifice bâti en pierres et en briques, dans le style simple et noble du xviie s. Ce qu'il offre de plus remarquable, c'est qu'il s'élève du milieu d'une pièce d'eau. Il n'est pas grand; mais le parc qui en dépend est très-étendu. La famille d'Ormesson a fourni d'illustres magistrats, dont les descendants possèdent encore le château.

Quand on a quitté la station de la Varenne, on franchit la Marne et l'on passe du départ. de la Seine dans celui de Seine-et-Oise, laissant à g. un plateau boisé, à dr. une plaine s'étendant jusqu'au fleuve.

12e STATION. — SUCY-BONNEUIL.

20 kil. de Paris, 3 kil. de la Varenne. — Bonneuil est à 1,500 mèt., Sucy à 1 kil. de la station.

Sucy, v. de 1,130 hab., « un des plus anciens et des plus jolis villages des environs de Paris, » renferme une église dont le clocher est roman et le chœur du xiiie s., et plusieurs *châteaux*, parmi lesquels nous citerons ceux *de Sucy*, bâti en 1640 par Lambert de Thorigny, à qui est dû également l'hôtel Lambert, à Paris (quelques peintures du xviie s. et tableaux de maîtres), de *Grand-Val*, de *Petit-Val*, jadis propriété de Benezech, ministre de l'intérieur sous le Directoire, et de *Montaleau*, possédé au xviie s. par Philippe de Coulanges, grand-père de Mme de Sévigné.

Bonneuil-sur-Marne, 354 hab. (Seine), est un charmant village, construit au bord d'un petit bras de la Marne, appelé le *Morbras*, qui forme l'*île Barbière*; il est remarquable surtout par l'agrément de sa position: on y découvre de beaux points de vue, et on remarque dans son voisinage un château moderne, qui a longtemps appartenu au général Marbot, aide de camp du roi Louis-Philippe. L'*église*, en partie du xiiie s., n'offre aucun intérêt.

13e STATION. — BOISSY-SAINT-LÉGER.

22 kil. de Paris, 2 kil. de Sucy. — Le village est à 500 mèt. de la station, 2 kil. du château de Grosbois.

Boissy-Saint-Léger, ch.-l. de c. de 867 hab., n'a de remarquable que sa position au sommet d'un coteau d'où l'on aperçoit les tours, les clochers, les dômes de Paris, et le mont Valérien, qui forme le fond du tableau. Au-dessous du village, près du chemin de fer, est le *château du Piple*, voisin d'un petit hameau qui porte le même nom. Il appartient à Mme la baronne Hottinguer, qui a créé dans ses dépendances une *école normale protestante* de jeunes filles, avec un joli *temple* de style roman, inauguré en 1875.

Au sortir de Boissy-Saint-Léger, dans la direction opposée à Paris, la route est bordée, du côté g., par le mur (2 kil. de longueur) du parc de Grosbois, immense trapèze, qui contient 1,700 arpents. A l'extrémité de ce mur on trouve une belle grille aux fers de lance dorés. C'est l'entrée du **château de Gros-Bois**, qu'on aperçoit à l'extrémité d'une longue et large avenue de peupliers. Il est en briques et en pierres, circonstance qui, jointe à son large développement et à la beauté sévère et grandiose de ses lignes, semble prouver qu'il fut construit au commencement du xviie s. Le seigneur de Grosbois était alors le duc d'Angoulême, bâtard de Charles IX. Son fils, ruiné par ses désordres, fut, dit-on, réduit à fabriquer de la fausse monnaie pour payer ses dettes, et l'on raconte que Louis XIII, étonné de ne le voir jamais, lui ayant demandé un jour ce qu'il pouvait faire à Grosbois, il répondit : « Sire, je n'y fais que ce que je dois. » Au siècle dernier, le comte de Provence fut propriétaire de ce domaine et le réunit à celui de Brunoy. Séparé de Brunoy lors de la Révolution, Grosbois appartint successivement à Barras, au général Moreau, qui y fut arrêté en 1804, pour complicité dans l'affaire Cadoudal, et à Berthier, prince de Wagram, dont le fils l'occupe aujourd'hui. C'est une des plus belles demeures aristocratiques qu'il y ait en France.

Au-delà de la station de Boissy, le chemin de fer laisse à dr. le château de Brévannes (*V.* ci-dessous).

14ᵉ STATION. — LIMEIL.

24 kil. de Paris, 2 kil. de Boissy. — Le v. de Limeil est à 800 mèt. de sa station, 1 kil. de Brévannes, 3 kil. de Villeneuve-Saint-Georges, et touche à Valenton.

Limeil-Brévannes, 600 hab., renferme, comme le v. de **Valenton**, 748 hab., auquel il est contigu, de nombreuses maisons de campagne. Il doit son second nom au **château de Brévannes**, dont les jardins ont été dessinés par Le Nôtre. Mᵐᵉ de Sévigné vint souvent passer une partie de l'été à Brévannes, chez Mᵐᵉ de Coulanges, qui y possédait une jolie villa. M. de Sèze, le défenseur de Louis XVI, né à Limeil, y eut aussi une propriété, qui appartient encore à ses descendants. L'*église* de Limeil, des xiiᵉ et xvᵉ s., avec de beaux vitraux, a été restaurée.

On laisse à dr., tout près de la voie, le château de la Grange (*V.* Section XXIII), puis, dans le bois qui avoisine ce château, le carrefour de *Bellevue,* sur lequel doit être bâti un fort de la première enceinte de Paris.

15ᵉ STATION. — VILLECRESNES.

28 kil. de Paris, 4 kil. de Limeil, 1,500 mèt. du château de Grosbois, 3 à 4 kil. d'Yerres.

Villecresnes, 673 hab., n'offre de remarquable que son *clocher* roman (fin du xiᵉ s.)

Marolles-en-Brie, 214 hab., à 2 kil. E. de la station, possède une *église* du xiiᵉ s.

Quand on a franchi le Réveillon, petit affluent de l'Yères, on laisse à dr. le *château de Cerçay,* qui existait déjà au xiiᵉ s., et où le fameux spirite Home vécut quelque temps retiré avec son ami T... Il appartient aujourd'hui à M. Rouher, l'ancien ministre de Napoléon III.

16ᵉ STATION. — MANDRES.

31 kil. de Paris, 3 kil. de Villecresnes. — Le v. est à 1 kil. à dr. du chemin de fer.

Mandres, 793 hab., et *Périgny,* 347 hab., situé à 1 kil. S.-E. de Mandres, n'offrent absolument aucun intérêt.

17ᵉ STATION. — SANTENY-SERVON.

33 kil. de Paris, 2 kil. de Mandres. — Santeny est à 1,500 mèt. à g. du chemin de fer, Servon à 1 kil.

Santeny, 419 hab., et **Servon**, 353 hab., sont situés, le premier dans le départ. de Seine-et-Oise, le second dans celui de Seine-et-Marne, dans la petite vallée du Réveillon. Comme à Mandres et à Périgny, on n'y trouve rien à visiter.

BRIE-COMTE-ROBERT.

36 kil. de Paris, 3 kil. de Santeny-Servon, 11 kil. de la station de Gretz (lignes de Coulommiers et de Belfort), 9 kil. de celle de Brunoy et 6 kil. de celle de Combs-la-Ville (ligne de Paris à Lyon).

Brie-Comte-Robert*, ch.-l. de c. de 2,770 hab. (Seine-et-Marne), est une ville fort ancienne et qui a joué un rôle dans les guerres du moyen âge. Son commerce était fort important avant l'ouverture des chemins de fer de Paris à Lyon et de Paris à Belfort. De sa splendeur passée, il reste quelques ruines (rue du Château, au N.-E de la ville, près de la route de Paris) d'un *château du* xiiᵉ s., flanqué de tours rondes et entouré de mares verdâtres, le rez-de-chaussée de l'ancien hôpital, et l'église.

L'ancien *hôpital*, transformé en école de filles, au N. de la ville, près des ruines du château, a conservé un beau spécimen de l'architecture du XIIIe s. Ce sont six élégantes *arcatures* (mon. hist.) séparées en deux groupes par une *porte* ogivale dont l'archivolte, ornée de chevrons brisés et de feuilles quadrilobées, repose sur de légers faisceaux de colonnettes. Les archivoltes des arcatures sont séparées par des statuettes ou par des figures d'animaux.

L'**église** de Brie (mon. hist.) date de la fin du XIIe et du XIIIe s., mais elle a été remaniée au XVIe s., surtout à la façade. Le chevet, terminé par un mur droit, est percé d'une rose à douze divisions. Cette rose encadre un magnifique vitrail du XIIIe s., représentant les mois et les saisons. Les bas-côtés sont surmontés de galeries qui rappellent celles de Saint-Séverin de Paris; les fenêtres supérieures sont à deux divisions; leurs réseaux sont formés d'un simple oculus. Les chapelles latérales datent des XIVe, XVe et XVIe s. (débris de vitraux du XVIe s.). Dans le bas-côté N. se trouve un petit tombeau du XIIIe s., dont la statue représente un homme de guerre. La façade occidentale est de la Renaissance du milieu du XVIe s., sauf la porte centrale et celle de g., qui datent du XIIe s. Deux portes latérales remontent aussi à la construction primitive. Le clocher est du XIIIe s.

A 4 kil. à l'E., au village de **Grisy-Suisnes** (976 hab.; château de *Villemain*), on peut visiter le *château de la Grange-le-Roi*, bâti par François Ier. Le principal corps de logis et les six pavillons qui le composent sont encore entourés de fossés et accessibles par des ponts-levis.

La culture des roses est pratiquée en grand sur le territoire de Grisy, pour les marchés aux fleurs de Paris.

Des voitures de correspondance conduisent de Brie à Grisy et arrivent jusqu'à Coubert, situé à kil. plus loin (*V.* section XXI, p. 389).

Un autre service relie Brie-Comte-Robert à (5 kil.) *Chevry*, 800 hab., à 2 kil. S. duquel sont situés le hameau et le château ruiné de *Cossigny*. — *Férolles*, 259 hab., à 3 kil., et *Lésigny*, 415 hab., à 3 kil. N.-O. de Chevry (5 et 6 kil. de Brie) offrent aussi d'anciens châteaux.

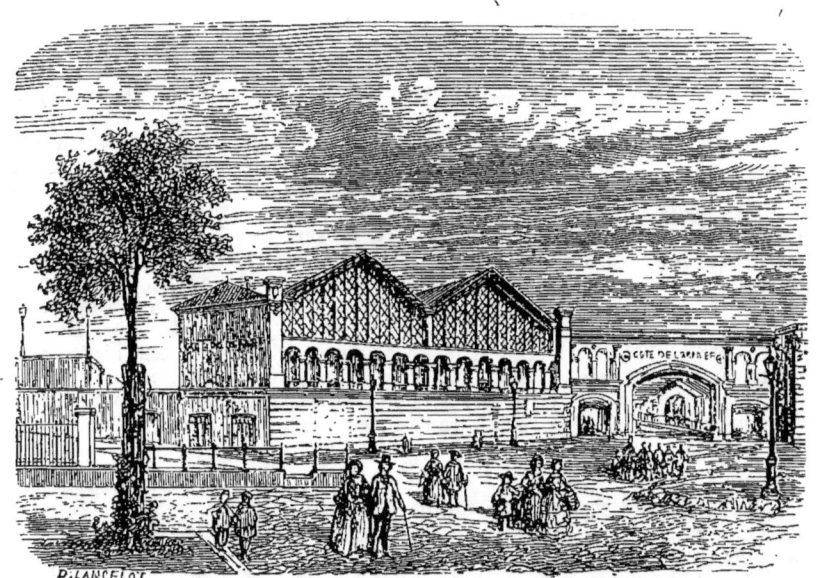
Embarcadère du chemin de fer de Paris à Lyon.

CHEMINS DE FER DE LYON

SECTION XXIII

DE PARIS A FONTAINEBLEAU [1]

L'embarcadère du chemin de fer de Paris à Lyon est situé sur le boulevard Mazas, en face de la prison de ce nom, à l'extrémité de la rue de Lyon, ouverte par la ville de Paris pour le mettre en communication directe avec la Bastille, éloignée d'un kil. environ. Il a été construit sur les plans de M. Cendrier. La halle couverte a 210 mèt. de longueur sur 42 mèt. de largeur, et les rails sont, à leur point de départ, élevés de 38 mèt. 75 c. au-dessus du niveau de la mer, soit 12 mèt. environ au-dessus du niveau ordinaire de la Seine. La superficie totale de la *gare des marchandises* atteint 363,000 mèt. carrés ou un peu plus de 36 hectares; elle a 2 kil. de longueur, elle compte 4 kil. de quais et elle occupe environ mille personnes.

En arrivant par la rue de Lyon, on voit, à g., *le côté du départ*, à dr., *le côté de l'arrivée*.

A **Bercy** (la 1re station), on croise le chemin de fer de ceinture avant de sortir des fortifications A g. s'élevait jadis le *château de Bercy*, construit au XVIIe s. par l'architecte

---

[1]. *Embarcadère.* A Paris, boulevard Mazas, à l'extrémité de la rue de Lyon. — Pour les prix des places et autres indications, V. l'*Introduction*.

L. Levau, et démoli en 1861. Ce beau château a compté parmi ses propriétaires le marquis de Nointel, le financier Pâris, M. de Calonne et M. de Nicolaï.

On laisse à dr. **Conflans** (dépendance de Charenton), situé à 1 kil. des fortifications, entre Bercy et Charenton, sur un coteau qui domine la Seine et la Marne, au confluent de ces deux rivières.

Conflans rappelle le traité honteux que Louis XI, bien résolu à ne jamais l'exécuter, signa avec Charles le Téméraire et ses autres grands vassaux révoltés sous le prétexte du bien public. Le château, bâti par l'archevêque de Paris, François de Harlay de Champvalon, servit aux retraites des archevêques de Paris jusqu'à la Révolution. M. de Quélen le racheta en 1824. Mais, le 13 février 1831, un service célébré à Saint-Germain l'Auxerrois en l'honneur du duc de Berri, et annoncé avec peu de prudence, fit éclater à Paris une violente émeute qui se propagea jusqu'à Conflans. La *villa* archiépiscopale fut envahie, dévastée, tout le mobilier détruit. Depuis, une communauté de religieuses du Sacré-Cœur, vouées à l'enseignement, y a été établie.

Embarcadère du chemin de fer de Paris Lyon (vue intérieure).

2ᵉ STATION. — CHARENTON-LE-PONT.

5 kil. de la gare de Paris. — Charenton est à 7 kil. 300 mèt. de Notre-Dame, 3 kil. de la barrière de Charenton, 4 kil. de la barrière de la Râpée, 3 kil. de Bercy, 4 kil. 500 mèt. de Créteil, 4 kil. de Joinville-le-Pont, 2 kil. 500 mèt. de Maisons-Alfort, 3 kil. de Saint-Mandé, 4 kil. 500 mèt. de Vincennes par la route, 3 kil. du château par le bois, 3 kil. de Gravelle et du canal Saint-Maur.

Charenton-le-Pont *, ch.-l. de c. de 7,141 hab. (dép. de la Seine, arr. de Sceaux), se compose de plusieurs groupes d'habitations — *Conflans, les Carrières* et *Charenton* — jadis séparés, aujourd'hui réunis, et situés sur la rive dr. de la Marne. Le célèbre établissement pour le traitement des aliénés, qui a donné une notoriété européenne au nom de Charenton, dépend actuellement de la commune de *S.-Maurice*, dont l'existence administrative date de 1842.

CHARENTON. — SAINT-MAURICE.

Les Carrières sont les premières maisons que l'on rencontre après Conflans. Leur nom dit assez comment cette partie du coteau fut longtemps exploitée. On arrive ensuite à la plus ancienne partie du bourg, à celle qui avoisine le pont qui, traversant la Marne, met Paris en communication avec la Brie; elle s'appelle, encore aujourd'hui, *Charenton-le-Pont*. Si l'on continue à remonter le cours de la Marne, on trouve une suite presque continue de maisons de campagne, de moulins et d'usines, qui prennent successivement le nom de *Saint-Maurice* et celui de *Gravelle*.

Saint-Maurice, 4,340 hab., s'étend jusqu'à l'extrémité méridionale du canal Saint-Maur. Il possède là plusieurs moulins appartenant à M. Darblay. Deux prises d'eau assez considérables, pratiquées aux dépens du canal, donnent à ces grands établissements le mouvement et la vie. Il se trouve encore à Saint-Maurice une

Ancien château de Bercy.

fabrique de porcelaines, une fabrique de boutons et des filatures de laines.

Le trajet de la barrière de la Râpée au canal Saint-Maur en suivant la rive dr. de la Seine, puis la rive dr. de la Marne, offre une agréable promenade; la distance est de 7 kil. 1/2.

L'origine de Charenton se perd dans la nuit des temps. L'administration romaine a dû sentir de bonne heure le besoin de réunir Lutèce et Melodunum (Melun), que la Marne séparait. En lui attribuant le premier pont en bois jeté sur cette rivière un peu au-dessus de son embouchure, on soutient donc une opinion très-probable. Des monuments manuscrits du VIIe s. désignent ce pont par le nom de *pons Carentonis*.

L'importance de sa position valut à Charenton plusieurs sièges au moyen âge. Les Normands prirent et rompirent le pont vers 865. En 1358, le Dauphin, duc de Normandie, depuis Charles V, après s'être tenu, pendant trois mois, loin de Paris, où dominait Étienne Marcel, se rapprocha tout à coup de Charenton, s'empara du pont, s'établit aux Carrières, et intercepta tous les arrivages de la Marne et de la haute Seine. Charenton secoua le joug des Anglais en même temps que Paris, en 1436. Il fut encore pris, en 1465, par les princes révoltés contre Louis XI, et, en 1567, par les calvinistes. En 1590, Henri IV enleva le pont aux soldats de la Ligue après un violent combat, malgré une grosse tour qui en défendait la tête.

Au commencement des guerres de la Fronde, le 8 février 1648, le prince de Condé, qui, la veille, était venu camper à Vincennes, enleva Charenton aux troupes parisiennes, après un combat assez vif, où Châtillon, l'un de ses amis les plus chers, fut blessé à mort. Il fit couper deux arches du pont, pour gêner l'approvisionnement de Paris, et abandonna cette position, n'ayant pas de forces suffisantes pour la garder. Les Frondeurs rétablirent aussitôt le passage par un pont-levis.

Au mois de février 1814, les Autrichiens s'emparèrent du pont de Charenton avant d'arriver à Paris.

Charenton-Saint-Maurice fut longtemps célèbre par le temple protestant dont Henri IV avait autorisé l'érection en 1606. Les catholiques mirent le feu à ce temple en 1621 et en 1671; et il ne fut détruit qu'après la révocation de l'édit de Nantes. Son emplacement fut cédé à des religieuses bénédictines en 1701.

Longtemps auparavant, en 1642, un contrôleur des guerres, appelé Sébastien Leblanc, avait donné à des frères de la Charité une maison et un clos de vigne sis à Charenton-Saint-Maurice, pour former un hôpital de douze lits destinés aux malades en général, et, plus particulièrement, aux aliénés. Telle est l'origine du vaste établissement qu'on y admire aujourd'hui. Cette maison, réunie, à l'époque de la Révolution, à la direction générale des hôpitaux de Paris, prit bientôt des accroissements considérables.

L'**hospice d'aliénés** de Saint-Maurice est aujourd'hui partagé en deux divisions, affectées, l'une aux malades ordinaires de Charenton et des communes environnantes, l'autre aux infortunés privés de raison. Les bâtiments, situés primitivement au bord de la Marne, dominés par une colline, par conséquent très-humides, étaient d'ailleurs assez mal disposés et peu appropriés à leur destination. Après 1830, on résolut de les reconstruire. Une somme de cinq millions fut à cet effet votée par les Chambres. L'hôpital quitta bientôt la vallée. De vastes bâtiments en arcades, couverts de toits aplatis, à la manière italienne, couronnèrent la colline, et l'on vit s'élever au centre une sorte de temple grec, qui sert de chapelle.

Les visiteurs sont admis à l'hospice de Charenton le jeudi et le dimanche.

En quittant la station de Charenton, le chemin de fer franchit la Marne entre le confluent de cette rivière avec la Seine et le pont de Charenton. Le **pont** sur lequel il passe se compose de cinq arches en fonte séparées par une île en deux parties, l'une, de deux arches, longue de 70 mèt., l'autre, de trois arches, longue de 84 mèt. Ce pont franchi (jolis points de vue), on laisse à g. Alfort et son école vétérinaire, puis le *fort de Charenton*, au-delà duquel est établie la station de Maisons-Alfort.

3e STATION. — MAISONS-ALFORT.

2 kil. de Charenton, 7 kil. de la gare de Paris. — Maisons est à 2 kil. 1/2 de Charenton, 9 kil. 800 mèt. de Paris, 2 kil. 1/2 de Créteil. Alfort est à 2 kil. de Maisons. 4 kil. 1/2 de Créteil, 1 kil. du pont d'Ivry.

Alfort, v. de 1,000 hab. environ, situé à l'extrémité du pont de Charenton, sur la rive g. de la Marne, des deux côtés de la grande route de Paris à Melun, est une dépendance, au point de vue administratif, de la commune de **Maisons**, 5,890 hab., laquelle, pour cette raison, s'appelle officiellement Maisons-Alfort. Alfort est connu pour son **École vétérinaire**, magnifique et utile établissement, fondé par Bourgelat en 1766. C'était, dès l'époque de sa création, une école *royale*, et ce titre lui fit, dit-on, courir quelques dangers au début de la Révolution. Mais la Convention en sentit si bien tout le prix, qu'elle exempta de la loi de recrutement les élèves et les professeurs. L'empereur Napoléon Ier la reconstitua et accrut son importance. Une ordonnance royale de 1826 lui donna quelques développements nouveaux.

Le nombre des élèves est ordinairement de 250, parmi lesquels on compte 40 élèves militaires qui, leurs études terminées, sont placés dans nos régiments de cavalerie et d'artillerie avec le titre de sous-aides vétérinaires et le grade de maréchaux des logis. Les autres, quand ils sortent avec honneur de l'épreuve des examens, obtiennent le diplôme de médecin-vétérinaire.

Les cours suivis dans l'école comprennent la chimie, la physique, la botanique, l'anatomie, la pathologie interne, la thérapeutique et la chirurgie, toutes ces sciences restrein-

Établissement pour le traitement des aliénés, à Charenton-Saint-Maurice.

tes, on le comprend sans peine, à l'application spéciale qu'en doivent faire les élèves. Il y a même un cours de *jurisprudence vétérinaire*.

L'École d'Alfort est aussi un hôpital pour les chevaux et les chiens malades, qui sont soignés par les élèves sous la direction des professeurs. La pension d'un cheval est de 2 fr. 50 c. par jour, et celle d'un chien de 60 c. Il y a donc de vastes écuries et un chenil. Il y a été joint une porcherie et un troupeau de divers animaux, qui s'accroît de tous les individus de race étrangère importés en France par les soins de l'administration.

Un beau jardin botanique est annexé à l'École, avec quelques champs affectés à la culture de diverses plantes céréales et fourragères.

Nous signalerons aussi la machine hydraulique qui amène l'eau de la Marne dans l'établissement, les curieuses collections qu'on y trouve, les salles de dissection, le laboratoire de chimie, et la chapelle; tout cela mérite d'être vu.

Maisons, où se trouve la station, possède une *église* de la fin du XIIᵉ s., dont le clocher roman, refait de nos jours dans l'ancien style, est surmonté d'une flèche en pierre.

La terre de Maisons (*Mansiones*) fut donnée par Hugues Capet à l'abbaye de Saint-Maur-les-Fossés, à la prière de saint Maïeul, abbé de Cluny. L'abbé de Saint-Maur y créa plusieurs fiefs, et il faut croire que l'un de ces fiefs tomba dans le domaine royal, puisqu'un château y fut bâti par François Iᵉʳ ou Henri II. Diane de Poitiers habita quelque temps ce château, après la mort de son royal amant.

Charentonneau et *Château-Gaillard*, situés en face de Saint-Maurice, dépendent de Maisons-Alfort.

CRÉTEIL.

4 kil. 1/2 d'Alfort, 5 kil. de Charenton, 2 kil. 1/2 de Maisons, 1 kil. de Port-de-Créteil, 3 kil. de Bonneuil, 11 kil. 900 mèt. de Paris.

Créteil, 2,823 hab., situé près de la rive g. de la Marne, sur la route de Paris à Brie-Comte-Robert, est un village fort ancien; il existe une charte de l'an 900, où Charles le Simple confirme des donations faites à son église de Saint-Christophe. Vers la fin du même siècle, la terre de Créteil appartenait au chapitre de Notre-Dame de Paris, qui, en 1547, la céda en échange aux évêques de Paris. Ceux-ci y firent bâtir un beau *château*, qui existe encore.

L'*église* de Créteil, dont la façade est surmontée d'un clocher du XIIᵉ s. formant porche, est un édifice romano-ogival assez remarquable, remanié au XVᵉ s.

Créteil n'est qu'à une très-petite distance de la Marne, et un pont jeté sur cette rivière en 1840, refait en 1871, le met en communication avec Port-de-Créteil et Saint-Maur (voir ci-dessus, p. 419).

A 3 kil. de Créteil, à g. de la route de Brie, se trouve Bonneuil (*V.* Section XII). Au S. et à 2 kil. sont situés le ham. de *Mesly* et la colline de *Montmesly*, qui ont joué un certain rôle durant le dernier siège de Paris. Le 17 septembre 1870, le général Vinoy porta une reconnaissance jusqu'à Montmesly, qu'il ne garda pas. Les Prussiens fortifièrent cette position. Ils y furent vivement attaqués le jour de la première bataille de Champigny, c'est-à-dire le 30 novembre. La redoute fut emportée par nos troupes, mais un mouvement offensif des Allemands la fit abandonner le surlendemain.

Pour Boissy-Saint-Léger et Grosbois, *V.* ci-dessus, Section XXII.

Au-delà de Maisons-Alfort, le chemin de fer court en ligne directe, en inclinant un peu au S.-E., parallèlement à la route de terre de Paris à Melun, qu'il longe pour ainsi dire sur sa g., dans une plaine fertile, mais peu pittoresque. La Seine coule à dr., à une distance qui varie de 500 mèt. à 2,000 mèt.; sur sa rive g., souvent animée par les convois du chemin de fer d'Orléans, on aperçoit Ivry, Vitry, Choisy-le-Roi. Sur la g. s'élèvent les coteaux boisés qui portent Valenton, Limeil et Boissy-Saint-Léger. Au-delà de la route de Choisy, on entre dans le départ. de Seine-et-Oise. On se rapproche de la Seine avant de s'arrêter à la station de Villeneuve-Saint-Georges.

4ᵉ STATION. — VILLENEUVE-SAINT-GEORGES.

15 kil. de la gare de Paris, 8 kil. de Maisons-Alfort, 11 kil. de Charenton, 16 kil. de Notre-Dame, 8 kil. de Grosbois, 2 kil. de Crosne, 2 kil. 1/2 de Montgeron, 3 kil. de Limeil et de Valenton, 6 kil. de Boissy-Saint-Léger.

Villeneuve-Saint-Georges, v. de 2,262 hab., est très-agréablement situé sur la rive dr. de la Seine, à l'embouchure de la rivière d'Yères et au pied d'un charmant coteau, dont le point culminant atteint 132 mèt. Un pont suspendu (péage) le met en communication avec la rive g. du fleuve, sur laquelle on aperçoit, à plus de 2 kil., Villeneuve-le-Roi (*V.* Section XXIV).

Villeneuve-Saint-Georges a longtemps appartenu à l'abbaye de Saint-Germain de Paris. En 1652, le duc Charles IV de Lorraine fut éconduit de ce village, où Turenne se disposait à l'attaquer, par un traité qui l'obligeait à rentrer dans son duché. L'*église* date des xiii° et xvi° s. Les trois portes de la façade sont de la Renaissance.

Au-dessus de Villeneuve-Saint-Georges on aperçoit à mi-côte, et au milieu d'un parc assez étendu, le *château de Beauregard* (reconstruit en partie en 1822), ainsi nommé, sans aucun doute, à cause de la belle vue dont on y jouit. Ce château appartint autrefois à Claude Le Pelletier, qui fut contrôleur général des finances après Colbert; il a en outre été possédé par Honoré de Balzac, et appartient aujourd'hui à sa veuve. Au sommet du plateau doit être construit un *fort* qui sera l'un des plus importants de la première ligne de défense de Paris.

Les environs de Villeneuve-Saint-Georges offrent aux promeneurs un grand nombre d'excursions agréables. On peut aller à Crosne et à Yerres en remontant la jolie vallée de l'Yères (*V.* ci-dessous).

C'est à la station de Villeneuve-Saint-Georges que le chemin de fer de grande ceinture, livré à la circulation, de Noisy-le-Sec à Juvisy, en juillet 1877, rencontre le chemin de fer de Lyon. Au-delà de cette station, on traverse l'Yères près de sa jonction avec la Seine, on laisse à dr. la ligne de Malesherbes (*V.* Section XXIV) et on remonte la rive g. jusqu'au pied du coteau qui porte Montgeron. Dans ce trajet, on découvre sur la g. de charmants paysages.

5ᵉ STATION. — MONTGERON.

18 kil. de la gare de Paris, 3 kil. de Villeneuve-Saint-Georges, 1 kil. 1/2 de Crosne, 3 kil. d'Yerres, 4 kil. de l'Abbaye.

Montgeron, en latin *Mons Gironis*, 1,876 hab., a pour unique rue la route de Melun. Le château, après avoir appartenu longtemps aux Budé, seigneurs d'Yerres, fut possédé, sous Henri IV, par le chancelier de Sillery, et postérieurement, par le marquis de Boulainvilliers, prévôt de Paris. Il a été démoli en 1839 et remplacé par une villa moderne. Les jardins en étaient magnifiques. L'*église* de Montgeron a été reconstruite dans un style prétendu roman. De nombreuses villas se sont établies aux abords du chemin de fer.

Pour aller de Montgeron à Crosne et à Yerres, on prend à g., à 500 mèt. au-delà de l'église, un chemin qui passe sous le chemin de fer en laissant la station à g.

CROSNE.

1 kil. 1/2 de Montgeron, 2 kil. de Villeneuve-Saint-Georges, 2 kil. d'Yerres.

Crosne, 431 hab., se trouve sur la rive dr. de l'Yères, dans la charmante vallée à laquelle cette rivière a donné son nom. Il posséda jadis un château qui appartint successivement à Philippe de Savoisy, chambellan de Charles V, à Olivier le Daim, au maréchal d'Harcourt, au duc de Brancas. Le portail et le chœur de l'*église* datent de la fin du xii° s. Crosne conserve la maison où naquit Boileau (rue Simon, n° 3). On lit au-dessus de la porte cochère ces quatre vers, gravés en lettres d'or sur une plaque de marbre noir :

Ici naquit Boileau, ce maître en l'art d'é-
[crire.
Il arma la raison des traits de la satire,
Et, donnant le précepte et l'exemple à la
[fois,
Du goût il établit et pratiqua les lois.

Une charmante route qui longe la rive dr. de l'Yères relie Crosne à Yerres (2 kil. 1/2).

YERRES.

2 kil. de Crosne, 4 kil. 1/2 de Villeneuve-Saint-Georges, 1 kil. de l'Abbaye, 2 kil. de Brunoy, 6 kil. de Boissy-Saint-Léger, 3 kil. de Montgeron.

Yerres ou *Yères*, 1,308 hab., est un des plus jolis bourgs des environs de Paris. Nulle part on ne voit de plus charmantes maisons de campagne. L'*église,* dépourvue d'intérêt, renferme d'anciens tableaux parmi lesquels on remarque le *Mariage de la Vierge,* la *Naissance du Christ,* et, surtout. la *Présentation de la Vierge.* Ce dernier paraît appartenir à l'école flamande de la première moitié du xvie s.

Au xive s., la seigneurie d'Yerres appartenait à la maison de Courtenay, branche collatérale de la famille royale qui avait donné des empereurs à Constantinople. Elle passa ensuite aux Budé, dont l'un fut secrétaire de Charles VIII, et devint, par son immense érudition et ses travaux sur la langue grecque, l'un des flambeaux du xvie s. Il n'était pas l'aîné de la famille; mais il avait une jolie petite maison dans le voisinage du château qu'habitait son frère. Il ne reste plus de cette maison que la porte d'entrée, qu'on voit sur la place du village. Elle est flanquée de deux larges tours rondes et construites en briques. Une belle source qui arrosait autrefois le jardin du grand helléniste s'appelle encore *fontaine Budé* (elle est aujourd'hui renfermée dans la propriété de Mme Dècle). On y a gravé son médaillon avec ce quatrain, attribué à Voltaire, qui en déclinerait probablement la paternité :

Toujours vive, abondante et pure,
Un doux penchant règle mon cours;
Heureux l'ami de la nature
Qui voit ainsi couler ses jours!

Au N. d'Yerres s'élève le *mont Griffon,* dont le sommet boisé a 140 mèt. De vastes réservoirs y ont été ménagés. On peut y faire d'agréables promenades, et on y découvre de charmants points de vue.

A l'extrémité du bourg était jadis une *abbaye de Bénédictines,* qui avait été fondée en 1132. Elle eut une maison à Paris, dans la rue qui s'appelle encore aujourd'hui rue des *Nonnains-d'Yerres,* et des abbesses de grande maison, entre autres Marie d'Estouteville, qui réforma ce couvent au xve s., et Marie de Pisseleu, sœur de la duchesse d'Étampes. Celle-ci fut déposée de sa charge à cause de sa conduite légère. L'abbaye n'a été détruite qu'à moitié pendant la Révolution. Il en reste deux grands corps de bâtiment appropriés depuis à une filature de laine. Cette fabrique et les maisons qui l'entourent forment comme un faubourg d'Yerres, et s'appellent *l'Abbaye* (1 kil.). De l'Abbaye, en suivant la route, on atteint en 10 min. Brunoy (*V.* ci-dessous).

Au-dessus et presque au sommet de la colline qui surmonte le village d'Yerres, s'élevait aussi un *couvent de Camaldules,* établi par la libéralité du duc d'Angoulême, fils bâtard de Charles IX, et propriétaire du domaine de Grosbois, dont ce terrain faisait partie. Il ne reste plus de ce couvent que des caves, les débris d'une chapelle, et une longue terrasse plantée de marronniers, d'où l'on aperçoit toute la vallée.

Les Camaldules touchent immédiatement aux bois qui couronnent les hauteurs d'Yerres. Le duc de Lorraine, en 1652, campa sur ce plateau. Le lieu où il s'établit s'appelle, depuis lors, le *camp des Lorrains.* Ces Lorrains étaient, à proprement parler, des bandits, et le souvenir de leurs excès n'est pas encore effacé dans la vallée de l'Yères.

Quant au bois, détaché depuis longtemps du domaine de Grosbois, on le nomme à présent le bois de la Grange, à cause du **château de la**

YERRES. — CHATEAU DE LA GRANGE.

Grange (2 kil. d'Yerres), qui en occupe la partie centrale. Son appellation la plus ancienne indiquait cette position : *la Grange du Milieu*. A la fin du xvi⁰ s. et au commencement du xvii⁰, il appartint à la veuve du duc Henri de Guise, qu'Henri III fit assassiner. Tout porte à croire que ce fut cette princesse qui fit construire, sans doute à la place d'un château plus ancien, l'édifice dont on admire aujourd'hui les nobles proportions. Il est mi-parti de pierres et de briques, comme la plupart des constructions contemporaines d'Henri IV; il s'élève à l'extrémité d'une vaste esplanade rectangulaire, entourée de fossés, avec une grille et un pont de chaque côté. L'une de ces deux grilles s'ouvre sur la cour

Viaduc de Brunoy.

d'honneur et fait face à la porte principale. En avant de cette cour sont deux ours en bronze, qui semblent dater d'une époque beaucoup plus récente que le reste. Ce château passa, des mains de la duchesse de Guise ou de son fils, dans celles de Louis XIII, qui en fit un rendez-vous de chasse. On l'appela alors la Grange-le-Roi. Le comte de Saxe, depuis maréchal et vainqueur des ennemis de la France à Fontenoy, l'acheta vers 1720. On y voit encore ses armes sur les grilles extérieures, et son buste dans les appartements. Il appartient aujourd'hui à M. le comte du Taillis.

Une belle avenue de peupliers, longue de près de 2 kil., croisant le chemin de fer de Brie, conduit de la

Grange à la route de Provins, à quelques pas seulement de la grille du château de Grosbois.

En s'éloignant de la station de Montgeron comme en y arrivant, on découvre à g. des points de vue charmants sur la vallée de l'Yères. — A un remblai assez élevé succède une tranchée au-delà de laquelle on traverse l'Yères sur un *viaduc* long de 119 mèt., et composé de 9 arches ayant chacune 9 mèt. 67 d'ouverture. De ce viaduc la vue est aussi jolie sur la dr. que sur la g. Mais à peine l'a-t-on franchi, que l'on rentre dans une tranchée qui se continue jusqu'à la station de Brunoy.

6° STATION. — BRUNOY.

4 kil. de Montgeron, 22 kil. de la gare de Paris, 2 kil. d'Yerres, 1 kil. de l'Abbaye, 1 kil. d'Épinay, 2 kil. de l'obélisque de la forêt de Senart, 3 kil. de Mandres, 5 kil. de Périgny, 9 kil. de Brie-Comte-Robert.

Brunoy est un charmant village de 2,037 hab., dont les environs offrent un grand nombre d'admirables promenades.

Brunoy remonte à la première race. Dagobert légua au monastère de Saint-Denis une portion de cette seigneurie. Suger la donna au prieuré d'Essonnes, qui, à la fin du XVI° s., la vendit à Christophe de Lannoy, déjà propriétaire de l'autre partie.

On doit croire que les rois de France, de leur côté, y eurent longtemps une habitation, puisque Philippe VI y rendit un édit dont le texte existe encore. Le voisinage de la forêt de Senart avait dû les attirer dans cette vallée.

Le château de Christophe de Lannoy fut pillé et brûlé en 1590 par les ennemis d'Henri IV.

Charles de Lorraine, duc d'Elbeuf, prince d'Harcourt, épousa la petite-fille de Christophe de Lannoy, et son fils, seigneur de Brunoy du chef de sa mère, en fit donation à son neveu, François de la Rochefoucauld, célèbre par le rôle qu'il joua dans les troubles de la Fronde, et plus célèbre encore par le livre des *Maximes*.

Au XVIII° s., un sieur de Plonic acheta Brunoy des héritiers du duc de la Rochefoucauld, et le vendit, en 1722, au fameux financier Pâris de Montmartel, qui abattit l'ancienne demeure seigneuriale, construisit à la place un château moderne, qu'il décora avec un luxe royal et qu'il entoura d'un parc magnifique. Ce fut en sa faveur que la terre de Brunoy fut érigée en marquisat.

Son fils unique, le marquis de Brunoy, ne se fit remarquer que par ses excès et ses extravagances. A dix ans, il donna un coup de couteau à son précepteur qui lui faisait quelques observations sur sa tenue, à la table même de son père, et en présence de vingt convives. Agé de vingt ans, il épousa, à Paris, une fille de la maison des Cars, partit pour Brunoy aussitôt après la messe, et ne voulut jamais revoir sa femme. Sa passion la plus vive était le goût des cérémonies religieuses. Après avoir fait mourir de chagrin successivement son père et sa mère, il célébra leurs funérailles avec un faste ridicule et les affectations les plus bizarres. Il organisait pour la Fête-Dieu des processions d'un luxe inouï, où l'on voyait figurer, sous des chasubles d'or, deux cents prêtres ou moines amenés à grands frais de toutes les paroisses et de tous les couvents d'alentour. Comme il donnait à ces divertissements étranges la plus grande publicité, les curieux de la cour et de la ville y accouraient en foule. Il hébergeait, il régalait tout le monde, les paysans comme les grands seigneurs, et la fête religieuse se terminait par une immense orgie. On peut juger de son goût par l'église de Brunoy, qu'il fit décorer comme on décorait alors les boudoirs des grandes dames. On remplirait un volume de ses folies. Il dévora ainsi la plus grande partie des 20 millions que lui avait laissés son père. Sa famille enfin le fit interdire. On ignore le lieu et la date de la mort du marquis de Brunoy. Il disparut du pays sans qu'on sût ce qu'il était devenu. Son père et sa mère furent enterrés dans la crypte de la petite *église* de Brunoy (chœur du XIII° s.). Leurs cercueils, en chêne et en plomb, ont été déplacés au moment de la restauration de cette église, en 1865. Ils portaient des traces de profanation : on les ouvrit, dit-on, en 1793, pour en retirer les trésors qu'on y croyait cachés.

Monsieur, comte de Provence, depuis

Louis XVIII, acheta Brunoy. Il accrut encore la magnificence de cette résidence, et y fit élever un petit château à côté du grand. Puis la Révolution abattit les deux châteaux et dépeça le domaine, dont chaque morceau vit s'élever une maison de campagne. Il y en a de fort belles et de charmantes, celle, entre autres, où Talma allait se délasser de ses travaux dramatiques. C'est la première qu'on aperçoit à g., après avoir franchi le pont qui est à l'extrémité du village. Martin, le célèbre chanteur, s'y construisit également une jolie habitation, qu'on appelle encore aujourd'hui la *Folie-Martin*, à cause des dépenses qu'il y a faites. Enfin, Lafon, le tragique, y eut aussi une maison. Mais aucune ne saurait être comparée à celle que fit construire, dans la plus belle position, sur un point d'où l'œil embrasse toute la vallée, le plus illustre des charcutiers de Paris sous la Restauration, M. Véro.

En 1815, après la bataille de Waterloo, Louis XVIII, pour témoigner sa reconnaissance à lord Wellington, lui conféra le titre de marquis de Brunoy.

Le site le plus pittoresque des environs de Brunoy est celui du hameau des *Beausserons* (probablement une corruption de *bûcherons*, par lesquels il était autrefois habité). Ses coquettes habitations se voient de loin, à travers l'épais rideau de verdure qui couronne la lisière de la forêt de Sénart.

—

En quittant la station de Brunoy, on aperçoit, sur le plateau de la Brie, le parc du château de Cerçay (*V.* ci-dessus, p. 425).

Le chemin de fer franchit l'Yères sur un *viaduc* de 375 mèt. de longueur, composé de 28 arches. De ce viaduc monumental, qui a été construit (1846-1847) par J. Locke et qui a coûté 1,500,000 fr., on découvre de charmants points de vue sur la vallée de l'Yères.

On laisse à g. *Épinay-sous-Sénart*, 348 hab., et *Boussy-Saint-Antoine*, 267 hab.; sur les hauteurs on aperçoit Mandres et Périgny (*V.* ci-dessus, p. 425). Au fond de la vallée, à g., se trouvait, avant la Révolution, l'*abbaye de Jarcy*, dont les débris ont servi, entre autres usages, à la construction d'un moulin, où se voient, en guise de pavés, plusieurs pierres tumulaires avec leurs épitaphes très-bien conservées. Une tourelle de ce célèbre monastère de femmes fait actuellement partie d'une propriété où Boïeldieu composa, dans la plus profonde retraite, l'opéra de la *Dame Blanche*. On laisse à dr. *Quincy-sous-Sénart* (179 hab.), près duquel on domine une dernière fois la vallée de l'Yères, dont on s'éloigne pour traverser un vaste plateau, remarquable par sa fertilité.

A partir de Villeneuve-Saint-Georges, on s'est élevé sur 11,600 mèt. par une rampe variée de 4 à 5 mill. par mèt. Plus loin, on redescend vers Melun par une rampe de la même pente, mais sur 3,600 mèt. seulement. On sort du département de Seine-et-Oise pour entrer dans celui de Seine-et-Marne. A g. se montre *Varennes* (264 hab.), sur la rive dr. de l'Yères.

7ᵉ STATION. — COMBS-LA-VILLE.

26 kil. de Paris, 4 kil. de Brunoy. — Le village est à 1 kil. de la station, 5 kil. de Brie-Comte-Robert.

Combs-la-Ville, ancienne seigneurie donnée par Dagobert à l'abbaye de Saint-Germain, est un v. de 676 hab., situé à la g. du chemin de fer, sur un coteau qui domine la rive g. de l'Yères. Il possède de jolies maisons de campagne et plusieurs moulins. On ne le voit pas de la station. Son *église*, à trois nefs fort délabrées, date du XIIIᵉ s.

8ᵉ STATION. — LIEUSAINT.

31 kil. de Paris, 5 kil. de Combs-la-Ville. — Le village est à 1 kil. 1/2 de la station, à 6 kil. 1/2 de Corbeil.

Lieusaint, 686 hab., est situé à la dr. du chemin de fer, sur la route de terre qui traverse la forêt de Sénart.

On y remarque de belles pépinières, une fabrique d'instruments aratoires, une distillerie. L'*église*, qui conserve des parties du xiie s., renferme plusieurs pierres tombales curieuses. Collé y a placé le lieu de la scène de sa *Partie de chasse d'Henri IV*. C'est dans ses environs que fut assassiné, en 1796, le courrier de Lyon. Lesurques, on le sait, subit le dernier supplice après avoir été injustement condamné comme l'un des auteurs de ce crime.

Au-delà de la route de terre, le chemin de fer croise la belle avenue du *château de la Grange-Prévôté*, propriété du comte Clary. Plus loin à dr. s'étend la *forêt du Rougeau*, et au-delà de *Nandy*, 395 hab. (château), se dresse le clocher de *Savigny-le-Temple* (615 hab.).

9e STATION. — CESSON.

38 kil. de Paris, 7 kil. de Lieusaint, 1,300 mèt. de Savigny-le-Temple.

Cesson est un village insignifiant qui compte 393 hab.

On peut, de la station de Cesson, faire, à pied (4 kil.) ou par la voiture de correspondance, une agréable excursion à Seine-Port (*V*. ci-dessous, Section XXIV).

Au-delà de Cesson, on entre dans une longue tranchée, divisée en deux parties; on laisse à dr. *le Mée* (634 hab.); manufacture de faïences, dont les produits sont justement renommés, au ham. des *Fourneaux*, avant de traverser la Seine sur un grand *pont* en fonte, composé de 3 arches, ayant chacune 40 mèt. d'ouverture, et dont la hauteur au-dessus de l'étiage est de 22 mètres.

10e STATION. — MELUN.

7 kil. de Cesson, 45 kil. de Paris. — Melun est à 1 kil. de la station, 17 kil. de Corbeil, par la rive dr. de la Seine, 22 kil. par la rive g., 18 kil. de Brie-Comte-Robert, 23 kil. de Verneuil, 27 kil. de Nangis, 6 kil. du château de Vaux-Praslin.

Melun *, l'ancienne capitale du Gâtinais français, ch.-l. du départ. de Seine-et-Marne, est situé au pied d'une colline et traversé par la Seine, qui le divise en trois parties. Le quartier de la rive g. (Saint-Ambroise) est le moins considérable; celui de l'île est le plus ancien; celui de la rive dr., le plus important, est la ville proprement dite. Leur population réunie s'élève à 11,241 hab.

Melodunum..... oppidum Senonum, in insulâ Sequanæ positum... Cette phrase de Jules César, au septième livre des *Commentaires*, le premier monument historique relatif à l'existence de la ville de Melun, constate ce qu'elle pouvait être. L'île dont il est ici question n'égale pas, à beaucoup près, celle où la Cité des Parisiens fut longtemps enfermée.

Labiénus, le plus habile des lieutenants de César, avait reçu l'ordre de marcher de Sens sur Lutèce. Il suivit la rive g. de l'Yonne, puis celle de la Seine, et trouva les Parisiens campés et retranchés derrière un marais dont la position n'est pas bien connue. Après avoir reconnu l'impossibilité de le franchir, Labiénus revint sur ses pas jusqu'à Melun, chargea de soldats une cinquantaine de bateaux, s'empara de la ville, rétablit les ponts coupés par les Gaulois et passa sur la rive dr., qu'il suivit probablement jusqu'à l'embouchure de la Marne.

L'histoire ne parle guère de Melun sous l'administration romaine, ni sous les rois de la première race. Il n'en est question, sous les Carlovingiens, que pour rappeler les ravages des Normands. La ville fut pillée et brûlée par les Barbares cinq fois en cent trente-huit ans.

Sous les Capétiens, Melun devint une des places les plus importantes du royaume. Le roi Robert en fit son séjour de prédilection. Il y mourut en 1030, et Philippe Ier en 1108.

En 1102, Abélard y ouvrit une école publique, où il posa les fondements de sa doctrine.

En 1358, Jeanne de Navarre livra le château, l'île et la partie de la ville située sur la rive g. de la Seine, à son frère Charles le Mauvais. Le régent, depuis Charles V, dut venir l'assiéger avec des forces considérables. Pour la réduire il

fallut l'héroïsme de Du Guesclin. Il avoit juré par Dieu qui peina en croix et au tiers jour ressuscita, qu'il iroit aux cresneaux parler à la barette du Basque de Mareuil, et il tint parole. Toutefois, renversé d'abord de son échelle lorsqu'il montait le premier à l'assaut, il se fût noyé dans les eaux du fossé, si le Bègue de Vilaines n'eût appelé ses compagnons à son secours. Revenu à lui, le connétable courut aussitôt à la brèche, et cette fois il tint son serment.

En 1420, Melun, qui était close de fortes murailles, se défendit avec une admirable énergie contre le roi d'Angleterre, Henri V, et le duc de Bourgogne, son allié. Henri V dut convertir le siège en blocus. « Les compaignons du dedans, dit un vieil historien, tiroient de grand couraige de canon et d'arbalestes, et plusieurs en tuoient. Et entre les aultres, y avoit un compaignon qu'on disoit estre religieux de l'ordre de Sainct-Augustin, dom Simon, moyne du Jard, près Melun, très-bon arbalestrier, auquel on fit bailler une très-bonne et très-forte arbaleste. Et quand les Anglois et les Bourguignons venoient près des fossés, et qu'il les pouvoit appercevoir, il ne failloit point à les tuer, et dict-on que lui seul, il tua bien soixante hommes d'armes sans les aultres. » La ville ne se rendit que lorsqu'il n'y resta plus à manger ni un cheval, ni un chien, ni un chat. Le roi d'Angleterre déshonora sa victoire (si l'on peut appeler victoire le succès d'un blocus) par sa cruauté. Il fit décapiter le moine et un certain nombre de bourgeois. Les autres virent leurs biens confisqués, et les plus notables furent envoyés, avec leurs femmes et la plupart des gens d'armes, dans les prisons de Paris, où plusieurs moururent de faim. Dix ans plus tard (1430), les Mélodunois, à l'instigation de Jeanne d'Arc, s'insurgèrent contre les Anglais et les contraignirent à se réfugier dans le château, qui dut capituler après douze jours de siège.

Melun fut occupé par les Ligueurs en 1589, et reprise d'assaut par Henri IV l'année suivante. Les troupes royales y détruisirent deux couvents dont les prédicateurs s'étaient signalés par leur violence. Depuis cette époque, il n'a plus eu de catastrophe à déplorer. La cour y vint quelquefois, du temps de la Fronde; mais elle ne logea point au château, qui n'était plus habitable, et qui fut enfin démoli en 1740.

Melun est la patrie de Jacques Amyot, évêque d'Auxerre, le traducteur de Plutarque, dont une des rues du quartier septentrional porte le nom. Derrière l'église Saint-Aspais, sur la maison n° 28, occupée par un pharmacien, on lit cette inscription : « Ici est né Amyot, le 30 octobre 1514. »

L'église principale de Melun, **Saint-Aspais** (mon. hist.), sur la rive dr. de la Seine, date du XVI° s. Elle est dédiée à un archevêque d'Eauze qui, sur la fin de sa vie, se retira aux environs de Melun. Sa forme est bizarre et irrégulière. De chaque côté de la nef principale s'étendent deux collatéraux soutenus par des colonnes d'une délicatesse remarquable. On vante les vitraux du chœur (XVI° s.) et les sculptures du chevet. Près de la porte de la sacristie, 6 médaillons en marbre blanc (1698), reproduisent des figures d'Apôtres et de Pères de l'Église. Parmi les tableaux exposés dans l'église, on remarque : *les Enfants dans la fournaise*, d'un ancien maître inconnu; *la Cène*, panneau sur bois du XV° s.; un *Portement de Croix*, par Pérignon. A l'extérieur du chevet, un médaillon en bronze, œuvre de M. H. Chapu, inauguré en 1872, représente Jeanne d'Arc, libératrice de Melun (1430).

L'église **Notre-Dame** (mon. hist. du XI° s.), qu'on laisse à dr. dans l'île avant de traverser le bras principal du fleuve, mérite surtout une visite. Elle appartenait jadis à un couvent de filles remplacé maintenant par la *maison centrale de détention* du départ. de Seine-et-Marne (1,200 détenus hommes). Cette église vient d'être restaurée avec le plus grand soin par M. Eug. Millet. On remarque surtout, à l'intérieur, les élégantes chapelles latérales du chœur, et, à l'extérieur, les deux tours heureusement reconstruites avec de jolies fenêtres romanes. La façade a été remaniée aux XV° et XVII° s. Une belle pierre tombale, dressée dans le bas-côté S., présente l'effigie de Denis de Chailly et de sa femme Denise de Pisdoé, morts dans la première moitié du xv<sup>e</sup> s. Les travaux de nivellement exécutés sur la place Notre-Dame en 1864 ont fait découvrir quelques fragments de bas-reliefs, une statuette et une pierre portant l'inscription d'un autel dédié à Mercure et aux dieux Mânes par le préteur Drusus Germanicus, frère de Tibère. Ces antiquités ont été déposées au musée.

On remarque, dans l'île : (rue du Château) les restes de l'église du *prieuré Saint-Sauveur* et de son *cloître* (Renaissance), convertis en maisons particulières; la *maison de la Vicomté* (Renaissance), qui appartint à Fouquet, et, à l'extrémité orientale, la *tour de César* (il n'en reste que la base), seul vestige du manoir des rois de France, détruit au xviii<sup>e</sup> s.

Dans le quartier Saint-Ambroise, les couvents des Ursulines et de la Visitation ont été convertis en casernes de cavalerie.

Le *clocher de Saint-Barthélemy* (1740), qui s'élève au haut de la ville, près de la préfecture, a été restauré en 1858.

L'*hôtel de ville*, commencé en 1847, a été terminé en 1848. L'architecte, qui a imité le style de la Renaissance, s'est habilement servi d'un vieil hôtel du moyen âge et d'une ancienne tour. Il en a flanqué son édifice en construisant une tour exactement semblable à l'autre extrémité. L'intérieur renferme la *bibliothèque publique* (18,000 vol.) et un *musée* créé récemment par l'initiative de M. Courtois. On y remarque une intéressante collection des antiquités découvertes dans la ville et aux environs, plusieurs bronzes et moulages, et quelques tableaux parmi lesquels nous signalerons :

102. *Chardin*. Sa nourrice. — 108. *Eug. Delacroix*. Tête d'Actéon. — 110. *Desportes* (?). Chasse. — 125. École de *Mignard*. La Coquetterie. — 128. Vue de Melun au xvi<sup>e</sup> s. — 129. Vue de Melun sous Henri IV. — 139. *Oudry*. Fleurs et fruits. — 150. École de *Rigaud*. Marie-Thérèse, impératrice d'Autriche. — 160. *Paul Bril* (?). Réjouissances de paysans. — 161. *Wouwermans* (?). Départ pour la chasse. — 169. D'après *Raphaël*. L'Ange gardien. — 170. D'après *Rubens*. Débarquement de Marie de Médicis à Marseille (allégorie).

Un *square* s'étend derrière l'hôtel de ville. — La *place Saint-Jean* est ornée d'une fontaine monumentale.

La *préfecture* s'élève au sommet de la colline que couvre le quartier septentrional de la ville, et la domine tout entière ainsi que la vallée. Un vaste jardin anglais descend de la façade jusqu'à la rivière.

La préfecture est à l'extrémité occidentale de Melun. Du côté opposé, se dresse, comme pour lui servir de pendant, le *château* (1766) *de Vaux-le-Pénil* (qu'il ne faut pas confondre avec Vaux-Praslin), beaucoup plus grand que la préfecture, précédé, comme elle, d'une belle pelouse en amphithéâtre et offrant, en outre, une magnifique futaie qui couronne le coteau. Une jolie promenade borde la Seine au-dessous de cette belle propriété. L'*église* de Vaux est du xiii<sup>e</sup> s.

L'ancien pont aux Moulins, sur la Seine, a été reconstruit en fonte. C'est à cet endroit que se pêchaient les fameuses *anguilles de Melun*. Leur réputation est consacrée par ce proverbe : « L'anguille de Melun crie avant qu'on l'écorche, » qui rappelle aussi l'historiette suivante. Au moyen âge, dans la représentation théâtrale d'un mystère, on choisit pour jouer le personnage de saint Barthélemy, un acteur du nom de Languille. Son rôle était d'être écorché vif. Le malheureux, entrant dans la réalité de ce rôle, se mit à crier de toutes ses forces quand le bourreau fit mine de vouloir aussi remplir le sien. De là le proverbe.

La ville de Melun, qui n'avait pas, sous Louis XVI, 4,000 habitants, a vu tripler sa population depuis qu'elle est devenue le ch.-l. du départ. de Seine-et-Marne. Jusqu'à la Révolution, elle avait été commune franche, protégée seulement par ses vicomtes, dont le domaine embrassait un vaste territoire situé au N.-E. de la ville, vers le village de Maincy. La demeure seigneuriale, isolée à 6 kil. de Melun, s'appelait *Vaux-le-Vicomte* et s'appelle aujourd'hui **Vaux-Praslin**.

Fouquet, surintendant des finances sous l'administration du cardinal Mazarin, acheta la vicomté de Melun, et remplaça le vieux château par un édifice immense et magnifique, où il offrit à Louis XIV, le 17 août 1661, une fête qui eut toute l'importance d'un événement.

Les Mémoires du temps sont pleins de descriptions pompeuses de cette fête, et l'on peut en lire, dans les œuvres de la Fontaine, un récit très-détaillé en vers et en prose. La Fontaine était de la fête, et il eut le rare mérite de n'oublier jamais les services que Fouquet lui avait rendus. La perte du surintendant, préparée de longue main par ses deux collègues Le Tellier et Colbert, était déjà résolue quand Louis XIV alla s'asseoir à sa table; mais le luxe de cette demeure et le faste de la réception augmentèrent singulièrement l'irritation du monarque, qui avait en effet le droit de se dire : « Toutes ces richesses ont été accumulées au détriment de l'État. » Fouquet fut arrêté à Nantes, le 5 septembre, dix-huit jours après sa fête, enfermé successivement à Vincennes et à la Bastille, jugé en 1664 par une commission formée de conseillers au parlement, banni et incarcéré à Pignerol par ordre du roi, qui trouva que la commission avait été trop débonnaire.

Louis XIV ne voulut pourtant pas ruiner la famille de celui qu'il avait si rudement frappé. Le fils aîné du surintendant, Nicolas Fouquet, fut comte de Vaux. Il mourut en 1705. Le maréchal de Villars acheta de sa succession la terre de Vaux-le-Vicomte, que Louis XIV érigea, en sa faveur, en duché-pairie, et qui s'appela *Vaux-Villars*. Le duc de Villars, fils du maréchal, le vendit au duc de Praslin, ministre sous Louis XV. Enfin le château est possédé, depuis 1875, par un riche industriel parisien, M. Sommier.

« Le palais de Vaux, a dit Voltaire (*Siècle de Louis XIV*, chap. xxv), et les jardins avaient coûté à Fouquet 18 millions, qui en valent aujourd'hui 35. Il avait bâti le palais deux fois et acheté trois hameaux, dont le terrain fut enfermé dans des jardins immenses, plantés en partie par Le Nôtre, et regardés alors comme les plus beaux de l'Europe. Les eaux jaillissantes de Vaux, qui parurent depuis au-dessous du médiocre après celles de Versailles, de Marly et de Saint-Cloud, étaient alors des prodiges. Ces eaux, qui ne jouent plus aujourd'hui, n'étaient rien, après tout, comparées au château lui-même, chef-d'œuvre de Levau, et qui, sauf les injures du temps, reste encore tel que Fouquet le fit bâtir.

Les magnificences du dedans répondaient à celles de l'extérieur. Les peintures sont de Charles Lebrun et de Mignard. Un seul détail suffira pour donner une idée de la munificence du surintendant : il faisait à Lebrun 10,000 livres de pension par année, outre le prix des tableaux.

Ce beau château est entouré d'un large fossé rempli d'eau et revêtu de maçonnerie. On y entre par un pont-levis. On en sort également par un pont-levis du côté du jardin. La cour d'honneur est précédée d'une vaste avant-cour, le long de laquelle s'étendent les *communs*. Cette avant-cour est fermée du côté de l'avenue par une large grille que soutiennent des *Termes* de grandeur colossale. Tous, malheureusement, sont plus ou moins mutilés; le château lui-même a été fort mal entretenu. Le parc a 800 arpents; il est tout en lignes droites, suivant l'usage du xviie s. A l'extrémité du parterre s'étend une pièce d'eau ou canal creusé de main d'homme et alimenté par la petite rivière d'Anqueuil.

Excursion à l'abbaye du Lys.

Au sortir de la gare de Melun, au lieu de tourner à g. pour aller à la ville, les archéologues pourront prendre sur la g. un chemin qui, se dirigeant en ligne droite vers le S.-O., laisse à dr. le *château de Bel-Ombre*, construit originairement pour la reine Blanche, et conduit à l'**abbaye du Lys** (2 kil.), située dans la commune de *Dammarie-lès-Lys* (1,219 hab.). Cette abbaye fut fondée vers 1212 par Alix de Mâcon et Blanche de Castille, qui y établirent des religieuses de Cîteaux. Saint Louis l'enrichit de ses bienfaits, et sa mère, en mourant, ordonna que son cœur reposât dans l'église conventuelle. Les bâtiments du monastère sont détruits; il ne reste de l'église que des débris du chœur et du transsept, beaux spécimens de l'art du milieu du xiiie s.

L'*église* paroissiale de Dammarie, qui datait du xiie s., a été en grande partie refaite en 1859. En 1853, un coffret d'ébène, recouvert d'une feuille d'argent peinte en vert sombre et orné de médaillons et des armoiries de Louis IX, y fut signalé par MM. Aufauvre et Fichot. Ce précieux

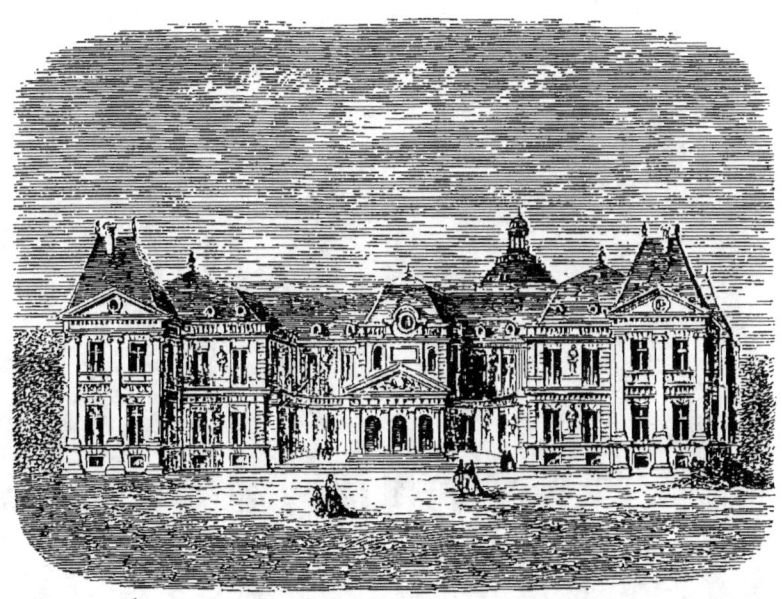

Château de Vaux-Praslin.

meuble, possédé en effet, dit-on, par le saint roi, a fait partie du Musée des Souverains, à Paris. Une crosse du xiiie s., restaurée au xve, et possédée par la bibliothèque de Versailles, provient aussi du trésor de l'abbaye du Lys. On remarque à l'intérieur de l'église de Dammarie une superbe grille en fer forgé, des fonts et un bénitier sculptés, et un magnifique tableau de Van Schupper (xviiie s.), représentant la *Nativité*.

De Melun à Verneuil, V. Section XXI, p. 390; — à Corbeil, Section XXIV).

A peu de distance de la gare de Melun, le chemin de fer se rapproche de la rive g. de la Seine, sur laquelle il offre de jolis points de vue. On passe dans un petit tunnel sous la cour d'honneur du *château de la Rochette*, puis on revoit la Seine, que l'on côtoie longtemps. Sur la rive dr. se montrent successivement *Livry*, 260 hab. (demeure seigneuriale du xviie s.), *Chartrettes*, 595 hab. (château du Pré, donné dit-on, à Gabrielle d'Estrées par Henri IV), puis *Fontaine-le-Port*, 290 hab.

Fontaine et Chartrettes sont réunis à la rive g. de la Seine par deux ponts modernes. On longe la forêt de Fontainebleau, près de la Table du Roi et de la Mare aux Évées, avant de s'arrêter à la station de Bois-le-Roi.

IIᵉ STATION. — BOIS-LE-ROI.

51 kil. de Paris, 6 kil. de Melun, 3 kil. de Fontainebleau.

Bois-le-Roi, 1,029 hab., se trouve situé à la dr. du chemin de fer, sur la lisière E. de la forêt de Fontainebleau. Les hameaux de *Sermaise* (château), de *Brolle* (château) et de *la Cave* en dépendent. On voit sur son territoire de nombreuses maisons de campagne, parmi lesquelles on remarque le magnifique *château de Brolle,* construit pour M. Abel Laurent, agent de change à Paris. La Cave possède sur la Seine un port important pour l'exportation du grès et du bois de la forêt. Sermaise

Église d'Avon.

donne son nom à la plaine boisée située à la g. du chemin de fer.

Au-delà de Bois-le-Roi, le chemin de fer, trop souvent encaissé entre deux talus qui gênent la vue, décrit deux fortes courbes dans la forêt pour se rapprocher de Fontainebleau. On passe sous la route de Fontainebleau à Valvins avant de s'arrêter dans la gare, à peu de distance de laquelle on aperçoit le *viaduc* courbe *de Changis.* Ce remarquable viaduc se compose de 30 arches de 10 mèt. d'ouverture et hautes de 20 mèt.

FONTAINEBLEAU.

59 kil. de Paris.—La ville est à : 2 kil. 1/2 de la station, 17 kil. de Melun, 11 kil. de Moret, 16 kil. de Nemours, 8 kil. de Bourron, 10 kil. d'Ury.

De la gare de Fontainebleau — les trains express ne s'y arrêtent

Château de Fontainebleau, vu à vol d'oiseau.

pas tous — on n'aperçoit ni la ville ni le château ; on ne découvre dans diverses directions que la forêt. Au-delà et au S.-O. du viaduc de Changis se montrent seulement un petit nombre de maisons à demi cachées dans des nids de verdure : c'est le village d'**Avon**, 1,926 hab. (fabriques de porcelaine et de produits chimiques), situé à l'extrémité orientale du parc, et dont la vieille *église* rappelle quelques noms célèbres. Une simple pierre tumulaire à l'entrée sur la dr. porte le nom de Monaldeschi (*V*. ci-dessous p. 451). Du même côté, près du maître-autel, est le tombeau du peintre Ambroise Dubois, mort en 1615. Sous le porche extérieur, on lit les inscriptions tumulaires du naturaliste Daubenton et du mathématicien Bezout.

30 min. suffisent pour aller à pied de la gare à Fontainebleau par une belle avenue de platanes. C'est une agréable promenade, le long de laquelle s'élèvent, à dr. et à g., d'élégantes habitations. La ville de Fontainebleau se développe et s'étend de ce côté seulement.

Fontainebleau *, V. de 11,633 hab., n'a en elle-même rien de bien curieux. On y remarque seulement quelques débris d'anciens *hôtels* (hôtel Pompadour, pavillon de l'hôtel d'Estrées ; porte de l'hôtel du cardinal de Ferrare, bâti par Serlio) ; un *hôtel de ville* monumental ; de vastes *casernes ;* une nouvelle *sous-préfecture ;* la *statue du général Damesme,* derrière l'église, et, sur la place principale, une fontaine surmontée d'un *buste de Decamps*.

Pour bien voir le château et la forêt de Fontainebleau il faut leur consacrer plusieurs journées. Une description complète de toutes les magnificences et de toutes les curiosités tiendrait trop de place dans ce volume [1]. Nous devons donc nous borner à les signaler ici, en quelques pages illustrées, au voyageur qui passe emporté par la vapeur, avec le désir de venir les admirer un jour, ou avec le regret de ne pas pouvoir aller les revoir en détail.

Histoire du château.

Il est fait pour la première fois mention du château de Fontainebleau sous le règne de Louis VII. Ce prince y tint sa cour, et y fonda la chapelle de Saint-Saturnin, consacrée par Thomas Becket. La forêt de Bière abondait en gibier. Les anciens rois de France, qui avaient tous la passion de la chasse, vinrent donc souvent à Fontainebleau. Saint Louis l'agrandit et le restaura. Toutefois le pavillon appelé aujourd'hui de son nom a été construit presque entièrement par François Ier. Charles V y fonde une bibliothèque. Charles VII y fait représenter ses victoires sur les murs. Puis ce château est abandonné. Louis XI se renferme à Plessis-lès-Tours ; Charles VIII préfère Amboise à ses autres résidences ; Louis XII se plaît surtout au château de Blois.

François Ier fut le véritable créateur du château de Fontainebleau. Doué d'un heureux instinct, il s'adressa aux grands maîtres d'Italie ; mais Michel-Ange rejeta ses propositions ; Léonard de Vinci ne vint en France que pour y mourir ; Raphaël s'éteignit avant de pouvoir mettre la dernière main à son dernier chef-d'œuvre, la Transfiguration, qui était destinée à la France ; Andrea del Sarto, entraîné par sa fatale passion pour une femme infidèle, abusa de la confiance du roi, qui l'avait chargé de lui acheter en Italie des tableaux et des statues. François Ier se vit donc, malgré lui, obligé de se contenter d'artistes du second ordre. Le Primatice, Rosso, Nicolo dell'Abate, Vignole, Serlio, formèrent ce qu'on a appelé l'*École de Fontainebleau*. Cette école n'eut pas certainement toute l'importance que lui accorda Vasari, mais elle brilla d'un vif éclat. On ne doit pas oublier toutefois qu'elle eut pour contemporaine une école nationale d'une grande valeur, une école toute française, celle de Jean Cousin, de Jean Goujon, de Pierre Lescot, de Germain Pilon. D'ailleurs, on ne sait pas

---

1. Voir, pour la description plus détaillée de la ville, du château, des jardins et de la forêt, l'*Itinéraire de Paris à Fontainebleau*, par Adolphe Joanne, 1 vol. illustré de gravures, accompagné de 2 cartes, chez Hachette et Cie.

Cour de la Fontaine sous Louis XIII.

d'une manière positive si les constructions élevées à Fontainebleau sous le règne de François Ier, la *cour Ovale*, la *chapelle Saint-Saturnin*, le *pavillon de la porte Dorée*, la *salle des Fêtes* (terminée par Henri II), la *galerie d'Ulysse* (détruite sous Louis XV), la *cour de la Fontaine*, la *galerie de François Ier*, la *cour du Cheval-Blanc*, furent l'œuvre d'artistes italiens, ou s'il faut les attribuer à des maîtres français dont les noms sont restés inconnus.

En 1536, Jacques V, roi d'Écosse, vint voir à Fontainebleau Madame Magdeleine de France, fille de François Ier, qu'il épousa l'année suivante, et qui ne tarda pas à mourir d'ennui dans sa nouvelle patrie.

En 1539, Charles-Quint demanda à François Ier la permission de traverser la France pour aller apaiser une sédition à Gand. Le P. Daniel raconte qu'il fut reçu hors de la forêt, à Fontainebleau, par une troupe de seigneurs et de dames « déguisés en forme de dieux et de déesses bocagères, qui, au son des hautbois, composèrent une danse rustique, puis se perdirent dans les ombres des bois. » Charles-Quint fut logé au *pavillon des Poêles*, et, « pendant plusieurs jours qu'il resta à Fontainebleau, le roy, dit Martin du Bellay, le festoya et lui donna tous les plaisirs qui se peuvent inventer, comme des chasses royales, tournois, escarmouches, combats à pied et à cheval, et sommairement toutes sortes d'esbattements. » Les dispositions de cette fête furent dues à Rosso. Cependant l'empereur quitta Fontainebleau dès que cela lui fut possible ; il s'y sentait peu en sûreté.

Les récits des fêtes somptueuses données à l'occasion du baptême de François II, en 1543, et, deux ans après, en 1545, pour le baptême d'Élisabeth, fille du Dauphin Henri, et ses fiançailles prématurées avec Édouard VI d'Angleterre, sont parvenus jusqu'à nous. Parmi les magnificences qui furent déployées à ce mariage, il faut rappeler celle d'un buffet à neuf étages, en forme de pyramide, dressé dans la cour du Donjon (cour Ovale), où François Ier avait exposé toute la vaisselle en or massif, tous les vases et objets d'art entassés depuis des siècles dans les demeures royales, et parmi lesquels il y en avait qui remontaient jusqu'à Charlemagne, assemblage inappréciable d'objets rares et précieux, aujourd'hui perdus en partie. Des officiers placés près de la splendide étagère expliquaient ces curiosités aux étrangers.

François Ier meurt en 1547. Henri II lui succède. Diane de Poitiers monte sur le trône avec lui ; son influence remplace celle de la duchesse d'Étampes et écarte pour plusieurs années celle de l'épouse d'Henri II, Catherine de Médicis, dont le goût florentin devait avoir en France une action si marquée sur les arts, comme son génie devait s'y exercer si violemment dans la politique. Diane de Poitiers vit avec joie s'éloigner la maîtresse du feu roi, qui avait été nommée la plus belle des savantes et la plus savante des belles. Elle comprit qu'elle devait la remplacer dans la direction des fêtes et des embellissements, et s'appliqua à protéger les artistes et les poètes. Elle devient la divinité du lieu. *Diane*, c'était là un heureux nom pour une époque d'engouement mythologique. Aussi l'art multiplie-t-il l'image de la déesse chasseresse et de ses emblèmes. Toutefois une critique plus attentive reconnaît aujourd'hui que les chiffres (deux D adossés dans un H) et les croissants mêmes que, par une équivoque facile, on attribuait à la maîtresse d'Henri II, appartiennent à Catherine de Médicis.

Henri II continue les travaux commencés par François Ier. Il fait décorer, par Nicolo dell'Abate, sur les dessins du Primatice, la *salle des Fêtes*, la merveille du château de Fontainebleau, et qui porte son nom.

Mais les grâces folâtres, les jeux et les fêtes vont s'enfuir et céder la place aux intrigues politiques. Henri II meurt en 1559 ; et, sous le règne de ses successeurs, la France est en proie aux guerres civiles et religieuses. Sous François II, en 1560, une assemblée des notables est provoquée par la reine-mère dans le but apparent de calmer les haines qu'avaient soulevées les dissensions religieuses, mais en réalité pour ranimer les calvinistes et s'en faire au besoin un appui contre les Guises, alors tout-puissants et qui la tenaient pour ainsi dire en tutelle. Les princes lorrains, le connétable de Montmorency, l'amiral Coligny, etc., s'y trouvèrent réunis. Manœuvrant avec habileté entre les deux partis qui se disputent la suprématie, et qui cherchent à enlever le jeune roi Charles IX jusque dans sa résidence de Fontainebleau, Catherine triomphe, et, arrivée au faîte du pouvoir, elle cherche à faire de sa cour un théâtre de plaisirs et de voluptés.

Cour des Adieux ou du Cheval-Blanc.

Cent cinquante filles d'honneur dont elle s'entoure, et qu'elle a soin de choisir parmi les plus belles, deviennent les auxiliaires de sa politique. C'est avec cette escorte qu'elle se rend, le 31 janvier 1564, à Fontainebleau, pour y voir les ambassadeurs du pape, de l'empereur, du roi d'Espagne et d'autres souverains et princes catholiques, qui venaient demander que la France revînt sur l'édit de la pacification d'Amboise. La reine et le roi son fils ne crurent pas le moment opportun pour l'arène sanglante des discordes civiles ; ils répondirent par un refus. Puis les fêtes commencèrent, où les chefs des deux partis luttèrent de courtoisie et de prouesses.

Ces fêtes furent splendides ; il faut lire dans le P. Daniel, et même dans le grave Castelnau (ce dernier fut acteur dans les divertissements), le récit de ces sortes de représentations théâtrales jouées par les courtisans eux-mêmes, mélange gracieux de la poésie mythologique et des souvenirs de la Table ronde, et qui caractérise si bien cette époque. Il y eut des combats entre des Grecs et des Troyens luttant pour leurs dames, des tournois et des tours enchantées dont on fit le siége ; les filles d'honneur de la reine-mère y remplirent les rôles de sirènes, allégorie peut-être trop transparente et qui révélait les desseins artificieux de Catherine. Mais la troupe légère s'enfuit et se disperse de nouveau. Fontainebleau reste morne et désert jusqu'à l'avénement d'Henri IV.

Henri IV fut, après François Ier, le plus grand constructeur du château de Fontainebleau. Il doubla la superficie des bâtiments et des jardins. Il y fit travailler depuis 1593 jusqu'en 1609, et y dépensa la somme, énorme pour le temps, de 2,110,850 livres. Entre autres constructions, on lui doit la grande *galerie de Diane*, la *cour des Offices* et les vastes bâtiments qui l'encadrent, avec la porte d'entrée sur la place d'Armes ; le dôme élevé au-dessus de la porte qui va de la cour Ovale à celle des Offices (c'est sous ce dôme qu'eut lieu le baptême de Louis XIII, et la porte prit le nom de *porte Dauphine*) ; les bâtiments de la *cour des Princes* ; la restauration générale de la *chapelle de la Sainte-Trinité* ; le pavillon du surintendant des finances. Il agrandit les jardins et fit creuser le *grand canal*, de 1,200 mèt. de longueur sur 39 de largeur, dans un vaste terrain qu'il planta de beaux arbres et qu'il orna de pièces d'eau, toutes détruites aujourd'hui, à l'exception de la pièce du Miroir. L'habile ingénieur italien Francini changea les dispositions du parterre planté par François Ier, qu'on avait nommé jusqu'alors le jardin du Roi, et qui fut appelé depuis le *jardin du Tibre*, à cause d'une figure colossale placée au centre d'une fontaine, sur un rocher factice et percé à jour. Cette statue, que François Ier avait fait couler en bronze, fut fondue pendant la Révolution. On doit également à Henri IV le réservoir voûté, de 750 mèt. de longueur, qui prend son origine aux hameaux des Peleux et des Provençaux, et fournit 40 pouces d'eau limpide au château et à la fontaine de la place d'Armes.

Henri IV fit de longs séjours à Fontainebleau ; il aimait à s'y livrer au plaisir de la chasse. Gabrielle y vint aussi quelquefois ; ce fut pour elle que le roi construisit la galerie de Diane. Le chiffre mystérieux d'un S barré qu'on se plaît à expliquer par le nom d'*Estrées*, est-il le chiffre de la concubine ou celui de Marie de Médicis comme le prétendent certains critiques plus avisés ? Il faut se rappeler d'abord que Gabrielle d'Estrées était morte quand Henri IV épousa Marie de Médicis. Cet emblème a été souvent employé à la Renaissance comme celui de *fermesse* (constance). Henri IV y fit décorer de peintures la galerie de Diane, pour satisfaire, dit-on, un caprice jaloux de Gabrielle qui, à l'exemple de Diane de Poitiers, voulait aussi avoir son Olympe, où elle figurât avec le croissant sur la tête. Quand l'Olympe, commandé à Ambroise Dubois, fut prêt, la divinité était morte. Le croissant revint de droit à Marie de Médicis.

C'est à Fontainebleau qu'Henri IV vit naître son fils Louis XIII ; c'est à Fontainebleau que fut arrêté le maréchal de Biron, son ancien compagnon d'armes et son ami qui le trahissait alors.

Après la mort d'Henri IV, la régence orageuse et tracassière de Marie de Médicis laissa Fontainebleau désert pendant plusieurs années. Louis XIII confia l'achèvement des travaux commencés par son père à J. de Noyer, qui brûla quelques nudités de grand prix, notamment la *Léda* de Michel-Ange. On doit à Louis XIII la continuation de la chapelle de la Sainte-Trinité et l'escalier de la cour du Cheval-Blanc, remarquable à cause des difficultés de sa construction.

Le jour de la Fête-Dieu de l'année

FONTAINEBLEAU. — LE CHATEAU.

1633, Louis XIII toucha 1,269 malades des écrouelles réunis dans l'allée Royale, le long de l'étang, près du Jardin des Pins.

Louis XIV séjourna souvent à Fontainebleau, mais il devait établir ailleurs le siège habituel de sa grandeur et de sa magnificence. Sous la régence d'Anne d'Autriche, Fontainebleau reçut la visite de la reine d'Angleterre, femme de Charles Ier (1644). Après cette reine exilée et malheureuse, une autre reine du Nord, qui avait volontairement abdiqué, Christine de Suède, y vint à son tour, pendant un second voyage qu'elle fit en France. Cette reine si singulière dans ses manières et sa toilette, cette femme alors âgée de 31 ans, « qui avait l'air, dit Mlle de Montpensier, d'un joli garçon, qui jurait Dieu, jetait ses jambes d'un côté et de l'autre, les posait sur les bras de sa chaise.., » avait reçu l'ordre de s'arrêter à Fontainebleau. Louis XIV vint lui rendre visite. Un mois après, elle épouvantait cette paisible résidence par une tragique histoire qui est restée le souvenir funèbre et sanglant du château, l'assassinat de Monaldeschi. Le P. Lebel, supérieur des Trinitaires de la Rédemption, a laissé un récit émouvant et naïf de cet événement.

Le 10 novembre 1657, à une heure après-midi, il fut appelé auprès de la reine. Il la trouva dans la galerie des Cerfs [1], ayant près d'elle trois officiers de sa suite, et parlant à un quatrième, le marquis de Monaldeschi. Elle montrait des lettres à ce dernier, et le força d'avouer que ces lettres étaient de lui. Il chercha d'abord à s'excuser. « Enfin il se jeta aux pieds de cette reine, lui demandant pardon, et en même temps, les trois hommes qui étaient là présents tirèrent leurs épées hors du fourreau et ne les remirent qu'après avoir exécuté ledit marquis. Alors se relevant, il tirait la reine tantôt dans un coin de la galerie, tantôt dans un autre, la suppliant toujours de l'écouter. Sa Majesté ne lui dénia jamais rien, mais l'écouta avec une grande patience. « Mon père, me dit-elle, soyez té-« moin que je donne à ce traître et per-« fide tout le temps et plus qu'il ne « saurait désirer pour se justifier s'il « peut..... » Après une heure de confé-rence, le marquis ne contentant pas cette reine par ses réponses, Sa Majesté me dit, d'une voix assez élevée, pourtant grave et modérée : « Mon père, je me « retire et vous laisse cet homme, dispo-« sez-le à la mort et prenez soin de son « âme. » Quand cet arrêt eût été prononcé contre moi, je n'aurais pas eu plus de peine. »

Monaldeschi se jette de nouveau aux pieds de la reine; le P. Lebel la supplie à son tour : inexorable, elle sort de la galerie. Les trois hommes pressent Monaldeschi de se confesser, l'épée contre les reins. Le chef lui-même va près de Christine pour la fléchir; il revient en disant à Monaldeschi de se préparer à la mort. Le marquis éperdu conjure le P. Lebel de venir à son aide. Le moine retourne près de la reine et la supplie « les larmes aux yeux et les sanglots au cœur; » elle refuse obstinément toute grâce. En vain essaye-t-il de lui démontrer qu'elle ne saurait ordonner un tel meurtre dans le palais du roi de France, et qu'il vaut mieux recourir aux voies ordinaires de la justice; Christine répond qu'elle est reine partout, et qu'en elle réside la justice absolue et souveraine sur ses sujets.

« Je rentrai alors dans la galerie, dit le P. Lebel, en embrassant ce pauvre malheureux qui se baignait en ses larmes. » Nous renonçons à suivre dans son récit les horribles détails de ce drame sanglant, de cette longue agonie prolongée par la cotte de mailles que Monaldeschi portait sous son pourpoint. La maladresse des assassins est égale à la lâcheté de la victime. Après avoir reçu un dernier coup d'épée, Monaldeschi demeura plus d'un quart d'heure à respirer, durant lequel je lui criais et l'exhortais de mon mieux. Et ainsi ayant perdu son sang, il finit sa vie à trois heures et trois quarts après-midi. Le chef des trois lui remua un bras et une jambe, déboutonna son haut-de-chausses et son caleçon, fouilla en son gousset et n'y trouva rien, sinon en sa poche un petit livre d'*Heures de la Vierge* et un petit couteau. Ils s'en allèrent tous trois, et moi après, pour recevoir les ordres de Sa Majesté. Elle me commanda d'avoir soin de l'enterrer et me dit qu'elle voulait faire dire plusieurs messes pour son âme. » Monaldeschi fut enterré à l'église d'Avon. Quelle avait été la cause de sa condamnation et de sa mort? Probablement la jalousie et la vanité blessée de Christine.

---

1. Cette galerie fut convertie, sous Louis-Philippe, en appartements particuliers. Elle a été restaurée, et l'endroit où Monaldeschi a été assassiné est signalé aux visiteurs par une inscription.

« Ce n'était pas, a dit Voltaire, une reine qui punissait un sujet ; c'était une femme qui terminait une galanterie par un crime. »

Malgré l'horreur qu'inspira ce crime, Christine fut accueillie à la cour et assista aux fêtes dont le jeune roi Louis XIV était le héros, et quelquefois un des acteurs. Un jour il récita des vers et dansa au *ballet des Saisons* composé par Benserade, et qui fut joué en grande pompe à Fontainebleau, le 23 juillet 1661. C'est à cette époque qu'il devint amoureux de Mlle de La Vallière, pendant les fêtes qui suivirent la naissance du Dauphin.

En 1686, le prince de Condé meurt à Fontainebleau, où il était venu soigner sa belle-fille la duchesse de Bourgogne, malade de la petite-vérole.

Quand Louis XIV eut établi sa résidence à Versailles et à Marly, il faisait tous les ans le voyage de Fontainebleau. Il couchait ordinairement en route, soit à Petit-Bourg, chez le duc d'Antin, soit à Villeroy, chez le maréchal de ce nom ; il voulait que sa cour fût nombreuse et brillante ; tous les princes de la famille royale devaient être du voyage : c'était lui déplaire que d'être malade. Les princesses, même enceintes, ne pouvaient se faire excuser. C'est ainsi qu'il fit faire à la duchesse de Berri une fausse couche, en 1711. Pour lui obéir, elle vint en bateau jusqu'à Valvins.

Le 9 novembre 1700, un courrier apporta à Fontainebleau la nouvelle de la mort du roi d'Espagne, qui, par son testament, appelait le petit-fils de Louis XIV au trône. « Le roi, qui allait tirer, dit Saint-Simon, contremanda la chasse... Il manda aux ministres de se trouver à trois heures chez Mme de Maintenon. Quelques jours après, la cour était de retour à Versailles, et Louis XIV y proclamait le duc d'Anjou roi d'Espagne. »

En 1717, Fontainebleau reçut la visite du czar Pierre Ier. « Le lieu lui plut médiocrement, dit Saint-Simon, et point du tout la chasse, où il pensa tomber de cheval ; il trouva trop violent cet exercice qu'il ne connaissait point. Il voulut manger seul avec ses gens, au retour dans l'île de l'Étang. Il revint à Petit-Bourg dans un carrosse avec trois de ses gens. Il parut dans ce carrosse qu'ils avaient largement bu et mangé. » — En 1768, c'était un autre souverain du Nord, Christian VII, roi de Danemark, qui venait à Fontainebleau visiter Louis XV ; il y assista à la première représentation de *Tancrède*.

Sous l'influence de Mme de Pompadour, une des dernières courtisanes-reines que Fontainebleau était habitué à voir à côté des souverains, un petit théâtre mesquin avait été construit dans la *salle de la Belle cheminée*. C'est là qu'en 175? eut lieu la première représentation du *Devin du Village*. Tout le monde se rappelle avoir lu dans les *Confessions* de J.-J. Rousseau comment il y assista, placé sur le devant de la loge de l'intendant des menus plaisirs, faisant face à celle du roi, dans un équipage plus que modeste, la barbe longue et la perruque mal peignée, tour à tour humilié de sa tenue négligée, à cause des femmes élégantes qui l'entouraient, et honteux de sa pusillanimité à cause de sa philosophie ; il partit le lendemain matin pour éviter d'être présenté à Louis XV. — Un autre philosophe, moins facile à déconcerter que lui, et qui, d'ailleurs, était gentilhomme de la chambre, Voltaire, séjourna aussi quelques jours à Fontainebleau ; il négligeait un peu les devoirs de sa charge. « Tous les soirs, écrit-il, je fais la ferme résolution d'aller au lever du roi ; mais tous les matins je reste en robe de chambre avec *Sémiramis*. » Il était logé chez le duc de Richelieu avec Mme du Châtelet.

Fontainebleau n'eut point à rougir des honteux excès dans lesquels s'éteignirent les dernières années de Louis XV ; l'arrière-petit-fils de Louis XIV y faisait seulement une apparition tous les ans. Il construisit la salle de spectacle, incendiée en 1856, et l'aile neuve de la cour du Cheval-Blanc ; et, pour élever cette misérable bâtisse, il détruisit la galerie d'Ulysse.

Louis XVI vint à son tour chasser à Fontainebleau ; Marie-Antoinette fit faire des dispositions intérieures dans le château ; mais le séjour habituel de la cour était à Versailles, à Trianon... Pendant la Révolution, Fontainebleau fut délaissé. En 1804, il servait de caserne à des prisonniers de guerre.

Napoléon fit restaurer le château pour y loger le pape, qui venait le sacrer. Il y dépensa près de 12 millions. Le 25 novembre, à midi, il alla en habit de chasse dans la forêt au-devant de Sa Sainteté, à la croix de Saint-Hérem. Le Saint-Père était accompagné des cardinaux Antonelli, Borgia, di Pietro, Caselli, Braschi et de Bayane ; il prit place dans la voi-

Château de Fontainebleau (cour des Fontaines), vu de l'étang des Carpes.

ture à la droite de l'Empereur et arriva au château au milieu d'une haie de troupes et au bruit des salves d'artillerie. Plus tard, le souverain pontife, arrêté dans son palais, était transféré à Savone, puis en 1812 à Fontainebleau. Peu de temps après son retour de la campagne de 1813, Napoléon, qui venait de chasser à Grosbois, se rend à l'improviste à Fontainebleau, entre brusquement dans l'appartement de Pie VII, et l'embrasse avec effusion; le pape, touché, l'accueille affectueusement. Le 25 janvier, à la suite d'une nouvelle entrevue, le Saint-Père signait le célèbre concordat de Fontainebleau, par lequel il résignait la souveraineté des États romains. Il ne devait pas tarder à protester contre cette renonciation.

En 1814, Napoléon, ayant laissé son quartier général à Troyes, arrive à Fontainebleau le 30 mars, sur le soir. Il espérait que Paris se défendrait assez pour lui laisser le temps de venir à son secours. La lâcheté des uns, la trahison des autres, la lassitude de tous, lui enlevèrent cette dernière espérance. Alors il adressa aux chefs de l'armée ennemie une déclaration où il réservait les droits de la régente et de son fils; mais, les souverains alliés ayant refusé de traiter sur cette base, il dut se résigner après une lutte douloureuse avec lui-même, et il traça de sa main la formule suivante de son abdication:

« Les puissances alliées ayant proclamé que l'empereur Napoléon était le seul obstacle au rétablissement de la paix en Europe, l'empereur, fidèle à son serment, déclare qu'il renonce, pour lui et ses successeurs, aux trônes de France et d'Italie, et qu'il n'est aucun sacrifice personnel, même celui de la vie, qu'il ne soit prêt à faire aux intérêts de la France. »

Le *fac-simile* de cette déclaration, encadré sous verre, était conservé dans la pièce du palais où s'est consommé ce grand acte. Il en a été enlevé. On garde aussi le guéridon sur lequel cette abdication fut écrite. Un autre souvenir, le plus populaire de tous, assigne au palais de Fontainebleau une place mémorable dans l'histoire de l'Empire. Le 20 avril était le jour fixé pour le départ de Napoléon, que des commissaires étrangers devaient accompagner à l'île d'Elbe. Ce jour-là, il sort de son appartement à midi, suivi des généraux Drouot et Bertrand, descend vivement l'escalier du Fer-à-Cheval, s'arrête un moment sur les dernières marches, et, jetant un coup d'œil rapide autour de lui, donne ordre au général Petit de faire former le cercle aux soldats de la vieille garde réunis dans la cour du Cheval-Blanc; il s'avance au milieu des officiers, et fait ses célèbres *adieux* à son armée. Après avoir serré dans ses bras le général Petit, il s'arrache au spectacle de ses soldats en larmes; ses officiers le conduisent en pleurant à sa voiture, et Fontainebleau retombe dans le silence et la tristesse. « Un an plus tard, dit M. Vatout, le 20 mars 1815, Napoléon, dans cette même cour du Cheval-Blanc, passait en revue ses vieux grenadiers qui l'avaient accompagné à l'île d'Elbe et qui le ramenaient aux Tuileries! »

Louis XVIII fit décorer la galerie de Diane (aujourd'hui la bibliothèque). Ce fut à Fontainebleau qu'il reçut Caroline de Naples, fiancée du duc de Berri.

Charles X ne vint à Fontainebleau que pour y chasser. Le 30 juillet 1830, à six heures du matin, la duchesse d'Angoulême arrivait dans la cour du Cheval-Blanc, de fatale mémoire, et y apprenait le triomphe de l'insurrection de Paris. Le 30 mai 1837, le mariage du duc d'Orléans et de la princesse Hélène de Mecklembourg était célébré au château.

Louis-Philippe a dépensé trois millions et demi à la restauration du palais de Fontainebleau. Ce qui restait des peintures de Rosso et du Primatice a été rajeuni par des peintres de talent. Des distributions nouvelles, des remaniements regrettables ou heureux ont modifié le palais à l'intérieur. La plus éclatante des restaurations opérées par Louis-Philippe est celle de la *galerie d'Henri II*. Au rez-de-chaussée, au-dessous de cette galerie, a été établie une vaste salle à manger, qui lui est égale en longueur. Parmi les autres restaurations, il faut mentionner encore celle de la chapelle Saint-Saturnin, de la salle des Gardes, de la salle de Saint-Louis, des salons de François Ier et de Louis XIII, de la galerie des Assiettes, de la porte Dorée, de plusieurs escaliers et vestibules, enfin la grande restauration de la galerie de François Ier, le dernier travail entrepris par Louis-Philippe, et qu'il ne put mener à terme.

Comme le montre ce résumé historique, le château de Fontainebleau proprement dit est formé de nombreux bâtiments construits à diverses époques, imposants par leur grandeur, mais confus dans leurs dispositions générales et dis-

Le château vu du parterre.

parates dans leur architecture. Leur étendue est telle que la toiture seule présente une superficie de 60,000 mèt. carrés. Nous ne pouvons entrer ici dans le détail de toutes les œuvres d'art que renferme un aussi vaste monument. Nous le parcourrons cependant très-rapidement, en commençant par les cours, qui sont au nombre de cinq.

ITINÉRAIRE DESCRIPTIF DU CHATEAU [1].

Cour du Cheval-Blanc.

Cinq grandes cours sont comprises dans la vaste étendue des bâtiments formant l'ensemble du palais : la *cour du Cheval-Blanc*, celle *de la Fontaine*, celle du Donjon ou *cour Ovale*, celle *des Princes* et la *cour des Offices* ou *d'Henri IV*. La cour du Cheval-Blanc doit son nom à un cheval en plâtre, d'après celui de la statue de Marc-Aurèle à Rome, moulé par Vignole pour Catherine de Médicis, et qui était placé sous un dôme au milieu de cette cour ; il fut détruit en 1626. On la désigne aussi sous le nom de *cour des Adieux*, en mémoire des adieux de Napoléon à son armée, en 1814. Cette vaste cour, située à l'O. du château, a 152 mèt. de longueur sur 112 de largeur. Elle était entourée de bâtiments sur quatre côtés ; elle ne l'est plus que sur trois

[1]. Il y a deux entrées : l'une, sur la place Ferrare (aujourd'hui de Solférino), et par la grille de la *cour du Cheval-Blanc* (V. le petit PLAN D'ENSEMBLE, REZ-DE-CHAUSSÉE), l'autre, sur la place Napoléon III, par une petite porte située presque en face de l'hôtel de Londres, et ouvrant sur la *cour des Mathurins* (V. le même PLAN). De cette cour, un passage mène dans la grande cour du Cheval-Blanc ; et, dans celle-ci, à dr., on trouve la *Conciergerie* (C du plan), où se tiennent des employés chargés de diriger les visiteurs dans l'intérieur du château. Il faut une permission spéciale pour visiter certaines parties du palais : les collections chinoises et japonaises, l'ancienne galerie des Cerfs, les petits appartements, les jardins de Diane, la salle de théâtre.

Le château est ouvert aux visiteurs tous les jours de 11 heures à 4 heures.

seulement, le quatrième ayant été remplacé par une grille en 1810.

La façade principale, au fond de la cour, est composée de cinq pavillons principaux, à toits aigus et à deux étages, reliés entre eux par des corps de bâtiment formés d'un rez-de-chaussée et d'un étage. Le pavillon du milieu est orné d'un *escalier en fer à cheval* célèbre, construit en 1634, sous Louis XIII, par Lemercier ; loué comme construction, mais d'une masse bien lourde par rapport au maigre pavillon central sur lequel il s'appuie. Il paraît qu'il aurait remplacé un escalier analogue, que Philibert Delorme décrit dans son *Traité d'architecture* comme son ouvrage.

Le grand corps de bâtiment à dr., en tournant le dos à la grille, est *l'aile neuve*, construite par Louis XV sur l'emplacement de la *galerie d'Ulysse* (V. p. 447). Cette aile fut occupée momentanément par l'école militaire qui fut transférée en 1803 à Saint-Cyr. C'est au-dessous du pavillon qui termine cette aile du côté de la grille qu'était, sous François Ier, la *grotte du Jardin des Pins*. (V. le plan d'ensemble, *b*) [2]. L'aile du côté g. était occupée par les ministres. Au fond de la cour, dans l'angle g., est le *jeu de paume*, élevé près de la galerie détruite des Chevreuils. — À partir de cet angle, les quatre pavillons de la façade sont : le *pavillon de l'Horloge* et celui *des Armes*, terminé en 1559, reconstruit en 1702 après un incendie ; le maréchal de Biron y fut enfermé. Ces deux pa-

[2]. On peut encore voir les restes de l'entrée de la grotte du Jardin des Pins. On passe, dans la cour du Cheval-Blanc, sous une arcade de l'aile neuve et l'on tourne à dr. dans une petite cour de service. Les figures colossales qui en défendent l'entrée sont formées de morceaux de grès rapportés, qui dessinent rudement les articulations et les muscles du corps. Déjà en 1731, l'abbé Guibert dit que cette grotte abandonnée était une serre de jardinier. On aperçoit aussi cette construction rustique à travers des arcades ouvertes du côté du jardin anglais.

Itinéraire de la France par AD. JOANNE

PALAIS DE FONT

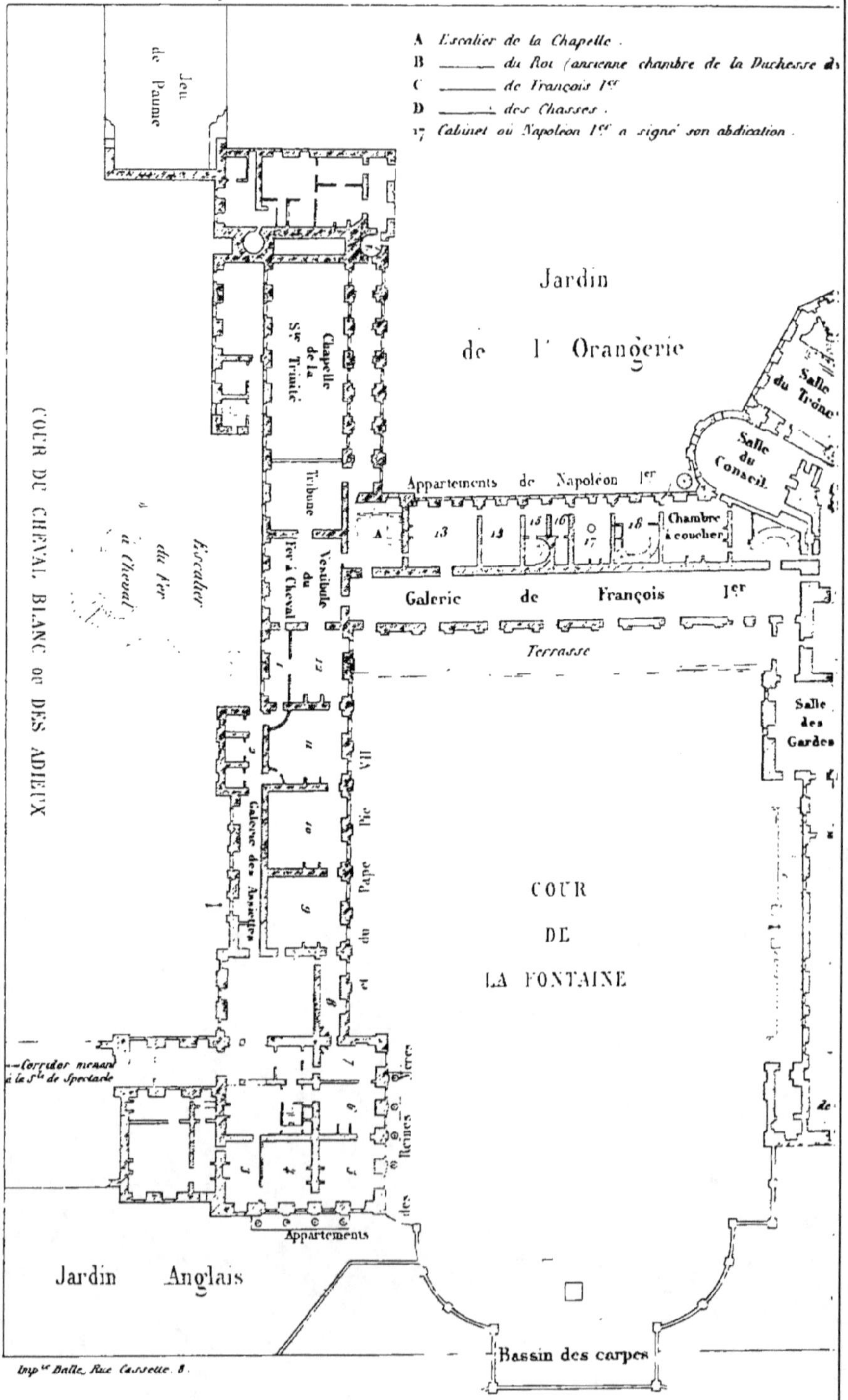

A Escalier de la Chapelle.
B ——— du Roi (ancienne chambre de la Duchesse d
C ——— de François Ier
D ——— des Chasses.
17 Cabinet où Napoléon Ier a signé son abdication.
Jeu de Paume
Jardin de l' Orangerie
Chapelle de la Ste Trinité
Tribune
Salle du Trône
Salle du Conseil
Appartements de Napoléon Ier
Chambre à coucher
Galerie de François Ier
Terrasse
Vestibule du Fer à Cheval
Escalier du Fer à Cheval
COUR DU CHEVAL BLANC OU DES ADIEUX
Salle des Gardes
COUR DE LA FONTAINE
Galerie des Assiettes
Appartements du Pape Pie VII
Corridor menant à la S^le de Spectacle
Appartements des Reines Mères
Jardin Anglais
Bassin des carpes

Imp^ie Balle, Rue Cassette, 8.

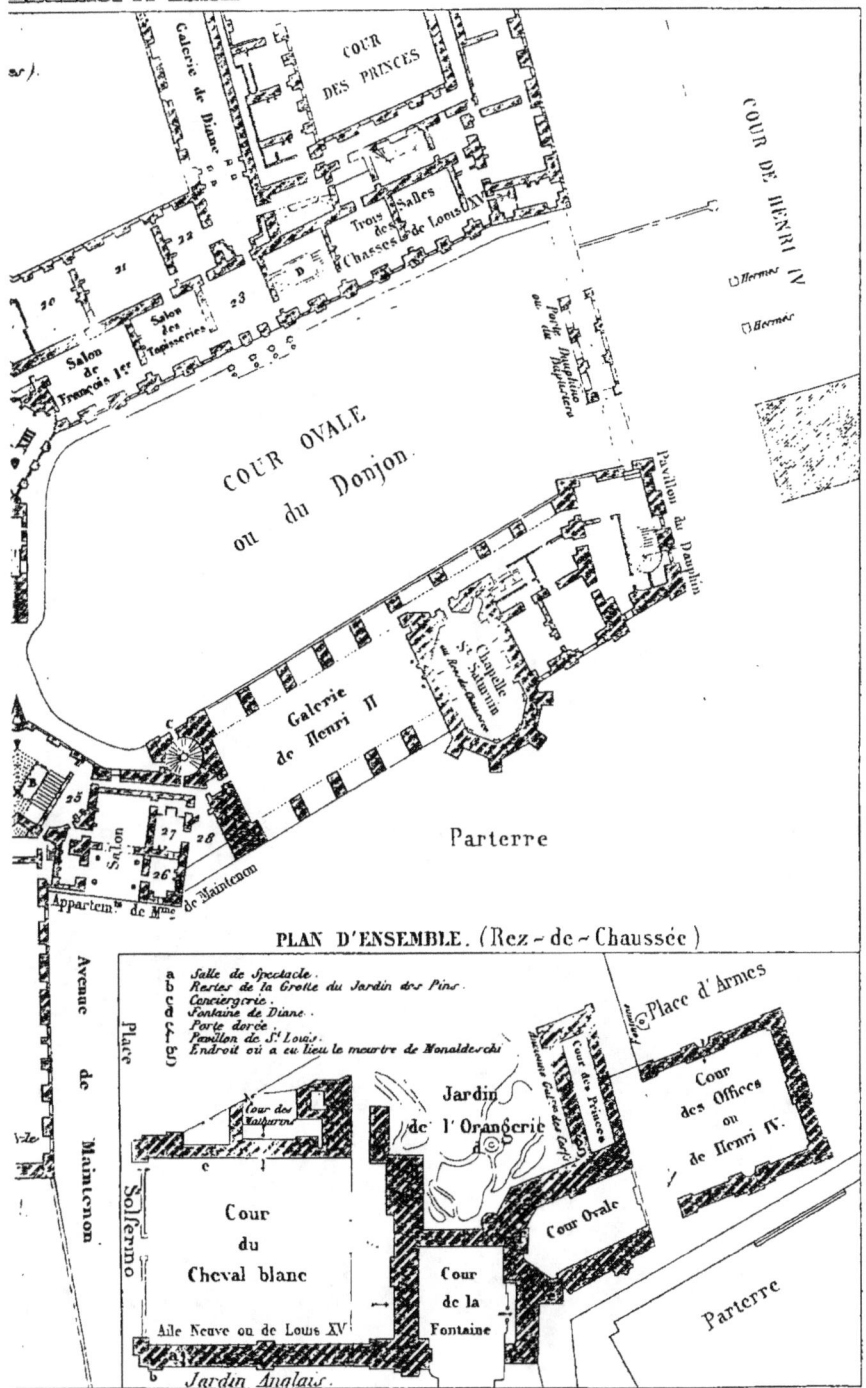

villons sont adossés à la *chapelle de la Sainte-Trinité.* — Celui du milieu, terminé sous Charles IX, était nommé le *pavillon des Peintures,* parce que François Ier y avait réuni des tableaux des grands maîtres italiens. — Le quatrième pavillon, à l'angle droit, fut d'abord appelé le *pavillon des Poêles,* à cause des poêles, venus d'Allemagne, que François Ier y avait fait placer; plus tard il devint le *pavillon des Reines,* et fut habité par Catherine de Médicis et Anne d'Autriche.

Quoique François Ier destinât la cour, dite plus tard du Cheval-Blanc, aux fêtes et aux carrousels, « il est probable, dit M. Castellan, que d'abord il ne pensa point à agrandir la façade du château au-delà de l'étendue de la cour de la Fontaine, qui est derrière, et dont la porte d'entrée

Corps de garde.

se trouve entre les deux pavillons. » Il est difficile de démêler, au milieu des modifications et des amplifications apportées à la façade principale, la juste part qui revient à chaque époque, celle de Serlio ou des architectes français. La construction de l'aile g. présente une particularité qui est répétée ailleurs et qui mérite d'être signalée. « Ordinairement la brique est employée dans le massif des murs et la pierre figure les chaînes ou l'ordre d'architecture de décoration; ici c'est tout le contraire. » Pareille disposition se voit, du reste, au château de Saint-Germain.

Henri IV fit enlever le pont-levis jeté sur le fossé qui traversait la cour du Cheval-Blanc. Deux ponts furent établis sur ce fossé, l'un vis-à-vis de la cour des Fontaines, l'autre en face de la chapelle de la Sainte-Trinité. Le petit mur avec balustrade qui divise la cour du Cheval-Blanc a été construit du temps de Louis-Philippe, à l'endroit même où étaient autrefois les fossés.

Cour de la Fontaine.

Située à l'E. de la cour du Cheval-Blanc, entre cette cour, avec laquelle elle communique, et les bâtiments qui entourent la cour Ovale, la cour de la Fontaine est limitée au S. par l'*étang* et entourée de constructions sur trois côtés. Au fond se trouve la galerie de François Ier, au-dessus de la belle terrasse sur arcades, bâtie par Henri IV, ornée de son chiffre, et récemment restaurée. Des deux ailes, l'une, du côté du *jardin anglais*, est terminée par un pavillon d'angle dans le style et du temps de Louis XV; l'autre, en face, avec une double rampe extérieure, est attribuée à Serlio. Ce dernier corps de bâtiment a perdu les statues qui en décoraient la façade. Une de ces statues était l'*Apollon du Belvédère*, coulé en bronze, qui est actuellement dans le jardin des Tuileries. Diverses parties de ces constructions ont été remaniées plusieurs fois, ce qui rend très-difficile aujourd'hui d'en restituer sûrement les époques.

Cette cour doit son nom à la fontaine qui y fut toujours établie, mais qui fut plusieurs fois changée. Dans un petit jardin carré créé par Henri IV et élevé sur maçonnerie dans l'étang, en avant du terre-plein de la cour de la Fontaine, on avait d'abord placé une statue d'Hercule, en marbre blanc, par Michel-Ange, statue provenant du palais Strozzi (Florence), acquise par Henri II, et que le nom du grand artiste ne sauva pas des enjolivements des doreurs. Le jardin et la statue ont disparu. La statue fut remplacée par une statue de Persée.

En 1810, on construisit une nouvelle fontaine décorée d'une statue d'*Ulysse*, due au ciseau de Petitot.

Deux monstrueuses figures de lions, conquises en Chine et sculptées dans ce style grotesque cher aux habitants du Céleste-Empire, sont placées, comme deux dragons chargés d'en défendre l'entrée, devant le rez-de-chaussée du pavillon où sont déposées les riches collections chinoises et japonaises.

Porte Dorée.

Cette porte, ainsi nommée à cause de la richesse de sa décoration donne accès sur la *chaussée de Maintenon*, élevée entre le parterre et l'étang, et conduisant à la forêt dans la direction du *mail d'Henri IV*; elle ouvre sur la cour Ovale. C'est là qu'était dans le principe l'entrée fortifiée du château. C'est par là que Charles-Quint fit son entrée en 1539. La porte Dorée a été élevée par François Ier et décorée, sur les dessins du Primatice, de diverses peintures mythologiques, restaurées en 1835 par M. Picot. Le pavillon auquel elle appartient fut construit sur d'antiques fondations; c'est là sans doute ce qui a motivé le biais de son plan par rapport aux édifices voisins. Il présente une façade partagée en trois parties égales, dans le sens horizontal ainsi que dans celui de la hauteur. La partie centrale est percée de grandes arcades superposées. Celle du bas sert de porte avec un vestibule ouvert; les deux autres étaient également ouvertes comme les *loges* italiennes, et l'édifice, depuis qu'on les a vitrées, a perdu de son caractère monumental. Celle du premier étage correspond à l'appartement de Mme de Maintenon.

L'arcade du rez-de-chaussée, ou porte Dorée, est divisée en deux parties inégales; le portique extérieur renferme les deux compositions entièrement refaites par M. Picot: *Hercule revêtu d'habits de femme par Omphale*, et *Hercule retiré des bras d'Omphale*. On voit dans le portique intérieur: le *Départ des Argonautes*, *Tithon et l'Aurore*, *Diane et Endy-*

mion, *Pâris blessé par Pyrrhus*, et, dans la voussure, *Céphale enlevé par l'Aurore*, et *les Titans foudroyés par Jupiter*.

Quelques-uns (et du nombre M. Picot, qui les a restaurées) ont voulu attribuer ces peintures à Rosso. Les deux plus anciens historiens de Fontainebleau, le P. Dan et l'abbé Guilbert, contredisent cette opinion; M. A. Poirson, dans un judicieux article publié en 1838 dans la *Revue française*, s'appuyant sur eux et sur un examen approfondi, les rend avec raison au Primatice. Cette restauration, du reste, ne donne qu'une idée bien incomplète de l'ouvrage primitif. Les peintures du Primatice avaient été exécutées à fresque; la restauration a employé le procédé de l'encaustique. Deux de ces tableaux avaient péri. Dans les six autres se retrouvaient les traits que, dans la peinture à fresque, l'artiste imprime

Porte Dorée.

avec un poinçon sur l'enduit encore frais et avec lequel il trace d'abord l'esquisse. Des fragments de couleurs, propres à faire juger de la manière, du ton, du coloris de la peinture originale, ont été retrouvés.

Cour Ovale (autrefois *du Donjon*).

Le périmètre de cette cour, moins étendue du temps de Louis IX qu'elle ne l'est aujourd'hui, est en partie celui du château primitif. Les bâtiments qui l'entouraient constituaient une véritable citadelle défendue par un fossé et un pont-levis du côté de la porte du Dôme; ainsi s'explique, comme nous l'avons dit, la forme irrégulière de la cour. Henri IV fit supprimer les fossés, dits de l'*Ovale*, creusés sous François II, et qui limitaient, du côté de l'E., la cour moins étendue avant l'adjonction de, deux pavillons ajoutés par Henri IV.

Le pavillon de saint Louis, qui en occupe le fond, est encore flanqué d'une tourelle, que l'on a regardée comme un reste de la demeure féodale, mais qui date de François Ier. Le château primitif a été détruit en grande partie, et ce qui reste d'antique est revêtu de décorations architectoniques qui en ont changé complétement le caractère et qui ne remontent guère qu'aux premières années du XVIᵉ s. De là résulte une grande difficulté d'appréciation. Cependant les F qui sont restées sur certaines parties de la construction, ou les salamandres sur les murs extérieurs de la galerie d'Henri II, et qui ont été rétablies par Louis-Philippe, servent d'indication pour l'époque de François Iᵉʳ. On retrouve aussi le chiffre d'Henri IV.

La portion la plus remarquable des bâtiments qui entourent la cour Ovale est une façade grandiose présentant deux rangs d'arcades ; celles du premier étage correspondent à la galerie d'Henri II. François Iᵉʳ ne construisit que cinq de ces arcades, à partir de la cour du Donjon jusqu'au portique de la chapelle Saint-Saturnin, encore existant sous Charles IX, et qui fut abattu sous Henri IV. Ce fut ce dernier qui prolongea cette façade et la lia par quatre autres arcades au pavillon d'angle, afin de régulariser la cour et de masquer les anciens contre-forts et l[es] piliers du tour de la chapelle, q[ui] de ce côté, avaient autant de saill[ie] qu'ils en ont du côté du parterre. [On] les retrouve encore à l'intérieur d[es] constructions. Sur la ligne des bâ[ti]ments faisant face, de l'autre côté, [de] la galerie d'Henri II, on voit d[es] consoles saillantes entre les cro[i]sées du rez-de-chaussée, qui étai[ent] sans doute destinées à supporter u[n] balcon de fer. Elles offrent u[ne] grande varié[té] d'ornemen[ts] habilemen[t] sculptés. [La] constructio[n] d'une galer[ie] supportée p[ar] quarante-ci[nq] colonnes, qui sert [de] communic[a]tion entre le[s] appartement[s,] les a rendu[es] inutiles. On a[t]tribue cette ga[le]lerie à He[n]ri IV.

Vers le m[i]lieu de cet[te] façade s'élè[ve] un péristyle [à] deux étage[s.] Les chapiteau[x] des pilastres des colonn[es] se distinguen[t]

Porte de la cour Ovale.

aussi par la variété de leur orneme[n]tation. On y retrouve l'F initiale [du] fondateur. Ce péristyle, qui offre un[e] grande analogie avec ce qui reste d[e] la chapelle Saint-Saturnin, sembl[e] être de la même époque. On a vou[lu] attribuer à Serlio, à cause du cara[c]tère italien de ce morceau d'archite[c]ture, la construction du péristyle d[e] la cour Ovale, qui est évidemmen[t] d'une époque postérieure à celle de[s] autres bâtiments sur lesquels il es[t] appliqué. M. Castellan ne partage pas cette opinion ; il considère a[u]

Cour Ovale et baptistère de Louis XIII.

contraire ce péristyle comme un précieux échantillon du goût français avant l'arrivée des artistes italiens.

Les deux lignes de bâtiments qui bordent la cour Ovale sont terminées par deux pavillons [1] à toit pyramidal, reliés par une terrasse qui ferme de ce côté la cour, et au milieu de laquelle s'ouvre la porte Dauphine.

A la place de cette porte, il y avait avant Henri IV, un pavillon offrant au rez-de-chaussée un vaste péristyle elliptique qui servait d'entrée, et, d'après une opinion généralement admise, c'est à la forme de ce péristyle d'entrée qu'est due la dénomination de la cour. Sous Louis XIII encore on la nommait la *cour de l'Ovale*.

Des tournois eurent lieu plusieurs fois dans cette cour. En 1545, le Dauphin, plus tard Henri II, qui devait périr un jour dans un tournoi, commandait une des deux troupes contre le comte de Laval, et eut les honneurs de la journée. Les casques de sa troupe étaient ornés d'un croissant et les chevaux couverts de caparaçons, semés aussi de croissants. Ce fut Diane de Poitiers qui triompha. A cette même fête, au milieu de la cour, un buffet pyramidal avait était dressé. « On y plaça, dit Champollion-Figeac, toute la vaisselle du roi en or massif, tous les vases et objets d'art, dont pour quelques-uns on faisait remonter l'origine jusqu'à Charlemagne. Des officiers de la maison du roi expliquaient aux seigneurs anglais (venus à l'occasion de la paix) l'origine de ces merveilles. »

Porte Dauphine ou Baptistère.

l'éristyle de la cour Ovale.

Ce curieux monument, composé d'un premier ordre sévère et rude que couronne un dôme capricieux, fut élevé sous Henri IV, et reçut son nom à l'occasion du baptême de Louis XIII, âgé de près de cinq ans, qui eut lieu sous le dôme. Il a été restauré en 1862. Il a un aspect étrange, incohérent, sans être déplaisant, et il offre une sorte de problème dont M. Castellan a cherché la solution. « Il n'est personne, dit-il, qui ne reconnaisse au premier coup d'œil que la façade extérieure de cette porte présente un aspect complexe, qui, bien qu'ingénieusement combiné, n'en dénote pas moins des styles différents, appartenant à des époques distinctes. Le premier ordre toscan à bossages appartient visiblement au commencement du XVIe s., tandis que le couronnement et tout le reste de l'édifice portent les caractères de l'architecture des premières années du siècle suivant.... Il y a un siècle de distance entre les deux faces de ce

---

1. Celui qui est désigné dans le plan sous le nom de *pavillon du Dauphin* fut construit par Henri IV. Des Dauphins sculptés ornent les chapiteaux des pilastres (*V. la porte Dauphine*). Ce pavillon a été restauré en 1855.

FONTAINEBLEAU. — LE CHATEAU.

monument. » M. Castellan présume que le premier ordre de la porte Dauphine est une sorte de placage provenant d'un édifice plus ancien; et l'attribue d'une manière incontestable à Vignole, à qui il fait, dans les travaux du château de Fontainebleau, une part qui n'est pas justifiée par la tradition. On remarquera, entre les colonnes, les masques antiques, en marbre blanc, de la Tragédie et de la Comédie. On voit sur ce monument les lettres initiales des noms d'Henri et de Marie de Médicis, et aux chapiteaux des pilastres, au lieu de volutes, des dauphins entrelacés.

Cour des Offices.

En avant de la porte Dauphine sont deux Hermès colossaux, d'un beau caractère, qui marquent l'entrée de la *cour des Offices* (*V.* le plan); ils

Cour Ovale.

relient à un mur d'appui couronné d'une grille, qui dessine la direction de l'ancien fossé; le pont qui traversait ce fossé existait encore à la fin du siècle dernier.

La cour des Offices, bâtie par Henri IV, a 87 mèt. de longueur sur de largeur. On attribue la construction des bâtiments à un nommé François Jamin. La cour a sur la place d'Armes une entrée monumentale, d'une forme originale, où se lit une inscription mentionnant les travaux exécutés par Henri IV.

Visite de l'intérieur du Palais.

Dans la description des salles intérieures du palais, nous suivrons l'ordre dans lequel les personnes, chargées d'accompagner les étrangers le font le plus ordinairement parcourir aux visiteurs, en leur laissant à peine le temps de voir les curiosités signalées à leur attention. On passe sous l'escalier du Fer-à-Cheval, et l'on entre au rez-de-chaussée dans la chapelle de la Sainte-Trinité.

N.-B. — Dans la visite des diverses parties intérieures du château, il ne faut pas oublier que non-seulement les peintures mais la décoration ont été restaurés, qu'une partie considérable de ces décorations a été faite sous Louis-Philippe. L'ameublement a été complété à diverses époques, en grande partie sous l'Empire. Le nombre des objets d'ameublement destinés primitivement au château de Fontainebleau est excessivement borné.

Chapelle de la Sainte-Trinité.

La porte d'entrée est à g., au rez-de-chaussée, dans le Fer-à-Cheval. On lisait autrefois dans cette chapelle cette inscription ultra-monarchique : *Adorate Deum et deinde regem.* Bien que tirée des *Paralipomènes*, elle n'en était pas moins exorbitante et appelait au moins un commentaire. Ces paroles de saint Pierre, gravées sur une table de marbre au-dessus de la tribune du roi : *Deum timete, regem honorificate*, étaient sans doute destinées à en tenir lieu.

La chapelle de la Sainte-Trinité fut bâtie en 1529 par François Ier sur l'oratoire de saint Louis. On retrouve au fond de la nef une arcade gothique. Henri IV la fit richement décoré (*V.* p. 450). Le peintre Fréminet, chargé d'exécuter les peintures de la voûte, commença ce travail en 1608, deux ans avant la mort d'Henri IV, et le continua sous Louis XIII. Marie de Médicis lui donna le cordon de chevalier de Saint-Michel. Ce peintre, dont le nom et les ouvrages ne sont pas assez connus, naquit à Paris en 1567 et mourut en 1619. Il posséda une science de dessin et de composition et une vigueur d'exécution bien rares en France à cette époque. Malheureusement cette science, qui se montre trop, exclut la naïveté. Il fait abus de l'anatomie, des raccourcis et des perspectives difficiles. Seize années d'études en Italie ont fait de lui un imitateur assidu de la manière soit de Michel-Ange, soit du Parmesan : car on voit tour à tour prédominer dans ses ouvrages l'une ou l'autre de ces deux tendances. Quelle que soit la haute valeur de ce peintre, mal apprécié, il ne pousse pas l'art français dans une voie originale, et c'est encore avec lui l'art italien qui trône à Fontainebleau, comme au temps du Primatice et de Rosso. De tous ses grands travaux, il ne reste plus que ses peintures exécutées sur plâtre dans la chapelle de la Sainte-Trinité. Voici l'indication des divers sujets exécutés par Fréminet :

Au centre de la voûte, cinq grandes compositions : 1° (au-dessus de la tribune) *Noé faisant entrer sa famille dans l'arche;* 2° *la chute des Anges;* 3° *Dieu entouré des puissances célestes;* 4° *l'ange Gabriel recevant de Dieu l'ordre d'annoncer le Messie à la Vierge;* 5° *les saints Pères apprenant la venue du Messie.* — Sous l'arcade, derrière l'autel, *l'Annonciation.* — Quatre ovales reliant les grandes compositions et représentant *les quatre Éléments.* — Entre les trumeaux des fenêtres sont de grandes figures représentant les rois de Jérusalem : *Saül, David, Salomon, Roboam, Abia, Aza, Josaphat et Joram.* — Grisailles à dr. et à g. des rois : *les Patriarches et les Prophètes.* — Médaillons entre les grisailles : *la Patience, la Diligence, la Clémence, la Paix.* — Les quatre angles de la voûte sont occupés par quatre tableaux : du côté de l'autel, *la Foi et la Religion;* au-dessus de la tribune, *l'Espérance et la Charité.*

Ces peintures avaient été profondément altérées et l'humidité en avait détruit plusieurs, par suite du long état d'abandon dans lequel était resté le château. Une fissure considérable lézardait le centre de la voûte. La restauration des peintures de Fréminet, importante opération qui embrassait 37 caissons, a été confiée à M. Théodore Lejeune, qui a mené récemment à bonne fin cette entreprise.

« En 1856, dit M. A.-J. Du Pays, une suite de tableaux ovales furent placés sur les trumeaux, entre les croisées, comme projet de décoration de cette chapelle. Nous signalâmes alors, en la blâmant, l'inexplicable erreur de goût, par suite de laquelle ces tableaux, exécutés dans le style faux et conventionnel du siècle dernier, et signés des noms de Renou, de Lagrenée, étaient ainsi rapprochés des peintures grandioses de Fréminet. Ce contraste seul suffisait à faire rejeter un tel projet qui, en effet, n'a pas été adopté. »

Au-dessus de la porte s'élève la tribune du roi, en menuiserie; dans le plan présenté par Fréminet, elle devait être revêtue de marbre. On y arrive par le vestibule du Fer-à-Cheval. Le pourtour de la nef est garni d'un lambris anciennement doré, de 5 mèt. 50 cent. de hauteur, orné de

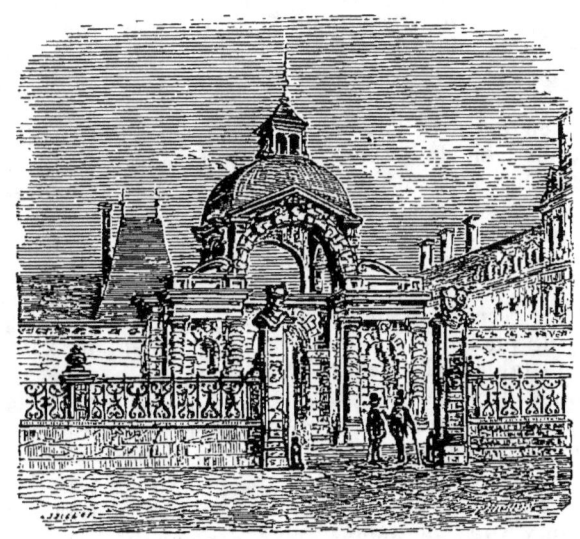

Porte Dauphine, dans la cour Ovale.

pilastres corinthiens. Des grilles en bois doré ferment les chapelles latérales.

Le riche autel, œuvre de l'Italien Bordogni, date de Louis XIII. Entre les colonnes de brèche violette de l'autel, et dans des niches, sont les statues en marbre de Charlemagne et de saint Louis, et au-dessus quatre anges en bronze, attribués à Germain Pilon. Le tableau placé sur l'autel, une *Descente de Croix*, est de Jean Dubois. Deux anges, de proportions colossales, placés au-dessus de l'autel près de la voûte, supportent des écussons aux armes de France et de Navarre. Les armes des Médicis sont au-dessus de la tribune. Les chiffres d'Henri IV, de Marie de Médicis, de Louis XIII et d'Anne d'Autriche, montrent que les travaux de décoration, commencés sous le premier de ces princes, furent terminés par son fils. Ces chiffres font partie des encadrements en stuc, couverts d'ornements dorés, qui entourent les peintures de Fréminet.

La chapelle de la Sainte-Trinité a

vu la célébration de plus d'un mariage royal ou princier, entre autres ceux de Marie-Louise d'Orléans, reine d'Espagne, de Louis XV, et du dernier duc d'Orléans avec la princesse Hélène de Mecklembourg. Napoléon III y a été baptisé en 1810.

En sortant de cette chapelle, on monte l'escalier A du plan et on arrive, au premier étage, à un vestibule monumental.

Appartements de Napoléon Ier.

L'ameublement des salles suivantes date en partie de l'Empire.

Antichambre des huissiers (n° 13 du plan). — On y a placé deux grands tableaux ; l'un de *Brenet* (1785) : les dames romaines offrant leurs bijoux à la patrie en danger ; l'autre, représentant un trait de Scipion, est de *Jos. Vien*. On y voit aussi une horloge du temps de Louis XVI, comprenant plusieurs cadrans et destinée à servir de calendrier, et une carte de la forêt.

Cabinet des secrétaires de l'Empereur (n° 14 du plan). — Il contient, au milieu, un tableau d'*Amédée Vanloo* ; nymphes et bergers ; à dr., le triomphe d'Amphitrite, par *G.-Fr. Doyen* ; à g., bacchanales, par *N. Hallé*.

Petite salle de passage (n° 15 du plan). — On y voit un tableau de fleurs de *Van Spaendonck*.

Salle des Bains (n° 16 du plan). — Cette petite pièce, coquettement décorée de peintures sur glace dans le goût de l'époque de Louis XVI, a été disposée sous Louis-Philippe. Les chaises et les fauteuils sont du style Louis XVI.

La pièce suivante a une grande importance historique, non-seulement dans les annales de Fontainebleau, mais dans l'histoire de la France au XIXe s.

Cabinet de l'abdication de Napoléon Ier
(n° 17 du plan).

C'est ici que s'est accompli ce grand acte qui a mis fin à l'Empire Le petit guéridon mesquin en acajou, sur lequel Napoléon a rédigé cette abdication, attire, au milieu de la salle, les regards de tous les visiteurs. En faisant basculer la table de ce guéridon, on aperçoit une petite plaque de cuivre contenant l'inscription suivante mise sous la Restauration :

Le 5 avril 1814, Napoléon Bonaparte signa son abdication sur cette table, dans le cabinet de travail du roi, le deuxième après la chambre à coucher, à Fontainebleau. Louis-Philippe avait fait placer, sur une console, un *fac-simile* de cet acte d'abdication, mis sous verre. Ce *fac-simile* a été enlevé sous le second Empire.

Cabinet de travail (n° 18 du plan).

Le bureau est du fameux ébéniste Jacob. Le plafond est décoré d'une peinture par Renaud, *la Force et la Justice*, dans le style académique banal du temps.

Chambre à coucher. — Cette pièce possède une belle cheminée de l'époque de Louis XVI. Les encadrements dorés et sculptés des portes sont du même temps, et d'une exécution parfaite. Les Amours peints en grisailles, au-dessus des portes sont de Sauvage. — Pendule ornée de camées antiques, donnée à Napoléon par Pie VII. — Lit de Napoléon restauré sous Louis-Philippe. — Une commode de Boule.

Salle du Conseil
(Salon de famille sous Louis-Philippe).

Cette salle, de l'époque de Louis XV mérite d'être remarquée comme l'une des plus élégantes du château. Sa décoration, exécutée par Boucher porte des traces visibles d'une période de décadence, où l'art français manifesta toutefois des qualités vraiment originales. A notre époque qui n'a pas eu assez de génie pour inventer un style particulier de décoration, il est peut-être puéril de récriminer à cet égard contre les peintres habiles du xviiie s. Sans doute, leurs œuvres faciles et légères n'ont aucune des tendances nobles et élevées de l'art; mais ils ont eu un style à eux, et, par-dessus tout, l'esprit, la verve et la grâce. Esprit, grâce et style maniérés, sans contredit, mais où se réfléchissent merveilleusement les goûts de la société dans laquelle ils ont vécu et qui en sont restés la plus brillante expression. Quand on regarde sans prévention la salle du Conseil, peinte par Vanloo et Boucher, il est impossible de ne pas être charmé et séduit par son aspect d'une richesse si élégante, si pittoresque. Il n'y a rien au palais de Versailles ni à Trianon, dans aucune des pièces qui ont été décorées à la même époque, qui puisse permettre une comparaison. Ces compositions, peintes sur toile, sont placées dans de riches encadrements. La principale représente Apollon, dieu du soleil, sur un char, précédé de l'Aurore. Quatre autres encadrements sont remplis de ces Amours blancs et roses, enguirlandés de fleurs, qu'affectionnait Boucher. L'ensemble de la décoration se complète par seize panneaux en camaïeu rouge et bleu, représentant des allégories. Une ornementation légère et d'une exécution facile se marie heureusement à ces mignardises mythologiques.

Une grande table, placée dans cette salle, est en bois de Sainte-Lucie et d'un seul morceau. Les meubles sont en tapisserie de Beauvais. Cette salle fut sous Henri IV le cabinet du roi. Le maréchal de Biron en sortait lorsqu'il fut arrêté. Elle fut construite sous François Ier, restaurée sous Henri IV, et décorée sous Louis XIV et sous Louis XV. La partie circulaire sur le jardin de l'Orangerie, qui lui a donné sa forme définitive, n'a été, dit-on, construite qu'en 1782. Près des fenêtres un cabinet est réservé entre la salle précédente et la salle du trône qui suit.

Salle du Trône.

On attribue à Charles IX la construction de cette salle, qui fut, dans le principe, la grande chambre du roi. C'est Louis XIII qui la fit orner en 1642; Louis XIV l'agrandit de tout le cabinet qui se trouvait au fond, et où Biron fut arrêté. Le trône y fut placé. « Le plafond est une merveille en son genre. Il se compose de deux corps : le premier est à plusieurs compartiments accompagnant une mosaïque soutenue par huit Amours, avec une couronne en relief sur fond d'azur, les armes de France et de Navarre, et quatre autres couronnes portées par des aigles dorés. Le deuxième corps est en forme de coupole enrichie de fleurs de lis, des chiffres de Louis XIV, et d'une ornementation d'une grande richesse. La cheminée est en menuiserie, comme le plafond, et du même style. Au-dessus se voit un beau portrait de Louis XIII en pied, d'après Philippe de Champagne (l'original fut brûlé en 1793). Louis XIV mit, à la place du portrait de son père, un tableau de Dubois, *Flore et Zéphire*, qui y resta jusqu'au commencement de l'Empire; à cette époque, on le remplaça par le portrait de Napoléon. Louis XVIII y mit Louis XV; enfin Louis-Philippe y a restitué Louis XIII. Ce portrait de Louis XIII est accompagné de sa devise : *Erit hæc quoque cognita monstris*, qui fait allusion à la massue avec laquelle *ce nouvel Hercule*, ainsi que l'appela Malherbe, terrassa l'hérésie.

« La salle du Trône servait jadis aux réceptions d'ambassadeurs, et à plusieurs solennités qui se rattachent à l'histoire de la monarchie. »

Le lustre, en cristal de roche a, dit-on, coûté 50,000 fr.

Boudoir de Marie-Antoinette (n° 19 du plan). — Cette pièce fut prise sur l'emplacement d'une plus grande, qui était décorée, sous Charles IX, de peintures représentant les portraits équestres des douze Césars, d'où le nom de *cabinet des Empereurs,* qu'elle conserva jusqu'au moment où Marie-Antoinette la fit transformer en boudoir. L'architecte Rousseau, à qui cette tâche fut confiée, s'en acquitta avec un goût digne d'éloges. Rien n'est plus gracieux et d'un meilleur effet que les élégantes et légères peintures des panneaux, sur fond d'or vert.

Le plafond, peint par Barthélemy, élève de Boucher, représente l'*Aurore;* les dessus de portes représentent les *Muses.*

Dans le parquet d'acajou massif est incrusté le chiffre de Marie-Antoinette. — Louis XVI avait, à Fontainebleau comme à Versailles, un atelier de serrurerie. « Mais on lui attribue faussement, dit M. Champollion-Figeac, la confection des belles espagnolettes des fenêtres, ornées de guirlandes ciselées. » La cheminée est ornée de cuivres ciselés de Goutière. Deux petites consoles et un guéridon modernes méritent d'attirer l'attention.

Au-dessus de cette pièce, Marie-Antoinette avait un petit cabinet désigné, à cause de sa décoration dans le goût oriental, sous le nom de *boudoir turc.* Un petit escalier dérobé y conduit, et, du haut du palais, deux jours dérobés permettent de voir à dr. et à g. ce qui se passe dans les salles du bas (salles de François Ier et de Louis XIII. *V.* ci-dessous).

Chambre à coucher de la Reine (n° 20 du plan). On pourrait appeler cette pièce la *chambre des cinq Maries,* car elle fut habitée successivement par Marie de Médicis, Marie-Thérèse, Marie-Antoinette, Marie-Louise et Marie-Amélie.

Le plafond, construit sous Louis XIII et sous Louis XIV, est splendide. Il se compose d'un grand médaillon environné de quatre autres plus petits, reliés ensemble par de somptueux encadrements. Le reste de la décoration et de l'ameublement date presque entièrement de Louis XVI, et fait pressentir les formes roides du Directoire et de l'Empire. On remarquera deux commodes de l'ébéniste Riésener, dont les cuivres sont exécutés et ciselés avec une grande netteté par Goutière. Ces meubles ne devraient-ils pas être réunis, comme le goût l'indique, à d'autres meubles pareils de style, et appartenant à la même époque, disséminés dans les diverses parties du château? Ils formeraient ainsi un ensemble intéressant et caractéristique de toute une époque. — Les tentures en soie du lit et des lambris ont été données par la ville de Lyon à Marie-Antoinette à l'occasion de son mariage, mais elles n'ont été mises en place que sous le règne de Napoléon Ier, qui les a fait racheter et poser où elles sont.

Salon de musique (n° 21 du plan). — C'était, au temps de Marie-Antoinette, le *salon du Jeu de la reine.* Il fut décoré par l'architecte Rousseau dans cette manière déjà un peu anguleuse et maigre, mais qui tenait encore par la grâce et le pittoresque au goût de l'époque précédente. Le plafond, représentant les *Muses,* est de Barthélemy, l'un des derniers disciples de l'école de Boucher, qui n'avait guère retenu de cette école que la facilité et la fadeur, sans la verve et l'éclat du maître. Les dessus de porte, en grisaille, sont du peintre Sauvage. Un magnifique guéridon en porcelaine de Sèvres de Georges (1806), représente les *Saisons.*

Ancien salon de Clorinde, ou *salon des dames d'honneur* (n° 22 du plan). — Ce cabinet doit son nom au sujet des peintures qu'Ambroise Dubois y avait exécutées, dans six grandes compositions tirées de la *Jérusalem délivrée.* Deux de ces tableaux se voient encore aujourd'hui dans la seconde partie de la chambre de saint Louis, appelée par quelques-uns *Buffet du Roi.* Paul Bril y avait ajouté des paysages. Sous Louis XVI, cette pièce fut divisée en logements pour les femmes de la reine. Louis-Philippe y a substitué un salon dans le style de Louis XV, et a fait ouvrir une porte de communication dans le mur qui le séparait de la galerie de Diane.

Galerie de Diane. — Bibliothèque.

La galerie de Diane, longue de plus de 80 mètres, et dont les croisées donnent sur le jardin de Diane, fut construite par Henri IV, qui y fit peindre par Ambroise Dubois la légende mythologique de Diane (V. p. 448). On y arrive aujourd'hui, comme on y arrivait alors, par plusieurs degrés, qui rachètent la différence de niveau entre cette salle et celles des anciens bâtiments.

De la galerie d'Henri IV, des peintures de Dubois, il ne reste rien aujourd'hui. Tout tombait en ruine quand l'architecte Heurtaut proposa à Napoléon de tout faire reconstruire. La maçonnerie seule était terminée en 1815; et c'est la Restauration qui a fait exécuter la décoration actuelle. Louis XVIII, fidèle à sa tradition politique, data les travaux qu'il fit exécuter dans cette galerie de la *vingt-huitième année de son règne*, par une inscription placée sur les portes, et qu'on a eu le tort d'effacer depuis.

La galerie, voûtée en berceau, est partagée dans sa longueur en huit travées; la voûte est ornée de peintures et de caissons chargés d'ornements dans le goût de la Restauration.

MM. A. de Pujol et Blondel furent chargés des peintures de cette salle, dont ils se sont partagé l'exécution. Nous indiquerons seulement les sujets principaux de ces peintures, sans style, sans originalité et sans caractère, appartenant à ce mode académique banal qui a trop longtemps dominé dans la décoration de nos édifices modernes, mais qui, particulièrement ici, à Fontainebleau, dans le voisinage des peintures du Primatice, de Rosso et de Fréminet, ne servent qu'à faire ressortir l'infériorité artistique des premières années du XIXe s. par rapport au XVIe s.

PREMIÈRE TRAVÉE : Au centre, *Esculape rend la vie à Hippolyte* (A. de Pujol). — DEUXIÈME TRAVÉE : Au centre, *Latone implore Jupiter, qui change les paysans de Lycie en grenouilles* (Blondel). — TROISIÈME TRAVÉE : Au centre, *le Sanglier de Calydon* (A. de Pujol). — QUATRIÈME TRAVÉE : Au centre, *Diane invoque Jupiter* (Blondel). — CINQUIÈME TRAVÉE : Au centre, *Naissance d'Apollon et de Diane* (A. de Pujol). — SIXIÈME TRAVÉE : Au centre, *Hercule, sur le Ménale, saisit la biche aux pieds d'airain* (Blondel). — SEPTIÈME TRAVÉE : Au centre, *Sacrifice d'Iphigénie* (A. de Pujol). — HUITIÈME TRAVÉE : *la Famille de Niobé* (Blondel).

A l'extrémité de cette galerie se trouve un salon décoré en stuc, dans le même style que la galerie. Les peintures sont de M. Blondel : au centre de la voûte, *Diane déesse de la nuit*. Les compartiments qui entourent ce tableau représentent des Amours et des Zéphirs portant des attributs de chasse : premier tableau à dr., *Vénus reçoit les plaintes de Diane*; deuxième tableau, *Diane chasse Callisto*; premier tableau à g.: *Métamorphose d'Actéon*; deuxième tableau, *Diane et Endymion*.— Grand vase en biscuit de Sèvres. — Un meuble vitré contient les plus belles éditions modernes et d'autres du XVe et du XVIe s.; ainsi qu'un choix d'anciennes reliures ayant appartenu à des personnages célèbres.

A dr. et à g. de la galerie, quelques tableaux achetés aux expositions, sous la Restauration, n'offrent qu'un intérêt de curiosité comme spécimens de la peinture française à cette époque; à g. (en revenant de l'extrémité de la galerie), Diane de Poitiers demandant la grâce de son père à François Ier, par Mme *Haudebourt-Lescau*; à dr., en face, Clotilde engageant Clovis à embrasser le christianisme, par *Laurent*. Au milieu de la galerie, à g., portrait équestre d'Henri IV, par *Mauzaisse*. Du même côté, avant le tableau de Mauzaisse, saint Louis au tombeau de sa mère, par *Bouton*; en face, Antoine de Bourbon donnant des joyaux à Jeanne d'Albret, par *Revoil*; à g. saint Louis délivrant les prisonniers, par *Granet*; en face, Tanneguy du Châtel sauvant le Dauphin, par *Richard*. — Près de l'entrée à g., Charlemagne traversant les Alpes, par *Hipp. Le Comte*; en face, Jeanne d'Arc, par *Regnier*. Dans l'embrasure de l'une des fenêtres se voient l'épée et la cotte de mailles de Monaldeschi. (*V.* ci-dessous, galerie des Cerfs.)

De la galerie de Diane on passe dans l'antichambre (n° 23 du plan) des grands appartements, ayant vue sur la cour Ovale. Mais, avant de s'y engager, les personnes munies de permissions peuvent aller, à g., visiter les appartements des Chasses (ancien appartement du prince impérial).

Escalier de la Reine[1] et appartements des Chasses (D du plan).

La cage de cet escalier fut décorée, sous le règne de Louis-Philippe, de plusieurs tableaux relatifs à des chasses: une grande toile de Charles Parrocel (1688-1752), représentant une chasse de Louis XV à Compiègne; des chiens, par Fr. Desportes (1661-1743) et par Oudry (1686-1755).

A g. de cet escalier sont trois pièces contenant des tableaux de C. Vanloo, d'Oudry et de Desportes représentant des chasses et des chiens de Louis XV. On remarquera dans la seconde salle: le *Cerf forcé par Louis XV à la Roche qui Pleure* (Fontainebleau); et le *Cerf à l'étang de Saint-Jean* (Compiègne).

Grands appartements.

A dr. de l'escalier des Chasses sont es grands appartements.

1. On voit sur la rampe de fer de l'escalier le chiffre de Marie-Antoinette.

Antichambre (n° 23 du plan). — Cette pièce, donnant sur le portique de Serlio (cour Ovale), a été décorée par Louis-Philippe d'un plafond de sapin à compartiments dorés. Le roi fit enlever quatre grosses colonnes qui l'obstruaient et ouvrir une porte de communication avec le salon de Clorinde, situé par derrière. Trois panneaux en tapisseries des Gobelins (sujets allégoriques) furent placés à la même époque. On remarque une Baigneuse en marbre sur une console.

Salon des Tapisseries

(anciennement: *des Gardes de la Reine*).

Il est ainsi nommé à cause des belles et curieuses tapisseries de Flandre qui le décorent. Ces tapisseries représentent l'histoire de Psyché. Un plafond en sapin du Nord, remarquable par l'habile exécution de la menuiserie, complète les décorations de cette pièce, entièrement remise à neuf sous Louis-Philippe.

Salon de François Ier.

Les dénominations des différentes salles présentent quelquefois de l'incertitude, comme on peut aisément l'imaginer, à cause de leurs nombreux changements successifs de destination: ainsi cette pièce fut autrefois l'antichambre des appartements de la reine; elle servit de salle à manger à la famille impériale. Le plafond à compartiments a été refait par Louis-Philippe. Le roi fit placer sur les murailles des tentures en tapisserie des Gobelins, exécutées d'après les tableaux de M. Rouget, dans le faux système artistique de ce genre de décoration qui régnait à cette époque, et représentant François Ier refusant aux députés de Gand son appui à la révolte de leurs compatriotes contre Charles Quint; François Ier à la Rochelle; Saint Louis et les envoyés du Vieux de la Montagne; Saint Louis,

FONTAINEBLEAU. — LE CHATEAU.

arbitre entre le roi d'Angleterre et ses barons (1264) ; Henri IV et Crillon ; un Croisé ; la France ; Henri IV à l'assemblée des notables à Rouen (1594) ; Saint Louis recevant l'hommage du duc de Bretagne (1234), Saint Louis prisonnier. Ces tapisseries ont été enlevées et remplacées par de vieilles tapisseries de Flandre, représentant des chasses princières. Les lambris et les deux portes de chaque côté de la cheminée datent de Louis XIII.

La cheminée, d'une ornementation abondante, remonte visiblement à l'époque de François Ier. Au milieu se trouve un charmant médaillon peint à fresque, attribué au Primatice, et représentant Mars et Vénus. Au-dessous de ce médaillon est un bas-relief en stuc, imité de l'antique. La restauration de cette cheminée a été complétée par des ornements en biscuits de Sèvres, d'un style douteux.

On remarquera deux bahuts en ébène des XVIe et XVIIe s. L'ameublement du salon est en tapisserie de Beauvais.

Une porte, dissimulée dans l'angle du salon de François Ier, s'ouvre sur un escalier dérobé, montant au boudoir de Marie-Antoinette. (*V.* ci-dessus, p. 468.)

Salon de Louis XIII.

Cette pièce, une des plus curieuses du château, appelée *grand cabinet du roi* ou *chambre Ovale*, servit de chambre à coucher à Marie de Médicis ; c'est là qu'elle mit au monde Louis XIII, en 1601. Construite par François Ier, décorée sous Henri IV, elle a été restaurée en 1837, à l'occasion du mariage du duc d'Orléans. Ambroise Dubois y avait peint quinze tableaux représentant les Amours de Théagène et de Chariclée, sujet tiré d'un roman grec d'Héliodore, évêque de Tricca en Thessalie au IVe s., roman que la traduction française d'Amyot a popularisé, et que Racine savait par cœur. Quatre de ces tableaux ont été supprimés sous Louis XV, qui fit élargir les portes, afin de donner passage aux robes volumineuses des dames. « Au milieu des arabesques et des dauphins qui font partie de la décoration, et du chiffre de Marie de Médicis, on voit briller l'S, entrecoupé d'un trait, qu'Henri IV mettait au commencement de toutes ses lettres, par allusion à sa passion pour Gabrielle d'Estrées (Esse-trait!) Étrange devise, et qui blesse également le goût et la morale. » Paul Bril décora

Cheminée du salon de François Ier.

aussi ce salon de petits paysages en fleurs.

Une petite glace carrée, de Venise, est, dit-on, une des premières qui ont été fabriquées. On remarque sur une console un grand coffret en ivoire.

Au-dessus de l'emplacement du lit de Marie de Médicis se voit le portrait de Louis XIII enfant, assis sur un dauphin, par Dubois.

« La petite porte, à côté de la place où est accouchée Marie de Médicis, conduisait à l'antichambre où Biron fut arrêté. » (Vatout.)

PAVILLON DE SAINT-LOUIS.

Salle de Saint-Louis.

Cette salle, divisée en deux pièces, a subi des changements : elle était, sous François Ier, appelée la chambre de Saint-Louis ; elle fut décorée alors dans le même style que la galerie dite de François Ier, à laquelle elle faisait suite. Les peintures à fresque, exécutées par Nicolo dell'Abate, sur les dessins du Primatice, les grandes figures, les fruits, les bordures de stuc modelées par Paul Ponce ; toute cette riche ornementation, expression d'une époque, fut détruite, présume-t-on, sous Louis XIV et remplacée par une décoration fort simple. Le roi Louis-Philippe a fait couvrir d'ornements le plafond, peint en bleu, et tapisser les murailles de quinze tableaux, dont cinq modernes, représentant plusieurs traits de la vie d'Henri IV ; Henri IV quittant Gabrielle ; Henri IV et Sully blessé à Ivry ; Henri IV chez le meunier Michaut ; Henri IV et Sully à Fontainebleau : Henri IV et Sully chez Gabrielle. D'autres tableaux, de Nicolas Loir, représentent des Amours, avec différents attributs des Arts, des Saisons et de l'Industrie.

Louis-Philippe a fait placer sur la cheminée la statue équestre d'Henri IV par Jacquet, de Grenoble, qui faisait partie de la décoration de la *belle Cheminée*, dont les autres fragments se voient dans la salle des Gardes. On sait que cette belle cheminée était placée dans une salle où Louis XV bâtit depuis un théâtre. Un peu avant l'arrestation de Biron, Henri IV, averti de ses intelligences secrètes avec l'Espagne, se promenait dans cette salle, où le maréchal qu'il attendait vint le trouver. Henri s'arrêta devant sa statue de marbre blanc sculptée sur la cheminée et entourée de trophées : « Eh bien ! cousin, dit-il à Biron, si le roi d'Espagne me voyait comme cela, que dirait-il ? — Il ne vous craindrait guère, » répondit Biron. Le roi lui lança un regard qui le fit rentrer en lui-même.

Salon des Aides-de-Camp, seconde division de la chambre de Saint-Louis. — Trois tableaux de la suite de l'histoire romanesque de Théagène et Chariclée, dont il est parlé à l'article précédent, y ont été transportés. L'un de ces tableaux, le dernier de la collection, dans l'angle à droite, représente l'union de Théagène et Chariclée, devenus prêtre et prêtresse du Soleil et de la Lune ; on y voit le portrait de Dubois peint par lui-même, et, près de lui, les portraits de Sully et du fameux banquier Zamet, qui se disait seigneur de 1 700 000 écus. Cette salle contient également deux tableaux dont les sujets sont tirés de *la Jérusalem délivrée*.

Des deux côtés de la porte donnant dans la salle des Gardes, on remarque les portraits de Louis XV et d'Henri IV, en tapisserie des Gobelins, et, à g., sur une console, une très-belle pendule de l'époque de Louis XIV représentant le char embourbé de Versailles.

Des pièces précédentes qui donnent sur la cour Ovale on passe à la salle des Gardes, ayant vue sur la cour de la Fontaine.

Salle des Gardes.

Cette salle, terminée en 1554 par

Charles IX (la première de ce côté des appartements de réception), fut longtemps laissée dans un état presque complet d'abandon ; la restauration, qui date du règne de Louis-Philippe (1834), est l'œuvre de M. Mœnch. Il ne subsiste guère de la décoration primitive que le plafond et la frise. « Le plafond fut exécuté sous les règnes de François Ier et d'Henri II. Il fut refait une première fois en 1661. » (Champollion-Figeac.) La boiserie, la tenture, imitant les vieilles tentures en cuir de Venise, sont modernes. Un magnifique parquet en marqueterie correspond, par son dessin, au dessin du plafond. La cheminée, œuvre de Jacquet et de son fils, qu'Henri IV fit placer en 1590, haute de 5 mèt. 30 cent. sur 4 mèt. de largeur, est formée d'une partie de fragments provenant de l'ancienne *Salle de la belle Cheminée* (V. ci-dessus) ; le chambranle et les montants sont modernes. Les deux figures de la *Force* et de la *Paix*, attribuées au sculpteur Francarville, appartenaient à la vieille cheminée, ainsi que la plus grande partie de l'ornementation qui encadre un buste d'Henri IV.

Le reste de la décoration de la salle se compose de cinq portes, vraies ou figurées, au-dessus desquelles se trouvent cinq petits médaillons en camaïeu, renfermant des portraits de François Ier, d'Henri II, d'Antoine de Bourbon, d'Henri IV, de Louis XIII. Sur les panneaux ornés de figures allégoriques, des emblèmes et des devises traduisent le caractère le plus saillant de chacun de ces rois. — Beau vase moderne en porcelaine de Sèvres garni d'émaux.

Petit salon de Louis XV.

On désigne sous ce nom une petite pièce située entre la salle des Gardes et le théâtre (aujourd'hui détruit) de Louis XV. Ce cabinet est orné de quelques peintures, parmi lesquelles on remarque celle du plafond, allégorie consacrée à Louis XV, protecteur des arts et des sciences.

On traverse une petite pièce ovale (n° 24 du plan) pour arriver à l'ancienne chambre de la duchesse d'Étampes.

Escalier du Roi (B, voir le plan).

Ancienne chambre de Mme d'Étampes (ou d'Alexandre).

Dans la partie supérieure de cet escalier était située originairement la chambre de la duchesse d'Étampes, appelée depuis la chambre d'Alexandre, du sujet des compositions peintes à fresque qui la décoraient. Elle fut diminuée sous Henri IV. Les peintures en ont été attribuées successivement à Rosso, à Nicolo dell'Abate et au Primatice. Ce fut Louis XV qui fit bâtir cet escalier, non pas cependant tel qu'il est aujourd'hui ; car les voussures, décorées de médaillons contenant des portraits de rois de France, qu'on y voit maintenant, remplacent un plafond, et remontent seulement à Louis-Philippe. La peinture du plafond, représentant l'*Apothéose d'Alexandre*, est d'Abel de Pujol (1838). — Les sculptures sont, dit-on, du Primatice : la reine Marie Leczinska en fit voiler les nudités.

C'est *le Primatice* qui a fourni les dessins des compositions dont le héros est Alexandre, ou plutôt François Ier, qu'un peintre courtisan se plaît à comparer au grand conquérant macédonien. Rapetissant le héros de l'antiquité aux proportions du chevaleresque personnage de François Ier, l'artiste représente sa vie privée et ses faiblesses, comme pour excuser celles du roi. « Ces peintures, dit M. Poirson, ne sont pas licencieuses, mais elles sont libres : prince et maîtresse ont atteint la dernière limite des mœurs faciles. »

En 1569, *Nicolo dell'Abate* peignit plusieurs tableaux de la vie d'Alexandre. (On trouve, dans les comptes de dépenses du temps de Charles IX, qu'il lui a été payé 215 livres pour ces peintures, 16 autres tableaux, et pour la restauration d'un tableau du Titien.)

Ces tableaux sont au nombre de huit. Dès l'année 1642, quatre de ces tableaux, sans être détruits, étaient méconnaissables : l'enduit sur lequel trois étaient peints, le Festin à Babylone, la Mascarade de Persépolis, Alexandre cédant Campaspe, fut détaché du mur à l'époque de la transformation de cette chambre en escalier : et il ne reste rien de ces trois tableaux. Les autres furent abandonnés à l'action destructive du temps. Dans sa restauration, M. Abel de Pujol a substitué à la Mascarade de Persépolis une scène de son invention : Alexandre coupant le nœud gordien. « De quelque côté, dit M. Poirson, que l'on envisage l'altération que s'est permise M. Abel de Pujol, on la trouve également fâcheuse. La scène des masques de Persépolis était prise dans le même esprit que les autres morceaux de la chambre de Mme d'Étampes, tandis que le Nœud gordien est pris dans un ordre d'idées tout différent. Enfin, les moyens ne manquaient pas pour nous rendre cette page enjouée du Primatice : la gravure de la scène des masques existe à la Bibliothèque du roi. » Les huit compositions, telles qu'on les voit aujourd'hui, sont, en tournant le dos à la cour Ovale :

1° Médaillon à droite : *Alexandre domptant Bucéphale;* 2° tableau : *Alexandre offrant une couronne à Campaspe;* 3° *Timoclée, dame thébaine, amenée devant Alexandre;* 4° tableau du fond : *Alexandre enfermant le poëme d'Homère dans une cassette;* 5° *Thalestris, reine des Amazones, vient trouver Alexandre.* (Cette peinture se trouvait au-dessus de la cheminée.) 6° Sur la partie gauche, médaillon : *Alexandre coupant le nœud gordien* (inventé par Abel de Pujol) ; 7° tableau : *Festin de Babylone;* 8° médaillon : *Alexandre donnant Campaspe au peintre Apelle.* « La restauration, dit M. Poirson, sur l'examen judicieux duquel on est heureux de pouvoir s'appuyer. a introduit dans ces peintures des changements notables.... M. Abel de Pujol a introduit dans plusieurs figures entières, et dans beaucoup de têtes, les formes adoptées par David et son école, qui diffèrent entièrement de celles de la Renaissance. Pour la restauration de ces tableaux, M. Abel de Pujol a employé le procédé de la peinture à l'encaustique. Par l'usage qu'il en fait, son coloris s'éloigne de celui de la fresque, ses teintes ont un fondu et un fini extrêmes, beaucoup de brillant... quelque chose de vaporeux ; le tout ensemble très-étranger à la manière que le Primatice avait adoptée. » M. Poirson signale l'Alexandre renfermant les œuvres d'Homère, et surtout le Festin de Babylone, comme deux restaurations scrupuleuses. Le médaillon n° 8 (Alexandre cédant Campaspe) est une composition charmante.

Du palier de l'escalier du Roi (B du plan), on entre dans une pièce de forme irrégulière (n° 25 du plan) et, de là, par un corridor étroit, situé derrière l'appartement de Mme de Maintenon, on se rend à la galerie d'Henri II.

Appartement de Mme de Maintenon (fermé). — Il comprend cinq pièces : le salon, la seule pièce un peu grande, se compose de la portion antérieure, qui formait, dans le principe, une *loggia* ouverte, et d'une autre partie en retraite et un peu sombre. On y remarquera un meuble de Boule d'une forme singulière. La tapisserie du canapé aurait été exécutée, dit-on, par les Demoiselles de Saint-Cyr. Elle est d'un éclat et d'une fraîcheur de couleur qui, à notre avis, ne permettent guère de le croire.

A côté de ce salon sont deux petites pièces ; l'une, sur le devant, est un cabinet de toilette (n° 26 du plan); on y a placé le joli tableau de *Vien* : la Marchande d'Amours, et deux médaillons de fleurs, d'une merveilleuse exécution, en

FONTAINEBLEAU. — LE CHATEAU.

tapisserie de Beauvais ; l'autre pièce, en retraite et peu éclairée, est la chambre à coucher (n° 27 du plan). Ces diverses pièces sont comprises dans le pavillon dit la *Porte Dorée*.

Dans l'angle laissé libre entre ce pavillon et le bâtiment de la galerie d'Henri II, aligné sur un axe différent, il y a encore un boudoir (n° 28 du plan), faisant partie de l'appartement de Mme de Maintenon. On y a placé une petite commode en laque de Chine. Selon une tradition douteuse, ce serait ici, dans ce salon de Mme de Maintenon, que fut signée la révocation de l'édit de Nantes. Elle fut effectivement signée à Fontainebleau. Mais ce n'est qu'en cette même année que l'appartement de la favorite fut disposé comme on le voit aujourd'hui.

Galerie d'Henri II (ou salle des Fêtes).

Cette galerie est la merveille du château de Fontainebleau. Elle fut construite par François Ier et décorée par Henri II (*V.* p. 448). Elle a 30 mèt. de longueur sur 10 mèt. de largeur. « C'est, dit M. Poirson (*Revue française*, 1839), la plus belle et

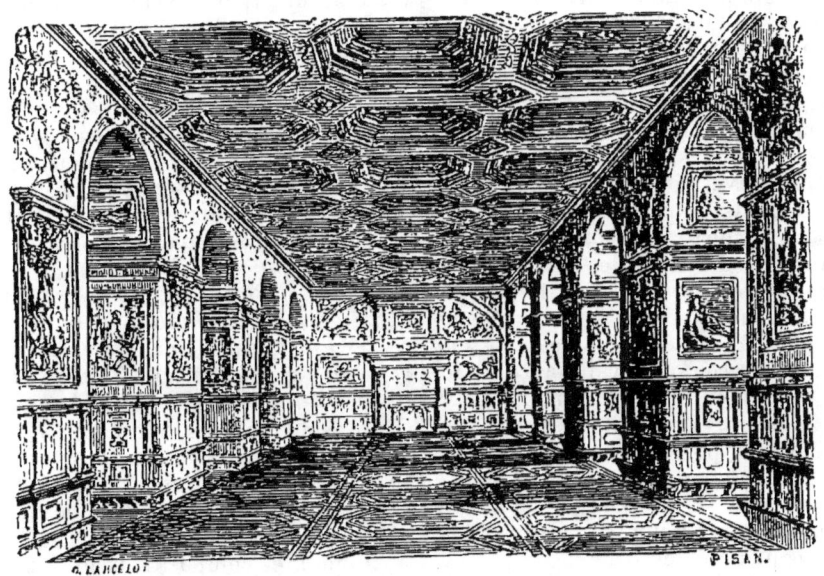

Salle des Fêtes (galerie d'Henri II).

la plus vaste qu'ait construite la Renaissance, dont elle porte le cachet. » Elle est éclairée par dix fenêtres : cinq sur le jardin et cinq sur la cour Ovale, ouvertes au fond d'autant d'arcades à plein cintre, qui forment des baies profondes de près de 3 mèt. Le plafond, plat, en bois de noyer, est divisé en caissons octogones, richement profilés à fond d'or et d'argent. Des dessins d'un riche parquet en boiserie correspondent aux divisions du plafond. Les murs, à une hauteur de 2 mèt., sont garnis de lambris en bois de chêne à filets et à chiffres et emblèmes d'or. Au-dessus de ce magnifique revêtement, la galerie d'Henri II possède une décoration bien plus précieuse encore, celle des nombreuses compositions dont l'a enrichie l'abondante imagination du *Primatice*, et qui furent peintes à fresque par *Nicolo dell' Abate*, à partir de l'année 1552 (nous les énumérons plus bas). Au-dessus de la porte d'entrée, qui est basse, et dans toute la largeur de la salle, règne une tribune supportée par des consoles, dont l'appui en bois est orné de sculptures.

A l'autre extrémité, une cheminée monumentale occupe toute la hauteur de la salle. Elle se compose de deux parties. La partie inférieure est couronnée d'un entablement dorique, supporté aux deux extrémités par des colonnes. A l'origine, c'étaient des satyres de bronze; peut-être ceux que Cellini avait exécutés pour sa décoration de la porte Dorée, qui n'a jamais été mise en place. Ils furent enlevés et fondus en 1793. L'espace compris entre le vide de la cheminée et l'entablement est décoré d'un H gigantesque, accompagné de croissants, au milieu de lauriers entrelacés. La partie supérieure est formée d'un ordre de pilastres ioniques accouplés, supportant un entablement avec une frise ornée d'enroulements, et présentant au centre les armes de France surmontées d'un croissant. La salle des Fêtes devait être voûtée : « Mais, dit Serlio, il survint un homme influent (*uomo d'autorità*), et de plus de bon sens que le *maçon* qui avait la conduite de cet édifice, » qui fit changer cette disposition. Les consoles qui devaient supporter la retombée des voûtes existent encore, et l'artiste chargé de la décoration picturale s'en est servi pour y appuyer ses figures principales.

On a dit justement que la salle des Fêtes reproduisait les passions et les goûts d'Henri II, les mœurs et les arts de son temps. Henri II affichait sa tendresse pour Diane de Poitiers; aussi leurs chiffres sont-ils ici unis partout. « Les emblèmes de Diane, les arcs, les flèches et surtout les croissants, y sont prodigués à droite et à gauche de la cheminée; deux tableaux représentent : *Diane chasseresse* et *Diane aux enfers*. Enfin, dans la dernière arcade de droite est peint le portrait, non plus de la déesse, mais de la maîtresse elle-même. Les attributs de Vénus et le Cupidon obligé sont ajoutés à cette figure d'après nature. — Tous les sujets, dit encore M. Poirson, sont empruntés à l'ancienne mythologie et pris dans ce qu'elle offre de plus poétique et de plus gracieux. La passion de l'époque, engouée pour l'étude de l'antiquité et pour la mythologie, comme on l'a été il y a quelques années pour les héros de Walter Scott, est accusée ici par le choix des sujets composés par le Primatice. »

Ces sujets sont au nombre de plus de soixante. Huit grandes compositions occupent les espaces compris entre les archivoltes des arcades. En partant de la tribune des musiciens, les quatre premières compositions sont, du côté du jardin : 1° *Cérès et des moissonneurs*; 2° *Vulcain forgeant des traits pour l'Amour, sur l'ordre de Vénus*; 3° *le Soleil, accompagné des Saisons et des Heures, parcourt le Zodiaque, Phaéton lui demande son char à conduire*[1]; 4° *Philémon et Baucis récompensés pour avoir donné l'hospitalité à Jupiter, et les Phrygiens punis pour l'avoir refusée*. Les quatre autres compositions, en revenant du côté de la cour Ovale, sont : 5° *les Noces de Thétis et de Pélée*; 6° *Assemblée des Dieux*; 7° *Apollon et les Muses sur le Parnasse*; 8° *Bacchus entouré de sa suite et d'animaux sauvages*.

Cinquante compositions plus petites décorent à l'intérieur les baies formées par les arcades. Ce sont, en faisant de nouveau le tour de la salle, du côté de la cour Ovale : première croisée (à g. de l'entrée) : 1° *Neptune*; 2° *Bacchus ou Pomone et des enfants*; 3° *Un Amour*; 4° *Bacchus et des Naïades*; 5° *Thétis*. — Deuxième croisée : 1° *Jupiter*; 2° *Deux nautoniers*; 3° *Mars*; 4° *Un vieillard et un jeune homme*; 5° *Junon*. — Troisième croisée : 1° *Pan*; 2° *Comus*; 3° *l'Abondance*; 5° *Esculape*;

---

[1] On prétend que le Primatice s'est représenté dans une figure placée derrière une colonne

5° *Cérès*. — Quatrième croisée : 1° *Hercule* ; 2° *Caron et Cerbère* ; 3° *Le Sommeil* ; 4° *Saturne* ; 5° *Déjanire tenant la tunique*. — Cinquième croisée : 1° *Adonis* ; 2° *Deux vieillards tenant conseil* ; 3° *Un Amour* ; 4° *La Vigilance sous l'emblème d'un coq aux pieds d'une dormeuse* ; 5° *Minerve*. — Côté du jardin : Sixième croisée (à dr. de la cheminée) : 1° *Vénus et Cupidon* ; 2° *Narcisse* ; 3° *Enlèvement de Ganymède* ; 4° *Bellone* ; 5° *Mars endormi*. — Septième croisée : 1° *Une Naïade* ; 2° *Amphion* ; 3° *Vulcain tenant un filet* ; 4° *Un jeune homme et un vieillard couchés sur un lion* ; *allégorie de l'Assurance* ; 5° *Neptune*. — Huitième croisée : 1° *Hébé* ; 2° *La Résolution, sous l'emblème de deux vieillards* ; 3° *Janus, roi d'Italie* ; 4° *Nymphes et Naïades* ; 5° *Bacchus*. — Neuvième croisée : 1° *Cybèle* ; 2° *Mars et Vénus* ; 3° *Le dieu Hymen* ; 4° *Cupidon endormi près d'une Nymphe* ; 5° *Saturne endormi*. — Dixième croisée : 1° *Flore* ; 2° *Morphée* ; 3° *Jupiter Tonnant* ; 4° *L'Hiver* ; 5° *Vulcain près de sa Forge*.

A droite et à gauche de la cheminée sont encore quatre tableaux : l'un représente *Hercule* (en pantalon à crevés) *combattant le sanglier d'Érymanthe* : allusion à une action de François Ier, tuant un sanglier qui faisait de grands dégâts dans la forêt. Au-dessous est une figure de Diane aux enfers. L'autre retrace l'histoire d'un *Gentilhomme combattant un loup-cervier* [1]. Au-dessous de ce tableau est une Diane au repos. — Dans le fond de la salle, au-dessus de la tribune, on voit un grand tableau représentant un *Concert*.

Toute cette décoration, la plus vaste de toutes celles de cette époque qui existent en France, fut exécutée sur les dessins du Primatice par Nicolo dell' Abate. Toussaint Dubreuil en répara une partie sous Henri IV. Alaux, chargé de la restaurer en 1834, a consacré trois ans à ce travail. Il a rétabli, à l'aide des gravures, les figures qui avaient entièrement péri, en prenant les fragments subsistants du coloris ancien comme modèles pour ce qu'il avait à reproduire. « Pour ne parler que des neuf grandes compositions, dit M. Poirson, le trait lui-même avait péri dans le tableau de *Vulcain*, où il ne restait plus que deux figures d'Amours en bas ; dans la partie gauche de l'*Assemblée des Dieux* ; dans le haut du tableau de *Cérès*. La couleur avait infiniment plus souffert que le trait. Il n'y avait plus trace de peinture dans le *Concert* de la tribune ; dans le *Bacchus* ; et, sauf une figure et une tête, dans *Philémon et Baucis*. Il ne restait d'ensemble de couleurs, quoique maltraitées, que dans *le Soleil et les Saisons* et dans *Apollon et les Muses*. Alaux a fait subir aux fresques un exact nettoyage ; il a étendu sur la surface de chacune d'elles quelques couches de cire, chauffées ensuite au moyen de réchauds ; les parties de couleur qui étaient ternies, mais non détruites, ont alors reparu. » Une portion du trait a pu être relevée sur le mortier, qui, miné par l'humidité, a dû être enlevé et remplacé par un enduit nouveau. M. Poirson estime que le trait subsistant ne dépasse pas la proportion de la moitié des peintures originales.

Ces détails serviront à guider les visiteurs dans le jugement qu'ils auront à porter sur ces peintures. Ajoutons qu'avant de subir la restauration d'Alaux, elles avaient déjà subi celle de Toussaint Dubreuil, peintre d'Henri IV. C'est plutôt sur la tournure générale de ces figures que sur leurs traits particuliers qu'il faut chercher à apprécier les talents unis du

---

[1]. D'après un tableau de famille, que Millin a vu en 1804, dans le château de Bussy-Rabutin, ce serait un frère bâtard de Hugues Rabutin, chevalier de Malte, et huissier de la chambre d'Henri II, qui aurait tué cet animal (en 1548) dans les environs de Fontainebleau.

Primatice et de Nicolo dell' Abate. Sans partager l'enthousiasme de M. Poirson, qui dit que « toutes les parties murales de la peinture sont traitées dans ces fresques d'une manière supérieure, et que souvent Primatice s'y est élevé jusqu'à la perfection de l'art », on peut admirer avec lui la grâce extrême de quelques figures, telles que celles de Vénus, de Cupidon et des Grâces. Mais on désirerait souvent une ordonnance plus claire dans ces compositions; on peut leur reprocher la surcharge, et souvent la confusion des figures, d'autant plus sensible que l'espace occupé est plus restreint. Du reste, il faut reconnaître que, dans ce mode de grande peinture employée comme décoration à l'intérieur, le Primatice, préoccupé de ses souvenirs de Mantoue et de Jules Romain, visait moins à montrer une sage ordonnance qu'à déployer son abondante facilité, et à charmer par le jeu hardi et les attitudes gracieuses de ses figures. Les têtes sont, en général, petites. Le dessin est incorrect.

« Si l'on considère, à l'extérieur, la galerie d'Henri II, on remarque, dit M. Castellan, que la façade du côté du jardin n'offre, sur un simple soubassement percé de petites croisées, qu'un seul rang d'arcades, tandis que du côté de la cour il y a deux rangs superposés. Le projet de Serlio sans doute eût été plus savant et plus correct, mais il est douteux qu'il eût été d'un dessin aussi simple et d'un effet aussi grandiose et aussi original. »

Au-delà de la galerie d'Henri II est la chapelle haute, dans un état complet d'abandon.

De la galerie d'Henri II, on revient à la galerie de François Ier en passant par l'escalier du Roi, la salle des Gardes et les salles Saint-Louis.

Chapelle haute (fermée). — Cette chapelle est au-dessus de celle du rez-de-chaussée, placée sous l'invocation de saint Saturnin. Du côté de la cour Ovale, elle est masquée par le placage des arcades qui continuent celles de la galerie d'Henri II; ses piliers extérieurs ont une saillie aussi prononcée de ce côté que du côté du parterre. C'est à François Ier qu'est due la construction de cette chapelle, comme l'indique l'inscription suivante sur un cul-de-lampe de la voûte : *Franciscus Francorum Rex, anno Dom.* 1545, *absolvi curavit*. Plus loin, on trouve la date de 1608, époque à laquelle furent exécutés, sous Henri IV, les ornements peints et dorés. Des tableaux de Schopin y ont été récemment placés (Vie et Apothéose de saint Saturnin).

Napoléon Ier, se souvenant que jadis les rois de France avaient eu une bibliothèque à Fontainebleau, voulut aussi en créer une, à peu près inutile aujourd'hui, et il l'établit dans l'étage supérieur de la chapelle Saint-Saturnin; elle a été transportée depuis au-dessus de la galerie de François Ier, puis en dernier lieu dans la galerie de Diane (*V.* p. 469).

Barbier, l'auteur du *Dictionnaire des auteurs anonymes*, fut le premier bibliothécaire de Fontainebleau; sous Louis-Philippe, Casimir Delavigne remplit jusqu'à sa mort cette honorable sinécure. Il a eu pour successeurs Champollion-Figeac, Octave Feuillet, Louis Ratisbonne et M. Régnier, le bibliothécaire actuel. On estime à trente mille le nombre des volumes qui composent cette collection.

Chapelle Saint-Saturnin (fermée). — L'ancienne chapelle de Louis VII (*V.* p. 446) et de saint Louis servit de fondation à celle que François Ier fit bâtir en 1544. Peut-être même la saillie prononcée des contre-forts, comme on les voit du côté du parterre, n'est-elle si forte que parce que l'architecte aura voulu consolider quelques portions des anciennes murailles conservées. On remarquera à l'extérieur de ces contre-forts les têtes de biche sculptées aux angles des chapiteaux, avec l'F de François Ier. La différence de niveau de cette chapelle (à laquelle on n'arrive qu'en descendant plusieurs marches) avec les planchers des bâtiments voisins semble attester que la disposition ancienne a été conservée dans la reconstruction de François Ier. L'ornementation intérieure fut successivement entreprise et continuée sous Henri II, sous Henri IV et sous Louis XIII. La chapelle Saint-Saturnin, tombée dans un état d'abandon et de délabrement complet, servait de magasin quand Louis-Philippe entreprit, en 1834, de la restaurer et de la rendre à sa destination première. Il y ajouta une

FONTAINEBLEAU. — LE CHATEAU. 479

tribune qui en changea le caractère primitif. L'autel est celui qui était placé dans les appartements des reines-mères (V. p. 482), et sur lequel, suivant une inscription, le pape Pie VII a dit tous les jours la messe pendant sa captivité, depuis le 20 juin 1812 jusqu'au 21 juin 1814.

Le principal ornement de cette chapelle consiste dans les vitraux exécutés à la manufacture de Sèvres, d'après les dessins de la princesse Marie, duchesse de Wurtemberg, fille de Louis-Philippe. Ces vitraux sont divisés en vingt-sept compartiments, contenant différents sujets religieux : dans celui de dr. la jeune princesse, faisant, dans sa piété filiale, allusion au nom de sa mère, a représenté sainte Amélie offrant à la Vierge sa couronne avec cette inscription : *Regina reginæ patrona*; dans celui de g., elle a figuré l'apôtre saint Philippe, avec l'inscription : *Apostole, Regem tuere*. Ces inscriptions offrent aujourd'hui, après les démentis de l'histoire, un intérêt particulier.

Salle d'attente ou salle à manger (fermée). — On sort de la chapelle Saint-Saturnin par un corridor qui mène à la

Galerie de François Ier.

vaste salle à colonnes que Louis-Philippe fit construire au-dessous de la galerie d'Henri II, sur l'emplacement occupé par une suite de pièces qui, depuis l'Empire, formaient le logement de la Conciergerie. Le roi mit aussi cette salle en communication avec la cour des cuisines au moyen d'un passage souterrain. — Au sortir de cette salle, on gagne la porte Dorée, en laissant à dr. le vieil escalier en limaçon de François Ier (C du plan), dont la porte d'entrée sur la cour Ovale est reproduite p. 460. Après avoir vu la porte Dorée, on passe dans la *cour Ovale*, et l'on rentre dans le château par le pavillon de Saint-Louis.

Vestibule de Saint-Louis (fermé). — Ce vestibule, aux murs épais et de style ogival, a été restauré et décoré de statues par Louis-Philippe. Au fond est un escalier neuf, construit également par Louis-Philippe, et dont la rampe en bois de chêne brut a été exécutée par Poncet.

Galerie de François Ier.

Cette galerie, construite par François Ier, est située au premier étage du bâtiment qui, formant le fond, et occupant toute la largeur de la cour de la Fontaine, sépare cette cour du jardin de Diane. Elle fut commencée en 1528, ornée de peintures en 1535 et terminée en 1544. Sa longueur est de 64 mèt. 318 millim., et sa largeur est de 5 mèt. 847 millim. Dans l'origine, elle était percée de fenêtres des deux côtés; mais, quand Louis XV eut fait construire sur le jardin de l'Orangerie un bâtiment adossé à cette galerie, les fenêtres de ce côté se trouvèrent bouchées. La terrasse qui la précède a été construite par Henri IV.

La décoration de cette galerie est des plus intéressantes; elle porte à un haut degré le cachet du goût artistique de cette époque de la Renaissance. Le plafond, divisé en autant de grands compartiments qu'il y a de travées, se compose de caissons de formes variées, en noyer, avec des moulures dorées. Un lambris du même bois, dont les panneaux sont ornés de sculptures représentant des armoiries, des trophées, des salamandres et des chiffres de François Ier, règne au pourtour, sur une hauteur de 2 mèt. Les trumeaux placés entre les fenêtres sont décorés de sujets peints, entourés de riches encadrements en stuc d'une ornementation variée, où des figures, soit en bas-relief, soit en ronde bosse, représentent toutes les fictions de la mythologie antique, des Nymphes, des Faunes, des Égipans groupés au milieu de cartouches, de guirlandes, de fruits et d'emblèmes.

Les sujets de peinture ne forment pas une suite, et se composent de scènes tirées de la Fable ou d'allégories. La plupart de ces peintures sont de Rosso; quelques-unes, qui dénotent une main moins habile, n'ont été exécutées peut-être qu'après sa mort. Elles furent même peintes à fresque, soit par lui, soit sur ses dessins, par ses élèves. « On prétend que *le Primatice*, chargé après la mort de Rosso des ornements des médaillons, les a multipliés à l'excès, et leur a donné des formes *ronflantes*, dans le but de nuire aux peintures de son rival. C'est là une opinion évidemment trop ingénieuse; les peintures, les sculptures des statues, celles des ornements, appartiennent sans arrière-pensée à la décadence de l'école florentine. » Cette ornementation abondante est d'ailleurs tout à fait dans le goût de la Renaissance. Ces sculptures furent exécutées, dit-on, par Paul Ponce et Domenico del Barbiere.

La restauration de cette galerie a été commencée par Louis-Philippe, qui a eu le tort de faire surélever le plafond. Une frise composée d'ornements en relief trop lourds, ajoutée pour motiver cette surélévation, a été supprimée et remplacée par une décoration peinte. Il reste de la sorte un espace vide fâcheux entre le plafond et les statues et les ornements en relief, qui, de chaque côté de la galerie, montaient dans le principe jusqu'à la corniche. Les panneaux en chêne sculpté ont été réparés et dorés. Une portion considérable a été renouvelée. La restauration des peintures a été commencée par Couder. Cette restauration, un moment interrompue, est aujourd'hui terminée.

Voici l'indication des principaux sujets des fresques :

Côté de la cour de la Fontaine, en commençant du côté du vestibule du Fer-à-Cheval :

1° Le premier tableau est une représentation allégorique de la *Protection accordée aux lettres par François Ier*; le roi ouvre un temple, devant lequel l'ignorance est personnifiée par des personnages ayant un bandeau sur les yeux; — 2° *L'Union des corps de l'État autour de François Ier*. Cette fresque ne doit pas être de Rosso, ou bien elle a été restaurée après lui par une main négligente; — 3° *Cléobis et Biton traînant le char de leur mère*; — 4° *Danaé*; cette figure dessinée par *le*

Primatice et peinte sous sa direction en 1537, par *Badouyn*, supplanta la Diane de *Rosso*, « introduisant ainsi dans la galerie de cet artiste un ouvrage qui en trouble l'uniforme exécution [1]. » Les deux petits médaillons qui l'accompagnent ont été conservés; — 5° La *Mort d'Adonis*; — 6° La *Fontaine de Jouvence* ou *l'Arrivée d'Esculape à Rome*. Si cette fresque est des plus médiocres, les deux médaillons qui l'accompagnent sont jolis; — 7° Le *Combat des Lapithes et des Centaures*.

Au côté opposé, en retour, on voit :
1° *Vénus grondant l'Amour pour avoir abandonné Psyché*. Au-dessous on remarquera un petit tableau curieux, représentant l'ancienne disposition de la *Cour de la Fontaine* [2]

[1]. Henri II, n'étant encore que Dauphin, avait obtenu que Rosso peignît dans un panneau Diane de Poitiers, sous la figure de la nymphe de Belle-Eau. La duchesse d'Étampes, qui régnait encore, ayant ordonné à Rosso de ne pas achever cette peinture, chargea le Primatice de peindre à la place une Danaé. Rosso acheva sa copie et exhala son mécontentement dans l'inscription mise au-dessous. Cette copie, qui appartient à M. le comte de Laborde, doit, suivant M. Champollion-Figeac, à qui nous empruntons ces détails, revenir au palais de Fontainebleau.

[2]. Dans ce petit tableau peint à fresque et représentant l'ancienne vue de cette galerie, il y avait dans le milieu de la façade trois croisées très-rapprochées sur la cour de la Fontaine. Elles correspondaient à un cabinet en avant-corps sur l'autre façade de la galerie, du côté du jardin de l'Orangerie. C'est dans cette pièce que François Ier conservait ses bijoux, ses camées, ses médailles et objets précieux ou curieux, dans ces meubles en ébène, aux délicates arabesques et aux nombreux tiroirs, désignés sous le nom de *cabinets*. C'est là que, selon le récit de Benvenuto Cellini (dans son *Traité de l'Orfévrerie*), François Ier, en 1541, fit appeler un soir, après vêpres, l'artiste florentin, et lui montra plusieurs grands camées antiques et un merveilleux travail en filigrane, l'interrogeant sur les procédés de fabrication, dont il se mon-

telle qu'elle était du temps de François Ier; — 2° L'*Éducation d'Achille*. Dans la restauration de cette composition, M. Couder a laissé prédominer les tons violacés, qui se remarquent aussi dans plusieurs de ses restaurations; — 3° Un *Naufrage*, qui a été beaucoup admiré; — 4° Une *Diane*, moderne; — 5° *Ruine de la ville de Troie* et la *Piété filiale d'Énée*; — 6° Un *Triomphe* (un éléphant richement caparaçonné); — 7° L'*Appareil d'un sacrifice*. Au-dessous de ce tableau une petite fresque représentant une *Ronde de Nymphes*, d'un dessin gracieux et élégant, semble être d'une autre main que celle à laquelle sont dues les peintures monumentales de la galerie. Nous l'avons vue, il y a peu d'années, presque complétement effacée avant la restauration exécutée par Couder.

En terminant la description de cette galerie, rappelons une observation transmise par l'architecte Ducerceau, savoir : que les édifices construits par François Ier le furent avec une telle précipitation, que 50 ans après ils avaient besoin d'être réparés.

Au-dessous de la galerie de François Ier étaient les bains de François Ier, que le Primatice avait décorés de fresques.

Vestibule du Fer-à-Cheval ou de la Chapelle.

Le vestibule du Fer-à-Cheval se fait remarquer par six belles portes massives en chêne sculpté, faites ou restaurées sous Louis-Philippe, qui a fait pratiquer trois des ouvertures de cette salle.

Ces six portes ouvrent sur la terrasse de l'escalier du Fer-à-Cheval, sur la tribune de la chapelle, sur l'escalier A, sur la galerie de François Ier, sur les appartements du Pape et sur la galerie des Assiettes. Par le couloir (n°s 1 et 2 du plan), où

trait curieux. Cette petite pièce, richement décorée, a été détruite sous Louis XV sont deux tapisseries du temps de Louis XV (Jason et Médée) et par le passage voûté (n° 2), on arrive à la galerie des Fresques.

Appartements du Pape.

1° — APPARTEMENTS LOUIS XIII.

Antichambre (n° 12 du plan). — Tentures en cuir, imitation du cuir de Cordoue. Un bahut du temps de Louis XIII, acheté par le duc d'Orléans en 1837. Sur la cheminée, un tableau curieux attribué au Primatice et représentant une Diane toute nue. La tête, finement traitée, serait le portrait de Diane de Poitiers. La mythologie serait dans ce cas en flagrant délit de flatterie courtisanesque.

Salle des Officiers (n° 11 du plan). — La décoration en est analogue à celle de la salle qui suit. Elle a été restaurée en 1836. Les tapisseries représentent des sujets tirés de l'histoire d'Esther.

Salon (n° 10 du plan). — On remarquera encore ici un plafond à compartiments, richement décoré et orné des chiffres d'Anne d'Autriche et de Louis XIII, et des meubles anciens en tapisserie de Beauvais. Mais ce qui doit surtout fixer l'attention, c'est une admirable tapisserie exécutée d'après les dessins de Jules Romain, et composée de sujets variés. Cette tapisserie, d'une franchise de travail remarquable et qui, malgré l'action du temps, a conservé de vives couleurs, est une des plus parfaites que l'on connaisse; on pense qu'elle a été exécutée dans l'ancienne manufacture des Gobelins. Ce n'est plus ici la copie d'un tableau, c'est le carton d'un maître combiné pour la décoration.

Anciennes chambres à coucher des reines mères (n° 9 du plan). — Cette pièce, une des plus remarquables du château, est décorée de très-belles tapisseries anciennes des Gobelins. Le plafond, d'un décor d'arabesques riche et élégant, est délicieusement peint par Cottelle de Meaux. Les chiffres d'Anne d'Autriche sont plusieurs fois répétés, unis à ceux de Louis XIII. Au-dessus des portes se voient les portraits d'Anne d'Autriche et de Marie-Thérèse. — Lit et meubles, en noyer sculpté, modernes. — C'est dans cette salle que Pie VII disait la messe pendant sa captivité, sur un autel qui a été transporté depuis dans la chapelle Saint-Saturnin. Le guéridon en mosaïque aux armes de Pie IX a été donné par lui à l'ex-prince impérial, son filleul.

Cabinet de travail du Pape (n° 8 du plan). — Un portrait de Pie VII, répétition de celui de David. Une commode de Boule.

2° — APPARTEMENTS LOUIS XV.

Cabinet de toilette (n° 7 du plan). — On y remarquera une très-belle commode en marqueterie de l'ébéniste Riésener; les bronzes sont de Goutière.

Chambre à coucher (n° 6 du plan). — Le bois de lit, de l'époque de Louis XIV, a été élargi et restauré sous Louis-Philippe. C'était la chambre à coucher de la duchesse d'Orléans.

Salon de réception (n° 5 du plan). — Ancienne tapisserie des Gobelins, représentant le *Parnasse*. On y voit deux tableaux de fleurs semblables, l'un en peinture, l'autre en tapisserie des Gobelins. Ce salon fait l'angle du pavillon donnant sur l'étang.

Salon d'attente (n° 4 du plan). — Les dessus de porte sont attribués à Mignard. Ancienne tapisserie des Gobelins représentant un sujet mythologique.

Antichambre (n° 3 du plan). — Cette pièce a vue sur l'étang et sur la belle allée du jardin qui le borde. On y remarque trois paysages de Breughel.

Galerie des Fastes. — Cette galerie n'est pas terminée. Actuellement

(1877) elle est ornée de tableaux flamands représentant les mois de l'année. C'est dans cette galerie que doivent être réunies les peintures destinées à rappeler les principaux événements historiques du château.

Galerie des Fresques
(vulgairement : *des Assiettes*).

Cette dernière dénomination provient des assiettes en porcelaine peintes et représentant les résidences royales, dont Louis-Philippe a bizarrement décoré les panneaux en bois de chêne et or de cette salle, créée par lui sur l'emplacement d'une terrasse en plein air. Il y a transporté aux plafonds des peintures d'Ambroise Dubois, peintre ordinaire d'Henri IV (né en 1543, mort en 1614). Elles étaient autrefois dans la galerie de Diane. On remarque surtout une danse d'enfants autour du chiffre d'Henri IV. Ces peintures à fresque ont été transportées sur toile et restaurées par Alaux.

On retraverse ensuite la galerie des Fastes, et on voit s'ouvrir à dr. un long couloir de l'aile de Louis XV, tapissé de tableaux dont la plupart ont leurs sujets indiqués sur leurs cadres. A l'entrée de ce couloir, à dr., beau vitrail de Maréchal. A l'extrémité est la nouvelle *salle de spectacle*, pouvant contenir 300 personnes, et construite sur les plans de M. Lefuel. Revenant sur ses pas, on quitte le palais par un escalier donnant sur la Cour des Adieux.

Appartements particuliers.

Il reste encore, en dehors des appartements que nous venons de parcourir, des appartements particuliers, que l'on ne visite qu'avec une permission spéciale, et qui n'offrent d'ailleurs qu'un médiocre intérêt. Ces appartements sont : 1º Ceux de l'aile Louis XV, au premier étage, qui était habité, sous Louis-Philippe, par le duc de Nemours. On y voit quatre tableaux d'animaux, de Desportes, une Chasse, de Mélin, et des tapisseries des Gobelins. 2º Des appartements situés au rez-de-chaussée, et ayant vue sur le jardin de Diane; et 3º l'ancienne *galerie des Cerfs*, que l'on restaure aujourd'hui dans son état primitif. C'est là que devront être placées l'épée et la cotte de mailles de Monaldeschi, près de la fenêtre où il *fut tué par ordre de Christine, le* 10 *novembre* 1657; 4º enfin, le *musée chinois*, au rez-de-chaussée du pavillon donnant sur l'étang, composé de plusieurs pièces remplies d'objets curieux provenant de l'expédition de 1864, et dont l'entrée est indiquée par deux chimères. On obtient très-difficilement l'autorisation de visiter ce musée.

La *cour des Offices* ou *d'Henri IV*, avec les bâtiments qui l'entourent, forme une annexe importante du château, comme on peut le voir sur le *Plan d'ensemble* (*V.* p. 446). Ces bâtiments sont occupés aujourd'hui par les élèves de l'*Ecole d'application de l'artillerie*, qui était jadis à Metz et qu'il est question d'établir définitivement à Bourges; l'entrée en est interdite au public.

Le *pavillon de Sully*, aujourd'hui isolé du château, se trouve à l'angle du Parterre (*V.* p. 486), près de la grille du parc qui s'ouvre sur la grande avenue conduisant à la porte d'Avon. Cet édifice paraît avoir été bâti primitivement par François Ier. C'était le logement du grand maître et du grand chambellan. C'est là qu'habitait Sully, qui, à ses autres titres, joignait celui de surintendant des bâtiments de la couronne.

Anciens Jardins.

Dans l'origine, les rois, pour qui le château de Fontainebleau était une simple maison de chasse, ne durent avoir d'autre jardin que la forêt qui l'entourait. Puis les constructions, s'étendant, mais se fortifiant et s'entourant de fossés, durent seulement contenir une cour ou préau.

Sous François Ier, quand la forteresse féodale se transforma en palais de plaisance, les jardins devinrent un complément nécessaire de ces terrasses qui s'élevaient, de ces galeries qui surgissaient du sol et dans lesquelles, à la place des étroites meurtrières des anciens châteaux forts, de larges fenêtres étaient ouvertes, pour procurer aux nobles habitants l'agrément de la vue sur de riantes perspectives. L'arrangement de ces anciens jardins, comme Castellan en a justement fait la remarque, ressemblait beaucoup à celui dont Pline le Jeune nous a laissé la description. C'étaient des bosquets d'ifs, de cyprès et d'arbres taillés, des berceaux, de petits parterres à figures régulières, de petites allées à bordures de buis, avec des statues, des viviers, des volières.... puis des vignes et des vergers. La France dut emprunter alors à l'Italie la disposition des jardins de ses villas, comme elle lui empruntait son architecture et sa peinture; et, dans ces jardins, composés par des architectes, la verdure et les arbres n'étaient pour ainsi dire que l'accessoire. On consultera avec intérêt, à cet égard, un dialogue de notre Ber-

Grand canal.

nard Palissy, où il fait la description d'un *jardin délectable* selon ses idées; et l'ouvrage de Ducerceau contenant les plans des jardins de Fontainebleau (*Des plus excellents bastiments de France*, par J. Androuet Ducerceau, 2 vol. in-4, 1576). Le plus grand charme des jardins de Fontainebleau consistait dans l'abondance des eaux qu'on y avait rassemblées de toutes parts. Pour les contenir, on construisit alors une énorme chaussée aboutissant à la *porte Dorée*, et fermant l'*étang*, dont le trop-plein s'échappait par des conduits ménagés dans un parterre.

Ce premier jardin subit sous Henri IV des changements importants. Sous François Ier, on l'appelait le *jardin du Roi;* il prit ensuite la dénomination de *jardin du Tibre*.

Louis XIV, à son tour, bouleversa le parterre d'Henri IV, puis, comblant les canaux, fit disparaître les ouvrages hydrauliques de Francini, et Le Nôtre fut chargé de donner au jardin une nouvelle disposition. C'est à peu près celle qu'il a encore aujourd'hui. Le Nôtre fit en effet élever autour du parterre la terrasse qui le domine d'une manière si agréable pour les promeneurs. Le bassin creusé au milieu des quatre carrés reçut au centre un rocher factice

Le parterre.

qui n'a été détruit qu'en 1817.

Le *grand canal*, creusé par Henri IV, servit plusieurs fois à des fêtes nautiques durant la jeunesse de Louis XIV. Fontainebleau était alors le théâtre des plaisirs d'une cour jeune et galante.

A voir aujourd'hui les jardins de Fontainebleau, si verdoyants et si luxuriants, on a peine à se rappeler qu'ils furent plantés sur un terrain ingrat, sec, stérile, et que, sous Henri IV même, ils se montraient encore obstinément rebelles aux soins et aux efforts de la culture. Un jour le Béarnais, se promenant avec d'Épernon dans les allées du parc, se plaignit à un jardinier, avec sa pétulance ordinaire, que les parterres étaient mal garnis de fleurs. « Sire, répondit celui-ci, je ne puis rien faire venir dans ce terrain-là. — Sèmes-y des Gascons, dit le roi en riant et en regardant d'Épernon ; ils poussent partout. »

JARDINS DU CHATEAU.

Ils sont aujourd'hui au nombre de trois : le *Parterre*, le *jardin de Diane*, anciennement le *jardin de l'Orangerie*, et le *jardin Anglais*.

Parterre.

On nomme ainsi le jardin borné, au N., par la façade si compliquée du château (depuis la porte Dorée jusqu'à l'extrémité des bâtiments des Offices) ; à l'O., par l'allée de Maintenon, qui longe l'étang ; à l'E., par les grilles et la terrasse qui le séparent du parc ; au S., par une pièce d'eau en fer à cheval, nommée le *Bréau* (entourant un bassin rond, dit *du Tibre*) et au-delà de laquelle la vue s'étend sur la forêt dans la direction des rochers d'Avon. Le parterre, qui forme un carré de trois hectares, est le jardin le plus fréquenté du château. On y entre par une grille ouverte dans l'angle de la *place d'Armes* ; par une autre grille donnant dans les rues de Fontainebleau et derrière le pavillon de Sully ; par une porte voisine des écuries, du côté du quinconce d'Avon ; ou par l'allée de Maintenon, en y arrivant soit par la cour du Cheval-Blanc et la cour de la Fontaine, soit par la grille du côté du mail d'Henri IV.

Le jardin Anglais.

Le jardin Anglais est ouvert au public, et l'on y entre par la cour de la Fontaine. Borné par l'*aile neuve* du château, par le boulevard qui va à la barrière de l'Obélisque, par la route qui de l'Obélisque va à Moret et par l'allée de Maintenon, il occupe l'emplacement de divers bâtiments et de divers petits jardins qui ont successivement disparu. Là était le *jardin des Pins*, plantés par François Ier, qui avait acquis tout ce terrain des religieux Mathurins. Le Nôtre métamorphosa ces jardins sous Louis XIV, y amena des eaux courantes ; mais il paraît que ce jardin fut bientôt laissé à l'abandon.

La *fontaine Bleau*, qui passe aux yeux de quelques historiens pour avoir donné son nom au palais, occupait à peu près le centre de ce jardin, jusqu'au moment où Henri IV fit détruire les constructions en maçonnerie qui la recouvraient et qui dataient de François Ier, pour les remplacer par une charmille. Depuis elle a été perdue. Dans le plan donné par l'abbé Guilbert, en 1731, on voit, à l'extrémité de l'allée qui longe l'étang, un bassin rond désigné sous le nom de fontaine Bleau.

Les broussailles avaient envahi ce jardin abandonné, quand Napoléon le fit dessiner par l'architecte Heurtaut. Commencé en 1809, il fut terminé en 1812. Il fut planté d'arbres variés, de platanes, de sycomores, de sophoras, de catalpas, de tulipiers... Le cyprès de la Louisiane s'y est multiplié, et les renflements ligneux de ses racines percent en beaucoup d'endroits les tapis de gazon.

Depuis l'installation de l'École

d'application à Fontainebleau, le jardin Anglais a perdu beaucoup de son agrément, toute la partie S., depuis l'étang, en ayant été distraite pour le service de l'établissement.

L'Étang.

Louis XV fit construire, à l'extrémité de l'étang et du côté de l'allée de Maintenon, un bâtiment pour les écuries appelé le *Carrousel*; un autre bâtiment, le *Manége*, fut élevé en 1807 pour l'École militaire, alors logée dans le palais.

L'*Étang* borne d'un côté le jardin Anglais, et une magnifique allée de vieux arbres forme sur ses bords une agréable promenade. « Cette belle pièce d'eau (de 4 hect.), qui n'était qu'un cloaque, dit M. Jamin, quand François Ier l'acquit des religieux Trinitaires, dits Mathurins, fut, par les ordres de ce prince, creusée et renfermée presque entièrement dans un cadre de gresserie. » Au milieu, Henri IV fit élever un pavillon. Ce pavillon, construit dans sa forme actuelle sous Napoléon, a été restauré sous Louis-Philippe.

Les carpes. — Cet étang, entouré de gazon, d'arbres, de saules pleureurs qui y baignent leurs longs rameaux pendants, forme, avec les bâtiments du palais qui le bornent du côté de la cour de la Fontaine, la plus charmante perspective. Il offre encore un autre attrait à la curiosité des visiteurs étrangers, qui ne manquent pas de se réunir sur le terre-plein de la cour de la Fontaine, pour y voir les ébats gloutons d'un nombre prodigieux de carpes dévorant un morceau de pain qu'on leur jette et que viennent parfois leur disputer les cygnes. Ce passe-temps enfantin captive quelquefois trop longtemps des touristes, qui devraient mieux employer le temps très-court qu'ils peuvent passer à Fontainebleau, et il a donné lieu à une petite industrie, celle des pourvoyeuses des carpes, qui vendent aux amateurs les morceaux de pain tout taillés. « Cette pièce d'eau ayant été mise entièrement à sec en 1815, dit Champollion-Figeac, lors de l'occupation par les puissances étrangères, les poissons furent tous enlevés et pillés par les Cosaques; il n'y a donc pas de carpes plus anciennes que cette date. » Elle a été mise de nouveau à sec à la fin de l'année 1866, et 2,000 carpes, mesurant de 18 à 30 cent., ont été vendues; 1,250 des plus grosses et beaucoup de petites, qu'on voulait conserver, ont été transportées dans le bassin du milieu du parterre, jusqu'à ce que l'étang fût de nouveau rempli d'eau.

Jardin de l'Orangerie ou jardin de Diane.

(D. Plan d'ensemble.)

Ce jardin réservé est enfermé entre les bâtiments du palais et un mur élevé qui en interdit la vue du côté de la ville. On y voit encore les fossés du vieux château. Il s'appelait le *jardin des Buis* sous François Ier. Une volière, construite par Henri IV, fut remplacée sous Louis XIII par une orangerie qui lui fit donner le nom qu'il a conservé jusqu'ici. Cette orangerie, qui fermait le jardin du côté de la ville, a été incendiée deux fois, et les restes en ont disparu lors de l'agrandissement du jardin en 1834. La *galerie des Chevreuils*, également détruite (*V.* p. 456), était dans le prolongement de la façade du fond de la cour du Cheval-Blanc; elle formait sur ce jardin un retour d'équerre avec l'orangerie. On a désigné aussi ce jardin sous le nom de *jardin de Diane*, à cause de la statue en bronze de cette déesse, élevée au-dessus d'une fontaine ornée de têtes de cerf en bronze, d'où l'eau s'échappe et tombe dans un bassin de marbre blanc. Cette fontaine fut construite sous le premier Empire. Henri IV avait déjà fait établir le bassin en marbre blanc.

On voit dans ce jardin un reste remarquable et original d'architecture de la Renaissance : deux cariatides égyptiennes supportant un fronton décoré de trois groupes d'enfants. Celui qui est au sommet du fronton soulève un casque, les deux autres tiennent un F entre leurs bras. Dans le tympan est sculptée une salamandre, au-dessous de laquelle on lit cette inscription : FRANC. I. FRANC. REX.

L'étendue de ce jardin a été considérablement augmentée par les acquisitions de Louis-Philippe. Un mur élevé le masquait entièrement du côté de la ville. Quelques ouvertures garnies de grilles, placées sous le second Empire, sans permettre à la vue de s'étendre dans ce jardin perdu et peu fréquenté, ont contribué à l'embellissement de la place aux Charbons.

Le Parc.

D'une superficie de 84 hect., le parc s'étend à l'E. du Parterre et de Fontainebleau ; le *canal* que fit creuser Henri IV, et qui a près de 1,200 mèt. de longueur sur 39 de largeur, le divise. Il est borné, au N., par les murs de la longue *treille du Roi*; au S., par les bois d'Avon, et à son extrémité, par les champs et les jardins maraîchers de Changis et d'Avon. On y descend du parterre par deux rampes que ferment des grilles entre lesquelles est construit un château d'eau nommé *les Cascades*. Des statues et divers objets ornent le couronnement ainsi que la base de ces cascades.

L'aspect solitaire et mélancolique de ce parc, les grands arbres qui mirent leurs puissantes ramures dans les eaux calmes du canal, s'harmonisent on ne peut mieux avec l'ensemble du château.

Bassompierre raconte qu'il gagna un pari de 1,000 écus à Henri IV, qui avait prétendu que le canal qu'il venait de créer serait plein en deux jours. Huit jours ne suffirent pas à le remplir.

Une magnifique avenue, bordée d'ormes, plantés il y a 200 ans, traverse le parc dans sa longueur, parallèlement à celle des bords du canal, et conduit à Changis et à Avon.

La fameuse *treille du Roi* produit, dit-on, année commune, 3 à 4,000 kil. d'excellent chasselas.

A dr., et au commencement du parc en venant du Parterre, sont de vastes bâtiments construits à la place où François 1er avait établi sa *héronnière*. Aujourd'hui ces bâtiments ainsi que le parquet d'Avon qui leur fait suite, sont occupés par l'École d'application de l'artillerie et du génie, et par les magasins du 5e corps d'armée.

FORÊT DE FONTAINEBLEAU.

Les personnes qui se proposent de consacrer un certain temps à parcourir à pied la forêt feront bien d'en étudier sur une *carte* la topographie, et d'y chercher la direction des promenades qu'elles veulent entreprendre. Il est important d'apprendre à s'orienter facilement sur la carte, afin de ne pas s'égarer et de ne pas perdre un temps précieux.

Ce n'est qu'en parcourant à pied la forêt qu'on peut en apprécier toutes les beautés pittoresques. Aussi avons-nous particulièrement développé les *promenades à pied*, et principalement les belles promenades qui sont dans le voisinage de la ville.

Les longues excursions devront se faire de préférence en voiture (V. p. 523). Un cocher, connaissant bien la forêt, s'arrêtera aux sites les plus pittoresques et les indiquera aux touristes, qui descendront de voiture pour aller les visiter à pied. De peur de s'égarer, si l'on doit s'éloigner à une certaine distance, il sera bon d'avoir deux sifflets, dont l'un sera confié au cocher, afin qu'il réponde à l'appel et qu'on puisse se diriger sûrement vers lui.

ENDROITS DE LA FORÊT OU L'ON TROUVE DES RAFRAÎCHISSEMENTS. — Le seul endroit où l'on puisse déjeuner et dîner dans la forêt est le *restaurant de Franchard* (p. 508). — En dehors de la forêt et à deux extrémités opposées, on peut aussi dîner aux auberges de *Barbison* (V. p. 521) et de *Marlotte* (p. 520). — On trouve des rafraîchissements sur certains points de la forêt : à la *Roche*

Éponge (V. p. 499); au *Fort l'Empereur* (p. 500), à la *Fontaine Sanguinède* et au *Mont Chauvet* (p. 515); à la *Caverne des Brigands* (p. 510), au *Pharamond* (p. 510).

Signes indicateurs a consulter dans la forêt. — *Marques rouges*. — De petits carrés rouges, placés par l'administration, sur les arbres ou les poteaux, dans les carrefours ou aux croisements de chemins, font face à la direction de Fontainebleau.

Poteaux. — De nombreux poteaux portent trois indications diverses. Premièrement, en tête, le nom du carrefour ou du chemin. — Secondement, des flèches indiquant les directions à suivre pour arriver à une autre localité désignée par le nom placé au-dessus de la flèche. — Troisièmement, les *flèches rouges* indiquant des directions vers Fontainebleau.

Marques bleues. — Ces marques sont spéciales aux tracés de promenades conçus et exécutés par Denecourt (p. 492). Elles deviennent pour les touristes un guide attentif et point importun, toujours présent aux endroits où ils pourraient être incertains sur la direction à suivre; elles leur permettent d'accomplir seuls et avec sécurité des excursions étendues à travers les plus beaux sites de la forêt.

Jardin de Diane.

— Les lettres désignent des particularités intéressantes. — Outre ses marques bleues, Denecourt a employé aussi de petites étoiles et marques rouges aux points d'entre-croisement de ses promenades.

La forêt de Fontainebleau, dont la contenance est de 17,100 hect. et le pourtour de 90 kil., n'a pas moins de 20 000 kil. de routes et de sentiers. Les rochers y occupent un espace qu'on évalue à 4,000 hect.; ils forment de longues chaînes, ou collines, qui s'élèvent parfois, ainsi que les plateaux de cette contrée, jusqu'à 100 mèt.[1] au-dessus du niveau de la Seine, et marchent parallèlement entre elles, presque en ligne droite, de l'E. à l'O. Si l'on traverse la forêt du S. au N., on a huit ou dix de ces chaînes à franchir; quelquefois elles se rapprochent l'une de l'autre, et forment alors des gorges étroites et allongées. Le sable et le grès de ces

1. On appelle *platières,* les plateaux couverts de grès, en massifs plus ou moins étendus, ou en blocs plus ou moins divisés.

collines constituent une assise très-puissante, atteignant, mais rarement à la vérité, jusqu'à 35 mèt. On remarque souvent, à la partie supérieure, des bancs de 6 à 7 mèt. d'épaisseur, traversés très-irrégulièrement de nombreuses fissures, d'un grès généralement dur, et d'un grain si fin qu'il prend parfois l'aspect lustré : ce sont les plateaux élevés de la forêt. Leur surface ondulée n'est recouverte, dans de certains endroits, que d'un peu de terre végétale aride et improductive. C'est ce banc qui est exploité de préférence pour le pavage. Au-dessous, on trouve une masse considérable de sable, quelquefois d'un blanc éclatant, plus ordinairement coupé de lits nombreux d'un sable jauni ou rougi par l'hydrate de fer. Ce sable et le grès qui le recouvre ont évidemment une origine commune, et ne diffèrent entre eux que par l'état solide ou mobile de leurs parties constituantes. Le grès n'est rien autre chose qu'un sable solidifié par un ciment siliceux. Ce mode de formation peut servir à expliquer les formes irrégulières que le grès affecte, et, entre autres, ses cavités remplies d'un sable pulvérulent.

La formation sableuse n'est complète, dit M. de Senarmont, que dans les parties où elle est protégée par des lambeaux de calcaire lacustre supérieur qui la recouvrent. Partout ailleurs elle est dénudée profondément. Dans son ensemble, la forêt de Fontainebleau présente une ligne de faîte qui passerait à peu près par les carrefours des *Grands-Feuillards*, de *Franchard*, du *Grand-Veneur*, de *Belle-Croix* et de la *Table du Grand-Maître*.

On rencontre fréquemment des rochers mamelonnés à leur surface et offrant les traces d'une cristallisation plus ou moins régulière, imitant les mailles d'un filet. C'est, dit-on, un phénomène de désagrégation purement superficiel qui s'opère sous l'action des influences atmosphériques. Mais le phénomène qui a le plus attiré l'attention des curieux est celui des *cristaux de grès* ayant les formes polyédriques du carbonate de chaux. Cette métamorphose a été produite par la présence du carbonate de chaux dans le ciment qui a aggluliné les sables quartzeux. Tous les musées de l'Europe et les cabinets des amateurs possèdent des échantillons de ce grès nommé pseudomorphique, qu'on trouvait autrefois en abondance à l'extrémité du rocher de Saint-Germain.

Les huit ou dix **chaînes** qui traversent la forêt semblent être des lambeaux d'une ancienne assise de sable et de grès qui s'étendait sur toute la contrée, et qui aurait été en grande partie détruite par des cataclysmes postérieurs à leur formation. Les vallées qui les séparent auraient été formées par érosion et creusées par des courants sous-marins d'une grande puissance. Les roches horizontales formant le plateau d'une colline se continuent au même niveau sur le plateau des collines voisines ; et, aux bords de chaque plateau, les immenses tables de grès privées d'appui par l'entraînement dans des parties basses des sables sur lesquels elles reposaient, se sont brisées, affaissées par leur poids, et leurs débris ont produit, en glissant sur les flancs des collines et en s'entassant les uns sur les autres, ce chaos sauvage et pittoresque qui donne à la forêt de Fontainebleau un caractère si particulier.

Exploitation des grès. Les rochers isolés et disséminés sur le sol ne sont pas, comme on pourrait le croire d'abord, ceux qu'exploitent les carriers ; ils ont acquis une trop grande dureté. Les masses recouvertes de terre ou de sable sont plus faciles à exploiter. Les carriers désignent les diverses qualités de grès par les noms bizarres de *pif, paf* ou *pouf*. Le premier, nommé aussi *grisar*, est trop dur ; le second est celui qui sert pour le pavage ; le troisième, mal

La forêt de Fontainebleau : vue prise au Gros-Fouteau.

agrégé, se réduit en sable sous les coups de masse.

« La quantité de **pavés** que l'on enlevait de la forêt avant 1848 s'élevait à environ 2 millions, dont le poids excédait 50 millions de kilog. Cette lourde marchandise ne produit à l'État qu'un droit minime qu'absorbe et au-delà l'entretien des routes, facilement dégradées par les voitures de transport. Les sables blancs sont exploités par les verreries et les manufactures de glaces. On en expédie même pour l'Angleterre des chargements assez considérables. Ces exploitations occupent et font vivre près de trois cents ménages à Fontainebleau et dans les communes limitrophes de la forêt. » (DENECOURT.)

Les **espèces principales** de la forêt sont le chêne, le hêtre, le charme et le bouleau. Le chêne, qui est l'arbre le plus commun, atteint dans certains endroits une hauteur considérable ; on en rencontre qui ont jusqu'à 7 mèt. de circonférence. Quelques-uns de ces vieux arbres ont acquis une grande célébrité ; « on ne les aborde qu'avec ce sentiment de vénération que l'homme, rapide passager de la terre, est toujours disposé à accorder aux choses qui ont supporté le poids et résisté à l'action des siècles. » Du reste, comme cela arrive souvent, la renommée n'appartient pas toujours aux plus dignes ; et, sans les recherches et les nomenclatures de Denecourt, une foule d'arbres magnifiques, que les touristes vont aujourd'hui admirer, seraient restés inconnus.

Amant passionné de la forêt, le *Sylvain* (tel est le surnom donné à Denecourt) a consacré sa vie et sa fortune à l'étudier dans toutes ses parties, puis à en décrire les innombrables beautés, les richesses inconnues avant lui, à en faciliter enfin l'exploitation en y ouvrant des sentiers (environ 160 kilomètres depuis 1841), et en y traçant des signes indicateurs qui dirigent le touriste vers les points les plus dignes de sa visite.

A force d'explorer la forêt et ses roches, il n'est pas de grotte, de fissure naturelle qu'il n'ait découverte et où il n'ait cherché à pénétrer, à la manière d'un renard qui se glisse dans sa tanière. Ce genre de curiosités souterraines devint pour lui l'objet d'entreprises dispendieuses et hardies. C'est ainsi qu'il créa les passages des *Cinq Caveaux* et des *Montussiennes*, les grottes du *Serment* et du *Parjure*, etc., et plusieurs *fontaines* dont il sera parlé dans l'itinéraire de la forêt. Enfin il éleva au milieu du bois, à l'extrémité du rocher *Cassepot*, très-peu visité jusque-là, une tour surmontée d'un belvédère, d'où l'on découvre plus de 60 lieues d'horizon. Cette création importante seule lui coûta 3,500 fr. On lui a donné le nom de *Fort l'Empereur*, et l'administration a fait construire une belle route de calèches, par laquelle de nombreux voyageurs se rendent chaque jour à ce belvédère, devenu une des principales curiosités de la forêt. Jusqu'à sa mort (24 mars 1875), il créa, avec une ardeur qui ne se ralentit pas, de nouvelles promenades dans les gorges de Franchard et d'Apremont, dans le rocher de Saint-Germain, le mont Ussy, le rocher Bouligny, le long Rocher, etc.

Cette révélation de la forêt aux mille curieux qui accourent de Paris à Fontainebleau déplut d'abord aux artistes, qu'elle troublait dans leurs oasis jusque-là solitaires, où ils campaient comme des bohémiens. Mais cette impression s'effaça, et le bon Sylvain devint, à la fin de sa carrière, l'objet de la sympathie de ceux qui savent que c'est grâce à lui qu'ils peuvent aujourd'hui si facilement parcourir les plus beaux sites. Aimer sa forêt était un titre suffisant pour être bien accueilli par lui, et sa complaisance pour y guider les amateurs était inépuisable.

Tant de dévouement et d'abnégation devaient trouver leur récompense ; aussi, à défaut de la croix d'honneur qui ne décora jamais sa poitrine de vieux soldat, Denecourt reçut-il, en juin 1870, une grande médaille en argent, œuvre de Carrier-Belleuse, au nom des artistes et des touristes reconnaissants.

A sa mort, la ville de Fontainebleau se fit un devoir d'offrir, aux restes de cet hommes de bien, les honneurs funéraires, et une souscription publique permit de lui élever au cimetière un modeste monument formé de roches au centre desquelles est un médaillon représentant les traits sympathiques du Sylvain, œuvre et don d'un éminent sculpteur, enfant de Fontainebleau, M. Adam Salomon.

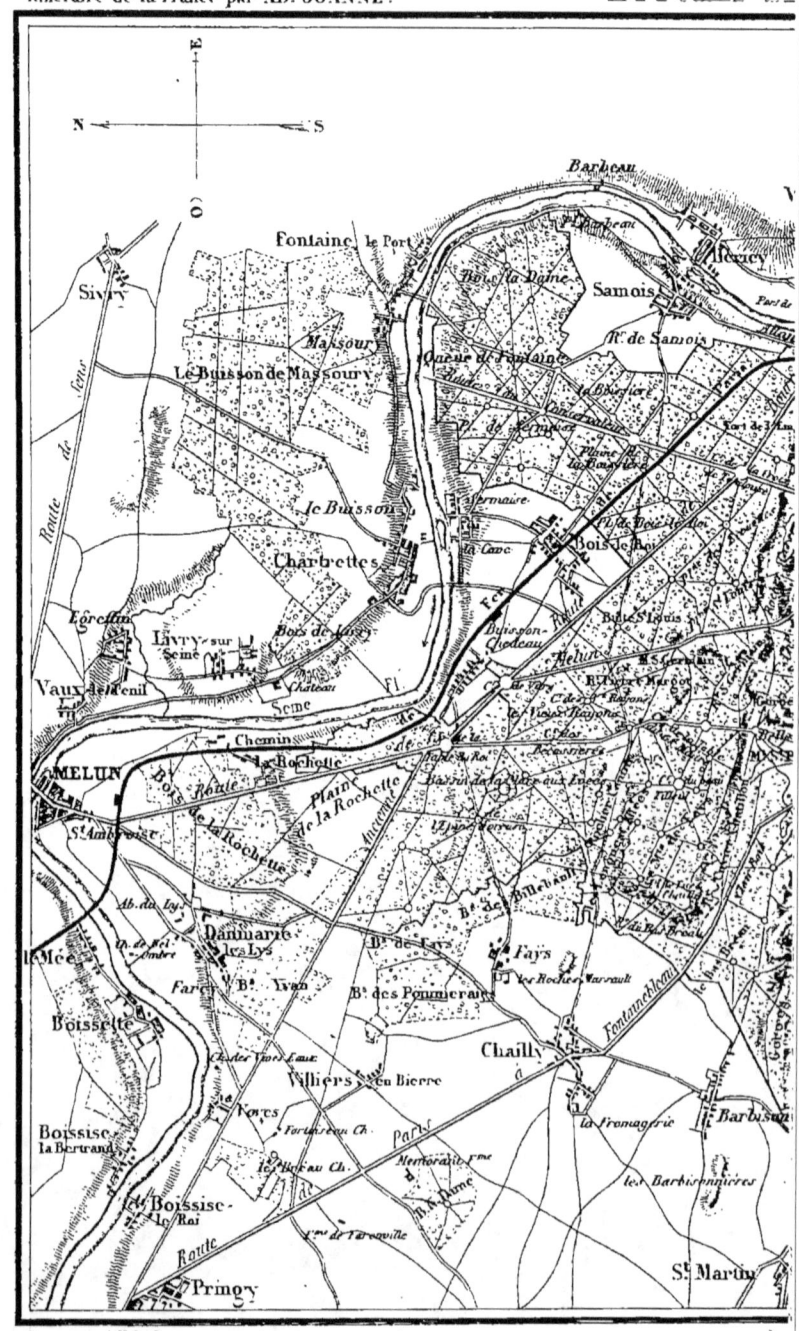

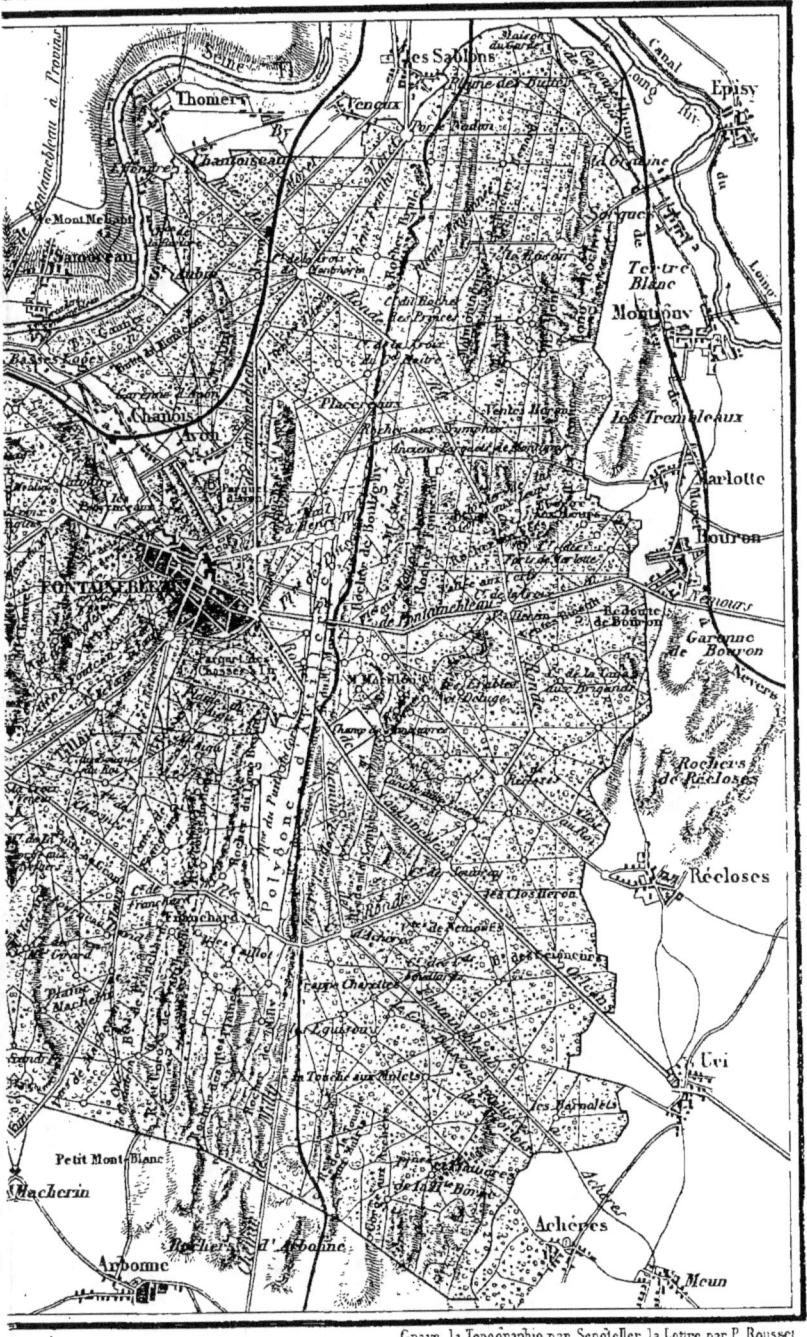

Dans le principe, on ne signalait guère à l'attention que cinq ou six des vieux arbres de la forêt de Fontainebleau : le *Bouquet du roi*, qui a péri dans ces dernières années, le *Clovis*, l'*Henri IV* et le *Sully*, la *Reine Blanche*, arbre du Bas-Bréau, incendié pendant l'hiver de 1856 par des imprudents qui firent du feu dans sa cavité; le *Charlemagne* et le *Chêne des Fées*.

Les plus vieilles futaies sont, dans le voisinage de la route de Fontainebleau à Paris, celles du *Bas-Bréau*, à l'entrée de la forêt du côté de *Chailly*, du *Gros-Fouteau*, de la *Tillaie*, etc. Des futaies non moins remarquables, des *Érables* et du *Déluge*, près de la route de Nemours, de la *Mare aux Evées*, ont disparu sous le règne de Louis-Philippe.

L'essence la plus rare autrefois, mais qui a été trop multipliée depuis quelques années, c'est le pin. La culture en a été pratiquée en 1784. Déjà, au milieu du XVIIe s., on avait essayé d'introduire la culture du pin maritime, naturalisé dans les landes de Bordeaux. Le grand hiver de 1709 fit périr les plants. Une nouvelle tentative faite sous Louis XVI ne fut pas plus heureuse. Enfin Lemonnier, médecin de Marie-Antoinette et bon botaniste, pensant que le pin du Nord ou pin sylvestre résisterait mieux aux grandes gelées, fit venir du Nord des plants et des graines, et en peupla le *mail d'Henri IV*, où ils réussirent parfaitement. Depuis lors les pins ont envahi successivement les terrains les plus arides, et masqué de leur sombre végétation les collines de rochers restées nues jusque-là, contribuant ainsi à faire disparaître de jour en jour cet aspect de solitude sauvage qu'offraient certaines parties de la forêt, telles que les *gorges d'Apremont*, de *Franchard*, du *Houx*. Les semis de pins ont été surtout propagés sous le règne de Louis-Philippe.

L'étendue des repeuplements en bois résineux dans la forêt de Fontainebleau est aujourd'hui de 4,000 hectares sur 17,900. Le pin sylvestre forme la majeure partie de ces repeuplements : c'est l'essence la mieux appropriée à l'état du sol, la plus productive et la plus propre à préparer les terrains sablonneux pour recevoir plus tard de bonnes essences feuillues. Dans quelques cantons, on voit beaucoup de houx et de genévriers, âgés de plusieurs siècles, dont le maigre et triste feuillage pend çà et là dans le voisinage des rochers.

La forêt de Fontainebleau est exploitée partie en taillis, que l'on coupe tous les 30 ans, partie en futaie à la révolution de 120 ans. Les plus belles futaies, les plus âgées, sont, du reste, un luxe végétal que l'on conserve seulement pour l'agrément pittoresque; au-delà d'une certaine période, les arbres perdent plus qu'ils ne gagnent. Le produit estimatif *moyen* de la forêt de Fontainebleau est évalué entre 300 et 350,000 francs. Mais ce dernier chiffre est quelquefois de beaucoup dépassé par des coupes extraordinaires.

Dans un de ses derniers ouvrages, Denecourt donne une flore choisie de Fontainebleau, et les catalogues des oiseaux et des insectes que l'on y rencontre. Il évalue le nombre des cerfs à 150 environ; des biches à 100; des chevreuils à 150, et des daims à 30. Il n'y a plus de sangliers, mais ils étaient nombreux avant l'Empire. Au siècle dernier, on évaluait à 3,000 le nombre des cerfs, biches et daims. La *vipère*, dont la morsure est si redoutable, était très-multipliée autrefois; mais elle devient de plus en plus rare, car des primes ont été accordées pour sa destruction.

Au moyen âge, la forêt était appelée *forêt de Bière*, nom faussement dérivé d'un chef danois, *Bioern Côte-de-Fer*, qui, après avoir dévasté la Normandie et l'Ile-de-France, vint, en 835, planter ses tentes dans la contrée située entre la lisière du bois et Melun, et qui exerça des cruautés inouïes. A l'époque où la forêt fut érigée en domaine royal, elle était plus resserrée dans ses limites qu'aujourd'hui; François Ier l'augmenta beaucoup, soit par des acquisitions de terrain, soit par des confiscations opérées sur des particuliers et des notables. Les noms de plusieurs cantons, tels que ceux du *bois Gautier*, de *Macherin*, des *Ventes Bouchard*, *Chapellier*, *Girard*, etc., en sont la preuve. Les noms de plusieurs autres cantons nous montrent aussi qu'ils furent autrefois habités : l'*Étoile des Petites-Maisons*, le *carrefour du Puits fondu*, les *Écuries royales*.

La forêt de Fontainebleau a eu aussi sa légende du Chasseur Noir, son Robin des Bois, sous le titre du *Grand Veneur*. « On cherche encore, dit Sully, de quelle nature pouvait être ce prestige, vu si souvent et *par tant d'yeux* dans la forêt de Fontainebleau. C'était un fantôme, environné d'une meute de chiens, dont on entendait les cris et qu'on voyait de loin, mais qui disparaissait dès qu'on approchait. » Henri IV, selon les historiens du temps, entendit un jour des bruits de cor et d'aboiements de chiens, d'abord éloignés, puis tout à coup rapprochés de lui, et un grand homme noir et fort hideux leva la tête et dit : *M'entendez-vous ?* ou : *Qu'attendez-vous ?* ou, selon d'autres : *Amendez-vous*, et il disparut. En 1616 eut lieu, dans la forêt de Fontainebleau, une autre aventure assez peu connue. Mazarin, attaqué par un sanglier, mit bravement l'épée à la main et tua l'animal.

Les promenades dans la forêt de Fontainebleau peuvent être variées à l'infini; nous en décrirons un certain nombre[1].

PROMENADES A PIED.

DANS LE VOISINAGE DE FONTAINEBLEAU.

COTÉ DU SUD.

1. Au rocher d'Avon.
(Promenade de 2 heures.)

Lorsque François Ier et Henri IV élevèrent les façades du bâtiment situé au sud du château, les rochers

[1]. Les noms en *italique*, mis entre parenthèses, sont ceux qui se lisent sur les poteaux indicateurs placés par l'administration.

d'Avon, que la vue rencontrait à l'horizon, étaient tout à fait nus; ils sont cachés aujourd'hui sous une forêt de pins maritimes, dont les têtes, élevées en forme de parasols au-dessus des rochers, dessinent sur le ciel une silhouette pittoresque.

La chaîne des rochers d'Avon, longue de 3 kil., sur une largeur d'environ 800 mèt., et située à peu de distance du parc, offre un but de promenade très-intéressant. Les sentiers que nous allons suivre, ouverts par Denecourt, le pionnier infatigable de la forêt, circulent à travers ses sites les plus pittoresques et ses rochers les plus remarquables par leurs formes ou par leur entassement.

Pour aller au rocher d'Avon, il faut : partir du château par la grille située à l'extrémité de l'*avenue de Maintenon*, qui longe l'étang des Carpes (p. 487), traverser la route qui de l'obélisque (p. 486) conduit à Moret, et prendre immédiatement à g. une petite route sous bois, dont l'entrée est indiquée par des marques bleues; quand on est arrivé à un carrefour de sept routes, prendre, presque en face, mais un peu à g., une route marquée par une flèche, la suivre, traverser un chemin, et un peu plus loin en laisser un autre à dr. Une marque bleue, sur une pierre à g., indique un sentier plus étroit; on doit suivre ce sentier, traverser plusieurs groupes de grès, descendre un peu, et, après avoir atteint par un détour celui de la *grotte de la Biche Blanche*, descendre dans une petite vallée, passer à travers un nouveau chaos de rochers, au-delà duquel on tourne à dr. pour remonter, continuer à suivre le sentier, en négligeant ceux qui s'ouvrent à dr. et à g., enfin croiser un chemin (qui descend à g. et ramène au parc par une large avenue que l'on aperçoit d'une esplanade). Plus loin, au pied d'une colline, le sentier se bifurque; on prend à dr. celui de la marque bleue; arrivé vers le haut de la côte, on

Rocher d'Avon.

monte à g., à travers des rochers, pour jouir, du *Belvédère de Louis VII,* d'un point de vue que les arbres masquent tous les jours de plus en plus. On descend ensuite pour rejoindre le sentier, que l'on suit jusqu'à un chemin qu'il faut croiser, et on poursuit son trajet en consultant les marques bleues et en négligeant plusieurs sentiers à dr.; arrivé à une route qui descend, à g., dans les excavations d'une carrière de sable, on aperçoit, au delà, se dessinant sur le ciel, au milieu des pins, un énorme bloc de grès surmonté d'un autre bloc d'aspect singulier : c'est la *Dame-Jeanne* ou la *Roche qui Tourne* on peut aller visiter cette roche ainsi que le chaos qui l'entoure).

On pourrait aussi gravir, en face du point où l'on se trouve, le *mont Louis-Philippe,* couronné d'une belle plate-forme, et pousser encore plus loin sa promenade sur le rocher d'Avon ; mais cette excursion n'offrirait à la fin aucun intérêt, tandis que celle que nous allons indiquer est riche en beaux paysages.

De la route qui domine la sablière, il faut revenir par le sentier que l'on a parcouru, le quitter 70 pas plus loin, en face l'étoile rose, pour en prendre un autre à dr., qui contourne la crête de la sablière, descend en faisant de nombreux plis sur lui-même et aboutit à une cavalière dans laquelle on tourne à g.; 30 pas plus loin, on doit tourner à dr., remonter à travers de belles masses de grès, qui ajoutent au caractère sauvage de cette petite gorge, et traverser le *manoir d'Obermann,* appelé aussi le *passage des Portes de Fer* (à l'issue, remarquer la singulière porte naturelle, en anse de panier). La montée devient assez rude. On passe au *rocher de Lamartine ;* puis, continuant à monter, on arrive au *Belvédère de Graziella,* d'où l'on jouit d'une belle vue. On incline ensuite à dr., et, 12 pas plus loin, on découvre, à g., l'entrée de la *Retraite du Pasteur,* et à l'intérieur un banc pour s'y reposer. A peu de distance, on se trouve bientôt au milieu des *Trois Parques,* roches aux formes bizarres; là il faut descendre à travers les grès, en suivant les marques, jusqu'à un chemin que l'on croise, et s'engager, en faisant des détours, à travers un labyrinthe de rochers et de grottes ; traverser ensuite une étroite vallée et un chemin; prendre, en face, le sentier qui mène à de magnifiques masses rocheuses ; arrivé à leur base, les contourner par la dr.; suivre les marques bleues qui invitent à entrer, entre d'énormes rochers, dans l'*antre de Vulcain;* y gravir quelques marches ; quelques pas plus loin passer à dr. à travers d'autres blocs de grès; enfin descendre dans une petite vallée clair-semée d'arbres, à l'extrémité de laquelle le sentier aboutit, à dr., à une large avenue qui ramène à la grille du Parc.

2. Au mail d'Henri IV[1].

(Promenade à pied de 2 h. env.)

Pour se rendre au mail d'Henri IV, il faut partir du château (comme dans la promenade précédente), sortir par l'*avenue de Maintenon,* traverser la grande route de Moret et suivre le prolongement de cette avenue jusqu'au pied de la colline qui la termine et que l'on aperçoit devant soi. Quand on a gravi la côte, on peut se reposer sur un des bancs (les personnes qui voudraient éviter de monter cette pente raide pourraient prendre à dr. un sentier signalé par une étoile rose, et beaucoup plus long, qui les amènerait au même point).

Quelle que soit la manière dont on parvienne au sommet du mail, au milieu duquel s'élève un cèdre planté en 1820, on fera bien d'aller admirer l'immense panorama que présente

[1]. C'est sans doute dans l'avenue qui est au bas de la colline qu'Henri IV s'exerçait au jeu du mail, alors en usage, consistant à lancer une boule de bois avec un maillet de bois ayant un manche long et pliant.

le polygone de tir dont l'inauguration a eu lieu en 1875. La longueur de ce polygone est de 5,500 mèt. environ. Il aboutit en ce moment au versant de la gorge aux Mérisiers proche la Route Ronde.

On revient sur ses pas et l'on aperçoit, au Sud, le rocher Bouligny dévasté jadis par un incendie, puis on quitte le rond-point en prenant à g. un sentier signalé par des marques bleues. Ce sentier qui contourne la hauteur aboutit bientôt sur une cavalière, puis la quitte pour descendre à l'ombre des chênes et tomber sur la route de Merlotte ; on traverse cette route, on prend, vers la g., la route d'Estrées. Environ 15 pas plus loin, on entre, à g., dans un petit sentier à travers un taillis de châtaigniers. Ce sentier aboutit au *carrefour* de l'*Octogone*. Prendre ensuite la cavalière signalée par une flèche rouge, et en trois minutes on aboutira sur le travers du sentier de promenade du Rocher d'Avon (voir l'origine de la promenade ci-dessus) que l'on suivra à g. Parvenu au carrefour de Maintenon, on pourra rentrer en ville, soit par la place de l'Obélisque, soit par l'avenue de Maintenon.

3. Au rocher Bouligny.
(Promenade à pied de près de 3 h.)

La chaîne allongée du rocher Bouligny est située derrière le mail d'Henri IV (deuxième promenade), dont la sépare une petite vallée. La promenade du rocher Bouligny est des plus intéressantes ; on n'y voit pas de vieilles futaies ; on y est presque toujours ombragé par des pins ; mais ses pentes abruptes et tourmentées, ses mystérieuses profondeurs, couvertes par des forêts de pins, la mousse épaisse qui les tapisse et qui s'illumine de teintes variées sous les accidents de l'ombre et de la lumière, lui donnent un caractère pittoresque tout particulier.

Sortant par la grille de l'avenue de Maintenon, comme dans la première promenade, on traverse le rond-point de la grande route de Moret, pour prendre, à dr. de l'avenue de Maintenon, une route de chasse (route du *Petit Mont-Chauvet*), indiquée par une flèche bleue, et on la suit sans se détourner, en traversant le *Carrefour de Cheyssac*, la route de Montigny, le *Carrefour de Montespan*. Une allée bordée de pins du Nord, à l'écorce bronzée, amène, au pied du versant N. du mail d'Henri IV, à un carrefour que l'on traverse, en laissant une route à dr., pour prendre la *Route de la Plaine des Pins*, qui aboutit au *Carrefour de La Vallière* en traversant le polygone. On prend presque en face la *Route de La Vallière*, qui monte. Après environ cent dix pas, on s'engage, au bas de la montée, dans un petit sentier à dr., et on en suit les détours. Déjà on peut admirer l'aspect accidenté du site, ses belles roches, son tapis de mousse verdoyant. On passe devant une masse de grès, marquée par une étoile rose et nommée la *Grotte de lord Byron*.

Arrivé, vers le sommet, à une bifurcation du sentier, on pourra aller explorer toute la partie du rocher Bouligny qui se prolonge à dr. ; les sentiers tracés par M. Denecourt et ses marques bleues guideront sans difficulté les touristes, qui verront là encore des scènes intéressantes ; mais l'exploration de la chaîne étant assez longue, et la partie de g. que nous allons parcourir étant surtout riche en aspects pittoresques, nous nous bornons à décrire cette dernière.

On prendra, à la bifurcation, le sentier de g., en se dirigeant à l'E., suivant l'indication des marques, et l'on arrivera sur le sommet, au bord d'un chemin encaissé (*Route de La Vallière*) qui descend à g. et à dr., (c'est par là qu'il faut descendre pour aller à la gorge aux Loups), on traversera ce chemin et on reprendra le sentier en face. On pourra se reposer au *banc du Sphinx*, marqué par une lettre. Bientôt, parvenu à la crête très-étroite du rocher Bouligny, on suivra le même sentier jusqu'à une bifurcation, où les marques indiquent de prendre à g. A une seconde bifurcation, on prendra encore à g.; on remarquera la *caverne du Sycophante* (lettre J). Après avoir passé dans une fente de rocher, on tournera brusquement à dr. (on aperçoit un grès d'une forme bizarre, la *Licorne*); puis, tournant à g., on suivra le sentier, selon l'indication des marques, et en négligeant les autres sentiers. La lettre L appelle l'attention sur le *Crapaud de Bouligny*, placé en face.

A une bifurcation du sentier, il faut laisser celui de dr. et prendre celui qui s'ouvre en face. On domine de nouveau une profondeur accidentée et mystérieuse. On passe devant la *Grotte Decamps*, et on se trouve au milieu des grès de la partie dénudée, que l'on aperçoit du mail d'Henri IV (*V.* p. 495). Après avoir passé dans un tunnel, on remarque deux roches projetant une sorte de toit en avant. De là, on a en face la pente sablonneuse qui monte au mail d'Henri IV, et les regards s'étendent à perte de vue dans les directions de l'E. et de l'O.; de ce dernier côté on découvre les monts Aigus, le rocher Long-Boyau, les gorges du Houx. En arrivant sur la hauteur, on aperçoit un grès aux formes bizarres qui éveille l'idée fantastique de quelque monstre antédiluvien : c'est la *Pieuvre des Rochers*.

On suit de nouveau sur le plateau un sentier qui croise un autre sentier, et, après 170 pas environ, faisant un détour par un petit sentier à g., on arrive au bord du rocher à une sorte d'observatoire, très-bien nommé par Denecourt : le *point de vue du lac Vert*, à cause de l'immense étendue de forêt que le regard embrasse. Revenant au sentier, qui reste sur le haut plateau, on le suit encore un peu à g. jusqu'à une bifurcation. Un rond bleu sur un rocher rappelle au promeneur qu'il est dans la bonne voie, mais qu'il doit prendre à g. le *sentier des Faunes*. On descend et l'on traverse un passage étroit entre les grès; on aperçoit à dr. de belles murailles de grès à g., un ravin de blocs moussus entassés. Cette descente est des plus pittoresques. Vis-à-vis d'une étoile rose, belle échappée de vue. A dr., énorme rocher : la *Roche des Nymphes*. En avançant, on plonge les regards dans la sombre *gorge aux Hiboux*, que traverse un chemin. Enfin l'exploration du rocher Bouligny se termine à la *grotte de Lucifer*, au pied d'un magnifique entassement de rochers; et l'on descend au fond du vallon, en laissant un sentier à dr., sur une route cavalière (*Route de la Fanfare*), qui amène à un carrefour de cinq routes. Il faut prendre la deuxième à g. Bientôt on prend un petit sentier, indiqué à dr., et l'on continue sa marche à l'ombre des chênes. En quatre minutes, on arrive à une autre route cavalière, que l'on suit à dr.; on descend sur la route de Montigny; on la traverse; on prend, vers la g., la première route (*Route d'Estrées*). Environ 15 pas plus loin, on entre, à g., dans un petit sentier à travers un taillis de châtaigniers. (Ce sentier aboutit au *Carrefour de l'Octogone*.) Prenant en face une route gazonnée et bordée de pins, on ne tarde pas à arriver à l'*Avenue de Maintenon*, et on aperçoit à dr. la grille du château.

CÔTÉ DE L'EST.

4. **Au Calvaire, à la promenade de la reine Amélie, à la Roche Éponge.**

(Promenade à pied de 3 h.)

On sort de Fontainebleau par la Grande-Rue et la route de Melun, et en six minutes on atteint l'entrée de la forêt. On aperçoit alors, vers la dr., sur la hauteur, la croix de pierre du Calvaire. Deux minutes plus loin, on voit, à g., la chapelle *Notre-*

Dame de Bon-Secours, élevée en 1690, en souvenir d'un vœu et de la délivrance de M. d'Aubernon, gentilhomme du prince de Condé (1661), réédifiée sous la Restauration et restaurée il y a quelques années. Le cheval de M. d'Aubernon, après l'avoir renversé et traîné, s'arrêta en cet endroit. En face de la chapelle s'ouvre la *Route de la Bonne-Dame*. On entre dans cette route à dr., et, immédiatement, à g., dans le sentier indiqué par une marque ; après y avoir fait quelques pas, on croise un chemin et on laisse un sentier à g. Trente pas plus loin, le sentier se bifurque, on prend celui de dr. et en 5 min. on arrive au haut, devant une belle coupe de grès, reste d'une ancienne exploitation (les sables en sont colorés par l'oxyde de fer). Tournant à dr., on suit la base de l'escarpement. On passe devant la *grotte de la Ravine*. A 190 pas plus loin, on arrive au pied d'une rampe, que l'on monte. Arrivé sur le plateau, couvert de bruyères, on tourne à dr.; on suit le bord des crêtes jusqu'à un beau point de vue, appelé le *Belvédère de la Ravine*, dominant des masses de rochers. Tournant le dos à la vue, on prend le sentier aux marques bleues, que l'on suit sur une longueur de 25 pas, jusqu'à une sorte de petit carrefour. Au lieu de continuer selon l'indication des marques bleues, on suivra, à dr., le sentier, qui, après 100 pas, débouche sur la route du *Calvaire*, dont on aperçoit, à dr., la croix de pierre, entourée de bancs (40 minutes depuis Fontainebleau). On embrasse, de là, un vaste horizon.

Après avoir admiré la vue, on s'éloigne de la Croix par la route de voitures, du côté dr.; cette route tourne bientôt à dr. Sept minutes plus loin, on aperçoit, à g., un sentier qui s'ouvre sur le plateau, entre des bruyères ; il mène à la *Roche Éponge*. (Nous y parviendrons d'un autre côté.) A un endroit où la route, en remblai, est ombragée par de jeunes pins formant berceau, on prendra, à l'extrémité de ce berceau, immédiatement à dr., un petit sentier qui circule entre de curieuses masses de rochers, et regagne la route en quelques minutes. En vingt minutes depuis la croix, on arrive au *rond-point de la Reine-Amélie*, d'où l'on a une très-belle vue. De là, une large route, ouverte sous Louis Philippe, descend à la station du chemin de fer.

Un peu avant d'arriver à l'Esplanade de la Reine-Amélie, on remarquera, à g., sur un rocher, *la Nemorosa*, figure en fonte bronzée, placée sur une paroi verticale, et sculptée par M. Adam Solomon. Au-dessus, on visitera le *belvédère de Nemorosa*, une des dispendieuses créations de Denecourt, qui date de 1866. Les regards embrassent, de ce belvédère, un vaste panorama (on peut distinguer, au N., sur la cime boisée d'une colline, à l'horizon, le massif carré du Fort l'Empereur).

Au lieu de revenir sur ses pas, par la même route, on prendra, sur la dr., au pied du belvédère, un sentier sur le versant oriental de la colline, dominant ce qu'on a appelé la *Petite-Kabylie*. On en suivra les détours le long des crêtes, et, en huit minutes, on atteindra un autre belvédère auquel on accède par des marches et près duquel se trouve, à g., la *Roche Éponge*. Il faut monter sur la petite esplanade disposée au-dessus, de manière à dominer du regard les anfractuosités profondes de cette roche aux formes fantastiques.

Une *buvette*, autorisée par l'administration, est établie en cet endroit. On y trouve de la bière, de la limonade, des sirops, quelques gâteaux.... Des tables, des sièges recouverts de mousse, ont été improvisés dans ce site abandonné par les carriers.

On peut de là, soit regagner directement la route de voitures, qui se trouve à dr. de la Roche Éponge, soit bien préférablement prendre le sentier encaissé et ombragé qui conduit en une minute à la *Fontaine Isabelle*, créée en 1866 par Denecourt, puis revient à la Roche-Éponge en contournant la base d'une plate-forme surmontée d'un treillage. Arrivé en ce point, on gagnera très-facilement à droite la route Amélie, que l'on suivra directement jusqu'à un carrefour entouré d'acacias. Un sentier que l'on prendra à dr. va de nouveau diriger vers le Calvaire, auquel on arrive en 5 minutes.

Pour revenir à Fontainebleau, il faudra contourner la croix, suivre la route par laquelle on est arrivé, et prendre à l'extrémité de la haie d'épicéas un sentier qui descend et tourne à dr. le long de belles assises de grès encavées. Après avoir fait 45 pas, on passe dans un défilé de rochers; à l'issue, on tourne à g. Le sentier se bifurque : ne pas prendre celui qui remonte, à dr., sur le plateau. À 30 pas plus loin, nouveau et long défilé d'un beau caractère. Beaux aspects de rochers entassés, belle *grotte de Benjamin*, à dr. A une nouvelle bifurcation, il faut laisser encore le sentier de dr. qui remonte sur le plateau, et continuer à descendre à travers un chaos de rochers très-pittoresques. Les méandres de ce sentier aboutissent à la belle et spacieuse *grotte de Cybèle*. On doit suivre, sans se détourner, les détours du même sentier, jusqu'à un chemin que l'on traverse pour continuer en face. Arrivé à une route de voitures, on la traversera encore pour suivre le sentier qui s'ouvre en face. A moins de 300 pas, on se trouve à l'angle du mur de clôture de la forêt, et, bientôt après, sur la route de Melun et à l'entrée de Fontainebleau.

5. Au Fort l'Empereur.
(Promenade à pied de 4 h.)

Toute la première partie de cette promenade se fait comme dans la promenade précédente, jusqu'au Belvédère de la Ravine.

Tournant le dos à la vue, on prend le sentier en face, indiqué par des marques bleues. Ce sentier, latéral à l'avenue du Calvaire que l'on aperçoit à dr., amène en peu de temps au *carrefour du Fort du Moulin*. On traverse ce carrefour pour prendre un sentier sous bois, indiqué par un écriteau et qui, en 5 min., conduit au *carrefour de la Butte à Guay*. On traverse ce carrefour et l'on prend la deuxième route (*Route du Calvaire*) presque en face. Après 190 pas, et au point où cette route va descendre, on prend, à dr., un petit sentier indiqué par une marque. Ce sentier, qui circule sur la pente de la colline, est désigné sous le nom de *sentier des Hêtres*, parce qu'il est ombragé par ces beaux arbres, aux branches longues et traînantes qui s'y étalent en berceau.

A l'issue de ce sentier, on descend à un carrefour; on le traverse et on prend, en face, un sentier sous les pins, qui monte à travers les rochers sur la colline dite *rocher Cassepot*. On voit une partie dénudée par un incendie, puis, à dr., une grotte et un banc. On suit toujours, en montant, le sentier, et l'on ne tarde pas à arriver au rond-point où Denecourt éleva, en 1852, une tour, qui devint plus tard le *Fort l'Empereur* (1 h. de marche, depuis la chapelle de Notre-Dame-de-Bon-Secours). 44 degrés conduisent au haut de ce belvédère. Après avoir joui de la vue panoramique de l'immense horizon que l'on y découvre, on redescend par la route tournante que l'administration a fait ouvrir, et on arrive bientôt à un carrefour de sept routes. En laissant deux routes à dr., on entre, près de l'issue de la seconde, dans un petit sentier sous des pins, qui contourne le pied de la *Butte à Guay*, dont les pentes, parsemées d'arbres, présentent un aspect pittoresque. Après l'avoir suivi pendant 18 min., on arrive à la mystérieuse *vallée Troubetzkoï*, ombragée par de beaux hêtres (nom donné en l'honneur de la famille russe qui habite le château de *Belle-Fontaine*, près des Basses-Loges). On traverse une route, pour prendre le sentier qui passe entre deux hêtres et gravit, en zigzags, la colline : en sept minutes on arrive sur le plateau. Un peu avant de franchir une route, le sentier se bifurque : on prend la branche de g., qui arrive bientôt à une esplanade, au-dessus de la *fontaine Désirée*, où descendent deux escaliers (datant de 1837). On jouit de là d'un assez beau point de vue : on aperçoit Héricy, Vulaines, Samoreau, Thomery, etc. On peut revenir directement par la route de voitures qui mène à la fontaine Désirée, mais il est plus intéressant de suivre le chemin suivant :

On descend par l'escalier de dr., et on prend, en avant du tertre, le sentier signalé par une marque rouge. En 10 min., on arrivera au *Belvédère de la Fontaine Dorly*. Tournant le dos à la vue, on prendra, un peu à g., un sentier bordé de pavés. Ce sentier descend à la *fontaine Dorly* (1852). On continue à avancer par le sentier qui se développe le long des crêtes, et bientôt le n° 4 et une marque rouge indiquent qu'il faut prendre à dr. un sentier qui, en 2 min., mène à la *fontaine Isabelle*, puis à la *Roche-Éponge*, d'où l'on rentre à Fontainebleau par le chemin indiqué à la 4° promenade (*V.* p. 560).

CÔTÉ DU NORD.

6. Au Mont-Ussy.

(Promenade à pied de 4 h. env.)

Sortant par la rue de la Paroisse, on prend la route de voitures qui s'ouvre en face, coupe le boulevard circulaire, laisse le cimetière à dr., et on la suit jusqu'au *carrefour du Mont-Pierreux*, désigné par un poteau indicateur. On traverse le carrefour et on prend le sentier dont l'entrée, signalée par des marques bleues, a son origine à la *route Léopold*.

Gravissant la pente, on ne tarde pas à arriver au sommet du *mont Pierreux*, où le sentier se bifurque. On suit la branche de dr., marquée par des traits rouges, et, après avoir coupé une route puis un sentier, on arrive à la magnifique futaie dite des *Fosses-Rouges :* une très-belle région de la forêt. Le sentier continue ses méandres au milieu d'arbres magnifiques, coupe successivement trois routes, et, après avoir circulé à travers une région dite le *Nid de l'Aigle,* ramène à la première route, vis-à-vis du *bouquet du Nid de l'Aigle,* désigné par la lettre A, la cépée la plus remarquable peut-être de la forêt, car elle se compose de dix arbres, partant d'une même souche. La flèche indique, derrière, un sentier de peu d'étendue, qui, après avoir longé de beaux arbres, va aboutir, près d'une route, au *bouquet de Saint-Jean,* chêne magnifique, dont les mille branches s'élancent dans l'air, en divergeant comme un bouquet de feu d'artifice. On est arrivé au pied de la chaîne du Mont-Ussy. — Au lieu d'y pénétrer en s'y engageant de face, dans la petite gorge du *Charlemagne,* les promeneurs qui ne sont pas trop pressés devront prendre une autre route qui fait un détour par le fond du *Nid de l'Aigle.*

DÉTOUR PAR LE NID DE L'AIGLE.

Au pied du bouquet de Saint-Jean, le sentier se bifurque ; — il faut prendre celui de g., et le suivre sans se détourner en consultant les marques, et en croisant plusieurs routes. Il mène au fond d'une petite vallée, au pied du chêne des *Six Frères* (C); de là, revenant par la dr., il passe au pied du beau hêtre l'*Alexandre Dumas* (D), puis traverse un beau chaos de roches moussues. — Arrivé sur le plateau, on prendra le sentier en face, et on aura soin de bien consulter les marques, pour ne pas s'égarer en circulant à travers les tristes monticules des débris d'exploitation. — Descendu à la *Route de la Fontaine*, on la remontera sur 40 pas, pour prendre, à dr., un sentier qui, traversant d'anciennes exploitations de grès, va descendre dans la pittoresque gorge du *Charlemagne*, juste en face du chêne de ce nom, un des plus vénérables de la forêt.

CONTINUATION DE LA PREMIÈRE PROMENADE.

Au lieu de faire le détour ci-dessus, parvenu au pied du bouquet de Saint-Jean, il faut suivre directement, traverser deux chemins de voitures, puis, à dix pas plus loin, la *route de la Fontaine*, et aborder le Mont-Ussy par un chemin qui fait face. On suivra ce chemin en laissant à dr. un sentier désigné par une marque rouge. En quelques minutes, on parvient au *Charlemagne*, un des plus vieux chênes de la forêt, dont une branche maîtresse est retenue par une barre de fer. Cet arbre et ce site, éminemment pittoresques et bien connus des paysagistes, leur servent souvent d'objet d'études. — Le sentier à dr. du Charlemagne (marques rouges) ramène à Fontainebleau en 30 min., en passant par la *grotte des Montussiennes* et le *carrefour des Huit-Routes*.

Si l'on se détourne un peu au milieu des rochers, à g., on aperçoit une grotte sous un entassement de roches moussues. Revenu au Charlemagne, il faut prendre, suivant la marque, le sentier montant derrière un autre vieux chêne qui en est voisin. Ce sentier aboutit au plateau, où, tout près, à dr., la lettre K désigne le *charme d'Hélène*. « Nous avons ainsi nommé cet arbre, dit Denecourt, parce qu'au pied est une roche où Madame la duchesse d'Orléans s'est reposée en visitant notre sentier, le 15 mai 1847. » — Le sentier tourne bientôt à dr. ; on le suit sur la platière, pour descendre (en négligeant le sentier indiqué par une marque rouge, à g.) jusqu'au *chêne de Salvator Rosa*, curieusement massé au milieu du grès; on le contourne, pour traverser un étroit passage, entre des rochers, et, après plusieurs détours, passer sous une sombre galerie de rochers. Arrivé derrière un chêne creux, le *François I*er, il faut en faire le tour, et descendre dans la petite vallée, où l'on voit devant soi, à g., un groupe de rochers, sur lesquels se dresse le chêne connu sous le nom de *chêne des Fées*, dont on n'aperçoit ni la souche, ni les racines, mais qui, par une expansion de son écorce, s'attache à une saillie du rocher à la manière d'un suçoir de polype. — Du pied de ces rochers, on doit revenir un peu en arrière, prendre, à droite, le sentier qui gravit la colline et aboutit bientôt à une muraille de grès, qui semble barrer le chemin, et qui surplombe (*Roche de l'Enchanteur Merlin*); en contre-bas est une petite grotte. Un sombre passage à travers les rochers sert d'issue. — Continuer à suivre les détours du sentier, qui offre des perspectives pittoresques sur des ravins boisés et des pins à l'écorce dorée. Croiser une petite route, et prendre le sentier qui s'offre en face. A travers les éclaircies on aperçoit Fontainebleau, en suivant le bord escarpé du plateau. Le sentier, qui incline à g., ne tarde pas à descendre, à dr., dans une petite gorge formant un site pittoresque. — La lettre A, à g., désigne le *rocher de Fontange* (le sentier qui descend, à dr., passe par les roches dites *Montussiennes*, et ramène à Fontainebleau, en 25 min., par le *carrefour des Huit-Routes*). — Continuer de suivre le sentier qui, après avoir contourné les crêtes, tourne à g., se replie deux fois sur lui-même, fait le tour de deux petits ravins, et, parvenu au pied de deux grands pins, passe, à dr., entre les rochers, puis débouche bientôt sur un chemin de voitures, au *belvédère de Montespan*, un des beaux points de vue du Mont-Ussy. L'administration y avait fait

Forêt de Fontainebleau vue prise du Nid de l'Aigle.

établir un banc ; mais des touristes en goguette se sont stupidement amusés à le précipiter du haut du rocher en bas. — Retourner sur ses pas pour incliner ensuite à g., par un sentier que signalent des traits rouges et qui contourne la base du point de vue. Au bout de quelques instants, les méandres du sentier, qui revient brusquement à dr., parcourent un intéressant pêle-mêle de rochers appelé le *chaos du Tasse*. — Négliger, tout à fait en bas, un sentier à dr., qui ramènerait à Fontainebleau en 30 min., par la *grotte des Montussiennes* et le *carrefour des Huit-Routes*, et prendre celui qui monte directement vers un amphithéâtre de rochers entassés (*chaos de Victor Hugo*), s'engage dans un défilé d'aspect sauvage (F, *antre du Déluge*), passe devant un bel entassement de rochers (H), puis, à un détour, découvre un lointain horizon. On arrive bientôt au deuxième point de vue du Mont-Ussy, J, *belvédère de La Vallière*. — De là il faut reprendre le sentier étroit et tortueux qui descend. On aborde le *chaos de George Sand*, et bientôt on s'engage dans la belle *grotte de Maria Brunetti* (d'où descend un sentier qui ramène à Fontainebleau). Plus loin la lettre L désigne le *chaos de Shakespeare* ; N, le *chaos de Corneille*.

Dans ces parages, on doit faire attention aux marques pour suivre, à travers les dévastations causées par un incendie, le sentier qui va aboutir, après plusieurs détours, à une route de voitures sablonneuse (*Route de la Butte-aux-Aires*) ; on croise cette route et on prend en face le sentier qui remonte la colline opposée. Il se bifurque vis-à-vis du *Gutemberg* (S), hêtre remarquable. Mais il ne faut pas s'occuper du bras de g. Celui de dr., passant à travers des roches moussues et des hêtres, offre des aspects pittoresques. Arrivé sur le plateau, on contourne le bord par un sentier, d'où l'on domine de beaux chaos, et qui amène à la *grotte Malena*, puis on descend de là dans une petite gorge, que dominent de beaux entassements de rochers. Il faut continuer à suivre le sentier, en évitant ceux qui descendent, à dr., vers la route. On laisse à g. un bloc de grès remarquable : X, *la Dame du Mont-Ussy*. Au bas de la colline, deux derniers blocs, énormes, les *roches d'Hercule*, fixent encore l'attention. — Après avoir passé sous l'un d'eux, le sentier aboutit à une route de voitures, que l'on coupera pour arriver en 15 min. à Fontainebleau, par la rue des Bois.

CÔTÉ DE L'OUEST.

7. Mont-Aigu.

(Promenade de 4 heures.)

Ce site, le plus pittoresque de tous les environs de Fontainebleau, a été rendu aux touristes et aux promeneurs, après les événements de 1870-1871.

Sortant de Fontainebleau par le *carrefour de la Fourche*, on remonte à dr. la *Route de Paris* jusqu'au pied de la côte. On prend ensuite à g. un sentier sous les pins. Arrivé à une bifurcation, on continue directement le sentier aux marques bleues jusqu'à la *route de Milly*. De l'autre côté de cette route, on retrouve le sentier qui gravit le versant N. du *Mont-Fessas*, et bientôt on parvient à un vaste carrefour de six routes.

On traverse ce carrefour en laissant 2 routes à dr. Quelques minutes suffisent pour traverser le plateau et arriver sur un croisement de chemins. Descendre à g., puis, à dr. en faisant bien attention aux marques bleues.

Au bas de la descente, on coupe un carrefour, et bientôt la lettre A signalera un curieux rocher. On laissera à dr. une bifurcation pour suivre le sentier qui avance à travers des rochers pittoresques et qui aboutit bientôt au *carrefour du Mont-Aigu*, étoilé de sept routes.

FONTAINEBLEAU. — LA FORÊT.

On prend celle *de l'Émerillon*, que l'on suit jusqu'à la rencontre de nouveaux rochers. On tourne à dr. puis à g., et en quelques minutes on arrive à une galerie souterraine précédant la *grotte du Serment* (1853), une des créations de Denecourt, l'objectif principal de la promenade.

On sort de la grotte par un escalier de seize marches, puis bientôt on aborde le *Grand Mont-Aigu*, au sommet duquel on parvient par un gracieux chemin en spirale des plus pittoresques. Le n° 6 annonce que l'on arrive au termes de l'ascension. De ce sommet élevé, on jouit d'un magnifique point de vue sur Fontainebleau et les sommets par delà. On peut aller se reposer dans le kiosque établi par l'administration et qui est un peu à dr. du point de vue.

On descend du Grand Mont-Aigu en suivant attentivement les marques bleues de Denecourt; en quelques minutes, on arrive au pied, sur un carrefour de six routes que l'on traverse en laissant une route, à dr. Pour retourner à Fontainebleau, on gravit le versant S. du Mont-Fessas, on traverse le plateau; bientôt on arrive à la route de Milly, que l'on coupe pour prendre le sentier qui fait face, ce qui, en 20 min., ramène au carrefour de la Fourche, point de départ de la promenade.

PROMENADES A PIED
DANS LES PARTIES DE LA FORÊT
PLUS ÉLOIGNÉES DE FONTAINEBLEAU.

CÔTÉ DE L'OUEST.

8. Aux gorges du Houx et de Franchard.
(Promenade de 5 à 6 heures.)

GORGES DE FRANCHARD.

N. B. Franchard est le seul point de la forêt où l'on trouve un restaurant. — Des guides munis d'un brassard numéroté s'y tiennent dans la belle saison, s'offrant à conduire les voyageurs et à leur faire voir toutes les curiosités de la vallée de Franchard, et ils leur en montrent à peine la moitié. Si on les prend, on fera bien de spécifier à l'avance, d'après l'itinéraire tel qu'il va être tracé, ce que l'on a l'intention de visiter. — On ne descend pas en voiture dans la gorge de Franchard.

L'*Indicateur historique et descriptif de Franchard*, par Denecourt (Fontainebleau. 1876, 18ᵉ édition), contient une carte spéciale des gorges de Franchard.

La gorge de Franchard rivalise en aspects sauvages avec les gorges d'Apremont : mais, comme celles-ci, elle a perdu en partie cette aridité qui faisait de ses roches et de ses sables un désert brûlant pendant l'été, et que l'on comparait aux déserts de la Thébaïde; elle est destinée à voir d'année en année la nudité de ses collines rocheuses disparaître sous la verdure des pins qui y ont été plantés. Voici en quels termes en parle Dangeau dans son Journal : « Lundi, 20 octobre 1687, Monseigneur et Madame coururent le cerf dans les forêts de Franchard, pays fort affreux, où l'on n'avait jamais chassé. »

Aujourd'hui Franchard est peut-être le point de la forêt de Fontainebleau le plus fréquenté par les touristes. Ils y viennent généralement en voiture. Le tracé de promenades à pied décrit ici, et passant par la gorge du Houx, offre un grand intérêt pittoresque.

Sortant de Fontainebleau par la *barrière de Paris*, vaste rond-point, où l'on se trouve en face de deux grandes routes : à g., celle de Fleury, à dr., celle de Paris, on prend entre ces deux routes la route de chasse (du *Petit-Franchard*); on consultera attentivement les indications de marques bleues. A 3 minutes, on incline à g. par un petit sentier qu'indique la marque bleue. — Vingt-cinq minutes plus loin on traversera la *route de Milly et de Fleury*, pour prendre, en face, un sentier qui gravit doucement la pente du *Mont-Fessas*, et amène, en inclinant à g., à une route sablonneuse qu'il croise, et, au bord du plateau, à une échappée de vue sur le Mont-Aigu, indiquée par une étoile.

Parvenu au point où le sentier se bifurque (celui de dr. conduit plus directement à la *grotte du Parjure*: V. ci-dessous), on suivra celui qui tourne brusquement à g. pour admirer les sites pittoresques de la *gorge du Houx*, qui ont échappé jusqu'à ce jour aux dévastations de plus en plus menaçantes des carrières.

Le sentier que l'on suit prend le nom de *sentier des grands Titans;* il circule entre des roches d'une masse imposante, et auxquelles Denecourt a donné divers noms. Arrivé à un carrefour de huit chemins, au milieu duquel s'élève un pin de lord Weymouth, on traverse ce carrefour en laissant une route à dr., et le sentier que l'on suit mène à la *Grotte du Chasseur Noir* (H), ouverte par Denecourt. On passe ensuite près du rocher *Grand-Gousier* (I); à la lettre K, on se trouve dans le voisinage des déplorables dévastations de la belle gorge du Houx. — Il faut suivre le sentier à dr., qui, après une petite descente, aboutit sur une

Mare aux Pigeons (Franchard).

voie plus large que l'on parcourt un instant; croiser une route sablonneuse, au-delà de laquelle on retrouve le sentier; croiser deux autres chemins, monter un peu, rencontrer une bifurcation de sentiers, mais toujours préférer le sentier de g., qui domine le fond de la vallée.

En continuant directement, sans se préoccuper d'un sentier qui monte à dr., on arrive à la *grotte du Parjure*, très-singulière d'aspect [1].

En sortant de la grotte, on tourne à dr.: on passe par un étroit déchirement entre les grès pour parvenir au plateau du *belvédère de la Grotte du Parjure*, puis on gagne le *carrefour du Houx* (l'arbuste qui lui donnait son nom a depuis longtemps disparu). On a, à dr., une platière dé-

[1]. Denecourt avait, à grands frais, créé dans le Mont-Aigu une *grotte*, dite *du Serment*, parce que ses amis lui firent promettre que ce serait sa *dernière folie*. Mais bientôt, désolé de voir cette grotte et sa pittoresque promenade soustraites au public, par suite de l'emprisonnement des Monts-Aigus, il chercha un dédommagement dans le voisinage et le trouva dans ce site curieux et dans cette grotte au nom singulier.

nudée par un incendie. — Il faut couper le carrefour et prendre la route de la gorge du Houx, puis la Route Mazarin, qui aboutit au carrefour des gorges de Franchard. On traverse la *route Ronde,* pour retrouver, de l'autre côté, le sentier qui va parcourir la platière de Franchard. Après avoir croisé un deuxième chemin, on se trouve sur les bords de la *mare aux Pigeons.* — A une bifurcation on doit suivre à g. les marques bleues; croiser un chemin de voitures, à peu de distance duquel on atteint l'entrée de la *grotte de Velléda.* — On incline un peu à dr., on monte quelques marches, et, quand le sentier se divise, on prend à g. pour arriver au grand point de vue des gorges de *Franchard,* signalé par un poteau indicateur. — Continuer la promenade en côtoyant le haut bord du site. La lettre M annonce le petit *chaos de Gavarni;*

Entrée des gorges de Franchard.

suivre bien attentivement les indications des marques. Près de la lettre K, à g., remarquer une singulière cassure formant une arche de pont dans une masse de grès. La lettre B signale un val d'aspect riant. — Laisser à dr. le sentier D, menant à Franchard. — Passer près d'une mare à peu de distance de laquelle on atteint une plate-forme élevée, dominant une belle vue, et établie par Denecourt à l'endroit où avait été élevé, en 1667, un *belvédère* pour *Marie-Thérèse.* Prendre ensuite le sentier désigné par la lettre E. On ne tarde pas à contourner le *rocher des Ermites,* dont les masses superposées forment une grotte, au bord du chemin sablonneux qui descend dans les gorges et en face de la fameuse *Roche qui Pleure,* et qui, depuis longtemps salie des niaises inscriptions en toutes langues des badauds, ne mérite plus l'incessant pèlerinage que son renom impose à une curiosité banale et trompée.

1ʳᵉ SECTION DE LA PROMENADE DES GORGES DE FRANCHARD. — De la Roche qui Pleure, ou peut, en prenant à g. un sentier qui s'engage à travers les blocs de grès, et en suivant les marques bleues, parcourir une section de la promenade des gorges de Franchard, on laissera à g. une première bifurcation (lettre J); arrivé à la lettre K, au lieu de continuer directement, on prendra à g. un sentier qui descend le long d'une roche et qui débouche bientôt au centre des gorges sur une route sablonneuse conduisant au joli *carrefour d'Amédée*.

2ᶜ SECTION DE LA PROMENADE. — Du carrefour, deux sentiers montent à l'*antre des Druides*. — On prend celui de dr., qui monte en pente douce, en faisant des zigzags. Bientôt on peut s'abriter sous la voûte de l'*antre des Druides*. On continue à longer ce rocher. Le sentier, tantôt montant, tantôt descendant, va aboutir à un chemin de voitures, prolongement de celui qui vient de la Roche qui Pleure. Il faut croiser ce chemin et prendre de l'autre côté un autre sentier qui continue celui par lequel on vient de descendre.

3ᵉ SECTION DE LA PROMENADE. — Cet autre sentier tortueux monte à travers des accidents de terrains pittoresques. On traverse plusieurs galeries; on croise un sentier; puis, parvenu à un petit plateau uni et verdoyant, on monte à g. quelques marches pour atteindre le grand *point de vue des gorges de Franchard*, où a été établi un banc, et qui a été décrit un peu plus haut. C'est le plus beau point de vue de la promenade. On peut, en descendant à travers les blocs de grès, visiter une caserne naturelle, un peu au-dessous à dr.

RETOUR A FRANCHARD. — Prenant, à dr. du banc, un sentier largement frayé sur les rochers, on ne tarde pas à admirer une roche singulière isolée; on passe au pied du *chêne de Maintenon*, à dr. On arrive devant le *cèdre d'Hélène*, en face de l'habitation des gardes et des ruines de l'Ermitage. Un peu vers la g., une construction carrée abrite un puits profond de 66 mèt., creusé en 1813. — Contournant, à dr., les restes de l'ancienne abbaye de Franchard, on aperçoit, à peu de distance, le *restaurant de Franchard*.

RUINES DE L'ABBAYE DE FRANCHARD. — Il existait jadis en ce lieu un antique ermitage, que Philippe-Auguste donna, en 1197, à des religieux d'Orléans, à la demande de l'ermite Guillaume, qui, malgré une faible constitution, était venu s'y établir. On possède une lettre (en latin) que lui adressa Étienne, abbé de Sainte-Geneviève de Paris, et dont on lira sans doute avec intérêt quelques fragments : « J'étais frappé de terreur, lui dit-il, à la pensée d'une solitude si horrible, que les hommes et les bêtes féroces elles-mêmes semblent craindre de l'habiter. L'herbe ne croît pas sur cette terre aride, et l'eau qui coule goutte à goutte de la roche (la *Roche qui Pleure*) qui est proche de votre cellule n'est ni belle à voir ni bonne à boire. La grossièreté de vos vêtements, l'austérité de vos aliments, la dureté de votre couche, permettent à peine quelques instants de sommeil pris à la dérobée; l'obligation de ne pas quitter votre cellule à moins de motifs graves, la crainte que les voleurs, qui ont déjà tué vos deux prédécesseurs, ne fassent encore de vous une troisième victime, tous ces motifs me poussaient à vous détourner de cette voie si pénible dans laquelle vous cherchez la perfection. Mais, après ce que je vous ai vu supporter de privations, j'ai pris en vous une grande confiance... De la prière passez à la lecture, de la lecture à la méditation. Ne lisez pas trop longtemps pour ne pas vous fatiguer les yeux ou la tête. Après une courte lecture, promenez-vous dans votre cellule, ou, sortant dans votre jardin, reposez votre vue affaiblie sur la verdure du peu d'herbes qui y croissent, ou examinez vos ruches, qui seront pour vous un adoucissement et un exemple. » Les abeilles de l'ermite Guillaume devaient du moins lui fournir de bon miel, car elles aiment les bruyères qui croissent si abondamment dans la gorge de Franchard, et nous y avons vu autrefois des ruches nombreuses que des marchands de miel du Gâtinais y établissaient pendant la belle saison. On a dû les écarter de cet endroit à cause des accidents causés aux promeneurs, qui ont été piqués. Quelques moines se réunirent plus tard au P. Guillaume, qui devint leur prieur. Le monastère, érigé en abbaye, fut ruiné pendant les guerres du XIVe s. Il se transforma plus tard en un repaire de brigands, et, en 1712, Louis XIV en ordonna la destruction.

Retour a Fontainebleau (environ 5 kil.). Ce retour s'effectue à l'ombre de belles futaies. En revenant des ruines de l'Ermitage, et parvenu à l'extrémité de la clôture du restaurant de Franchard (côté du nord), il faut prendre à g., sous la futaie, le sentier indiqué par une marque bleue et qui va aboutir à la *route de Fleury* en passant au carrefour du *bouquet de Franchard*. Là, on prend en face la continuation du sentier sous la futaie du *puits au Géant* (le sentier de g. conduit aux gorges d'Apremont). — Plus loin on croise la *route Ronde*, et on prend le sentier qui traverse la belle futaie de la *Vente des Charmes*. On suit les marques bleues qui mènent à un rond-point, au milieu duquel s'élève le *Jupiter*, un des plus vigoureux chênes de la forêt, jadis *bouquet du Prince Impérial*. En partant du rond-point, on laisse à dr. le Jupiter, et, suivant les marques bleues, on croise une route, puis on traverse un carrefour, en laissant deux chemins à g. et un à dr. Celui que l'on prend, large et droit, conduit au vaste carrefour de la *Fosse à Rateau*. On traverse ce carrefour en laissant une route à g.

Bientôt, près d'une descente, on prend à g. un sentier qui, après en avoir coupé un autre, descend, en pente douce, la colline. Avant de parvenir en bas, ce sentier se bifurque ; il faut prendre le bras de gauche, et, en moins de 2 min., on passe près du *Montebello*, hêtre magnifique. On traverse une route, puis un carrefour, en laissant une route à g.; on suit, à peu près directement, le sentier le plus battu, qui conduit, en 15 m., sur la *route de Paris*, d'où l'on aperçoit, à dr., l'entrée de Fontainebleau.

9. Les gorges d'Apremont.

(Promenade de 5 heures.)

« Les scènes les plus extraordinaires étaient autrefois celles offertes par les *gorges de Franchard* et *d'Apremont*. Cela n'était comparable à rien et jetait l'imagination dans un monde inconnu, étrange, formant le contraste le plus violent avec la nature du sol et des paysages des environs de Paris. On ne peut plus se faire aujourd'hui une idée de ce qu'étaient, surtout dans les gorges d'Apremont, ces solitudes désolées où l'œil n'apercevait de toutes parts à l'horizon qu'une ceinture de blocs de grès, accumulés, étagés les uns au-dessus des autres, enveloppant une plaine de sable, comme si c'était quelque fond de mer, récemment abandonné par les eaux et où la végétation n'aurait encore pu se développer. Les semis de pins, faits sous le règne de Louis-Philippe, en étendant sur ces arides déserts un manteau de verdure uniforme, leur ont enlevé leur caractère. A la fin des jours d'été, les soleils couchants y versent toujours la même splendeur, mais la coloration et l'effet s'en amortissent sur le rideau des jeunes bois de sapins ; et le peintre chercherait vainement le spectacle de poétique tristesse qu'offrait alors ce site dans son âpre unité. » (*Le Tour du Monde*, juillet 1867, A.-J. Du Pays.)

Bien qu'elles aient perdu leur caractère de sauvage solitude, les gorges d'Apremont, voisines de la belle futaie du Bas-Bréau, sont néanmoins une des parties de la forêt les plus intéressantes à parcourir. Elles forment un ensemble très-compliqué de collines, de rochers, de vallons et de gorges, ayant 12 kil. de circuit, et elles exigeraient, à elles seules, une description longuement développée.

Sortant de Fontainebleau par la barrière de Paris (*V.* 8° promenade), on remonte à dr. la route de Paris [1] jusqu'au pied de la côte; on prend à g., sous les pins, le sentier indiqué par le n° 2 et une marque rouge, et l'on suit ce sentier. — Une bifurcation se présente; on doit prendre le bras de dr., qui traverse la *vallée des Chevreuils* après avoir coupé trois routes de chasse, monte, croise un chemin, pénètre sous les ombrages de la belle futaie de *la Tillaie* (où l'on admirait, il y a quelques années, le chêne du bouquet du Roi), et amène au pied du *Pharamond*, un des plus vieux chênes de la forêt, et celui de tous dont le grand âge s'accuse de la manière la plus saisissante. Inclinant à g., le chemin va passer près du magnifique chêne le *Hoche*, puis après avoir frôlé un grand nombre de vieux arbres séculaires, indi-

[1]. Si l'on veut visiter longuement et en détail la belle futaie du Bas-Bréau et les gorges d'Apremont, on peut se faire conduire en voiture (45 min.) au *carrefour de l'Épine*, d'où l'on renverra la voiture. Là, on est à l'entrée de la futaie du Bas-Bréau, qui s'étend des deux côtés de la grande route. On pourra visiter d'abord la futaie qui est à dr. Revenu au carrefour de l'Épine, on prend (à g. de la grande route) le premier chemin de voitures qui entre sous la futaie et se bifurque bientôt : le bras de dr. va au Briarée, — si l'on prend celui de g., on trouve bientôt, à g., un sentier qui, à travers des charmilles et des houx, conduit au *Nid d'Amour*, partie de la futaie où l'on admire des chênes et des hêtres magnifiques. Si l'on pousse un peu plus loin, on arrive à la buvette établie à quelque distance du *Chêne Captif*.

qués par des lettres, va aboutir à un carrefour de la *route Ronde*, ouverte par Henri IV (6 kil. de la ville). On quitte alors le sol uni des futaies, et, au-delà du carrefour, on entre dans les sites accidentés d'*Apremont*. — Après avoir croisé une petite route cavalière, on côtoie à dr. la gorge de la *Descente du Chasseur-Noir*; puis on chemine sous les pins, dans un site pittoresque. Plus loin, on peut se reposer dans une grotte, le *Rendez-vous des Druides*. La lettre K indique bientôt l'entrée de la *Descente d'Orphée*, qui mène au fond d'une petite gorge encaissée. La lettre L, placée au bas de la descente, indique l'entrée du *désert d'Apremont*, sol nu autrefois, aujourd'hui tout couvert de pins. A une bifurcation du sentier, — lettre R, qui indique l'origine du sentier du *Montoir d'Apremont*, — on doit avoir bien soin de ne pas prendre la branche de dr.; il faut suivre les marques bleues jusqu'au *carrefour du Désert*, indiqué par une croix rouge; traverser ce carrefour, en laissant deux routes à g. et trois à dr.; passer près d'une belle roche (M), et plus loin, après avoir encore croisé un chemin, près du *Cerbère du Désert* (N), franchir une route de voitures, et, continuant de marcher sous des pins, traverser un autre chemin, au-delà duquel le sentier s'élève parmi les rochers. La lettre P indique l'entrée du *val des Mohicans*. — A une bifurcation du sentier, on prendra le bras qui monte à dr.; on redescendra ensuite un peu dans le haut de la *vallée encaissée des Mousquetaires*; puis on montera de nouveau, à travers des rochers, au *belvédère du Titien* (A), d'où l'on domine la futaie du *Bas-Bréau*. — Il faut continuer à marcher sur le plateau en suivant les sinuosités du sentier. A la lettre B, on se détournera un peu à dr. pour admirer un magnifique point de vue; puis, rentrant dans le sentier, on ne tardera pas à arriver à la *Caverne des Brigands*, où se vendent des ra-

Entrée des gorges d'Apremont.

fraichissements. A gauche, au bord du plateau, on jouit d'une belle vue sur les gorges d'Apremont.

De cette extrémité de la colline, on redescendra, en suivant les marques, par un sentier raviné; on croisera un autre sentier, sans avoir égard à la marque rouge, à g.; et l'on continuera directement pour pénétrer (par le passage D) entre les masses de grès qui emprisonnent si singulièrement le *Chêne Captif*.

Au bas de la chaîne rocheuse se trouvent sous la futaie, à g., près de la route, les tables et les bancs d'une autre buvette. De ce point, en suivant, à g., la route de voitures, on entrerait dans les gorges et le vallon d'Apremont.

Avant de s'y engager, on peut faire un détour pour aller dans le voisinage admirer d'autres sites. On traverse le carrefour du *Bas-Bréau*, en laissant une route à dr., et on visite le petit canton du *Nid d'Amour*, à travers lequel Denecourt a tracé un sentier qui passe auprès des plus admirables arbres de la belle *futaie du Bas-Bréau* (le premier de ces beaux arbres est le *Raphaël*, chêne

Caverne des Brigands.

colossal; le deuxième, la *Fornarina*, hêtre en gerbe; le troisième, le *Pérugin*, etc.). On croise une route, le long de laquelle on voit de magnifiques arbres. Plus loin, on traverse un petit carrefour, en laissant deux routes à g. et deux autres à dr., pour gagner le *Briarée*, naguère *Bouquet de l'Empereur*, qui s'élève majestueusement au milieu d'un carrefour.

Du Briarée, revenant vers la route de voitures, au bord de laquelle est établie la buvette dont il est parlé ci-dessus, on tourne à dr., et l'on suit cette route, qui traverse le *vallon d'Apremont* dans toute sa longueur, et se continue jusqu'au *carrefour des Néfliers*. Après s'y être un peu avancé, on remarquera à dr., au bord de la route, un vieux chêne aux branches tourmentées, désigné sous le nom du *Rageur* ou de l'*Orageux*, et bien près de sa fin. Plus loin, on passe à côté de la roche isolée de *Marie-Thérèse*. On arrive bientôt au milieu des magnifiques bouquets de chênes séculaires qui ornent le milieu du vallon. Ce site, surnommé le *Dormoir de Lantara*, sert

Bas-Bréau.

souvent de rendez-vous aux peintres qui viennent y faire des études de paysage. On traverse le *carrefour des Gorges d'Apremont*, en laissant une route à dr. et deux à g. Celle que l'on suit prend bientôt un caractère plus pittoresque; on y admire des masses rocheuses qui la bordent, et des chênes séculaires, tels que le *Henri IV* et le *Sully*.

Au lieu de continuer à suivre la route qui, à partir du Henri IV, est peu pittoresque, il est préférable de prendre le sentier qui débouche à g. derrière ce vénérable chêne. On laisse tout d'abord une bifurcation à g. et on suit le sentier qui parcourt la *Longue Gorge*, gravit le *Montoir d'Apremont*, où l'on rencontre le sentier dont l'origine est indiquée (p. 510, lettre R), et, enfin, aboutit au carrefour de la *Gorge aux Néfliers*.

Parvenu à ce carrefour, on le traverse en suivant la route principale sur une centaine de pas, puis on prend, à dr., le sentier qui aussitôt se bifurque; mais on suit la branche indiquée par une flèche bleue sur un hêtre, et l'on entre dans la futaie du *puits au Géant*, toute peuplée, ici, de magnifiques cépées, dont les tiges nombreuses et divergentes donnent une physionomie particulière à ce canton forestier.

Plus loin, on croise la *Route Ronde* pour entrer dans la belle futaie de la *Vente des Charmes*. Des lettres signalent les plus beaux arbres. On croise souvent des chemins. Il est nécessaire de consulter attentivement les marques bleues. On arrive au *Jupiter*. Après s'être reposé sur un des bancs, on peut revenir à Fontainebleau comme à la 8e promenade.

10. Aux gorges d'Apremont et à Franchard.

(Promenade de 6 heures.)

Si l'on veut visiter dans une même promenade ces deux sites renommés de la Forêt, il faut d'abord suivre la promenade des Gorges d'Apremont (page 509) jusqu'à la lettre R, à moins que l'on ne veuille pousser jusqu'à la *caverne des Brigands*.

Dans le premier cas, on prendra, à dr., le *Sentier du Montoir*, qui va rejoindre sur la platière le sentier de la promenade principale d'Apremont; dans le deuxième cas, on descendra de la *caverne des Brigands*, soit par le *sentier des Brigands*, soit plutôt par la *cavalière du Dormoir* qui passe au Dormoir de Lantara, en laissant, à dr., le *carrefour des Gorges d'Apremont*.

On suivra ensuite la *Route de Sully*, jusqu'au chêne de *Henri IV*, et l'on se rendra au *carrefour de la Gorge aux Néfliers* par le sentier qui part de ce vieux chêne et dont l'itinéraire est indiqué ci-dessus.

Parvenu à ce carrefour, on le traverse en suivant la route macadamisée sur une centaine de pas, puis on prend à droite un sentier qui presque aussitôt se bifurque, mais on devra suivre la branche de droite indiquée par des marques rouges, laquelle conduit à Franchard, après avoir traversé la futaie du *Puits au Géant*, peuplée principalement de magnifiques cépées de charmes. On coupera la route de Milly et l'on traversera ensuite la futaie du *Chêne Brûlé*, également très-remarquable.

Arrivé à Franchard, en face du restaurant nouvellement reconstruit, on prendra le chemin qui longe les ruines de l'Ermitage, côtoie la mare, passe au belvédère de *Marie Thérèse*, contourne, à gauche de ce belvédère (en faisant face aux gorges), toutes les crêtes du site pour aboutir au *grand point de vue des Gorges de Franchard*, signalé par un poteau indicateur, et où il existe un banc.

De ce point, on rentre à Fontainebleau en suivant l'itinéraire indiqué p. 508. Si l'on est fatigué et que l'on veuille abréger le trajet d'un petit kilomètre, on pourra se rendre au carrefour de la Croix de Franchard, situé sur la Route Ronde, puis

FONTAINEBLEAU. — LA FORÊT.

11. Le rocher Saint-Germain.
(Promenade de 5 heures.)

Même point de départ que pour la promenade du Mont-Ussy (*V.* p. 501), jusqu'au sommet du Mont-Pierreux. — Arrivé au point où le sentier se bifurque, suivre la branche de g., marquée par des signes bleus. Au bout de quelques minutes, on aborde un joli carrefour que l'on coupe en laissant une route à dr. et trois routes à g. Après avoir parcouru durant 3 min. une route bien ombragée, on prendra, à g., un petit sentier, parfois difficile à reconnaître sous les feuilles mortes (l'entrée en est indiquée toutefois par un trait rouge sur un hêtre). Une fois engagé dans ce sentier, on le suivra en coupant plusieurs routes de chasse, guidé par les marques bleues. On admirera les magnifiques arbres de cette partie de la futaie du *Gros-Fouteau*, dont les plus remarquables sont désignés par des signes ou lettres. Vingt et quelques minutes sont nécessaires, pour parcourir ce sentier dans toute sa longueur. Il vient aboutir à la route macadamisée qui suit les hauteurs de la Solle. On traverse cette route, et on prend immédiatement en face un sentier qui descend dans la vallée, mais en négligeant deux sentiers que l'on rencontre à dr. Avant d'y descendre, on se détourne à g. de quelques pas pour admirer le point de vue du *Belvédère de Lavoisier* : on domine, en face, une colline, de forme conique, appelée le *Mont-Jussieu*. On voit à dr. la colline ondulée et rocheuse du *Mont-Chauvet*, puis la plaine du *Champ de Courses*, fermée vers le N. par la chaîne du *Mont-Saint-Germain*.

Redescendant de quelques pas, il faut alors s'engager, à g., contre les rochers, dans l'*antre de Raoul*, et continuer de descendre par un sentier pittoresque en zigzags. Au bas de la colline, et au sortir d'une autre grotte, on ne suivra pas le sentier indiqué par une marque bleue et conduisant, à g., à la fontaine Sanguinède; mais on prendra, à dr., celui qui est désigné par une ligne rouge, pour traverser une route sablonneuse et retrouver le sentier, qui, à travers des accidents pittoresques, côtoie la base du Mont-Jussieu et aboutit bientôt à une route de chasse, au-delà de laquelle on entre, en face, dans un bois taillis. De ce point on arrive en dix minutes au pied du rocher Saint-Germain, après avoir croisé trois carrefours et traversé, selon l'indication des marques bleues, une autre partie de bois taillis sur quelques centaines de pas.

Arrivé enfin au chemin qui longe la base de la colline du rocher Saint-Germain, on voit s'ouvrir en face le sentier qu'il faut suivre et qui conduit au *val de Guillaume Tell*, en gravissant par une pente douce cette gorge riche en beaux accidents agrestes. Plus haut le sentier en rejoint un autre qui vient de *Belle-Croix*. On doit tourner à dr. en longeant des crêtes rocheuses (beau point de vue d'une esplanade, marquée par la lettre I). Bientôt on domine des gorges à g., et, s'avançant le long d'un rempart de roches qui se dresse à dr., on arrive au *Belvédère de Jeanne d'Arc*, point culminant et beau point de vue du rocher Saint-Germain. On descend les méandres du sentier à travers des masses de grès, des hêtres et de vieux genévriers, et, après avoir croisé trois chemins, on traverse un carrefour en laissant une route à dr. Le beau *chêne du Roi Robert* (lettre O) marque la moitié de la promenade.

On passe à travers des défilés formés par les rochers. Le sentier se bifurque; on prend le bras de droite; et la lettre P annonce la sombre *grotte de Robert-le-Diable*, à laquelle succède la *grotte d'Arnette*, dont l'entrée est signalée par une étoile rose. Plus loin la lettre Q signale l'entrée des *Cinq Caveaux,* une des plus hardies et des plus curieuses créations de Denecourt. Le hêtre marqué d'un R est consacré au souvenir d'un homme de cœur, mort en 1866 à Fontainebleau, de *Goldschmidt,* peintre et savant modeste, qui a découvert quatorze des petites planètes télescopiques de notre système. Après avoir croisé un chemin creusé d'ornières, on atteint trois beaux hêtres (lettre S).

Là le sentier se trifurque : au lieu de prendre le bras de dr. (flèche rouge), qui abrège un peu la promenade, on continue de suivre celui de g. (flèche bleue), et l'on arrive au *Belvédère du Bas Saint-Germain* (lettre X). De là, il faut se diriger, selon les marques bleues, en descendant, à dr., quelques marches; les méandres du sentier vont aboutir à la *grotte Meyerbeer,* et, bientôt après, à la plaine du champ de Courses. Après l'avoir traversée en se dirigeant vers la maison du garde que l'on aperçoit à g. des tribunes, on entre un instant dans le chemin dit la *route du Lion,* sur le bord duquel se trouve la maison du garde; mais, au lieu de la suivre, on prend à g., derrière cette maison, un sentier qui monte par des courbes bien ménagées à travers de magnifiques arbres et des accidents très-pittoresques, jusqu'à la *route tournante des hauteurs de la Solle.* On traverse le carrefour, en laissant une route à dr. En 5 min., on arrive à un autre carrefour que l'on croise également.

Bientôt on arrive au *Belvédère de Montespan,* l'un des plus beaux points de vue du Mont-Ussy. De là on aperçoit la ville, et, pour s'y rendre, il ne reste plus qu'à traverser la chaîne du Mont-Ussy : en 20 min., on rentre à Fontainebleau.

12. Vallée de la Solle, fontaine Sanguinède, Mont-Chauvet.

(Promenade de 3 heures.)

La vallée de la Solle, située au N.-O. de Fontainebleau, est l'une des parties de la forêt les plus fréquentées par les promeneurs. Elle est riche en beaux aspects, en points de vue, en mystérieux ombrages, en roches moussues, en sites variés et du caractère le plus pittoresque. Elle forme un large bassin, ouvert du côté de la route de Melun qui la borde, et compris entre deux longues chaînes de rochers (au S. le *Mont-Chauvet,* les *hauteurs de la Solle;* au N., le *rocher Saint-Germain.* Voir la promenade 11e). C'est dans la vallée de la Solle qu'a été établi, il y a peu d'années, l'Hippodrome ou champ de Courses.

Le point de départ de cette promenade est le *carrefour de la Fourche.* Prendre à dr. de ce carrefour un sentier dont l'origine est indiquée par une interruption dans le treillage. Suivre le sentier, qui bientôt côtoie une sablonnière. Beau point de vue. Bientôt on rencontre une route cavalière que l'on suit directement pour gagner le *carrefour de Louis-Philippe.* Traversant ce carrefour, on prendra en face, entre deux routes, le sentier dont l'entrée est marquée par une flèche. On s'avance alors sous les ombrages de la belle futaie du *Gros-Fouteau,* où l'on admire çà et là de beaux chênes disséminés parmi des hêtres, puis on traverse un carrefour, au milieu duquel s'élève le *Superbe,* chêne magnifique, appelé jadis le *Bouquet de l'Impératrice.* Prenant le petit sentier qui s'ouvre en face, on le suit sur 280 pas environ; on traverse un autre carrefour et on continue de suivre le sentier, à travers cette admirable futaie, à la sortie de laquelle le sentier se divise en deux. On prend la branche de g. (marques rouges) jusqu'à son issue dans un carrefour (près de 30 minutes depuis le carrefour de Louis-Philippe). Là, laissant à dr. la *Route de la Reine,* qui côtoie la hauteur de la Solle, et la *route de l'Amitié,* qui descend dans la vallée, on prend, en face, un sen-

Mare aux Ligueurs

tier dont les détours à travers les grès et les bruyères vont aboutir, à dr., à la *fontaine Sanguinède* (on y trouve des rafraîchissements). — Après avoir joui, de là, d'un beau point de vue sur la vallée de la Solle, il faut revenir vers l'ouest sur la platière à la petite *mare aux Ligueurs;* suivre le sentier qui la côtoie et qui, faisant plusieurs détours, descend dans une gorge ombragée, moussue et pittoresque, appelée par Denecourt la *vallée des Tragédiennes.* — A une bifurcation on prend à dr., puis on croise un sentier sablonneux, et l'on arrive à un carrefour, que traverse la route de l'Amitié. — Environ 140 pas plus loin, s'ouvre, à dr., le sentier qui côtoie la base du *Mont-Jussieu* (*V.* 11º promenade, p. 515). — La route de l'Amitié, que l'on suit, tourne plus loin à g.; celle que l'on continue à suivre prend le nom de *route Amélie,* et mène au champ de Courses. A environ 530 pas du dernier carrefour, une marque bleue indique l'entrée d'un sentier qu'il faut prendre sous la futaie. Ce sentier se bifurque : le bras de dr. conduit à l'ancienne salle de danse. Tournant à g., on ne tarde pas à passer auprès du *Bouquet de la Solle,* magnifique hêtre, et à atteindre un petit carrefour au pied de la colline. Le sentier qui fait face, la gravissant en zigzags à travers les rochers, finit par atteindre les hauteurs et la fontaine du *Mont-Chauvet,* d'où l'on jouit d'un beau point de vue. Un incendie, survenu en 1876, a dénudé toute la partie de dr. et le fond de la gorge. Cet endroit est, avec la fontaine Sanguinède, le principal rendez-vous de la Solle. C'est là que s'arrêtent les voitures. On y trouve des rafraîchissements. Une curiosité du site est une roche énorme, posée en équilibre, et à laquelle on peut imprimer un léger mouvement.

Pour revenir du Mont-Chauvet à Fontainebleau, il faut prendre en face une route sablonneuse, puis le sentier qui la continue, et, traversant le plateau en 3 minutes, on arrive sur la *Route de la Reine* : là, deux sentiers se présentent qui conduisent également à Fontainebleau; on doit tourner à g. et prendre le sentier indiqué par une marque bleue. A deux min. ce sentier aboutit à la (*Route de la Fontaine*), que l'on descend à dr. — (On pourrait, un peu plus bas, tourner à g., et faire la promenade du Mont-Ussy, *V.* p. 501.) — Arrivé au bas de la côte, on prend, à g., la *route de la Fontaine,* qui aboutit au *carrefour des Huit Routes;* on remarquera à dr. le *bouquet de Saint-Jean* (*V.* p. 501). On pourrait également traverser le carrefour, suivre la route de voitures qui s'ouvre en face et où l'on remarque, à g., le *Bouquet du Nid de l'Aigle* (p. 501). Cette route aboutit à un carrefour d'où l'on peut revenir à Fontainebleau, soit, à g., par l'allée droite couverte; soit, en face, par le sentier des *Fosses Rouges,* qui monte sous une belle futaie, à g., à cent pas du carrefour (*V.* en sens inverse la promenade 6º, p. 501).

13. Autre promenade à la vallée de la Solle.

De Fontainebleau au *carrefour de Louis-Philippe* (anciennement de *la Butte aux Aires*), voir 12º promenade, p. 516. Après s'être reposé un instant sur le banc, il faut prendre en face la *Route du Gros-Fouteau,* que l'on suit jusqu'au dernier carrefour, où elle aboutit sur la route tournante des hauteurs de la Solle. On y remarquera un *hêtre* dont le feuillage, formant un vaste parasol, abrite une banquette circulaire en gazon. Si l'on suit, à dr., pendant quelques pas, la route tournante, on arrive à un belvédère d'où l'on découvre un très-beau point de vue sur la vallée de la Solle, sur les rochers de Saint-Germain en face, et, à dr., sur le champ de courses. En suivant la Route Tournante, on arri vera à la *Fontaine du Mont-Chauvet* (*V.* p. 518).

On prend ensuite le *sentier des Artistes*, conduisant au *Rendez-Vous des Artistes*, et au rocher des *Deux-Sœurs*. Voir à g., à 2 min. de la fontaine, l'inscription consacrée à Denecourt. — Le rocher portant l'inscription : *Rocher des Deux-Sœurs*, 1829, est une vieille célébrité de la forêt, pour laquelle les touristes et surtout les cochers qui les conduisent conservent un culte assidu, mais dont d'autres curiosités, mises depuis en lumière par Denecourt, ont un peu diminué l'intérêt.

On peut, de là, en s'avançant dans la même direction, gagner à peu de distance le *Belvédère Lavoisier* (*V.* p. 515), puis, en continuant, le sentier qui suit les hauteurs; on aborde la *route de la Reine*, que l'on suit à g. jusqu'à un carrefour. De là on gagne facilement la *fontaine Sanguinède* (*V.* p. 518, 12e Promenade).

14. A l'Hippodrome ou champ de Courses.

Un *champ de Courses* a été établi, il y a peu d'années, à l'entrée de la vallée de la Solle, à g. et en lisière de la route de Melun, sur une plaine déboisée et nivelée, entre les hauteurs de la Solle, au S., et les rochers Saint-Germain, au N. Le périmètre du terrain de courses est d'environ 2,400 mèt.

On peut s'y rendre de deux côtés :
1° Par la grande *Route de Melun*, en sortant par la grande rue (comme à la 4e promenade), et en montant au carrefour de la *Croix d'Augas*, que l'on traverse directement pour suivre la grande route qui se continue en face. Cette voie est celle des voitures et des cavaliers. — La route suivante est plus agréable pour les piétons.
2° Sortant de Fontainebleau par la rue des Bois, on suit, le long du mur de la plaine de l'Hôpital, la route de voitures, qui bientôt tourne à g., en prenant le nom de *Route de la Fontaine,* puis traverse le *carrefour des Huit Routes,* et se continue, en traversant la *vallée du Nid de l'Aigle* (*V.* p. 501). Là on monte, à dr. Arrivé sur le plateau, on suit le prolongement de cette route, qui aboutit bientôt à la *route* tournante *des hauteurs de la Solle*. On traverse la route tournante pour descendre par la *route du Lion,* qui se termine au champ de Courses, entre les *tribunes,* à g., et la maison du garde, à dr.

RETOUR A FONTAINEBLEAU. — Les piétons feront bien de prendre au retour une troisième route, tracée par Denecourt, plus ombragée et offrant de beaux aspects pittoresques. Cette route commence derrière la maison du garde, dont il a été parlé ci-dessus (*V.* 11e promenade, p. 516). Parvenu au haut de la côte, on se trouve encore sur la route tournante des *hauteurs de la Solle;* on traverse le carrefour en laissant une route à dr. En 5 min., on arrive à un autre carrefour, que l'on traverse également. Bientôt, par la route Tournante, on arrive au *Belvédère de Montespan,* l'un des beaux points de vue du Mont-Ussy, d'où l'on aperçoit Fontainebleau. Pour rentrer en ville, il ne reste plus qu'à prendre le sentier qui contourne la base de cette plate-forme (*V.* p. 502 et 504), et 20 min. après on se trouve à l'entrée de la rue des Bois.

15. Promenade à la gorge aux Loups et à Marlotte.

(Promenade à pied de 5 heures.)

La *gorge aux Loups,* située vers la limite S. de la forêt, et l'un de ses sites les plus pittoresques, est, à cette extrémité, comme le Bas-Bréau à une autre, un canton de prédilection des peintres, dont la colonie habite dans le voisinage le village de Marlotte.

Pour aller à la gorge aux Loups il faut : suivre le commencement de la 3e promenade (du rocher Bouligny) jusqu'au point où, arrivé au haut de la colline, on croise un sentier qui descend à dr. (V. p. 497) et qui coupe l'aqueduc de la Vanne; c'est ce sentier que l'on doit prendre. On traverse un carrefour de cinq routes, en en laissant une à g.; puis on aborde le *Mont-Merle,* dont on traverse le plateau, aujourd'hui dépouillé de ses ombrages. On traverse ensuite un carrefour de sept routes, en en laissant trois à dr.; puis un autre, en laissant une route à dr., et l'on arrive à l'entrée des débris du *Rocher Fourceau,* tout dévasté par les exploitations des carriers. Après l'avoir traversé en sept minutes, guidé par les marques bleues, on prend en face une route de chasse, qui monte doucement; on croise le *carrefour du Chevreuil,* en laissant deux routes à g. La route droite et bien ombragée, que l'on suit, traverse la *Route Ronde,* et pénètre sous la futaie des *ventes à la*

Gorge aux Loups.

Reine. On approche de la gorge aux Loups, mais on ne l'aperçoit pas encore; et, sans le tracé de Denecourt, qui n'a négligé aucune de ses beautés, il serait très-difficile de s'y diriger. A g., s'ouvre un premier chemin qui y mène. Au lieu de descendre par ce chemin, Denecourt vous invite à continuer quelques pas encore pour prendre à g. la *route de l'Angle,* puis à g. de cette route, un sentier à peine visible, mais indiqué par les marques bleues. Bientôt on pénètre dans la *vallée Verte,* une des plus belles entrées de la gorge aux Loups; et l'on rencontre une route de voitures qui monte et que l'on suit jusqu'à un carrefour de quatre routes. On reprend la route de l'Angle et bientôt on arrive sur le plateau de la *Mare aux Fées,* que les chaleurs de l'été mettent à sec. Si on contourne cette mare à dr., et que l'on prenne un petit sentier sous bois, à dr. de la route de ceinture de la mare, on ne tarde pas à apercevoir à quelque distance le *Belvédère des Pins*, d'où la vue s'étend sur une jolie vallée boisée et sur le village de *Marlotte*. — De là on revient, par le sentier qu'a tracé Denecourt, sur le plateau de la mare aux Fées, que l'on achève de contourner, en passant sous un magnifique charme, l'*arbre de Marie-Antoinette*, et au pied du *chêne de Molière*, près du *charme Oranger*.

Il faut, pour reconnaître le sentier que l'on doit suivre, faire ici une attention particulière aux marques bleues. Lorsqu'on est dans la bonne voie, le sentier, curieusement tracé par Denecourt à travers les rochers et les chênes, et côtoyant toutes les curiosités pittoresques, permet d'admirer une grande variété de sites et d'objets, énumérés par le créateur de cette charmante topographie. On passe au *Dormoir des Vaches de Marlotte*, site remarquable par ses vieux

Mare aux Fées.

chênes, puis on rentre sur le plateau où l'on a en vue la mare aux Fées à g. Le sentier, inclinant à dr., aboutit à une route encaissée, bordée d'arbres et de rochers, qui descend rapidement dans la gorge aux Loups, dont elle est une des plus belles entrées. On appelle cette belle vallée la *descente du Rocher des Fées*. Croisant cette route, on reprend de l'autre côté la continuation du sentier que l'on suit sur le versant de la colline, à travers une suite d'accidents pittoresques et de passages de rochers. Après un certain temps donné à ce parcours, on redescend par un sentier en zigzags, et, continuant son exploration, d'après les marques bleues, on arrive à l'extrémité orientale de la gorge aux Loups. « Quand vous aurez contourné ce fond de cuve, nos marques, dit Denecourt, vous ramèneront vers la partie occidentale de la vallée, en longeant le bois taillis à votre dr. » On est arrivé au terme de l'exploration : à un hêtre au feuillage arrondi à la manière d'un oranger. On prend le sentier qui traverse une route de calèche et gravit la colline située en face, dans la direction de Fontainebleau.

RETOUR A FONTAINEBLEAU PAR LA FORÊT. — On passe près de deux derniers beaux chênes de la gorge aux Loups, le *Velasquez* et le *Murillo*. Le sentier en pente douce arrive bientôt sur le haut de la colline. Plus loin on croise la *Route Ronde*; et, continuant à avancer sur le plateau des *Ventes Bourbon*, on traverse un carrefour en laissant une route à dr. La belle *route* ombragée de la *Chevrette* ramène au *Rocher Fourceau*. On le traverse, ainsi que le *Mont-Merle* et le *Rocher Bouligny* par la *route de la Fanfare*. Parvenu au pied du versant S. du rocher Bouligny, extrémité de la route de la Fanfare, on prend le rocher d'Estrées, qui coupe le rocher d'Avon et sa route en droite ligne, le *Rocher d'Avon* lui-même, d'où l'on rentre à Fontainebleau par le parterre ou le parc du château.

RETOUR A FONTAINEBLEAU, PAR MARLOTTE ET MONTIGNY. — Quelques touristes, après avoir parcouru

Marlotte.

le site pittoresque de la gorge aux Loups, au lieu de revenir par la forêt, voudront peut-être aller visiter le village de Marlotte, qui est nommé plus haut et que l'on aperçoit du belvédère des Pins. Après avoir traversé ce village, tournant à g., ils pourront gagner **Montigny**, 813 hab., et y prendre le chemin de fer pour revenir à Fontainebleau.

Marlotte, v. de 497 hab., est, ainsi que Barbison (p. 527), fréquenté principalement par les peintres paysagistes, qui s'y établissent dans les auberges. Plusieurs peintres y ont acquis des propriétés.

16. Promenade au Long Rocher.

(Promenade de 8 heures.)

Le *Long Rocher* forme, à l'extrémité S.-E. de la forêt de Fontainebleau, une chaîne de grès assez élevée. Sa longueur est de 4 kil. et sa largeur moyenne d'environ 700 mèt. Il présente un long plateau nu, sans arbres, mamelonné çà et là, et coupé de quelques vallées peu profondes. Le grès en est sur certains points exploité par les carriers. Le versant N. de la chaîne offre plusieurs gorges ou *dévaloirs,* où les entassements de rochers, couverts de mousse et

Montigny.

ombragés de pins, ont un caractère de beauté remarquable. C'est à travers une de ces gorges que Denecourt a tracé, en 1866 et 1867, un sentier pittoresque, désigné par lui sous le nom de l'*Enfer du Dante,* le commencement du long sentier, que, bravant les rigueurs de l'hiver, il a développé sur le plateau du Long Rocher. Les nombreux détours de ce sentier touchent à tous les sommets, du haut desquels on jouit de beaux points de vue, descendent dans les vallons, et gravissent ou traversent les rochers les plus remarquables.

Différentes voies conduisent au Long Rocher :

1º La plus directe est la suivante. Après être sorti du parterre par l'une des grilles qui le limitent d'avec le Parc, on suit la large avenue qui coupe la route de Moret, puis, la *route d'Estrées,* à dr. On suivra cette route jusqu'au pied du *Rocher Bouligny,* puis la *route de la Fanfare,* qui en est le prolongement. Bientôt on croisera un sentier à droite que l'on délaissera, puis, quelques pas plus loin, un autre sentier transversal, on prendra la branche de droite qui parcourt la partie orientale du Rocher Bouligny jusqu'à l'*aqueduc de la Vanne* auquel on arrivera.

Prendre ensuite la *route de Marlotte* jusqu'au carrefour du *Parquet de Montigny*, puis, la route de ce nom jusqu'à celle des *Ventes Héron* (30 min. de trajet environ). Parvenu à un petit carrefour, on prend la 2ᵉ route à droite, et, 5 min. après, on arrive sur la *route du Long Rocher,* précisément en face du sentier qui monte à l'*Enfer du Dante.*

Arrivé en ce point, se confier aux marques de Denecourt, qui a tracé dans cette région un sentier qui en fait connaître toutes les beautés, et dont il a fait la description avec beaucoup de charme.

On appuyera à dr., à la 1ʳᵉ bifurcation désignée par une étoile.

Après avoir gravi l'Enfer du Dante, sillonné les crêtes du plateau, on arrivera à une brèche pratiquée dans le grès. Bientôt le nº 1 indiquera la *grotte de Kosciuszko* et une bifurcation. On suivra la branche de gauche (marque rouge). Sur le plateau, elle se réunira à un sentier venant de dr. Suivre ensuite jusqu'à l'extrémité de la platière, tourner à g. à la lettre A. En continuant à suivre les sinuosités du sentier à travers des roches remarquables, on revient à son point de départ sur la route du Long Rocher.

Si l'on est marcheur, on peut revenir à Fontainebleau par le *Haut-Mont* (y chercher un rocher calcosiliceux, d'aspect singulier, comme s'il était lavé); traverser le *mont Aiven,* franchir la *Malmontagne* (chercher à y voir l'*abîme* ou excation en forme d'entonnoir, dont la cause de formation est inconnue) et gagner la *croix du Grand-Maître* par le *carrefour des Princes.* Il sera très facile de rentrer ensuite à Fontainebleau, en suivant l'avenue du Grand-Maître.

2º De l'extrémité de la gorge aux Loups (*V.* p. 520), il faut, si l'on veut aller visiter le Long Rocher, prendre la route du Long Rocher et se diriger vers l'E. jusqu'à l'origine du sentier indiqué ci-dessus. Parvenu à la *grotte de Kosciuszko,* on suit le sentier de dr. (marques bleues) et l'on traverse le Long Rocher dans toute sa largeur. Arrivé à la lettre L, on prend le sentier désigné par une petite croix rouge et on se dirige vers une porte d'issue de la palissade du bornage, pour descendre en une demi-heure à la station du chemin de fer de *Montigny*, d'où l'on reviendra, en moins de 40 min., à Fontainebleau.

3º Enfin on peut également suivre la route de Marlotte jusqu'à la limite de la forêt, prendre le chemin latéral au bornage, le suivre jusqu'à la limite d'un taillis qui le borde à dr., et on trouvera facilement le sentier qui gravit d'abord une petite

Le Long Rocher.

colline rocheuse, descend ensuite dans un vallon, remonte sur le plateau où il se bifurque avec un autre venant de la grotte de Kosciuszko (*V.* p. 524). Continuer ensuite la promenade comme il est indiqué ci-dessus. Parvenu à la lettre L, on continuera à sillonner les crêtes rocheuses, jusqu'à la *Plaine Verte*, puis on reviendra au bornage de Marlotte.

On peut rentrer à Fontainebleau, en allant gagner le sentier de la gorge aux Loups, par une jolie route de chasse qui fait face à celle par laquelle on arrive sur la route de Marlotte. La suivre jusqu'à la *route du Barnolet*. Prendre cette dernière; au bout de 5 à 6 min., on verra un sentier à dr. que l'on suivra, et en quelques instants on aura rejoint le sentier de la gorge aux Loups, un peu avant le *Belvédère des Pins* (*V.* p. 521).

PROMENADES EN VOITURE.

Si l'on excepte, des seize promenades qui précèdent : la 1re, du rocher d'Avon ; — la 2e, du mail d'Henri IV ; — la 3e, du rocher Bouligny ; — la 6e, du Mont-Ussy, toutes les autres peuvent se faire en voiture ; ou partie à pied, partie en voiture. Cette dernière combinaison doit être préférée ; car, en prenant une voiture, on a l'avantage de pouvoir visiter, dans une journée, des parties de la forêt très-éloignées les unes des autres, et l'on explore ensuite, à pied, sans trop de fatigue, les sites les plus pittoresques et les plus accidentés des chaînes de collines.

Pour ce genre de courses, il est important d'avoir un cocher qui connaisse bien la forêt et qui ait assez de bon vouloir pour ne pas tronquer la promenade en faisant naître des impossibilités imaginaires. Afin d'éviter tout malentendu, on fera bien

1. *V.* à la *Table alphabétique* l'indication des loueurs de voitures et le tarif.

de déterminer d'avance, en étudiant, d'après le Guide, sur la carte, la tournée que l'on veut faire, et où l'indiquera au loueur de la voiture.

Si cette tournée doit employer la journée entière, elle devra être combinée de manière à rencontrer des points de repos, où les chevaux pourront se rafraîchir. Les trois principaux sont Franchard, Barbison et Marlotte.

UTILE PRÉCAUTION. — Dans certaines promenades, celle du Rocher Saint-Germain entre autres, on reste éloigné de sa voiture pendant le temps, assez long, qui est employé à parcourir pédestrement tout le sentier pittoresque tracé sur les pentes de la colline. Durant ce trajet le cocher, faisant un long détour, descend dans la plaine du champ de Courses, où il va attendre les voyageurs. Il importe donc à ceux-ci de pouvoir se diriger sûrement à travers bois sur le point où la voiture stationne. A cet effet, on fera bien de se munir de deux sifflets au son aigu, et d'en confier un au cocher, de manière à ce qu'il puisse répondre à l'appel du coup de sifflet, et, en répondant, indiquer de quel côté il se trouve.

Nous nous bornerons à indiquer ici les promenades les plus habituelles, comprenant les plus beaux sites ; on comprend d'ailleurs qu'avec l'aide de la carte il soit possible de les varier à l'infini ; mais nous laissons ce soin à la sagacité du touriste.

PROJETS DIVERS
DE PROMENADES COMBINÉES, EN VOITURE.

1. Vallée de la Solle. — Fort l'Empereur

(Environ 4 heures.)

Carrefour de Louis-Philippe par la Route du Roi. — Carrefour de Paris. — La Tillaie (voir le Pharamond). — Les hauteurs de la Solle. (Descendre de voiture à la Fontaine Sanguinède, au Rocher des Deux-Sœurs, à la fontaine Mont-Chauvet).

— Continuer la route tournante des hauteurs de la Solle. — Fort l'Empereur, le Calvaire; — Point de vue de la Reine Amélie.

2. Franchard. — Gorges d'Apremont.

(5 à 6 heures.)

Carrefour de Louis-Philippe; — Carrefour de Paris; — Route du Bouquet du Roi; — La Tillaie (voir le Pharamond). Route de la Tillaie (voir le Jupiter). Futaie de la vente du Charmes. Route de Milly; — de Saint-Feuillet; — Franchard. (La voiture s'arrête au restaurant et on va visiter à pied les gorges: voir p. 505). — Route Ronde; Carrefour de la Gorge aux Néfliers. (Descendre de voiture, si l'on veut monter à la Caverne des Brigands, p. 512, ou au Chêne Captif.) — Belle futaie du Bas-Bréau (voir le Briarée); Carrefour de l'Épine, revenir par le pavé de Chailly et la grande route de Paris.

Lorsque les routes sont bonnes, on peut varier ainsi l'itinéraire à partir de Franchard.

Route Ronde. — Route de Clair-Bois jusqu'au Carrefour du Désert. — Carrefour de Clair-Bois. — Route de Barbison. La suivre jusqu'à la

Entrée de Barbison, chemin des Vaches.

Cavalière du Désert. Ici mettre pied à terre, pendant que le cocher ira attendre au Carrefour du Bas-Bréau.

On ira le rejoindre en suivant à g. la Cavalière qui serpente dans le *Val des Mousquetaires* et qui, à la lettre E, coupe le sentier de la Caverne des Brigands que l'on suivra à dr. (*V.* p. 510.)

Carrefour du Bas-Bréau (voir le Briarée). Route de Marie-Thérèse (voir le Henri IV et le Sully). — Carrefour de la Gorge aux Néfliers. — Route du Château. — Fontainebleau.

3. Gorges d'Apremont. — Barbison.

Barbison est un village situé à une extrémité occidentale de la forêt. Il dépend de la commune de Chailly et ne se compose que d'une seule rue. Il manque à la fois de verdure et d'eau; mais il est dans le voisinage des gorges d'Apremont et de la futaie du Bas-Bréau, sites aimés des peintres paysagistes; ils trouvent, en effet, à Barbison, un établissement hospitalier qui, grâce à eux, a acquis un tel renom, qu'il attire aujourd'hui un assez grand concours de visiteurs étrangers. Un certain nombre d'artistes y ont acquis des propriétés et établi leur domicile. Les deux illustres paysagistes Théodore Rousseau et Millet reposent aujourd'hui dans le cimetière de la commune.

Une des grandes célébrités de la localité, c'est l'*auberge Ganne*, aujourd'hui *Luniot-Ganne*, ou *hôtel des Artistes*. Toutes les illustrations du paysage moderne ont habité l'auberge de M. Ganne, y ont même demeuré des saisons entières ; et plusieurs y ont laissé des traces de leur passage. Les murailles, les panneaux des armoires, la cheminée, sont couverts d'études de paysages, d'esquisses peintes, de bacchanales enluminées, de *charges*, de portraits, qui ont transformé la modeste hôtellerie en une sorte de musée drolatique fait pour tenter la fantaisie d'un amateur. Aujourd'hui l'hôtel des Artistes est transféré presque à la porte de la forêt, en venant du Bas-Bréau.

Indépendamment du musée Ganne, Barbison possède, depuis 1867, une exposition permanente de tableaux. Cette exposition dépend de l'hôtel Piron, situé à quelques pas de l'hôtel des Artistes. En dehors de l'exposition, l'hôtel Piron constitue aujourd'hui un autre musée également intéressant à visiter.

Pour aller à Barbison, on peut prendre l'itinéraire indiqué ci-après : — Route de Melun. — Route Tournante des hauteurs de la Solle. (Descendre à la fontaine Mont-Chauvet, au rocher des Deux-Sœurs, à la fontaine Sanguinède). — Belle-Croix. — Route Tournante des Monts de Fays. — Point de vue du Camp de Chailly. — Descendre pour aller gagner le carrefour de l'Épine par un sentier qui part du point de vue ; le cocher ira attendre au carrefour de l'Épine. — Le Bas-Bréau (voir le Briarée).— Carrefour du Bas-Bréau. — Barbison.

On revient au Carrefour du Bas-Bréau, et on rentre à Fontainebleau par le Carrefour de la Gorge aux Néfliers, à la route du Château.

4. Gorges d'Apremont et Rocher Saint-Germain.

Carrefour du Mont-Pierreux. — Route du Roi. — Carrefour de Paris. Route du Bouquet du Roi (voir le Pharamond). — Carrefour de la Gorge aux Néfliers et des Gorges d'Apremont. — Futaie du Bas-Bréau. — Le Nid d'Amour (voir le Briarée).

Route de Marie-Thérèse (Voir le bouquet du Bas-Bréau). — Carrefour de l'Espine. — Route Tournante et point de vue des monts Saint-Père.

Là le cocher devra indiquer l'entrée du sentier des Roches de Saint-Germain. On parcourra ce sentier à pied jusqu'au bas, où l'on retrouvera sa voiture sur un des côtés du champ de Courses. On pourra rentrer directement à Fontainebleau, ou faire un détour pour parcourir le beau bois des Écouettes, ou même pour aller visiter le Fort l'Empereur.

5. Franchard. — Gorge du Houx. Mont-Aigu.

Sortir de Fontainebleau, par le Carrefour de la Fourche, prendre la Route de Milly, puis 1 kil. plus loin la Route du Château (voir le Jupiter) — Route Ronde. — Franchard (on visitera à pied une partie des gorges). — Croix de Franchard. — Carrefour du Houx (mettre pied à terre pour aller voir la grotte du Parjure). Pendant ce temps le cocher descendra la Route du Mont-Aigu, et, comme le sentier est parallèle et à peu de distance de la route, on pourra reprendre la voiture où l'on voudra. — Carrefour de Franchière. — Carrefour du Mont-Aigu. — On suivra la Route de l'Émerillon jusqu'au pied des rochers. Descendre de voiture pour visiter la grotte du Serment et le point de vue du Grand Mont-Aigu (*V.* p. 505).

Pendant ce temps, le cocher ira attendre au Carrefour du Petit Mont-Aigu.

On revient à Fontainebleau, par la Route du Coq, et, si l'on veut allonger la promenade, on peut prendre la route de la Tillaie et suivre la Route de la Reine de façon à voir le Belvédère de Montespan et le Belvédère de La Vallière, les deux beaux points de vue du Mont-Ussy (*V.* p. 502 et 504).

6. Gorge aux Loups. — Marlotte. Long Rocher.

On sort de Fontainebleau par le carrefour de l'Obélisque et la route de Nemours. 200 mèt. environ au-delà des arcades qui portent l'aqueduc de la Vanne, on prend à dr. la Route de la Jeunesse, que l'on suit jusqu'au pied du Rocher des Demoiselles. — Ascension et visite du Rocher des Demoiselles, site très-pittoresque.

Pendant le temps de la promenade, le cocher gagnera le sommet du rocher, où on le reprendra tout à l'heure.

Du rocher des Demoiselles, la voiture se rendra à la Mare aux Fées par la Redoute de Bourron et le Carrefour des Forts de Marlotte.

On descendra à la Mare pour visiter la gorge aux Loups (*V.* p. 519). (Le cocher ira attendre au sommet de la descente du Rocher Bébé.)

On ira ensuite à Marlotte, chez Mallet, *hôtel de la Renaissance*, le meilleur hôtel du pays.

Au retour, pour visiter le Long Rocher, on suivra la Route de Fontainebleau, jusqu'à la Route du Long Rocher que l'on suivra à dr. La voiture s'arrêtera et attendra en face du sentier qui monte à l'Enfer du Dante (*V.* p. 524). Visite du Long Rocher. (Le sentier ramène au point de départ.)

On revient à Fontainebleau par le carrefour et l'avenue du Grand-Maître.

AUTRES SITES PITTORESQUES DE LA FORÊT DE FONTAINEBLEAU

QUE L'ON PEUT VISITER A PIED OU EN VOITURE.

Les personnes qui séjournent à Fontainebleau, après avoir parcouru ses sites les plus renommés, dont le parcours est devenu si accessible grâce aux travaux de Denecourt, aimeront, sans aucun doute, à explorer des parties moins fréquentées, ou même peu connues, en se dirigeant elles-mêmes au moyen de la carte. Nous indiquerons ici quelques-uns des sites les plus remarquables.

1º LA MARE AUX ÉVÉES. — Cette mare, où dans les chasses les cerfs viennent assez fréquemment se faire prendre, est située à l'extrémité N.-O. de la forêt. Elle était autrefois entourée d'une magnifique futaie, coupée sous le règne de Louis-Philippe. On peut s'y rendre en voiture. — Pour y aller à pied (et ce serait une course assez longue) on pourrait traverser la vallée de la Solle; monter à Belle-Croix; voir la Mare à Piat; gagner le carrefour du Beau Tilleul du Cabinet de Monseigneur; et continuer dans la direction du Rocher Canon.

2º POINT DE VUE DU CAMP DE CHAILLY. — ROCHER-CUVIER-CHATILLON. Du carrefour du Beau Tilleul (indiqué ci-dessus), il faut gagner le point de vue du camp de Chailly; descendre dans le Bas-Bréau; et, au retour, explorer le rocher Cuvier-Châtillon, où se trouvent encore des entassements de rochers très-pittoresques, mais que les exploitations des carriers détruisent de jour en jour. De là, par les Monts Saint-Père, on peut gagner la Croix du Grand Veneur et revenir à Fontainebleau par la belle route de Paris.

3º POINT DE VUE DU CAMP D'ARBONNE. — Du carrefour de la gorge aux Néfliers (p. 514), la route va directement au carrefour des monts Girard, aux ventes Alexandre et au point de vue du camp d'Arbonne, situé à une extrémité occidentale de la forêt. De là on domine la plaine de Macherin. On voit, au S., la chaîne de Franchard, et plus loin les tertres de sable blanc du *Petit Mont-Blanc* et de la butte des *Sablons*, plus en arrière, deux curiosités que les promeneurs qui ne craignent pas la fatigue feront bien d'aller visiter. Elles sont toutes deux en dehors du bornage de la forêt[1].

Du point de vue du camp d'Arbonne, on peut descendre et traverser les ventes de Macherin, et revenir par la route droite de Fleury. Pour éviter la monotonie de cette grande route, on pourrait aller jusqu'aux gorges de Franchard et prendre de là la voie de retour ordinaire à Fontainebleau.

4º ROCHERS DES HAUTES PLAINES ET DE MILLY. — Ces chaînes accidentées, situées au sud des gorges de Franchard, sont très-intéressantes à visiter; mais elles sont peu explorées, parce qu'elles sont restées en dehors des promenades tracées par Denecourt. On revient par le carrefour des ventes Caillot, et la gorge du Houx.

5º MARE AUX CORNEILLES. — ROCHER DU MAUVAIS PASSAGE. — Sortant de Fontainebleau par la place de l'Obélisque, on prend, à dr., la grande route d'Orléans. On laisse à dr. le rocher de la Salamandre, et plus loin celui de la Combe. Quand on a dépassé ce dernier, on se dirige à dr. sur le carrefour de la mare aux Corneilles. On pourrait traverser la Route Ronde et aller jusqu'au beau carrefour des Grands Feuillards. — Au retour, on parcourrait le *rocher du Mauvais Passage*, prolongement oriental de la chaîne du rocher de la Combe. On pourrait traverser le Rocher des Demoiselles; et on reviendrait par le chemin de Récloses.

6º MARE D'ÉPISY. — ROCHER DES PRINCES. — ROCHER BESNARD. — A peu de distance de l'extrémité orientale des rochers d'Avon (p. 494) se trouve la mare d'Épisy; de là, se dirigeant au S.-E., on pourrait traverser la Route Ronde; visiter le pittoresque rocher des Princes, voisin de la Malmontagne; et plus loin, dans la direction de Moret, le Rocher Besnard.

7º AVON. — MONT-ANDARD. — BORDS DE LA SEINE. — RETOUR PAR LE BOIS GAUTIER. — Sortir du parc par la grille à côté des bâtiments de l'École d'Application; en faire le tour, longer l'ancien parquet d'Avon, aujourd'hui transformé en magasins militaires; traverser *Avon* (V. p. 446); franchir le chemin de fer; gravir le Mont-Andard; descendre au carrefour de la Croix de Guise; puis au carrefour des Forts de Thomery. Du carrefour des Forts de Thomery, se diriger à g. vers le château de la Rivière; suivre les bords de la Seine (on passe devant la propriété de M. le comte Greffulhe); remonter à g. par le Bois Gautier et par les Basses-Loges, puis gagner la station du chemin de fer de Fontainebleau.

8º BOIS DE LA MADELEINE. — PONT DE VALVINS. — LES PLATRERIES. — Après avoir parcouru la forêt dans diverses directions, quelques touristes éprouveront peut-être le désir de varier leurs impressions, de sortir un instant des futaies aux épais ombrages, et d'aller chercher d'autres spectacles, de l'espace et de l'air, en descendant vers la Seine. La grande route conduit directement (en voiture) au *pont de Valvins*; mais les piétons feront une promenade bien plus agréable en passant par le *bois de la Madeleine*, qui offre des aspects pittoresques. Arrivé à la gare du chemin de fer, on passe sur le pont jeté au-dessus de la voie, et deux cents

---

1. En 3 h. 15 min. nous avons été de Fontainebleau au point de vue du camp d'Arbonne, en passant par le haut de la vallée de la Solle, le désert des gorges d'Apremont, le Chêne Captif (p. 512) et la gorge des Barbisonnières (rochers à l'extrémité S.-O. des gorges d'Apremont); et du point de vue du camp d'Arbonne, en 40 min., au Petit Mont-Blanc.

pas plus loin, on prend, à g., le chemin qui longe le chemin de fer, puis, à une certaine distance, on incline à dr., et bientôt on arrive au treillage de clôture de la propriété de *Belle-Fontaine*, appartenant à la princesse Troubetskoï, sur laquelle on découvre quelques points de vue. Continuant à avancer à travers le joli bois de la Madeleine dans la direction du N.-E., on atteint une grande route, par laquelle on descend à dr., en quelques min., au pont de Valvins. — On peut s'arrêter pour dîner et manger une matelote à la deuxième maison à dr. du pont.

On peut aussi suivre le bord de la Seine à g. et aller dîner aux *Plâtreries* (15 min.), localité renommée pour ses matelotes. Pour le retour, on se ferait indiquer le chemin qui traverse le bois. — On pourrait calculer le temps du retour, de manière à profiter, au passage d'un train, des omnibus de la gare à Fontainebleau.

EXCURSIONS.

1. A Thomery et à Moret.

La route de Fontainebleau à Thomery à travers la forêt étant longue

Thomery.

et n'offrant pas d'intérêt, il est préférable de se rendre à Thomery en chemin de fer (4 kil.). De la station de Thomery, on gagne le village (25 min. à pied), en traversant la forêt, et l'on passe à *Chantoiseau*, d'où l'on découvre une belle vue sur la vallée de la Seine et les collines boisées qui s'élèvent en face, et l'on descend dans Thomery près de l'église.

Thomery est un v. de 926 hab., bâti à 130 mèt. d'altit., et en amphithéâtre sur un coteau de la rive g. de la Seine. Son *chasselas*, dont Paris fait une si grande consommation, l'a rendu célèbre. Tout le coteau est divisé par des murs couverts d'espaliers et orientés vers le midi, de manière à donner au raisin toute sa maturité. Les murs des maisons et des rues, également couverts de vigne, offrent à l'extérieur l'aspect d'un verger. On estime à 600,000 fr. le produit annuel de la vente moyenne du chasselas récolté à Thomery. Quelques Thomerillons vont, chaque année, chercher en Normandie et en Auvergne des pommes et des poires qu'ils expédient à Paris.

Les curieux visiteront avec intérêt les *serres* de M. Rose Charmeux, horticulteur pépiniériste, où l'on peut acheter des *chevelées* de chasselas, qui sont expédiées avec une indication sur la manière de les planter. Les cultivateurs conservent à Thomery, dans les bonnes années, du raisin jusqu'au mois de mars. Quand cette réserve est épuisée, ils vendent des primeurs, c'est-à-dire du raisin venu en serre chaude, qui se paye jusqu'à 12 fr. la livre.

Si de Thomery on veut aller en chemin de fer à Moret, il faut revenir sur ses pas à la station. Mais il est plus intéressant de faire ce trajet à pied en passant par Champagne et Saint-Mammès (environ 1 h. 20 min.).

En sortant de la propriété de M. Charmeux, on prend à g. la route qui traverse une jolie vallée bordée de vertes collines et mène au pont de Champagne en 15 min. Le village de *Champagne* (494 hab.) est situé à 115 mèt. d'altit. sur la rive dr. de la Seine. On monte un peu en face du pont, et, tournant à dr., on traverse le village dans toute sa longueur. On aperçoit à dr., de l'autre côté de la vallée, le village de *By*, où l'on peut distinguer le petit castel habité par Mlle Rosa Bonheur.

A un tournant de la route, en approchant de la Seine et de Saint-Mammès, on voit, à dr., l'embouchure de la rivière du Loing, et devant soi le beau viaduc courbe de Moret, haut de 20 mèt. et composé de 30 arches, larges de 10 mèt.

On arrive, en vingt et quelques minutes, de Champagne au pont de *Saint-Mammès*, v. de 983 hab., à 112 mèt. d'altit., sur la rive g. de la Seine, qui décrit ici une courbe pittoresque. On prend, en face du pont, la route qui traverse le village, où l'on remarque quelques vieilles maisons à escalier extérieur.

De Saint-Mammès à Moret il ne faut que 30 min. On passe sous le viaduc courbe. Deux arches en fonte donnent passage au *canal du Loing*, qui, long de 57,856 mèt., de Montargis à la Seine, continue le canal de Briare. Le paysage, près de Moret, prend un aspect pittoresque, surtout vu du pont. On aperçoit les restes des tours et des murailles de la ville du moyen âge. A l'extrémité du pont, une porte de la même époque donne entrée dans la rue principale, fermée à son extrémité par une porte semblable.

Moret-sur-Loing*, V. de 1,868 hab., située à 124 mèt. d'altit. (8 kil. de Fontainebleau par le chemin de fer), a une origine fort ancienne. Louis le Gros acheta, en 1128, de Foulques, vicomte de Gâtinais, le château de Moret, où les rois de France séjournèrent fréquemment. Henri IV créa comtesse de Moret sa maîtresse Jacqueline de Bueil. Une merveille de Moret était la maison dite de François Ier, ou plutôt de Marguerite de Navarre, qui fut habitée par Henri IV. La façade de cette maison, construite en 1523, était décorée d'élégantes sculptures et de médaillons attribués à Jean Goujon. Ces pierres sculptées ont été transportées en 1826 à Paris et rétablies sur la façade de la maison dite de François Ier, au Cours-la-Reine (Champs-Élysées).

Ce qui aujourd'hui attire particulièrement à Moret l'attention des visiteurs, c'est la belle **église** (mon. hist.), dont le chœur est de la fin du XIIe s., et dont l'ornementation sculptée extérieure est remarquable, surtout au portail, qui date du XVe s. Cet édifice aurait besoin d'une restauration. On y remarque plusieurs pierres tombales, entre autres celle de Jacqueline de Bueil, maîtresse d'Henri IV. La tour renferme une cloche de 1525. — A dr. de l'église est un *hospice* (on y voit une porte du XIIIe s.) dont les religieuses fabriquent et vendent un sucre d'orge renommé. — A quelque distance de l'église se dressent les restes d'un *donjon* quadrangulaire, à contre-forts, près duquel s'élevait le château où Fouquet fut enfermé pendant son procès. Dans la Grande-Rue, n° 28, se trouve une belle *maison* de la Renaissance. On remarque encore à Moret le *pont*, à arcades ogivales, et les deux *portes* (mon. hist. du xive s.), placées à cheval sur la rue qui forme le prolongement du pont.

De Moret on gagne, en moins de 20 min., par un beau boulevard planté de quatre rangées d'arbres, la station du chemin de fer.

2. Excursions à Notre-Dame-de-Grâce, au Rocher des Sablons, à la vallée et aux rochers du Vaudoué, aux parcs et châteaux de Courances et de Fleury.

(Aller et retour une journée en voiture.)

N. B. — Il est nécessaire d'avoir un cocher qui connaisse parfaitement les localités. (On en trouve chez M. Naigeon, loueur de voitures, rue de France, 33.)

Sortant de Fontainebleau par la Barrière de la Fourche (extrémité de la rue de France) ou sur la route de Milly jusqu'à Arbonne. D'Ar-

Moret.

bonne, on ira visiter la chapelle *de Notre-Dame de Grâce*, ex-voto édifié au sommet du *Rocher de Corne-Biche* (avec un guide pris dans le village), puis, à droite du chemin d'Achères, la butte si curieuse des *Sables Blancs* ou des *Sablons* (p. 530), où le sable, sans cesse soulevé et remanié par le vent, prend des dispositions analogues à celles de la neige des glaciers.

Tous les cochers savent que, pour se rendre à ce point, il faut d'abord aller à une habitation de garde appelée *la Cambuse*, puis prendre le chemin vis à vis cette habitation.

Après avoir parcouru ce plateau curieux, sorte de banc de sable d'un kilomètre environ de longueur sur 3 à 400 m. de largeur, il faudra revenir vers la *Cambuse*, que l'on ne perd du reste jamais de vue, et reprendre la voiture qui conduira au Vaudoué, en laissant le village d'*Achères* sur la gauche. A partir d'*Achères* on entre dans la vallée du Vaudoué, où l'École prend sa source. Cette rivière est bordée de chaînes de rochers de grès. Après avoir arrêté la voiture au pied d'une de ces collines rocheuses, connue sous le nom de *rocher de la Justice*, parce qu'il y avait jadis à son sommet une potence destinée aux exécutions, on fera l'ascension de cette colline et on parcourra les bords du plateau pour jouir d'une vue très-étendue sur la plaine et les chaînes de collines, d'une âpre tristesse, qui se succèdent jusqu'à l'horizon.

On passe du département de Seine-et-Marne dans celui de Seine-et-Oise, auquel appartient **Milly** *, ch.-l. de c. de 2,306 hab., situé sur l'École, à égale distance à peu près entre Etampes et Fontainebleau. On peut y aller visiter une *église* élégante du xiiie s. et un *château* du xve s., presque entièrement modernisé. Milly est relié à la station de Maisse (7 kil.) par un service de correspondances (*V.* Section XXIV).

A 4 kil. N. de Milly se trouve *Courances* *, 350 hab., où l'on pourra déjeuner (deux auberges); puis, en s'adressant au régisseur, visiter le parc du *château*, décoré d'arbres splendides enguirlandés de lierre, précieux motif d'études pour les peintres. Quant aux appartements, on ne peut les voir que muni d'une permission spéciale.

Le château et le parc de Courances, jadis abandonnés, et aujourd'hui magnifiquement restaurés et entretenus, appartiennent à M. le comte de Béhague.

L'*église* de Courances, des xiie et xiiie s., renferme une statue tombale de 1375.

La voiture va, en une heure environ, de Courances (en traversant l'interminable village de *Cely*, 350 hab., église du xiiie s.; orme magnifique sur la place), à *Fleury* (Seine-et-Marne), v. de 510 hab. On y voit un vaste *château* du xvie s., entouré de fossés, appartenant aujourd'hui à la comtesse de la Rochejaquelein. Il a eu pour possesseur le cardinal de Richelieu. On lit sur le fronton de la façade regardant le parc le monogramme A.-D. (Armand Duplessis). La chapelle est ornée de fresques attribuées à Rosso et au Primatice. C'est la vue du canal tracé à travers le parc qui a donné à Henri IV l'idée d'en établir un pareil à Fontainebleau. — On revient de Fleury, en 1 heure 15 min., à Fontainebleau. A peu de distance de Fleury, on traverse le v. de *Forges*; et plus loin, *Macherin*, v. de 228 hab. Jusqu'à Fontainebleau, la route traverse en ligne droite la forêt.

3. Excursion à Larchant et à Nemours.

En voiture. — (Environ 10 heures.)

N. B. — Pour cette excursion, comme pour la précédente, il est nécessaire d'avoir un cocher qui connaisse bien les localités. (On en trouve chez M. Naigeon, loueur de voitures, rue de France, 33.)

On peut aller à Larchant par deux voies différentes : — 1º Sortant de Fontainebleau par la barrière de l'Obélisque, on prend la route de Nemours, puis, à une certaine distance, à dr., la route qui mène à *Récloses*, 598 hab. (9 kil. de Fontainebleau). A 2 kil. plus loin, on jouit d'une assez belle vue sur la vallée et le village de *Villiers-sous-Grez* (634 hab.); mais les chemins de traverse conduisant à Larchant sont souvent mauvais, et il vaut mieux suivre de préférence la voie suivante : — 2º Sortant de Fontainebleau par la barrière de l'Obélisque, on prend la route d'Orléans, qui passe à la Croix-de-Souvray, on traverse *Ury* (10 kil. de Fontainebleau), v. de 586 hab., et 4 kil. plus loin, *la Chapelle-la-Reine*, ch.-l. de c. de 836 hab. (*église* du xve s.; puits de 72 mèt. de profondeur). A la Chapelle-la-Reine, on quitte la grande route et l'on va par un chemin (5 kil.) à Larchant (3 auberges). En arrivant à Larchant, on passe au pied de la belle *ferme du Chapitre* (xviie s.), où existe un puits d'un écho extraordinaire.

Larchant, 19 kil. de Fontainebleau, v. de 621 hab., était au moyen âge une ville entourée de remparts. Elle fut détruite en 1778 par un incendie. Des reliques de saint Mathurin y attiraient de nombreux pèlerins. On va y admirer de nos jours une **église** du xiiie s. (mon. hist.), dévastée en 1567 par les calvinistes. L'appareil en est remarquable et la masse très-solide.

La nef, unique, et longue de sept travées, présente deux rangs superposés de fenêtres. La porte occidentale est remarquable par ses ornements géométriques à jour. Contre le flanc N. de la nef s'élève, sur un beau porche, une magnifique tour (72 mèt.?), dont toutes les voûtes sont effondrées. L'étage supérieur, en ruine, date du xve s. Ce clocher abrite une porte à arcatures, statues et statuettes, avec tympan représentant le Jugement dernier. Une des six grandes statues a été détruite, les autres sont horriblement mutilées. Les deux dernières travées de la nef, le transsept et l'abside servent encore au culte; ces parties ont été restaurées en 1869. Il est à regretter que l'on ait refait le pavage, ce qui a amené la destruction de plusieurs pierres tombales. On y remarque aussi deux rangs de fenêtres et deux portes assez belles. Le chœur a été flanqué à g., à la fin du xiiie s., d'une seconde abside richement ornée, qui renferme un retable en pierre, du xve s. Au fond de la nef est une belle copie d'un tableau de Poussin.

On ira visiter (avec un guide pris dans le village): la *Roche du Diable*, à 600 mèt. de Larchant, à g. du chemin conduisant à Récloses; et, à 400 mèt. plus loin, la *Marmite du Diable*, rocher de forme singulière, présentant une masse creusée, sous laquelle on peut passer debout, et qui est portée par trois pieds ou piliers. Si, à 1 kil. de là, on gravit la colline à dr., on arrive à un entassement d'énormes rochers, dont le plus remarquable est celui de *Dame Jeanne*. Ces roches sont d'un aspect saisissant et dépassent comme proportions celles de la forêt de Fontainebleau; à une des extrémités de ce massif, on voit une belle excavation nommée la *Caverne aux Voleurs*.

A 7 kil. E. de Larchant (18 kil. S. de Fontainebleau, par la route de Verre, 28, par le chemin de fer du Bourbonnais), dans la jolie vallée du Loing, est située la ville de **Nemours***, ch-l. de c. de 3,871 hab., où l'on remarque un beau pont moderne sur la rivière, une *église* du xvie siècle avec de belles voûtes à clefs pendantes, dominée par un clocher du xiiie s., et un *château* du xiie s., remanié au xve, composé d'un corps de logis carré avec quatre tourelles dont une renferme la chapelle, et d'un beffroi barlong, relié au bâtiment principal par un étroit couloir.

A Nemours touche le v. de *Saint-Pierre*, 813 hab. (bâtiment du xviiie s., reste de l'*abbaye de la Joie; église* du xiiie s.), au S. duquel, à *Chaintreauville* (1 kil.), on peut visiter de magnifiques *rochers*, continuation géologique de la forêt de Fontainebleau, et la belle *source des Fontaines,* qui jauge, suivant les saisons, de 330 à 400 litres d'eau par seconde.

Au lieu de revenir par la grande route de Nemours à Fontainebleau, il est plus agréable de passer par Montigny. En partant de Nemours, on laisse à g. successivement: (3 kil.) *Fromonville*, 681 hab., sur le Loing; les hameaux de *Montcourt* et de *la Boissière,* sur le canal du Loing; puis on passe à *la Genevraye*, 270 hab. (8 kil. de Nemours); on traverse le canal du Loing et une plaine marécageuse, à l'extrémité de laquelle on arrive au pont de Montigny (*V.* p. 522). Du pont, on a une vue pittoresque sur l'église du village et sur les bords verdoyants du Loing. — A l'extrémité du pont on tourne à g., on passe sous le chemin de fer, et l'on gagne Marlotte (*V.* p. 522). Après avoir traversé le village, on entre dans la forêt de Fontainebleau, et l'on rentre en ville par la grille du parc ou par la barrière de l'Obélisque.

SECTION XXIV

DE PARIS A MALESHERBES, PAR CORBEIL.

(LIGNE DE PARIS A MONTARGIS [1])

De Paris à Villeneuve-Saint-Georges, la 4ᵉ station, le chemin de fer a été décrit ci-dessus Section XXIII, p. 427-432.

Au-delà de Villeneuve-Saint-Georges, laissant à g. la ligne de Lyon, on traverse une belle plaine dominée à dr. par les coteaux d'Ablon, au-delà de la Seine, et à g. par ceux de Montgeron et de Vigneux; à g. (1 kil.) se montre *Château-Frayé*. On aperçoit le chemin de fer de Paris à Orléans sur le bord opposé du fleuve.

5ᵉ STATION. — DRAVEIL.

3 kil. de Villeneuve-Saint-Georges, 18 kil. de la gare de Paris. — Le village est à 2 kil. 1/2 de la station, 2 kil. 1/2 de Champrosay.

Draveil, 1,655 hab., possède plusieurs châteaux (*Mousseaux, Draveil, Chaige, la Folie, les Sables-Villiers*, etc.), et de jolies maisons de campagne.

En face de l'église s'ouvre un chemin qui conduit à la station de Juvisy (2 kil.: on traverse la Seine en bateau).

Vigneux est un village (avec château) de 209 hab., dont la station porte aussi le nom (il n'en est éloigné que de 800 mèt.). A 1,500 mèt. au S.-E. se trouve la *ferme des Bergeries*, propriété de l'Etat.

Champrosay sera décrit ci-dessous (*V.* p. 538).

A 1 kil. environ de la station de Draveil, on traverse la Seine sur un *pont* biais en pierre, de 5 arches, en face d'Athis, dont on aperçoit longtemps le clocher, et l'on se rapproche de la ligne d'Orléans que l'on côtoie, pendant près de 2 kil., à une distance de 20 mèt. Les deux lignes ne se rencontrent qu'à peu de distance de la station de Juvisy, et se séparent aussitôt. On aperçoit à g. Draveil et ses châteaux; à dr., près de la ligne d'Orléans, le château de Chaige attire l'attention par la forme étrange des toits qui couronnent ses pavillons.

6ᵉ STATION. — JUVISY-SUR-ORGE.

5 kil. de Draveil, 23 kil. de la gare de Paris. Juvisy est à 2 kil. 1/2 d'Athis, 2 kil. 1/2 de Savigny, 2 kil. de Viry.

La station de Juvisy sépare les lignes d'Orléans et de Corbeil-Montargis et les dessert toutes deux.

Juvisy, 950 hab., s'étend, à dr. de la station, sur la rive g. de l'Orge, au pied d'une gracieuse colline qu'embellissent son **château**, restauré par M. de Montessuy de 1857 à 1859, et son parc planté par Le Nôtre (belles pièces d'eau et curieuses grottes de rocailles). A côté du château est un *pavillon* construit au XVIIᵉ s. pour recevoir Louis XIV, qui y présida plusieurs fêtes et y coucha une nuit. La façade est décorée de bustes antiques. Un escalier à double rampe conduit à un vaste salon dont le plafond offre une fresque (les *Noces de l'Amour et de Psyché*) peinte par des Italiens. Dans les appartements, parmi plusieurs toiles estimées, on remarque des tableaux de Coypel. La cour est dé-

---

1. *Embarcadère*, boulevard Mazas.

corée d'une belle reproduction en bronze du Mercure de Jean de Bologne. L'*église* est en partie romane.

Au-dessus de Juvisy, sur l'ancienne route de terre de Paris à Fontainebleau, se trouve, près de la *Cour-de-France*, le ham. de *Fromenteau*. Ce fut dans la maison de poste de Fromenteau que, le 30 mars 1814, au matin, l'empereur Napoléon, qui se rendait aux Tuileries, reçut la dépêche qui lui apprenait la capitulation définitive de Paris.

Le chemin de fer de grande ceinture croise à la station de Juvisy la ligne d'Orléans, venant de Villeneuve-Saint-Georges (*V*. ci-dessus, p. 432) et se dirigeant sur la station de Massy (Section XXVIII).

A peine a-t-on quitté la station de Juvisy, que l'on aperçoit à dr. le village de *Viry-Châtillon*, 669 hab.,

Le pont Godot.

dont l'*église*, du XIIe s., a été remaniée, surtout à l'extérieur. Le beau *château de Viry* a été construit au XVIIIe siècle. Les habitants de Viry exploitent des pierres meulières.

Dans le temps où il y avait un royaume d'Orléans, ce royaume finissait à Viry ; il avait pour frontière le *pont Godot*, qui se trouve à peu de distance du pont construit tout exprès pour le chemin de fer, sur la route de Châtillon à Viry.

Le hameau de *Châtillon*, qui dépend de Viry, est situé entre le chemin de fer et la Seine. On passe devant le *château de l'Arbalète*, qui date du règne d'Henri IV.

7e STATION. — RIS.

3 kil. de Juvisy, 26 kil. de la gare de Paris, 1 kil. 1/2 de Champrosay, 4 kil. de

Draveil par la route de terre, 4 kil. de Soisy-sous-Étiolles, 5 kil. de Fromenteau.

Ris-Orangis (1,021 hab. ; *église romane moderne*) n'a d'intéressant pour les étrangers que les châteaux qui l'environnent; mais c'est à sa station qu'il faut descendre si l'on veut aller faire une excursion dans la forêt de Senart, qui domine la rive dr. de la Seine. Le *château* appartient à Mme la comtesse de Rigny. Le parc renferme des serres remarquables et un magnifique cèdre du Liban, planté au XVIIe s.

Un pont de deux travées, construit en 1873 sur l'emplacement d'un pont suspendu détruit en 1870, à l'occasion du siège de Paris, est jeté sur la Seine entre Ris et le joli hameau de Champrosay, situé en face.

CHAMPROSAY.

1 kil. 1/2 de Ris, 2 kil. 1/2 de Draveil, 3 kil. de Soisy-sous-Étiolles.

Champrosay dépend de Draveil. C'est un charmant village, presque entièrement composé de maisons de campagne qui jouissent de magnifi-

Le château de Fromont.

ques points de vue sur la vallée de la Seine. Il occupe, en effet, la crête d'un coteau, au pied duquel coule le fleuve. Eugène Delacroix l'a longtemps habité. Derrière ses parcs s'étend la **forêt de Senart**, qui a une contenance de 2,359 hectares et qui, dans la direction de l'E., mesure 8 kil. de longueur. La route de terre de Paris à Melun la traverse. La route qui conduit à Soisy longe la crête de la colline ; elle offre de charmants points de vue sur la Seine et les châteaux de la rive g. La petite *église* romane de Champrosay est due à la générosité d'un habitant du village M. Quantinet, qui l'a fait élever en 1861.

Dès qu'on a quitté la station de Ris, on passe devant le **château de Fromont** (à dr.). Ce château a eu d'illustres propriétaires: les Templiers d'abord, le roi de France ensuite, puis Jacques-Auguste de Thou, l'intègre président, qui y médita plus d'un chapitre de l'*Histoire de mon temps*.

Au château de Fromont a succédé celui de *Trousseau*. Bientôt apparaît, du même côté, au-delà de *la Bri-*

queterie, *Grand-Bourg*, dont l'ancien château est occupé par un pensionnat appartenant aux dames de Sion. Petit-Bourg attire ensuite les regards.

Petit-Bourg a eu d'étranges vicissitudes. Fondé par un chanoine, cédé, en 1639, par l'archevêque de Paris, à un greffier, en échange d'une maison de la rue Bourg-l'Abbé, agrandi par l'abbé de la Rivière, le favori du duc d'Orléans, il passe en 1695 à Mme de Montespan, qui le lègue à son fils légitime, le duc d'Antin. Celui-ci y reçut avec un luxe inouï l'ancien amant de sa mère, alors l'époux de Mme de Maintenon, qui, vieux et fatigué, consentit à s'y reposer un jour en allant de Paris à Fontainebleau; il y donna sa fastueuse hospitalité à Pierre le Grand, qui, au dire de Saint-Simon, s'y montra peu civilisé. Louis XV y vint souvent oublier les fatigues de la chasse avec des maîtresses d'un jour. Le château appartint ensuite à

Petit-Bourg.

la duchesse de Bourbon, qui y succéda aux marquis de Poyanne et de Raye. Devenu, à la Révolution, propriété nationale, il fut acquis par Perrin, fermier des jeux. En 1814, le prince Schwartzenberg y établit son quartier général, et, le 4 avril, y accepta la défection de Marmont aux conditions que ce dernier lui avait posées. En 1827, M. Perrin le vendit à M. Aguado, qui l'embellit, l'agrandit et le répara pendant treize années, et qui l'abandonna quand, en 1840, après une résistance inutile, il se vit obligé de céder une partie de son parc au chemin de fer de Corbeil. En 1843, M. Allier y fonda une colonie d'enfants pauvres, qu'un arrêté ministériel, du 29 avril 1848, transforma en une maison correctionnelle de jeunes détenus. Il est possédé aujourd'hui par M. Binder. A côté du château s'étend un important établissement industriel et agricole (distillerie de betteraves, labourage à la vapeur, machines agricoles, grosse chaudronnerie, matériel de chemins de fer portatifs, etc.), dirigé par M. Decauville. Il s'extrait aussi à Petit-Bourg de la pierre meulière.

En face de Petit-Bourg, sur la rive dr. de la Seine, est situé Soisy-sous-Étiolles.

8ᵉ STATION. — ÉVRY.

4 kil. de Ris, 30 kil. de Paris

N. B. C'est à Évry qu'il faut descendre si l'on veut aller visiter le château et l'établissement de Petit-Bourg.

Évry, 927 hab., renferme une église peu intéressante du XIIIᵉ s.

ÉTIOLLES. — SOISY.

Un beau pont suspendu relie le v. d'Évry à celui d'**Étiolles**, 391 hab. (1 kil.), dont le château a appartenu à M. Lenormand, mari de Mᵐᵉ de Pompadour, puis au comte de Saint-Aulaire et au comte Walewski, ministre des affaires étrangères pendant le second Empire. — **Soisy-sous-Étiolles**, 930 hab., est à 2 kil. en amont d'Étiolles, sur le plateau. Deux belles avenues d'arbres aboutissent à son petit port. A l'extrémité de la plus longue s'ouvre la grille principale du château, sur l'emplacement duquel existait, dès le XIVᵉ s., un manoir qui appartint à Gilles Malet, bibliothécaire de Charles V, et au trop fameux barbier de Louis XI, Olivier le Daim. L'*église*, voisine de cette belle propriété, n'offre aucun intérêt, bien que son chœur à deux travées date du XIIIᵉ s. Mais, en face de la porte latérale, au-dessous d'un grand tableau représentant *le Christ et la Samaritaine*, se trouve un *Martyre de saint Barthélemy*, attribué à Ribera. D'après la tradition locale, ce tableau aurait été rapporté d'Espagne par un général de l'Empire, qui l'avait volé dans une église ou dans un couvent. C'est une œuvre de maître. A g. de la porte principale, sous la tribune de l'orgue, on remarque une pierre curieuse par ses dessins, ses peintures et ses mosaïques, représentant la *Mort de Notre-Seigneur*. Au-dessus on lit : « Monseigneur Giles Mater, chevalier, maître d'hostel du roi, châtelain de Pont-Sainte-Maxence, comte de Corbeil et seigneur de Soisy, etc. » La belle propriété que l'on remarque à l'extrémité supérieure du village, a appartenu à M. Talabot. Sur la route de Champrosay s'étend aussi un beau parc.

9ᵉ STATION. — CORBEIL.

3 kil. d'Évry, 33 kil. de Paris, 1 kil. 1/2 d'Essonnes, 3 kil. d'Étiolles, 2 kil. de Saintry, 1 kil. de Saint-Germain-lez-Corbeil, 6 kil. 1/2 de Lieusaint.

Corbeil* est une V. de 6,392 hab., ch.-l. d'arrond. du département de Seine-et-Oise, située à l'embouchure de l'Essonne dans la Seine, et divisée par le fleuve en deux quartiers, que réunit un pont de 5 arches dont les piles sont en pierre. De ces deux quartiers, l'un, celui de la rive g., se compose de rues étroites et peuplées, et renferme de nombreux magasins ; il possède un quai bordé de jolies maisons, une halle construite par l'architecte Viel, en 1780, un immense magasin pour les farines destinées à l'approvisionnement de Paris, une promenade plantée d'arbres, un théâtre, un abattoir, de beaux moulins exploités par M. Darblay, etc., etc. ; c'est le quartier commerçant de Corbeil. L'autre, celui de la rive dr., est le quartier aristocratique. Une rue longue, propre et bien bâtie, le traverse dans toute sa longueur. Il n'a pas de quai. Les terrasses de ses jardins sont bâties dans le fleuve. Derrière ce quartier, appelé le *Vieux Marché* ou l'*Ancien Corbeil*, s'élève un riant coteau qu'embellit un château moderne. Un peu plus haut se montrent le village de *Saint-Germain*, 526 hab., et sa jolie *église* du XIIIᵉ s., restaurée de nos jours. Au-dessus du portail occidental, charmant spécimen du style ogival du temps de Philippe-Auguste, trois statues modernes représentent le Christ entre saint Germain et le diacre saint Vincent. A l'intérieur, divisé en trois nefs, et orné d'un triforium, on remarque, aux trois fenêtres du chevet, des restes de vitraux contemporains de l'église.

Corbeil existait déjà au IXe s. En 1019, elle fut détruite dans un incendie. Ses comtes la relevèrent peu à peu de ses ruines; mais ils étaient si turbulents que Louis le Gros la réunit à la couronne. Elle devint, dès lors, une châtellenie royale. Un moment Abélard, chassé de Melun, y établit son école: épuisé par un excès de travail, il dut aller se reposer dans son pays natal (1119). En 1262, saint Louis y reçut la visite de Jacques Ier, roi d'Aragon, dans son château fort, qui avait été bâti auprès du pont et dont elle dut plus d'une fois déplorer la construction, car les divers partis qui se disputèrent

Corbeil.

la France, Armagnacs et Bourguignons, catholiques et protestants, essayèrent tour à tour de s'en emparer ou de s'y défendre. Condé l'assiégea en 1562 sans pouvoir la prendre. Le 19 avril 1590, elle ouvrit ses portes à Henri IV; mais, aux mois de septembre et d'octobre de la même année, elle résista avec tant de succès au duc de Parme, que ce général furieux ordonna un dernier assaut en promettant le pillage à ses soldats: elle fut prise de vive force et saccagée. Le 10 novembre suivant, M. de Sivry, gouverneur de la Brie, la reprit par escalade en moins d'une heure.

Des cinq églises que possédait jadis Corbeil, **Saint-Spire** (mon. hist.) a seule survécu. Elle est située dans le quartier de la rive g. de la Seine, et séparée de la grande rue Saint-Spire par la belle **porte** du XIVe s. représentée dans notre dessin. Fondée en 950 par Haymon, premier comte de Corbeil, elle fut brûlée en 1138 et rebâtie six ans après. L'édifice actuel offre tous les caractères de la seconde moitié du XIIe s.; il a été remanié au XIIIe s.; le chœur et les voûtes de la nef datent du XVe s., et leur construction donna lieu à une nouvelle consécration en 1437. Saint-Spire se compose de trois nefs, d'un chœur à pans coupés dépourvu de bas-côtés, et de chapelles. La façade est surmontée d'une grosse **tour** carrée, éclairée par des ouvertures ogivales dont l'arc est orné de pointes de diamant. La porte principale offre un large tympan, dépourvu de sculptures. Lorsqu'on entre par cette porte, après avoir dépassé la travée que forme le clocher, on peut lire sur la muraille, à g., l'histoire de l'église, et les noms des abbés et des bienfaiteurs de Saint-Spire; à dr. sont inscrits les patrons des églises de Corbeil supprimées à la Révolution. Les chapelles latérales remontent aux XIIe et XIIIe s.; malgré les remaniements qu'elles ont subis, elles offrent probablement, d'après M. A. Saint-Paul, l'exemple le plus ancien de chapelles jointes aux nefs. Dans une des chapelles de dr. on peut voir la statue tombale du comte Haymon, qui paraît avoir été sculptée au XIIIe s. Dans la même chapelle se trouve le monument élevé à la mémoire de Jacques de Bourgoin, le fondateur du collége de Corbeil, mort en 1661. Sa statue le représente couvert de son armure et agenouillé.

Saint-Spire a été restauré en partie. La chapelle de g. est ornée d'un tableau de Mauzaisse, né à Corbeil (un *Exorcisme*).

A la fin du siècle dernier, on voyait encore dans cette église un grand nombre d'œuvres curieuses en orfévrerie, en sculpture et en peinture. Le *Magasin pittoresque* a publié, dans le tome II de son intéressante collection, les scènes sculptées sur les miséricordes des stalles, qui ont été détruites par le feu, ainsi qu'un dessin de la *châsse* en vermeil où étaient conservées les reliques de saint Leu, de saint Regnobert et de saint Spire, et dont la municipalité fit don à la Convention, qui l'envoya à la Monnaie. Cependant, bien que privés de leur belle châsse, les habitants de Corbeil n'en célèbrent pas avec moins de constance la fête de leur saint patron, le dimanche du mois de mai qui précède les Rogations. Cette fête, l'une des plus renommées des environs de Paris, attire chaque année une grande affluence.

Saint-Léonard, dans le quartier de la rive dr. de la Seine, est une église moderne, d'aspect disgracieux.

Corbeil fait un commerce considérable de grains et de farines; elle possède d'importantes manufactures. L'une des plus grandes est la filature de coton de Chantemerle, que l'on remarque à l'extrémité de la promenade, entre Corbeil et Essonnes.

ESSONNES.

1,500 mèt. de Corbeil, 3 kil. de Lisses et de Villabé.

Essonnes*, bourg industriel et commerçant de 5,334 hab., situé à 20 min. de Corbeil, sur l'Essonne, est traversé par la route de terre de Paris à Fontainebleau. L'*église* date de la fin du XIIe s. et du XIIIe s. L'entrée principale, cachée sous un porche, est en ogive : l'archivolte est soutenue par deux colonnes torses. La nef n'est point voûtée; le chœur, plus large et accompagné de bas-côtés, se termine par un chevet droit.

Pour aller de l'église à la *papeterie* (15 min.), on continue de suivre la rue de Paris, que l'on a prise en venant de Corbeil, et on trouve à dr. la rue d'Angoulême qui passe sous le chemin de fer et forme un coude sur la g. La papeterie d'Essonnes est un des plus beaux établissements industriels des environs de Paris et de la France. Fondée en

1840, dans le lieu même où un ouvrier nommé Louis Robert inventa, en 1799, la machine à fabriquer le papier continu, elle s'étend sur 22 hectares de terrains traversés par l'Essonne, qui se divise en plusieurs chutes. Six bâtiments distincts la composent. L'un est spécialement consacré à l'emmagasinage, au triage et au délissage de chiffons, dont il renferme plus de 10,000,000 kil. empilés, classés et rangés ; des femmes y sont occupées à revoir, à classer et à découper chaque fragment. Dans d'autres bâtiments s'opère le grillage, le lessivage, le défilage et le blanchiment. Le grillage consiste à expulser la poussière du chiffon, au moyen d'une espèce de blutoir. Le lessivage se fait dans seize magnifiques cuviers en tôle pouvant contenir ensemble 10,000 kilogr. de chiffons, et munis chacun d'une cheminée de dégagement et d'une soupape de sû-

Porte et église Saint-Spire, à Corbeil.

reté. La salle où est établi l'atelier de blanchiment est sillonnée de voies de fer longeant les caisses où les wagons viennent déposer, pour être blanchi par le gaz, le chiffon commun arrivé au premier degré de fabrication ; dans une salle contiguë, d'autres énormes cuves, en pierre, reçoivent les chiffons fins et les cotons qui ont été blanchis au chlore liquide dans des piles laveuses-blanchisseuses en fonte d'une seule pièce, munies chacune d'un tambour laveur.

Le bâtiment où s'opère le raffinage des pâtes, contient onze machines à fabriquer le papier continu, les lisses, les presses hydrauliques et la salle d'apprêt. Un atelier de ce bâtiment renferme sur un seul plancher 50 piles, garnies de leurs cylindres, qui font chacun de 200 à 225 tours par minute. Dans ces piles, on colle et l'on colore les pâtes. Un autre atelier contigü en renferme une trentaine.

Les divers bâtiments de la papeterie d'Essonnes sont desservis par un chemin de fer de 400 mèt., que terminent deux plans inclinés qui permettent aux wagons chargés de chiffon blanchi de monter jusqu'au premier étage, où se trouvent les cylindres raffineurs.

Vingt-deux moteurs (sept moteurs hydrauliques et quinze machines à vapeur) mettent en mouvement l'immense matériel de cet établissement, qui produit plus de 6,000,000 de kil. de papier. Parmi ces moteurs, qui représentent une force totale de 500 chevaux, on remarque six petites machines à vapeur de 7 chevaux.

La papeterie d'Essonnes, dirigée actuellement par M. Darblay, fabrique toutes les sortes de papiers connues, mais spécialement les papiers d'impression, les papiers de couleur et les papiers brouillards.

Maison de Bernardin de Saint-Pierre, à Essonnes.

Onze cents ouvriers sont occupés dans ce vaste établissement; trois cents y sont logés gratuitement et ont la jouissance d'un jardin. Un réfectoire chauffé y reçoit, aux heures des repas, les ouvriers du dehors. Dix ou douze bains chauds y sont distribués gratuitement par jour aux ouvriers. Un médecin y donne des soins gratuits aux malades. Enfin, les enfants dont la famille est occupée dans l'usine y sont admis depuis l'âge de deux ans dans une salle d'asile et dans une école primaire gratuites, où ils sont chauffés et fournis de livres, de cartes et de tableaux.

Bernardin de Saint-Pierre se retira, en 1793, à Essonnes, dans une île où il avait fait construire, avec ses économies, une jolie maisonnette avec une sorte de petit porche en forme de temple. Il ne quitta sa retraite chérie que lorsqu'il fut nommé, en 1794, professeur de morale à l'École normale. Cette maison est à moitié chemin du bourg d'Essonnes et de la papeterie.

DE CORBEIL A MELUN.

Agréable promenade de 23 kil., qu'on pourra faire à pied, au moins de Seine-Port à Melun.

La route de Melun longe d'abord, en quittant Corbeil, la rive dr. de la Seine, puis s'élève par une pente assez forte sur les collines dominant le fleuve. On laisse bientôt à dr. une jolie avenue plantée d'arbres qui conduit à l'église de *Saintry*, long v. de 723 h., situé entre la route et la Seine, et où mène aussi un autre chemin qui s'embranche du même côté sur la grande route. Bientôt on découvre une jolie vue sur les maisons de Saintry, entourées d'arbres, et sur la vallée, pleine de verdure et de fraîcheur.

Mais la route, traversant le hameau des *Brosses*, s'éloigne de la Seine pour parcourir un plateau monotone, à l'extrémité duquel se montre la *forêt de Rougeau*. Après avoir aperçu à g. le hameau de *Ville-Dedon*, qui lui est contigu, on entre (4 kil. de Corbeil) dans la forêt, percée de belles avenues. Après 15 min. de marche environ entre bois, on voit s'ouvrir à dr. un carrefour des deux chemins muni d'un poteau indicateur : l'allée de dr. va déboucher dans la vallée de la Seine, en traversant un petit vallon; il faut suivre celle de g. pour aller à Seine-Port, et laisser à g. la grande route qui conduirait par (7 kil. 1/2 de Corbeil) *Nandy* (395 hab.; château) à (10 kil. 1/2) la station de Cesson (*V.* p. 438).

Le chemin de Seine-Port, d'abord peu ombragé à cause des coupes récentes faites dans le bois, est bordé plus loin de beaux arbres. Il longe une mare à dr. avant d'atteindre un carrefour avec poteau central pourvu de nombreuses branches indicatrices. Suivant l'avenue qui s'ouvre en face, on revoit bientôt (10 min. du carrefour) la vallée verdoyante de la Seine, sur la rive g. de laquelle se montrent les *bois de la Guiche*. Derrière ces bois est le *château du Coudray*, qui a appartenu au maréchal Jourdan.

En sortant de la forêt, on voit se détacher à g. la route de (1,500 mèt.) Nandy (*V.* ci-dessus), qui longe le parc admirablement entretenu du *Pavillon Royal*. Ce pavillon est un petit bâtiment du xviii° s., avec perron à deux colonnes, où Louis XV venait souvent jouir du point de vue que l'on y découvre. L'entrée du parc, fermée d'une grille en face de laquelle s'ouvre une belle avenue qui va rejoindre la route de Corbeil à Cesson, est à 150 mèt. à peine du chemin de Seine-Port. Tout près de ce pavillon est le *pavillon Bouret*, construit par le riche financier de ce nom et qui appartient au Vte Clary.

On jouit d'une vue délicieuse en descendant à Seine-Port. Au bas de la côte, la route est presque continuellement bordée d'arbres. A g., les collines (*château de Croix-Fontaine*) sont chargées d'une végétation luxuriante. On entre à Seine-Port par une jolie promenade régulièrement plantée.

9 kil. de Corbeil. **Seine-Port** est un charmant v. de 798 hab., agréablement situé sur la rive dr. de la Seine et relié par une voiture de corresp. à (4 kil.) la station de Cesson (*V.* p. 438). M. Legouvé y possède une jolie maison de campagne. On exploite dans la commune des carrières de pierres meulières. La Seine forme, à Seine-Port, une *île* appelée *Malaquais*, et y reçoit le ru de Balory, qui fait tourner trois moulins. — A 1,500 mèt. en amont du village, et sur la rive dr. du fleuve, se montre *Saint-Fargeau*, 1,085 hab., qui possède de belles maisons de campagne.

Une fort belle avenue plantée de chênes, tracée dans le *bois de Sainte-Assise* (à dr., en entrant, maison du garde), conduit au *château* du même nom. Ce bois, réservé, est peuplé de nombreux lapins. Parvenu à l'extrémité de l'avenue, on incline à dr. pour descendre dans la vallée de la Seine, en longeant à g. le mur du parc de Saint-Assise, dont le château, construction moderne, ancienne propriété des ducs d'Orléans, appartenant à M. le prince de Beauvau, apparaît à g. dès que l'on atteint la rive du fleuve. De ce château, on peut aller à Melun (8 kil. 1/2) par les *bois des Moines* et *des Joies*, et par le Mée (*V.* p. 438).

On se trouve alors à l'entrée d'un pont en fer près duquel se voit une importante fabrique d'extrait d'eau de Javel. De là on pourrait gagner (20 kil. de Corbeil) Melun par une route qui traverse (14 kil. 1/2) *Boissise-la-Bertrand* (293 hab.) et le *bois de Mente-Lièvre*. Mais il vaut mieux traverser la Seine pour aller visiter les ruines de l'abbaye du Lys. Au-delà du fleuve, la route de Melun passe au village de *Ponthierry* (sucrerie), franchit le ruisseau d'Ecole, laisse à dr. *Pringy*, 522 hab. (dans l'église, Vierge noire, but de pèlerinage; élégant château avec parc bien dessiné), à g. *Boissise-le-Roi*, 280 hab., puis, au-delà du ru de la Mare, le ham. de *Vauve* et le *château des Vives-Eaux*.

18 kil. de Corbeil. *Farcy*, ham. de Dammarie. — Pour la description de Dammarie, de l'abbaye du Lys et de la partie de la route comprise entre Dammarie et Melun, *V.* p. 443.

22 kil. Gare de Melun (*V.* p. 438).

Au-delà de Corbeil, le chemin de fer s'éloigne de la vallée de la Seine pour longer celle de l'Essonne qu'il ne doit plus quitter qu'au-delà de Malesherbes. On s'engage dans une tranchée et l'on aperçoit ensuite le village d'Essonnes, dont on laisse la plus grande partie à g. On voit à dr. la maison de Bernardin de Saint-Pierre (*V.* ci-après).

Lorsqu'on a dépassé Essonnes, on laisse à 3 kil. sur la dr., le v. de *Lisses*, 476 hab. (curieuse *église* ogivale du XVIe s., à deux nefs presque égales), et on passe sur la rive dr. de l'Essonne, dont on va suivre la vallée, riche en petites églises des XIIe et XIIIe s. Tout près de la voie, à dr., se trouve la papeterie, et derrière les arbres, sur la rive g., se cache à 1 kil. *Villabé*, 615 hab. (papeterie, filature de laine, moulins importants).

10e STATION. — MOULIN-GALANT.

36 kil. de Paris, 3 kil. de Corbeil, 2 kil. d'Essonnes.

Moulin-Galant (275 hab. environ) est un groupe de maisons qu'on aperçoit à dr. de la station, et qui dépend de Villabé. A la station de Moulin-Galant, le chemin de fer n'est séparé de la Seine que par un plateau de 600 mèt. de largeur. La papeterie en est à 500 mètres environ.

Après avoir décrit sur la dr. une courbe qui l'éloigne de nouveau du fleuve et la dirige un moment vers l'O., la voie ferrée laisse à dr. *Ormoy* (250 hab.; filature de laine; église du XIIIe s.); à g., on aperçoit le haut clocher du Mennecy.

11e STATION. — MENNECY.

41 kil. de Paris, 5 kil. de Moulin-Galant.

Mennecy, b. de 1,465 hab., n'était qu'un hameau au XIVe s. Au XVIe s., Neuville de Villeroy, secrétaire d'État sous Charles IX, Henri III, Henri IV et Louis XIII, s'y fit bâtir le *château de Villeroy*, aujourd'hui ruiné, mais encore entouré d'un parc.

En entrant à Mennecy on voit les deux énormes jambages de maçonnerie qui encadraient une porte urbaine, construite au dernier siècle. L'*église* est une curieuse construction du XIIIe s., à deux nefs égales sans abside. L'étage supérieur du clocher paraît être une addition du XVe s.

Au-delà de Mennecy, on laisse à g. le parc et le château de Villeroy, et à dr., sur le versant opposé, *Echarcon* (340 hab.; papeterie importante). On longe à dr. les tourbières (*V.* ci-dessous); à g., on aperçoit le clocher à deux pignons de l'église (1544) de *Fontenay-le-Vicomte*, 314 hab., qui se cache aussitôt derrière les arbres.

Il existe à 200 mèt. de Fontenay, sur le côté droit de la route de terre, un bloc de grès énorme, conique, de 4 mèt. de largeur et de hauteur. Il est appelé le *Grès de Fontenay*.

Vert-le-Petit (782 hab.; église ogivale) se montre sur la dr.

12e STATION. — BALLANCOURT.

47 kil. de Paris, 6 kil. de Mennecy. — Le village est à 2 kil. à g. de la station; la poudrerie du Bouchet (à dr.) n'en est éloignée que de 600 mèt.

Ballancourt, 1,203 hab., possède une fabrique de papiers pour teintures, des carrières de grès pour pavage, et un beau *château* (*le Grand-Saulçay*) entouré de fossés d'eaux vives, construit au XVIIe s., et appartenant aujourd'hui à M. de Colbert-Chabannais. L'*église* date des XIIIe

BALLANCOURT. — POUDRERIE DU BOUCHET.

et XVIe s., comme la plupart de celles de la vallée de l'Essonne.

La station de Ballancourt n'est qu'à 600 mèt. de la **poudrerie du Bouchet**. Cette poudrerie, qui existait depuis le XVIIe s. à Essonnes, a été transférée en 1824 au *Bouchet*, ham. de 72 hab., situé à 5 kil. de Marolles, ou à 6 kil. de la station de ce nom (*V.* Section XXV). On y fabrique les diverses espèces de poudres dont l'usage est autorisé en France, savoir : la poudre à canon, la poudre à fusil, la poudre de chasse, la poudre de mine et la poudre pour le commerce extérieur. On y emploie concurremment tous les procédés de fabrication en usage dans les autres poudreries. Les usines marchent au moyen de trois chutes d'eau successives fournies par la petite rivière de Juine, qui se jette dans l'Essonne à quelques pas au-dessous de l'établissement.

Près du Bouchet, et dans la vallée de l'Essonne, s'exploitent d'immenses *tourbières*, dont les produits, réduits de volume au moyen de la presse hydraulique, sont expédiés sur Paris où ils sont employés de diverses ma-

Château de Malesherbes.

nières, et notamment au chauffage des fourneaux dans lesquels est fondu l'asphalte avant d'être étendu sur les trottoirs.

On continue à longer les tourbières, à dr.; puis on s'enfonce dans deux tranchées successives. A dr. se trouve, à 2 kil. du chemin de fer, *Itteville*, v. de 789 hab. (église ogivale). Les coteaux rocheux qui bordent l'horizon se rapprochent de la voie, tout près de laquelle, à dr., on aperçoit, au-delà de *Boigny*, *Baulne*, 479 hab., et son *église* romano-ogivale qui date du XIIe s.

13e STATION. — LA FERTÉ.

53 kil. de Paris, 6 kil. de Ballancourt.

La Ferté-Alais, ch.-l. de cant., V. de 850 hab., est située sur la rive dr. de l'Essonne, au pied d'une colline de 140 mèt.

Cette ville, dont le nom latin est *Firmitas Adelaïdis* (la forteresse d'Adélaïde), était appelée autrefois *la Ferté-Baudouin*. En 1108, Louis VI vint en assiéger le château, qui appartenait à la famille de Montmorency, pour délivrer un de ses fidèles sujets, Eudes de Corbeil, qui y était retenu prisonnier. « Ansel de Garlande, sénéchal du roi, trouvant la porte de la forteresse ouverte, s'y précipita avec 40 chevaliers. Il se flattait d'enlever la place par un coup de main. Mais les ponts-levis se relevèrent derrière lui. Assailli en même temps dans les cours par des ennemis placés au-dessus de lui, il fut renversé de cheval, accablé par le nombre et porté dans le cachot même du comte de Corbeil. » Le roi, parvint cependant à forcer le château, dont il traita les défenseurs avec sévérité.

L'**église** de la Ferté (mon. hist.) est un édifice cruciforme, sans bas-côtés, terminé par trois absides et construit dans le style ogival primitif de la fin du XIIe s. La nef, précédée de deux portes, dont l'une, fort basse, date du XVe s., comprend trois travées, éclairées par des fenêtres simples. De petits contre-forts, visibles au mur du S., à l'extérieur, entre les contre-forts du XIIe s., paraissent avoir appartenu à un édifice primitif. Le transsept est séparé de l'abside par une travée accompagnée de collatéraux. Ces collatéraux précèdent immédiatement les absidioles ou chapelles : sur l'un d'eux, à g., s'élève un gracieux clocher carré, surmonté d'une flèche en pierre, assez bien conservée et qui n'a pas subi de restauration.

Parmi les débris de pierres tumulaires qui pavent le seuil de la porte principale, et dont plusieurs offrent de jolis détails d'ornementation, on lit ces mots, en caractères du XIVe s. : CY GIST RENAUT LE GRAS, BORGOIS DE DE LA FERTE-AALES...

Devant l'église, un gros chapiteau, fort ancien, sert de base à une croix moderne. Le *château* que l'on voit, à l'O. de la ville, au milieu des prairies qu'arrose la rive g. de l'Essonne, dépend de la c. de *Cerny*, 842 hab. (église dont le chœur date de 1230), village situé à 2 kil. de la Ferté.

Au-delà de la Ferté, des tranchées cachent à g. *Guigneville*, v. de 174 hab. A dr., derrière les arbres, se trouvent successivement *Dhuison*, 318 hab., et *Vayres*, 265 hab. (église du XIIIe s.; beau château.)

14e STATION. — BOUTIGNY.

60 kil. de Paris, 7 kil. de la Ferté.

Boutigny, 561 hab., possède une *église* intéressante du XIIe s., en forme de croix, dominée par un clocher central à deux pignons.

On parcourt des terrains ondulés et rocheux, et d'étroites plaines parsemées de prairies. Les tranchées et les arbres cachent, à dr., *Courdimanche*, 434 hab. (église du XIIIe s. qui possède deux statues anciennes : la Vierge et sainte Barbe).

15e STATION. — MAISSE.

65 kil. de Paris, 5 kil. de Boutigny. Le village est à 1 kil. de la station, à dr.

Maisse, 936 hab., possède des foires assez importantes. L'*église* date des XIIIe et XVe s. — Milly (7 kil. à l'E. de la station) a été décrit Section XXIII, p. 534.

Le chemin de fer, bordé de prairies plantées d'arbres et resserrées entre des collines peu élevées, laisse à dr. les villages de *Gironville*, 290 hab., et de *Prunay*, 145 hab., qui possèdent des églises ogivales, et à g. *Buno-Bonnevaux*, v. de 392 hab., à l'entrée duquel on peut voir de la voie un ancien pont.

16e STATION. — BOIGNEVILLE.

71 kil. de Paris, 6 kil. de Maisse.

Boigneville (les habitants prononcent *Bonneville*), v. de 444 hab., à dr. de la station, conserve une belle *église* de la fin du XIIe s. Sous le chœur se trouve une crypte, ornée de fresques assez bien conservées.

Excursion à Champmotteux.

Une route se dirigeant vers l'O. et montant sur le plateau, où elle rejoint la route de Malesherbes à Étampes, qu'il faut suivre à dr., con-

Château de M. d'Aboville, près de Malesherbes. (V. page 552.)

duit de la station de Boigneville à (5 k.) *Champmotteux*, v. de 282 hab., peu intéressant en lui-même, mais dont l'*église*, sous l'invocation de sainte Madeleine, « possède le tombeau et les restes du chancelier Michel de l'Hospital. Ce tombeau, élevé par la veuve et les enfants de l'illustre chancelier, fut exposé, en 1793, à une odieuse profanation. Des hommes, étrangers à la commune, vinrent menacer ses habitants des plus cruels traitements, s'ils ne renversaient, sur-le-champ, le modeste monument élevé à la mémoire de ce grand homme. Ils le firent démolir et briser devant eux ; le marbre noir, qui recouvre le tombeau, resta seul intact. M. de Bizemont, propriétaire du *château de Vignay* (2 kil. N. de Champmotteux), autrefois résidence du chancelier, fit replacer ce marbre, et les choses demeurèrent en cet état jusqu'en 1795. A cette époque, le Directoire exécutif ordonna que les restes du chancelier auraient les honneurs du Panthéon; mais les commissaires envoyés sur les lieux reconnurent l'impossibilité d'une translation. En 1818, M. de Bizemont conçut l'heureuse idée de faire rétablir le tombeau dans son état primitif; il en rechercha les débris; la tête et une partie du corps de la statue du chancelier furent retrouvées, et l'habile architecte qui restaura le monument fit disparaître toute trace de l'ancienne dévastation.— Cependant, lors de sa visite en 1834, M. Aubernon, préfet de Seine-et-Oise, remarqua que l'œuvre de réparation avait besoin d'être complétée et que l'église, délabrée et ruinée, menaçait de s'écrouler sous peu d'années. Touché de respect pour la mémoire du grand magistrat, il ouvrit une souscription publique, dont le produit fut consacré à la restauration de l'édifice, et c'est ainsi que fut préservé d'une ruine certaine un monument précieux pour la France entière. — En face du tombeau, et dans la même chapelle, se trouve la statue du patron du chancelier, l'archange Michel terrassant le démon. Cette statue est due au ciseau de Marochetti. » (*Annuaire de Seine-et-Oise*, année 1866, p. 471.)

Trois tranchées successives, des coteaux très-rapprochés et des ondulations de terrains dérobent le paysage aux regards. Passant du départ. de Seine-et-Oise dans celui du Loiret, on laisse à g. *Nanteau-sur-Essonne* (Seine-et-Marne), 335 hab.

MALESHERBES.

77 kil. de Paris, 6 kil. de Boigneville. — La ville est à 1,200 mèt. à g. de la station (omnibus).

Malesherbes *, ch.-l. de cant. de l'arrond. de Pithiviers, V. de 1,790 hab., située sur la rive g. de l'Essonne, est un centre de commerce assez important. On y remarque : une *église* du XIII° s., à trois nefs, remarquable par la disposition de ses travées, et surmontée d'un clocher octogonal élégant (saint-sépulcre à statues, de 1622; buste du président de Malesherbes, donné par Louis XVIII); un *château* de l'amiral de Graville, reconstruit, sauf la chapelle ogivale, sous Louis XIII (à M. le marquis de Beaufort) et un second **château**, celui **de Rouville**, majestueuse construction gothique à tours et à créneaux, située à 1 kil. au N. de la ville, sur une hauteur que baigne l'Essonne. Le château de Rouville, construit à la fin du XV° s., présente ces formes et ces détails qui préparaient les splendeurs de la Renaissance. Les tours cylindriques, peut-être un peu plus anciennes, sont percées d'un ou de deux rangs verticaux de fenêtres à croix de pierre, encadrées par des contreforts. Des mâchicoulis les couronnent. Le plan des constructions est irrégulier. Les toits aigus des pavillons, les pinacles qui surmontent

Château d'Augerville.

les lucarnes et encadrent leurs pignons, sont d'un effet pittoresque et gracieux. M. le comte d'Aboville, le propriétaire actuel, a fait réparer et embellir ce château avec autant de soin que de goût. Sa chapelle ogivale a servi d'église à la paroisse de *Rouville*, aujourd'hui supprimée.

Le vertueux président de Malesherbes fit planter, dans les propriétés qu'il possédait près du bourg, des platanes qui devaient raffermir le sol tourbeux des rives de l'Essonne. De nombreux propriétaires imitèrent son exemple : le sol s'est en effet raffermi, et l'on voit aujourd'hui, parmi les platanes qui subsistent, quelques-uns de ces arbres dont le tronc atteint 2 mèt. de diamèt.

A 5 kil. S. de Malesherbes, sur la g. de l'Essonne et à 600 mèt. à dr. de la route de Puiseaux, on va visiter, à *Augerville*, v. de 264 hab., le *château* de Berryer. Il se compose d'un corps de logis fort simple surélevé au centre en forme de pavillon. L'une des façades est flanquée de deux tours rondes, qui paraissent dater du XVIe siècle, comme le reste du château. Les fenêtres ont toutes été refaites.

« Le désintéressement de Berryer, comme avocat, l'abandon de la clientèle pour la politique, le goût des arts, l'existence somptueuse que lui imposaient ses hautes relations, le réduisirent plusieurs fois à un état de gêne qui le força, en 1836, de mettre en vente sa terre d'Augerville. Mais une souscription volontaire de ses amis politiques et de ses admirateurs lui rendit son domaine et sa fortune. » Il mourut à Augerville le 29 novembre 1868 ; son tombeau est dans le cimetière.

On peut, d'Augerville, remonter la jolie vallée de l'Essonne jusqu'à (9 kil. de Malherbes) *Briarres* (429 hab.), et de là monter à **Puiseaux** *, situé à 4 kil. plus loin et où l'on peut visiter une fort belle *église* des XIIe et XIIIe siècles. — Pithiviers n'est qu'à 19 kil. de Malesherbes par le chemin de fer (*V. l'Auvergne.*)

(Pour la suite de la route, jusqu'à Montargis, et pour le chemin de fer de Malesherbes à Orléans, par Pithiviers, V. *l'Itinéraire général de la France : Auvergne, Morvan, Velay, Cévennes*, par ADOLPHE JOANNE.)

Embarcadère des chemins de fer d'Orléans.

CHEMINS DE FER D'ORLÉANS.

SECTION XXV

DE PARIS A ÉTAMPES [1].

L'embarcadère des chemins de fer d'Orléans, construit en 1867, par la Société coopérative des maçons, sous la direction de M. Renault, s'élève dans l'espace compris entre le quai d'Austerlitz, la place Valhubert et le boulevard de l'Hôpital. La façade des bâtiments de l'administration s'élève sur la place Valhubert; les bâtiments du départ s'étendent le long du quai; ceux de l'arrivée ont leur entrée sur le boulevard de l'Hôpital.

Ces constructions se font remarquer par leurs belles proportions et le choix aussi bien que le travail des matériaux employés. Devant les bâtiments du départ s'étend une cour de 160 mèt. de longueur sur 39 de largeur, fermée par une grille le long du quai. Au centre s'élève un pavillon faisant avant-corps et renfermant : un vestibule de 38 mèt., sur 16, les bureaux pour les billets, etc. Ce pavillon est flanqué de deux ailes de 60 mèt. de longueur sur 20 de profondeur, devant lesquelles s'étend une galerie couverte en forme de portique; celle de dr. renferme la salle d'attente, qui a 1,200 mèt. de superficie; celle de g., la salle des bagages (même superficie). Deux ailes importantes, faisant retour d'équerre vers le quai, comprennent à g. le buffet, à dr. les bureaux de la télégraphie et de la poste.

Deux statues colossales, représentant l'*Agriculture* et l'*Industrie*, sont adossées aux chaînes des angles du

---

1. *Embarcadère*, quai d'Austerlitz, au-delà du Jardin des Plantes et du pont d'Austerlitz. — Pour les renseignements, V. l'*Introduction*.

pavillon principal; au sommet des chaînes sont sculptés des écussons aux armes de Paris et d'Orléans. Les cinq grandes baies du vestibule sont séparées par des pilastres qui supportent les armes des quatre villes les plus importantes du réseau. Entre les baies d'ouverture des ailes sont également les armes des autres villes principales du réseau.

Le bâtiment d'arrivée est un rectangle de 170 mèt. sur 14, dans œuvre, avec une aile en retour d'équerre. Sur le devant règne une cour de 195 mèt., sur 40. Ces bâtiments renferment un vestibule de sortie, une salle d'attente pour le public, une salle de distribution de bagages, etc. Une portion de la cour est protégée par un comble vitré destiné aux voitures de maître et de remise. Ses trottoirs, ainsi que ceux de la cour du départ, sont garantis par de vastes marquises.

La halle des voyageurs comprend l'espace intérieur de 54 mèt. 50 cent. qui sépare les bâtiments du départ de ceux de l'arrivée. Elle est couverte d'un comble unique en fer, sans points d'appui intermédiaires, prenant naissance à 17 mèt. au-dessus du sol et s'élevant dans le milieu à 27 mèt. 50 cent.

En tête de la gare se trouvent de vastes halles pour les marchandises de grande vitesse, avec cours et dépendances.

Avant de sortir des fortifications, le chemin de fer d'Orléans traverse les *ateliers d'Ivry*, laisse à g. la *gare des marchandises* et croise, à la station d'**Orléans-Ceinture** (la 1re), le chemin de ceinture, qui va franchir à g. la Seine à peu de distance, sur un beau pont de 6 arches, pour se relier au chemin de fer de Lyon, situé le long de la rive opposée du fleuve.

Les fortifications dépassées, on voit s'étendre dans la plaine et sur la colline, à la dr. du chemin de fer, presque en face de Charenton, le village d'**Ivry**, 13,165 hab. Des fabriques, des forges, des raffineries ont remplacé la plupart de ses anciennes villas.

Parny a composé à Ivry quelques-unes de ses agréables poésies à Eléonore. Mlle Contat aimait à s'y reposer de ses triomphes passés en s'y préparant à ses victoires futures. La duchesse d'Orléans, mère de Louis-Philippe, qui y possédait le *petit château* où elle est morte, s'y est montrée si bienfaisante qu'elle n'y sera jamais oubliée. On découvre encore une belle vue sur la terrasse de l'ancien château qu'avait fait bâtir, au commencement du xviie s., le prévôt des marchands, Claude Bosc-Dubois, et dont il ne reste plus, depuis la Révolution, qu'un pavillon et de beaux jardins. Enfin, le docteur Esquirol a fondé à Ivry une maison d'aliénés, qui continue de jouir d'une réputation méritée.

Le chœur et le clocher de l'*église* d'Ivry datent du xiiie s.

Au-delà d'Ivry, on voit sur la dr. les bâtiments modernes de l'*hospice des Incurables* (2,000 lits).

2e STATION. — VITRY.

6 kil. de Paris. — Le village est à 2 kil. 1/2 d'Ivry et de Villejuif, 3 kil. de Maisons.

Vitry, v. de 3,758 hab., qui compte autant de pépinières que de jardins, apparaît bientôt sur la dr., au-delà du *fort d'Ivry*.

Le nom de Vitry (*Victoriacum*) vient, selon M. Jules Quicherat, de la victoire remportée, en l'an 52 avant J.-C., par Labiénus, sur Camulogène, chef des Parisiens, victoire qui aurait eu pour théâtre les environs de ce village. A l'époque gauloise, ce lieu était appelé *Metiosedum*.

L'*église* de Vitry (mon. hist.), que domine un clocher ogival reconstruit en 1848, se compose d'une triple nef du xiiie s., et d'un beau chœur en abside, avec déambulatoire et chapelles rayonnantes, bâti au xive s. Le plan de l'édifice est d'une régularité rare aux environs de Paris; rien n'y

IVRY. — VITRY. — CHOISY-LE-ROI.

a été ajouté depuis le xive s. Deux étages d'oculus remplaçaient, dans la nef, les ouvertures des galeries et les fenêtres supérieures.

Vitry possède un beau *château* dont le propriétaire, M. Dupetitval, fut assassiné, en 1792, avec toute sa famille et ses domestiques, par une bande de brigands que la police ne parvint jamais à découvrir.

VILLEJUIF.

2 kil. de Vitry, 3 kil. d'Arcueil, 7 kil. de Paris (Notre-Dame ou square de Cluny), 2 kil. de l'hospice de Bicêtre.

Villejuif, ch.-l. de c. de 1,917 hab., n'offre d'autre intérêt que sa situation sur un plateau d'où l'on jouit d'une belle vue sur Paris et Saint-Cloud. L'*église*, de la Renaissance, a conservé quelques piliers du xiiie s. Elle a été pauvrement et incomplètement restaurée à la suite des dégâts qu'elle a soufferts, comme toute la ville, durant le siège de Paris.

Les environs de Villejuif sont un des points sur lesquels la lutte a été la plus vive et la plus constante, entre Français et Prussiens, en 1870 et 1871. Le bourg, occupé par les Allemands le 19 septembre, leur fut repris le 23. Le clocher fut utilisé comme observatoire, la plupart des maisons furent crénelées et trois fortes barricades, armées d'artillerie, traversèrent la rue principale. A 1 kil. E. du bourg, sur la route de Vitry, fut élevée, avant l'investissement, la **redoute du Moulin-Saquet**, qui, encore incomplète, fut néanmoins conservée par nos troupes jusqu'à l'armistice, et complétée par des bastions et des épaulements. Ce fut dans son enceinte qu'une reconnaissance des troupes de la République surprit pendant la nuit, au commencement d'avril 1871, deux ou trois cents hommes de la commune. (V. *l'Hay* et *Chevilly*, Section XXVII.)

Le clocher de Thiais se montre à dr. sur la hauteur; bientôt on commence à apercevoir et à longer la Seine à g. Sur la voie, près de Choisy, s'élève la *Gare aux Bœufs*, près de laquelle furent livrés, les 29 et 30 novembre 1870, deux combats acharnés. La gare abandonnée, le 30 novembre par les troupes françaises, fut détruite par les Allemands la nuit suivante. Elle a été rebâtie en 1871.

3e STATION. — CHOISY-LE-ROI.

10 kil. de Paris, 1 kil. de Vitry, 5 kil. 500 mèt. de Villejuif, 9 kil. de Sceaux, 1 kil. de Thiais, 3 kil. de Villeneuve-le-Roi, 3 kil. d'Orly.

Choisy-le-Roi, peuplé de 5,100 hab., est une ville du canton de Villejuif.

Ce n'était, au commencement du xiiie s., qu'un simple hameau de Thiais, composé d'une vingtaine de cabanes que des pêcheurs et des bateliers avaient bâties sur le bord de la Seine, et d'une chapelle dédiée par les mariniers à leur patron saint Nicolas. La prospérité du hameau s'accrut rapidement : en moins de vingt années, la chapelle devint église paroissiale. Il n'en reste plus de traces aujourd'hui. L'*église* actuelle ne date que du xviiie s.

Sous Louis XIV, Mlle de Montpensier se fit construire un château à Choisy, sur les bords de la Seine. Ce fut dans ce château, où elle avait tant de fois pleuré l'absence de Lauzun, détenu à Pignerol, qu'elle donna au jeune duc du Maine son duché d'Aumale, son comté d'Eu et sa principauté de Dombes, en échange de la grâce de son amant, grâce qui avait été obtenue à ces conditions et que lui apportait elle-même Mme de Montespan, la mère du duc du Maine. Mais le chagrin l'avait tellement changée que Lauzun n'eut pas assez de reconnaissance pour lui rester fidèle. De l'abandon il osa même en venir à l'outrage.

A la mort de la grande Mademoiselle, comme l'appelait Bossuet, le château de Choisy devint successivement la propriété du grand Dauphin, de Mme de Louvois, de la princesse de Conti, du duc de la Vallière, et enfin de Louis XV, qui le fit démolir pour en construire un plus agréable, destiné à lui servir de *petite maison*. *Choisy-Mademoiselle* s'appela dès lors *Choisy-le-Roi*. Dans cette résidence favorite, pour laquelle il dépensa des sommes énormes, Louis XV venait souvent oublier sa royauté et la faire tristement oublier aux autres. Aussi l'auteur de l'*Art d'aimer*, Gentil-Bernard, fut-il pourvu d'une véritable sinécure, lorsqu'on lui confia la bibliothèque de ce séjour consacré au plaisir et à la débauche.

Le château ou plutôt les châteaux, car il y avait le grand et le petit (on en trouvera une description détaillée dans la 1re édition de Dulaure), ont été détruits; sur leur emplacement ont été bâties des maisons et la gare du chemin de fer.

Choisy-le-Roi communique avec la rive dr. de la Seine par un *pont* de cinq arches, long de 123 mèt., large de 8 mèt., qui a été construit en 1810 et qui conduit à une charmante prairie. Il a des rues tirées au cordeau, de jolies maisons avec jardins, d'élégants magasins, et possède une manufacture de porcelaine, une verrerie, des fabriques de maroquin, de soude, de produits chimiques, de toiles cirées, etc.

Rouget de l'Isle, l'auteur de la *Marseillaise*, né à Lons-le-Saunier en 1760, est mort à Choisy-le-Roi le 27 juin 1836.

15 min. suffisent pour aller de Choisy-le-Roi à **Thiais**, 1,364 hab. (14 kil. de Paris et 4 kil. de Villejuif). On y remarque de jolies maisons de campagne. Dès le VIIIe s., l'abbaye de Saint-Germain possédait des vignes à Thiais, et l'abbé y tenait des assises deux fois par an. En 1248, tous les serfs y furent affranchis moyennant la somme de 1,200 livres. L'*église* date du XVe s.; le clocher, fort délabré, est de la fin du XIIe s. et du XIIIe.

A 1 kil. au S. de Thiais est le hameau de *Grignon*. A 1 kil. plus loin, on aperçoit sur la hauteur **Orly**, 704 hab. Le chœur de l'*église*, de la Renaissance, est très-curieux par la disposition de son déambulatoire. La tour rappelle un glorieux souvenir. En 1360, deux cents braves s'y renfermèrent, jurant d'arrêter les Anglais, qui avaient alors leur camp à Montlhéry et dévastaient tous les pays environnants. Un siège de trois mois n'abattit point leur courage; mais la faim les força de se rendre, et ils furent égorgés.

Plus près de la voie apparait ensuite **Villeneuve-le-Roi** (516 hab.), assis, comme Orly, au flanc d'un coteau, dans une position riante et pittoresque; il domine la Seine, dont le séparent des champs et des prairies que sillonnent de nombreux sentiers. Sous Philippe Auguste, seigneur de ce pays, les Chartreux en achetèrent la propriété moyennant une obligation par laquelle ils se chargèrent de nourrir les chiens du roi. Aux Chartreux succédèrent Étienne Marcel, prévôt des marchands, puis Guillaume du Vair. Le ministre Claude Le Pelletier y fit construire, en 1697, un magnifique château, que son petit-fils vendit à M. de Ségur, et dont il ne reste plus qu'un pavillon.

Charles VIII avait un faible pour le vin de Villeneuve-le-Roi, qui jouit longtemps d'une certaine renommée.

L'*église* a été rebâtie en partie par Le Pelletier. Derrière la tour, se voit un reste de construction du XIIe s.

On remarque encore à Villeneuve la *fontaine de Saintot*, alimentée par un canal souterrain de 100 mèt.

On sort du département de la Seine pour entrer dans celui de Seine-et-Oise.

De l'autre côté de la Seine, dont on se rapproche avant d'arriver à Ablon, s'étale un riant amphithéâtre de maisons et de jardins: c'est Villeneuve-Saint-Georges; ce sont les coteaux de Limeil et de Valenton, en deçà desquels on peut voir passer les trains du chemin de fer de Lyon, d'où se détache la ligne de Corbeil (*V.* ci-dessus, Sections XXIII et XXIV).

4e STATION. — ABLON.

15 kil. de la gare de Paris, 5 kil. de Choisy, 1 kil. 1/2 de Villeneuve-le-Roi, 2 kil. de Villeneuve-Saint-Georges, 2 kil. 1/2 d'Athis

Ablon, 482 hab., est un joli vil-

ABLON. — ATHIS-MONS.

lage qui s'étend sur le bord de la Seine et semble vouloir rejoindre le pont suspendu de Villeneuve-Saint-Georges. Il possède des caves renommées et d'agréables maisons de campagne, dont la plus belle appartient à M. Magne, ancien ministre des finances. L'église, rebâtie en 1840, a été agrandie en 1857. L'édit de Nantes avait accordé à Ablon un temple où Sully et ses coreligionnaires parisiens venaient assister au service divin.

5ᵉ STATION. — ATHIS-MONS.

17 kil. de la gare de Paris. 2 kil. d'Ablon. 1 kil. de Mons, 2 kil. 1/2 de Juvisy.

Athis-Mons (976 hab.) se compose de deux villages, réunis sous la Restauration, et qui se rapprochent tous les jours par des constructions nou-

Le pont des Belles-Fontaines.

velles. Le premier de ces villages (en venant de Paris) se nomme *Mons*, le second, *Athis*. Le chemin ombragé qui part de la station se bifurque à quelques pas : le bras de dr. monte à Mons, le bras de g. conduit plus directement à Athis (10 min. environ).

Athis et Mons sont tous deux situés au sommet de la jolie colline boisée qui domine le confluent de l'Orge et de la Seine. Mons n'a rien de particulièrement intéressant, bien qu'il jouisse d'aussi belles vues qu'Athis. Un document très-ancien mentionne la fertilité de ses vignobles. Athis, où quelques-uns de nos rois ont séjourné, et notamment Philippe IV en 1305, possède l'église paroissiale et des maisons de campagne d'où l'on jouit d'une vue magnifique.

L'église, sans intérêt, est dominée par un beau *clocher* (mon. hist.) de la fin du XIᵉ s., que termine une pyramide en pierre un peu moins ancienne, restaurée avec de la brique à l'époque ogivale.

Le *château* d'Athis, ancienne propriété de Mˡˡᵉ de Charolais, de la maison de Condé, reconstruit dans le style Louis XIV, et acquis en 1865 par les Jésuites, renfermait de beaux tableaux et particulièrement les portraits de Mˡˡᵉ de Charolais et de ses sœurs, représentées avec l'habit franciscain.

Un peu au-delà de l'église, on remarque une belle maison de campagne appelée autrefois le *château d'Oysonville* ou *des Carneaux*. Ce domaine était possédé, au XVᵉ s., par le baron Pierre d'Allonville. Il devint la propriété du duc de Roquelaure vers 1718, passa successivement à sa fille, veuve du duc de

Château de Savigny-sur-Orge.

Rohan-Chabot, à la veuve du maréchal de Villars et au duc de Villars, son fils, mort en 1770. Mᵐᵉ de Villars réunit à sa maison de campagne celle qui, au XVIIᵉ s., appartenait à Conrart, et dans laquelle séjourna quelquefois Mˡˡᵉ de Scudéry.

Au-delà de la station d'Athis-Mons, on aperçoit sur le plateau le clocher d'Athis, puis on laisse à dr. le *château de Chaige*, tout en côtoyant à g. la ligne de Corbeil, sur une longueur de 2 kil.

6ᵉ STATION. — JUVISY.

20 kil. de la gare de Paris, 3 kil. d'Athis-Mons.

Juvisy, dont la station dessert également la ligne de Paris à Corbeil, a été décrit p. 536.

En quittant la gare de Juvisy, le chemin de fer d'Orléans remonte la vallée de l'Orge et passe sous la route de terre de Paris à Lyon par Fontainebleau. L'Orge coule à dr. au-dessous de deux ponts superposés appelés le *pont des Belles-Fontaines*, parce qu'au milieu du pont supérieur sont, en face l'un de l'autre, deux piédestaux ou fontaines simulées, ornées de génies et de trophées. L'un de ces piédestaux, qui sont de fort mauvais goût, porte une inscription avec la date de 1728.

La vallée de l'Orge est plus étroite et plus variée d'aspects que celle de la Seine. Du chemin de fer, construit à mi-côte, on découvre presque sans interruption de charmants paysages : à dr., des coteaux plantés de vignes ; à g., des prairies au milieu desquelles serpente l'Orge.

7e STATION. — SAVIGNY.

22 kil. de Paris, 2 kil. 1/2 de Juvisy, 2 kil. de Viry, 2 kil. 1/2 de Villemoisson et d'Épinay, 1 kil. de Morsang, 6 kil. de Longjumeau.

Savigny-sur-Orge, 1,348 hab., possède un beau *château* entouré de fossés pleins d'eau vive, et flanqué de quatre tours. Ce château princier fut restauré et fortifié, en 1486, par

Château de Grand-Vaux.

Étienne de Vèze, chambellan de Charles VIII, mais gâté en 1735 par des additions malheureuses. Agnès Sorel y avait reçu plus d'une fois la visite de Charles VII. Les Ligueurs y soutinrent un siége en 1592. Plus tard, il fut habité par trois sœurs, qui devinrent, l'une après l'autre, les maîtresses de Louis XV : Mme de Mailly, Mme de Wintimille et Mme la duchesse de Châteauroux. Enfin il abrita les derniers jours d'un des plus illustres généraux de l'Empire, le maréchal Davoust, prince d'Eckmühl. — L'*église* date du XVIIIe s., à l'exception de quelques parties du côté droit remontant au XIVe s.

Chateaubriand, qui a habité Savigny pendant six mois, y a terminé son *Génie du christianisme*.

Sur la pente d'une colline, au milieu d'un hameau qui dépend de Savigny, et qu'on nomme *Grand-Vaux*, s'élève sur la dr. le château de M. Vigier. On en longe le parc. A peine a-t-on eu le temps d'y jeter un regard que l'on franchit l'*Yvette* sur un viaduc dont les trois arches, élevées de 14 mèt. au-dessus du niveau de la rivière, ont chacune 8 mèt. d'ouverture. L'Yvette, qui descend de la belle vallée de Chevreuse, se jette dans l'Orge, à peu de distance d'Épinay, entre *Morsang*, 600 hab. (château), et *Villemoisson*, 360 hab., qui attirent les regards sur la rive dr. de la rivière.

8ᵉ STATION. — ÉPINAY.

24 kil. de Paris, 2 kil. de Savigny, 1 kil. de Villemoisson, 1 kil. de Longjumeau, 4 kil. 1/2 de Longpont, 6 kil. de Montlhéry.

Épinay-sur-Orge, v. de 1,506 hab., situé à dr. de la station, appartenait, au xiiᵉ s., à l'abbaye de Saint-Germain-des-Prés, si riche en domaines dans les environs de Paris. En 1298, un professeur de l'Université de Paris y ayant été assassiné, les meurtriers furent condamnés à une amende qui servit à l'entretien de quatre chapelains chargés de dire la messe à l'intention du défunt.

Épinay renferme quelques villas et un *château* dont le parc a été, dit-on, planté par Le Nôtre. De ce village dépendent aussi le château de Vau-

Viaduc sur l'Yvette, près de Grand-Vaux.

cluse (V. ci-dessous) et celui de *Charaintru* ou de *Sillery*, situé au N., sur le versant de la colline qui domine la rive g. de l'Yvette. Le château de Charaintru a été récemment rebâti dans de grandes proportions et entouré d'un beau parc. Au bas de la colline de la rive dr. de l'Yvette, on remarque une charmante maison de campagne à laquelle ont été adaptés divers ornements provenant de l'église de Notre-Dame de Corbeil. L'*église* d'Épinay, dont le chœur et la base de la tour datent du xiiiᵉ s., renferme (au fond du collatéral g.) une verrière du xivᵉ s. (l'*Arbre de Jessé*).

La route d'Épinay à Longjumeau, d'où l'on découvre une belle vue à dr. sur le château de Charaintru et la vallée de l'Yvette, passe à *Balisis*, ancienne commanderie de l'ordre de Malte, dépendance de Longjumeau, renommée pour son industrie et son

LONGJUMEAU.

commerce (tanneries, éducation d'abeilles, bestiaux, etc.).

LONGJUMEAU.

18 kil. de Paris, 2 kil. de Chilly-Mazarin, 5 kil. de Morangis, 4 kil. d'Épinay, 2 kil. 1/2 de Champlan, 5 kil. 1/3 de Palaiseau, 6 kil. de Montlhéry.

Longjumeau est un ch.-l. de cant. de 2,314 hab. Situé sur la route de terre de Paris à Orléans, il ne se compose, pour ainsi dire, que d'une rue; mais cette rue longue, généralement bien bâtie, bordée de nombreux magasins, présente un aspect passablement animé. Presque à son extrémité s'élève à g. l'*église*, du commencement du XIIIe s., remaniée au XVe. La façade est de cette dernière époque. L'archivolte de la porte centrale est découpée en gracieux festons. A g., sur un contre-fort, est greffée une tourelle qui n'est autre

Église de Longjumeau.

chose qu'un conduit de cheminée et que l'on a prise longtemps pour une lanterne de cimetière.

L'histoire de Longjumeau n'offre d'intéressant que la conclusion de la *Paix Boiteuse* (1568), qui interrompit pour six mois les guerres de religion. C'est aujourd'hui une ville industrielle (tanneries et mégisseries), mais surtout commerçante (graines, farines, vins, légumes, cuirs et bestiaux); il s'y tient des foires importantes. On peut aussi aller de Paris à Longjumeau par le chemin de fer de Limours. Des omnibus y conduisent de la station de Palaiseau (V. Section XXVIII), située à 5 kil.

A 2 kil. N.-E. de Longjumeau se trouve **Chilly-Mazrin** (397 hab.). Chilly possédait, avant 1804, un magnifique château qui, depuis le XIIe s., changea très-souvent de possesseurs, mais appartint presque toujours, soit à nos rois, soit à des princes du sang, soit à de grands dignitaires de la cour. Au commencement du XVIIe s., Chilly fut érigé en marquisat en faveur du maréchal Ruzé d'Effiat (1632), qui fit rebâtir par Jacques Lemercier la vieille demeure féodale, et appela pour la décorer Simon Vouet et Sarrasin. En 1727, le marquisat passa entre les mains du duc de Mazarin, qui lui a laissé son surnom. Au commencement de ce siècle, le domaine fut acquis par un spéculateur, qui fit aussitôt démolir le château, un des plus beaux ouvrages du temps de Louis XIII. — L'*église* renferme quelques pierres tombales et les tombeaux de la famille d'Effiat, notamment celui de Martin Ruzé, oncle du maréchal, avec sa statue [1].

On laisse à dr., en allant de Longjumeau à Chilly, le *château de Saint-Éloi*, dont le parc a été démembré.

Si l'on continue de suivre la route de Chilly jusqu'à (5 kil. de Longjumeau, 4 kil. d'Athis et 3 kil. de Wissous) *Morangis*, v. de 378 hab., on rencontre sur la dr. un petit édifice carré du XVIIe s., recouvert d'un dôme, qui abrite un réservoir d'eau. Un peu plus loin, en arrivant à Morangis, on aperçoit un *château*.

De la station d'Épinay, on aperçoit à g. Villemoisson, sur la rive dr. de l'Orge. À peine l'a-t-on quittée que l'on traverse l'Orge sur un viaduc de cinq arches ayant 8 mèt. d'ouverture et 15 mèt. de hauteur. Sur la rive g., se montrent le ham. du *Breuil*, dépendance d'Épinay, et le *château de Vaucluse*. Ce château, fief du domaine de Villebousin, portait au XVIIIe s. le nom de *la Gilquenière*, qui déplaisait fort à son propriétaire, le bailli de Crussol d'Uzès. Monsieur, comte de Provence, depuis Louis XVIII, y ayant été reçu plusieurs fois, lui donna son nom actuel. Après avoir appartenu, depuis la Révolution, au général baron Delaitre, au général comte Dorsenne et à M. Dabrin, Vaucluse a été acheté par la ville de Paris, qui y a fait construire en 1867-1868, sous la direction de M. Bouteleu, architecte, un **asile d'aliénés**. Derrière l'ancien château s'élèvent deux longues rangées de maisons blanches dont les toitures en tuiles rouges attirent l'attention depuis le chemin de fer. Une chapelle romane, en forme de croix grecque, les domine et tranche vigoureusement sur la verdure du parc qui s'étend jusqu'au sommet de la colline. Plus près du chemin de fer, entre la voie et l'Orge, ont été construits en même temps tous les bâtiments d'une vaste ferme, dont l'exploitation est confiée en partie aux aliénés les plus calmes.

A g. du chemin de fer s'étend la forêt de *Sainte-Geneviève* ou de *Séquigny*, qui rappelle, dit-on, un souvenir historique. Un jour que Louis XIV y chassait, le vent emporta la coiffure d'une fille d'honneur de Madame, Marie de Fontanges, qui était, au dire de l'abbé de Choisy, « belle comme un ange, mais sotte comme un panier. » Cependant la sotte eut l'esprit de remplacer aussitôt sa coiffure par un nœud de ruban ; et ce nœud de ruban était si joli, si gracieux, il faisait si bien ressortir la beauté de celle qui venait de l'imaginer, que Mme de Montespan, alors la maîtresse en titre de Louis XIV, eut bientôt une rivale. « Quelque étrange que fût ce doublet, dit Saint-Simon, il n'était pas nouveau : on l'avait vu de Mme de la Vallière et de Mme de Montespan, à qui celle-ci ne fit que rendre ce qu'elle avait prêté à l'autre. Mais Mlle de Fontanges ne fut pas si heureuse ni pour le vice, ni pour la fortune, ni pour la pénitence. Sa beauté la soutint un temps, mais son esprit n'y répondit en rien. Il en fallait au roi pour l'amuser et les

---

[1]. On trouvera de curieux détails historiques et une description complète du château de Chilly-Mazarin dans une belle *Notice* de M. Patrice Salin, ornée de 16 eaux-fortes (in-8°, Paris, Le Clére, 1867).

tenir. » En effet, la nouvelle favorite ne jouit pas longtemps de son triomphe; elle mourut à vingt ans, moins heureuse que sa coiffure, dont la vogue fut durable en France et s'étendit dans toute l'Europe.

Berthier de Sauvigny, intendant de Paris, voulut remplacer par un château moderne celui qu'avaient habité, à Sainte-Geneviève, Louis XIII et Louis XIV; il n'eut que le temps d'en faire construire un pavillon. Le parc, où l'on arrive par une belle avenue, est d'environ 300 arpents. Le v. de *Sainte-Geneviève-des-Bois* (402 hab.) renferme une *église* du XIIIe s., but d'un pèlerinage en l'honneur de la patronne de Paris.

En face de la forêt de Sequigny, sur l'autre rive de l'Orge, est le petit village de *Villiers-sur-Orge* (199 hab.), dont la seigneurie appartint à la fameuse marquise de Brinvilliers, et plus tard à Grimod de la Reynière, si connu pour ses excentricités. Au-dessus du village, sur la colline, se montre le *château de Villebousin*, ancienne résidence des seigneurs de Longpont, entourée de fossés remplis d'eau vive. A l'extrémité S. de Villiers, on remarque *la Maison-Rouge*, maison de campagne derrière laquelle s'étendent de beaux jardins, et que Mme du Barry acheta vers le milieu du XIIIe s. pour y loger sa mère sous le nom de Mme de Montrable. L'attention est bientôt attirée du même côté par le village de Longpont, son église restaurée et le beau château de Lormoy (*V.* ci-dessous).

Au sortir de la longue tranchée que l'on traverse avant de s'arrêter à Saint-Michel, on découvre sur la dr. un vaste et beau paysage, au milieu duquel la tour de Montlhéry attire les regards.

9e STATION. — SAINT-MICHEL.

29 de Paris, 5 kil. d'Épinay, 2 kil. 1/2 de Montlhéry, 2 kil. de Sainte-Geneviève.

De Saint-Michel, v. de 690 hab., où la compagnie d'Orléans a établi de vastes ateliers, et où l'Orge fait mouvoir une importante minoterie, on peut aller visiter l'église de Longpont et la tour de Montlhéry.

Excursion à Longpont, à Montlhéry et à Marcoussis.

Après avoir franchi l'Orge au *moulin de Groteau*, on peut monter en moins de 30 min. à Montlhéry; mais, si l'on veut visiter Longpont, il faut prendre à dr., à 300 mèt. environ de la rivière, un chemin qui longe le parc et le *château de Lormoy*. Ce château était la maison de plaisance des abbés commendataires de Longpont, qui le vendirent au comte de Flammarens. Sous la Restauration, il appartenait au duc de Maillé, qui y donna plusieurs fois des fêtes à la cour. M. Paturle, qui l'acheta en 1837, le fit reconstruire dans le style italien par l'architecte Charpentier. M. Constant Say, dont le fils le possède actuellement, l'a restauré et agrandi dans le style de Mansart.

Le parc, que traverse l'Orge et qui mesure près d'un kil. de longueur dans chaque sens, s'étend au N. jusqu'à la chaussée de Longpont et à l'E. jusqu'au chemin de fer. On y remarque de vastes pelouses et quelques belles futaies.

Longpont, 642 hab., doit son nom à une longue chaussée qui le relie à la rive dr. de l'Orge, en donnant passage, par quelques arcades, aux divers bras de la rivière. Une vieille chapelle, dans laquelle se conservait une statue de la Vierge trouvée, dit-on, dans le creux d'un chêne, attirait déjà de nombreux pèlerins à Longpont, lorsque Gui Trousselle, comte de Montlhéry, et sa femme Hodierne résolurent de la remplacer par un édifice plus important. Ils commencèrent l'*église* actuelle, dont le roi Robert le Pieux posa la première pierre en l'an 1000, et fondèrent ensuite, pour la desservir, un prieuré où ils installèrent des Bénédictins de

Cluny. La construction, commencée par l'abside, fut continuée aux frais de la comtesse Hodierne, mais elle ne put être entièrement achevée du vivant de la bienfaitrice. Le portail et la tour ne furent terminés qu'à la fin du xv° s. et grâce aux libéralités de Charles VIII et d'Anne de Bretagne. Dans son intégrité, l'église de Longpont se composait d'une nef avec collatéraux, d'un transsept, d'un chœur avec déambulatoire. La tour était surmontée d'une pyramide, et une autre flèche s'élevait à l'intersection de la nef et du transsept. Au xvi° s., les protestants mutilèrent affreusement toutes les sculptures du portail. Pendant la Révolution, les pierres tombales dont l'église était entièrement pavée furent enlevées; le sol de l'édifice, se trouvant en contre-bas de la place voisine, fut sensiblement relevé, de telle sorte que les bases des colonnes et des piliers se trouvèrent enterrées de plus d'un mètre; mais l'ensemble de l'édifice fut du moins respecté. Les mutilations les plus odieuses datent de 1822. A cette époque, l'édifice était encore entier et la tour surmontée de sa flèche; pour éviter quelques frais de réparations, on jugea à propos d'abattre le chœur, le transsept et la flèche. La nef et le portail n'obtinrent grâce que sur les réclamations les plus vives du général Barrois, habitant de la paroisse. Depuis 1852, les débris de l'église sont classés parmi les mon. histor., mais leur solidité avait été gravement compromise par les démolitions opérées en 1822. Arthaud, curé de Longpont pendant plus de quarante ans († 1877), s'employait avec ardeur à réunir quelques ressources pour subvenir aux dépenses les plus pressées; son zèle n'a pas été perdu, car la reconstruction du transsept et du chœur est à cette heure à peu près terminée (août 1877).

La façade se compose d'un portail ogival au-dessus duquel s'ouvre, dans le pignon, une rose de moyenne grandeur. A dr. et à g. de la porte, sous des dais sculptés, on remarque quatre statues colossales (deux *Apôtres*, *saint Denis* et *saint Laurent*) décapitées au xvi° s., comme celle de la *Vierge mère* qui s'adosse au trumeau; la statue de la Vierge a seule été restaurée en 1858. Dans le tympan de la porte sont sculptées en bas-relief trois scènes de l'histoire de la Vierge, également mutilées.

Les figures de Charles VIII et d'Anne de Bretagne, qui ornaient autrefois la façade, ont aussi disparu, soit à la même époque, soit pendant la Révolution, et c'est à peine s'il reste quelques traces des armes de France et de Bretagne qui les accompagnaient. L'ogive du portail est bordée d'un cordon sculpté figurant des ceps de vignes chargés de raisins; une double voussure porte des statuettes mieux conservées que les grandes statues de l'ébrasement.

A l'intérieur, le sol de l'église, déblayé, a repris son niveau primitif, et il faut, en pénétrant dans le monument, descendre un escalier de dix ou onze marches. La nef, composée de cinq travées, est séparée des bas-côtés par de belles arcades romanes à double archivolte, surmontées d'un triforium aveugle, au-dessus duquel s'ouvrent de petites baies en plein cintre. La voûte repose sur des colonnes à chapiteaux de feuillage. Les voûtes des bas-côtés n'ont pas de nervures.

A l'extrémité du bas-côté N., la *chapelle de Notre-Dame de Bonne-Garde* est un but de pèlerinage très-fréquenté, bien que l'ancienne madone miraculeuse ait été remplacée depuis la Révolution par une statue moderne. — Dans la *chapelle des fonts baptismaux* (à dr. du portail) se conservent quelques anciennes stalles sans intérêt. — De tous les personnages illustres inhumés dans l'église de Longpont et dont les restes sont aujourd'hui uniformément recouverts d'une couche de bitume qui a remplacé l'ancien dallage dé-

LONGPONT. — MONTLHÉRY.

truit au XVIIIe s., deux seulement sont maintenant signalés à l'attention du visiteur. Ce sont : la fondatrice Hodierne, comtesse de Montlhéry, qui reposa dans le cimetière commun jusqu'en 1640, ainsi que le constate une inscription latine gravée sur une longue dalle tumulaire ; et Louis de France, comte d'Évreux, fils puîné de Philippe le Hardi et petit-fils de saint Louis, mort dans le prieuré le 19 mai 1318.

Au N. de l'église, un bâtiment moderne renferme, au rez-de-chaussée, la sacristie, et, au premier étage, la *salle du Trésor* où sont rassemblées, dans des reliquaires de toutes formes, de très-nombreuses reliques de la sainte Vierge, des Apôtres, de saint Joseph, de saint Marcel, évêque de Paris, de sainte Geneviève, de saint Denis, de saint Louis, roi de France, etc. Ces reliques, provenant pour la plupart de l'ancien prieuré, donnent lieu chaque année, le mardi de la Pentecôte, à une fête spéciale qui attire un grand nombre de pèlerins. Nous signalerons aussi, dans la salle du trésor, une *croix* en vermeil, de forme byzantine, renfermant des fragments considérables de la vraie Croix; une *lampe* antique en terre cuite, qui passe pour celle du solitaire saint Macaire (IVe s.); et un charmant *portrait* de saint Bernard, peint sur émail.

Le prieuré de Longpont, enrichi par la munificence de plusieurs rois de France, et visité par Louis VI, Philippe le Bel, saint Louis, Philippe de Valois et saint Bernard, avait acquis des biens considérables et possédait, à Paris, une maison dont la chapelle, dédiée à saint Julien le Pauvre, fut cédée en 1655 à l'Hôtel-Dieu. Lors de la suppression des établissements religieux pendant la Révolution, il fut vendu et démoli en partie. Les derniers débris du cloître ont été abattus en 1822, en même temps que le chœur et le transsept de l'église. Ce qui subsiste des anciens bâtiments a été réuni au domaine de Lormoy et transformé en un corps de ferme.

Montlhéry*, V. de 2,065 hab., est situé sur la route de terre de Paris à Orléans, à égale distance de Longjumeau et d'Arpajon (6 kil.), et sur les pentes de la colline que couronne le château auquel il doit sa célébrité.

Quelle qu'ait été son origine, la seigneurie de Montlhéry fut donnée, en 991, par Hugues Capet, à Théobald ou Thibaud, surnommé File-Étoupe, qui bâtit sur cette colline une forteresse redoutable, devenue bientôt un vrai repaire de brigands. Le plus fameux de ces bandits. Guy Trousselle, s'était même rendu si redoutable que, pour tirer Montlhéry de ses mains et en faire une propriété royale, le roi de France, Philippe Ier, n'hésita point à contracter une alliance avec lui, en lui donnant pour gendre son fils naturel Philippe. Ce fut alors que, confiant à Louis, son fils légitime, la garde d'un château si chèrement payé, Philippe Ier prononça ces paroles rapportées par Suger :

« Mon fils, garde bien cette tour qui m'a causé tant de peines et de tourments ; car, par la perfidie et la méchanceté de son seigneur, j'ai passé ma vie entière à me défendre contre lui, et je suis arrivé à un état de vieillesse sans avoir pu obtenir de lui ni paix ni repos. »

Ce sacrifice devait être inutile : Philippe de Mantes, le bâtard de Philippe Ier, disputa la possession de Montlhéry à son frère légitime Louis le Gros. Une guerre éclata, et le roi finit par se dessaisir de Montlhéry en faveur de Milon de Braie, vicomte de Troyes. Celui-ci avait pour cousin Hugues de Crécy, qui affichait aussi des prétentions sur cette seigneurie et les soutenait les armes à la main. Hugues surprend Milon dans une embuscade, le saisit, le fait garrotter, le conduit prisonnier de château en château jusqu'à Montlhéry, dont il s'empare ; et là, pendant une nuit, il le précipite par une fenêtre, après l'avoir étranglé de ses propres mains.

Le bruit de ce forfait se répand et soulève partout la plus vive indignation. Hugues est cité devant la cour de son suzerain, Amaury de Montfort, pour répondre de sa conduite et se purger par le combat de Dieu de l'accusation portée contre lui. Il se présente au jour dit : le roi de France, le roi d'Angleterre, une foule de barons et de chevaliers siégent autour du champ clos. Hugues s'est avancé d'abord avec assurance; mais tout à coup il se trouble, pâlit, déclare qu'il ne peut accepter le combat; puis il fait l'aveu de son crime, abandonne au roi de France la forteresse de Montlhéry, et va dans un monastère cacher sous une robe de moine sa honte et ses remords.

Devenus définitivement maîtres de cette importante seigneurie, les rois de France s'occupèrent d'ajouter de nouvelles fortifications au château (la tour et les autres constructions actuelles ne remontent pas au-delà du XIIIe s.) et de fonder dans la ville des établissements utiles ou religieux. Saint Louis et sa mère, fuyant devant une insurrection des principaux seigneurs du royaume, se réfugièrent dans le château et s'y tinrent renfermés jusqu'à leur délivrance par le comte Thibaut de Champagne, qui avait été d'abord au nombre des révoltés. En 1360, le roi d'Angleterre s'y établit pendant que ses troupes tenaient la campagne presque jusqu'aux portes de Paris. Sous Charles VI, il fut occupé tantôt par les troupes du Dauphin, qui pillèrent ou rançonnèrent également les malheureux

Tour de Montlhéry, vue de Linas.

habitants du bourg. Enfin, dans les premières années du règne de Louis XI (1465), il donna son nom à l'une des plus étranges batailles dont l'histoire ait gardé le souvenir.

La noblesse féodale venait de s'insurger contre la royauté qui s'apprêtait à la détruire ou du moins à diminuer son pouvoir. Les principaux seigneurs du royaume, ayant formé la *ligue du Bien public*, marchaient sur Paris. Louis XI dévoila publiquement leurs véritables projets. « Si j'avais voulu, dit-il, augmenter leurs pensions et leur permettre de fouler leurs vassaux comme par le passé, ils n'auraient jamais pensé au bien public. » Puis il prit avec autant d'activité que de sagesse toutes les mesures nécessaires pour les empêcher de réussir. Heureusement pour lui, il y eut peu d'ensemble dans l'attaque des confédérés. Les princes de Bourbon et d'Armagnac furent forcés de conclure une trêve; le comte de Charolais, — ce fils du duc de Bourgogne qui devint plus tard si célèbre sous le nom de Charles le Téméraire, — ne put s'emparer de Paris ni par ruse, ni par trahison, ni par force. Le roi s'était d'abord avancé dans le Berry contre le duc de Bourbon; il revint à marches forcées aux secours de sa bonne ville, qui se trouvait menacée. Le comte de Charolais marcha de son côté à sa rencontre, espérant d'ailleurs se joindre au duc de Bretagne qui se faisait attendre. Les deux armées se rencontrèrent près de Montlhéry. Ni le roi ni le comte ne voulaient risquer une bataille; mais le sénéchal de Brézé, qui commandait l'avant-garde de l'armée royale et qui se vantait d'avoir donné sa parole aux seigneurs et son corps au roi, dit : « Je les mettrai aujourd'hui si près l'un de l'autre, qu'il sera bien habile qui pourra les démêler. » En effet, il engagea le combat malgré l'ordre formel du roi, et il fut tué

Château de Montlhéry au seizième siècle.

un des premiers sans qu'on sût pour qui il se battait. Le mouvement donné, il fallut suivre; le roi et le comte de Charolais chargèrent; mais ils restèrent bientôt presque seuls sur le champ de bataille. Les deux armées s'enfuirent. « Du costé du roy, dit Philippe de Commines, fut un homme d'Estat qui s'enfuit jusques à Lusignan, sans repaistre, et du côté du comte, un autre homme de bien, jusqu'au Quesnoy-le-Comte. Ces deux n'avaient garde de se mordre l'un l'autre. » Qui avait vaincu? on n'eût pu le dire. Louis XI se retira sur Corbeil, et le comte de Charolais occupa le champ de bataille. Peu de temps après, Louis XI, pour dissoudre la ligue, conclut le traité de Conflans, le plus humiliant que jamais roi de France eût souscrit avec ses sujets, et « par lequel, dit Commines, les princes butinèrent le monarque et le mirent au pillage ; chacun emporta sa pièce. » Le roi accorda aux confédérés toutes leurs demandes, bien résolu, à l'avance, de ne pas exécuter le traité. Jamais, a dit avec raison un historien, la féodalité n'avait remporté une si grande victoire ; elle se trouvait, pour ainsi dire, reconstituée, et Louis XI n'était plus, comme Louis VI, que le suzerain de ses vassaux.

Détruit en partie par les guerres de religion, le château de Montlhéry devint peu à peu une carrière où les habitants de la ville voisine venaient chercher les pierres dont ils avaient besoin. Le 15 septembre 1603, un sieur de Bellejambe obtint des lettres patentes qui l'autorisaient à exploiter les murs du château pour en tirer des pierres et les employer à la construction de sa maison de Bellejambe, située à l'O. et à une demi-lieue de Montlhéry, « sans qu'il puisse toucher à la tour du donjon. »

Les ruines de Montlhéry offrent encore un aspect imposant. Elles se composent de la tour du **donjon** (xiiie s.), qui a 32 mèt. d'élévation, d'une tourelle accolée qui renferme un escalier de 132 marches, de quelques pans de mur et d'une autre tour, moins bien conservée, qui ne s'élève pas à plus de 10 mèt. au-dessus du sol. Quelques travaux ont été faits pour empêcher une plus grande dégradation de ces intéressants débris, et permettre aux curieux de les visiter sans danger. Un gardien y guette du matin au soir les étrangers afin de les faire descendre dans les caveaux et monter au haut de la tour, d'où l'on découvre un vaste et beau panorama (rétribution facultative, mais obligatoire si l'on use des longues-vues établies sur la plateforme). Du reste, on jouit déjà d'une vue magnifique en se promenant dans les jardins nouvellement plantés qui entourent ces ruines pittoresques.

Entre la tour de Montlhéry et la route de Saint-Michel est un *tumulus* gaulois appelé la *motte de Montlhéry*.

Pour entrer dans la ville, après avoir visité la vieille forteresse féodale, on peut passer par une porte, la *porte Baudry*, sur laquelle se lit l'inscription suivante : « Cette porte, bâtie en l'an 1015, par Thibaud File-Étoupe, fut rebâtie en 1589, sous Henri III, et restaurée sous le consulat de Bonaparte, l'an VIII de la République, par Goudron du Tilloy, maire. » En sortant, au contraire, de Montlhéry par cette porte, on descend à *Linas*, v. de 1,143 hab., dont les maisons se confondent avec celles de Montlhéry.

La plus grande partie de l'*église* et le clocher de Linas datent du xiiie s. Cette église possède un tableau original de Philippe de Champaigne, une copie d'un tableau de Murillo et des pierres tombales gothiques.

Montlhéry est une petite ville bien bâtie, mais triste. On y remarque seulement les vieilles sculptures qui ornent la porte de son hospice civil. Son *église* a une façade du xiiie s.

A 3 kil. à l'O. de Montlhéry se trouve **Marcoussis**, v. de 1,713 hab.

Marcoussis doit son origine à un prieuré fondé sous la première race et dépendant de l'abbaye de Fontenelle ou Saint-Wandrille, en Normandie. Les prieurs ayant aliéné une partie du territoire, un fief laïque s'y établit et un château y fut élevé. En 1388, Marcoussis, dont le dernier seigneur était mort insolvable, devint le domaine d'un seigneur des environs de Lunel (en Languedoc), Jean de Montagu, maître d'hôtel de Charles VI, et qui possédait déjà des terres dans les environs. Jean de Montagu se forma une seigneurie assez étendue, dont Marcoussis fut la capitale : il rebâtit le vieux château, établit à côté un couvent de Célestins, reconstruisit le chœur de l'église du prieuré, aujourd'hui église paroissiale. Ses richesses, légitimement acquises, et surtout le crédit dont il jouissait auprès du roi, excitèrent la jalousie et la colère de Jean sans Peur, qui le fit accuser de concussion et condamner à mort par un tribunal tout dévoué. Dans un de ses moments lucides, Charles VI adressa de vifs reproches au duc sur une exécution si sommaire, et il fut procédé sans retard à la réhabilitation de Montagu. Son cadavre, retiré du gibet de Montfaucon, fut enterré avec pompe dans l'église du couvent des Célestins.

Le fief de Marcoussis appartint ensuite à la famille de Graville, qui fournit deux chambellans à Louis XI et un amiral (Louis de Graville, mort en 1516) à la France. Louis XI, Charles VIII, Louis XII et François Iᵉʳ vinrent souvent au château, pour chasser dans les environs. A la famille de Graville succéda celle de Balzac d'Entragues, qui posséda Marcoussis jusqu'au commencement du siècle dernier. On connaît la vive passion qu'Henriette d'Entragues inspira à Henri IV, de 1599 à 1609, et les malheurs qui en résultèrent pour le trop faible roi. Henriette d'Entragues, après lui avoir arraché une promesse de mariage, qu'elle garda longtemps, conspira contre lui avec l'Espagne (1604) pour donner la couronne à son fils naturel, le jeune duc de Verneuil, et arma, selon quelques-uns, la main de Ravaillac. Des entrevues entre le roi et Henriette eurent lieu au château de Marcoussis ; et jamais le mauvais naturel de la duchesse ne put guérir entièrement Henri IV de sa passion.

A l'époque de la Fronde, les princes de Condé, de Conti et le duc de Longueville furent enfermés dans le château de Marcoussis, du consentement du propriétaire, Léon de Balzac. Depuis cette époque, aucun fait bien important ne s'est passé à Marcoussis. Pendant la Révolution, le marquis de Puységur, craignant que le château ne devint une prison d'Etat, le fit abattre.

Il ne reste de l'ancien château de Marcoussis qu'une *tour*, quelques débris de murs et des fossés indiquant le périmètre des remparts. Le *château neuf*, importante construction, appartient à M. le marquis de la Baume.

L'*église*, des XVᵉ et XVIᵉ s., renferme des restes de vitraux, des peintures murales et une belle statue de la Vierge du commencement de la Renaissance, et une *Mater dolorosa* de l'école espagnole : *Jésus chez Marthe*, par Chassériau. Les stalles, du XVIIᵉ s., proviennent de l'église des Célestins, dont le couvent était voisin du château.

Les carrières de grès de Marcoussis sont exploitées depuis 1854 par la ville de Paris.

Quand on a quitté la station de Saint-Michel, on découvre encore, à dr., une jolie vue sur la vallée de l'Orge, dont on ne tarde pas à s'éloigner pour monter sur le plateau qui la sépare de la vallée de la Juine.

10ᵉ STATION. — BRÉTIGNY.

32 kil. de Paris, 3 kil. de Saint-Michel.

Brétigny, v. de 913 hab., est situé à l'extrémité du plateau, dans un petit vallon arrosé par plusieurs ruisseaux tributaires de l'Orge. L'église, qui couronne une hauteur, se nomme le *Guet Saint-Pierre*. — Un beau parc entoure le *château de la Fontaine*. — *Le vin de Brétigny fait danser les chèvres*, à en croire un proverbe.

Le traité, si humiliant pour la France, qui suivit la bataille de Poitiers, fut signé dans un village du même nom situé près de Chartres.

Au sortir de Brétigny, on laisse à dr. l'embranchement de Tours par Vendôme, que nous décrirons plus loin jusqu'à Dourdan (section XXVI). On traverse une plaine bien cultivée et parsemée de taillis.

11ᵉ STATION. — MAROLLES.

37 kil. de Paris, 5 kil. de Brétigny.

Marolles, v. de 479 hab., occupe le point le plus élevé du plateau auquel il donne son nom ; le chemin de fer, qui a monté de 52 mèt. 36 cent. depuis Juvisy, est à 90 mèt. 50 cent. au-dessus de la mer.

De Marolles, on peut aller visiter la poudrerie du Bouchet (8 kil.), située près de la station de Ballancourt (*V.* ci-dessus, p. 546). La route qui y conduit passe par *Saint-Vrain* (5 kil.), v. de 815 hab., dont le château fut jadis propriété de la Du Barry, qui l'habita avec le duc d'Aiguillon. L'*église* de Saint-Vrain, bâtie du XIII° au XVII° s., renferme un dallage en mosaïque très-remarquable, posé en 1818.

Après avoir laissé à dr. le village de *Cheptainville* (503 hab.), on décrit une forte courbe près de la station de Bouray.

12° STATION. — BOURAY.

40 kil. de Paris, 3 kil. de Marolles.

Bouray (755 hab.) se trouve à plus d'un kil. de la station, sur la rive dr. de la Juine, près de laquelle on remarque le château pittoresque de *Frémigny*.

Au-delà de la station de Bouray, on traverse le beau parc du *château de Mesnil-Voisin*, dont on aperçoit, sur la g., une aile et un pavillon. Le château est sur la rive dr. de la Juine. Une avenue qui aboutit à sa façade remonte le versant boisé de la vallée que domine, à 124 mèt., la haute *tour* moderne *de Janville*. Rien de plus charmant que cette partie du trajet.

13° STATION. — LARDY.

43 kil. de Paris, 3 kil. de Bouray.

Lardy (689 hab.) rappelle tout à la fois Marguerite de Valois, qui s'y était fait construire une charmante retraite et qui y composa, dit-on, quelques-unes de ses poésies, le marquis de Dangeau, qui y naquit en 1638, et le dernier seigneur, le maréchal duc de Broglie, qui termina une vie glorieuse de combats et de victoires dans l'exil, à Münster, en 1804.

Lardy dépassé, on aperçoit, dans la jolie vallée de la Juine, le *château de Gillevoisin*, dominé par le *bois d'Auvers*.

14° STATION. — CHAMARANDE.

46 kil. de Paris, 3 kil. de Lardy, 10 kil. d'Étampes.

Chamarande compte 390 hab. — L'*église* (XII° et XIII° s.) a été en partie refaite de nos jours. On découvre, à g., à l'extrémité d'une avenue que le chemin de fer a coupée, le **château de Chamarande**, construit au XVII° s., par Mansart, pour Pierre Mérault, secrétaire de Louis XIII, et qui appartenait naguère au feu duc de Persigny. Les murs sont en grès d'Étréchy et en briques. L'eau vive de la Juine circule dans les fossés qui l'entourent. Une magnifique futaie décorait autrefois le parc planté par Le Nôtre; elle fut abattue par les spéculateurs qui avaient acquis cette belle propriété à la mort du marquis de Talaru. Quelques-uns des chênes séculaires qu'elle renfermait ont rapporté, dit-on, plus de 1,000 fr. pièce.

Le *château de Gravelles* se montre sur la rive dr. de la Juine, au-dessous du village d'*Auvers-Saint-Georges* (901 hab.).

15° STATION. — ÉTRÉCHY.

49 kil. de Paris, 3 kil. de Chamarande, 7 kil. d'Étampes.

Étréchy, 1,256 hab., doit sa prospérité à l'exploitation des rochers de grès qui l'entourent et à son commerce de chevaux. Il s'appela jadis *Étréchy-le-Larron*, et l'auteur des *Antiquités des villes de France*, André Duchesne, ajoutait que c'était un « lieu duquel un long bois de hestres et futeaux s'estendoit jusques en cette vallée de Tourfour (Torfou), vraye retraite de voleurs et recommandable à si longues années par les pilleries et les meurtres qui s'y sont faits aux siècles passés. »

L'*église* d'Étréchy, qui mériterait d'être classée parmi les mon. hist., est un édifice entièrement du XIII° s., à trois nefs et transsept. Le clocher, à un seul étage, est central. Le chevet droit, percé d'une fenêtre flamboyante, est accompagné de deux absides à pans terminant les collatéraux.

Sur la dr., au fond d'un vallon

sauvage et au milieu d'un bois pittoresque, se voient encore des ruines d'un ancien château fort, jadis flanqué de tours et environné de fossés profonds; c'est le *château de Roussay*, construit, dit-on, par les Templiers.

Le chemin de fer, en sortant d'Étrechy, n'est plus qu'à 77 mèt. au-dessus du niveau de la mer; mais il ne tarde pas à remonter, car il s'élève de 14 mèt. pour venir passer sur les coteaux qui bordent au N. et à l'O. la ville d'Étampes. Avant d'entrer dans les tranchées qui précèdent la gare d'Étampes, on a encore le temps de jeter un coup d'œil à g. sur la vallée de la Juine. Le *moulin de Pierre-Brou* attire d'abord l'attention, près du *moulin de Vaux*, par l'originalité de sa construction. On laisse ensuite à g. le *château de*

Château de Chamarande avant la coupe de ses futaies.

Jeurre, entouré de canaux où court une eau vive. Près de ce château est le village de *Champigny*, dans lequel Diane de Poitiers s'était fait bâtir une résidence. Ce fut là que, déchue de son pouvoir, elle alla, résignée, chercher dans l'ombre l'oubli de sa grandeur et de sa disgrâce.

Plus loin, enfin, sur la rive g. de la Juine, un beau massif d'arbres au-dessus duquel s'élève le clocher de Morigny (*V.* ci-dessous) cache le *château de Brunehaut*, une des plus agréables promenades des habitants d'Étampes. On s'enfonce dans des tranchées, au sortir desquelles on aperçoit la ville d'Étampes entourée d'arbres et dominée par la tour Guinette.

16e STATION. — ÉTAMPES.

56 kil. de Paris, 7 kil. d'Étrechy.

Étampes *, V. de 7,840 hab., ch.-l.

d'un des 6 arrondissements de Seine-et-Oise, est agréablement située sur trois petites rivières : la Juine, affluent de l'Essonne, la Louette et la Chalouette, affluent de la Juine.

Étampes (*Stampa*) existait déjà au vi^e s. En 604, le roi Thierry y remporta une victoire complète sur son oncle Clotaire, dont il fit prisonnier le fils Mérovée. 30,000 hommes restèrent sur le champ de bataille. On appelle encore *champ des morts* le terrain dans lequel ils furent ensevelis.

En 911, Étampes fut prise, pillée et saccagée par les Normands, sous la conduite de leur duc Rollon.

Plusieurs conciles se tinrent à Étampes aux xie et xiie s. Dans celui de 1130, appelé à se prononcer entre les papes Anaclet II et Innocent II, saint Bernard fit triompher la cause d'Innocent II. 17 années plus tard (1147), les principaux seigneurs du royaume, convoqués à Étampes par Louis le Jeune, qui se préparait à partir pour la terre sainte, y décidèrent que, pendant l'absence du roi, le pouvoir serait confié aux mains habiles de l'abbé Suger.

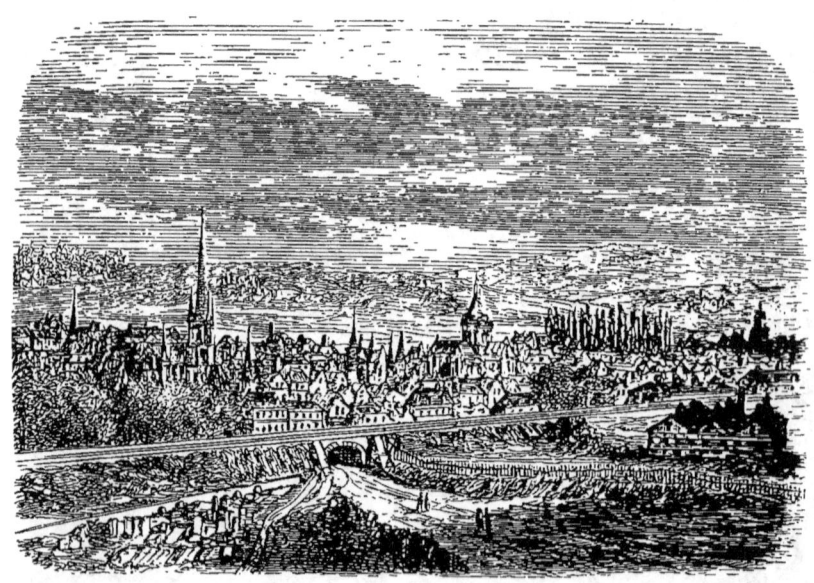

Étampes : vue générale.

Le château des Quatre-Tours, bâti au xie s., à Étampes, par Constance, épouse en secondes noces du roi Robert, et habité par plusieurs rois de France, servit de prison, de 1200 à 1212, à la reine Ingelburge, sœur du roi de Danemark, pour laquelle Philippe Auguste conçut, le jour même de son couronnement (1193), une antipathie si étrange et si invincible que les contemporains l'attribuèrent à un maléfice. On sait les conséquences que cet inexplicable divorce eut pour la France. Trois ans après avoir répudié la reine, qu'il avait confinée d'abord dans un couvent du Tournaisis, à Cysoing, où il n'eut pas même l'humanité de pourvoir convenablement à ses besoins, Philippe, en dépit des menaces du souverain pontife, Célestin III, épousa Agnès de Méranie. Le successeur de Célestin, Innocent III, le somma d'abord vainement de rentrer dans le devoir et de renvoyer sa concubine; en 1200, il l'excommunia et il interdit l'exercice du culte dans tout le royaume. Philippe lutta longtemps contre le souverain pontife, mais il dut lui céder. Il se sépara d'Agnès de Méranie, reconnut la nullité de leur union, et reprit provisoirement Ingelburge. Agnès mourut bientôt de douleur, et Philippe, désespéré de sa mort, renvoya une seconde fois Ingelburge à Étampes, où il l'emprisonna pendant 11 années. Enfin, en 1212, comme il ne pouvait pas la forcer à prendre le voile, ni obtenir du pape l'annulation de son mariage, il la reprit dans un moment où de graves intérêts politiques lui rendaient nécessaire l'appui de Rome; mais elle ne fut jamais heureuse avec lui. Elle lui survécut plusieurs années. Sa prison devint, après sa mise en liberté, une prison d'État.

Philippe Auguste fut le dernier roi de la troisième race qui posséda Étampes en toute propriété. Cette ville appartint tour à tour à Blanche de Castille, mère de saint Louis, au frère de Philippe le Bel, à Charles d'Evreux, en faveur duquel Charles le Bel l'érigea en comté (1325), au duc de Berry (1355), qui la céda au duc de Bourgogne, Philippe le Hardi. Pendant les sanglantes rivalités des Bourguignons, et des Armagnacs, elle fut souvent envahie, rançonnée, pillée par le parti d'Orléans. En 1411, le Dauphin, qui faisait alors ses premières armes, vint l'assiéger avec les ducs de Bourgogne, les comtes de Nevers, de la Marche, de Pen-

Tour Guinette, à Étampes.

thièvre, etc. Elle s'empressa de lui ouvrir ses portes, mais le sire de Boisrodon s'enferma dans la forteresse, où il soutint un siège si long que le Dauphin allait le lever, lorsqu'un bourgeois de Paris, nommé Roussel, fit construire au pied d'une haute tour, dernier refuge des assiégés, une sorte de toit incliné, à l'abri duquel des ouvriers pratiquèrent une brèche. Boisrodon fut forcé de capituler. On rendit à leurs familles les dames et demoiselles de sa compagnie, qui, pendant le siège, avaient, au dire de la chronique, tendu leurs tabliers aux assiégeants en signe de bravade, comme pour y recevoir les pierres qu'on leur lançait et qui ne pouvaient les atteindre. Boisrodon obtint la vie sauve, mais ses soldats, pour lesquels il n'avait rien stipulé, furent massacrés, à l'exception de trente, emmenés garrottés à Paris. Du reste, il eut une fin tragique. La reine Isabeau de Bavière le prit pour amant, et Charles VI, las de son insolence croissante, le fit jeter à la Seine, enfermé dans un sac sur lequel on lisait cette terrible inscription : « Laissez passer la justice du roi. »

Louis XI s'était emparé du comté d'Étampes : il le donna à Jean de Foix, comte de Narbonne. Après la mort de Gaston de Foix, tué à Ravenne, Anne de Bretagne hérita de ce comté qu'elle transmit à sa fille Claude de France, femme de François Ier. Au commencement du xvie s., François Ier en fit un duché en faveur de Jean de Brosses, qu'il maria avec Anne de Pisseleu, sa maîtresse. Vaincue, sous Henri II, par Diane de Poitiers, Anne se retira dans un cloître, cédant à sa rivale l'amour du roi et le titre de duchesse d'Étampes.

A demi ruinée par le séjour de six semaines que les troupes allemandes y firent en 1562, pendant les guerres de religion; prise d'assaut en 1567 par le capitaine Saint-Jean, frère du comte de Montgommery; rendez-vous des troupes de la Ligue en 1589; tombée enfin au pouvoir d'Henri IV dans la même année, la ville d'Étampes vit, en 1590, ses fortifications rasées par ordre d'Henri IV, sur la demande de ses habitants.

Pendant les troubles de la Fronde (1652), Turenne vint assiéger à Étampes l'armée du prince de Condé, que commandait le comte de Tavannes. Louis XIV, encore enfant, amené à ce siège par Mazarin, y eut, dit-on, le courage de passer d'un quartier à l'autre sous le feu d'une canonnade assez vive. Comme il demandait, le soir, à Laporte, son valet de chambre, si le canon lui avait fait peur, celui-ci, qui était ce jour-là créancier du roi et qui aurait bien voulu cesser de l'être, répondit : « Ordinairement on n'a point peur quand on n'a point d'argent. » Laporte ajoute dans ses *Mémoires* : « Il m'entendit et se prit à sourire ; mais personne n'en devina la cause. Le roi avant quantité de malades et estropiés qui couraient après lui, demandant de quoi soulager leur misère, sans qu'il eût un seul douzain à leur donner : de quoi tout le monde s'étonnait fort. » En effet, le cardinal Mazarin venait d'enlever au jeune roi les cent louis d'or que lui avait comptés le surintendant des finances pour qu'il en fît une distribution aux soldats blessés.

Après deux semaines de bombardements et d'assauts inutiles, qui avaient été très-meurtriers, Turenne dut lever le siège d'Étampes pour aller attaquer l'armée du prince de Lorraine, campée près de Paris. Mais le ville était à moitié détruite, et la peste en décima bientôt les habitants ruinés. Vincent de Paul accourut à leurs secours. Il soigna les malades, enterra les morts, pourvut au sort des orphelins, enfin releva complètement le moral de cette population abattue par tant de fléaux. Mais en 1663, La Fontaine, allant dans le Limousin, faisait encore d'Étampes la description suivante: « Nous regardâmes avec pitié ses faubourgs. Imaginez-vous une suite de maisons sans toits, sans fenêtres, percées de tous côtés ; il n'y a rien de plus laid et de plus hideux. Cela me remet en mémoire les ruines de Troie la Grande. »

Le 3 mars 1792, le marché d'Étampes fut envahi par une bande d'imbéciles et de forcenés, armés de sabres et de fusils, qui taxèrent de force le prix du pain. Le maire, Henri Simonneau, les menaça de faire exécuter la loi martiale. Blessé par l'un de ces misérables, il leur dit avec fermeté : « Ma vie est à vous, vous pouvez me tuer, mais je ne manquerai pas à mon devoir. » Deux coups de feu l'étendirent mort. L'Assemblée nationale décréta en son honneur l'érection d'un monument qui n'a jamais été commencé. On se contenta de célébrer une fête que le même vote avait instituée.

Étampes a réparé, par son industrie et par son commerce, tous les désastres des siècles passés. Elle doit sa prospérité actuelle à ses beaux moulins, au commerce des graines et des farines, à ses lavages de laine, etc. Trente usines établies sur les nombreux cours d'eau voisins recueillent et réduisent en farine les blés de la Beauce et du Gâtinais ; il ne se fait pas moins de 300,000 fr. d'affaires, sur le blé *en poche*, au marché qui se tient tous les samedis à Étampes.

La gare du chemin de fer, située à mi-côte, dans la partie supérieure de la ville, est dominée par les ruines gigantesques et étrangement crevassées de la **tour Guinette** (mon. hist.), seul reste de ce château formidable si souvent assiégé, pris et repris, et qui avait aussi, dit-on, été construit par le fils de Hugues Capet. Quelques étymologistes font venir son nom du vieux mot français *guigner*, voir de loin, observer, parce qu'en effet sa situation et sa hauteur la rendaient singulièrement propre à cet usage. A ce donjon, suivant M. Viollet-le-Duc, on ne saurait assigner une date antérieure à 1150, ni postérieure à 1170. Quoique fort ruiné, il possède encore plus de trois étages (27 mèt. environ). Il a la forme de quatre demi-tours rondes se touchant par leur diamètre; ses murs ont 4 mèt. d'épaisseur, et renferment intérieurement les escaliers. Les voûtes du rez-de-chaussée et le plancher du premier étage, remplacé au XIIIe s. par une voûte, reposaient sur une grosse colonne centrale. Les pieds-droits des fenêtres, les arcs,

Église Notre-Dame d'Étampes.

les piles et les angles sont en pierre de taille; le reste de la maçonnerie est en moellon, réuni par un excellent mortier.

La tour Guinette appartient depuis 1849 à la ville d'Étampes, qui en a fait l'acquisition pour 7,500 fr.

Pour la visiter, il faut s'adresser au gardien. En s'élevant sur les terrains vagues ou dans les champs qui avoisinent cette tour, habitée par les corbeaux, on découvre un joli point de vue.

Si l'on descend la rue qui aboutit

à l'embarcadère, on se trouve en face de l'**église Saint-Basile** (mon. hist.), dont la fondation remonte au roi Robert.

L'édifice actuel, très-remarquable, est moins ancien. Il se compose de trois nefs, d'un transsept, d'un chœur terminé par un mur droit. Le portail central de la façade, la fenêtre qui le surmonte et le clocher central sont du XIIe s. Le reste date des XVe et XVIe s. Le portail est flanqué de chaque côté de trois colonnes ornées de torsades, de frettes et de divers autres dessins, et surmontées de beaux chapiteaux. L'archivolte est tout aussi riche : la voussure extérieure est ornée d'anges assez grossiers, comme toutes les sculptures romanes que l'on remarque à Saint-Basile ou à Notre-Dame. L'arc qui forme la baie est séparé du reste de l'archivolte par un espace qu'occupe la scène en miniature du *Jugement dernier*.

Les quatre travées de la nef sont accompagnées, à g., d'un second bas-côté assez étroit, et à dr., d'un autre second bas-côté plus étroit encore et de chapelles ménagées aux dépens de la saillie des contre-forts, et si peu profondes qu'à peine reste-t-il la place d'un autel. Ces chapelles datent de la première Renaissance; aussi les petits retables en pierre qui surmontaient les autels, les arcatures, les culs-de-lampe suspendus au-dessous des voûtes offrent-ils le mélange le plus bizarre des formes ogivales et des formes antiques. La première chapelle, dédiée à Notre-Dame de Pitié, est ornée de bas-reliefs gothiques représentant en petit des scènes de la Passion.

Les clefs de voûte de la grande nef représentent (en commençant par le fond) *saint Sébastien, saint Laurent, saint Basile* et l'*Annonciation*. Celles des bas-côtés sont très-finement sculptées.

Des deux portails latéraux, celui du N. est seul remarquable. Le clocher, roman de transition, est percé sur chaque face de quatre baies encadrées deux à deux par des ogives.

Le chœur est resté inachevé, car on voit au chevet, à l'extérieur, un médaillon au milieu duquel sont gravés ces mots : *Faxit Deus perficiar. Anno* 1559.

L'église Saint-Basile a été restaurée avec une rare intelligence par M. Sandrier, sculpteur, qui a refait la plupart des riches sculptures des nefs et des chapelles et rétabli autant que possible les choses dans leur état ancien. M. Lenoir, secrétaire et archiviste de la mairie, a contribué à cette restauration. Les vitraux ont été exécutés par M. Lusson, de Paris. Le vitrail du chevet, dû à Pinaigrier, est seul ancien; il représente *Jésus-Christ au Jardin des Oliviers* et le *Crucifiement*.

A peu de distance de Saint-Basile, à peu près au centre de la partie de la ville qu'on appelait autrefois Étampes-le-Châtel, s'élève l'**église Notre-Dame** (mon. hist.), bâtie par Robert le Pieux pour un collége de chanoines. L'édifice actuel, tout entier du XIIe s., possède une crypte à trois nefs plus ancienne. A l'extérieur, cette église se fait déjà remarquer par la singularité de son architecture. Ses murs sont, en grande partie, couronnés d'un rang de créneaux, comme ceux d'une forteresse. Aussi a-t-on pensé qu'elle complétait un système de fortifications déjà composé du palais et du château. Par une contradiction difficile à expliquer, les fenêtres, bien que romanes, sont d'une largeur peu commune. Quelques-unes ont été partagées par des meneaux au XVIe s. La tour du clocher (XIIe s.), d'une élégance rare dans les constructions en plein cintre, est surmontée d'une flèche octogonale en pierre qu'entourent à sa base quatre clochetons percés à jour; elle a été restaurée dans ces dernières années. Sa hauteur totale est de 62 mèt. Le portail latéral en ogive, qui s'ouvre sur la place du Marché était orné de curieuses sculptures malheureusement mutilées, représentent des scènes du Nouveau Testament, l'Annonciation, la Naissance du Christ, la Fuite en Égypte, etc.

Six grandes statues ornent les jambages : l'archivolte est aussi décorée de statuettes assises, à chacune des voussures. Ce portail, bien que roman par ses moulures et l'exécution des statues, est déjà ogival par sa disposition.

La façade antérieure est aussi percée de trois belles portes d'un style plus avancé; ces portes précèdent un porche ménagé sous la tour, entre l'enveloppe extérieure de la façade et le mur qui forme la façade intérieure.

Une autre porte, romane et en

Tour penchée de Saint-Martin, à Étampes.

plein cintre, s'ouvre à g. du chœur, près du croisillon N. Elle mérite aussi d'attirer l'attention.

L'intérieur de Notre-Dame, d'une irrégularité bizarre, ne peut être comparé à celui d'aucune autre église; mais plusieurs clefs de voûte sont très-remarquables. L'une de ces clefs est décorée de figures de rois représentés à mi-corps; deux autres présentent huit figures d'anges assis, quatre sur les arêtiers, les ailes abaissées, et quatre dans les angles des arcs, les ailes déployées. De chaque côté du chœur, terminé par un mur plat, sont deux chapelles en abside. Dans une de ces chapelles, à gauche du chœur, on remarque deux statues en pierre du XIIe s. : *saint Pierre et saint Paul*.

Le mur terminal du croisillon N. est percé d'une grande porte surmontée d'une fresque intéressante du XVIe s., et d'une autre porte plus petite. Ces deux portes, du XVe s., donnent accès dans la chapelle du Sépulcre, dont la voûte est ornée de peintures anciennes. Du côté opposé, à l'entrée du chœur, a été placée une jolie petite statue, signée Robert. 1846, et qui représente l'enfant Jésus contemplant une couronne d'épines.

Notre-Dame possède une cloche magnifique et fort ancienne, qui porte l'inscription suivante en caractères fleuronnés : *Marie ay nom la grousse, engroissie et nômée par Jehan, duc de Berry, comte d'Étampes la Vallée, l'an mil CCCC et ung fu coulée pour Dieu céans lour et sa mère honorer :* ....m. *poise* (je pèse 4,000).

L'*église Saint-Gilles* est une construction du XIIe s., dont il ne reste

Hôtel de ville d'Étampes.

qu'un joli portail en plein cintre et un clocher central. Le reste a été refait au XVIe s., et le bas-côté du N. présente déjà le style de la Renaissance.

L'église Saint-Martin (mon. hist.), de la fin du XIIe s., située à l'extrémité supérieure de la ville, dans le faubourg de ce nom, mérite la visite des archéologues. On en remarque surtout le rond-point, entouré de trois chapelles profondes en hémicycle, le triforium du chœur, et la tour isolée de la Renaissance qui masque l'ancien portail. Cette tour repose sur un terrain tourbeux qui a fléchi. Elle penche très-sensiblement vers l'O.; la façade de l'église penchait également ; mais elle a été refaite, avec les trois premières travées, en 1875, dans le style du XIIIe s.

La rue du Pain conduit à l'**hôtel de ville**, construction à tourelles agrandie et restaurée, et en face de laquelle a été construite une *caisse* *d'épargne*. Le grand salon de réception de l'hôtel de ville a été décoré avec goût dans le style de la première Renaissance. On peut s'adresser au concierge pour le visiter.

Dans la rue Sainte-Croix, les regards sont attirés par une maison qui, malgré les divers outrages qu'elle a subis, a conservé son caractère du XVIe s. C'est la *maison de Diane de Poitiers*. La cour intérieure mérite surtout la visite des amateurs. Ils y admireront une jolie porte et deux charmantes fenêtres surmontées de deux louves et ornées de sculptures (1554).

A l'angle de rue Sainte-Croix et de la rue du Pain, une maison à tourelles, badigeonnée d'une assez vilaine couleur, passe pour avoir été l'*hôtel d'Anne de Pisseleu*. On remarque dans la cour, à dr., une porte basse surmontée d'un médaillon mutilé de François Ier, et un ravissant bas-relief au-dessus de la porte principale. Près du buste de François Ier, se lit la date 1538.

Sur la place du Théâtre, une sta-

Les Portereaux.

tue en marbre d'*Étienne Geoffroy Saint-Hilaire*, par M. Élias Robert, a été élevée en 1857 au moyen d'une souscription nationale. La ville a aussi érigé, dans le théâtre, un buste à Mme Rose Chéri.

Les trois cours d'eau qui arrosent la vallée d'Etampes font tourner, dans la ville seulement, les roues de près de trente usines et fécondent aux environs de nombreuses prairies. Il s'y pêche d'excellentes écrevisses. Leurs bords offrent d'agréables promenades. On appelle *promenade des Prés* le boulevard qui longe la ville parallèlement au chemin de fer, mais du côté opposé. Cette promenade aboutit, près de l'église Saint-Martin, aux *Portereaux*, où l'on remarque des débris d'anciennes fortifications. La *promenade du Port*, située près de la porte de Paris, doit son nom à un port établi vers la fin du XVe s. et destiné à l'embarquement des blés de la Beauce, qu'un canal transportait à la Seine. Il n'existe plus aucun vestige de ce canal ni de ce port, mais la promenade en a conservé le nom. C'est dans cette promenade, ombragée de grands et beaux arbres, et près de laquelle on voit à dr. les anciennes murailles d'Étampes, que se tient à la Saint-Michel une foire importante, instituée, il y a sept siècles, par Louis VII, en faveur d'une ancienne maladrerie. Les deux terrasses plantées d'arbres, entre lesquelles passe le chemin de fer, s'appellent, celle du bas, la *promenade d'Henri IV*, et celle du haut, la *promenade du Chemin-de-Fer*. De cette dernière, on voit bien la ville et la vallée.

Un quartier d'Étampes porte le nom bizarre d'*Ecce Homo*, parce qu'au milieu de la place de ce quartier s'élevait jadis une image du Christ couronné d'épines. Un jour on vit un homme aiguiser un poignard sur la pierre qui supportait cette statue. « Que faites-vous là? lui demanda un des spectateurs. — J'aiguise un poignard qui fera longtemps parler de moi, » répondit-il. Cet homme était Ravaillac; ce poignard, celui avec lequel il tua Henri IV.

Si l'on doit en croire Philippe de Commines, les *fusées* auraient été inventées à Étampes, en 1465, par Jean Boutefeu ou des Serpents. Enfin, Étampes est la patrie de Geoffroy Saint-Hilaire.

Les environs d'Étampes offrent d'agréables promenades : nous recommanderons surtout le beau parc du *château Brunehaut*, situé à 20 ou 30 min. de la ville, sur la route de Paris. On suit d'abord cette route jusqu'au-delà du hameau de *Saint-Michel*; puis on laisse à dr. le chemin de Morigny, et bientôt on trouve la grille du parc, complaisamment ouverte aux visiteurs. Le château doit son nom à un ancien manoir qui passait pour avoir été habité par la reine Brunehaut, et dont il ne reste aucun vestige. De construction toute moderne, il n'a en lui-même rien de remarquable; mais le parc, traversé par la Juine qui y forme une pièce d'eau, est aussi bien dessiné que bien entretenu; il renferme, outre de magnifiques pelouses, de très-beaux arbres et une colonne élevée en l'an IX de la République française, par Charles Viart, à la Concorde civile. Sur cette colonne on lit cette inscription, traduite des odes d'Horace : « La jeunesse, apprenant les fautes de ses pères, saura que nous avons tourné les armes contre nous-mêmes. » Si l'on ne veut pas revenir à Étampes par le même chemin, on sort du parc à son extrémité supérieure, près du moulin, et, traversant la Juine, on visite, à *Morigny*, 953 hab., situé sur la rive dr. de la rivière, le beau parc de M. le comte de Saint-Perrier, et l'*église* inachevée de l'ancienne abbaye, dont la nef tronquée date du XIIe s., le chœur, des XIIIe et XVe s. De Morigny on regagne Étampes en 20 ou 25 min., en suivant les rives de la Juine et en longeant le château de *Vaudouleurs*.

Excursion à Méréville.

On peut aller visiter, à 20 kil. d'Étampes, le château de Méréville, l'un des plus beaux des environs de Paris. On reprend le chemin de fer jusqu'à la station suivante : *Monnerville* (14 kil.). Après avoir traversé le village (354 hab.), situé à g. de la voie, on se dirige vers le S.-E., pour gagner *Méréville*, ch.-l. de c. de 1.591 hab., qui s'étend le long de la rive g. de la Juine.

Le **château de Méréville** fut bâti par la famille de la Tour-du-Pin, sous le règne de Louis XIV. Le banquier Delaborde l'acheta sous Louis XVI, et dépensa, dit-on, pour l'embellir, plus de 14 millions. Construit sur les dessins du célèbre architecte Bellanger, il est situé à mi-côte sur le versant g. de la Juine et flanqué de quatre tourelles. Au-dessous d'une vaste terrasse s'étendent des salles immenses où sont disposés la cha-

ÉTAMPES. — MÉRÉVILLE.

pelle, l'office et les cuisines. Le grand salon renferme de beaux tableaux peints par Robert. Le parc, dont l'étendue est de 100 arpents, a été dessiné par Robert et par Joseph Vernet; la Juine y serpente à travers les gazons et les massifs, elle y forme des îles, elle y épanche en cascades ses eaux qui vont ensuite se perdre sous des grottes où conduisent des ponts rustiques. On y remarque : une belle colonne rostrale érigée en mémoire de deux des fils du banquier Delaborde, qui partagèrent le sort de l'infortuné La Peyrouse, un cénotaphe dédié au capitaine Cook, et, au milieu de la forêt, une superbe *colonne*, au sommet de laquelle on monte par un escalier de 99 marches.

Château de Méréville.

SECTION XXVI

DE PARIS A DOURDAN [1]

C'est à Brétigny (32 kil. de la gare de Paris), la 10ᵉ station, que se détache la ligne de Paris à Tours par Vendôme, que nous allons suivre jusqu'à Dourdan.

Après avoir laissé à g. le chemin de fer d'Étampes, et aperçu un instant, sur la dr., la tour de Mont-

[1] *Embarcadère*. A Paris, quai d'Austerlitz.

lhéry, on entre dans la jolie vallée de l'Orge. A dr. se montre, sur un coteau, le *château de Chanteloup* ou de *la Petite-Folie*; à g. celui de *la Norville*, bâti en 1663, et appartenant à M. le comte de Castries. Du village (472 hab.), on découvre de belles vues.

11e STATION. — ARPAJON.

37 kil. de la gare de Paris, 5 kil. de Brétigny, 19 kil. de Dourdan, 6 kil. de Montlhéry.

Arpajon*, ch.-l. de c. de l'arr. de Corbeil, V. de 2,779 hab., s'appela jusqu'en 1721 *Châtres*; c'est le nom qu'elle portait lorsqu'elle fut détruite par Montgommery en 1567, puis rebâtie quatre ans après. Son nom actuel lui vient de son érection en duché-pairie, en 1702, en faveur de Louis, marquis d'Arpajon (en Rouergue).

La ville d'Arpajon s'étend sur les deux rives de l'Orge, à dr. du chemin de fer. L'*église* date de la fin du XIIe s. (chœur et chapelles absidales) et du XVe s. On remarque à l'intérieur des pierres tombales des XIVe, XVe, XVIe et XVIIe s., et quelques tableaux du XVIIe et du XVIIIe s. De belles promenades ont remplacé les vieux remparts. Deux importantes fabriques de chaussures sont établies à Arpajon, dont les marchés aux bestiaux (les mercredis) sont assez importants.

A 500 mèt. à l'E. d'Arpajon se trouve *Saint-Germain*, village insignifiant de 591 hab.

On peut aller à pied d'Arpajon à Monthéry (V. p. 565) par la route de Paris à Orléans (6 kil.).

Le chemin de fer passe sur la rive g. de l'Orge, laissant à g. le v. d'*Égly* (340 hab.), le château moderne (1757) et le joli parc de *Ville-Louvette*.

12e STATION. — BREUILLET.

41 kil. de Paris, 4 kil. d'Arpajon, 15 kil. de Dourdan.

Breuillet (627 hab.) est situé à dr. de la station, au pied d'une colline appelée les Graviers. L'église date de 1686; le *château du Colombier*, des XIIIe et XIVe s. On peut de là visiter (2 kil. au S.-E.) la hauteur (146 mèt.) où s'élève le v. de *Saint-Yon* (206 hab.). L'*église* de Saint-Yon, reconstruite de nos jours, a un petit portail roman. Quant au village, il paraît avoir été une station romaine reliée à Dourdan par la route qui existe encore à mi-côte sur la rive g. de l'Orge. Saint Yon, disciple de saint Denis, y porta l'Évangile au IIIe s. Au moyen âge c'était, dit-on, une ville nommée Hautefeuille. On voit près du sommet de la colline, au S., une porte à plein cintre, de construction très-ancienne, sinon romaine, et qui encadre une vue magnifique sur la vallée de l'Orge, les buttes de Bâville, etc. Saint Yon, on ne sait pourquoi, est invoqué pour la pluie; aux temps de sécheresse, les habitants des vallées voisines se rendent encore en procession à son église.

A 2 kil. 1/2 au S. de Saint-Yon, *Saint-Sulpice-de-Favières* (257 hab.) conserve une **église** du XIIIe s. (mon. hist.), qui compte parmi les plus belles de Seine-et-Oise. « Elle présente le style ogival des environs de Paris dans sa perfection technique et appartient à la seconde moitié du XIIIe s., presque à la période du style gothique dit rayonnant, période où notre art français perd déjà les grâces, la fraîcheur de ses jeunes années pour se dessécher dans les froids calculs de l'âge mûr. Les dessins géométriques envahissent tout, et, pour en faire tenir davantage dans le gable à jour qui surmonte la porte principale, le maître de l'œuvre a exhaussé ce gable d'une façon démesurée (on fit souvent comme lui au XIVe et au XVe s.). Il est vrai qu'en revanche les portes latérales sont de dimensions exiguës et de la plus grande simplicité. Il n'y a à Saint-Sulpice ni transsept ni déambulatoire. Les bas-côtés se terminent carrément à la naissance de l'abside. Une des travées orientales, qui a plus de portée que les autres, semblerait indiquer néanmoins que, lorsqu'on traça les fondations de l'église, on avait l'intention de lui donner le plan cruciforme. On voit pareille singularité dans l'église de Dourdan et dans la cathédrale de Nevers, contemporaines de Saint-Sulpice. Les fenêtres de la nef et des bas-côtés remplissent les formerets et présentent quatre divisions (ces fenêtres n'existent plus dans une partie de la nef); elles n'en ont que deux à l'abside, faute d'espace; mais elles s'y rangent sur deux rangs et, comme à la chapelle du château de Saint-Germain-en-Laye, elles s'isolent du former et pour encadrer leurs ogives dans un carré à jour. Le clocher s'élève à l'extrémité du collatéral de g. Il n'a plus ou n'a jamais eu de flèche. Les fenêtres ont la plupart

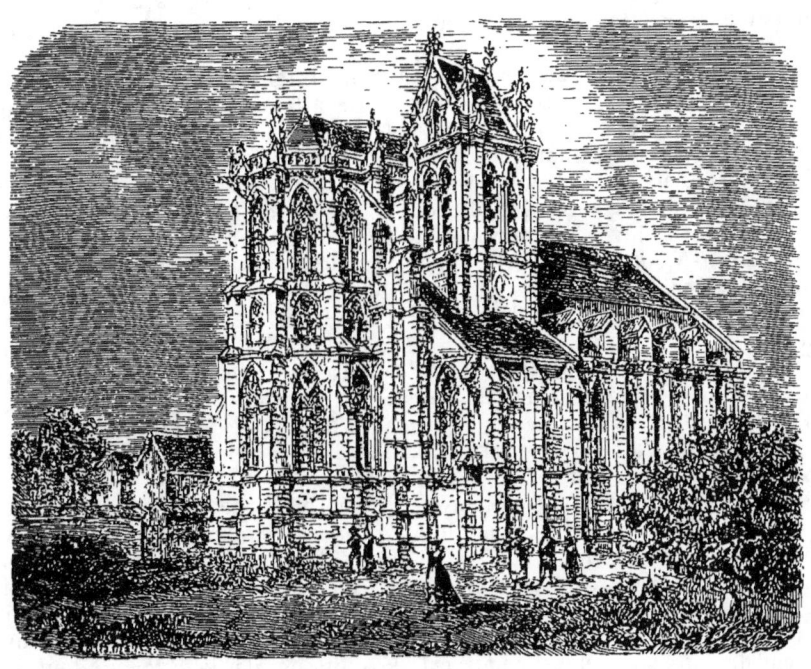

Saint-Sulpice-de-Favières.

reçu et conservé leurs **vitraux**, plusieurs du xve s. seulement. » Quelques-uns de ces vitraux sont en grisailles; ceux qui sont historiés représentent divers traits de la vie de saint Sulpice le Débonnaire, archevêque de Bourges, aumônier de Clotaire II († 644). Les **stalles**, des xive et xve s., au nombre de 22, sont sculptées, et leurs miséricordes offrent chacune un sujet. Plusieurs *dalles tumulaires* sont des xive, xve et xvie s. Un pèlerinage très-fréquenté existe à Saint-Sulpice-de-Favières. L'église est en restauration sous la direction de M. Lisch.

A 4 kil. au N. de Breuillet se trouve le *château de Courson-l'Aunay* (à M. le duc de Padoue); à 3 kil. à l'O. s'élève celui de **Bâville**, bâti sous Louis XIII, et ancienne résidence de la famille Lamoignon. Boileau, Mme de Sévigné, Mme de Grignan l'ont aussi habité et en parlent dans leurs écrits. Ce beau château est possédé aujourd'hui par la famille de Saulty. Son parc de 250 hect. est surtout remarquable par un accident de terrain unique aux environs de Paris, et dont on ne trouve pas un autre spécimen, même à Fontainebleau. Ce sont les **buttes de Bâville**. Ces deux collines, isolées de toutes parts à leur base et dont les sommets sont séparés par une dépression profonde, sont formées de sable et de blocs de grès qui les revêtent entièrement et présentent de forts beaux aspects. Une petite forêt de pins, plantés au siècle dernier, enveloppe les buttes, ajoute beaucoup à leur hauteur comme ligne d'horizon et leur donne une grande importance dans le paysage. Aussi les découvre-t-on de fort loin dans toutes les directions. La plus élevée se nomme la *butte Saint-Nicolas*, l'autre la *butte Sainte-Catherine*. C'est presque une promenade alpestre à dix lieues de Paris.

Du haut des buttes de Bâville, on a de charmantes échappées de vue entre les pins.

Le *château du Marais* (6 kil. O. de Breuillet), bâti sous Louis XV, par Gabriel, appartint successivement à M. de Montmorin, à sa fille Mme de la Briche, qui y passa le temps de la Terreur, puis à M. Molé et au gendre de ce dernier, M. de la Ferté-Mun. Une grande pièce d'eau s'étend devant le château. Le parc est charmant parce qu'il est à peu près naturel.

Au-delà du hameau de *Jouy*, la vallée de l'Orge, qui se rétrécit, devient plus boisée et plus pittoresque.

13e STATION. — SAINT-CHÉRON.

47 kil. de la gare de Paris, 6 kil. de Breuillet, 9 kil. de Dourdan. — Le village est à 5 kil. du Val-Saint-Germain, 4 kil. de Saint-Maurice, 2 kil. du château de Bâville, 5 kil. de Villeconin, 1 kil. de Miregaudon, 2 kil. du moulin de la Rachée.

Saint-Chéron *, 1,188 hab., qui domine à dr. la station, offre de charmants environs. Les points de vue les plus remarquables sont Ville-Pierreuse, la ferme du Tertre, les rochers de Miregaudon, Chantropin, Segrais et Saint-Yon. On peut en 6 ou 7 heures parcourir ces différentes parties de la vallée dans l'ordre où nous les énumérons, c'est une des plus intéressantes promenades des environs de Paris.

Il faut avant tout visiter les buttes de Bâville (*V.* ci-dessus : course de 2 heures environ, aller et retour). Le reste du parc et le château sont moins intéressants.

En allant à *Ville-Pierreuse* (hauteur à 45 min. au S.-O.), on découvre une belle vue sur la vallée de la Renarde, les buttes de Bâville, Bruyères-le-Châtel, Briis-sous-Forges, Courson, Saint-Maurice, etc. Des hauteurs de Ville-Pierreuse et du *Tertre* (25 min. à l'O. de Ville-Pierreuse), la vue est très-belle sur la vallée de l'Orge, que le regard embrasse depuis les environs de Dourdan jusqu'à Saint-Yon. On descend du Tertre (10 min.) à Sermaise. d'où l'on revient en 1 h. par la vallée à Saint-Chéron.

Une promenade à la *fontaine de la Rachée* demande 1 h., aller et retour. On traverse d'abord *Saint-Évroult* (20 min.), sur l'ancienne voie romaine de Saint-Yon à Dourdan. A 10 min. d'Évroult se trouve la fontaine de la Rachée, dont les eaux abondantes, excellentes à boire, sont d'une admirable limpidité. Les abords de la fontaine ont été malheureusement transformés en lavoir. On peut, de la Rachée, visiter les ravins agrestes de la Charpenterie (25 min.) et de la Garenne de Saint-Évroult (10 min.).

Une ascension à la *tour de la Grange*, près de Villeconin, exige 2 h., aller et retour : on passe à (10 min.) *Miregaudon*, hameau situé au milieu des bois et sur la voie romaine de Saint-Yon à Dourdan. On gravit ensuite les hauteurs qui do-

Château de Bâville.

minent Miregaudon, et d'où la vue est fort belle sur la vallée de l'Orge, les buttes de Bâville, Bruyères-le-Châtel et Saint-Yon. De nombreux rochers de grès donnaient à ces bois un aspect tout particulier; malheureusement ils sont livrés à l'exploitation. On monte par une jolie ravine (5 min.) sur le plateau de *la petite Beauce* que l'on traverse dans la direction du S., et l'on trouve (40 min.) les ruines de la *tour de la Grange,* manoir du moyen âge sans intérêt architectural, mais d'un bel aspect. Le village de *Villeconin,* situé dans le vallon de la Renarde, au-dessous des ruines, ne mérite pas d'être visité.

Si l'on veut aller à *Souzy* (2 h., aller et retour), quand on est monté par Miregaudon sur la petite Beauce, on la traverse vers le S.-E., et l'on descend, par un joli ravin, dans la vallée de la Renarde, à *Souzy* (découverte d'une mosaïque gallo-romaine en 1865). Les sources de la Renarde sortent par bouillons à travers le sable dans un vallon frais et verdoyant. On peut, de Souzy, visiter (30 min.) Saint-Sulpice et sa belle église (*V.* p. 582), ou (40 min.) le parc de *Segrais* (eaux admirables, beaux ombrages, belle vue sur la vallée). Le château de Segrais est insignifiant. On peut aussi, de Souzy, monter à la *Roche-Mobile* ou *Mabile,* d'où l'on découvre une vue ravissante sur le vallon de la Renarde, Segrais et Saint-Yon.

De Saint-Chéron à la *Roche-Mobile,* on compte 2 h. aller et retour.

L'excursion à *Chantropin* demande 2 h., aller et retour. On y jouit d'une belle vue sur la vallée. On peut de la Roche-Mobile revenir par Chantropin à Saint-Chéron.

———

Après avoir traversé le ham. de Saint-Evroult et croisé la route de terre, le chemin de fer laisse à g. *Sermaise* (478 hab.) et *Roinville* (543 hab.). Plus loin, du même côté, le haut clocher des *Granges-le-Roi* (400 hab.), attire les regards sur une colline.

14ᵉ STATION. — DOURDAN.

56 kil. de la gare de Paris, 9 kil. de Saint-Chéron, 17 kil. d'Étampes, 16 kil. de Limours, 7 kil. de Saint-Arnoult, 7 kil. de Rochefort.

Dourdan *, ch.-l. de 2 cant. de l'arr. de Rambouillet, et ville assez triste de 2,949 hab., est situé dans la vallée de l'Orge, entre la belle forêt de Dourdan au N.-O. et celle de l'Orge au S.-O. Elle fut au moyen âge une propriété directe de la couronne, et Philippe Auguste y fit bâtir le château dont on y voit encore aujourd'hui les restes sur l'emplacement d'un palais qu'avaient habité Charles Martel, Hugues le Grand, Louis le Gros et Louis VII. Le duc de Bourgogne, Jean Sans-Peur, s'en empara en 1411, et la ville ne rentra qu'en 1472 dans le domaine de la couronne, dont elle fut de nouveau distraite pour faire partie de l'apanage des ducs d'Orléans.

Dourdan possède deux monuments curieux. En arrivant de la station, on aperçoit d'abord le gros **donjon** de Philippe Auguste, tour cylindrique à deux étages (les parties supérieures ont été démolies), voûtés à nervures. Ce donjon occupe l'un des angles d'une vaste enceinte flanquée de tours, encore entourée de fossés profonds et occupée aujourd'hui par un beau jardin. La porte d'entrée, munie autrefois d'une herse et de mâchicoulis percés dans la voûte intérieure, est flanquée de deux tours demi-cylindriques. Près de l'entrée se trouve la maison d'habitation du propriétaire des ruines et du jardin, M. Guyot, membre de la Société française d'Archéologie, qui permet aux étrangers de les visiter.

L'**église**, des xiiᵉ et xiiiᵉ s., sobrement restaurée de 1869 à 1872, s'élève en face de la porte du château. La façade, flanquée de deux tours inégales terminées par des toits aigus, date des XIVᵉ et XVᵉ s. A l'intérieur, l'édifice est composé de trois nefs avec chapelles latérales. Une travée, plus large que les autres et éclairée par deux fenêtres à quatre divisions, semble marquer la place d'un transsept qui n'a pas été construit. L'irrégularité que l'on remarque dans l'ensemble et dans les détails de la façade n'est pas moins grande à l'intérieur, et provient en grande partie des remaniements que l'église a subis aux XVᵉ, XVIᵉ et XVIIᵉ s. Les arcatures du triforium portent sur des colonnettes dont les fûts sont con-

Église et château de Dourdan.

tournés en torsade, ronds ou simplement épannelés. Plusieurs colonnettes sont remplacées par des pilastres ornés de moulures du XVᵉ s. et surmontés d'un chapiteau du XIIIᵉ. Quelques arcades des bas-côtés offrent des moulures en zigzag. Deux chapelles, l'une à dr., l'autre à g., vers l'entrée du chœur, ont pour clef de voûte une sorte de gros chapiteau historié. Chacun présente sur sa face principale le même motif : *Jésus-Christ imprimant sa face dans un linge*. La plupart des fenêtres supérieures et une porte latérale, percée au N., datent du XVᵉ s.

De Dourdan, on peut aller visiter les deux bourgs de Saint-Arnoult et de Rochefort, soit à pied, soit par la voiture de correspondance. On suit la route qui se présente à dr. du chemin de fer, en face de la station. Après avoir monté, elle traverse une partie du bois de Dourdan. A 3 kil. de Dourdan, on rencontre une deuxième route, à dr. Le point où l'on se trouve forme avec les deux bourgs que l'on va visiter un triangle équilatéral, dont chaque côté a 4 kil. Si l'on continue à suivre la route qui vient de Dourdan, on arrive à Saint-Arnoult en traversant la forêt et en contournant une colline de 152 mèt. Si l'on prend le chemin qui se présente à dr., on arrive à Rochefort.

Saint-Arnoult (1,311 hab.), sur le ruisseau de la Remarde, affluent de la Celle, fait un commerce de toile assez important. Il possède des fabriques de tissus de crin et des eaux minérales. On y voit des restes de fortifications du moyen âge; l'*église*, du XIe et du XVIe s. (crypte fort ancienne), renferme des vitraux intéressants du XVIe s. et une inscription de la même époque reproduisant une charte de 1301. Saint-Arnoult est aussi desservi par les voitures de correspondance de la station de Rambouillet (15 kil.).

Rochefort (547 hab.), desservi comme Saint-Arnoult par les voitures de correspondance de Dourdan et de Rambouillet, fait un commerce important de terre de bruyère et de marnes.

On y voit les ruines d'un château et un beau parc appartenant à M. le duc de la Roche-d'Yon.

10 kil. séparent Rochefort de Limours (*V.* ci-dessous les *chemins de fer de Sceaux et de Limours*.)

Pour la suite de la route de Paris à Tours par Vendôme, *V. l'Itinéraire général de la France : De la Loire à la Garonne*, par Ad. Joanne. Paris, Hachette et Cie.

SECTION XXVII

DE PARIS A SCEAUX [1]

Le chemin de fer de Paris à Sceaux a été concédé le 6 septembre 1844 et inauguré le 23 juin 1846. Il a deux voies jusqu'à Bourg-la-Reine. Dans le principe, il fut construit pour expérimenter un système nouveau inventé par M. Arnoux, celui des trains articulés, destinés à parcourir des courbes de très-faibles rayons, et à gravir en conséquence les plus fortes déclivités. Ce système, dont une longue expérience a démontré certains avantages, n'a cependant été appliqué jusqu'à ce jour sur aucune autre ligne.

L'*embarcadère* de Paris offre donc à l'intérieur, comme celui de Sceaux, un aspect tout particulier. La voie forme une sorte de raquette; de sorte qu'en partant de Paris on voit arriver derrière le train le convoi qui vient de Sceaux, et qui se range contre la marquise, tout prêt à repartir au premier signal, sans qu'il soit nécessaire, comme dans les autres gares, de retourner la locomotive et son tender.

Au sortir de la gare, après avoir laissé à dr. l'hospice de la Rochefoucauld, on franchit sur deux viaducs la rue de la *Tombe-Issoire* et la rue *Dareau*, jadis rue *des Catacombes*; s'élevant sur le flanc du coteau qui domine la rive g. de la Bièvre, on découvre une vue étendue sur la

---

[1] *Embarcadère*. A Paris, ancienne barrière d'Enfer. — Pour les renseignements généraux, *V. l'Introduction*.

vallée de la Bièvre, Bicêtre, la Glacière, Gentilly, puis le chemin de fer coupe le nouveau parc de Montsouris, dont on aperçoit le pavillon mauresque (imitation du *Bardo* de Tunis), qui a figuré à l'Exposition universelle de 1867, et l'observatoire. Sur la g. l'attention est attirée par les bâtiments neufs de la maison Sainte-Anne, consacrée au traitement des maladies mentales. Les trains s'arrêtent ensuite à **Sceaux-Ceinture**, la première station (1,200 mèt. de la barrière d'Enfer), établie, en 1867, au point de croisement du chemin de fer de ceinture. A peine l'a-t-on quittée, que l'on traverse les fortifications, et à dr. de la voie se dressent, au milieu d'amas de pierres blanches, de grandes roues dentelées, montées sur des charpentes qui ne paraissent pas assez fortes pour les soutenir. Ce sont les entrées des carrières. Sur la dr., on aperçoit le fort de Montrouge, au-delà de la route d'Orléans.

Embarcadère du chemin de fer de Sceaux et d'Orsay.

2ᵉ STATION. — ARCUEIL.

1 kil. 1/2 de la gare de Paris, 7 kil. de Notre-Dame, 2 kil. 1/2 de Bicêtre, de Montrouge et de Bagneux, 2 kil. de Gentilly, 500 mèt. de Cachan, 3 kil. de Villejuif, 5 kil. de Sceaux.

Arcueil, 5,258 hab., est situé à la g. du chemin de fer, dans la vallée de la Bièvre. Il doit son nom aux arches de son aqueduc (*Arculi*).

Cet aqueduc et son église méritent une visite. L'aqueduc existait déjà du temps des Romains, bâti, selon toute vraisemblance, au IVᵉ s., pour conduire les eaux de Rungis au palais des Thermes. L'aqueduc actuel, qui traverse le vallon de la Bièvre, a été construit sur les dessins de Jacques Desbrosses, en 1613, par ordre de Marie de Médicis, pour amener les mêmes eaux dans le jardin du Luxembourg; l'architecture en est remarquable, sa corniche est ornée de modillons et surmontée d'un attique. La première pierre en a été posée par Louis XIII, encore enfant. Il fut achevé en 1624. Il a 400 mèt de longueur environ, et 24 mèt. d'élévation dans sa plus grande hauteur. Il se compose d'une épaisse muraille soutenue de chaque côté par des contre-forts entre lesquels sont vingt-quatre arcades d'environ 6 mèt. 20

c. de largeur; huit seulement de ces arcades, inégalement espacées, sont à jour, et la rivière de Bièvre passe sous deux d'entre elles. En 1868, la ville de Paris a fait élever, au-dessus et au-delà des arcades du xviie s., un nouvel aqueduc destiné aux eaux de la Vanne. Cette construction, terminée en 1872, est en meulière et ciment de Portland; elle comprend 70 arches et s'élève à 17 mèt. au-dessus de l'acqueduc de Jacques Desbrosses. La forme arrondie et comme indécise de sa partie supérieure, l'absence d'arêtes bien accusées et le garde-corps dont elle est prudemment surmontée nuisent beaucoup à son aspect, qui n'a rien d'artistique.

L'**église** (mon. hist.), fort maltraitée, ainsi que presque toutes les maisons du village, durant le siège de Paris, est un gracieux édifice du commencement du xiiie s., composé de neuf travées avec bas-côtés, sans abside. Les sept travées du xiiie s. sont éclairées par des oculus dans les collatéraux et au-dessus des arcatures du triforium. Les deux autres travées ont été remaniées au xve s.; on en remarque surtout les

Ancien aqueduc d'Arcueil.

chapiteaux historiés. Près de la porte, un pèlerin a fait graver, au xviie s., le diamètre de la grande cloche de Saint-Jacques de Compostelle.

Arcueil était jadis un séjour recherché à cause de son voisinage de Paris. Jodelle y posséda une maison de campagne où il reçut plus d'une fois la visite de Ronsard, et où l'on menait joyeuse vie. Laplace, Berthollet et le trop fameux marquis de Sade eurent aussi des maisons à Arcueil.

Dans le parc, qui appartint jadis à Berthollet, s'élève le *collége* des Dominicains, appelé aussi l'*école Albert-le-Grand*; les bâtiments en sont construits avec goût; on les aperçoit à peine du chemin de fer. Cet établissement servit d'ambulance pendant le siège et fut pillé par les gens de la Commune, qui emmenèrent les religieux et leurs employés à Paris, où ils les massacrèrent le 25 mai 1871. Dans le jardin, une chapelle funéraire renferme leurs tombeaux.

De la station d'Arcueil, un chemin conduit, à dr., sur la route d'Orléans, à la *Croix-d'Arcueil*, carrefour que domine le *fort de Montrouge* et en avant duquel on voit sur la dr. de la route la *Grange-Ory* : c'est un groupe de maisons dont la principale porte ce nom et qui servait de cantonnement à nos grands-gardes pendant le dernier siége de Paris. A 5 min. de là, à g., est le chemin ou pavé de Cachan ; à 300 mèt. plus loin, on trouve à dr. un chemin qui conduit à Bagneux.

Cachan, 1,000 hab., où il vaut mieux se rendre en partant d'Ar-

Vue prise de l'aqueduc d'Arcueil.

cueil, est situé à 500 mèt. S. de ce village et en dépend administrativement. Une route peu agréable de 4 kil., montant de la vallée de la Bièvre sur le plateau, conduit de Cachan à Chevilly, par (2 kil.) l'Hay (*V.* ci-dessous, p. 592).

GENTILLY.

1 kil. des fortifications de Paris, 1 kil. d'Arcueil.

Gentilly, situé dans la vallée de la Bièvre, n'offre d'intéressant que de beaux ombrages, une vaste place et une *église* des XIII⁰ et XV⁰ siècles.

Gentilly existait avant le VII⁰ s. Saint Éloi, qui y possédait quelques terres, y avait fondé un monastère. A cette époque il avait, comme Vitry, plus d'importance qu'aujourd'hui, puisque les villages d'Arcueil et de Cachan dépendaient de sa paroisse. C'est maintenant un bourg de l'arrondissement de Sceaux, dont la population, en y comprenant celle de la Glacière, et celle de la Maison-Blanche, s'élevait à plus de 13,000 habitants avant l'annexion de ces deux quartiers. Il renferme aujourd'hui 8,976 hab., en partie occupés à l'industrie du blanchissage.

L'histoire de Gentilly offre peu d'intérêt. Pourtant les rois de la première race s'y firent bâtir une maison de campagne, que les auteurs contemporains appelaient *Villa Dominica*. En 766, Pépin le Bref y tint un concile où l'on délibéra sur la grande question des images, qui divisait alors les Églises d'Orient et d'Occident. En 878, Louis le Bègue fit don de la terre et de la maison royale de Gentilly à l'évêque de Paris Ingelwin. Depuis, elles restèrent jusqu'au XV⁰ siècle la propriété des successeurs d'Ingelwin. Saint Louis y fonda un monastère de chartreux, et plus tard Claude Sonnius un couvent de sœurs de la Miséricorde. — Simon de Colines, l'un des plus célèbres graveurs de caractères d'imprimerie, et le premier qui grava de beaux types de caractères romains, naquit à Gentilly, au commencement du XV⁰ s. — Sous Charles IX, le prince de Condé vint y camper avec ses troupes. Il y eut avec Catherine de Médicis une entrevue qui ne put aboutir à la conclusion de la paix. — Plus tard Benserade y posséda une maison de campagne, où il mourut de la pierre, en 1691.

C'est sur le territoire de Gentilly, sur le plateau, à 1 kil. E. du village, à 1,500 mèt. des fortifications et au pied du *fort de Bicêtre*, qu'est situé le célèbre **hospice de Bicêtre**, renfermant 2,550 lits pour des vieillards et des aliénés (pour les détails, V. *Paris illustré*, par AD. JOANNE).

L'HAY. — CHEVILLY.

L'Hay est à 2 kil. de Cachan et de Chevilly, 2 kil. 1/2 d'Arcueil, 2 kil. de Bourg-la-Reine, 4 kil. de Sceaux, 3 kil. de Villejuif. — Chevilly est à 3 kil. de Villejuif et de Thiais, à 5 kil. 1/2 de Sceaux.

L'Hay, 607 hab., et **Chevilly**, 370 hab., villages situés tous deux au S. d'Arcueil et de Villejuif, à l'O. de Thiais, et à l'O. de Bourg-la-Reine et de Sceaux, sur un plateau de 85 mèt. d'altit., n'offrent rien de bien remarquable, bien que l'église de Chevilly date en partie du XII⁰ s., et celle de l'Hay du XV⁰ ou du XVI⁰. Mais ces localités ont été le théâtre de combats nombreux qui les rendent célèbres dans l'histoire du dernier siége de Paris. Les plus importants sont ceux du 30 septembre et du 29 novembre 1870.

Le 30 septembre, une attaque, à laquelle prirent part avec honneur les mobiles de la Vendée et de la Côte-d'Or, enleva aux Allemands une grande partie du plateau de Villejuif. Le général Guilhem fut tué dans l'action après s'être emparé de Chevilly. Le mouvement sur Thiais et sur l'Hay n'eut pas le même succès, et nos troupes, qui montrèrent partout une grande fermeté, furent obligées de se replier sur leurs cantonnements. L'affaire du 29 novembre fut plus sérieuse. Ce fut un des épisodes de la grande sortie parisienne, dont le principal effort s'était porté sur la vallée de la Marne. Ce jour-là, vers 5 heures 1/2, le général Vinoy franchit la porte du rempart et peu de temps après, par une nuit profonde, les 109⁰ et 110⁰ de ligne avec les mobiles du Finistère, sous les ordres du général Valentin, s'élancèrent avec beaucoup d'ensemble, attaquant la droite du village de l'Hay. Après avoir parcouru 500 mèt., à découvert sous un feu nourri, nos troupes abordèrent le village et s'emparèrent du cimetière et des premières maisons; malheureusement elles n'avaient pas les outils nécessaires pour se frayer un passage à travers les murs; ces outils n'avaient pas été envoyés à temps par le génie territorial qui avait mission de les fournir; mais il fallait absolument opérer cette diversion si importante à l'action principale, les ordres étaient précis, l'attaque devait avoir lieu au point du jour, et le général en chef ne pouvait attendre l'arrivée de ce matériel qui ne lui parvint qu'à dix heures du matin. Sur notre gauche, l'ennemi occupait un grand

Bicêtre ou l'hospice de la Vieillesse.

parc dont il avait crénelé les murs et fortifié les abords au moyen de tranchées et d'épaulements. De tous côtés on voyait ses colonnes et son artillerie se concentrer sur l'Hay et Chevilly, où il voulait évidemment se maintenir. Nous perdions beaucoup de monde, mais on comprenait qu'il fallait à tout prix retenir devant nous des troupes nombreuses qui sans cela pourraient porter leur renfort, décisif peut-être, sur un point plus important. Vers 8 heures 1/2, le général Vinoy reçut du général Valentin un rapport lui annonçant que toutes nos troupes devant l'Hay étaient engagées, sauf une compagnie de mobiles appuyée à la route des Hautes-Bruyères, et au même instant la dépêche du gouverneur lui apprenait le retard apporté aux opérations de la deuxième armée. Vers 10 h., une seconde dépêche confirmait la première et engageait le général Vinoy à se maintenir dans ses positions jusqu'à ce que le mouvement se dessinât du côté d'Avron (V. p. 359). Le général Vinoy ne crut pas devoir continuer une lutte inégale, douteuse dans ses résultats, qui nous coûtait déjà beaucoup et n'avait plus de but, l'action principale se trouvant différée. Il ordonna donc la retraite qui ne fut pas sérieusement inquiétée par l'ennemi. Nous avions 30 officiers et environ 1,000 hommes de troupes tués ou blessés.

A 2 kil. N. de l'Hay et à la même distance au S.-E. d'Arcueil, fut construite, sous la direction de M. Viollet-le-Duc, alors lieutenant-colonel du génie, la **redoute des Hautes-Bruyères**, qui devait commander le plateau de Villejuif et les deux vallées de la Bièvre et de la Seine. M. Viollet-le-Duc, dans son *Mémoire sur la défense de Paris*, donne une description technique et de beaux dessins de cet ouvrage, un des meilleurs qui aient été exécutés par nous durant toute la guerre. « Elevée, dit l'éminent architecte, sur un plan horizontal et un peu hâtivement, la redoute des Hautes-Bruyères n'avait pu recevoir les perfectionnements nécessaires ; d'ailleurs, au moment où elle fut projetée, on n'avait pas fait encore l'épreuve des nouveaux engins employés par l'ennemi. Peu profond, cet ouvrage avait au moins cet avantage de ne pas donner à l'assiégeant des chances certaines d'atteindre son terre-plein. Les abris étaient entièrement défilés ; les escarpes de terre coulante, haute, dérobaient une partie des surfaces intérieures aux projectiles. Projetée comme une batterie, sans bastions, sans redans, sans saillants prononcés, elle ne donnait pas de ces points faciles à battre et à détruire comme il y en a dans nos forts permanents. L'entrée souterraine, abritée par conséquent, permettait de circuler du dedans au dehors sans encombre et sans danger. Le passage du fossé était défendu par des ouvrages que l'ennemi ne soupçonnait pas et qu'il ne pouvait détruire. Ils remplissaient dès lors parfaitement leur objet. »

Le fort des Hautes-Bruyères, abandonné par nos troupes le 19 septembre, fut repris aux Allemands le 23, et conservé durant tout le siège. Une série de tranchées le reliait aux avant-postes de la Grange-Ory, au fort de Montrouge, à Villejuif et au Moulin-Saquet.

D'Arcueil à Bourg-la-Reine, le chemin de fer reste presque constamment encaissé dans une tranchée profonde. Entre Bagneux et Cachan on passe, en décrivant une forte courbe, sous la route d'Orléans, puis les talus de la tranchée s'abaissent et, au-delà de la route de Bourg-la-Reine à Fontenay, on découvre sur la dr. un charmant paysage.

3ᵉ STATION. — BOURG-LA-REINE.

8 kil. de Paris, 2 kil. d'Arcueil, 1 kil. 1,2 de l'Hay, 2 kil. de Fontenay-aux-Roses et de Bagneux, 1 kil. 1/2 de Sceaux, 2 kil. de la Croix-de-Berny, 3 kil. d'Antony.

On ne connaît pas bien l'origine de ce nom de **Bourg-la-Reine**, qui remonte au XIIᵉ s. Selon l'opinion la plus vraisemblable, après tout, ce village, qui portait le nom de *Briquet* ou de *Vert-Pré*, fut habité par la suite d'une reine de France, qui passait elle-même le temps de son veuvage à l'Hay. Au XIVᵉ s., Édouard III, s'avançant jusqu'aux portes de Paris (1359), s'établit à Bourg-la-Reine, d'où la disette le força bientôt de se replier sur Montlhéry. Dans les deux siècles suivants, Bourg-la-Reine eut encore beaucoup à souffrir des guerres civiles et des guerres de religion.

C'est à Bourg-la-Reine qu'eut lieu, au mois de mars 1722, l'entrevue de Louis XV, âgé alors de douze ans, avec l'infante d'Espagne, plus jeune encore, qui devait partager son trône, et qui fut renvoyée trois ans plus tard à ses parents. Condorcet, proscrit par la Convention, s'y empoisonna en 1793; mais on chercherait en vain une modeste pierre qui indique la place où repose le célèbre auteur des *Progrès de l'esprit humain*.

Le *presbytère*, par une bizarrerie dont les exemples ne sont pas rares pendant les révolutions, a appartenu à Dupuis, l'auteur de l'*Origine de tous les cultes*. On voit encore la maison où eut lieu l'entrevue de Louis XV et de l'infante d'Espagne, bâtie, dit-on, pour la maîtresse d'Henri IV; la décoration de la chambre royale a même été respectée.

Bourg-la-Reine renferme 2,186 hab.

C'est à Bourg-la-Reine que le chemin de fer se bifurque. L'embranchement de Sceaux, que nous allons suivre, se dirige en ligne dr., en inclinant à l'O., sur la station de Fontenay-aux-Roses, dans un charmant petit vallon remarquablement fertilisé par la petite culture, entre les coteaux de Bagneux et de Fontenay à dr., et celui de Sceaux à g. L'autre embranchement, celui de Limours, que nous décrirons dans la section suivante, s'enfonce dans un tunnel presque au sortir de la station.

4ᵉ STATION. — FONTENAY-AUX-ROSES.

9 kil. de la gare de Paris, 1 kil. de Bourg-la-Reine. — Le village est à 1 kil. de sa station, 2 kil. de Sceaux, 9 kil. 1/2 de Paris, 1 kil. de Bagneux, 1 kil. 1/2 de Châtillon, 2 kil. de Bourg-la-Reine, 2 kil. 1/2 de Clamart et du Plessis-Piquet, 3 kil. de Châtenay.

La station de Fontenay-aux-Roses dessert plutôt Sceaux que Fontenay, car elle en est plus rapprochée. Pour aller à Sceaux on tourne à g.; pour se rendre à Fontenay on prend à dr., au sortir de la station.

N. B. Les promeneurs qui veulent aller à Fontenay-aux-Roses se servent rarement du chemin de fer. Ils préfèrent avec raison le tramway de Paris à Fontenay-aux-Roses par Châtillon (*V.* l'*Introduction*).

Fontenay-aux-Roses (2,362 hab.) remonte au xiᵉ s.; il se nommait jadis Fontenay-lez-Bagneux; il quitta ce nom d'assez bonne heure pour prendre celui de Fontenay-aux-Roses, justifié jadis par le commerce qu'il faisait de cette belle fleur. Encore aujourd'hui ses habitants vendent, au printemps, une grande quantité de roses et de fraises.

En 1675, Colbert, qui possédait déjà la terre de Sceaux, acheta la seigneurie de Fontenay; un peu plus tard, elle passa, comme Sceaux et Châtillon, au duc du Maine. Si Fontenay n'a pas vu naître Chaulieu (on l'a dit souvent par erreur[1]), il a du moins possédé le jovial Scarron, dont la maison, située tout à l'extrémité du village, sur la route de Sceaux, a appartenu à Ledru-Rollin.

L'agréable situation de Fontenay, sur le sommet et sur le penchant d'un coteau entouré de riants paysages, en a fait depuis longtemps le rendez-vous des promeneurs qui craignent d'entreprendre des excursions lointaines; les maisons de campagne y sont nombreuses, la plupart fort jolies; deux ou trois ont des jardins et des parcs magnifiques.

L'institution Sainte-Barbe possède à Fontenay-aux-Roses une fort belle succursale, contenant plus de 300 enfants de six à onze ans.

Les environs de Fontenay-aux-Roses sont sillonnés de chemins ou de sentiers. Nous les indiquerons plus loin.

De la station de Fontenay à l'embarcadère de Sceaux, la distance

1. Chaulieu est né, non pas à Fontenay-aux-Roses, mais au château de Fontenay, dans le Vexin normand.

n'est, en ligne directe, que de 750 mèt. environ. La différence de niveau est de 22 mèt. La station de Fontenay-aux-Roses se trouve, en effet, à 74^m,8 au-dessus du niveau de la mer, et la gare de Sceaux à 96^m,1 ; la gare de Paris n'est qu'à 64^m,4. Pour gravir cette côte rapide en ligne droite, il eût fallu établir un plan incliné d'environ 3 cent. par mèt. Les constructeurs ne l'ont pas voulu. La loi de concession leur imposait, d'ailleurs, l'obligation de faire cette ascension au moyen de lacets et de courbes à faibles rayons. On s'élève donc, en décrivant des zigzags, de la station de Fontenay-aux-Roses à la gare de Sceaux, où la voie forme une raquette comme à la gare de Paris. Avant de s'arrêter devant la marquise, sous laquelle les voyageurs attendent le signal du départ, on remarque, sur la dr., les derniers débris de l'ancien parc de Sceaux.

SCEAUX.

11 kil. de la gare de Paris, 2 kil. de la station de Fontenay, 11 kil. de Paris, 2 kil. de Fontenay, 1 kil. 1/2 de Bourg-la-Reine. 3 kil. du Plessis-Piquet. 2 kil. 1/2 de Bagneux, 2 kil. de Châtenay, 4 kil. 1/2 d'Antony, 5 kil. de Verrières, de 7 à 8 kil. de Verrières et d'Igny par le bois de Verrières.

Sceaux*, V. de 2,287 hab., ch.-l. d'arr. de la Seine, est fort agréablement situé sur une colline, dont le point culminant atteint 102 mèt. d'altit., entre Bourg-la-Reine à l'E. Fontenay-aux-Roses au N., Châtenay au S., Aulnay et le Plessis-Piquet à l'O. Sa position est si agréable et si salubre, ses environs offrent de tous côtés de si délicieuses promenades, qu'un nombre considérable de Parisiens et d'étrangers viennent s'établir, pendant la belle saison, dans les jolies villas qui l'entourent.

L'origine de la petite ville de Sceaux ne paraît pas remonter au-delà du XIIe s. Les premiers titres qui en font mention la nomment *Cellæ* (les Maisonnettes). Sceaux n'était alors qu'un hameau dépendant de Châtenay. En 1214, un chevalier qui revenait de Palestine, Adam de *Cellis*, y apporta les reliques de saint Mammès, martyr de Cappadoce, qui donna son nom à l'église. En 1597, Louis Potier de Gesvres, qui venait d'acheter la terre de Sceaux, y bâtissait le premier château : Antoine Potier, secrétaire d'État, le faisait ériger en châtellenie (1612), et, après sa mort au siège de Montauban, en 1621, le laissait à son frère, René Potier, duc de Tresmes et pair de France. Trois ans plus tard; la châtellenie se transformait en baronnie, et, grâce à la haute position de son seigneur, Sceaux accaparait les foires et les marchés qui jusque là s'étaient tenus à Bourg-la-Reine.

Cependant Sceaux serait probablement resté un humble village si sa bonne fortune n'eût voulu que Colbert en devînt acquéreur (1670). Il s'y fit bâtir un nouveau et vaste château, dont il confia la construction à Perrault. Le Nôtre créa un immense parc de plus de six cents arpents. Le peintre Lebrun fut chargé de la décoration du château, les sculpteurs Puget et Girardon ornèrent les bosquets des chefs-d'œuvre de leur ciseau ; enfin des aqueducs amenèrent dans le parc les eaux d'Aulnay, de Vaux-Robert, de l'étang du Plessis-Piquet, et l'on multiplia les bassins, les jets d'eau, les cascades. Colbert, qui était fier des merveilles de son domaine, et qui venait y passer tous les moments dérobés à la cour, y donna des fêtes magnifiques. Deux fois il y reçut la visite de Louis XIV. Il aimait s'y entourer de gens de lettres, de savants et d'artistes, et souffrait malaisément qu'on le dérangeât, quand il était dans leur société.

Le marquis de Seignelay, fils de Colbert, venait rarement à Sceaux ; cependant il consacra encore des sommes importantes à l'embellissement de ce domaine. En 1685, il y fut honoré, comme son père, d'une visite du roi.

En 1700, le fils légitimé de Mme de Montespan, l'élève bien-aimé de Françoise d'Aubigné, le duc du Maine, fit l'acquisition du château. La duchesse sa femme, petite-fille du grand Condé, passionnée pour les plaisirs et pour les fêtes, y eut bientôt réuni une véritable cour galante et lettrée tout à la fois. Tandis que le duc, retiré dans une petite tourelle, s'occupait de géométrie et d'astronomie, dessinait de nouveaux bosquets traçait le plan de nouveaux pavillons. la duchesse présidait, dans son appartement qu'elle appelait sa *Chartreuse*, de joyeuses réunions d'où son mari était exclu. « C'était, dit Saint-Simon, une femme dont l'esprit, et elle en avait infiniment, avait achevé de se gâter et de se corrompre par la lecture des romans et des pièces de théâtre, dans les passions desquelles elle s'abandonnait tellement, qu'elle a passé des années à les apprendre par cœur et à les jouer publiquement elle-même. » Ce fut, en effet, la duchesse du Maine qui fit construire la salle de spectacle du château de Sceaux ; le duc, qui était d'une dévotion un peu outrée, s'y serait volontiers opposé ; mais elle l'avait rendu (c'est encore Saint-Simon qui parle) « petit et souple devant elle, en le traitant comme un nègre, le ruinant de fond en comble sans qu'il osât proférer une parole... L'ascendant qu'elle avait sur lui était incroyable, et c'était *à coups de bâton* qu'elle le poussait en avant. »

Malésieu était le grand ordonnateur des fêtes ; l'abbé Genest, homme d'esprit, se montrait un des courtisans les plus assidus ; Vertot, ce grand faiseur de siéges,

Ancien château de Sceaux.

poursuivait patiemment celui de Mlle Delaunay : mais, s'il faut en croire les assiégés, la place ne se rendit point. A Sceaux, pendant toute la saison d'été, les divertissements se succédaient sans relâche ; c'était à qui inventerait une récréation nouvelle ; bientôt les jours (ces grands jours d'été !) parurent trop courts à cette société avide de plaisirs, et l'on imagina de se divertir la nuit. Sceaux eut donc ses *grandes nuits* avec ballets, spectacles, concerts, feux d'artifice, joutes sur l'eau, simulacres de siéges, etc. « Leur commencement, comme de toutes choses, fut très-simple, dit Mlle Delaunay ; Mme la duchesse du Maine, qui aimait à veiller, passait souvent toute la nuit à faire différentes parties de jeu. L'abbé de Vaubrun, un de ses courtisans les plus empressés à lui plaire, imagina qu'il fallait, pendant une des nuits destinées à la veille, faire paraître quelqu'un sous la forme de la Nuit enveloppée de ses crêpes, qui ferait un remercîment à la princesse de la préférence qu'elle lui accordait sur le Jour ; que la déesse aurait un suivant qui chanterait un bel air sur le même sujet.... L'idée en fut applaudie, et de là vinrent les fêtes magnifiques données la nuit par différentes personnes à Mᵐᵉ la duchesse du Maine... La dernière de ces fêtes fut toute de moi, et donnée sous mon nom, quoique je n'en fisse pas les frais. C'était le Bon Goût réfugié à Sceaux, et présidant aux diverses occupations de la princesse. D'abord il amenait les Grâces qui, en dansant, préparaient une toilette. D'autres chantaient des airs dont les paroles convenaient au sujet. Cela faisait le premier intermède. Le second, c'étaient les Jeux personnifiés qui apportaient des tables à jouer et disposaient tout ce qu'il fallait pour le jeu; le tout mêlé de danses et de chants par les meilleurs acteurs de l'Opéra. Enfin le dernier intermède, après les reprises achevées, étaient les Ris, qui venaient dresser un théâtre sur lequel était représentée une comédie en un acte : c'était la découverte que Mᵐᵉ la duchesse du Maine prétendait faire du carré magique, auquel elle s'appliquait depuis quelque temps avec une ardeur incroyable. La pièce était jouée par elle; chacun représentait son propre personnage. »

La duchesse du Maine créa à Sceaux le grand ordre de *la Mouche à miel*, dont la devise était : *Picola si, ma fa pur gravi le ferite* [1]. « La duchesse en était la reine. Elle portait une robe de satin vert brodée d'abeilles d'argent, un manteau de drap d'or et un diadème formé de mouches en émeraude. M. de Malésieu en était le grand maître; il était entièrement déguisé en abeille. Le héraut était vêtu d'une robe de satin incarnat semée d'abeilles d'argent, et coiffé d'un bonnet en forme de ruche. Les chevaliers, au nombre de trente-neuf, avaient des cottes de drap d'or semées d'abeilles d'argent et étaient décorés d'une médaille emblématique attachée avec un ruban citron. A la réception des chevaliers, on avait placé une énorme ruche au milieu d'un tapis vert semé d'abeilles d'argent. Dès que tout le monde fut placé, on enleva le haut de cette ruche, qui prit la forme d'un baldaquin. Alors apparut M. de Malésieu, comme placé sur un trône et déguisé en une monstrueuse mouche à miel, allongeant un dard de trois pieds de long. Tout étant ainsi disposé, le héraut lut les statuts de l'ordre, dont les principales conditions étaient d'être soumis aveuglément aux volontés de la reine, de respecter les mouches à miel, et même de se laisser piquer galamment par elles. Chaque récipiendaire devait jurer, par le mont Hymette, de les observer religieusement, sous peine d'être banni de l'ordre. Tout se termina par une ronde générale autour du grand maître, qui menaçait de son dard les chevaliers qui pourraient devenir félons. Quand un chevalier manquait, on choisissait parmi les aspirants, qui étaient toujours en grand nombre, et la nomination se faisait à la majorité des voix. » (Sinet.) Ajoutons que l'ordre de la Mouche à miel ne comptait pas seulement des chevaliers, mais aussi des chevalières.

Ce fut aussi à Sceaux que Louis XIV prit congé de son petit-fils partant pour monter sur le trône d'Espagne.

Le grand roi mort, les fêtes n'en allèrent pas moins leur train à la cour de Sceaux; seulement les intrigues politiques, les conspirations contre le Régent, remplissaient les intermèdes. On sait quel en fut le résultat : on enleva la duchesse à Paris, le duc à Sceaux, et on les conduisit, l'une à la citadelle de Dijon, l'autre à celle de Dourlans. Pendant une année que dura cette captivité, le duc eut le temps de réfléchir sur les inconvénients d'une ambition qu'il ne partageait pas; aussi fallut-il de longues et vives instances pour le ramener à Sceaux auprès de sa femme. Après la mort de son mari (1736), la duchesse renonça définitivement à la politique, et se livra plus que jamais, afin de charmer son veuvage, à sa double passion pour les belles-lettres et pour les plaisirs. Jamais sa cour n'avait été plus brillante : Voltaire, Fontenelle, Lamotte, Chaulieu, en étaient les principaux ornements.

Voltaire avait à Sceaux un appartement occupé avant lui par Saint-Aulaire [1], que la duchesse appelait son Apollon et son berger. C'est là que Voltaire composa trois de ses tragédies, *Sémiramis*, *Oreste* et *Rome sauvée*. La tragédie d'*Oreste* est dédiée à la duchesse du Maine, qui paraît avoir eu un goût très-vif pour la simplicité du théâtre ancien, car elle avait fait traduire par Malésieu l'*Iphigénie en Tauride* d'Euripide, et avait voulu jouer elle-même le personnage de l'Iphigénie. Quant à

---

1. Elle est petite, mais les blessures qu'elle fait sont grandes.

1. Saint-Aulaire est connu surtout par ce charmant impromptu, en réponse à la duchesse du Maine qui lui demandait un secret :

> La divinité qui s'amuse
> A me demander mon secret,
> Si j'étais Apollon, ne serait point ma muse;
> Elle serait Thétis, et le jour finirait.

Rome sauvée, c'est aussi, à ce qu'on croit, une inspiration de la duchesse, qui voulait venger Cicéron du *Catilina* de Crébillon. En 1747, Voltaire faisait encore représenter sur le théâtre de Sceaux une comédie imitée de l'anglais, *la Prude*, dont il récitait lui-même le prologue; et le ton passablement libre de cette pièce montre assez qu'à la cour de Sceaux on pouvait tout dire et tout entendre. Enfin, c'est pour la fête de *la baronne de Sceaux* que Voltaire donnait au château d'Anet *l'Échange* ou *Quand est-ce qu'on me marie?*

La période brillante du château de Sceaux finit avec la duchesse du Maine, qui mourut en 1753. Son fils aîné, le prince de Dombes, le posséda deux années; tué en duel par le maréchal de Coigny, il le laissa à son second frère, le comte d'Eu, qui, tout en ajoutant de nouveaux embellissements à cette demeure déjà si somptueuse, y vécut vingt ans dans une sorte de retraite. Le duc de Penthièvre, cousin du comte d'Eu et beau-père de l'infortunée princesse de Lamballe, hérita du domaine, en 1775, et le conserva jusqu'à la Révolution. Il le donna alors à la duchesse d'Orléans, sa fille, qui n'en jouit pas longtemps, la Convention ayant mis sous le séquestre les biens des princes du sang. Le duc de Penthièvre venait peu à Sceaux; il y réunissait cependant quelquefois des gens de lettres. Florian, d'abord page, puis gentilhomme du duc, aimait le séjour de Sceaux, où il composa une partie de ses *Pastorales*. Les habitants le nommèrent, en 1790, commandant de la garde nationale; il y mourut en 1794.

Sceaux embrassa avec ardeur la cause de la Révolution; ses fêtes patriotiques en l'honneur de l'Agriculture, de la Vieillesse, de la Liberté, y attirèrent une foule immense de tous les environs de Paris même, et redonnèrent un peu de vie au parc et au château, qui en étaient le théâtre. Cependant, en 1798, le domaine, qu'on avait destiné d'abord à devenir une école d'agriculture, fut mis en vente; l'acquéreur[1] fit abattre les arbres du parc, démolir le château et les cascades, et se trouva en possession d'une ferme magnifique. On peut juger de son étendue, car elle est tout entourée de murs. Heureusement, avant la vente, une commission de savants et d'artistes avait fait transporter au Luxembourg et aux Petits-Augustins l'*Hercule gaulois* de Puget, la statue de *Diane*, le groupe des *Lutteurs*, le *Silène*, l'*Antinoüs*; mais la chapelle, peinte à fresque par Lebrun, fut détruite. L'année suivante (1799), on allait abattre la partie du parc connue sous le nom de *Ménagerie;* déjà le pavillon était rasé, lorsqu'une société de propriétaires fit l'acquisition de ce petit domaine, qu'on appelle aujourd'hui le Parc. C'est là tout ce qui reste de la somptueuse demeure bâtie par Colbert et embellie à grands frais par la duchesse du Maine; mais aussi, c'est là qu'ont lieu, depuis près de soixante ans, ces bals célèbres qui, sous la Restauration et le gouvernement de Juillet, ont donné tant de vogue à la petite ville de Sceaux.

A vrai dire, l'origine du *bal* de Sceaux remonte à la Révolution française; on dansait alors dans la grande allée du parc et dans un rond-point près du petit château. Bientôt la mode adopta un massif de marronniers qui se trouvait au milieu de la ménagerie, et l'on y dressa une tente en toile, peu de temps après convertie en une magnifique rotonde ovale, dont les arbres du parc ont fourni les matériaux. Sous la Restauration, quand les communications avec Paris n'étaient pas aussi faciles qu'aujourd'hui, une société assez élégante fréquentait le bal de Sceaux. Depuis l'établissement du chemin de fer, Sceaux s'est beaucoup démocratisé. A 11 h., les danses cessent, le feu d'artifice éclate, la cloche du chemin de fer annonce le dernier départ.

De la terrasse du parc de Sceaux, la vue s'étend au-delà des coteaux de l'Hay; on domine le vallon de Fontenay et celui de Bourg-la-Reine. De belles allées couvertes que séparent une fraîche pelouse et quelques plates-bandes assez bien entretenues, fournissent d'agréables ombrages aux promeneurs.

Un peu plus bas que la grille du parc, et vis-à-vis de l'entrée du che-

---

[1]. L'acquéreur se nommait Lecomte. Sa fille a épousé M. le marquis, depuis duc, de Trévise, qui, en 1834, a fait fermer l'ancien parc jusqu'alors ouvert au public, et qui depuis a fait construire un nouveau château bien caché à tous les regards indiscrets.

min de fer, se trouve l'*église*, rebâtie au XVII° s., dans le style gothique. On voit encore sur les médaillons de la voûte du chœur le chiffre de Colbert, qui acheva l'œuvre commencée par le duc de Tresmes. Peu remarquable à l'extérieur, l'église de Sceaux renferme un chef-d'œuvre de sculpture, un groupe en marbre de Tuby (1681), représentant le *Baptême de Jésus-Christ*, qui se trouvait autrefois dans la chapelle du duc du Maine. Un joli petit médaillon en marbre blanc, placé devant l'autel de la Vierge, représente la *Vierge couronnée par l'Enfant Jésus*.

Dans le cimetière on remarque le tombeau de Florian et celui de Cailhava, l'auteur du *Tuteur dupé*.

L'industrie manufacturière est presque nulle à Sceaux. La véritable industrie de Sceaux, comme de toute la banlieue S. de Paris, c'est la petite culture, la culture maraîchère.

DE SCEAUX AU PLESSIS-PIQUET, A ROBINSON ET A AULNAY.

A. Au Plessis-Piquet.

3 kil.

Pour aller de Sceaux au Plessis-Piquet, à Robinson et à Aulnay, il faut, au sortir de la gare du chemin de fer, tourner à dr. et remonter la grande rue de Sceaux. A 15 min. environ, on croise la route de Fontenay (à dr.) et celle de Châtenay (à g.). 5 min. plus loin, la jolie route ombragée de noyers que l'on a suivie se bifurque. Le bras de dr. mène en 15 min. au Plessis-Piquet, celui de g. conduit à Aulnay (*V.* ci-dessous).

Avant de monter au Plessis-Piquet, dont le point culminant est à 150 mèt., on laisse à dr. un petit étang situé à 104 mèt., au-dessous d'une belle propriété. Cet étang, auquel vient aboutir aussi la route de Fontenay-aux-Roses (*V.* ci-dessous), est alimenté par les eaux pluviales, au moyen de rigoles qui s'étendent jusqu'auprès du parc de Meudon. Il servait autrefois de réservoir pour les cascades qui jouaient à Sceaux, pendant la belle saison, le premier dimanche de chaque mois.

L'étang dépassé, on ne tarde pas à apercevoir le village, coquettement étagé sur le flanc d'un coteau et dominé par le clocher roman de sa petite église récemment restaurée. **Le Plessis ou le Plessis-Piquet** ne compte que 321 hab. Les maisons de campagne y sont peu nombreuses, mais princières : l'une d'entre elles a été la propriété de Colbert ; Mlle Mars l'a, dit-on, habitée avec un colonel de ses amis ; elle appartient à M. Georges Hachette ; celle qui lui fait face, de l'autre côté de la route, a pour propriétaire M. Bréton. En 1815, l'empereur Alexandre vint au Plessis rendre visite à son ancien précepteur, le colonel Laharpe. Le *clocher* roman du Plessis est assez curieux.

Le Plessis-Piquet n'est qu'à 1,200 mèt. de la route de Paris à Chevreuse, d'où l'on peut gagner les bois de Meudon en 15 ou 20 min. On compte 2 kil. du Plessis à Clamart, et 4 kil. du Plessis à Meudon.

B. A Robinson et à Aulnay.

Pendant l'été, des omnibus et des tapissières conduisent de la station de Sceaux à Robinson. Le prix d'une place est de 25 ou 30 c. A pied, 30 min. suffisent.

Robinson n'est qu'à 8 ou 10 min. du carrefour d'où part sur la dr. la route du Plessis-Piquet (*V.* ci-dessus). A 200 ou 300 mèt. au-delà de ce carrefour, on laisse à dr. un chemin qui conduit également au Plessis-Piquet, et l'on tourne à g. De hideux cabarets ont déjà signalé le voisinage de Robinson, petit groupe de maisons et de baraques en planches qu'on est convenu d'appeler de ce nom. A dr. est une carrière de sable demi-rouge, qui trace un large sillon sur le flanc d'une colline, du sommet à la base, et qui s'aperçoit de fort loin ; elle est dominée par

Robinson.

une sorte de petite tourelle formant l'angle du vaste parc de M. Hachette, d'où l'on découvre un admirable panorama.

Robinson était encore, il y a une vingtaine d'années, une promenade solitaire, où l'on pouvait venir rêver agréablement à l'ombre des vieux châtaigniers. Vers la fin de 1848, un industriel acheta un des plus gros arbres et établit sur les deux maîtresses branches un plancher accessible par un escalier tournant autour du tronc. Son exemple fut suivi; des cafés, des restaurants, etc., s'établirent sur et même dans les châtaigniers de Robinson. Ce hameau est aujourd'hui trop fréquenté les dimanches et jours de fêtes. On trouve à Robinson des cafés-chantants, des chalets, des cabarets, des carrousels, des tirs au pistolet et à la carabine, un cabinet d'histoire naturelle et même un petit temple de Robinson.

Au-dessous de Robinson, à l'entrée de la vallée aux Loups, se trouve le hameau d'**Aulnay** (120 hab.), dépendance de la commune de Châtenay. Il doit son nom aux aunes qui y étaient en très-grande quantité; mais le bois d'Aulnay, aujourd'hui, est un bois de châtaigniers.

La première maison que l'on rencontre à g., en descendant la vallée aux Loups, est celle d'Henri de Latouche; elle est facile à reconnaître au colombier revêtu de lierre qui la surmonte. Le poète misanthrope vécut de longues années dans cette délicieuse retraite, et l'on peut remarquer que les seules fenêtres qui donnent véritablement du jour sont tournées vers la campagne. A Latouche succéda un jeune professeur dont le talent faisait concevoir les plus hautes espérances, Georges Farcy, qui fut tué à la révolution de Juillet sur la place du Carrousel. Il appartient aujourd'hui à Mlle Pauline de Flaujergues, romancière.

Un peu plus loin, et du côté opposé, se présente une construction singulière, une maison moitié bourgeoise et moitié gothique, «décoration théâtrale, dont l'idée, plus poétique que raisonnable, signale le jeu quelque peu puéril d'une imagination remplie ordinairement de plus vastes conceptions». Au reste, Chateaubriand fait lui-même justice de ces bizarreries : « Je fis, dit-il (*Mémoires d'Outre-Tombe*, t. V, p. 100), quelques additions à la chaumière; j'embellis sa muraille de briques d'un portique soutenu par deux colonnes de marbre noir et deux cariatides de femmes de marbre blanc : je me souvenais d'avoir passé à Athènes. Mon projet était d'ajouter une tour au bout du pavillon; en attendant, je simulai des créneaux sur le mur qui me séparait du chemin : je précédais ainsi *la manie du moyen âge qui nous hébète à présent.* » Mais, si la demeure de l'auteur du *Génie du Christianisme* choquait le bon goût par ce mélange de prosaïsme bourgeois et de prétention archéologique, il n'en était pas de même de son parc, un des plus beaux que l'on puisse voir. « Il y a quatre ans (*Mémoires d'Outre-Tombe*, t. I, p. 1) qu'à mon retour de la Terre-Sainte, j'achetai près du hameau d'Aulnay, dans le voisinage de Sceaux et de Châtenay, une maison de jardinier, cachée parmi les collines couvertes de bois. Le terrain inégal et sablonneux dépendant de cette maison n'était qu'un verger sauvage au bout duquel se trouvaient une ravine et un taillis de châtaigniers. Cet étroit espace me parut propre à renfermer mes longues espérances : *spatio brevi spem longam reseces*. Les arbres que j'y ai plantés prospèrent; ils sont encore si petits, que je leur donne de l'ombre quand je me place entre eux et le soleil. Un jour, en me rendant cette ombre, ils protégeront mes vieux ans comme j'ai protégé leur jeunesse. Je les ai choisis autant que je l'ai pu des divers climats où j'ai erré; ils rappellent mes voyages et nourrissent au fond de mon cœur d'autres illusions... Ce lieu me plaît;

il a remplacé pour moi les champs paternels, je l'ai payé du produit de mes rêves et de mes veilles; c'est au grand désert d'Atala que je dois le petit désert d'Aulnay; et, pour me créer ce refuge, je n'ai pas, comme le colon américain, dépouillé l'Indien des Florides. Je suis attaché à mes arbres; je leur ai adressé des élégies, des sonnets, des odes. Il n'y a pas un seul d'entre eux que je n'aie soigné de mes propres mains, que je n'aie délivré du ver attaché à sa racine, de la chenille collée à sa feuille; je les connais tous par leurs noms comme mes enfants: c'est ma famille, je n'en ai pas d'autre, j'espère mourir auprès d'elle. Ici, j'ai écrit les *Martyrs*, les *Abencérages*, l'*Itinéraire* et *Moïse*. » Cependant Chateaubriand se vit forcé de mettre en loterie sa chartreuse de la vallée aux Loups; trois billets seulement furent placés. Enfin, la maison et le parc furent

Maison de Chateaubriand, à la vallée aux Loups.

vendus à l'enchère pour 51,000 fr. La propriété, après avoir passé dans les mains du Vte Mathieu de Montmorency, appartient aujourd'hui à M. Sosthène de la Rochefoucauld.

De la vallée aux Loups, 15 ou 20 min. suffisent pour gagner à travers bois le *Petit Malabry*, cabaret situé sur la route de Versailles à Choisy-le-Roi, près de la belle propriété de Malabry et à l'entrée du bois de Verrières (*V.* ci-dessous Verrières, pour la description de ce bois).

DE SCEAUX A VERRIÈRES,

PAR CHATENAY.

4 kil. 1/2.

Deux chemins principaux, outre divers sentiers, mènent de Sceaux à Châtenay. La route que suit l'omnibus remonte la grande rue de Sceaux et se dirige à l'O. dans une allée de noyers jusqu'à un carrefour où viennent aboutir quatre routes. Le bras de dr. vient de Fontenay-aux-Roses;

celui de face mène au Plessis-Piquet, à Robinson et à Aulnay; celui de g., qui tourne au S. en faisant un angle aigu avec la route de Sceaux, conduit à Châtenay. C'est une des plus agréables promenades des environs de Paris. Après avoir croisé un chemin qui relie Sceaux à Robinson, et laissé à dr., à mi-côte, un autre chemin menant à Aulnay, on vient traverser le ruisseau d'Aulnay sur le pont Aubry, et l'on remonte à Châtenay. A l'entrée du village, on laisse à dr. une route conduisant à Aulnay et au bois de Verrières (*V*. ci-dessous, *de Sceaux à Bièvre et à Igny*); et, à g., l'autre route venant de Sceaux, et que nous allons indiquer.

Cette route, plus courte d'un kil. environ et préférée par les piétons. quoique beaucoup moins agréable, est celle qui s'ouvre en face de la mairie de Sceaux. Laissant l'église à g., elle longe en descendant le mur de l'ancien parc de Sceaux, au pied duquel court ou plutôt croupit un ruisseau fétide, remonte une allée de peupliers, puis se dirige brusquement au S. pour venir rejoindre, par deux bras, à l'entrée et au milieu de Châtenay, la route des voitures. — En continuant à suivre le mur du parc, on irait aboutir sur la route de Versailles à Choisy-le-Roi, à 1 kil. de la Croix-de-Berny, 700 mèt. de la halte de Berny (*V*. p. 605), et 1 kil. de la station d'Antony (p. 606).

CHATENAY.

2 kil. de Sceaux par la route, 1 kil. d'Aulnay, 3 kil. de Fontenay-aux-Roses, 2 kil. d'Antony, 2 kil. 1/2 de Verrières, 6 kil. environ d'Igny, de Bièvre et d'Amblainvilliers.

Châtenay (754 hab.) doit son nom aux bois de châtaigniers dont il était entouré, et dont on peut voir encore dans l'allée de Robinson d'admirables échantillons; il est situé sur le penchant d'un coteau couronné de bois, planté de vignes et d'arbres fruitiers, qui domine une campagne fertile et bien cultivée. Erminon, abbé de Saint-Germain des Prés sous Charlemagne, l'a mentionné. Les Templiers, au XIIIe s., le vendirent à un chanoine qui en fit présent au chapitre de Notre-Dame. Les habitants de Châtenay souffrirent cruellement de la dureté de ces derniers maîtres; mais la reine Blanche de Castille les tira de l'oppression.

Lorsque le duc du Maine eut fait l'acquisition de la terre de Sceaux, il acheta aussi la seigneurie de Châtenay, dont il fit don à l'académicien Malésieu, qu'il avait décoré du titre de chef de ses conseils; il joignit à ce présent celui d'une fort jolie maison. Malésieu se trouvait ainsi à quelques pas de Sceaux, où la duchesse l'appelait à tout moment pour tracer le plan de fêtes nouvelles; aussi peut-on être bien certain que les conseils de la duchesse lui donnaient plus d'occupation que ceux du duc. Au reste, Malésieu reçut plus d'une fois Leurs Altesses dans sa seigneurie et leur rendit les fêtes qu'on lui donnait à Sceaux. Les habitants de Châtenay se montrent assez fiers de ces souvenirs, mais ils sont bien autrement orgueilleux, et avec raison, de l'honneur que leur fit Voltaire en venant au monde au milieu d'eux: Voltaire, selon quelques commentateurs, est né à Châtenay, le 20 février 1694.

Le seul monument de Châtenay est son *église*, des XIe et XIIIe s. Parmi les tableaux qui la décorent. on remarque une toile espagnole du XVIe s., *la Vierge et l'Enfant Jésus*, et sept copies de Lesueur représentant des épisodes de la vie de saint Bruno.

La charmante situation de Châtenay, enclavé entre les bois d'Aulnay et ceux de Verrières, y a fait construire un grand nombre de maisons de plaisance, toutes assez simples d'architecture, mais dont plusieurs sont entourées de jardins et de parcs magnifiques. L'industrie des habitants est nulle, et pourtant le village est fort riche : c'est qu'autour de Paris la petite culture fait de vrais prodiges.

De Châtenay, on peut aller en 15 ou 20 min. à Aulnay (*V.* ci-dessus); en 25 min., à la Croix-de-Berny (*V.* ci-dessous); en 1 h., à Igny et à Amblainvilliers, par le Buisson de Verrières (*V.* ci-dessous); en 1 h. 15 min. à Bièvre (*V.* ci-dessous).

———

De Châtenay à Verrières, on compte à peine une demi-heure de marche. On franchit la belle et large route qui va de Choisy-le-Roi à Versailles, puis on prend un chemin qui longe le coteau que couronne le Buisson ou bois de Verrières (*V.* ci-dessous).

DE SCEAUX A AMBLAINVILLIERS, A IGNY ET A BIÈVRE,

PAR LE BUISSON DE VERRIÈRES,

1 h. 20 min. et 1 h. 30 min. à pied.

Divers chemins conduisent de Sceaux au Buisson de Verrières. Nous n'indiquerons ici que les deux principaux : l'un, le plus long et le plus agréable, passe par Robinson et par Aulnay (*V.* ci-dessus), croise, à *Malabry*, la grande route de Versailles à Choisy-le-Roi, près de l'endroit où, en 1815, le général Excelmans attaqua et défit deux bataillons prussiens (*V.* Rocquencourt, p. 160), et gagne en ligne directe le carrefour de l'Obélisque. L'autre prend, au contraire, la direction de Châtenay, longe les jardins des maisons de campagne de ce village, croise la route de Versailles à Choisy-le-Roi, et monte dans le bois en laissant à g. une carrière de sable. Au sommet de la côte, on voit à dr. une petite allée qui s'enfonce dans le bois en ligne droite. Il faut suivre cette allée, puis prendre le premier sentier que l'on trouve à gauche, et qui, après avoir croisé une belle et large avenue, conduit à la *Mare à Chalot*. De cette mare part au N. O. une allée qui mène en 5 min. à l'Obélisque. On la suit si l'on veut se rendre à Bièvre. Pour gagner Amblainvilliers et Igny, il faut prendre l'allée du S.-O., la suivre jusqu'au second carrefour rond et prendre alors la seconde allée à g. Cette allée descendait par une pente très-raide dans la vallée de la Bièvre, entre Amblainvilliers et Igny, au *pont dit Monseigneur*. Toute cette partie du bois a été bouleversée par des travaux du génie qui ne sont pas encore complètement terminés.

SECTION XXVIII

DE PARIS A LIMOURS [1].

De Paris à Bourg-la-Reine (3ᵉ station) le chemin de fer de Limours a été décrit, p. 538 et suivantes.

En quittant Bourg-la-Reine, après avoir laissé à dr. l'embranchement de Sceaux, on traverse un petit tunnel au-delà duquel on laisse à g., dans une profonde tranchée, l'ancien marché de Sceaux. On côtoie ensuite la route de Paris à Orléans, et, à **la Croix-de-Berny** (halte), on croise celle de Versailles à Choisy-le-Roi.

[1]. Pour l'embarcadère, *V.* ci-dessus, p. 538; pour les prix des places et la durée du trajet, *V. l'Introduction*.
Les trains s'arrêtent à Berny et à Lozère, soit à l'aller soit au retour, pour y prendre ou déposer des voyageurs, qui payent, s'ils vont à Berny, les prix fixés pour la station d'Antony, et, s'ils vont à Lozère, ceux fixés pour la station d'Orsay.

Berny dépend de Fresnes-lès-Rungis. On l'appelle *la Croix*, parce que c'est là que se croisent les routes de Paris à Orléans et de Choisy-le-Roi à Versailles. Les abbés de Saint-Germain des Prés y avaient une maison de plaisance, autour de laquelle vinrent se grouper les habitations dont se compose aujourd'hui le hameau. Ce château de Berny, dont on vantait la magnificence et les beaux jardins, et où Louis XIV fit loger, en 1676, les ambassadeurs du roi de Siam, fut détruit par la Révolution. Dès lors Berny ne fut plus, pendant une quarantaine d'années, qu'un gîte à moutons et une station pour les rouliers qui allaient de Paris à Orléans. En 1834, les premiers *steeple-chase* français y eurent lieu; mais les courses de chevaux furent, vingt années après, transférées à la Marche (*V.* p. 105).

Fresnes-lès-Rungis (471 hab.) est situé à 2 kil. 1/2 de la Croix-de-Berny, sur un coteau au pied duquel coule la Bièvre. A 2 kil. plus loin, dans la même direction, est le village de **Rungis** (220 hab.), où l'on peut aller visiter la source dont l'aqueduc d'Arcueil conduit une partie de l'eau à Paris.

Antony n'est qu'à 1 kil. de la Croix-de-Berny.

4ᵉ STATION. — ANTONY.

11 kil. de la gare de Paris, 2 kil. de Bourg-la-Reine, 13 kil. de Notre-Dame, 4 kil. 1/2 de Sceaux, 2 kil. de Châtenay, 2 kil. 500 mèt. de Verrières, 2 kil. de Fresnes-lès-Rungis, 6 kil. de Longjumeau.

Antony, 1,497 hab., est situé sur la rive g. de la Bièvre, et la route de Paris à Orléans forme sa principale rue. Le commerce y a surtout pour objet le ciment et le plâtre; l'industrie, la fabrication de la bougie et la blanchisserie de la cire.

La première mention que l'on trouve de ce village est dans une charte de 829; dès le règne de Charles le Chauve, il appartenait à l'abbaye de Saint-Germain des Prés. Les rois de France y avaient droit de gîte. Antony ne nous offre d'intéressant que son *église*, salle rectangulaire, à trois nefs. Les deux travées du chœur sont de la fin du XIIᵉ s., et sont flanquées, à g., d'un clocher dont les baies ont été surélevées après coup. Le reste est du XVᵉ s.

Le v. de *Wissous* (812 hab.), au S. E. de la station d'Antony, possède une *église* dont le chœur, du style de transition, est surmonté d'un clocher du XIIᵉ s., percé de longues fenêtres en plein cintre.

Au-delà d'Antony, le chemin de fer franchit la Bièvre; puis, décrivant une forte courbe et changeant de direction, il s'éloigne de la route de Paris à Orléans pour courir au S.-O., entre la route de Paris à Chartres (à g.) et la Bièvre (à dr.), dont il domine le niveau de 14 mèt. On découvre à dr. de charmants paysages sur la vallée de la Bièvre, au-dessus de laquelle se montrent les coteaux accidentés du Buisson de Verrières. On laisse sur la dr. le beau château de Migneaux et Verrières, puis, avant de s'arrêter à la station de Massy, on sort du départ. de la Seine pour entrer dans celui de Seine-et-Oise.

5ᵉ STATION. — MASSY.

11 kil. de la gare de Paris, 3 kil. d'Antony, 1 kil. de Vilaines, 4 kil. d'Antony par la route de terre, 2 kil. 1/2 de l'entrée de Palaiseau, 2 kil. de Verrières, 2 kil. 1/2 d'Amblainvilliers.

Massy compte 1,179 hab. Il ne reste que d'insignifiants débris du château qui a appartenu aux seigneurs de Chilly-Mazarin; l'*église*, en reconstruction, offre un clocher de la fin du XIIIᵉ s.

Une route de 2 kil. conduit de Massy à Verrières en laissant à dr. le *château de Migneaux*.

A la dr. de la station de Massy, au-delà du hameau insignifiant de

ANTONY. — VERRIÈRES.

Vilaines, on aperçoit les murs du parc de Vilgenis (*V.* p. 608). On passe ensuite sous la route de Versailles à Fontainebleau, près de laquelle s'élèvent les premières maisons de Palaiseau.

VERRIÈRES.

5 kil. de Sceaux, 2 kil. 1/2 de Châtenay. 2 kil. d'Antony, 1 kil.1/2 d'Amblainvilliers, 3 kil. d'Igny, 4 kil. 1/2 de Bièvre, 2 kil. de l'Obélisque du bois de Verrières.

Sous le règne de Charlemagne, il est fait mention de **Verrières** (*Verdrarix*) dans un titre de l'abbaye de Saint-Germain des Prés. Les moines de cette abbaye vendirent l'affranchissement à leurs serfs au XIIIᵉ s., mais à des conditions tellement onéreuses que cette liberté chèrement achetée ruina le village. L'*église*, à trois nefs, est précédée d'un joli portail du XIIIᵉ s. dont le tympan est occupé par un gracieux quatre-feuilles encadrant une croix. Ce portail, restauré, est surmonté d'une petite rose du XVᵉ s. Le clocher qui flanque le chœur est roman. Le reste

Prise d'eau à Rungis.

de l'église, qui avait été fort mutilé, a été remanié dans le style du XIIIᵉ s. Verrières renferme 1,331 hab.

Une belle avenue de peupliers, longue de près d'un kilomètre, précède le château du duc de Cambacérès, le *château de Migneaux*, l'ancien manoir du seigneur de Verrières.

Le **bois ou Buisson de Verrières**, dans lequel ont été construites cinq redoutes pour la défense de Paris, couvre en partie le plateau et les pentes d'une colline accidentée, dont la Bièvre baigne la base à l'O. et au S. Ce bois, percé de belles allées et de nombreux sentiers, est l'une des promenades les plus agréables des environs de Paris. De la route qui en fait le tour et qu'on nomme le *cordon*, on découvre à l'O. et au S. de charmants points de vue sur la vallée de la Bièvre. C'est principalement au-dessus de Verrières, d'Amblainvilliers, d'Igny et de Bièvre, qu'il faut se placer pour jouir des plus beaux paysages. Du reste, il est difficile de s'égarer dans le Buisson de Verrières. 45 min. suffisent pour le traverser dans sa plus grande longueur, du Petit-Bicêtre à

Amblainvilliers; sa plus grande largeur, de Châtenay à Bièvre, n'est que de 3 kil. 500 mèt. Ses principales allées viennent, en outre, aboutir à un carrefour à peu près central, qu'on nomme l'*Obélisque* (il n'y a point d'obélisque, mais un beau tilleul entouré d'un cercle d'érables).

N. B. — Les travaux occasionnés par la construction des redoutes, en 1877, ont nécessité le bouleversement complet du bois de Verrières, qui n'est pas encore dans son état nitif.

DE VERRIÈRES A BIÈVRE,

PAR AMBLAINVILLIERS ET IGNY.

4 à 5 kil.

Quand on a dépassé l'avenue du château de Migneaux et laissé sur la dr. une belle maison de campagne, on ne tarde pas à apercevoir, presque en face de soi, au-delà du *Moulin de Grais*, le **château de Vilgenis**, acquis, après le coup d'État de 1852, par le frère de Napoléon, Jérôme, ancien roi de Westphalie, qui y fit d'importants embellissements et qui y mourut le 24 juin 1860. Avant d'atteindre le village d'*Amblainvilliers,* on laisse sur la dr. un chemin qui conduit à Bièvre et à Igny, en longeant la base du Buisson de Verrières. La route de voitures traverse le village, qui dépend de Verrières et où l'on remarque deux belles maisons de campagne. Au milieu de la côte, la route se bifurque. Le bras qui descend va rejoindre, à peu de distance, la route de Palaiseau à Bièvre; l'autre va longer à mi-côte la base de la colline que couvre le Buisson, pour passer devant le château d'Igny et le Petit-Vaupereux (*V*. ci-dessous).

6ᵉ STATION. — PALAISEAU.

17 kil. de la gare de Paris, 3 kil. de la station de Massy, 4 kil. d'Igny, 6 kil. de Bièvre, 3 kil. d'Amblainvilliers, 3 kil. 1/2 de Verrières, 4 kil. de Longjumeau, 2 kil. 1/4 de Massy, 5 kil. d'Orsay.

Palaiseau *, 2,464 hab., est un ch.-l. de cant. de l'arr. de Versailles. Il se trouve agréablement situé sur la rive g. de l'Yvette, au pied d'un coteau boisé qui le domine de près de 100 mèt. On ne le voit pas de la station, bâtie au milieu d'une profonde tranchée.

On ne peut guère prononcer le nom de Palaiseau sans songer à la *Pie voleuse;* c'est en effet à Palaiseau que l'innocente Ninette faillit être victime des noirceurs d'une pie et de l'iniquité d'un magistrat sexagénaire. Mais à côté de ces événements tragi-comiques, qui ont au moins le mérite de rappeler l'un des chefs-d'œuvre de l'art musical moderne, de véritables souvenirs historiques doivent aussi trouver leur place. Palaiseau existait dès les premiers temps de la monarchie française, si même son origine n'est pas plus ancienne encore. On voit en effet le prêtre saint Rigomer et sainte Ténestine venir exprès du Maine dans le château de Palaiseau (*Palatiolum*), pour s'y justifier auprès de Childebert 1ᵉʳ d'une accusation de concubinage que leur avait intentée un seigneur de la cour, prétendant de Ténestine. L'historien de leur vie raconte à ce sujet que, pour convaincre le roi, ils allumèrent en sa présence, par leurs seules prières, deux cierges éteints, et qu'ils repartirent justifiés et comblés de présents. Childebert fonda même à Palaiseau une chapelle de Saint-Rigomer, qui n'existe plus depuis longtemps. Cent ans plus tard, saint Wandrille y vint aussi rendre visite à Clotaire III. Pépin donna cette terre aux moines de Saint-Germain des Prés, qui la vendirent en 950. Elle passa successivement alors en diverses mains, jusqu'au moment où elle fut érigée en marquisat, vers le milieu du XVIIᵉ s., en faveur d'Antoine de Harleville, qui fut gouverneur de Calais.

L'*église* de Palaiseau, bâtie sur la pente d'un coteau et dédiée à saint Martin, est presque entièrement de la fin du XVᵉ s.; la tour offre encore quelques modillons romans, et la porte principale, encadrée par une belle archivolte en plein cintre, reposant sur de belles colonnettes, date du XIIᵉ s. Sous le maître-autel se trouve une crypte pratiquée à la faveur de la pente du coteau et assez éclairée pour servir de sacristie. On voit à toutes les arcades de la nef les armes des Harleville.

Palaiseau est le centre d'un commerce considérable de fourrages. C'est un de ces bourgs immenses dont l'unique rue n'a pas de fin, et qui font le désespoir du piéton. Il était autrefois plein d'animation et de bruit, grâce aux relations continuelles établies entre Paris et Chartres; aujourd'hui son importance a bien diminué. La commune possède néanmoins de vastes carrières de grès.

Une des villas de Palaiseau a été habitée par George Sand.

Il faut monter jusqu'à la ferme des *Granges,* sur les hauteurs qui dominent Palaiseau (un *fort* et deux redoutes y ont été établis en 1877), pour jouir d'un beau panorama. La vue est encore plus étendue et plus belle du sommet de la *butte de Chaumont,* mamelon isolé qui s'élève à 2 kil. au S.-E., à g. de la route de Palaiseau à Longjumeau, mais dont le sommet (136 mèt.) est occupé, depuis 1877, par un *fort* de la première enceinte de Paris; à sa base, du côté de Longjumeau, est le v. de *Champlan* (600 hab.). En face de Champlan, au pied des collines, se trouvent Villebon et Saulx-les-Chartreux, situés à 3 et 4 kilomètres de Palaiseau. *Villebon* a 729 hab. Son église a été consacrée en 1658. Son *château,* construit sous Louis XIII, appartient à M. le baron de Nivière, dont le haras a joui d'une réputation méritée. *Saulx-les-Chartreux* (2 kil. de Longjumeau) a 985 hab. Le château de Mont-Huchet le domine au S. Les coteaux qui dominent Villebon et Saulx-les-Chartreux, et d'où l'on découvre de belles vues, ont fourni à l'exploitation un très-grand nombre de pavés.

Longjumeau est décrit ci-dessus, Section XXV, p. 561.

Excursion dans la vallée de la Bièvre.

DE PALAISEAU A VERSAILLES.

PAR IGNY, BIÈVRE, JOUY-EN-JOSAS ET BUC.

15 kil. par la route de voitures. Cette promenade, l'une des plus agréables des environs de Paris, doit être faite à pied, moitié par la route, moitié par des chemins vicinaux que nous allons indiquer. — Elle demande de 3 à 4 h.

Après avoir, à 1,200 mèt. environ de l'entrée de Palaiseau, dépassé le faîte peu élevé qui sépare la vallée de l'Yvette de celle de la Bièvre, on découvre de charmants points de vue, à dr., sur le bois de Verrières, à g., sur le vallon au fond duquel se cache le village de *Vauhallan* (311 hab.; église ancienne restaurée; crypte, vitraux et tableaux curieux), en face de soi, sur la vallée de la Bièvre. A g. s'étendent les *bois du Pileux*; à dr. s'ouvre une des principales avenues du château de Vilgenis. On descend dans la vallée de la Bièvre à travers un délicieux verger, et bientôt on atteint le village d'Igny, à l'entrée duquel on remarque, sur la g., une charmante maison de campagne qui a été, dit-on, un ancien rendez-vous de chasse d'un prince de Condé.

IGNY.

3 kil. 1/2 de l'entrée de Palaiseau, 1 kil. 3/4 de Bièvre et de Vauhallan, 1 kil. d'Amblainvilliers, 3 kil. de Verrières, de 7 à 8 kil. de Sceaux.

Igny, v. de 1,145 hab., situé sur la Bièvre entre deux coteaux couverts de bois, n'aurait par lui-même rien d'intéressant, si M. Félix Tourneux, ingénieur, n'avait pas fait construire en 1852, en face de ce village, sur la rive g. de la Bièvre, un magnifique château, qui sera désormais une des curiosités de la vallée. Ce château, bâti dans le style de la Renaissance et orné de remarquables sculptures, attire de loin les regards, car il s'élève à mi-côte sur la rive g. de la Bièvre, près de la route directe de Verrières à Bièvre. Il s'appelle *Marienthal*. On en vante beaucoup le jardin d'hiver.

L'*église* d'Igny remonte au XIIIe et au XVe s.; mais des mutilations lui ont fait perdre en partie son caractère.

L'abbé Mullois a fondé à Igny, en 1855, un orphelinat agricole, devenu un pensionnat que dirigent les frères de Saint-Nicolas.

Les environs d'Igny offrent de nombreux buts de promenades. On peut monter en 30 min. jusque sur le plateau accidenté que couronne à l'E. le Buisson de Verrières; mais on devra surtout gravir le coteau boisé qui domine l'église. De ce coteau, on découvre de délicieux paysages. En suivant la *rigole* creusée sur le bord du plateau, on irait, d'un côté, à Vauhallan, de l'autre, à Bièvre et à Jouy.

20 min. suffisent pour aller à pied d'Igny à Bièvre. Un sentier, plus court que la route des voitures, traverse les champs et les prairies de la vallée; du reste, la route est une allée de parc, où les points de vue varient sans cesse. Sur la dr., au-delà de *Vaupereux*, et au-dessous du bois de Verrières, se montre, dans un bouquet d'arbres, une maison de campagne qui a appartenu à Lenormant.

La route d'Igny vient aboutir sur la route de Paris à Chevreuse. En gravissant la côte qui monte à g. et en laissant à dr. le nouveau *fort de Villeras*, on irait, par *Saclay* et par les *étangs* auxquels ce village a donné son nom, rejoindre à Gif la route de Palaiseau à Chevreuse (*V.* ci-dessous). Le sentier et le chemin qui s'ouvrent presque en face dans la direction de la vallée, mènent à Jouy-en-Josas (4 kil. environ) et méritent d'être recommandés. Pour gagner Bièvre, dont les maisons heureusement groupées autour de l'église attirent de loin les regards, il

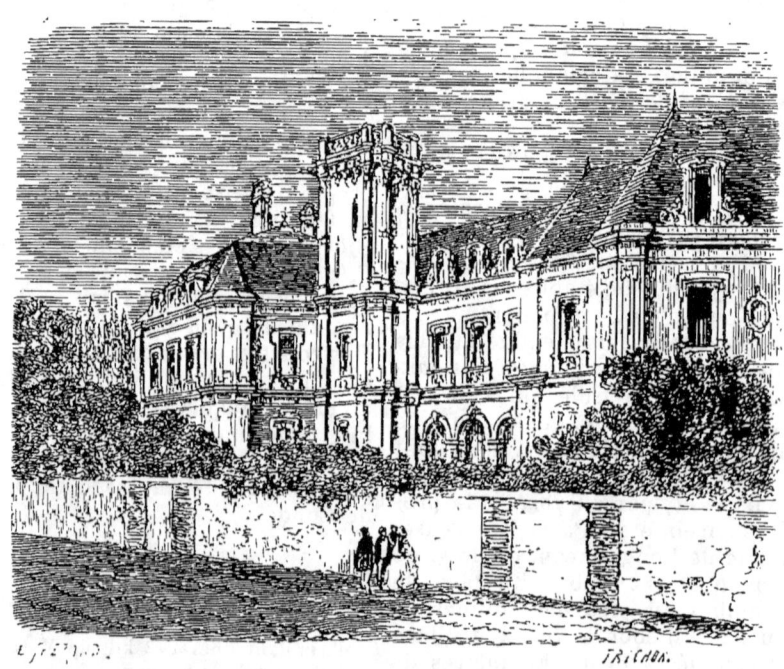

Château d'Igny.

IGNY. — BIÈVRE.

faut descendre à dr., franchir la Bièvre et gravir une côte pavée, à g. de laquelle on remarque la belle habitation de M. Try, conseiller à la Cour de Paris.

BIÈVRE [1].

5 kil. 1/2 de l'entrée de Palaiseau, 16 kil. de Paris, 3 kil. du Petit-Bicêtre, 8 kil. de Châtillon, 6 kil. de Meudon, 9 kil. de Versailles (du château), 4 kil. de Jouy-en-Josas par la vallée, 4 kil. de Saclay.

Bièvre (977 hab.) occupe le sommet d'un coteau, dans la belle vallée qu'arrose la rivière du même nom, et à l'entrée d'un petit vallon latéral d'où descend un petit ruisseau. Le cartulaire du prieuré de Longpont mentionne deux seigneurs de Bièvre du temps de Louis le Gros ou de

Grottes de Bièvre.

Louis le Jeune. Le plus célèbre fut le marquis de Bièvre (1747-1783), l'auteur du *Séducteur*, qui se fit une si grande réputation par ses calembours recueillis en 1800 sous le titre de *Bievriana*. Son château, qui était fort beau, a été complétement démoli.

L'*église* de Bièvre (clocher ogival) ne mérite pas une visite.

1. On peut se rendre directement de Paris à Bièvre par une route décrite ci-dessous (section XXIX) jusqu'à Châtillon. Au-delà de Châtillon, cette route gravit la côte à laquelle ce village a donné son nom, contourne le *fort de Châtillon*, qu'elle laisse à g., laisse à dr., en deçà et au-delà du fort, deux routes (1,500 mèt. et 1 kil.) conduisant à Clamart, traverse un plateau cultivé entre le bois de Meudon à dr. et le Plessis-Piquet à g., laisse à g. une route de 1 kil. conduisant au Plessis, croise au *Petit-Bicêtre* la route de Versailles à Choisy-le-Roi, et descend à Bièvre par l'étroit vallon de l'Abbaye-aux-Bois.

En remontant le vallon latéral par lequel descend la route de Paris, on trouve à dr. une maison de campagne qui a appartenu à Frédéric Soulié, et où il est mort, le 23 septembre 1847.

Près de cette maison de campagne s'élevait autrefois, dans le fond du vallon, **l'abbaye du Valprofond**, plus connue sous le nom de l'*Abbaye-aux-Bois*, fondée vers le XIIᵉ s. pour des Bénédictines. « La première abbesse dont on trouve le nom ne paraît, dit Lebeuf, qu'en 1204. Cette maison, ajoute-t-il, souffrit beaucoup durant les guerres sous Louis XI, sous l'abbesse Catherine de Torcy, qui gouverna depuis 1494 jusqu'en 1510 ; on observe que cette abbaye, composée alors de 24 religieuses fort pauvres, était quelquefois appelée *Notre-Dame des Ardans*. Jacqueline de Ballieu étant morte vers 1513, Étienne Poncher, évêque de Paris, y mit la réforme de Chezal-Benoît, inaugurée dans l'abbaye de ce nom, en Berri, vers 1488. La reine Anne de Bretagne, qui avait demandé cette réforme, lui fit donner alors le nom de *Val de Grâce*. » Cette abbaye fut ruinée en 1562 par les huguenots, et les religieuses se retirèrent à Saint-Jean de Beauvais, sous Louis XIII. En 1621, elles s'installèrent à Paris au faubourg Saint-Jacques (*V*. dans *Paris illustré* le Val de Grâce), et plus tard elles vendirent leur ancien monastère, dont il ne reste plus aujourd'hui que des bâtiments de ferme.

La route de Bièvre à Versailles (9 kil. environ, en allant jusqu'au château) gravit au sortir du village la côte boisée que domine le *château de Belair*. Au tiers de cette côte, dans un petit bois d'arbres verts, s'ouvre un sentier sablonneux. Ce sentier monte en quelques minutes à de charmantes grottes que M. de Plancy, ancien propriétaire du château de Belair, fit creuser dans des masses de grès au-dessous des murs de son parc, et qui ont été ensuite garnies à ses frais de bancs et de tables.

Au sommet de la côte, à l'endroit où la route fait un coude, on découvre une vue admirable sur la jolie vallée de la Bièvre, ses magnifiques prairies et ses charmants coteaux boisés. En la remontant du regard, on aperçoit à ses pieds le hameau des Roches, où l'on remarque les belles propriétés qui ont appartenu à Récamier et à Bertin de Vaux ; puis Vauboyen, Jouy-en-Josas et l'aqueduc de Buc, qui se détache sur les bois du Désert. En la descendant, au contraire, on voit Bièvre, Igny, Palaiseau, et, au-delà de la butte de Chaumont, on découvre parfois, quand le temps est clair, la tour de Montlhéry.

Mˡˡᵉ Louise Bertin possédait, avant sa mort (1877), la maison de campagne qui a appartenu à son père. C'est à elle que M. Victor Hugo a dédié cette jolie pièce de vers des *Feuilles d'automne*, intitulée BIÈVRE :

Une rivière au fond, des bois sur les deux pentes ;
Là des ormeaux, brodés de cent vignes grimpantes,
Des prés, où le faucheur brunit son bras nerveux ;
Là des saules pensifs, qui pleurent sur la rive,
Et, comme une baigneuse indolente et naïve,
Laissent tremper dans l'eau le bout de leurs cheveux ;
Là-bas, un gué bruyant dans des eaux poissonneuses,
Qui montrent aux passants les jambes des faneuses,
Des carrés de blé d'or ; des étangs au flot clair ;
Dans l'ombre, un mur de craie et des toits noirs de suie ;
Les ocres des ravins, déchirés par la pluie ;
Et l'aqueduc au loin, qui semble un pont de l'air....

Parvenue sur le plateau, la route de Bièvre à Versailles contourne un petit ravin sauvage, laisse à dr. le château de Belair et la *tour de Gizzy*, puis la route qui conduit par *Villecoublay* à Villebon (4 kil.), et à Meudon (6 kil. ; *V*. p. 93). Elle passe ensuite devant le château de *Mont-Clain* ou *Montéclain* et devant *la Cour-Roland*, — deux grandes propriétés que sépare le *bois de l'Homme-Mort* qu'elle laisse à g., — avant de rejoindre, à la ferme de l'*Hôtel-Dieu*, la route de Choisy-le-Roi à Versailles. La ferme de l'Hôtel-Dieu est à 1 kil. de Vélizy (*V.* p. 101), 2 kil. de Viroflay (*V.* p. 101), 3 kil. de Chaville, 4 kil. du Petit-Bicêtre, 5 kil. du château de Versailles. Après l'avoir dépassée, on laisse à g. : une route qui descend à Jouy, les bois des Mets, puis la route de Versailles à Jouy, et l'on ne tarde pas à descendre au *Petit-Montreuil*, que l'on traverse avant d'atteindre la ville de Versailles proprement dite.

Cette route n'a rien de pittoresque. Les piétons devront lui préférer celle qui va être décrite. Entre Belair et Montéclain, on trouve à g. un chemin qui redescend dans la vallée de la Bièvre au hameau de *Vauboyen*. De là, on peut gagner Jouy par les deux rives de la Bièvre. Le chemin de la rive g. est trop souvent enfermé entre deux murs. Celui de la rive dr. offre de plus jolis points de vue ; il passe près de la *ferme de la vallée d'Enfer*, au pied de la *butte du bois Chauveaux*, et vient aboutir à Jouy, près de l'église (de 45 min. à 1 h. à pied, de Bièvre à Jouy par la vallée).

JOUY-EN-JOSAS.

4 kil. de Bièvre par la vallée, 4 kil. des Étangs de Saclay, 3 kil. de l'aqueduc de Buc, 4 kil. de Viroflay, 3 kil. de Vélizy, 7 kil. de Versailles (du château), par la route, 7 kil. par Buc et les bois de Satory, 4 kil. de l'Étang du Trou-Salé.

Jouy-en-Josas est un long village de 1,463 hab., situé dans la vallée de la Bièvre, sur la rivière de ce nom, et traversé par la route de Versailles à Chevreuse. Au commencement du ixe s., cette terre appartenait à l'abbaye de Saint-Germain des Prés, qui la perdit ou l'échangea pendant les siècles suivants. Parmi ses seigneurs, on cite le connétable de Clisson ; le marquis de Sourdis, qui la fit ériger en comté par lettres patentes du mois de décembre 1654 ; le duc de Chevreuse, qui la céda à un sieur Berthelot, secrétaire du roi ; Roullier, qui fut ministre des affaires étrangères et de la marine. Le château actuel, de construction moderne, appartient à M. Mallet. Le parc n'a pas moins de 300 arpents. On y remarque de belles pièces d'eau et une vaste orangerie.

En 1760, Oberkampf fonda à Jouy une manufacture de toiles peintes, qui devint l'une des plus célèbres de l'Europe. Cette manufacture est depuis longtemps fermée.

L'*église* de Jouy-en-Josas date de 1545 ; mais l'arc triomphal et le clocher doivent être du xiiie s. Les renseignements qui suivent sont empruntés à l'*Almanach de Seine-et-Oise* pour 1856 : « On a découvert derrière le maître-autel de l'église de Jouy des sculptures très-délicates et très-bien conservées, dont l'exécution remonte au règne de François Ier. Ces sculptures ont été placées dans l'endroit le plus apparent de l'église... La ferme du *Grand-Villetain* possédait une statue en bois de la Vierge. Cette statue, qui a plus de mille années d'existence, a été rapportée à l'église de Jouy. »

Au-delà de la route qui monte par le vallon que domine *la Cour-Roland* à la route de Versailles à Choisy-le-Roi, on aperçoit au-dessus des maisons de Jouy quelques maisons du hameau des *Mets*, situé à l'extrémité du plateau que recouvrent les bois du même nom. On peut traverser ces bois pour gagner Viroflay (de 45 min. à 1 h., *V.* p. 101). Le hameau situé plus loin dans la vallée de la Bièvre s'appelle le *Petit-Jouy*. A ce point (2 kil. de Jouy), la route se bifurque. Celle de g. monte, après avoir franchi la Bièvre, aux *Loges-en-Josas*, v. de 360 hab. (1 kil.) ; celle de dr. s'élève entre les bois des Mets à dr., et le bois des Gonards à g., pour gagner la route de Versailles à Choisy-le-Roi (2 kil.), qu'elle rejoint à 3 kil. du château. Les piétons doivent prendre le chemin qui s'ouvre en face, sur la rive g. de la Bièvre (il y en a un aussi sur la rive dr.) : 10 min. leur suffisent pour atteindre l'**aqueduc de Buc**. Cet aqueduc, qui traverse toute la vallée, a, dans sa partie la plus élevée, 22 mèt. de hauteur et 488 mèt. de longueur ; il a été construit en 1686 pour conduire à Versailles les eaux des étangs de Saclay et du Trou-Salé.

De l'aqueduc de Buc on peut gagner directement (12 kil. environ) Chevreuse par l'*étang du Trou-Salé*, le village de *Toussus*, le château d'Orce, Cressely et Saint-Remi (*V.* ci-dessous, *vallée de l'Yvette*).

A 5 min. de l'aqueduc, le joli village de **Buc**, 709 hab., s'est éparpillé sur les deux rives de la Bièvre. Mais l'église qui, du reste, n'offre aucun intérêt (statuette en pierre de la Vierge), et les principaux groupes d'habitations sont sur la rive dr. On remarque dans ses environs de nombreuses maisons de campagne.

Au S. de Buc, sur le plateau, a été construit, en 1877, le *fort* de ce nom.

A Buc, la route se bifurque encore ; le bras de g. remonte la vallée de la Bièvre, entre le *bois de la Geneste* (rive dr.) et le *bois du Désert* (rive g.), jusqu'à la route de Versailles à Dampierre (environ 3 kil.), d'où 30 min. sont nécessaires pour gagner la porte de Satory à Versailles ; l'autre bras, celui de dr., conduit en 45 min. à Versailles, et rejoint près du chemin de fer de l'Ouest la route de Palaiseau. Les piétons ne devront le suivre que jusqu'à la *porte du Cerf-Volant* (2 kil.) ; ils entreront alors dans un joli petit bois, par lequel ils gagneront en moins de 20 min. la porte de Satory. (*Environs de Versailles*, p. 82.)

DE PALAISEAU A ORSAY, A CHEVREUSE ET A LIMOURS.

Au sortir de la station, le chemin de fer remonte sur son versant septentrional la jolie vallée de l'Yvette. Après avoir dépassé l'église de Palaiseau qui domine la voie, à dr., on sort de la longue tranchée dans laquelle on était resté longtemps enfermé, et on découvre, à g., de charmants paysages : des prairies, parsemées de bouquets d'arbres, sont encadrées dans des bordures de bois et arrosées par l'Yvette. A dr. s'élèvent des collines abruptes couvertes de broussailles, de bruyères, et sur lesquelles ont été établies depuis quelques années de nombreuses fraisières.

La plupart des trains s'arrêtent à la halte de **Lozère** (20 kil. de Paris), ham. de 150 hab., au-delà duquel on contourne et on longe à g. l'ancienne station d'Orsay ; puis, redescendant dans la vallée de l'Yvette, on franchit cette petite rivière sur un beau viaduc. On atteint alors la nouvelle station, bâtie près de la rive dr. de l'Yvette, dans une tranchée profonde, au bas du coteau sur lequel s'étend Orsay (à g. de la voie). Un bel escalier pour les piétons, et un large chemin d'accès pour les voitures mettent la station en communication avec le village.

7ᵉ STATION. — ORSAY.

23 kil. de Paris, 6 kil. de Palaiseau. — Le village est, par les routes de terre, à 500 m. de la station, 16 kil. de Versailles par (9 kil.) Jouy-en-Josas ; 10 kil. de Bièvre par Saclay. 11 kil. par (5 kil.) Palaiseau et (9 kil.) Igny ; 9 kil. de Longjumeau ; 11 kil. de Montlhéry, par (8 kil.) Marcoussis ; 11 kil. de Limours par (5 kil.) Gometz-le-Châtel et (6 kil.) Gometz-la-Ville ; 10 kil. de Chevreuse par (2 kil.) Bures, (4 kil. 1/2) Gif, et (8 kil.) Saint-Remi.

Orsay*, v. de 1,320 hab., est situé dans une position pittoresque, sur l'Yvette. Au-delà des prairies au milieu desquelles coule la petite rivière, s'élève à dr. le versant boisé du plateau qui sépare la vallée de l'Yvette de celle de la Bièvre.

Le plus ancien souvenir historique qui se rattache à Orsay, est celui d'une bataille livrée dans les environs, du temps du roi Robert, entre le comte de Chartres, Eudes, et Burchard, comte de Corbeil, qui demeura vainqueur. En 1150, Simon d'Orsay était possesseur du château, qui, devenu plus tard un repaire de brigands, fut pris sous Charles VI. A partir de cette époque, l'histoire de ce village est assez insignifiante; on ignore même les noms des propriétaires du château; seulement, dans ces derniers temps, on trouve parmi eux un boucher, Mme Hulot, puis M. Arrighi de Padoue, beau-frère du général Moreau; enfin un M. Pourrat; « escompteur à Paris, et possesseur d'une grande fortune, qu'il doit en partie, ajoute naïvement Dulaure, aux grands besoins du commerce et de la librairie. »

Orsay ne possède que deux monuments: l'hôpital, dans une situation salubre, et l'*église*. L'église, dont quelques parties remontent aux XIIe et XIIIe s., et qui a été reconstruite

Aqueduc de Buc.

en 1778, n'offre du reste que peu d'intérêt. Ce qui recommande Orsay à l'attention du promeneur, ce sont surtout les charmants paysages dont il est entouré, c'est la riante vallée où il s'est développé et où il s'agrandit chaque année, ce sont les grands bois qui se prolongent au sommet des coteaux dans la direction de Rambouillet, les vastes prairies au milieu desquelles l'Yvette fait de gracieux détours entre ses bordures de peupliers et de vieux saules, le château de *Corbeville*, coquettement assis au sommet de la montagne et d'où l'on jouit d'une vue si étendue et si variée, ce sont enfin les carrières de grès rouge qui s'étalent sur le revers d'un profond ravin.

Les deux plus belles promenades que l'on puisse faire à Orsay sont celle de *la Guilloterie*, à 500 mèt.

N. du village, et celle de la *Gorge des Hucheries*, à 1 kil. S.

En quittant la station d'Orsay, le chemin de fer remonte le versant du coteau, croise la jolie route de terre d'Orsay à Chevreuse, puis longe, par derrière, le parc du *château de Grandménil*, appartenant à M. Fleury, et, 1 kil. plus loin, le village de Bures. On l'aperçoit à peine à travers les arbres de l'habitation dite : le *Grand Moulin*, qui formait autrefois le château de Bures et qui conserve encore des restes de tourelles et des fossés.

Bures (2 kil. d'Orsay) est un v. de 413 hab., bâti dans une riante position sur la rive dr. de l'Yvette ; son *église*, d'apparence rustique, précédée d'une petite esplanade, a un aspect pittoresque. — Deux frères, Godefroy et Guillaume, seigneurs de Bures, se distinguèrent en Palestine au commencement du xiie s. ; le second fut même vice-roi de Jérusalem pendant que le roi Baudouin II était retenu dans les prisons des Sarrasins. Au xvie s., la seigneurie de Bures appartenait à la maîtresse de François Ier, Anne de Pisseleu, duchesse d'Étampes.

A dr., quelques gorges peu profondes coupent les hauteurs boisées au pied desquelles serpente l'Yvette.

A g., la vue est plus étroitement limitée par le coteau dont la voie ferrée occupe le versant ; on découvre cependant de ce côté, un peu au-delà de Bures, sur le sommet de la hauteur, *Gometz-le-Châtel*, v. de 431 hab. qui conserve quelques vestiges d'un château fort ; au N. de Gometz, se trouve le *château de Montjay* (à M. Jousset).

8e STATION. — GIF.

26 kil. de Paris, 3 kil. d'Orsay; le village est à 2 kil. 1/2 de Bures, 1 kil. 1/2 de Saint-Aubin.

Gif, 730 hab., au bord de l'Yvette (rive g.), à dr. de la station et du chemin de fer, renferme une *église* du xiie s. et deux jolis châteaux, dont l'un, l'*Ermitage*, contourné par le chemin de fer, appartient à Mme de Bonnaire, et dont l'autre, sur la hauteur, accompagné d'un beau parc, est possédé par M. Juigné.

Le chemin de fer, qui côtoyait de très-près, à dr., la route de terre d'Orsay à Chevreuse, s'en écarte à partir de Gif et en reste séparé par l'Yvette et tout le fond de la vallée. — En sortant de la station de Gif, on aperçoit à dr., au milieu des bâtiments d'une ferme, quelques restes d'une abbaye de Bénédictins ; parmi ces ruines on remarque notamment la construction fort curieuse d'une fosse d'aisance. Un peu plus loin et du même côté, près de l'Yvette, quelques débris informes, connus sous le nom de *ruines de Damiette*, indiquent l'emplacement d'un manoir.

Au-delà de Gif, de l'autre côté de l'Yvette, s'ouvre, sur le versant septentrional de la vallée, un vallon d'une certaine étendue (9 kil. de longueur) remontant dans la direction du N.-O. jusqu'auprès de *Voisins-le-Bretonneux*, 266 hab., situé entre *Guyancourt* et *Port-Royal*, sur la route de Versailles à Dampierre. En suivant ce vallon, après avoir croisé la route de Paris à Chevreuse qui vient de Saclay et qui descend dans la vallée de l'Yvette par la *Côte de la Belle-Image*, on trouve plusieurs moulins, puis (4 kil.) le beau *château d'Orce*, appartenant à M. Pierquin, avant d'atteindre **Châteaufort**, 591 hab., situé au sommet de la colline. Ce village, ruiné pendant les guerres de religion, doit son nom à une forteresse dont on voit encore deux *tours* fort élevées.

Du château d'Orce on peut gagner, à dr. (5 kil.), l'aqueduc de Buc, par Toussus (*V.* p. 614), ou (3 kil. 1/2) Saint-Remi (*V.* ci-dessous) par Cressely. Ces deux routes traversent des plateaux bien cultivés, mais monotones, avant de descendre, la première, dans la vallée de la Bièvre, la seconde, dans la vallée de l'Yvette.

Au-delà de Châteaufort, on trouve le ham. de *Mérancis*, puis (3 kil.) **Magny-les-Hameaux**, 442 hab., dont l'*église* (porte O. du xiie s., le reste des xive et xve s.), renferme des stalles sculptées du xvie s., un maître-autel en marbre rouge, une cuve baptismale, un bénitier et 30 pierres tombales provenant de l'abbaye de Port-Royal. Les pierres tombales ont été relevées en 1865 ; on remarque celles de Bouchard IV de Marly (1297), de Marguerite de Lévis, sa mère (curieuse inscription en vers latins : 1327), d'Eudes de Montfaucon et d'Alide de Gallardon, de Béatrix de Dreux, d'Arnaud d'Andilly (1674), de plusieurs autres solitaires et de quelques religieuses.

Au N. de l'église, on voit encore, sur une motte assez élevée, les ruines de la moitié d'un *donjon* cylindrique (xie s.).

A 3 kil. environ de Gif se montre, sur la rive g. de l'Yvette, *Courcelles*, v. de 170 hab., possédant deux *châteaux* modernes. A g., la voie ferrée effleure le beau *château de Vaugien*, dont la façade se montre entre de grands massifs d'arbres. Le vaste parc qui l'entoure dépendait, en partie du moins, du château du Grand Rangonant, dont les matériaux ont été utilisés, au commencement de ce siècle, pour la construction du château de Vaugien. Une portion des jardins et du parc de Vaugien ont été dessinés par Le Nôtre. A dr. on découvre, au-dessus des bois, sur le versant N. de la vallée de l'Yvette, le *château de Beauplan* (à M. Lalanne), de construction moderne. Derrière Beauplan, et hors de vue, se trouve le *château de Chevincourt* (à M. Munster), sur la route de Saint-Remi à Châteaufort par Cressely. Les jardins de Chevincourt, soigneusement entretenus, sont fort beaux. — On commence à apercevoir à dr. les ruines du château de Chevreuse, qui couronnent la hauteur dominant la ville au N.

9e STATION. — SAINT-REMI.

31 kil. de Paris, 5 kil. de Gif, 2 kil. 1/2 de Chevreuse, 5 kil. de Châteaufort, 6 kil. 1/2 de Dampierre.

Saint-Remi-lès-Chevreuse, v. de 720 hab., est situé à 250 à 300 mèt. d'altit., à dr. de la station, sur l'Yvette, à son confluent avec deux ruisseaux descendant l'un de la vallée de Saint-Lambert ou de Milon, au N., et l'autre du petit vallon de Saint-Paul au S. — L'église, de construction ancienne, est ornée à l'intérieur de peintures décoratives dues à M. de Coubertin, peintre amateur de talent.

Saint-Remi formait autrefois une baronnie que les dames de la maison royale de Saint-Cyr ont possédée avec celle de Chevreuse.

En sortant de Saint-Remi, dans la direction de Gif, on rencontre à g. un peu au-delà du village le chemin de voitures qui gravit le coteau et qui, après avoir longé les jardins de Beauplan, passe devant Chevincourt, et se dirige par Cressely, Châteaufort et Toussus-sur-Buc.

[Au N. de Saint-Remi, s'ouvre le vallon de Chapelle-Milon ou de Saint-Lambert (5 kil.), d'un aspect un peu triste, mais très-pittoresque (V. p. 112). — A 1,500 mèt. environ au-delà de Saint-Lambert, on rejoint la route de Versailles, en face de l'entrée de Port-Royal. — A g. on aperçoit, au milieu des arbres, le *château* moderne *de Vaumurier*. Ce château a remplacé un château, bâti au xviie s., par le duc de Luynes, fils du connétable, qui, lié d'une amitié étroite avec les solitaires de Port-Royal, voulut se créer une résidence plus voisine de leur retraite que Dampierre Du point d'embranchement, il y a environ 15 min. de marche jusqu'aux bâtiments de Port-Royal (V. p. 108).]

Excursion à Chevreuse, à Dampierre et dans les environs.

Si l'on désire se rendre à pied, de la station de Saint-Remi à Chevreuse, on devra préférer l'itinéraire suivant, à la fois moins long et plus agréable que celui de l'omnibus.

A la sortie de la station, laissant Saint-Remi sur la dr., on tournera à g. en longeant le remblai du chemin de fer jusqu'à l'avenue magnifiquement ombragée du *château de Coubertin*. A l'extrémité de cette avenue, on prendra un chemin passant entre le château à g. et le potager clos de murs à dr.; on gagnera ainsi presque immédiatement une grande prairie que l'on traversera en diagonale par un sentier (à dr.) qui aboutit à l'Yvette, qu'on ne franchira pas; on doit en remonter la rive dr. Après 5 min. de marche, on atteindra un pont. — La ruelle qui s'ouvre dans son prolongement mène à l'entrée même de Chevreuse.

En sortant de la station, on tourne à dr. et, après avoir franchi l'Yvette, on traverse Saint-Remi pour gagner la route de terre d'Orsay à Chevreuse. — On passe au bas du plateau de la Madeleine (à dr.) et bientôt on atteint une sorte de faubourg ou longue rue précédant la ville même; à g. se voit une petite *chapelle* moderne (1845) dédiée à saint Lubin.

CHEVREUSE.

2 kil. 1/2 de la station de Saint-Remi, 4 kil. de Dampierre, 12 kil. de la station de la Verrière, 18 kil. de Versailles, 19 kil. de Rambouillet, 10 kil. d'Orsay par la route de terre, 6 kil. environ de Port-Royal par la route de Versailles.

Chevreuse*, ch.-l. de c., V. de 1,786 hab., est bâtie assez irrégulièrement, sur la rive g. de l'Yvette, en partie au fond de la vallée, en partie sur les dernières pentes du coteau de la Madeleine que dominent les restes encore considérables du château de Chevreuse.

Le nom primitif de Chevreuse était *Caprosia*, sans doute parce que les bois qui l'entouraient, et dont la plus grande partie a été défrichée, abondaient en chevreuils. Les plus anciens titres qui en fassent mention sont de 975; c'était alors une petite abbaye sous le nom de Saint-Saturnin. Le premier seigneur connu est Milon de Chevreuse, qui vivait sous le roi Robert; dès ce temps-là déjà, le sire de Chevreuse était l'un des quatre seigneurs qui avaient le droit exclusif de porter sur leurs épaules le nouvel évêque de Paris, lors de son intronisation. Un second Milon abattit une partie des forêts voisines pour se défendre contre Louis le Gros et Amaury de Montfort. En 1304, un Anselme de Chevreuse est tué à la bataille de Mons-en-Puelle. Il y portait l'oriflamme. En 1306 et 1308, Philippe le Bel y reçut l'hospitalité, accompagné de toute sa cour et de Catherine de Courtenay, impératrice de Constantinople. Chevreuse eut fort à souffrir pendant les guerres civiles qui désolèrent la France sous le règne de Charles VI; prise et reprise plusieurs fois, pillée et incendiée tour à tour, elle resta entre les mains des Bourguignons et des Anglais jusqu'en 1436. Charles VII, rentré en possession de son royaume, acheta le château de Chevreuse, dont François Ier devait faire don plus tard à la duchesse d'Étampes. Lorsqu'on reprit à la favorite les libéralités de son royal amant, la terre de Chevreuse fut donnée au cardinal de Lorraine, et, le 12 mars 1612, érigée en pairie en faveur de Claude de Lorraine, fils de Henri de Guise, *le Balafré*. Claude de Lorraine étant mort sans postérité (1657), le duché de Chevreuse passa à sa veuve, Marie de Rohan-Montbazon, qui avait épousé en premières noces le connétable de Luynes, et qui, plus connue sous le nom de duchesse de Chevreuse, prit une si grande part aux intrigues du règne de Louis XIII et de la Fronde. Marie de Rohan laissa Chevreuse au duc de Luynes, fils de son premier mari. A la fin du XVIIe s. (1692), Louis XIV, ayant acquis une partie du domaine de Chevreuse, par suite d'échange avec le duc de Chevreuse, donna Chevreuse, qui était redevenue simple baronnie, aux dames de Saint-Louis établies à Saint-Cyr, et elles en conservèrent la propriété jusqu'à l'époque de la Révolution. Le château, qui était en ruines bien avant la Révolution et dont une portion avait été transformée en bâtiments de ferme, fut acheté en 1853 par le duc de Luynes, qui n'y fit faire aucune réparation importante.

L'*église* de Chevreuse, reconstruite au XIVe s., à la suite d'un ouragan qui avait renversé son beau clocher en flèche, est bâtie, comme toutes les églises des environs, en pierres de grès et en pierres meulières dont la nature ne comporte pas de travaux de sculpture décorative : aussi l'aspect de la construction est-il très-simple, pour ne pas dire nu. Le clocher, de forme carrée, à deux étages, est surmonté d'une flèche en ardoises ; les étages sont indiqués par un cordon sculpté d'un travail intéressant. La nef et les bas-côtés présentent une suite d'arceaux à maçonnerie pleine, soutenant une voûte très-basse ; au-dessus du chœur cette voûte en s'élevant un peu donne plus de grandeur à cette partie du vaisseau. L'intérieur de l'église est revêtu de peintures décoratives et de fresques, représentant divers épisodes religieux, dues à M. de Coubertin. Au fond du chœur, les fenêtres ont des vitraux de couleur d'une exécution médiocre. M. L. Morize, qui a publié une notice intéressante sur le canton de Chevreuse, notice à laquelle nous avons souvent puisé, pense que quelques-uns des piliers de l'abside, l'escalier du clocher et quelques parties de ce clocher, pourraient être antérieurs à la reconstruction faite au XIVe s L'église n'a pas d'entrée à l'O., les portes s'ouvrent sur les côtés N. et S. ; en face de la porte méridionale, restaurée, on remarque le portail du vieux *prieuré de Saint-Saturnin*. Il est formé d'une large arcade composée d'un double cordon qui rappelle le style roman par son ornementation ; cette arcade surmonte une petite statue du saint en grande partie dégradée. L'intérieur de la chapelle, dont il reste quelques débris, est devenu un magasin d'eau-de-vie et d'alcools. — En face du collatéral N., dans la rue de Versailles, n° 14, on voit dans une cour intérieure les restes curieux d'une construction du moyen âge. C'est une tourelle octogonale appuyée à un corps de bâtiment percé de larges fenêtres à meneaux. Cette ancienne demeure, appelée la *Maison des bannières*, communiquait, à ce qu'on prétend, avec le château, par un souterrain. Enfin nous signalerons, sur le chemin passant devant l'hôpital et rattachant la route de Versailles à celle de Dampierre, l'encadrement d'une porte, surmonté d'un écusson, qui appartenait à une vieille maison démolie depuis deux ou trois ans. Ce curieux encadrement a été transféré à sa place actuelle pour former l'entrée d'une

Chevreuse.

propriété particulière. — Chevreuse, outre sa mairie qui vient d'être réparée (on y voit de beaux dessins du château), possède un bel *hospice* et une *salle d'asile* dus à la générosité du dernier duc de Luynes, et un important pensionnat de jeunes personnes, tenu par des religieuses.

L'édifice le plus intéressant de Chevreuse est son **château**, que l'on découvre de divers points de la ville. On y monte par plusieurs sentiers, tous d'une pente roide. La vue magnifique dont on jouit de l'esplanade du château dédommage sans doute de la fatigue de cette ascension, permise seulement aux piétons. Toutefois il est fâcheux que la ville de Chevreuse n'ait pas encore eu la pensée de tracer, pour monter au château, un chemin bien entretenu et formant promenade, comme à Montfort. La vue y est fort belle. Bois, vallons, collines se groupent et se confondent dans le lointain : ici, c'est la vallée de l'Yvette que vient de parcourir le chemin de fer, et qui, vers la droite, remonte à Dampierre ; plus loin, au delà de l'Yvette, la route de Rambouillet s'enfonce dans une gorge verdoyante ; en face du spectateur se développent les hauteurs de Méridon couvertes de bois ; à ses pieds s'étendent, pittoresquement groupées, les maisons de la petite ville que domine le clocher de l'église ; enfin, immédiatement devant lui, se creuse comme un abîme de verdure rempli de buissons, de cultures, et que surplombe à pic le vieux mur qui soutient l'esplanade du château. — Les restes du château de Chevreuse occupent l'extrémité d'un plateau (168 mèt. d'altit.) appelé *plateau de Hauvillers* et plus habituellement *de la Madeleine*, qui domine de plus de 80 mèt. la ville de Chevreuse et la vallée de l'Yvette. Il doit ce dernier nom à un hameau qui dut lui-même le sien au voisinage de la chapelle du château (aujourd'hui complétement disparu), dédiée à sainte Marie-Madeleine.

Le château de Chevreuse, d'une physionomie encore imposante, comprend, au milieu de constructions parasites de date assez récente, deux belles tours rondes du profil le plus élégant, terminées à leur sommet par une sorte de corniche à modillons et enveloppées en partie par un lierre magnifique, un beau donjon barlong (17 mèt. de longueur sur 12 de largeur, hors œuvre) à contreforts, du XIIe s., qui a malheureusement perdu le pavillon en flèche qui le terminait, quelques bâtiments accessoires et une partie du vieux mur d'enceinte. Au-dessous du château s'étendent des caves et des souterrains dont l'une des entrées s'ouvre dans le mur de soutènement de l'esplanade. En s'adressant au gardien qui habite le château, on obtient aisément la permission d'en visiter l'intérieur, et notamment la belle tour de l'O., où l'on voit de remarquables charpentes, et du haut de laquelle le regard embrasse un vaste horizon du côté de Paris.

L'industrie et le commerce de Chevreuse consistent principalement dans la culture des fleurs, des fruits et des légumes, qui a pris une grande extension. Il s'y tient chaque semaine un marché pour les blés : mais, après avoir été longtemps régulateur pour la contrée, il a beaucoup perdu de son importance. Chevreuse possède un moulin à farine largement installé et une tannerie considérable, la seule qui reste des établissements assez nombreux de ce genre qui y existaient il y a vingt-cinq à trente ans. Enfin plusieurs grandes carrières de pierre meulière sont exploitées aux environs.

Les bois qui enveloppent de tous côtés Chevreuse et les routes qui viennent y aboutir offrent, à peu de distance, de charmantes promenades. Nous indiquerons entre autres : — le *plateau de la Madeleine* et surtout le chemin pittoresque, à la limite S. du plateau, qui domine, au-dessus d'admirables blocs de rochers, la route de Versailles. Vers la moitié de ce chemin, près d'un joli groupe de pins couronnant l'escarpement, on découvre, particulièrement sur la g., un paysage d'une physionomie véritablement alpestre; — la *route de Versailles*, par Port-Royal, jusqu'au hameau de Trottigny. On rencontre à dr. plusieurs sentiers, assez pénibles du reste, montant au plateau de la Madeleine, et l'on passe au pied des superbes escarpements rocheux, mêlés de plantations agrestes, que nous venons d'indiquer; — le *plateau de Jagny* qui sépare les routes de Versailles à Chevreuse et à Dampierre. Des sentiers escarpés y mènent des deux côtés; — les *hauteurs de Méridon* : on prend la route de Rambouillet, et quand on a dépassé l'Yvette, au lieu de continuer à dr., on suit à g. un chemin qui ne tarde pas à entrer dans la forêt, et, après avoir suivi une large avenue plantée de superbes chênes, on atteint un plateau découvert, au milieu duquel s'élève une ferme. Tournant à dr. en suivant la lisière du bois, on arrive en quelques minutes à une prairie entourée de bois, sur laquelle se trouve une espèce de tourelle for-

Vallée de Chevreuse.

mant rendez-vous de chasse. Une arcade ou porte cintrée en ruines, d'un effet pittoresque, quelques débris de murailles enfouis dans l'herbe et les broussailles, et où se remarque une ouverture voûtée, donnant entrée dans des souterrains, sont les seuls restes du *château de Méridon*, dont la fondation remonte au XIIIe s. Au-dessous de la porte en ruine passe un chemin creux qui occupe vraisemblablement l'emplacement d'un ancien fossé. — Cette dernière course demande environ 1 h. 20 min. de marche (aller et retour).

Excursion à Dampierre et aux Vaux-de-Cernay.

4 kil. 1/2 de Chevreuse à Dampierre, et environ 5 kil. de Dampierre aux Vaux-de-Cernay.

La route de Chevreuse à Dampierre (route de voitures) s'ouvre dans le prolongement de la rue de Rambouillet. Après avoir traversé une plaine découverte, elle atteint et longe constamment à dr. le versant boisé du plateau de Jagny. — A g., à 15 min. de Chevreuse, on rencontre le *château de Mauvières* (XVIIIe s.), bâti sur la rive g. de l'Yvette, au fond d'un jardin-parc que l'on entrevoit à un saut-de-loup coupant le mur de clôture. Lorsqu'on a dépassé une superbe avenue menant à Mauvières, et, à dr., un joli chemin signalé par un abri rustique et qui conduit à Jagny, on atteint *Saint-Forget* (316 hab.), où commence le parc magnifique du château de Dampierre. Le mur de clôture qui borde tristement le chemin à g., pendant plus de 2 kil., laisse découvrir néanmoins quelques échappées de vue sur le parc, ses massifs d'arbres, ses pelouses, ses pièces d'eau, etc. On remarque au milieu des arbres une construction pittoresque, moderne, avec tourelles. — A 1 kil. environ de Saint-Forget, en face d'un saut-de-loup, on trouve à dr. un large sentier qui monte, sous bois, jusqu'au point culminant de la route de Versailles; ce détour allonge un peu le chemin; mais de cette hauteur on a sur la vallée de l'Yvette, sur celle des Vaux et sur le château de Dampierre une vue délicieuse, l'une des plus remarquables qu'offrent les environs de Chevreuse. — On redescendra ensuite la route de Versailles, qui est fort belle dans cette partie, jusqu'à Dampierre.

En continuant par le chemin du bas, après avoir dépassé une immense sablière (à dr.), on tourne à g., et, passant entre un étang et des dépendances du château, on arrive à Dampierre, en face même de la résidence vraiment princière des ducs de Luynes.

Dampierre est un joli v. de 641 hab., dans une riante position, entre l'Yvette et le ruisseau des Vaux-de-Cernay. — Le **château de Dampierre**, bâti au XVIe s. par le cardinal de Lorraine, et reconstruit, en grande partie, au XVIIe sur les dessins de Hardouin Mansart, par le duc de Chevreuse, fils du connétable, s'élève entre le parc et une vaste cour d'honneur que ferme une belle grille. Duban l'a restauré en 1840. C'est un magnifique édifice, en briques avec chaînages en pierre, présentant en façade un corps principal de logis appuyé à deux bâtiments en retour flanqués de tourelles. Le corps de logis central est coupé par un élégant pavillon, à double rang de colonnes, surmonté d'un fronton; toute la construction est entourée d'un fossé rempli d'eau courante. Les appartements, richement décorés, renferment de nombreux objets d'art : tableaux et sculptures. On y remarque surtout : la galerie de tableaux, une bizarre *statue de Minerve* en ivoire, or et argent, par M. Simart; la *Pénélope* de Cavelier et une *statue en argent* de Louis XIII enfant (dans une chambre où il a couché) par Rude. Le parc, les jardins d'agrément, les potagers occupant une immense étendue de terrain, sont admirables et entretenus avec le plus grand soin. L'avenue ombragée qui s'étend au S. depuis le château jusqu'à la porte de Senlisse est charmante; elle longe une belle pièce d'eau alimentée par le ruisseau des Vaux et entourant un îlot où se trouve un joli cabinet de travail.

N. B. — Une permission spéciale, accordée sur demande par écrit, est nécessaire pour visiter le château, qui n'est ouvert aux curieux que le vendredi de chaque semaine.

L'*église* de Dampierre est moderne pour la plus grande partie. Sur le collatéral de g. se trouve la chapelle funéraire renfermant les caveaux de la maison de Luynes. Cette chapelle, décorée avec goût, est fermée par une grille en fer forgé; elle est éclairée par une fenêtre ogivale au fond et par deux petites ouvertures circulaires en rose sur les côtés. Elle renferme le *tombeau* et la *statue* de la dernière duchesse de Luynes, près de laquelle repose, depuis le mois de décembre 1867, le duc de Luynes son mari, à qui sa magnificence, son goût éclairé pour les arts et les sciences, les nombreux encouragements qu'il a accordés aux

Château de Dampierre.

lettres et aux études archéologiques, ont valu la plus honorable renommée.

Quand on a dépassé le château et laissé à dr. l'église, à g. la maison d'école, on entre dans la vallée qu'arrose le ruisseau des Vaux-de-Cernay; à dr. on voit le village de Foucherolles dépendant de Dampierre; un peu plus loin, à g., on découvre *Senlisse*, 348 hab. (*église* du XIII° s., renfermant de curieuses boiseries et d'anciens tableaux), au pied des hauteurs boisées renfermées dans le parc de Dampierre. A 20 min. de Dampierre on atteint, par une route bordée d'arbres à fruits et ressemblant à une allée de parc, le hameau de *Garne* 10 min. plus loin, commence un défilé magnifique singulièrement agreste et formant un ravissant paysage. A dr. la route est dominée par un versant boisé qui se prolonge jusqu'à l'abbaye des Vaux; à g. s'étendent de charmantes et fraîches prairies. La route, tournant à g., passe devant le *Moulin des Rochers,* mais, au lieu de la suivre, on devra prendre, à dr., un étroit sentier circulant au bas du coteau, entre d'énormes blocs de rochers; il côtoie à g. le ruisseau des Vaux, qui fait de petites chutes sur les rochers qui obstruent son cours. — Ce curieux passage se nomme *le passage des Cascades.* — A 7 ou 8 min. du moulin des Rochers, on rencontre le *petit moulin*, et, 5 min. plus loin, le *grand moulin* près duquel s'élève un groupe de chênes admirables. Une chaussée passant devant le grand moulin permet de regagner la route de voitures; mais il est préférable de suivre le chemin pittoresque qui passe entre les hauteurs couvertes de bois, de bruyères et de rochers imposants, à dr., et un grand étang à g. Ce site solitaire, même sévère, offre un remarquable caractère de grandeur. A 20 min. à peu près du grand moulin, on laisse à g. un pont de construction ancienne par lequel on pourrait également regagner la route de voitures, et on longe le mur du parc de l'abbaye des Vaux; à dr., le coteau est couvert de hautes et magnifiques bruyères. 10 min. de marche environ amènent de là au vaste étang des Vaux-de-Cernay; le paysage, toujours pittoresque, devient plus riant. On franchit en tournant à g. un ancien pont de construction intéressante, puis la chaussée qui maintient les eaux de l'étang, et on se trouve à l'entrée de la vieille et célèbre abbaye des Vaux et du hameau du même nom.

La route de voitures passant devant le moulin des Rochers est beaucoup plus longue que le chemin que nous venons d'indiquer: elle traverse d'abord une gorge boisée, puis passe, au milieu de prairies, dans une campagne d'un aspect assez uniforme.

L'abbaye des Vaux-de-Cernay, fondée en l'an 1128, par Simon de Montfort, sire de Néaufle-le-Château et connétable de France, a laissé d'imposantes ruines, qui sont une des principales curiosités des environs de Paris. Ces ruines, d'après une note que veut bien nous communiquer Mme Nathaniel de Rothschild, actuellement propriétaire du vieux monastère, se composent aujourd'hui:

1° *Des restes de l'église du couvent*, dont on voit encore debout le mur septentrional de la nef, le pignon occidental avec ses roses et ses trois portes; le collatéral méridional avec ses voûtes; l'amorce des murs de la partie méridionale du transsept, ainsi que les restes de deux chapelles de ce transsept. Le tout d'une longueur de 70 mèt. sur une largeur de 25 mèt. environ. Des arbres, arbustes, lierres et herbes folles entourent pittoresquement les murs et arcs de cette église.

2° *D'un long bâtiment* dans le prolongement du bras septentrional du transsept, mais dont la partie contiguë à l'église n'existe plus.

La partie restante, d'une longueur de 80 mèt. sur une largeur de

12 mèt., est divisée en deux travées sur la largeur par des colonnes en grès, avec chapiteaux sculptés ; les voûtes et nervures sont construites en meulière. Ce bâtiment servait, aux moines, de promenoir, de chauffoir et de parloir.

La partie détruite, entre ce dernier bâtiment et l'église, contenait les sacristies, la salle du chapitre et l'escalier conduisant aux dortoirs.

A l'extrémité de la partie restante se trouvent encore deux pans de murs recouverts de lierre, qui sont les restes d'un lavoir qui était en saillie sur la rivière des Vaux.

Au premier étage de ce bâtiment se trouvait le dortoir, n'existant plus, et remplacé aujourd'hui par un jardin, suspendu sur les voûtes du promenoir du rez-de-chaussée, planté d'arbres et d'arbustes.

Le pied des murs extérieurs de cette ruine est environné de grands arbres, d'arbustes et de lierres qui l'enlacent plantureusement et achèvent de lui donner un aspect des plus pittoresques.

L'intérieur de ce promenoir avait été remblayé de 2 mèt. 50 c. Mme la baronne de Rothschild a fait enlever ce remblai, et lui a ainsi restitué sa hauteur intérieure primitive.

En prolongement du pignon de l'église se trouve un grand bâtiment rectangulaire de 68 mèt. de longueur sur 12 mèt. de largeur, contenant un rez-de-chaussée, un premier étage et un comble.

Les diverses salles du rez-de-chaussée de ce bâtiment, situé sur ce côté occidental du cloître et qui sert d'habitation au propriétaire, ont leurs murs construits en meulière ; des colonnes, soit engagées, soit isolées, surmontées de chapiteaux, supportent des voûtes d'arêtes ogivales, sans nervures, avec arcs doubleaux, en meulière enduite.

Les contre-forts extérieurs sont construits en grès ; le surplus des murs est en meulière grise, comme le sont, d'ailleurs, les deux ruines précédemment décrites, ainsi que le surplus des bâtiments.

Le rez-de-chaussée de ce bâtiment contient les salons, salle à manger, fumoir, boudoir, vestibule, escaliers d'honneur et de service, cuisines et dépendances.

Au 1er étage se trouve l'habitation du propriétaire.

« Le vestibule principal du rez-de-chaussée, grand parallélogramme de 18 mèt. de longueur sur 4 mèt. de largeur, dans lequel on pénètre par le côté du cloître, est voûté en plein cintre. Il contient l'escalier d'honneur et donne accès, à dr. à une salle à manger et à un fumoir, à g. aux divers salons et boudoir.

Ce bâtiment servait autrefois au rez-de-chaussée de réfectoire, cuisines et services, et au 1er étage d'habitation aux supérieurs du couvent.

Mme la baronne Nathaniel de Rothschild a fait restaurer à l'extérieur les parties dont l'état de vétusté nécessitait des réparations urgentes, et a fait agrandir les fenêtres, dont les ouvertures, qui éclairaient autrefois des cellules, étaient devenues insuffisantes pour les pièces d'habitation actuelles.

L'escalier, du style Louis XIII, a sur sa rampe de gros balustres carrés ; les murs sont revêtus dans toute leur hauteur de lambris en bois, de la même époque.

A l'extrémité de ce bâtiment, et du côté opposé à l'église, on remarque une ancienne porte fortifiée, du xve s., où se voit encore une meurtrière, et à la suite les restes de l'ancien moulin des moines, auprès d'un pont fortifié, situé à l'extrémité N. de la chaussée qui retient l'étang. Cet étang, d'une grande étendue, déverse ses eaux dans la petite rivière des Vaux, qui passe sous le moulin et traverse le parc de l'abbaye dans toute sa longueur.

Auprès de la porte ci-dessus décrite et perpendiculairement au bâtiment d'habitation, se trouve, au

1er étage, une galerie supportée par trois arcades à rez-de-chaussée, dont une, celle du milieu, sert de passage de voitures. Ce bâtiment, du XVIIe s., relie le bâtiment d'habitation à un pavillon qui se trouve en retour à son extrémité.

Ce bâtiment faisait autrefois partie d'un autre plus important formant dépendances de l'abbaye.

A 40 mèt. environ du chevet de l'église se trouve une source, très abondante, d'une eau limpide, d'une grande fraîcheur et d'un goût des plus agréables, connue sous le nom de *fontaine Saint-Thibaut*. Elle alimente une grande pièce d'eau qui forme un agréable point de vue pour l'habitation et dont le trop-plein se déverse dans la petite rivière des Vaux.

Cette fontaine est couverte par un petit monument carré formé sur chaque côté de trois arcades sup-

Ruines de l'église des Vaux-de-Cernay.

portées par des pilastres du plus pur style de la Renaissance, ornés de sculptures de la plus grande finesse. Ces pilastres et ces arcades proviennent du cloître du monastère qui avait été complétement réédifié au XVIe s.

Un toit pointu, couvert en tuiles, surmonté d'un épi en faïence de l'époque des pilastres et des arcades, achève de donner à ce monument un grand intérêt archéologique.

Auprès de cette fontaine on remarque un reste de piédestal surmonté d'une croix en ruine, du XIIIe s.

Un peu au-dessus du potager, sous une route forestière et dans l'enceinte du parc de l'abbaye, se trouve une sorte de petite salle voûtée contenant, à droite et à gauche, des piscines à l'usage de bains; on retrouve encore dans le fond de cette salle, dont la construction est du XIIe s., la source qui alimentait les

Les Vaux-de-Cernay d'après une photographie.

piscines, construites en maçonnerie, fort visibles encore.

Plusieurs sources d'eaux ferrugineuses jaillissent encore dans l'enceinte du parc de l'abbaye.

Un autre parc, d'une étendue égale à celui de l'abbaye et séparé du premier par la route du hameau des Vaux, a été ajouté à la propriété par Mme de Rothschild.

Il contient un bâtiment construit sous Louis XV, et que l'on nomme *le Prieuré*. Il servait, en effet, depuis cette époque, d'habitation aux divers prieurs de l'abbaye. Il contient aussi les bâtiments occupés par les écuries et remises, et longe le grand étang des Vaux (*V.* p. 624).

A l'angle opposé au parc de l'abbaye, au point où il confine à la route qui, venant de la station du Perray, traverse le village d'Auffargis et met en communication ce village avec Cernay-la-Ville, Mme la baronne N. de Rothschild a fait établir l'entrée principale de la propriété.

Pour constituer cette entrée, elle a fait placer sur le mur d'un saut-de-loup une grille en fer forgé d'une grande beauté, faite sous Louis XV et provenant de l'entrée principale du château d'Arnouville.

Cette grille, qui se compose d'une porte à deux vantaux, surmontée des armes du marquis de Machaud, et qui se termine à droite et à gauche par de grandes consoles à chardons en fer, a 10 mèt. de hauteur et 12 mèt. de largeur.

Une maison de garde, du style de l'abbaye, se trouve à droite en entrant à proximité de cette grille.

En pénétrant de ce côté dans la propriété, on traverse dans toute sa longueur le premier parc, celui du prieuré, et l'on pénètre dans le second parc, celui de l'abbaye, au moyen d'un passage de voitures pratiqué sous la route du hameau. On peut aussi aller d'un parc à l'autre par un passage de piétons au-dessus de la même route du hameau, en franchissant, au moyen de marches, la voûte d'une des anciennes portes fortifiées de l'abbaye.

Du sommet de l'escalier de cette porte fortifiée, à travers une fenêtre en ogive et de murs chancelants, on aperçoit à 40 mèt. en avant une autre porte fortifiée qui était la première porte d'entrée de l'abbaye. L'œil embrasse également, de là, la route du hameau et les deux parcs, les ruines de l'église et quelques maisons.

Si, au retour des Vaux-de-Cernay, on ne veut ni prendre la route de voitures, ni revenir sur ses pas, on peut adopter la direction suivante : en face de la chaussée de retenue, dans un enfoncement que signale une sablière anciennement exploitée, on prendra à dr. un chemin qui remonte au haut du coteau, près d'une maison de garde, à l'entrée des *bois Maréchaux* ; on suivra l'allée ombragée qui s'ouvre devant la maison du garde, et on ne tardera pas (5 à 6 min. de marche) à atteindre un vaste plateau. Dès lors, le chemin longe constamment la lisière du bois, à dr., et des terres cultivées, à g. Parvenu (15 à 20 min. de marche) à une plantation de châtaigniers qui borde la route à g., on continuera tout droit pour redescendre à Foucherolles et de là à Dampierre, ou, ce qui vaut mieux, on prendra à dr. un bon chemin de voitures qui, après avoir traversé une charmante et fraîche zone de forêt, va aboutir à Garne (*V.* ci-dessus), d'où l'on regagnera Dampierre.

Excursion à Cernay-la-Ville, par la route de Rambouillet.

7 kil. 1/2. — Route de voitures.

On sort de Chevreuse, comme pour aller à Méridon ; mais, après avoir franchi l'Yvette, on tourne à dr. pour prendre la route de Rambouillet que l'on suit constamment jusqu'à Cer-

Vue prise dans la vallée des Vaux-de-Cernay.

nay. On passe d'abord entre de riantes prairies, puis on traverse un vallon étroit, pittoresque, en longeant à dr. le parc de Dampierre; à g. la vue s'arrête sur le versant boisé du plateau de Méridon, au bas duquel se trouve *Choisel*, village de 436 hab. Un peu au-delà se montre à demi, entre de hautes plantations, le *château de Breteuil,* entouré d'un vaste et beau parc. A la sortie du vallon on parvient à un plateau uniforme, cultivé en céréales et s'étendant à l'E. jusqu'à Limours (*V.* ci-dessous), au S. jusqu'à la forêt de Rambouillet, et brusquement coupé à l'O., à peu de distance de la route, par le vallon des Vaux-de Cernay. On aperçoit à dr. une ou deux fermes et un joli pavillon du XVIIe s., avant d'arriver à **Cernay-la-Ville***, v. de 519 hab., où se trouve une source ferrugineuse et où l'on remarque quelques vieilles constructions. Cernay, comme Barbison et Marlotte à Fontainebleau, est un lieu de rendezvous pour les peintres et les paysagistes, qui viennent y chercher les modèles d'arbres et les motifs de paysage que leur offre la vallée des Vaux, à laquelle Cernay est rattaché par un chemin s'embranchant à la hauteur du grand moulin, sur la route de voitures de l'abbaye des Vaux-de-Cernay. La salle à manger de l'hôtel Margat est tout entière revêtue de peintures (paysages, portraits, études de fantaisie, caricatures) sur lesquelles, entre autres noms, on lit ceux de MM. Breton, Nazon, Jundt, Héreau, Lauron, Lambinet, Leconte, Leforestier. On remarque entre autres un paysage attribué à Corot.

Excursion à Port-Royal.

6 kil. environ par la route de Chevreuse à Versailles, 4 kil. 1/2 par le plateau de la Madeleine (chemin de piétons).

Si l'on veut suivre la route de Versailles, on prend la rue qui longe le collatéral N. de l'église (rue de Versailles), et à son issue la route de Versailles. A la sortie d'un beau défilé boisé, appelé *la Roche-Couloir,* on rencontre à g. le hameau de *Trottigny* (2 kil. 500 mèt. de Chevreuse). La route passe à travers des terres cultivées, limitées à dr. par des bois. A 1 kil. de Trottigny, on atteint un carrefour (auberge à g.) où la route de Chevreuse se raccorde avec celle de Dampierre à Versailles. On tourne alors à dr. et après 20 ou 25 min. de marche (2 kil. 1/2), on arrive à l'entrée de la vallée de Saint-Lambert; un sentier, qui se présente à g., conduit à une porte charretière donnant entrée dans l'enclos de Port-Royal. On prend à dr., puis ensuite on appuie à g. à travers une sorte de prairie-verger, vers le milieu de laquelle on remarque une ruine, qui paraît être le reste d'une tourelle, sans qu'on puisse cependant en préciser exactement la destination. Le sentier gagne le ruisseau de Port-Royal qu'il côtoie à dr., jusqu'au lieu dit *la Solitude.* — En face, un pont rustique donne accès dans une seconde prairie touchant immédiatement aux bâtiments de Port-Royal. En continuant de longer le ruisseau, on monte sur une chaussée au-delà de laquelle se montrent un étang et les bois de Trappes. — En suivant cette chaussée (à dr.), on se trouve bientôt à l'entrée de la ferme de Port-Royal.

Si l'on veut suivre le chemin d'en haut, plus court et plus agréable, on montera jusqu'à l'esplanade du château, que l'on contournera pour prendre le premier chemin à g. Ce chemin traverse sur 1,500 mèt. la partie découverte du plateau, puis se prolonge par une allée de forêt que signalent, dans le premier tiers du parcours, un poteau indicateur et un petit pavillon de chasse; on continuera de la suivre en ligne droite, et, à 2 kil. de distance, après avoir descendu et remonté deux profondes fondrières, on ne tardera pas à déboucher sur la route de Versailles où on tournera à dr. pour redescendre (400 ou 500 mèt.) jusqu'à la vallée de Saint-Lambert

Port-Royal et Saint-Lambert sont décrits ci-dessus, p. 108 à 112.

DE CHEVREUSE A LIMOURS.

Au-delà de Saint-Remi, la voie décrit une courbe sur un remblai élevé pour gagner le vallon de Saint-Paul. On entrevoit à dr. le *château de Coubertin*, et un peu plus loin, à g., dans une position agreste, le *château de Saint-Paul*. On remarque à dr. et à g. de vastes carrières, et bientôt après on s'élève sur un plateau qui s'étend jusqu'à Limours.

10e STATION. — LES TROUX.

5 kil. de Saint-Remi, 36 kil. de Paris, 4 kil. de Limours.

La station des Troux dessert ce v. (191 hab.), situé à dr., et *les Molières*, 470 hab., situé sur la g. Ces deux localités n'offrent aucun intérêt.

Cernay-la-Ville.

11e STATION. — LIMOURS.

4 kil. des Troux, 40 kil. de Paris. — Le village est situé à 600 mèt. de la gare, 11 kil. d'Orsay, 4 kil. de Forges, 6 kil. de Briis, 16 kil. d'Arpajon, 15 kil. de Dourdan, 10 kil. de Rochefort, 14 kil. de Saint-Arnoult, 9 kil. de Cernay-la-Ville, 21 kil. de Rambouillet.

Limours *, ch.-l. de c. de 1,204 hab., est situé dans un vallon. — En sortant de la gare on tourne à g. et, dans le prolongement du chemin d'accès, on trouve une longue rue bordée de maisons de campagne et descendant à Limours; en tournant à g., à l'extrémité de cette rue, on gagne la place du Marché, sur laquelle la mairie et l'église ont leur façade.

Le château construit, dit-on, par la duchesse d'Etampes, habité par Diane de Poitiers, embelli par Richelieu qui le vendit à Gaston d'Orléans, a été démoli pendant la Révolution et en 1835.

L'*église*, bâtie sous François 1er, appartient à la dernière période du style ogival. Le portail est flanqué d'une tour demeurée inachevée. L'intérieur (une seule nef) est éclairé par des fenêtres ogivales à triples divisions, ornées de vitraux de couleur, d'une très-riche exécution; l'ancienne chapelle seigneuriale forme la sacristie.

Limours possède une charmante promenade tracée au milieu d'un bois, sur le versant d'un coteau, à l'E. de la ville. Outre plusieurs jolies maisons, on y remarque deux belles habitations entourées de très-beaux jardins.

L'industrie locale est principalement représentée par une fabrique importante de poteries, tuyaux de drainage et briques.

Excursion à Forges et à Briis.

Une route agréable mène de Limours à (4 kil.) Forges (30 à 35 min. par l'omnibus de correspondance).

Forges-les-Bains* (établissement d'eaux minérales), 849 hab., est situé dans une jolie vallée doucement inclinée de l'E. et à l'O. et abritée des vents du N. par des collines de faible élévation, couronnées de bois.

Le premier emploi des eaux de Forges remonte à 1822, et l'*établissement*, dont la distribution a été améliorée en 1853, fonctionne régulièrement depuis 1838.

Les sources, très-nombreuses, fournissent une quantité d'eau considérable. Cette eau, employée également aux usages ordinaires, est d'une limpidité parfaite, agréable à boire et légère à l'estomac. Le hasard fit reconnaître en 1822 leur efficacité pour le traitement de certaines maladies et particulièrement pour les affections scrofuleuses chez les enfants. — Sans qu'on puisse encore parfaitement caractériser les causes déterminantes de leur action thérapeutique, celle-ci est néanmoins incontestable, et de nombreux cas de guérison ont prouvé leur vertu fortifiante. La présence de l'oxyde de fer semble avoir une part importante dans cette action tonique. L'analyse a fait reconnaître dans les eaux de Forges des sulfates de chaux et de soude, du carbonate de chaux, de l'oxyde de fer, des chlorures de calcium, de magnésium et de sodium et une substance organique dont la composition intime n'est pas encore bien déterminée.

Les eaux de Forges se prennent en boisson et en bains dans une proportion et pendant un temps pour lesquels il est indispensable d'avoir les conseils d'un médecin.

L'*établissement des eaux* (dans la grande rue du village, à dr., un peu au-delà de l'église) comprend deux pavillons d'habitation (salles de réunion et chambres meublées); celui de dr. renferme, en outre, les cabinets de bains et les appareils de douches. Le jardin qui s'étend derrière la maison renferme un large bassin à ciel ouvert, pour les bains froids, en pleine eau. Bien que les eaux de Forges soient spécialement employées pour les affections scrofuleuses des enfants, elles sont aussi indiquées aux personnes de tout âge pour le traitement des chloroses, névroses, rhumatismes, paralysies et dispositions anémiques.

Un *nouvel établissement* a été construit à Forges, mais le propriétaire n'a pas cru devoir le mettre en activité.

L'administration de l'assistance publique à Paris a créé à Forges, en 1859, un *hôpital* placé dans une excellente position (à g. avant d'arriver à l'église), parfaitement aménagé pour les enfants alités atteints de scrofules ou d'infirmités analogues (50 garçons et 50 filles). Cet établissement, tenu avec un grand soin, mérite d'être visité.

L'*église* de Forges, bâtie sur un tertre dominant le village, manque de façade parce que la maison du prieur y était appuyée; elle présente à l'entrée latérale du S. quelques vestiges intéressants de sculptures de l'époque ogivale; le chœur date du XIIIe s. Une *Sainte Famille*, derrière le maître-autel, est signée Carle Vanloo.

Outre la vallée de Chevreuse, que le chemin de fer de Limours a mise à

1 h. de Forges, on compte quelques curieux points d'excursion aux environs de Forges. Nous nous bornerons à indiquer l'excursion au (6 kil.) magnifique *château* du duc d'Uzès à *Bonnelle,* par le *château de Billy,* également remarquable ; au château du duc de Padoue à (5 kil.) *Courson* (galerie des tableaux) par Briis, etc.

Si l'on veut revenir à pied à Limours, au lieu de suivre de nouveau la route de voitures, on prendra derrière l'église un joli chemin redescendant jusqu'au *château* pittoresque *du Pivot;* là, on tournera a g. par une route qui vient aboutir à la principale rue de Limours, après avoir longé un beau jardin (30 min. de marche environ depuis Forges).

Le prolongement de la route de Forges mène directement (2 kil. — 10 min. par l'omnibus ; 20 min. à pied) à *Briis-sous-Forges,* charmant village de 738 hab., bâti sur une éminence adossée à une colline boisée. L'*église*, dont l'intérieur est sans

Limours.

caractère, sauf le chœur qui présente des traces d'architecture ogivale, conserve au S. une curieuse porte du XIIᵉ s. Derrière le chevet s'élève une grande et belle *tour* carrée, dernier reste du château de Briis où, suivant une tradition, contestée d'ailleurs, Anne de Boleyn aurait passé une partie de sa jeunesse.

Briis, qui renferme de jolies maisons de campagne, n'est qu'à 10 à 11 kil. d'Arpajon (*V.* Section XXVI).

SECTION XXIX

DE PARIS A FONTENAY-AUX-ROSES

A CHATILLON ET A BAGNEUX [1]

Après avoir dépassé les fortifications, on laisse à g. **Montrouge**, gros village de 4,377 hab., réduit de moitié par l'annexion à la commune de Paris du Petit-Montrouge et de quelques autres quartiers. On trouve à

[1] Pour le service des tramways, V. l'*Introduction*.

Montrouge de nombreux établissements industriels et des carrières de pierre activement exploitées.

Au-delà de Montrouge, du côté opposé de la route, apparaît le fort de Vanves. Rien de plus laid que cette plaine, sur laquelle on n'aperçoit, quand les maisons qui bordent la route n'interceptent pas la vue, que les affreuses roues maigres qui sont destinées à monter les pierres du fond des carrières au niveau du sol. Mais on la traverse vite, et à l'horizon se montrent les coteaux boisés de Châtillon, de Clamart et de Meudon. On aperçoit à g. le clocher de Bagneux avant d'atteindre les premières maisons de Châtillon.

CHATILLON.

7 kil. 1/2 de Paris, 1 kil. de Bagneux, 1 kil. 1/2 de Fontenay-aux-Roses, 2 kil. de Clamart, 8 kil. de Bièvre, 3 kil. 1/2 du Plessis-Piquet, 3 kil. de Sceaux.

Châtillon-sous-Bagneux, v. de 3,000 hab., n'a de vraiment curieux que le plateau sur lequel il est situé et d'où l'on jouit d'une vue magnifique sur Paris et la vallée de la Seine.

C'est sans doute à sa position stratégique que le village de Châtillon doit l'existence du Châtelet (*castellio*) qui lui a donné son nom. Il est fait mention pour la première fois de Châtillon dans un cartulaire de Notre-Dame des Champs lez Paris, qui porte la date de 1192. La principale seigneurie, car il y en avait plusieurs, appartenait à l'abbaye de Saint-Germain des Prés. Un lieutenant criminel de Paris, Richard Tardieu, seigneur de Ménil, un des ancêtres de ce conseiller au Parlement dont Boileau peint, dans sa x[e] satire, la sordide avarice, en fit l'acquisition. Colbert l'acheta à son tour, et elle passa au duc du Maine avec la baronnie de Sceaux. L'histoire a fait peu mention de Châtillon; cependant Monstrelet rapporte que le duc de Bourgogne, Jean sans Peur, campa sur la montagne pendant huit jours, en 1417, avant d'aller mettre le siège devant Montlhéry.

L'importance de la situation stratégique de Châtillon s'est manifestée surtout durant le dernier siège de Paris. Dès les premiers revers de nos armées, on s'aperçut bien vite que le génie militaire avait commis une grave erreur, en 1841, lorsque, en déterminant le tracé des forts, il laissa sans défense particulière le plateau de Châtillon. Lorsqu'on voulut guérir ou du moins pallier le mal, il n'était plus temps : les ouvrages en terre qu'on y exécutait à la hâte n'étaient encore ni achevés ni armés, lorsque les Allemands se présentèrent avec leur artillerie, le 19 septembre 1870, sur les hauteurs voisines. La redoute fut abandonnée et servit à nos ennemis qui, de là, firent le plus grand mal aux forts de Vanves et d'Issy, ruinèrent le château de Meudon et purent prendre en écharpe la partie de l'enceinte fortifiée qui sépare Auteuil et Passy du bois de Boulogne.

Pour mettre fin à une si fâcheuse situation, on essaya de reprendre la redoute. Le 13 octobre, le général Vinoy eut ordre de diriger, comme général en chef, une grande reconnaissance dans la direction du plateau de Châtillon. A droite, cinq compagnies de gardes forestiers marchaient sur Clamart, et la brigade Susbielle sur Châtillon ; à g., sous les ordres du général de la Mariouse, le régiment des mobiles de la Côte-d'Or et un bataillon des mobiles de l'Aube, avec le 35e de ligne en réserve, se portaient sur Bagneux ; la brigade La Charrière prenait position entre Bagneux et la maison Pichon ; enfin, la brigade Dumoulin était placée comme réserve en arrière du fort de Montrouge. A 9 h., le fort ouvrit son feu sur Bagneux ; la tête de colonne, placée à la maison Pichon, et les mobiles de la Côte-d'Or et de l'Aube s'élancèrent intrépidement et malgré la fusillade de l'ennemi retranché derrière les murs crénelés d'un parc et, dans les maisons de Bagneux, ils enlevèrent le village en une demi-heure. Le commandant de Dampierre, des mobiles de l'Aube, périt glorieusement dans ce combat.

L'attaque de Châtillon fut plus difficile : il fallait emporter successivement les maisons crénelées par l'ennemi très-fortement établi dans le village. Ce retard donna le temps aux Allemands de réunir leurs réserves. Ils ouvrirent bientôt sur nous un feu d'artillerie très-vif, mais auquel les forts ripostaient avec avantage. Maître de Bagneux, le général Vinoy espérait occuper Châtillon avant la fin du jour ; il comptait du moins se maintenir dans ses positions, d'où l'on pouvait le

CHATILLON.

lendemain tenter, avec de plus grandes forces, l'attaque du plateau que nous avions si malheureusement abandonné le 19 septembre. N'ayant pas d'ordre à cet égard, il envoya au général Trochu le télégramme suivant : « Nous sommes « maîtres de Bagneux, je prends des me- « sures pour nous y maintenir; voulez- « vous le conserver? » La réponse du gouverneur n'autorisait pas le général Vinoy à développer ainsi l'opération commencée avec tant de succès, et laissait le général Blanchard, commandant la droite, libre d'opérer la retraite quand il le jugerait convenable ; vers deux heures et demie, cet officier informa le général Vinoy qu'il se préparait à se retirer. L'artillerie ennemie, de plus en plus nombreuse, couvrait de ses obus nos troupes et les villages de Bagneux et de Châtil-

Monument élevé, à Bagneux, aux victimes de la journée du 13 octobre 1870.

lon. A 3 h., le général en chef, n'ayant pas reçu de nouveaux ordres du gouverneur de Paris, dut ordonner la retraite. Dès qu'il s'aperçut de notre mouvement, l'ennemi se précipita au travers de Bagneux comme pour nous poursuivre, mais nos troupes s'arrêtèrent, se retournèrent et ouvrirent sur l'ennemi les feux de deux rangs pendant que les forts et les batteries de campagne tiraient avec une extrême vivacité sur Bagneux et Châtillon. Les Allemands s'arrêtèrent aussitôt, se rejetèrent en désordre dans les villages, et bientôt le feu cessa.

La redoute de Châtillon ne fut abandonnée par les Prussiens que pour tomber au pouvoir de la Commune. Lors de la deuxième sortie des fédérés, le 3 avril 1871 (V. *Rueil*, p. 142), le plateau de Châtillon fut le théâtre d'un combat d'artillerie très-vif. Cette position était aussi menaçante pour Versailles qu'elle l'avait été pour Paris, et il fallait s'en emparer à tout prix. Le lendemain, à 6 h. 30 min. du matin, une habile manœuvre y amenait la brigade Derroja et la division Pellé, qui surprirent la garnison du fort et la forcèrent à capituler. 9 canons et 1,500 hommes furent pris, et parmi eux le nommé Duval, créé général par la Commune. Duval fut immédiatement fusillé. Un nouveau *fort* remplace, depuis 1877, la redoute improvisée de Châtillon.

L'*église* de Châtillon est un monument de la Renaissance, dominé par un clocher assez lourd d'ordre ionique (fin du XVIe s.), et voûté sur ogives à l'intérieur. La *mairie* est un bâtiment moderne d'un aspect agréable, mais sans caractère.

Des carrières de pierres de taille et des jardins maraîchers sont exploités sur le territoire; des champignons sont cultivés dans les carrières abandonnées.

Du haut de la côte de Châtillon, on peut gagner en 30 min. (sans passer par Clamart) les bois de Meudon, qui offrent les plus agréables promenades des environs de Paris (*V.* p. 92).

FONTENAY-AUX-ROSES.

Fontenay-aux-Roses est à 10 min. de Châtillon; on peut s'y rendre, soit en suivant la route, soit en se jetant sur la g., dans de petits sentiers bordés de cerisiers, de groseilliers et de fraisiers, et en se dirigeant sur le clocher de l'église. On peut aussi y aller par Bagneux. C'est une excursion qui ne demande que 10 min. Fontenay est décrit, Section XXVII, p. 595.

BAGNEUX.

8 kil. 1/2 de Paris, 1 kil. de Châtillon et de Fontenay-aux-Roses, 3 kil. de Montrouge, 2 kil. 1/2 de Bourg-la-Reine, d'Arcueil et de Sceaux.

De Châtillon à Bagneux, 10 min. suffisent; les maisons se touchent presque, ou plutôt les deux villages sont reliés ensemble par un chemin bordé d'agréables maisons de campagne. Bagneux a, pour le Parisien, et par les mêmes raisons, autant d'attrait que Châtillon. Il est assis sur le même plateau, mais à l'extrémité opposée.

Si l'on part de Montrouge (*V.* p. 633) pour se rendre à Bagneux, on a le choix entre trois routes différentes : l'une est appelée *le pavé d'Orléans*, que l'on abandonne un peu avant Bourg-la-Reine pour prendre sur la dr.; l'autre est le chemin de Châtillon; enfin il est un petit sentier qui part de l'église de Montrouge, serpente à travers les blés et les seigles, grimpe sur un petit coteau planté de vignes, et débouche enfin au milieu même de Bagneux. On traverse ainsi la plaine presque sans s'en apercevoir, et l'on gagne sans fatigue ce premier rideau de collines, derrière lequel on rencontre, dans toutes les directions, les plus charmants paysages.

Bagneux, v. de 1,459 hab., dont l'industrie consiste aussi dans l'exploitation de carrières de pierre et de plâtre, est un des séjours préférés des habitants de la rive g. qui peuvent se permettre les douceurs de la villégiature. Il mérite cette préférence par sa situation délicieuse au sommet d'une colline d'où l'on découvre, d'un côté, Paris et ses monuments, de l'autre le gracieux vallon que dominent Sceaux et Fontenay. Bagneux existait déjà au XVe s. Le roi Dagobert y possédait des vignobles, et il y eut plus tard une commanderie de Templiers.

Un favori du cardinal de Richelieu, Benicourt, avait une maison de plaisance à Bagneux. Quand on démolit ce petit château, à la Révolution, on trouva dans un pavillon un puits dont l'ouverture était bouchée, et qui contenait des ossements, des bijoux, des débris de vêtements. On

BAGNEUX. 637

en conclut, avec quelque apparence de raison, qu'une partie de la demeure du favori avait été complaisamment convertie en oubliettes, et que Richelieu y avait fait enfermer plus d'une victime. Mais, si vraisemblable que soit cette supposition, rien de bien positif n'est venu en démontrer la vérité.

L'église, très-intéressante (mon. hist.), offre un plan rectangulaire sans abside, du commencement du XIIIe s. Quatre travées, fort larges, forment la nef; trois travées plus étroites comprennent le chœur, si l'on compte pour deux la dernière, couverte seule par une voûte sexpartite. Voici l'analyse d'une travée de la

Portail de l'église de Bagneux.

nef : arcade reposant sur des colonnes monocylindriques, trois colonnes en faisceau supportant beaucoup plus haut les nervures de la grande voûte; triforium composé de trois arcades en plein cintre, celle du milieu étant un peu plus haute; toutes trois sont encadrées par un arc en anse de panier, forme rare au XIIIe s.; oculus formant clerestory, comme à Ferrières, Arcueil, Bougival, etc.; arcs-boutants. Aux travées du chœur, le triforium n'a que deux arcades encadrées par un arc-bombé. Les piliers qui supportent l'arc-doubleau intermédiaire de la voûte sexpartite sont composés, à g. d'une grosse colonne entourée de huit colonnettes isolées, et à dr. de quatre colonnes dégagées. Les ouvertures du clerestory du chœur sont des fenêtres en ogive et non des œils-de-bœuf.

La tour de l'église est moderne et sans caractère ; mais elle s'élève sur l'emplacement de l'ancienne.

La porte occidentale très-intéressante et fort mutilée, a six colonnes ; les deux plus rapprochées de la baie sont plus petites ; trois de ces colonnettes ont des chapiteaux historiés. Au tympan, le Père Éternel (ou le Christ?) entouré d'anges céroféraires. L'archivolte est ornée de billettes, de dents de scie et de magnifiques palmettes. Tout le portail porte de nombreuses traces de peintures. Au-dessus, plusieurs arcades en plein-cintre sont surmontées d'une rose datant seulement, ainsi que les contre-forts, d'une mauvaise restauration exécutée en 1845.

Bagneux a été, comme Châtillon, le théâtre de plusieurs engagements durant le siége de Paris. Un monument y a été élevé aux victimes de ces divers combats et notamment de celui du 13 octobre (*V.* ci-dessus, p. 634).

DE FONTENAY-AUX-ROSES AU PLESSIS-PIQUET, A ROBINSON ET A AULNAY.

Quand on sort de Fontenay par la *Voie Creuse*, qui est bordée de noyers, on arrive en quelques min. au sommet d'une petite éminence d'où l'œil embrasse un panorama assez varié : prairie, grands bois, villages aux blanches maisons, et à l'horizon la gigantesque silhouette de la tour de Montlhéry. Un peu plus loin, les grands arbres qui bordent le chemin se croisent en berceau, et une côte assez rapide descend vers l'étang du Plessis. Avant d'y arriver, on trouve sur la dr., à l'endroit où se rencontrent les routes du Plessis et d'Aulnay, et vis-à-vis de la guinguette du *Coup du Milieu*, un sentier, qui, en 2 min., mène à la *fosse Bazin*. La fosse Bazin ne se décrit pas, mais on ne saurait venir à Fontenay sans la visiter : c'est une gorge des Alpes ou un col des Pyrénées, en miniature, bien entendu.

Le Plessis-Piquet et Aulnay sont décrits ci-dessus, Section XXVIII, p. 600 et 601.

SECTION XXX

LES BATEAUX A VAPEUR [1].

Les environs de Paris sont arrosés par un fleuve et deux rivières navigables, la Seine, la Marne et l'Oise. Mais les détours multipliés que font ces cours d'eau ont rendu impossible, même avant l'établissement des chemins de fer, la création ou le maintien de services réguliers de bateaux à vapeur entre les villes et les villages situés sur leurs rives. Divers essais ont été tentés, ils ont échoué. Pour le transport des voyageurs, il n'existe que les *Mouches* qui desservent avec succès depuis 1867 l'intérieur de Paris, Charenton et Suresnes, et les *Hirondelles*, qui vont seulement à Suresnes, en partant de la place du Louvre. Un troisième service, celui des *Étoiles*, relie, en été seulement, le Pont-Royal à Suresnes.

DE PARIS A SURESNES.

Si l'on s'embarque pour Suresnes au Pont-Royal ou au quai d'Orsay, on passe successivement sous les ponts de Solférino, de la Concorde, des Invalides, d'Alma et d'Iéna, en voyant se dérouler, des deux côtés du fleuve, une partie de la ville et de ses principaux monuments : à dr.

[1]. Pour les services, V. l'*Introduction*.

le jardin des Tuileries, auquel font face, sur la rive g., le palais de la Légion-d'Honneur; à dr. encore, la place de la Concorde, les Champs-Elysées, le Cours-la-Reine, la manutention militaire et la place pittoresque du Trocadéro; à g., le palais du Corps-Législatif, l'esplanade et le dôme des Invalides, la manufacture des tabacs, le Champ de Mars. On longe ensuite, à g., l'*île des Cygnes*, que de grands travaux ont convertie en une jetée longue et étroite, formant, au milieu de la Seine, une promenade plantée d'arbres. A l'extrémité occidentale de cette île s'appuie le pont de Grenelle.

Les hauteurs de Passy, d'Auteuil et du Point-du-Jour, couvertes de jolies maisons et de jardins étagés, charment bientôt la vue, à dr., tandis que, sur la g., on commence à découvrir, par-delà la plaine de Grenelle, Vanves, Issy et les ruines de son château. En face, l'attention est depuis longtemps attirée par le magnifique viaduc du chemin de fer de Ceinture, dont les arches reposent sur un pont inférieur de cinq travées, ouvert aux voitures et aux piétons. Sur la dr. ce gigantesque viaduc se continue, en décrivant une ligne courbe, jusqu'à la gare d'Auteuil, près du bois de Boulogne.

Quand on a dépassé le viaduc, on se trouve hors de Paris et l'œil embrasse un charmant paysage. En avant, se dressent les riants coteaux de Fleury et de Meudon (p. 88.) Le viaduc sur lequel le chemin de fer de l'Ouest franchit le val Fleury dessine ses arcades sur la verdure de l'horizon.

Le fleuve décrit une courbe immense pour aller passer au pied des collines boisées de Sèvres et de Saint-Cloud. A g., on longe l'*île de Billancourt*, sur laquelle s'appuie le pont de Billancourt. L'*île Séguin* vient ensuite, au-delà des Moulineaux et du Bas-Meudon. On distingue bientôt les premières villas de Bellevue (p. 94), puis, en se dirigeant vers le N., Sèvres (p. 96), Saint-Cloud (p. 8), son église moderne, les ruines du château, le parc avec sa cascade et ses beaux ombrages. A dr., Boulogne et son joli clocher s'offrent à la vue, en-deçà du bois de Boulogne. Plus loin, à g., bien au-delà du pont de Saint-Cloud où l'on fait escale, on voit se dresser le Mont-Valérien (p. 6), dominant le village de Suresnes et l'hippodrome de Longchamp, près desquels s'arrête le bateau à vapeur.

DE PARIS A CHARENTON.

La promenade de Paris à Charenton par le bateau à vapeur présente peu d'intérêt. Au-delà des fortifications, on ne voit, à dr., qu'une plaine dominée par le clocher et le fort d'Ivry. A g. se montrent le nouvel entrepôt de Bercy, le petit village de Conflans et Charenton-les-Carrières, en avant du bois de Vincennes. A peine a-t-on atteint le confluent de la Seine et de la Marne, que l'on passe sous le viaduc du chemin de fer de Lyon, pour s'arrêter au pont de Charenton.

Charenton est décrit dans la Section XXIII, p. 428.

FIN.

INDEX ALPHABÉTIQUE.

A

Abbaye [L'], 358.
Abbaye [L'], 434.
Abbaye-aux-Bois [L'], 612.
Ablon, 556.
Achères, 159.
Acy-en-Multien, 346.
Adamville, 421.
Aigremont, 159.
Alfort, 430.
Andilly, 256.
Andrésy, 193.
Antony, 606.
Arbalète [Chateau de l'], 537.
Arcueil, 589.
Argenteuil, 204. — Hôt.: *de la Ville-de-Paris*, Grande-Rue, 122; *du Cœur-Volant*, Grande-Rue, 101; *du Soleil-d'Or*, en face du pont. — Restaurants: *Foullain, Chéron*, en face du pont.
Armainvilliers [Chateau d'], 379.
Arnouville, 267.
Arpajon, 582. — Hôt.: *du Lion-d'Argent, de la Fontaine.*

Asnières, 2. — Hôt.: *Cassegrain* (Pâté), Grande-Rue, à l'entrée du pont. — Rest.: *de la Terrasse, du Chalet, Garnier, Rivière, Gratiot, Picot, Mongendre,* sur les quais; *Rispal*, près du pont de Clichy; *Duvau,* rue des Dames. — Brasseries et cafés: *de l'Amirauté, de l'Univers, de la Terrasse*; — Bateaux et canots: près du pont du chemin de fer; *Delmez,* au pont de Clichy. — Hydrothérapie, Grande-Rue, 26.

Asnières-sur-Oise, 265.
Athis, 557.
Aubergenville, 196.
Aubervilliers, 331.
Auffargis, 116.
Auger-Saint-Vincent, 330.
Augerville, 552.
Aulnay, 602.
Aulnay-lès-Bondy, 334.
Auvers, 235.
Auvers-Saint-Georges, 570.
Avron [Plateau d'], 359.

B

Bagneux, 636.
Bagnolet, 417.
Baillet, 262.
Bailly, 161.
Bailly-Carrois, 391.
Bailly-Romainvilliers, 366.
Ballancourt, 546.
Barbery, 330.
Barbison, 527.
Barre [La], 226.
Baville [Buttes de], 584.
Baville [Chateau de], 583.
Bazin [Fossé], 638.
Bazoches, 113.
Beaumont-sur-Oise, 238. — Hôtel *des Quatre-Fils-Aymon.*

Beauregard [Chateau de], 433.
Beauregard [Parc de], 182.
Beausserons [Les], 437.
Beauvoir, 390.
Beaux-Monts [Les], 318.
Béhoust, 133.
Bel-Air-Ceinture, 399.
Bellefontaine, 270.
Bellevue, 94. — Rest.: *du Chemin-de-Fer, de la Tête-Noire.*
Belloy, 263.
Bel-Ombre [Chateau de], 412.
Bercy, 427.
Berny [Le Mont], 316.
Bertranfosse [Chateau de], 270.
Bessancourt, 241.

INDEX ALPHABÉTIQUE.

Béthancourt, 321.
Béthemont, 262.
Béthisy-Saint-Martin, 321.
Béthisy-Saint-Pierre, 321.
Bezons, 184.
Bicêtre [Hospice de], 592.
Bièvre, 611.
Billy [Chateau de], 633.
Blandy, 390.
Bobigny, 357.
Boigneville, 548.
Bois-d'Ajeux [Le], 392
Bois-d'Arcy, 128.
Bois-le-Roi, 444.
Bois-le-Vicomte [Chateau de], 335.
Boissy-Saint-Léger, 424.
Boissy-sans-Avoir, 133.
Bondy, 357.
Bonneuil-en-Valois, 321.
Bonneuil-sur-Marne, 424.
Boran, 238.
Bouchet [Poudrerie du], 547.
Bouffemont, 262.

BOUGIVAL, 167. — Rest. : *de l'Union* (Gérin), *Pascal-Souvent*, du *Point-du-Jour* (Palos-Souvent), tous trois sur le quai; *Prudent*, *Durocher*, *des Canotiers*, dans l'île Pignon. — Poste, rue de Versailles, 24. — Télégraphe, rue de Versailles, 47. — Loueurs de voitures : *Prancher*, 4, rue de Versailles, et *Dubernet*, même rue, n° 20. — Bureau des tramways de Rueil à Marly, en face du pont.

Boulogne-sur-Seine (*V.* le volume de l'Itinéraire général de la France, intitulé : *Paris illustré*).
Bouray, 570.

Bourg-la-Reine, 594.
Bourget [Le], 332.
Bourgfontaine, 352.
Boussy-Saint-Antoine, 137.
Boutigny, 548.
Bray, 330.
Brenouille, 290.
Breteuil [Chateau de], 630.
Breteuil [Pavillon de], 14.
Brétigny, 569.
Breuil, 562.
Breuillet, 582.
Brévannes [Chateau de], 425.
Bréviaire [La], 311.
Brezin [Hospice], 105.
Briche [La], 266.
Brie-Comte-Robert, 425. — Hôt. : *de la Grâce-de-Dieu, des Trois-Rois*.
Briis-sous-Forges, 633.
Brimborion, 94.
Brolle [Chateau de], 441.
Broué, 131.
Bruel, 196.
Brunehaut [Chateau], 580.
Brunoy, 436. — Nombreux restaurants. — Tir.
Bruyères, 238.
Bruyères [Les], 166.
Bruyères [Ferme des], 94.
Buc, 611.
Buc [Aqueduc de], 614.
Bures, 616.
Bussy-Saint-Georges, 366.
Bussy-Saint-Martin, 366.
Butard [Le], 183.
Buzenval [Chateau de], 162.
By, 532.

C

Cachan, 591.
Camaldules [Couvent des], 431.
Carnelle [Forêt de], 263.
Carrières [Les], 429.
Carrières-Saint-Denis, 146.
Carrières-sous-Bois, 160.
Carrières-sous-Poissy, 193.
Cascade [Passage des], 622.
Cassan [Chateau de], 237.
Celle-Saint-Cloud [La], 181.
Celle-sur-Morin [La], 384.
Cercay [Chateau de], 425.
Cergy, 194.
Cernay-la-Ville, 630. — Hôt. *Margat*.
Cesson, 438.
Chaintreauville, 535.
Chalifert [Canal de], 375.
Chalis [Abbaye de], 343.
Chamant, 330.

Chamarande, 570.
Chamarande [Chateau de], 570.
Chambly, 238.
Chambourcy, 159.
Champagne, 238.
Champagne, 532.
Champeaux, 390.
Champeaux-d'Andilly [Les], 256.
Champigny, 421.
Champlan, 609.
Champlatreux [Chateau de], 263.
Champlieu, 310.
Champmotteux, 550.
Champrosay, 538.
Chanteloup, 195.

CHANTILLY (Oise), 274. — Histoire, 275. — L'église, le château, 279. — Les courses, 282. — Forêt, promenades, 281.

INDEX ALPHABÉTIQUE.

Hôtels : — *du Cygne* ; — *des Bains* ; — *du Lion-d'Or* ; — *de la Pelouse* ; — *d'Angleterre*. — On trouve partout des remises, des chambres et des appartements meublés à louer pendant la saison des courses. — Voit. pour *Senlis*.

CHANTILLY [FORÊT DE], 284.
CHANTOISEAU, 531.
CHANTROPIN, 586.
CHAPELLE [LA], 208.
CHAPELLE-EN-SERVAL [LA], 272.
CHAPELLE-LA-REINE [LA], 534.
CHAPELLE-SAINT-JOUAN [LA], 128.
CHAPELLE-SUR-CRÉCY [LA], 368.
CHARENTON [LAC DE], 416.
CHARENTON-LE-PONT, 428.
CHARENTONNEAU, 432.
CHARENTON-SAINT-MAURICE, 429.
CHARTRETTES, 443.
CHASSE [CHATEAU DE LA], 257.
CHATEAU-FÉE [CARREFOUR DU], 350.
CHATEAUFORT, 616.
CHATEAU-GAILLARD, 432.
CHATENAY, 604.
CHATILLON-SOUS-BAGNEUX, 634.
CHATOU, 144. — Hôt. : *du Soleil-d'Or*, *du Tourne-Bride*. — Restaurants à l'entrée du pont.
CHAUMES, 390.
CHAUMONT [BUTTE DE], 609.
CHAUVRY, 262.
CHAVILLE, 100.
CHELLES, 362.
CHENNEVIÈRES, 423.
CHENNEVIÈRES-EN-FRANCE, 269.
CHERISY, 135.
CHESNAY [LE], 182.
CHEVILLY, 592.
CHEVINCOURT [CHATEAU DE], 617.
CHEVRETTE [CHATEAU DE LA], 226.
CHEVREUSE, 618. — Hôt. *du Lion-d'Or*.
CHEVRIÈRES, 292.
CHEVRY, 426.
CHILLY-MAZARIN, 561.
CHOISY-LE-ROI, 555.
CLAMART, 83.
CLAYE, 335.
CLAYES [LES], 128.
CLICHY [PONT DE], 4.
CLICHY-EN-L'AUNOIS, 361.
CLICHY-LA-GARENNE, 2.
CŒUILLY [CHATEAU DE], 379.
COLOMBES, 203.
COMBAULT, 379.
COMBS-LA-VILLE, 437.
COMMELLE [ÉTANGS DE], 284.
COMPANS-LA-VILLE, 335.

COMPIÈGNE, 294. — Situation, aspect général, 294. — Histoire, 295. — Édifices religieux, 296. — Édifices civils, 298. — Le château, 300. — Le parc, 306. — La forêt, 306. — Champlieu, 310. — Morienval, 310. — Saint-Nicolas-de-Courson, 310. — Saint-Jean-au-Bois, 310. — Sainte-Périne, 311. — Saint-Corneille, 312. — Pierrefonds, 312. — Saint-Pierre, 316. — Saint-Marc, 318. — Les Beaux-Monts, 318.

Hôtels : — *de la Cloche*, à côté de l'hôtel de ville ; — *de France* ; — *du Soleil-d'Or*.
Loueurs de voitures : — *Grenier Pierson*, *Klieski*, près de la gare.
Télégraphe : — rue Napoléon, près l'hôtel de ville.
Poste : — rue Vivenel, près du Cours

COMPIÈGNE [FORÊT DE], 306.
CONFLANS, 428.
CONFLANS-SAINTE-HONORINE, 187.

CORBEIL, 540. — Hôt : *de la Belle-Image*, *du Mouton-Blanc*. — Rest.: *du Grand-Balcon*. — Télégraphe, à la mairie. — Poste, à côté du chœur de l'église Saint-Spire. — Voitures. (*V. l'Introduction*).

CORBEVILLE [CHATEAU DE], 615.
CORMEILLES-EN-PARISIS, 206.
CORNILLON [CANAL DE], 375.
COUBERT, 389.
COUBERTIN [CHATEAU DE], 618.

COULOMMIERS, 386. — Hôt. : *de France*, *du Soleil*, *du Méridien*, *de l'Ours*.

COURANCES, 534.

COURBEVOIE, 4. — Cafés-restaurants *Mérard*, quai de Seine, 1 ; — *Chamarande*, place du Port. — Bains Ste-Marie, hydrothérapie, rue du Château, 11.

COURCELLES, 2.
COURCELLES, 617.
COUR-NEUVE [LA], 332.
COURQUETAINE, 389.
COURSON, 633.
COURSON-L'AUNAY [CHATEAU DE], 583.
COURTALIN, 385.
COURTEUIL, 323.
COYE, 273.
CRÉCY, 367. — Hôt. *de l'Écu*.

CREIL, 287. — Hôt. *du Chemin-de-Fer*. — Voit.: *Autin*, près de la gare. — Omnibus pour *Senlis*.

CRÉPY-EN-VALOIS, 345. — Hôt. *de la Bannière*.
CRÉTEIL, 432.
CROISSY, 146.
CROIX-DE-BERNY [LA], 605.
CROIX-SAINT-OUEN [LA], 319.
CROSNE, 133.

D

DAMMARIE-LES-LYS, 443.
DAMMARTIN-EN-GOËLE, 336. — Omnibus pour la station. — Hôt. *Sainte-Anne*. — Voit. pour *Meaux*.
DAMMARTIN-SOUS-TIGEAUX, 384.
DAMPIERRE, 622.
DAMPLEUX, 850.
DÉSERT-DE-RETZ, 181.
DEUIL, 226.
DOMONT, 262.
DONNEMARIE-EN-MONTOIS, 391.
DOURDAN, 586. — Hôt. : *de la Poste, de Lyon*. — Voit. (V. l'*Introduction*).
DRANCY, 332.
DRAVEIL, 536.
DREUX, 135. — Hôt. : *du Paradis, de l'Écritoire, du Saumon*. — Cafés : *Durand, de l'Europe, de Paris*. — Loueurs de voitures, *Fillette, Marchand*. — Bains publics, *Leroy*.
DROCOURT, 196.
DUCY, 330.

E

EAUBONNE, 227.
ÉCOUEN, 259. — Hôt. *du Nord*. — Voit. pour la station de *Villiers-le-Bel*.
ÉLANCOURT, 113.
ÉMERAINVILLE, 379.
ENGHIEN [LAC D'], 225.

ENGHIEN-LES-BAINS, 222.

Hôtels : — *des Bains*, attenant à l'établissement thermal; restaurant de premier ordre; vaste parc. Les locataires jouissent des avantages suivants : 1° droit de boire gratuitement à la source ; 2° droit (les dimanches et fêtes exceptés) à la promenade en bateau, à moitié prix du tarif; 3° droit d'entrée au Jardin des Roses, aux concerts, aux bals d'enfants et aux fêtes. — Hôt. *des Quatre - Pavillons*, Grande-Rue, 62 ; — *d'Enghien*, Grande-Rue, 73 ; — *du Parc*, Grande-Rue, 60 ; — *de la Paix*, Grande-Rue, 52 ; — *de Paris*, Grande-Rue, 65 ; — *des Trois-Pavillons*, Grande-Rue, 40 ; — *du Lac*, Grande-Rue, 32 (déjeuners à 2 fr. 50 c., dîners à 3 fr. 50 c. ; avec le vin, 3 et 4 fr.); — *du Petit-Pavillon*, Grande-Rue, 83, etc. — Nombreuses villas et maisons meublées à louer.

Restaurants : — *de la Paix*, Grande-Rue, 52 ; — *du Lac*, Grande-Rue, 32 ; — *de la Maison-Blanche*, à l'angle des rues de Paris et de Soisy ; — *Pavillon Talma*, en face du lac ; — *des Quatre-Pavillons* ; — *de Bellevue*.

Café : — *de la Terrasse*.

Grand établissement thermal. — L'établissement actuel de bains d'Enghien offre aux baigneurs tout ce que la science balnéaire a produit jusqu'à ce jour de plus complet. Il permet donc toutes les applications des eaux minérales sulfureuses.

Le grand établissement thermal d'Enghien est le seul en France où les douches aient une pression de trois et quatre atmosphères. L'élévation de la tour qui contient les réservoirs permet les applications les plus variées et les plus efficaces de l'eau sulfureuse

La tuyauterie et les appareils balnéaires de toute nature ont toujours attiré l'attention des hommes spéciaux. Ils peuvent être considérés comme un travail des plus remarquables.

BAINS (linge compris).	PRIX du cachet		par abonnement de 21 cachets	
	fr.	c.	fr.	c.
Bain sulfureux........	2	75	2	50
Bain sulfureux avec douche laryngienne.	3	50	3	25
Bain sulfureux avec douche laryngienne et grande douche...	4	50	4	»
Bain sulfureux chauffé à la vapeur.........	3	50	3	25
Bain sulfureux de bras et de jambes........	2	»	1	75
Bain sulfureux de siège	2	»	1	75
Bain sulfureux de siège à eau courante......	2	50	2	25
Bain d'eau douce.....	1	60	1	40
Bain de pieds à eau courante...........	1	»	»	80
DOUCHES *de toute pression et de toute température* (puissance, 27 mèt.)				
Douche écossaise.....	3	60	3	25

INDEX ALPHABÉTIQUE.

BAINS (linge compris).	PRIX du cachet	par abonnement de 21 cachets
	fr. c.	fr. c.
Douche sulfureuse	3 60	3 25
Douche sulfureuse avec bain	4 »	3 75
Douche sulfureuse avec bain et douche laryngienne	4 50	4 »
Douche sulfureuse laryngienne, d'oreilles, d'yeux, faciale, nasale, buccale, gutturale, — chacune	1 40	1 25
Douche sulfureuse ascendante	1 60	1 40

FUMIGATION

Fumigation aromatique	4 »	3 75

INHALATION

La séance	2 »	75

VAPEUR

Bain russe avec immersion d'eau froide	3 25	3 »
Bain de vapeur en caisse avec lit de repos	4 »	3 75
Douche de vapeur	2 25	2 »

HYDROTHÉRAPIE
(*eau de source ordinaire ou eau sulfureuse*).

La séance	2 »	» »
La semaine (7 cachets)	» »	12 »

LINGE SUPPLÉMENTAIRE

Peignoir. — Robe de chambre. — Fonds de bain. — Chaque	» 25	» »
Serviette. — Pèlerine	» 10	» »

ACCESSOIRES

Son. — Amidon. — Carbonate. — Gélatine. Chaque paquet	» 60	» »

EAU EN BOISSON

Abonnement pour un mois	6 »	» »
Le verre	» 10	» »
La bouteille, par emplissage	» 45	» »
La demi-bouteille	» 30	» »
Le quart de bouteille	» 20	» »

Casino

PRIVILÉGES ACCORDÉS AUX BAIGNEURS ABONNÉS.

Les baigneurs abonnés ont droit : — 1° à l'entrée gratuite dans les parcs et jardins, jours de fêtes et concerts exceptés ; — 2° à une réduction de moitié sur le prix de l'abonnement au Casino, salon de lecture ; — 3° à une réduction de moitié sur les prix d'entrées aux fêtes et concerts dans les parcs ; — 4° dans la semaine, à la promenade en bateau sur le lac d'Enghien, à moitié prix du tarif.

Les baigneurs non abonnés ou autres personnes payeront : — 1° pour l'entrée au Casino, salon de lecture, et aux bals et fêtes ; 2° pour l'entrée et le droit de promenade dans les parcs ; 3° pour l'entrée aux fêtes et concerts dans le jardin des Roses.

	par mois	la saison
1 personne	15 fr.	45 fr.
2 —	25 —	80
3 —	30 —	90

Petit établissement

BAINS (linge compris).	PRIX du cachet	par abonnement de 21 cachets
	fr. c.	fr. c.
Bain sulfureux	2 25	2 »
Bain sulfureux avec douche laryngienne	2 75	2 50
Bain sulfureux avec douche laryngienne et grande douche	3 75	3 50
Bain sulfureux chauffé à la vapeur	» »	» »
Bain sulfureux de bras et de jambes	» »	» »
Bain sulfureux de siège	1 75	1 50
Bain sulfureux de siége à eau courante	2 »	1 75
Bain d'eau douce	1 25	1 10
Bain de pieds à eau courante	» 60	» 50

DOUCHES

Douche écossaise	2 75	2 50
Douche sulfureuse	2 75	2 50
Douche sulfureuse avec bain	3 »	2 75
Douche sulfureuse avec bain et douche laryngienne	3 75	3 50
Douche sulfureuse utérine en poussière d'eau	1 »	1 75
Douche sulfureuse laryngienne, d'oreilles, d'yeux, faciale, nasale, buccale, gutturale. — Chacune	1 »	» 90

BAINS (linge compris).	PRIX	
	du cachet fr. c.	par abonnement de 21 cachets fr. c.
Douche sulfureuse ascendante	1 10	1 25
FUMIGATION		
Fumigation aromatique	» »	» »
INHALATION		
La séance	» »	» »
VAPEUR		
Bain russe avec immersion d'eau froide	» »	» »
Bain de vapeur en caisse avec lit de repos	» »	» »
Douche de vapeur	» »	» »
HYDROTHÉRAPIE		
La séance	1 75	» »
La semaine (7 cachets)	» »	10 »
LINGE SUPPLÉMENTAIRE		
Peignoir. — Robe de chambre. — Fonds de bain. — Chaque	» 25	» »
Serviette. — Pèlerine	» 10	» »

ÉPERNON, 120. — Hôt. de la Grâce-de-Dieu (bonne auberge). — Café National (Play). — Voit. pour Gallardon, près de la station.
EPIAIS, 269.
ÉPINAY (Seine), 221.
ÉPINAY-SOUS-SÉNART, 437.
ÉPINAY-CHAMPLATREUX, 265.
ÉPINAY-SUR-ORGE, 560.
ÉPONE, 196.
ÉRAGNY, 187.
ERMENONVILLE, 340. — Hôt. de la Providence.
ERMITAGE [L'], 160.
ERMONT, 227.
ESBLY, 367.
ESSONNES, 513.

ÉTAMPES, 571. — Buffet à la gare. — Hôt.: *du Grand-Courrier et du Bois-de-Vincennes; du Grand-Monarque; de la Ville-de-Rouen.*

ÉTANG-LA-VILLE [L'], 180.
ÉTIOLLES, 540.
ÉTRÉCHY, 570.
ÈVE, 340.
ÉVECQUEMONT, 195.
ÉVRY, 540.
ÉZANVILLE, 262.

F

FAISANDERIE [FERME DE LA], 412.
FAREMOUTIERS, 385.
FAUSSES-REPOSES [BOIS DES], 103.
FÉCAMP [CHATEAU DE], 319.
FEIGNEUX, 321.
FEROLLES, 426.
FERRIÈRES, 379.
FERTÉ-ALAIS [LA], 517.
FERTÉ-MILON [LA], 352. — Hôt. *Saint-Nicolas.*
FEUCHEROLLES, 181.
FLEURY, 81.
FLINS-SUR-SEINE, 196.
FONTAINE [CHATEAU DE LA], 569.

FONTAINEBLEAU, 444. — Histoire du château, 446.
  Itinéraire descriptif du château, 456. — Cour du Cheval-Blanc, 456. — Cour de la Fontaine, 458. — Porte-Dorée, 458. — Cour Ovale, 459. — Porte Dauphine ou Baptistère, 462. — Cour des Offices, 463. — Visite de l'intérieur du palais, 463. — Chapelle de la Sainte-Trinité, 464. — Appartements de Napoléon Ier, cabinet de l'abdication de Napoléon Ier, salle du Conseil, 466. — Salle du Trône, 467. — Galerie de Diane, 469, Bibliothèque, 469. — Escalier de la Reine et appartements des Chasses, 470. — Grands appartements, salon des tapisseries, salon de François Ier, 470. — Salon de Louis XIII, 471. — Pavillon de saint Louis, salle de saint Louis, 472. — Salle des gardes, 472. — Petit salon de Louis XV, 473. — Escalier du Roi, 473. — Appartement de Mme de Maintenon, 474. — Galerie d'Henri II (ou salle des Fêtes), 475. — Chapelle haute, chapelle Saint-Saturnin, 478. — Salle d'attente ou salle à manger, vestibule de saint Louis, galerie de François Ier, 479. — Vestibule du Fer-à-Cheval ou de la Chapelle, 481. — Appartements du Pape, appartements de Louis XIII, appartements de Louis XV, 482. — Galerie des Fresques, ou des Assiettes, appartements particuliers, 483.
  Anciens jardins, 483. — Jardins du château, le Parterre, le Jardin anglais, 486. — L'Étang, jardin de l'Orangerie ou de Diane, 487. — Le Parc, 488.
  Forêt de Fontainebleau, généralités, 489. — *Promenades à pied dans le voisi-*

INDEX ALPHABÉTIQUE.

nage de Fontainebleau. — Côté du Sud. — 1re Rocher d'Avon, 494. — 2e Mail d'Henri IV, 495. — 3e Rocher Bouligny, 497. — *Côté de l'Est.* — 4e Le Calvaire, la promenade de la reine Amélie, la Roche éponge, 498. — 5e Le fort l'Empereur, 500. — *Côté du Nord.* — 6e Le Mont-Ussy, le Nid de l'Aigle, 501. — Continuation de la première promenade, 502. — *Côté de l'Ouest.* — 7e le Mont-Aigu, 504. — *Promenades à pied dans les parties de la forêt plus éloignées de Fontainebleau.* — *Côté de l'Ouest.* — 8e Les Gorges du Houx et de Franchard, 505. — Ruines de l'abbaye de Franchard, 508. — 9e Les Gorges d'Apremont, 509. — 10e Des Gorges d'Apremont à Franchard, 514. — 11e Le rocher Saint-Germain, 515. — 12e La vallée de la Solle, la Fontaine Sanguinède, le Mont-Chauvet, 516. — 13e Autre promenade dans la vallée de la Solle, 518. — 14e L'Hippodrome ou champ de courses, 519. — La Gorge aux Loups, Marlotte, 519. — 15e Le Long Rocher, 522. — *Promenades en voiture*, 526. — Promenades combinées en voiture, 1re La vallée de la Solle, le fort l'Empereur, 526. — 2e Franchard, les Gorges d'Apremont, 527. — 3e Les Gorges d'Apremont, Barbizon, 527. — 4e Les Gorges d'Apremont et le Rocher Saint-Germain, 528. — 5e Franchard, la Gorge du Houx, le Mont-Aigu, 528. — 6e La Gorge aux Loups, Marlotte, le Long Rocher, 529. — Autres sites pittoresques que l'on peut visiter à pied ou en voiture, 529. — Excursions à Thomery et à Moret, 531. — Excursions à Notre-Dame-de-Grâce, à la vallée et aux rochers de Vaudoué, aux parcs et châteaux de Courances et de Fleury, 533. — à Larchant et à Nemours, 534.

Buffet à la gare.

Omnibus. — De la gare aux hôtels : 30 c. ; à domicile, 50 c.

Hôtels. — *De France et d'Angleterre* (Dumaine), place du Château, vis-à-vis de la cour d'honneur du château ; — *de la Ville-de-Lyon* (Dumaine), rue Royale, 21 ; — *de Londres* (Dumaine), vis-à-vis d'une des grilles de l'entrée du château ; — *de l'Europe*, place du Château ; — *de l'Aigle-Noir* (Sueur), place au Charbon ; — *du Lion-d'Or*, place au Charbon ; — *du Nord et de la Poste*, rue de Ferrare, 8 ; — *du Cadran-Bleu*, Grande-Rue, 9 ; — *de la Chancellerie*, Grande-Rue et rue de la Chancellerie, près du château ; — *de la Sirène*, rue de France, 34 ; — *de Toulouse*, Grande-Rue, 191 ; — *de Moret*, rue du Parc, 5.

Café. — *Bouland*, place au Charbon ; — *du Commerce* (Souchet), Grande-Rue, en face de l'église ; — *Peyres*, Grande-Rue, 69 ; — *Pascal-Brunet*, rue de France, 32 ; — *Morand*, en face l'hôtel de ville ; — *du Cadran-Bleu* (Mercier), Grande-Rue, 9 ; — *Valentin*, Grande-Rue, 91.

Voitures, chevaux et ânes : *Naigeon*, sellier-carrossier, rue de France, 33, en face de l'hôtel de la Sirène : établissement des mieux assortis en voitures de promenades de toutes sortes : manège d'équitation ; attelage de poste à 4 chevaux ; cochers choisis connaissant parfaitement la forêt ; — *Louis*, même rue, 15 ; — *Morand*, en face l'hôtel de ville.— Outre les loueurs de voitures ci-dessus nommés, avec lesquels on traite de gré à gré pour les courses et les promenades en forêt, on trouve des voitures qui stationnent dans la rue de la Chancellerie, le long du mur du jardin de Diane. — *Manège Lazard*, rue de l'Arbre-Sec, 2 : leçons d'équitation pour hommes et pour dames ; location de chevaux avec ou sans voitures. — Le prix, pour les courses et les promenades en forêt est fixé de gré à gré ; mais il est interdit aux voituriers et aux cochers d'exiger au-delà des prix suivants : de Fontainebleau à la gare et *vice-versâ*, 2 fr. 50 c. (2 fr. si la voiture est prise sur la place). — *Promenades en forêt* : une voiture à 4 roues et 2 chevaux, à 5 places au moins : 4 fr. pour la première heure et 3 fr. pour chacune des heures suivantes ; une voiture à 4 roues et 4 places au moins, à 1 cheval, 3 fr. pour la première heure et 2 fr. 25 c. pour chaque heure en sus.

Bains. — *Molliex*, rues Guérin et Saint-Merry ; — rue du Château.

Télégraphe : A l'hôtel de ville et rue du Château.

Poste aux lettres. — Grand bureau, rue des Sablons ; levées de la boîte pour Paris : 8 h. 10 min., 1 h., 2 h. 20 min., 4 h. 30 min., 6 h. 10 min., 8 h. 30 min. et 9 h. — Boîtes supplémentaires à l'hôtel de ville et dans les principaux quartiers.

FONTAINE-LE-PORT, 443.
FONTENAY, 268.
FONTENAY-AUX-ROSES, 595.
FONTENAY-LE-FLEURY, 128.
FONTENAY-SOUS-BOIS, 417.
FONTENAY-TRÉSIGNY, 384.
FORGES, 331.

FORGES-LES-BAINS, 632. — Hôt. dans l'établissement : table, 160 fr. par mois, traitement des eaux, tout compris ;

50 fr.; table d'enfant, jusqu'à dix ans, 100 fr.; chambre, 20 à 50 fr.; un bain, 1 fr.; service, par mois, 10 fr.

Fosses, 270.
Fouilleuse, 162.
Fourqueux, 158.
Franconville, 228.
Franconville-sous-Bois, 261.

Frémaindiville, 196.
Frémigny [Chateau de], 570.
Frépillon, 241.
Fresnes-lès-Rungis, 606.
Fresnoy-la-Rivière, 321.
Fresnoy-le-Luat, 330.
Frette [La], 229.
Fromenteau, 537.
Fromont [Chateau de], 538.

G

Gagny, 362.
Gallardon, 122.
Galluis-la-Queue, 133.
Gambais, 134.
Garancières-la-Queue, 133.
Garches, 104.
Gargan-Livry, 358.
Garges, 267.
Gassicourt, 202.
Gazeran, 120.
Gennevilliers, 203
Gentilly, 591.
Gif, 616,
Gillevoisin [Chateau de], 570.
Gilocourt, 321.
Glaignes, 321.
Glatigny [Chateau de], 183.
Gometz-le-Chatel, 616.
Gonards [Bois des], 82.
Gondreville, 347.
Gonesse, 267.
Goussainville, 134.
Goussainville, 268.

Gouvernes, 366.
Gouvieux, 286.
Grande-Jatte [Ile de la], 4.
Grand-Moulin [Le], 616.
Grand-Puits, 391.
Grand-Tremblay [Le], 331.
Grange [Chateau de la], 435.
Grange [Tour de la], 586.
Grange-le-Roi [Chateau de la], 426.
Grange-Ory, 591.
Grange-Prévôté [Chateau de la], 438.
Granges, 609.
Gravelles [Chateau de], 570.
Gravelle [Lac de], 413.
Gretz-Armainvilliers, 383.
Griffon [Le Mont], 434.
Grignon, 128. — Hôt.-rest. de Grignon.
Grisy-Suisnes, 426.
Gros-Bois [Chateau de], 421.
Groslay, 258.
Guérard, 381.
Guignon, 390.

H

Hanches, 123.
Haramont, 321.
Hardricourt, 196.
Haute-Maison [Chateau de la], 367.
Hautes-Bruyères [Redoute des], 591.
Hennemont, 158.
Herblay, 229.

Hérivaux, 265.
Houdan, 131. — Hôt. Cadot, rue de Paris. 91; — Philippe, loueur de voitures, rue de Paris, 45.
Houilles, 181.
Houssaye [La], 381.
Huleux [Manoir de], 321.

I

Isle-Adam [L'], 236. — Hôt. de l'Écu, Saint-Nicolas.
Igny, 609.
Isle-Adam [Forêt de l'], 237.

Issou, 196.
Issy, 85.
Issy [Fort d'], 84.
Ivry, 554.

INDEX ALPHABÉTIQUE.

J

Jagny [Plateau de], 621.
Jarcy, 437.
Jaune [Porte], 103.
Jeurre [Chateau de], 571.
Joinville, 418.
Jonchère [La], 166.
Jouy-en-Josas, 613.

Jouy-le-Comte, 37.
Jouy-le-Moustier, 194.
Joyenval, 180.
Juilly, 337.
Juvisy, 536.
Juziers, 196.

L

Lagny, 364. — Hôt.: *de la Renaissance, du Pont-de-Fer, de la Sirène*. — Café *du Commerce*. — Loueurs de voit.: *Klein, Desplanches*, près de la station. — Voit. publiques (*V. l'Introd*.).
Lagny-le-Sec, 340.
Larchant, 534.
Largny, 322.
Launay [Ferme de], 237.
Lésigny, 426.
Levallois-Perret, 2.
Lévignen, 346.
Lévy-Saint-Nom, 114.
L'Hay, 592.
Lieu-Restauré, 321.
Lieusaint, 437.
Lilas [Les], 356.
Limay, 201.
Limeil, 425.
Limeil-Brevannes, 425.
Limours, 631. — Hôt. *du Sabot-Rouge*. — Voit. (*V. l'Introduction*).
Linas, 568.
Lions [Chateau des], 172.
Liverdy, 389.

Livry, 361.
Livry, 443.
Livry [Abbaye de], 361.
Lizines, 392.
Lizy-sur-Ourcq, 316.
Loge [Chateau de la], 281.
Loges [Les], 158.
Loges-en-Josas [Les], 613.
Longboyau [Porte de], 166.
Longjumeau, 561.
Longpont, 563.
Longpont, 850.
Longueil-Sainte-Marie, 292.
Longueville, 392.
Lormoy [Chateau de], 563.
Louveciennes, 169.
Louvres, 269.
Lozère, 614.
Lumigny, 383.
Luzarches, 265. — Hôt. *Saint-Damien*, rue Saint-Damien, 16, avec café. bureau de l'omnibus de Survilliers et voitures à volonté. — Voitures à volonté, rue du Pontcel, 1 (autre bureau de l'omnibus de Survilliers).
Lys [Abbaye du], 443.

M

Macherin, 534.
Madeleine [Plateau de la], 620.
Maffliers, 262.
Magny-les-Hameaux, 617.
Maincy, 390.
Maintenon, 123. — Hôt. *Saint-Pierre*. — Omnibus pour la station, rue Collin-d'Harleville; voitures à volonté. — Voit. pour *Gallardon*.
Maison-Rouge, 391.
Maisons-Alfort, 430.
Maisons-Laffitte, 181.
Maisse, 548.
Malesherbes, 550. — Hôt. *de l'Écu*.
Malmaison [Chateau de la], 162.
Mandres, 425.

Mantes, 198. — Hôt.: *du Grand-Cerf et du Cheval-Blanc*, place de Rosny; *du Rocher de Cancale*, rue Royale, 52; *du Soleil-d'Or*, rue Saint-Pierre, 12. — Poste aux lettres, place du Marché-au-Blé; boîte supplémentaire à la gendarmerie, près du pont. — Télégraphe, rue de la Sangle, 42. — Voit. à volonté, rue Bourgeoise, au bureau de l'omnibus.
Mantes-la-Ville, 197.
Marais [Chateau du], 584.
Marche [Chateau de la], 105.
Marchezais, 134.
Marcoussis, 568. — Voit. pour *Montlhéry* et *Saint-Michel*.

Mareil-en-France, 269.
Mareil-Marly, 158.
Margency, 227.
Marienthal, 610.
Marles, 383.
Marlotte, 522.
Marly [Aqueduc de], 169.
Marly [Forêt de], 180.
Marly-la-Machine, 169.
Marly-la-Ville, 269.
Marly-le-Roi, 174.
Marnes, 19.
Marolles, 569.
Marolles-en-Brie, 425.
Massy, 606.
Maubuisson [Abbaye de], 233.
Maule, 197. — Hôt. du Grand-Cerf. — — Voitures pour les stations de Villiers-Néaufle et d'Épône.
Maulette, 134.
Maurecourt, 194.
Maurepas, 113.
Mauvières [Chateau de], 621.
May-en-Multien, 346.

MEAUX, 368. — Hôt.: du Grand-Cerf; des Trois-Rois; Saint-Remy; de la Sirène; Saint-Étienne. — Voit. pour Coulommiers, Crécy, Acy-en-Multien, la Ferté-Milon, Lisy et Claye. — Poste, rue des Tribunaux. — Télégraphe, rue du Grand-Cerf. — Loueur de voit. Bergon (au bureau des omnibus du chemin de fer), rue Tronchon, 14.

Médan, 194.
Mée [Le], 438.

MELUN, 438. — Hôt. : du Grand-Monarque; du Commerce. — Voit. (V. l'Introduction).

Mennecy, 516.
Méré, 130.
Méréville, 580.
Méridon [Chateau de], 621.
Méridon [Hauteurs de], 621.
Mériel, 244.
Méry-sur-Oise, 244.
Mesly, 432.
Mesnil-Amelot [Le], 269.
Mesnil-Aubry [Le], 262.
Mesnil-le-Roi, 159.
Mesnil-Voisin [Chateau de], 570.

MEUDON, 88. — Terrasse du château. 90. — Nombreux restaurants. — Voit. (V. l'Introduction).

Meudon [Bois de], 92.
Meulan, 195. — Hôt. Pinchon, sur la place.
Mézières, 197.
Mézy, 196.
Migneaux [Chateau de], 607

Milly, 534. — Hôt. des Anges. — Voit. pour Maisse.
Milon-la-Chapelle, 112.
Minimes [Les], 411.
Mitry, 334.
Moisenay-le-Grand, 390.
Molières [Les], 631.
Moncel [Abbaye du], 319.
Mons, 557.
Monsoult, 262.
Montagny-Sainte-Félicité, 340.
Montataire, 286.
Monte-Cristo, 174.
Montépilloy, 328.
Montesson, 146.
Montévrain, 366.
Montfermeil, 361.
Montfort-l'Amaury, 131. — Hôt. des Voyageurs. — Carlier, loueur de voit. (bureau de l'omnibus), Grande-Rue, 59.
Montgé, 336.
Montgeron, 433.
Montigny, 522.
Montigny-lès-Cormeilles, 229.
Mont-l'Évêque, 330.
Montlhéry, 565. — Hôt. : du Chapeau-Rouge; du Maillet-d'Or.
Montlignon, 227.
Montmagny, 258.
Montmélian [Chateau de], 271.
Montmesly [Collines de], 432.

MONTMORENCY, 247. — Direction, 247. — Situation, aspect général, 247. — Histoire, 248. — Monuments, l'Ermitage. Montlouis, 250. — La forêt, 255. — Environs, 256.

Hôtels : — du Cheval-Blanc (Janutin, successeur des Leduc); — du Cheval-Gris (Compain); tous deux sur la place de la Halle ; — de Montmorency, avenue Emilie, 3 ; — du Veau-qui-Tette, près de la place ; — des Trois-Mousquetaires, près de l'Ermitage.

Café : — du Parc, sur la place.

Bains : — avenue Rey-de-Foresta.

Anes et chevaux à louer, sous la halle (prix à débattre).

Montmorency [Forêt de], 255.
Montretout [Parc de], 16.
Montreuil-sous-Bois, 417.
Montrouge, 633.
Montry, 367.
Mont-Valérien [Le], 6.
Morangis, 562.
Moret, 533. — Hôt. du Commerce. — Petit buffet à la station.
Morienval, 310.
Morigny, 580.
Morlaye [La], 274.

INDEX ALPHABÉTIQUE.

Mormant, 391.
Mortcerf, 384.
Mortefontaine, 271.
Mory, 334.
Moulin de Pierre [Redoute du], 81.
Moulin-Galant, 546.

Moulin-Joli [Le], 203.
Mouroux, 386.
Moussy-le-Neuf, 269.
Moussy-le-Vieux, 269.
Muette [Pavillon de la], 157.
Mureaux [Les], 195.

N

Nandy, 438.
Nangis, 391. — Hôt. du *Dauphin* (voit. pour Melun et à volonté); *de la Providence* (voit. pour Melun et pour Jouy-le-Châtel).
Nanteuil-le-Haudouin, 344. — Hôt. : *de la Croix-d'Or; de la Ville-de-Nanteuil.*
Nanterre, 111.
Nantouillet, 338.
Néaufle-le-Chateau, 130. — Hôt. *du Théâtre* (restaurant, café et pâtisserie), *de l'Étoile* (omnibus pour la station, voitures à volonté); — Café *des voyageurs* (omnibus pour la station de Grignon et voitures pour Versailles).
Néaufle-le-Vieux, 130.
Nemours, 535. — Hôt. *de l'Écu-de-France.*
Néry, 321.

Nesles, 237.
Neuilly-sur-Marne, 376. — *Élène*, loueur de voitures, rue de Paris, 16.
Nogent-les-Vierges, 288.
Nogent-sur-Marne, 376. — Nombreux restaurants.
Nointel, 263.
Noisy-le-Grand, 378.
Noisy-le-Roi, 161.
Noisy-le-Sec, 357.
Norville [Chateau de la], 582.
Notre-Dame de la Roche [Abbaye de], 114.
Notre-Dame-des-Anges, 361.
Notre-Dame-des-Flammes [Chapelle de], 91.
Noue [Chateau de], 318.

O

Ognon, 330.
Oigny, 850.
Oinville, 196.
Orce [Chateau d'], 616.
Orgerus, 133.
Ormesson [Chateau d'], 424.
Ormoy-Villers, 344.
Orrouy, 321.
Orry-la-Ville, 273.

Orsay, 614. — Nombreux restaurants dans le bourg et près de la station.
Osny, 233.
Othis, 339.
Ouest-Ceinture, 83.
Ourcq [Canal de l'], 375.
Ozouer-la-Ferrière, 379.
Ozouer-le-Repos, 391.
Ozouer-le-Voulgis, 389.

P

Palaiseau, 608.
Pantin, 356.
Parc-aux-Dames [Le], 331.
Parmain, 236.
Pecq [Le], 148.
Périgny, 425.
Perray [Le], 116.
Perreux, 376.
Persan, 238.
Petit Bicêtre [Le], 93.
Petit-Bourg [Chateau de], 539.
Petit-Bry, 378.
Pierrefitte, 266.

PIERREFONDS, 312.
    Hôtels : — *des Bains* (dans l'établ.).

avec restaurant séparé; — *du Château;* — *des Étrangers;* — *des Ruines.*
    Café : — *du Lac* (déj. à 2 fr. 50 c.; dîner à 2 fr. 75 c., vin compris).
    Établissement entouré d'un jardin agréablement situé au bord du lac, sur lequel le droit de pêche est réservé pour les clients de l'hôtel; le prix des appartements varie de 2 à 6 fr. par jour. — Bain sulfureux, sans linge, 1 fr. 50 c.; avec linge, 2 fr.; bain de pieds, 50 c.; douche sans linge, 2 fr. 50 c., avec linge, 3 fr.; douche écossaise, 1 fr. 50 c. — Barque pour la promenade sur le lac : 1 fr. 50 c. la première heure, 1 fr. les heures suivantes. Un rameur, 50 c. — Pêche à la ligne, 1 fr. la première

heure, 2 fr. les heures suivantes. — On trouve aussi à louer à Pierrefonds de petites maisons meublées. — Pierrefonds était, il y a trente ans, un village triste, pauvre, presque abandonné, avec des masures couvertes en chaume ; mais il a pris peu à peu de l'importance. Il possède aujourd'hui d'élégantes habitations.

Voitures : — Le bureau des omnibus de Compiègne est à l'hôtel des Bains. Ce service n'a lieu que pendant la belle saison ; mais en tout temps la voiture de Villers-Cotterets à Compiègne passe par Pierrefonds le matin.

On trouve à Pierrefonds des voitures (3 fr. l'heure à 1 cheval, 4 fr. 50 à 2 chevaux), et des chevaux de louage.

PIERRELAYE, 229.
PIERRE-TURQUOISE [LA], 263.
PINÇON [BUTTE], 266.
PISCOP, 259.
PISSELEUX, 318.
PLAILLY, 270.
PLAISANCE, 376.
PLAISIR, 128.
PLESSIS [CHATEAU DE], 292.
PLESSIS-BELLEVILLE [LE], 340.
PLESSIS-PIQUET [LE], 600.
POISSY, 188. — Hôt. *de Rouen*, près de la gare et du pont. — *Guyot*, loueur de voit., rue de Paris, 22. — Voit. pour *Andrésy*,
POMMEUSE, 386
POMPONNE, 361.
PONCEL, 259.

PONTARMÉ, 272.
PONTCHARTRAIN [CHATEAU DE], 130.
PONT-D'ENGHIEN [CARREFOUR DU], 257.
PONTDRON, 321.
PONT-IBLON [LE], 332.

PONTOISE, 229. — Hôt. *de Pontoise*, près de la gare ; du *Grand-Cerf*, faubourg de l'Aumône ; des *Messageries*, près du pont.

PONTPOINT, 320.
PONT-SAINTE-MAXENCE, 290.
PORCHEFONTAINE, 102.
PORT-AUX-PERCHES, 350.
PORT-DE-CRÉTEIL, 420.
PORT-MARLY, 172.
PORT-ROYAL-DES-CHAMPS, 108.
POULANGIS [LE], 419.
PRÉ [CHATEAU DU], 443.
PRÉCY, 239.
PRESLES, 263.
PRÉS-SAINT-GERVAIS [LES], 356.
PREUILLY [ABBAYE DE], 391.

PROVINS, 393. — Hôt. *de la Boule-d'Or* (Paré-Herbelin), rue de la Cordonnerie, 22 ; *du Commerce*, rue Hugues-le-Grand, 21 ; *de la Fontaine*, rue de la Charonnerie, 18. — Café *du Commerce*, rue Hugues-le-Grand, 5. — Poste, rue Victor-Garnier, 15. — Télégraphe, place du Val. — Loueur de voitures, *Levasseur*, rue de la Cordonnerie, 10.

PUISEAUX, 552. — Hôt. *du Nord*.
PUTEAUX, 4. — Café-restaurant *des voitures*, sur le quai, à côté de l'église.

Q

QUATRE-PILIERS [FORÊT DES], 133.
QUINCY-SOUS-SÉNART, 437.

R

RACHÉE [FONTAINE DE LA], 581.
RAINCY [LE], 358.
RAINCY-PAVILLONS, 358.

RAMBOUILLET, 116. — Hôt. — *du Lion-d'Or*, rue Nationale, 8 (restaurant et bureau de l'omnibus). — Voitures à volonté, rue de Paris, 16, en face l'hôpital. — Voit. pour *Dourdan*, etc. (*V. l'Introduction*).

RAMPILLON, 391.
RECLOSES, 354.
REINE-BLANCHE [CHATEAU DE LA], 281.
RÉSERVOIRS [LES], 169.
RETZ, 346.
REUILLY, 399.
RHUIS, 320.
RICHEBOURG, 133.

RIEUX, 290.
RIS-ORANGIS, 538.
RIVECOURT, 291.
ROBERVAL, 320.
ROBINSON, 600. — Nombreux restaurants ; voit. pour la gare de *Sceaux*.
ROCHEFORT, 588.
ROCHE-MOBILE [LA], 586.
ROCHETTE [CHATEAU DE LA], 443.
ROCQUENCOURT, 160.
ROISSY, 268.
ROMAINVILLE, 356.
ROSNY-SOUS-BOIS, 376.
ROSOY-EN-MULTIEN, 346.
ROUGEAU [FORÊT DE], 438.
ROUILLY-LE-BAS, 381.
ROUSSAY [CHATEAU DE], 571.

Tarif pour les communes environnantes.

Jusqu'à minuit : chaque course ou chaque heure, de Versailles aux communes de Viroflay, Buc, Saint-Cyr, Rocquencourt et le Chesnay, est fixée :

Semaine.	Voit. à 1 cheval..	2 fr.	»
	— à 2 chevaux.	2	50
Dim. et jours fériés.	Voit. à 1 cheval.	2	50
	— à 2 chevaux.	3	»

Les voitures ne sont prises qu'à l'heure pour se rendre aux communes de Chaville, Jouy, Bailly, Ville-d'Avray, la Celle-Saint-Cloud, Marly-le-Roi, Louveciennes, Guyancourt et Voisins-le-Bretonneux. Prix de l'heure, de 6 h. à 7 h. 1/2 du soir en hiver, et à 9 h. 1/2 en été :

Semaine.	Voit. à 1 cheval..	2 fr.	»
	— à 2 chevaux.	2	50
Dim. et jours fériés.	Voit. à 1 cheval..	2	50
	— à 2 chevaux.	3	»

Après les heures ci-dessus, les prix sont réglés de gré à gré. Il en est de même à l'égard des voyageurs qui veulent se rendre aux communes comprises dans la dernière série, les jours annoncés publiquement à l'avance pour les grandes eaux et les courses de Satory.

Les cochers sortant de Versailles sont tenus de marcher à raison de 8 kil. à l'heure. Les voyageurs doivent payer le prix de retour depuis le point où ils quittent la voiture jusqu'à Versailles.

Omnibus pour *Néaufle-le-Château* et *Grignon*, café du Palais, rue de la Chancellerie, 4; deux départs par jour. — *Omnibus d'Orsay et de Jouy.* — *Voitures pour Saint-Germain*, café des Réservoirs, rue des Réservoirs, 19.

Vésinet [Le], 147.
Vésinet [Bois du], 146.
Vez, 322.
Viarmes, 264. — Hôt. *du Cheval-Blanc.*
Victoire [Abbaye de la], 329.
Vigneux, 536.
Vilgenis [Chateau de], 608.
Villaines, 262.
Villa-la-Celle [La], 167.
Villebon, 609.
Villebon [Étang de], 92.
Villebousin [Chateau de], 562.
Villecresnes, 425.
Ville-d'Avray, 18. — Hôt.-rest. *de la Chaumière* (cabinets et appartements meublés, bains), au bord du lac; — hôt. *de l'Ouest,* rue de Sèvres, 11. — Deux cafés-restaurants près de la station. — Voit. de remise, rue de Saint-Cloud, 11.

Ville-d'Avray [Étangs de], 103.
Villedieu [La], 113.
Ville-Évrard, 376.
Villejuif, 555.
Ville-Louvette [Chateau de], 582.
Villemomble, 359.
Villeneuve-le-Comte, 366.
Villeneuve-l'Étang, 104.
Villeneuve-Saint-Georges, 432.
Villeneuve-sous-Dammartin, 269.
Vilennes, 194.
Villenoy, 368.
Villeparisis, 334.
Villepatour, 389.
Ville-Pierreuse, 584.
Villepinte, 334.
Villepreux, 128.
Villeras [Fort de], 610.
Villers-Cotterets, 318. — Hôt. : *du Dauphin, de l'Épée, du Cygne.* — Voit. pour *la Ferté-Milon* et *Neuilly-Saint-Front.*
Villers-Cotterets [Forêt de], 349.
Villers-Saint-Paul, 290.
Villers-sous-Saint-Leu, 239.
Villetaneuse, 221.
Villiers-Adam, 262.
Villiers-le-Bel, 267. — Restaurant *Garnier.* — Voit. pour la station.
Villiers-le-Sec, 263.
Villiers-Saint-Frédéric, 130.
Villiers-sous-Gretz, 534.
Villiers-sur-Marne, 379.
Villiers-sur-Orge, 562.

VINCENNES, 400. — Le bois. 408. — Rest.: *Mandrillon, d'Idalie, Marconi, Aubry.* — Cafés : *Français, Husson, Reinert.* — Moyens de transport pour la ville et pour le bois. V. *l'Introduction.*
Vincennes [Bois de], 408.
Vineuil, 322.
Viroflay, 101.
Viry [Chateau de], 537.
Viry-Chatillon, 537.
Vitry, 554.
Vivier-en-Brie [Le], 384.
Voisins, 169.
Voisins-le-Bretonneux, 616.

W — Y

Wissous, 606.

Yerres, 131.

FIN DE L'INDEX ALPHABÉTIQUE.

INDEX ALPHABÉTIQUE. 655

Vaulerent, 269.
Vaumoise, 347.
Vaumurier [Château de]. 617.
Vauréal, 194.
Vaux, 195.
Vaux-de-Cernay [Abbaye des], 624.
Vélisy, 101.
Vémars, 269.
Venette, 294.
Ver, 340.
Verberie, 292. — Voit. pour la station. — Hôtels-restaurants.
Verneuil, 193.
Verneuil, 390.
Vernouillet, 195.
Verrière [La], 113.
Verrières, 607.
Verrières [Bois ou Buisson de], 607.

VERSAILLES, 20. — Direction, 20. — La ville et ses monuments, 20. — Histoire de la ville et du château, 25. — Le Palais, 33. — Musée, 36. — Sénat (salle de l'Opéra), 49.— Chambre des députés, 54. — Les jardins, 54. — Les eaux, 70. — Les Trianons, 70 — Environs, 81.
Hôtels et restaurants : — Quartier Notre-Dame : *des Réservoirs* (Grosseuvre), rue des Réservoirs, 9, 11 et 11 *bis*, en face de la rue de la Pompe (il y a au fond de la cour une porte qui ouvre dans le parc ; le passage est libre). Maison meublée (grands et petits appartements) dans l'ancienne préfecture. — Le prix des dîners pour les personnes logées dans l'hôtel est de 5 et de 6 fr. Dans la salle du restaurant, on dîne au même prix ou à la carte. — *Hôtel et restaurant du Petit et du Grand-Vatel*, 28, rue des Réservoirs, à l'angle de la rue Pétigny, et boulevard de la Reine, 28.— *Hôtel de France*, Jumeau, restaurateur, 5, rue Colbert, place d'Armes.— Bastide, *restaurant de Londres*, 7, rue Colbert. — Thévenot, *restaurant du Rocher-de-Cancale*, 9, rue Colbert. — *Café-restaurant de Bourgogne*, 13, rue Colbert. — Pegeyre, *hôtel et restaurant de la Tête-Noire*, 38, rue du Plessis, à côté de la gare de la rive dr. (déj. à 2 fr. 25 c., dîners à 2 fr. 75 c.); — Celin, *café-restaurant*, rue du Plessis, en face de la gare ; — Rousseau, *hôtel du Sabot-d'Or*, restaurant et café, rue du Plessis, 67, près du Marché neuf; — Jarry, *hôtel-restaurant de la Grande-Fontaine*, rue de la Paroisse, 63 ; — *Hôt.-restaurant du Comte-de-Toulouse*, rue de la Paroisse, 28 ; — *Café-restaurant de la Place-Hoche*, à l'angle de la place Hoche et de la rue du même nom; — *Café-restaurant de Neptune*, rue des Réservoirs, en face du théâtre ; — *Café-restaurant des Réservoirs*, rue des Réservoirs, 19, à l'angle de la rue de la Paroisse. — Quartier Saint-Louis : — Hôt.: *de la Chasse et d'Elbeuf*, rue de la Chancellerie, 6 et 8 (place d'Armes).
Cafés : — *Courteville* (restaurant et glacier), au coin de l'avenue de Saint-Cloud et de la rue de la Pompe ; — *Terret*, avenue de Sceaux, 14 ; — *Satory* (restaurant et glacier), rue Satory, 1, et avenue de Sceaux, 2 ; — *de l'Opéra et de la Comédie*, dans le parc, près du bassin du Dragon ; il a aussi une entrée rue des Réservoirs, à côté du théâtre ; — *du Théâtre*, rue des Réservoirs, 15 ; — *du Globe*, rue du Plessis, près de la gare de la rive dr.; — *de l'Europe*, 18, rue du Plessis ; — *des Tribunaux et de la Préfecture*, rue Saint-Pierre, à côté de la présidence.
Poste : — rue de la Chancellerie, 2. — Bureau supplémentaire, avenue de Saint-Cloud, 38. — Boîtes supplémentaires dans tous les quartiers.
Guides des étrangers : — autorisés par l'administration ; reconnaissables à une plaque qu'ils portent sur la poitrine, avec un numéro et l'indication du tarif, 1 fr. par heure. Ils n'entrent pas dans les galeries du Musée. — On les trouve dans la cour d'honneur et devant le château sur le parterre.
Musée : — ouvert tous les jours, excepté le lundi, depuis 11 h. du matin jusqu'à 4 h. A partir du 1er mai et jusqu'au 1er octobre, il reste ouvert jusqu'à 5 h.
Dans la belle saison, les **eaux** du parc *jouent* tous les mois, et quelquefois deux fois par mois; l'annonce en est faite à l'avance dans les journaux, et affichée dans les gares du chemin de fer.
Chemin de fer américain : — *bureaux dans Paris*, place du Louvre ; à Versailles, place Hoche, 3.
Tramways : — des deux gares au Palais et d'une gare à l'autre : 1re cl., 25 c.; 2e cl., 15 c.
Loueurs de voitures : — *Dias*, rue de la Pompe, 45, et rue de l'Orangerie, 60 ; — *Rué*, boulevard du Roi, 3 ; — *Sergent*, rue Colbert, 11.
Voitures. — *Voitures à un cheval*. — Chaque course dans Versailles, y compris les deux Trianons, Glatigny, la Ménagerie, le rond-point de Viroflay................ 1 fr. » c.
Chaque heure........... 1 50
Promenade à Satory ou dans le parc (chaque heure). 2 »
Voitures à deux chevaux. — Chaque course dans Versailles, suivant les limites fixées plus haut.... 1 fr. 50 c.
Chaque heure.......... 2 »
Promenade à Satory ou dans le parc (chaque heure). 2 50

Saint-Mandé [Lac de], 414.
Saint-Marc [Mont], 318.
Saint-Martin-du-Tertre, 261.
Saint-Maur [Canal de], 418.
Saint-Maur-les-Fossés. 419.
Saint-Maurice, 429.
Saint-Maximin, 286.
Saint-Michel, 181.
Saint-Michel, 563.
Saint-Nicolas-de-Courson, 310.
Saint-Nom-la-Bretèche, 181.
Saint-Ouen, 208.
Saint-Ouen-l'Aumône, 233.
Saint-Paterne, 320.
Sainte-Périne, 311.
Saint-Pierre, 316.
Saint-Prix, 228.
Saint-Remi-lès-Chevreuse, 617.
Saint-Sauveur, 320.
Saint-Sulpice-de-Favières, 582.
Saint-Vaast-de-Longmont, 294.
Saint-Vrain, 569.
Saint-Yon, 582.
Saintines, 320.
Saintry, 544.
Sannois, 206.
Santeny, 425.
Sarcelles, 258.
Sarron, 292.
Sartrouville, 184.
Satory [Bois de], 82.
Saulx-les-Chartreux, 609.
Savigny-le-Temple, 438.
Savigny-sur-Orge, 559.

Sceaux, 596. — Hôtels, restaurants et pâtissiers près de la gare.

Sceaux-Ceinture, 589.
Segrais, 586.
Seine-Port, 515. — Rest. *Legrand*.

Senlis, 323. — Histoire, 323. — Monuments antiques, 323. — Monuments, 324. — Environs, 328. — Hôt. *du Grand-Cerf, des Arènes, du Nord, du Cheval-Rouge. Grand-Café*, près de la gare. — Voit. pour *Creil* et pour *Chantilly*.

Senlisse, 622.
Séquigny [Forêt de], 562.
Seraincourt, 136.
Sermaise, 441.
Serris, 366.
Servon, 425.
Sévran, 334.

Sèvres, 96. — Manufacture de porcelaines, 97. — Café *de la Paix*. — Pour les voitures, V. l'*Introduction*.

Soisy-sous Étiolles, 540.
Soisy-sous-Montmorency, 247.
Souzy, 586.
Stains, 267.
Sucy, 421.

Suresnes, 5. — Excursion au Mont-Valérien, 6. — Restaurants *Moireau, Mutel*, du Chalet, sur le quai; — Poste aux lettres, rue de Rueil, 10; — Télégraphe, rue du Moûtier, 29.

Survilliers, 270.

T

Tacoignières, 133.
Taverny, 243.
Thiais, 556.
Thiers, 272.
Thieux, 336.
Thillay [Le], 268.
Thiverval, 130.
Thomery, 531.
Thorigny, 364.
Tiverny, 286.

Tournan, 383. — Hôt. *du Lion-d'Or, de Bourgogne, de la Croix-Blanche, du Cygne*.
Trappes, 108. — Excursion à Port-Royal. 108.
Tremblay [Le], 113.
Tremble [Mont du], 318.
Trianons [Les], 70.
Triel, 191. — Rest. à l'entrée du pont.
Trouillet [Moulins de], 206
Troux [Les], 631.

U — V

Ury, 534.
Val [Abbaye du], 244.
Val [Chateau du], 157.
Valenton, 425.
Val-Fleury [Le], 87.
Valmondois, 236.
Valprofond [Abbaye du], ou Abbaye-aux-Bois, 612.
Vanves, 86.
Vanves [Fort de], 87.

Varennes, 437.
Varenne-Saint-Maur [La], 123.
Vauberderie, 180.
Vauciennes, 348.
Vaucluse [Chateau de], 562.
Vaucresson, 105.
Vaugien [Chateau de], 617.
Vauhallan, 609.
Vaujours, 334.

INDEX ALPHABÉTIQUE.

ROUVILLE, 344.
ROUVILLE [CHATEAU DE], 550.
ROYAUMONT [ABBAYE DE], 264.
ROZOY-EN-BRIE, 391. — Hôt. : *du Commerce*, *de France*, *Saint-Nicolas*.
RUEIL, 113. — Restaurants, près de l'hôtel de ville et sur la place de l'Église ; — Bains, rue Trumeau, 8 ; — Télégraphe et bureau de poste, à l'hôtel de ville.

RULLY, 330.
RUNGIS, 606.

S

SACLAY, 610.
SAINT-ARNOULT, 588.
SAINT-BRICE, 259.
SAINT-CHÉRON, 584. — Hôt. *Dardon*.

SAINT-CLOUD, 8. — Situation, édifices publics, 8. — Histoire, 8. — Parc, 12. — Montretout, 16.
Restaurateurs : — *Baudot*, ancienne maison Cornaille, à la *Tête-Noire*, à l'angle du quai ; *Legriel*, à l'entrée de la grande avenue du bas parc ; *Aguettand* ; *Cornaille* ; *Couvrecelle* ; *veuve Duport* ; *Guillardon* ; *Diot*, à la grille de Ville-d'Avray, à l'extrémité du parc de Saint-Cloud, et à 5 minutes de la station de Ville-d'Avray. Dans la belle saison, on y dîne en plein air, dans des bosquets.
Cafés : — *Grimîny* ; *Ménage* ; *Nourry* ; *Ollivier* ; café du *Parc*, dans la grande avenue du bas parc.

SAINT-CLOUD [PARC DE], 12.
SAINT-CORNEILLE-AUX-BOIS [PRIEURÉ DE], 312.
SAINT-CUCUFA [ETANG ET BOIS DE], 166.
SAINT-CYR, 106.

SAINT-DENIS, 209. — Omnibus à la gare, 10 c. (Pour les voit. partant de Paris, V. l'*Introd*.) — Hôt. : *de l'Etoile*, près de la gare ; *de la Poste*, au rond-point du cours Chavigny ; *du Grand-Balcon*, rues Compoise et de la Boulangerie, en face de l'église canoniale. — Les restaurants, nombreux à Saint-Denis, ont la réputation de bien préparer les fritures et les matelotes traditionnelles. Les plus anciennement connus sont ceux de la *Croix-Blanche*, place d'Armes, 8 ; du *Lapin-qui-Fume*, rue de Paris ; de l'*Hôtel-du-Grand-Cerf*, et de la *Renommée des Talmouses*.

SAINT-DENIS [CANAL], 209.
SAINT-DENIS [ILE], 221.
SAINT-DENIS [PLAINE], 208.
SAINT-ELOI [CHATEAU DE], 561.
SAINT-FIRMIN, 322.
SAINT-FORGET, 622.
SAINTE-GENEVIÈVE-DES-BOIS, 562.
SAINT-GERMAIN [FERME DE], 320.
SAINT-GERMAIN [FORÊT DE], 156.

SAINT-GERMAIN-EN-LAYE, 118. — Situation, histoire, 150. — Édifices publics, 152. — La forêt, 156. — Les Loges, 156. — Environs de Saint-Germain et de la forêt, 158.
Hôtels : — *du Prince-de-Galles*, rue de la Paroisse, 7, près de la gare ; — *de l'Ange-Gardien*, rue de Paris, 74, — *du Cheval-Blanc*, rue de Paris ; — *de France*, rue de Paris, 63, et rue de la Verrerie, 1-3. — Pension Louis XIV, *appartements meublés* à louer, avec ou sans pension, près de la gare.
Restaurants : — *Café-restaurant du Pavillon d'Henri IV*, à l'angle de la Terrasse ; — *Café-restaurant*, tenu par Grenier, à côté du débarcadère, place du Château.
Voitures : — Sur la place de l'Église. Tarif : voitures à 1 cheval ou à 2 chevaux : la course dans la ville, 1 fr. ; l'heure, dans la ville et les faubourgs : la première heure, 1 fr. 75 c. ; les suivantes, 1 fr. 50 c. ; à 2 chevaux : l'heure, 2 fr. 25 c. et 2 fr. ; promenades en forêt : l'heure, pendant la semaine, 2 fr. (à 1 cheval), 2 fr. 50 c. (à 2 chevaux). Si l'on quitte la voiture en forêt, le retour est dû jusqu'à la station. Les dimanches et fêtes, les prix des courses sont augmentés de 25 c. et de 50 c.
Voitures à louer : — *Lefetey-Hamon*, rue Collignon, 18 ; — *Ravelet*, rue du Boulingrin.
Fêtes : — 28 mai, fête de Saint-Germain, sous le Quinconce ; 25 août, jour de la fête de saint Louis, à la grille de Poissy. — Fête des Loges (V. p. 158).

SAINT-GERMAIN-LÈS-CORBEIL, 540.
SAINT-GRATIEN, 226.
SAINT-HILARION, 120.
SAINTE-JAMME, 181.
SAINT-JEAN-AU-BOIS, 310.
SAINT-LAMBERT-LES-BOIS, 112.
SAINT-LÉONARD, 323.
SAINT-LEU-D'ESSERENT, 239.
SAINT-LEU-TAVERNY, 242.
SAINT-LOUP-DE-NAUD, 392.
SAINT-MAMMÈS, 532.
SAINT-MANDÉ, 100. — Nombreux restaurateurs. — Pour les voit., V. l'*Introduction*.

www.ingramcontent.com/pod-product-compliance
Lightning Source LLC
Chambersburg PA
CBHW060905300426
44112CB00011B/1344